Ustar TOEIC Listening

위즈덤하우스

유수연의
Ustar TOEIC Listening

초판 1쇄 발행 2012년 2월 15일
초판16쇄 발행 2016년 1월 22일

지은이 유수연
펴낸이 연준혁

편집인 정보배
책임편집 지연

펴낸곳 (주)위즈덤하우스 | 출판등록 2000년 5월 23일 제13-1071호
주소 (410-380) 경기도 고양시 일산동구 정발산로 43-20 센트럴프라자 6층
전화 031)936-4000 팩스 031)903-3891
홈페이지 www.wisdomhouse.co.kr

값 18,900원 ISBN 978-89-6086-516-7 [13740]

국립중앙도서관 출판시도서목록(CIP)

Ustar TOEIC = 유수연의 유스타 토익 : Listening / 지은이: 유수연.
— 고양 : 위즈덤하우스, 2012 p. ; cm

표제관련정보: 실전에서 고득점이 가능한 토익 바이블
본문은 한국어, 영어가 혼합수록됨
ISBN 978-89-6086-516-7 13740 : ₩18900

토익[TOEIC]

740.77-KDC5
420-DDC21 CIP2012000314

Ustar TOEIC

윤스타 토익

● 유수연 지음 ●

Listening

머리말

[노력]

우리 중에 노력을 하지 않는 사람은 없다.

그러나 나의 노력과 나의 공부에 성과가 없는 것은 간헐적인 노력, 맘 내키면 하는 노력, 일관성 없는 노력, 노력의 단편들로 이루어져 있기 때문이다.

누구나 하는 노력이 나만의 "결과"가 되기 위해서는 자기 관리 능력이 중요하다.

즉, 팽팽한 긴장과 치열한 노력의 강도를 계속 유지할 수 있느냐가 관건이라는 것이다.

특별한 결과, 즉, 시험에서 경쟁력 있는 고득점이라는 결과는 특별한 노력, 남들보다 더 경쟁력 있는 노력을 요구한다.

[현실]

2011 대졸 졸업생 68만 명 중 2011년 하반기 대졸 신입 채용인원은 고작 1만 5천명에 불과한 현실에서 토익이라는 시험은 사회로 나아가는 1차 관문 같은 것이다.

이렇게 거대한 취업시장은 획일화된 시험을 통해 1차 관문에서 대량으로 우리를 걸러낸다. 그 역할을 하는 것이 "토익"이라는 시험이다.

토익보다 우리의 실력을 더 확실하게 판단해줄 새로운 잣대가 필요한 것이 사실이나, 그건 지금보다 우리 사회가 여유가 있을 때 가능할 수 있을 것이다.

[토익]

"우리는 오늘도 토익을 준비하고 있다."

즉, 취업을 준비하고 있는 것이고 이 과정을 짧고 효율적으로 또한 최대한의 경쟁력이 될 수 있는 고득점으로 만들어야 하는 것이 우리의 목표이다.

"우리 대부분은 10년 이상 영어공부를 했다."

그런 우리가 지금도 영어를 잘할 수 없는 것은 막연한 공부를 습관적으로 반복하고 있기 때문이다. 오랜 기간 동안 토익을 강의하며 수십만의 학생들을 만나며 느낀 것은 세상에 공부를 못하는 사람은 없다는 것이다. 우리는 공부를 못하는 것이 아니라 제대로 안 하고 있기 때문이다. 수능 때 했던 식의 영어공부를 막연하게 반복하면서 아직도 학생답게 공부를 즐기고 있다면 이제는 그만할 때가 된 것이다.

"이제 당신은 공부를 하는 것이 아니라 사회로 나갈 문턱에 서 있다."

좀 더 확실한 목표의식을 가지고 남보다 더 치열하게 준비하여야 한다. 어설픈 토익점수로 아쉽게 첫 걸음을 내딛지 않아야 한다. 68만 명 중 1만 5천이라는 치열한 경쟁에 뛰어들 자신을 위해 최대한으로 무장해주어야 한다.

당신에게 토익점수가 필요하다면, 그리고 그것을 가지고 취업시장으로 뛰어들어야 한다면, 그렇다면 당신을 최고로 만들어 줄 수 있는 노력과 토익점수를 손에 넣어야 한다.

이 말이 그리고 이 토익책이 이 시대에 토익강사로 내가 해줄 수 있는 전부이다.

나는 내 모든 것을 쥐어짜서 토익을 한다.

내가 할 수 있는 모든 노력들을 동원해서 토익을 온몸으로 흡수하고 강의를 하고 그리고 이 책을 썼다. 이 책을 쓰는 지난 9개월 동안 매일을 밤 11시부터 새벽 5시까지 책 작업을 해야 했다. 8시 30분 첫 강의를 시작해 밤 10시에 마지막 강의 마치고 나면 반복되던 밤샘들…… 이제는 내 안의 모든 것을 비워버린 것 같다. 이런 시간들을 보낼 수 있었던 가장 큰 버팀목은 내 학생들 하나하나는 이러한 노력을 하느라 시간을 낭비하지 않을 것이라는 확신이었다. 이 책을 손에 쥔 여러분들은 "나"를 통해 최대한 빠르고 효과적으로 토익을 흡수할 수 있을 것이다.

이 사회를 바꾸지 못해서 미안하고 이 시대의 젊은이들에게 더 많은 무대를 제공해주지 못하는 기성세대의 한 명으로서 책임이 있다.

나는 지금 토익강사라는 나의 직업과 나의 위치에서 내가 할 수 있는 최대한을 하려 노력하고 있으며 그 10년의 일관된 노력의 완성으로 남기는 것이 이 책이다.

이 책을 공부하는 이 시대의 젊은 친구들이 토익이라는 관문을 넘어 세상으로 나아가 자신의 무대를 밟고 계속 성장할 것이라 믿으며 나 또한 지금의 모습에서 더 나은 역할을 하는 존재로 나아가려는 노력을 멈추지 않을 것이다.

취업이라는 어려운 시기에 이 책을 통해서 만나게 되는 많은 친구들과 나의 인연이 "토익"이라는 시험을 넘어 계속 앞으로 나아가는 모습들로 이어질 것이라 믿는다.

유수연

'지피지기면 백전불태(知彼知己百戰不殆)'라는 말이 있다. 시험운, 면접운이 좋은 사람들에게 비결을 물어보면 단골 멘트가 바로 "출제자(면접위원)의 입장에서 생각하려고 했다"이다. TOEIC이라는 시험에서 제대로 성과를 내고 싶다면 우선 그것이 어떤 시험이고, 출제 기관이 어느 부분에 중점을 두고 출제하는지 등에 대한 분석부터 출발해야 한다.

✪ TOEIC(Test Of English For International Communication)이란?

영어를 모국어로 사용하지 않는 사람들을 대상으로 국제 업무에 필요한 실용 영어 능력을 평가하는 시험으로 Listening과 Reading으로 구성되어 있다. 현재 한국과 일본을 비롯하여 전 세계 약 120여개 국가의 기업과 기관에서 인력채용 및 평가, 승진, 영어 학습 프로그램 등에 활용되고 있다.

1. 시험 구성

구성	Part	유형	문항 수		시간	점수
Listening Comprehension	1	사진묘사 (Photograph)	10	100	45분	495점
	2	질의응답 (Question-Response)	30			
	3	짧은 대화 (Short Conversations)	30			
	4	짧은 담화 (Short Talks)	30			
Reading Comprehension	5	단일문장 완성 (Incomplete Sentences)	40	100	75분	495점
	6	문서상의 문장 완성 (Text Completion)	12			
	7	독해 (Reading Comprehension) 단일 지문 – Single Passage	28			
		독해 (Reading Comprehension) 복수지문 – Double Passage	20			
Total		7개의 Part	200문항		120분	990점

2. 출제 범위

출제기관인 ETS에 따르면, TOEIC의 출제 기준은

(1) 영어를 모국어로 사용하는 특정 국가에서만 쓰이는 표현이나 문법, 관용어들은 피한다.

(2) 또한 특정 문화나 전문 직업 분야에만 해당되거나 생소한 상황을 피한다.

(3) 여러 나라 사람들의 이름과 다양한 영어 발음과 악센트(미국, 영국, 캐나다, 호주, 뉴질랜드)가 출제된다.

TOEIC의 출제 범위는 다음과 같다.

출제 분야	세부 분야
General Business (일반 업무)	계약, 협상, 마케팅, 세일즈, 비즈니스 계획, 회의
Manufacturing (제조)	공장 관리, 조립라인, 품질관리
Finance, Budgeting (금융과 예산)	은행, 투자, 세금, 회계, 청구
Corporate Development (개발)	연구, 제품개발
Office Work (사무실 업무)	임원회의, 위원회의, 편지, 메모, 전화, 팩스, E-mail, 사무 장비와 가구
Personnel (인사)	구인, 채용, 퇴직, 급여, 승진, 취업 지원과 자기소개
Housing, Corporate Property (주택/기업 부동산)	건축, 설계, 매매 및 임대, 전기와 가스 서비스
Travel (여행)	기차, 비행기, 택시, 버스, 배, 유람선, 티켓, 일정, 역과 공항 안내, 자동차 렌트, 호텔, 예약, 연기와 취소

TOEIC LC에 대한 이해

토익 LC(Listening Comprehension)는 업무상에서 보거나 들으며 상황을 정확하게 인지할 수 있는 능력과 상황 인지 후 어떻게 대응할 수 있는지를 테스트한다. LC는 Part 1부터 Part 4까지 총 4파트로, 사진묘사(Part 1), 간단한 질의응답(Part 2), 짧은 대화(Part 3), 긴 연설문/설명(Part 4)의 단계적이고 세분화된 문제들로 구성되어 있다. 수험자들은 파트별 출제의도를 사전에 충분히 이해하고 그에 따른 출제 범위와 패턴에 맞게 훈련하는 것이 중요하다.

Part 1은 사진을 가장 잘 묘사한 문장을 고르는 문제로, 상황인지 능력을 테스트하는 파트이다.

1번부터 10번까지 총 10문항으로 문제지에는 사진만 있고 (A)~(D) 4개의 보기를 차례로 들려주면서 사진속의 상황을 가장 잘 묘사한 것을 선택하도록 하는 유형이다.

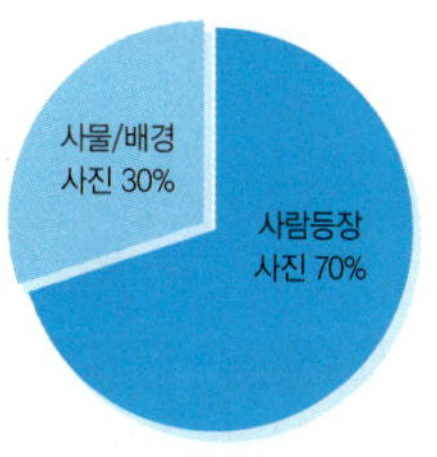

Part 1에 등장하는 사진의 유형을 살펴보면,
(1) 사람의 상태나 동작을 보여주는 사진
(2) 사람이 없는 장소나 사물위주의 사진
(3) 배경이나 전경 사진으로 나눠볼 수 있다.

사진들과 함께 들리는 4개의 보기는 ① 사람의 동작이나 행위, 상태 ② 사진속의 포괄적인 정황 ③ 사물간의 위치 등을 묘사하는 짧은 문장이다. 정답을 찾으려면 키워드를 빨리 잡아내는 능력이나 포괄적인 판단능력이 필요하다.

Part 2는 질문에 적절한 답변을 찾는 문제로, 쌍방향 의사소통 능력을 테스트하는 파트이다.

11번부터 40번까지 총 30문항으로 문제지에는 질문과 답변 모두 쓰여 있지 않다. 간단한 질문과 그 답변에 해당하는 3개의 보기를 들려주면서 질문에 적절한 응답을 선택하도록 하는 유형이다.

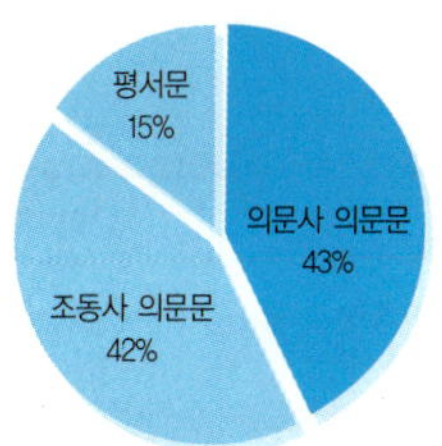

Part 2에 등장하는 질문의 유형을 보면 크게
(1) What, Who, Where, When, Which, How 등의 의문사 의문문
(2) Be동사/조동사 의문문(Do/Have/Can/Will/Should)
 – 부가의문문, 부정의문문, 간접의문문, 선택의문문, 권유/제안/요청의문문
(3) 평서문으로 나눌 수 있다.

Part 2에서는 순간적인 기억력을 통해 순발력 있게 상대가 말하고자 하는 의미를 잡아내는 연습이 필요하다. 문제 호흡이 비교적 짧기 때문에 유사발음, 연음 등에 유의하며 오답을 소거하는 방식으로 정답을 찾는 것이 효과적이다.

Part 3는 대화를 듣고 관련 질문의 답을 고르는 문제로, 상황의 인지 및 정보 습득 능력을 평가하는 파트이다.

41번부터 70번까지 총 30문항으로 대화당 3문항씩 총 10개의 대화가 등장한다. 업무 및 일상생활에서 발생할 수 있는 두 사람의 짧은 대화를 듣고 관련 질문에 답하는 유형이다. 문제지에 질문과 보기가 모두 쓰여 있고 대화는 들려준다.

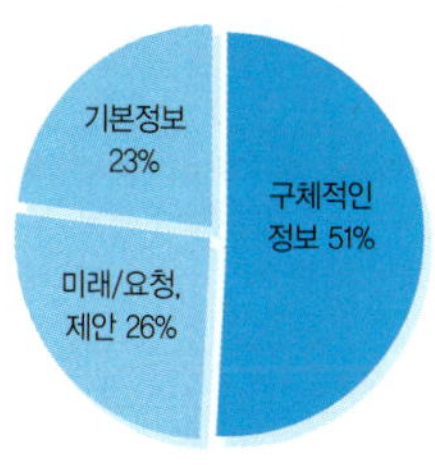

Part 3에 등장하는 문제의 유형은
(1) 대화자에 대한 정보나 장소, 시간, 주제, 목적 등 기본적인 정보를 묻는 문제
(2) 대화 속의 구체적인 내용이나 정보를 묻는 문제
(3) 대화가 끝난 후 앞으로의 상황 및 요구, 요청, 제안의 내용을 묻는 문제이다.

주로 업무와 관련되거나 교통/여행, 전화통화, 우체국, 은행, 길거리 등 일상생활의 다양한 장소에서 일어날법한 대화들이 등장한다. 질문의 답은 80% 이상이 대화 속에 순차적으로 등장한다. Part 3는 빠른 독해력, 집중력, 순발력을 요하는데 평소 문제와 보기를 미리 읽어 대화를 듣는 동시에 답을 선택하는 훈련과 질문유형별 빈출 표현 및 정답의 위치를 익히는 연습을 해두는 것이 좋다.

Part 4는 짧은 이야기를 듣고 답하는 문제로, 전체 내용에 대한 이해도와 정보 습득 능력을 평가하는 파트이다.

71번부터 100번까지 총 30문항으로 문제지에 질문과 보기가 있는 등 문제의 유형은 Part 3와 동일하다. 다만 대화 대신 연설이나 담화, 설명 등이 나온다.

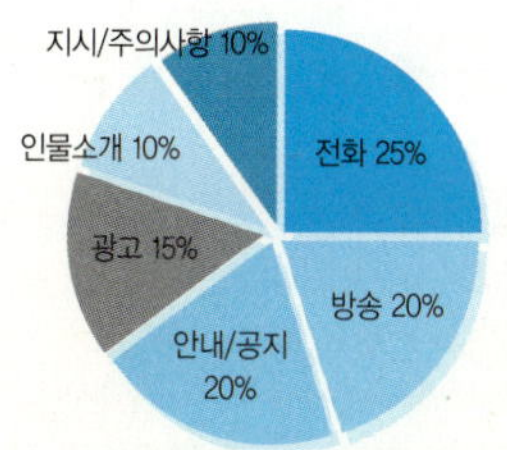

Part 4에서 등장하는 연설이나 설명, 담화의 유형은
(1) 전화메시지 (2) 광고 (3) 방송(교통정보, 날씨정보, 뉴스리포트)
(4) 인물소개 (5) 안내 및 공지 (6) 지시 및 주의사항

Part 4는 Part 3와 마찬가지로 발음이나 정확한 듣기 실력을 요구한다기보다는 빠른 독해력과 집중력, 순발력이 필요하다. 연설, 담화, 설명 등 지문별 전개패턴을 알고 있어야 한다. 평소 뉴스, 광고 등 다방면의 영어 지문을 듣는 연습을 하자.

토익멘토 유수연이 제안하는 학습 스케줄러

영어 리스닝 실력을 높이기에 한두 달은 짧은 시간일지도 모른다. 하지만 그것이 토익 LC라면 얘기가 달라진다. 어떻게 공부하느냐에 따라 이 시간은 여러분의 토익 점수 앞자리를 바꿔줄 금쪽같은 시간이 될 수 있다. LC는 무조건 열심히 듣는다고 점수가 오르는 시험이 아니다. '소리'를 '의미'로 받아들일 수 있어야 한다. 이를 위해서는 토익에 자주 나오는 지문이나 대화 유형을 익혀 눈과 머리로 먼저 받아들인 후 귀로 듣는 훈련을 해야 한다. 이 책에 정리된 빈출 패턴과 표현, 문제풀이 공식을 숙지하고 연습문제와 모의테스트를 통해 실전감각을 업그레이드하자. 책을 보기 전 동영상 강의를 통해 미리 개념 정리를 하거나 배운 내용을 동영상으로 복습해보는 것도 효과적이다.

4주 완성: 시험까지 앞으로 딱 한 달! 단기 속성코스로 정복!

토익시험까지 시간이 얼마 남지 않은 사람을 위한 단기 코스이다. 핵심사항들을 숙지하고 최대한 예제/문제를 많이 풀어보면서 실전감각을 길러보자.

	Day 1	Day 2	Day 3	Day 4	Day 5	Day 6	Day 7
1st week	Part 1 1 Part 1 문제풀이 전략	Part 1 2 유형별 전략	Part 1 3 장소별 전략 (Lesson 1~4)	Part 1 3 장소별 전략 (Lesson 5~8)	Part 1 3 장소별 전략 (Lesson 9~10) Part 1 Final Test	Part 2 1 Who 의문문 2 When 의문문	Part 2 3 Where 의문문 4 What 의문문
	Day 8	**Day 9**	**Day 10**	**Day 11**	**Day 12**	**Day 13**	**Day 14**
2nd week	Part 2 5 How 의문문 6 Why 의문문	Part 2 7 선택의문문 8 Be동사/조동사 의문문 (Lesson 1)	Part 2 8 Be동사/조동사 의문문 (Lesson 2~5) 9 권유/제안/부탁 의문문	Part 2 10 부가/부정 의문문 11 간접의문문과 평서문	Part 2 12 I don't know 및 반문 답변 Part 2 Final Test	Part 3 1 Part 3 문제풀이 전략	Part 3 2 대화의 전반부에… (Lesson 1~5)
	Day 15	**Day 16**	**Day 17**	**Day 18**	**Day 19**	**Day 20**	**Day 21**
3rd week	Part 3 2 대화의 전반부에… (Lesson 6~10)	Part 3 3 대화의 중반부에…	Part 3 4 대화의 후반부에… Part 3 Final Test	Part 4 1 Part 4 문제풀이 전략	Part 4 2 Part 4 빈출 질문 패턴	Part 4 3 전화 메시지	Part 4 4 광고
	Day 22	**Day 23**	**Day 24**	**Day 25**	**Day 26**	**Day 27**	**Day 28**
4th week	Part 4 5 교통방송 & 일기예보	Part 4 6 인물소개	Part 4 7 안내 및 일정공지	Part 4 8 뉴스& 설명 Part 4 Final Test	Actual Test 1 (문제풀이 및 스크립트 분석)	Actual Test 2 (문제풀이 및 스크립트 분석)	[최종점검] 오답률이 높은 챕터 및 파트 검토

✪ 8주 완성: 기초부터 차근차근 단계별 학습으로 토익 울렁증 극복!

토익 입문자라면 4주보다는 8주 완성 코스를 추천한다. 기초부터 반복해서 학습하면서 기본기를 탄탄히 갖추는 것이 중요하다.

1st month

	Day 1	Day 2	Day 3	Day 4	Day 5	Day 6	Day 7
1st week	Part 1 1 Part 1 문제풀이 전략	Part 1 2 유형별 전략	Part 1 3 장소별 전략 (Lesson 1~2)	Part 1 3 장소별 전략 (Lesson 3~4)	Part 1 3 장소별 전략 (Lesson 5~6)	Part 1 3 장소별 전략 (Lesson 7~8)	Part 1 3 장소별 전략 (Lesson 9~10)
	Day 8	**Day 9**	**Day 10**	**Day 11**	**Day 12**	**Day 13**	**Day 14**
2nd week	Part 1 Part 1 Final Test	Part 2 1 Who 의문문	Part 2 2 When 의문문	Part 2 3 Where 의문문	Part 2 4 What 의문문	Part 2 5 How 의문문 (Lesson 1~2)	Part 2 5 How 의문문 (Lesson 3~4)
	Day 15	**Day 16**	**Day 17**	**Day 18**	**Day 19**	**Day 20**	**Day 21**
3rd week	Part 2 6 Why 의문문	Part 2 7 선택의문문 (Lesson 1~2)	Part 2 7 선택의문문 (Lesson 3~4)	Part 2 8 Be동사/조동사 의문문 (Lesson 1~3)	Part 2 8 Be동사/조동사 의문문 (Lesson 4~5)	Part 2 9 권유/제안/부탁 의문문	Part 2 10 부가/부정 의문문
	Day 22	**Day 23**	**Day 24**	**Day 25**	**Day 26**	**Day 27**	**Day 28**
4th week	Part 2 11 간접의문문과 평서문 (Lesson 1~2)	Part 2 11 간접의문문과 평서문 (Lesson 3~4)	Part 2 12 I don't know 및 반문 답변	Part 2 Part 2 Final Test	Part 3 1 Part 3 문제풀이 전략 (Lesson 1~2)	Part 3 1 Part 3 문제풀이 전략 (Lesson 3~4)	Part 3 2 대화의 전반부에… (Lesson 1~3)

2nd month

	Day 1	Day 2	Day 3	Day 4	Day 5	Day 6	Day 7
1st week	Part 3 2 대화의 전반부에… (Lesson 4~5)	Part 3 2 대화의 전반부에… (Lesson 6~7)	Part 3 2 대화의 전반부에… (Lesson 8~9)	Part 3 2 대화의 전반부에… (Lesson 10)	Part 3 3 대화의 중반부에… (Lesson 1~2)	Part 3 3 대화의 중반부에… (Lesson 3~4)	Part 3 3 대화의 중반부에… (Lesson 5~6)
	Day 8	**Day 9**	**Day 10**	**Day 11**	**Day 12**	**Day 13**	**Day 14**
2nd week	Part 3 4 대화의 후반부에… (Lesson 1~2)	Part 3 4 대화의 후반부에… (Lesson 3~4)	Part 3 Part 3 Final Test	Part 4 1 Part 4 문제풀이 전략	Part 4 2 Part 4 빈출 질문 패턴 (Lesson 1~3)	Part 4 2 Part 4 빈출 질문 패턴 (Lesson 4~5)	Part 4 3 전화 메시지 (Lesson 1~2)
	Day 15	**Day 16**	**Day 17**	**Day 18**	**Day 19**	**Day 20**	**Day 21**
3rd week	Part 4 3 전화 메시지 (Lesson 3~4)	Part 4 4 광고	Part 4 5 교통방송 & 일기예보	Part 4 6 인물소개	Part 4 7 안내 및 일정 공지 (Lesson 1~2)	Part 4 7 안내 및 일정 공지 (Lesson 3~4)	Part 4 8 뉴스 & 설명
	Day 22	**Day 23**	**Day 24**	**Day 25**	**Day 26**	**Day 27**	**Day 28**
4th week	Part 4 Part 4 Final Test	Actual Test 1 실전문제 풀이 (45분 엄수) 스크립트 확인 및 오답체크	Actual Test 1 스크립트 확인 및 오답체크	Actual Test 2 실전문제 풀이 (45분 엄수) 스크립트 확인 및 오답체크	Actual Test 2 스크립트 확인 및 오답체크	[최종점검] 오답률이 높은 챕터 및 파트 검토	[최종점검] 오답률이 높은 챕터 및 파트 검토

이 책의 특징 및 학습법

토익의 큰 그림을 보여준다! Part별 개요 및 공략법

본격적인 파트별 학습에 들어가기에 앞서 학습의 토대를 다질 수 있도록 토익 LC 각 파트의 문제 유형과 출제경향, 전략적인 문제풀이 접근법 등을 짚어주었다. 독자들은 해당 파트에 대한 전반적인 특징을 파악한 다음, 보다 효과적인 학습을 시작할 수 있다.

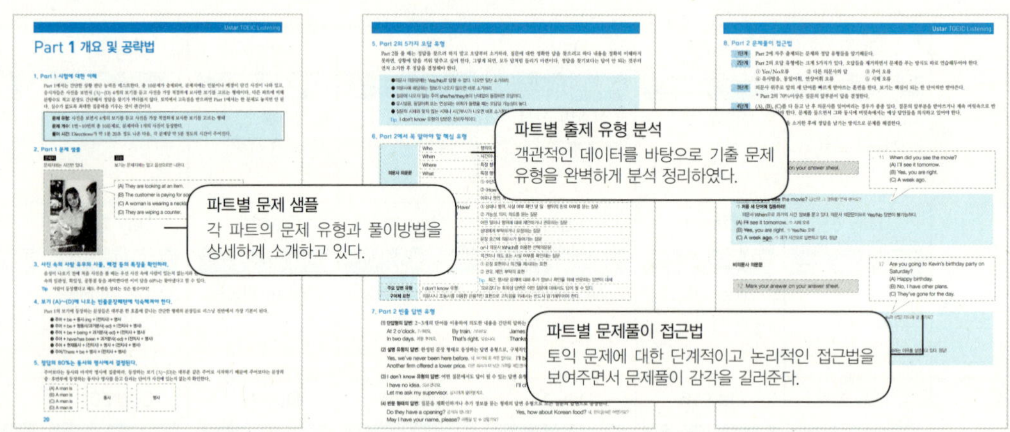

주제별 핵심사항이 한눈에 잡힌다! Chapter 미리보기

유형별 전략(Part 1), Who 의문문(Part 2), 대화의 전반부에 답이 위치하는 문제(Part 3), 전화메시지(Part 4) 등 파트의 하위인 챕터의 시작 부분에서도 주요 출제패턴, 문제풀이 요령 등 수험생들이 반드시 숙지해야 할 내용들을 군더더기 없이 요점만 쏙쏙 뽑아 미리보기 코너로 정리해주었다.

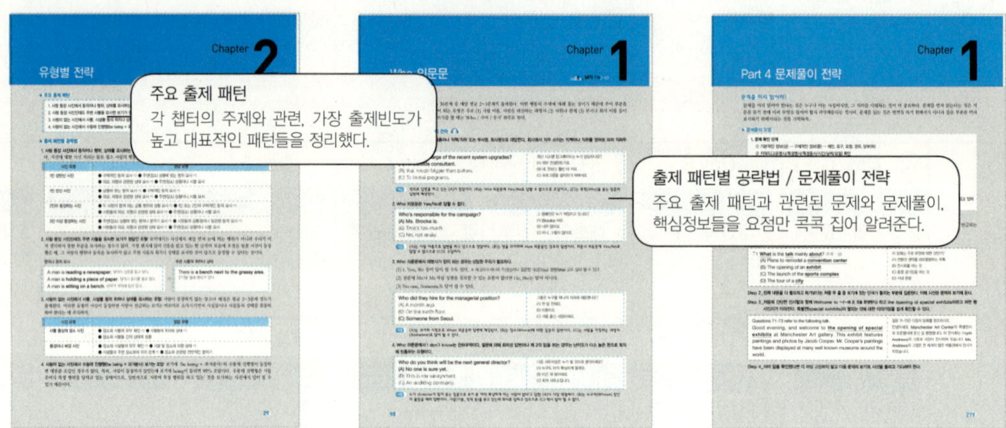

토익 실전반 수업 그대로! 《유스타 토익》 무료 동영상 강의

수험생들이 보다 효율적으로 학습할 수 있도록 유스타잉글리쉬 인터넷어학원 홈페이지(www.u-star.ac)에 무료 동영상 강의와 저자 유수연 직강을 마련했다. 각 파트 주제별로 주요 출제경향, 핵심사항들을 간결 명쾌하게 정리하여 독학으로는 쉽지 않은 토익의 전체 그림을 파악할 수 있다. 동영상 강의를 먼저 보고 나서 책의 설명과 문제풀이로 실력을 쌓거나 책의 내용을 먼저 숙지한 후 확실하게 정리하는 용도로 활용해보자.

본책에 수록된 예문과 문제를 녹음한 무료 MP3 파일

《유스타 토익 Listening》의 학습에 필요한 예문과 문제의 MP3 파일을 위즈덤하우스 홈페이지(www.wisdomhouse.co.kr)와 유스타잉글리쉬 인터넷 어학원 홈페이지(www.u-star.ac)에서 무료로 다운받을 수 있다.

요점정리와 문제풀이 훈련이 한번에! 학습친화적인 최적의 본문 구성

본 책의 레슨은 모두 (좌) 요점정리, (우) 문제풀이 형태의 일대일 대면 구성이다. 왼쪽 페이지에는 최고의 토익멘토 유수연이 직접 정리한 실전 토익 고득점 비법들이 세심한 팁과 함께 일목요연하게 정리되어 있으며, 오른쪽 페이지에는 학습한 내용을 제대로 소화했는지 확인할 수 있는 다양한 Exercise들이 마련되어 있다.

〈좌측〉

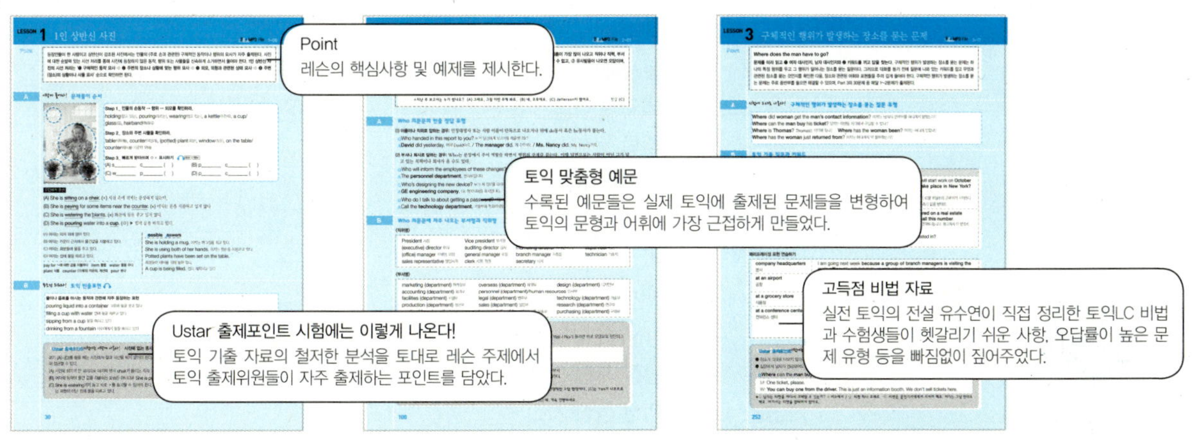

〈우측〉

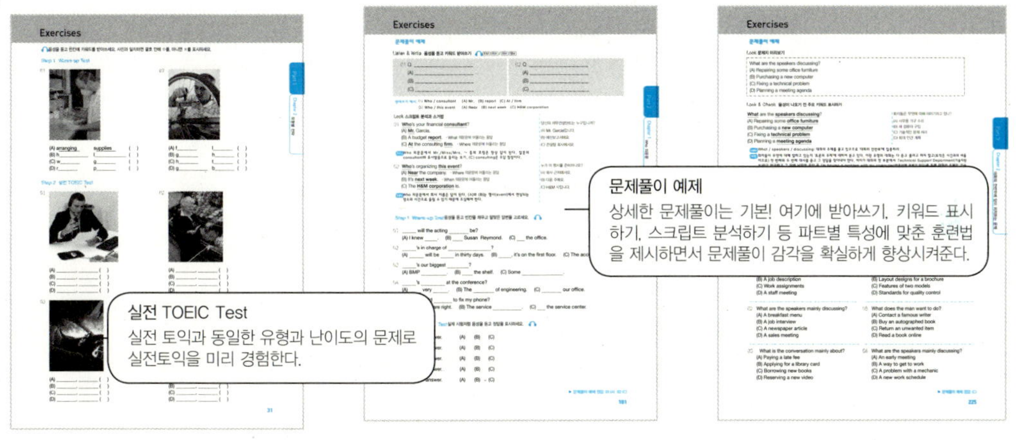

국내 토익 LC 종합서 최다 실전 문제 수록 풍부한 실전 테스트

본 책에는 국내 토익 LC 종합서 최다 1,700여 문제가 수록되어 있다. 레슨마다 Exercise를 두어 학습한 내용을 바로 연습할 수 있도록 했고, 파트별 학습이 끝나면 Final Test를 통해 자신의 실력을 점검할 수 있다. 또한 Part 1~4를 모두 학습한 후에는 그동안의 학습 성과와 실제 시험에서의 나의 LC 성적을 가늠해볼 수 있는 실전 토익과 동일한 난이도와 구성의 Actual Test 2회분이 준비되어 있다.

독자들은 출제 경향을 100% 반영한 문제들을 많이 접하면서 실전에 완벽하게 대비할 수 있다!

Actual Test 1

LISTENING TEST

In the Listening test, you will be asked to demonstrate how well you understand spoken English. The entire Listening test will last approximately 45 minutes. There are four parts, and directions are given for each part. You must mark your answers on the separate answer sheet. Do not write your answers in your test book.

Part 1

Directions: For each question in this part, you will hear four statements about a picture in your test book. When you hear the statements, you must select the one statement that best describes what you see in the picture. Then find the number of the question on your answer sheet and mark your answer. The statements will not be printed in your test book and will be spoken only one time.

Sample Answer
● Ⓑ Ⓒ Ⓓ

Example

Statement (A), "They are looking at an item," is the best description of the picture, so you should select answer (A) and mark it on your answer sheet.

364

차례

Part 1 Photographs

→→ Part 2 Questions & Responses

→→ Part 3 Short Conversations

→ → Part 4 Short Talks

→→→→→→ Part 1

Photographs

Part 1 개요 및 공략법

1. Part 1 시험에 대한 이해

Part 1에서는 간단한 상황 판단 능력을 테스트한다. 총 10문제가 출제되며, 문제지에는 인물이나 배경이 담긴 사진이 나와 있고, 응시자들은 사진을 보면서 (A)~(D) 4개의 보기를 듣고 사진을 가장 적절하게 묘사한 보기를 고르는 형태이다. 다른 파트에 비해 문항수도 적고 문장도 간단해서 정답을 찾기가 까다롭지 않다. 토익에서 고득점을 받으려면 Part 1에서는 한 문제도 놓치면 안 된다. 실수가 없도록 최대한 집중력을 키우는 것이 관건이다.

> **문제 유형:** 사진을 보면서 4개의 보기를 듣고 사진을 가장 적절하게 묘사한 보기를 고르는 형태
> **문제 개수:** 1번~10번의 총 10문제로, 문제마다 1개의 사진이 등장한다.
> **풀이 시간:** Directions가 약 1분 20초 정도 나온 다음, 각 문제당 약 5분 정도의 시간이 주어진다.

2. Part 1 문제 샘플

문제지

문제지에는 사진만 있다.

보기는 문제지에는 없고 음성으로만 나온다.

1

(A) They are looking at an item.
(B) The customer is paying for some merchandise.
(C) A woman is wearing a necklace.
(D) They are wiping a counter.

3. 사진 속의 사람 유무와 사물, 배경 등의 특징을 확인하라.

음성이 나오기 전에 처음 사진을 볼 때는 우선 사진 속에 사람이 있는지 없는지와 뭔가 특징적인 점이 있는지 확인해야 한다. 사진 속의 일관성, 획일성, 공통점 등을 파악한다면 이미 답을 60%는 찾아냈다고 할 수 있다.

Tip 사람이 등장했다고 해도 주변을 살피는 것은 필수이다!

4. 보기 (A)~(D)에 나오는 빈출문장패턴에 익숙해져야 한다.

Part 1의 보기에 등장하는 문장들은 대부분 한 호흡에 끝나는 간단한 형태의 문장들로 리스닝 전반에서 가장 기본이 된다.

❶ 주어 + be + 동사-ing + (전치사) + 명사
❷ 주어 + be + 형용사/과거분사(-ed) + (전치사 + 명사)
❸ 주어 + be + being + 과거분사(-ed) + (전치사 + 명사)
❹ 주어 + have/has been + 과거분사(-ed) + (전치사 + 명사)
❺ 주어 + 현재동사 + (전치사) + 명사 + (전치사 + 명사)
❻ 주어/There + be + 명사 + (전치사 + 명사)

5. 정답의 80%는 동사와 명사에서 결정된다.

주어보다는 동사와 마지막 명사에 집중하라. 등장하는 보기 (A)~(D)는 대부분 같은 주어로 시작하기 때문에 주어보다는 문장의 중·후반부에 등장하는 동사나 명사를 듣고 들리는 단어가 사진에 있는지 없는지 확인한다.

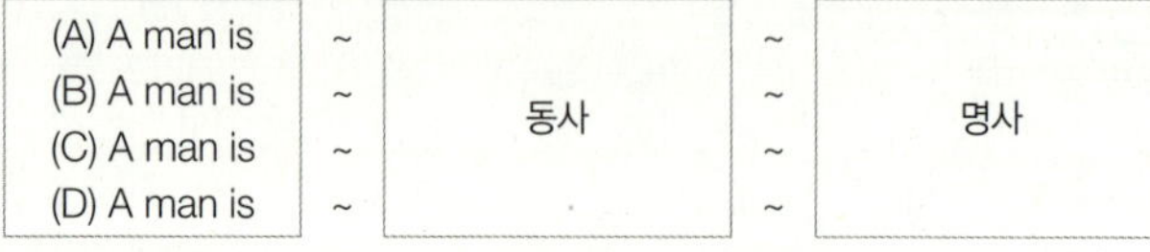

(A) A man is	~	동사	~	명사
(B) A man is	~		~	
(C) A man is	~		~	
(D) A man is	~		~	

6. 정답을 찾으려고 하지 말고 오답을 찾아서 제거하라.

섣불리 전체 문장을 다 이해하고 정답을 찾으려고 해서는 안 된다. 보기의 문장들을 처음부터 끝까지 다 듣고 이해하기보다는 사진을 꼼꼼히 확인한 후 사진에 없는 내용을 묘사하는 단어(동사, 명사)가 있는 보기를 하나씩 ×표를 그어가며 소거해야 한다.

7. 유추하지 말고 눈에 보이는 것만 믿어라.

Part 1에서 주관적인 판단이 개입되거나 상황을 유추하는 보기는 무조건 오답이다. 사진 속의 상황은 보이는 것만 믿어라. 또한 직접적 · 구체적인 표현보다는 전반적 · 포괄적인 묘사가 정답이 된다.

❶ 전반적인 묘사 〉 상세한 묘사	A man is asking some questions to another. 남자가 다른 사람에게 질문을 하고 있다. (×) ☆ 남자가 다른 사람에게 어떤 말을 하고 있는지 사진만으로 알아내는 것은 무리 ➞ They are having a conversation. 그들은 대화를 하고 있다. (○)
❷ 사실적인 묘사 〉 추상적인 묘사	The man is happy. 남자는 행복하다. (×) ☆ 사람의 기분은 사진으로 알 수 없다. ➞ The man is smiling. 남자는 미소를 짓고 있다. (○)
❸ 객관적인 묘사 〉 주관적인 묘사	She is looking for a job. 여자는 일자리를 찾고 있다. (×) ☆ 주관적 판단이 개입된 보기이다. ➞ She is looking at a notice. 여자는 게시물을 보고 있다. (○)

※ 감정, 속도, 무게, 온도 등의 정도를 구체적으로 나타내는 표현들은 정답이 되지 않는다.

8. 정답은 다른 각도나 시선으로 묘사한다.

무조건 사진에서 제일 눈에 띄는 행위를 묘사한 것이 정답이라고 생각하면 오산이다. Part 1에서는 우리가 생각하지 못한 시선이나 각도로 묘사한 정답들도 적지 않다.

예를 들어, 한 남자가 트럭 뒤에서 열심히 박스를 쌓으며 일하고 있는 사진이 등장할 경우, 보기에 A man is working with some boxes.(남자는 박스를 쌓으며 일하고 있다.) 또는 A man is arranging some boxes.(남자는 박스를 정리하고 있다.) 등의 표현이 나올 거라고 생각하겠지만, 실제로는 A man is standing in the back of a truck.(남자는 트럭 뒤에 서 있다.)이라고 묘사한 보기가 정답으로 등장한다.

9. 유사발음과 연상어휘에 주의하라.

Part 1에서는 문제 난이도를 높이기 위해 유사한 발음이나 연상어휘를 함정으로 제시한다. 가령 floor(바닥)/flower(꽃)/flour(밀가루)나 work(일, 일하다)/walk(걷다) 등이 보기에 함께 나오는 것이다. 이런 경우에는 해당 어휘와 함께 등장하는 동사, 명사, 전치사를 통해 문맥상 알맞은 의미를 확인해야 한다.

a cup of coffee 커피 한 잔	a copy of a document 서류 한 장
walk to + 장소 ~로 걸어가다	work in + 장소 ~에서 일하다
take a right 오른쪽으로 가다	turn the light on 등을 켜다

10. Part 1 문제풀이 접근법

1단계	**음성이 나오기 전에 사진을 미리 보고 시선을 떼지 않는다.**
2단계	**음성을 들으면서 빠르게 키워드를 두 단어 정도 받아쓴다.**
3단계	**사진에 없는 단어(동사, 명사)가 들리면 바로 소거한다.**
4단계	**하나씩 X표로 오답을 소거하면 결국 남는 게 정답이 된다.**

Tip 잘 들리지 않거나 모르는 표현이 나오면 당황하지 말고 일단 ?나 △로 표시하고 넘어가야 한다.

받아쓰기
(A) planting X
(B) ?
(C) umbrella X
(D) digging X

※ (B)의 내용을 못 들었거나 모르는 단어가 나왔더라도 (A), (C), (D)에서 사진에 없는 표현이 등장했기 때문에 정답은 자동으로 (B)가 된다.

Ustar
TOEIC
Listening

Chapter 1

Part 1 문제풀이 전략

Part 1은 사람의 동작이나 사물의 상태 등을 바르게 표현할 수 있는지 평가하는 문제들로 구성되어 있다. 사진이 등장하며 보기로는 간단한 문장이 나오기 때문에 문제 푸는 데 큰 어려움은 없다. 그래서 토익 고득점을 받으려면 Part 1에서 단 하나의 실수도 허용해서는 안 되며 무조건 만점을 받는다고 생각해야 한다. 평소 빈출표현은 필수적으로 암기하고 있어야 하며, 사진에 대한 군더더기 없는 정확한 시선 처리 또한 습관화되어 있어야 실전에서 실수 없이 신속하게 답을 골라낼 수 있다.

★ Part 1 만점을 위한 5가지 핵심 훈련

1. 사진에 대한 시선 처리 익히기
2. 빈출문장패턴 익히기
3. 소거법과 순발력을 키우기 위한 전략적 받아쓰기
4. 스크립트 분석하기
5. 빈출표현 암기하기

★ 이렇게 훈련하라!

1. 사진에 대한 빠르고 정확한 시선 처리 익히기: 항상 보기를 듣기 전에 사진을 꼼꼼히 보며 다음과 같은 내용을 신속하게 파악하여 상황을 판단하는 것이 중요하다. 이때 각각의 명칭이나 상황은 우리말이 아닌 영어 단어로 바로바로 떠올릴 수 있어야 한다. 그러기 위해서는 Part 1에 자주 등장하는 상황들과 상황별 어휘를 사전에 숙지해 두는 것이 필수!

❶ 사진의 특징이 되는 인물을 비롯한 중심부 → 중심부에서 벗어난 주변 사물이나 배경이 되는 장소
❷ 사람 여부 → 1인 주어 또는 2인 이상의 주어 → 주변 사물과 관련된 동작이나 상태
❸ 사물의 명칭 → 사물들 간의 위치 관계나 상태

2. 빈출문장패턴 익히기

상황에 맞는 빈출문장패턴을 많이 알고 있어야 잘 들을 수 있다. Part 1에 가장 자주 나오는 문장패턴은 능동태의 현재진행형으로 사진 속의 동작이나 상태를 묘사할 때 사용된다.

3. 소거법과 순발력을 키우기 위한 전략적 받아쓰기

사진 속 상황 묘사는 딱 한 가지 문장으로 정해져 있는 것이 아니라 여러 문장으로 다양하게 표현할 수 있기 때문에 유사한 상황의 사진이더라도 정답으로 제시되는 문장패턴이나 내용은 매번 달라질 수 있다. 따라서 문제를 풀 때는 오답 소거를 목표로 오류가 없는 것을 남겨서 정답으로 선택하는 방법으로 해결해야 실수를 최소화할 수 있다.

정답의 80%는 문장의 중후반부에 나오는 동사와 명사에서 결정된다. 보기 (A)~(D)는 대부분 같은 주어로 시작하기 때문에 주어보다는 그 뒤에 등장하는 동사나 명사를 듣고 사진에 있는 내용인지, 없는 내용인지 확인하여 소거법으로 푼다. 이때 문장을 모두 받아쓰는 것은 순발력을 떨어뜨려 역효과를 낼 수 있으므로 듣는 속도에 맞춰 한 문장에서 키워드(동사, 명사) 한두 개 정도만 받아쓰며 빠른 판단력을 키우는 것이 좋다.

4. 스크립트 분석하기

Part 1은 구성 자체가 간단하기 때문에 문제만 풀고 넘어가는 경우가 많다. 하지만 만점을 얻기 위해서는 반드시 사진과 스크립트를 대조하여, 정답 문장뿐 아니라 오답 문장까지 꼼꼼히 이해하고 단어의 쓰임을 익히는 과정을 거쳐야 한다.

5. 유형별 빈출표현 암기하기

아무리 쉬운 단어라도 모르는 단어나 표현은 절대 들리지 않는다. 따라서 토익에 자주 등장하는 어휘에 대한 학습이 반드시 선행되어야 한다. 정답이건 오답이건 Part 1에서는 80%가 반복해서 출제되므로 이런 표현들은 따로 정리해서 암기한다.

LESSON 1 사진에 대한 시선 처리

MP3 File 1-01

Point

Part 1은 짧은 시간 안에 사진을 보면서 보기를 들어야 한다. 따라서 **보기가 나오기 전에 미리 사진 속의 주요한 상황과 특징을 파악해야** 정확하고 빠르게 정답을 찾을 수 있다. 시간 낭비 없는 정확한 시선 처리가 관건이다.

A 상반신 인물 사진

1인 사진의 시선 처리 순서
❶ 손동작 → ❷ 외모 묘사 → ❸ 주변 묘사

1인 사진에서 가장 중점적으로 봐야 할 부분은 사람의 동작이다. 특히 한 사람이 클로즈업된 상반신 인물 사진에서는 그 인물의 손동작, 외모 묘사, 주변 묘사 순으로 파악해야 한다. 주어는 모두 같으므로 동사와 마지막 명사에 집중해서 듣자.

답은 이렇게 나온다

She's **taking** a **book** from the **shelf.** 여자는 선반에서 책을 꺼내고 있다.

She is **holding** a **book** with one **hand.** 여자는 한 손에 책을 들고 있다.

She is **reaching for** a **book.** 여자는 책을 잡으려고 손을 뻗고 있다.

B 전신 및 2인 이상 등장 사진

2인 이상 사진의 시선 처리 순서
❶ 둘의 공통 행위 → ❷ 공통 외모 → ❸ 주변 묘사

두 명 이상이 등장하는 사진에서는 등장인물들이 공통된 동작을 하고 있는지, 아니면 각자 다른 행동을 하고 있는지를 우선 살펴야 한다. 등장인물들이 배경에 묻혀 있는 경우에는 배경이나 주변 사물에 눈을 돌리자.

답은 이렇게 나온다

They're **working** on a **construction project.**
그들은 건설 프로젝트를 수행하고 있다.

They're **using** some **tools.** 그들은 도구들을 사용하고 있다.

They're **wearing safety equipment.** 그들은 안전 장비를 착용하고 있다.

Building materials are **piled** up by the **wall.** 벽 옆에 건축자재들이 쌓여 있다.

C 장소 및 사물 등장 사진

사람이 등장하지 않을 때 시선 처리 순서
❶ 중심부의 사물과 위치 → ❷ 주변부의 사물과 위치

주어가 각기 다른 사물들로 나오므로 첫 번째 명사와 동사 그리고 마지막 명사를 들어야 한다.

답은 이렇게 나온다

Some **pottery** are **displayed** on the **shelf.** 도기들이 선반에 진열되어 있다.

Picture frames are **hanging** on the **wall.** 그림액자들이 벽에 걸려 있다.

There are **vases behind** the **containers.** 그릇 뒤에 화병들이 있다.

MP3 File 1-02

LESSON 2 빈출문장패턴

Point

Part 1에서 가장 자주 쓰이는 문장패턴은 능동태의 현재진행형이다. 사진 속 사람의 동작(주로 능동의 현재진행형) 또는 사물의 상태(주로 수동태, 수동태 진행형)를 묘사하기 위해 자주 사용되는 문장패턴과, 상황을 묘사하기에 적절한 패턴을 알고 있어야 보기가 쉽게 들린다.

A 능동태 현재진행형 〈주어 + be + 동사-ing + (전치사) + 명사〉

The man **is riding** a motorbike. 남자가 오토바이를 타고 있다.
주어 be 동사-ing 명사

Part 1에 가장 많이 등장하는 문장패턴이다. 주로 사람주어가 나와 특정 행위나 동작이 진행되고 있음을 나타낸다. 단, sitting on a chair, taking a seat 등과 같이 동작이 아닌 앉아 있는 상태를 나타내기도 한다.

B 수동태형 〈주어 + be + 형용사/과거분사 + (전치사 + 명사)〉

Pillows **are spread** out on a sofa. 베개들이 소파에 널려 있다.
주어 be 과거분사 전치사 + 명사

be동사 뒤에 형용사나 과거분사가 나오는 형태의 문장이다. 주로 사물주어가 먼저 등장하며, 사물의 상태를 말할 때 자주 사용된다.

C 수동태 진행형 〈주어 + be + being + 과거분사 + (전치사 + 명사)〉

A bundle of firewood **is being moved**. 장작더미가 옮겨지고 있다.
주어 be being 과거분사

〈be being + 과거분사〉의 형태로 사물주어가 (사람에 의해) 특정 행위를 당하고 있음을 나타낸다.

[주의] 수동태 진행형이 나왔을 경우에는 사진 속의 사람이 특정 사물을 대상으로 어떤 행위를 하고 있어야 한다. 따라서 사진에 사람이 등장하지 않으면, 오답일 확률이 높다.

D 현재완료형 〈주어 + have/has + 과거분사 + (전치사 + 명사)〉

A lamp **has been placed** on a table. 등이 선반 위에 놓여 있다.
주어 has 과거분사 전치사 + 명사

Part 1에서 등장하는 현재완료 시제는 특정 행위나 동작이 완료된 상태를 말한다. 그러므로 have/has 뒤에는 〈be + 과거분사/형용사〉와 같이 상태를 나타내는 표현이 이어지는 게 보통이다.

[주의] 완료 시제에서 be동사의 과거분사 been과 수동태 진행형 being의 발음을 혼동하지 말아야 한다.

E 현재형 〈주어 + 현재동사 + (전치사) + 명사 + (전치사 + 명사)〉

A staircase **reaches** to the doorway. 계단이 출입문 쪽으로 연결되어 있다.
주어 현재동사 전치사 + 명사

주로 현재진행형의 문장이 등장하는 Part 1에서 현재 시제가 낯설 수도 있지만 현재 시제 역시 현재의 상태나 사실을 나타낸다는 것을 잊지 말자.

F 비인칭 주어 구문 〈There + be + 명사 + (전치사 + 명사)〉

There are chairs around the table. 테이블 둘레에 의자들이 있다.
There be 명사 전치사 + 명사

일반적으로 There be 구문은 사물이나 사람이 '있다'는 의미로, 뒤에 〈전치사 + 명사〉의 수식을 받아 좀 더 구체적으로 설명하게 된다. There is/are 뒤에 나오는 명사와 〈전치사 + 명사〉를 집중해 들어야 한다.

LESSON 3 소거법과 받아쓰기 훈련

MP3 File 1-03

Point

소거법: Part 1에서는 내 눈에 안 보이는 명사, 동사들은 모두 답이 아니다. 소거법이란 이렇게 **사진 내용과 상관없는 오답을 제거해가며 정답을 남기는 방법**을 말한다. 사진 옆에 A, B, C, D를 적어놓고 답이 아닌 것은 ×로, 모르는 것은 ?나 △로 표시하면서 빠른 판단력을 키우자.

받아쓰기: 받아쓰기는 필요한 단어를 순발력 있게 잡아내어 문제해결 능력을 극대화할 수 있는 효과적인 방법이다. 문장을 다 받아쓰는 것은 순발력을 떨어뜨려 역효과를 낼 수가 있으므로 **전체 문장을 받아쓰지 말고 핵심이 되는 동사와 명사에 집중**해야 한다.

A 동사와 명사 위주로 받아쓰자.

Step 1 음성이 나오기 전에 사진 속 상황을 재빨리 파악하라: 사람은 등장하지 않고 실내 모습 또는 사물이 묘사된 보기만 등장한 문제이다. 사물명사에 주의하며 실내를 포괄적으로 묘사한 보기를 찾아보자.

Step 2 음성을 들으면서 빠르게 받아쓰기를 할 때는 듣는 속도에 맞춰 한 문장에서 1~2개 정도의 키워드만 받아쓰도록 한다.

(A) The ________ is being ________.

(B) Chandeliers are ________ from the ________.

(C) The ________ are lined with ________.

(D) Statues are ________ ________.

B 사진에 보이지 않는 동사나 명사가 들리는 보기는 바로 소거하라.

1번의 받아쓰기에서 주요 키워드들을 잡아내는 순발력을 키웠다면, 그 다음은 정답과 오답을 신속하게 판단하는 능력을 키우는 것이 중요하다. 시선은 사진에 고정하고 받아쓴 단어가 사진에 없다면 바로 소거한다.

Step 1 사진에서 시선을 떼지 않고 동작을 나타내는 동사와 사물명사에 집중하라.

Step 2 보기의 동사와 명사를 받아쓰고 빈칸에 ×, ?, ○를 표시하여 사진과 관련 없는 보기를 소거한다.

(A) ________, ________ ( )

(B) ________, ________ ( )

(C) ________, ________ ( )

(D) ________, ________ ( )

정답

1. (A) The floor is being polished. (×) 바닥을 광나게 닦고 있는 중이다.
   (B) Chandeliers are suspended from the ceiling. (×) 천장에 샹들리에가 매달려 있다.
   (C) The **corridors** are lined with **arches**. (○) 복도는 아치모양 출입구들이 줄지어 있다.
   (D) Statues are displayed outdoors. (×) 조각상은 야외에 전시되어 있다.

2. (A) People are lined up in front of a market. (×) 사람들이 마켓 앞에 줄을 서 있다.
   (B) Some people are paying for their groceries. (×) 몇몇 사람들이 식료품비를 지불하고 있다.
   (C) A man is hanging a flag. (×) 남자가 깃발을 매달고 있다.
   (D) **Items** have been **arranged** on the rack. (○) 물품들이 선반 위에 정리되어 있다.

Point

Part 1을 공부할 때는 문제만 풀고 넘어가지 말고 스크립트를 꼼꼼히 분석해야 한다. 사진과 스크립트를 대조하면서 단어의 정확한 쓰임을 이해하고, 시험에 나올 만한 다른 표현들도 함께 익히는 것이 좋다. 스크립트를 분석할 때는 음원을 함께 듣지 않는 것이 좋다. 스크립트를 보면서 음원을 듣게 되면 마치 다 들리고 이해하는 것처럼 착각할 수 있기 때문이다.

스크립트 분석 3단계

❶ 사진과 스크립트를 대조하면서 ○ × 표시하기
❷ 단어의 쓰임을 정확히 이해하고 넘어가기
❸ Possible Answers를 확인하기

A 스크립트를 눈으로 훑으면서 ○, ×를 표시하라.

사진과 스크립트를 대조하면서 일치하는 내용은 ○, 사진에 없는 내용은 ×로 표시한다. 애매한 것은 ?나 △로 표시하고 난 후 꼼꼼히 확인해본다.

(A) **Trees overlook** the **pool**. (○)
(B) A fence surrounds the pool. (×)
(C) People are resting on benches. (×)
(D) Workers are cleaning the pool. (×)

(A) 나무들이 풀장을 내려다보고 있다. ⇨ 사진과 일치하므로 정답!
(B) 울타리가 풀장을 둘러싸고 있다. ⇨ 울타리는 등장하지 않는다. 오답!
(C) 사람들이 벤치에서 쉬고 있다. ⇨ 사람은 보이지 않는다. 오답!
(D) 일꾼들이 풀장을 청소하고 있다. ⇨ 사람은 보이지 않는다. 오답!

B 단어의 쓰임을 정확히 이해하라.

○ × 표시가 끝나면, 의미가 바로 이해되지 않았던 단어는 사전을 보면서 쓰임과 의미를 정확히 이해하고 넘어간다. 이때 반드시 예문과 함께 이해해야 한다.

overlook	위에서 내려다보다 >> The room **overlooks** the ocean. 그 방은 바다가 내려다보인다.
surround	둘러싸다 >> The field is **surrounded** by trees. 그 들판은 나무로 둘러싸여 있다.
rest	쉬다 (구체적인 동작보다는 주로 행위를 묘사할 때 사용) >> A man is **resting** on a bench. 남자는 의자에서 쉬고 있다.

C Possible Answers까지 함께 확인하라.

정답만 달랑 확인하고 넘어가지 말고 정답 외에 답이 될 수 있을 만한 다양한 표현들을 함께 익혀야 한다.

There are handrails at the corner of the pool. 풀장 한 쪽 코너에 손잡이 난간이 있다.
The pool is unoccupied. 풀장은 아무도 사용하고 있지 않다.
Some chairs have been placed along the pool. 의자가 몇 개 풀장(가)을 따라 놓여 있다.
The swimming pool is square. 풀장은 네모나다.
There are some shadows next to the pool. 풀장 옆에 그림자가 있다.

[어휘] handrail 손잡이 난간 unoccupied [ʌnɑ́kjupàid] 사용하고 있지 않은 place 놓다 square 사각형의 (cast) a shadow 그림자(를 드리우다)

LESSON 5 유형별 빈출표현

MP3 File 1-05

Point

리스닝 시험은 '아는 만큼 들린다!'는 것이 진리이다. 토익에는 평균 90%의 어휘들이 반복 출제되고 있으며, Part 1에 출제되는 어휘들 대부분이 일상생활에서 자주 접하게 되는 쉬운 표현들이다. 하지만 정확한 의미와 쓰임을 모른다면 아무리 쉬운 어휘라도 놓칠 수 있다. 다양한 유형별 빈출어휘들을 익히는 것이 Part 1에서 만점을 받을 수 있는 지름길이다.

토익에서 정답으로 등장하는 빈출유형 어휘들의 패턴은 크게 3가지로 볼 수 있다.

❶ 단순한 동작의 묘사 또는 포괄적인 묘사에 쓰이는 표현
❷ 구체적인 행위를 묘사하는 표현
❷ 장소나 상황을 나타내는 동사, 명사 표현

A 단순한 동작의 묘사나 두루뭉술한 포괄적 묘사에 쓰이는 표현

부엌의 싱크대에서 접시를 닦고 있는 행위를 나타낼 때 보통 washing the dishes라는 표현을 쓴다. 하지만 토익에서는 standing at the sink(싱크대 앞에 서 있다), holding a dish(접시를 쥐고 있다)와 같이 단순한 동작이나 포괄적인 묘사로 출제된다. Part 1에 가장 많이 등장하는 standing, holding, looking, working은 어떤 형태의 사진이든 단순한 동작 묘사와 포괄적인 설명이 가능하여 애용되는 표현이다.

stand 서다	A man is **standing** at the sink. 남자가 싱크대 앞에 서 있다.
hold (손에) 쥐다, 들다	She is **holding** a mug. 여자는 머그컵을 손에 쥐고 있다.
look 보다	They're **looking** into a car. 사람들이 차 안을 들여다보고 있다.
work 일하다	A man is **working** at the construction site. 남자가 공사장에서 일을 하고 있다.

B 상황에 맞는 구체적인 행위를 묘사하는 표현

무언가를 '보고 있는' 동작을 묘사할 때 look을 대신할 수 있는 구체적인 행위 묘사 표현들은 다양하다. 예컨대 물건을 고르는 모습을 looking at the merchandise라고 할 수도 있지만, 물건을 꼼꼼히 보고 있다는 의미에서 They're examining some products.라고 표현할 수도 있다. 한편, exam동사는 서류(document)를 살펴보거나 환자(patient)를 진찰 또는 검사하고 있을 때도 자주 등장한다.

exam 살펴보다, 검사하다	A doctor is **examining** a patient. 의사가 환자를 진찰하고 있다.
read 읽다, 보다	A man is **reading** a newspaper. 남자가 신문을 읽고 있다.
study 살펴보다, 알아보다	They are **studying** the menu. 사람들이 메뉴를 들여다보고 있다.
review 검토하다	He is **reviewing** some documents. 남자가 서류를 보고 있다.
check 확인하다, 점검하다	She is **checking** a tire. 여자가 타이어를 확인하고 있다.

C 장소별로 등장할 만한 표현들을 정복하라.

정답 보기에 등장한 표현 외에도 사무실, 작업장, 집안, 야외 등의 장소나 상황별로 시험에 등장할 만한 표현은 한 번에 정리해두는 것이 좋다.

사무실 배경 사진의 빈출동사 표현	He's **arranging** the documents. 남자가 서류들을 정리하고 있다.
	The man is **adjusting** the cabinet. 남자가 캐비닛을 맞추고 있다.
	She's **taking some notes** by hand. 여자가 손으로 메모를 하고 있다.
	She's **talking** on the phone. 여자는 전화 통화 중이다.
	They're **having a discussion** at the table. 사람들이 테이블에서 회의를 하고 있다.
사무실 배경 사진의 빈출명사 표현	cabinet 캐비닛 (computer) monitor 모니터 pen 펜 copier 복사기

Chapter 2

유형별 전략

★ 주요 출제 패턴

1. 사람 등장 사진에서 동작이나 행위, 상태를 묘사하는 유형
2. 사람 등장 사진인데도 주변 사물을 묘사한 보기가 정답인 유형
3. 사람이 없는 사진에서 사물, 시설물 등의 위치나 상태를 묘사하는 유형
4. 사람이 없는 사진에서 수동태 진행형(be being + 과거분사) 보기는 오답

★ 출제 패턴별 공략법

1. 사람 등장 사진에서 동작이나 행위, 상태를 묘사하는 유형: Part 1에 출제되는 10개의 사진 중 사람이 등장하는 것은 평균 6~7개이다. 사진에 대한 시선 처리는 물론 평소 사람의 행동이나 사물을 묘사하는 다양한 표현들을 충분히 익혀두어야 한다.

사진 유형	정답 유형
1인 상반신 사진	❶ 구체적인 동작 묘사 ⇨ ❷ 주변(장소) 상황에 맞는 행위 묘사 ⇨ ❸ 외모, 외형과 관련된 상태 묘사 ⇨ ❹ 주변(장소) 상황이나 사물 묘사
1인 전신 사진	❶ 상황에 맞는 행위 묘사 ⇨ ❷ 구체적인 동작 묘사 ⇨ ❸ 외모, 외형과 관련된 상태 묘사 ⇨ ❹ 주변(장소) 상황이나 사물 묘사
2인이 등장하는 사진	❶ 두 사람이 함께 하는 공통 행위와 상황 묘사 ⇨ ❷ 1인 또는 2인의 구체적인 동작 묘사 ⇨ ❸ 사람들의 외모, 외형과 관련된 상태 묘사 ⇨ ❹ 주변(장소) 상황이나 사물 묘사
3인 이상 등장하는 사진	❶ 주변(장소) 상황에 맞는 행위나 분위기 묘사 ⇨ ❷ 사람들의 공통점이나 일관된 동작 묘사 ⇨ ❸ 사람들의 외모, 외형과 관련된 상태 묘사 ⇨ ❹ 주변(장소) 상황이나 사물 묘사

2. 사람 등장 사진인데도 주변 사물을 묘사한 보기가 정답인 유형: 토익에서는 사진에서 제일 먼저 눈에 띄는 행위가 아니라 우리가 미처 생각하지 못한 부분을 묘사하는 경우가 많다. 가령 벤치에 앉아 신문을 읽고 있는 한 남자의 모습에 초점을 맞춘 사진이 등장했을 때, 그 사람의 행위나 동작을 묘사하지 않고 주변 사물의 위치나 상태를 묘사한 것이 답으로 등장할 수 있다는 것이다.

행위나 동작 묘사		주변 사물의 위치나 상태
A man is **reading a newspaper.** 남자가 신문을 읽고 있다. A man is **holding a piece of paper.** 남자가 종이를 들고 있다. A man is **sitting on a bench.** 남자가 의자에 앉아 있다.	⇨	There is **a bench next to the grassy area.** 잔디밭 옆에 벤치가 있다.

3. 사람이 없는 사진에서 사물, 시설물 등의 위치나 상태를 묘사하는 유형: 사람이 등장하지 않는 장소나 배경은 평균 2~3문제 정도가 출제된다. 이러한 유형의 사진이 등장하면 사람이 언급되는 보기는 바로바로 소거시키면서 시설물이나 사물들의 상태를 꼼꼼히 봐야 한다는 데 주의하자.

사진 유형	정답 유형
사물 중심의 장소 사진	❶ 장소와 사물의 유무 확인 ⇨ ❷ 사물들의 위치와 상태 ⇨ ❸ 장소와 사물들 간의 상태와 상황
풍경이나 배경 사진	❶ 장소와 시설물의 유무 확인 ⇨ ❷ 시설 및 장소의 외형 상태 ⇨ ❸ 시설물과 주변 장소와의 위치 관계 ⇨ ❹ 장소와 관련된 전반적인 분위기

4. 사람이 없는 사진에서 수동태 진행형(be being + 과거분사) 보기는 오답: 보기에 〈be being + 과거분사〉의 수동태 진행형이 등장하면 대부분 오답인 경우가 많다. 특히, 사람이 등장하지 않았는데 보기에 being이 들리면 99% 오답이다. 수동태 진행형은 사물 주어가 특정 행위를 당하고 있는 상태이므로, 일반적으로 '사람이 특정 행위를 하고 있는' 것을 묘사하는 사진에서 답이 될 수 있기 때문이다.

LESSON **1** # 1인 상반신 사진

MP3 File 1-06

Point

등장인물이 한 사람이고 상반신이 강조된 사진에서는 인물의 (주로 손과 관련한) 구체적인 동작이나 행위의 묘사가 자주 출제된다. 사진에 대한 순발력 있는 시선 처리를 통해 사진에 등장하지 않은 동작, 행위 또는 사물들을 신속하게 소거하면서 풀어야 한다. **1인 상반신 사진의 시선 처리는 '❶ 구체적인 동작 묘사 ⇨ ❷ 주변의 장소나 상황에 맞는 행위 묘사 ⇨ ❸ 외모, 외형과 관련된 상태 묘사 ⇨ ❹ 주변(장소)의 상황이나 사물 묘사'** 순으로 확인하면 된다.

A 이렇게 풀어라! 문제풀이 순서

Step 1_ 인물의 손동작 → 행위 → 외모를 확인하라.

holding(잡고 있는), pouring(따르는), wearing(입고 있는), a kettle(주전자), a cup/glass(컵), hairband(머리띠)

Step 2_ 장소와 주변 사물을 확인하라.

table(테이블), counter(작업대), (potted) plant(화분), window(창문), on the table/counter(테이블/카운터 위에)

Step 3_ 빠르게 받아쓰며 ○ × 표시하기 미W 영M

(A) s________ c________ ( )　　(B) p________ c________ ( )

(C) w________ p________ ( )　　(D) p________ c________ ( )

오답제거 훈련

(A) She is ~~sitting~~ on a ~~chair~~. (×) 사진 속에 의자는 등장하지 않는다.

(B) She is ~~paying~~ for some items near the counter. (×) 여자는 돈을 지불하고 있지 않다.

(C) She is ~~watering~~ the plants. (×) 화분에 물을 주고 있지 않다.

(D) She is **pouring** water into a **cup**. (○) ▶ 컵에 물을 따르고 있다.

(A) 여자는 의자 위에 앉아 있다.

(B) 여자는 카운터 근처에서 물건값을 지불하고 있다.

(C) 여자는 화분들에 물을 주고 있다.

(D) 여자는 컵에 물을 따르고 있다.

pay for ~에 대한 값을 지불하다　item 물품　water 물을 주다
plant 식물　counter (가게의) 카운터, 계산대　pour 붓다

Possible Answers

She is holding a mug. 여자는 머그컵을 쥐고 있다.

She is using both of her hands. 여자는 양손을 이용하고 있다.

Potted plants have been set on the table. 화분들이 테이블 위에 놓여 있다.

A cup is being filled. 컵이 채워지고 있다.

B 무조건 외워라! 토익 빈출표현

물이나 음료를 마시는 동작과 관련해 자주 등장하는 표현

pouring liquid into a container 그릇에 물을 붓고 있다

filling a cup with water 컵에 물을 채우고 있다

sipping from a cup 물을 마시고 있다

drinking from a fountain 식수대에서 물을 마시고 있다

Ustar 출제포인트 시험에는 이렇게 나온다! **사진에 없는 동사와 명사 표현은 무조건 오답!**

보기 (A)~(D)를 들을 때는 사진에서 절대 시선을 떼지 말아야 한다. 사진에 등장하지 않는 단어가 들리면 바로 소거하자. 위의 예제는 다음과 같이 접근할 수 있다.

(A) 사진에 의자가 안 보이므로 마지막 명사 chair가 들리는 즉시 ×를 표시한다.

(B) 여자의 동작이 물건 값을 지불하는 모습은 아니므로 She is paying까지 들었을 때 바로 ×를 표시하고 그 다음 보기를 기다려야 한다.

(C) She is watering까지 듣고 바로 ×를 표시할 수 있어야 한다. watering은 물을 뿌리거나 물을 줄 때 쓰는 동사 표현으로, 사진 속의 여자는 화분이 아닌 컵에 물을 따르고 있다.

Exercises

음성을 듣고 빈칸에 키워드를 받아쓰세요. 사진과 일치하면 괄호 안에 ○를, 아니면 ×를 표시하세요.

Step 1 Warm-up Test

01

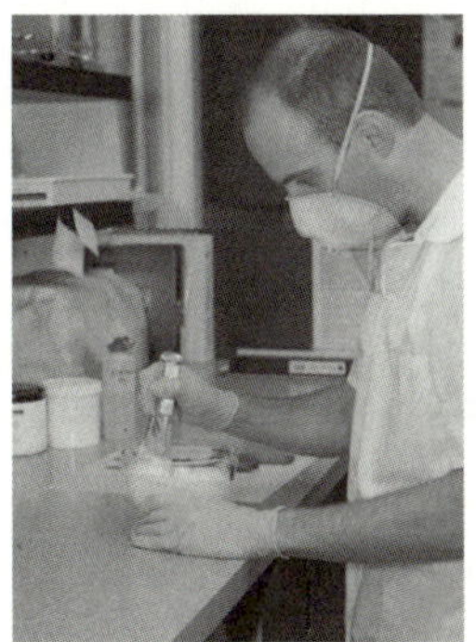

(A) a rranging s upplies ( )
(B) h________ l________ ( )
(C) w________ g________ ( )
(D) r________ p________ ( )

02

(A) f________ l________ ( )
(B) g________ h________ ( )
(C) h________ t________ ( )
(D) g________ b________ ( )

Step 2 실전 TOEIC Test

01

(A) ________, ________ ( )
(B) ________, ________ ( )
(C) ________, ________ ( )
(D) ________, ________ ( )

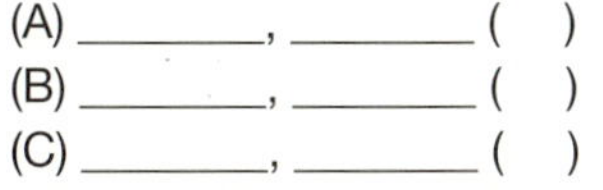
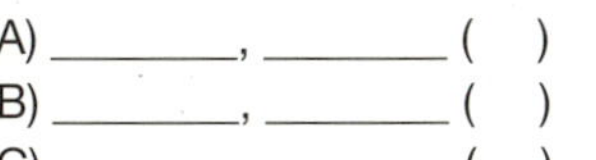

02

(A) ________, ________ ( )
(B) ________, ________ ( )
(C) ________, ________ ( )
(D) ________, ________ ( )

03

(A) ________, ________ ( )
(B) ________, ________ ( )
(C) ________, ________ ( )
(D) ________, ________ ( )

04

(A) ________, ________ ( )
(B) ________, ________ ( )
(C) ________, ________ ( )
(D) ________, ________ ( )

▶ 정답 및 해설 p.6~7

LESSON 2 1인 전신사진

MP3 File 1-07

Point

한 사람의 전신이 등장하는 사진은 동작보다는 주변의 사물이나 시설 등과 관련한 행위 묘사 쪽에 무게를 두고 봐야 한다. **1인 전신사진에 대한 시선 처리는 '❶ 상황에 맞는 행위 묘사 ⇨ ❷ 구체적인 동작 묘사 ⇨ ❸ 외모, 외형과 관련된 상태 묘사 ⇨ ❹ 주변(장소)의 상황이나 사물 묘사'** 순으로 한다.

A 이렇게 풀어라! 문제풀이 훈련

Step 1_ 주변 사물 관련 행위 → 동작 → 외모를 확인하라.

walking/strolling(걷고 있는), holding(잡고 있는), wearing(착용하고 있는), carrying(옮기고 있는, 휴대하고 있는), bicycle(자전거), backpack(배낭), cap(모자), short sleeves(반팔)

Step 2_ 장소와 주변 사물을 확인하라.

grass/lawn(잔디), water(물, 물을 주다), fountain(분수), shore(강기슭), forest(숲), beside/next to/by(~곁에), along(~을 따라)

Step 3_ 빠르게 받아쓰며 ○ × 표시하기 미M 호W

(A) p________ r________ ( )　(B) w________ b________ ( )

(C) g________ w________ ( )　(D) r________ r________ ( )

오답제거 훈련

(A) A bicycle is ~~being parked~~ on the ~~rack~~. (×) 사진에는 거치대(rack)가 없다.

(B) A man is **walking beside** his **bicycle**. (○) ▶ 남자가 자전거를 옆에 끼고 걸어가고 있다.

(C) The grass in the park is ~~being watered~~. (×) 물 위로 분수가 보이긴 하지만 잔디(grass)에 물을 주고 있는 것은 아니다.

(D) A man is ~~riding a bicycle~~ on the ~~road~~. (×) 남자는 길(road)에서 자전거를 타고(riding) 있지 않다.

(A) 자전거는 거치대에 세워져 있다.
(B) 남자가 자전거 옆에서 걸어가고 있다.
(C) 공원의 잔디에 물이 뿌려지고 있다.
(D) 남자는 길에서 자전거를 타고 있다.

park 주차하다 rack 거치대, 보관대 beside ~옆에 ride 타다

Possible Answers

A man is strolling with his bicycle. 남자가 자전거를 끌며 걷고 있다.
A man is pushing his bicycle. 남자가 자전거를 끌고 가고 있다.
A man is holding a bicycle. 남자가 자전거를 잡고 있다.
A man is carrying his backpack. 남자는 배낭을 메고 있다.
A man is walking along the shore. 남자는 물가를 따라 걷고 있다.

B 무조건 외워라! 토익 빈출표현

걷는 동작과 관련해 자주 등장하는 표현

walking toward some trees 나무들을 향해 걷고 있다 ☆ 일반적으로 걷는 동작은 walk

crossing the street 길을 건너고 있다 ☆ cross는 '맞은편으로 건너가다'는 의미로 쓰인다.

hiking on the mountain 등산을 하다 ☆ hike는 주로 산길을 다니는 모습을 묘사할 때 쓴다.

strolling down the hill 언덕을 내려오고 있다 ☆ stroll은 '가볍게 걷다'로 walk for(산책하다)와 유사한 의미이다.

Ustar 출제포인트 시험에는 이렇게 나온다! 정답을 다른 각도, 다른 시선으로 묘사한다.

사진 속에 한 남자가 공원 같은 곳에서 자전거를 끌고 가고 있다. 따라서 pulling his bicycle 또는 leading his bicycle이라고 동작을 묘사할 수 있을 것이다. 그런데 위 문제를 보면 walking beside his bicycle(자전거 옆에서 걸어가고 있다)처럼 객관적인 동작을 다른 각도로 묘사한 보기를 정답으로 제시하고 있다. 토익에서는 직접적이고 구체적인 동작 묘사보다는 포괄적이고 일반적인 동작으로 표현할 때가 많다. 그래서 standing, walking, holding, using 등의 일반적인 단어들이 정답으로 자주 등장한다.

Exercises

음성을 듣고 빈칸에 키워드를 받아쓰세요. 사진과 일치하면 괄호 안에 ○를, 아니면 ×를 표시하세요.

Step 1 Warm-up Test

01

(A) t________ b________ c________ ( )
(B) i________ r________ ( )
(C) u________ s____________ t________ ( )
(D) d________ p________ c________ ( )

02

(A) s________ t________ ( )
(B) c________ c________ ( )
(C) r________ s____________ ( )
(D) s________ s________ ( )

Step 2 실전 TOEIC Test

01

(A) ________, ________ ( )
(B) ________, ________ ( )
(C) ________, ________ ( )
(D) ________, ________ ( )

02

(A) ________, ________ ( )
(B) ________, ________ ( )
(C) ________, ________ ( )
(D) ________, ________ ( )

03

(A) ________, ________ ( )
(B) ________, ________ ( )
(C) ________, ________ ( )
(D) ________, ________ ( )

04

(A) ________, ________ ( )
(B) ________, ________ ( )
(C) ________, ________ ( )
(D) ________, ________ ( )

▶ 정답 및 해설 p.7~9

LESSON 3 2인 등장 사진

MP3 File 1-08

Point

2인 등장 사진은 주로 사진 속 두 사람의 공통된 행위를 묘사하는 보기가 정답이 된다. 물론 개개인의 동작이나 상태, 주변의 사물들도 놓치지 말아야 한다. 2인 등장 사진의 시선 처리는 '**❶ 두 사람이 함께 하는 공통 행위와 상황 묘사 ⇨ ❷ 한 사람 또는 두 사람의 구체적인 동작 묘사 ⇨ ❸ 외모, 외형과 관련된 상태 묘사 ⇨ ❹ 주변(장소)의 상황이나 사물 묘사**' 순으로 하면 된다.

A 이렇게 풀어라! 문제풀이 훈련

Step 1_ 공통 행위 → 동작 → 외모를 확인하라.

looking(보고 있는), standing(서 있는), sorting(분류하는), gathered(모인), cabinet(캐비닛), drawer(서랍), document(문서, 서류), file(서류), folder(서류철, 폴더), tie(넥타이), suit(정장)

Step 2_ 장소와 주변 사물을 확인하라.

open(열린), office furniture(사무용 가구)

Step 3_ 빠르게 받아쓰며 ○ × 표시하기 미W 영M

(A) p________ s____________ ( ) (B) f________ c________ ( )

(C) g________ o____________ ( ) (D) r________ b________ ( )

오답제거 훈련

(A) Employees are ~~packing~~ some ~~files into a storage box~~. (×) 파일들을 상자에 담고 있지 않다.

(B) They are ~~fixing~~ a filing cabinet. (×) 고치고 있는 동작이 아니다.

(C) They are **gathered** around the **office furniture**. (○) ▶ 사무가구 주변에 모여 있다.

(D) People are ~~removing~~ folders ~~from the box~~. (×) 상자에서 폴더를 꺼내는 동작이 아니다.

(A) 직원들이 보관함에 서류들을 넣고 있다.
(B) 사람들이 파일 캐비닛을 고치고 있다.
(C) 사람들이 사무기구 주변에 모여 있다.
(D) 사람들이 상자에서 폴더를 제거하고 있다.

pack (짐 등)을 싸다, 쌓다 storage box 보관함 fix 고치다
gather 모이다 remove 제거하다, 빼내다

Possible Answers

They are standing by the cabinet. 사람들이 캐비닛 옆에 서 있다.
They are facing a file cabinet. 사람들이 파일 캐비닛을 향해 있다.
They are looking through documents in a filing cabinet. 사람들이 파일 캐비닛에 있는 서류들을 보고 있다.
The drawer has been left open. 서랍이 열려 있다.

B 무조건 외워라! 토익 빈출표현

face가 들어간 정답 표현

'~을 보다'는 표현은 Part 1에서 자주 등장하는데 일반적으로 examine, check, read, study, review, stare 등의 동사로 출제된다. 그런데 '둘이서 마주보다', '(얼굴)을 향하다'고 할 때는 face라는 동사로 표현한다. Part 1이 좋아하는 동사이니 외워두자.

They are **facing** each other. 사람들이 서로 마주보고 있다.
She's **facing** the mountain. 여자는 산을 바라보고 있다.
They are **facing** a display rack. 사람들이 진열대를 바라보고 있다.

Ustar 출제포인트 시험에는 이렇게 나온다! **토익은 일반적이고 포괄적인 표현이 정답이다!**

사진 속의 두 사람 앞에 있는 것은 캐비닛(cabinet)이다. 하지만 시험에는 포괄적인 단어인 office furniture(사무가구)라는 어휘로 표현하고 있다. 토익에서는 특정 물건이나 제품을 주로 item(물건, 상품), equipment(장비), furniture(가구) 등과 같이 통칭할 수 있는 단어로 출제한다는 것을 기억하자.

Exercises

음성을 듣고 빈칸에 키워드를 받아쓰세요. 사진과 일치하면 괄호 안에 ○를, 아니면 ×를 표시하세요.

Step 1 Warm-up Test

01

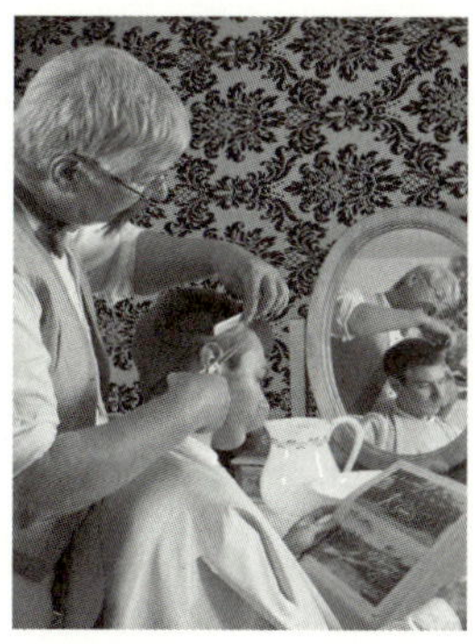

(A) h________ c________ ( )
(B) s________ d________ ( )
(C) f________ b________ ( )
(D) h________ m________ ( )

02

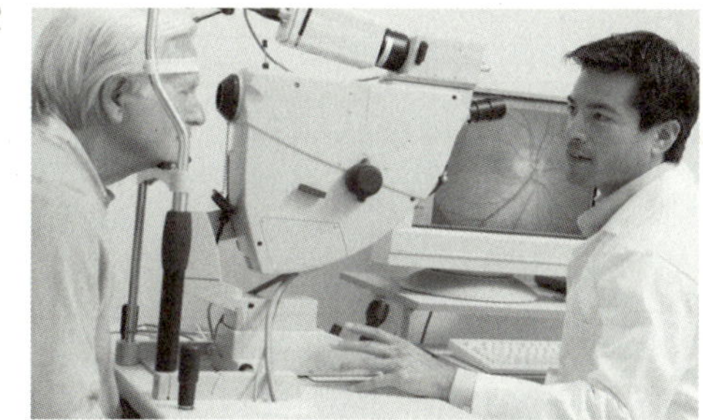

(A) g________ w________ ( )
(B) c________ b________ ( )
(C) e________ b________ c________ ( )
(D) e________ b________ ( )

Step 2 실전 TOEIC Test

01

(A) ________, ________ ( )
(B) ________, ________ ( )
(C) ________, ________ ( )
(D) ________, ________ ( )

02

(A) ________, ________ ( )
(B) ________, ________ ( )
(C) ________, ________ ( )
(D) ________, ________ ( )

03

(A) ________, ________ ( )
(B) ________, ________ ( )
(C) ________, ________ ( )
(D) ________, ________ ( )

04

(A) ________, ________ ( )
(B) ________, ________ ( )
(C) ________, ________ ( )
(D) ________, ________ ( )

▶ 정답 및 해설 p.9~10

LESSON 4 3인 이상 등장 사진

MP3 File 1-09

Point

3인 이상이 등장하는 사진에서는 주로 사람들의 획일적인 행위나 동작, 상태가 정답인 경우가 많다. **3인 이상 등장 사진의 시선 처리는 '❶ 주변의 장소나 상황에 맞는 행위나 분위기 묘사 ⇨ ❷ 사람들의 공통점이나 일관된 동작 묘사 ⇨ ❸ 사람들의 외모, 외형과 관련된 상태 묘사 ⇨ ❹ 주변(장소)의 상황이나 사물 묘사'** 순으로 해야 한다.

A 이렇게 풀어라! 문제풀이 훈련

Step 1_ 전반적인 분위기 → 획일성, 공통점 → 외모를 확인하라.

marching(행진하고 있는), wearing(입고 있는), walking(걷고 있는), holding(잡고 있는), carrying(들고 있는), uniform(제복), identically(똑같이), playing musical instruments(악기를 연주하고 있는), in rows(줄 지어)

Step 2_ 장소와 주변 사물을 확인하라.

on the road/street/pavement(길/거리/도로에서), in front of the building(건물 앞에서)

Step 3_ 빠르게 받아쓰며 ○× 표시하기 미M 호W

(A) s________ a________ ( ) (B) t________ u________ ( )

(C) m________ r________ ( ) (D) p________ s________ ( )

오답제거 훈련

(A) Some ~~spectators~~ are ~~applauding~~. (×) 구경꾼들(spectators)은 보이지 않는다.

(B) Some men are ~~trying on~~ uniforms. (×) 유니폼을 입고 있는 동작이 아니다.

(C) Musicians are **marching** in **rows**. (○) ▶ 연주자들이 줄을 맞춰 행진하고 있다.

(D) A band is playing ~~on a stage~~. (×) 연주하는 장소는 무대가 아닌 거리이다.

(A) 구경꾼들이 박수를 치고 있다.
(B) 남자 몇 명이 유니폼을 입어보고 있다.
(C) 연주자들이 줄을 맞춰 행진하고 있다.
(D) 악단이 무대에서 연주를 하고 있다.

spectator 구경꾼 applaud 박수치다 try on (옷, 신발 등을) 입어보다, 신어보다 march 행진하다 in rows 줄 지어

Possible Answers

The marching band is dressed identically.
행진하는 악단은 옷을 동일하게 입고 있다.
They are carrying their musical instruments. 사람들은 악기를 들고 있다.
They are moving in a single direction. 사람들은 한 방향으로 움직이고 있다.
People are walking on the pavement. 사람들이 도로 위를 걷고 있다.

B 무조건 외워라! 토익 빈출표현

putting on vs wearing on

put on은 입고 있는 동작을, wear는 입고 있는 상태를 나타낸다. 그래서 putting on a hat은 모자를 쓰고 있는 동작을, wearing a hat은 모자를 쓴 상태를 나타낸다. Part 1에서 인물의 옷차림을 묘사할 때는 wearing으로 표현하며 putting on(입고 있는), trying on(한번 입어보는), taking off(벗고 있는) 등의 동작 동사를 사용하면 오답이다.

He is **wearing** a tool belt. 남자는 연장벨트를 차고 있다.
He is **wearing** protective equipment[gear]. 남자는 안전장비를 착용하고 있다.
He is **wearing** glasses. 남자는 안경을 쓰고 있다.

[주의] He's adjusting his helmet.(남자는 모자를 고쳐 쓰고 있다.)과 같이 adjust로도 입는다는 동작을 나타낼 수 있다. adjust는 모자뿐만 아니라 액자(picture, painting)를 걸면서 위치를 바로 맞추거나 카메라(camera) 등을 조준하면서 렌즈를 조정하고 있는 사진에도 자주 등장한다.

Ustar 출제포인트 시험에는 이렇게 나온다! **공통적인 행위나 획일적인 특징에 주목하라.**

다수의 사람이 나오는 사진이나 배경 위주의 사진에서는 사람들의 옷차림, 동작, 상태 또는 건물들의 공통점을 찾아야 한다.

They're dressed in identical uniforms. 사람들이 같은 제복을 입고 있다.
All of the buildings are the same height. 건물들의 높이가 모두 똑같다.
The men are all facing the same direction. 남자들이 모두 한 방향을 향하고 있다.

Exercises

음성을 듣고 빈칸에 키워드를 받아쓰세요. 사진과 일치하면 괄호 안에 ○를, 아니면 ×를 표시하세요.

Step 1 Warm-up Test

01

(A) c________ h________ ( )
(B) p________ c________ ( )
(C) p________ p________________ ( )
(D) i________ s________ ( )

02

(A) W________ p________ ( )
(B) b________ b________ ( )
(C) P________ c________ ( )
(D) p________________ d________ ( )

Step 2 실전 TOEIC Test

01

(A) ________, ________ ( )
(B) ________, ________ ( )
(C) ________, ________ ( )
(D) ________, ________ ( )

02

(A) ________, ________ ( )
(B) ________, ________ ( )
(C) ________, ________ ( )
(D) ________, ________ ( )

03

(A) ________, ________ ( )
(B) ________, ________ ( )
(C) ________, ________ ( )
(D) ________, ________ ( )

04

(A) ________, ________ ( )
(B) ________, ________ ( )
(C) ________, ________ ( )
(D) ________, ________ ( )

▶ 정답 및 해설 p.10~12

LESSON 5 사람이 아닌 사물 묘사

MP3 File 1-10

Point

사진 속에 사람이 등장한다 하더라도 사람과 관련된 내용이 답이 되지 않는 경우가 종종 있다. 주로 **주변 사물 및 배경이 부각되는 사진**으로, 이 경우 **사물에 대한 묘사가 정답**이 되는 경우가 많다. 따라서 **사람이 나온 사진이라도 주변 사물이나 시설물의 유무 및 상태에도 꼭 주의를 기울여야** 한다.

A 이렇게 풀어라! 문제풀이 훈련

Step 1_ 전반적인 분위기 → 획일성, 공통점 → 외모, 상태를 확인하라.

people(사람들), bicycles(자전거들), walking(걷고 있는), carrying(휴대하고 있는), moving(움직이고 있는), backpack(배낭), bag(가방), one direction(한 쪽 방향)

Step 2_ 장소와 주변 사물을 확인하라.

building(건물), rack(거치대), fence(울타리), sidewalk(보도), pavement(포장도로), curb(보도의 연석), lamps(가로등들), line(선)

Step 3_ 빠르게 받아쓰며 ○ × 표시하기 미W 영M

(A) c________ l____________ ( ) (B) p________ p________ ( )

(C) f________ c________ ( ) (D) e________ b________ ( )

오답제거 훈련

(A) People are ~~chaining bicycles~~ to a lamp post. (×) 가로등에 자전거를 매고 있지(chaining) 않다.

(B) Bicycles are **parked** on the **pavement**. (○) ▶ 자전거가 포장된 길(pavement) 위에 주차되어 있다.

(C) There is a ~~fence next to the curb~~. (×) 담장(fence)은 건물 앞에 있다.

(D) Some people are ~~entering the building~~. (×) 건물로 들어가는 사람은 없다.

(A) 사람들이 자전거를 가로등에 체인으로 매고 있다.
(B) 자전거들이 도로에 세워져 있다.
(C) 연석 옆에 담장이 있다.
(D) 몇 사람이 빌딩으로 들어가고 있다.

chain (사슬 등으로) 묶다 lamp post 가로등 pavement 포장도로 curb 보도의 연석 enter ~에 들어가다

Possible Answers

People are walking in a single direction. 사람들이 한 방향으로 걷고 있다.
Pedestrians are passing the building. 보행자들이 건물 옆을 지나가고 있다.
There is a building behind a fence. 펜스 뒤에 건물이 있다.
Bicycles are standing in line. 자전거들이 한 줄로 서 있다.
Bikes are arranged side by side. 자전거들이 나란히 정렬되어 있다.
There is a curb along the street. 길을 따라 인도의 연석이 나 있다.

B 무조건 외워라! 토익 빈출표현

놓여 있거나 전시되어 있는 상태를 묘사하는 표현

물건들이 창고나 선반 등에 쌓여 있는 사진에 주로 등장하는 동사들은 다음과 같다.

stack/pile 쌓아 놓다	**display** 볼 수 있도록 놔두다	**arrange** 정리해놓다	**place** 놔두다
stock 물건들로 채워놓다	**put** 놓다	**position** 위치시키다	

The boxes **are piled on** the floor. 박스들이 바닥에 쌓여 있다.
The shelves **are stacked with** some products. 선반들에 물건이 쌓여 있다.
The items **are displayed on** the stand. 물건들이 가판에 진열되어 있다.

Ustar 출제포인트 시험에는 이렇게 나온다! 사람이 등장했다고 주변 사물을 놓치지 마라.

Part 1에서 가장 어려울 수 있는 문제 유형 중 하나이다. 사진을 볼 때 눈에 먼저 들어오는 특징적인 부분만 확인하고 있다가 전혀 예상치 못한 주변 사물들의 위치나 상태를 묘사하는 보기가 나오기 때문이다. 사람이 나온 사진이라도 주변 시설이나 사물의 상태까지 꼼꼼하게 파악해야 한다.

A vehicle is making tracks on the ground. 차량이 땅에 바퀴자국을 남기고 있다.
☆ 중장비를 운전하는 사람이 나오는 사진에서 땅에 있는 바퀴자국을 정답으로 묘사한 문제이다.
There is a table by some benches. 벤치들 옆에 테이블이 하나 있다.
☆ 공원 테이블에서 사람이 식사를 하고 있는 장면이더라도 테이블과 주변의 사물을 정답으로 묘사한다.
The back of the truck is open. 트럭의 뒷부분이 열려 있다.
☆ 트럭 뒤에서 작업하는 사람이 있는 사진인데도 트럭의 뒷문이 열려 있는 모습을 묘사한 보기를 정답으로 제시한다.

Exercises

음성을 듣고 빈칸에 키워드를 받아쓰세요. 사진과 일치하면 괄호 안에 ○를, 아니면 ×를 표시하세요.

Step 1 Warm-up Test

01

(A) s________ g________ ( )
(B) t________ b________ ( )
(C) b________ p________ ( )
(D) p________ w________ ( )

02

(A) p________ f________ ( )
(B) f________ b________ ( )
(C) r________ c________ t________ ( )
(D) b________ g________ ( )

Step 2 실전 TOEIC Test

01

(A) ________, ________ ( )
(B) ________, ________ ( )
(C) ________, ________ ( )
(D) ________, ________ ( )

02

(A) ________, ________ ( )
(B) ________, ________ ( )
(C) ________, ________ ( )
(D) ________, ________ ( )

03

(A) ________, ________ ( )
(B) ________, ________ ( )
(C) ________, ________ ( )
(D) ________, ________ ( )

04

(A) ________, ________ ( )
(B) ________, ________ ( )
(C) ________, ________ ( )
(D) ________, ________ ( )

▶ 정답 및 해설 p.12~13

LESSON 6 장소 및 사물

MP3 File 1-11

Point

특정 장소에서 사물의 위치나 상태를 묻는 문제는 최소 1~2문제 이상 등장한다. 사물이나 시설물의 명칭뿐만 아니라 위치나 상태를 묘사하는 데 꼭 필요한 전치사들을 정확히 알고 들어야 한다. **사진에 대한 시선 처리는 '❶ 장소와 사물의 유무 확인 ⇨ ❷ 사물들의 위치와 상태 ⇨ ❸ 장소와 사물들 간의 상태와 상황'** 순으로 꼼꼼하게 확인해야 된다.

A 이렇게 풀어라! 문제풀이 훈련

Step 1_ 사진의 장소와 사물을 확인하라.

indoor(실내의), (arm) chair(안락의자), table(테이블), light(빛, 불), lamp(램프), picture(그림), wall(벽)

Step 2_ 사물의 위치와 상태, 상황을 확인하라.

on the wall(벽에), above the table(테이블 위에), against the wall(벽에 기대서, 벽에 붙어), at the edge(가장자리에서), both sides(양쪽)

Step 3_ 빠르게 받아쓰며 ○× 표시하기 미M 호W

(A) L________ b__________ ( ) (B) t________ p________ w________ ( )

(C) p________ w________ ( ) (D) b__________ p__________ ( )

오답제거 훈련

(A) Lamps are ~~being turned~~ on. (×) 사람이 없으므로 수동태 진행형인 〈being + 과거분사〉는 답이 아니다.

(B) A **table** is **placed** against the **wall**. (○) ▶ 테이블이 벽 쪽에 붙어 있다.

(C) There are ~~a series of paintings~~ on the wall. (×) 벽에는 그림이 하나밖에 없다.

(D) ~~Some books~~ are ~~piled up~~ on the table. (×) 테이블 위에 있는 것은 등(lamps, lights)이다.

(A) 램프가 켜지고 있다.
(B) 테이블이 벽 쪽에 붙어 있다.
(C) 벽에 그림이 여러 장 있다.
(D) 책이 몇 권 테이블 위에 쌓여 있다.

turn on (전원을) 켜다 place 놓다 a series of paintings 여러 장의 그림들 pile up 쌓다

Possible Answers

Chairs are positioned on both sides of the table.
테이블 양옆에 의자들이 놓여 있다.

The picture frame is mounted above the table.
액자가 테이블 위쪽에 붙어 있다.

Lamps have been set at the edge of the table.
등들이 테이블 끝에 놓여 있다.

There's some furniture close to the wall. 가구들이 벽 가까이에 있다.

B 무조건 외워라! 토익 빈출표현

기본 전치사 관련 정답표현

in front of ~앞에	There is a truck **in front of** the building. 건물 앞에 트럭이 한 대 있다. She's sitting **in front of** the fax machine. 여자가 팩스기 앞에 앉아 있다.
on ~(표면) 위에	There are some books **on** the shelves. 선반들 위에 책이 놓여 있다.
beside ~옆에(= next to, close to, by)	A man is walking **beside** the bicycles. 남자가 자전거들 옆을 걸어가고 있다.
over ~위에, 너머	There is a bridge **over** the water. 강 위에 다리가 있다. He is carrying a bag **over** his shoulder. 남자가 가방을 어깨에 메고 있다.
above ~위에	There is a picture **above** the fireplace. 벽난로 위에 그림이 걸려 있다.
under ~아래	There are cabinets **under** the counter. 작업대 아래 수납장들이 있다.

Ustar 출제포인트 시험에는 이렇게 나온다! **사람이 없는데 수동태 진행형 being이 들리면 오답!**

수동태 진행형은 사물주어로 시작하여 그와 관련된 사람의 동작이나 행위를 묘사한다. 따라서 사람이 없는 사진에서 보기에 being이 들렸다면 바로 정답에서 제외해야 한다.

The lamps are **turned** on. 등이 켜져 있다. The lamps are **being turned** on. (누군가가) 등을 켜고 있다.

[주의] The lamps have **been turned** on.(등이 켜져 있다.)에서 완료 시제의 been과 혼동하지 않도록 하자.

Exercises

음성을 듣고 빈칸에 키워드를 받아쓰세요. 사진과 일치하면 괄호 안에 ○를, 아니면 ×를 표시하세요.

Step 1 Warm-up Test

01

(A) H________ b________________ ( )
(B) w________ w________ ( )
(C) p________ g________ ( )
(D) r________ b________________ ( )

02

(A) S________ a________ ( )
(B) d________ h________ ( )
(C) P________ r________ ( )
(D) b________________ p________ ( )

Step 2 실전 TOEIC Test

01

(A) ________, ________ ( )
(B) ________, ________ ( )
(C) ________, ________ ( )
(D) ________, ________ ( )

02

(A) ________, ________ ( )
(B) ________, ________ ( )
(C) ________, ________ ( )
(D) ________, ________ ( )

03

(A) ________, ________ ( )
(B) ________, ________ ( )
(C) ________, ________ ( )
(D) ________, ________ ( )

04

(A) ________, ________ ( )
(B) ________, ________ ( )
(C) ________, ________ ( )
(D) ________, ________ ( )

▶ 정답 및 해설 p.13~15

LESSON 7 풍경 및 배경 사진

MP3 File 1-12

Point

풍경이나 배경 위주의 사진들은 다수의 사람들과 함께 등장하는 경우가 종종 있다. 이 경우에는 사람들의 전반적인 분위기나 공통된 행위를 묘사하거나 풍경이나 배경에서 주된 특징들을 묘사하게 된다.

풍경 및 배경 사진에 대한 시선 처리는 '❶ 장소와 시설물의 유무 확인 ⇨ ❷ 시설 및 장소의 외형 상태 ⇨ ❸ 시설물과 주변 장소와의 위치 관계 ⇨ ❹ 장소와 관련된 전반적인 분위기' 순으로 해야 한다.

A 이렇게 풀어라! 문제풀이 훈련

Step 1_ 장소와 시설물 → 외형 → 위치/분위기를 확인하라.

reflect(비추다), be calm(고요하다), sustain/support(지지하다), bridge(다리, 교량), river(강), water(강, 호수), bushes(관목, 수풀), tree(나무), pillar(기둥), column(기둥), grass(풀, 잔디), across the river(강을 가로질러)

Step 2_ 빠르게 받아쓰며 ○ × 표시하기 미M 호W

(A) W_____ r_____ b_____ ( )   (B) b_____ r_____ w_____ ( )

(C) v_____ r_____ ( )   (D) t_____ b_____ ( )

오답제거 훈련

(A) Water is ~~rushing~~ under a bridge. (×) 강은 빠르게 움직이지(rushing) 않고 잔잔하다.

(B) The bridge is **reflected** on the surface of the **water**. (○) ▶ 다리가 강물 위에 비치고 있다.

(C) There are some ~~vehicles~~ driving across the **river**. (×) 강을 건너고 있는 차량은 보이지 않는다.

(D) Some trees are ~~being planted~~ along the riverbank. (×) 나무를 심고 있는 모습은 보이지 않는다.

(A) 강물이 교량 아래에서 빠르게 흐르고 있다.
(B) 다리가 강물 위에 비치고 있다.
(C) 강을 가로질러 달리는 차량들이 있다.
(D) 강둑을 따라 나무들을 심고 있다.

rush 빠르게 움직이다 surface 표면 vehicle 차량 riverbank 강둑

Possible Answers

Pillars are supporting a structure. 기둥이 구조물을 받치고 있다.
A bridge is crossing over the water. 다리가 강을 가로지르고 있다.
A structure is positioned over the river. 구조물이 강 위쪽에 위치하고 있다.
Guard rails are installed on the bridge. 보호대가 다리에 설치되어 있다.

B 무조건 외워라! 토익 빈출표현

기본 전치사 관련 정답표현

through ~을 통과하여	Light is shining **through** the window. 햇빛이 창문을 통해 비치고 있다. They're looking **through** the store window. 사람들이 가게 창문을 들여다보고 있다.
at ~(앞)에	A man is standing **at** the copier. 남자가 복사기 앞에 서 있다.
on ~에 대해 (대상), ~중인 (동작)	She is working **on** a painting. 여자는 그림을 그리고 있다. She's talking **on** the phone. 여자는 전화통화 중이다.
against ~에 기대어, ~에 붙어	There're two beds **against** the wall. 벽 쪽으로 두 개의 침대가 붙어 있다. A ladder is propped **against** the building. 사다리가 건물에 기대어져 있다.
along ~을 따라	A man is walking **along** the shore. 남자가 물가를 따라서 걷고 있다.

Ustar 출제포인트 시험에는 이렇게 나온다! **풍경 묘사에 자주 등장하는 표현을 익혀두자.**

The scenery is being **reflected on** the surface of the water. 풍경이 물 위에 비치고 있다.
A stone structure **stands above** the town. 도시 위로 석상이 서 있다.
Signs are **mounted on** the side of the building. 간판들이 건물 옆에 붙어 있다.
The intersection is **deserted**. 교차로가 한산하다.
The building is **casting a shadow**. 건물 그림자가 드리워져 있다.
A train is **traveling on the tracks**. 기차가 트랙 위를 달리고 있다.
Tracks have been left on the sand. 모래 위에 자국이 남아 있다.

Exercises

음성을 듣고 빈칸에 키워드를 받아쓰세요. 사진과 일치하면 괄호 안에 ○를, 아니면 ×를 표시하세요.

Step 1 Warm-up Test

01

(A) m________ w________ t________ ( )
(B) w________ p________ ( )
(C) b________ d________ ( )
(D) b________ c________ ( )

02

(A) y________ f________________ ( )
(B) b________ b________________ ( )
(C) g________ n________________ ( )
(D) m________ w________________ ( )

Step 2 실전 TOEIC Test

01

(A) ________, ________ ( )
(B) ________, ________ ( )
(C) ________, ________ ( )
(D) ________, ________ ( )

02

(A) ________, ________ ( )
(B) ________, ________ ( )
(C) ________, ________ ( )
(D) ________, ________ ( )

03

(A) ________, ________ ( )
(B) ________, ________ ( )
(C) ________, ________ ( )
(D) ________, ________ ( )

04

(A) ________, ________ ( )
(B) ________, ________ ( )
(C) ________, ________ ( )
(D) ________, ________ ( )

▶ 정답 및 해설 p.15~16

Chapter 3

장소별 전략

상황별 표현이나 유형별, 장소별 기본어휘가 충실해야 Part 1의 만점을 기대할 수 있다. 한 문제에 모르는 단어가 하나 이상 있으면 오답을 고를 확률이 그만큼 높아지는 것이다. 채점을 하고 틀린 문제들의 스크립트를 보면 모르는 단어는 거의 없다. 그런데 왜 안 들렸을까? 단어가 머릿속에만 있고 귀와 입에는 익숙하지 않기 때문에 쉽게 알아듣지 못하는 것이다.

★ 주요 출제 패턴

1. 회사, 사무실	4. 쇼핑, 가게	7. 건설, 작업	10. 기타 일상생활 관련 장소
2. 식당, 음식점	5. 교통수단	8. 집 또는 일상 가사	
3. 엔터테인먼트, 여가생활	6. 길, 거리, 도로	9. 자연 및 풍경	

★ 출제 패턴별 공략법

1. 회사, 사무실

회사와 사무실을 배경으로 한 사진에서는 회의나 프레젠테이션을 하는 장면, 책상에 앉아 컴퓨터로 일하는 장면, 서류를 검토하거나 전화를 받는 장면 등이 등장한다. 업무 관련 동작 표현과 사무실에서 흔히 볼 수 있는 사물명사들에 대해서 미리 알아둘 필요가 있다.

2. 식당, 음식점

식당과 음식점에서는 손님이 식사를 하거나 주문을 하는 사진, 종업원이 음식을 나르거나 테이블을 정리하는 사진, 주방에서 요리하는 사진 등이 등장한다. 식당에서 이뤄질 만한 다양한 행위 및 동작 표현들과 사물명사들을 알고 있어야 한다.

3. 엔터테인먼트, 여가생활

여가생활이나 출장, 휴가와 관련된 사진들도 출제된다. 티켓을 구매하는 상황에서부터 장소에 구애받지 않는 실내외 연주사진, 그리고 관객이나 구경꾼들의 다양한 모습이 등장한다. 또, 야외에서 다양한 스포츠, 레저 활동을 즐기는 모습도 종종 등장한다.

4. 쇼핑, 가게

쇼핑과 관련된 사진들은 주로 길거리 가판에서부터 상점의 내·외부를 배경으로 하며, 물건을 고르고 계산하는 등의 다양한 모습이 등장한다.

5. 교통수단

출퇴근을 비롯하여 여행, 출장 등과 관련한 교통수단이 등장한다. 공항시설이나 기차 및 차량의 내부 또는 승강장 등에서 일어날 수 있는 상황, 동작 그리고 이와 관련한 시설물의 이름을 알고 있어야 한다.

6. 길, 거리, 도로

길거리, 도로 등을 중심으로 발생하는 모든 상황들이 시험에 등장한다. 사람들이나 차량들의 움직임과 관련된 표현들과 거리에 있는 각종 시설물의 이름들을 익혀두어야 한다.

7. 건설, 작업

Part 1에서 자주 등장하는 건설 현장이나 공사장은 작은 정원 공사부터 도로, 건물, 내부 공사 등 다양한 장소를 배경으로 한다. 사진 속 동작이나 행위도 목공이나 벽돌쌓기, 측정 등 다양한 도구와 장비를 이용하는 모습들이 등장한다.

8. 집 또는 일상 가사

가사일이나 집과 관련한 내용들도 출제된다. 주로 주방이나 거실, 정원에서 하는 가사일 그리고 휴식을 취하는 사진들이 등장한다.

9. 자연 및 풍경

상세 사진 외에도 멀리 보이는 풍경 및 장소를 배경으로 하는 사진들도 매달 1~2문제씩 출제되고 있다. 강, 바다, 호수, 냇가 그리고 산이나 벌판 등 다양한 장소가 등장하므로 상태나 분위기를 묘사할 수 있는 표현들을 익혀둔다.

10. 기타 일상생활 관련 장소

일상생활 속에서 접할 수 있는 많은 장소 중에 병원, 도서관, 주유소, 정비소, 농장, 교실 등 다양한 곳에서 발생할 수 있는 동작과 등장할 수 있는 사물들의 명칭을 알아둬야 한다.

회사 및 사무실

MP3 File 1-13

Point

회사와 사무실 사진에서는 **회의, 프레젠테이션, 컴퓨터 작업, 서류 검토, 복사, 파일 분류, 전화통화 장면 등이 출제**된다. '서류를 보다(looking at/examining some papers)', '복사하고 있다(making copies)', '미팅하고 있다(having a meeting)' 등 사무실에서 **업무와 관련해 이루어지는 동작 표현과 사무용품을 비롯한 사무실 집기와 관련된 다양한 사물명사들을 알고 있어야** 한다.

A 일상 업무 유형

빠르게 받아쓰며 ○ × 표시하기 미M 호W

(A) ________, ________ ( )

(B) ________, ________ ( )

(C) ________, ________ ( )

(D) ________, ________ ( )

오답제거 훈련

(A) A woman is ~~signing~~ a document. (×) 서류에 서명하고(signing) 있는 것은 아니다.

(B) A man is ~~fixing~~ a ~~machine~~. (×) 기계(machine)는 사진에 등장하지도 않는다.

(C) They are ~~assembling~~ a ~~shelf~~. (×) 선반을 조립하고 있지(assembling) 않다.

(D) They are **looking** at some **papers**. (○) ▶ 서류를 보고 있다.

(A) 여자는 서류에 서명하고 있다.
(B) 남자는 기계를 고치고 있다.
(C) 그들은 선반을 조립하고 있다.
(D) 그들은 서류를 보고 있다.

assemble (기계를) 조립하다 shelf 선반

Possible Answers

She is holding some papers. 여자는 서류를 들고 있다.
They are looking at the same page. 그들은 같은 페이지를 보고 있다.
A man is standing next to the woman. 남자가 여자 옆에 서 있다.

B 사무실 묘사 유형

빠르게 받아쓰며 ○ × 표시하기 미W 영M

(A) ________, ______________ ( )

(B) ______________, ________ ( )

(C) ________, ________ ( )

(D) ________, ______________ ( )

오답제거 훈련

(A) A **desk** is ~~being cleaned~~. (×) 사람이 등장하지 않는 사진에서 〈being + 과거분사〉가 들리면 오답!

(B) A ~~cabinet's doors~~ are open. (×) 서류 보관함에 문(cabinet's doors) 자체가 달려 있지 않다.

(C) The **chair** is **unoccupied**. (○) ▶ 의자가 비어 있다(unoccupied).

(D) The office furniture is ~~being moved~~. (×) 사람이 없으므로 〈being + 과거분사〉는 오답!

(A) 책상이 깨끗하게 치워지고 있다.
(B) 서류 보관함의 문들이 열려 있다.
(C) 의자는 비어 있다.
(D) 사무실 가구가 옮겨지고 있다.

unoccupied 비어 있는, 점거되지 않은

Possible Answers

A clock is hanging on the wall. 시계는 벽에 걸려 있다.
The desk has been placed next to the wall. 책상은 벽 옆에 놓여 있다.
There is a cabinet filled with some files. 서류가 가득 찬 보관함이 있다.

Ustar 출제포인트 시험에는 이렇게 나온다! **paper, document는 이렇게 출제된다!**

회의하는 사진은 주로 회의 테이블(table)에 서류들이 놓여 있고 사람들이 서류를 들고 이야기하는 모습이 나온다. 사진 속의 서류는 설계도면, 계약서 등 다양한 형태가 등장하며 document, paper 등의 어휘로 표현된다. 이들과 함께 자주 나오는 빈출동사로는 examine(검토하다), look at(보다), pick up(집어 들다), work on(~ 작업을 하다), hand out(건네주다) 등이 있다.

They're **looking at a document.** 사람들이 문서를 보고 있다.
He is **signing a piece of paper.** 남자는 서류에 서명을 하고 있다.

Exercises

음성을 듣고 보기 (A), (B), (C), (D) 중 정답을 골라보세요.

01

(A) (B) (C) (D)

02

(A) (B) (C) (D)

03

(A) (B) (C) (D)

04

(A) (B) (C) (D)

05

(A) (B) (C) (D)

06

(A) (B) (C) (D)

07

(A) (B) (C) (D)

08

(A) (B) (C) (D)

▶ 정답 및 해설 p.16~18

회사 및 사무실 관련 빈출표현

1 회사 및 사무실 관련 어휘 및 숙어표현

bulletin board 게시판	**printer** 프린터기	**work at** ~에서 일하다
copy machine 복사기	**(tele)phone** 전화	**work on** ~에 관해 일하다
drawer 서랍(장)	**clock** 시계	**adjust equipment** 장비를 다루다
file cabinet 파일 보관함	**lamp** 등	**have a meeting** 회의하다
paper 종이, 서류	**conference** 회의	**look at the monitor** 모니터를 보다
document 서류, 문서	**presentation** 발표	**sort a document** 서류를 분류하다
computer 컴퓨터	**speaker** 발표자	**take notes** 메모하다
mouse 마우스	**attend** 참석하다	**talk on a phone** 전화 통화하다
keyboard 키보드	**handle** 다루다	**type on a keyboard** 키보드를 치다
monitor [mánətər] 모니터	**hold** 쥐다	**use a copy machine** 복사기를 사용하다
screen 스크린, 화면	**review/examine** 검토하다	**watch a presenter** 발표자를 바라보다

2 사무실 집기 관련 표현

The clock is **hanging on the wall.** 시계가 벽에 걸려 있다.

There are **monitors on the desk.** 책상 위에 모니터들이 있다.

The keyboard is **placed in front of the monitor.**
키보드는 모니터 앞에 놓여 있다.

The telephone/phone is **next to the printer.**
프린터기 옆에 전화기가 놓여 있다.

Papers/Documents are **piled on the desk.**
서류들이 책상 위에 쌓여 있다.

Documents are **arranged in the file cabinet.** 서류들이 파일 보관함에 정리되어 있다.

Some **office supplies** are **on the desk.** 몇몇 사무용품들이 책상 위에 있다.

Some notes are **posted on the bulletin board.** 메모들이 게시판에 붙어 있다.

Documents are **scattered on the table.** 서류들이 테이블 위에 널브러져 있다.

Chairs are **placed around the table.** 의자들이 테이블 둘레에 놓여 있다.

The **windows** are **closed in the office.** 사무실 창문들이 닫혀 있다.

3 일상 업무(daily work) 관련 표현

The woman is **making a copy.** 여자가 복사를 하고 있다.

She is **using the copy machine.** 여자가 복사기를 사용하고 있다.

She is **positioning a sheet of paper on the glass.**
여자가 복사기 유리 위에 종이를 한 장 놓고 있다.

She is **holding the machine's lid.** 여자가 기계의 덮개를 잡고 있다.
☆ 복사기 덮개를 잡고 있는 모습을 이렇게 포괄적으로 묘사한 보기가 등장

She's **working on a document.** 여자는 문서작업을 하고 있다.

They are **examining some papers.** 사람들이 서류를 검토하고 있다.

The man is **typing on a keyboard.** 남자가 키보드를 치고 있다.

The woman is **working at the keyboard.** 여자가 컴퓨터 작업을 하고 있다.

The woman is **talking on the telephone/phone.** 여자가 전화통화를 하고 있다.

He is **arranging the documents.** 남자가 서류들을 정리하고 있다.

She is **pointing at the documents.** 여자가 서류를 가리키고 있다.

The man is **adjusting the cabinet.** 남자가 보관함을 맞추고 있다.

One man is **pushing a file cabinet.** 남자가 서류 보관함을 밀고 있다.

The man is **taking some notes** by hand. 남자가 손으로 메모를 하고 있다.

They are **conducting an interview.** 사람들이 인터뷰를 하고 있다.

All of the women are **carrying folders.** 여자들 모두 폴더를 가지고 있다.

She is **staring at the monitor.** 여자가 모니터를 보고 있다.

4 회의(meeting & presentation) 관련 표현

They are **having a meeting** at the table. 사람들이 테이블에서 회의를 하고 있다.

They are **having a meeting** in a room. 사람들은 방에서 회의를 하고 있다.

The people **assemble for a meeting.** 사람들은 회의를 위해 모였다.

The people are **holding a meeting.** 사람들이 회의를 하고 있다.

People are **attending a business meeting.**
사람들이 업무 회의에 참가하고 있다.

The man is **leading the conference.** 남자가 회의를 진행하고 있다.

The man is **giving/making a presentation.** 남자는 발표를 하고 있다.

One man is **making a speech.** 한 남자가 연설하고 있다.

One man is **addressing the audience.** 한 남자가 청중에게 연설하고 있다.

Some people are **listening to the speaker.** 몇몇 사람들이 발표자의 말을 듣고 있다.

They are **watching a presentation.** 사람들은 발표를 보고 있다.

They are **concentrating on the presenter.** 사람들은 발표자에게 집중하고 있다.

The people are **discussing the documents.** 사람들이 서류를 보면서 이야기하고 있다.

Some staff are **sitting at the table.** 직원들이 테이블에 앉아 있다.

The man is **pointing at the board.** 남자가 칠판을 가리키고 있다.

The people are **wearing suits.** 사람들이 정장을 입고 있다.

One woman is **resting her chin on her hand.** 한 여자가 손으로 턱을 괴고 있다.

One woman is **crossing her legs.** 한 여자가 다리를 꼬고 있다.

A staff member is **placing her hand on the desk.** 한 직원이 한 쪽 손을 책상 위에 올려놓고 있다.

LESSON 2 식당 및 음식점

MP3 File 1-14

Point

식당과 음식점 사진에서는 **손님이 식사를 하거나 음식을 주문하는 사진, 종업원이 접시를 나르거나 테이블을 정리하는 사진, 주방에서 요리하는 사진 등이 자주 출제**된다. 주로 '식사를 하고 있다(having a meal)', '주문을 받고 있다(taking an order)', '상이 차려져 있다(has been set for a meal)', '음식을 만들고 있다(preparing a meal)' 등이 정답으로 나온다.

A 식당 업무 유형

빠르게 받아쓰며 ○ × 표시하기 미W 영M

(A) ________, ________ (   )

(B) ________, ________ (   )

(C) ________, ______________ (   )

(D) ________, ________ (   )

오답제거 훈련

(A) She is ~~putting on~~ an apron. (×) 앞치마를 입고 있는(putting on) 동작은 아니다.

(B) She is holding a ~~faucet~~. (×) 수도꼭지(faucet)는 보이지 않는다.

(C) She is ~~wiping~~ a cooking surface. (×) 닦고 있는(wiping) 동작은 아니다. cooking으로 혼동 유발!

(D) She is **preparing** a **meal**. (○) ▶ 여자가 음식을 만들고 있다.

(A) 여자는 앞치마를 입고 있다. (B) 여자는 수도꼭지를 잡고 있다.
(C) 여자는 조리대를 닦고 있다. (D) 여자는 음식을 만들고 있다.

put on 입다(동작을 나타냄) apron [éiprən] 앞치마 faucet [fɔ́:sit] 수도꼭지 cooking surface 조리대

Possible Answers

The woman is holding a cup. 여자는 컵을 들고 있다.
The woman is wearing an apron. 여자는 앞치마를 입고 있다.
She is standing near the counter. 여자는 조리대 가까이에 서 있다.

B 식당 묘사 유형

빠르게 받아쓰며 ○ × 표시하기 미M 호W

(A) ________, ________ (   )

(B) ______________ (   )

(C) ______________, ______________ (   )

(D) ________, ______________ (   )

오답제거 훈련

(A) There is a **centerpiece** in the middle of the **table**. (○) ▶ 테이블 중간에 장식물로 화병이 놓여 있다.

(B) The table is ~~being set~~ for a meal. (×) 사람이 없으므로 〈being + 과거분사〉는 오답!

(C) ~~Some people~~ are looking through the window. (×) 사람(Some people)은 사진에 등장하지 않는다.

(D) The table is ~~being covered~~ with a cloth. (×) 사람이 없으므로 〈being + 과거분사〉는 오답!

(A) 테이블 가운데에 장식물이 있다.
(B) 테이블이 세팅되고 있다.
(C) 몇몇 사람들이 창문을 통해 보고 있다.
(D) 테이블이 천으로 덮이고 있다.

centerpiece [séntərpi:s] 식탁 중앙에 놓는 장식물

Possible Answers

There are some flowers on the table. 테이블 위에 꽃들이 있다.
The chairs are unoccupied. 의자는 비어 있다.
There is a table close to the wall. 벽 가까이에 테이블이 있다.

Ustar 출제포인트 시험에는 이렇게 나온다! **식탁이 차려져 있다는 완료 시제(has been set)로!**

완료 시제는 시제의 특성상 사물에 대한 동작이 완료된 상태를 강조한다. 식당과 음식점 사진에서는 주로 테이블이 정리 정돈된 상태나 테이블이나 식당 내부에 물건이 놓여 있는 모습을 묘사할 때 쓴다. 이때 동사는 arrange(정리하다), place(놓다), set(놓다), leave(남겨놓다), position(~에 놓다) 등이 등장한다.

The table **has been set** (for a meal). 테이블에 식사준비가 되어 있다. The drawer **has been left** open. 서랍이 열려 있다.
The chairs **have been placed** around the tables. 의자가 테이블 주변에 놓여 있다.

Exercises

음성을 듣고 보기 (A), (B), (C), (D) 중 정답을 골라보세요.

01

(A) (B) (C) (D)

02

(A) (B) (C) (D)

03

(A) (B) (C) (D)

04

(A) (B) (C) (D)

05

(A) (B) (C) (D)

06

(A) (B) (C) (D)

07

(A) (B) (C) (D)

08

(A) (B) (C) (D)

▶ 정답 및 해설 p.18~20

식당 및 음식점 관련 빈출표현

1 식당 및 음식점 관련 어휘 및 숙어표현

café 미[kæféi] 영[kɑféi] 카페	**cup** 컵 (glass 유리잔)	**serve** 시중들다
restaurant 레스토랑, 식당	**tray** 쟁반	**set up** 차리다
customer 고객	**table** 테이블, 식탁	**sit** 앉다
waiter/waitress 웨이터, 웨이트리스	**tablecloth** 식탁보	**occupy** (자리를) 차지하다
chef 요리사	**chair** 의자	**unoccupied** (자리가) 비어 있는
apron 앞치마	**seat** 좌석	**have been set** 준비해두다
uniform 유니폼	**food** 음식	**set the table** 테이블을 세팅하다
menu 메뉴, 메뉴판	**meal** 식사	**study a menu** 메뉴판을 보다
counter 카운터, 조리대	**bake** 굽다	**take an order** 주문을 받다
utensil 조리도구	**chop** 잘게 썰다 / **slice** 얇게 썰다	**have/eat a meal** 식사하다
pan 프라이팬	**cook** 요리하다	**enjoy a meal** 맛있게 먹다, 식사하다
dish/plate 접시	**pile up** 쌓여 있다	**have been placed** 놓여 있다
spoon 숟가락	**pour** (물, 액체를) 붓다	**have been laid out** 놓여 있다

2 식당 및 음식점 내부 묘사 관련 표현

The table **has been set for a meal.** 식탁에 식사 준비가 되어 있다.

The table is **covered with a tablecloth.** 식탁이 식탁보로 덮여 있다.

The chairs are **unoccupied/empty.** 의자들이 비어 있다.

The seats are **occupied.** 좌석이 차 있다.

Some chairs are **placed around the table.** 식탁 주위에 의자들이 놓여 있다.

There is **a fork between the dishes.** 접시 사이에 포크가 하나 있다.

The meal **has been laid out on the table.** 음식이 테이블 위에 놓여 있다.

Some plates are **piled up on the table.** 그릇이 테이블 위에 쌓여 있다.

Some people are **sitting at a table.** 몇몇 사람들이 테이블에 앉아 있다.

3 주문(taking an order) 관련 표현

The waiter is **taking an order.** 웨이터가 주문을 받고 있다.

The waitress is **taking notes.**
여자 종업원이 메모를 하고 있다. (주문을 받는 모습)

They are **studying/reading/examining a menu.**
사람들이 메뉴를 보고 있다.

Customers are **ordering some food from a menu.**
손님들은 메뉴를 보며 주문하고 있다.

4 음식 준비, 시중들기(service) 관련 표현

The waiter is **setting the table.** 웨이터가 테이블을 세팅하고 있다.

The waiter is **carrying the plate.** 웨이터가 접시를 나르고 있다.

The man is **serving food to the customer.** 남자가 손님에게 음식을 제공하고 있다.

She is **laying a plate down on the table.** 여자가 접시를 테이블 위에 내려놓고 있다.

The woman is **preparing some food.** 여자가 음식을 준비하고 있다.

He is **pouring a cup of water.** 남자가 컵에 물을 따르고 있다.

The man is **arranging chairs around the table.** 남자가 테이블 주위의 의자를 정돈하고 있다.

She is **placing some food on the table.** 여자가 테이블 위에 음식을 차리고 있다.

They are **decorating the dining table.** 사람들이 식탁을 장식하고 있다.

5 식사(having a meal) 관련 표현

They are **seated at the table.** 사람들은 식탁에 앉아 있다.

They are **having a meal together.** 사람들은 같이 식사하고 있다.

People are **eating in a dining area.** 사람들이 식당에서 식사하고 있다.

A group **has gathered at the table for a meal.**
한 무리의 사람들이 식사를 하기 위해 테이블에 모였다.

The woman is **sipping a cup of coffee.**
여자가 커피 한 잔을 (홀짝이며) 마시고 있다.

6 요리(cooking) 관련 표현

A woman is **reaching into the oven.** 여자가 오븐 안으로 손을 뻗고 있다.

They are **cooking some food.** 사람들은 음식을 요리하고 있다.

She is **washing some dishes.** 여자가 설거지를 하고 있다.

A woman is **stirring something in a pan.** 여자가 냄비에 있는 무언가를 젓고 있다.

They are **picking up some dishes.** 사람들이 접시들을 집어 들고 있다.

She is **using a cooking utensil.** 여자는 조리 기구를 사용하고 있다.

엔터테인먼트 및 여가생활

MP3 File 1-15

Point

티켓 구매, 악기를 연주하는 연주자 및 관객들의 모습, 휴식을 취하거나 스포츠, 레저 활동을 하는 모습 등이 출제된다. '악기를 연주하고 있다(playing an instrument)', '산책하고 있다(taking a walk)' 등의 상황별 동작 및 상태 관련 표현들을 충실히 공부해두자.

A 엔터테인먼트 유형

빠르게 받아쓰며 ○ × 표시하기 미M 호W

(A) ________, ________ (   )

(B) ________, ________________ (   )

(C) ________, ________________ (   )

(D) ________________, ________ (   )

오답제거 훈련

(A) Performers are checking the ~~speakers~~. (×) 사진에 스피커는 보이지 않는다.

(B) Performers are **giving** a **performance**. (○) ▶ 연주를 하고(giving a performance) 있다.

(C) Performers are adjusting ~~microphones~~. (×) 사진에 마이크(microphone)는 없다.

(D) Performers are ~~standing~~ up on the stage. (×) 연주자들은 서 있는(standing up) 게 아니라 앉아 있다.

(A) 연주자들이 스피커를 확인하고 있다.
(B) 연주자들이 연주를 하고 있다.
(C) 연주자들이 마이크를 조정하고 있다.
(D) 연주자들이 무대에 서 있다.

performer 연주자 give a performance 연주하다
adjust 조정하다 stand up 서 있다

Possible Answers

People are playing a musical piece. 사람들이 음악을 연주하고 있다.
☆ '음악'은 a piece of music 또는 a musical piece라고 표현한다.
The musicians are performing indoors. 음악가들이 실내에서 연주하고 있다.
A conductor is standing on the podium. 지휘자가 지휘대에 서 있다.

B 여가생활 유형

빠르게 받아쓰며 ○ × 표시하기 미W 영M

(A) ________, ________ (   )

(B) ________, ________________ (   )

(C) ________, ________, ________ (   )

(D) ________, ________ (   )

오답제거 훈련

(A) A **man** is ~~swimming~~ in the water. (×) 남자는 수영하고(swimming) 있지 않다.

(B) A woman is ~~carrying~~ a small boat. (×) 보트를 타고 있지 실어 나르고 있는(carrying) 게 아니다.

(C) A **man** is **holding paddles**. (○) ▶ 남자는 양손에 노(paddles)를 쥐고 있다.

(D) They are sitting ~~on the beach~~. (×) 해변(beach)에 앉아 있지 않다.

(A) 남자는 물에서 수영을 하고 있다.
(B) 여자는 작은 보트를 실어 나르고 있다.
(C) 남자는 노를 쥐고 있다.
(D) 그들은 해변에 앉아 있다.

carry 나르다 paddle [pǽdl] 노, 노를 젓다

Possible Answers

They are facing each other. 그들은 서로 마주보고 있다.
A man is rowing/paddling a boat. 남자는 노로 보트를 젓고 있다.
A paddle is mounted on the boat. 노가 보트 위에 올라와 있다.

Ustar 출제포인트 시험에는 이렇게 나온다! **악기는 (musical) instrument가 정답으로 출제된다.**

토익에서 instrument는 주로 악기를 지칭할 때 등장한다. 특정 악기보다는 악기의 종류를 통칭하는 말로 쓰인다. 또, playing(연주하고 있는)은 paying(지불하고 있는), packing(짐을 싸고 있는), placing(놓아두고 있는) 등 유사발음 함정 문제로도 출제된다.

The man is **playing** a **musical instrument**. 남자가 악기를 연주하고 있다.
The musicians are **playing** different **instruments**. 연주자들이 다양한 악기를 연주하고 있다.
A man is **placing** an **instrument** into a case. 남자는 케이스 안에 악기를 넣고 있다.

Exercises

음성을 듣고 보기 (A), (B), (C), (D) 중 정답을 골라보세요.

01

(A) (B) (C) (D)

02

(A) (B) (C) (D)

03

(A) (B) (C) (D)

04

(A) (B) (C) (D)

05

(A) (B) (C) (D)

06

(A) (B) (C) (D)

07

(A) (B) (C) (D)

08

(A) (B) (C) (D)

▶ 정답 및 해설 p.20~22

엔터테인먼트 및 여가생활 관련 빈출표현

1 엔터테인먼트 및 여가생활 관련 어휘 및 숙어표현

music 음악	**guitar** 기타	**play an instrument** 악기를 연주하다
performance 공연	**instrument** 악기	**attend a concert** 콘서트에 참석하다
band 밴드	**picture/painting** 그림	**admire a picture** 그림을 감상하다
musician 음악가, 연주자	**sculpture** 조각품	**exhibit some artwork** 예술품을 전시하다
performer 공연자	**artwork** 예술작품	**hang on the wall** 벽에 걸다
play 연극(하다), 연주하다	**gallery** 갤러리	**applaud the performance** 공연에 박수를 보내다
conductor 지휘자	**outdoor** 야외의	**row a boat** 노를 젓다
orchestra [ɔ́:rkəstrə] 오케스트라	**indoor** 실내의	**take a picture** 사진을 찍다
audience [ɔ́:diəns] 청중	**mountain** 산	**wait in line** 한 줄로 서서 기다리다
choir [kwaiər] 합창단	**woods** 숲	**throw a ball** 공을 던지다
stage 무대	**boat** 배	**take part in a race** 경주에 참가하다
concert hall 콘서트 홀	**sports** 스포츠	**take a break** 휴식을 취하다
auditorium [ɔ̀:ditɔ́:riəm] 강당	**stadium** 경기장	**take a walk** 산책하다

2 공연, 연주 관련 표현

They are **playing some music.** 사람들이 음악을 연주하고 있다.

The musicians are **playing in a concert hall.** 연주자들이 콘서트홀에서 연주하고 있다.

The man is **leading the group.** 남자가 악단을 지휘하고 있다.

The conductor is **leading the musicians.** 지휘자가 연주자들을 지휘하고 있다.

Some people are **reading the music.** 사람들이 악보를 보고 있다.

The band is **performing on a stage.** 밴드가 무대에서 공연하고 있다.

A woman is **singing into a microphone.** 여자가 마이크에 대고 노래하고 있다.

She is **playing the piano.** 여자가 피아노를 치고 있다.

The musicians are **playing different instruments.**
연주자들은 각기 다른 악기를 연주하고 있다.

The **play is being performed.** 연극이 공연되고 있다.

The performers are **acting in an auditorium.** 공연자들이 강당에서 연기하고 있다.

The man is **rehearsing for a play.** 남자가 연극 리허설을 하고 있다.

3 공연 관람 및 작품 감상 관련 표현

People are **attending a concert.** 사람들이 콘서트에 참석하고 있다.

They are **watching a musical performance.** 그들이 음악 공연을 관람하고 있다.

Some people are **gathered for an outdoor event.**
사람들이 야외 행사에 모여 있다.

People are **seated/sitting in the concert hall/auditorium.**
사람들이 콘서트홀/강당에 앉아 있다.

They are **listening to the performer.** 사람들이 공연자의 노래/연주를 듣고 있다.

The woman is **looking at a painting.** 여자가 그림을 보고 있다.

He is **examining/admiring a museum collection.** 남자가 박물관 소장품을 감상하고 있다.

The man is **pointing at the painting.** 남자가 그림을 가리키고 있다.

The man is **working on/drawing a painting.** 남자가 그림을 그리고 있다.

Some artwork **has drawn the woman's attention.** 몇몇 작품들이 여자의 주의를 끌었다.

4 공연장, 전시장 묘사 관련 표현

There are **paintings hanging on the wall**. 그림들이 벽에 걸려 있다.
The **paintings** are **hanging in the gallery**. 미술관에 그림이 걸려 있다.
There are **instruments standing against the wall**. 악기들이 벽 쪽에 세워져 있다.
The **curtains have been pulled shut**. 커튼이 내려져 있다.
Some **lights** on the stage are **turned on**. 무대 위 조명이 켜져 있다.
The **seats** in an auditorium **are occupied**. 강당 좌석이 다 찼다.
People are **waiting in line**. 사람들이 한 줄로 기다리고 있다.
They are **applauding the orchestra's performance**.
사람들이 오케스트라의 연주에 박수를 보내고 있다.
She is **applauding a performer**. 여자는 공연자에게 박수를 보내고 있다.
The man is **entertaining the customers**. 남자는 손님을 즐겁게 하고 있다.

5 야외활동(outdoor activity) 관련 표현

They are **hiking up the mountain**. 사람들이 등산을 하고 있다.
He is **climbing up the mountain**. 남자는 산을 오르고 있다.
The man is **carrying backpacks**. 남자는 배낭을 메고 있다.
They are **camping outdoors**. 사람들이 야영하고 있다.
The man is **rowing on a lake**. 남자가 호수에서 노를 젓고 있다.
They are **sitting on a boat**. 사람들이 보트 위에 앉아 있다.
They are **riding a boat**. 사람들이 배를 타고 있다.
He is **rowing a boat on the water**. 남자가 물 위의 보트에서 노를 젓고 있다.

6 스포츠(sports) 관련 표현

People are **watching a sporting event**. 사람들이 운동 경기를 관람하고 있다.
They are **playing a sport outdoors**. 사람들이 야외에서 스포츠를 하고 있다.
The man is **throwing a ball into the air**. 남자가 공을 던지고 있다.
The group is **gathered at the stadium**. 사람들 한 무리가 경기장에 모여 있다.
He is **trying to hit the ball with the bat**. 남자는 공을 방망이로 치려고 한다.
The woman is **exercising on an indoor track**. 여자가 실내 트랙에서 운동하고 있다.
Some people are **riding bicycles**. 사람들이 자전거를 타고 있다.
The man is **taking part in a race**. 남자가 달리기 경주에 참가하고 있다.
The woman is **diving into the sea**. 여자가 바다에 다이빙을 하고 있다.
A man is **concentrating on his game**. 남자가 경기에 집중하고 있다.
She is **running through the park**. 여자가 공원에서 달리고 있다.

7 휴식 관련 표현

Some people are **resting on the bench**. 사람들이 의자에서 쉬고 있다.
She is **reading on a bench**. 여자가 의자에서 무언가를 읽고 있다.
They are **sitting in the shade**. 사람들이 그늘에 앉아 있다.
They are **walking along the shore**. 사람들이 해안을 따라 걷고 있다.
Some people are **relaxing on the beach**. 사람들이 해변에서 쉬고 있다.
He is **lying on the grass to read**. 남자가 잔디에 누워 책을 보고 있다.
They are **taking a break on the lawn**. 사람들이 잔디에서 쉬고 있다.
The man is **taking a nap on the bench**. 남자가 벤치에서 낮잠을 자고 있다.
She is **resting her chin on her hand**. 여자가 턱을 괴고 있다.
The man is **leaning against the wall**. 남자가 벽에 기대 있다.

LESSON 4 쇼핑 및 상점

MP3 File 1-16

Point

쇼핑과 관련된 사진들은 주로 길거리 가판이나 상점의 내 · 외부를 배경으로 하며, 물건을 고르고 계산하는 등의 다양한 모습이 등장한다. 정답으로는 '쇼핑하다(shopping)', '물건을 보다(examining an item)', '제품이 진열되어 있다(displayed)' 등의 표현이 출제된다.

A 쇼핑 관련 유형

빠르게 받아쓰며 ○ × 표시하기 미W 영M

(A) ________, ________ ( )

(B) ________, ________ ( )

(C) ________, ________ ( )

(D) ________, ________ ( )

오답제거 훈련

(A) They are standing near the ~~entrance~~. (×) 입구(entrance)는 보이지 않는다.

(B) One of the women is ~~trying on~~ a dress. (×) 옷을 입어보고(trying on) 있지 않다.

(C) They are **examining** an **item**. (○) ▶ 두 사람이 모두 옷을 보고 있다.

(D) They are ~~organizing~~ a ~~closet~~. (×) 옷장을 정리하고(organizing a closet) 있지 않다.

(A) 사람들이 입구 근처에 서 있다.
(B) 여자들 중 하나는 옷을 입어보고 있다.
(C) 사람들이 물건을 살펴보고 있다.
(D) 사람들이 옷장을 정리하고 있다.

entrance 입구 try on 입어보다 item 물건, 상품

Possible Answers

They are standing near the rack. 사람들이 옷걸이 근처에 서 있다.
They are holding the same item. 사람들이 손에 같은 물건을 들고 있다.
Items are hanging on the rack. 물건들이 옷걸이에 걸려 있다.

B 상점 배경 장소

빠르게 받아쓰며 ○ × 표시하기 미M 호W

(A) ________, ________ ( )

(B) ________, ________________, ________ ( )

(C) ________, ________, ________ ( )

(D) ________, ________, ________ ( )

오답제거 훈련

(A) ~~Shoppers~~ are facing the stand. (×) 노점 가판대(stand) 앞에 사람(Shoppers)은 한 명도 보이지 않는다.

(B) Some **signs** are **leaning against** the **wall**. (○) ▶ 간판들(signs)이 벽에 기대어져 있다.

(C) The newspaper is ~~scattered on the road~~. (×) 신문은 길에 널브러져 있지(scattered) 않다.

(D) A street ~~vendor~~ is ~~displaying~~ some items. (×) 상인(vendor)은 보이지 않는다.

(A) 쇼핑하는 사람들이 노점을 보고 있다.
(B) 간판 몇 개가 벽에 기대어져 있다.
(C) 신문이 길에 흩어져 있다.
(D) 노점상이 물건들을 진열하고 있다.

stand 노점, 매대 lean against ~에 기대다 vendor 노점상

Possible Answers

Some merchandise is displayed outside. 몇몇 상품은 밖에 진열돼 있다.
There is a booth on the street. 거리에 노점이 있다.

Ustar 출제포인트 시험에는 이렇게 나온다! **상품, 제품 등 물건을 의미하는 item!**

item은 Part 1 빈출어휘로 주로 상점에 전시되어 있는 상품이나 물건을 뭉뚱그려 가리킨다. Part 1에서 사물이나 제품들을 일컫는 말로 자주 등장하는 명사들을 정리해보면 다음과 같다.

item: 상품이나 물건을 일반적으로 지칭하는 말. 주로 판매나 구매를 위한 물건들을 의미한다.
merchandise: 주로 상품이나 제품을 의미하며, 가게에서 세일하는 물건들을 가리키기도 한다.
goods: 판매를 위해 만들어진 모든 제품 및 상품을 지칭한다.
product: 주로 일정한 공정을 거쳐 대량생산되어 나온 제품들을 말한다.

Exercises

음성을 듣고 보기 (A), (B), (C), (D) 중 정답을 골라보세요.

01

(A) (B) (C) (D)

02

(A) (B) (C) (D)

03

(A) (B) (C) (D)

04

(A) (B) (C) (D)

05

(A) (B) (C) (D)

06

(A) (B) (C) (D)

07

(A) (B) (C) (D)

08

(A) (B) (C) (D)

▶ 정답 및 해설 p.22~24

쇼핑 및 상점 관련 빈출표현

1 쇼핑 및 상점 관련 어휘 및 숙어표현

clerk 직원, 점원	**cash register** 현금 등록기	**pick up** 집어 들다, 고르다
customer 고객	**calculator** 계산기	**choose** 고르다
shopper 쇼핑객	**scale** 저울	**make a selection** 선택하다
vender 상인	**crate** 나무상자	**inspect** 조사하다, (꼼꼼히) 살펴보다
stand 가판대	**cart** 카트	**examine** 살펴보다
rack 진열대	**basket** 바구니	**try on** 입어보다, 신어보다, 써보다
shelf 선반 (*pl.* shelves)	**price tag** 가격표	**pay (for)** (~에 대한) 값을 지불하다, 계산하다
hook 옷걸이	**receipt** 영수증	**push** 밀다
show window 진열장	**weigh** ~의 무게를 달다	**hand** 건네다
counter 계산대	**display** 진열하다	**handle** 다루다

2 상점 내부 관련 표현

The products are **arranged on the shelf.** 상품이 선반 위에 정리되어 있다.

Some food items are **displayed for sale.** 식품이 판매용으로 진열되어 있다.

Some goods are **laid out for sale.** 제품들이 판매용으로 놓여 있다.

Merchandise is **hanging from a rack.** 상품들이 진열대에 걸려 있다.

Guitars are **hanging from the wall.** 기타들이 벽에 걸려 있다.

The desserts are **on display.** 디저트가 진열되어 있다.

The merchandise is **arranged in rows.** 상품이 여러 줄로 정렬되어 있다.

The gifts are **wrapped.** 상품이 포장되어 있다.

Products **have been organized in a row.** 상품들이 일렬로 정렬되어 있다.

Some clothes **have been hung from hooks.** 옷들이 옷걸이에 걸려 있다.

Display shelves are **stocked with** food. 진열대에 식품이 쌓여 있다.

3 상점 직원(sales clerk) 관련 표현

A clerk at the counter is **helping the customer.**
카운터 점원이 고객을 돕고 있다.

She is **arranging items** on the shelves.
여자가 선반 위의 물건들을 정리하고 있다.

She is **weighing some fruit.**
여자가 과일의 무게를 재고 있다.

The men are **stacking boxes in a row.**
남자들이 박스들을 일렬로 쌓고 있다.

4 쇼핑 – 물건 고르기 관련 표현

The woman is **picking up some merchandise.** 여자가 물건을 고르고 있다.

She is **choosing some merchandise.** 여자가 물건을 고르고 있다.

She is **looking at/examining an item.** 여자가 물건을 하나 살펴보고 있다.

They are **choosing some groceries.** 사람들이 식료품을 고르고 있다.

The man is **choosing a selection of fruit.** 남자가 과일을 고르고 있다.

The woman is **reaching for an item.** 여자가 물건에 손을 뻗고 있다.

He's **reaching for an item** in the supermarket.
남자는 슈퍼마켓에서 물건을 집기 위해 손을 뻗고 있다.

They are **holding some fruit.** 사람들이 과일을 몇 개 들고 있다.

The woman is **trying on some clothing.** 여자가 옷을 입어보고 있다.

The shopper is **inspecting some clothing.** 쇼핑객이 옷을 (꼼꼼히) 살펴보고 있다.

Some people are **shopping in a store.** 사람들이 가게에서 쇼핑을 하고 있다.

5 쇼핑 – 카트 관련 표현

They are **pushing a cart.**
사람들이 카트를 밀고 있다.

People are **putting/loading items into a cart.**
사람들이 카트에 물품을 싣고 있다.

They are **placing items into the cart.**
사람들이 카트에 물품을 담고 있다.

The woman is **shopping at an indoor market.**
여자가 실내 마켓에서 쇼핑하고 있다.

6 쇼핑 – 계산 관련 표현

The woman is **paying for her purchase.** 여자가 물건 값을 지불하고 있다.

He is **ready to pay the cashier.** 남자가 계산원에게 계산하려 하고 있다.

She is **using a cash register.** 여자는 현금 등록기를 사용하고 있다.

She's **working on a machine.** 여자가 기계로 일을 하고 있다.
☆ 현금 등록기를 사용하고 있는 모습을 이렇게 포괄적으로 묘사한 보기도 자주 등장

The woman is **working at a machine.**
여자가 기계 앞에서 일을 하고 있다.

Some people are **standing next to the counter.**
사람들이 카운터 옆에 서 있다.

The sales person is **reaching into a cash register.** 판매원이 현금 등록기로 안으로 손을 뻗고 있다.

A woman is **waiting to make a purchase.** 여자가 구매하기 위해 기다리고 있다.

MP3 File 1-17

Point

공항시설이나 차량의 내부, 또는 버스, 기차, 비행기에서 사람들이 타고 내리는 모습 등 승강장에서 일어날 수 있는 다양한 상황이 등장한다. '(차량에) 탑승하고 있다(getting on)', '(차량에서) 내리고 있다(getting off)', '정차해 있다(stopping for)', '짐을 들고 가다(carrying luggage)' 등의 표현이 출제된다.

A 공항 시설 및 교통수단 이용 관련 유형

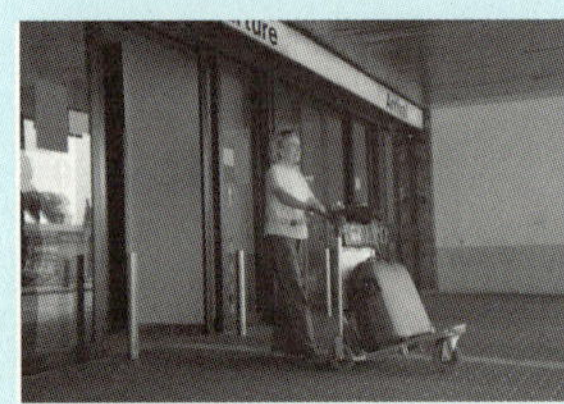

빠르게 받아쓰며 ○ × 표시하기 미M 호W

(A) ______________, ________ ( )

(B) ________, ________ ( )

(C) ________, ________ ( )

(D) ______________, ________ ( )

오답제거 훈련

(A) She is ~~walking into~~ the ~~office~~. (×) 사무실로 들어가는(walking into) 모습이 아니다.

(B) She is ~~opening~~ the door. (×) 문을 열고 있지 않다.

(C) She is **moving** a **cart**. (○) ▶ 카트를 밀고 있다. ☆ moving 외에 pulling, pushing, rolling도 쓸 수 있다.

(D) She is ~~waiting for~~ a ~~bus~~. (×) 버스는 보이지 않는다.

(A) 여자는 사무실로 걸어 들어가고 있다.
(B) 여자는 문을 열고 있다.
(C) 여자는 카트를 움직이고 있다.
(D) 여자는 버스를 기다리고 있다.

cart 수레, 카트 wait for ~을 기다리다

Possible Answers

Baggage is being moved. 짐이 옮겨지고 있다.
She is exiting the building. 여자는 건물에서 나가고 있다.
There are poles near the doorway. 출입문 근처에 기둥들이 있다.
She is walking along the line. 여자는 선을 따라 걷고 있다.

B 터미널 배경 유형

빠르게 받아쓰며 ○ × 표시하기 미W 영M

(A) ________, ______________ ( )

(B) ________, ______________, ________ ( )

(C) ________, ______________, ________ ( )

(D) ________, ________, ______________ ( )

오답제거 훈련

(A) The lights on the ceiling are ~~being fixed~~. (×) 사람이 없으므로 〈being + 과거분사〉는 오답!

(B) ~~Passengers~~ are stepping onto a ~~train~~. (×) 승객들(Passengers)과 열차(train)는 보이지 않는다.

(C) A ~~vehicle~~ is waiting for the traffic signals to change. (×) 어떤 차량(vehicle)도 보이지 않는다.

(D) The **stairway** is **located** near some **railroad tracks**. (○) ▶ 철로(railroad tracks) 옆에 계단이 나 있다.

(A) 천장에 있는 조명들이 수리되고 있다.
(B) 승객들이 열차에 올라타고 있다.
(C) 차량이 교통신호가 바뀌기를 기다리고 있다.
(D) 계단이 철로 근처에 위치해 있다.

step onto ~에 올라타다 traffic signal 교통신호

Possible Answers

The platform is deserted. 플랫폼에 사람이 없다.
There are some chairs beside the wall. 벽 옆에 의자들이 있다.
The lights are lined up on the ceiling. 천장 위에 조명들이 줄지어 있다.

Ustar 출제포인트 시험에는 이렇게 나온다! **다양한 장소에 쓰일 수 있는 cart의 종류**

공항뿐만 아니라 다양한 장소에서 짐을 나르기 위해 밀고 다니는 것은 모두 cart로 통한다. 이밖에 공사장이나 길거리, 공원, 호텔, 슈퍼마켓 등 생활 속에서 만날 수 있는 cart들의 종류는 다음과 같다.

trolley: 호텔 로비에서 옷이나 짐을 나르는 cart로 a baggage trolley가 시험에 등장한 적이 있다.
wheelbarrow: 공사 현장에서 볼 수 있는 외바퀴 수레!
stroller: 유모차 또는 (편하게 쉬면서) 걸어 다니는 사람을 의미하기도 한다.
shopping cart: 슈퍼마켓에서 밀고 다니는 쇼핑카트!

4 보트, 선박, 항공기 관련 표현

The airplane **has stopped at the terminal.** 비행기가 터미널에 정차해 있다.

The airplane is **preparing to land.** 비행기가 착륙 준비를 하고 있다.

The plane is **soaring high above the clouds.** 비행기가 구름 위로 높이 날아오르고 있다.

There is **an airplane flying** in the sky. 하늘에 비행기 한 대가 날아가고 있다.

They are **getting on/boarding** the plane. 사람들이 비행기에 탑승하고 있다.

Passengers are **getting off** an aircraft. 승객들이 비행기에서 내리고 있다.

Passengers are **disembarking from** the airplane.
승객들이 비행기에서 내리고 있다.

A boat is **floating on the water.** 배가 물 위에 떠 있다.

Ships are **docked at the harbor.** 항구에 배들이 정박해 있다.

The boat is **tied up at a dock.** 배가 부두에 정박해 있다.

The ship is **sailing on the open sea.** 배가 확 트인 바다에서 항해하고 있다.

The sails on a boat are **being raised.** 배의 돛이 올라가고 있다.

5 공항시설 관련 표현

Luggage is **being moved from the conveyor belt.**
컨베이어 벨트에서 짐이 옮겨지고 있다.

The train station **overlooks the parking area.**
기차역은 주차장을 내려다보고 있다.

The man is **at the edge of a platform.**
남자가 플랫폼 가장자리에 있다.

A traveler is **waiting inside the terminal.**
여행객이 터미널 안에서 기다리고 있다.

LESSON 6 길, 거리, 도로, 계단

Point

길거리, 도로 등을 중심으로 발생하는 모든 상황들이 시험에 등장한다. '길을 건너고 있다(crossing the street)', '차가 줄지어 있다(lined up)', '신호등에서 기다리고 있다(waiting at the traffic lights)' 등 **사람 및 차량의 움직임과 관련된 표현들**과 **거리에 있는 각종 시설물의 이름들**을 익혀둔다.

A 사람이 있는 도로 유형

빠르게 받아쓰며 ○ × 표시하기 미W 영M

(A) ________, ________ ( )

(B) ________, ________, ________ ( )

(C) ________, ________ ( )

(D) ________, ________ ( )

오답제거 훈련

(A) Some people are ~~hailing~~ a ~~taxi~~. (×) 택시를 잡는(hailing) 모습은 보이지 않는다.

(B) **Pedestrians** are **crossing** the **street**. (○) ▶ 보행자들(Pedestrians)이 길을 건너고 있다. 정답!

(C) The street is ~~being cleaned~~. (×) 거리를 청소하는 사람은 보이지 않는다.

(D) Some ~~lamps~~ along the street have been lit. (×) 가로등은 보이지 않는다.

(A) 몇몇 사람들이 택시를 잡고 있다.
(B) 보행자들이 길을 건너고 있다.
(C) 거리가 청소되고 있다.
(D) 길을 따라 가로등이 켜져 있다.

hail (택시 등을) 부르다 pedestrian [pədéstriən] 보행자
light 밝게 비추다(light-lighted-lighted, light-lit-lit)

Possible Answers

People are walking on the crosswalk. 사람들이 횡단보도를 건너고 있다.
There are some posts on the road. 길에 기둥들이 있다.
There is a gap between the posts. 기둥들이 간격을 두고 서 있다.

B 길, 거리, 도로 풍경

빠르게 받아쓰며 ○ × 표시하기 미W 영M

(A) ________, ________, ________ ( )

(B) ________, ________ ( )

(C) ________, ________ ( )

(D) ________, ________ ( )

오답제거 훈련

(A) There are some trees ~~behind the building~~. (×) 나무는 건물 앞에(ahead) 있다.

(B) The structures are built ~~in a similar style~~. (×) 건물 형태가 서로 다르다(in a different style).

(C) **Cars** are **lined up** on the street. (○) ▶ 차들이 한 쪽에 일렬로 있다(lined up).

(D) ~~A man~~ is walking up the hill. (×) 사람은 보이지 않는다.

(A) 건물 뒤에 나무들이 있다.
(B) 구조물들이 비슷한 스타일로 지어져 있다.
(C) 자동차들이 길에 줄지어 서 있다.
(D) 남자가 언덕을 걸어 올라가고 있다.

structure 구조물 walk up ~로 걸어 올라가다

Possible Answers

Vehicles are parked in front of the houses. 차량들이 집 앞에 주차되어 있다.
Trees are planted on the side of the slope.
나무들이 비탈길 옆에 심겨 있다.

Ustar 출제포인트 시험에는 이렇게 나온다! way와 함께 길을 나타내는 다양한 표현들

명사 뒤에 way를 붙여서 도로나 길의 특징을 나타내는 명사와 장소에 따라 달라지는 다양한 길 관련 표현들을 암기해두자.

doorway: 건물이나 방으로 들어가는 출입구 공간
stairway: 건물 내의 계단을 의미하며 staircase라고도 한다.
hallway: 건물 내의 복도, 현관, 홀
driveway: 집 입구에서 집 앞까지 이어진 진입로
alleyway: 골목길. 건물과 건물 사이의 좁은 길로 보통 차량들이 다니지 않는 길을 뜻한다.
walkway: 실외(outdoor)에 있는 사람들이 다닐 수 있게 해놓은 길
archway: 아치형 구조물 아래의 출입구나 통로
corridor: 복도
aisle: 슈퍼마켓 진열대 사이의 길, 복도, 좌석과 좌석 사이의 통로

Exercises

음성을 듣고 보기 (A), (B), (C), (D) 중 정답을 골라보세요.

01

(A) (B) (C) (D)

02

(A) (B) (C) (D)

03

(A) (B) (C) (D)

04

(A) (B) (C) (D)

05

(A) (B) (C) (D)

06

(A) (B) (C) (D)

07

(A) (B) (C) (D)

08

(A) (B) (C) (D)

▶ 정답 및 해설 p.26~29

길, 거리, 도로, 계단 관련 빈출표현

1 길, 거리, 도로, 계단 관련 빈출 어휘 및 숙어표현

path 길	**step** 단계, 계단 한 칸	**desert** [dizə́ːrt] 한산하다
street 길, 거리	**handrail** 계단 손잡이	**block/close** 막다, 봉쇄하다
road 길, 도로	**lane** 차선	**lead to** ~로 이어지다
intersection 교차로	**sign** 표지판	**be located** 위치해 있다
pavement 포장도로	**crosswalk** 횡단보도	**pave** (도로를) 포장하다
walkway 인도	**traffic light** 교통신호등	**direct traffic** 교통정리하다
hallway 복도	**traffic police** 교통경찰	**cross the street** 길을 건너다
roadway 도로, 차도	**pedestrian** [pədéstriən] 보행자	**go through a tunnel** 터널을 지나다
driveway 집 입구에서 집 앞까지 이어진 진입로	**heavy traffic** 교통체증	**in a row** 일렬로
doorway 출입구	**walk up** 걸어 올라가다	**along the street** 길을 따라
archway 아치 모양의 통로	**go down** 내려가다	**at the edge of the road** 길 가장자리에
stairway 계단	**park** 주차하다	**between the path** 길 사이에
staircase (난간을 포함한) 계단 전체	**line up** 줄을 서다	**across** ~을 가로질러서, ~맞은편에

2 도로 관련 표현

Cars are **parked in a row.** 차가 일렬로 주차되어 있다.

Vehicles are **parked along the street.** 차들이 길을 따라 주차되어 있다.

The street is **lined with parked cars.** 길이 주차된 차들로 줄지어 있다.

A vehicle is **parked behind a truck.** 차 한 대가 트럭 뒤에 주차되어 있다.

Some vehicles are **at the intersection.** 차들이 교차로에 있다.

There are some trees **on the side of the road.** 길가에 나무 몇 그루가 있다.

A fence **runs along the edge of the road.** 울타리가 길 가장자리를 따라 쳐져 있다.

Vehicles are **driving through a tunnel.** 차들이 터널을 통과하고 있다.

There is **a lot of traffic on the roadway.** 도로의 교통이 혼잡하다.

The traffic on the road **is heavy.** 도로의 교통체증이 심하다.

The intersection is **deserted.** 교차로가 한산하다.

The road is **being resurfaced.** 도로가 재포장되고 있다.

The road is **under construction.** 도로가 공사 중이다.

The pavement is **being repaired.** 도로가 보수공사 중이다.

The road is **being repaved.** 도로가 재포장되고 있다.

3 횡단보도 관련 표현

Pedestrians are **walking on the crosswalk.**
보행자들이 횡단보도를 건너고 있다.

Some people are **waiting at the traffic lights.**
사람들이 신호등에서 기다리고 있다.

People are **crossing the street.**
사람들이 길을 건너고 있다.

Lines **have been painted on the road.**
도로에 선들이 그려져 있다.

A police officer is **directing traffic.** 경찰관이 교통정리를 하고 있다.

The police officer is **checking the car.** 경찰관이 차를 확인하고 있다.

The police are **standing on the road.** 경찰들이 도로 위에 서 있다.

4 계단 관련 표현

There are **stairs in the building's entrance.** 빌딩 입구에 계단이 있다.

The stairway is **located near some railroad tracks.** 철로 근처에 계단이 있다.

Stone stairs **lead down to a market.** 돌계단이 상점 아래로 나있다.

The man is **installing a railing on a stairway.** 남자가 계단 난간을 설치하고 있다.

A woman is **going down the stairway** near the windows.
여자가 창문 근처 계단을 내려가고 있다.

She is **walking up a stairway.** 여자가 계단을 올라가고 있다.

LESSON 7 건설 및 작업

MP3 File 1-19

Point

Part 1에서 자주 등장하는 건설 현장이나 작업장은 **작은 정원 공사부터 도로, 건물, 내부 공사 등 다양한 장소를 배경으로** 한다. 작업하거나(working) 기계를 작동시키거나(operating) 측정하거나(measuring) 땅을 파고(digging the ground) 벽돌, 목재 등의 건축자재를 운반하는(moving) 등 **다양한 도구와 장비를 이용하는 모습들이 등장**한다.

A 공사 현장 작업 유형

빠르게 받아쓰며 ○ × 표시하기 미M 영W

(A) ________, ________ ( )

(B) ________, ________, ________ ( )

(C) ________, ________ ( )

(D) ________, ________ ( )

오답제거 훈련

(A) A man is ~~putting on~~ a work vest. (×) 입고 있는 동작(putting on)은 아니다.

(B) A man is **digging** the **ground** with a **tool**. (○) ▶ 삽으로 땅을 파고 있다(digging).

(C) A man is holding a ~~pipe~~. (×) 남자는 파이프(pipe)가 아니라 삽(shovel)을 잡고 있다.

(D) A man is operating ~~heavy machinery~~. (×) 중장비(heavy machinery)는 보이지 않는다.

(A) 남자가 작업용 조끼를 입고 있다.
(B) 남자가 도구로 땅을 파고 있다.
(C) 남자가 파이프를 잡고 있다.
(D) 남자가 중장비를 작동시키고 있다.

work vest 작업용 조끼 dig 파다 heavy machinery 중장비

Possible Answers

He is holding a shovel. 남자는 삽을 들고 있다.
He is shoveling dirt. 남자는 흙에 삽질하고 있다.
There are some materials next to the wall. 벽 옆에 자재들이 있다.

B 공사 현장 배경 유형

빠르게 받아쓰며 ○ × 표시하기 미W 영M

(A) ________, ________ ( )

(B) ________, ________, ________ ( )

(C) ________, ________ ( )

(D) ________ ( )

오답제거 훈련

(A) ~~Workers~~ are ~~painting~~ the building. (×) 사람(Workers)은 그림자도 보이지 않는다.

(B) A crane is loading wood onto the ~~truck~~. (×) 트럭은 보이지 않는다.

(C) **Buildings** are **under construction**. (○) ▶ 건물들이 공사 중(under construction)이다.

(D) There are ~~building materials~~ at the site. (×) 건축자재(building materials)는 보이지 않는다.

(A) 작업자들이 건물에 페인트를 칠하고 있다.
(B) 기중기가 트럭에 목재들을 싣고 있다.
(C) 건물들이 공사 중이다.
(D) 현장에 건축자재들이 있다.

paint ~에 페인트칠을 하다 building materials 건축자재

Possible Answers

Heavy machinery stands among the buildings.
중장비가 건물 사이에 서 있다.
A construction project is in progress. 건설 작업이 진행 중이다.
The buildings have many stories. 건물들에 층이 많다.

Ustar 출제포인트 시험에는 이렇게 나온다! **기계, 장비, 연장과 관련된 표현**

토익에서 기계나 장비, 연장은 주로 machine, equipment, tool로 출제된다.

machine: 기계류를 통칭. 컴퓨터도 machine에 포함된다. **tool:** 도구나 연장류를 통칭.

equipment: machine을 비롯해 도구, 의류 등을 모두 포함한 장비를 의미.

토익에 자주 등장하는 기계나 장비로는 cash register(금전 등록기), cash machine(ATM현금인출기), copier(복사기), fax machine(팩스기), washing machine(세탁기), vending machine(자판기), heavy machinery(중장비), sewing machine(재봉틀) 등이 있다. safety helmet/gloves/glasses(안전모/안전장갑/보안경), work vest(작업용 조끼) 등의 safety equipment(안전장비)를 착용한 모습도 자주 등장한다.

Exercises

음성을 듣고 보기 (A), (B), (C), (D) 중 정답을 골라보세요.

01

(A) (B) (C) (D)

02

(A) (B) (C) (D)

03

(A) (B) (C) (D)

04

(A) (B) (C) (D)

05

(A) (B) (C) (D)

06

(A) (B) (C) (D)

07

(A) (B) (C) (D)

08

(A) (B) (C) (D)

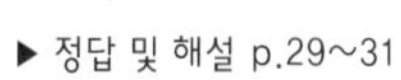

▶ 정답 및 해설 p.29~31

건설 및 작업 관련 빈출표현

1 건설 및 작업 관련 어휘 및 숙어표현

brick 벽돌	**construction** 공사	**operate** 작동시키다
fence 울타리	**construction site** 공사장	**operate machinery** 기계를 작동시키다
tool 도구, 연장	**blueprint** 설계도	**work on** ~에 관해 작업하다, 일하다
tool belt 공구벨트, 연장벨트	**sand** 모래	**tear**[tεər] **down** 허물어지다
materials 재료, 자재	**a piece of wood** 나무토막	**pile on** ~에 쌓여 있다
building/construction materials 건축 자재	**cord** 코드	**dig a hole** 구멍을 파다
equipment 장비, 장치	**pipe** 파이프	**lay bricks** 벽돌을 깔다
safety equipment 안전장비	**wheelbarrow** 외바퀴 수레	**repair a roof** 지붕을 수리하다
safety hat/helmet 안전모	**heavy machinery** 중장비	**carry a ladder** 사다리를 옮기다
safety gloves 안전장갑	**shovel** 삽, 삽질하다	**wear a tool belt** 공구벨트를 착용하다
safety glasses/goggles 보안경	**repair** 보수, 고치다, 수리하다	**pave the road** 도로를 포장하다
ladder 사다리	**fix** 고치다, 수리하다	**push a wheelbarrow** 수레를 밀다
roof 지붕	**measure** 측정하다	**under construction** 공사 중
story (건물의) 층	**use** 사용하다	**in progress** 진행 중

2 작업 현장 관련 표현

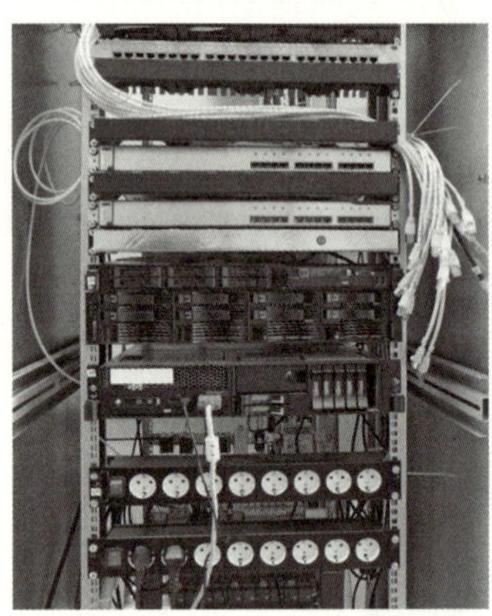

The building is **under construction.**
건물이 공사 중에 있다.

The fence is **being torn down.**
울타리가 허물어지고 있다.

Some **construction materials** are **piled on the ground.**
건설자재가 바닥에 쌓여 있다.

There are **cords attached to the equipment.**
장비에 코드들이 꽂혀 있다.

The building **has many stories.**
건물에 여러 층이 있다.

Construction of a building is **in progress.**
건물 공사가 진행 중이다.

The entryway is **blocked with stones.** 통로가 돌로 막혀 있다.

A machine is **being fixed** by the workers. 작업자에 의해 기계가 고쳐지고 있다.

A bridge **has been closed for repairs.** 다리가 보수 공사로 막혀 있다.

The lane is **being blocked for maintenance work.** 차도가 정비 작업으로 인해 막혀 있다.

3 건설 작업 관련 표현

The man is **using a tool on a piece of wood.**
남자가 나무토막에 연장을 사용하고 있다.

Workers are **tying some rope** to a post.
작업자들이 줄을 기둥에 매고 있다.

The man is **hammering a nail.**
남자가 망치로 못을 박고 있다.

A worker is **measuring the width** of the stairs.
작업자가 계단의 폭을 재고 있다.

The man is **digging a hole.** 남자가 구멍을 파고 있다.

Workers are **cleaning** a floor. 작업자들이 바닥을 청소하고 있다.

The man is **holding a tool with his hand.** 남자가 한 쪽 손에 연장을 쥐고 있다.

The man is **fixing** a tire. 남자가 타이어를 수리하고 있다.

A man is **painting** the door. 남자가 문에 페인트칠을 하고 있다.

They are **installing** some equipment. 사람들이 장비를 설치하고 있다.

He is **repairing** the railing. 남자가 난간을 수리하고 있다.

A man is **pushing a wheelbarrow.** 남자가 수레를 밀고 있다.

One man **has lifted the wheelbarrow.** 한 남자가 수레를 들어올렸다.

They are **repairing the roof.** 사람들이 지붕을 수리하고 있다.

The men are **constructing a roof.** 남자들이 지붕을 짓고 있다.

The man is **standing on the roof.** 남자가 지붕 위에 서 있다.

The man is **carrying the ladder.** 남자가 사다리를 옮기고 있다.

The container is **being moved** by the man. 컨테이너가 남자에 의해 움직여지고 있다.

The worker is **loading bricks** onto the cart. 작업자가 수레에 벽돌을 싣고 있다.

He is **laying some bricks.** 남자가 벽돌을 쌓고 있다.

4 작업자 관련 표현

He is **wearing a tool belt.**
남자는 연장벨트를 매고 있다.

He is **wearing a safety helmet.**
남자는 안전모를 착용하고 있다.

He is **wearing safety equipment.**
남자는 안전장비를 착용하고 있다.

The man is **holding a piece of equipment.**
남자는 장비를 들고 있다.

LESSON 8 집 또는 일상 가사

MP3 File 1-20

Point

집안일을 하거나 집안의 실내외 모습을 묘사한 사진들도 자주 출제된다. 집안일은 주로 주방이나 거실, 정원 등의 장소에서 **청소, 설거지, 요리, 정원손질을 하는 모습이 등장**하며, 간혹 **일하지 않고 소파에 앉아 휴식을 취하는(resting) 모습이 출제**되는 경우도 있다. 집안의 **실내 사진은 주로 가구 배치나 계단, 벽에 걸린 사진 등을 묘사**하고 **실외 사진은 울타리, 발코니, 정원 등을 묘사**한다.

A 집안일 관련 유형

빠르게 받아쓰며 ○ × 표시하기 미W 영M

(A) ________, ________ ( )

(B) ________, ________ ( )

(C) ________, ________ ( )

(D) ________, ________________ ( )

오답제거 훈련

(A) A woman is ~~opening~~ a ~~cabinet~~. (×) 수납장(cabinet)을 열고(opening) 있지 않다.

(B) The sink is ~~full of dishes~~. (×) 접시로 가득 차(full of) 있지 않다.

(C) A woman is **cleaning** a **dish**. (○) ▶ 접시를 닦고(cleaning) 있다.

(D) ~~Food~~ is ~~being prepared~~ on the counter. (×) 음식을 만들고(being prepared) 있지 않다.

(A) 여자가 수납장을 열고 있다.
(B) 싱크대가 접시로 가득 차 있다.
(C) 여자가 접시를 닦고 있다.
(D) 조리대에서 음식이 준비되고 있다.

clean ~을 깨끗하게 하다, 닦다, 청소하다

Possible Answers

She is standing close to the sink. 여자는 싱크대 가까이 서 있다.
She is using a sink. 여자는 싱크대를 사용하고 있다.
Utensils are hanging on hooks. 주방용품이 고리에 걸려 있다.

B 집안, 실내 묘사 유형

빠르게 받아쓰며 ○ × 표시하기 미M 호W

(A) ________________ ( )

(B) ________, ________ ( )

(C) ________, ________________, ________ ( )

(D) ________, ________________, ________ ( )

오답제거 훈련

(A) A picture is ~~being adjusted~~. (×) 사람이 없으므로 〈being + 과거분사〉는 오답!

(B) ~~A man~~ is walking through the archway. (×) 사진에 사람은 보이지 않는다.

(C) There is a **stool leaning against** the **wall**. (○) ▶ 의자가 벽 쪽에 붙어 있다.

(D) Railings are installed ~~on both sides of the stairway~~. (×) 한 쪽에만 난간이 있다.

(A) 그림의 위치를 똑바로 맞추고 있다.
(B) 남자가 아치형 통로로 걸어가고 있다.
(C) 의자가 벽 쪽에 붙어 있다.
(D) 난간이 계단 양쪽에 설치되어 있다.

adjust 조정하다, 바로 잡다 stool 등받이 없는 의자

Possible Answers

There is a potted plant next to a stool. 의자 옆에 화분이 있다.
Pictures are hanging on the wall. 그림들이 벽에 걸려 있다.
Handrails run along the steps. 난간이 계단을 따라 이어져 있다.

Ustar 출제포인트 시험에는 이렇게 나온다! **장소에 따라 달라지는 단어의 쓰임에 유의하라!**

counter는 상점의 계산대나 은행의 창구뿐 아니라, 주방의 조리대 등과 같이 특정 용도로 사용되는 사물의 평평한 면을 모두 포괄하는 단어이다. cabinet 역시 사무실 파일 보관함뿐 아니라, 서랍(drawer)이나 선반(shelf), 찬장(cupboard) 등과 같이 물건을 놓아두거나 전시하기 위해 만들어놓은 수납장을 모두 포괄하는 말이다.

The people are waiting at a service **counter**. 사람들이 서비스 창구 앞에서 기다리고 있다.
There are **cabinets** under the **counter**. 조리대 아래 수납장이 있다.
She's reaching inside a **cabinet**. 여자는 수납장 안에 손을 뻗고 있다.

Exercises

음성을 듣고 보기 (A), (B), (C), (D) 중 정답을 골라보세요.

01

(A) (B) (C) (D)

02

(A) (B) (C) (D)

03

(A) (B) (C) (D)

04

(A) (B) (C) (D)

05

(A) (B) (C) (D)

06

(A) (B) (C) (D)

07

(A) (B) (C) (D)

08

(A) (B) (C) (D)

▶ 정답 및 해설 p.31~33

집 또는 일상 가사 관련 빈출표현

1 집 또는 일상 가사 관련 어휘 및 숙어표현

sofa 소파	**warehouse** 창고	**be situated** 위치하고 있다, 자리잡고 있다
cushion 쿠션	**house** 집	**change a light bulb** 전구를 교체하다
picture 그림, 사진	**entrance** 입구	**vacuum the floor** 진공청소기로 바닥을 청소하다
shelf 선반 (*pl.* shelves)	**balcony** [bǽlkəni] 발코니	**sweep the floor** 바닥을 쓸다
vase 꽃병	**patio** [pǽtiòu] 안뜰	**mop the floor** 바닥을 대걸레질하다
window 창문	**cook** 요리하다	**make the bed** 침대를 정리하다
wall 벽	**clean** 청소하다, 깨끗하게 하다	**paint the wall** 벽에 페인트칠하다
lamp 램프	**move** 옮기다	**mow the grass** 잔디를 깎다
curtain 커튼	**arrange** 배열하다, 정리하다	**climb a ladder** 사다리를 오르다
bed 침대	**rest** 휴식을 취하다	**water a plant** 화초에 물을 주다
mirror 거울	**be attached** 붙어 있다	**cover a bowl** 그릇을 덮다
cabinet 수납장	**be placed** 놓여 있다	**wipe a table** 테이블을 닦다
kitchen 부엌	**be filled with** ~로 가득 차다	**pour liquid** 액체를 붓다
pottery 미 [pátəri] 영 [pɔ́təri] 도자기	**be surrounded by** ~에 의해 둘러싸여 있다	**read a newspaper** 신문을 읽다

2 집(실내 공간) 관련 표현

There are **lamps on the shelf**. 선반 위에 램프들이 있다.

The picture is **hanging on the wall**. 그림이 벽에 걸려 있다.

The vases are **on the table**. 꽃병들이 테이블 위에 있다.

The sofa is **unoccupied**. 소파에 앉아 있는 사람이 없다.

There is **light coming from the window**. 창문으로부터 빛이 들어오고 있다.

The curtain is **covering the window**. 커튼이 창문을 덮고 있다.

Several lights **have been turned on**. 전등 몇 개가 켜져 있다.

Flowers are **on display in the window**. 창문에 꽃들이 진열되어 있다.

Dishes **have been placed on the table**. 식탁 위에 접시들이 놓여 있다.

There are **lamps on both sides of the sofa**. 소파 양쪽에 램프가 있다.

The chairs **have been set up in rows**. 의자들이 여러 줄로 정렬되어 있다.

The bookshelf **has been filled with reading materials**. 책장에 읽을거리들이 가득 있다.

The beds are **facing different directions**. 침대가 서로 다른 방향을 보고 있다.

The room is **decorated with potted plants**. 방이 화분들로 장식되어 있다.

Each of the beds **has several pillows**. 침대마다 베개가 몇 개씩 있다.

Some furniture **has been arranged**. 가구가 정리되어 있다.

The sofa is **near the window**. 소파가 창문 근처에 있다.

There is **furniture near the archway**. 아치형 통로 근처에 가구가 있다.

A cabinet **has been opened**. 수납장이 열려 있다.

The sink is **full of dishes**. 싱크대가 접시로 가득 차 있다.

The large piece of pottery is **situated in the corner**. 큰 도자기가 구석에 놓여 있다.

Some of the shelves **have been cleared**. 몇몇 선반들이 깨끗이 치워져 있다.

A mirror **has been hung on the wall**. 거울이 벽에 걸려 있다.

3 집(외부 공간) 관련 표현

The houses are **surrounded by fences.**
집들이 울타리에 둘러싸여 있다.

There is a **fence in front of the main entrance.**
정문 앞에 울타리가 있다.

Each house **has its own balcony.**
집집마다 발코니가 있다.

There is **a patio between the buildings.**
건물 사이에 마당이 있다.

There is **a tree in front of each house.** 집 앞마다 나무 한 그루가 있다.

The windows are **arranged symmetrically.** 창문들이 대칭으로 배열되어 있다.

4 집안일 관련 표현

She is **holding a dish.** 여자가 접시를 들고 있다.

She is **pouring something into a bowl.** 여자가 그릇에 무언가를 붓고 있다.

She is **cooking the food.** 여자가 음식을 요리하고 있다.

The woman is **preparing food in the kitchen.** 여자가 부엌에서 음식을 준비하고 있다.

The man is **mopping the floor.** 남자가 바닥을 대걸레로 닦고 있다.

The man is **sweeping the floor.** 남자가 바닥을 쓸고 있다.

The man is **vacuuming the floor.** 남자가 진공청소기로 바닥을 청소하고 있다.

The woman is **cleaning the window.** 여자가 창문을 닦고 있다.

She is **making the bed.** 여자가 침대를 정리하고 있다.

The woman **has a box in her hands.** 여자가 양손으로 상자를 들고 있다.

They are **painting the wall.** 사람들이 벽에 페인트를 칠하고 있다.

He is **painting the wall** above the doorway. 남자가 문 위의 벽을 페인트로 칠하고 있다.

He is **working with some equipment.** 남자가 장비를 가지고 작업을 하고 있다.

They are **moving the furniture.** 사람들이 가구를 옮기고 있다.

They are **rearranging some furniture.** 사람들이 가구를 재배치하고 있다.

He is **changing a light bulb.** 남자가 전구를 갈아 끼우고 있다.

The man is **watering the plants.** 남자가 화초에 물을 주고 있다.

He is **working in the garden.** 남자가 정원에서 일하고 있다.

A man is **mowing the lawn.** 남자가 잔디를 깎고 있다.

She is **resting on the lawn.** 여자가 잔디 위에서 쉬고 있다.

He is **digging in the flower garden.** 남자가 화단의 흙을 파고 있다.

The man is **cutting/mowing the grass.** 남자가 잔디를 깎고 있다.

The man is **climbing the ladder.** 남자가 사다리를 오르고 있다.

LESSON 9 자연 및 풍경

MP3 File 1-21

Point

강, 바다, 호수, 산이나 벌판 등의 자연풍경 또는 광장, 건물 등을 멀리서 찍은 사진도 매달 1~2문제씩 꾸준히 출제되고 있다. **물 위에 떠 있는 배(boat)나 다리(bridge), 줄지어 서 있는 건물 등의 사진이 주로 출제된다. 주로 사람이 없는 사진이므로 사람의 동작을 나타내는 수동태 진행형(be being p.p.)은 오답**이라고 보면 된다.

A 사람이 있는 풍경 유형

빠르게 받아쓰며 ○ × 표시하기 미W 영M

(A) ________, ________ ( )
(B) ________, ________________ ( )
(C) ________, ________ ( )
(D) ________, ________ ( )

오답제거 훈련

(A) The structure has a ~~flat roof~~. (×) 지붕은 평평하지(flat roof) 않다.
(B) The buildings are ~~under construction~~. (×) 건물이 공사 중(under construction)인 것은 아니다.
(C) People are **resting** around the **fountain**. (○) ▶ 사람들이 분수 주변에서 쉬고 있다.
(D) People are sitting ~~at the table~~ outside. (×) 테이블은 보이지 않는다.

(A) 건축물은 지붕이 평평하다.
(B) 건물들이 공사 중이다.
(C) 사람들이 분수 주변에서 쉬고 있다.
(D) 사람들이 야외 테이블에 앉아 있다.

flat 평평한 under construction 공사 중인 rest 쉬다
fountain 분수

Possible Answers

A fountain is spraying water into the air.
분수대에서 물이 공중으로 솟아오르고 있다.
The building overlooks water. 건물이 분수를 내려다보는 위치에 있다.
People are resting outside. 사람들이 야외에서 쉬고 있다.

B 사람이 없는 자연 및 풍경 유형

빠르게 받아쓰며 ○ × 표시하기 미M 호W

(A) ________, ________, ________ ( )
(B) ________, ________ ( )
(C) ________, ________ ( )
(D) ________, ________ ( )

오답제거 훈련

(A) A **ferry** is **going** between **pillars**. (○) ▶ 연락선(ferry)이 다리 기둥(pillars) 사이를 지나고 있다.
(B) ~~Some people~~ are boarding the ship. (×) 사람은 보이지 않는다.
(C) There are some ~~vehicles~~ on the ~~highway~~. (×) 차량(vehicles)과 고속도로(highway)는 보이지 않는다.
(D) A boat is ~~tied to the post~~. (×) 배가 묶여 있지는(tied) 않다.

(A) 연락선이 기둥 사이를 지나고 있다.
(B) 몇몇 사람들이 배에 탑승하고 있다.
(C) 고속도로에 차량들이 있다.
(D) 배가 기둥에 묶여 있다.

Possible Answers

There is a bridge over the water. 물 위로 다리가 있다.
A boat is floating on the water. 물 위에 배가 떠다니고 있다.

Ustar 출제포인트 시험에는 이렇게 나온다! pillar, column, post, pole

건물 입구에 보면 커다란 기둥들이 천장이나 지붕, 다리 등을 떠받들고 있는 것을 볼 수 있다. 또 유명한 관광지에 가보면 오래된 성터의 기둥을 볼 수 있는데, 이들을 pillar 또는 column이라고 한다. 땅에 박혀 있는 기둥들은 post, 가로등은 lamp-post라고 한다. post와 유사한 의미인 pole은 얇고 긴 기둥으로 막대기나 말뚝 정도로 이해하면 된다. 실제 시험에서 긴 롤러(roller)를 들고 건물 외벽에 페인트칠을 하고 있는 사진이 출제됐는데, 이때 pole이라는 말로 뭉뚱그려 상황을 표현한 보기가 정답으로 제시되었다.

Some **pillars** are supporting the roof of the building. 기둥들이 건물의 지붕을 떠받치고 있다.
He is using a long **pole**. 남자가 기다란 막대기를 사용하고 있다.

Exercises

음성을 듣고 보기 (A), (B), (C), (D) 중 정답을 골라보세요.

01

(A) (B) (C) (D)

02

(A) (B) (C) (D)

03

(A) (B) (C) (D)

04

(A) (B) (C) (D)

05

(A) (B) (C) (D)

06

(A) (B) (C) (D)

07

(A) (B) (C) (D)

08

(A) (B) (C) (D)

▶ 정답 및 해설 p.33~35

자연 및 풍경 관련 빈출표현

1 자연 및 풍경 관련 어휘 및 숙어 표현

plant 식물, 화초, ~을 심다	**beach/shore** 해변	**spray** (물을) 뿜다
flower 꽃	**umbrella/parasol** [pǽrəsɔ̀:l] 파라솔	**pass** 지나다
tree 나무	**park** 공원	**suspend** 매달다, 걸다
grass 풀밭, 잔디	**sculpture** 동상	**decorate** 꾸며주다, 장식하다
pasture 초원	**statue** 조각상	**flow down** 흘러내리다
woods 숲	**construct/structure** 건축구조물	**lead to** ~로 이어져 있다
path 길	**bridge** 다리	**be located** ~에 위치해 있다
rock 바위, 돌	**pillar/column** 기둥	**be stacked** 쌓여 있다
waterfall 폭포	**pole** 막대기	**be reflected** 비치다
stream 시내	**arch** 아치 모양	**cast a shadow** 그림자를 드리우다
fountain 분수	**lighthouse** 등대	**side by side** 나란히
waves 파도	**overlook** 내려다보다	**along the shore** 해변을 따라서

2 건축물 관련 표현

Buildings **overlook a forest.** 건물들이 숲을 내려다보고 있다.

There are **stairs in the building's entrance.** 건물 입구에 계단이 있다.

A path **leads to the building.** 길이 건물로 이어져 있다.

The building is **under construction.** 건물이 공사 중이다.

There is **a patio between the structures.** 건물들 사이에 뜰이 있다.

Cars are **parked near the building.** 차들이 건물 근처에 주차되어 있다.

A graphic design **decorates the building's roof.** 건물 지붕이 그래픽 디자인으로 장식되어 있다.

Artwork is **hanging in front of the building.** 미술품이 건물 앞에 걸려 있다.

A clock is **on the exterior of the building.** 시계가 건물 외벽에 걸려 있다.

Trees **have been planted around some buildings.** 나무들이 건물들 주위에 심겨 있다.

A stone wall **surrounds the building.** 돌로 된 벽이 건물 주위를 에워싸고 있다.

Balcony doors **have been opened.** 발코니가 열려 있다.

Each house **has its own balcony.** 집집마다 발코니가 있다.

The man is **sleeping in a balcony.** 남자가 발코니에서 잠을 자고 있다.

A bicycle is **parked next to the column.** 자전거 한 대가 기둥 옆에 세워져 있다.

Plants **have been placed near some columns.** 화분들이 기둥들 주위에 놓여 있다.

Advertisements are **posted on a column.** 광고가 기둥에 붙어 있다.

There is **a fence surrounding a house.** 울타리가 집을 에워싸고 있다.

The ladder is **propped against the house.** 사다리가 집에 비스듬히 세워져 있다.

The house is **covered in bricks.** 집이 벽돌들로 덮여 있다.

The woman is **entering the building.** 여자가 건물에 들어가고 있다.

The man is **approaching the building.** 남자가 건물에 들어서고 있다.

The building **has arched openings.** 건물의 입구가 아치 모양이다.

Some balcony doors **have been left open.** 몇몇 발코니 문이 열려 있다.

There are **different styles of railings on the balcony.** 발코니에 서로 다른 모양의 난간들이 있다.

3 나무, 식물 관련 표현

A tree **overlooks** the pool. 나무가 수영장을 내려다보고 있다.

The scenery is **reflected on** the surface of the water. 풍경이 물에 비치고 있다.

Rocks **have been stacked** to form columns. 돌이 기둥 형태로 쌓여 있다.

There are **clouds in the sky**. 하늘에 구름이 떠 있다.

Some trees are **being planted** along the riverbank. 나무들이 강둑을 따라 심겨 있다.

4 공원, 분수 관련 표현

The fountain is **spraying water** into the air. 분수대에서 물이 공중으로 솟아나오고 있다.

Trees **have been planted** around the pond. 연못 주변에 나무들이 심겨 있다.

Flowers are **blooming** at the edge of the pond. 꽃들이 연못 가장자리에 활짝 피어 있다.

The water fountain is **in operation**. 분수가 작동 중이다.

The fountain **has been turned off**. 분수가 작동하지 않는다.

The path **leads to the fountain**. 길이 분수 쪽으로 나 있다.

The trees are **growing on the sides of the road**. 나무들이 길가에 자라고 있다.

Some leaves **have been gathered into a pile**. 나뭇잎들이 한 무더기 쌓여 있다.

The waterfall is **next to a park**. 폭포가 공원 옆에 있다.

Some plants are **being sprayed with water**. 화초에 물이 뿌려지고 있다.

The group **has gathered for an outdoor event**. 야외 활동을 위해 사람들이 모여 있다.

Some people are **spending time in the park**. 사람들이 공원에서 시간을 보내고 있다.

They are **walking along the path**. 사람들이 길을 따라 걷고 있다.

People are **relaxing on the grass**. 사람들이 잔디 위에서 쉬고 있다.

They are **hiking near the trees**. 사람들이 나무 주위에서 하이킹을 하고 있다.

5 호수, 강 관련 표현

The ship is **passing under the bridge**. 배가 다리 밑을 지나고 있다.

A bridge **extends across the water**. 다리가 물을 가로질러 뻗어 있다.

There is **a bridge over the water**. 물 위에 다리가 있다.

Water is **rushing under the bridge**. 다리 아래로 물이 세차게 흐르고 있다.

Mountains are **reflected in the water**. 산이 물에 비친다.

Water is **flowing down the mountain**. 물이 산으로 흘러내리고 있다.

6 해변 관련 표현

The benches are **unoccupied**. 의자가 비어 있다.

Some **umbrellas/parasols** are **casting shadows** on the beach. 파라솔들이 해변에 그림자를 드리우고 있다.

Waves are **breaking along the shore**. 파도가 해안을 따라 부서지고 있다.

There are **buildings near the beach**. 해변 근처에 건물들이 있다.

Rocks are **lining the edge of the water**. 바위들이 물가에 일렬로 늘어서 있다.

The rocks **have been piled along the shore**. 돌이 해변을 따라 쌓여 있다.

They are **walking along the shore**. 사람들이 해안을 따라 걷고 있다.

The man is **rushing into the water**. 남자가 물속으로 뛰어 들어가고 있다.

The man is **sitting by the water**. 남자가 물가에 앉아 있다.

Some people are **fishing in the sea**. 사람들이 바다에서 낚시를 하고 있다.

LESSON 10 기타 일상생활 관련 장소

MP3 File 1-22

Point

일상생활 속에서 접할 수 있는 **병원, 도서관, 주유소, 정비소, 농장, 교실 등**의 다양한 장소에서 발생하는 동작 표현과 등장할 수 있는 사물들의 명칭을 익혀둔다.

A 기타 장소 (병원)

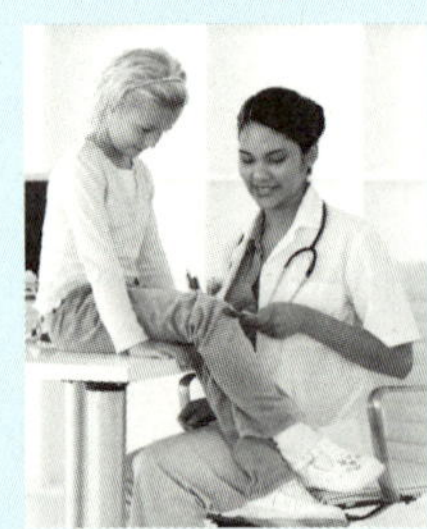

빠르게 받아쓰며 ○ × 표시하기 미W 영M

(A) ________, ________________ ( )
(B) ________________ ( )
(C) ________, ________ ( )
(D) ________, ________________ ( )

오답제거 훈련

(A) A woman is seated with ~~her legs crossed~~. (×) 다리를 꼬고(with ~ legs crossed) 앉아 있는 사람은 없다.
(B) Some equipment is ~~being fixed~~. (×) 수리하는 동작이 아니다.
(C) A doctor is ~~making~~ a ~~note~~. (×) 메모를 하고 있지 않다.
(D) The patient's **leg** is **being examined**. (○) ▶ 환자의 다리를 검사하고 있다.

(A) 여자는 다리를 꼬고 앉아 있다.
(B) 장비가 수리되고 있다.
(C) 의사는 메모를 하고 있다.
(D) 환자가 다리를 검진받고 있다.

with one's legs crossed 다리를 꼰 채로 make a note 메모를 하다 examine 검사하다

Possible Answers

A woman is holding some equipment. 여자는 장비를 들고 있다.
A woman is using a tool. 여자는 장비를 사용하고 있다.
She is checking someone's leg. 여자는 아무개의 다리를 검사하고 있다.

B 기타 장소 (호텔)

빠르게 받아쓰며 ○ × 표시하기 미M 호W

(A) ________, ________ ( )
(B) ________, ________________ ( )
(C) ________________, ________ ( )
(D) ________________, ________ ( )

오답제거 훈련

(A) A woman is **standing** near the **counter**. (○) 손님으로 보이는 여자가 카운터 근처에 서 있다.
(B) ~~Some luggage~~ is being laid in the lobby. (×) 짐을 옮겨놓는(being laid) 동작이 아니다.
(C) A guest is ~~being led into the room~~. (×) 손님을 방으로 안내하는 동작이 아니다.
(D) There is ~~a pile of paper~~ on the ~~shelf~~. (×) 선반과 서류뭉치는 보이지 않는다.

(A) 한 여자가 카운터 근처에 서 있다.
(B) 짐이 로비에 놓이고 있다.
(C) 손님이 방으로 안내되고 있다.
(D) 선반 위에 서류뭉치가 있다.

luggage 짐 be led into ~안으로 안내되다(lead-led-led)
a pile of ~가 쌓인 더미

Possible Answers

There are clocks on the wall. 벽에 시계들이 있다.
One woman is holding a receiver. 한 여자가 수화기를 들고 있다.
A telephone is being used. 전화기가 사용되고 있다.

Ustar 출제포인트 시험에는 이렇게 나온다! **물건을 세는 단위를 암기하라.**

셀 수 없는 물건의 수량을 나타내는 단위표현은 시험에 자주 등장하므로 꼭 알아두어야 한다. a piece of furniture(가구 한 점), a pair of gloves(장갑 한 쌍) 등의 기본표현을 비롯해 a loaf of bread(빵 한 덩어리, 복수형은 loaves of bread), a stack of, a pile of 등 다양한 표현들을 익혀두도록 한다.

She's removing **loaves of bread** from the oven. 여자가 오븐에서 빵을 꺼내고 있다.
A man is standing by **two stacks of plates**. 남자가 두 더미로 쌓아 놓은 접시 옆에 서 있다.
There is **a pile of sand** on the ground. 땅에 모래가 한 더미 있다.

Exercises

음성을 듣고 보기 (A), (B), (C), (D) 중 정답을 골라보세요.

01

(A) (B) (C) (D)

02

(A) (B) (C) (D)

03

(A) (B) (C) (D)

04

(A) (B) (C) (D)

05

(A) (B) (C) (D)

06

(A) (B) (C) (D)

07

(A) (B) (C) (D)

08

(A) (B) (C) (D)

▶ 정답 및 해설 p.35~37

기타 일상생활 관련 장소 빈출표현

1 기타 일상생활 관련 장소 어휘 및 숙어표현

도서관	호텔	강의실
bookcase/bookshelf 책장	**receptionist** 접수원	**blackboard** 칠판
read 읽다	**counter** 카운터	**speak into a microphone** 마이크에 대고 말하다
organize 정렬하다	**lobby** 로비	**write on the board** 칠판에 적다
display 진열하다	**help/assist** 돕다	**listen to the class** 수업을 듣다
exchange 교환하다	은행	정비소
check out books 책을 대출하다	**money** 돈	**mechanic** [məkǽnik] 정비공
return books 책을 반납하다	**withdraw** 인출하다	**garage** 미[gərɑ́:dʒ] 영[gǽra:dʒ] 정비소
병원	**bank machine** 현금 인출기	**automobile** [ɔ̀:təməbí:l] 자동차
doctor 의사	실험실	**hood** 본네트, 후드
patient 환자	**laboratory** 실험실, 연구실	**steering wheel** 운전대
equipment 장비, 장치	**lab coat** 실험복	**change a tire** 타이어를 교체하다
protective gloves 보호장갑	**test tube** 시험관	**check the engine** 엔진을 점검하다
examine 검사하다, 검진하다	**microscope** 현미경	**repair a car** 자동차를 수리하다

2 도서관 관련 표현

The women are **putting together some bookshelves.**
여자들이 책장을 조립하고 있다.

Some people are **standing near a bookcase.**
사람들이 책장 근처에 서 있다.

They are **standing by a display of books.**
사람들이 책 진열대 옆에 서 있다.

The man is **holding a book.**
남자가 책을 들고 있다.

People are **exchanging some books.** 사람들이 책을 교환하고 있다.

The woman is **showing someone some books.** 여자가 다른 사람에게 책을 보여주고 있다.

The man is **looking at the book** on a table. 남자가 테이블 위에 있는 책을 보고 있다.

The man is **arranging some books** on a ledge. 남자가 선반 위에 책을 정리하고 있다.

The woman is **reading a book.** 여자가 책을 읽고 있다.

He is **taking a book from the bookcase.** 남자가 책꽂이에서 책을 꺼내고 있다.

The woman is **organizing a bookcase.** 여자가 책장을 정리하고 있다.

He is **carrying a stack of books.** 남자가 책 한 더미를 옮기고 있다.

She is **packing a book into a box.** 여자가 박스에 책을 한 권 넣고 있다.

The bookshelf **has been filled with reading materials.** 책꽂이에 읽을거리들이 가득 차 있다.

A book is **on the desk.** 책상 위에 책이 한 권 있다.

The shelves are **full of books.** 선반에 책들이 가득 차 있다.

Books **have been organized on tables.** 책들이 테이블 위에 정리되어 있다.

Bookshelves are **mounted above the desk.** 책장이 책상 위에 설치되어 있다.

3 병원, 실험실, 은행, 호텔, 정비소 등 기타 장소 관련 표현

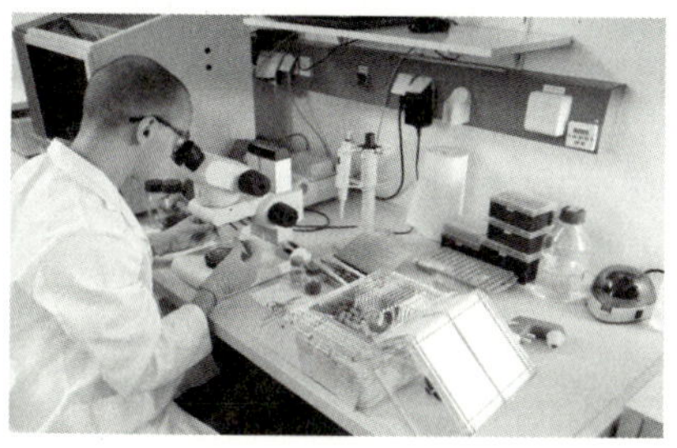

She's **holding up a test tube**.
여자가 시험관을 들어 올리고 있다.

She's **looking through a microscope**.
여자가 현미경을 들여다보고 있다.

She's **using laboratory equipment**.
여자가 연구실 장비를 사용하고 있다.

A patient's eyes are **being examined**.
환자가 눈 검사를 받고 있다.

The man is **standing by the counter**. 남자가 카운터 옆에 서 있다.

Some luggage is **being handed to a receptionist**. 접수담당자가 짐을 건네받고 있다.

Some people are **being helped at a counter**. 사람들이 카운터에서 도움을 받고 있다.

He is **using a bank machine**. 남자가 현금 인출기를 사용하고 있다.

The man is **withdrawing money**. 남자가 돈을 인출하고 있다.

The man is **changing the tire**. 남자가 타이어를 갈고 있다.

The mechanic is **turning the steering wheel**. 정비사가 운전대를 돌리고 있다.

The men are **checking the truck's engine**. 남자들이 트럭의 엔진을 점검하고 있다.

She's **sitting at the steering wheel**. 여자가 운전석에 앉아 있다.

The man is **examining the machine**. 남자가 기계를 살펴보고 있다.

All of the **machines are being used**. 기계들이 전부 사용 중이다.

The woman is **operating a sewing machine**. 여자가 재봉틀을 쓰고 있다.

One woman is **talking on the phone**. 한 여자는 전화통화 중이다.

Part 1 Final Test

MP3 File 1–23

LISTENING TEST

In the Listening test, you will be asked to demonstrate how well you understand spoken English. The entire Listening test will last approximately 45 minutes. There are four parts, and directions are given for each part. You must mark your answers on the separate answer sheet. Do not write your answers in your test book.

Part 1

Directions: For each question in this part, you will hear four statements about a picture in your test book. When you hear the statements, you must select the one statement that best describes what you see in the picture. Then find the number of the question on your answer sheet and mark your answer. The statements will not be printed in your test book and will be spoken only one time.

Sample Answer

Example

Statement (A), "They are looking at an item," is the best description of the picture, so you should select answer (A) and mark it on your answer sheet.

1

2

GO ON TO THE NEXT PAGE

3

4

5

6

GO ON TO THE NEXT PAGE

7

8

9

10

▶ 정답 및 해설 p.37~39

Ustar TOEIC Listening

→→→→→→ Part

Questions & Responses

Part 2 개요 및 공략법

1. Part 2 시험에 대한 이해

Part 2는 다른 Part와는 달리 문제지에 나와 있는 것이 아무것도 없다. 100% 듣기에 의존해야 하며 문제의 호흡이 짧아 순간적으로 긴장을 놓치면 문제가 지나가버리기 때문에 고득점자들이 의외로 가장 어려워하는 파트이다.

문제 유형: Part 2는 한 명이 나와 질문을 하고 (A), (B), (C) 3개의 답변을 들려준다. 셋 중 질문에 가장 적절한 답변을 찾는 유형이다.

문제 개수: 총 30개의 질문과 답변을 들려주며, 시험지에는 아무런 힌트가 존재하지 않는다.

풀이 시간: 문제마다 질문과 응답이 나오고 약 5초 정도의 시간이 주어진다. 하지만 정답은 5초 동안의 pause가 아니라 청취와 동시에 질문과 답변의 키워드를 파악해 찾아야 한다. 다 듣고 고르면 늦는다.

2. Part 2 문제 샘플

문제지

문제지에는 '답안지에 답을 표시하라'는 내용만 나온다.

11 Mark your answer on your answer sheet.
12 Mark your answer on your answer sheet.
13 Mark your answer on your answer sheet.
14 Mark your answer on your answer sheet.
15 Mark your answer on your answer sheet.

음성

질문과 답변 모두 문제지에는 없고 음성으로만 나온다.

11 How late are you open?
(A) Yes, the schedule is very late.
(B) We're open until ten.
(C) Can I open it now?

3. 청취와 동시에 질문의 의도를 파악해야 한다.

질문과 보기를 처음부터 끝까지 다 듣고 의도를 파악하려 하면 실패하기 십상이다. 고민해서 답을 찾는 것이 아니라 질문의 의도에 맞는지 아닌지 순간적으로 빠르게 판단해서 아닌 것은 소거해야 한다. Part 2에서 가장 중요한 것은 집중력과 순발력이다. 질문의 의도는 보통 의문사를 중심으로 앞의 3단어 안에 있다. '못 알아듣지 않았을까?' 걱정하지 말자. 들을 건 다 듣는다. 자신감을 가져라.

4. 의문사를 중심으로 앞의 3단어 안에 답이 있다.

우리말은 끝까지 들어봐야 그 사람의 의도를 알 수 있지만, 영어는 동사(서술어)가 앞에 나오기 때문에 말하고자 하는 의도를 앞에서 확인할 수 있다. 질문의 의도는 보통 '의문사(조동사) + 주어 + 동사 + (목적어)'에 등장한다. 실제로 Part 2 정답 힌트의 약 70%가 앞의 3단어에 있었다. 수식어구인 뒷부분까지 정확히 들어야 하는 난이도 있는 문제들이 일부 출제되기는 하지만 대부분 앞의 3단어 안에 답이 있다고 보면 된다.

화자의 의도 (70%)		추가/세부/첨가내용 (30%)
의문사 + 조동사 + 주어 + 동사 ~ 의문사 + 동사 + 목적어 ~ 조동사 + 주어 + 동사 + 목적어 ~ 주어 + 동사 + 목적어 ~	+	수식어구 앞에 나온 명사(목적어) 또는 동사를 수식하거나 문장 전체를 수식하는 어구이다. 주로 전치사구나 형용사구, 부사 등을 의미한다.

When can you finish the annual plan for the next year?

⇨ 질문에서는 When can you finish만 기억해도 충분하다. '언제 끝낼 수 있느냐?'는 '시점'을 묻고 있다.

(A) By the end of this week. ⇨ 언제 끝낼 수 있는지 '시간'으로 답하고 있다.

(B) ~~Yes~~, he is coming, too. ⇨ 의문사 의문문에서 Yes/No는 답이 될 수 없다.

(C) ~~For~~ three days. ⇨ 시점을 묻는 질문이므로 '기간(~동안)'을 말하는 〈for + 기간명사〉는 답이 될 수 없다.

5. Part 2의 5가지 오답 유형

Part 2를 풀 때는 정답을 찾으려 하지 말고 오답부터 소거하라. 질문에 대한 정확한 답을 찾으려고 하다 내용을 정확히 이해하지 못하면, 상황에 답을 끼워 맞추고 싶어 한다. 그렇게 되면, 모두 답처럼 들리기 마련이다. 정답을 찾기보다는 답이 안 되는 것부터 먼저 소거한 후 정답을 결정해야 한다.

❶ 의문사 의문문에는 Yes/No로 답할 수 없다. 나오면 일단 소거하라.
❷ 의문사에 해당하는 정보가 나오지 않으면 바로 소거하라.
❸ 질문에 나오지 않는 주어 she/he/they/it이 난데없이 등장하면 오답이다.
❹ 유사발음, 동일어휘 또는 연상되는 어휘가 들렸을 때는 오답일 가능성이 높다.
❺ 질문의 시제와 맞지 않는 시제나 시간부사가 나오면 바로 소거한다.
Tip I don't know 유형의 답변은 천하무적이다.

6. Part 2에서 꼭 알아야 할 핵심 유형

의문사 의문문	Who	행위의 주체가 될 수 있는 사람, 회사, 부서 등을 묻는 질문
	When	시간이나 시점을 묻는 질문
	Where	특정 행위가 발생하는 장소, 사람/사물의 위치나 소재, 출처를 묻는 질문
	What	특정 행위나 사람/사물의 대상을 묻는 질문
	How	① 수단이나 방법을 묻는 질문 ② 〈How + 형용사/부사 ~ ?〉의 형태로 수량, 정도, 길이, 횟수 등을 묻는 질문
	Why	이유나 원인, 목적을 묻는 질문
비의문사 의문문	Be동사 조동사(Do/Have/Can/Will/Should)	① 상태나 행위, 사실 여부 확인 및 일 · 행위의 완료 여부를 묻는 질문 ② 가능성, 의지, 의도를 묻는 질문
	권유/제안	어떤 일이나 행위에 대해 제안하거나 권유하는 질문
	부탁/요청	상대에게 부탁하거나 요청하는 질문
	간접의문문	문장 중간에 의문사가 들어가는 질문
	선택의문문	or나 의문사 Which를 이용한 선택의문문
	부정/부가의문문	의견이나 의도 또는 사실 여부를 확인하는 질문
평서문	(주어) + 동사 + ~.	① 감정 표현이나 의견을 제시하는 표현 ② 권유, 제안, 부탁의 표현 Tip 최근, 평서문 문제에 대해 추가 정보나 확인을 위해 반문하는 답변이 대세
주요 답변 유형	I don't know 유형	'모르겠다'는 회피성 답변은 어떤 질문에 대해서도 답이 될 수 있다.
구어체 표현	의문사나 조동사를 이용한 관용적인 표현으로 고득점을 위해서는 반드시 암기해두어야 한다.	

7. Part 2 빈출 답변 유형

(1) 단답형의 답변: 2~3개의 단어를 이용하여 의도한 내용을 간단히 답하는 가장 쉬운 답변 유형이다.

At 2 o'clock. 2시에요. By train. 기차로요. James from sales department. 영업팀의 James요.
In two days. 이틀 후에요. That's right. 맞습니다. Thanks, I will. 고마워요, 제가 할게요.

(2) 설명 유형의 답변: 완성된 문장 형태로 등장하는 답변 유형으로, 구체적인 내용 확인보다는 어떤 정보를 주고자 하는지를 확인하라.

Yes, we've never been here before. 네, 여기에 온 적은 없어요. I'll be a little late, but I'll be there. 조금 늦겠지만 갈 겁니다.
Another firm offered a lower price. 다른 회사가 더 낮은 가격을 제안했어요.

(3) I don't know 유형의 답변: 어떤 질문에서도 답이 될 수 있는 답변 유형으로 빈출 답변들은 꼭 암기해두자.

I have no idea. 모르겠네요. I'll check my calendar. 일정을 확인해볼게요.
Let me ask my supervisor. 상사에게 물어볼게요.

(4) 반문 형태의 답변: 질문을 재확인하거나 추가 정보를 묻는 형태의 답변 유형으로 모든 질문의 답변으로 등장한다.

Do they have a opening? 공석이 있나요? Yes, how about Korean food? 네, 한국음식은 어떤가요?
May I have your name, please? 이름을 알 수 있을까요?

8. Part 2 문제풀이 접근법

1단계 Part 2에 자주 출제되는 문제와 정답 유형들을 암기해둔다.

2단계 Part 2의 오답 유형에는 크게 5가지가 있다. 오답들을 제거하면서 문제를 푸는 방식도 따로 연습해두어야 한다.
① Yes/No오류 ② 다른 의문사의 답 ③ 주어 오류
④ 유사발음, 동일어휘, 연상어휘 오류 ⑤ 시제 오류

3단계 의문사 위주로 앞의 세 단어를 빠르게 받아쓰는 훈련을 한다. 보기는 핵심이 되는 한 단어씩만 받아쓴다.
* Part 2의 70%이상은 질문의 앞부분이 답을 결정한다.

4단계 (A), (B), (C)를 다 듣고 난 후 의문사를 잊어버리는 경우가 종종 있다. 질문의 앞부분을 받아쓰거나 계속 머릿속으로 반복하며 들어야 한다. 문제를 들으면서 그와 동시에 머릿속에서는 예상 답안들을 의식하고 있어야 한다.

5단계 보기 중에 오답을 소거한 후에 정답을 남기는 방식으로 문제를 해결한다.

의문사 의문문

11 Mark your answer on your answer sheet.

11 When did you see the movie?
(A) I'll see it tomorrow.
(B) Yes, you are right.
(C) A week ago.

When did you see the movie? (당신은 그 영화를) 언제 봤어요?
⇨ **처음 세 단어에 집중하라!**
의문사 When으로 과거의 시간 정보를 묻고 있다. 의문사 의문문이므로 Yes/No 답변이 불가능하다.
(A) ~~I'll~~ see it tomorrow. ⇨ 시제 오류
(B) ~~Yes~~, you are right. ⇨ Yes/No 오류
(C) A week **ago**. ⇨ 과거 시간으로 답변하고 있다. 정답!

비의문사 의문문

12 Mark your answer on your answer sheet.

12 Are you going to Kevin's birthday party on Saturday?
(A) Happy birthday.
(B) No, I have other plans.
(C) They've gone for the day.

Are you going to Kevin's birthday **party** on Saturday? (토요일에 Kevin의 생일) 파티에 갈 건가요?
⇨ **〈조동사 + 주어 + 동사 + 목적어〉에 집중하라!** (going + birthday party)
'파티에 갈 것이다(긍정)/못 갈 것이다(부정)'는 의미로 답하지 않는 것은 소거한다.
(A) Happy ~~birthday~~. ⇨ 유사발음/동일어휘/관련어휘는 정답이 되지 않는다.
(B) **No**, I **have other plans**. ⇨ No라고 하고 have other plans(다른 약속이 있어서)라는 이유를 설명하고 있다. 정답!
(C) ~~They~~'ve gone for the day. ⇨ 주어 불일치

9. Part 2 받아쓰기, 이렇게 연습하라.

초급자들은 질문과 보기 (A), (B), (C)를 다 듣고 나면 기억이 나지 않기 때문에 질문의 의도와 보기의 내용을 정확하게 기억하기 위해 받아쓰기를 하는 것이 좋다. 또한 받아쓰기 훈련 후에는 반드시 스크립트 분석과 주요 표현을 암기해야 한다.

그리고 마지막으로 들을 때는 관련 질문과 각 보기의 정답 여부 및 각 보기로 제시된 답변에 어울리는 예상 질문들을 순발력 있게 말하는 Reaction 훈련을 해두면 완벽한 마무리가 된다.

1단계 받아쓰기

11 Mark your answer on your answer sheet.
12 Mark your answer on your answer sheet.
13 Mark your answer on your answer sheet.

받아쓰기

How long
(A) Three hours
(B) twice
(C) great boss

2단계 스크립트 분석

11 **How long** is the trip to Boston?
(A) **Three hours** by bus.
(B) I've been there ~~twice~~.
(C) ~~He~~ is a ~~great boss~~.

How long은 주로 기간으로 답하며, 길이로 대답하는 것도 가능하다.
(A) '3시간 동안'이라는 기간이므로 답이 된다.
(B) twice는 횟수를 묻는 How often(얼마나 자주)에 가능한 답변이다.
(C) 주어(He) 오류로, How is he like로 물어보아야 가능한 답변이다.

3단계 Reaction 훈련

귀로 들으면서

11 How long is the trip to Boston? → How long 기간
(A) Three hours by bus. → (A) 정답
(B) I've been there twice. → (B) How often ~?에 가능한 답변
(C) He is a great boss. → (C) How is he like ~?에 가능한 답변

동시에 생각을 해야 한다.

Chapter 1

Who 의문문

MP3 File 2-01

★ 주요 출제 패턴

Who 의문문은 Part 2의 30문제 중 매달 평균 2~3문제씩 출제된다. 어떤 행동의 주체에 대해 묻는 것이기 때문에 주어 부분을 잘 듣고 답해야 한다. 답이 되는 유형은 주로 (1) 사람 이름, 사람을 대신하는 대명사 (2) 직위나 관계 (3) 부서나 회사 이름 등이다. Who 의문문의 받아쓰기를 할 때는 'Who / 주어 / 동사' 위주로 한다.

★ 이렇게 풀어라! 문제풀이 전략

1. Who 의문문에는 사람 이름이나 직책/직위 또는 부서명, 회사명으로 대답한다. 회사에서 자주 쓰이는 직책이나 직위를 영어로 미리 익혀두는 것이 필요하다.

Who was in charge of the recent system upgrades? (A) An outside consultant. (B) Yes, much bigger than before. (C) To install programs.	최신 시스템 업그레이드는 누가 담당하나요? (A) 외부 컨설턴트가요. (B) 네, 전보다 훨씬 더 커요. (C) 프로그램을 설치하기 위해서요.

해설 직위로 답변을 하고 있는 (A)가 정답이다. (B)는 Who 의문문에 Yes/No로 답할 수 없으므로 오답이고, (C)는 목적(Why)을 묻는 질문의 답변에 해당한다.

2. Who 의문문은 Yes/No로 답할 수 없다.

Who's responsible for the campaign? (A) Ms. Brooke is. (B) That's too much. (C) No, not really.	그 캠페인은 누가 책임지고 있나요? (A) Brooke 씨요. (B) 너무 많아요. (C) 아니, 그렇지 않아요.

해설 (A)는 사람 이름으로 답변을 하고 있으므로 정답이다. (B)는 양을 의미하며 How 의문문인 경우의 답변이다. 의문사 의문문에 Yes/No로 답할 수 없으므로 (C)도 오답이다.

3. Who 의문문에서 대명사가 답이 되는 경우는 상당한 주의가 필요하다.

(1) I, You, We 등이 답이 될 수도 있다. ☆ 제 3자가 아니라 자신(I)이나 질문한 대상(You), 쌍방(We) 모두 답이 될 수 있다.

(2) 질문에 Ms.나 Mr.처럼 성별을 짐작할 수 있는 표현이 없다면 He, She는 답이 아니다.

(3) No one, Someone도 답이 될 수 있다.

Who did they hire for the managerial position? (A) A month ago. (B) On the tenth floor. (C) Someone from Seoul.	그들은 누구를 매니저 자리에 채용했나요? (A) 한 달 전에요. (B) 10층이요. (C) 서울 출신 사람이에요.

해설 (A)는 과거의 시점으로 When 의문문의 답변에 해당된다. (B)는 장소(Where)에 대한 질문의 답변이다. (C)는 사람을 지칭하는 대명사(Someone)로 답이 될 수 있다.

4. Who 의문문에서 I don't know는 천하무적이다. 질문에 대해 회피성 답변이나 제 3의 답을 하는 경우는 난이도가 다소 높은 편으로 토익에 빈출하는 유형이다.

Who do you think will be the next general director? (A) No one is sure yet. (B) This is my assignment. (C) An auditing company.	다음 사무처장은 누가 될 것이라 생각하세요? (A) 누구도 아직 확실하게 몰라요. (B) 이건 제 일이에요. (C) 회계 사무소입니다.

해설 누가 director가 될지 묻는 질문으로 보기 중 '아직 확실하게 아는 사람이 없다'고 답한 (A)가 가장 적절하다. (B)는 누구의(Whose) 일인지 물었을 때의 답변이다. 사람(이름, 직책 등)을 묻고 있는데 회사로 답하고 있으므로 (C) 역시 답이 될 수 없다.

5. 사람 이름이 바로 나오지 않고 문장 시작 부분에 부가 설명이 나오는 경우도 있다. 따라서 보기를 끝까지 듣고 문장 중간에 사람 이름이 언급되는지 확인해야 한다.

Who needs a copy of the annual report? (A) Yes, the train goes to the airport. (B) The monthly sales report. (C) I think Andrea does.	누가 연차보고서가 필요한가요? (A) 네, 그 기차는 공항으로 갑니다. (B) 월별 판매실적 보고서예요. (C) Andrea가 그럴 것 같아요.

해설 의문사 의문문이므로 Yes/No로 답할 수 없다. 따라서 (A)는 오답. (B)는 대상이나 사물을 묻는 What 의문문의 답변에 해당한다. (C) I think 뒤에 사람 이름이 언급되었다.

6. Who ~ belong to, Whose 등 소유를 묻는 질문도 간간이 등장한다.

Who does this file belong to? (A) It looks like mine. (B) I'd say it's wool cotton. (C) The show wasn't long.	이 파일은 누구의 것입니까? (A) 제 것 같은데요. (B) 면모 교직이라고 할 수 있죠. (C) 공연이 길지 않았어요.

해설 Who ~ belong to?이므로 누구의 것인지를 묻는 질문이다. 소유격인 mine(나의 것)으로 답한 (A)가 정답이다. (B)는 what에 대한 답변이다. (C)는 질문의 belong 유사발음 함정으로 등장한 오답이다.

7. '누가 ~할 것인가?', '누구에게 ~해야 하는가?', '누가 ~했는가?' 등의 질문은 '~에게 물어봐라', '~에게 시켜라' 등 명령형이 답이 된다.

Who should I call to reserve a conference room? (A) It's in the hotel. (B) Ask Judy to do it. (C) For about two weeks.	회의실을 예약하려면 누구에게 전화를 해야 하나요? (A) 호텔에 있어요. (B) Judy에게 하라고 하세요. (C) 약 2주 동안이에요.

해설 (A)는 장소(Where)를 묻는 질문의 답변이므로 답이 될 수 없다. '누구에게 ~해야 하는가?'라는 질문이므로 '~에게 ~해라'고 답한 (B)가 가장 적절하다. (C)는 기간(How long)을 묻는 질문에 대한 답변이다.

LESSON 1 Who 의문문 기본형

 MP3 File 2-01

Point

Who 의문문은 주로 **행위나 업무의 주체를** 묻는다. 따라서 **응답으로는 행위의 주체인 사람 이름이 가장 많이 나오고 직위나 직책, 부서 이름, 회사 이름 등도 자주 등장**한다. Part 2에 출제되는 Who 의문문은 ① **Yes/No로 대답할 수 없고,** ② **유사발음이 나오면 오답이며,** ③ **보기에 사람 이름, 직위, 부서 이름, 회사 이름 등이 나오면 답**이 된다.

예제 Who wrote the last week's report?

(A) Okay, this week then. (B) Yes, at noon. (C) Jefferson did.

▶Who(누구)로 묻고 있으므로 (A) Okay ~와 (B) Yes ~는 답이 될 수 없다.

●지난 주 보고서는 누가 썼나요? (A) 그래요, 그럼 이번 주에 봐요. (B) 네, 오후에요. (C) Jefferson이 했어요. 정답 (C)

A Who 의문문의 빈출 정답 유형

(1) 이름이나 직위로 답하는 경우: 인칭대명사 또는 사람 이름이 단독으로 나오거나 뒤에 do동사 혹은 be동사가 붙는다.

Q Who handed in this report to you? 누가 당신에게 보고서를 제출했나요?

A **David** did yesterday. 어제 David이요. / The **manager** did. 매니저가요. / **Ms. Nancy** did. Ms. Nancy가요.

(2) 부서나 회사로 답하는 경우: Who는 문장에서 주어 역할을 하면서 행위의 주체를 묻는다. 이때 답변으로는 사람이 아닌 그가 맡고 있는 직책이나 회사가 올 수도 있다.

Q Who will inform the employees of these changes? 누가 직원들에게 변경 사항들을 알려줄 건가요?

A The **personnel department.** 인사부입니다.

Q Who's designing the new device? 누가 새 장비를 디자인합니까?

A **GE engineering company.** GE 엔지니어링 회사입니다.

Q Who do I talk to about getting a password? 비밀번호를 받으려면 누구에게 얘기해야 하나요?

A Call the **technology department.** 기술부에 전화하세요.

B Who 의문문에 자주 나오는 부서명과 직위명

〈직위명〉

President 사장	Vice president 부사장	CEO(Chief Executive Officer) 최고경영자	
(executive) director 이사	auditing director 감사	marketing director 마케팅 이사	supervisor 상관
(office) manager 지배인, 과장	general manager 부장	branch manager 지점장	technician 기술자
sales representative 영업사원	clerk 사원, 점원	secretary 비서	

〈부서명〉

marketing (department) 마케팅부	overseas (department) 해외부	design (department) 디자인부
accounting (department) 회계부	personnel (department)/human resources 인사부	
facilities (department) 시설부	legal (department) 법무부	technology (department) 기술부
production (department) 생산부	sales (department) 영업부	research (department) 연구부
service (department) 서비스부	transportation (department) 운송부	purchasing (department) 구매부

Ustar 출제포인트 시험에는 이렇게 나온다! **Yes나 No는 왜 답이 되지 않는가?**

'누가?'라는 질문에 '네/아니오'로 대답할 수는 없다. 따라서 질문이 Who로 시작하는 경우 보기에 Yes나 No가 들리면 바로 오답으로 판단하고 다음 보기에 집중해야 한다.

Who is the director of the finance department?

(A) Ms. Robinson is. (B) Her financial planning. (C) Yes, go ahead.

문제풀이 전략

Step 1_ Who가 들리면 Who와 특정 명사들을 확인한다. director 직책 / finance 부서

Step 2_ 보기에 사람 이름이 나오면 일단 그대로 두고 나머지 보기들의 오답부터 제거한다.

Step 3_ 유사발음 오류와 Yes/No가 들리는 오답을 먼저 제거한다.

■(A)는 사람 이름으로 답하고 있다. (B)의 financial은 질문에 나온 finance와 유사발음으로 전형적인 오답 함정이다. (C)는 Yes가 나오므로 오답이다.

■누가 재무팀의 부장입니까? (A) Robinson 씨입니다. (B) 그녀의 재정 계획입니다. (C) 네, 계속 진행하세요.

Exercises

문제풀이 예제

Listen & Write 음성을 듣고 키워드 받아쓰기 미M 미W / 미W 영M

01 Q. ______	02 Q. ______
(A) ______	(A) ______
(B) ______	(B) ______
(C) ______	(C) ______

받아쓰기 예시: 01 Who / consultant (A) Mr. (B) report (C) At / firm
02 Who / this event (A) Near (B) next week (C) H&M corporation

Look 스크립트 분석과 소거법

01 **Who**'s your financial **consultant**?
(A) **Mr.** Garcia.
(B) A budget **report**. → What 의문문에 어울리는 응답
(C) **At** the consulting **firm**. → Where 의문문에 어울리는 응답

key Who 의문문에서 Mr./Miss/Mrs. ~ 등의 호칭은 항상 답이 된다. 질문의 consultant와 유사발음으로 들리는 보기, (C) consulting은 오답 함정이다.

당신의 재무컨설턴트는 누구입니까?
(A) Mr. Garcia입니다.
(B) 예산보고서에요.
(C) 컨설팅 회사에서요.

02 **Who**'s organizing **this event**?
(A) **Near** the company. → Where 의문문에 어울리는 응답
(B) It's **next week**. → When 의문문에 어울리는 응답
(C) The **H&M corporation** is.

key Who 의문문에서 회사 이름은 답이 된다. (A)와 (B)는 행사(event)에서 연상되는 장소와 시간으로 들릴 수 있기 때문에 조심해야 한다.

누가 이 행사를 준비하나요?
(A) 회사 근처에서요.
(B) 다음 주에요.
(C) H&M 사입니다.

Step 1 Warm-up Test 음성을 듣고 빈칸을 채우고 알맞은 답변을 고르세요.

01 ______ will the acting ________ be?
(A) I knew _____. (B) ____ Susan Reymond. (C) ___ the office.

02 ______'s in charge of ________________?
(A) ______ will be ______ in thirty days. (B) _____, it's on the first floor. (C) The accounting ______.

03 ______'s our biggest ________?
(A) BMP __________. (B) ____ the shelf. (C) Some ________________.

04 ______'s __________ at the conference?
(A) _____ very ______. (B) The ________ of engineering. (C) ________ our office.

05 ______ should _______ to fix my phone?
(A) _____, you are right. (B) The service ___________. (C) ___ the service center.

Step 2 실전 TOEIC Test 실제 시험처럼 음성을 듣고 정답을 표시하세요.

01 Mark your answer. (A) (B) (C)
02 Mark your answer. (A) (B) (C)
03 Mark your answer. (A) (B) (C)
04 Mark your answer. (A) (B) (C)
05 Mark your answer. (A) (B) (C)

▶ 문제풀이 예제 정답: 01 (A) 02 (C)

▶ 정답 및 해설 p.42~43

LESSON 2 Who 의문문 난이도형 (1)

MP3 File 2-02

Point

1. 특정한 업무를 맡은 사람을 물으면 사람 이름이, 좀 더 **업무적이거나 공적인 상황에서는 직책이나 부서명이 정답**으로 오게 된다.
2. I think/I believe/probably/as far as I know **등의 표현을 넣어 응답하는 경우**는 뒷부분을 잘 들어야 한다.

Who's giving the sales presentation?

(A) Martha bought a nice present. (B) She's at the store with Tracy. (C) I think it's Andrea.

▶(A)는 질문에 있는 presentation과의 혼동을 유발하는 유사발음(present) 함정이다. (B)는 난데없이 대명사 She가 등장하고 있으므로 오답이다.

●누가 판매 프레젠테이션을 할 예정인가요? (A) Martha가 좋은 선물을 샀어요. (B) 그녀는 Tracy와 함께 상점에 있어요. (C) 제 생각엔 Andrea일 겁니다.

정답 (C)

A 보기에 동사나 수식어구가 붙어 문장이 길어진 유형

Who 의문문은 보통 사람 이름이나 직위로 대답한다. 하지만 동사나 수식어구를 덧붙여 문장을 길게 만들거나, 사람 이름, 직위명 등이 언급되는 보기가 두 개 이상 등장하는 난이도가 있는 유형도 출제된다. 이때는 문장 안에 사람이 언급되는지 잘 판단하고 동사에 집중해야 한다.

Q Who's going to repair the computer system? 누가 컴퓨터를 고치게 되나요?
A A **repairman** will fix it tomorrow. 기술자가 내일 와서 할 겁니다.

Q Who's making the committee agendas? 누가 위원회의 의제를 작성하나요?
A Perhaps **Ms. Byrnecan** can tell you. 아마도 Byrnecan 씨가 말해줄 거예요.

Q Who handles complaints about raw material costs? 누가 원자재 비용에 대한 불만을 처리합니까?
A That's **Ms. Arnold**'s area. 그 일은 Arnold 씨 담당입니다.
/ As far as I know, **Mr. Gomez** does. Gomez 씨가 하는 것으로 알고 있습니다.

B 가족/친구/동료 관계 등을 나타내는 명사로 답하는 유형

직접 사람 이름이 나오지 않고 친구나 uncle(삼촌), aunt(이모, 고모), nephew(조카) 등의 친족 관계 또는 직장에서의 관계로 응답하는 경우도 주의가 필요하다. 이때는 주로 '누구의 ~'라는 소유 관계를 나타내는 소유격 대명사가 함께 나온다.

Q Who left this screen in the conference room? 누가 이 스크린을 회의실에 두었나요?
A **My co-worker** did. 제 동료가 했어요.

Q Who sends this document out? 누가 이 서류를 발송하나요?
A **My supervisor**. 제 상사가요.

Q Who was that man I saw with Mr. Roberson? Roberson 씨가 누구랑 함께 있는 것을 봤는데. 그 남자는 누구인가요?
A I think he's a **new employee**. 신입사원일 겁니다.

C Who 의문문 외에 사람으로 답하는 유형

What 의문문과 Which 의문문은 의문사 뒤에 있는 명사가 답을 결정한다. What이나 Which 뒤에 사람명사가 있다면 사람으로 대답해야 한다.

Q **Which employees** will be transferred to the Asian branch? 어느 직원이 아시아 지사로 전근되죠?
A Two people from the headquarters. 본사에 있는 두 사람입니다.

☆ Which 뒤에 사람이 언급되었기 때문에 사람과 관련된 표현이 나오는 것이 답이 된다.

Ustar 출제포인트 시험에는 이렇게 나온다! **사람 및 직위가 언급되는 보기가 두 개 이상이면 동사에 집중하라!**

Who asked for this file?
(A) Mr. Kim did. (B) Mr. Kim will.

문제풀이 전략
Step 1_ Who가 들리면 뒤에 나오는 동사나 특정 명사를 파악해두자. 질문의 동사는 과거형(asked)이다.
Step 2_ 주어가 같으므로 보기의 동사를 집중해서 들어야 한다.

■둘 다 사람 이름이 언급되었지만 질문이 과거 시제이므로 답은 (A)이다. 이렇게 보기에 사람 이름이 두 번 이상 나오는 경우에는 동사의 시제를 보고 판단하거나 유사발음 보기를 제거하는 방법으로 해결해야 한다.

■누가 이 파일을 요청했나요? (A) Kim 선생이 했습니다. (B) Kim 선생이 할 겁니다.

Exercises

문제풀이 예제

Listen & Write 음성을 듣고 키워드 받아쓰기 미W 미M / 영M 호W

01 Q. ______________
(A) ______________
(B) ______________
(C) ______________

02 Q. ______________
(A) ______________
(B) ______________
(C) ______________

받아쓰기 예시: 01 Who's coming / marketing meeting (A) in (B) sales team (C) Yes
02 who will be replacing (A) Patricia doesn't have (B) At (C) Probably Ginny

Look 스크립트 분석과 소거법

01 **Who's coming** to the **marketing meeting** this afternoon?
(A) **In** a hotel lobby. → Where 의문문에 어울리는 응답
(B) The **sales team**.
(C) **Yes**, at 4 p.m. → 의문사 의문문에 Yes는 오답

key 누구(Who)인지 물었으므로 sales team이라고 답한 (B)가 정답이다. (A)는 장소, (C)는 Yes로 답했으므로 오답이다.

누가 오늘 오후에 마케팅 회의에 오나요?
(A) 호텔 로비에서요.
(B) 영업팀이요.
(C) 네, 오후 4시입니다.

02 Do you know **who will be replacing** Carol while she is away?
(A) **Patricia doesn't have** it. → Who has ~?에 어울리는 응답
(B) **At** the entrance. → Where 의문문에 어울리는 응답
(C) **Probably Ginny**.

key 질문의 포인트는 Do you know가 아니라 who will be replacing Carol ~이다. 사람이 언급된 보기가 두 개 등장하므로 사람 이름 뒤의 동사까지 귀 기울여야 한다.

Carol이 없는 동안 누가 그녀를 대신하는지 아세요?
(A) Patricia는 그것을 가지고 있지 않아요.
(B) 입구에서요.
(C) 아마도 Ginny일 겁니다.

Step 1 Warm-up Test 음성을 듣고 빈칸을 채우고 알맞은 답변을 고르세요.

01 ______ __________ our trading video?
(A) _______ does it. (B) ____, there's a market nearby. (C) ______'re in our ___________.

02 ______ will _______ at the anniversary party?
(A) _____, partially. (B) ___________ is planning to. (C) ____ the reverse side.

03 ______ _____ this _________ on my desk?
(A) ___ is ___ the bottom drawer. (B) It might have been ________. (C) Let's ______ soon.

04 ______'s _______ up _________ from the airport?
(A) _____ said she would. (B) We will ______ a supplier _________. (C) About ________ ______.

05 ______ _________ the _____ for the R&D department?
(A) ___________ does it. (B) Sales are ______. (C) ___ a board meeting.

Step 2 실전 TOEIC Test 실제 시험처럼 음성을 듣고 정답을 표시하세요.

01 Mark your answer. (A) (B) (C)

02 Mark your answer. (A) (B) (C)

03 Mark your answer. (A) (B) (C)

04 Mark your answer. (A) (B) (C)

05 Mark your answer. (A) (B) (C)

▶ 문제풀이 예제 정답: 01 (B) 02 (C)

▶ 정답 및 해설 p.43~45

Who 의문문 난이도형 (2)

MP3 File 2-03

Point

1. I/You/We 또는 불특정 대상을 지칭하는 Someone/Anyone/Everyone이 답이 되기도 한다.
2. I don't know.와 같은 회피성 대답이 정답인 경우도 많다.

Who is responsible for revising the agenda of this meeting?

(A) I think I am. (B) No, by cash. (C) They are meeting at 2 p.m.

▶Who(누구) 의문문이므로 No로 답한 (B)는 오답이고, 질문이 Who is ~?이므로 복수형 They로 답할 수 없다.

●이 회의의 안건을 수정하는 것은 누구 담당인가요? (A) 접니다. (B) 아니오, 현금으로요. (C) 그들은 2시에 만날 겁니다. 정답 (A)

A I/You/We 또는 Someone/Anyone/Everyone으로 답하는 유형

Who 의문문은 사람 이름, 직책명 외에도 대화의 당사자들인 I(대화 주체)나 You(상대방) 또는 제 3자인 Someone, Anyone, Everyone 등으로 답할 수도 있다.

(1) I, me, mine, you, we, us 등이 포함되는 대답 유형

Q Who is helping Ethan with his assignment? 누가 Ethan의 과제를 도와줄 건가요?
A **I** can help him. 제가 도울 수 있습니다.

Q Who will be at the front desk tonight? 오늘 저녁 누가 안내데스크에 있게 되나요?
A Not **me**. 저는 아니에요.

(2) 불특정한 대상을 지칭하는 대명사 Someone, Anyone, Everyone 등이 포함되는 대답 유형

Q Who can attend the training seminar? 누가 교육 세미나에 참석하나요?
A **Everyone**'s planning on it. 모두가 참석할 예정입니다.

Q Who works in room A? 누가 A실에서 일하나요?
A **No one**, for now. 지금은 아무도 없습니다.

B 모르겠다고 하거나 반문하며 답하는 유형

어떤 의문문이든 '잘 모르겠습니다', '다른 사람에게 확인해봅시다' 같은 답변은 정답일 확률이 99%이다.

(1) '모르겠다'고 하는 I don't know 대답 유형

Q Who will be the leader of the new project? 누가 새로운 프로젝트의 팀장이 되나요?
A **It hasn't been decided yet.** 아직 결정되지 않았어요.

Q Who is the supervisor of the construction site? 건설 현장의 감독관은 누구입니까?
A **You'd better ask your manager.** 매니저에게 물어보세요.

(2) 반문하는 대답 유형

Q Who should I talk to about my lost luggage? 분실한 짐에 대해 누구와 이야기해야 하나요?
A **What flight were you on?** 어느 비행기에 탑승했었나요?

Ustar 출제포인트 시험에는 이렇게 나온다! **He와 She는 왜 오답인가?**

질문에 특정 이름이나 성별(Ms./Mr., the man/woman)에 대한 단서가 없는데 대답하는 사람이 He, She라고 답할 수는 없다. 누구(Who)인지 물어보는 질문에 대답하는 사람마저 '그/그녀가'라고 막연히 대답하는 것은 동문서답이다. 이때는 이름이나 직위 또는 I/You/We와 같이 정체를 분명히 알 수 있는 대답이 뒤따라야 한다. 단, 성별이나 그 사람의 정체를 알 수 있는 단서가 있다면 He, She로 답할 수 있다.

Q Who is **the man**? 그 사람은 누구입니까? A **He** is our new manager. 우리의 새 매니저입니다.

Who brought this chair?
(A) Jade might know. (B) They did. (C) Yes, I know.

문제풀이 전략

Step 1_ Who 의문문이므로 뒤에 나오는 동사(brought)와 명사(chair) 하나씩은 확인해둔다.
Step 2_ 질문에 Ms.나 Mr.가 없기 때문에 He, She, They는 답이 될 수 없다.
Step 3_ 의문사 의문문이므로 Yes, No로 답하면 오답이다.

■질문에 특정 이름이나 성별, 단복수에 관한 단서가 없기 때문에 They가 있는 (B)는 오답이다. Yes로 답하고 있는 (C)도 Who 의문문의 답이 될 수 없다. 사람의 이름을 언급하고 있는 (A)가 정답이다.

■누가 이 책상을 가져 왔나요? (A) Jade가 알 겁니다. (B) 그들이 했어요. (C) 네, 저는 압니다.

Exercises

문제풀이 예제

Listen & Write 음성을 듣고 키워드 받아쓰기 미W 미M / 영M 호W

01 Q. ______	02 Q. ______
(A) ______	(A) ______
(B) ______	(B) ______
(C) ______	(C) ______

받아쓰기 예시: 01 Who / office (A) Yes (B) Everyone (C) office
02 Who / hired (A) Yes (B) haven't heard (C) great

Look 스크립트 분석과 소거법

01 **Who**'s not in the **office** today?
(A) **Yes**, you can check it today. → Yes는 답이 될 수 없다.
(B) **Everyone** except Daniel.
(C) There must be an **office**. → 동일어휘 함정이다.

오늘 누가 사무실에 있지 않습니까?
(A) 네, 오늘 확인할 수 있습니다.
(B) Daniel 빼고 전부 다요.
(C) 사무실에 있어야만 합니다.

key 의문사 의문문에서 Yes/No는 답이 될 수 없고 동일어휘가 등장하는 보기도 항상 오답이다. Who 의문문이므로 Everyone/Someone 등은 답이 된다.

02 **Who** was **hired** for the intern's position?
(A) **Yes**, it was higher. → Yes는 답이 될 수 없다.
(B) We **haven't heard** yet.
(C) That's **great** news. → How에 대한 답이 된다.

누가 인턴직에 고용되었습니까?
(A) 네, 더 높았습니다.
(B) 우리는 아직 듣지 못했습니다.
(C) 좋은 소식입니다.

key Who 의문문에서 I haven't heard / Nobody told me 등의 표현은 '모르겠다' 유형으로 답이 된다.

Step 1 Warm-up Test 음성을 듣고 빈칸을 채우고 알맞은 답변을 고르세요.

01 ______ can ______ the main entrance?
(A) ______ has the key. (B) It's just ______. (C) We'll ______ the store.

02 ______'s supposed to ______ the meeting?
(A) The next one is ______. (B) ______ who's interested. (C) I met ______.

03 ______'s ______ the ______ tomorrow?
(A) ___ the convention center. (B) ___ the third floor. (C) I ______.

04 ______'s going to be ______ for the new convention project?
(A) It was ___ the conference ___. (B) We still ______. (C) That's more ______.

05 ______ did ___ ______ to yesterday?
(A) About ______. (B) ___, did you? (C) One of your ______.

Step 2 실전 TOEIC Test 실제 시험처럼 음성을 듣고 정답을 표시하세요.

01 Mark your answer. (A) (B) (C)
02 Mark your answer. (A) (B) (C)
03 Mark your answer. (A) (B) (C)
04 Mark your answer. (A) (B) (C)
05 Mark your answer. (A) (B) (C)

▶ 문제풀이 예제 정답: 01 (B) 02 (B)

▶ 정답 및 해설 p.45~46

When 의문문

Chapter 2

MP3 File 2-04

★ 주요 출제 패턴

When 의문문은 Part 2의 전체 30문제 중 평균 2문제씩 출제된다. 주로 어떤 행동이 일어나는 '시점'이 답으로 나오는 정형화된 유형이므로 출제 유형만 잘 파악해두면 비교적 쉽게 해결할 수 있다. 그러나 최근 Part 2의 경향을 보면, 정답의 지문이 점차 길어지고 질문한 사람에게 되묻는 형태의 답이 자주 등장하는 등 난이도가 점점 높아지고 있다. 따라서 시점을 포함한 긴 문장, 회피성 형태의 답까지 모두 예측하면서 시험에 임해야 한다. When 의문문은 받아쓰기를 할 때 'When / 주어 / 동사' 위주로 받아쓰는 연습을 해야 한다.

★ 이렇게 풀어라! 문제풀이 전략

1. When 의문문은 시점을 묻는다.

의문사 When은 행위나 사건이 일어나는 시간의 한 순간, 즉 시점을 묻는다. When 의문문은 보통 특정한 시점과 불특정한 시점의 형태로 출제된다.

(1) 특정한 시점은 정확한 시간, 날짜, 요일을 언급하는 〈전치사 + 시간명사〉나 단순 부사가 정답으로 나온다.

(2) 불특정한 시점은 막연하거나 불확실한 시간을 지칭하는 시간 부사절이나 문장이 정답으로 나온다.

When would you like to schedule an appointment? (A) No, I don't like it. (B) That sounds great. (C) Sometime tomorrow.	약속을 언제로 잡고 싶습니까? (A) 아니오, 좋아하지 않습니다. (B) 좋은 의견입니다. (C) 내일 중으로요.

해설 (A) No는 의문사 의문문의 답이 될 수 없으며, (B)는 권유나 제안에 대한 답변이기 때문에 답이 될 수 없다. 시점을 묻는 질문에 불특정한 시점인 Sometime tomorrow로 답한 (C)가 정답이다.

2. When 의문문은 Yes/No로 답할 수 없다.

When does the restaurant open? (A) It's on High Street. (B) At nine o'clock. (C) Yes, we do.	그 음식점은 언제 여나요? (A) High가에 있습니다. (B) 9시입니다 (C) 네, 우리가 합니다.

해설 (A)는 장소(Where)에 대한 질문에 가능한 답변이다. (B)는 특정 시점을 언급하고 있으므로 정답이 된다. (C) Yes는 의문사 의문문의 답변이 될 수 없다.

3. When 의문문은 동사의 시제를 정확하게 들어야 한다.

When 뒤에 나오는 조동사나 동사의 형태에 따라 시제(과거, 현재, 미래)가 결정된다. When 의문문은 질문의 시제를 정확히 들어야 한다. 정답의 시제는 거의 질문의 시제와 일치한다.

When is Mr. Thomas planning to retire? (A) Three weeks ago. (B) Probably by train. (C) Within two months.	Mr. Thomas는 언제 은퇴를 할 계획인가요? (A) 3주 전에요. (B) 아마 기차로요. (C) 2개월 안에요.

해설 언제 할 것인지 미래의 시점을 묻는 질문이다. (A)는 과거의 시점으로 답이 될 수 없고, (B)는 수단이나 방법(How)을 묻는 질문에 대한 답변이다. (C)는 '지금부터 2개월 이내'라는 미래의 시점을 나타내고 있으므로 정답이다.

4. When 의문문은 부사절이나 문장 형식의 정답을 선호한다.

최근 경향을 보면, 〈전치사 + 명사〉 형태의 간단한 답안보다는 주어와 동사가 결합된 완전한 문장 또는 〈시간 접속사 + 주어 + 동사〉 형태가 정답으로 나오고 있다.

When can I see the blueprints for the new building? (A) Once they've been approved. (B) Yes, I made the prints. (C) Last Monday.	새 빌딩의 설계도는 언제 볼 수 있습니까? (A) 승인이 나면요. (B) 네, 출력했어요. (C) 지난 월요일에요.

해설 (A)는 시간 부사절 once를 사용해 특정 시점을 나타내고 있다. (B) Yes는 의문사 의문문의 답이 될 수 없고, (C)도 '지난 화요일'이라는 과거의 시점을 의미하므로 언제 볼 수 있을지 가능한 때를 묻는 질문의 답으로는 적절치 않다.

5. I don't know 유형 혹은 시점이 아닌 제 3의 답이 오는 경우도 있다.

비교적 고난이도 유형에 속한다. 'When 의문문은 시간이 정답'이라는 고정관념에서 벗어나 유연하게 정답을 찾아야 한다.

When's the seminar scheduled to begin? (A) In the hall. (B) To train new employees. (C) Let's look at the time table.	언제 세미나가 시작될 예정입니까? (A) 복도에서요. (B) 신입사원을 교육하기 위해서요. (C) 시간표를 봅시다.

해설 (A)는 장소(Where)에 대한 답변이고, (B)는 '~하기 위해'라는 뜻으로 이유(Why)를 묻는 질문의 답변이므로 소거한다. (C)는 언제인지 몰라서 일정을 확인해보자는 뜻으로 대화 흐름상 정답이다.

6. When 의문문에 시간의 지속성을 나타내는 How long(기간)에 대한 답이 나오면 오답이다.

When은 흐르는 시간의 '특정 한 순간'을 나타내는 개념이다. 그러므로 '기간'을 나타내는 〈for + 시간명사(for three months 등)〉 형태는 정답이 될 수 없다.

When will the flight from Chicago arrive? (A) In an hour. (B) A live performance. (C) For one hour.	시카고발 비행기는 언제 도착합니까? (A) 1시간 후에요. (B) 라이브 공연이요. (C) 1시간 동안이요.

해설 (A) In an hour는 '한 시간 후에'라는 뜻의 특정 시간으로 When 의문문에 대한 답변이 될 수 있다. 하지만 (C) For one hour은 '한 시간 동안'이라는 기간으로, How long ~?으로 질문한 경우의 답변에 해당한다.

How long will it take us to get to the station? (A) She is out of town. (B) It starts at 3 p.m. (C) About an hour.	역까지 가는 데 얼마나 걸립니까? (A) 그녀는 출장 중입니다. (B) 3시에 시작합니다. (C) 약 1시간입니다.

해설 이 경우에는 How long으로 기간을 묻고 있으므로 '약 한 시간'이라고 대답한 (C)가 답이 된다.

[주의] When 의문문은 특정 시점이, How long 의문문은 기간이 답이 된다. When으로 질문했다고 시간명사나 어휘가 모두 답이 된다고 생각하면 곤란하다. 예를 들어, two weeks는 기간을 의미하므로 When 의문문의 답이 될 수 없다. 기간은 How long ~?으로 질문해야 한다. When은 정확한 시점을 알 수 있는 시간부사가 답이 된다.

- When 의문문 정답 유형: on the 5th, five hours later, during, ago, as soon as, in 3 hours
- How long 의문문 정답 유형: 5 days, five hours, for, since, as long as

LESSON 1 When 의문문 기본형

MP3 File 2-04

Point

When 의문문은 어떤 행동이 일어나는 시점을 묻는 유형이다. Part 2에 출제되는 When 의문문은 ① **Yes/No로 대답할 수 없고, ② 보기에 유사발음 또는 He/She가 나오면 대부분 오답이며, ③ 시간부사(절)로 특정 시간이나 행위 발생 시점 등이 나오면 답이 된다.**

When was the copier repaired?
(A) No, I was not. (B) It was last Tuesday. (C) Four copies, please.

▶(A) No는 의문사 의문문의 답변이 될 수 없고 (C)는 유사한 발음을 이용한 오답 표현이다. 질문과 같은 과거 시제로 시점을 말한 (B)가 답이 된다. ●복사기는 언제 고쳐진 거죠? (A) 아니요, 저는 아니었어요. (B) 지난 화요일이에요. (C) 4장 부탁해요. 정답 (B)

A 〈전치사 + 시간명사〉로 답하는 유형

특정한 시점을 묻는 질문에는 주로 정확한 시간, 특정 날짜나 요일이 답이 된다. 시간, 날짜, 요일 등이 단독으로 답이 되는 경우도 있지만, 주로 〈전치사 + 시간명사〉 형태의 시간부사구가 답이 된다.

전치사 + 시간	질문 유형과 정답 유형
on + 요일 (특정한 요일)에	Q When can you review the resume? 언제 이력서를 검토할 수 있나요? A **On** Wednesday afternoon. 수요일 오후에요.
on + 날짜 (특정한 날)에	Q When do you start your job at the laboratory? 언제 실험실에서 일을 시작합니까? A **On** February 5th. 2월 5일이요.
at (around) + 시간 (정확한 시간)에 ☆ 불확실한 시간에는 around 추가	Q When is the conference supposed to resume? 언제 컨퍼런스가 재개되나요? A **At** around 3:30. 3시 30분쯤이요.
in + 기간 ~(시간) 후에 **within + 기간** ~(시간) 안에	Q When does your flight leave? 언제 당신의 비행기가 떠납니까? A **In** three days. 3일 후에요.
by + 기준 ~까지(행위나 상황이 완료되는 시점)	Q When can you send out the shipment? 언제 선적품을 보낼 수 있습니까? A **By** the end of the month. 이번 달 말까지입니다.
during + 시간 ~동안에	Q When are we going to have a meeting? 언제 회의를 하시겠습니까? A **During** the second week of June. 6월 둘째 주중에요
not until/before + 기준 (일정 시점)이 되어서야	Q When is your vacation? 휴가가 언제예요? A **Not until/before** next week. 다음 주나 되어야 해요. (그 전에는 휴가를 못 가요.)

B 시간명사와 시간부사로 답하는 유형

시간명사와 시간부사가 단독으로 답이 되기도 하고, 그 둘이 결합한 〈시간명사 + 시간부사〉, 〈시간부사 + 시간명사〉의 형태가 답이 되기도 한다. yesterday evening(어제 저녁)과 같이 시간명사가 둘 이상 결합하는 경우도 있다.

시간부사	시간부사 + 시간명사 / 시간명사 + 시간부사
sometime 언젠가 (후일)	**Sometime** next week. 다음 주 중에.
later 뒤에, 나중에	**Later** today. 오늘 이따가요.
ago ~전에	Less than a week **ago**. 며칠 전에요.
every + 시간 매 ~마다	**Every** year. 매년이요. **Every** hour on the hour. 매시간 정각이요.

Ustar 출제포인트 시험에는 이렇게 나온다! **When 의문문과 How long 의문문의 답을 구별하라**

When 의문문은 '특정한 시점'을 분명히 제시하는 보기가, How long 의문문은 '일정 기간'을 보여주는 보기가 답이 된다.

When	two hours ago 2시간 전에 in two hours 2시간 후에	during + 시점	when/while 주어 + 동사	three days later 3년 후	by + 기준 not until + 기준
How long	since 2 p.m. 오후 2시부터	for + 기간	since 주어 + 동사	three days 3일	until + 기준

When do we have to have the repair finished by?
(A) For a couple of hours. (B) It's in the next room. (C) By 6 o'clock at the latest.

문제풀이 전략 **Step 1_** When이 들리는 순간 뒤에 나오는 동사 finished를 빠르게 파악한다.
Step 2_ When 의문문의 답은 For ~가 아니라 By ~이다. **Step 3_** When은 일단 문장에 시간 표현이 있어야 답이 된다.

■질문이 When이기 때문에 시점을 의미하는 (C)가 답이 된다. (A)는 How long으로 질문했을 경우 가능한 답이다.
■우리는 언제까지 수리를 끝내도록 해야 합니까? (A) 두 시간 동안이요. (B) 다음 방에 있어요. (C) 늦어도 6시까지요.

Exercises

문제풀이 예제

Listen & Write 음성을 듣고 키워드 받아쓰기 미W 미M / 영M 호W

01 Q. ______________	02 Q. ______________
(A) ______________	(A) ______________
(B) ______________	(B) ______________
(C) ______________	(C) ______________

받아쓰기 예시: 01 When / Information session (A) system (B) No (C) After lunch
02 When will/store/close? (A) On / street (B) Yes (C) At / p.m.

Look 스크립트 분석과 소거법

01 **When** is the **Information session** on how to use the new payroll system?
(A) The **system** doesn't work until tomorrow. → 동일어휘가 나오면 오답
(B) **No**, in the library. → 의문사 의문문에 Yes/No는 답이 될 수 없다.
(C) **After lunch** today.

새로운 급여 시스템 사용법 교육은 언제인가요?
(A) 그 시스템은 내일까지 작동하지 않습니다.
(B) 아니요, 도서관에요.
(C) 오늘 점심 이후에요.

key When으로 특정 행위의 시점을 묻고 있다. 동일어휘가 나오면 오답이며, 의문사 의문문이므로 Yes/No 답변도 일단 정답에서 제외한다.

02 **When will** the department **store close** today?
(A) **On** Dolphin **street**. → Where is ~?로 위치를 물었을 때 가능한 답
(B) **Yes**, it's late. → 의문사 의문문에 Yes가 왔으므로 오답
(C) **At** 7:30 **p.m.** → 〈at + 시간명사〉로 정답

오늘 백화점은 언제 닫나요?
(A) Dolphin가에요.
(B) 네, 늦었습니다.
(C) 오후 7시 30분에요.

key When 의문문에 Where 의문문의 답이 보기로 나오는 것은 자주 출제되는 오답 유형이다. When과 Where의 발음 혼동을 노리는 함정이니 유의하자.

Step 1 Warm-up Test 음성을 듣고 빈칸을 채우고 알맞은 답변을 고르세요.

01 ______ are ____ ______ to the motor show?
(A) Not ______. (B) Two days ______. (C) ____ car.

02 ______ is the __________?
(A) __________ next week. (B) I _______ so. (C) It's not that _____.

03 ______ did ____ ______ about your promotion?
(A) Just _____. (B) The division _________. (C) ____ email.

04 ______'s the new product _____________?
(A) It does not start _____________. (B) ___ the stadium. (C) ____ about _________.

05 ______ is _____ going to _____ a doctor?
(A) On ________. (B) On his ______. (C) ___ the corner.

Step 2 실전 TOEIC Test 실제 시험처럼 음성을 듣고 정답을 표시하세요.

01 Mark your answer. (A) (B) (C)
02 Mark your answer. (A) (B) (C)
03 Mark your answer. (A) (B) (C)
04 Mark your answer. (A) (B) (C)
05 Mark your answer. (A) (B) (C)

▶ 문제풀이 예제 정답: 01 (C) 02 (C)

▶ 정답 및 해설 p.47~48

When 의문문 난이도형 (1)

 MP3 File 2-05

Point

일반적으로 When 의문문의 정답으로는 시간부사구나 단순 시간부사가 답이었다. 그런데 최근에는 〈When + 주어 + 동사〉 혹은 〈As soon as + 주어 + 동사〉처럼 시간부사절 문장이 정답으로 나오는 경우도 적지 않다.

예제 When do we place our advertisement?
(A) When Mr. Alex approves it. (B) That is a great place. (C) In the weekly magazine.

▶시점을 알 수 있는 시간부사절인 (A)가 정답이다. (B)는 동일 어휘를 이용한 오답 함정이며, (C)는 Where 의문문에 대한 답변이다.
●언제 광고를 내나요? (A) Alex 씨가 승인하면요. (B) 훌륭한 곳입니다. (C) 주간 잡지에요. 정답 (A)

A 시간부사절의 정답 유형

접속사 When, As soon as, Before, After 등을 이용해 특정 시간(시점)을 알려준다.

접속사의 종류	시간 부사절의 문답 유형
When + 주어 + 동사 ~할 때	Q When do you want me to return this article to you? 이 기사를 언제 돌려드릴까요? A **When** you finish it. 당신이 다 읽으면요.
As soon as + 주어 + 동사 ~하자마자	Q When will you upgrade the computer? 컴퓨터는 언제 업그레이드됩니까? A **As soon as** I can. (= As soon as possible.) 가능한 한 빨리요.
(Right) After + 주어 + 동사 (직)후에	Q When did Mr. Brown call you? 언제 Brown 씨가 전화했습니까? A **Right after** I emailed him. 그에게 이메일을 보낸 직후에요.
(Right) Before + 주어 + 동사 (직)전에	Q When should I renew my driver's license? 언제 운전면허증을 갱신해야 합니까? A **Before it** expires. (기간이) 만료되기 전에요.
Not until + 주어 + 동사 ~가 되어서야	Q When can I get some cash? 언제 현금을 받을 수 있습니까? A **Not until the** bank opens. 은행이 열면요.
By the time + 주어 + 동사 ~할 때쯤에	Q When do you expect the contract to be finalized? 계약이 언제 마무리될 예정이죠? A **By the time** the meeting is over. 회의가 끝날 때쯤이요.

B 시간부사구를 포함한 문장으로 응답하는 경우

시간 표현이 문장 시작 부분에 나오는 것이 아니라 문장 중 일부분(특히 뒷부분)에 부사구를 포함한 문장 형태로 자주 출제되며, 점차 그 비율이 높아지는 추세이다. 전체 흐름을 이해하는 것이 관건이며 문제와 정답을 짝으로 암기해둔다.

Q When can the director see me? 이사를 언제 만날 수 있을까요?
A He will be available **around 6 p.m.** 그는 6시쯤에 시간이 될 겁니다.

Q When do you expect to finish your report? 보고서를 언제 끝낼 수 있나요?
A It should be finished **by Monday**. 월요일까지 끝낼 수 있습니다.

Q When is Dorothy's last day of work? Dorothy의 마지막 근무일이 언제입니까?
A I think it's **the day after tomorrow**. 모레인 것 같습니다.

Q When will we be ready to distribute our new product line? 언제 신제품군을 유통시킬 준비가 되나요?
A It will be in stores **by the end of this month**. 이달 말까지는 상점에서 판매될 겁니다.

Q When can we talk about the new staffing policies? 언제 신규 채용 정책에 대해 이야기를 나눌 수 있을까요?
A Let's do it **right now**. 지금 당장 얘기하죠.

Ustar 출제포인트 시험에는 이렇게 나온다! **When 의문문은 동사의 시제를 정확하게 들어야 한다.**

When 다음에 나오는 조동사나 동사의 형태에 따라 과거, 현재, 미래 등의 시제가 결정된다.

When will you be moving to the new office?
(A) A week ago. (B) Two days. (C) At the end of the month.

문제풀이 전략
Step 1_ When이 들리는 순간 뒤에 나오는 조동사 will을 빠르게 파악해 시제를 확인한다.
Step 2_ 미래의 시점을 말하는 표현에 집중해서 보기를 듣는다.

■미래의 특정 시점이 언제인지 묻는 질문이다. (A) ago(~전에)는 과거의 시점을 의미하므로 답이 될 수 없으며, (B)는 '기간'의 How long으로 질문했을 경우 가능한 답변이다. (C)는 '월말'이라는 앞으로의 시점을 의미하므로 정답이 된다.
■언제 새 사무실로 이사 가세요? (A) 일주일 전에요. (B) 이틀 동안이요. (C) 이달 말에요.

Exercises

문제풀이 예제

Listen & Write 음성을 듣고 키워드 받아쓰기 미W 미M / 영M 호W

01 Q. ________	02 Q. ________
(A) ________	(A) ________
(B) ________	(B) ________
(C) ________	(C) ________

받아쓰기 예시: 01 When / mailing (A) Until (B) As soon as (C) At / post office
02 When / visit (A) ride from here (B) I can (C) When

Look 스크립트 분석과 소거법

01 **When** is Philip **mailing** the price list?
(A) **Until** the end of August. → How long 의문문의 답
(B) **As soon as** he finishes it. → 시간부사절은 When 의문문의 답
(C) **At** the **post office** downtown. → Where 의문문의 답

key until은 특정 시점까지 상태나 동작이 지속되는 것으로 How long 의문문의 답변으로 적절한 전치사이다. When 의문문은 by, on, before 등의 전치사로 답한다.

Philip이 가격목록을 언제 발송합니까?
(A) 8월 말까지요.
(B) 가격목록 작성을 끝내는대로요.
(C) 시내 우체국에서요.

02 **When** are you going to **visit** the factory?
(A) It's a ten-minute **ride from here**. → How far is the factory?에 가능한 답
(B) I think **I can**. → Can you go to the factory?에 가능한 답
(C) **When** I complete the report.

key When 의문문에 숫자나 시간이 자주 출제되기 때문에 숫자나 시간을 이용한 오답이 함정으로 자주 나온다.

언제 공장을 방문할 겁니까?
(A) 여기서 차 타고 10분 거리에요.
(B) 할 수 있다고 생각해요.
(C) 보고서 작성이 끝나면요.

Step 1 Warm-up Test 음성을 듣고 빈칸을 채우고 알맞은 답변을 고르세요.

01 ______ will the security ______ be ______?
(A) ______. (B) ______ possible. (C) One thousand ______ each.

02 ______ are ____ going to give your ______ to the new clients?
(A) ______ Billy speaks. (B) ____, it went very well. (C) ___ the event ____.

03 ______ these computer ______ ______?
(A) ______ yesterday. (B) Her ______ ______ at 1. (C) Last ______.

04 ______ you ____ your car?
(A) I'm ______ not. (B) ___ myself. (C) About a month ____.

05 ______ is the ______ for new employees?
(A) The ______ departs at ten. (B) ____, in the lobby. (C) ______ the meeting today.

Step 2 실전 TOEIC Test 실제 시험처럼 음성을 듣고 정답을 표시하세요.

01 Mark your answer. (A) (B) (C)
02 Mark your answer. (A) (B) (C)
03 Mark your answer. (A) (B) (C)
04 Mark your answer. (A) (B) (C)
05 Mark your answer. (A) (B) (C)

▶ 문제풀이 예제 정답: 01 (B) 02 (C)

▶ 정답 및 해설 p.48~50

LESSON 3 When 의문문 난이도형 (2)

 MP3 File 2-06

Point

최근에는 **문장으로 대답하거나 반문하는 형태**의 출제 비중이 점차 증가하고 있다. 또한 **I don't know 유형이나 '대략 ~쯤에' 등은 언제든지 답**이 될 수 있다.

예제 When will you finish the renovation project?
(A) Sometime next week. (B) It's a different model. (C) Since last month.
▶(A)는 시점을 나타내고 (B)는 질문과 상관없는 답변이며 (C)는 시점을 의미하긴 하지만 과거의 시점을 의미하므로 답이 될 수 없다.
●보수공사는 언제 끝날까요? (A) 다음 주쯤에요. (B) 다른 모델입니다. (C) 지난 달 이후로요. 정답 (A)

A 반문하는 유형

질문한 상대의 의견을 되묻는 제안이나 보다 정확한 확인을 위한 질문 형태의 답변도 자주 출제된다.

Q When could I see the doctor for my regular checkup? 언제 정기 건강검진을 받을 수 있습니까?
A **How about next Friday?** 다음 주 금요일 어떠세요?

Q When would you like to go over the report? 그 보고서는 언제 검토할 수 있으세요?
A **Can I see it now?** 지금 볼까요?

B I don't know.(잘 모르겠는데요.) 유형

Q When's the best time to reach Edward by phone? Edward에게 전화하려면 제일 좋은 시간이 언제입니까?
A **You'll have more luck with an e-mail.** 이메일로 연락하는 게 더 나을 겁니다.

Q When do you think the rain will stop? 비가 언제 그칠까요? A **I wish I knew.** 저도 알았으면 좋겠네요.

C 〈not + 시간〉 유형

우리식으로 생각하면 '언제까지는 ~아니다'이지만 영어식으로 해석하면 '언제 ~된다'는 의미이다. 예를 들어, The store does not open until 7.은 '그 가게는 7시에 문을 연다.'라는 의미이다.

Q When will the construction be finished? 언제 공사가 끝나나요?
A **Not for another two months.** 앞으로 2달 후에요. ☆ 토익 빈출 정답 표현

D 시점이나 기간을 애매하게 답하는 유형

'대략 ~쯤에'라고 시점을 애매하게 말하는 답변도 토익 빈출 유형이다.

Q When will the next tenant pick up the keys? 들어올 입주자는 열쇠를 언제 받아갈 겁니까?
A **Either May 30th or 31st.** 5월 30일 아니면 31일이요.

Q When is the bus coming? 버스는 언제 오나요? A **Soon, I think.** 금방 올 걸요.

E 질문과 답변의 시제가 다른 유형

드물기는 하지만 질문의 시제와 답변의 시제가 다른 경우도 출제된다. 헷갈리기 쉬우니 주의할 것!

Q When can we get the package? 〈현재 시제로 미래를 묻는 질문〉 소포를 언제 받을 수 있을까요?
A I **sent** it **already**. 〈과거〉 벌써 보냈어요.

Q When **did** you pick up the files? 〈과거〉 파일을 언제 가져가셨나요?
A Actually, I'**m going to** get them today. 〈미래〉 실은, 오늘 가져갈 겁니다.

Ustar 출제포인트 시험에는 이렇게 나온다!

1. 현재나 현재진행형의 질문은 주로 현재나 미래 시제로 답한다.
2. 현재 시제로 미래의 확정된 일정을 묻는 경우 미래 시제로 답한다.

When is the concert?
(A) In China. (B) Next weekend. (C) Free tickets.

문제풀이 전략
Step 1_ When이 들리는 순간 뒤에 나오는 시제를 함께 확인한다.
Step 2_ 동사의 시제는 is이다. **Step 3_** 음악회가 언제인지 시기를 말해주는 답변을 찾아야 한다.

■현재 시제로 음악회가 언제 있는지, 미래를 묻는 질문으로 '다음 주말'이라고 미래 시제로 답한 (B)가 정답이다.
■음악회는 언제인가요? (A) 중국이요. (B) 다음 주말이요. (C) 무료 티켓이요.

Exercises

문제풀이 예제

Listen & Write 음성을 듣고 키워드 받아쓰기 미M 미W / 호W 영M

01 Q. ____________	02 Q. ____________
(A) ____________	(A) ____________
(B) ____________	(B) ____________
(C) ____________	(C) ____________

받아쓰기 예시: 01 When / Mr. / usually (A) Mondays and Fridays (B) We (C) department
02 When / can meet (A) 8 (B) since (C) In the museum

Look 스크립트 분석과 소거법

01 **When** is **Mr.** Smith **usually** in the office?
(A) He works on **Mondays and Fridays**.
(B) **We** started remodeling last week. → '시점'을 말하지만 주어가 다르다.
(C) It's in the dispatching **department**. → Where 의문문의 답

Mr. Smith는 보통 사무실에 언제 있나요?
(A) 그는 월요일과 금요일에 일합니다.
(B) 우리는 지난 주 리모델링을 시작했어요.
(C) 배송부에 있어요.

key 일반적으로 주어가 He나 She이면 거의 오답이지만, 질문에 Mr.나 Miss가 언급되면 답이 될 수 있다.

02 **When** is the earliest you **can meet** for a meeting?
(A) A little before **8**.
(B) **Since** 2010 . → How long 의문문의 답이다.
(C) **In the museum**. → Where 의문문의 답이다.

회의할 수 있는 가장 빠른 시간이 언제입니까?
(A) 8시 조금 전에요.
(B) 2010년 이후에요.
(C) 박물관에서요.

key When 의문문과 How long 의문문을 구별하는 것은 반드시 연습해두자. When 의문문은 특정 시점으로, How long 의문문은 기간으로 대답한다.

Step 1 Warm-up Test 음성을 듣고 빈칸을 채우고 알맞은 답변을 고르세요.

01 ______ _____ Mr. Miler __________ his retirement?
(A) ____, I'm too _____. (B) _______ another few _______. (C) _____'s what I meant.

02 ______ can ______ ________ an appointment?
(A) It was _________. (B) I'm available ______. (C) Try _______ outside.

03 ______ did you ____ the ______ from the architect?
(A) ______ came _________. (B) The ________, Mr. Yang. (C) We _______ it in _____.

04 ______ will the ___________ be _________?
(A) I'm afraid ________ then. (B) ________ use it _____. (C) The _____ is completely empty.

05 ______ will the __________ be ________?
(A) I read the ______. (B) ____ will be _______. (C) ___________ the parts arrive.

Step 2 실전 TOEIC Test 실제 시험처럼 음성을 듣고 정답을 표시하세요.

01 Mark your answer. (A) (B) (C)

02 Mark your answer. (A) (B) (C)

03 Mark your answer. (A) (B) (C)

04 Mark your answer. (A) (B) (C)

05 Mark your answer. (A) (B) (C)

▶ 문제풀이 예제 정답: 01 (A) 02 (A)

▶ 정답 및 해설 p.50~52

Chapter 3

Where 의문문

MP3 File 2-07

★ 주요 출제 패턴

Where 의문문은 Part 2의 30문제 중 매달 평균 2문제씩 출제된다. 주로 어떤 행동이 일어나는 장소가 답으로 나오는데, 최근에는 장소에서 벗어나 출처나 대상 등을 묻는 문제도 등장하고 있다. 이 경우 장소가 아닌 사람이나 신문, 광고가 답이 되기 때문에 헷갈릴 수 있는데, 요즘은 이러한 유형의 출제 비중이 점점 높아지고 있다. 뿐만 아니라 보기에 장소가 2군데씩 등장하거나 질문이 미래 시제인지 과거 시제인지, 출처(from)를 묻는지 이동 방향(to)을 제시하는지 등을 판단하며 들어야 하는 난이도 높은 문제들도 속속 등장하고 있다.

★ 이렇게 풀어라! 문제풀이 전략

1. Where 의문문은 장소로 대답한다.

간단히 장소부사가 답이 되기도 하고, 〈전치사 + 명사(구)〉의 장소부사구 형태가 답이 되기도 한다.

Where does Mr. Taylor work? (A) At the bookstore. (B) I didn't know that. (C) He drives there.	Taylor 씨는 어디에서 일합니까? (A) 서점에서요. (B) 저는 알지 못했습니다. (C) 그는 직접 차를 몰고 그곳에 갑니다.

해설 (B)는 Did you know ~?(~를 알고 있었니?) 등의 사실 확인 질문에 대한 답이다. 구체적인 장소를 묻고 있으므로 (C)도 부적절하다.

2. Where 의문문은 Yes/No로 답할 수 없다.

의문사 Where(어디에서)로 묻고 있으므로 Yes/No의 답변은 부적절하다. 유사발음 보기도 오답이다.

Where can I buy tickets for the show? (A) At the theater. (B) No, I didn't buy them. (C) Four tickets.	공연 표는 어디서 살 수 있습니까? (A) 극장에서요. (B) 아니요, 전 사지 않았습니다. (C) 티켓 4장입니다.

해설 Wh- 의문사 의문문들은 (B)처럼 Yes/No로 대답할 수 없으며, (C)는 How many ~?로 개수를 물어봤을 경우에 어울리는 답변이다.

3. Where 의문문은 사람, 부서, 회사 등으로 답할 수 있다.

Where did you buy this truck? (A) The old one broke down again. (B) I paid cash for it. (C) From our dealer.	이 트럭을 어디에서 샀습니까? (A) 예전 것은 또 고장 났습니다. (B) 현금으로 지불했습니다. (C) 우리 판매상으로부터요.

해설 (A)는 이유(Why), (B)는 방법/수단(How did)을 질문했을 때 적절한 답변이다. Where 의문문 중 출처 등을 묻는 경우에는 위 문제처럼 장소가 아닌 사람이 답이 될 수도 있으니 유의하자.

4. 출처로는 신문, 광고, 라디오, 사람 등이 가능하다.

Where did you learn about our company? (A) Yes, I went there. (B) It was easy. (C) In the newspaper.	우리 회사에 대해 어디서 알았습니까? (A) 네, 저는 그곳에 갔었습니다. (B) 쉬웠습니다. (C) 신문에서요.

해설 Where 의문문은 (A)처럼 Yes로 답할 수 없다. (B)와 같이 상태 형용사(easy)로 대답할 수 있는 것은 〈How + be동사(~가 어때?)〉로 질문했을 경우이다. 따라서 출처를 의미하는 (C)가 답이다.

5. Where의 시제가 미래인지 과거인지 잘 들어야 한다.

Where should we set up the projector? (A) It is in the library. (B) It was a good show. (C) Please install it in the front row.	어디에 프로젝터를 설치해야 합니까? (A) 도서관에 있습니다. (B) 좋은 공연이었습니다. (C) 앞줄에 설치하세요.

해설 should 등의 미래형 질문은 please나 명령문 형태로 답한다. (A)는 내용과 관련이 없다. (B) 또한 내용상 연관성이 없는데다 good은 〈How + be동사〉 형태의 질문에 가능한 답변이다.

6. Where는 출처나 대상을 묻기도 한다.

Where did you get the memo? (A) I haven't sent it yet. (B) One of our employees. (C) Yes, it's for my client.	그 메모를 어디에서 받았습니까? (A) 아직 보내지 않았습니다. (B) 직원들 중에 한 명에게서요. (C) 네, 이것은 제 고객을 위한 것입니다.

해설 (A)는 Did you ~? 또는 Have you ~?로 물었을 경우 가능한 답이고, (C)는 의문사 의문문에 Yes로 답했으므로 오답이다.

7. '아직 받지 못했습니다', '모르겠습니다', '~에게 물어보세요' 등은 항상 답이 된다.

Where did you put the invoices? (A) I haven't received them yet. (B) Your voice is too loud. (C) No, I didn't.	청구서를 어디에 뒀나요? (A) 아직 받지 못했습니다. (B) 목소리가 너무 큽니다. (C) 아니오, 제가 하지 않았습니다.

해설 Where 의문문에서 '모르겠다', '아직 받지 못했다' 등은 항상 답이 될 수 있다. (B)의 경우는 voice가 유사발음이기 때문에 바로 오답임을 알 수 있다. (C)는 No로 답하고 있으므로 의문사 의문문의 답이 될 수 없다.

8. 보기가 모두 장소일 때는 전치사에 주의해야 한다.

Where is Professor Morgan's lecture being held? (A) To the office. (B) For the vacation. (C) In the auditorium.	Morgan 교수의 강의는 어디에서 열리게 됩니까? (A) 사무실로요. (B) 휴가를 위해서요. (C) 강당에서요.

해설 (A) to는 움직이는 방향이므로 Where ~ go/to? 등의 질문에 대한 답이다. 어떤 일이 발생하는 장소 앞에는 전치사 at이나 in이 와야 한다. (B)는 Where를 Why로 잘못 들으면 정답으로 착각할 수 있다.

Where are you taking our guests after the meeting? (A) To an Italian restaurant. (B) On the factory tour. (C) Before the demonstrations.	회의 이후에 손님들을 어디로 데려갑니까? (A) 이탈리아 식당으로요. (B) 공장 견학에요. (C) 시연 이전에요.

해설 When/Where 의문문의 보기에는 항상 '시간'과 '장소'가 같이 주어진다. 위 문제에도 (A)와 (B)는 장소, (C)는 시간의 보기이다. Where 의문문으로 장소를 묻고 있으므로 일단 (C)는 답이 될 수 없다. (A)는 Where are you taking/going/moving ~? 등 이동의 방향을 묻는 질문에 적절한 답변이다. (B)는 Where is/was ~? 등 상태 지속의 장소를 물어볼 때 답이 된다.

LESSON 1 Where 의문문 기본형

MP3 File 2-07

Point

Where 의문문은 ① **행위가 일어나는 장소나 목적지, ② 사물의 위치, ③ 특정 정보나 사물의 출처 등을 묻는다.** 보통 장소부사구가 답으로 오며, 다른 의문사 의문문과 마찬가지로 I don't know 유형의 답도 자주 등장한다. Where는 When과 혼동해서 듣기 쉬우므로 보기에는 장소와 시간이 함께 나와 오답을 유도한다. Where 의문문 역시 ① **Yes/No로 답할 수 없고** ② **유사발음과 주어가 He/She인 보기는 오답일 확률이 높고** ③ **장소/위치/출처/방향 등이 답이 된다**는 특징이 있다.

Where should we send the bus to pick up the guests?

(A) About 20 people. (B) It's just gas. (C) Outside the main gate.

▶(A)는 How many(수량) 의문문, (B)는 What(무엇) 의문문의 답이 된다. Where 의문문(장소)에 대한 답변은 (C)이다.

●손님들을 태우려면 버스를 어디로 보내야 하죠? (A) 20명 정도입니다. (B) 이것은 그냥 가스예요. (C) 정문 밖으로요. 정답 (C)

A Where 의문문의 대표적인 답변

(1) 장소명사 & 장소부사: 특정 장소명사나 특정 장소부사가 언급되면 답이다.

Q Where should I go if I want to enroll in the class? 수업에 등록하려면 어디로 가야 합니까?

A **The register office** will help you. 등록사무소에서 도와드릴 것입니다.

Q Where is the booklet I've just received? 제가 방금 받은 소책자는 어디에 있습니까?

A **Right here.** 바로 여기에 있습니다.

(2) Where 의문문은 뒤따라 나오는 동사를 함께 들어야 답이 나온다. 의문사 Where만 듣고는 정확한 장소 개념을 알 수 없다. '특정 행위가 발생하는 장소/출처'인지, '특정 사물이 존재하는 위치'인지 구분하는 것은 Where 뒤에 나오는 동사에 의해 가능하다. 특히 보기 중 장소에 관련된 내용이 두 개라면, 반드시 동사를 통해 구분해야 한다.

① Where 뒤에 be동사가 있으면 사물이 어디에 존재하는지 '상태'를 묻는 질문이다.

② Where 뒤에 본동사가 쓰이면 '특정 행위가 어디서 발생하는가'를 묻는 질문이다.

Where did you buy the book?

(A) In the shop next door. (B) At the shop next door.

▶ 행위가 발생하는 특정 지점이나 장소를 묻는 질문에는 전치사 at이 답이 된다. 전치사 in은 존재나 정지된 상태를 의미한다. 특정 행위(buy)의 발생 장소를 물었으므로 (B)가 답이 된다.

● 그 책 어디서 샀어요? (A) 옆 가게 안에 (존재하고) 있어요. (B) 옆 가게에서요.

B Where 빈출 정답 〈전치사 + 장소명사〉의 유형

(1) at + 장소: 위치, 지점, 특정 장소

Q Where is the ATM? 자동금전 출납기가 어디에 있나요?

A **At** the lobby in the building. 건물의 로비에 있습니다.

(2) on + 장소: 건물의 층, 접합면 위

Q Where can I find the restroom? 화장실은 어디에 있나요?

A **On** the second floor. 2층에 있습니다.

(3) in + 장소(~안에): 독립된 공간, 정지된 상태

Q Where is the document I completed yesterday? 제가 어제 작성한 서류는 어디에 있나요?

A **In** the drawer. 서랍 안에요.

Ustar 출제포인트 시험에는 이렇게 나온다! **좁은 장소 at, 넓은 장소 in?**

전치사 in이 넓은 장소만을 의미하지는 않는다. 예를 들어, in the drawer(서랍 안에)는 넓은 장소가 아님에도 전치사 in이 쓰였다. in은 넓은 장소라기보다는 '독립된 공간 안에 상태의 지속'을 의미한다. 서랍의 문을 닫으면 그 안에 독립된 공간이 생기고 봉투도 봉하면 그 안에 공간이 생긴다. 따라서 전치사 in이 동반된다. 이에 반해 at은 지도에서 위치를 찾는 개념으로 이해할 수 있다. 즉, ① 위치나 지점, ② 특정 장소에서 특정 행위가 발생하는 특정 지점을 보여준다. 어떤 공간에서 물건을 사거나 회의를 하거나 전화를 하는 등의 특정 행위가 발생하는 것이다.

We will have a meeting **in** room 301, **at** the Crown Hotel.

우리는 크라운 호텔 301호에서 회의를 가질 것입니다.

☆ 호텔이라는 장소가 목적지(찾아가야 하는 특정 지점)이므로 at the hotel이고, in the room 301은 회의가 진행되는 독립된 공간의 개념이다.

Exercises

문제풀이 예제

Listen & Write 음성을 듣고 키워드 받아쓰기 미W 영M / 미M 미W

01 Q. ______	02 Q. ______
(A) ______	(A) ______
(B) ______	(B) ______
(C) ______	(C) ______

받아쓰기 예시: 01 Where / tools / repairing (A) repairing (B) No (C) In the storage
02 Where / hang / clothes (A) in the store (B) have some (C) in the closet

Look 스크립트 분석과 소거법

01 **Where** are all the **tools** for **repairing** the fence?
(A) It needs **repairing**. → repairing은 동일어휘 반복으로 오답
(B) **No**, I'm going to the library. → 의문사 의문문은 No로 답할 수 없다.
(C) **In the storage**, I think. → 〈in + 장소명사〉로 정답

울타리를 수리할 도구들은 다 어디에 있나요?
(A) 그것은 수리가 필요합니다.
(B) 아니요, 도서관으로 가고 있어요.
(C) 창고에 있을 것 같아요.

key 〈Where + be동사 ~?〉는 주로 〈in + 장소〉로 답한다.

02 **Where** can I **hang** my **clothes**?
(A) It's **in the store**. → 내용상 in the store는 답이 될 수 없다.
(B) I already **have some**. → 권유나 제안에 가능한 답변
(C) There's space **in the closet**.

옷을 어디에 걸면 되죠?
(A) 상점에 있습니다.
(B) 저는 이미 몇 개를 가지고 있습니다.
(C) 옷장 안에 공간이 있습니다.

key Where 의문문에서 보기에 장소가 두 번 이상 나오는 경우에는 뒤에 나오는 동사나 목적어를 잘 들어야 한다.

Step 1 Warm-up Test 음성을 듣고 빈칸을 채우고 알맞은 답변을 고르세요.

01 ______ should we ______ the ____ to pick up the guests?
(A) About ________. (B) It's just ____. (C) ________ the main building.

02 ______ should we _____ this _______?
(A) It's a __________. (B) _______ the door. (C) ____ wasn't supposed to.

03 ______ ____ Derek ____?
(A) ______________. (B) _____ his reports. (C) _______ you go.

04 ______ should I ______ this __________?
(A) A different _________. (B) _________ of the form. (C) I brought my _______.

05 ______ did you ____ my ____?
(A) ____ the _________. (B) _____, I did. (C) ____, it's too heavy.

Step 2 실전 TOEIC Test 실제 시험처럼 음성을 듣고 정답을 표시하세요.

01 Mark your answer. (A) (B) (C)
02 Mark your answer. (A) (B) (C)
03 Mark your answer. (A) (B) (C)
04 Mark your answer. (A) (B) (C)
05 Mark your answer. (A) (B) (C)

▶ 문제풀이 예제 정답: 01 (C) 02 (C)

▶ 정답 및 해설 p.52~54

Where 의문문 난이도형

MP3 File 2-08

Point

Where 의문문의 답이 항상 장소인 것은 아니다. 최근에는 **출처나 대상 즉, 사람이나 신문 등이 답으로 나오는 경우**도 많다.

Where is my report?

(A) Your secretary took it. (B) No, she is not here. (C) To the table.

▶위의 질문에는 '누가 가지고 갔다', '누가 가지고 있다', '누구에게 물어봐라' 등의 답변이 가능하다. (C)는 Where should I put ~?(어디에 둘까요?) 등의 이동 장소에 관한 답변이다.

●제 보고서는 어디 있어요? (A) 당신 비서가 가지고 갔어요. (B) 아니요, 그녀는 여기 없어요. (C) 테이블로요. 정답 (A)

A 출처나 대상이 답이 되는 경우

출처는 장소를 포함해 사람, 뉴스, 신문, 광고 등이 답으로 등장한다.

Q Where can I find the number for the community center? 커뮤니티 센터 번호를 어디서 알 수 있을까요?
A Try the **telephone book**. 전화번호부 책을 찾아보세요.

Q Where did you buy the camera? 그 카메라 어디서 샀어요?
A It's a birthday gift **from my friends**. 친구들한테서 받은 생일선물이에요.

Q Where did you hear that? 그거 어디서 들었어요?
A **Everyone** is talking about it. 모두들 그 얘기를 하고 있어요.

Q Where did you get your new tie? 새 넥타이 어디에서 났어요?
A **My cousin gave it** to me. 제 사촌이 줬어요.

Q Where did you hear about our store? 저희 가게에 대해 어디서 들으셨나요?
A I saw **an advertisement**. 광고에서 봤어요.

B Where 빈출 난이도형 〈전치사 + 장소명사〉의 유형

in front of + 장소 ~앞에	Q Where is the snack vendor around here? 여기 주변에 식품 노점상이 어디 있죠? A **In front of** the museum. 박물관 앞에요.
from + 장소 ~에서(출처)	Q Where did you get this book? 어디에서 이 책을 구했습니까? A **From** the bookcase next to the door. 문 옆에 있는 책장에서요.
down + 장소 ~아래로 내려가서	Q Where is city hall? 시청이 어디에 있습니까? A **Down** the street, on the corner of the main road. 길을 따라 큰 길 모퉁이에요.
near, next to, beside + 장소 ~옆에	Q Where can I find the pet store? 애완동물 가게를 어디서 찾을 수 있을까요? A **Near** the grocery store. 식료품점 근처에요. / **Beside** the bank. 은행 옆에요.

Ustar 출제포인트 시험에는 이렇게 나온다! 과거형 vs 미래형

1. **미래형 동사:** Where can I leave ~?, Where should I put ~? 등

Where do you want me to place the files? (A) Leave them there. (B) From the manager.

■질문에서 Where 뒤의 동사가 (want me to) place임을 확인했다면, 출처가 답이 될 수 없음을 알 수 있다.
■파일들을 어디에 두고 싶으세요? (A) 거기 두세요. (B) 매니저로부터요.

Where can I buy some post stamps? (A) Try the shop next door. (B) The letter's on the desk.

■질문이 미래형(can/will/should 등)인 경우 미래형이나 명령문(~해라), 〈to + 장소〉 등이 답이 된다.
■우표를 어디서 살 수 있습니까? (A) 옆에 있는 상점에 가보세요. (B) 책상 위에 편지가 있습니다.

2. **과거형 동사:** Where did you put/leave ~? 등

Where did you get the files? (A) Leave them there. (B) From the manager.

■'어디에서 받았는가?', '어디에서 알았는가?' 등 과거형 질문은 주로 〈from + 장소〉의 출처가 답이 된다.
■파일을 어디에서 구했습니까? (A) 그곳에 두세요. (B) 매니저로부터요.

[주의] 과거형 질문의 답이 항상 from만 되는 것은 아니다. 질문의 의도를 끝까지 파악해야 한다.

Where did John leave the agenda? (A) On the table. (B) From New York.

■특정 동작이 아니라 어떤 장소에 남겨진 '상태'이므로 출처의 from이 아닌 on/in이 답이 된다.
■John이 의제를 어디에 뒀죠? (A) 테이블 위에요. (B) 뉴욕으로부터요.

Exercises

문제풀이 예제

Listen & Write 음성을 듣고 키워드 받아쓰기 미M 미W / 호W 미M

01 Q. ______	02 Q. ______
(A) ______	(A) ______
(B) ______	(B) ______
(C) ______	(C) ______

받아쓰기 예시: 01 Where's / the invoice (A) on Wednesday (B) put it in / drawer (C) Yes
02 Where / purchase / train ticket (A) website (B) Buy one (C) With / cash

Look 스크립트 분석과 소거법

01 **Where's the invoice** for the new machine?
(A) It stops **on Wednesday**. → When 의문문에 가능한 답변
(B) I **put it in** the file **drawer**.
(C) **Yes**, it has been windy. → 의문사 의문문에 Yes는 답이 될 수 없다.

새 기계의 청구서는 어디에 있습니까?
(A) 수요일에 멈춥니다.
(B) 파일 서랍에 뒀습니다.
(C) 네, 바람이 불었습니다.

key Where is로 위치를 물었으므로 '어디에 두었다'고 한 put ~ in이 답이 된다.

02 **Where** can I **purchase** a **train ticket**?
(A) I usually use the **website**.
(B) **Buy one** before you go. → How many ~?에 가능한 답변
(C) **With** only **cash**. → 수단/방법의 How 의문문에 가능한 답변

어디에서 기차표를 살 수 있나요?
(A) 전 보통 웹사이트를 이용해요.
(B) 가기 전에 하나 사세요.
(C) 현금으로만요.

key Where 의문문의 답변이 항상 장소명사인 것은 아니다. 어디서 구매하느냐는 질문에 대해 장소 외에도 '웹사이트에서' 혹은 '전화로' 등의 답도 가능하다.

Step 1 Warm-up Test 음성을 듣고 빈칸을 채우고 알맞은 답변을 고르세요.

01 ______ ______ ______ some postage stamps?
(A) ______ this morning. (B) ______ the store ______. (C) The ______'s not ______ yet.

02 ______ is the ______ for the new copier?
(A) ______ is still ______. (B) It's ______ a copy. (C) ______, I haven't seen it yet.

03 ______ can I ______ ______ about the company's products?
(A) ______, they are proud. (B) ______, not many. (C) ______ the website.

04 ______ ______ Bill ______ the letter?
(A) In the ______. (B) ______ to him. (C) It's ______ with me.

05 ______ should I ______ my ______ for dinner?
(A) ______ for a recommendation. (B) ______ are waiting ______. (C) I ______ the beef.

Step 2 실전 TOEIC Test 실제 시험처럼 음성을 듣고 정답을 표시하세요.

01 Mark your answer. (A) (B) (C)
02 Mark your answer. (A) (B) (C)
03 Mark your answer. (A) (B) (C)
04 Mark your answer. (A) (B) (C)
05 Mark your answer. (A) (B) (C)

▶ 문제풀이 예제 정답: 01 (B) 02 (A)

▶ 정답 및 해설 p.54~55

LESSON 3 없다/모른다 답변

MP3 File 2-09

Point

'없다, 모른다'도 빈출 답변이다. 보기에 **'어디에 있는지 모른다', '아직 못 받았다'** 등이 나오면 **정답**이다. **이러한 답변은 모든 의문사 의문문에서 답이 될 수 있다.**

Where is the copy machine?

(A) I like coffee. (B) At 2:30. (C) We don't have one.

▶(A)는 What 또는 Which 의문문, (B)는 When 의문문의 답변에 해당한다. '없다'고 답한 (C)가 적절하다.

●복사기가 어디에 있나요? (A) 전 커피를 좋아해요. (B) 2시 30분에요. (C) 한 대도 없어요. 정답 (C)

A 어디 있는지 모른다/아직 받지 못했다 유형

Where 의문문에서 '모른다(I don't know)', '아직 못 받았다(I haven't received it yet)'는 항상 답이 된다.

Q How can I get to the Morrison Clinic? 모리슨 의원에 어떻게 갑니까?
A **I've never been there before.** 거기 가본 적이 없습니다. → 모릅니다.

Q Where is the nearest restaurant? 가장 가까운 식당이 어디에 있습니까?
A **I'll check the map.** 지도를 확인해보겠습니다.

Q Where do you plan to go for the holidays? 연휴에 어디 갈 계획인가요?
A **I haven't decided yet.** 아직 결정 안 했습니다.

Q Where is the nearest convenience store? 가장 가까운 편의점은 어디로 가야 합니까?
A Sorry, **I am a stranger here.** 미안하지만, 저도 여기는 처음이에요.

B 모르니까 찾아봐라/물어봐라 또는 반문 유형

최근에는 단순히 '모르겠다'에서 나아가 '어디에 있는지 찾아봐라', '다른 사람에게 물어봐라' 등으로 점점 진화하고 있다.

Q Where can I get a pair of scissors? 가위를 어디에서 구할 수 있습니까?
A **Check** the supplies closet. 사무용품을 두는 벽장을 확인해보세요.

Q Where should I put these chairs after the workshop is over? 워크숍이 끝나면 의자를 어디에 둬야 합니까?
A **You should ask** the manager. 매니저에게 물어보시면 됩니다.

Q Where are the extra signs we ordered? 우리가 주문한 간판의 여분은 어디에 있습니까?
A **Have you looked** in the storeroom? 창고를 확인해 봤습니까?

Q Where did you put the gardening catalogue? 정원 관리 카탈로그를 어디에 뒀습니까?
A **Isn't it on the desk?** 책상 위에 없나요?

Ustar 출제포인트 시험에는 이렇게 나온다! **장소 질문에 '시간'이나 '거리'가 답이 될 수도 있다!**

장소를 묻는 질문에 '~에 있다'가 아닌 '(시간이나 거리가) ~만큼 떨어져 있다' 즉, '10km 떨어져 있다' 혹은 '2시간 거리이다' 같이 답할 수도 있다.

Where does the company have its headquarters?
(A) She is the company director.
(B) It's about thirty minutes from here.
(C) Almost one hundred calls.

문제풀이 전략
Step 1_ Where만 듣지 말고 뒤에 나오는 명사 company, headquarters를 확인한다.
Step 2_ 특정 명사의 위치를 묻는 질문임을 확인한다.

■(A)는 Who is the woman ~? 등의 질문에 답이 될 수 있고 (C)는 How many ~?와 같이 개수를 묻는 질문의 답이다. 위치에 대한 질문은 장소로 설명할 수도 있지만 시간이나 거리로도 설명할 수 있으므로 답은 (B)이다.

■회사의 본사가 어디에 있습니까? (A) 그녀는 회사의 이사입니다. (B) 여기에서 약 30분 떨어져 있습니다. (C) 거의 100건 정도 전화가 왔습니다.

Exercises

문제풀이 예제

Listen & Write 음성을 듣고 키워드 받아쓰기 영M 미W / 호W 미M

01 Q. ______	02 Q. ______
(A) ______	(A) ______
(B) ______	(B) ______
(C) ______	(C) ______

받아쓰기 예시: 01 Where / email address (A) company directory (B) have to connect (C) I don't think
02 Where / pharmacy (A) past (B) Marcy (C) One kilometer

Look 스크립트 분석과 소거법

01 **Where** can I find Jesse's **email address**?
(A) Try the **company directory**.
(B) You just **have to connect** it. → What 의문문에 가능한 답
(C) I **don't think** so. → Don't you think ~? 등 의견을 물었을 때의 답

key 미래형 질문에 대한 답변은 '~를 찾아봐라'와 같이 명령형으로 나올 수도 있다.

Jesse의 이메일 주소는 어디에서 찾을 수 있습니까?
(A) 회사 전화번호부를 보세요.
(B) 이것을 연결해야만 합니다.
(C) 저는 그렇게 생각하지 않습니다.

02 **Where** is the **pharmacy**?
(A) They **past** three times. → How many 의문문에 가능한 답
(B) Is **Marcy** in her office? → Marcy는 유사발음으로 오답
(C) **One kilometer** from here.

key 위치를 묻는 질문에는 시간이나 거리로 답할 수도 있다. '~만큼 떨어져 있다'라고 거리로 답한 (C)가 정답이다.

약국은 어디에 있습니까?
(A) 그들은 세 번 통과했습니다.
(B) Marcy는 사무실에 있습니까?
(C) 여기에서 1킬로미터 거리에 있습니다.

Step 1 Warm-up Test 음성을 듣고 빈칸을 채우고 알맞은 답변을 고르세요.

01 _____ is _______________?
(A) Roy ___________ the ______. (B) ________ as I know. (C) I put it ______.

02 _______ do you want ____ to ____ the files?
(A) ______ the manager. (B) ______ them there. (C) _____, I did.

03 _____ will take _______ of the ___________?
(A) ________ as I know. (B) The company ___________. (C) The ________ works fine.

04 ___________ did you ________?
(A) ______ so far. (B) _____, I did. (C) I ________ a new computer.

05 ___ today's ______________ communication or planning?
(A) At ____________. (B) ____, it's in the package. (C) ________. It's ______ auditing.

Step 2 실전 TOEIC Test 실제 시험처럼 음성을 듣고 정답을 표시하세요.

01 Mark your answer. (A) (B) (C)
02 Mark your answer. (A) (B) (C)
03 Mark your answer. (A) (B) (C)
04 Mark your answer. (A) (B) (C)
05 Mark your answer. (A) (B) (C)

▶ 문제풀이 예제 정답: 01 (A) 02 (C)

▶ 정답 및 해설 p.55~57

Chapter 4

What 의문문

MP3 File 2-10

★ 주요 출제 패턴

What 의문문은 기본적으로 Yes/No로 대답할 수 없고, What 뒤의 명사나 동사가 답을 결정한다. 매달 2~4문제가 출제되는데, 특히 What의 구어체 문제가 등장하면 난이도가 올라간다. What의 구어체는 다양한 형태로 등장하게 된다. 시간, 장소, 권유, 제안, 선택 등에서 사실상 모든 의문사를 대신할 수 있기 때문에 What의 변형 의문문들을 미리 익혀두는 것이 좋다. What 의문문은 What 뒤의 명사와 동사를 받아쓰는 연습과 함께 다른 의문사로 전환시키는 훈련도 함께 해두는 것이 효과적이다.

★ 이렇게 풀어라! 문제풀이 전략

1. What 의문문에서 뒤의 명사가 답을 결정하는 경우: What time은 time을 묻는 질문이므로 '시간'으로, What color는 '색상'으로, What type of business는 '업종'으로 답한다.

What size suit do you wear? (A) That sounds suitable to me. (B) Wherever you want. (C) Usually a large.	무슨 사이즈의 정장을 입으세요? (A) 저에게 맞는 것 같습니다. (B) 원하시는 곳 어디든지. (C) 보통 큰 것입니다.

해설 What 뒤의 명사인 size에 맞추어 대답한 (C)가 답이 된다. (A)는 권유나 제안에 가능한 답이며, (B)는 Where 의문문이나 Which 선택 의문문의 답이 된다.

2. What 의문문 뒤의 동사가 답을 결정하는 경우: What 뒤에 특정 명사가 오지 않는 경우에는 '동사'에 초점을 맞춰야 한다. 즉, 〈What + 주어 + 동사〉에서 동사가 답을 결정한다는 것이다.

What should we bring to the seminar? (A) Lots of business cards. (B) I took the bus. (C) I brought one to the office.	세미나에 무엇을 가지고 가야 합니까? (A) 명함을 많이 갖고 오세요. (B) 버스를 탔습니다. (C) 사무실에 하나를 갖고 왔습니다.

해설 동사 bring(가지고 가다)에 맞추어 '가지고 가야 하는 물건'이 명함들(business cards)이라고 답한 (A)가 답이다. (B)는 How로 교통수단을 묻는 경우에 가능한 답이며, (C)는 bring의 과거형인 brought를 써서 혼동을 유발한 오답이다.

3. 다양한 형태의 What 의문문: What은 사물뿐만 아니라 시간, 이유, 방법 등을 물을 때도 쓸 수 있다. What 의문문은 사실상 모든 의문사를 대신할 수 있다.

What about ~? 〈권유〉　　What time ~? = When ~? 〈시간〉

What do you say ~? 〈의견〉　　What made ~? = Why ~? 〈이유〉

What time do you leave for New York? (A) For a business conference. (B) Yes, I left there. (C) My plane leaves at 6.	뉴욕으로 몇 시에 출발합니까? (A) 비즈니스 컨퍼런스에 참석하려고요. (B) 네, 거기를 그만뒀습니다. (C) 비행기는 6시에 출발합니다.

해설 What 뒤에 time이 있기 때문에 시간으로 대답한 (C)가 답이 된다. (A)는 Why 의문문에 가능한 답변이다. Wh- 의문문은 Yes/No로 답할 수 없으므로 (B)도 답이 될 수 없다.

LESSON 1 What 의문문 기본형

MP3 File 2-10

Point

What 의문문은 ① What 뒤에 나오는 명사에 관련된 질문, ② What 뒤에 나오는 동사에 관련된 질문, 그리고 ③ What의 구어체 질문들이 주를 이룬다. What만으로는 답을 판단할 수 없기 때문에 받아쓰기 훈련 시에 What 뒤의 명사나 동사에 주의를 기울여야 한다. What 의문문은 ① Yes/No로 답할 수 없고 ② 유사발음이 나오면 오답이며, ③ He/She ~는 보통 답이 아니다.

예제

What color did you paint the walls?

(A) We didn't call her. (B) It went very well. (C) I chose blue.

▶What 뒤의 명사가 color, 따라서 색깔을 묻는 질문이다. (A)는 Who 의문문의 답이며, (B)의 well은 질문의 wall과 유사발음으로 혼동을 유발하는 오답이다.

●무슨 색으로 벽을 칠했어요? (A) 우리는 그녀에게 전화하지 않았어요. (B) 아주 잘 진행되었어요. (C) 푸른색을 골랐어요. 정답 (C)

A What 의문문의 기본적인 질문 유형

What 의문문은 일반적으로 '직업'이나 '하고 있는 일' 혹은 미래에 할 일에 대한 '계획' 등을 묻는다.

What do you do for a living? / What's your job? / What kind of work do you do? 당신의 직업이 무엇입니까?

Q **What are you going to do** after your trip? 여행 이후에 무엇을 할 것입니까?
A I'm starting a new job. 새 직장에 다닐 거예요.

Q **What will you be doing** in Florida? 플로리다에서 무슨 일을 할 예정입니까?
A I'm meeting with a supplier. 공급자를 만나려고요.

Q **What is your plan for** the vacation? 휴가 계획이 어떻게 되세요?
A I'll probably stay home and relax. 집에 있으면서 쉴까 해요.

B What 의문문은 뒤의 명사 또는 동사에 주목하라.

(1) 〈What + 명사〉 또는 〈What is/are + 명사〉로 묻는 경우: What 뒤에 나오는 명사가 질문의 의도가 된다.

Q **What time** does the seminar begin? 세미나는 몇 시에 시작합니까?
A At **ten a.m.** as usual. 평소대로 오전 10시입니다.

Q **What** is the **due date** for this proposal? 이 제안서 마감일이 언제죠?
A Next **Monday**. 다음 주 월요일이요.

Q **What** are **the papers** on your desk? 책상 위의 서류는 무엇입니까?
A **A report** I'm writing. 제가 쓰고 있는 보고서예요.

Q **What** was **the discussion** about? 토의는 무엇에 관한 것이었죠?
A Employee **benefits**. 직원 복지요.

Q **What kind of car** do you prefer to buy? 어떤 종류의 차를 구매하고 싶으신가요?
A **One** that is **fuel efficient**. 연비가 좋은 것으로요.

(2) 〈What + 주어 + 동사〉로 묻는 경우: What 뒤에 명사가 오지 않을 때는 동사에 주목하라. 답을 고를 때는 질문의 동사와 연관되는 의미를 담고 있는 명사를 선택하면 된다.

Q **What** will **we discuss** at the meeting? 회의에서 무엇을 의논할 건가요?
A **Budgets** for the upcoming year. 내년 예산안이요.

Q **What** did **Grace give you** as a birthday gift? 생일선물로 Grace가 무엇을 주던가요?
A She gave me **a bicycle**. 그녀는 저에게 자전거를 줬습니다.

Ustar 출제포인트 시험에는 이렇게 나온다! **What 뒤의 표현들을 놓치지 말자.**

문제 중의 명사가 아니라 해당 '명사를 구체적으로 설명한 내용' 혹은 '관련된 어휘'들로 묘사하는 형태가 답변으로 나올 수 있다.

What are the advantages of using a store credit card?

(A) Yes, it's being used. (B) You can receive special discounts. (C) You have to pay cash.

문제풀이 전략
Step 1_ What 의문문에서 Yes/No나 유사발음은 오답이다.
Step 2_ What 뒤의 명사를 모두 챙겨서 들어야 한다.

■(A)는 Yes로 답하고 있으므로 탈락, (C)는 What 뒤의 내용을 제대로 듣지 않고 credit card만 들었을 경우에 고를 수 있는 오답이다.

■상점 신용카드를 쓰면 무슨 장점이 있나요? (A) 네, 그것이 쓰이고 있어요. (B) 특별 할인을 받을 수 있습니다. (C) 현금으로 계산해야 합니다.

Exercises

문제풀이 예제

Listen & Write 음성을 듣고 키워드 받아쓰기 미M 미W / 호W 영M

01 Q. ______	02 Q. ______
(A) ______	(A) ______
(B) ______	(B) ______
(C) ______	(C) ______

받아쓰기 예시: 01 What / topic / presentation (A) In room (B) Service marketing (C) Half an hour
02 What / name / clinic (A) receptionist (B) Central Healthcare (C) Mr. Reed

Look 스크립트 분석과 소거법

01 **What** was the **topic** of your **presentation**?
(A) **In room** 210. → Where 의문문에 가능한 답
(B) **Service marketing**. → 명사로만 답하는 것은 What 의문문
(C) **Half an hour**. → How long 의문문에 가능한 답

key What 의문문에 대한 대답은 짧은 명사일수록 답이 될 확률이 높다.

프레젠테이션의 주제는 뭐였나요?
(A) 210호실에서요.
(B) 서비스 마케팅이요.
(C) 30분이요.

02 **What**'s the **name** of the nearest medical **clinic**?
(A) With the **receptionist**. → Who/How 의문문에 가능한 답
(B) I believe it's **Central Healthcare**.
(C) **Mr. Reed** does. → Who 의문문에 가능한 답

key name만으로는 답을 찾을 수 없다. name 뒤에 명사까지 들어야 정확한 명사의 종류를 알 수 있다. What 뒤의 명사 외에도 가능한 많은 단어를 들어놓는 것이 좋다.

가장 가까운 진료실의 이름이 무엇입니까?
(A) 접수원과 함께예요.
(B) 중앙의료원이라 생각됩니다.
(C) Mr. Reed가 합니다.

Step 1 Warm-up Test 음성을 듣고 빈칸을 채우고 알맞은 답변을 고르세요.

01 ______ of ______ do you prefer?
(A) My ______ address. (B) I'll use a ______. (C) I'd ______ to.

02 ______ should I use for the brochures?
(A) I'm ______ it is. (B) ______ would be good. (C) That's quite ______.

03 ______ form of ______ should I bring?
(A) ______, too. (B) Please ______ the ______. (C) ______ is best.

04 ______'s the ______ of a one-way ticket to Boston?
(A) That's ______. (B) ______ thirty-five ______. (C) ______ twelve ______.

05 ______ plans does the ______ for its twentieth year anniversary?
(A) ______, a business plan. (B) ______ will be a ______. (C) Please make ______ more.

Step 2 실전 TOEIC Test 실제 시험처럼 음성을 듣고 정답을 표시하세요.

01 Mark your answer. (A) (B) (C)
02 Mark your answer. (A) (B) (C)
03 Mark your answer. (A) (B) (C)
04 Mark your answer. (A) (B) (C)
05 Mark your answer. (A) (B) (C)

▶ 문제풀이 예제 정답: 01 (B) 02 (B)

▶ 정답 및 해설 p.57~59

MP3 File 2-11

Point

What은 모든 의문사를 대신할 수 있다. 따라서 What 뒤에 어떤 문장이 나오는지 보고 해당 의문사로 바꾸어 문제를 풀어야 한다.

예제 What made you come in so early today?

(A) To finish this project. (B) No, I did not. (C) It is made of wool.

▶What made ~?는 Why ~?와 같은 의미이다. 따라서 '~하기 위해서'라고 이유를 밝힌 (A)가 답이 된다. 의문사 의문문이므로 No라고 답한 (B)는 탈락, (C)는 재료나 구성에 관한 질문에 가능한 답이다.

● 오늘 왜 이렇게 일찍 오셨어요? (A) 이 일을 끝내기 위해서요. (B) 아니오, 그렇게 하지 않았어요. (C) 양모로 만든 거예요. 정답 (A)

A What은 모든 의문사를 대체할 수 있다.

(1) What + time/deadline/day/date = When → 시간: What 뒤에 시간명사가 나오면 When 의문문으로 이해하자.

Q **What**'s the registration **deadline**? 등록 마감이 언제인가요?

A It's a week from today. 일주일 후입니다.

(2) What + make/take/bring = Why → 원인, 이유

Q **What made** you come in so early today? 오늘 왜 이렇게 일찍 출근하셨어요?

A I had an urgent meeting. 급한 회의가 있어서요.

(3) What + 장소명사 = Where → 장소

Q **What**'s the closest **medical clinic?** 가장 가까운 진료실이 어디입니까?

A Right down the street. 이 거리를 죽 따라가면 바로 나와요.

(4) What + price/cost/fee = How much → 돈이나 액수: ~가 얼마입니까?

Q **What** is the monthly **fee**? 월회비가 얼마지요? A $100. 100달러입니다.

(5) What happened / What's going on = How → 일의 발생: ~에 무슨 일이 있나요?

Q **What happened** to the meeting? 회의는 어떻게 됐어요?

A Oh, it was cancelled. 아, 취소됐어요.

(6) What ~ like? = How → 상태: ~는 어떤가요?

Q **What** was the weather **like** in Birmingham last week? 지난 주 버밍햄의 날씨는 어땠어요?

A It was raining all week. 일주일 내내 비가 왔어요.

(7) What ~ way to get to + 장소 = How → 방법, 교통수단: ~에 어떻게 갈 수 있나요?

Q **What**'s the fastest **way to get to** the hotel? 그 호텔에 가장 빨리 갈 수 있는 방법이 무엇입니까?

A Take an airport limousine. 공항 리무진 버스를 타세요.

(8) What will/did you do with ~? = How → 일의 처리: ~을 어떻게 할 거예요?/~은 어떻게 했나요?

Q **What will you do with** the old computer? 예전 컴퓨터는 어떻게 할 거예요?

A I will put it in storage. 창고에 넣어둘 겁니다.

B 권유 · 제안/의견을 묻는 What 의문문

What would you like to ~?, What would you say ~? 등은 권유나 제안의 질문이며 What do you think (of/about/that) ~?, What do you say~?, How did/do you like~? 등은 의견을 묻는 질문이다.

Q **What do you think about** the new research assistant? 새로 온 연구 보조직원은 어떤가요?

A He's highly qualified. 그는 자질이 아주 뛰어나요.

Q **What would you like to** join us for dinner tonight? 오늘 저녁식사 저희와 함께 하시면 어떠세요?

A I'd love to, but I have other plans. 그러고 싶지만 다른 계획이 있어요.

Ustar 출제포인트 시험에는 이렇게 나온다! **What 뒤에 어떤 형태의 문장이 오느냐에 따라 답의 종류가 바뀐다.**

What does he look like? 그는 어떻게 생겼나요? ☆ 외모를 묻는 질문

What does she like? 그녀는 무엇을 좋아합니까? ☆ 기호를 묻는 질문

What is he like? 그는 어떻습니까? ☆ 성격, 특성을 묻는 질문

Q What is your new apartment like? 새 아파트는 어때요? → A It's warm and cozy. 따뜻하고 아늑해요.

Exercises

문제풀이 예제

Listen & Write 음성을 듣고 키워드 받아쓰기 미W 미M / 영M 호W

01 Q. ______	02 Q. ______
(A) ______	(A) ______
(B) ______	(B) ______
(C) ______	(C) ______

받아쓰기 예시: 01 What happened / reports (A) He (B) The supervisor wanted (C) happened yesterday
02 What / you think / his (A) I / July (B) He / relevant experience (C) In / file

Look 스크립트 분석과 소거법

01 **What happened** to the **reports** I was working on?
(A) **He** was here too. → 주어 He는 오답이다.
(B) **The supervisor wanted** to see them.
(C) It **happened yesterday**. → happened는 동일어휘 오답

제가 작업하던 보고서는 어떻게 된 겁니까?
(A) 그도 여기에 있었습니다.
(B) 상사가 보고서를 보고 싶어 해서요.
(C) 그 일은 어제 일어났어요.

key What happened는 발생 상황을 묻는 질문으로 어떻게 되었다는 설명을 해주어야 한다.

02 **What** did **you think** of **his** resume?
(A) **I** start work in **July**. → When 의문문에 가능한 답
(B) **He** doesn't have any **relevant experience**.
(C) **In** the personnel **file**. → Where 의문문에 가능한 답

그의 이력서에 대해 어떻게 생각하세요?
(A) 저는 7월에 일을 시작합니다.
(B) 그는 관련 경력이 전무하더군요.
(C) 인사 파일 안에 있습니다.

key 의견을 묻는 질문이므로 객관적인 사실이나 주관적인 판단(좋다, 나쁘다 등)이 답이 된다.

Step 1 Warm-up Test 음성을 듣고 빈칸을 채우고 알맞은 답변을 고르세요.

01 ______'s ______ with this ____ machine?
(A) It's ________ on the left. (B) The operation ________. (C) It's probably ___________.

02 ______ do you ______ _____________ our new line of athletic wear?
(A) __________ that's fun and easy to memorize. (B) I never knew you were so __________.
(C) I'm planning to ______ casually.

03 ______ __________ to your _________?
(A) _____, that happens often. (B) It's_________. (C) __________, sometime.

04 ______'s the _____________ to the train station?
(A) It leaves _________. (B) A ticket ______ two _______.
(C) __________ the next block and ____ straight.

05 ______'s Mr. Adam's ____________?
(A) This is the ___________. (B) No one knows ____ to ____. (C) I think he is the _____________.

Step 2 실전 TOEIC Test 실제 시험처럼 음성을 듣고 정답을 표시하세요.

01 Mark your answer. (A) (B) (C)
02 Mark your answer. (A) (B) (C)
03 Mark your answer. (A) (B) (C)
04 Mark your answer. (A) (B) (C)
05 Mark your answer. (A) (B) (C)

▶ 문제풀이 예제 정답: 01 (B) 02 (B)

▶ 정답 및 해설 p.59~61

Chapter 5

How 의문문

MP3 File 2-12

★ 주요 출제 패턴

How 의문문은 매달 2~3문제 정도 출제되며, 크게 2가지 유형으로 나뉜다.

1. **〈How + 형용사/부사(How long, How many, How much 등)〉**: '정도'를 묻는 질문으로 답변은 구체적인 수량이나 추상적인 개념(Ex. It shouldn't take much longer. 그리 오래 걸리진 않아요.)이 등장한다. I don't know 등의 회피성 답변도 자주 등장한다.
2. **〈How + 명사/동사〉**: '방법'이나 '의견'을 묻는 문제는 난이도가 비교적 평이하다. 그러나 '의견'이나 '진행 상황'을 묻는 경우, 다양한 구어체 표현이 출제되므로 빈출 질문과 답변들을 따로 공부해두는 것이 좋다. I don't know 등의 답변을 따로 공부해두고 Yes/No는 답이 될 수 없음을 기억하자.

★ 이렇게 풀어라! 문제풀이 전략

1. How 의문문은 뒤따라오는 형용사나 부사에 맞춰서 답한다.

〈How + 형용사/부사〉로 하나의 단위로 묶어서 듣고 이해해야 순발력 있게 정답을 선택할 수 있다.

- **How long:** 일반적으로 '기간'이나 '소요 시간'을 묻는 질문.
- **How many:** '수'를 묻는 질문. 주로 사람의 수, 일수, 또는 짐이나 상자 등 물건의 수량을 묻는다.
- **How much:** '가격'이나 '소요 시간'을 묻는 질문. How much does it cost?, How much time do you need?
- **How often:** '횟수'를 묻는 질문. 주로 every, per, a 등 횟수나 빈도를 나타낼 수 있는 표현으로 답한다.
- **How late:** '얼마나 늦게까지' 하는지를 묻는 질문. How late is the store open tonight?
- **How far:** 거리가 '얼마나 먼지', '얼마나 떨어져 있는지'를 묻는 질문으로 '걸어서 몇 분 거리' 등과 같이 답한다.
- **How soon:** '얼마나 빨리' 일이 진행되는지를 묻고, 보통 시간으로 답한다.

How long does it take to get to the train station? (A) At least an hour. (B) On Main Street. (C) About five dollars.	기차역에 가려면 얼마나 걸립니까? (A) 적어도 1시간이요. (B) Main가에서요. (C) 대략 5달러요.

해설 How long으로 소요 시간을 묻고 있다. (B)는 장소(Where), (C)는 비용(How much)에 대한 답변이다.

2. How 의문문은 Yes/No 또는 유사발음으로 답할 수 없다.

How soon will the shipment arrive? (A) Yes, it will be here. (B) Tomorrow evening. (C) No, I'll drive.	선적은 얼마나 빨리 도착할까요? (A) 네. 여기 올 겁니다. (B) 내일 저녁이요. (C) 아니오. 제가 운전할 거예요.

해설 How soon은 '얼마나 빨리'라고 시간을 묻는 질문이다. 의문사 의문문이므로 Yes/No로 답한 (A)와 (C)는 정답에서 제외된다.

3. 〈How + do동사/be동사/조동사〉 의문문은 주로 수단과 방법 혹은 상태를 묻는 질문이다.

How does, How did, How can, How should 등의 형태로 구체적인 수단이나 방법, 즉 〈by + 수단〉, 〈by -ing〉, 명령문 등으로 답한다.

How am I supposed to send the contract? (A) On Thursday. (B) By registered mail. (C) To contact us.	계약서를 어떻게 보내야 합니까? (A) 목요일에요. (B) 등기우편으로요. (C) 우리에게 연락하기 위해서요.

해설 How am I ~?로 계약서를 보낼 '수단'을 묻고 있다. (A)는 When 의문문에, (C)는 Why 의문문에 가능한 답이다.

4. How about은 권유나 제안을 할 때 쓰는 질문이다.

How about ~?은 '~하는 게 어때?'라고 상대에게 권유나 제안을 하는 질문이다. 답변은 승낙이나 거절, That's good. 등으로 하면 된다.

How about joining us for dinner tonight? (A) Actually, I'm already a member. (B) It was very delicious. **(C) I'd love to, but I have an appointment.**	오늘 우리와 함께 저녁식사를 하시겠어요? (A) 사실 저는 이미 회원입니다. (B) 아주 맛있었어요. (C) 그러고 싶지만 약속이 있어요.

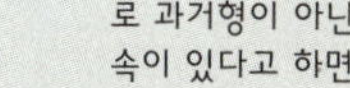
How about으로 상대의 의견을 물으며 권유하는 질문이다. (A)의 member는 문제와 관련이 없으며, (B)는 권유나 제안에 대해서는 주로 과거형이 아닌 미래형으로 답한다. (C)는 I'd love to까지만 들으면 마치 제안을 받아들인 것으로 오해하기 쉽지만 but 이하에 다른 약속이 있다고 하면서 거절하는 표현이다.

5. 다양한 형태의 How 의문문

How를 이용한 질문들은 주로 상대방의 의견, 상태 등을 묻는다.

How do you like ~? 〈상대의 의견을 묻는 질문〉 / How is it going? 〈상태를 묻는 질문〉

How does ~ look like? 〈외모를 묻는 질문〉 / How come ~? 〈이유를 묻는 질문〉

How did you like the applicants this time? (A) Yes, I like reading a weekly magazine. (B) He hasn't applied yet. **(C) Three of them look very promising.**	이번 지원자들은 어땠나요? (A) 네, 저는 주간 잡지를 읽는 것을 좋아해요. (B) 그는 아직 지원하지 않았어요. (C) 그들 중 세 사람은 매우 유망해 보이네요.

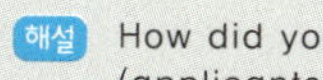
How did you like ~?로 지원자들에 대한 의견을 묻고 있다. (A)는 Yes로 답하고 있으므로 답이 될 수 없고, (B)는 applied로 질문(applicants)과 유사발음 혼동을 유도하는 오답이다. 의견을 물었으므로 이에 답한 (C)가 가장 적절하다.

LESSON 1 How 의문문 기본형

MP3 File 2-12

Point

〈How + 형용사/부사(How long, How many, How much, ...)〉는 How 의문문의 가장 대표적인 유형이다. 다양한 형태로 출제되므로 빈출 질문과 정답을 미리 공부해두는 것이 좋다. Yes/No로 답할 수 없고 유사발음에 주의한다.

How long did your job interview take?

(A) A sales position. (B) Take a couple of them. (C) Only half an hour.

▶(A)는 Who 의문문에 가능한 답이고, (B)는 수량을 묻는 How many로 물었을 때 가능한 답변이다.

●면접이 얼마나 오래 걸렸나요? (A) 판매직이요. (B) 두어 개 가져가세요. (C) 30분밖에 안 걸렸어요. 정답 (C)

A How 의문문은 뒤에 나오는 형용사, 부사에 따라 답이 결정된다.

2011년 이후 최신 경향을 보면, Part 3 총 30문제 중 적어도 한 문제 이상은 〈How + 형용사/부사〉가 꾸준히 출제되고 있으며, 2문제가 이렇게 출제된 적도 있다. 출제 빈도가 가장 높은 것은 How long이며, How many, How often 순으로 출제되고 있다. 〈How + 형용사/부사〉의 답은 대부분 수(How many), 소요 시간(How long), 거리(How far), 빈도(How often)를 나타내는 '숫자'가 나온다. How often do you attend the seminar?(세미나에 얼마나 자주 참석하세요?)의 답변으로 Whenever I can.(제가 가고 싶을 때마다.)과 같이 부사구의 형태로 출제되기도 한다.

B How 의문문 빈출 표현 유형

질문 형태	질문과 정답 유형
How long ~? 얼마나 오래? '기간'이나 '소요 시간'을 묻는 질문이다.	Q **How long** have you been in this company? 이 회사에서 얼마나 오래 근무했어요? A About six years, I guess. 6년 정도요.
How far ~? 얼마나 멀리? 거리를 묻는 질문이다. 구체적인 숫자, 거리 단위, 또는 거리감을 나타내는 형용사가 답이 된다.	Q **How far** is it from the hotel? 호텔에서 얼마나 먼가요? A About three miles. 3마일 정도입니다. / Only 3 minutes away on foot. 걸어서 3분밖에 안 걸려요.
How many + 복수명사? **How much ~?** 얼마나 많이? 셀 수 있는 명사의 개수를 물을 때는 How many, 가격이나 양처럼 셀 수 없는 명사의 양을 물을 때는 How much로 질문한다.	Q **How many** computers and printers have been ordered? 컴퓨터와 프린터를 몇 대 주문했어요? A Three of each. 3대씩이요. Q **How much** is it going to cost? 비용이 얼마나 될까요? A Less than 50 dollars. 50달러 미만이요.
How often ~? 얼마나 자주? 행동이나 현상이 일어나는 '횟수'를 묻는 질문이다. 보통 숫자가 나오며, 수사를 대용하는 부정형용사(much, little, few 등)가 포함된 문장도 정답으로 나오며 every, per, a 등의 횟수 표현도 답이 된다.	Q **How often** do you submit the expense report? 비용 보고서를 얼마나 자주 제출합니까? A Once a month. 한 달에 한 번이요. ☆ once 한 번(= one time)
How soon ~? 얼마나 빨리? **How late ~?** 얼마나 늦게? 시점을 나타내는 내용으로 속도나 정도를 나타낸다. 주로 의문사 When의 개념과 동일하다고 볼 수 있다.	Q **How soon** will the shipment arrive? 선적품은 얼마나 빨리 도착합니까? A Tomorrow afternoon. 내일 오후에요. Q **How late** does the drug store stay open? 약국이 얼마나 늦게까지 엽니까? A They're open until 10:30. 10시 30분까지 엽니다.

Ustar 출제포인트 시험에는 이렇게 나온다! How long? by + 시간 (×) until + 시간 (○)

How long은 지속되는 기간을 질문하는 것으로 until로 답해야 한다. by는 완료 시점으로 주로 When 의문문의 답이 된다.

How long did the basketball game last?

(A) It didn't end until 11. (B) How were the results? (C) There was someone in front of me.

문제풀이 전략

Step 1_ 의문사 의문문은 앞부분에 집중해야 한다. How long을 기억하라.

Step 2_ 유사발음은 답이 될 수 없다.

Step 3_ How long 의문문은 주로 〈since/until/for + 기간〉이 답이 된다.

■How long으로 지속되는 기간을 묻고 있으므로 (A)가 답이다. (B)는 유사발음(how) 오답 유형이다.

■얼마나 오랫동안 농구 경기가 계속됐어? (A) 11시에 끝났어. (B) 결과는 어땠어? (C) 내 앞에 누군가 있었어.

Exercises

문제풀이 예제

Listen & Write 음성을 듣고 키워드 받아쓰기 호W 영M / 미M 미W

01 Q. ______	02 Q. ______
(A) ______	(A) ______
(B) ______	(B) ______
(C) ______	(C) ______

받아쓰기 예시: 01 How often / visit / family (A) A couple of times (B) My parents (C) No
02 How often / ink cartridges / replaced (A) He often (B) very nice (C) once a year

Look 스크립트 분석과 소거법

01 **How often** do you **visit** your **family**?
(A) **A couple of times** a year.
(B) **My parents** and one brother. → 가족 관계를 묻는 질문에 가능한 답
(C) **No,** it was a business trip. → How 의문문에 Yes/No로 답할 수 없다.

얼마나 자주 가족을 찾아뵙나요?
(A) 1년에 두어 번입니다.
(B) 부모님과 형제가 한 명 있습니다.
(C) 아니요, 출장이었습니다.

key How often에는 횟수나 빈도를 나타내는 숫자나 수 관련 표현들이 답이 된다. a couple of, several, none 등의 표현들을 익혀두자.

02 **How often** should these **ink cartridges** be **replaced**?
(A) **He often** does. → 질문의 주어는 잉크 카트리지이므로 He가 주어가 될 수 없고, 동일어휘인 often을 사용한 오답이다.
(B) It's a **very nice** place. → How about 등으로 의향을 물었을 때 가능한 답변
(C) At least **once a year**.

잉크 카트리지를 얼마나 자주 교체하세요?
(A) 그는 종종 합니다.
(B) 아주 좋은 곳이네요.
(C) 적어도 일 년에 한 번은 합니다.

key one, two, three 등 숫자만 답이 되는 것은 아니다. once, twice, frequently, sometimes 등 빈도부사나 횟수 관련 표현을 익혀두자.

Step 1 Warm-up Test 음성을 듣고 빈칸을 채우고 알맞은 답변을 고르세요.

01 ______ ______ to the e-mail?
(A) ____, I will read it. (B) ______ except Austin. (C) ____ tomorrow afternoon.

02 ______ will this light ____ ____?
(A) ____ or less. (B) ____ a desk ____. (C) At ____ three ____.

03 ______ have ____ ______ in the store?
(A) About ____ from here. (B) At ______. (C) ______ four ____.

04 ______ do ____ ______ the expense report?
(A) ____ a month. (B) That's too ______. (C) ____ the folder.

05 ______ is the library ____?
(A) I haven't ____. (B) Until ____. (C) Five days ______.

Step 2 실전 TOEIC Test 실제 시험처럼 음성을 듣고 정답을 표시하세요.

01 Mark your answer. (A) (B) (C)
02 Mark your answer. (A) (B) (C)
03 Mark your answer. (A) (B) (C)
04 Mark your answer. (A) (B) (C)
05 Mark your answer. (A) (B) (C)

▶ 문제풀이 예제 정답: 01 (A) 02 (C)

▶ 정답 및 해설 p.61~62

LESSON 2 How 의문문 난이도형 (1)

MP3 File 2-13

Point

⟨How + do동사/be동사/조동사⟩ 의문문은 수단이나 방법과 관련된 내용이 나오면 답이다. 주로 교통수단, 구매 방법 관련 질문이 출제되며 정답으로는 by bus, by airplane과 같이 ⟨전치사 + 명사⟩ 또는 완전한 문장이 온다.

How are you getting to the airport tomorrow?

(A) I'll take the limousine. (B) At 7. (C) Yes, it was the airport.

▶⟨How + get to + 장소⟩는 특정 장소로 가는 방법을 묻는 질문이다. 따라서 교통수단으로 답해야 한다.

●내일 공항으로 어떻게 갑니까? (A) 리무진을 탑니다. (B) 7시입니다. (C) 네, 공항이었어요. 정답 (A)

A 구체적인 수단이나 방법으로 답하는 유형

주로 by, through 등의 전치사를 사용하여 어떤 행위의 수단이나 방법을 나타낸다.

Q How do you commute to work? 어떻게 통근합니까?
A **By** bicycle. 자전거로 합니다. ⟨교통수단을 나타내는 by⟩

Q How can I find out about my shipment delivery date? 제 선적품 배송일을 어떻게 알 수 있을까요?
A **By** the tracking number on your order form. 주문서에 있는 추적 번호로요. ⟨행위의 수단을 나타내는 by⟩

Q How can I buy the cartridge for my printer? 어떻게 제 프린터의 카트리지를 구매합니까?
A **Through** the Internet. 인터넷으로 합니다. ⟨수단, 매체를 나타내는 through⟩

Q How do I clean the computer screen? 컴퓨터 모니터를 어떻게 청소합니까?
A **With** a dry cloth. 마른 천으로 합니다. / Here, I'll show you. 자, 보여드릴게요.

Q How can you read these small letters? 어떻게 이렇게 작은 글자를 봅니까?
A I can't, **without my glasses**. 안경 없이는 보지 못합니다.

B 명령문으로 답하는 유형

명령 혹은 제안의 문장으로 수단이나 방법을 알려주는 유형이다.

Q How can I operate this machine? 어떻게 이 기계를 작동합니까?
A **Press** the green **button**. 녹색 버튼을 누르세요. ⟨명령⟩

Q How can I get to the train station from here? 여기서 기차역까지 어떻게 갑니까?
A **Take Cherry Street** to Main Boulevard. Cherry가로 가다가 Main가로 들어서세요. ⟨명령⟩

Q How can I leave a phone message? 어떻게 전화 메시지를 남깁니까?
A **You can speak after the beep.** 삐 소리가 나면 말하세요. ⟨제안⟩

Q How do I call the front desk? 안내데스크에 어떻게 연락합니까?
A **Just dial zero.** 0번을 누르세요. ⟨명령⟩

Ustar 출제포인트 시험에는 이렇게 나온다! **특정 장소로 가는 방법을 묻는 질문에 대한 답변**

예를 들면 My friend gave me a ride. / By bus. / I will fly. / Take the first left. 등으로 답할 수 있다.

Q How are we going to the stadium? 경기장으로 어떻게 가죠?
A I called a taxi. 택시를 불렀습니다.

Q How do I get to the mailroom? 어떻게 우편물실로 갑니까?
A It's at the end of this hallway. 이 복도 끝에 있습니다.

How do I get to the fitness center?

(A) It's right next to the sports complex. (B) The instructors do. (C) I think ten minutes or so.

문제풀이 전략
Step 1_ How가 들리는 순간 뒤에 나오는 동사 ⟨get to + 장소⟩를 빠르게 파악해 문제의 의도를 확인한다.
Step 2_ 보기에서 교통수단이나 길안내가 언급되는 부분에 집중해서 답을 골라낸다.

■'(장소)로 어떻게 가느냐'는 질문이므로 위치나 교통수단으로 답할 수 있다. (A)가 위치를 알려주고 있으므로 정답이다. (B)는 Who 의문문, (C)는 How long(거리, 기간) 의문문에 어울리는 대답이다.

■피트니스 센터로 어떻게 갑니까? (A) 종합 경기장 바로 옆에 있습니다. (B) 강사가 합니다. (C) 10분 정도입니다.

Exercises

문제풀이 예제

Listen & Write 음성을 듣고 키워드 받아쓰기 미W 영M / 미M 미W

01 Q. ______________
(A) ______________
(B) ______________
(C) ______________

02 Q. ______________
(A) ______________
(B) ______________
(C) ______________

받아쓰기 예시: 01 How / Anne / gets this form (A) I found (B) Put it (C) from somewhere in Canada
02 How / get reimbursed (A) Give your receipts to (B) at 7 (C) I believe so

Look 스크립트 분석과 소거법

01 **How** can I make sure **Anne gets this form**?
(A) **I found** a receipt. → 미래형 질문이므로 과거 시제로 답할 수 없다.
(B) **Put it** in her mailbox.
(C) They're **from somewhere in Canada**. → Where 의문문에 가능한 답

key 방법을 묻는 질문에 '~하라'는 명령형으로 답하고 있다.

02 **How** do we **get reimbursed** for our meals?
(A) **Give your receipts to** Sonia.
(B) Dinner is served **at 7**. → When 의문문에 가능한 답
(C) **I believe so.** → 의견을 묻거나 사실 확인을 했을 경우에 적절한 답

key 방법을 묻는 질문에 역시 '~하라'는 명령형으로 답하고 있다.

어떻게 해야 Anne가 이 서류를 확실히 받을 수 있을까요?
(A) 영수증을 찾았습니다.
(B) 우편함에 두세요.
(C) 그들은 캐나다 출신입니다.

식대를 어떻게 상환받죠?
(A) Sonia에게 영수증을 주세요.
(B) 저녁식사는 7시에 제공됩니다.
(C) 그렇다고 생각합니다.

Step 1 Warm-up Test 음성을 듣고 빈칸을 채우고 알맞은 답변을 고르세요.

01 _____ do _____ _______ this computer screen?
(A) _____, for the commuters. (B) _____ paper towels. (C) ______ the television.

02 _________ has Mr. Jones been _______?
(A) Ten ________. (B) It's eight ___________. (C) _____, I hope.

03 _____ are your _______ ________ to Hong Kong?
(A) ___ airplane. (B) On ______. (C) _____, thank you.

04 _____ do _____ ____ home in the evenings?
(A) I _____ the city _____. (B) ______ an hour _____. (C) I ______ television.

05 _____________ are ____ until the new campaign is launched?
(A) Just _____ a ______ now. (B) _________, I've eaten lunch. (C) ____, I think that's too late.

Step 2 실전 TOEIC Test 실제 시험처럼 음성을 듣고 정답을 표시하세요.

01 Mark your answer. (A) (B) (C)

02 Mark your answer. (A) (B) (C)

03 Mark your answer. (A) (B) (C)

04 Mark your answer. (A) (B) (C)

05 Mark your answer. (A) (B) (C)

▶ 문제풀이 예제 정답: 01 (B) 02 (A)

▶ 정답 및 해설 p.63~64

How 의문문 난이도형 (2)

MP3 File 2-14

Point

How 의문문에서 최근 비중이 높아진 문제는 ① How about의 '권유 · 제안'과 ② '출처'를 묻는 질문, 그리고 ③ '교통수단'을 묻는 질문이다. 특히 2011년 이후의 최근 토익 시험에서 정보나 물건을 얻는 방법, 즉 '출처' 관련 문제가 점차 증가하고 있음에 주목해야 한다. 출처 문제는 How did you know ~?, How did you hear ~?로 질문하며 정답은 문장 형태이다.

How did you find out about our organization?

(A) He's very organized. (B) So I can learn more. (C) A colleague told me.

▶어떻게 알았느냐는 질문에는 출처인 사람, 뉴스나 광고 등이 답이 된다. (A)는 질문에 the man이나 Mr. 등 남자에 대한 의견을 구하는 내용이 있어야 가능한 답변이며, (B)는 Why 의문문에 어울리는 답변이다.

●우리 회사에 대해 어떻게 아셨습니까? (A) 그는 아주 체계적인 사람이죠. (B) 더 배우려고요. (C) 동료가 저에게 말해주었습니다. 정답 (C)

A 권유 · 제안을 하는 질문

상대에게 권유나 제안하는 질문에 대한 답변은 승낙이나 거절 또는 〈That's + 형용사〉 등으로 표현할 수 있다.

(1) 권유 · 제안의 빈출 질문 유형

How about ~? / How would you like to ~? ~하는 게 어때요? 〈제안〉
How would you like ~? ~은 어떻게 해드릴까요? 〈상대의 취향 문의〉

Q **How about** meeting at three? 3시에 만나는 게 어떻습니까?
A Sure, I could make it then. 좋아요. 그때까지 갈 수 있습니다.

Q **How would you like** your tea? 차는 어떻게 드시겠어요?
A With sugar, please. 설탕을 넣어주세요.

Q **How would you like** your coffee? 커피를 어떻게 드시겠어요?
A With cream, please. 크림을 넣어주세요.

(2) 권유 · 제안의 빈출 답변 유형

승낙: That would be nice. 괜찮을 것 같아요. I'd love to. 꼭 하고 싶어요. Sure, I could make it then. 물론, 그때 가능해요.
거절: I am sorry ~ 죄송하지만 (안 돼요) I am afraid ~ 유감스럽게도 (안 돼요) I'd love to but ~ 꼭 하고 싶은데 (못해요)

Q How would you like to join us for dinner tonight? 오늘 저녁을 우리와 함께 하시는 게 어떠세요?
A **That would be nice.** 좋습니다.

B 출처 관련 질문

출처를 묻는 질문의 형태는 How did you know/hear/learn ~? 등으로 답변은 주로 정보나 물건을 '어떤 경로로 알게/듣게/배우게 되었다'로 할 수 있다.

Q **How did you learn** about the vacancies? 공석이 있다는 것을 어떻게 아셨습니까?
A I read about them on your website. 귀사의 웹사이트에서 봤습니다.
/ They are from the annual report. 연례보고서에서 나온 것입니다.
/ She told me herself. 그녀가 저에게 말했어요. / I went through an agency. 대행사를 통해서 했습니다.

Ustar 출제포인트 시험에는 이렇게 나온다! **How long? '시간'과 '거리' 중 뭐라고 답해야 할까?**

1. 답의 가능성이 2가지인 문제는 뒤에 나오는 동사와 명사를 주의해서 들어야 한다.

• How long: 시간 vs 길이 • How much: 양 vs 돈 • How far: 거리 vs 시간

2. How many는 숫자가 아니라도 관련 표현으로 답할 수 있다.

Q **How many** people are expected to show up at the conference? 그 회의에 얼마나 많은 사람들이 나타날 것 같습니까?
A Everyone from the headquarters. 본사에서 온 사람들 모두요.

3. How long은 길이일 수도 있고 시간일 수도 있기 때문에 뒤에 나오는 명사를 잘 들어야 한다.

How long will the flight take?
(A) It's twenty kilometers. (B) Not very long.

비행기로 얼마나 걸립니까? (A) 20킬로미터예요. (B) 아주 오래 걸리지는 않습니다.

Exercises

문제풀이 예제

Listen & Write 음성을 듣고 키워드 받아쓰기 미W 미M / 미M 미W

01 Q. ______	02 Q. ______
(A) ______	(A) ______
(B) ______	(B) ______
(C) ______	(C) ______

받아쓰기 예시: 01 How did you hear (A) One of my co-workers told (B) on the lobby (C) She / store manager
02 How did Mark learn (A) forty copies (B) read the manual (C) The fax machine

Look 스크립트 분석과 소거법

01 **How did you hear** about our store?
(A) **One of my co-workers told** me about it.
(B) It's **on the lobby** floor. → Where 의문문에 가능한 답
(C) **She** is the **store manager**.
→ 출처 관련 질문에 주어 She는 부적절하며, store는 동일어휘 오답이다.

우리 가게에 대해 어떻게 들었습니까?
(A) 직장동료가 말해줬습니다.
(B) 로비층에 있습니다.
(C) 그녀는 상점 매니저입니다.

key How did you hear를 듣고 '어디서 들었는지' 출처를 묻는 질문임을 인식해야 한다.

02 **How did Mark learn** to fix the copy machine?
(A) He left **forty copies**. → How many로 수량을 물었을 때 가능한 답변
(B) He **read the manual**.
(C) **The fax machine** isn't broken.
→ machine으로 혼동을 유발하는 동일어휘 오답

Mark는 복사기를 어떻게 고쳤습니까?
(A) 그가 사본 40부를 놔뒀습니다.
(B) 사용법을 읽었습니다.
(C) 팩스기는 고장 나지 않았습니다.

key 복사기를 어떻게 고쳤냐는 질문에 대해 사용 매뉴얼을 읽었다고 정보의 출처를 밝히고 있다.

Step 1 Warm-up Test 음성을 듣고 빈칸을 채우고 알맞은 답변을 고르세요.

01 _____ did _____ _____ about our company?
(A) Mr. Baker _____ _____ about it. (B) It's ___ the _____. (C) ____ is the general ________.

02 __________ taking a quick ______?
(A) The ______ are on the ______. (B) ______, I didn't mean to ______ it.
(C) I ______. I've got _________ to do.

03 _____ will you ______ the warehouse?
(A) Ms. Owens gave me _______ for a _____. (B) ____, I don't wear glasses. (C) To take _______.

04 _____ do I _______ my ___________?
(A) _____ it up ___ the pharmacy. (B) The ________'s been _________.
(C) _____ the _______________ number.

05 _____ do you _____ _______?
(A) I ________ a lot. (B) It's ________. (C) ___ the ________.

Step 2 실전 TOEIC Test 실제 시험처럼 음성을 듣고 정답을 표시하세요.

01 Mark your answer. (A) (B) (C)
02 Mark your answer. (A) (B) (C)
03 Mark your answer. (A) (B) (C)
04 Mark your answer. (A) (B) (C)
05 Mark your answer. (A) (B) (C)

▶ 문제풀이 예제 정답: 01 (A) 02 (B)

▶ 정답 및 해설 p.64~66

 How 의문문 난이도형 (3)

MP3 File 2-15

Point

최근에는 ① How do you like ~? 등 의견이나 취향을 묻는 유형이나 ② 〈How + be동사 + 주어〉(Ex. How was your trip?), 〈How + 조동사 + 주어 + 동사〉(Ex. How did your trip go?) 등 일의 진행 상태를 묻는 유형이 거의 매달 1문제씩 출제되고 있다. 구어체 표현이 많이 등장하므로 How 의문문 중 체감 난이도가 가장 높다. 구어체 표현을 익혀 How 이하 구문이 한 단어처럼 들리도록 연습해야 한다.

예제 How do you like the new employee?
(A) He's out of town today. (B) No, not a present. (C) He's very cooperative.

▶상대의 의견을 묻는 질문이다. (A)는 Why 의문문에 가능한 답이며, No라고 답한 (B)는 의문사 의문문의 답변으로 적절치 않다.
●새 직원에 대해 어떻게 생각합니까? (A) 오늘은 출장 중입니다. (B) 아니요. 선물이 아닙니다. (C) 그는 아주 협조적입니다. 정답 (C)

A 의견이나 의향을 묻는 유형

상대의 의견이나 의향을 묻는 질문은 How is/are ~?, How do you like ~? 등의 형태로 이에 대한 답변은 자신이 생각하는 바를 나타내는 형용사나 부사가 나온다.

(1) 〈How + be동사 + 주어 ~?〉: 무엇이 어떠한지의 상태에 대한 상대의 의견을 묻는 질문 유형

Q **How was my speech** yesterday? 어제 연설이 어떠했습니까?
A It was interesting. 아주 흥미로웠습니다.

Q **How's your meal** this evening? 오늘 저녁 식사는 어떠했습니까?
A Delicious, thank you. 맛있었어요. 감사합니다.

Q **How was the convention** you attended last week? 지난주에 참석했던 컨벤션 어땠어요?
A Oh, it was very informative and useful. 네, 정말 유익하고 도움이 됐어요.

(2) How do you like ~?: 상대의 마음에 드는지 어떤지 의향을 묻는 질문 유형

Q **How do you like** the new office furniture? 새 사무실용 가구가 어떻습니까?
A It looks really nice. 아주 좋아 보입니다.

Q **How do you like** the new apartment? 새 아파트 어때요? A It's much more spacious. 훨씬 넓습니다.

(3) 〈How + 조동사 + 동사?〉

Q **How did** the production department **do** last quarter? 저번 분기에 제작부는 어떠했습니까?
A Better than expected. 예상보다 더 좋습니다.

Q **How does** your new uniform **fit**? 새 유니폼이 잘 맞습니까?
A It's very comfortable. 아주 편안합니다.

B 일의 진행 상태를 묻는 유형

무엇이 어떻게 진행되고 있는지에 대해 확인하고 의견을 구하는 질문 유형이다. 답변은 일의 진행 상태를 설명하는 형용사나 부사가 나온다. 최근 How was the concert going?과 같은 구어체 표현의 출제 비중이 점차 높아지고 있다.

Q **How did** the board meeting **go**? 이사회 회의가 어떻게 진행됐습니까?
A Well, it ran pretty smoothly. 제법 순조롭게 진행됐습니다.

Q **How is** your research study **going**? 조사가 어떻게 되고 있어요?
A We can finish it by the end of the year. 연말까지는 끝낼 수 있을 겁니다.

Ustar 출제포인트 시험에는 이렇게 나온다! **기타 난이도 답변**

'잘 모르겠습니다', '~에게 물어보세요'와 같은 회피성 답안이나 반문은 항상 답이 된다.

Q How can I open this filing cabinet? 이 파일 캐비닛은 어떻게 열죠?
A Call the maintenance department. 관리부서에 전화해보세요.

How did you build this model?
(A) Actually, Erick made it. (B) By the side of the road. (C) The last payment.

문제풀이 전략
Step 1_ How did ~?는 방법을 제시하는 답변을 찾아야 한다.
Step 2_ Actually는 추임새이기 때문에 답에 영향을 주지 않는다.

■모르겠다는 답변 이외에도 '누구에게 물어봐라', '누가 알고 있다' 등의 관련 표현도 빈출 답변이다.
■이 모델을 어떻게 만들었어요? (A) 사실 Eric이 만들었습니다. (B) 도로 옆에요. (C) 마지막 지불금이에요.

Exercises

문제풀이 예제

Listen & Write 음성을 듣고 키워드 받아쓰기 미W 영M / 미M 미W

01 Q. ______	02 Q. ______
(A) ______	(A) ______
(B) ______	(B) ______
(C) ______	(C) ______

받아쓰기 예시: 01 How / preparations (A) for a while (B) going straight (C) ready on time
02 How did / like (A) He / have any (B) That day (C) he / satisfied

Look 스크립트 분석과 소거법

01 **How** are the **preparations** for the seminar coming along?
(A) Just **for a while**. → How long으로 기간을 물었을 때 가능한 답
(B) Keep **going straight**. → Where is ~? 또는 How ~ get to ~?로 길을 물었을 때 가능한 답변
(C) We'll be **ready on time**.

key 진행상황을 묻는 질문으로, 보기 중에 상태 형용사가 들리는 부분에 집중해라.

세미나 준비가 어떻게 돼가고 있습니까?
(A) 당분간입니다.
(B) 앞으로 계속 가세요.
(C) 우리는 정시에 준비될 겁니다.

02 **How did** Mr. Gordon **like** your presentation?
(A) **He** didn't **have any**. → What 의문문에 가능한 답
(B) **That day** is fine. → 권유 · 제안에 대해 어울리는 답
(C) Actually, **he** was very **satisfied**.

key 보통 He는 답이 아니지만 질문에 Mr.가 언급된 경우 답이 될 수 있다.

Mr. Gordon이 프레젠테이션이 어땠다고 하던가요?
(A) 그는 아무것도 가지지 않았습니다.
(B) 그 날이 좋습니다.
(C) 사실, 그는 매우 좋아했습니다.

Step 1 Warm-up Test 음성을 듣고 빈칸을 채우고 알맞은 답변을 고르세요.

01 ______ do you ____ your ________?
(A) The work is ___________. (B) I _______ it __________. (C) Mostly _________.

02 _____ _____ the marketing ________?
(A) The sales ______. (B) Very __________. (C) A couple of ______.

03 ________ you _____ ________ in India?
(A) I ________ it very much. (B) ____'s never been there before. (C) ___ the end of ________.

04 ________ the production ___________ do last year?
(A) ______ than _________. (B) A short _____ _____. (C) _________ they did

05 _____ do you ____ the work ______?
(A) It's _______ _____ I thought. (B) I take a _____ to _____. (C) A financial ______.

Step 2 실전 TOEIC Test 실제 시험처럼 음성을 듣고 정답을 표시하세요.

01 Mark your answer. (A) (B) (C)
02 Mark your answer. (A) (B) (C)
03 Mark your answer. (A) (B) (C)
04 Mark your answer. (A) (B) (C)
05 Mark your answer. (A) (B) (C)

▶ 문제풀이 예제 정답: 01 (C) 02 (C)

▶ 정답 및 해설 p.66~68

Chapter 6

Why 의문문

MP3 File 2-16

★ 주요 출제 패턴

Why 의문문은 매달 3~4문제가 출제된다. 보통 원인이나 목적을 묻는 질문 2문제, 제안을 나타내는 Why don't you ~?형의 질문 1문제 정도가 나온다. 의문사 Why가 이유를 묻는다고 해서 Because로 시작하는 대답만을 기대해서는 곤란하다. 예전에는 이유나 목적을 나타내는 for, as, because, to부정사 등이 등장했으나 최근에는 because, for, so that 등이 생략된 '평서문' 또는 문제점을 직접적으로 설명하는 문제가 증가하고 있다.

★ 이렇게 풀어라! 문제풀이 전략

1. Why로 물으면 이유와 목적을 나타내는 구와 절이 정답이다: because (of), due to를 사용해 '~ 때문에'라고 이유를 밝히거나 in order to나 to부정사로 '~을 위해'라는 목적을 말하는 직접적인 답변 형태이다.

Why did you call the electricians? (A) In order to check the wiring. (B) At 9:30. (C) Peter will do it.	전기기사에게 왜 전화했습니까? (A) 배선을 확인하기 위해서요. (B) 9시 30분에요. (C) Peter가 할 것입니다.

해설 이유를 묻는 질문에 In order to ~(~ 때문에)라고 직접적으로 답한 (A)가 정답이다. (B)는 시간을 묻는 When 의문문에 가능한 답이며, (C)는 누구인지 묻는 Who 의문문에 가능한 답변이다.

2. Why로 물으면 부정적인 내용이 답이다: 주로 어떤 문제점이나 '바빠서, 고장이 나서, 기억하지 못해서' 등과 같은 부정적인 (negative) 내용이 답이 된다.

Why did you replace the table in the conference room? (A) The old one was broken. (B) Away from the door. (C) Is there room for more?	컨퍼런스실에 테이블을 왜 교체했습니까? (A) 낡은 것이 부서졌어요. (B) 문에서 멀리 떨어진 곳이요. (C) 공간이 더 있습니까?

해설 (A) broken(부서진, 고장 난)은 Why 의문문의 빈출 답이다. (B)는 Where 의문문에 가능한 답변이며, (C) room은 유사발음으로 혼동을 유발하는 오답이다.

3. Why didn't ~?류의 질문은 비난의 뉘앙스를 가지고 있으므로 이유와 변명이 답이 된다: Why didn't ~?, Why doesn't ~?, Why wasn't ~? 등의 질문이 이에 속한다. 항상 그렇듯이 Yes/No나 유사발음은 답이 될 수 없다.

Why haven't you taken a break? (A) No, I did not break. (B) It took a month. (C) Because I've been too busy with the project.	왜 쉬지 않습니까? (A) 아니오, 저는 쉬지 않았습니다. (B) 1달 걸립니다. (C) 그 일 때문에 너무 바빴습니다.

해설 이유를 묻는 질문인데 No라고 답한 (A)는 일단 정답에서 제외된다. 또한 (A)의 break는 유사발음 오답이다. (B)의 took 역시 유사발음으로 혼동을 주는 오답이다. 일 때문에 바빠서 못 쉬었다고 답한 (C)가 정답이다.

4. Why don't ~?은 권유?제안의 질문으로 '승낙' 또는 '거절'로 답한다.

Why don't we meet in the hotel lobby? (A) It was a long meeting. (B) That's a good idea. (C) Due to bad weather.	우리 호텔로비에서 만나는 건 어때요? (A) 장시간의 회의였어요. (B) 그거 괜찮겠네요. (C) 날씨가 안 좋아서요.

해설 Why don't we meet in ~?이라고 어느 장소에서 만날 것을 제안하고 있으므로 이 제안을 승낙하거나 거절하는 답변을 찾으면 된다. (A)는 무엇이 어떠한지에 대한 상대의 의견을 묻는 How 의문문에 가능한 답이고, meeting이 유사발음으로 오답을 유도하고 있다. 참고로, long이란 형용사는 시간의 길이가 '길다'는 의미 외에도 '피곤하거나 지루하다'는 의미를 갖는 형용사이다. (B)는 상대의 제안에 동의하는 전형적인 표현이다. (C)의 Due to ~(~ 때문에)는 이유를 묻는 질문 Why didn't ~?에 어울리는 답이다. Why don't you ~?는 이유를 묻는 질문이 아니라 '제안'이므로 (C)는 오답이다.

5. Why 의문문을 대신하여 이유를 묻는 질문들: Why 의문문을 대신해 What is causing ~?, What's the reason for ~?, How come ~?, For what ~? 등의 표현을 사용하여 이유나 원인을 물을 수도 있다.

What took Mr. Fischer so long to get here? (A) He can take a taxi here. (B) Yes, it will be done soon. (C) There was a parade on Chestnut Street.	Mr. Fischer가 여기 오는 데 왜 이렇게 오래 걸렸나요? (A) 그는 택시를 타고 여기에 올 수 있습니다. (B) 예, 곧 끝날 겁니다. (C) Chestnut가에서 퍼레이드가 있었거든요.

해설 (A)의 take는 질문에 등장한 단어(take의 과거형인 took)가 다시 나와 혼동을 유발하는 오답이다. 질문을 What took까지만 듣고 제대로 이해하지 못했다면 (A)를 듣고 교통수단에 대한 대화라고 오해할 수 있다. (B)는 의문사 의문문인데 Yes라고 답했으므로 오답이다. (C)는 이유를 묻는 질문에 '거리 퍼레이드가 펼쳐져 도로가 막혔다'고 이유를 밝혔으므로 적절하다.

6. Why 의문문 중에 가장 난이도가 높은 유형

일반적으로 이유나 목적을 나타내는 답은 because, for, so that, to 부정사 등으로 시작한다. 그런데 이런 힌트가 되는 단어 없이 관련된 설명으로 답하는 경우가 있다. 이때는 전체 내용의 흐름을 듣고 문제와 관련이 없는 오답을 먼저 제거한 후에 정답을 남기는 방법으로 문제를 해결해야 한다.

Why is the restaurant closed today? (A) Until later tonight. (B) The seat is closer. (C) It's reserved for a party.	오늘 왜 식당이 닫았습니까? (A) 오늘밤 늦게까지요. (B) 그 좌석이 더 가깝습니다. (C) 파티가 예약되었어요.

해설 (A)는 How long 의문문에 가능한 답이며, (B)는 질문의 closed와 유사발음으로(closer) 혼동을 주는 오답이다. (C)는 이유를 나타내는 전치사가 없어서 자칫 놓치기 쉬우니 주의하자.

LESSON 1 Why 의문문 기본형

MP3 File 2-16

Point

이유나 목적을 묻는 Why 의문문의 가장 전형적인 답변은 '~ 때문에'라고 이유를 나타내는 because (of), due to나 '~하기 위해서'라는 목적을 나타내는 in order to, to부정사 등을 사용하여 직접적으로 답하는 형태이다. 하지만 실전 토익에서는 이유/목적을 직접적으로 나타내는 이러한 구문을 사용하여 오히려 오답으로 유도하는 경우가 많으며, 이러한 **전치사나 접속사 없이 그냥 문장으로 답변하는 보기들이 등장하는 경우가 대부분**이다. 그러므로 **전치사나 접속사가 나오더라도 반드시 뒤의 내용을 확인해 함정에 빠지지 말아야** 한다.

Why did Cindy return the coat she bought yesterday?

(A) You can return it within 30 days. (B) I heard that it was damaged. (C) She bought it herself.

▶(A)는 return, (C)는 bought로 유사발음 혼동을 유발하는 오답이다.

●Cindy는 어제 산 코트를 왜 반품했습니까? (A) 30일 안에 반품할 수 있어요. (B) 손상되었다고 들었어요. (C) 그녀가 직접 구매했어요.

정답 (B)

A Why로 물으면 이유와 목적을 나타내는 구와 절이 정답이다.

because (of) ~이기 때문에 〈이유〉	Q Why is the road closed to traffic? 왜 교통이 통제되었습니까? A **Because of** repair work. 수리작업 때문이에요.
due to ~때문에 〈이유〉 because of 구문과 동일한 의미를 나타낸다.	Q Why did Mr. Fisher call maintenance? Mr. Fisher가 관리실에 왜 전화했죠? A **Due to** a heating problem. 난방 때문에요. (= **Because of** a heating problem.)
to부정사/in order to부정사 ~하기 위해서 〈목적〉	Q Why were all the desks moved to the hallway? 왜 책상들이 다 복도로 옮겨져 있나요? A **To** clean up the room. 방을 청소하려고요.
so (that) 주어 + can/will + 동사 ~가 …하기 위해 〈목적〉	Q Why did you call Ms. Nichols? 왜 Nichols 씨에게 전화했습니까? A **So** I **can** confirm the appointment. 약속을 확인하기 위해서입니다. (= **To** confirm the appointment.)

B Why로 물으면 이유가 될 만한 부정적인(negative) 내용이 답이다.

이유 · 목적을 해당 전치사, 접속사, 부정사 없이 문장으로 설명하는 형태이다. 최근 Why 의문문의 상당수가 이렇게 출제되고 있는데, 이런 유형은 전반적인 내용을 듣고 파악해야 하므로 난이도가 높은 문제에 속한다. 이를 위해 다양한 질문과 정답 유형을 익혀 상황을 예측하면서 듣는 훈련이 필요하다. 의문사 의문문의 답이 될 수 없는 Yes/No 답변이나 난데없이 등장하는 He/She 등 오답으로 유인하는 장치들을 제거한 다음, 이유가 되는 내용을 찾으면 정답에 보다 쉽게 접근할 수 있다.

회의 등에 참석 못하거나 중간에 나간 이유 → 다른 업무나 할 일이 있어서	Q Why did you leave the seminar early yesterday? 왜 어제 세미나에서 일찍 떠났나요? A I had **another meeting**. 다른 회의가 있었습니다.
상점, 은행 등이 문을 닫거나 영업하지 않는 이유 → 휴일 또는 공휴일이라서	Q Why is the public office closed today? 오늘 관청 사무실이 왜 닫혀 있죠? A It's a national **holiday**. 국경일입니다.
지각한 이유 → 차를 놓치거나 공사로 인해서 길이 막혀서	Q Why is Mike so late? Mike는 왜 그렇게 늦습니까? A He **missed the bus**. 그는 버스를 놓쳤습니다. / He is **stuck in traffic**. 그는 교통체증에 갇혀있습니다.
행사가 연기되거나 비행기가 연착된 이유 → 날씨, 기술적인 문제 등으로	Q Why is it so warm in the library? 도서관이 왜 이렇게 덥습니까? A The air conditioner **is broken**. 에어컨이 고장 났습니다.
too + 형용사(너무 ~해서) → 너무 바빠서, 너무 시끄러워서 등	Q Why did you move to a new apartment? 새 아파트로 왜 옮겼나요? A It was **too noisy** upstairs. 위층이 너무 시끄러웠어요.

Ustar 출제포인트 시험에는 이렇게 나온다! **Why는 다양한 내용의 problem이 답이 된다.**

Q Why has the train stopped? 기차가 왜 멈췄습니까?

A Technical problem. 기술적인 문제로요. / Electrical problem. 전기 문제로요. / Financial problem. 재정적인 문제로요.

Why has the bus stopped for so long?

(A) No, at the next stop. (B) There's a mechanical problem. (C) They stayed for three days.

문제풀이 전략

Step 1_ Why 의문문은 이유를 찾아야 한다.

Step 2_ 의문사 의문문이고 주어가 사물(bus)이므로 Yes/No나 He/She는 오답이다.

■ 이유를 묻는 Why 의문문. (A)는 No가 있으므로 오답이고, (C)는 '기간'이므로 How long으로 질문했을 때 가능한 답이다.

■ 왜 버스가 그렇게 오랫동안 멈춰서 있었습니까? (A) 아니, 다음 정거장입니다. (B) 기계적인 문제입니다. (C) 3일 동안 머물렀습니다.

Exercises

문제풀이 예제

Listen & Write 음성을 듣고 키워드 받아쓰기 영M 미W / 미W 미M

01 Q. ______________	02 Q. ______________
(A) ______________	(A) ______________
(B) ______________	(B) ______________
(C) ______________	(C) ______________

받아쓰기 예시: 01 Why / throw away / diary (A) Yes (B) outdated (C) Every month
02 Why / flight / delayed (A) next available flight (B) Because / inspection (C) They are late

Look 스크립트 분석과 소거법

01 **Why** did you **throw away** that **diary**? — 그 일지를 왜 버렸습니까?
(A) **Yes**, I checked all the schedules. → 의문사 의문문에 Yes는 오답 — (A) 네, 일정을 모두 확인했습니다.
(B) It was **outdated**. — (B) 지난 거라서요.
(C) **Every month**, I think. → How often(빈도)으로 질문했을 때 가능한 답 — (C) 매달이라고 생각합니다.

key Why로 질문할 때는 부정적인 내용으로 답한 것이 답이다.

02 **Why** has the **flight** been **delayed**? — 비행 편이 왜 지연되고 있나요?
(A) For the **next available flight**. → flight를 반복 사용하여 오답으로 유도 — (A) 다음 비행 편을 이용하려고요.
(B) **Because** there's an additional security **inspection**. — (B) 추가적인 보안 검색 때문이에요.
(C) **They are late** for the seminar. → 의미가 맞지 않는다. — (C) 그들은 세미나에 늦습니다.

key 항공편이 지연되는 이유에 대해 Because로 이유를 답한 보기가 답으로 제시되었다.

Step 1 Warm-up Test 음성을 듣고 빈칸을 채우고 알맞은 답변을 고르세요.

01 _____ has the _____ been ________?
(A) ____, it's _____. (B) I'm ______ to ______. (C) _________ of the ________.

02 _____ did Braden ______ work ______?
(A) __ usually _____. (B) ___ had an ____________. (C) __ lived ___________.

03 _____ has the Citigroup ________ been ________?
(A) ____, everyone likes our programs. (B) _________ the second quarter.
(C) The ________ _______ been approved.

04 _____ did ____ decide to _______?
(A) In ______ to go ______ to school. (B) ___ the _________. (C) _____ the end of the _______.

05 _____ did Ms. Morgan ______ ______ today?
(A) ______ three __________. (B) ________ a client. (C) ___________ I can.

Step 2 실전 TOEIC Test 실제 시험처럼 음성을 듣고 정답을 표시하세요.

01 Mark your answer. (A) (B) (C)

02 Mark your answer. (A) (B) (C)

03 Mark your answer. (A) (B) (C)

04 Mark your answer. (A) (B) (C)

05 Mark your answer. (A) (B) (C)

▶ 문제풀이 예제 정답: 01 (B) 02 (B)

▶ 정답 및 해설 p.68~70

MP3 File 2-17

Point

Why 뒤에 not이 따라오는 문제도 자주 출제된다. 주로 Why didn't ~?, Why hasn't ~?의 형태로 '왜 ~하지 않았는지' 이유를 따져 묻는다. 부정적인 뉘앙스의 질문이므로 답변은 변명이 될 수 있는 내용이 온다. 단, Why don't you ~?는 '~하는 것이 어떻습니까?'라는 제안의 표현으로, 승낙이나 거절로 답한다.

Why didn't I see you at the opening reception?

(A) No, it's by the entrance. (B) I had to work late that night. (C) There is no opening.

▶ 개업식에 참석 안한 이유를 따져 묻는 질문으로 일 때문에 못 갔다고 변명한 (B)가 가장 적절한 답변이다. (A)는 No로 답했으므로 오답, (C)는 동일어휘 opening으로 혼동을 유발하는 보기이다. 정답 (B)

● 개업식에서 왜 당신을 보지 못했을까요? (A) 아니요, 입구 옆에 있어요. (B) 그날 늦게까지 일해야 했어요. (C) 개업식이 없어요.

A 하지 못한 이유를 묻는 Why didn't ~? 유형

Why didn't ~?, Why isn't ~?, Why can't/couldn't ~ ?, Why haven't/hasn't ~? 등의 질문이 출제된다.

바빠서/시간이 없어서	Q **Why couldn't** you meet the deadline this time? 이번 마감일을 왜 지키지 못했나요? A I **had no time** to work on it. 그 작업을 할 시간이 없었습니다.
할 일이 많아서	Q **Why didn't** you come to the book launching ceremony? 책 출간행사에 왜 못 오셨죠? A I had to finish the **project** on time. 제 시간에 프로젝트를 끝내야 했습니다.
다른 약속이 있어서	Q **Why can't** you take part in the celebration? 기념행사에 왜 참여하지 못합니까? A I have a doctor's **appointment**. 진찰 약속이 있습니다.
잊어버려서	Q **Why didn't** you bring your gift to the party? 왜 선물을 가지고 오지 못했어요? A I **forgot** to pick it up. 가지러 가는 걸 잊었습니다.
확인해보겠다(I don't know류 회피성 답변)	Q **Why hasn't** Paul signed the invoice yet? Eric이 송장에 왜 사인하지 않았죠? A **I'll** find out. 알아볼게요.
늦잠을 자서	Q **Why didn't** you attend today's seminar? 왜 오늘 세미나에 참석하지 않았습니까? A I **woke up late** this morning. 오늘 아침에 늦게 일어났어요.

B 제안이나 권유의 Why don't you ~? 유형

Why don't you ~?는 무엇을 '제안'하거나 '권유'하는 질문이고 Why didn't you ~?는 과거에 하지 않은 것에 대한 이유를 묻는 질문이다. 형식은 비슷해도 서로 묻는 바가 극명히 다르므로 혼동하지 않도록 주의하자. 제안이나 권유의 질문 유형에는 Why don't you ~?, Why don't we ~?, Why not ~? 등이 있으며 How about ~?과 같은 의미이다. 그 대답으로는 승낙이나 거절, That's great 유형, '이미 했다', '앞으로 하겠다' 등이 나올 수 있다.

That's great	Q **Why don't you** take a taxi to the convention center? 컨벤션 센터까지 택시 타고 가는 게 어떻습니까? A **That's a good idea.** 좋은 생각이에요.
이미 했다	Q **Why don't you** ask Mr. Harris if you can leave early tomorrow? A Oh, **I already did.** 내일 일찍 떠날 수 있는지 Harris 씨에게 묻는 게 어떻습니까? 아, 벌써 했습니다.
곧 하겠다	Q **Why don't you** get some advice from your manager? 당신 매니저에게 조언을 구하는 게 어떻습니까? A **I'll** pick them up **right now**. 지금 가지러 가겠습니다.
다른 제안/반문	Q **Why don't you** stop by **before 5**? 5시 전에 들르시는 게 어떻습니까? A **I will** probably get there **around 2**. 아마 2시쯤에 갈 겁니다.

Ustar 출제포인트 시험에는 이렇게 나온다! **제안의 Why 의문문에 돌려서 대답하는 경우**

제안의 Why 의문문에 대한 긍정적인 대답은 직접적으로 Yes가 나오기보다는 '긍정적인 의견'으로 돌려서 답하는 경우도 자주 출제된다.

Why don't we take a taxi to the airport?
(A) I don't have any. (B) It might be quicker. (C) Not very far.

문제풀이 전략 Step 1_ Why don't we ~?(~하는 게 어때요?)는 권유 · 제안의 질문이다.
Step 2_ 승낙이나 거절 등의 답변이 가능하다.

■ (A) How many 의문문에 가능한 답이며 (C) 거리를 묻는 질문인 How long ~? How far ~? 등에 어울리는 답이다. 택시타고 가자는 제안의 질문이므로 '그게 더 빠르겠다'고 동의한 (B)가 답이 된다.

■ 공항으로 택시를 타고 가는 게 어떻습니까? (A) 아무것도 없습니다. (B) 더 빠를 겁니다. (C) 아주 멀지 않습니다.

Exercises

문제풀이 예제

Listen & Write 음성을 듣고 키워드 받아쓰기 미W 미M / 영M 미W

01 Q. ____________	02 Q. ____________
(A) ____________	(A) ____________
(B) ____________	(B) ____________
(C) ____________	(C) ____________

받아쓰기 예시: 01 Why don't we postpone (A) She's / fine (B) phone (C) next Monday
02 Why isn't / in (A) he's not (B) went out to meet (C) Monday

Look 스크립트 분석과 소거법

01 **Why don't we postpone** the meeting until Ms. Griffin comes back?
(A) **She's** doing **fine**. → How is ~?로 상태를 물었을 때 가능한 답
(B) We'll answer the **phone**. → Who 의문문에 가능한 답이며 유사발음 오답
(C) That'll be **next Monday**.

key 권유 · 제안에 대해 직접적인 동의/반대 대신 제안한 대로 할 경우 다음 주 월요일이 되겠다고 뒤따르는 상황을 답변으로 제시한 문제이다.

Ms. Griffin이 돌아올 때까지 회의를 연기하는 게 어떻습니까?
(A) 그녀는 잘하고 있습니다.
(B) 우리가 전화를 받을게요.
(C) 다음 주 월요일이 되겠군요.

02 **Why isn't** Mr. Rogers **in** his office ?
(A) I'm afraid **he's not**. → Is he in the office now?의 답
(B) He **went out to meet** his client.
(C) On **Monday**. → When 의문문에 가능한 답

key 〈Why isn't + 사람?〉 유형의 질문에는 '~하러 나갔다(went out + to부정사)', '여행/출장 중이다' 등의 이유가 빈출 답변이다.

Mr. Rogers는 왜 사무실에 없습니까?
(A) 아마 그는 없을 겁니다.
(B) 그는 고객을 만나러 나갔습니다.
(C) 월요일에요.

Step 1 Warm-up Test 음성을 듣고 빈칸을 채우고 알맞은 답변을 고르세요.

01 ________ we ________ the ________ this afternoon?
(A) It was ________. (B) ________. (C) ____, on vacation.

02 ________ you ________ for ______ this week?
(A) _____, I am going ________. (B) ___ that new ______. (C) It's been done ______.

03 ________ Ms. Hamilton _____ the new printer?
(A) It was ________. (B) Make ________. (C) ___, that's the ______.

04 ________ we _____ our new customers yet?
(A) The ______ was broken. (B) The ______ aren't ______. (C) ______ the building.

05 ________ that ______ ever _____?
(A) It's not ________. (B) ____'ll take the ______. (C) You must be ______ it.

Step 2 실전 TOEIC Test 실제 시험처럼 음성을 듣고 정답을 표시하세요.

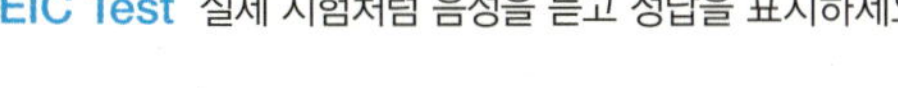

01 Mark your answer. (A) (B) (C)
02 Mark your answer. (A) (B) (C)
03 Mark your answer. (A) (B) (C)
04 Mark your answer. (A) (B) (C)
05 Mark your answer. (A) (B) (C)

▶ 문제풀이 예제 정답: 01 (C) 02 (B)

▶ 정답 및 해설 p.70~71

LESSON 3 Why 의문문 구어체

MP3 File 2-18

Point

Why 의문문은 문장 전체를 이해해야 정답을 고를 수 있어 다른 의문문에 비해 비교적 난이도가 있는 편이다. 특히 최근 토익에서는 because, so that 등 이유나 목적에 대한 내용임을 바로 알 수 있는 보기가 거의 등장하지 않고 있다. Why 의문문은 Why 뒤의 동사와 명사는 물론이고 (A)~(C) 3가지 보기를 꼼꼼히 잘 들어야 한다. 다른 의문문보다 **Why 의문문이 어렵게 느껴지는 이유는 답변이 이유나 원인을 풀어서 설명하는 경우가 많기 때문**이다. **Yes/No나 질문에 없는 성별이 느닷없이 등장하는 She/He 등의 오답 보기부터 소거**하고, 나머지 보기가 이유나 원인을 설명하고 있는지 잘 들어야 한다.

Why don't we work on the conference schedule this afternoon?
(A) No, the conference is in Tokyo. (B) She's not working right now.
(C) Actually, tomorrow's better for me.

▶(A)는 conference라는 동일어휘를 반복 사용한 오답이며, 질문에 Ms.가 없기 때문에 주어 She로 시작하는 (B)도 답이 아니다.
●오늘 오후에 컨퍼런스 일정을 잡는 게 어떻습니까? (A) 아니, 컨퍼런스는 동경에서 열립니다. (B) 그녀는 일하고 있지 않습니다. (C) 사실 저는 내일이 더 낫습니다.
정답 (C)

A Why를 쓰지 않고 '이유'를 묻는 질문들

What is causing ~?, What's the reason for ~?, How come ~?, For what ~? 등의 표현으로도 '이유'를 물을 수 있다. 이때 What, How 등의 의문사나 질문의 일부만 들어서는 의미 파악이 어려울 수 있으므로 빈출 질문 유형을 완벽하게 익힌다.

How come ~? = Why? 이유와 목적을 묻는 질문	Q **How come** you are here? 왜 여기에 있습니까? A To check the budget. 예산을 확인하려고요.
For what ~? = Why? 이유와 목적을 묻는 질문	Q **For what** did he apologize to his boss? 왜 그 사람이 자기 상사에게 사과했습니까? A He didn't prepare for the presentation properly. 그는 프레젠테이션을 제대로 준비하지 않았습니다.
What is causing + 명사? 어떤 일의 발생경위를 묻는 질문	Q **What is causing** all the noise outside? 밖에 소음의 원인이 뭐죠? A A celebrity arrived, I think. 제 생각에는 유명인사가 온 것 같습니다.
What makes + 사람 + 동사? 행동의 원인을 묻는 질문	Q **What made you** move to a new apartment? 왜 새 아파트로 이사했나요? A The old one was too far from work. 저번 집은 직장에서 너무 멀었습니다.
What brings/takes + 사람 + 부사? 행동의 원인이나 경위를 묻는 질문	Q **What brings** Mr. Howard here? Howard 씨가 왜 여기에 왔습니까? A He's here to pick up his client. 고객을 데리러 왔습니다.
What's the reason for + 명사? 어떤 일의 발생 이유를 묻는 질문	Q **What's the reason for** the blackout? 정전의 이유는 무엇인가요? A Well, we'd better ask maintenance. 글쎄요, 시설부에 물어봐야 합니다.
What's the purpose of + 명사? 어떤 일의 목적을 묻는 질문	Q **What's the purpose of** this meeting? 이 회의의 목적은 무엇입니까? A I heard it's for the new employees. 신입사원들을 위한 것이라고 들었어요.

B Why 의문문의 답변이 항상 부정적인 내용은 아니다. 목적의 경우는 긍정적인 내용의 답이 나온다.

Q Why is the company ordering so much machinery? 회사에서는 왜 그렇게 기계를 많이 주문해요?
A It's **for our new factory.** 우리 새 공장을 위해서요.

Q Why was the company so profitable last year? 그 회사가 작년에 왜 그렇게 이익을 많이 냈죠?
A Their products were **very popular.** 그 회사 제품의 인기가 아주 높아서요.

Ustar 출제포인트 시험에는 이렇게 나온다! **Why 의문문에 필요성으로 답하는 경우**

최근에는 이유를 묻는 Why 의문문에 부정적인 내용 대신 필요성을 설명해주는 답변(need/want/should/must/have to) 등도 출제되고 있다.

Q Why is she keeping the files? 왜 그녀는 파일을 계속 보관하고 있나요?
A She **wants** to testify the results. 결과를 입증하고 싶어서요.

Why hasn't this report been completed yet?
(A) That should be deleted. (B) No, it hasn't been reported yet. (C) It needs more information.

문제풀이 전략
Step 1_ Why has not ~?(왜 ~하지 않았나요?)이 들리면 부정적인 내용이나 필요성이 답이 된다.
Step 2_ Yes/No, 유사발음 등은 답이 될 수 없다.

■Why ~ not completed yet?로 질문했을 때는 '아직 준비가 안 된 이유'가 답이 된다.
■왜 아직도 이 보고서가 작성되어 있지 않습니까? (A) 그것은 삭제되어야 합니다. (B) 아니오, 아직 보고되지 않았습니다. (C) 정보가 더 필요합니다.

Exercises

문제풀이 예제

Listen & Write 음성을 듣고 키워드 받아쓰기 미W 미M / 미M 미W

01 Q. ______	02 Q. ______
(A) ______	(A) ______
(B) ______	(B) ______
(C) ______	(C) ______

받아쓰기 예시: 01 How come you / move out (A) cost of living/high (B) Yes (C) He
02 What took you / long (A) parade brought traffic (B) Yes (C) He / at 2 p.m.

Look 스크립트 분석과 소거법

01 **How come you** decided to **move out**?
(A) The **cost of living** is too high here.
(B) **Yes**, I got a job there. → 의문사 의문문에 Yes 답변은 오답
(C) **He** decided yesterday. → When 질문에 가능한 답

왜 이사 가기로 결정했어요?
(A) 여기는 생활비가 너무 비싸서요.
(B) 네, 거기에 직장을 구했어요.
(C) 그는 어제 결정했어요.

key How come = Why이다. Why 의문문의 답은 이유나 원인, 부정적인 내용이 주어진다.

02 **What took you** so **long** to get here today?
(A) The **parade brought traffic** to a standstill.
(B) **Yes**, I'll take some pictures tomorrow. → 의문사 의문문에 Yes 답변은 오답
(C) **He** will be here **at 2 p.m.** → When 질문에 가능한 답

오늘 여기 오는 데 왜 이렇게 오래 걸렸나요?
(A) 시위행진 때문에 교통정체가 와서요.
(B) 네, 전 내일 사진을 찍을 겁니다.
(C) 그는 오후 2시에 올 겁니다.

key What took you so long + to부정사?는 '~하는 데 왜 그렇게 오래 걸렸냐?'는 질문으로 오래 걸린 이유나 원인에 대한 설명을 찾자!

Step 1 Warm-up Test 음성을 듣고 빈칸을 채우고 알맞은 답변을 고르세요.

01 _____ is the ___________ being _________?
(A) _____ _______ to Boston. (B) ____'re getting a _________. (C) _____ colored _______.

02 _____ was the advertisement _________ _________?
(A) The newspaper ____________. (B) ____ Umberto did. (C) ____________ it was.

03 ___________ you ________ the schedule?
(A) ____, ____ did. (B) I can __________ it. (C) ________, I ______.

04 _____ are you ________ these catalogs ____ boxes?
(A) ____, from a shop. (B) ____ the rack. (C) ____'re ________ them to storage.

05 _________ our ________ _________ now?
(A) ____'s in the waiting ______. (B) It's ______ ________. (C) _____ a few _________.

Step 2 실전 TOEIC Test 실제 시험처럼 음성을 듣고 정답을 표시하세요.

01 Mark your answer. (A) (B) (C)
02 Mark your answer. (A) (B) (C)
03 Mark your answer. (A) (B) (C)
04 Mark your answer. (A) (B) (C)
05 Mark your answer. (A) (B) (C)

▶ 문제풀이 예제 정답: 01 (A) 02 (A)

▶ 정답 및 해설 p.72~73

Chapter 7

선택의문문

MP3 File 2-19

★ 주요 출제 패턴

선택의문문은 매월 2~4문제씩 꾸준히 출제되고 있다. 선택의문문은 크게 ① Which 의문문과 ② A or B 형태로 의문사 없이 중간에 or가 들어간 질문으로 나뉜다.

A와 B 둘 중 골라야 하는 선택의문문의 기본적인 답변 패턴

1. 보기에 Yes/No가 나오면 오답이다. 둘 중 하나를 택하라는 질문에 긍정/부정의 답변은 적절치 않다.
2. A와 B 둘 중 하나를 선택해서 대답한다.
3. A, B 둘 다 좋거나 싫다고 답할 수 있다. 〉〉 both(둘 다), either(어느 쪽이든), neither(둘 다 아닌)
4. 어느 쪽이든 상관없다(둘 다 괜찮다)는 답변도 가능하다. 〉〉 It doesn't (really) matter (to me). I don't care.
5. 최근에는 부정대명사 one으로 답하는 경우도 많이 출제된다. 〉〉 the one + 비교급/수식어구

★ 이렇게 풀어라! 문제풀이 전략

1. 선택의문문은 both, either, neither 혹은 A와 B 둘 중 하나를 선택하는 구문이 답이 된다.

Would you like some water or fruit juice? (A) I will have water (B) At a market. (C) A dollar fifty.	물과 과일 주스 중에서 무엇으로 드릴까요? (A) 물을 마실게요. (B) 시장에서요. (C) 1달러 50센트요.

해설 water or fruit juice 즉 물과 과일 주스 중 하나를 선택하는 보기가 답이 된다. (B)는 Where 의문문에 가능한 답변이고 (C)는 How much?라고 가격을 물어봤을 때 적절한 답변이다.

2. 선택의문문은 Yes/No로 답할 수 없다.

Which do you prefer some coffee or tea? (A) In the copy room. (B) Yes, I do. (C) Coffee would be great.	커피와 차 중에서 뭐로 드시겠어요? (A) 복사실 안에서요. (B) 네, 그래요. (C) 커피가 좋겠어요.

해설 (A)는 Where 의문문에 가능한 답변이며, (B) 선택의문문에서는 일반적으로 Yes나 No로 답할 수 없다.

3. 선택의문문은 '아무거나 좋다' 또는 '잘 모르겠다'와 같은 답변도 가능하다.

Which department does Shelly work for? (A) Just the first part. (B) I can't remember. (C) At room 505.	Shelly는 어느 부서에서 일합니까? (A) 첫 번째 부분이요. (B) 기억나지 않습니다. (C) 505호실에서요.

해설 〈Which + 명사 ~?〉로 묻고 있으므로 which 뒤에 나오는 명사로 답해야 한다. 질문에서 어떤 부서인지 물어봤으니 정확한 부서명으로 답하거나 잘 모르겠다는 식으로 답할 수 있다.

4. 선택의문문의 최근 빈출답변 유형은 one이다.

the one과 수식어구가 등장하는데 주로 비교급이나 특정 수식어구를 동반하게 된다.

Should we arrange a lunch or a dinner for the new clients? (A) Dinner would be better. (B) Yes, we've been clients for a year. (C) Yes, lunch was delicious.	우리가 신규 고객의 식사로 점심을 준비할까요, 아니면 저녁을 준비할까요? (A) 저녁이 낫겠네요. (B) 네, 1년 동안 고객이었어요. (C) 네, 점심이 맛있었어요.

해설 Do동사/Be동사/Should로 시작하는 의문문은 문장을 끝까지 들어야 한다. 단순한 사실 확인인지 권유나 제안인지 아니면 둘 중에서 선택하라는 선택의문문인지 확인하고 풀어야 한다. 위의 문제는 Should ~ A or B? 형태의 선택의문문이다.

5. 선택의문문 중 〈문장 or 문장〉 형태는 예외적으로 Yes/No로 답할 수 있다.

선택의문문은 〈단어 or 단어〉, 〈문장 or 문장〉, 〈동사구 or 동사구〉 등으로 질문할 수 있는데, 이중 〈문장 or 문장〉 형태의 선택의문문의 경우에는 Yes/No 답변이 가능하다. 이밖에 특정 답변을 동반하는 빈출 질문들은 정답과 함께 암기해둬야 한다.

Q Can you fix this computer, or should I call the service center? 이 컴퓨터 고칠 수 있어요, 아니면 제가 서비스센터에 전화할까요?
A No, I don't think it can be repaired. 아니요, 제 생각에는 수리할 수 없을 것 같은데요.

Do you want to talk about the proposal now or later today? (A) I haven't read her article yet. **(B) Let's get started right away.** (C) It should last about half an hour.	제안서에 대해서 지금 얘기 하실래요 아니면 나중에 할까요? (A) 아직 그녀의 기사를 읽어보지 못했어요. (B) 지금 당장 시작하죠. (C) 30분 정도 지속될 거예요.

해설 now or later 즉 '지금'인지 '나중'인지 묻고 있다. 가능한 답변으로는 둘 중 하나를 고르는 Let's do it now/right away.(지금) 또는 Let's do it later/next time.(나중에) 또는 둘 중 어느 쪽이든 괜찮다고 하는 Anytime, Whenever 등이 있다.

LESSON 1 선택의문문 기본형

MP3 File 2-19

Point

선택의문문에는 ① 둘 중 하나를 선택하는 답변, ② 둘 다 좋다/어느 것도 싫다는 답변, 혹은 ③ 원하는 것을 좀 더 자세하게 설명하는 답변 등이 올 수 있다. 특히, 원하는 것을 설명할 때는 〈the one + 구체적인 설명〉으로 비교급이나 특정 수식어구들이 등장한다.

Which of these cars is yours?

(A) Here is my business card. (B) Yes, it's mine. (C) The small blue one.

▶선택의 개념을 담고 있는 Which 의문문이다. (A)는 유사발음을 등장시킨 함정이며, (B)는 Yes/No로 답할 수 있는 일반 의문문에 가능한 답변이다. The ~ one으로 차의 형태를 설명하는 (C)가 답이 된다.

●이 차들 중에 어떤 게 당신 거죠? (A) 여기 명함이 있어요. (B) 네, 제 겁니다. (C) 파란 소형차요. 정답 (C)

A 선택의문문의 빈출 정답 유형

(1) 둘 중 하나를 택해서 답하는 경우

Q **Which** do you prefer, today or tomorrow? 오늘과 내일 중에 언제가 더 좋습니까?

A Tomorrow **will be fine.** 내일이 좋습니다. / I'**d say** today. 오늘이 좋습니다.

(2) 둘 다 좋다/어느 쪽도 싫다고 답하는 경우

Q **Which** would you prefer, soup or salad? 스프와 샐러드 중 어떤 것을 좋아하세요?

A **Neither**, thank you. 둘 다 괜찮아요. (어쨌든) 고마워요.

둘 다 좋다(아무거나 괜찮다)	**Either** one will be **okay**. 어떤 것이라도 좋아요. **Anywhere** is **fine** with me. 어디라도 좋아요. **Both** are **okay**. 둘 다 좋아요. **It doesn't matter.** 어떤 거라도 문제되지 않아요. (둘 다 괜찮아요) I don't **mind either way.** 어떤 거라도 신경 쓰지 않아요. (둘 다 괜찮아요)
둘 다 싫다(거절)	**Neither**, thanks. 둘 다 괜찮아요. (어쨌든) 고마워요. (둘 다 싫습니다) **I'm fine. Thanks.** 전 괜찮아요. 고마워요. (둘 다 거절)

(3) 모르겠다, 확인해보겠다고 하는 경우

Q Are your concert tickets for tonight or tomorrow? 가지고 있는 콘서트 티켓은 오늘밤 거예요, 아니면 내일 거예요?

A I'm not sure. **I'll have to check.** 확실하지 않아요. 확인해봐야 합니다.

Q Is Jimmy going to make a speech or did he decide against it? Jimmy가 연설을 합니까 아니면 하지 않기로 했어요?

A **He hasn't told me.** 저한테 말 안해줬는데요. (전 몰라요)

(4) 상대에게 반문하는 경우

Which one is better? 어떤 게 더 나은가요?

B 보기 중에 (the) one ~ 나오면 바로 답이다.

앞에서 언급한 둘 이상의 동종 사물 중 하나를 선택하여 말할 때 '~한 것/어떠한 것'이라는 의미의 대명사 the one ~, this one ~이 나오면 90% 이상이 정답이다.

Q **Which** hotel do you want me to reserve? 어떤 호텔로 예약해 드릴까요?

A **The one** by the airport. 공항 옆에 위치한 호텔로요.

Q **Which** shirt should I buy? 어떤 셔츠를 사야 할까요?

A **The one** with blue stripes. 파란색 줄무늬가 있는 거요.

cf. 최상급으로 물어봤을 때 역시 the one으로 답할 수 있다.

Q **Where** is the **closest store**? 가장 가까운 가게가 어디죠?

A **The one** across the street. 길 건너편에 있는 거요

Ustar 출제포인트 시험에는 이렇게 나온다! the one ~의 빈출 답변들

The one behind the building. 건물 뒤에 있는 거요.
The one he presented. 그가 제시한 것이요.
The green **one** on the left. 왼쪽 초록색 거요.
The one I saw in the brochure. 제가 팸플릿에서 본 것이요.
The one wearing glasses. 안경 쓰고 있는 사람이요.
This one worked well for me. 저는 이게 좋았어요.
I like **the** blue **one.** 파란 것이 마음에 들어요.

Exercises

문제풀이 예제

Listen & Write 음성을 듣고 키워드 받아쓰기 미W 미M / 영M 호W

01 Q. ______	02 Q. ______
(A) ______	(A) ______
(B) ______	(B) ______
(C) ______	(C) ______

받아쓰기 예시: 01 Which hotel / reservation / visitors (A) Two rooms (B) The one (C) I'll visit
02 Which copier (A) one hundred copies (B) Thursday (C) The one

Look 스크립트 분석과 소거법

01 **Which hotel** should I make a **reservation** for our **visitors**?
(A) **Two rooms**, please. → How many 의문문에 가능한 답변
(B) **The one** by the conference center.
(C) **I'll visit** there. → visit은 유사발음 오답

방문객들을 위해 어떤 호텔을 예약할까요?
(A) 방 2개 주세요.
(B) 컨퍼런스 센터 옆에 있는 거요.
(C) 제가 그곳에 갈 겁니다.

key 선택의문문의 보기에 the one ~이 나오면 답이다.

02 **Which copier** should I use?
(A) Only **one hundred copies**.
→ How many 의문문에 가능한 답이며, copies는 유사발음 오답이다.
(B) The dead line is **Thursday**. → When 의문문에 가능한 답변
(C) **The one** down the hall.

어떤 복사기를 사용해야 하나요?
(A) 딱 100부 만이요.
(B) 마감일은 목요일이에요.
(C) 복도 아래에 있는 거요.

key 선택의문문의 보기에 역시 the one ~이 답변으로 나오는 문제이다.

Step 1 Warm-up Test 음성을 듣고 빈칸을 채우고 알맞은 답변을 고르세요.

01 ______ do you think ______ with this room?
(A) The ______ turn ______. (B) I think ______ will be ______. (C) I'll ______ ______.

02 ______ will be ______ by the newspaper?
(A) __ really ______ it. (B) ______ on Saturday night. (C) __ has a ______.

03 ______ would ______?
(A) Not ______. (B) __ alphabetical ______. (C) ______ costs ______.

04 ______ do I ____ to ____ the drawer?
(A) ____'d be ______. (B) ____ this ______. (C) I'd ______ have ______.

05 ______ would ____ ______ to ____ to?
(A) It's at ______. (B) ____, it's quite ______. (C) ______ the French ____?

Step 2 실전 TOEIC Test 실제 시험처럼 음성을 듣고 정답을 표시하세요.

01 Mark your answer. (A) (B) (C)

02 Mark your answer. (A) (B) (C)

03 Mark your answer. (A) (B) (C)

04 Mark your answer. (A) (B) (C)

05 Mark your answer. (A) (B) (C)

▶ 문제풀이 예제 정답: 01 (B) 02 (C)

▶ 정답 및 해설 p.74~75

MP3 File 2-20

Point

최근의 선택의문문은 〈Which + 명사〉나 A or B 선택형이 대세이다. 특히 A or B 형태는 처음부터 선택의문문이라는 단서가 없기 때문에 질문을 끝까지 잘 들어야 한다. 보통 Do, Be, Have, 조동사로 시작하고 중간 이후에 or가 등장한다. or 앞뒤에는 대등하거나 대조적인 선택사항이 등장하며, 답변은 Which로 시작하는 선택의문문과 동일하다.

Is it faster to go by bus or by train to the city center?

(A) Probably by train. (B) No, slower. (C) Yes, that's right.

▶Is it으로 시작하지만 or 앞뒤로 by bus와 buy train라는 두 개의 선택 사항을 준 선택의문문이다. 둘 중 하나를 택하는 선택의문문에서 Yes/No 답변은 나올 수 없으므로 (B), (C)는 오답이다.

●도심으로 가려면 버스로 가는 게 빠른가요, 아니면 기차로 가는 게 더 빠른가요? (A) 아마 기차일 겁니다. (B) 아니요. 더 천천히요. (C) 네, 맞습니다.

정답 (A)

A or 앞뒤의 선택 사항 중 하나를 골라 답하는 유형

Q Did you speak with a **salesperson or a manager**? 영업사원과 얘기했나요, 아니면 매니저와 얘기했나요?

A I talked to a **salesperson**. 영업사원과 얘기했습니다.

Q Are you **buying a house or renting**? 집을 샀습니까? 아니면 렌트를 했습니까?

A We are **renting** for a year. 1년 동안 빌렸습니다.

B 제시된 보기 외에 제3의 단어로 답하는 유형

Q Should we **take a break or continue**? 휴식을 취할까요, 아니면 계속 할까요?

A I'd like to **stop for some tea**. 차 한 잔 하며 쉬고 싶어요.

☆ break와 continue 중에서 break를 선택했지만, 선택 사항에 있는 단어가 아니라 그와 관련된 표현으로 답한 경우이다.

Q Do you want **a copy of your invoice now**, or should I **send it to you**? 지금 송장을 원하세요, 아니면 송장을 보내드릴까요?

A I'd prefer to **take it with me**. 제가 가지고 갔으면 합니다.

☆ now or later에서 now를 선택했으나 직접 가지고 가겠다는 의미로 답했다.

Q Would Mr. Luther prefer to see me **today or later** in the week? Luther 씨는 저를 오늘 만나려고 하나요, 아니면 이번 주 중에 만나려고 하나요?

A **Wednesday** would be best. 수요일이 좋겠어요.

☆ 〈시간 or 시간〉 선택의문문에서 제 3의 시간으로 답한 경우이다.

Q Do you **have directions** or should I **bring a map**? 길 안내가 있나요, 아니면 지도를 가져가야 하나요?

A **I know how** to get there. 거기에 어떻게 가는지 알고 있습니다.

Q Should we **wait for Ms. Lee** or should we **begin without her**? Lee 씨를 기다려야 하나요, 아니면 그녀 없이 시작해야 할까요?

A She'll **be here any minute**. 그녀가 곧 올 겁니다.

Ustar 출제포인트 시험에는 이렇게 나온다! **당신이 했습니까, 아니면 제가 할까요?**

(1) 창가 좌석 vs. 복도 좌석: or 앞뒤에 대등하거나 대조적인 사물명사를 주고 선택하라고 하는 경우

Q Would your prefer a **window** or an **aisle seat**? 창가와 통로 쪽 중 어떤 좌석을 하시겠어요?

A Window seat, please. 창가 쪽 자리 부탁합니다.

(2) 실내(indoor) vs. 야외(outdoor)

Q Would you like a table **inside** or **outside**? 실내 테이블을 원하십니까, 아니면 야외 테이블을 원하십니까?

A it's nicer outside. 바깥이 더 좋겠네요.

(3) 지금(now) vs. 나중에(later)

Q **Do you have time to talk** or shall I come back **later**? 얘기할 시간이 있습니까, 아니면 나중에 올까요?

A Yes, I can talk now. 네, 지금 얘기할 수 있어요.

(4) 기차로 vs. 자동차로

Q Are you **taking a train or driving** to Melbourne? 멜버른까지 기차로 가시겠어요, 아니면 차로 가시겠습니까?

A I'll **be riding** with Mr. Scott. Scott 씨와 함께 차로 갈 겁니다.

(5) 전화로 주문 vs. 식당에서 식사

Q **Will you have lunch delivered** or **go to the restaurant** today? 오늘 점심은 배달시킬까요, 아니면 식당에 가실래요?

A Let's go out. 밖에 나가죠.

Exercises

문제풀이 예제

Listen & Write 음성을 듣고 키워드 받아쓰기 미W 미M / 미M 호W

01 Q. ____________	02 Q. ____________
(A) ____________	(A) ____________
(B) ____________	(B) ____________
(C) ____________	(C) ____________

받아쓰기 예시: 01 Should / before or after (A) I haven't been there (B) Yes (C) Let's / now
02 Can / today or tomorrow (A) By air-mail (B) today (C) Yes

Look 스크립트 분석과 소거법

01 **Should** we call Jacob **before or after** we arrive in London?
(A) Well, **I haven't been there.** → Did you 등으로 질문했을 때 가능한 답
(B) **Yes**, it arrived a week ago. → 질문은 주어가 we이고 미래 시제이다.
(C) **Let's** call him **now**.

key 주어나 시제 등에 유의하여 오답을 먼저 제거해간다.

Jacob에게 뉴욕에 도착하기 전에 전화할까요, 아니면 나중에 할까요?
(A) 글쎄요, 거기에 가본 적이 없어요.
(B) 네, 일주일 전에 도착했어요.
(C) 지금 그에게 전화합시다.

02 **Can** I expect your email **today or tomorrow**?
(A) **By air-mail**, please. → 질문에서 주어진 선택사항은 시간이므로 오답
(B) By the end of **today**.
(C) **Yes**, I can. → 선택의문문에는 Yes/No 답변이 올 수 없다.

key or 앞뒤의 단어에 집중하자.

오늘 이메일을 받을 수 있나요, 아니면 내일 받나요?
(A) 항공우편으로 부탁드려요.
(B) 오늘이 끝나기 전에는 받으실 수 있으세요.
(C) 네, 제가 할 수 있어요.

Step 1 Warm-up Test 음성을 듣고 빈칸을 채우고 알맞은 답변을 고르세요.

01 ___ your _______ _________ or _________?
(A) __ will be there _______. (B) ___ is at the end of _______. (C) _________ is _________.

02 _____________ a room with ________ or _____?
(A) This _____ is ________. (B) ___, it's on the _________. (C) ________, please.

03 Is it ______ to ______ to Edinburgh ______ or _______?
(A) The _____ is _____. (B) I think _____ do. (C) ____, ___'s not.

04 _____________ to ____ in the ____________ or _________?
(A) It's scheduled ________. (B) _______, ________ is closer. (C) The _________ is bigger.

05 Would you ______ _______ garden shears or _______ ones?
(A) The ___________ look better. (B) It was near the _______. (C) A _________, please.

Step 2 실전 TOEIC Test 실제 시험처럼 음성을 듣고 정답을 표시하세요.

01 Mark your answer. (A) (B) (C)

02 Mark your answer. (A) (B) (C)

03 Mark your answer. (A) (B) (C)

04 Mark your answer. (A) (B) (C)

05 Mark your answer. (A) (B) (C)

▶ 문제풀이 예제 정답: 01 (C) 02 (B)

▶ 정답 및 해설 p.75~77

LESSON 3 선택의문문 난이도형 (1)

MP3 File 2-21

Point

최근 〈Which + 명사〉 형태의 선택의문문이 많이 출제되고 있다. **〈Which + 명사〉는 해당 명사의 종류로 대답하거나 해당 명사를 구체적으로 설명하는 보기가 답**이 된다.

예제 Which editor are you working with?

(A) Yes, it would be my pleasure. (B) Cindy, at Working Press. (C) I've done that.

▶Which 의문문은 Yes/No로 답할 수 없고 Which 뒤의 명사가 사람이므로 '누구인지' 나타낼 수 있는 이름, 직위 등으로 답해야 한다.

●어느 편집자와 일하고 있나요? (A) 네, 기꺼이 하겠습니다. (B) Working Press의 Cindy입니다. (C) 전에 해봤습니다. 정답 (B)

A 〈Which + 명사〉 형태의 선택의문문

which 이하에 오는 명사의 종류나 해당 명사를 구체적으로 설명하는 보기가 답이 된다. Which is a better offer?처럼 선택사항이 주어지지 않은 질문의 경우에는 주로 부정대명사를 써서 the one ~ 또는 ~ one의 형태로 답한다.

Q **Which employees** were transferred to the company headquarters? 어느 직원이 본사로 전근 갔습니까?
A **Two people from the sales team.** 영업팀에서 2명입니다.

Q **Which shirt do** you like better, the yellow or the red? 어떤 셔츠가 더 맘에 드세요, 노란색 아니면 빨간색?
A **They both look nice.** 둘 다 좋아 보이는데요. ☆ 선택의문문에서 both, either, neither는 답이 된다.

B Which 없이 동사와 비교급으로 선택의 질문을 하는 경우

의문사 Which 없이 prefer, choose, decide 등의 동사와 비교급으로 선택의 질문과 답변이 가능하다.

Q Do you **prefer the bigger or smaller** model? 더 큰 모델과 작은 모델 중에 어떤 게 좋으세요?
A I like the **bigger one**. 더 큰 모델이 좋아요.

Q How would you **prefer** to be contacted? 어떻게 연락드리는 게 좋으세요?
A I will give you my **mobile number**. 제 휴대폰 번호를 드릴게요.

Q Have you **decided** on the color for the new carpet? 새 카펫의 색상을 결정했습니까?
A **Either** blue **or** yellow. 파란색이나 노란색이요.

C Where나 How로도 선택의 질문이 가능하다.

Q **How** can I reach you **more easily**? 어떻게 연락하는 것이 더 쉽죠?
A **Email is better** for me. 이메일이 더 좋습니다.

Q **Where** would it be **better to advertise**, in print **or** on the radio? 신문 광고 혹은 라디오 광고 중 어디가 더 나을까요?
A **Print** is probably **the best**. 활자 광고가 아마 최선일 것 같은데요.

Ustar 출제포인트 시험에는 이렇게 나온다! **시간에 대한 선택의문문은 토익 최다 빈출문제이다.**

오늘, 내일, 이번 주 등 지금 또는 나중이라는 개념을 선택하는 문제는 토익에 가장 많이 등장하는 유형이다.

Q Should we discuss this today or postpone making a decision? 이것을 오늘 논의할까요, 아니면 의사결정을 미룰까요?
A We need to decide today. 오늘 결정해야 합니다.

Should we start the meeting now or wait for Mr. Cooper?
(A) I won't know until tomorrow. (B) We have lots of things to do, so let's begin.
(C) I am late for the seminar.

문제풀이 전략
Step 1_ start now or wait가 핵심포인트이다.
Step 2_ 보기에 시간이 나온다고 무조건 답은 아니다. 관련 동사에도 집중하자.
Step 3_ 유사발음을 피하기 위해 같은 의미의 다른 단어를 쓰기도 한다. start = begin

■(A)는 When can we find ~? 등으로 물어볼 경우에 어울리는 답변이며, (C)도 이유를 묻는 Why 의문문에 가능한 답이다.
■지금 회의를 시작할까요, 아니면 Cooper 씨를 기다릴까요? (A) 내일에나 알 수 있습니다. (B) 해야 할 일이 많습니다. 자, 시작합시다. (C) 세미나에 늦었습니다.

Exercises

문제풀이 예제

Listen & Write 음성을 듣고 키워드 받아쓰기 미W 영M / 미M 미W

01 Q. ______	02 Q. ______
(A) ______	(A) ______
(B) ______	(B) ______
(C) ______	(C) ______

받아쓰기 예시: 01 Are you / calculator / or can I (A) There will be (B) How much (C) You can
02 Which job (A) The one / section chief (B) Until / Tuesday (C) several seconds

Look 스크립트 분석과 소거법

01 **Are you** using the **calculator**, **or can I** use it?
(A) **There will be** one. → How many 의문문에 가능한 답변
(B) **How much** is it? → 평서문에 가능한 답변
(C) **You can** have it.

이 계산기를 사용하고 있나요, 아니면 제가 사용해도 될까요?
(A) 하나가 있을 겁니다.
(B) 얼마입니까?
(C) 사용하세요.

key or 앞뒤의 선택사항을 확인하라. 보기의 오답부터 제거하고 정답을 남긴다.

02 **Which job** did you respond to?
(A) **The one** for **section chief**.
(B) **Until** next **Tuesday**. → When 의문문에 가능한 답변
(C) It only took **several seconds**. → How long 의문문에 가능한 답변

어느 자리에 답장을 보냈습니까?
(A) 과장 자리입니다.
(B) 다음 화요일까지입니다.
(C) 겨우 몇 분 걸립니다.

key 〈Which + 명사〉 형태의 선택의문문에는 해당명사나 〈the one + 구체적인 설명〉으로 답한다.

Step 1 Warm-up Test 음성을 듣고 빈칸을 채우고 알맞은 답변을 고르세요.

01 ________ should __ work on ____?
(A) It's _____ on the ______. (B) This ________, I think. (C) ________ the Exxon contract.

02 ________ should I _____?
(A) I'm going ________. (B) You can ____ tickets _____. (C) The eastbound _____.

03 ________ an ________ for ________ or the ________?
(A) ________, thank you. (B) ________, please. (C) I ______ it ______.

04 ________ rather ______ for ________ or ________?
(A) ______ is fine. (B) ____, it's an ______ service. (C) Three ________.

05 ________ did you ____ ______ you went to Seoul?
(A) My flight made ________. (B) __ was there ________. (C) __ took British ______.

Step 2 실전 TOEIC Test 실제 시험처럼 음성을 듣고 정답을 표시하세요.

01 Mark your answer. (A) (B) (C)
02 Mark your answer. (A) (B) (C)
03 Mark your answer. (A) (B) (C)
04 Mark your answer. (A) (B) (C)
05 Mark your answer. (A) (B) (C)

▶ 문제풀이 예제 정답: 01 (C) 02 (A)

▶ 정답 및 해설 p.77~79

LESSON 4 선택의문문 난이도형 (2) – 〈문장 or 문장〉

MP3 File 2-22

Point

선택의문문은 둘 이상의 선택사항 중 고르는 질문이지만 **문장과 문장으로 물어볼 때는 주로 제안하거나 요청하는 질문**이 된다. 〈문장 or 문장〉은 난이도가 높기 때문에 빈출 구문을 미리 암기해둘 필요가 있다.

Could you come to dinner with us or do you have to work late?

(A) I live on Pine Street. (B) Yes, it is very late. (C) I'd love to go.

▶Could you ~ or do you ~?로 제안하는 문장이 연결된 선택의문문이다. 제안에 대한 승낙은 Okay, I will, I'd love to, I am wiling to 등으로 답할 수 있다. (A)는 Where 의문문에 가능한 답이고, (B)의 Yes는 선택의문문의 답이 될 수 없고 late는 동일어휘 반복의 오답이다.

●우리와 저녁 먹으러 갈래요, 아니면 늦게까지 일해야 하나요? (A) Pine가에서 살고 있어요. (B) 네, 매우 늦었어요. (C) 정말 가고 싶어요.

정답 (C)

A 〈문장 or 문장〉의 빈출 답변 유형

Have you ~, or should I ~?(~하셨나요, 아니면 제가 ~ 할까요?)라는 질문에는 (1) 상대의 제안이나 요청을 받아들이거나, (2) 혼자 할 수 있다 혹은 나중에 하겠다고 거절하거나, (3) 이미 했다고 답변할 수 있다.

Q **Will you** be able to type this letter **or should I** ask Pamela? 이 편지를 타이핑할 수 있나요, 아니면 Pamela에게 요청할까요?

A **I'll take care of it** in a moment. 조금 이따가 제가 할게요.

Q **Have you** finished the report or shall I help you? 보고서를 끝냈나요, 아니면 제가 도와줄까요?

A I can do it **by myself**. 혼자 할 수 있어요. / I'll have time this afternoon. 제가 오늘 오후에 시간 있어요.

Q **Have you** already made copies, **or should I** do it? 사본이 준비 됐나요, 아니면 제가 할까요?

A I **already completed** it 이미 끝났습니다.

B 〈문장 or 문장〉 질문의 답변시 유의사항

(1) 선택의문문에 제안이 있을 경우 승낙, 거절의 표현을 연습해두자.

Q Are you taking a bus **or can I give you a ride** to the conference center?
컨퍼런스 센터로 버스를 타고 갑니까, 아니면 제가 태워다 드릴까요?

A **I'd like a ride, thanks.** 태워주세요 감사합니다.

(2) 질문의 You는 대답에서는 I가 된다.

Q Should I e-mail the revisions to **you** or to Jean? 교정본을 당신에게 이메일로 보낼까요, 아니면 Jean에게 보낼까요?

A **I**'d like to look them over. 제가 검토하겠습니다.

(3) Paraphrasing 표현을 충분히 연습해둔다.

Q **Are** you **going to** the concert tonight or are you too busy? 오늘밤 콘서트를 갈 건가요, 아니면 너무 바쁜가요?

A I **am planning to** go. 나는 갈 계획입니다. ☆ be going to = be planning to

Ustar 출제포인트 시험에는 이렇게 나온다!

Will they be able to fix the computer or will we have to buy a new one?

(A) I've already ordered one. (B) No, I got lost. (C) Of course, you did.

문제풀이 전략

Step 1_ 조동사로 질문했다고 무조건 Yes/No로 답하는 것은 아니다.

Step 2_ Will로 시작했으나 뒤에 or가 있으므로 선택의문문이다.

Step 3_ fix와 buy 중에 하나를 선택한다.

■선택의문문이라 Yes/No로 답할 수 없으므로 (B)는 오답이다. 질문이 Will인데 과거 시제 did로 답했으므로 (C)도 정답에서 제외된다. 일반적으로 or 앞뒤의 선택사항 fix와 buy 중 하나가 답이 되겠으나 위와 같이 already ~(이미 ~했다)라는 의미의 보기가 나올 경우 그것이 답일 확률이 높다는 것을 명심하자!

■그들이 컴퓨터를 수리할 수 있을까요, 아니면 새 것을 사야 할까요?
(A) 이미 하나를 주문했습니다. (B) 아니요, 길을 잃었습니다. (C) 물론, 당신이 했어요.

Exercises

문제풀이 예제

Listen & Write 음성을 듣고 키워드 받아쓰기 미W 영M / 미M 미W

01 Q. ______	02 Q. ______
(A) ______	(A) ______
(B) ______	(B) ______
(C) ______	(C) ______

받아쓰기 예시: 01 Can I fax (A) no sales tax (B) Yes / fine (C) For / interview
02 Didn't you receive (A) I will be (B) invitation card (C) No, I'm / waiting

Look 스크립트 분석과 소거법

01 **Can I fax** my job application to you?
(A) No, there is **no sales tax**. → tax는 유사발음 오답
(B) **Yes**, that would be **fine**.
(C) **For** the **interview**. → Why 의문문 등 이유를 물었을 때 가능한 답

key Can I ~?는 권유 · 제안이므로 좋다/싫다 유형의 답을 찾는다.

제 입사지원서를 팩스로 보내드릴까요?
(A) 아니요, 판매세가 없습니다.
(B) 네, 그게 좋겠습니다.
(C) 면접을 위해서요.

02 **Didn't you receive** your ID card?
(A) **I will be** ready to leave soon. → Are you로 물었을 때 가능한 주어
(B) Yes, I sent an **invitation card** to him. → 동일어휘 반복 오답
(C) **No, I'm** still **waiting**.

key 과거형으로 질문했으니까 과거, 또는 과거에서 현재까지의 사실로 답한다.

신분증을 받지 않으셨습니까?
(A) 곧 떠날 준비가 될 겁니다.
(B) 아뇨, 그에게 초대장을 보냈습니다.
(C) 네, 아직 기다리고 있는데요.

Step 1 Warm-up Test 음성을 듣고 빈칸을 채우고 알맞은 답변을 고르세요.

01 _____ your new __________ been __________ yet?
(A) _____, I'm still ________. (B) __________. I chose it _______. (C) ___'s an _________ book.

02 ______ the _______ for the banquet _________ yesterday?
(A) An ______________ service. (B) ___ was there _____. (C) _____, they were all ______.

03 ____ you ____________ for two?
(A) _____, certainly. (B) On the _____. (C) ____ am I.

04 _____ Dr. Henry say his _________ was __________?
(A) ______, I have them all. (B) ____, he ______ it already. (C) ____, he ________ last week.

05 _____ Kimberly _____ on this month's _________?
(A) __________, I already ______ that issue. (B) _____, _____ worked on some of the articles.
(C) It's _________ to ____ house.

Step 2 실전 TOEIC Test 실제 시험처럼 음성을 듣고 정답을 표시하세요.

01 Mark your answer. (A) (B) (C)

02 Mark your answer. (A) (B) (C)

03 Mark your answer. (A) (B) (C)

04 Mark your answer. (A) (B) (C)

05 Mark your answer. (A) (B) (C)

▶ 문제풀이 예제 정답: 01 (B) 02 (C)

▶ 정답 및 해설 p.81~83

LESSON **2** # Yes/No로 답하는 경우

MP3 File 2-24

Point

Yes 뒤에는 긍정하거나 동의하는 보충 설명이, **No 뒤에는 부정하거나 동의하지 않는 이유** 등이 나온다. 예를 들어, '책을 읽었냐?'는 질문에 Yes, (I did).라고 답할 경우 '읽었다 + 읽어서 어땠다' 정도의 설명이 나올 것을 기대하고 듣는다. 반대로 No, (I didn't). 뒤에는 '안 읽었다 + ~하기 때문에'와 같이 못 읽은 이유나 원인에 대한 설명이 나올 것을 기대하고 듣는다.

Didn't you tell me you need to leave soon?

(A) Yes, in a few minutes.　(B) Perhaps next time.　(C) We don't need anything.

▶Didn't you ~?로 사실 확인을 하고 있다. 일단 Yes, No가 있는 보기가 답일 확률이 높다. (B)는 When 의문문이나 미래의 일을 묻는 질문에 어울리는 답변이고, (C)는 동일어휘 반복의 오답이다.

●곧 떠나야한다고 하지 않았습니까? (A) 네, 몇 분 후에요. (B) 아마 다음번에요. (C) 아무것도 필요하지 않습니다.　정답 (A)

A　Do 의문문

주로 단순현재와 단순과거의 '사실, 상태, 동작' 등을 확인할 때 사용된다. 질문이 Do, Does, Did 중 무엇으로 시작하는지 잘 듣고 시제와 인칭을 파악해야 한다. 질문이 Do로 시작하면 현재시제이고 주어가 I, You 또는 They라는 뜻이다. Does는 현재시제이면서 주어가 제3자나 사물이고, Did로 시작하면 과거 시제임을 나타낸다.

Q **Did** you go to the concert? 콘서트에 갔습니까?

A No, I couldn't. 아닙니다. 가지 못했습니다.

B　Have 의문문

주로 현재완료시제의 의문문으로 과거부터 현재까지의 경험이나 완료 상태에 대한 질문이다. 보통 과거 사실이나 현재 상태에 대한 언급이 정답으로 나오며, 미래시제는 오답인 경우가 많다.

Q **Have** you **met** Mrs. Camphbell's assistant? Camphbell 씨의 조수를 만났습니까?

A Yes, Ms. Burns introduced us. 네, Burns 씨가 소개해주었습니다.

C　조동사 의문문

가능이나 요청의 Can/Could 의문문, 미래나 제안의 Will/Would 의문문, 의무나 제안의 Shall/Should 의문문 등이 있다. 조동사 의문문은 조동사 뒤에 나오는 본동사와 시제에 유의해야 한다.

Q **Should** I **close** the window? 창문을 닫을까요?

A Yes, that will be great 네, 좋습니다.

Q **Will** you **speak** at tomorrow's sales meeting? 내일 영업회의에서 연설하실 거예요?

A Sure, I'd be glad to. 물론이죠. 기꺼이 할게요.

D　Be동사 의문문

Be동사 뒤에 주어와 동사가 이어지는 의문문이다. 〈be동사 + 형용사〉는 상태를, 〈be동사 + -ing〉(현재진행형)은 가까운 미래를 나타낼 때 사용된다.

Q **Aren't** these machines **being replaced** at the end of the month? 이달 말에 이 기계들이 교체되나요?

A Yes, with more efficient models. 네, 더 효율적인 모델로요.

Q **Are** you **going** to be at the office this afternoon? 오후에 사무실에 계실 건가요?

A No, I have another appointment today. 아니오, 오늘 다른 약속이 있어요.

Ustar 출제포인트 시험에는 이렇게 나온다!

Have you seen ~?, Did you see ~?, Do you know where ~? 등의 질문은 Yes/No로만은 답할 수가 없다. '~을 봤냐'고 질문했을 때에는 '언제/어디에서 보았다'고 답하며 일반적으로 Yes는 생략한다. No, it has not arrived yet.(아직 오지 않았습니다.)도 답이 될 수 있다.

Have you seen my glasses?

(A) They are in the conference room.　(B) Yes, he saw it.　(C) I bought them yesterday.

문제풀이 전략　**Step 1_** Have you seen?은 주로 장소로 답한다.

Step 2_ 보기에 장소가 있는 것을 찾는다.

■안경을 본 적 있는지 묻는 Have 의문문으로 질문의 주어는 my glasses이다. (B)는 he이므로 답이 될 수 없다. (C)는 '안경 언제 샀어?' 질문에 어울리는 답변이다. '회의실에 있다'고 한 (A)가 답이 된다.

■제 안경을 보셨습니까? (A) 회의실에 있습니다. (B) 그렇습니다. 그는 그것을 보았습니다. (C) 어제 그것들을 샀습니다.

Exercises

문제풀이 예제

Listen & Write 음성을 듣고 키워드 받아쓰기 미W 미M / 미M 호W

01 Q. ______________	02 Q. ______________
(A) ______________	(A) ______________
(B) ______________	(B) ______________
(C) ______________	(C) ______________

받아쓰기 예시: 01 Have you / see / movie (A) No / going tomorrow (B) was great (C) will / move
02 Did we renew (A) That's a good (B) Once (C) Yes

Look 스크립트 분석과 소거법

01 **Have you** been to **see** the new Ruth **movie** yet?
(A) **No**, I'm **going tomorrow**.
(B) It **was great**. → How 의문문에 대한 답변
(C) We **will move** out tomorrow. → 유사발음 오답

key 경험을 묻는 Have 의문문이다. 시제, Yes/No 등을 확인하라.

새로 나온 Ruth의 영화 보셨어요?
(A) 아니요, 내일 보러갈 겁니다.
(B) 훌륭했습니다.
(C) 내일 이사 나갈 겁니다.

02 **Did we renew** that contract last month?
(A) **That's a good** idea. → How about 등 권유 · 제안에 가능한 답변
(B) **Once** in a while. → How often(빈도) 의문문에 가능한 답변
(C) **Yes**, on the 23rd.

key Do 의문문은 사실 여부 등에 대해 Yes/No의 답을 요구한다.

우리 지난달에 계약을 갱신하지 않았나요?
(A) 좋은 생각입니다.
(B) 가끔 한 번씩이요.
(C) 네, 23일에요.

Step 1 Warm-up Test 음성을 듣고 빈칸을 채우고 알맞은 답변을 고르세요.

01 _____ you __________ the art exhibit yesterday?
(A) _____, but I _____ to __________. (B) I made ________ payments. (C) _____, ____ starts early.

02 Is your _____ ________?
(A) _____, __ work every day. (B) _________, __ will. (C) ____, it's out of ____.

03 _____ you _____ the ______ you stayed in?
(A) _____, the location was ______. (B) ____, _____ not. (C) I will _____ for two _______.

04 _____ you ________ computer ________ yesterday?
(A) Most ___________ take the _____. (B) _____, it's a _____ model. (C) _____, I _______ here.

05 ______ you _____ over the benefits _______?
(A) _____, ____ tried one. (B) __ didn't have a _____. (C) ____, I haven't had _____.

Step 2 실전 TOEIC Test 실제 시험처럼 음성을 듣고 정답을 표시하세요.

01 Mark your answer. (A) (B) (C)

02 Mark your answer. (A) (B) (C)

03 Mark your answer. (A) (B) (C)

04 Mark your answer. (A) (B) (C)

05 Mark your answer. (A) (B) (C)

▶ 문제풀이 예제 정답: 01 (A) 02 (C)

▶ 정답 및 해설 p.83~84

LESSON 3 Yes/No 없이도 답이 되는 경우

MP3 File 2-25

Point

조동사 의문문에서 대답 자체가 긍정이나 부정의 의미를 충분히 내포하고 있는 경우에는 Yes/No를 종종 생략하기도 한다. 따라서 **질문의 의도에 맞는 '상황 설명'을 하는 경우에는 Yes/No가 없어도 정답이 될 수 있다.**

Didn't you fill in everything on the application form?

(A) Only the top part. (B) Why don't we phone? (C) They're on my chair.

▶Yes/No가 생략된 경우 답은 질문의 동사인 fill(채우다, 작성하다)에 맞추어 답한다. (B) phone은 유사발음 오류, (C)는 Where 의문문에 가능한 답변이다.

●지원서를 전부 작성하지 않았습니까? (A) 윗부분만요. (B) 전화를 거는 게 어떻습니까? (C) 제 의자 위에 있습니다. 정답 (A)

A Yes를 대신하는 답들

Q **Are you free** for coffee on Saturday? 토요일에 커피 마실 시간이 있나요?
A **Around two** would be perfect. 2시 정도가 좋겠네요.

Q **Do you have plans** for your vacation? 휴가 동안 계획 있으세요?
A I'm going **fishing.** 낚시 가려고요.

Q Did the **builder mention a completion date**? 건축업자가 완공일을 대해 얘기했나요?
A He said it would be **early May.** 5월초라고 얘기했습니다.

Q **Have you heard anything about** the new restaurant? 그 새로운 식당에 대해 들은 게 있습니까?
A It's supposed to be **really good.** 굉장히 좋을 거라던데요.

Q Will the monitor be **replaced soon**? 모니터가 곧 교체될 것입니까?
A **Norris** will place the **order.** Norris가 주문할 것입니다.

Q Does Ms. Winfrey **know** that the **deadline has been changed**? Winfrey 씨는 마감기일이 바뀐 것을 알고 있나요?
A She**'s been notified.** 그녀는 통지를 받았어요.

Q You **paid all the bills,** didn't you? 당신은 모든 청구서를 지불하셨어요, 그렇지 않나요?
A I **took care of them** last week. 제가 지난주에 다 처리를 했어요.

B No를 대신하는 대답들

Q Didn't Arnold **study biology** at university? 대학에서 Arnold가 생물학을 공부하지 않았습니까?
A He **studied chemistry.** 그는 화학을 공부했습니다.

Q Don't you use **the same computer software I** do? 나와 같은 컴퓨터 소프트웨어 사용하지 않습니까?
A I think **mine is different.** 내 생각엔 다른 것입니다.

Q Could I **look at the budget plan** for next year? 내년 예산안 제가 좀 볼 수 있을까요?
A It's **not finished yet.** 아직 끝내질 못했습니다.

Q **Wasn't there a schedule posted** on the message board yesterday? 어제 게시판에 일정이 공지되지 않았습니까?
A I **didn't see** it. 못 봤어요.

Q Has Mr. Rodham **reviewed the agreement**? Rodham 씨가 계약서를 검토했습니까?
A He **hasn't had a chance yet.** 그는 아직 기회가 없었습니다.

Ustar 출제포인트 시험에는 이렇게 나온다!

최근 조동사를 이용한 선택이나 명령의 문제도 출제 비중이 높아지고 있다.

선택

Q Should we order cake or ice-cream for dessert? 디저트로 케이크나 아이스크림 중 어떤 걸 주문할까?
A Whichever you want. 네가 원하는 걸로 해.

명령

Q Don't forget to back up your electronic documents. 컴퓨터로 작성한 문서를 백업하는 것을 잊지 마세요.
A Thanks for reminding me. 상기시켜주셔서 감사합니다.

Exercises

문제풀이 예제

Listen & Write 음성을 듣고 키워드 받아쓰기 미M 미W / 미W 영M

01 Q. ______________________
(A) ______________________
(B) ______________________
(C) ______________________

02 Q. ______________________
(A) ______________________
(B) ______________________
(C) ______________________

받아쓰기 예시: 01 Can I park (A) park (B) Only for one hour (C) bus
02 Have they / started (A) up the hill (B) on the instructions (C) almost finished

Look 스크립트 분석과 소거법

01 **Can I park** my car here?
(A) The city **park**. → 유사발음 park를 이용한 오답
(B) **Only for one hour**.
(C) I'll take a **bus**. → How/Which 의문문에 가능한 답변

key Yes/No는 없지만 주차해도 되냐는 질문에 '1시간 동안'이라고 주차 가능한 시간을 알려준 보기도 답이 될 수 있다.

제 자동차를 여기 주차해도 될까요?
(A) 도시 공원이에요.
(B) 딱 1시간 동안만이에요.
(C) 버스를 탈 겁니다.

02 **Have they** already **started** the road construction?
(A) The road is **up the hill**.
→ Where 의문문에 가능한 답변이며 road는 동일어휘 반복 오답
(B) We will work **on the instructions**.
→ How 의문문에 가능한 답변이며, instruction은 유사발음 오류
(C) They are **almost finished**.

key 시작했느냐고 물었으니 '아직 시작하지 못했다', '진행 중이다', '끝나간다', '끝났다' 등이 답이 될 수 있다.

이미 도로공사를 시작했습니까?
(A) 도로는 언덕 위에 있습니다.
(B) 우리는 지시사항에 따라 작업할 것입니다.
(C) 거의 끝났습니다.

Step 1 Warm-up Test 음성을 듣고 빈칸을 채우고 알맞은 답변을 고르세요.

01 ______ you _____ been _____ before?
(A) __ don't ______ so. (B) ____, it's _____ the event. (C) _____, _____ they are.

02 _____ the _________ already been ________?
(A) __ will be ______ soon. (B) It ______ this _________. (C) I ___ them ___ home.

03 Do you know __ the new ___________ has _______ yet?
(A) ____'ll be _____ on Monday. (B) _____ eight ________. (C) The ______ just opened.

04 _________ already been __________?
(A) ____, it isn't ______ yet. (B) ___'s a new ________. (C) ___ a few _______.

05 ____ you going to ____ Mr. Russo?
(A) ___ goes over _____. (B) ___ our last ________. (C) ___ told me to call _______.

Step 2 실전 TOEIC Test 실제 시험처럼 음성을 듣고 정답을 표시하세요.

01 Mark your answer. (A) (B) (C)
02 Mark your answer. (A) (B) (C)
03 Mark your answer. (A) (B) (C)
04 Mark your answer. (A) (B) (C)
05 Mark your answer. (A) (B) (C)

▶ 문제풀이 예제 정답: 01 (B) 02 (C)

▶ 정답 및 해설 p.84~86

조동사 의문문 구어체 답변들

MP3 File 2-26

Point

조동사 의문문의 경우 Yes/No로 답하지 않고 다양한 구어체 답변들이 등장한다. 따라서 사전에 유형별로 암기해두는 것이 좋다. 특히 '내가 알기론 그렇다', '잘 모르겠다' 또는 반문하는 답변이 자주 등장한다.

Mr. Lee is the company owner, right?
(A) He just arrived at the office last night. (B) No, he brought some clothing.
(C) Yes, that's what I heard.

▶'내가 알기로는/듣기로는 그렇다'는 Yes의 간접적인 표현으로 빈출 답변 중 하나이다.
●Lee 씨는 회사 소유자죠, 그렇죠? (A) 그는 바로 어제 저녁에 사무실에 도착했습니다. (B) 아닙니다. 그는 옷을 좀 갖고 왔어요. (C) 네, 그렇다고 들었습니다.
정답 (C)

A '내가 알기로는 그렇다/아니다'라는 답변 유형

I think so. / I believe so. 그렇게 생각해요.	I suppose so. 대개 그렇게 생각하죠.	I would say so. 그런 것 같아요.
I heard so. / I was told so. 그렇게 들었어요.	As far as I know[heard] 제가 알기로는[듣기로는]	
That's what I know. 제가 알기로는 그래요.	That's what I was told. 제가 듣기로는 그래요.	

Q It's supposed to be warmer tomorrow, isn't it? 내일 더 따뜻해질 것이라고 하죠, 그렇지 않아요?
A **That's** the forecast **I heard.** 그것이 내가 일기예보에서 들은 내용입니다.

Q Emily has an assistant now, doesn't she? 이제 Emily가 조수를 데리고 있죠, 그렇지 않아요?
A **Not that I know of.** 내가 알기로는 아닙니다.

B '어디'인지, '누구'인지 구체적인 정보로 답하는 유형

Have you seen ~?, Did you see ~?, Do you know where ~? 등은 Yes로만 답할 수 없다. 이렇게 답하면 '어디서?'란 추가 질문이 이어질 것이다. 따라서 장소 등 구체적인 정보를 함께 말해야 한다.

Q **Do you know where** my book is? 제 책이 어디 있는지 아세요? A **It's on the table.** 테이블에 있습니다.
Q **Have you seen** my report? 제 리포트를 보셨습니까? A **Your secretary** took it. 비서가 가져갔습니다.

C 모든 질문에 답이 되는 '모르겠다', '확인해봐라' 유형

Q Haven't we already paid this invoice? 이 청구서를 이미 지불하지 않았습니까?
A **Billy would know.** Billy가 알 겁니다. (Billy에게 확인해보세요.) / **Let me check** that for you. 제가 확인해볼게요.

Q Did you check the sales figures? 판매 수치 확인해봤어요?
A **I haven't had a chance** to yet. 아직 기회가 없었어요. / **You can ask Monica.** Monica에게 물어보세요.

D 앞에 Actually가 붙는 답변 유형

구체적인 설명이 필요한 경우 Actually(사실은…)를 붙이는데, Actually가 나오면 거의 정답이라고 보면 된다.

Q Didn't Ms. Cox organize last year's banquet? Cox 씨가 작년의 연회를 준비하지 않았습니까?
A **Actually**, Mr. Buns was in charge. 사실은 Buns 씨가 담당했죠.

Q The advertising campaign is running well, isn't it? 광고 캠페인은 잘 되고 있죠, 그렇지 않나요?
A **Actually**, the company's sales are down. 사실은 회사의 매출이 떨어지고 있어요.

Ustar 출제포인트 시험에는 이렇게 나온다! '~하세요'라고 명령/제안하는 유형

사실 여부를 확인하는 질문에서 '~하세요', '~합시다'라고 제시하는 것이 답이 되기도 한다.

Q Does anyone have an extra folder? 누가 여분의 폴더 가지고 있나요?
A You can have mine. 제 거 가져가세요.

Isn't the microphone turning on?
(A) He has a day off. (B) A special price. (C) Check the batteries.

문제풀이 전략
Step 1_ be동사 질문은 일반적으로는 Yes/No 답을 선택하지만 다양한 가능성을 열어 두어야 한다.
Step 2_ he/she/유사발음 등 오답들을 먼저 제거하고 정답을 남긴다.

■(A) He라는 주어는 나올 수 없고, off 역시 질문의 on과 유사의미로 오답을 유도했다. (B)는 What 의문문에 가능한 답변이다. (C) '확인해봐라'는 항상 답이 될 수 있다.
■마이크가 켜지지 않습니까? (A) 그는 하루 쉽니다. (B) 특별가입니다. (C) 배터리를 확인해주세요.

Exercises

문제풀이 예제

Listen & Write 음성을 듣고 키워드 받아쓰기 미M 미W / 미W 영M

01	02
Q. ____________	Q. ____________
(A) ____________	(A) ____________
(B) ____________	(B) ____________
(C) ____________	(C) ____________

받아쓰기 예시: 01 Have you called / or should I I (A) Sure, enjoy yourself (B) She (C) I've already taken care
02 Do you have / phone number (A) Two / phones (B) Check / directory (C) role

Look 스크립트 분석과 소거법

01 **Have you called** the service center, **or should I** call?
(A) **Sure, enjoy yourself.** → Can I ~? 의문문에 가능한 답변
(B) **She** is on the line. → 질문에 언급되지 않은 She는 오답
(C) **I've already taken care** of that.

서비스센터에 전화했나요, 아니면 제가 할까요?
(A) 물론이죠, 좋은 시간 보내세요.
(B) 그녀는 통화중이에요.
(C) 그건 제가 이미 처리했어요.

key '~했니 아니면 내가 할까'라는 질문에 전형적인 답변인 '내가 이미 처리했다'고 답하고 있다.

02 **Do you have** the manager's **phone number**?
(A) **Two** more **phones**.
→ How many 의문문에 대한 답변으로, phone은 동일어휘 반복 오답
(B) **Check** the **directory**.
(C) A major **role**. → What 의문문에 가능한 답변

그 매니저의 전화번호를 아세요?
(A) 전화기가 2대가 넘어요.
(B) 전화번호부를 확인해보세요.
(C) 중요한 역할이에요.

key '잘 모르겠다', '확인해봐라'는 항상 답이 된다.

Step 1 Warm-up Test 음성을 듣고 빈칸을 채우고 알맞은 답변을 고르세요.

01 __ Alice Turner the new ____________?
(A) The ______ for each ______. (B) ______, ___'s the lead architect. (C) You're right, ____.

02 _____ you _____ the plant ________ today?
(A) _ saw the ____________. (B) _____'s in the ____________.
(C) ______ of the management ______.

03 _____ you _____ the ________ I left in here?
(A) _____, just send a ___________. (B) ____, I haven't ______ from _____.
(C) _____, I put it on ________.

04 ______ you __________ the __________?
(A) _____'s not ______ I meant. (B) I ______ with it __________. (C) I'm _______ ______.

05 _____ the ________ ______ yesterday?
(A) The night _____. (B) __ don't think ___. (C) ____, ___ won't.

Step 2 실전 TOEIC Test 실제 시험처럼 음성을 듣고 정답을 표시하세요.

01 Mark your answer. (A) (B) (C)
02 Mark your answer. (A) (B) (C)
03 Mark your answer. (A) (B) (C)
04 Mark your answer. (A) (B) (C)
05 Mark your answer. (A) (B) (C)

▶ 문제풀이 예제 정답: 01 (C) 02 (B)

▶ 정답 및 해설 p.86~88

LESSON 5 권유/제안/부탁/선택의 조동사 의문문

 MP3 File 2-27

Point

조동사 의문문은 사실 확인 외에 권유, 제안, 부탁, 선택 등 다양한 질문으로 출제된다. 그러므로 Yes/No가 나오는 보기만 기다리지 말고 질문을 끝까지 잘 듣고 적절한 답변을 선택해야 한다. 권유, 제안, 부탁의 답변 형태는 주로 승낙과 거절이다.

예제 Could you introduce us?

(A) Yes, they are here. (B) Sure, I would be happy to. (C) It's in the juice.

▶Could you ~?에 대한 승낙의 답변으로는 I will, I'd love to, I am willing to, I am happy to do 등이 있다. (A)는 주어가 잘못되었고 (C)는 유사발음 오류이다.

●우리를 소개시켜 주시겠습니까? (A) 네, 그들은 여기 있습니다. (B) 물론, 기꺼이 하겠습니다. (C) 그것은 주스 안에 있습니다. 정답 (B)

A 권유/제안/부탁/선택의 조동사 의문문

(1) Can/Could ~?: 상대방에게 요청, 부탁, 제안하거나 허락, 허가를 구하는 표현이다.

(2) Would ~?: 제안이나 권유의 의미로 Part 2에서는 자주 등장하는 표현이다.

(3) Shall/Should ~?: 상대방의 의지, 의향을 묻는 표현이다. 단독으로 나오기보다는 선택의문문의 형태로 자주 등장한다.

Shall I ~? 제가 ~할까요? Shall we ~? 우리 ~할까요? Should we ~ A or B? A와 B 중 어떤 것을 해야 할까요?

(4) May I ~?: 허락을 구하는 표현으로 자주 등장하지는 않는다.

Q **May I** borrow your pen? 펜을 빌려도 되겠습니까?
A Be my guest, here it is. 그럼요. 여기 있습니다.

(5) Don't you want~? 하지 않으시겠어요?

Q **Don't you want** to finish unpacking these boxes now? 지금 이 상자들을 푸는 것을 끝내고 싶지 않으세요?
A Sure, we're almost done. 좋습니다. 거의 끝났습니다.

B 권유, 제안, 부탁하는 조동사 의문문의 답변 형태

(1) 부탁에는 승낙이나 거절로 답한다.

Q Would you make ten double-sided copies of this please? 이거 양면 10장 복사해주시겠어요?
A **Of course.** 당연히 해드리죠.

Q Would you mind restarting your computer? 컴퓨터를 다시 작동시키는 것이 좋지 않을까요?
A **Just let me save my work first.** 제가 작업한 것을 먼저 저장하고요.

(2) 권유/제안에는 주로 승낙이나 거절, That's a good idea. 등이 답변으로 등장한다.

Q Would you like to lead the safety committee? 안전위원회를 진행해 보시겠습니까?
A **I'd be honored to.** 하게 되면 영광이죠.

(3) 부탁/권유/제안에서 '이미 했다'는 항상 답이 된다.

Q Could you make sure the microphone in the auditorium works? 강당에 마이크가 작동되는지 확인해주시겠어요?
A I **checked it this morning.** 오늘 오전에 확인했어요.

(4) 보기에 almost, already 등의 부사가 있으면 답일 확률이 높다.

Q Have you finished the financial report? 재정보고서를 끝냈습니까?
A I am **almost** done. 거의 끝냈습니다.

Q Excuse me, do you need assistance? 실례합니다. 도움이 필요하십니까?
A Thanks, I am **already** being helped. 고맙습니다만, 이미 도움을 받고 있습니다.

Ustar 출제포인트 시험에는 이렇게 나온다! **시제/주어가 불일치하는 보기가 답이 되는 경우**

Have you hired a receptionist yet?
(A) Yes, she'll start next month. (B) Just a little lower. (C) It wasn't acceptable.

문제풀이 전략

Step 1_ Have 의문문은 우선 Yes/No가 언급된 보기를 찾는 것이 관건이다.
Step 2_ 동일어휘 반복, 유사발음 등의 오답을 먼저 제거한다.

■Have you hired ~?로 질문이 과거시제이나 Yes/No가 나온 후에 추가되는 설명은 미래의 내용이 나올 수 있다.
■접수원을 고용했습니까? (A) 네, 그녀는 다음 달에 시작합니다. (B) 조금 낮습니다. (C) 그건 받아들일 수 없었죠.

Exercises

문제풀이 예제

Listen & Write 음성을 듣고 키워드 받아쓰기 미M 미W / 호W 영M

01 Q. ______________	02 Q. ______________
(A) ______________	(A) ______________
(B) ______________	(B) ______________
(C) ______________	(C) ______________

받아쓰기 예시: 01 Would you like (A) On / road (B) I signed up (C) The calendar
02 May I suggest (A) too large (B) minutes ago (C) I'd be glad to

Look 스크립트 분석과 소거법

01 **Would you like** to subscribe to a newsletter?
(A) **On** the back **road**. → Where 의문문에 가능한 답변
(B) **I signed up** last week.
(C) **The calendar** of community events. → What 의문문에 가능한 답변

key 권유/제안에 대해 '이미 ~했다'는 답이 된다.

뉴스레터를 구독하시겠습니까?
(A) 뒷길에서요.
(B) 지난주에 신청했습니다.
(C) 지역 행사의 달력입니다.

02 **May I suggest** a few changes to the presentation?
(A) That's **too large**. → How 의문문에 가능한 답변
(B) Just a few **minutes ago**. → When 의문문에 가능한 답변
(C) **I'd be glad to** consider your ideas.

key Part 2에서 부탁 · 권유에 대한 빈출답변 중 하나인 '기꺼이 ~하겠다'는 표현을 알아 둔다. I'd be happy to ~, I'd be glad to ~, I'd love to ~

발표에 변경사항을 몇 가지 제안해도 되겠습니까?
(A) 너무나 큽니다.
(B) 고작 몇 분 전이에요.
(C) 당신의 아이디어들을 고려해보겠습니다.

Step 1 Warm-up Test 음성을 듣고 빈칸을 채우고 알맞은 답변을 고르세요.

01 ________ I _____ him your ______________ when he returns?
(A) _____'s _______ I put it. (B) _____ about ________. (C) ___________ has one.

02 _______ you _____ these ___ the dry cleaners?
(A) _____, it's quite ______. (B) _____, no _________. (C) ________ please.

03 ____ you ______ to ______ a taxi back to the office?
(A) ____'ll _____ it home. (B) I ________ have a _____, thanks. (C) ____, it's in _____.

04 ____ you have _____ to _________ the applicants?
(A) The _____ from here is _________. (B) __________ you go? (C) _____, ________ all week.

05 Do you ______ working ______ or ______________?
(A) I enjoy ______. (B) _____, I won't be ______. (C) ___ around _____.

Step 2 실전 TOEIC Test 실제 시험처럼 음성을 듣고 정답을 표시하세요.

01 Mark your answer. (A) (B) (C)

02 Mark your answer. (A) (B) (C)

03 Mark your answer. (A) (B) (C)

04 Mark your answer. (A) (B) (C)

05 Mark your answer. (A) (B) (C)

▶ 문제풀이 예제 정답: 01 (B) 02 (C)

▶ 정답 및 해설 p.88~90

Chapter 9

권유/제안/부탁 의문문

MP3 File 2-28

★ 주요 출제 패턴

일상생활이나 업무활동에서 상대에게 제안이나 요청을 하는 경우가 종종 있는데, Part 2에서 권유/제안/부탁의 의문문은 매달 평균 4~5문제 정도로 무시할 수 없는 출제비중을 차지하고 있다. 상대에게 제안/권유하거나 요청/부탁/요구하는 질문은 기본적인 답변 요령만 확인해도 90% 이상의 정답률을 확보할 수 있으며, 이들 답변은 Part 3에서 정답으로 가장 많이 제시되는 표현이기도 하다. 질문은 주로 '~하시겠어요?', '~하는 건 어때요?', '~하죠!', ' ~가 필요하세요?' 등의 형태로 출제되며, 답변은 ① '동의/찬성/허락/승인'과 ② '거절/부정'으로 나뉜다.

★ 이렇게 풀어라! 문제풀이 전략

1. 대표적인 권유 표현에는 Why don't you ~?, Would you like ~?, Let's 등이 있다.

Would you like to join us for the party? (A) Sure, why not? (B) Yes, it's him. (C) You're welcome.	우리와 파티에 함께 하시겠습니까? (A) 물론이죠. 왜 아니겠어요? (B) 네, 그 사람입니다. (C) 천만에요.

해설 권유 제안에서 승낙은 주로 Okay나 Sure 등이 온다. (B)는 him이 오답의 이유이며 (C)는 감사의 인사에 대해 '천만에요, 별 말씀을 요'라는 정중한 답변이다.

2. 권유/제안의 대답은 일반적으로 다음 3가지이다.

(1) 승낙의 표현에는 Sure, Okay, Let's 등이 있다

(2) 거절의 표현에는 완곡한 거절인 I am sorry, No thanks, I am afraid, Thanks but 등이 등장한다.

(3) That's good., That sounds great. 등 수락하거나 동의하는 구어체 표현으로 답하기도 한다.

Let's go to lunch before we start the proposal. (A) Forty thousand is the best offer. (B) Okay, but we should be back by noon. (C) The sale ends next week.	제안을 시작하기 전에 점심 먹으러 갑시다. (A) 4만이 최상의 제안입니다. (B) 좋습니다만 정오까지 돌아와야 합니다. (C) 세일은 다음 주에 끝납니다.

해설 (A) How many로 '수량'을 물었을 때 어울리는 답이며, (C)는 When 의문문에 가능한 답변이다. (B)는 조건부 승낙의 표현으로 답이 된다.

3. '확인해볼게요', '아직 모르겠어요', '~에게 물어보세요' 등은 항상 답이 된다.

Would you like to join us for lunch? (A) No, I haven't seen her. (B) Let me check my calendar. (C) I'm already a member.	우리와 점심을 함께 하시겠습니까? (A) 아니요. 그녀를 보지 못했습니다. (B) 일정을 확인해 보겠습니다. (C) 이미 회원입니다.

해설 (A)의 her, (C)의 member는 내용상 연결되지 않는다. (B)와 같이 '확인해보겠다'는 식의 대답은 제안, 권유 등에 항상 답이 될 수 있다.

4. 제안에서 가장 중요한 질문은 ~ me to do이다.

Would you like me to do ~?, Do you want me to do ~? 등 '내가 ~해줄까요?'라는 제안에 대한 대답을 암기해두자. 이런 제안에는 '괜찮아요', '혼자 할 수 있어요', '고마워요' 등의 답변이 가능하다.

Would you like me to make some coffee? (A) Dana said she copied it. (B) He likes to set it there. (C) No thanks, I'll make some myself.	커피를 좀 만들어 드릴까요? (A) Dana가 복사했다고 말했어요. (B) 그는 거기에 두는 것을 좋아해요. (C) 감사하지만 괜찮습니다. 저 혼자 만들어볼게요.

해설 상대에게 커피를 마시겠냐고 제안하는 Would you like me to do ~? 형태의 의문문이다. (A)는 Who 의문문에 가능한 답변이고 (B)의 He는 질문에 Mr. 등이 언급되지 않았기 때문에 오답이다.

5. 수험생들이 가장 약한 질문은 '부탁/요청' 의문문이다.

부탁에 대한 답은 '기꺼이 해드릴게요(승낙)'와 '미안하지만, 바빠요(거절)' 등이 있다.

Can you help me retype this document? **(A) I'd be happy to help you later today.** (B) Yes, she's a very good doctor. (C) The tape's in the top drawer.	이 서류를 재입력하는 것을 도와주시겠어요? (A) 오늘 나중에 기꺼이 도와드릴게요. (B) 네, 그녀는 아주 유능한 의사입니다. (C) 테이프는 서랍장 맨 위에 있어요.

해설 (B)는 주어가 she이므로 일단 오답, (C)는 위치를 묻는 Where 의문문에 가능한 답변이다. Can you help me ~?는 Okay, I will(승낙) 또는 Sorry(거절)의 형태로 답한다.

6. 부탁과 권유를 헷갈리지 말자. 부탁에 대해 Thanks나 No thanks는 답이 될 수 없다.

Would/Could you give me a ride?는 태워달라는 '부탁'이고, Would you like a ride?는 탈 것인지 상대의 의사를 묻는 '제안'의 표현이다.

Q Could you give me a hand? 〈부탁〉 도와주시겠어요?
A Sure, I will. 물론이죠, 그럴게요.

Q Would you like some help? 〈제안〉 도와드릴까요?
A Yes, please. 네, 부탁드려요.

Could you help me? (A) No thanks. (B) Yes, help yourself. **(C) I am afraid not. I'm very busy.**	저를 도와주시겠습니까? (A) 고맙지만 사양하겠습니다. (B) 네, 직접 갖다 드세요. (C) 죄송하지만 곤란해요. 제가 아주 바빠서요.

해설 (A) No thanks는 Can I help ~?(도와드릴까요?)하고 제안했을 때 가능한 답변이다. 부탁을 받았을 때 거절하는 답은 I am sorry ~, I am afraid ~ 등이 있다.

7. 부탁에 대한 거절의 답변에는 '바빠서', '다른 일을 하고 있어서', '약속이 있어서', '몰라서' 등이 있다.

Could you complete this survey before lunch? (A) How about the Italian restaurant? (B) They processed the order. **(C) Probably not. I'm very busy.**	점심시간 전에 이 설문지를 완성해 주시겠습니까? (A) 이탈리아 음식점은 어떠세요? (B) 그 사람들은 주문을 처리했어요. (C) 아마 안 될 거예요. 아주 바쁘거든요.

해설 Could you ~?로 상대에게 부탁하고 있다. (A)는 권유나 평서문에 가능한 답변이고 (B)는 Did they ~?나 How 의문문에 어울리는 답변이다. 문맥상 '바빠서 안 되겠다'고 거절하는 (C)가 정답이다.

8. 미래형 질문인 '권유 · 제안'에 대한 답은 보통 미래 시제지만 '이미 했다'는 과거시제가 답이 되는 경우도 있다.

Could you put together an inventory of our merchandise? (A) I will take it apart. **(B) I already took care of it** (C) The storage is closed.	제품 재고조사를 할 수 있습니까? (A) 분리해 놓을 겁니다. (B) 이미 처리했습니다. (C) 창고 문이 닫혀있습니다.

해설 Could you ~?라고 부탁하고 있으므로 '이미 내가 처리했다'고 답한 (B)가 적절하다. (A)는 I will take care of it이라면 답이 되지만 take apart는 '분리하다'는 뜻으로 반대 의미이다.

MP3 File 2-28

Point

권유/제안을 하는 질문에는 Why don't you/we ~?, How/What about ~?, Would you like ~?, What/How would you like ~?, Do you want ~?, Let's ~ 등이 있으며, 답변은 승낙이나 거절 또는 That's good. 등의 구어체 표현으로 한다.

예제 Would you like some water, sir?

(A) Yes, I would. (B) The weather is terrible. (C) Yes, it's very deep.

▶Would you like ~?로 제안하는 의문문으로 승낙의 답변인 (A)가 정답이다. (B)는 유사발음 오류, (C)는 water에서 연상되는 deep으로 혼동을 유발한 함정이다.

●선생님, 물을 드릴까요? (A) 네, 주세요. (B) 날씨가 아주 좋지 않네요. (C) 네, 아주 깊습니다. 정답 (A)

A 권유/제안의 질문 유형

(1) Why don't you[we]?: Why로 시작한다고 전부 이유를 묻는 건 아니다. Why don't you ~?는 상대에게 어떤 일을 하라고 제안할 때, Why don't we ~?는 같이 하자고 권유할 때 쓴다. '제가 ~해도 될까요?'라고 제안할 경우에는 Why don't I ~?

Why don't you come shopping with me tomorrow? 저와 내일 쇼핑하러 가실래요?

(2) How[What] about ~?: '~하는 게 어때?'라는 권유의 질문이다. about 뒤에는 명사나 동명사가 온다.

How about sending Tony a thank-you card for her help? Tony에게 도와준 데 대한 감사의 카드를 보내는 건 어떨까요?

(3) Would you like ~?, Do you want ~?: 상대에게 '~ 하시겠어요?'라고 정중하게 제안할 때 가장 많이 사용되는 표현이다. Would you like를 한 단어로 보고 Would you like some coffee?와 같이 뒤에 명사만 받을 수도 있다. 좀 더 공손한 표현인 Would you care for ~?도 출제된 바 있다.

Would you like to have dinner with us? 저희와 저녁 드시겠어요?

Do you want a ride to your office? 사무실까지 태워드릴까요?

Would you care for anything else? 다른 거 더 필요하세요?'

(4) 그 밖에 권유/제안의 의미로 쓸 수 있는 표현

Should we visit the office today? 오늘 방문해야 할까요?

☆ 상대에게 필요/소망 여부를 묻는 동사들과 함께 제안하는 의미로 사용한다.

Let's take a break for a while. 잠시 쉬죠.

☆ Let's ~ 역시 권유/제안의 표현으로 가끔 등장한다.

Are you interested in joining our club? 저희 클럽에 가입하시는 것에 관심 있으세요?

☆ '관심이 있다/없다'는 표현은 상대에게 제안하는 형태로 등장할 수 있다.

B 최근에는 반문이나 '기다리세요'라는 답이 대세

Q Why don't we ask Bobby to attend the meeting? Bobby에게 회의에 참석하라고 요청하는 게 어때요?

A **Is he here today**? 그가 오늘 여기에 있습니까?

Q **How about** stopping for a break? 일을 멈추고 잠시 쉬는 건 어때요?

A **Let's finish this section first.** 이 부분을 먼저 끝내고요.

Q Would you like to go out for lunch after the presentation? 프레젠테이션 후에 점심 먹으러 밖으로 나가시겠어요?

A Sure. **How about trying some Korean food?** 물론이죠. 한식을 먹으러가는 건 어떨까요?

Ustar 출제포인트 시험에는 이렇게 나온다! **확정된 사실에 대한 질문**

that 이하의 확정된 사실에 대해 확인하는 질문일 경우에는 주로 동의나 맞장구, 의견 등으로 답으로 온다.

Did you know that the concert will be held outdoors?

(A) I hope it doesn't rain. (B) I don't know that singer. (C) I left after the first song.

문제풀이 전략

Step 1_ Did you know that ~?은 확정된 사실을 묻는 질문이다.

Step 2_ 답변은 동의, 맞장구, 의견 혹은 '~하기를 바란다' 식의 답이 나와야 한다.

■that 이하를 알고 있었는지 묻는 질문이다. (B)와 (C)는 concert에서 연상할 수 있는 단어(singer, song)로 혼동을 유발한 오답 보기이다. 비가 안 왔으면 좋겠다는 바람을 얘기한 (A)가 답이 된다.

■콘서트가 야외에서 열린다는 것을 알았습니까? (A) 비가 오지 않기를 바랍니다. (B) 그 가수를 모릅니다. (C) 첫 번째 노래가 끝난 후에 떠났어요.

Exercises

문제풀이 예제

Listen & Write 음성을 듣고 키워드 받아쓰기 호W 미M / 영M 미W

01 Q. ______________
(A) ______________
(B) ______________
(C) ______________

02 Q. ______________
(A) ______________
(B) ______________
(C) ______________

받아쓰기 예시: 01 Would you like to go (A) I liked / picture (B) sounds / fun (C) last Saturday
02 Do you want / meeting (A) Sure, I can meet (B) had a good time (C) I wish I could

Look 스크립트 분석과 소거법

01 **Would you like to go** on a picnic this weekend?
(A) **I liked** that **picture** a lot.
→ like는 동일어휘 반복, picture는 질문의 picnic과 유사발음 함정
(B) That **sounds** like **fun**.
(C) Yes, **last Saturday**. → 권유 · 제안은 과거로 답할 수 없다.

이번 주말에 피크닉 갈래요?
(A) 전 그 그림을 매우 좋아했어요.
(B) 재미있겠는데요.
(C) 네, 지난 토요일이요.

key 권유 · 제안에 That's good/great/interesting.은 답이 된다.

02 **Do you want** to have a **meeting** before the seminar?
(A) **Sure, I can meet** the deadline. → 유사어휘 반복 오답
(B) Yes, we **had a good time**. → 권유 · 제안은 과거로 답할 수 없다.
(C) **I wish I could**. → 완곡한 거절의 표현

세미나 전에 회의를 할까요?
(A) 물론 저는 마감에 맞출 수 있어요.
(B) 네, 우리는 재미있는 시간을 보냈어요.
(C) 저도 그럴 수 있으면 좋겠어요.

key 권유 · 제안은 앞으로의 행동에 대한 것이므로 과거로 답할 수 없다.

Step 1 Warm-up Test 음성을 듣고 빈칸을 채우고 알맞은 답변을 고르세요.

01 _____ don't we _____ _____ lunch to discuss the budget?
(A) I'll see ___ I'm _______. (B) _____'s a financial _______. (C) _____ you met _____ yet?

02 _______ you like a _____ to _____ tomorrow?
(A) _____, I can _____ it. (B) I'd __________ that. (C) ____ stepped out for a _____.

03 _________ we _____ for the department _______?
(A) They said it's __________. (B) _____, we don't _____ to be late.
(C) _________ departed this morning.

04 _____ visit the __________ in town.
(A) ___ didn't see _____. (B) ________ good to me. (C) Are _____ in _____ too?

05 _______ you like to _____ a new _______ to go with your new computer?
(A) I'd _____ to but I _____. (B) _______. I'll _____ the one I have. (C) ___ should be _______.

Step 2 실전 TOEIC Test 실제 시험처럼 음성을 듣고 정답을 표시하세요.

01 Mark your answer. (A) (B) (C)
02 Mark your answer. (A) (B) (C)
03 Mark your answer. (A) (B) (C)
04 Mark your answer. (A) (B) (C)
05 Mark your answer. (A) (B) (C)

▶ 문제풀이 예제 정답: 01 (B) 02 (C)

▶ 정답 및 해설 p.90~91

LESSON 2 권유/제안 의문문에 가능한 답변들

MP3 File 2-29

Point

권유/제안에 대한 답변은 승낙이나 거절, That's good. 등의 의견이 올 수 있다. **Yes, Sure, No 등으로 직접적인 동의나 수락의 표현을 먼저 말하는 경우**도 있지만, **구어체 관용표현**이 등장하거나 **Yes/No 없이 상황에 대한 설명만 나오는 경우**도 있다.

Do you need any help with the bike marketing campaign?
(A) Yes, I have one. (B) That would be great. (C) It will be about the product.

▶도와주겠다고 제안하는 질문으로 '그게 좋겠다'는 의견으로 승낙의 답변을 한 (B)가 답이 된다.
●자전거 마케팅 캠페인에 도움이 필요하세요? (A) 네, 하나 가지고 있습니다. (B) 그거 괜찮겠네요. (C) 그 제품에 대한 것일 겁니다. 정답 (B)

A 승낙의 답변

(1) 직접적인 동의나 수락: Yes, ~. / Okay, ~. / Sure, ~. / Thanks, ~. / Absolutely. / Certainly.

Yes, we'd like that. 네, 그게 좋겠네요.
Thanks, I'd appreciate it. 고마워요. 감사합니다.
Yes, I think I will. 네, 그럴게요.
Okay, talk to you then. 좋아요, 그때 이야기하죠.

Q Would you like a ride to the train station? 기차역까지 태워드릴까요?
A Thanks, I'**d appreciate it.** 고마워요. 그렇게 해주시면 감사하겠습니다.

(2) 기꺼이 하겠다는 답변: I'd be happy to ~, I'd be glad to ~, I'd love[like] to ~ / I want to ~ / No problem.

(3) 동의하거나 수락하는 구어체 답변

That's interesting. 흥미롭네요.
That's good idea. 좋은 생각이에요.
That would be nice. / That sounds great. 괜찮겠네요.
Sounds like a good idea. 좋은 생각인 것 같아요.
No problem. 문제 없어요.

Q Let's buy our tickets now in case the show sells out. 공연 표가 다 팔릴 경우를 대비해서 지금 우리 표를 사요.
A That'**s probably a good idea.** 아마도 좋은 생각인 것 같습니다.

B 거절의 답변

제안이나 요청을 거절할 때는 정중하고 명확하게 이유를 말해야 한다. 보통 No나 I'm sorry ~, I'm afraid ~로 거절 의사를 먼저 밝히고, 상대의 제안이나 요청을 들어주고 싶지만 부득이하게 거절/사양해야 했던 이유를 덧붙인다.

(1) 거절하거나 사양하기

No, I'm much too tired. 아니요, 너무 피곤하네요.
No, now's not a good time. 아니요, 지금은 때가 아니네요.
No thanks, I'm not interested. 아니요, 관심 없어요.
No, I brought my lunch. 아니요, 점심을 싸왔어요.
No, I'd prefer not to. 아니요, 하고 싶지 않네요.
Sorry, but I'll be on vacation. 미안한데, 전 휴가일 거예요.

(2) 어쩔 수 없이 거절하거나 사양하기

I would, but I've got to finish this. 그러고 싶지만 이걸 끝내야 해요.
Thanks, but I have other plans. 고맙지만 다른 계획이 있어요.
No thanks, I'm not interested. 아니요, 관심 없어요.
Now's not a good time. 지금은 때가 아니네요.
Unfortunately ~ 유감스럽게도 ~
I don't think so. 안될 것 같아요.
I wish I could. 저도 그랬으면 좋겠네요.
Not this time ~ 이번에는 아니에요.

C '모르겠다'는 항상 답이다.

Q How would you like to see a movie tonight? 오늘 저녁 영화를 볼까요?
A I am not sure I have the time. 시간이 있을지 모르겠습니다.

Ustar 출제포인트 시험에는 이렇게 나온다! **권유/제안의 질문에서 if는 정답이다.**

You want me to reorder supplies, don't you?
(A) Yes, they are very organized. (B) No, he wasn't surprised. (C) If you think we need to.

문제풀이 전략
Step 1_ 부가의문문으로도 권유나 제안을 할 수 있다. 질문은 제안의 부가의문문이다.
Step 2_ 권유의문문에서 if(~한다면)라는 가정은 조건부 승낙이 된다.

■권유하는 내용의 부가의문문으로 '필요하다고 생각하면 주문하라'고 조건부로 승낙한 (C)가 답이다. ■제가 사무용품을 다시 주문해드릴까요? (A) 네, 아주 잘 정리되었네요. (B) 아니요, 그는 놀라지 않았어요. (C) 우리가 그럴 필요가 있다고 생각하시면요.

Exercises

문제풀이 예제

Listen & Write 음성을 듣고 키워드 받아쓰기 미W 영M / 미M 미W

01 Q. ______________________	02 Q. ______________________
(A) ______________________	(A) ______________________
(B) ______________________	(B) ______________________
(C) ______________________	(C) ______________________

받아쓰기 예시: 01 Why don't we (A) We need to review (B) No, three (C) He says
02 Let's go / party (A) part's / finished (B) Since / morning (C) Do you know where

Look 스크립트 분석과 소거법

01 **Why don't we** finish this tomorrow?
(A) **We need to review** it one more time.
(B) **No, three** of them. → How many 의문문에 가능한 답변
(C) **He says** he doesn't have one. → He는 질문에 대한 행동의 주체가 아님

내일 이것을 끝내는 것은 어떨습니까?
(A) 한번만 더 검토하면 됩니다.
(B) 아니요, 그들 중 셋입니다.
(C) 그는 하나도 안 가지고 있다고 했어요.

key 제안에 대한 승낙의 표현이 반드시 Sure일 필요는 없다. 승낙한다는 전제하에 추가 설명을 하거나 다음에 할 행동을 알려주기도 한다.

02 **Let's go** to Brandon's retirement **party** on Saturday.
(A) My **part's** almost **finished**. → How did 등 진행상황을 묻는 말에 대한 답변
(B) **Since** early this **morning**. → How long 의문문에 가능한 답변
(C) **Do you know where** it is?

토요일에 Brandon의 은퇴파티에 갑시다.
(A) 내 부분은 거의 끝났어요.
(B) 오늘 아침 일찍부터요.
(C) 어디에서 있는지 아세요?

key 평서문이나 제안에 대해 관련사항에 대한 추가질문은 항상 답이 된다.

Step 1 Warm-up Test 음성을 듣고 빈칸을 채우고 알맞은 답변을 고르세요.

01 _______ you be __________ in __________ the luncheon?
(A) I'll have to _______ my _________. (B) _____, it was __________. (C) A _____ for _____, please.

02 _____ don't we _____ a _______ to the legal team?
(A) _____'s Ansley's ____________. (B) I only ______ during ______.
(C) The ______ plays on ________.

03 ______ you ______ to _____ our book discussion group?
(A) ______, I'm too ______. (B) ______ yourself. (C) _____, it _____.

04 __________ we ______ Ms. Belle this ______?
(A) _____'s already _________ it. (B) _____, it was a ____________. (C) __________ last week.

05 Why don't ____ _____ the ________?
(A) ______ wait for our ________. (B) I don't have an _________. (C) ___ hasn't _______ yet.

Step 2 실전 TOEIC Test 실제 시험처럼 음성을 듣고 정답을 표시하세요.

01 Mark your answer. (A) (B) (C)

02 Mark your answer. (A) (B) (C)

03 Mark your answer. (A) (B) (C)

04 Mark your answer. (A) (B) (C)

05 Mark your answer. (A) (B) (C)

▶ 문제풀이 예제 정답: 01 (A) 02 (C)

▶ 정답 및 해설 p.92~93

요청/부탁 의문문

MP3 File 2-30

Point

권유/제안 못지않게 일상이나 업무활동에서 상대에게 부탁이나 요청을 하는 경우가 많이 있다. 주로 조동사 Can/Could/Would you 또는 Do you mind ~? 등으로 시작하는 질문으로, 답변은 주로 ① 상대의 부탁/요청을 들어주거나 ② 정중하게 거절하는 내용이며, ③ '이미 했다'는 내용도 종종 출제된다. 요청/부탁의 의문문은 오답률이 높은 유형이므로 확실하게 익혀두도록 한다.

Can you distribute flyers at the convention on Tuesday?

(A) Sorry, I'm busy that day. (B) He left on Thursday? (C) Sure, we're open until 6.

▶부탁에 대한 거절은 완곡한 표현을 주로 사용하며 이유는 대개 '바빠서'나 '다른 일정이 있어서'이다.

●화요일 컨벤션에서 광고 전단지를 나눠줄 수 있습니까? (A) 미안합니다만 그날 바빠서요. (B) 그가 목요일에 떠났습니까? (C) 물론이죠. 6시까지는 문을 엽니다. 정답 (A)

A 부탁/요청의 질문 형태

상대에게 요청하거나 특정 행위를 부탁할 때는 Can[Could] you ~?(~해주시겠어요?), Please ~(~해주세요), 부탁이나 허락을 구할 때는 Can[Could] I ~?(~해도 될까요?), May I ~?로 질문한다. Would[Do] you mind ~?(~해도 될까요?)로도 양해나 허락을 구할 수 있는데, 이때 허락은 No, not at all. / Sure. 등으로 답해야 한다. 동사 mind(꺼려하다)에 부정의 의미가 있어 No라는 답변이 허락을 의미한다는 점에 유의할 것!

(1) 승낙

Q **Could I** look at the new catalogue? 새 카탈로그 좀 볼 수 있을까요?
A **Yes**, it's on that desk. 네, 저 책상 위에 있어요.

Q **May I** borrow your calculator for a while? 계산기 잠시 빌릴 수 있을까요? A **Sure**, here you go. 그럼요, 여기요.

Q **Would you** send this package to our Boston branch? 이 소포를 우리 보스턴 지사로 보내줄래요?
A **Sure, no problem.** 그럼요, 문제없습니다.

(2) 거절

Q **Can you** stay late and finish this tonight? 늦게까지 남아서 오늘밤에 끝낼 수 있어요?
A **No, not tonight, I'm sorry.** 오늘밤은 안 돼요, 죄송합니다.

Q Excuse me, **can I** borrow your telephone directory? 실례합니다, 전화번호부를 빌릴 수 있을까요?
A **I'm sorry, I don't have one.** 미안하지만, 전화번호부를 가지고 있지 않아요.

(3) 이미 했다

Q **Could you** change the printer cartridge for me? 프린터 카트리지를 교체하시겠습니까?
A I **just changed it yesterday**. 바로 어제 바꾸었습니다.

Q **Would you** still like me to proofread your article? 아직 제가 기사 교정을 봐드렸음 하세요?
A Oh, **I've already submitted it.** 아, 이미 제출했습니다.

B ~해줄까? vs ~해줄래?: to부정사 앞에 me를 조심하라!

제안과 부탁은 자주 혼동하기 쉬우니 주의하자. Would you like me to clean the room?(제가 청소해드릴까요?)에서 to부정사의 의미상 주어인 me가 빠져 버리면 상대에게 '방을 치워달라'고 부탁하는 표현이 된다.

Q **Would you like someone to** install the software for you? 소프트웨어를 설치할 사람을 보내드릴까요?
A I can do it myself. 제가 할 수 있습니다.

Q **Do you want me to** distribute these financial summaries? 제가 이 재정 상태 요약본을 나누어줄까요?
A No, I'll do it. 아닙니다, 제가 할 겁니다.

Ustar 출제포인트 시험에는 이렇게 나온다! **Would you mind ~?는 승낙할 때 No로 대답한다.**

1. Would[Do] you mind ~?로 양해/허락을 구하는 질문에 대해 승낙의 답변은 No, not at all.(= Sure)이라는 것에 주의하자. mind(꺼리다)라는 동사가 원래 부정의 의미를 가지고 있으므로 No라고 말하면 '괜찮다'는 뜻으로 허락을 의미하게 된다.

   Q **Would you mind** opening the window? 창문 열면 방해가 될까요?
   A Not at all. 아니, 전혀요.

2. 부탁/요청의 질문에 대한 난이도 답변 유형도 함께 연습해두자.

   Q **Would you mind** if we cancelled our meeting this week? 이번 주 회의를 취소해도 괜찮을까요?
   A Actually, I was going to ask you the same thing. 사실 저도 똑같은 것을 물어보려고 했습니다.
   ☆ 의미상의 동의나 맞장구도 승낙의 의미를 가진다.

Exercises

문제풀이 예제

Listen & Write 음성을 듣고 키워드 받아쓰기 미W 영M / 미M 미W

01 Q. ____________________
(A) ____________________
(B) ____________________
(C) ____________________

02 Q. ____________________
(A) ____________________
(B) ____________________
(C) ____________________

받아쓰기 예시: 01 Would you like me to (A) Yes / please (B) one hotel (C) 50 dollars
02 Can I borrow (A) Yes, it is (B) I should (C) No problem

Look 스크립트 분석과 소거법

01 **Would you like me to** book a room for you?
(A) **Yes**, for just one night, **please**.
(B) There is **one hotel**. → How many 의문문에 가능한 답변
(C) **50 dollars**. → How much 의문문에 가능한 답변

key '내가 ~해줄까?'라는 질문에 긍정의 답변은 Yes, ~ please.

방을 예약해드릴까요?
(A) 네, 하룻밤만 부탁드립니다.
(B) 호텔이 하나 있습니다.
(C) 50달러입니다.

02 **Can I borrow** your notebooks?
(A) **Yes, it is**. → Is it으로 질문했을 때 가능한 답
(B) I think **I should**. → 질문이 Can I이므로 You로 답해야 한다.
(C) **No problem.**

key No problem은 상대의 부탁, 요청에 기꺼이 응하겠다는 관용표현이다.

노트를 좀 빌릴 수 있을까요?
(A) 네, 그래요.
(B) 제가 해야 할 것 같습니다.
(C) 물론이죠.

Step 1 Warm-up Test 음성을 듣고 빈칸을 채우고 알맞은 답변을 고르세요.

01 ______ you like ____ to put your ____ through to Mr. Kellar?
(A) _____, I'd __________ that. (B) _____, _____ it in this box. (C) _____, I think ____ could.

02 ______ you mind _______ off your mobile ______?
(A) You are ________. (B) On ________. (C) _____, no problem.

03 Do you _____ _____ with the market ________?
(A) I usually _____ on ________. (B) ________. It's _______ done. (C) The __________.

04 ______ you _____ this ________ for a minute?
(A) _______ ten minutes _____. (B) __'d be ________. (C) ________ ought to.

05 Could you ________ ________ of the product demonstration today?
(A) ________ I won't be able to ____. (B) ______ I've already _____ it.
(C) _______, _____ I just bought some.

Step 2 실전 TOEIC Test 실제 시험처럼 음성을 듣고 정답을 표시하세요.

01 Mark your answer. (A) (B) (C)
02 Mark your answer. (A) (B) (C)
03 Mark your answer. (A) (B) (C)
04 Mark your answer. (A) (B) (C)
05 Mark your answer. (A) (B) (C)

▶ 문제풀이 예제 정답: 01 (A) 02 (C)

▶ 정답 및 해설 p.93~95

부가/부정의문문

Chapter **10**

MP3 File 2-31

★ 주요 출제 패턴

부가의문문과 부정의문문은 매달 평균 4~5문제씩 출제된다. Part 2에서 의문사 의문문을 제외하면 출제 빈도가 가장 높은 질문 유형들이다. 주로 사실 여부를 확인하거나 어떤 사실을 상기시키려고 할 때 사용하는데, 우리말 그대로 옮기면 혼동하기 쉬우니 주의가 필요하다. 답변 시에는 동사의 행위나 사실에 대해 그렇다(Yes), 안 그렇다(No)만 확인해주거나, 제안한 내용에 대해 수락하거나 동의한다는 내용으로 답변하면 된다.

★ 이렇게 풀어라! 문제풀이 전략

1. 부가의문문은 조동사 의문문이 문장 끝에 위치한 것이다.

문장 끝에 didn't you?, isn't she? 등 확인을 위한 꼬리 질문이 붙은 것을 부가의문문이라 한다. 부가의문문의 답변은 보통 Yes/No로 이루어진다.

You've seen the annual report, haven't you?	연례보고서를 보셨습니까?
(A) No, I've been out of town.	(A) 아닙니다. 출장 갔었습니다.
(B) The end of the quarter.	(B) 이번 분기 말입니다.
(C) He has reviewed all my reports.	(C) 그가 제 보고서를 전부 검토했어요.

해설 haven't you라는 부가의문문에서는 Yes/No가 있는 것이 우선적으로 답이 된다. (B)는 When 의문문에 가능한 답변이며 (C)는 질문에 Mr.나 남자 이름이 언급되지 않았으므로 오답이다.

2. 부가의문문에 Yes/No가 없는 경우 질문과 답변의 내용을 부가 설명하는 것이 답이 된다.

부가의문문의 답변은 주로 (1) 다음 행동의 제시 (2) 그와 관련된 부가 설명 (3) 답변의 내용이 Yes/No를 포함하고 있는 경우 등이다.

The cafeteria seems very crowded, doesn't it?	식당에 사람이 많습니다. 그렇지 않나요?
(A) It does look a little cloudy.	(A) 약간 구름이 낀 것 같습니다.
(B) Yes, I hope we can find a table.	(B) 네, 테이블을 찾을 수 있기 바랍니다.
(C) Just some water.	(C) 물뿐입니다.

해설 (A)는 How is the weather ~? 등으로 날씨를 물었을 때 어울리는 답으로 질문의 crowded와 유사한 발음의 cloudy로 혼동을 주는 오답이다. (C)는 '무엇'을 묻는 What 의문문에 가능한 답변이다.

3. 부정의문문은 질문이 부정문이라도 내용을 기준으로 그 내용이 맞으면 Yes, 틀리면 No로 답한다.

Doesn't the hardware store stay open until 7 today?	철물점이 오늘 7시까지 열지 않습니까?
(A) No, only on Saturdays.	(A) 아닙니다. 토요일에만 엽니다.
(B) I need seven of them.	(B) 7개가 필요합니다.
(C) It's not very hard.	(C) 아주 어렵지는 않습니다.

해설 대답이 질문에 대한 부정의 의미이므로 No로 답한다. (B)의 seven은 질문과 동일한 어휘를 반복 사용하여 혼동을 유발한 오답이며, (C)는 정도를 묻는 How 의문문에 가능한 답변이다.

4. '이미 했다'는 대답은 항상 정답이 될 수 있다.

You submitted your paperwork, didn't you?	서류를 제출하셨죠, 그렇지 않나요?
(A) I handed it in this morning.	(A) 오늘 아침에 제출했습니다.
(B) No, it didn't fit me.	(B) 아니요, 저에게 맞지 않습니다.
(C) Sign right here.	(C) 바로 여기에 서명하세요.

해설 '~을 했냐?'는 질문이므로 Yes/No가 없더라도 '이미 ~했다'라는 답변이 정답이다.

LESSON 1 부가의문문

MP3 File 2-31

Point

문장 끝 특히 평서문 뒤에서 문장을 의문문으로 만들어주는 부가의문문(tag question)은 말 그대로 문장 끝에 조동사를 반복하여 질문하는 조동사 의문문이다. 따라서 **일반적인 조동사 의문문에 가능한 답변이 그대로 정답으로 등장**한다.

You work in this building, don't you?

(A) Yes, I'm in Human Resources. (B) That work needs to be done soon. (C) It's on the third floor.

▶부가의문문은 보통 Yes/No로 시작하는 문장이 답이다. 질문이 don't you이므로 현재시제에 주어는 I/We로 답해야 한다.

●이 빌딩에서 일하지 않으십니까? (A) 네, 인사부에서 일합니다. (B) 그 일을 곧 끝내야 합니다. (C) 3층에 있습니다. 정답 (A)

A 부가의문문의 문제풀이 전략

부가의문문은 앞에 주어진 사실이나 의견을 다시 확인하려고 '그렇죠?' 또는 '안 그런가요?' 식으로 덧붙이는 질문이므로 보통 Yes/No로 답하고 보충설명이 나오면 정답이다.

(1) 주어와 시제가 부가의문문과 일치해야 한다: 부가의문문을 do you라고 했다면 답변의 주어는 I나 we로 시작해야 한다. 시제도 부가의문문에 맞춰 답해야 한다.

Q You ordered more stationery, **didn't you**? 문구류를 더 주문하셨죠, 안 그래요?

A Yes, **we needed** it. 네, 그럴 필요가 있었어요.

☆ didn't you로 물었으므로 주어는 we, 동사는 과거 시제인 needed로 답했다.

(2) 현재시제의 질문은 미래로 대답하는 경우도 많다.

Q It's okay to leave my bag here, **isn't it?** 가방을 여기에 둬도 될까요?

A Yes, I'**ll** look after it. 네, 제가 봐드릴게요

B 부가의문문 빈출 구문 암기

(1) no ~ until + 시간

Q The service department is closed now, isn't it? 이제 서비스부가 문을 닫지 않았습니까?

A No, it's open **until 9.** 아니요, 9시까지 엽니다.

Q Isn't the company president retiring this year? 올해 사장님이 퇴직하시지 않습니까?

A No, **not until** next year. 아니요, 내년까지는 아닙니다.

(2) 동의 vs 반대: 동의할 때는 I think so, I hope so, I believe so 등으로, 반대할 때는 I don't think, I am afraid not 등으로 답한다.

Q You will be coming on that trip to New York, won't you? 뉴욕으로 오실건가요?

A Yes, **I hope so.** 네, 그러길 바랍니다.

Q This watch is water-proof, isn't it? 이 시계는 방수 아닙니까?

A **I believe it is.** 그렇습니다.

Q Aren't we having lunch with the new clients? 새로운 고객과 점심을 하지 않습니까?

A **I'm afraid** we had to cancel it. 유감이지만 취소해야 했습니다.

Ustar 출제포인트 시험에는 이렇게 나온다! **보기에 Yes/No가 둘 이상일 때**

문장이 평서문으로 시작할 때는 동사와 마지막 명사를 잘 들어야 한다. 보기에 Yes/No가 둘 이상 나오는 경우도 있으므로 놓치지 말고 잘 들어야 한다.

We can pay the fare on the bus, can't we?

(A) Yes, we can. (B) No, only by car. (C) Fairly recently.

■질문의 키워드는 can pay, fare으로 요금을 낼 수 있냐는 질문이다. 부가의문문이 can't we이니까 we can으로 받은 (A)가 답이다. (B) by car는 방법/수단을 묻는 의문문에 가능한 답이다. (C) fairly는 유사발음 오류이다.

■버스 안에서 요금을 낼 수 있습니까? (A) 네, 할 수 있습니다. (B) 아니요, 차로 갈 때만. (C) 꽤 최근에요.

You've been to Paris, haven't you?

(A) Yes, last summer. (B) No, it's in France. (C) We have two.

■어떤 장소에 가본 적이 있냐는 질문이므로 '가봤다(I have)/못 가봤다(I haven't)' 혹은 '풍경이 어땠다' 등이 답이 될 수 있다. (B)는 물건이나 사람의 위치에 대해 물어볼 때 가능한 답이다.

■파리에 가보셨죠, 안 그래요? (A) 네, 지난 여름에 가봤어요. (B) 아니요, 프랑스에 있어요. (C) 2개가 있어요.

Exercises

문제풀이 예제

Listen & Write 음성을 듣고 키워드 받아쓰기 호W 미M / 영M 미W

01 Q. ____________
(A) ____________
(B) ____________
(C) ____________

02 Q. ____________
(A) ____________
(B) ____________
(C) ____________

받아쓰기 예시: 01 the third door / isn't it (A) No / ordered one (B) No / down the hall (C) Yes / three weeks ago
02 new movie, haven't you (A) No, I haven't (B) I'll see you (C) I'll move

Look 스크립트 분석과 소거법

01 Ms. Benett's office is **the third door** on the right, **isn't it**?
(A) **No**, you **ordered one**. → 개수를 물었을 때 가능한 답
(B) **No**, it's farther **down the hall**.
(C) **Yes**, about **three weeks ago**. → 시간을 물었을 때 가능한 답

Ms. Benett의 사무실이 오른쪽 세 번째인가요?
(A) 아니요, 1개를 주문했습니다.
(B) 아니요, 복도 맨 끝에 있습니다.
(C) 네, 약 3주 전이었어요.

key 질문이 평서문으로 시작하기 때문에 뒷부분을 잘 들어야 한다. 위치를 묻고 있으므로 장소와 관련된 표현이 답이다. 보기에 모두 Yes/No가 등장할 때는 동사와 명사에 집중하자.

02 You've seen that **new movie, haven't you**?
(A) **No, I haven't** had time.
(B) **I'll see you** then. → seen과 동일한 동사 see를 사용한 오답
(C) **I'll move** the sofa over there tomorrow. → movie와 유사한 발음

새로 나온 그 영화 봤어요?
(A) 아니요, 시간이 없었어요.
(B) 그럼 내일 봐요.
(C) 내일 소파를 저리로 옮길 겁니다.

key 유사발음, 동일어휘가 나오는 보기는 거의 오답이므로 소거하자.

Step 1 Warm-up Test 음성을 듣고 빈칸을 채우고 알맞은 답변을 고르세요.

01 ________ in white shirt is ________, isn't it?
(A) ____, that's the ________. (B) In the ________ office. (C) I ______ black ____.

02 Mr. Fisher ______ recently, didn't ___?
(A) Yes, __'m _____. (B) ____, it arrived _____. (C) Yes, ________.

03 You haven't ______ the thank-you _____, have you?
(A) ____'re ________. (B) From ______. (C) No, ______.

04 Our ______ ________ this year, didn't they?
(A) ____ you in a few ______. (B) ____, I believe ___. (C) ___, ___ didn't tell ___.

05 You _____ to the company ______ last year, didn't you?
(A) I _____ it ____ night. (B) ____, I was on ________. (C) ____, I'm looking ________ to it.

Step 2 실전 TOEIC Test 실제 시험처럼 음성을 듣고 정답을 표시하세요.

01 Mark your answer. (A) (B) (C)
02 Mark your answer. (A) (B) (C)
03 Mark your answer. (A) (B) (C)
04 Mark your answer. (A) (B) (C)
05 Mark your answer. (A) (B) (C)

▶ 문제풀이 예제 정답: 01 (B) 02 (A)

▶ 정답 및 해설 p.95~97

부정의문문

MP3 File 2-32

Point

부정의문문은 평균 2~3문제 가량 출제가 된다. **부정의문문에서 not은 부정이 아니라 자신의 의견을 강조하는 표현**이다. 따라서 not이 없다고 가정하고 일반 의문문처럼 '주어가 ~한지, ~인지'의 여부를 판단하는 것이 핵심 포인트라 할 수 있다.

예제 Don't you work a late shift?

(A) You must go. (B) Another shipment. (C) No, not any more.

▶조동사 의문문은 보통 긍정/부정의 의견을 내놓아야 하기 때문에 Yes/No로 답한다.

●야간 교대근무 안 하세요? (A) 당신이 가야 합니다. (B) 다른 선적입니다. (C) 아니요, 더 이상은 아닙니다. 정답 (C)

A 부정의문문 답변의 특징

(1) 질문의 주어와 동사를 일치시킨다.

Q **We don't have to sign up** for the workshop, do we? 우리가 워크숍에 신청할 필요 없죠?

A Yes, we **do**. 네, 우리 신청해야 합니다.

Q **You won't be late** for the awards ceremony, will you? 수상식에 안 늦을 거죠, 그렇죠? → 늦을 건가요?

A No, **I'll be** there on time. 아뇨, 제 시간에 도착할 겁니다. ☆ 질문의 you는 I나 we로 답한다.

(2) Yes/No로 답한 뒤에는 주로 관련 설명이 붙는다.

Q Didn't Miss Kelly call a taxi for us? Kelly 씨가 택시를 부르지 않았나요?

A **Yes, it should be here shortly.** 네, 곧 도착할 겁니다.

Q Aren't the new software programs going to be installed today? 오늘 새 소프트웨어 프로그램 설치하기로 되어 있지 않나요?

A **No, they're a little behind schedule.** 아뇨, 일정에서 조금 늦게 됩니다.

B 부정의문문의 문제풀이 시 유의 사항

(1) 질문에 not이 있든 없든 긍정이면 Yes, 부정이면 No로 답한다: 우리말은 '~안 했어요?'라는 질문에 '네, 안 했는데요.'라고 답할 수 있지만 영어에서는 Yes, I didn't.와 같이 말하지 않는다. 했으면 Yes, I did.이고, 안 했으면 No I didn't.인 것이다.

Q **Did you** bring an umbrella? 우산을 가져오셨어요?

A **Yes, it**'s in the car. 네, 차에 있어요.

Q **Hasn't** it stopped raining yet? 비가 그치지 않았나요?

A **No, it hasn't.** 아뇨, 아직.

(2) 부정의문문은 조동사와 상관없이 뒤의 동사와 명사를 중점적으로 듣는다: Be동사/조동사 의문문은 주로 Yes/No로 답하지만 보기에 Yes/No 답변이 둘 이상 등장하는 경우도 많다. 따라서 반드시 질문의 동사와 마지막 명사를 기억해 질문과 보기의 내용상 일관성을 찾아야 한다.

Q **Isn't it sunny outside**? 밖은 화창하지 않나요?

A **Yes, the clouds are gone.** 네, 구름이 사라졌습니다.

Ustar 출제포인트 시험에는 이렇게 나온다! **Yes/No 없이 답이 되는 경우**

Q Wouldn't you rather take a taxi? 택시를 타는 게 낫지 않나요?

A **I'd prefer to walk.** 걸어가는 게 더 좋습니다.

Q Don't you have to send the package today? 오늘 소포를 보내야 되지 않나요?

A **Jane's going to do it.** Jane이 할 것입니다.

Don't you work on the research and development team?

(A) An upcoming tournament. (B) They didn't send it yet. (C) Yes, I was recently hired.

문제풀이 전략

Step 1_ 부정의문문으로 시작하는 문장은 뒤의 동사와 명사를 중점적으로 듣는다.

Step 2_ 동사가 work이고 뒤에 부서명이 나오기 때문에 그 부서에서 일하는가를 답해야 한다.

Step 3_ Yes/No 뒤의 부가 설명이 질문의 내용과 이어져야 한다.

■(A)는 What 의문문에 가능한 답변이며, (B) Did they ~? 등으로 물어볼 경우에 답이 된다.

■연구개발팀에서 일하지 않나요? (A) 다가오는 대회예요. (B) 그들은 아직 보내지 않았어요. (C) 네, 최근에 고용되었어요.

Exercises

문제풀이 예제

Listen & Write 음성을 듣고 키워드 받아쓰기 호W 미M / 영M 미W

01 Q. ____________
(A) ____________
(B) ____________
(C) ____________

02 Q. ____________
(A) ____________
(B) ____________
(C) ____________

받아쓰기 예시: 01 Didn't you read / memo (A) Mr. Johnson (B) they will (C) I read
02 Didn't you order / last week (A) Yes / delivered yesterday (B) this way (C) Use this room

Look 스크립트 분석과 소거법

01 **Didn't you read** the **memo** the director sent?
(A) It is **Mr. Johnson**. → Who 의문문에 가능한 답변
(B) Yes, **they will**. → 질문에 they will이 언급되지 않았다.
(C) **I read** it yesterday.

이사가 보낸 메모를 읽지 않으셨습니까?
(A) Mr. Johnson입니다.
(B) 네, 그들이 할 겁니다.
(C) 어제 읽었습니다.

key 부정의문문은 뒷부분에 집중하자. 질문의 핵심은 memo를 읽었는가이다.

02 **Didn't you order** more computers **last week**?
(A) **Yes**, they were **delivered yesterday**.
(B) It should be **this way**. → How나 Which 의문문에 가능한 답변
(C) **Use this room** instead. → Where 의문문에 가능한 답변

지난주에 컴퓨터를 더 주문하지 않았나요?
(A) 네, 어제 배달됐어요.
(B) 이 길이 분명해요.
(C) 대신 이 방을 쓰세요.

key 질문에서 궁금한 것은 주문했는지(order) 여부이다.

Step 1 Warm-up Test 음성을 듣고 빈칸을 채우고 알맞은 답변을 고르세요.

01 ________ you _____ a ______ to sit down?
(A) _____, the theater is ____. (B) Just ______ it over ______. (C) It's an __________ in ______.

02 _____ is the entire _______, isn't it?
(A) _____, I'm _____. (B) ____, one _______ is missing. (C) Could you _____ me a _____?

03 Mckesson ________ higher ________ this year, didn't _____?
(A) ________ a decade _____. (B) ____ tall ________. (C) _____, according to the __________.

04 ______ you already _____ him the ________?
(A) I hope you'll _____ in ________. (B) It's _______ the post ______.
(C) _____, but this one has been _______.

05 _______ _____ Howard __________ to a ________ department?
(A) ____, he just has a ________. (B) ____ changes _______ there. (C) ___'s a rental ________.

Step 2 실전 TOEIC Test 실제 시험처럼 음성을 듣고 정답을 표시하세요.

01 Mark your answer. (A) (B) (C)
02 Mark your answer. (A) (B) (C)
03 Mark your answer. (A) (B) (C)
04 Mark your answer. (A) (B) (C)
05 Mark your answer. (A) (B) (C)

▶ 문제풀이 예제 정답: 01 (C) 02 (A)

▶ 정답 및 해설 p.97~99

Yes/No로 답하지 않는 부가/부정의문문

MP3 File 2-33

Point

대답 자체에 Yes/No의 의미나, 관련 설명 또는 다음 행동의 제시가 포함된 경우에는 굳이 Yes나 No로 답하지 않는다.

The show begins at 9, doesn't it?

(A) Yes, it is mine. (B) The ending was great. (C) The time should be in the brochure.

▶(A)는 Yes로 시작하지만 질문과 상관없는 내용이고 (B)는 How 의문문에 어울리는 답변이다. 공연의 시작 시간을 묻는 질문에 안내 책자에 있을 것이라는 (C)가 답이다.

●공연이 9시에 시작되지 않나요? (A) 네, 그것은 제 겁니다. (B) 마지막 장면이 최고였죠. (C) 안내 책자에 공연 시간이 적혀 있을 것입니다.

정답 (C)

A 부가의문문에 Yes/No로 답하지 않는 답변 유형

(1) 질문의 내용을 반복하지만 유사발음은 쓰지 않는다.

Q Haven't you **found someone** to replace the Human Resources director yet? 인사부장직을 대신할 사람 찾지 않으셨어요?

A We finally **hired one** last week. 마침내 지난주에 채용했어요.

Q We have until noon to **submit** our time sheets, don't we? 근무 기록표를 정오까지 제출하면 되지 않나요?

A Actually, they were **due** an hour ago. 실은 1시간 전에 마감이었습니다.

(2) Yes/No로 직접적으로 대답하기 보다는 질문과 관련된 추가설명으로 답한다.

Q Isn't Bobby coming with us for lunch? Bobby는 우리와 같이 점심식사를 하러 가지 않나요?

A **She is out sick today.** 오늘 병가를 냈어요.

Q The mechanic left his tools, didn't he? 정비공이 연장을 두고 가지 않았습니까?

A **They look like his.** 그의 것처럼 보입니다.

Q You haven't seen the newspaper, have you? 신문을 보지 않으셨습니까?

A **I thought you had it.** 당신이 가지고 있다고 생각했습니다.

Q Those files doesn't belong in that drawer, do they? 그 파일들은 그 서랍에 넣어두는 게 아니지 않나요?

A **Oh, we rearranged everything.** 아, 우리가 모두 다시 정리했습니다.

(3) 질문에 대한 다음 행동을 제시한다.

Q You are going to apply for the position, aren`t you? 그 직책에 지원하지 않으시겠습니까?

A **I'm sending the application today.** 오늘 지원서를 보낼 겁니다.

Q Shouldn't you go see a doctor about your flu? 독감 때문에 병원에 가셔야 하지 않을까요?

A I **made an appointment for tomorrow**. 내일 예약해 놨어요.

(4) '몰랐다', '잊어버렸다', '시간이 없었다' 등은 No를 대신할 수 있는 답이다.

Q Didn't you cancel the lunch interview? 점심 면접을 취소하지 않았습니까?

A **Oh, I forgot to.** 잊었습니다.

Ustar 출제포인트 시험에는 이렇게 나온다! I am looking forward to it

미래의 일정을 묻는 질문에 Yes 대신 '저도 고대하고 있습니다'라고 우회적으로 답하는 경우도 많다.

Q Don't you want to go to the client's banquet? 고객 연회에 가고 싶지 않습니까?

A **I am looking forward to it.** 기대하고 있습니다.

You're flying to Tokyo at noon, aren't you?

(A) I'm trying to find a newspaper. (B) I'm looking forward to it. (C) Have a good trip.

문제풀이 전략

Step 1_ aren't you로 끝난 부정의문문이다.

Step 2_ 부정의문문처럼 의문사 없이 시작하는 의문문은 동사와 마지막 명사를 잘 들어야 한다.

Step 3_ fly, Tokyo 등의 키워드로 미루어 '간다/가지 않는다' 등의 답을 기대할 수 있다.

■(A)는 유사발음 오류이자 What 의문문에 가능한 답변이고 (C)는 I will fly ~인 경우 가능한 답이다. 미래의 일정을 묻고 있고 부가의문문이 aren't you이므로 답변의 주어는 I나 We로 시작해야 한다.

■정오에 비행편으로 도쿄에 가시죠? (A) 신문을 찾는 중입니다. (B) 기대하고 있습니다. (C) 즐거운 여행 되세요 .

Exercises

문제풀이 예제

Listen & Write 음성을 듣고 키워드 받아쓰기 미W 영M / 호W 미W

01 Q. ______	02 Q. ______
(A) ______	(A) ______
(B) ______	(B) ______
(C) ______	(C) ______

받아쓰기 예시: 01 who can help me (A) Gloria (B) He (C) before the presentation
02 the man who / walked in (A) have it (B) At / entrance (C) new accountant

Look 스크립트 분석과 소거법

01 Do you know **who can help me** prepare the presentation?
(A) Probably **Gloria**. She conducted it last year.
(B) **He** bought a new projector. → 질문에 Mr.가 없으므로 He는 오답
(C) The participants will be there **before the presentation**.
→ When 의문문에 가능한 답변

제 프레젠테이션 준비를 도와줄 만한 사람 아세요?
(A) 작년에 그것을 했으니까 아마 Gloria가 도와줄 수 있을 거예요.
(B) 그는 새로운 프로젝터를 샀어요.
(C) 참가자들은 프레젠테이션 전에 거기 올 겁니다.

key 간접의문문은 중간에 등장하는 Wh-의문사에 맞춰서 답한다.

02 Do you know **the man who** just **walked in**?
(A) Brian doesn't **have it**.
→ 걸어들어온(walked in) 남자(the man)의 정체를 묻는 질문에 have it이란 답변은 적절치 않다.
(B) **At** the front **entrance**. → Where 의문문에 가능한 답변
(C) That's the **new accountant**.

방금 들어온 남자 아세요?
(A) Brian은 그것을 가지고 있지 않아요.
(B) 정문에서요.
(C) 새로 온 회계사입니다.

key 중간에 who가 등장하므로 사람이름, 직위, 직업 등과 관련된 내용에 집중해야 한다.

Step 1 Warm-up Test 음성을 듣고 빈칸을 채우고 알맞은 답변을 고르세요.

01 Excuse me, ______ can I ______ the express ______?
(A) ___ Avon. (B) ___ twenty ______. (C) ______ five.

02 Do you ______ ______ this telephone ______?
(A) ____. It's very ______. (B) ___ already ______. (B) ___'s not too ______.

03 Do you ______ ______ the auto parts haven't ______?
(A) There was a ______ at the ______. (B) I don't ______ they've ______.
(C) ____ ______ on Tuesday.

04 Do you ______ ______ ______ at this desk?
(A) ______ and on the ______. (B) Our new ______. (C) The ______ is full ______.

05 Excuse me, is this ______ ______?
(A) ____, I ______. (B) ______, it is. (C) ______ have ______.

Step 2 실전 TOEIC Test 실제 시험처럼 음성을 듣고 정답을 표시하세요.

01 Mark your answer. (A) (B) (C)
02 Mark your answer. (A) (B) (C)
03 Mark your answer. (A) (B) (C)
04 Mark your answer. (A) (B) (C)
05 Mark your answer. (A) (B) (C)

▶ 문제풀이 예제 정답: 01 (A) 02 (C)

▶ 정답 및 해설 p.100~102

LESSON 2 평서문 기본형

MP3 File 2-35

Point

평서문은 문장의 시작에 의문사나 조동사 없이 어떤 사실을 말하는 문장이다. 평서문에 대한 **답변은 주로 '동의'나 '맞장구' 혹은 '다음 행동을 제시'하는 것이 등장**한다. 특히 맞장구, 감탄, 동의 등의 표현들은 따로 모아 그때그때 암기해두는 것이 좋다.

I ride my bike a lot.

(A) You should ride back. (B) I think we look alike. (C) That's good exercise.

▶사실을 말하는 평서문으로 동의, 맞장구의 답변인 (C)가 답이 된다. (A)는 동일어휘 반복의 오류, (B)는 유사발음 오류이다. 동의, 맞장구에 해당하는 〈That's + 의견〉의 표현들을 많이 익혀두자.

●저는 자전거를 자주 탑니다. (A) 차로 돌아가셔야 합니다. (B) 우리가 닮은 것 같습니다. (C) 좋은 운동입니다. 정답 (C)

A 평서문의 빈출 답변 유형

(1) 동의/맞장구에 자주 쓰이는 표현은 so, too, either, neither, 〈That's + 의견〉 등이다

Q I haven't heard from John in weeks. 몇 주 동안 John으로부터 소식을 듣지 못했어요.
A **Neither have I.** 저도 못 들었어요.

Q I try to go jogging every morning. 저는 아침마다 조깅하려고 해요.
A **So do I.** 저도 그래요

Q Maybe we should make a reservation ahead of time. 아마 우리 미리 예약해야 할 겁니다.
A Yes, **that's a good idea.** 네, 좋은 생각이에요.

(2) 다음 행동을 제시하는 표현에는 Let's ~, You should ~, I will ~ 등이 있다.

Q I have too many e-mail messages in my inbox. 제 받은 편지함에 이메일이 너무나 많습니다.
A **You should delete some.** 일부를 지워야 합니다.

Q I can't open this window ledge. 창턱을 열수 없습니다.
A **Let me take a look.** 제가 한번 볼게요.

Q Something seems to be wrong with my computer. 제 컴퓨터에 무슨 문제가 있는 거 같습니다.
A **Maybe I can help you.** 아마도 제가 도와줄 수 있을 겁니다.

Q It's really cold. 정말 춥네요.
A **Why don't you get your jacket?** 재킷을 입으시는 게 어때요?

B 평서문의 최다 빈출 답변 I will ~(내가 ~해줄게)

Q The copier's run out of paper. 복사기의 용지가 다 떨어졌어요.
A **I'll** get some from the cabinet. 제가 캐비닛에서 가져올게요.

Q My library book is due today. 제 도서 대여 기간이 오늘이 마감입니다.
A **I will** drop it off for you. 제가 가져다 놓을게요.

Q I don't know how to operate this printer. 이 프린터를 어떻게 쓰는 건지 모르겠네요.
A Here, **I'll** show you. 제가 가르쳐 드릴게요.

Ustar 출제포인트 시험에는 이렇게 나온다! I thought/I was going to/I was supposed to/I was hoping

'~인 줄 알았다', '~하려 했다'는 일종의 가정으로 결국 '~이 아니다', '~하지 못했다'는 의미이다.

Q We'd better leave for the restaurant by 7. 7시까지는 식당으로 출발해야 해요.
A **I was planning to** do that. 그러려고 했습니다.

Q **I thought** you'd already left for Tokyo. 도쿄로 이미 떠나셨다고 생각했어요.
A My trip was canceled. 출장이 취소되었습니다.

This dishwasher should probably be replaced.
(A) Oh, I was hoping you could fix it. (B) The dry cleaner is on Spring Street. (C) I placed it on the counter.

문제풀이 전략
Step 1_ should(~해야만 한다)가 있는 명령의 평서문으로 ① '그렇게 하겠다'는 미래형, ② '~인 줄 알았다'는 과거형이 답이다.
Step 2_ I was hoping(~이길 바랐다)은 결국 '하지 못했다'는 의미이다.

■이 식기세척기는 교체해야겠어요. (A) 당신이 고칠 수 있을 줄 알았어요. (B) 세탁소는 Spring가에 있어요. (C) 그것을 카운터에 놓았어요.

Exercises

문제풀이 예제

Listen & Write 음성을 듣고 키워드 받아쓰기 [미W] [영M] / [미M] [호W]

01 Q. ____________	02 Q. ____________
(A) ____________	(A) ____________
(B) ____________	(B) ____________
(C) ____________	(C) ____________

받아쓰기 예시: 01 Maybe we should extend (A) near the bank (B) Okay, let's (C) No / attend
02 Everyone seems to like (A) That seems (B) Yes, it's / well (C) In the cabinet

Look 스크립트 분석과 소거법

01 **Maybe we should extend** the deadline.
(A) It's **near the bank**. → Where 의문문에 가능한 답변
(B) **Okay, let's** do that.
(C) **No**, we didn't **attend**. → attend는 유사발음 오답

아마 우리는 마감일을 연장해야 할 겁니다.
(A) 은행 가까이에 있습니다.
(B) 좋습니다. 합시다.
(C) 아니요, 참석 못했습니다.

key should(~해야만 한다)에 동의하는 표현인 Okay, let's ~가 답이 된다.

02 **Everyone seems to like** our new product.
(A) **That seems** like a good idea. → seems는 동일어휘 반복 오답
(B) **Yes, it's** selling very **well**.
(C) **In the cabinet** on the right. → Where 의문문에 가능한 답변

모두가 우리 신제품을 좋아하는 것 같습니다.
(A) 좋은 아이디어 같은데요.
(B) 네, 아주 잘 팔립니다.
(C) 오른쪽 캐비닛 안에요.

key 사실을 말하는 문장에는 보통 동의나 맞장구 등이 답이 된다.

Step 1 Warm-up Test 음성을 듣고 빈칸을 채우고 알맞은 답변을 고르세요.

01 My ________ is ___ the other _____ of town.
(A) Both ______ of the ______. (B) I don't _____ _____ not. (C) You _______ take a _____.

02 This _______ needs to be _________ on other paper.
(A) The works at the __________. (B) I don't _____ the __________.
(C) I'll ______ I can find ______.

03 I've ______ ______ to London.
(A) _______ have I. (B) On _______. (C) ______ was that?

04 The registration ________ need to be _____ out __________.
(A) ____, I've already _______ them. (B) I'll _________ of it. (C) ____ went the other _____.

05 It looks like I ____ my mobile _______ in the office upstairs.
(A) ____, I don't __________. (B) It does _____ _______. (C) I'll _____ for you to ____ it.

Step 2 실전 TOEIC Test 실제 시험처럼 음성을 듣고 정답을 표시하세요.

01 Mark your answer. (A) (B) (C)

02 Mark your answer. (A) (B) (C)

03 Mark your answer. (A) (B) (C)

04 Mark your answer. (A) (B) (C)

05 Mark your answer. (A) (B) (C)

▶ 문제풀이 예제 정답: 01 (B) 02 (B)

▶ 정답 및 해설 p.102~104

LESSON 3 평서문 난이도형 (1)

MP3 File 2-36

Point

평서문의 **최근 출제 유형은 관련 내용에 대한 질문 또는 부가 설명으로 답하는 형태**이다.

예제 I think we should advertise the open position on the Internet.
(A) On which web sites? (B) To marketing department.

▶(A)는 상대의 말에 추가 정보를 묻는 반문 형태로 답한 적절한 대답이다. (B)는 Where 의문문에 가능한 답변이다.
●인터넷에 구인광고를 내야 할 것 같아요. (A) 어느 웹사이트에요? (B) 마케팅부에요. 정답 (A)

A 사실/의견에 대한 답변 유형

(1) 추가 질문으로 답하는 유형

Q The copier will be repaired tomorrow. 복사기는 내일 수리될 거예요.
A **Is there another one available?** 사용할 수 있는 다른 것이 있습니까?

Q I am on my way to the international conference in Paris. 파리에서 열리는 국제 컨퍼런스에 가는 길입니다.
A **How long will you be gone?** 얼마나 오래 가 있을 겁니까?

Q I've been asked to transfer to the headquarters. 본사로 자리를 옮기라고 하더군요.
A **When are you going?** 언제 갑니까?

(2) 관련 설명을 덧붙이는 답변 유형

Q That shipment of office supplies should arrive today. 사무용품이 오늘 도착할 겁니다.
A **Good, we are almost out of envelopes.** 잘됐네요. 봉투가 거의 다 떨어졌습니다.

Q The procedure for handling complaints is a little confusing. 불만을 처리하는 과정이 약간 혼란스럽습니다.
A **It's due to be revised soon.** 곧 수정될 것입니다

Q That was the best film I've seen in years. 몇 년 동안 본 영화 중 최고입니다.
A **I wonder why the reviews were so negative.** 논평이 왜 그렇게 부정적인지 궁금합니다.

Q The shopping district is always very crowded in the evening. 그 쇼핑가는 저녁에 항상 아주 붐빕니다.
A **Yes, but the prices are good.** 네, 그렇지만 가격이 저렴합니다.

B 요청/제안/부탁에 답하는 유형

사실이나 의견, 감정 등을 말하는 유형 외에 빈출되는 평서문은 요청, 제안, 부탁의 표현이다. 답변은 주로 기꺼이 요청이나 부탁을 들어주겠다는 승낙, 자세한 정보를 묻는 반문, 정중한 거절의 형태로 등장한다.

(1) 기꺼이 부탁이나 요청을 들어주겠다는 답변

Q Please let Mr. Cohen know that I came by. Cohen 씨에게 제가 왔었다고 알려주세요.
A **I'll tell him.** 전해드리겠습니다.

Q I'd like to cancel a reservation please. 예약을 취소해 주세요.
A **I can help you with that.** 제가 도와드릴게요. / **May I have your name, please?** 성함이 어떻게 되시죠?

(2) 요청에 응하기 위해 좀 더 자세한 정보를 묻는 반문 답변

Q I wish I knew the fastest way to get to the airport. 공항으로 가는 가장 빠른 길을 알았으면 합니다.
A **Have you tried taking highway 68?** 68번 고속도로를 타보셨습니까?

Ustar 출제포인트 시험에는 이렇게 나온다! **빈출 평서문 표현은 상점에서!**

평서문으로 묻고 답하는 형태는 특히 상점에서 사용하는 표현들이 자주 출제된다.

Q **I'm looking for** a monitor to use with my computer. 제 컴퓨터에 사용할 모니터를 찾고 있어요.
A **Do you have a specific brand in mind?** 특정한 브랜드를 생각하고 있으십니까?

Q **I'd like to purchase** these postcards. 이 엽서들을 사고 싶습니다.
A **That'll be $12, please.** 12달러입니다.

Q **I'm looking for** a volunteer to clear the storage room. 자원해서 창고를 치울 사람을 찾고 있어요.
A **I can help with that.** 제가 도와 드리겠습니다.

Q **We have** this T-shirt in large and extra large. 이 셔츠는 라지와 엑스트라라지 사이즈가 있어요.
A The large **should be** big **enough.** 라지 사이즈면 충분할 겁니다.

Exercises

문제풀이 예제

Listen & Write 음성을 듣고 키워드 받아쓰기 미W 영M / 미M 미W

01 Q. ________________	02 Q. ________________
(A) ________________	(A) ________________
(B) ________________	(B) ________________
(C) ________________	(C) ________________

받아쓰기 예시: 01 You can use / computer (A) Thanks, but (B) two months ago (C) between noon and one
02 The copier isn't working (A) need more paper (B) It's the third time (C) copies

Look 스크립트 분석과 소거법

01 **You can use** my **computer** while I'm at lunch.
(A) **Thanks, but** mine's working again.
(B) Yes, I bought mine **two months ago**.
→ 질문에는 시간에 관한 언급이 없다.
(C) Usually **between noon and one**. → When 의문문에 가능한 답변

key 평서문의 내용 중에 시간/장소/사람 등 어느 것이 핵심인지를 파악하자.

제가 점심 먹는 동안 제 컴퓨터를 사용하셔도 돼요.
(A) 감사합니다만, 제 것이 다시 작동하네요.
(B) 네, 2달 전에 제 것을 샀습니다.
(C) 보통 정오에서 1시 사이입니다.

02 **The copier isn't working** properly.
(A) We **need more paper**. → Why 의문문에 가능한 답변
(B) **It's the third time** this week.
(C) I will be making **copies** of that. → copies는 유사발음 오답

key (A)는 복사기와 관련된 paper를 언급했고, (C) 역시 copier와 유사발음인 copies로 오답을 유도하고 있다.

복사기가 제대로 작동이 안 됩니다.
(A) 우리는 종이가 더 필요합니다.
(B) 이번 주 들어 세 번째네요.
(C) 제가 그걸 복사할 거예요.

Step 1 Warm-up Test 음성을 듣고 빈칸을 채우고 알맞은 답변을 고르세요.

01 The last ________ was very ________.
(A) ____, this is the ____ one. (B) The ____ one should be even ____.
(C) ______ in half an ____.

02 I think you ______ ____ until ________ before buying a new apartment.
(A) Will it be ________ _____? (B) _____ than a year ____. (C) ____, there is one ________.

03 I _____ ________ of this document by ________.
(A) ______ should I _____ them for you? (B) _____'s the group _____?
(C) ____, it wasn't very ____.

04 _____ left onto Queens _____.
(A) ___ that the next _____? (B) The _____ on the _____. (C) I ______ it in ________.

05 ____ many ________ are going to the company _____.
(A) We'll _____ one _____. (B) _____ has them ______. (C) ______ we ________ the date?

Step 2 실전 TOEIC Test 실제 시험처럼 음성을 듣고 정답을 표시하세요.

01 Mark your answer. (A) (B) (C)
02 Mark your answer. (A) (B) (C)
03 Mark your answer. (A) (B) (C)
04 Mark your answer. (A) (B) (C)
05 Mark your answer. (A) (B) (C)

▶ 문제풀이 예제 정답: 01 (A) 02 (B)

▶ 정답 및 해설 p.104~105

평서문 난이도형 (2) – 구어체 답변들

MP3 File 2-37

Point

최근 평서문은 4문제까지 출제되고 있기 때문에 **평소 다양한 평서문 질문과 답변들을 미리 분석해두는 것이 중요**하다. 특히 난이도가 높은 구어체 표현들은 자주 나온 문제와 답을 미리 암기해두어야 한다.

I think we should hire Mr. Harris.
(A) About a week ago. (B) Not much higher than that.
(C) Unfortunately, he withdrew his application.

▶의견을 말하는데 (A)는 시간을 묻는 질문에 대한 답변이고, (B)는 유사발음 오류이다. 정답 (C)

●Harris 씨를 고용해야 된다고 생각합니다. (A) 일주일 전에요. (B) 그것보다 높지 않아요. (C) 유감스럽게도 그는 지원을 철회했습니다.

A 구어체 빈출 답변 유형

(1) 위로

몸이 아프거나 물건이 고장 났다거나 하는 문제점을 언급할 경우 상대에게 동감이나 위로, 또는 '~하라'는 대안이 답이 된다.

Q I've been coughing all day. 저 오늘 하루 종일 기침을 하네요.
A **I'm sorry, you're not feeling well.** 당신이 몸이 안 좋아서 유감입니다.

Q My car is in the garage, so I can't drive it to the airport tomorrow. 제 차가 정비소에 있어서 내일 공항까지 갈 수 없어요.
A **I'll call Kevin for a ride.** Kevin에게 태워달라고 전화할게요.

(2) 반문

최근 가장 난이도가 높은 유형은 반문하거나 질문에 대한 직접적인 답이 아닌 관련 정보를 추가로 질문하는 형태이다.

Q I'd like to see last year's sales figures. 작년 매출수치를 보고 싶습니다.
A **Would you like me to print you a copy?** 한 부 인쇄해 드릴까요?

Q Turn at the next traffic lights. 다음 신호등에서 꺾어주세요.
A **Do I go left or right?** 왼쪽으로 가야합니까, 오른쪽으로 가야합니까?

(3) 뉴스나 정보 전달에 대한 감사 인사

Q Mr. Allen is standing right over there. Allen 씨는 바로 저기에 서 있습니다.
A **Thanks, I'll go introduce myself.** 고맙습니다. 가서 제 소개를 하겠습니다.

Q I'm taking the day off tomorrow. 저는 내일 하루 쉽니다.
A **Oh, thanks for letting me know.** 아, 알려주셔서 감사합니다.

B 평서문으로 요구/제안을 하는 유형

일반적으로 요구/제안은 Would you like ~?, Why don't you ~? 등으로 질문하지만 Please, should, need 등의 표현을 이용하여 평서문으로도 요청할 수 있다.

Q **We should** tell Bill when we expect to arrive. 우리가 언제쯤 도착하는지 빌에게 알려야 합니다.
A Okay, I'll call him now. 좋습니다. 지금 그에게 전화하겠습니다.

Q **Please** show your identification as you enter the building. 건물에 들어올 때 신분확인증을 보여주세요.
A Okay, let me get it from my bag. 가방에서 꺼낼게요.

Ustar 출제포인트 시험에는 이렇게 나온다! 평서문에서 보기에 no나 유사발음/동일어휘가 들리면 오답!

Let's not leave until the rain stops.
(A) It stops at the corner. (B) Yes, let's wait. (C) Just leave it here.

▪(A)의 stop과 (C)의 leave는 동일어휘 반복의 오답이다.
▪비가 멈추면 출발하지요. (A) 모퉁이에 멈춥니다. (B) 네, 기다립시다. (C) 그냥 여기에 두세요.

I'm available at noon if you'd like to meet then.
(A) No, I haven't deleted them. (B) Let's make it one o'clock instead. (C) No, we haven't met yet.

▪(A)와 (C)의 No는 일반적으로 평서문 질문의 답이 될 수 없다.
▪정오에 시간이 있다면 그때 만날 수 있습니다. (A) 아니요, 지우지 않았습니다. (B) 대신 1시로 합시다. (C) 아니 아직 만나지 못했습니다.

Exercises

문제풀이 예제

Listen & Write 음성을 듣고 키워드 받아쓰기 미W 영M / 미M 미W

01 Q. ____________
(A) ____________
(B) ____________
(C) ____________

02 Q. ____________
(A) ____________
(B) ____________
(C) ____________

받아쓰기 예시: 01 The theater / remodeled (A) I know (B) I haven't picked (C) on Maple Street
02 You will receive / first paycheck (A) I did / first (B) I'd better (C) She

Look 스크립트 분석과 소거법

01 **The theater** on Western Avenue has been **remodeled**.
(A) **I know**. I saw a play there last week.
(B) **I haven't picked** up a design yet.
→ Did you ~?나 Which 의문문에 가능한 답변
(C) Turn left **on Maple Street**. → Where 의문문에 가능한 답변

이스턴가에 있는 극장이 개조되었어요.
(A) 알아요. 지난주에 거기서 연극을 봤어요.
(B) 아직 디자인을 못 골랐어요.
(C) Maple가에서 좌회전하세요.

key 평서문에 대해 '나도 알고 있다'는 식의 맞장구는 항상 답이 된다.

02 **You will receive** your **first paycheck** next week.
(A) **I did** that **first**. → first는 유사발음 오답
(B) **I'd better** open a bank account then.
(C) **She** is a cashier. → 질문에 Miss가 언급되지 않아 오답

다음 주에 첫 봉급을 받을 거예요.
(A) 제가 그것을 먼저 했어요.
(B) 그때 은행구좌를 여는 게 좋겠어요.
(C) 그녀는 출납원이에요.

key 평서문에서 다음 행동을 제시하는 I'd better ~는 빈출 정답 표현이다.

Step 1 Warm-up Test 음성을 듣고 빈칸을 채우고 알맞은 답변을 고르세요.

01 The heating ______ in my flat's ______.
(A) Okay, we'll ____ a ______ person. (B) ____, your ____ looks great. (C) ____ what ______?

02 The ______ is really ______ this morning.
(A) Use a ________ to ____ it. (B) ____ as ____ as it ____ last week.
(C) ____, ____'s coming this ________.

03 The parking ____ is seven ______ an hour.
(A) I like ______ through the _____. (B) ____ the sign says it ______ four. (C) In half ______.

04 I'll be ____ coming into _____ today.
(A) I'll ____ the _____ know. (B) ____'re not _____. (C) ____'s ____ there.

05 Carol's quite ________ about the __________ to manager.
(A) ____'s ask the ________. (B) ____'s ________ hard for it. (C) ____, ______ do.

Step 2 실전 TOEIC Test 실제 시험처럼 음성을 듣고 정답을 표시하세요.

01 Mark your answer. (A) (B) (C)
02 Mark your answer. (A) (B) (C)
03 Mark your answer. (A) (B) (C)
04 Mark your answer. (A) (B) (C)
05 Mark your answer. (A) (B) (C)

▶ 문제풀이 예제 정답: 01 (A) 02 (B)

▶ 정답 및 해설 p.105~107

Chapter 12

I don't know 및 반문 답변

MP3 File 2-38

★ 주요 출제 패턴

1. '(나는) 모르겠다'는 사실상 Part 2의 모든 질문에 답이 될 수 있다.

Q: Who is the manager? 매니저가 누구죠? / Where is the meeting? 회의장소가 어디죠? /
How can I get there? 거기 어떻게 가면 돼요?
A: I don't know. / I have no idea. 모르겠어요.

2. 단순히 '모르겠다'가 아니라 다음과 같이 돌려서 말하기도 하니 반드시 암기해두자.

① I'm not sure. 확실하지 않아요.. / Nobody knows. 아무도 몰라요. / I wish I knew. 저도 알았으면 좋겠어요.
② 어떤 사안이나 계획이 '아직 결정되지 않았다'는 결국 모른다는 말이다.
③ '물어보겠다', '알아보겠다', '~에게 물어봐라' 등도 I don't know 답변의 다른 형태이므로 암기해두자.

3. 상대에게 확인하거나 추가 정보를 묻는 답변을 찾아라!

Part 2에서는 반문 형태의 답변을 찾는 문제가 가장 난이도가 높다. 승낙이나 요청에 응하거나 거절하는 답변 외에 이미 암묵적으로 동의한 상태에서 반문하는 경우이다. 실제로 반문이 보기에서 들렸을 때는 약 80%의 정답률을 보이고 있다. 문제를 풀 때는 오답부터 소거하고 추가 정보를 묻는 보기가 있는지 확인하라! 평서문의 경우는 반문이 주로 답이 된다.

★ 이렇게 풀어라! 문제풀이 전략

1. Part 2에서 '모르겠다'는 답변은 항상 정답이 된다.

어떤 의문사로 질문하든 간에 '모르겠다', '기억이 안 난다'는 식의 답변은 답이 될 수 있다. 따라서 질문의 의도를 이해하지 못했더라도 보기에 이러한 종류의 답변이 나오면 정답으로 선택하자.

Why did Ms. Lewis leave the company? (A) She left early on Monday. (B) She enjoys having company. (C) I didn't know that she had.	Lewis 씨는 왜 회사를 그만뒀습니까? (A) 그녀는 월요일 일찍 떠났습니다. (B) 그녀는 친구와 있는 것을 좋아합니다. (C) 그녀가 그만두었는지 몰랐습니다.

해설 (A)의 left와 (B)의 company는 유사하거나 동일한 어휘가 반복 등장하여 혼동을 유발한 오답이다. '몰랐다'는 내용의 (C)가 답이 된다.

2. '제3자가 알 것이다', '제3자에게 물어봐라'도 항상 답이 된다.

Who brought this cake? (A) Of course not. (B) Melissa might know. (C) I'll bring them.	누가 이 케이크를 가져왔나요? (A) 당연히 아닙니다. (B) Melissa가 알 것입니다. (C) 제가 가져 올 것입니다.

해설 누구냐고 물었는데 (A)처럼 답할 수는 없다. 과거형의 질문에 미래형은 답이 될 수 없으므로 (C)도 오답이다. 제3자가 알 것이라고 한 (B)가 답변으로 가장 적절하다.

3. '확인해보겠다'도 항상 답이 된다.

I will check, Let me check, I will ask, Let me ask 등 '확인해보겠다' 역시 보기에 등장하면 정답으로 선택하자.

Can you reschedule the briefing for Thursday or Friday? (A) Yes, last week. (B) It didn't last long at all. (C) Let me check.	브리핑 일정을 목요일이나 금요일로 바꾸시겠어요? (A) 네, 지난주에요. (B) 오래 지속되지 않았어요. (C) 확인해볼게요.

해설 조동사로 시작한 의문문이라고 반드시 Yes/No로 대답하는 것은 아니다. or를 포함한 선택의문문에서는 '아직은 모르겠다', '확인해보겠다'는 답변이 적절하다.

4. **반문도 빈출 답변 유형이다.**

반문은 최근 출제된 유형 가운데 가장 높은 난이도를 자랑하는 문제 중 하나이다. 관련 질문이나 추가 정보를 묻는 질문 등 반문 형태의 답변에도 익숙해지도록 한다.

I can't find my wallet anywhere. (A) Have you checked your pocket? (B) I found it tiring. (C) You'll learn your way alone.	내 지갑을 찾을 수가 없습니다. (A) 주머니는 찾아봤어요? (B) 피곤하다고 생각합니다. (C) 스스로 찾게 될 것입니다.

해설 뭔가를 잃어버리거나 찾을 수 없다는 내용의 평서문에는 '~를 찾아봐라(~를 찾아봤느냐?)', '~에 있다' 등이 주로 답이 된다. (B)는 질문에 있는 find의 과거형인 found가 등장하여 혼동을 주는 오답이고, (C)는 find(물건 등을 찾다)와 유사한 의미가 있는 learn(알다, 배우다)을 등장시켜 혼동을 유발한 오답이다. 반문 형태의 보기 (A)가 의미상 자연스럽게 연결된다.

5. **사실에 대한 재확인을 하는 질문도 답으로 자주 등장한다.**

I heard that the operating director will be replaced. (A) No, on the left. (B) I directed the questions to him. (C) Really? Is that right?	운영이사가 교체된다고 들었습니다. (A) 아니, 왼쪽에요. (B) 나는 그 질문들을 그에게 보냈습니다. (C) 정말입니까? 맞습니까?

해설 어떤 사실이나 새로운 소식에 대해 재차 확인하는 질문도 토익의 빈출 답변이다. 평서문 질문의 보기에는 No가 오면 오답이므로 (A)는 탈락. (B)의 direct(보내다) 역시 질문과 유사한 단어가 반복 등장한 오답이다.

LESSON 1 I don't know 답변

MP3 File 2-38

Point

질문에 대해 항상 상대방이 원하는 정보를 줄 수 있는 것은 아니다. 실제 대화 시에는 '모르겠다'는 대답이 나올 수 있다. 때문에 Part 2의 평균 10% 정도의 문제가 모르겠다가 답으로 출제된다. **모르겠다는 답변에는 ① 단순히 '모르겠다'**를 비롯해서 **② '~에게 물어봐라' ③ '내가 알아봐주겠다' ④ '아직 결정하지 않았다' ⑤ '기억이 나지 않는다'** 등이 있다.

Where should I take my new client for dinner?
(A) Ask Ted for a recommendation. (B) They are waiting in the lobby. (C) I had the chicken.

▶(A)는 '~에게 물어보라' 즉 모르겠다는 의미로, 토익에서 항상 답이 되는 I don't know. 유형이다.

●저녁 식사하러 새로운 고객을 어디로 데려가야 합니까? (A) Ted에게 추천해달라고 하세요. (B) 그들이 로비에서 기다리고 있습니다. (C) 치킨을 먹었습니다. 정답 (A)

A I don't know. 답변의 유형

(1) 모르겠다

Q Who is going to pick us up at the hotel? 누가 우리를 데리러 호텔에 올 거죠?
A **I don't know yet. / I have no idea.** 아직 모르겠습니다.

(2) 누구에게 물어봐라

Q Have you seen the keys to the storage room? 창고 열쇠 혹시 보셨어요?
A **Chris might know** where they are. 열쇠가 어디 있는지 아마 Chris가 알 겁니다.

Q The shipments have already been sent out, haven't they? 그 선적품은 이미 발송되었죠, 그렇죠?
A **You'd better ask Kim** about that. Kim에게 물어보아야 해요.

(3) 내가 알아봐주겠다

Let me check/ask. 확인해[물어]보겠습니다. **I will tell/call you later.** 나중에 알려[전화해] 드리겠습니다.

Q Can you stay late tonight or do you have to leave on time? 오늘 야근할 수 있어요, 아니면 정시 퇴근해야 하나요?
A **Is it okay if I let you know later?** 나중에 알려드려도 될까요?

(4) 아직 결정하지 않았다

It's not decided[confirmed/finished/completed] yet. 아직 결정[확인/마무리/완성]하지 못했습니다.

Q Do you know who was promoted to the new marketing director? 새 마케팅 이사직에 누가 승진되었는지 아세요?
A **It hasn't been decided yet.** 그거 아직 결정 안 났어요.

(5) 기억이 나지 않는다

I don't remember. 기억이 나지 않아요. **I can't remember what it is.** 그게 뭔지 기억할 수 없어요.

(6) 전해들은 바 없다

They did**n't tell me anything**. 그들은 저에게 알려주지 않았습니다. I have**n't heard anything**. 아무것도 듣지 못했습니다.
They did**n't give me the exact day**. 그들은 정확한 날짜를 주지 않았습니다.

(7) 기타

Who knows? 누가 알겠습니까? **Nobody knows.** 아무도 알지 못합니다. **I wish I knew.** 저도 알고 싶어요.

Ustar 출제포인트 시험에는 이렇게 나온다! **I don't know가 길어지면 대부분 오답이다.**

의문사로 물어보든 비의문사로 물어보든 대답하는 사람이 '모른다'는 의도로 대답을 하는 경우 대부분 정답이다. 그러나 I don't know 뒤에 설명이 길게 붙으면 해당 질문과는 다른 내용으로 오답이 될 확률이 높으니 유의하자. 예컨대 When does the budget meeting start?(예산 회의는 언제 시작합니까?)라는 질문에 간단히 I don't know. 하면 정답이다. 하지만 I don't know where the meeting room is.(회의실이 어디 있는지 모릅니다.)라고 답하게 되면 장소를 묻는 Where 의문문에 가능한 답변으로 오답이 된다.

Who has Mr. Smith's mobile phone number?
(A) No, he hasn't. (B) I didn't know where he was. (C) Ask his assistant.

문제풀이 전략
Step 1_ Who 의문문에 Yes/No는 오답이다.
Step 2_ '모르겠다'는 유형의 답이 2개인 경우 보기를 끝까지 들어야 한다.

■(B)의 경우 I didn't know.까지만 나왔다면 답이 된다. 그러나 Who 의문문에서 뒤에 장소(where)에 대한 내용이 나오므로 오답이 된다.

■누가 Smith 씨의 휴대폰 전화번호를 가지고 있습니까? (A) 아니요, 그는 안 가지고 있습니다. (B) 그가 어디에 있는지 알지 못했어요. (C) 그 사람의 조수에게 물어보세요.

Exercises

문제풀이 예제

Listen & Write 음성을 듣고 키워드 받아쓰기 미M 미W / 호W 영M

01 Q. ____________	02 Q. ____________
(A) ____________	(A) ____________
(B) ____________	(B) ____________
(C) ____________	(C) ____________

받아쓰기 예시: 01 Who's that man talking (A) good speech (B) I can't remember (C) takes / long time
02 When / bank / arrive (A) No, he (B) I need to edit (C) They didn't give / date

Look 스크립트 분석과 소거법

01 **Who's that man talking** to Mrs. Anderson?
(A) That wasn't a **good speech**. → How 의문문에 가능한 답변
(B) **I can't remember** his name.
(C) It **takes** a **long time**. → How long 의문문에 가능한 답변

key '기억이 나지 않는다'는 가장 흔한 답변이 된다.

Mrs. Anderson과 이야기하고 있는 남자는 누구입니까?
(A) 좋은 연설이 아니었습니다.
(B) 그의 이름이 기억나질 않네요.
(C) 시간이 오래 걸립니다.

02 **When** did the **bank** say your new credit card would **arrive**?
(A) **No, he** still hasn't arrived yet.
→ 의문사 의문문에 Yes/No 답변은 오답. 게다가 he도 위 질문에서는 나올 수 없는 주어이다.
(B) **I need to edit** the draft by Thursday. → credit과 유사발음 오답
(C) **They didn't give** an exact **date**.

key '아무것도 듣지 못했다', '아무도 말해주지 않았다' 역시 빈출 정답표현.

은행에서 당신의 신용카드가 언제 도착할 거라고 하던가요?
(A) 아니요, 그는 아직 도착하지 않았습니다.
(B) 목요일까지 초안을 편집해야 해요.
(C) 정확한 날짜를 알려주지 않았어요.

Step 1 Warm-up Test 음성을 듣고 빈칸을 채우고 알맞은 답변을 고르세요.

01 The _____ hasn't _________ _____, has it?
(A) __ have to _____ stamps. (B) I'll ____ check. (C) ____'s speaking ______.

02 ______ is the meeting room ______ ______?
(A) I have ________. (B) By __________. (C) _____ should _____ it.

03 _____ we ______ our sales ______ for this year?
(A) _________ of the ______. (B) ____ haven't been ___________. (C) ___________ might ______.

04 _______ you ________ for that career development __________?
(A) _____, a new _________. (B) _____, I completely _______. (C) ___ the other ______.

05 Why _______ the _________ of light bulbs _______ yet?
(A) _____, it's actually very _______. (B) ____ call the _________ company. (C) ____ train, _______.

Step 2 실전 TOEIC Test 실제 시험처럼 음성을 듣고 정답을 표시하세요.

01 Mark your answer. (A) (B) (C)
02 Mark your answer. (A) (B) (C)
03 Mark your answer. (A) (B) (C)
04 Mark your answer. (A) (B) (C)
05 Mark your answer. (A) (B) (C)

▶ 문제풀이 예제 정답: 01 (B) 02 (C)

▶ 정답 및 해설 p.107~109

LESSON 2 반문 답변

Point

Part 2에서 가장 높은 난이도를 자랑하는 반문 답변은 **질문에 대한 직접적인 대답 대신 질문의 다음 행동과 관련된 추가 질문을 던지는 것**이다. 실제 요청이나 부탁뿐 아니라 제안, 권유에도 반문은 종종 등장한다. 가령 영화를 보러 가자고 하면, '어떤 영화를 볼 것인지', '언제 볼 것인지', '어디서 만날 건지' 등을 묻는 것이다.

예제 I'd like to buy a round trip ticket to Tokyo.

(A) It starts at 2. (B) For what dates? (C) You have a good trip.

▶도쿄로 가는 왕복여행권을 사고 싶습니다. (A) 2시에 시작합니다. (B) 무슨 날에요? (C) 여행 잘 하세요. 정답 (B)

A 질문에 반문으로 대답하기

Q Could I have a few minutes of your time? 잠시 시간이 되십니까?
A **Sure, how can I help you?** 네, 어떻게 도와드릴까요?

Q Where do you go for computer repairs? 컴퓨터 수리하러 어디로 갑니까?
A **Why, is there something wrong with yours?** 왜요? 당신 컴퓨터에 문제가 있습니까?

Q Can you tell me the serial number? 일련번호를 말해줄 수 있습니까?
A **Where can I find it?** 어디에 있습니까?

Q Do you want my home or my work address? 제 집 주소를 원합니까, 직장 주소를 원합니까?
A **Could I have both?** 둘 다 받을 수 있을까요?

Q Please close your office door when you leave tonight. 오늘밤 나가실 때 사무실 문을 닫아주세요.
A **Do you want me to lock it too?** 잠글까요?

Q This shirt comes in three different colors. 이 셔츠들은 세 가지 색상으로 나옵니다.
A **Do you have any blue ones?** 파란색 혹시 있나요?

Q Could you give me a ride to the train station? 기차역까지 태워주시겠어요?
A **Sure, what time is your departure?** 물론이죠. 몇 시에 출발하지요?

Q Should we eat lunch at the hotel? 호텔에서 점심을 먹을까요?
A **Does it have some restaurant?** 먹을 식당이 있습니까?

Q Who should I talk to about my lost luggage? 분실물에 대해 누구에게 물어봐야 합니까?
A **What flight were you on?** 어느 비행기를 타셨습니까?

Q Have you seen my organizer I left on the desk? 책상에서 제 다이어리를 보셨나요?
A **Is that yours?** 이것이 당신 건가요?

B 재확인하는 답변

어떤 사실이나 새로운 소식에 대해 재확인하는 질문도 토익 빈출 답변이다.

Q I heard that it will rain tomorrow. 내일 비가 내릴 거라고 들었어요.
A **Really? Is that right?** 정말입니까? 맞습니까?

Q I heard the whole staff is getting a raise. 직원들이 모두 봉급이 오른다고 들었습니다.
A **Really? I hadn't heard that.** 정말요? 저는 듣지 못했습니다.

Ustar 출제포인트 시험에는 이렇게 나온다! **최다 빈출 정답 Have you checked?**

'확인해봤냐?(Have you checked)'는 반문 표현 중 최다 빈출 정답 표현이다.

Q I lost my glasses. 안경을 잃어버렸어요.
A **Have you checked your room?** 방을 확인해 보았습니까?

Q It seems awfully cold in here. 여기는 굉장히 춥네요.
A **Have you checked the thermostat?** 난방 온도계를 확인해 보았습니까?

Q Who should I submit these application forms to? 누구에게 신청서를 제출해야 합니까?
A **Didn't your manager tell you?** 매니저가 알려주지 않았나요?

Exercises

문제풀이 예제

Listen & Write 음성을 듣고 키워드 받아쓰기 미M 미W / 미W 영M

01 Q. ______	02 Q. ______
(A) ______	(A) ______
(B) ______	(B) ______
(C) ______	(C) ______

받아쓰기 예시: 01 Could you pass (A) A large size (B) Sure, where (C) I passed
02 Would / before or after (A) cafeteria (B) before (C) Yes

Look 스크립트 분석과 소거법

01 **Could you pass** the scissors?
(A) **A large size.** → What 의문문에 가능한 답변
(B) **Sure, where** are they?
(C) **I passed** him this morning. → passed는 유사발음 오답

key 부탁에 대해 승낙과 관련 질문이 합쳐진 답이다

가위 좀 건네주시겠어요?
(A) 큰 사이즈요.
(B) 네, 어디에 있는데요?
(C) 오늘 아침에 그를 지나쳤어요.

02 **Would** you rather eat **before or after** the meeting?
(A) To the **cafeteria**. → Where 의문문에 가능한 답변
(B) How about **before**?
(C) **Yes**, that's fine. → or 질문에서 Yes는 대부분 오답

key How about ~?, What about ~?은 답변으로 자주 등장하는 반문이다.

회의 전에 식사 하실래요, 아니면 회의 후에 드실래요?
(A) 식당으로요.
(B) 회의시작 전이 어떠세요?
(C) 네, 좋습니다.

Step 1 Warm-up Test 음성을 듣고 빈칸을 채우고 알맞은 답변을 고르세요.

01 ______ you like ______ or ______ with that?
(A) ______, I tried the new ______. (B) The ______ is already ______.
(C) What ______ do you ______?

02 Why ______ we ______ a ______ to the hotel?
(A) At ______ 23. (B) ______ are you ______? (C) Don't ______, Edmond.

03 I just ______ out that our ______ has been ______.
(A) ______, I haven't ______ it. (B) For ______? (C) I ______ an extra ______.

04 ______ was the ______ ______?
(A) ______, I think ______. (B) ______ it last ______? (C) Two ______, ______.

05 ______'s the ______ of the new sales ______?
(A) ______, I was ______ yesterday. (B) ______ improved this ______. (C) Isn't it ______?

Step 2 실전 TOEIC Test 실제 시험처럼 음성을 듣고 정답을 표시하세요.

01 Mark your answer. (A) (B) (C)
02 Mark your answer. (A) (B) (C)
03 Mark your answer. (A) (B) (C)
04 Mark your answer. (A) (B) (C)
05 Mark your answer. (A) (B) (C)

▶ 문제풀이 예제 정답: 01 (B) 02 (B)

▶ 정답 및 해설 p.109~111

Part 2 출제 유형 및 오답 유형

[Part 2 출제 유형]

1. Who 의문문	(1) 사람이나 단체(이름, 직업, 직책, 회사명 등)로 대답한다. (2) Yes/No로 대답할 수 없다. (3) You, We, I로 대답할 수 있다. (4) He, She, They로 대답할 수 없다. (5) Someone, No one 등이 최근에 빈출되는 정답 형태이다.
2. Where 의문문	(1) 보통 장소 부사구를 동반하여 '장소, 지점, 방향, 위치'를 나타내는 보기가 답이 된다. (2) Yes/No로 대답할 수 없다. (3) 최근에는 Where 의문문으로 '(정보의) 출처, 출신'을 묻는 유형도 자주 출제된다.
3. When 의문문	(1) '시간, 시점'을 의미하는 부사구 표현으로 정답을 제시하는 것이 일반적이다. (2) Yes/No로 대답할 수 없다. (3) after, when, as soon as와 같은 시간 부사절 접속사가 포함된 표현도 출제된다. (4) When 의문문은 특히 시제에 유의해서 대답하도록 한다. (5) When과 How long 의문문에 가능한 답변을 구별해야 한다.
4. Why 의문문	(1) 원인이나 이유를 설명하는 보기가 가장 일반적인 정답이며, 최근에는 이유가 되는 문제점들 혹은 busy, another work, cancel 등의 이유가 주로 답이 된다. (2) Yes/No로 대답할 수 없다. (3) to부정사나 because, because of 등의 목적 · 이유 구문이 빈출 정답 패턴이다.
5. How 의문문	(1) Yes/No로 대답할 수 없다. (2) 〈How + do동사/조동사〉는 방법이나 수단으로 답한다. (3) 〈How + be동사/go〉는 상태 형용사나 부사로 답한다. (4) 〈How + 형용사/부사〉의 다양한 의문사를 알아두자. (5) How의 구어체를 연습해둔다. › How come ~?, How about ~?, How does she look like? 등
6. What/Which 의문문	(1) Yes/No로 대답할 수 없다. (2) What은 뒤에 오는 명사가 답을 결정한다. (3) Which 의문문의 빈출 정답 표현을 알아두자. ① the one + 수식어구/비교급 ② both, either, neither ③ anything, whichever (4) What의 구어체 의문문을 연습해둔다. › What about ~?, What made ~?, What is he like? 등
7. 간접의문문	Do you know, Can you tell me, Excuse me 등으로 시작하는 간접의문문은 뒤에 오는 의문사를 들어야 답을 판단할 수 있다.
8. 조동사 의문문	(1) '~인지, ~하는지' 등의 사실 여부를 확인하는 질문이다. (2) Yes/No로 시작되는 답변이 많다. (3) 조동사 의문문은 끝까지 들어야 '선택/부가/부정' 의문문 중 어느 것인지 알 수 있다.
9. 선택의문문	(1) 선택의문문의 빈출 정답 표현을 알아두자. ① the one + 수식어구/비교급 ② both, either, neither ③ anything, whichever ④ or 앞뒤의 선택 사항 중 하나를 택한 표현 (2) 〈단어 or 단어〉, 〈구 or 구〉 형태의 질문에는 Yes/No로 대답할 수 없다. (3) 〈문장 or 문장〉 형태의 질문은 빈출 표현을 암기해두자.
10. 제안 · 요청 의문문	(1) 제안 · 요청 의문문의 빈출 패턴을 알아두자. › Why don't you ~?, How[What] about ~?, Do you want ~?, Should we ~?, Let's ~ (2) 제안 · 요청 의문문의 답변 패턴도 알아두자. ① 동의, 찬성, 허락, 승인: That's good, That's great, That's interesting 등 ② 거절, 부정: I'm sorry, I'm afraid 등
11. 부가의문문/ 부정의문문	(1) 부가의문문의 핵심은 평서문의 뒷부분이다. (2) 긍정이든 부정이든 평서문의 내용이 긍정이면 무조건 Yes, 부정이면 무조건 No로 대답한다.

12. 평서문	평서문 빈출 정답 표현은 ① 동의, 맞장구 ② 관련 질문이나 설명 ③ 다음 행동 제시
13. I don't know / I'm not sure	(1) I don't know는 모든 질문의 답이 될 수 있다. (2) I don't know의 의미가 있는 다양한 표현을 알아두자. 》Let me ask[check] ~, Ask ~, Call ~, I haven't heard ~, It's not decided yet. (3) I don't know가 길어지면 주의해야 한다. ★ [Who is he? 그는 누구죠? — I don't know where he was. 그 사람이 어디 있었는지 모릅니다.] 류의 오답 패턴도 출제되니 주의하자.
14. 반문	질문의 내용을 파악하고 직접적인 대답보다는 그와 관련된 질문으로 답한다.

[Part 2 오답 유형]

1. 유사발음/동일어휘 오류	Where can I put my coat? (A) I have put it in the red one. → 동일어휘 반복 오류 (B) In that cabinet by the door. (O) (C) Yes, they are sugar-coated. → 유사발음/어휘 오류 (명사 coat와 동사 coat) ★ 질문에 나왔던 발음이 보기에서 반복되면 90% 이상 오답이다.
2. 주어 오류	Where can I put my coat? (A) I have put it in the red one. → 주어 오류 (B) In that cabinet by the door. (O) (C) Yes, they are sugar-coated. → 주어 오류 ★ 질문에서 I로 물어보았으므로, 대답은 You can put ~으로 시작해야 한다. (B)는 You can put it in that cabinet by the door.에서 You can put it을 생략한 답변이다.
3. 시제 오류	Where can I put my coat? (A) I have put it in your room. → 시제 오류 (B) In that cabinet by the door. (O) (C) Yes, they are sugar-coated. ★ 질문은 미래 시제인데 (A)는 현재완료 시제이다.
4. Yes/No 오류	Where can I put my coat? (A) I put it in the red one. (B) In that cabinet by the door. (O) (C) Yes, they are sugar-coated. → Yes/No오류 ★ 의문사 의문문은 Yes/No로 답할 수 없다.
5. 다른 의문사의 답	Where can I put my coat? (A) I have put it in the red one. → 다른 의문사의 답 ★ the ~ one으로 답하기 위해서는 선택의문문이 와야 한다. (B) In that cabinet by the door. (O) (C) Yes, they are sugar-coated. → 다른 의문사의 답 ★ Yes/No로 답하기 위해서는 일반 의문문이 와야 한다.

Part 2 Final Test

MP3 File 2-40

Part 2

Directions: You will hear a question or statement and three responses spoken in English. They will not be printed in your test book and will be spoken only one time. Select the best response to the question or statement and mark the letter (A), (B), or (C) on your answer sheet.

Sample Answer

Example

You will hear: Where is the meeting room?

You will also hear: (A) To meet the new director.
(B) It's the first room on the right.
(C) Yes, at two o'clock.

The best response to the question "Where is the meeting room?" is choice (B), "It's the first room on the right," so (B) is the correct answer. You should mark answer (B) on your answer sheet.

11. Mark your answer on your answer sheet.

12. Mark your answer on your answer sheet.

13. Mark your answer on your answer sheet.

14. Mark your answer on your answer sheet.

15. Mark your answer on your answer sheet.

16. Mark your answer on your answer sheet.

17. Mark your answer on your answer sheet.

18. Mark your answer on your answer sheet.

19. Mark your answer on your answer sheet.

20. Mark your answer on your answer sheet.

21. Mark your answer on your answer sheet.

22. Mark your answer on your answer sheet.

23. Mark your answer on your answer sheet.

24. Mark your answer on your answer sheet.

25. Mark your answer on your answer sheet.

26. Mark your answer on your answer sheet.

27. Mark your answer on your answer sheet.

28. Mark your answer on your answer sheet.

29. Mark your answer on your answer sheet.

30. Mark your answer on your answer sheet.

31. Mark your answer on your answer sheet.

32. Mark your answer on your answer sheet.

33. Mark your answer on your answer sheet.

34. Mark your answer on your answer sheet.

35. Mark your answer on your answer sheet.

36. Mark your answer on your answer sheet.

37. Mark your answer on your answer sheet.

38. Mark your answer on your answer sheet.

39. Mark your answer on your answer sheet.

40. Mark your answer on your answer sheet.

▶ 정답 및 해설 p.111~116

→→→→→→ Part

Short Conversations

Part 3 개요 및 공략법

1. Part 3 시험에 대한 이해

Part 1이 빠른 상황 판단 능력을 테스트하고, Part 2가 14개 유형의 기본 대화를 주고받는 연습을 한다면, Part 3는 구체적인 업무 내용을 포함한 대화에서 필요한 정보를 찾아내는 테스트이다. Part 3의 대화는 주로 여자와 남자의 2인이 등장하는 상황극이다.

문제 유형: 남자, 여자 또는 동성간의 짧은 대화를 듣고 문제지에 나온 3문제를 차례로 풀어야 한다.
문제 개수: 10개의 대화와 총 30문제로 구성되어 있으며, 하나의 대화 당 3문제씩으로 구성된다.
풀이 시간: 문제당 8초간의 Pause가 있다. Part 3가 시작할 때 나오는 Direction과 문제당 pause를 활용하여 문제와 보기의 키워드를 미리 파악해두자.

2. Part 3 문제 Sample

문제지

문제지에는 문제만 있다.

41 Where does the woman work?
(A) A restaurant
(B) A gas station
(C) A gas heating company
(D) A bank

42 How does the woman explain the change in the man's bill?
(A) Interest rate is getting higher.
(B) There is a mistake on the bill.
(C) She doesn't have no idea about the bill.
(D) The price may have increased.

43 What information is the man asked to provide?
(A) His address
(B) His account number
(C) His bank
(D) His mobile phone number

음성

대화문은 문제지에는 없고 음성으로만 나온다.

Questions 41 through 43 refer to the following conversation.
W: Thank you for calling Sandville gas company, how may I help you?
M: Hello, I have a question about my heating bill for this month. My heating gas usage hasn't changed recently but the charges seem much higher this time.
W: It might be that the gas rates went up in your area but let me look at your account record to be sure. What's the account number?
M: It's 15982001. I live in Noranda.

3. Part 3의 빈출 상황과 장소

Part 3의 대화에서 등장하는 상황과 장소를 알면 학습하기가 훨씬 쉽다. Part 3는 막연한 대사가 등장하는 것이 아니라 일상생활과 비즈니스 상황에서 자주 등장하는 내용으로 대화가 이루어진다.

빈출 상황	빈출 장소
• 문의, 정보의 요구	• 상점
• 약속 잡기와 일정의 변경	• 사무실
• 권유, 제안, 요청, 부탁	• 전화
• 예약, 주문, 취소, 변경	• 호텔
• 뉴스, 정보 교환	• 식당
• 영업, 판매, 거래	• 공항
• 사람에 대한 정보	• 버스 매표소
• 매뉴얼, 사용법	• 극장
• 길안내, 건물 안내, 위치 안내	• 공원
• 지연, 교통정체, 공사	• 박물관, 도서관, 공장 등
• 보고	

4. Part 3 문제풀이의 기본 자세

① 대화를 듣고 기억하려 하지 마라! Part 3는 대화를 듣고 푸는 문제라고 생각하면 오산이다.

② 대화가 들리기 전에 재빨리 문제를 먼저 파악하라.

대화를 잘 듣고 문제를 풀려고 생각하면 대화를 기억해야 한다는 강박관념을 갖게 된다. 하지만 Part 3는 전체 대화를 들으려고 하지 말고 보기의 정답과 관련된 표현을 골라서 듣는 훈련을 해야 한다. 지문을 들을 때에도 대화 내용을 기억하려 하지 말고 해당 질문들과 보기의 중요 단어들을 기억하려고 노력해야 한다. 따라서 문제를 미리 읽고 분석하여 문제와 보기에서 제시한 내용만 선별적으로 들을 수 있도록 연습해둔다.

5. 대화의 흐름과 문제의 유형 분석

(1) 대화의 전반부에 등장하는 문제

대화는 처음부터 생뚱맞게 등장하지 않는다. 처음에는 대화하는 사람들에 대한 정보와 주제, 장소 등을 알려주는 기본적인 내용이 나오게 된다.

질문유형	지문에서의 위치
❶ 대화의 주제를 묻는 문제 What are the speakers mainly discussing? 화자는 주로 무엇을 논의하고 있나? ❷ 대화의 장소를 묻는 문제 Where does this conversation most likely take place? 이 대화는 어디에서 일어나고 있을까? ❸ 대화자의 직업을 묻는 문제 Who most likely is the man? 남자의 직업은 무엇일까? ❹ 전화를 건 목적을 묻는 문제 Why is the man calling? 남자는 왜 전화를 하고 있나?	주로 첫 번째나 두 번째 문제에 등장하며, 모두가 대화의 전반부에서 풀리는 문제들이다. 대화가 나오기 전에 보기가 어떤 유형의 어휘로 구성되어 있는지 재빨리 확인하는 것이 중요하다! 보기와 관련된 표현들에 초점을 맞춰 듣도록 한다.

(2) 대화의 중반부에 등장하는 문제

기본적인 정보가 등장하고 나면 이제 구체적인 내용이 전개된다. 요청, 제안의 내용들이 나오기도 한다.

질문유형	지문에서의 위치
구체적인 대화 내용과 관련된 문제 Why has construction been delayed? 공사는 왜 지연되었나?	주로 두 번째 문제에 이와 같은 유형이 등장하지만, 순서에 상관없이 대화의 내용과 관련된 문제들이 나오기도 한다. 정확하게 어떤 구체적인 사실이 나올지 예상하면서 듣는다.

(3) 대화의 후반부에 등장하는 문제

대화의 결말 부분에서는 앞으로 일들이 어떻게 진행될지 또는 할 일들에 대한 결론을 내면서 마무리를 한다.

질문유형	지문에서의 위치
❶ 미래 정보를 묻는 문제 What will the man do next? 남자는 다음에 무엇을 할 것인가? ❷ 요구, 요청, 제안, 권유의 내용을 묻는 문제 What does the woman ask the man to do? 여자는 남자에게 무엇을 하도록 요청하는가?	대화 이후의 일과 관련된 사항을 묻는 문제는 주로 세 번째에 등장한다. 대화 후반부에서 어떤 내용이 나올지 보기를 보고 예측하며 듣는다.

6. 의문사별 질문의 의도와 출제 패턴

(1) Who [직업]

대화 중의 명사 어휘를 확인하라. 대화자들은 자신의 직업을 드러내는 어휘나 표현을 사용한다. 그러므로 평소 직업과 관련된 빈출어휘들을 익혀두는 것이 좋다.

(2) Where [대화의 장소 / 행위의 장소 및 목적지]

① 대화 중의 명사 어휘를 확인하라. 대화가 일어나는 특정 장소를 묻는 문제는 그 장소에서만 사용하는 어휘가 등장하기 마련한다.

② 어떤 행위의 장소나 목적지를 묻는 문제들은 해당 당사자(남자/여자)의 대사에 답이 나온다. 따라서 누구(남자/여자/둘 다)에 관한 질문인지를 염두에 두고 해당 당사자의 대사들을 중점적으로 듣는다.

(3) Why [이유/원인]

이유나 원인을 묻는 질문에 대한 답은 대화의 전반부나 중반부에 나온다.

① 대화의 전반부에 답이 나오는 경우, 대화의 흐름은 보통 다음과 같이 전개된다.
〈상황/문제(원인) → 결과〉 또는 〈상황 + 이유/원인 → 내용〉

② 대화의 중반부에 답이 나오는 경우, 대화의 흐름은 보통 다음과 같이 전개된다.
〈상황/문제 → Why? → 이유/원인〉

(4) How [수단/방법/연락 방법]

① 주로 대화의 후반부에 답이 나오며, 이때 대화의 흐름은 보통 다음과 같이 전개된다.
〈상황/문제 → How? → 해결 방안(법)〉

② 교통수단을 묻는 문제의 경우, 교통수단과 관련된 명사 어휘에 집중하라.

(5) When [시간/시점]

시제를 확인하고 대화의 패턴에 적용하라. 보기 중의 시간, 날짜, 요일 등은 대화에서 다 언급된다고 생각하라. 질문의 주어에 해당하는 남자나 여자의 대사에서 키워드와 함께 제시되는 것이 답이다. 주로 시간의 순서(과거→미래)로 언급된다는 것을 알고 있으면 도움이 된다.

(6) What ~ discuss/talk about? [대화의 주제]

① 대화의 실마리(주제)는 전반부의 첫 대사에서 나온다.

② 단, 첫 대사에서 나오지 않을 경우 대화 전반부에서 나오는 어휘들의 공통점이 주제가 된다.

(7) What will ~ next? / What will suggest ~? [미래, 권유, 제안 등]

미래, 권유, 제안 등에 관한 단서는 대화의 후반부에서 나온다. 평소 미래, 이후 일정, 권유, 제안 등의 관련 표현들을 미리 암기해두어야 한다.

7. Part 3의 출제 패턴 한눈에 보기

(1) **남자(M)/여자(W)의 동작 및 행위/상태를 묻는 질문:** 일단 문제에서 남자를 지칭하는지 여자를 지칭하는지 알아야 한다. 문제가 남자를 지칭하면 남자 대사, 여자를 지칭하면 여자 대사에 답이 있을 확률이 80% 이상이다. 또한, 화자들(speakers)의 행위, 시점/시간, 장소를 묻는 문제는 대부분 We ~, Let's ~, Here ~로 시작한다.

(2) **질문에서 사람의 이름이 나오는 경우:** 대화자일 경우에는 대화 중에 이름을 부르게 되면 그 다음 사람이 문제에 언급된 이름의 주인공이다. 제 3자일 경우에는 이름이 언급된 후 3인칭 대명사인 He/She/They로 그 사람에 관한 이야기를 한다.

(3) **일반적인 대화의 흐름은 〈과거 → 미래〉이므로 질문의 시제를 파악하라.**

(4) **권유/제안/요청/요구/명령을 묻는 문제:** 답은 대화의 마지막에 등장한다. 대화의 마지막에 다음과 같은 표현이 들리면 바로 그 뒤에 답이 나온다는 사실을 알아두자.

Why don't you ~ ? ~하는 게 어때요?	Can/Could you ~ ? ~해주시겠어요?
You can ~ ~하시면 됩니다	You should ~ ~하세요
Please ~ ~해주세요, ~하시기 바랍니다	We ask you to ~ ~하시기를 부탁드립니다
We suggest ~ ~를 제안합니다	I'd like you to ~ ~해주시면 좋겠습니다

(5) **역접 또는 반전을 의미하는 표현 뒤에 결정적인 단서가 나온다:** 다음과 같은 표현이 들리면 그 뒤에 이어지는 내용에 집중하라.

but 하지만	however 그러나	actually 사실은	I'm sorry but ~/I'm afraid that ~ 죄송합니다만[유감스럽게도]

(6) **질문 반복 패턴:** 문제의 질문을 대화 중에 화자가 그대로 말하는 경우가 있는데, 이런 것이 질문 반복 패턴이다. 특히 Why/How ~? 질문들이 이러한 패턴에 해당된다. 대화 중에 문제의 질문과 똑같은 질문이 들리면, 그 다음 화자의 대답에 집중하면 답이 나온다.

(7) **키워드를 따라가면 답이 등장한다:** 따라서 문제를 미리 읽고 질문과 보기의 키워드를 재빨리 파악하라.

(8) **과거에 대한 정보는 대화의 상단부에 답이 있고, 미래에 대한 질문은 하단부에 답이 있다:** 특히 old, originally 등이 들어간 질문은 주로 대화의 첫 번째 줄에 답이 등장한다.

(9) **문제의 수동태 질문은 반대 화자를 들어야 한다.**

What is the man asked to do? 남자는 무엇을 하라는 요청을 받고 있나?

⇨ 이 문제는 대화 후반부의 여자 대사에 답이 있다.

(10) **자주 등장하는 패러프레이징 표현을 잡아라.**

① Where ~ want to go ~?라는 질문은 실제 대화에서는 Where can I find ~? / Can you tell me where ~? / I'm looking for ~ / I need to go ~ 등으로 패러프레이징되어 나올 수 있다.

② What does the man ask the woman to do?(남자는 여자에게 무엇을 해달라고 요구하고 있나?)처럼 요구 사항을 묻는 문제들은 실제 대화에서는 I'd like you to do ~ / Can you ~? / Please, ~ / recommend 등으로 패러프레이징되어 나온다.

③ 미래의 일을 묻는 질문에 대해 대화에서는 미래 시제 will을 대신하는 표현들인 be going to(~할 것이다, ~일 것이다), have to(~해야 한다), need to(~할 필요가 있다), plan to(~할 계획이다) 등으로 패러프레이징되어 나올 수 있다.

Ustar
TOEIC
Listening

Chapter 1

Part 3 문제풀이 전략

문제지를 받으면 Directions 시간이나 자투리 시간을 이용하여 해당 음성이 나오기 전에 미리 문제를 파악하는 훈련을 해야 한다. 즉, ❶ 여자/남자(여자에 관한 질문인지 남자에 관한 질문인지) ❷ 위치(대화의 어디쯤 답이 나오는지) ❸ 키워드를 대화가 나오기 전에 재빨리 확보해두도록 한다.

★ 문제풀이 요령

1. 문제가 주는 힌트를 최대한 이용하라!

❶ 남자/여자/화자(Man/Woman/Speakers)를 확인하라.

대부분의 경우, 문제가 남자에 대해 물어보면 남자 대사에 답이 있고, 여자에 대해 물어보면 여자 대사에 답이 있다.

❷ 답의 위치를 예측하라.

목적을 묻는 문제는 대화의 전반부에 답이 나오고, 대화는 과거에서 미래로 흘러가기 마련이므로 시제 문제는 〈과거: 전반부 대화 / 미래: 후반부 대화〉에 답이 있다. 이처럼 어떤 유형의 문제냐에 따라 전형적인 대화의 흐름이 있으므로, 문제를 미리 읽으며 대화의 어디쯤에서 답이 나올지 그 위치를 예상해 놓고 대화를 듣도록 한다.

❸ 키워드(고유명사/특정 명사/특정 동사/시간/날짜/요일)를 파악하라.

질문뿐 아니라 (A)~(D)의 보기 중에서 동사 또는 명사 등의 키워드를 미리 확인해둔다.

2. 문제의 의도 확보 및 대화 내용 예측

대화가 나오기 전에 전반적인 내용과 답이 제시될 부분, 그리고 각 문제의 정답의 위치를 미리 확보한다. 문제는 대화의 순서대로 제시되기 때문에 첫 번째 문제는 대화의 앞부분, 두 번째 문제는 대화의 중반부, 그리고 마지막 문제는 대화의 하단부에 있는 것이 일반적인 형태이다.

3. 대화를 듣는 것과 동시에 보기에서 정답 선택

대화를 모두 듣고 난 후에 답을 선택하는 것이 아니라 대화를 듣는 것과 동시에 보기에서 정답을 선택하면서 계속 듣는다.

4. 문제풀이의 기본은 '닥치고 문제 미리 읽기'

각 지문의 대화가 끝이 나고 질문들(Questions)을 읽어줄 때는 이미 해당 문제의 마킹이 끝나고, 다음 지문의 문제들을 읽고 있어야 한다.

LESSON 1 문제 미리 읽는 법

MP3 File 3-01

Point

문제의 힌트를 최대한 이용하라. 문제는 키워드와 정답의 단서가 등장할 위치를 알려준다. 문제를 미리 읽어둔다면 대화를 미리 예상하고 들을 수 있기 때문에 답을 찾기가 훨씬 수월해진다. 따라서 문제를 읽으며 문제지에 미리 표시를 해두는 훈련은 필수이다! 예를 들면 'M/상/목적'은 남자 대사 앞부분의 대화 목적을 들어야 한다는 의미이다. 평소 대화문과 문제를 연결해서 생각하는 연습을 많이 해두면 문제를 빠르게 분석할 수 있다.

A 남자 대사인지, 여자 대사인지 확인하라.

특히 문제를 읽으면서 대화 중에 정답을 누가 말할 것인지 알아야 한다. 즉, 답을 말할 사람을 정확하게 예측해야 한다. 따라서 답이 문제에 등장하는 남자(man) 대사인지 여자(woman) 대사인지를 확인하는 것은 아주 중요하다.

Q How will the **man** most likely submit the application?
(A) By mail
(B) By fax
(C) By e-mail
(D) By visiting the office

⇨ 남자(M) 대사에 답이 있다.
남자는 어떤 방법으로 지원서를 제출할까?

B 키워드(keyword)를 확인하라.

키워드란 문제에 등장하는 특정 행위를 뜻하는 동사, 또는 고유명사(사람 이름, 지명) 그리고 시간, 장소, 수단, 방법 등의 부사어구들을 의미한다.

Q How will the man most likely submit the **application**?
(A) By **mail**
(B) By **fax**
(C) By **e-mail**
(D) By **visiting** the office

⇨ 질문의 키워드는 application이다. 따라서 곧 듣게 될 대화에서 application과 보기의 키워드들인 mail(우편), fax(팩스), email(이메일), visiting(방문) 중에서 어떤 방법을 언급하는지 확인해야 한다.

C 음성이 나오기 전에 정답의 위치를 예상하라. 미W 영M

음성이 나오기 시작하면 해당 위치를 감안하여 보기에 집중하며 들은 내용과 보기의 내용이 일치하는 답을 찾는 훈련을 한다.

Q **How will** the **man** most likely **submit the application**?
(A) By **mail**
(B) By **fax**
(C) By **e-mail**
(D) By **visiting** the office

⇨ 미래의 일 및 수단/방법은 후반부에 정답이 있다.
미래와 관련된 내용과 수단/방법에 대한 질문은 대화 후반부의 남자 대사에서 키워드인 application을 끼고 답이 나온다.

W: Good! If you could **send** me a copy of **your application** by the end of the week, that would be nice. We'll have an interview sometime next week. M: **I could email you my application** tomorrow. That would be more convenient, and I'll let you know my mobile number, so you can reach me at your convenience.	여: 좋아요! 주말까지 지원서를 보내주시면 좋을 것 같네요. 우리는 다음 주 중에 면접을 하게 될 겁니다. 남: 내일 지원서를 이메일로 보내드릴 수 있습니다. 그게 더 편할 겁니다. 그리고 제 휴대전화 번호를 알려드리겠습니다. 그러면 편하실 때 제게 전화주시면 되니까요.

⇨ 대화 후반부의 여자 대사에서 키워드인 application을 보내달라는 요청을 하고 있다. 이로써 남자가 어떻게 보내겠다는 말을 할 것을 예상할 수 있다. 이때 시선은 보기의 (A)~(D)에 집중해야 한다. 남자가 I could email you ~라는 표현으로 '이메일로 보내겠다'고 정답을 말하고 있다. 따라서 보기 중 (C) By e-mail을 정답으로 고르면 된다.

Tip 전체 대화에서 안 들리거나 놓치는 부분에 대해 미련을 갖지 말고, 키워드를 정하고 나면 그 키워드를 노리고 들어야 한다. 보기 중에서 들리는 단어를 낚는다는 느낌으로 들어준다.

MP3 File 3-02

Point

최근 경향을 보면 빈출 질문, 대화의 상황, 대화 속 답의 위치 등은 그대로 유지되지만, ❶ 보기 (A)~(D)의 문장들이 길어지기 때문에 문제를 미리 다 읽는 것이 쉽지 않으며, ❷ 두 개의 질문에 대한 답이 연결되어서 들리기 때문에 동시에 답을 찾아야 하는 유형들이 자주 출제된다.

A 수동태 권유 · 제안 · 요청 유형 What is ~ asked to do? 미M 미W

What is the man asked to do?라는 질문을 보고 이 문제의 단서가 남자의 대사에서 나올 것이라고 생각하는 수험생들이 종종 있다. 하지만 be asked to는 수동태로 '~하도록 요청되다'라는 뜻이다. 결국 '남자는 (여자에 의해) 무엇을 하도록 요청을 받았는가?'라는 의미이므로 정답은 여자의 대화에서 찾아야 한다.

Q **What** is the man **asked to do**? (A) Purchase a ticket (B) Transfer some money (C) Pack an item (D) Complete a form	남자는 무엇을 하도록 요구를 받고 있는가? (A) 표를 구매하기 (B) 송금하기 (C) 물품 포장하기 (D) 서류 작성하기
M: Hi, I'm trying to send this package to London. Can you deliver it within two days? W: No problem. Do you want delivery confirmation on the package? You will receive a notice once the package arrives. And it only costs an extra two dollars. M: Yes, that sounds nice. Could you also mark the package as being "fragile"? There are wine glasses in there. I don't want them to break while in transit. W: Sure, I will. So it'll be $12.45. Also, you will have to **fill out this form** before you leave.	남: 안녕하세요. 런던으로 이 소포를 보내려고 합니다. 이틀 안에 도착할 수 있습니까? 여: 문제없습니다. 소포의 배송 확인을 원하십니까? 소포가 도착하면 알려 드립니다. 2달러만 더 내시면 되죠. 남: 네, 좋습니다. 그리고 소포에 "취급주의"라고 표시해 주시겠어요? 안에 와인 잔이 들었거든요. 배송 중에 깨지지 않았으면 합니다. 여: 물론이죠. 그러면 12달러 45센트가 되겠습니다. 그리고 가시기 전에 이 서류를 작성해주셔야 합니다.

B What ~ do next?의 두 가지 정답 패턴

(1) 본인이 직접 미래 표현 제시: 후반부에서 본인이 직접 미래의 표현을 언급하며 정답을 제시하는 패턴 호W 미M

Q **What** will the **woman** probably **do next**? (A) Have lunch (B) Leave for a trip (C) Order a product (D) Make a reservation	여자는 다음에 무엇을 할 것인가? (A) 점심을 먹는다 (B) 여행을 떠난다 (C) 제품을 주문한다 (D) 예약을 한다
W: The schedule says that there are two flights to Boston. One leaves at 8:00 o'clock in the morning and the other leaves at 10:00 in the morning. M: How about taking the 8 o'clock flight? If we arrive a little early, we will have some time to review the materials before the seminar. W: That's an excellent idea. I'll go ahead and **reserve our tickets** right away.	여: 일정표에 보스턴으로 가는 비행기 두 대가 있어요. 하나는 오전 8시에 떠나고, 다른 하나는 오전 10시에 떠납니다. 남: 8시 비행기를 타는 게 어때요? 우리가 조금 일찍 도착하면, 세미나 전에 자료 검토할 시간이 있을 겁니다. 여: 좋아요. 바로 가서 표를 예약할게요.

(2) 상대방의 권유 · 요청으로 단서 제시: 후반부에서 상대방의 명령 · 권유 · 요청 표현으로 정답을 찾는 패턴 미W 영M

Q **What** will the **woman** probably **do next**? (A) Check the map (B) Meet the painter (C) Go to the second floor (D) Buy a ticket	다음에 여자는 무엇을 할 것인가? (A) 지도 확인 (B) 화가를 만난다 (C) 2층으로 간다 (D) 표 구매
W: Hi. There's a painting that I saw in the 'Great View' wing. I believe it was painted by Angela Andrews. I'd like to buy a copy of it. M: We have a lot of reproductions of paintings here. Can you describe the painting? W: Sure. It's a painting of a man fishing on a boat. M: Oh, yes. That's a very popular one. We have it in several different sizes. You'll have to **go to the second floor** to purchase it. You can take this elevator right here.	여: 안녕하세요. 제가 '위대한 경관' 동에서 본 그림이 있는데요. Angela Andrews가 그린 것 같습니다. 복제본을 사고 싶은데요. 남: 여긴 그림의 복제본이 많습니다. 그 그림에 대해 설명해주시겠어요? 여: 네. 배에서 낚시하는 남자의 그림입니다. 남: 아, 네. 그건 아주 유명한 그림입니다. 여러 사이즈가 있는데요. 구매하시려면 2층으로 가셔야 해요. 바로 여기 이 엘리베이터를 타시면 됩니다.

C What does the woman agree to do?의 정답은 남자의 대화에서 제시 미M 미W

여자가 어떤 부분에 대해서 동의하는지 묻는 질문이지만 여자의 대사에 답이 있는 것이 아니다. 이 경우에는 남자의 제안이나 요청에 동의하는 것이다. 따라서 정답은 남자의 대화에서 찾아야 한다.

Q **What** does the **woman agree to do**? (A) Order other parts (B) Make an extra payment (C) Wait until next week (D) Get a refund	여자는 무엇을 하는 것에 동의하나? (A) 다른 부품을 주문하는 것 (B) 추가 비용을 지불하는 것 (C) 다음 주까지 기다리는 것 (D) 환불을 받는 것
M: Hi, this is Christopher Booth from Good Auto Parts. I just got your message saying that you need to receive the order before next week. Is that correct? W: Yes, I received most of the order except for the oil pumps. We need those pumps as soon as possible. M: We just received them this morning. I can send them by express delivery, but you need to **pay extra**. Is that ok? W: **That's fine**. The extra charge is not a problem as long as we get them this week.	남: 안녕하세요. 저는 Good Auto Parts의 Christopher Booth입니다. 다음 주가 되기 전에 고객님께서 주문하신 물건을 받아야 한다는 메시지를 받았습니다. 맞습니까? 여: 네. 오일 펌프만 빼고 주문한 것을 모두 받았어요. 가능한 한 빨리 그 펌프가 필요합니다. 남: 그 물건들을 오늘 아침에 받았습니다. 빠른 배송으로 보내드릴 수 있습니다만, 추가 비용을 부담하셔야 하는데요. 괜찮겠습니까? 여: 괜찮습니다. 이번 주에 받을 수 있다면 추가 비용은 문제되지 않습니다.

D 빈출 정답 표현을 미리 알아두기

(1) Where 의문문에 대한 빈출 정답은 office이다.

(2) Who 의문문에 대한 빈출 정답은 employees이다.

(3) Why 의문문에 대한 최근의 빈출 정답은 다음과 같은 표현이다.

❶ 영업이나 판매 사원의 경우 To provide details of the product

❷ 업무나 일정 보고의 경우 To update / To inform

E 대화의 마지막에서 장소가 바뀔 수 있다.

최근 출제경향을 보면, 식당에서 영화를 보러 가자고 말한 다음, 마지막 순간에 은행을 들렀다가 가자고 하는 경우가 있었다. 이런 경우 대화의 앞부분만 들으면 이 다음에 갈 곳이 극장인 것 같지만, 정답은 은행이 된다.

Q Where will they go next? (A) To a restaurant (B) To a cinema (C) To an office (D) To a bank	이 사람들은 이후 어디로 갈까? (A) 식당 (B) 영화관 (C) 사무실 (D) 은행

⇨ **[대화의 후반부]** Let's see a movie but I need to go to the bank first.(영화 보러 가자. 그런데 난 은행에 먼저 가야 해.)라는 대사를 통해 영화를 보러 가기 전에 은행에 먼저 갈 것이라는 점을 알 수 있다.

LESSON 3 〈1 : 1 : 1〉의 구조를 갖는 기본 대화 유형

MP3 File 3-03

Point

답의 위치는 80% 이상 문제의 순서대로 출제된다. 내용의 순서가 뒤섞이는 일이 없기 때문에 순차적으로 문제를 해결하면 된다. 특히, 대화의 전반부, 중반부, 후반부에 해당하는 질문이 〈1 : 1 : 1〉의 비율로 출제되는 경우가 가장 일반적이다. 따라서 문제를 미리 읽고 해당 문제의 답이 나오는 위치를 예상해 답의 단서가 들릴 때 바로바로 답을 결정할 수 있는 기술을 기르자. LC 공부는 단순 듣기가 아니라, 질문과 지문을 분석하여 출제 패턴에 익숙해지는 것이라는 점을 명심해야 한다.

A 실제 시험에 나오는 지문의 80%는 일반적인 대화의 순서를 따르기 때문에 다음의 순서로 정보가 배열된다.

전반부	**기본 정보** ⇨ 대화의 주제, 전화 목적, 문제점, 대화 장소, 두 사람의 정보/직업 등
중반부	**구체적 정보(키워드)** ⇨ 문제점에 대한 원인, 수단/수량, 일정/시간, 세부 정보 등
후반부	**미래 정보** ⇨ 앞으로의 방향, 남/여의 요구, 요청, 해결책 제안, 제시, 할 일, 결론 등

모든 문제들의 답은 순서대로 들린다. 즉, 뒷 문제의 답이 먼저 나온다든지 답이 들리는 순서가 뒤섞이는 것이 아니라 문제 배열 순으로 답도 제시된다는 것이다. 일반적으로 첫 번째 질문이 전반부에 들리고, 두 번째 질문이 중간에 들리며, 마지막 질문의 답이 실제 대화의 후반부에 언급되는 것, 즉 〈1:1:1〉의 구조는 전체 시험의 50% 정도를 차지한다.

B 빈출 질문 및 전략

위치	질문	빈출 질문 유형	전 략
대화 전반부	주 제	**What** are the speakers **mainly discussing**? 화자들은 주로 무엇에 대한 이야기를 하는가?	⇨ 첫 번째 대사를 잘 들어라. 첫 번째 사람이 대화의 시작을 위한 화두를 던진다는 것을 알아두어야 한다.
	직업/회사/부서	**Where** does the man most likely **work** in? 남자는 어디에서 근무할까? **Who** most likely is **Ms. Michael**? Ms. Michael은 누구일까?	⇨ 전반부를 잘 들어라. 전반부에 직업 관련 어휘들에 집중하자. 평소 직업별, 상황별, 장소별 어휘를 반드시 숙지하고 있어야 큰 어려움 없이 해결할 수 있다.
	전화의 목적 또는 이유	**What** is the **purpose** of the **call**? 전화의 목적은 무엇인가? **Why** does the **woman call** the man? 여자는 왜 남자에게 전화를 하는가?	⇨ 전화를 건 사람의 첫 번째 대사(전반부)에 답이 있다. I'm calling about/concerning/regarding ~ I'm calling to ~ / I'd like to ~ / I want to ~ / I hope[wish] to ~ / I need to ~ ☆ to 뒤에는 동사원형이 온다.
	대화 장소	**Where** does this **conversation** most likely **take place**? 이 대화가 일어나는 장소는 어디일까? **Where** are the speakers ? 화자들은 어디에 있는가?	⇨ 전반부를 잘 들어라. 특정 장소에서만 들을 수 있는 표현이나 어휘가 나올 것이다.
	과거형 질문	**What did** the man **recently do**? 남자는 최근에 무엇을 했는가?	⇨ 과거의 상황 설명, 원래의 계획 등은 **전반부**에서 답이 들린다.
	문제점	**What** is the **man concerned about**? 남자는 무엇을 걱정하는가? **What** is the **problem the woman is mentioning**? 여자는 무슨 문제를 언급하는가?	⇨ 문제점, 걱정거리, 불평 등의 issue는 대화의 **전반부**에 주제어로 제시된다.
중반부	구체적인 정보	**When** is the **meeting scheduled**? 회의는 언제 일정이 잡혀 있는가?	⇨ 특정 요일, 시간, 장소, 수나 양 등의 상세 정보들은 주로 **중반부**에 답이 온다.
	Why ~ not ?	**Why didn't** the **man attend** the **meeting**? 남자는 왜 회의에 참석하지 못했는가?	⇨ 할 수 없거나 하지 못한 일에 대한 이유를 묻는 문제들은 **전반부에서 할 수 없다는 결정 사항이나 못했다는 결과를 언급하고 중반부에 그 이유를 설명**해준다.
후반부	요구/제안/권유	What does the **woman ask** the man to do? 여자는 남자에게 무엇을 하라고 하는가? What does the **woman offer to do** for the man? 여자는 남자에게 무엇을 하겠다고 제안하는가?	⇨ 직접적인 요구, 요청, 제안, 부탁, 허락의 표현 Please ~ / Could you ~ ? / I ask you to ~ / I suggest ~ ⇨ 간접적으로 희망하거나, 필요한 사항을 말한다. need / must / should / have to / want you to
	미래	**What** will the speakers **do next**? 화자들은 다음에 무엇을 할 것인가? **What** is the **woman** planning to do **later today**? 여자는 오늘 나중에 무엇을 할 계획인가?	⇨ 대화의 후반부 마지막 대사를 잘 들어라. 대화가 끝나면 사람들이 하게 될 행동을 묻는 질문이다. I will ~ / I have to ~ / I need to ~ / I am planning[going] to ~

Ustar 출제포인트 시험에는 이렇게 나온다! 미W 영M

[실제 문제지에 보이는 부분]

01 What is the woman's problem?
(A) She can't find the new employee package.
(B) She is unable to record her work hours.
(C) She doesn't know her working hours.
(D) She doesn't know what time she started.

02 According to the man, what is included in the orientation materials?
(A) A computer password
(B) A work schedule
(C) A manager's extension number
(D) A meeting time

03 What does the man suggest?
(A) Attending an orientation
(B) Emailing the problem
(C) Asking other new employees
(D) Speaking to a supervisor

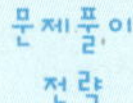

Step 1_ 문제의 의도를 정확히 파악하라. 음성을 들을 때는 먼저 문제지의 질문과 보기에 집중하면서 들리는 두 사람의 대화 중 어떤 내용, 누구의 대사에 집중해야 할지 미리 예상해야 한다.

Step 2_ 키워드를 확인하라. 음성을 들으면서 질문과 보기의 키워드와 대화에 등장하는 키워드를 매칭시켜라. 보통 문제들의 답은 순서대로 들린다. 문제의 보기 중 가장 부합하는 내용이 답이 된다.

Step 3_ 풀고 난 문제도 다시 보자. 문제를 풀고 난 후에는 항상 스크립트를 분석하여 〈문제 + 답의 위치 + 정답 표현〉을 같이 암기한다.

[음성]

Questions 01-03 refer to the following conversation.

W: Hi, can you help me with this? Today is my first day here, and I can't log in to write my hours into the online time sheet for some reason. I'm supposed to enter my hours at the end of the day, aren't I?

M: Yes, that's what we have to do. You should have received your password during the orientation. Do you have your password?

W: Yes, I do, and I've been using it all day to access other programs, but I just can't get into the time reporting system.

M: Well, your password should work. The only thing I can think of is that since today is your first day, your ID is not in the system yet. You should go and talk to the manager about it.

01 What is the woman's problem? (A) She can't find the new employee package. (B) She is unable to record her work hours. (C) She doesn't know her working hours. (D) She doesn't know what time she started.	여자의 문제는 무엇인가? (A) 그녀는 신입사원을 위한 안내 자료를 찾을 수가 없다. (B) 그녀는 근무시간을 기록할 수가 없다. (C) 그녀는 근무시간을 알지 못한다. (D) 그녀는 언제 일을 시작했는지 알지 못한다.

key 여자의 문제점 ⇨ 여자 대사 / 대화 앞부분 / 부정적인 표현에 집중

해설 첫 번째 문제는 주로 앞부분에 답이 있으며 문제점을 묻는 문제는 negative한 표현이 답이 되기 때문에 can not 등의 표현에 주의해야 한다. 작업 시간에 관련된 표현으로 time sheet이라는 단어를 알아두어야 하고 보기의 단어와 일치하는 것은 record hours 정도인데 (C)에서 hours가 언급이 됐지만 기록하다(record, enter)라는 단어는 언급이 되지 않고 있다. 정답 (B)

02 According to the man, what is included in the orientation materials? (A) A computer password (B) A work schedule (C) A manager's extension number (D) A meeting time	남자에 말에 의하면, 오리엔테이션 자료에는 무엇이 들어 있는가? (A) 컴퓨터 비밀번호 (B) 근무 일정 (C) 관리자의 내선번호 (D) 회의 시간

key 남자의 말에 의하면 ⇨ 남자 대사 / 대화 전반 ~ 중간 부분 / 키워드 orientation 근처에 답이 있다.

해설 남자 대사에서 키워드인 orientation이라는 단어가 나올 때 집중하는 것이 중요하다. 역시 가운데 문제이기 때문에 대화의 중반부에 답이 있다. password라는 단어가 언급된 보기도 (A)뿐이므로 정답이 된다. 전체 내용을 다 이해하지 못하더라도 핵심 단어만 일치하면 바로 답으로 이어진다는 것을 알 수 있다. 정답 (A)

03 What does the man suggest? (A) Attend an orientation (B) Email the problem (C) Ask other new employees (D) Speak to a supervisor	남자는 무엇을 제안하는가? (A) 오리엔테이션 참석 (B) 문제점을 이메일로 보내기 (C) 다른 신입사원에게 질문하기 (D) 상사에게 말하기

key 남자의 제안 ⇨ 남자 대사 / 대화 하단부 / 제안의 You should~, Why don't you~?, Let's~ 등의 표현을 들어야 한다.

해설 제안/권유에 해당하는 정보는 전체 지문의 하단부에 답의 정보가 위치하며 You should라는 표현이 나오면 그 부분에 답이 있는 경우가 많다는 것을 기억하자. 남자의 마지막 대사에서 should ~ 뒤에 talk to the manager로 보아 'supervisor에게 말하라'가 정답이다. 정답 (D)

문제 01-03은 다음 대화를 참조하세요.  미W 영M

W: Hi, can you help me with this? Today is my first day here, and 01 I can't log in to write my hours into the online time sheet for some reason. I'm supposed to enter my hours at the end of the day, aren't I? ⇨ 여자의 문제는 여자 대사 앞부분에 등장하고 있다. M: Yes, that's what we have to do. 02 You should have received your password during the orientation. Do you have your password? ⇨ 남자 대사에 집중하자. 키워드인 orientation 근처에 답이 있다. W: Yes, I do, and I've been using it all day to access other programs, but I just can't get into the time reporting system. M: Well, your password should work. The only thing I can think of is that since today is your first day, your ID is not in the system yet. 03 You should go and talk to the manager about it. ⇨ 남자가 제안한 것을 물었으므로 역시 남자 대사에 집중한다. 제안의 You should go 이하 내용을 잘 듣자.	여: 안녕하세요. 이것 좀 도와주시겠습니까? 전 오늘 여기에서 처음 근무했어요.. 그런데 무슨 이유인지 몰라도 온라인 근무일지에 근무시간을 기록하려는데 로그인이 안 됩니다. 오늘 저녁에 제 근무시간을 입력하는 게 맞죠? 남: 네, 맞아요. 해야 하는 겁니다. 오리엔테이션 때 비밀번호를 받으셨어야 했는데, 비밀번호가 있습니까? 여: 네, 있습니다. 그리고 다른 프로그램에 접속하는 데 온종일 사용했는데, 근무시간 보고 시스템에는 들어갈 수가 없네요. 남: 글쎄요, 그 비밀번호로 작동되야 하는 건데, 제가 생각할 수 있는 거라곤, 오늘이 첫 날이니, ID가 아직 시스템에 입력되지 않은 모양이네요. 관리자에게 가서 얘기해보세요.

LESSON 4 〈2:1〉 등의 다양한 구조의 질문

MP3 File 3-04

Point

문제가 대화의 흐름에 따라 골고루 세 문제가 분산되어 나오는 〈1:1:1〉 구조 외에, ❶ **대화의 전반부에 해당하는 질문이 2개 연속 나오는 경우(2:1 구조)**, ❷ **세 문제 모두 대화의 전반부에 해당하는 경우(3:0 구조)**, ❸ **대화의 후반부에 해당하는 질문이 2개 연속 나오는 경우(1:2 구조)**도 있다. 따라서 질문의 의도를 정확하게 파악해 2개의 질문에 나오는 8개의 보기(또는 3개의 질문에 나오는 12개의 보기)에 동시에 집중하는 것이 관건이다.

A 〈2:1〉 유형

문제를 분석해보면 처음 두 질문이 모두 대화의 상반부에 위치하는 경우가 발견된다.

(1) 처음 두 질문이 모두 여자에 대해 묻거나 모두 남자에 대해 묻는 경우 첫 번째 화자의 대사에서 동시에 답이 나올 확률이 높다.
(2) 처음 두 질문이 주제, 직업, 문제점, 과거형 질문, 장소 등에 관해 묻는다면 첫 번째 화자의 대사에서 동시에 답이 들린다.
(3) <2:1> 구조의 문제는 전체 문제의 20~30% 정도를 차지한다.

41 Where is the conversation taking place?
[대화 장소] 대화는 어디에서 일어나는가?
42 Why is the woman concerned?
[문제점] 여자는 왜 걱정을 하는가?
43 What does the man say he will do?
[미래] 남자는 무엇을 할 것이라고 하는가?

★ 지문에서 답의 위치
여자: 41 + 42
남자:
여자:
남자: 43

⇨ 41번 장소와 42번 여자의 문제점은 모두 전반부에 답이 나온다.
⇨ 43번 미래에 대한 질문은 대화 후반부 남자 대사에 답이 나온다.

B 〈3:0〉 유형

전체 시험의 10% 정도를 차지하는 비중으로 역시 문제 분석을 통해 답의 위치를 알 수 있다. 세 질문이 모두 주제, 직업, 문제점, 과거형 질문, 장소 등에 관해 묻는다면 화자들의 첫 번째 대사에서 동시에 답이 들린다.

41 Where does the woman probably work?
[직업] 여자는 어디에서 일을 할 것 같은가?
42 What are the speakers discussing?
[주제] 화자들은 무엇에 대해 이야기하는가?
43 Why is the man calling?
[전화 목적] 남자는 왜 전화하고 있는가?

★ 지문에서 답의 위치
여자: 41 + 42
남자: 43
여자:
남자:

⇨ 41번 여자의 직업과 42번 대화의 주제는 첫 번째 여자 대사에 답이 있다.
⇨ 43번 남자가 전화를 한 목적도 첫 번째 남자 대사에 답이 있다.

C 〈1:2〉 유형

문제를 분석할 때 질문에서 연속적으로 여자가 나오는지, 남자가 나오는지를 확인한 다음 질문마다 해당 위치를 확인한다.

41 What is the purpose of the phone call?
[목적] 전화의 목적은 무엇인가?
42 What does the man ask the woman to do?
[요구, 요청] 남자는 여자에게 무엇을 하라고 요청하는가?
43 What will the woman probably do next?
[미래] 여자는 다음에 무엇을 할 것인가?

★ 지문에서 답의 위치
여자: 41
남자:
여자:
남자: 42 + 43

⇨ 41번 목적은 대화의 앞부분에 답이 있다.
⇨ 42번 남자가 여자에게 무엇을 해달라고 요구하면 여자가 다음에 그 행동을 하는 것으로(43번) 대화가 마무리 될 확률이 높다.

Ustar 출제포인트 시험에는 이렇게 나온다! 미W 영M

[실제 문제지에 보이는 부분]

01 Where most likely are the speakers?
(A) At a department store
(B) At a travel agency
(C) At a hotel
(D) At an airport

02 What has the woman lost?
(A) A suitcase
(B) A passport
(C) A ticket
(D) A receipt

03 What does the man ask the woman to do?
(A) Make a telephone call
(B) Provide contact information
(C) Return the next day
(D) Visit a customer center

Step 1_ 문제의 의도를 정확히 파악하라. 음성을 들을 때는 먼저 문제지의 질문과 보기에 집중하면서 들리는 두 사람의 대화 중에서 어떤 내용, 누구의 대사에 집중해야 할지 미리 예상해야 한다.

Step 2_ 키워드를 확인하라. 음성을 들으면서 질문과 보기의 키워드와 대화에 등장하는 키워드를 매칭시켜라. 보통 문제들의 답은 순서대로 들린다. 문제의 보기 중 가장 부합하는 내용이 답이 된다.

Step 3_ 풀고 난 문제도 다시 보자. 문제를 풀고 난 후에는 항상 스크립트를 분석하여 〈문제 + 답의 위치 + 정답 표현〉을 같이 암기한다.

[음성]

Questions 01-03 refer to the following conversation.

W: Can you help me? I just arrived on flight 308 from Tokyo, but my suitcase didn't show on the luggage carrousel.

M: I'm sorry, let me see what I can do for you. I know all the luggage has been taken from the airplane. What does your bag look like?

W: It's a standard red case with wheels. But it has a large green belt around it, so I can identify it more easily.

M: I will call our baggage department now. While I'm on the phone, why don't you write down your phone number and where you're currently staying? If we can't find it now, we'll have it delivered to your hotel as soon as possible.

Ustar 문제풀이 고득점자는 이렇게 푼다!

01 **Where** most likely are the **speakers**? (A) At a **department store** (B) At a **travel agency** (C) At a **hotel** (D) At an **airport**	화자들은 어디에 있을까? (A) 백화점 (B) 여행사 (C) 호텔 (D) 공항

key **대화의 장소** ⇨ 대화 전반부 / 장소 관련 명사를 잘 듣자.

02 **What** has the **woman lost**? (A) A **suitcase** (B) A **passport** (C) A **ticket** (D) A **receipt**	여자는 무엇을 잃어버렸는가? (A) 여행가방 (B) 여권 (C) 표 (D) 영수증

key **여자가 잃어버린 것** ⇨ 여자 대사 / 대화 전반부 / 과거의 사실 / 키워드 lost를 확인하라.

해설 전체적으로 〈2:1〉 구조이며 첫 번째 대사를 들을 때 1번과 2번의 8개의 보기에 동시에 집중해야 한다. 즉, 첫 번째 대사를 들을 때 1번의 보기와 2번의 보기에 집중하면서 보기 중에 들리는 단어가 있으면 바로 답으로 표시한다. 1번은 첫 번째 대사에서 arrived, flight로 보아 공항(airport)임을 쉽게 알 수 있으며, 2번은 여자가 잃어버려 걱정을 하고 있는 것은 my suitcase didn't show에서 (A) A suitcase가 보이지 않기 때문이라는 것을 알 수 있다.

정답 01(D) 02(A)

03 What does the **man ask** the **woman** to **do**? (A) Make a **telephone call** (B) Provide **contact information** (C) **Return** the **next day** (D) Visit a **customer center**	남자는 여자에게 무엇을 요청하는가? (A) 전화를 하라고 (B) 연락처를 알려달라고 (C) 다음날 다시 오라고 (D) 고객센터에 가보라고

key **남자의 요구 사항** ⇨ 남자 대사 / 대화 후반부 / You should, Why don't you, Let's 등의 표현이 들리는 곳에 집중해야 한다.

해설 요구 사항은 대화의 후반부에 나오고, 남자가 요청하는 사항을 묻고 있기 때문에 남자의 마지막 대사에 답이 나온다. 남자의 마지막 대사에서 why don't you write down your phone number로 보아 연락처(contact information)를 요청하고 있다는 것을 알 수 있다. 요구 사항과 관련된 문제는 Please / Why don't you[we] / Let's / How about / What about / You should / You have to / We want you 등의 뒤에 답이 나오며, phone number / address / email address 등은 모두 contact information에 해당된다. 문제를 모두 풀고 난 후에는 스크립트를 분석하여 빈출표현을 정리해두도록 하자!

정답 (B)

문제 01-03은 다음 대화를 참조하세요. 미W 영M

W: Can you help me? 01 I just **arrived** on **flight** 308 from Tokyo, but 02 my **suitcase** didn't show on the luggage carrousel.	여: 도와주시겠어요? 도쿄발 308 비행편으로 막 도착했어요. 그런데 제 여행가방이 수화물 컨베이어 벨트에 보이지 않습니다.
M: I'm sorry, let me see what I can do for you. I know all the luggage has been taken from the airplane. What does your bag look like?	남: 어쩌죠. 제가 도울 방법이 없나 알아보겠습니다. 수화물이 전부 비행기에서 내려졌군요. 가방이 어떻게 생겼습니까?
W: It's a standard red case with wheels. But it has a large green belt around it, so I can identify it more easily.	여: 평범하게 생긴 빨간색 가방이에요. 바퀴가 달렸고요. 하지만 넓은 녹색 벨트를 감아놨어요. 그래서 쉽게 알아볼 수 있습니다.
M: I will call our baggage department now. While I'm on the phone, 03 why don't you **write down your phone number** and where you're currently staying? If we can't find it now, we'll have it delivered to your hotel as soon as possible.	남: 지금 수화물 담당부서에 연락해보겠습니다. 제가 통화를 하는 동안 전화번호와 머무실 곳을 써주시겠습니까? 만약 지금 찾지 못하면, 가능한 한 빨리 호텔로 배송해 드리겠습니다.

Exercises

01 What event are the speakers mainly discussing?
(A) A musical
(B) A movie
(C) A play
(D) A book

02 What recent change is mentioned?
(A) The shuttle bus.
(B) The building was renovated.
(C) The reservation system has been upgraded.
(D) The playing time has been extended.

03 What will the speakers probably do next?
(A) Meet the actors
(B) Place an order
(C) Purchase a ticket
(D) Return to their seats

---

04 What problem does the woman mention?
(A) She has boarded the wrong flight.
(B) She has been escorted to the wrong seat.
(C) She has been served the wrong food.
(D) She has made a wrong reservation.

05 What does the woman say she did yesterday?
(A) Canceled a reservation
(B) Placed an order
(C) Ordered some vegetables
(D) Purchased a ticket

06 What does the man say he will do next?
(A) Consult a list
(B) Book a ticket
(C) Call a flight attendant
(D) Buy some meals

07 Why is the man concerned?
(A) He has not received a letter.
(B) He has missed a deadline.
(C) He is having computer trouble.
(D) He is late for a meeting.

08 What happened in the office yesterday evening?
(A) The power went out.
(B) New equipment was delivered.
(C) A key was misplaced.
(D) A window was broken.

09 What kind of work does Michael do?
(A) Building repair
(B) Technical support
(C) Financial planning
(D) Quality control

---

10 What type of business is the woman calling?
(A) A bank
(B) A hotel
(C) A gym
(D) A moving company

11 What problem does the woman mention?
(A) Her bill included an unexpected charge.
(B) The conference is canceled.
(C) Lost boxes
(D) A wrong delivery

12 What does the man say about Ms. Lopez?
(A) She delivered the boxes.
(B) She lost the boxes.
(C) She picked up the boxes.
(D) She signed the contract.

▶ 정답 및 해설 p.118~120

Chapter 2

대화의 전반부에 답이 위치하는 문제

MP3 File 3-04

각 지문당 할당되는 3문제는 대화에서 답이 나오는 순서에 따라 문제 순서도 정해질 뿐만 아니라, biz conversation은 대화의 전개 방식이 정해져 있기 때문에 문제의 유형에 따라 대화에서 답이 나올 위치를 미리 예측할 수 있다. 처음에는 대화하는 사람(화자)들에 대한 정보와 주제, 장소 등 기본 정보를 알 수 있는 내용으로 대화가 시작된다. 따라서 이러한 내용을 묻는 유형의 문제들은 전체 대화를 다 듣고 답을 마킹하지 말고, 해당 보기에 최대한 집중하면서 대화의 첫 부분에서 단서를 캐치해 곧바로 답을 결정해야 한다.

★ 주요 출제 패턴

1. 대화의 주제를 묻는 문제
2. 화자의 직업을 묻는 문제
3. 회사의 종류, 업종을 묻는 문제
4. 대화가 일어나는 장소를 묻는 문제
5. 전화를 건 목적을 묻는 문제
6. 문제점이나 걱정에 관한 문제
7. 화자가 원하는 것을 묻는 문제
8. 과거와 현재에 대한 정보
9. 장소/주제/직업 등에 관한 질문들이 연속적으로 배열되는 2:1 구조

★ 이렇게 풀어라! 문제풀이 전략

대화의 전반부에 답이 위치하는 문제는 기본적으로 다음과 같은 단계로 문제를 풀면 된다. 대화를 주제를 묻는 질문을 예로 들어보자. 주제를 묻는 질문은 주로 첫 문제로 등장하는데, 답의 단서는 주로 첫 화자가 대화를 시작할 때 던진다. 어떤 내용의 대화가 나올지 미리 예측하기 위해 반드시 보기를 먼저 봐두는 것을 잊지 말자!

Step 1_문제를 미리 읽고 주요 단어에 미리 밑줄을 그어 놓는다.

What are the **speakers discussing**? (A) A **financial report** (B) Today's **newspaper** (C) Office **supplies** (D) An annual **sales forecast**	화자들이 논의하고 있는 것은 무엇인가? (A) 재무보고서 (B) 오늘의 신문 (C) 사무용 비품 (D) 연간 예상 매출

Step 2_음성을 들을 때는 전체 내용을 다 듣고 답을 선택하기보다는 대화의 첫 부분에 보기에 있는 단어나 관련 단어가 들리는지에 최대한 집중한다. 이때 시선은 첫 번째 문제의 보기에 둔다.

W: Hi, John, do you have time to talk about **next year's budget report**? I want to make sure it's okay for the board meeting next week. M: I'm sorry, now is not a good time. I have to leave the office.	여: 안녕 John, 내년 예산보고서에 대해 이야기할 시간 좀 있으세요? 다음 주 이사회의에 대비해 괜찮은지 확인하고 싶어서요. 남: 미안하지만, 지금은 시간이 좋질 않네요. 사무실에서 나가봐야 해서 말입니다.

Step 3_대화의 첫 부분에서 들리는 단어들 중에서 (A)~(D)에 보이는 단어는 report뿐이며, 대화 속 budget report는 financial report의 일종이다. 따라서 답은 report라는 단어를 포함하고 있는 (A)가 된다.

뒤의 내용을 끝까지 모두 듣고 답을 찾으려고 하면 뒷부분에서 보기에 있는 단어들이 나올 수도 있고 답을 잊어버릴 수 있기 때문에 답을 선택하기가 혼란스러워진다. 따라서 뒤의 내용은 무시하고 대화의 첫 부분에서 바로 답을 선택한다.

LESSON 1 대화의 주제를 묻는 문제

MP3 File 3-05

Point

What are the speakers mainly discussing?

주제를 묻는 문제는 첫 대사와 두 번째 대사에 정답이 있다! 대화의 주제를 묻는 문제는 보통 첫 문장을 들으면 해결할 수 있다. 주제 문제는 Part 3의 30문제 중 매달 5~6문제가 출제된다. 대화를 처음부터 끝까지 다 듣고 나서 답을 고르려고 하지 말고, 우선 보기에 어떤 내용이 있는지 파악한 다음 대화에 최대한 집중하면서 처음 한두 문장이 들릴 즈음 답을 결정해야 한다. 음성이 나오기 전에 반드시 문제를 미리 읽고 주요 단어들을 표시해 두도록 하자.

A 시험에 그대로 나온다! 주제를 묻는 질문 유형

What are the speakers **talking about**? 화자들은 무엇에 대해 이야기하고 있는가?
What are the speakers **mainly discussing**? 화자들은 무엇에 대해 이야기하고 있는가?
What are the speakers **doing**? 화자들은 무엇을 하고 있는가?
What is the man **explaining**? 남자는 무엇을 설명하고 있는가?
What's the main **topic** of the **conversation**? 이 대화의 주제는 무엇인가?
What (kind of) **topic** is being **discussed**? 어떠한 종류의 화제가 논의되고 있는가?

B 토익 기출 대화 주제와 키워드

대화의 도입 부분에서 주제를 보여 주는 표현

정답으로 출제된 보기	화자들의 대화 속에 등장한 키워드
A schedule change 스케줄 변경	Did you hear the **upcoming schedule changes**? 이번 일정변경에 대해 들었어요?
Applying for a position 구직 신청	**I'm calling about the sales position** you advertised in last week's newspaper. 지난 주 신문에 광고되었던 영업직에 대해 전화 드립니다.

패러프레이징 표현 연습하기

A way to get to work 출근 방법	get a **ride** to work 회사까지 다른 사람의 차를 얻어 타고 가다
Updating a website 웹사이트 업데이트	The company Website is going to be **redesigned**. 회사의 웹사이트가 다시 디자인될 것입니다.
Directions to an office 사무실 위치 안내	Could you tell me **where his office is**? 그의 사무실이 어디 있는지 알려주시겠어요?

대화 안에서 구체적인 단어로 표현하고 포괄적으로 답하기

Packing for some samples 샘플 포장	The **samples** should be **boxed**. 샘플을 상자에 넣어야 합니다.
Transportation to an event 행사지로의 교통수단	Where do you think the **shuttle** bus is? 셔틀버스가 어디에 있는지 아십니까?
A news article 뉴스 기사	Look at the draft of the **article**. 기사 초고를 봐주세요.
A movie 영화	Have you heard about the **movie**? 그 영화에 대해 들어보셨어요?

대화 중에 들린 단어로 그대로 답하기

A job interview 취업 면접	**interview** someone 누군가를 인터뷰하다
A financial spreadsheet 재무제표	have trouble with this **spreadsheet** 재무제표에 문제가 있다
Repairing a damaged area 파손된 구역 보수	Our outdoor dining area was **damaged** and it needs to be **repaired**. 야외 식당이 파손되어 보수가 필요합니다.
Budget 예산	Our department **budget** will be ready. 우리 부서의 예산안이 준비될 것입니다.
A staff meeting 직원회의	Would you like to come to the **staff meeting** this afternoon? 오늘 오후에 있는 직원회의에 오시겠어요?

Ustar 출제포인트 시험에는 이렇게 나온다! **보기에 있는 표현이 안 나온다고? 정답은 패러프레이징되어 등장한다!**

주제를 묻는 문제에서 정답을 찾을 수 있는 키워드 표현은 보통 첫 대사나 두 번째 대사에 등장한다. 예를 들면 대화의 앞부분에서 I'm calling about the sales position.이라는 표현을 듣고 대화의 주제가 Applying for a position임을 알 수 있다. 또한 Part 3는 패러프레이징된 표현이 답이 된다는 특징이 있다. 질문과 보기의 키워드 그대로 나오기보다는 대화 속에서 패러프레이징되어 등장하므로 평소 토익에 자주 출제되는 주제 관련 표현들을 익혀 순발력을 기르자.

Exercises

문제풀이 예제

Look 문제지 미리보기

What are the speakers discussing?
(A) Repairing some office furniture
(B) Purchasing a new computer
(C) Fixing a technical problem
(D) Planning a meeting agenda

Look & Check 음성이 나오기 전 주요 키워드 표시하기

What are the **speakers discussing**?
(A) Repairing some **office furniture**
(B) Purchasing a **new computer**
(C) Fixing a **technical problem**
(D) Planning a **meeting agenda**

화자들은 무엇에 대해 이야기하고 있나?
(A) 사무용 가구 수리
(B) 새 컴퓨터 구입
(C) 기술적인 문제 처리
(D) 회의 안건 계획

key What / speakers / discussing: 대화의 주제를 묻고 있으므로 '대화의 전반부'에 집중하라.

해설 화자들이 무엇에 대해 말하고 있는지 '토론의 주제'에 대하여 묻고 있다. 이런 유형의 대화는 다 듣고 풀려고 하지 말고(토익은 시간과의 싸움이므로) 첫 번째와 두 번째 대사를 듣고 그 정답을 찾아내야 한다. 여자가 대화의 첫 부분에서 Technical Support Department(기술지원부)라고 언급하고 그 뒤에 남자의 응답 중 I'm having a problem with my computer(컴퓨터에 문제가 있다)를 통해 대화의 주제가 '기술적인 문제에 대한 내용'임을 유추할 수 있으므로 정답은 (C)가 된다.

어휘 Technical Support Department 기술지원부 Personnel Department 인사부 document 문서, 서류

Listen 대화를 듣고 문제지와 대조하기  미W 미M

W: **Technical Support Department**, Melonie speaking. How may I help you?
M: Hi, Melonie. This is Adam Parker from the Personnel Department. **I'm having a problem with my computer**. Yesterday I was working on a document, and I saved it on the computer before I left for home.

여: 기술지원부의 Melonie입니다. 무엇을 도와 드릴까요?
남: Melonie 씨, 안녕하세요. 저는 인사부에 근무하는 Adam Parker입니다. 제 컴퓨터에 문제가 있어요. 어제 서류를 작성하고 나서 퇴근하기 전에 컴퓨터에 저장했어요.

실전 TOEIC Test

01 What are the speakers mainly discussing?
(A) Driving directions
(B) A job description
(C) Work assignments
(D) A staff meeting

02 What are the speakers mainly discussing?
(A) A breakfast menu
(B) A job interview
(C) A newspaper article
(D) A sales meeting

03 What is the conversation mainly about?
(A) Paying a late fee
(B) Applying for a library card
(C) Borrowing new books
(D) Reserving a new video

04 What are the speakers talking about?
(A) The results of a survey
(B) Layout designs for a brochure
(C) Features of two models
(D) Standards for quality control

05 What does the man want to do?
(A) Contact a famous writer
(B) Buy an autographed book
(C) Return an unwanted item
(D) Read a book online

06 What are the speakers mainly discussing?
(A) An early meeting
(B) A way to get to work
(C) A problem with a mechanic
(D) A new work schedule

▶ 문제풀이 예제 정답: (C)

▶ 정답 및 해설 p.120~123

LESSON 2 화자의 직업을 묻는 문제 (1)

MP3 File 3-06

Point

What is the woman's job?

화자의 직업을 묻는 문제는 보통 첫 대사와 두 번째 대사에 정답이 있다! 화자의 직업을 찾는 문제에서는 그 사람의 직업이 직접적으로 언급되거나 아니면 그 직업과 관련된 회사 업종, 관련 명사들을 파악해서 대화자들의 직업을 유추해낼 수 있다. 따라서 평소 빈출 업종과 빈출 단어들은 미리 묶어서 암기해두는 것이 좋다. 예를 들어, A postal worker → stamp, package, express mail / A clothing designer → clothing, garment / A real estate agent → apartment, office, building 등과 같이 말이다. 아울러, 보기에 employees, staff, salesperson 등이 있으면 답이 될 가능성이 매우 높다는 점도 염두에 두자.

A 시험에 그대로 나온다! 화자의 직업을 묻는 질문 유형

질문에 job, occupation, profession, project 등의 명사가 주로 언급된다.

Who most likely **is** the **man**? 남자는 누구일까?
What is the woman's **job**? 여자의 직업은 무엇인가?
What is the man's **occupation**? 남자의 직업은 무엇인가?
Who most likely **is** the **man talking to**? 남자와 이야기하고 있는 사람은 누구인가? ☆ 여자의 직업을 묻는 질문

B 토익 기출 직업명과 키워드

다음의 표현들은 정답으로 출제되었던 직업 관련 표현들과 '바로 이것이 화자의 직업이다'라고 알려주었던 대화 속 표현들이다. 정답을 알려주는 표현들을 보면 '나는 누구이다(This is Janet from the leasing office. 임대 사무소의 Janet입니다.)' 혹은 '그는/그녀는 누구이다(He's a reporter. 그는 기자야.)'라고 직접적으로 직업을 말해주는 유형과 Our firm did all the interior design work in this restaurant.(우리 회사가 이 레스토랑의 인테리어를 전부 디자인했어요.)와 같이 대화자들의 회사가 하는 일을 언급하여 화자가 어떤 직업을 가졌다는 것을 간접적으로 제시하기도 한다. 또한, I'd like two tickets for Thursday nights performance.(목요일 밤 공연 티켓 두 장 주세요.)라고 말함으로써 상대방의 직업이 티켓 판매원임을 알 수도 있다

대화의 도입 부분에서 직업을 보여주는 표현

정답으로 출제된 보기	화자들의 대화 속에 등장한 키워드
A reporter 기자	I'm a **reporter** with CDN news. 저는 CDN 뉴스의 리포터입니다.
A post office clerk 우체국 직원	**Starkvile Post Office**, can I help you? Starkvile 우체국입니다. 무엇을 도와드릴까요?
A technical support 기술 지원	**Technical Support** Department, Cathy speaking. 기술지원부의 Cathy입니다.

패러프레이징 표현 연습하기

A new employee 신입사원	It's my **first day on the job**. 오늘 첫 출근 날입니다.
A photographer 사진작가	I'm glad you like **my pictures**. 제 사진이 마음에 드신다니 다행입니다. The publicity **photographs you took** of the plane are very good. 비행기를 찍은 홍보사진이 아주 좋네요.

대화 안에서 구체적인 단어로 표현하고 포괄적으로 답하기

A parking attendant 주차 요원	**How much does it cost to park** here for the whole day? 하루 종일 여기에 주차하는 데 요금이 얼마인가요? This **parking area is full** right now. 지금 주차장이 꽉 찼습니다.

대화 중에 들린 단어로 그대로 답하기

A front-desk clerk 안내데스크 직원	I'd love it if you could work **at the front desk**. 당신이 그날 안내데스크에서 일해준다면 좋을 것 같습니다.
A data-entry clerk 데이터 입력 직원	I did the **same kind of data entry** at my last job. 전 직장에서도 데이터 입력 일을 했어요.

Ustar 출제포인트 시험에는 이렇게 나온다! Who is the woman talking to?는 '남자의 직업'을 묻는 문제

Who is the woman talking to?(여자와 이야기하고 있는 사람은 누구인가?)는 질문에 여자가 언급되었다고 해서 여자의 직업을 묻는 것이 아니다. 대화 상대자인 남자의 직업을 묻는 질문이라는 점에 주의하자. 이런 경우, 여자의 대사에 답이 나온다 하더라도 답은 여자의 직업이 아니라 남자의 직업이라는 점을 명심해야 한다.

문제풀이 예제

Look 문제지 미리보기

What is the woman's occupation?
(A) A business owner
(B) A painter
(C) A store manager
(D) An interior designer

Look & Check 음성이 나오기 전 주요 키워드 표시하기

What is the **woman's occupation**?
(A) A business **owner**
(B) A **painter**
(C) A store **manager**
(D) An interior **designer**

여자의 직업은 무엇인가?
(A) 사업주
(B) 화가
(C) 매장 관리자
(D) 실내 디자이너

key What / woman / occupation: 여자의 직업을 묻고 있으므로 '대화의 전반부'에 집중하라.

해설 여자의 직업에 대하여 묻고 있다. 이렇게 직업을 물어보는 유형의 문제는 주로 첫 번째와 두 번째 대사를 듣고 그 정답을 찾아낼 수 있다. 남자가 대화의 첫 부분에서 your interior design company(당신의 실내 디자인 회사)라고 언급하고 있으므로 여자는 실내 디자인 회사에서 일을 하고 있으며, 여자의 직업이 실내 디자이너라는 것을 유추해낼 수 있다.

어휘 win an award 상을 받다 small business 중소기업 client 고객 hire 고용하다 assistant 조수

Listen 대화를 듣고 문제지와 대조하기 영M 미W

M: Maria, I heard **your interior design company** just won an award for the best new small business. Congratulations. You must be doing very well.
W: Yes, and ever since the award I've been getting even more new clients. I have so much work that I'm planning to hire an assistant.

남: Maria. 당신의 실내 디자인 회사가 새롭게 부상하는 중소기업 최우수상을 받았다는 소식을 들었습니다. 축하합니다. 아주 잘 하고 있는 것 같습니다.
여: 네. 그 상을 받은 이후로 고객들이 더 늘고 있습니다. 일이 많아져서 조수를 채용할까 합니다.

실전 TOEIC Test

01 Who most likely is the woman talking to?
(A) A teacher
(B) A hotel employee
(C) A flight attendant
(D) A client

02 Who most likely is the woman?
(A) A librarian
(B) An architect
(C) A reporter
(D) A computer technician

03 Who most likely is the woman talking to?
(A) A travel agent
(B) A flight attendant
(C) A hotel receptionist
(D) A tour guide

04 Who most likely is the man?
(A) An architect
(B) A city planner
(C) A land surveyor
(D) A real estate agent

05 What is the woman's job?
(A) A newspaper reporter
(B) A store manager
(C) A leasing agent
(D) A construction engineer

06 What is the woman's occupation?
(A) An architect
(B) A film director
(C) A travel agent
(D) A historian

▶ 문제풀이 예제 정답: (D)

▶ 정답 및 해설 p.123~125

화자의 직업을 묻는 문제 (2)

MP3 File 3-07

Point

Who is Peter Jenkins?

직업을 묻는 문제의 답이 항상 대화의 첫 번째 대사에 있는 것만은 아니다! 말하는 당사자인 남자나 여자의 직업이 아닌 제 3자의 직업을 묻는 경우에는 그 사람의 이름이 언급된 후에야 답이 나온다. 이런 경우, 문제에 언급된 이름이 나오길 기다렸다가 보기에 일치하는 단어가 들리면 바로 답으로 선택한다.

A 시험에 그대로 나온다! 제 3자의 직업을 묻는 유형

Q **Who is** Michael Penders? Michael Penders는 누구인가? A A reporter 기자	M: Hello, Ms. Cohen, this is Jack from the front desk. **Michael Penders** is here. He says he's here for his 3 o'clock appointment. 여보세요, Ms. Cohen. 프론트의 Jack입니다. Michael Penders 씨가 와 계십니다. 3시 약속으로 오셨다고 하시는데요. W: Oh, **he's a reporter from Metro magazine**. He's here to interview me for a story he's writing about our company. 아, Metro지의 기자시군요. 우리 회사에 대한 기사를 쓰기 위해 절 인터뷰하러 오신 분이에요.
Q **Who is** Ellen Stanley? Elaine Stanley는 누구인가? A An advertising coordinator 광고 코디네이터	Tom, I don't know if you heard, but **Ellen Stanley** is leaving the company in three weeks. It's too bad because she's been doing such **a great job with the advertising campaign** for the new children's shampoo. Tom, 들었는지 모르겠지만 Ellen Stanley가 2주 후에 회사를 떠납니다. 그녀는 어린이용 새 샴푸 광고 캠페인을 정말 훌륭히 해내고 있었는데 아쉽네요.

B 토익 기출 직업명과 키워드

화자나 제 3자의 직업을 묻는 문제에서 자주 나오는 직업에는 영업사원((sales) representative / salesperson), 지원자(job applicant), 기자(reporter), 직원(employee), 접수계원(receptionist) 등이 있다.

C 파트 3 빈출 직업명

정답으로 출제된 직업	화자들의 대화 속에 등장한 키워드
A musician 음악가, 연주자	I'm a member of the **Royal Bules band**. 저는 Royal Blues 밴드의 멤버입니다.
A job applicant 지원자	Could you tell me then **why you are interested in the web design position**? 그럼 왜 웹디자인직에 관심이 있는지 말씀해 주시겠습니까?
A newspaper reporter 신문기자	I'm **writing an article** on the city's budget proposal. 시 예산안에 대해서 기사를 쓰고 있습니다.
A sales representative 영업사원	Thanks to **your sales team**, selling the new model has been easy. 당신의 영업팀 덕분에 새 모델을 판매하는 게 수월합니다. Would you like to **consider replacing it with a new model**? 새 모델로 교체하는 걸 고려하고 계신가요?
A receptionist 접수계원 **An operator** 전화 교환원	Hi, thanks for **calling. How can I help you?** 전화 주셔서 감사합니다. 어떻게 도와드릴까요? Would you like me to **schedule an appointment for you** then? 그럼 제가 님의 약속일정을 잡아드릴까요?
A real estate agent 부동산 중개인	Hi, I am **looking for an apartment.** 안녕하세요. 저는 아파트를 찾고 있습니다. Hi, I'm calling about **a store I saw featured on a real estate website**. 안녕하세요. 부동산 웹사이트에 올라와 있던 상점에 대해 전화 드립니다.
A human resources director 인사부 부장	Thank you for coming in, Ms. Lopez. **We are only interviewing the top five candidates** for the **position of night manager** at our hotel. Ms. Lopez, 와주셔서 감사합니다. 우리는 호텔 야간 매니저 직책에 대해 상위 5명의 후보만 면접봅니다.

Ustar 출제포인트 시험에는 이렇게 나온다! **오답률이 가장 높은 직업은 영업사원!**

영업사원이 정답으로 등장하는 대화문은 거의 모든 분야에서 출제되기 때문에 일부 단어를 암기하기보다는 상황 자체에 익숙해져야 한다.

Q **Who most likely is the woman?** (A) A salesperson (B) A parking attendant

M: Hello, **I'd like two tickets** for Thursday night's performance.
W: I'm sorry, but **we don't have any tickets** left for that performance.

■ 첫 번째 남자의 대사에서 I'd like two tickets와 여자의 대사에서도 티켓이 남아있지 않다는 말에서 여자가 (티켓)판매원이라는 것을 쉽게 알 수 있으므로 정답은 (A) A salesperson이 된다.

■ Q 여자는 누구일까? (A) 영업사원 (B) 주차요원 / 남: 안녕하세요. 목요일 밤 공연 티켓 두 장 주세요. 여: 죄송합니다만, 그 공연에 남은 표가 없습니다.

문제풀이 예제

Look 문제지 미리보기

Who most likely is the woman?
(A) A salesperson
(B) A product designer
(C) A photographer
(D) A banker

Look & Check 음성이 나오기 전 주요 키워드 표시하기

Who most likely **is** the **woman**?
(A) A **salesperson**
(B) A product **designer**
(C) A **photographer**
(D) A **banker**

여자는 누구이겠는가?
(A) 판매원
(B) 제품 디자이너
(C) 사진사
(D) 은행원

key Who / is / woman: 여자의 직업을 묻고 있으므로 '대화의 전반부'에 집중하라.

해설 첫 번째와 두 번째 대사에서 여자의 직업을 알 수 있는 키워드를 잡아야 한다. 남자는 여기서 카메라를 구입했다고 말하고 있고, 여자는 교환을 원하는지를 묻고 있다. 따라서 고객과 판매원의 대화라는 것을 알 수 있으므로 여자는 판매원이다.

어휘 notice 알게 되다 crack 금이 가다 replacement 교환 store credit 상품권

Listen 대화를 듣고 문제지와 대조하기 미M 미W

M: Hi, I **bought this camera here** yesterday, but when I got home and opened the box, I noticed that the lens was cracked.
W: Oh, I'm sorry to hear that. Would you like a **replacement** or would you prefer a **store credit**?

남: 안녕하세요. 어제 여기서 카메라를 샀는데, 집에 가져와서 박스를 열어보니까 렌즈에 금이 가 있는 걸 알게 되었습니다.
여: 죄송합니다. 교환을 원하시나요, 아니면 상품권이 좋으신가요?

실전 TOEIC Test

01 Who most likely is Elanie Stanley?
(A) An author
(B) An actor
(C) A web designer
(D) A store manager

02 What position is the man applying for?
(A) A college instructor
(B) A laboratory technician
(C) A website designer
(D) A project manager

03 Who most likely is the woman?
(A) A receptionist
(B) A doctor
(C) A sales clerk
(D) A writer

04 Who most likely are the speakers?
(A) Restaurant chefs
(B) Store cashiers
(C) Office co-workers
(D) Furniture salespeople

05 Who most likely is the woman?
(A) A newspaper reporter
(B) An advertising executive
(C) A city official
(D) A television producer

06 Who most likely is the woman?
(A) A ticketing agent
(B) A property manager
(C) A tour guide
(D) A store cashier

▶ 문제풀이 예제 정답: (A)

▶ 정답 및 해설 p.125~127

LESSON **4** # 회사의 종류, 업종을 묻는 문제

MP3 File 3-08

Point

What type of company does the man work for?

회사의 종류와 업종을 묻는 문제는 첫 대사와 두 번째 대사에서 관련 명사를 위주로 들어야 한다! 화자가 어떤 종류의 회사에서 일하는지 물어보는 질문으로 대화의 전반적인 이야기가 회사나 업무 그리고 직업에 관련된 내용이 나오게 된다. 토익에서는 빠른 대화 진행을 위해 대화의 전반부에서 앞으로 전개될 주제에 대해서 언급을 하고 시작한다. 그래서 회사의 종류나 업종을 묻는 질문 역시 주로 첫 번째나 두 번째 대사에서 그 정답을 찾을 수 있다.

A 시험에 그대로 나온다! 회사의 종류, 업종을 묻는 질문 유형

What kind of **company** does the **man** work for? 남자는 어떤 종류의 회사에 다니는가?
What type of **company** does the **man** have? 남자는 어떤 종류의 회사를 소유하고 있는가?
What department does the **man** most likely work in? 남자는 어떤 부서에서 일할까?
What business does the **woman** work for? 여자는 어떤 업종의 회사에 근무하는가?
Where does the **woman work**? 여자는 어디에서 일하는가? | **What** area do the **speakers work** in? 화자들은 어떤 분야에서 일하는가?

B 토익 기출 업종과 키워드

대화 속에서 정답을 알려주는 표현들을 보면 직접적으로 회사의 업종을 말해주기보다는 회사의 업종과 관련된 이야기를 통해 유추해내도록 유도하는 경우가 대부분이다.

대화의 도입 부분에서 업종을 보여주는 표현

정답으로 출제된 보기	화자들의 대화 속에 등장한 키워드
Advertising company 광고회사	Hi, Emily. It's Susan from Melbourne **Advertising**. 안녕, Emily. Melbourne 광고사의 Susan입니다.
Hair salon 미용실	I'm interested in opening a small **hair salon**. 나는 작은 미용실을 하나 오픈하고 싶습니다.
Sign-making store 간판 제작소	I'd like to **have a new sign made** for my furniture store. 제 가구점에 새 간판을 만들고 싶습니다.

패러프레이징 표현 연습하기

Medical office 진료소	I'm a **patient** of Dr. Bromm. 저는 Bromm 선생님의 환자입니다.
Manufacturing company 제조사	Do you know what's happening at the Leeds **plant**? Leeds 공장에 무슨 일이 일어났는지 알고 있습니까?
Automobile manufacture 자동차 제조사	The **product development team** is going to show us all the top features of next year's **upcoming vehicle**. 제품개발팀은 내년에 출시되는 차량의 주요 특징들을 모두 우리에게 보여줄 것입니다.

대화 안에서 구체적인 단어로 표현하고 포괄적으로 답하기

Flower shop 꽃가게	A lot of people will be **ordering flowers** for the holidays. 많은 사람들이 연휴 동안 꽃을 주문할 것입니다.
Clothing factory 의류 공장	They **ordered** five thousands **T-shirts** with their logo printed on them. 그들은 로고가 새겨진 티셔츠 5000장을 주문했습니다.
Office-supply store 문구점	I ordered some **stationery** from **your store** yesterday. 저는 어제 당신의 가게에서 몇 가지 사무용품을 주문하였습니다.
Publication company 출판사	**Our magazine** has an opening for an editorial assistant. 우리 잡지사는 현재 편집 보조를 모집하고 있습니다.
Newspaper 신문사	I read **your article** on the art program. 그 미술 프로그램에 관한 당신의 기사를 읽었습니다.
Restaurant 식당	I'd like to make a **reservation for lunch** on July 10. 7월 10일에 점심을 예약하고 싶습니다.
Pharmacy 약국	**Your doctor** called in a **prescription** last week. But you haven't picked it up yet. I just wanted to make sure that you knew **your medication** was ready. 지난주 고객님의 주치의께서 (약을) 처방하셨습니다. 하지만 아직 찾아가지 않으셨네요. 약이 준비된 것을 알고 계시는지 확인하려구요.

Ustar 출제포인트 시험에는 이렇게 나온다! **상대의 대사에서 답이 나오는 경우도 준비해두어야 한다!**

남자가 I'd like to book tickets to tomorrow's theater performance.(내일 공연 티켓을 예매하고 싶습니다.)와 같은 발언을 한다면 상대방인 여자가 근무하는 곳이 theater(극장)라는 것을 알 수 있다. 이처럼 본인이 직접 자신이 일하는 회사에 대해서 언급하기보다는 상대방의 대사를 통해 어떤 종류의 업종에서 일하는지를 캐치해 낼 수도 있다.

Exercises

문제풀이 예제

Look 문제지 미리보기

What area does the woman work in?
(A) Finance
(B) Sales
(C) Production
(D) Design

Look & Check 음성이 나오기 전 주요 키워드 표시하기

What area does the **woman work** in?
(A) **Finance**
(B) **Sales**
(C) **Production**
(D) **Design**

여자는 어떤 분야에서 일하는가?
(A) 재무
(B) 영업
(C) 생산
(D) 디자인

key What area / woman / work: 여자가 일하는 분야(업종)를 묻고 있으므로 '대화의 전반부'에서 보기 관련 단어를 잡아낸다.

해설 문제를 예상하고 보기 중에 있는 단어를 대화에서 낚아채라! 문제에서 What area does the woman work in?이라고 여자가 어떤 분야에서 일하는지 묻고 있다. 이렇게 회사의 종류나 직원의 근무 분야를 물어보는 유형의 문제는 주로 첫 번째와 두 번째 대사를 듣고 그 정답을 찾아낼 수 있다. 남자가 대화의 첫 부분에서 thanks to your sales team(당신의 영업팀 덕분에)라고 말하고 있으므로 여자는 회사의 영업팀에서 일한다는 것을 알 수 있다. 이렇듯 직업을 묻는 문제는 첫 번째와 두 번째 대사에서 답을 찾을 수 있다.

어휘 come on in 어서 들어오세요 factory 공장 As you can see 보시다시피 huge 엄청난 increase 증가 order 주문 thanks to ~덕분에 sales team 영업팀 deserve ~을 받을 만하다 credit 공로, 칭찬, 인정

Listen 대화를 듣고 문제지와 대조하기 미M 미W

M: Hi, Maria. Come on in and I'll show you around the factory. As you can see, we're really busy. We've had a huge increase in orders **thanks to your sales team**.
W: Well, I have to say that Ellen's design group deserves credit for that.

남: 안녕하세요, Maria 씨. 어서 들어오세요. 제가 공장을 보여드리겠습니다. 보시다시피 저희는 정말 바쁘게 돌아가고 있습니다. 당신의 영업팀 덕분에 주문량이 엄청나게 증가했기 때문입니다.
여: 글쎄요, Ellen의 디자인 팀이 그 공로를 인정받을 자격이 있는 것 같은데요.

실전 TOEIC Test

01 What kind of business do the speakers probably work at?
(A) A manufacturing company
(B) A retail store
(C) An employment agency
(D) An advertising firm

02 What type of company is Robinson Art?
(A) Financial planning
(B) House painting
(C) Office cleaning
(D) Relocation assistance

03 Where do the speakers most likely work?
(A) At a manufacturing plant
(B) At an accounting firm
(C) At a printing company
(D) At a storage warehouse

04 Where does the man work?
(A) At a theater
(B) At an airport
(C) At a construction company
(D) At a train station

05 What business does the woman work for?
(A) A magazine publisher
(B) A vehicle manufacturer
(C) An advertising firm
(D) Repair service

06 Where does the woman most likely work?
(A) At a travel agency
(B) At a car repair shop
(C) At a medical office
(D) At a conference center

▶ 문제풀이 예제 정답: (B)

▶ 정답 및 해설 p.127~129

LESSON **5** 대화가 일어나는 장소를 묻는 문제

MP3 File 3-09

LESSON 5 대화가 일어나는 장소를 묻는 문제

Point

Where is this conversation taking place?

대화가 일어나는 장소를 묻는 문제는 첫 대사와 두 번째 대사에 명사나 장소부사를 들어야 한다! 대화의 장소를 직접 언급해주는 경우도 있기는 하지만 주로 대화를 통해 간접적으로 대화 장소를 알려주는 경우가 대부분이다. 그러므로 서로 주고받는 대화 속에서 장소를 유추해내야 한다. 따라서 평소 A hotel → room, front desk / A restaurant → table, chief, server / A cinema → movie, actor, actress / A travel agency → ticket, itinerary(여행 일정표) / A library → book, check out, return / A bank → account, open, transfer 등과 같이 토익에 자주 등장하는 장소 관련 어휘를 묶어 암기해두도록 하자.

A 시험에 그대로 나온다! 대화의 장소를 묻는 질문 유형

Where does this **conversation take place**? 이 대화는 어디에서 일어나고 있는가?
Where is most likely the **man**? 남자는 어디에 있을까? | **Where** most likely is the **woman**? 여자는 어디에 있을까?
Where are the **speakers**? 화자들은 어디에 있는가?
Where are they most likely having this **conversation**? 이 대화는 어디에서 일어나고 있는 것일까?
Where does this **talk** probably **take place**? 이 대화는 어디에서 일어나고 있을까?
Where does the **conversation** most likely **occur**? 이 대화는 어디에서 일어나고 있을까?

B 토익 기출 대화 장소와 키워드

대화가 일어나는 장소를 암시해주는 표현들은 주로 대화의 첫 번째나 두 번째 대사에서 찾을 수 있다. 직접적으로 대화의 장소를 말해주기보다는 장소와 관련된 이야기를 하여 그 장소를 유추해낼 수 있는 문제가 대부분이다. 예를 들어, bookstore가 정답인 경우, 대화에서 '서점이다'라고 직접적으로 말하기보다는 '어떠한 책을 찾고 있다'와 같이 서점에서 자주 말하게 되는 표현이 등장한다.

대화의 도입 부분에서 장소를 보여주는 표현

정답으로 출제된 보기	화자들의 대화 속에 등장한 키워드
At a factory 공장에서	I have the new **safety permit** that the regional inspector issued for **our factory**. 우리 공장은 지역 검열관이 발행한 새 안전허가증을 가지고 있습니다.
In a bookstore 서점에서	Excuse me. I am **looking for a book** called "Principles of photographs" by U. J. **Berton**. 실례합니다. U. J. Berton의 "Principles of photographs"라는 책을 찾고 있습니다.
At a bus stop 버스 정거장에서	Excuse me, is this **where I get on the city bus** to the airport? 실례합니다. 여기가 공항까지 가는 시영버스를 타는 곳인가요?

패러프레이징 표현 연습하기

In a car 차에서	**Why don't we try** to park somewhere else? 다른 데 주차하는 게 어떻겠습니까?
At a post office 우체국에서	**I'd like to send this box** of computer components **to a business in Malaysia**. 말레이시아 사업장에 컴퓨터 부품 상자를 보내고 싶습니다.
At an airport 공항에서	**I just arrived on flight 747** from Sydney. 시드니발 747기를 타고 방금 도착했습니다.

대화 안에서 구체적인 단어로 표현하고 포괄적으로 답하기

In a restaurant 식당에서	Is **our table** ready yet? 우리 자리가 아직 준비가 안 되었나요?
In a clothing shop 옷가게에서	**Here are some shirts** you might be interested in. 좋아하실 만한 셔츠가 여기 있습니다.

Ustar 출제포인트 시험에는 이렇게 나온다! **Part 3 빈출 대화 장소 store와 office**

Part 3에 자주 등장하는 장소 중의 하나는 store인데, 대화의 전반부에서 buy, looking for 등의 표현이 들리면 주저 없이 store를 답으로 고르자. 또, 답이 도대체 뭔지 감이 안 잡힐 때 보기 중에 office가 등장하면 이것을 답으로 선택하자. office는 최다 빈출 장소이다.

In a store 상점에서	**I want to buy** a new printer. 새 프린터를 사고 싶습니다. Hello, **can I help you find something**? 안녕하세요, 찾는 것을 도와드릴까요? Oh, yes. **I'm looking for** a new suitcase. 네. 새 여행가방을 찾고 있습니다.
In an office 사무실에서	Wow, you still have a lot of things **in your office** to pack up. 사무실에 아직도 챙겨야 할 짐이 많이 있구나.

Exercises

문제풀이 예제

Look 문제지 미리보기

Where most likely is the conversation taking place?
(A) On a city street
(B) In an office building
(C) In a car
(D) At a restaurant

Look & Check 음성이 나오기 전 주요 키워드 표시하기

Where most likely is the **conversation taking place**?
(A) On a city **street**
(B) In an office **building**
(C) In a **car**
(D) At a **restaurant**

대화가 일어나고 있는 장소는 어디인가?
(A) 도시의 거리
(B) 사무실
(C) 자동차 안
(D) 식당

key Where / conversation / taking place: 대화 장소를 묻고 있으므로 '대화의 전반부'에서 장소 관련 단어를 잡아내라!

해설 이 대화가 어디에서 일어나는지 그 장소를 묻고 있다. 이렇게 대화가 일어나는 장소를 물어보는 유형의 문제는 주로 첫 번째와 두 번째 대사를 듣고 그 정답을 찾아낼 수 있다. 대화의 첫 부분에서 남자는 Star라는 빌딩의 위치를 여자에게 물어보고 있다. 이런 대화로 짐작컨대 이 둘은 길거리에서 서로 길을 묻고 답해주는 상황으로 볼 수 있다. 대화 스크립트에서 보듯이 대화가 일어나는 장소를 묻는 문제는 첫 번째와 두 번째 대사에서 답을 찾을 수 있다.

어휘 arrive 도착하다 need to + 동사원형 ~할 필요가 있다 street 거리, 가

Listen 대화를 듣고 문제지와 대조하기 영M 미W

M: Excuse me, I have just arrived in town and **I need to find Star Building** on Queen Street.
W: Oh, that's not too far from here. It's just **a few minutes' walk**.

남: 실례합니다. 저는 지금 막 시내에 도착했습니다. Queen가에 있는 Star 빌딩을 찾아야 하는데요.
여: 아, 그 빌딩은 여기서 멀지 않은 곳에 있습니다. 몇 분만 걸으면 나와요.

실전 TOEIC Test

01 Where is the conversation taking place?
(A) In a laboratory
(B) In a library
(C) In an electronics store
(D) In a publishing office

02 Where most likely are the speakers?
(A) In a warehouse
(B) In a paint store
(C) In a clothing shop
(D) In a post office

03 Where does the conversation most likely take place?
(A) In a hardware store
(B) In a plumber
(C) In a restaurant
(D) On a computer lab

04 Where does the man most likely work?
(A) At a car rental agency
(B) At a used car dealership
(C) At a car repair shop
(D) At a gas station

05 Where does the woman work?
(A) At a university
(B) At a personnel department
(C) At a real estate agency
(D) In a consulting firm

06 Where is the conversation taking place?
(A) In an office
(B) In a restaurant
(C) In a furniture store
(D) In a supermarket

▶ 문제풀이 예제 정답: (A)

▶ 정답 및 해설 p.129~131

LESSON **6** # 전화를 건 목적을 묻는 문제

MP3 File 3-10

Point

What is the purpose of the call?

전화를 건 목적을 묻는 문제는 주로 대화의 전반부에 정답이 있다! 토익 Part 3의 대화는 그렇게 길지 않기 때문에 앞부분에서 전화를 건 목적을 먼저 언급한 후 그에 대한 이야기가 전개되는 게 일반적이다. 특히, I'm calling to ~라는 전형적인 표현 뒤에 전화를 건 목적을 이야기하기 때문에 이런 류의 표현이 나오면 주의 깊게 듣도록 하자. 주로 전화를 건 사람이 대화 전반부에서 〈전화 통화하고 싶은 사람 및 자신에 대한 정보 → 전화의 목적〉을 순서대로 말하게 된다.

A 시험에 그대로 나온다! 전화의 목적을 묻는 질문 유형

What is the **purpose** of the (phone) **call**? 전화를 건 목적은 무엇인가?
What is the **woman calling** about? 여자는 무슨 일로 전화했는가? | **Why** is the **woman calling**? 여자는 왜 전화를 했는가?
Why did the **man call** the woman? 남자는 왜 여자에게 전화를 했는가?
Why did the **woman call** the bank? 여자는 왜 은행에 전화를 했는가?
Why does the **woman contact** the man? 여자는 왜 남자에게 연락하는가?

B 토익 기출 전화 용건과 키워드

전화를 건 목적은 보통 두 가지 유형으로 알려준다. 첫 번째는 I'm calling about ~류의 표현을 이용하여 전화를 건 목적을 직접적으로 알 수 있는 경우와, 무언가를 물어보기 위하여 전화를 하는, 즉 간접적으로 전화의 목적을 알려주는 경우이다. 토익에서 전화를 거는 목적은 주로 주문 및 예약을 하거나 어떤 정보 등을 알고자 할 때이다.

대화의 도입 부분에서 주제를 보여 주는 표현

정답으로 출제된 보기	화자들의 대화 속에 등장한 키워드
To make a reservation 예약을 하기 위해	I'd like to **make a reservation** for dinner for tomorrow. 내일 저녁식사 예약을 하고 싶습니다.
To speak to a guest 손님에게 이야기하기 위해	I'm calling **to speak with a hotel guest**. 호텔 손님과 통화를 하고 싶습니다.
To ask about an order 주문에 관해 문의하기 위해	I think **you ordered a new one** for our department a couple of weeks ago. **Is that right?** 2주 전에 저희 부서를 위해 새 것 하나를 주문하시지 않았습니까?
To clarify a billing 청구서 내역을 명확히 하려고	I'm calling **about a billing problem**. 청구서에 문제가 있어서 전화 드렸습니다.

패러프레이징 표현 연습하기

To inquire about the price 가격 문의를 하기 위해	**Can you tell me how much it costs** to send the package to L.A.? LA로 소포를 보내는 데 얼마인가요?
To get directions to the store 상점에 가는 길을 묻기 위해	**Can you tell me how to get to** your store from 10th street? 10번가에서 당신의 상점에 가는 길 좀 알려주시겠어요?
To discuss a recent purchase 최근에 구매한 것에 대해 논의하기 위해	I'm calling about **a jacket** I bought from your store this morning. 오늘 아침에 제가 그쪽 가게에서 산 재킷 문제로 전화 드렸어요.

대화 안에서 구체적인 단어로 표현하고 포괄적으로 답하기

To ask about an incomplete shipment 불완전한 선적에 대해 묻기 위해	I received the shipment yesterday, **but the case of beakers was missing**. 어제 선적을 받았습니다. 하지만 비이커의 케이스가 없습니다.
To ask for information 정보를 묻기 위해	I wanted to **check that I have the most up-to-date information**. 제가 최신 정보를 가지고 있는지를 확인하고 싶었습니다.
To raise money for a project 프로젝트 모금을 하기 위해	Our company is **considering making a donation** towards the renovation project. 우리 회사는 보수 사업에 기부를 고려하고 있는 중입니다.
To ask about an item 물품에 관해 묻기 위해	**I ordered** a pair of glasses **last week. I was wondering if they have arrived yet**. 저는 지난주에 안경을 하나 주문했는데요. 도착이 됐는지 궁금합니다.

Ustar 출제포인트 시험에는 이렇게 나온다! **전화 목적을 묻는 문제는 보기가 다소 길게 나온다!**

전화 목적을 묻는 문제의 보기는 길어서 이해하기 어려운 경우가 많다. 보기에 자주 등장하는 단어들(특히 동사)은 미리 익혀두자.

정답으로 출제된 보기	대화 지문
To **verify** some **information** 어떤 정보를 확인하기 위해	We're **asking** people in town their options **about the center**. 저희는 센터에 관해서 지역 주민들에게 의견을 구하고 있습니다.
To **report** a **problem** 문제(점)를 보고하기 위해	I'm **having a problem with** my laptop **computer**. 제 노트북에 문제가 있어요.

Exercises

문제풀이 예제

Look 문제지 미리보기

What does the man want to do?
(A) Change his career
(B) Go to a manager training seminar
(C) Take a vacation
(D) Relocate to head office

Look & Check 음성이 나오기 전 주요 키워드 표시하기

What does the **man want** to do?
(A) Change his **career**
(B) Go to a manager **training seminar**
(C) Take a **vacation**
(D) Relocate to **head office**

남자가 하고자 하는 것은 무엇인가?
(A) 직업을 바꾸는 것
(B) 관리자 교육 세미나에 가는 것
(C) 휴가를 가는 것
(D) 본사로 전근 가는 것

key What / man / want: 남자가 원하는 것을 묻고 있으므로 '대화 전반부'의 '남자' 대사에 집중하라.

해설 남자가 원하는 것을 묻고 있다. 이렇게 화자가 원하는 것을 물어보는 유형의 문제는 주로 첫 번째와 두 번째 대사를 듣고 그 정답을 찾아낼 수 있다. 남자는 첫 대사에서 9월 말에 5일 동안 휴가를 다녀와도 될지에 대해서 묻고 있으므로 남자가 원하는 것은 (C) Take a vacation이다.

어휘 take a vacation 휴가를 얻다 annual 연례의, 매년의 training 교육, 훈련

Listen 대화를 듣고 문제지와 대조하기 미M 호W

M: Nancy, can I ask you a question? Is it okay if I **take my vacation** at the end of September for about 5 days?
W: Well, there will be an annual manager training seminar at the end of September.

남: Nancy, 질문이 있는데요. 제가 9월 말에 약 5일 동안 휴가를 다녀와도 될까요?
여: 글쎄요. 9월 말에는 연례 관리자 교육이 있어요.

실전 TOEIC Test

01 What does the man want to do?
(A) Find an apartment
(B) Start a business
(C) Purchase a publication
(D) Join a group

02 What does the woman want the man to do?
(A) Attend a celebration
(B) Order some tables
(C) Provide flower arrangements
(D) Create a special menu

03 What does the woman want to do?
(A) Register for a course
(B) Deposit her paycheck
(C) Change her work hours
(D) Apply for a business license

04 What does the woman want to order?
(A) Training manuals
(B) Printer paper
(C) Business cards
(D) Sales brochures

05 Why does the woman want to talk to Mr. Wagner?
(A) To inquire about his former colleague
(B) To confirm the time of an interview
(C) To introduce him to a new employee
(D) To review notes from a client meeting

06 What does the man want to know about the restaurant?
(A) Its hours
(B) Its location
(C) Its menu options
(D) Its prices

▶ 문제풀이 예제 정답: (C)

▶ 정답 및 해설 p.136~138

LESSON 9 과거와 현재에 대한 정보

MP3 File 3-13

Point

What did the man buy?

과거의 상황이나 배경(background)에 대한 질문은 대화의 전반부에 답이 있다! 질문이 과거의 사건, 원인, 일정 등인 경우 첫 번째 대사에 답이 있을 확률이 높다. 현재 시제의 질문 또한 대화의 초반에 답이 등장하게 된다. 반면에 미래에 대한 질문들은 대화 후반에 답이 언급된다. 과거 관련 질문들에는 recently, originally, yesterday 등의 부사가 곧잘 등장하며, did, have p.p. 등과 같은 과거 및 현재완료 시제가 주로 쓰인다. 특히 was scheduled to do, was going to do, I thought 등의 표현은 '~하려 했으나 하지 못했다'는 과거 사실을 보여주는 대표적인 표현!

A 시험에 그대로 나온다! 과거와 현재에 대한 정보를 묻는 질문 유형

When was the **meeting originally** scheduled? 원래 잡혔던 회의 일정은 언제였나?
Where has the **woman visited**? 여자는 어디를 방문했는가? | **What was** the **man** informed? 남자는 무엇을 통지 받았는가?
What did the **woman ask** the man to do? 여자는 남자에게 무엇을 하라고 요청했는가?
What did the **woman** order **last week**? 지난주 여자는 무엇을 주문했는가?

B 토익 기출 과거 및 현재 관련 정보와 키워드

현재 하고 있는 일 그리고 과거에 이미 발생한 상황 등에 대한 질문은 기본적인 상황에 대한 이해력을 묻는 것이기 때문에 주로 대화의 앞부분에서 설명을 해주고 나머지 대화를 진행하게 된다. 키워드에 집중해 대화를 들으며, 들리는 대사 중 보기에 있는 단어를 답으로 선택한다.

현재형 질문

정답으로 출제된 보기	화자들의 대화 속에 등장한 키워드
Q **What change** about **bus stops** are the speakers discussing? 화자는 정류장의 어떤 변화에 대해 이야기하고 있는가? A The **number** of **bus stops** 정류장 수	W: Hi, William. I see you have today's newspaper. I heard the city is making **changes to the location of some bus stops**. Is there anything in the paper about it? 안녕, William. 오늘 신문을 가지고 있는 거 봤어요. 시에서 버스 정류장의 위치를 몇 군데 바꾸고 있다고 들었어요. 신문에 그 일에 대해 뭐 나온 거 있어요? M: Yeah, I just read about that. It seems **they're adding more stops** to a couple of the routes. 네, 방금 그것에 대해 읽었어요. 두 개의 노선에 버스 정류장을 추가하는 것 같아요.

과거형 질문

Q **How** did the **woman learn** about the **play?** 여자는 연극에 대해 어떻게 알았는가? A By **reading** a **review** 논평을 읽음으로써	W: Michael, you enjoy watching plays, don't you? Have you heard about **the new play** at the Austin Theater? **I read a review about it in the newspaper**, and many people liked it a lot. Michael, 연극 보는 거 좋아하죠, 안 그래요? Austin 극장에서 하는 새 연극에 대해 들어봤어요? 신문에서 그에 대한 논평을 읽었는데, 많은 사람들이 좋아한데요.

패러프레이징 표현 연습하기

Q **Why** did the **man cancel** the **meeting?** 남자는 회의를 왜 취소했는가? A He had to have **his car fixed.** 자동차를 고쳐야만 했다.	M: Hi, Lopez. I'm sorry I had to cancel our meeting this morning. **My car wouldn't start, so I had it towed to the repair shop.** It made me an hour late. 안녕, Lopez. 오늘 아침에 우리 회의를 취소했어야 해서 미안해요. 제 차 시동이 걸리지 않아서 정비소에 견인돼 가야 했거든요. 그래서 한 시간 늦었어요.

Ustar 출제포인트 시험에는 이렇게 나온다! **여자에 관한 질문의 정답이 남자 대사에 등장하는 경우도 있다!**

질문 중에 여자에 관한 질문이라도 남자 대사에 답이 있을 수 있다. 즉, 남자 대사에서 you가 언급이 되면 여자에 대한 정보가 되기 때문이다.

Q **What** is the **woman preparing** to do? A **Training session**

M: Hi, Emily, **how are your preparations coming for the new employee training next week?** I know this is your first time running the session, so I thought you might have some questions.

■ Q 여자는 무엇을 준비하고 있는가? A 교육연수 / 남: 안녕, Emily, 다음 주 신입사원 연수 준비가 어떻게 되고 있습니까? 연수를 진행하는 게 처음인 걸로 알고 있습니다. 그래서 질문이 있을 거라고 생각되는데요.

Exercises

문제풀이 예제

Look 문제지 미리보기

What did the man do recently?
(A) Move to a new apartment
(B) Buy a new car
(C) Open a music store
(D) Get a job

Look & Check 음성이 나오기 전 주요 키워드 표시하기

What did the **man** do **recently**?
(A) Move to a **new apartment**
(B) Buy a **new car**
(C) Open a **music store**
(D) Get a **job**

남자가 최근에 한 것은 무엇인가?
(A) 새 아파트로 이사
(B) 새 차의 구매
(C) 음반점 개업
(D) 취업

key What did / man / recently: 남자가 최근에 했던 일을 묻고 있으므로 '대화 전반부'의 '남자' 대사에 집중하라.

해설 남자가 최근에 했던 일을 묻는 문제이다. 남자의 첫 번째 대사를 잘 들어야 한다. 남자의 대사인 I was so busy this week moving into my new apartment에 보기의 키워드가 그대로 들리고 있다. 주로 과거에 했거나 현재 하고 있는 일들을 묻는 문제는 주로 첫 번째 문제로 등장하고 첫 번째 또는 두 번째 대사에서 답을 찾을 수 있다는 것을 알아두자.

Listen 대화를 듣고 문제지와 대조하기 미M 미W

M: I was so **busy** this week **moving into my new apartment** that I couldn't do anything. Now that my place is somewhat organized, I am ready to explore the town.
W: Great. I think you should go to the summer music festival this weekend.

남: 전 이번 주에 새로운 아파트로 이사하느라고 너무 바빠서 아무 일도 할 수 없었어요. 이제 다소 정리가 되어서 시내를 돌아 볼 수 있어요.
여: 잘 됐네요. 이번 주말에 여름 음악 페스티벌에 가보세요.

실전 TOEIC Test

01 What position is the woman interviewing for?
(A) Tour guide
(B) Hotel manager
(C) Front-desk receptionist
(D) Personnel director

02 What did the man do last week?
(A) Went to a trade show
(B) Met a new customer
(C) Visited a different office
(D) Prepared the product demonstration

03 What does the woman say about the bank?
(A) It has moved to a different area.
(B) It has added new services.
(C) It is close to a bookstore.
(D) It has new hours.

04 What does the man say he did online?
(A) Buy a ticket
(B) Read an article
(C) Sent an email
(D) Found a schedule

05 Why has the man waited to make a reservation?
(A) He was busy with another project.
(B) He did not know how many guests to expect.
(C) The restaurant was closed for renovations.
(D) The date of a visit had not been confirmed.

06 What is the woman trying to determine?
(A) The name of a sales representative
(B) The phone number of a customer
(C) The location of a team meeting
(D) The time a presentation beginning

▶ 문제풀이 예제 정답: (A)

▶ 정답 및 해설 p.138~141

LESSON 10 장소/주제/직업 등에 관한 질문들이 연속적으로 배열되는 〈2:1〉 구조

MP3 File 3-14

Point

처음 두 문제가 대화의 앞부분에 동시에 답이 나오는 경우, 두 문제의 보기 8개에 모두 집중하라.

각 대화마다 3문제씩 등장하는 Part 3에서 앞서 배운 유형의 문제들이 첫 번째, 두 번째 문제로 나란히 출제되는 경우가 있다. 이때는 정답이 모두 대화의 전반부에 있으므로, 한번에 두 문제의 보기 8개에 집중하며 대화를 들어야 한다.

A 장소와 주제를 묻는 유형 미M 호W

01 Where does the conversation probably take place? — 상(上), 장소
(A) In a health clinic
(B) In a research laboratory
(C) In a university classroom
(D) In a human resources office

02 Why does the man want to talk to Ms. Bromm? — 상(上), 남자, want, 사람 이름
(A) To get permission to take a class
(B) To review employee benefits
(C) To discuss some research work
(D) To obtain a recommendation

Point 대화의 장소, 원하는 것에 대한 질문은 대화의 전반부에 등장하기 때문에 장소 보기와 원하는 내용의 키워드를 잘 보고 있어야 한다.
01 대화의 장소를 묻는 문제는 전반부에서 장소를 알 수 있는 키워드가 등장한다. 각 보기에 등장한 장소와 관련된 단어를 찾아야 한다.
02 원하는 것이 무엇인지를 묻는 문제이다. 첫 번째 남자 대사에서 키워드인 Ms. Bromm과 이야기하고자 하는 이유를 들어야 한다.

해설

01 **Where** does the **conversation** probably **take place**? (A) In a health **clinic** (B) In a research **laboratory** (C) In a university **classroom** (D) In a **human resources** office	대화는 어디에서 일어나는가? (A) 진료소 (B) 연구소 (C) 대학 강의실 (D) 인사부
02 **Why** does the **man want** to **talk** to Ms. Bromm? (A) To get **permission** to take a class (B) To review **employee benefits** (C) To discuss some **research work** (D) To obtain a **recommendation**	왜 남자는 Ms. Bromm과 이야기하고 싶어 하는가? (A) 수업 참가 허락을 받으려고 (B) 직원 복지 혜택에 대해서 알아보려고 (C) 연구에 대해 논의하려고 (D) 추천을 받으려고

⇨ 남자의 첫 번째 대사에서 Ms. Bromm과 약속이 있다는 내용과 키워드인 employee benefits를 잡아서 02번 문제의 정답이 (B)라는 것을 확인할 수 있다. employee benefits과 관련된 얘기가 나올 수 있는 곳은 보기 중 인사부서인 (D) In a human resources office이다.

Script

Questions 01-02 refer to the following conversation.

M: Good morning. My name is David Markell. I have an appointment with Ms. Bromm to **discuss my employee benefits**. W: Ms. Bromm is on the phone right now. But here is some information on health and other benefits to look at while you are waiting. Are you a new employee? M: Yes, I started working in the marketing department last week. W: Oh, then you must work for Susan Dale. She has been an marketing director here for a few months.	남: 좋은 아침입니다. 제 이름은 David Markell입니다. 직원 복지 혜택에 대해 Bromm 씨와 논의하려고 약속을 잡았습니다. 여: Bromm 씨는 지금 통화중인데요. 하지만 기다리시는 동안 의료와 다른 혜택에 대한 정보를 보시겠습니까? 신입사원이십니까? 남: 네. 지난주에 마케팅부에서 일을 시작했습니다. 여: 아, 그렇다면 Susan Dale 밑에서 일하시는군요. 그녀는 몇 달 전부터 우리 회사 마케팅 이사로 일하고 있죠.

정답 01 (D) 02 (B)

B 현재 벌어지는 상황에 대한 원인과 직업을 묻는 유형 미W 영M

01 Why is Mr. Kim leaving his position?
(A) To start his own company
(B) To pursue other interests
(C) To transfer to a different city
(D) To teach at a university

02 Where does Mr. Kim most likely work?
(A) At a university bookstore
(B) At a travel agency
(C) At a newspaper publisher
(D) At a law firm

Point 현재 벌어지는 상황에 대한 원인과 직업을 묻는 질문은 모두 대화의 전반부에 등장한다. 처음 두 대화에서 현재의 상황을 말하는 내용과 키워드를 잡고 나서 두 번째 문제를 풀어야 한다.

01 현재의 구체적인 상황을 말하는 키워드(Mr. Kim, leave)를 예상하고 이유가 되는 키워드를 보기에서 확인해야한다.

02 대화의 장소를 묻는 문제는 전반부에서 장소를 알 수 있는 키워드가 등장한다. 01번 문제를 확인하고 보기에 장소와 관련된 단어가 있는지 확인한다.

해설

01 **Why** is **Mr. Kim leaving** his position? (A) To start his **own company** (B) To pursue **other interests** (C) To transfer to a **different city** (D) To teach at a **university**	Mr. Kim은 왜 직장을 그만두는가? (A) 자신의 회사를 시작하려 (B) 다른 관심사를 추구하려고 (C) 다른 도시로 전근가려고 (D) 대학에서 가르치려고
02 **Where** does **Mr. Kim** most likely **work**? (A) At a university **bookstore** (B) At a **travel** agency (C) At a newspaper **publisher** (D) At a **law firm**	Mr. Kim은 어디서 근무할 것 같은가? (A) 대학 서점 (B) 여행사 (C) 신문사 (D) 법률회사

⇨ 첫 번째 여자 대사에서 Mr. Kim이 그만둔다는 내용이 언급되었다. 다음 남자 대사에서는 포토 에세이라는 구체적인 이유가 등장했는데, 이를 (B)에서는 '다른 관심사를 추구하기 위해'라는 포괄적인 말로 패러프레이징했다. 바로 이어 lawyer라는 말을 통해 02번 문제의 정답은 (D)임을 알 수 있다.

Script

Questions 01-02 refer to the following conversation.

W: I just heard the news that Mr. Kim is leaving this month. Is that true? M: Yes, it is. He said he wanted to **spend more time working on the photo essay** that he's writing. I've heard that he's also planning to do some more traveling. You know, **he's been a lawyer with this firm** for twenty years. I think he's looking forward to a change. W: Well, we'll certainly miss him here. He's one of the best lawyers in the firm. Is there going to be a farewell party for him? M: Yes. We're planning a reception for him in the meeting room on Friday. I hope you can join us.	여: Mr. Kim이 이번 달에 그만둔다고 방금 들었습니다. 사실입니까? 남: 네, 그렇습니다. 포토 에세이를 쓰는데 시간을 더 할애하고 싶다고 말했습니다. 좀 더 여행을 할 계획이라는 말도 들었습니다. Mr. Kim은 20년 동안 우리 회사에서 변호사로 일했죠. 그는 변화를 원한다고 생각됩니다. 여: 글쎄요. 우리는 Mr. Kim이 그리울 거예요. 우리 회사에서 최고의 변호사 중 한 분이었죠. Mr. Kim의 송별회가 있나요? 남: 네. 금요일에 회의실에서 송별회를 열 계획입니다. 같이 하셨으면 좋겠습니다.

정답 01 (B) 02 (D)

C 장소와 전화를 건 목적을 묻는 유형 미W 미M

01 Where most likely are the speakers?
(A) In a telephone booth
(B) In a theater
(C) In a hotel
(D) In a construction site

02 Why did the Star Company call?
(A) To confirm a reservation
(B) To ask some information
(C) To inform a schedule change
(D) To volunteer a community program

Point 대화의 장소와 전화를 했던 이유를 묻는 질문이다. 모두 대화의 전반부에 등장하는 내용이다. 먼저 전화를 했다는 과거 사실을 확인하고 02번 문제를 먼저 풀고 나서 01번 문제인 특정 장소와 관련된 키워드를 잡아채야 한다.

01 대화의 장소를 묻는 문제는 전반부에서 장소를 알 수 있는 키워드가 등장한다. 보기의 장소들에서 들릴 만한 단어를 기다려야 한다.

02 과거 사실의 내용은 전반부에 등장한다. 키워드로 등장한 call, Star Company를 기대하고 왜 전화를 했었는지 보기의 키워드에서 눈을 떼지 말아야 한다.

해설

01 **Where** most likely are the **speakers**? (A) In a **telephone** booth (B) In a **theater** (C) In a **hotel** (D) In a **construction** site	대화자들은 어디에 있는가? (A) 전화 부스에 (B) 극장에 (C) 호텔에 (D) 공사장에
02 **Why did** the **Star Company call**? (A) To confirm a **reservation** (B) To ask some **information** (C) To inform a **schedule change** (D) To volunteer a **community program**	Star사는 왜 전화를 했는가? (A) 예약을 확인하기 위해 (B) 정보를 요청하기 위해 (C) 일정 변경을 알려주기 위해 (D) 커뮤니티 프로그램에 자원봉사를 하기 위해

⇨ 첫 번째 여자 대사에서 Star사에서 전화를 했다는 내용이 언급되고 예약을 확인하려는 전화였다는 것을 확인할 수 있다. 뒤이어 남자 대사에서 room이 언급되고 있음을 확인할 수 있으므로 호텔임을 유추할 수 있다. 스크립트를 통해 호텔에서 등장할 만한 어휘들을 확인해두자.

Script

Questions 01-02 refer to the following conversation.

W: John, **Star Company is on the telephone**. They wanna make sure **their reservation for the conference** this weekend is correct.	여: John, Star사에서 전화가 왔습니다. 이번 주말에 컨퍼런스 예약이 되어 있다는 것을 확인하고 싶어 해요.
M: Let me take a look. They're staying a Friday and Saturday night. I've given them **all single rooms** on the 3rd floor, and I booked the meeting room for Saturday afternoon.	남: 자, 좀 봅시다. 그 사람들은 금요일과 토요일 저녁에 머무를 거예요. 3층에 있는 싱글 룸을 모두 그 사람들이 사용할 수 있게 했어요. 그리고 토요일 오후에 회의실을 예약해 놓았죠.
W: Actually, they've said that they reserved the banquet hall for dinner on Friday night as well.	여: 사실, 그 사람들은 금요일 저녁식사용으로 연회실을 예약했다고 말하던데요.
M: Oh, yes. You're right. I remember reserving the banquet hall for them. I must be looking at an older schedule. I'll print out a new version right away.	남: 네, 맞습니다. 연회실을 예약했던 것이 기억나네요. 내가 지금 이전 일정을 보고 있군요. 당장 새 일정을 인쇄할게요.

정답 01 (C) 02 (A)

D 주제와 과거 사실을 묻는 유형 영M 호W

01 What are the speakers discussing?
(A) Arranging a payment
(B) Conducting a medical test
(C) Choosing a doctor
(D) Filling a prescription

02 What did the woman do last month?
(A) She cancelled an appointment.
(B) She stopped taking some medication.
(C) She moved to a new apartment.
(D) She changed doctors.

Point 대화의 주제와 과거 사실의 내용을 묻는 질문이다. 모두 전반부에서 등장하게 된다. 먼저 첫 번째 대사에서 주제를 잡고 여자 대사에서 키워드인 last month와 함께 과거형 동사에 집중해야 한다.

01 대개 첫 번째 대사에서 화제의 주제가 되는 이야기가 나오니까 귀를 기울여 듣자. 먼저 보기 중의 키워드를 확인하는 것을 잊지 않도록 하자.

02 여자 대사에서 답이 등장한다. 키워드인 부사 last month는 주로 문미에 등장하므로 먼저 '~했다'는 내용이 나올 것이다. 키워드를 마킹해놓고 01번 보기들의 키워드와 함께 시선을 고정시킨다.

해설

01 **What** are the speakers **discussing**? (A) Arranging a **payment** (B) Conducting a **medical test** (C) Choosing a **doctor** (D) Filling a **prescription**	대화자들은 무엇에 대해 이야기하는가? (A) 지불에 관해 상의 (B) 의료 테스트 실시 (C) 의사 선택 (D) 처방전 조제
02 **What did** the **woman** do **last month**? (A) She cancelled an **appointment**. (B) She stopped taking some **medication**. (C) She moved to a **new apartment**. (D) She changed **doctors**.	여자는 지난달에 무엇을 했는가? (A) 그녀는 약속을 취소했다. (B) 그녀는 약물 복용을 중단했다. (C) 그녀는 새로운 아파트로 이사했다. (D) 그녀는 의사를 바꿨다.

⇨ 첫 번째 남자 대사에서 약(medication)을 줄인다는 내용과 새로운 처방전(prescription)에 대한 언급을 통해 약을 처방하는 것에 대한 대화임을 확인할 수 있다. 그 다음의 여자 대사에서 키워드인 last month를 끼고 새로운 아파트(apartment)로 이사했음을 알 수 있다.

Script

Questions 01-02 refer to the following conversation.

M: Since you've been feeling so well lately, Ms. Clarke, I think we can **reduce the dose of your medication.** I'll have the receptionist forward **the new prescription** to your pharmacy right away.	남: Clarke 씨, 최근에 당신의 건강이 아주 좋아져서 약물 복용량을 줄일 수 있을 것 같습니다. 당장 접수원에게 새로운 처방전을 당신이 이용하는 약국으로 보내라고 조치하겠습니다.
W: Thank you, Dr. Ben. Oh, but I'm changing the pharmacy I use. **I moved into a new apartment last month** and there is a pharmacy right across the street. So it would be easier for me if I could pick up the medication there.	여: 감사합니다, Ben 의사선생님. 하지만 제가 이용하는 약국을 바꿨습니다. 지난달에 새로운 아파트로 이사했어요. 그 아파트 건너편에 약국이 있어요. 그래서 거기에서 약을 타는 게 더 낫다고 생각해요.
M: That's no problem. When you leave the clinic, just make sure you give the receptionist the phone number of the new pharmacy and she'll make sure your prescription gets there.	남: 그것은 문제가 아닙니다. 진찰실에서 나갈 때 새 약국의 전화번호를 접수원에게 주세요. 그러면 접수원이 그리로 당신의 처방전을 보낼 것입니다.

정답 01 (D) 02 (C)

Chapter 3

대화의 중반부에 답이 있는 키워드 이용 문제

biz conversation은 대화의 전개 방식이 정해져 있기 때문에 문제와 답의 순서 및 위치를 미리 예측할 수 있다. 대개 가운데 질문은 특정 정보에 관한 것을 물어보기 때문에 의문사보다는 문제 중의 특정 명사나 동사에 초점을 맞춰 대화를 들어야 하며 듣는 중에 키워드 주변에 들리는 단어가 보기에 나오는 단어와 일치하는 것을 집어내는 것이 관건이다.

★ 주요 출제 패턴

1. 특정 행위의 대상이나 특정 인명에 대해 묻는 문제
2. 특정 시점에 대해 묻는 문제
3. 구체적인 행위가 발생하는 장소를 묻는 문제
4. 지문의 키워드를 그대로 이용하는 질문
5. 특정 행위나 사실에 대한 이유나 원인 또는 감정을 묻는 문제
6. 기간/빈도/수/방법/수단(교통수단)을 묻는 문제

★ 이렇게 풀어라! 문제풀이 전략

1. 특정 명사와 동사를 키워드로 하는 질문 미W 영M

문제의 키워드와 보기를 동시에 보고 지문을 들을 때 키워드가 나오는 순간 보기에서 일치하는 단어를 잡아내는 것이 관건이다.

Step 1_문제를 미리 읽고 주요 단어에 미리 밑줄을 그어 놓는다.

What does **Khan Jay rent?** (A) **Office space** (B) Recording **equipment** (C) Advertising **billboards** (D) Moving **vans**	Khan Jay는 무엇을 빌려주는가? (A) 사무실 공간 (B) 녹음 장비 (C) 광고 게시판 (D) 이삿짐 차

Step 2_키워드인 Khan Jay와 rent라는 단어 주변에 답이 있다는 것을 명심하라.

W: Mr. Johnson, thank you for taking the time to meet with me. Our newspaper is writing a series of articles on local businesses. And we'd like to profile yours in next Sunday's edition. Could you explain for our readers the concept behind your business, **Khan Jay**. M: Sure. You know many business people only need an office for a few months or even a few weeks. People like entrepreneurs and consultants. **At Khan Jay, we rent work spaces** to such people on a temporary basis. W: What would you say sets you apart from other companies like yours? M: It's definitely our cancellation policy. As long as you give 24 hours' notice, then we won't charge you for the space you have reserved. Other companies require you to cancel at least a week in advance.	여: Johnson 씨, 시간을 내주셔서 감사합니다. 우리 신문은 지역 사업체들에 대한 일련의 기사를 싣고 있어요. 그런데 우리는 다음 주 일요일판에 귀사에 대한 기사를 쓰고 싶어요. 귀사 Khan Jay의 컨셉에 대해 독자들에게 설명해주실 수 있습니까? 남: 물론이죠. 많은 사업가들이 사무실을 몇 달 또는 몇 주 동안만 필요한 것을 아실 겁니다. 모험심이 강한 기업인과 컨설턴트 같은 사람들이요. 우리 Khan Jay에서는 그런 분들에게 임시로 사용하는 사무실 공간을 빌려주는 거죠. 여: 다른 회사와 무엇이 차별화되었다고 말할 수 있습니까? 남: 취소 정책이라고 말할 수 있습니다. 24시간 전에만 미리 알려주신다면, 우리는 예약한 사무실을 취소하는 데에 따르는 위약금을 받지 않습니다. 다른 회사들은 적어도 일주일 전에 취소해야 합니다.

Step 3_키워드가 들리는 근처에 보기에 있는 단어가 들리는지 최대한 집중한다. 이때 시선은 문제의 보기에 둔다.

첫 번째 여자의 대사에서 키워드인 Khan Jay를 확인하고, 뒤에 이어지는 남자의 대사에서 키워드인 Khan Jay와 rent에 이어 work spaces를 확인한다. 즉, Khan Jay는 work spaces를 rent한다고 했으므로 보기 중의 (A) Office space가 답이다.

2. 특정 인명에 대한 질문 (미M) (영M)

사람 이름이 문제 중에 언급되면 지문에 나오는 사람 이름 앞뒤에 답이 있다.

Step 1_문제를 미리 읽고 주요 단어에 밑줄을 그어 놓는다. 밑줄을 그으면 집중하기 좋고 패러프레이징에 대해서도 미리 준비해둘 수 있다.

What do the **speakers say** about **Ken Macken**? (A) He has accepted a **new position**. (B) He is **organizing an event**. (C) He has written **a positive review**. (D) He is a **good performer**.	화자들은 Ken Macken에 대해 무엇이라고 말하나? (A) 그는 새로운 직책을 받아들였다. (B) 그는 행사를 준비하고 있다. (C) 그는 긍정적인 논평을 썼다. (D) 그는 훌륭한 연주가이다.

Step 2_사람 이름 Ken Macken 앞뒤에 답이 있다는 것을 명심하라.

M1: Andy, I have an extra ticket to the music festival in Central Park. I was wondering if you wanted to go this evening. **A singer** by the name of **Ken Macken** will be performing. M2: I've heard Ken Macken. **He really is good**. I'd love to go, but I have to work late tonight. M1: That's too bad. Well, the tickets are good for any night of the week. Let's look at the website and see if there is another concert that looks interesting.	남1: Andy나 Central Park에서 열리는 음악 축제에 갈 수 있는 표가 한 장 더 여유가 있어. 오늘 저녁에 가고 싶은지 궁금한데. Ken Macken이라는 가수가 공연할 거야. 남2: Ken Macken이란 이름은 들었어. 정말 대단하지. 나도 가고 싶지만 오늘밤에는 야근을 해야 해서. 남1: 유감이야. 그런데 주중 저녁에 언제라도 표를 사용할 수 있어. 웹사이트를 보고 재미있을 만한 것이 있는지 보자.

Step 3_키워드가 들리는 근처에 보기에 있는 단어와 일맥상통한 단어가 들리는지 최대한 집중한다. 이때 시선은 문제의 보기에 둔다.

singer ⇨ performer: 첫 번째 남자 대사에서 질문의 키워드인 Ken Macken이 언급되었고, 두 번째 남자가 He really is good.이라고 말하고 있는데, 보기에서는 a good performer라고 패러프레이징이 된 표현이 등장하므로 (D)가 정답이다.

3. 특정 시간, 요일, 날짜 등에 대한 질문 (미M) (호W)

보기에 있는 시간이 모두 지문 중에서 나올 수 있기 때문에 문제의 키워드와 함께 나오는 시간을 듣는 것이 관건이다.

Step 1_문제를 미리 읽고 주요 단어에 밑줄을 그어 놓는다.

When will the doctor's office **close** today? (A) At **4:00** P.M. (B) At **5:00** P.M. (C) At **6:00** P.M. (D) At **7:00** P.M.	병원은 오늘 언제 문을 닫을 것인가? (A) 오후 4시 (B) 오후 5시 (C) 오후 6시 (D) 오후 7시

Step 2_보기가 시간으로 되어 있는 질문은 대화 속에서 키워드와 함께 등장하는 시간을 잡아라.

M: Hi, this is Adam Parker calling. I had a doctor's appointment earlier today. I think I left my mobile phone at your office. Did you find it by any chance? W: Oh, hello Mr. Parker. I just found a mobile phone a few minutes ago when I was cleaning up the waiting area. It's a white phone in a brown leather case. M: That sounds like mine. I'm so glad you found it. I will just stop by on my way from work to pick it up at around 4 o'clock. W: That's fine. The office will be **open until five** this evening. But why don't you call your mobile phone right now? That way I can double-check that this phone is yours.	남: 안녕하세요. Adam Parker입니다. 오늘 일찍 진료를 받았어요. 그런데 진료실에 휴대전화를 두고 간 것 같아요. 혹시 보셨나요? 여: 안녕하세요. Parker 씨. 방금 전에 대기실을 청소하던 중에 휴대전화를 봤어요. 갈색 가죽 케이스에 하얀색 전화기이지요. 남: 제 것 같군요. 찾아주셔서 감사합니다. 퇴근하는 길에 가지러 4시쯤에 들를게요. 여: 좋습니다. 오늘 저녁에는 5시까지 진찰실을 열어요. 근데 지금 휴대전화에 전화를 해보시는 게 어떠세요? 그러면 이 전화기가 당신 것이라는 것을 확실하게 확인할 수 있을 것 같네요.

Step 3_보기에 있는 단어들 중에서 두 개가 들리기 때문에 close라는 단어와 함께 나오는 시간을 잡는다.

중반부 이후에 구체적인 시간이 4시와 5시, 두 개가 언급되지만, 문을 닫는다(close)는 키워드를 패러프레이징하여 open until five라고 말하고 있으므로 정답은 (B) 5시라는 것을 알 수 있다.

LESSON 1 특정 행위의 대상이나 인명에 대해 묻는 문제

MP3 File 3-15

Point

Who will the man give the samples to?

특정 행위의 대상이나 주체는 중반부에 답이 나온다! 행위를 한 사람이 누구인지, 또는 그 행위를 누구에게 한 것인지를 묻는 문제이다. 이런 Who question은 주로 대화의 중반부에 정답이 있다. 행위의 주체나 대상을 묻는 문제는 매달 평균 1~2문제가 출제된다. 내용이 전개되다가 중반부에 그 사람이 누구인지, 행위의 대상이 누구인지가 언급된다. 그러므로 문제에서 키워드를 잡고, 키워드가 대화의 중심부에서 언급이 되면 주의 깊게 들어야 한다. 질문이 미래형인 경우는 대화의 후반부에 답이 나오게 된다.

A 시험에 그대로 나온다! 특정 행위의 대상이나 인명에 대해 묻는 질문 유형

Who will the **man give** the **samples** to? 남자는 누구에게 샘플을 줄 것인가?
Who will the **man meet**? 남자는 누구를 만날 것인가? | **Who** will be **giving** the **speech**? 누가 연설을 할 것인가?
Who has the **woman** been trying to **contact**? 여자는 누구에게 연락을 하려고 하는가?
Who most likely is **Mike Tan**? Mike Tan은 누구인가? | **Who** is **dissatisfied**? 누가 만족해하지 못하는가?

B 토익 기출 질문과 키워드

행위의 주체나 대상이 누구인지 묻는 질문 유형은 사람의 이름과 키워드를 정확히 잡아서 문제풀이 시간을 줄이자.

대화의 중반부에서 특정 사람에 대한 정보를 보여주는 표현

정답으로 출제된 보기	화자들의 대화 속에 등장한 키워드
Q **Who** is **Linda Nowlan?** Linda Nowlan은 누구인가? A **A tailor** 재단사	That's right. We've just hired **a part-time tailor. Her name is Linda Nowlan.** And she will be working here on Wednesdays and Fridays. So please let customers know that we can also alter their clothes. 네, 맞습니다. 얼마 전에 재단사를 시간제로 고용했는데요. 이름은 Linda Nowlan이에요. 수요일과 금요일에 일하게 될 거예요. 그러니까, 고객들에게 옷을 수선할 수도 있다는 것을 알려주세요.
Q **Who** has the **woman invited to speak?** 여자는 누구를 연사로 초대했는가? A **A university professor** 대학교수	M: Hey, Kim. Have you found someone for our next meet-the-author event? Last time I talked to you, you were having problems finding a guest speaker. 안녕, Kim. 다음번 작가와의 만남 행사에 참여할 필자를 찾았어요? 지난번에 얘기했을 때는 초청연사를 찾는 데 문제가 있었잖아요. W: Actually, it has worked out just fine. Do you know Patrick Lei? **He's a professor at Cornell University** and he's written several books on local history. **So I asked him and he has agreed to give the next lecture.** 사실은 일이 잘 됐어요. Patrick Lei 아세요? Cornell 대학교 교수이고 지역사에 대해 책을 몇 권 썼죠. 그래서 그분에게 부탁했더니 다음번 강의를 해주시겠다고 하셨어요.

대화의 중반부에서 특정 행위의 대상에 대한 정보를 보여주는 표현

Q **Who** does the **man say** he has **requested help from?** 남자는 어디에 도움을 요청했다고 하는가? A **The technology department** 기술부	M: Hi, Lorren. Listen, I'm having trouble getting hold of last month's sales figures for our new line of children's clothing. And I need them for a presentation this afternoon. 안녕하세요, Lorren. 있잖아요, 우리 아동복 신제품군에 관한 지난달 매출액을 알고 싶은데, 어렵네요. 오늘 오후 프레젠테이션을 할 때 그 자료가 필요한데요. W: Those records should be in the company's online file. Do you have a password? 그 자료는 회사의 온라인 파일에 있을 겁니다. 비밀번호가 있나요? M: Yes. But it doesn't seem to be working. **I contacted the technology department**, but they haven't called me back, yet. 네, 하지만 작동되는 것 같지 않아요. 기술부에 연락을 했지만 아직 전화를 주지 않네요.

Ustar 출제포인트 시험에는 이렇게 나온다! **오답 함정에 빠지지 말자!**

특정한 사람이나 행위의 대상을 묻는 질문들은 주로 중반부에 답이 있지만 보기에 있는 단어들이 지문의 여기저기에서 들리면서 오답을 유도하기 때문에 문제 중에서 키워드 혹은 특정 인명을 잡아내는 것이 중요하다.

Q **Who** will the **man meet**? A The **man's client**

M: Rosa, **an important client** of mine from New York **will be here** in the office **for a meeting** next week. Since you are here for several days, I'd like to arrange something special for him to do one evening. Do you have any suggestions?

■ 문제의 키워드인 meet를 잡아냈으면, 남자의 대사인 an important client will be here for meeting을 듣고 고객을 만날 것이라는 내용을 유추할 수 있다.

■ Q 남자는 누구를 만날 것인가? A 남자의 고객 / 남: Rosa, 제 중요한 고객 분이 다음 주에 뉴욕에서 회의 참석차 우리 사무실로 와요. 당신은 여기에 며칠 있을 거니까, 그 사람이 특별하게 즐길 수 있는 것을 주선해줬으면 좋겠어요. 무슨 아이디어 있어요?

Exercises

문제풀이 예제

Look 문제지 미리보기

Who is dissatisfied?
(A) The tech support staff
(B) The salespeople
(C) All of the employees
(D) The managers

Look & Check 음성이 나오기 전 주요 키워드 표시하기

Who is **dissatisfied**?
(A) The **tech support** staff
(B) The **salespeople**
(C) **All** of the **employees**
(D) The **managers**

불만족해하는 사람은 누구인가?
(A) 기술 지원부 직원들
(B) 영업 직원들
(C) 전 직원들
(D) 매니저들

key Who / dissatisfied: 특정 행위의 주체를 묻고 있으므로 '사람 이름'이나 '직책' 등 '사람과 관련된 어휘'에 집중하라.

해설 문제에서 불만족스러워하는 사람이 누구인지를(Who is dissatisfied?) 묻고 있다. 문제의 키워드가 Who / dissatisfied이므로 누가 만족해하지 못했는지, 즉 사람 이름이나 직위에 포커스를 두고 중점적으로 들어야 한다. 여자의 첫 대사에서 sales department(영업부)와 함께 회의를 가졌다고 했고 영업부 사람들이 기술 지원부에 연락하는 절차에 대해 만족해하지 않는다고 하였으므로 정답은 (B)가 된다.

어휘 procedure 절차 contact 연락하다 technical support 기술 지원 explain 설명하다 policy 정책 complicated 복잡한

Listen 대화를 듣고 문제지와 대조하기  호W 미M

W: Ivan, I just had a meeting with people in our **sales department** about the new procedure for contacting technical support. They told me that **they are not too happy with it.**
M: Really? Did they explain what they don't like about the new policy?
W: Well, they told me that the new procedure is too complicated compared with the old procedure.

여: Ivan, 기술 지원부에 연락하는 새로운 절차에 대해서 의논하기 위해 영업부 사람들과 조금 전에 회의를 했는데, 영업부 사람들은 새로운 절차에 대해서 마음에 들어 하지 않아요.
남: 그래요? 새로운 정책에 대해서 왜 마음에 들어 하지 않는다고 하죠?
여: 예전 절차에 비해서 새로운 절차가 더 복잡하다고 해요.

실전 TOEIC Test

01 Why is the man concerned?
(A) He must fill some positions.
(B) A project deadline has changed.
(C) There is not enough office space.
(D) Some new employees must be trained.

02 Who are Angela and Brandon?
(A) Senior editors
(B) Administrative staff
(C) Fashion photographers
(D) Job applicants

03 Where do the speakers most likely work?
(A) At a park
(B) At a newspaper
(C) At a public library
(D) At a camera store

04 Who most likely is Paul Simon?
(A) An editor
(B) A teacher
(C) An author
(D) A photographer

05 According to the man, what caused an increase in orders?
(A) A newly developed product
(B) A series of training sessions
(C) A new online system
(D) A revised sales policy

06 Who does the man say he will meet with?
(A) Branch managers
(B) System developers
(C) The board of directors
(D) Prospective clients

▶ 문제풀이 예제 정답: (B)

▶ 정답 및 해설 p.141~143

LESSON 2 특정 시점에 대해 묻는 문제

MP3 File 3-16

Point

When is the event being held?

구체적인 행위나 사건의 발생 시점을 묻는 질문은 키워드를 끼고 답을 찾는다! 예를 들어, When is the event being held?란 질문의 키워드인 event가 지문에서는 The farewell party starts at six tomorrow evening.에 나타난다. 즉, the farewell party가 the event인 것이다. 이 event의 발생 시점이 tomorrow evening임을 쉽게 찾을 수 있다.

A 시험에 그대로 나온다! 특정 시점에 대해 묻는 질문 유형

When will the **event start**? 행사는 언제 시작되나? | When will the **product** be ready **for sale**? 제품은 언제 판매될 수 있는가?
When will the **woman leave**? 여자는 언제 떠날 것인가? | When will the speakers **meet**? 화자들은 언제 만날 것인가?
When is the **meeting** supposed to **end**? 회의는 언제 끝날 것으로 예상되나?
When does the **woman** say she will **contact** the **man**? 여자는 언제 남자에게 연락을 할 것이라고 말하는가?
When does the **woman** want to **use** the main **conference room**? 여자는 언제 주회의실을 사용하기를 원하는가?
When does the **man** hope to **pick up** the **glasses**? 남자는 언제 안경을 찾으러 가길 원하는가?

B 토익 기출 질문과 키워드

특정 시점을 묻는 문제는 보기에 나오는 시간이 대부분 대화 가운데 등장한다. 키워드 및 남자/여자를 잘 구별해서 들어야 한다.

다양한 시간이 등장하는 경우

정답으로 출제된 보기	화자들의 대화 속에 등장한 키워드
Q When does the man hope to pick up the glasses? 남자는 언제 안경을 찾으러 가길 원하나? A Tomorrow 내일	W: All right Mr. Rotheman. Your doctor faxed us the prescription for your new glasses. But, unfortunately we no longer have the frames you requested in stock. We can order them **today**, but they won't be here 'til next week. 알았습니다, Rotheman 씨. 의사가 새 안경의 처방전을 팩스로 보내줬습니다. 하지만 안타깝게도 우리는 요청하신 안경테의 재고가 없습니다. 오늘 주문할 수 있지만 다음 주나 되어야 들어올 겁니다. M: Umm, I don't think I can wait that long. I'm going on holiday **on Friday**, and I'll be away for two weeks. I really want to take my new glasses on the trip with me. 흠, 그때까지 기다릴 수는 없어요. 제가 2주 예정으로 금요일에 휴가를 떠납니다. 이번에 떠날 때 새 안경을 꼭 갖고 가고 싶어요. W: Well, if you come in to the store, you can look at the frames we have in stock here. If you find a pair you like **today**, we can have the glasses ready for you **tomorrow morning**. 저희 매장에 오시면, 저희가 가지고 있는 안경테를 보실 수 있습니다. 오늘 괜찮은 안경테를 찾으신다면, 내일 오전에 안경을 준비할 수 있어요. M: Okay, I'll come in **this afternoon** and take a look. **If I can pick my glasses up tomorrow, that will be perfect.** 좋습니다. 오늘 오후에 가서 볼게요. 만약에 내일 안경을 찾아갈 수 있다면, 좋을 것 같습니다.

패러프레이징 표현 연습하기

Today 오늘	Why don't we meet **this afternoon**? 오늘 오후에 만나는 게 어떻습니까?
At 10 o'clock 10시에	The seminar won't begin **until 10 o'clock**. 세미나는 10시에나 시작할 겁니다.

Ustar 출제포인트 시험에는 이렇게 나온다! **정답 시점을 말해주는 대화의 위치를 예상하고 들어야 한다!**

1 처음 잡혀 있었던 원래 시점은 대화 전반부에, 변경된 새 시점은 대화 후반부에 답이 있다.
2 연결되는 시점은 대화 전반부부터 따라가야 한다.

Q What time will the **man see** the movie? A At **6:00**

W: We have two tickets, **one is for six** and the other is for seven. M: I will take the **first one**.

▪Q 남자는 몇 시에 영화를 볼 것인가? A 6시에 / 여: 표는 2장 있어요. 하나는 6시고 다른 하나는 7시입니다. 남: 첫 번째 걸로 할게요.

3 대화에서 제안에 대한 답변이 동의인 경우에 대비하여 앞의 제안 부분에서 답을 미리 잡아두어야 한다.

Q When will **they meet**? A At **5:30 p.m.**

W: Let's see. Dr. Paul has some time available tomorrow **afternoon at 5:30**. Can you come then?
M: Yes, that would be **fine**.

▪Q 그들은 언제 만날 것인가? A 오후 5시 30분에 / 여: 가만있어 보자. Paul 의사 선생님은 내일 오후 5시 30분에 시간이 있습니다. 그때 오실 수 있어요? 남: 네, 그게 좋겠습니다.

4 이 시간 저 시간 얘기하다가 마지막에 결정하는 경우도 있으므로 결론 표현을 잘 들어야 한다.

Q When will **they** go to **see** a **movie**? A On **Saturday**

W: I already have plans on Friday. So let's go on Saturday instead.

▪Q 그들은 언제 영화를 보러 갈 것인가? A 토요일에 / 여: 이미 금요일에 약속이 있으니까, 대신 토요일에 갑시다.

Exercises

문제풀이 예제

Look 문제지 미리보기

What is Mr. Lei doing right now?
(A) Talking on the telephone
(B) Giving a presentation
(C) Eating dinner in the office
(D) Taking his afternoon nap

Look & Check 음성이 나오기 전 주요 키워드 표시하기

What is **Mr. Lei** doing **right now**?
(A) Talking on the **telephone**
(B) Giving a **presentation**
(C) Eating **dinner** in the office
(D) Taking his afternoon **nap**

Lei 씨는 지금 무엇을 하고 있는가?
(A) 전화 통화를 하고 있다
(B) 프레젠테이션을 하고 있다
(C) 사무실에서 저녁식사를 하고 있다
(D) 낮잠을 자고 있다

key What / Mr. Lei / right now: 제 3자의 행동을 묻고 있으므로 질문에 등장한 '행위자의 이름'에 집중하라.

해설 Mr. Lei가 지금 무엇을 하고 있는지를 묻고 있다. 문제의 키워드 중 행위자의 이름인 Mr. Lei에 포커스를 두고 중점적으로 들어야 한다. 남자의 첫 대사에서 키워드인 Mr. Lei가 언급되고 그 다음 여자의 대사에서 Mr. Lei가 지금 통화중이라고 하였으므로 정답은 (A)가 된다.

어휘 make an appointment 만날 약속을 하다 regarding ~에 관해서 employee benefits 직원 복지 nap 낮잠

Listen 대화를 듣고 문제지와 대조하기  영M 미W

M: Hi, I'm Craig Hooks. I made an appointment with **Mr. Lei** regarding my employee benefits. Is he in the office?
W: He is, **but Mr. Lei is talking to someone on the phone right now.** Please have a seat over there.

남: 안녕하세요. 전 Craig Hooks인데요. 직원 복지와 관련해서 Lei 씨와 만나기로 약속했어요. 지금 자리에 계신가요?
여: 네, 계신데요. 지금 통화중이십니다. 잠깐만 저기에 앉아서 기다려주시겠어요.

실전 TOEIC Test

01 What idea does the woman propose?
(A) Getting new reading material
(B) Renovating the clinic
(C) Placing an advertisement in the magazine
(D) Writing a review about an article

02 What did the man forget?
(A) A reserved date
(B) The location of the bookstore
(C) A phone number
(D) The title of a magazine

03 What does the man say about Root Heatings?
(A) They are multi-national company.
(B) They are an important client.
(C) They have been in business for a long time.
(D) They are manufacturing office furniture.

04 What does the woman agree to do?
(A) Order more office supplies
(B) Attend a meeting
(C) Give the man some feedback
(D) Visit the security office

05 What does the man say is important?
(A) Living near public transportation
(B) Saving money for a home
(C) Finding a larger apartment
(D) Getting a job at a library

06 Why does the woman want to call the man later?
(A) Some information is currently unavailable.
(B) It will take time to prepare a contract.
(C) She must consult with her manager.
(D) Some other customers are waiting for assistance.

▶ 문제풀이 예제 정답: (A)

▶ 정답 및 해설 p.146~147

LESSON **5** 특정 행위나 사실에 대한 이유나 원인 또는 감정을 묻는 문제

MP3 File 3-19

Point

Why is the woman going to London?

특정 행위의 상황이 등장하고 나서 곧바로 원인이나 이유가 나온다. 특정 행위나 사실에 대한 이유나 원인을 묻는 문제는 주로 Why 의문문 형태로, Part 3에서 매달 평균 4~5문제가 출제된다. 주로 대화의 중반부에 답이 위치한다.

A 시험에 그대로 나온다! 특정 행위/사실에 대한 이유 또는 감정을 묻는 질문 유형

Why is the **woman unsure** if she can **attend** the event? 여자는 행사에 참여할 수 있을지에 대해 왜 확신하지 못하는가?
Why did the **man choose** the **restaurant**? 남자는 왜 그 식당을 선택했나?
Why does the **woman** ask to **speak with Darson**? 여자는 왜 Darson 씨와 대화하기를 요구하는가?
Why did Hazel **request** that the **meeting time change**? Hazel은 왜 회의시간 변경을 요구하는가?
Why is the **woman pleased**? 여자는 왜 기분이 좋은가?
Why is **Tom unavailable**? Tom은 왜 시간이 없는가?

B 토익 기출 대화 질문과 키워드

키워드 및 남/여 잘 구별해 듣기

정답으로 출제된 보기	화자들의 대화 속에 등장한 키워드
Q **Why** is the **woman surprised?** 여자는 왜 놀랐는가? A **He arrived at the woman's work early.** 그가 여자의 사무실에 일찍 도착해서	M: Hello, Ms. Nakata, this is Tom from the front desk. Max Cato is here. He says he's here for his 4 o'clock appointment. 여보세요, Nakata 씨, 프론트의 Tom입니다. Max Cato 씨가 와 있는데요, 4시에 약속이 있으시다고 하시네요. W: Oh, he's a reporter from Metro magazine. He's here to interview me for a story he's writing about our company. **I'm surprised he's here already though.** 아, Metro지의 기자세요. 우리 회사에 대한 이야기를 쓰기 위해 저와 인터뷰를 하러 온 겁니다. 벌써 오다니 놀랐네요.

패러프레이징 표현 연습하기

Some relatives are visiting. 친적들이 방문해 있어서.	Oh! That sounds like a lot of fun. Only, **my cousins are staying with me** this week. I guess I can ask them if they would be interested in going. Do you know if the concert sold out? 재미있을 것 같습니다. 이번 주 조카들이 방문을 할 겁니다. 그들이 가는 데 관심이 있는지 물어볼 수 있을 것 같습니다. 콘서트가 매진되었는지 아실 수 있습니까?
She is being considered for a job. 그녀의 채용 여부를 숙고 중이어서.	**Susan Hay is applying for a marketing position in our company** and **she mentioned your name as a reference.** I was wondering if you could tell me something about how she gets along with her colleagues. Susan Hay가 우리 회사 마케팅직에 지원했는데, 추천인으로 당신을 언급했어요. 그녀가 동료들 하고 어떻게 지냈는지에 대해 말씀해주실 수 있으신지요.
Her commute time from work to home will be reduced. 그녀의 통근 시간이 단축될 것이므로	Oh, that's very good news. When it's done, King St. won't get so packed up and **my commute won't be so bad**. 좋은 소식이네요. 그게 끝나면 King가는 막히지 않고 출퇴근도 나쁘지 않겠네요.

Ustar 출제포인트 시험에는 이렇게 나온다! **대화를 들을 때는 강약을 조절하여 선별적으로 집중하면서 듣는 것이 중요하다!**

Q **Why** did the **man miss** the **event**? A He was **confused** about a **date**.

W: Tom, were you there at the presentation this morning? I looked for you in the audience, but didn't see you anywhere.
M: **Oh, was that today?** I remember seeing an email announcement that the president of Kingston Communications would be visiting to talk about marketing strategies. **I thought it was next week. I must have gotten the dates mixed up.**

■ 여자의 대사에서 먼저 presentation이라는 행사를 듣고 나서 남자가 presentation을 참석하지 못했을 것이라는 예상하고 남자 대사에서 이유를 설명할 것을 기다리며 마지막에서 정답을 잡아내야 한다.
■ Q 남자는 왜 행사에 참석하지 못했는가? A 날짜를 헷갈려서. / 여: Tom, 오늘 아침에 프레젠테이션에 있었어요? 참석한 사람들 중에서 찾아봤는데 못 봤어요. 남: 아, 오늘이었어요? Kingston Communications의 사장이 마케팅전략에 대해 얘기 할 것이라는 이메일 공지를 본 건 기억나요. 다음 주였다고 생각했어요. 날짜를 헷갈렸던 거 같아요.

Exercises

문제풀이 예제

Look 문제지 미리보기

> Why is the man in San Francisco?
> (A) He is on a business trip. (B) He is thinking about moving.
> (C) He is attending a school. (D) He is taking a vacation.

Look & Check 음성이 나오기 전 주요 키워드 표시하기

Why is the **man** in **San Fransisco**?
(A) He is on a **business trip**.
(B) He is thinking about **moving**.
(C) He is attending a **school**.
(D) He is taking a **vacation**.

남자는 왜 San Francisco에 있는가?
(A) 출장 중이라서.
(B) 이사 갈 것을 고려하고 있어서.
(C) 학교에 다니고 있어서.
(D) 휴가 중이어서.

key Why / man / San Francisco: 남자의 현재 상황에 대한 이유를 묻고 있으므로 '대화 중반부' 이후에 나오는 '남자 대사'에 집중하라.

해설 남자가 왜 San Francisco에 있는지 묻고 있다. 문제의 키워드 중 남자의 대사에서 San Francisco라는 키워드에 포커스를 두고 중점적으로 들어야 한다. 남자의 두 번째 대화에서 키워드인 San Francisco가 언급되면서 휴가로 친구를 방문하고 있다고 말하고 있으므로(I'm on a holiday visiting a friend.) 정답은 (D)가 된다.

어휘 business trip 출장 attend a school 학교에 다니다 take a vacation 휴가를 가다 ancient 고대의 exhibit 전시회 stairs 계단

Listen 대화를 듣고 문제지와 대조하기  영M 미W

M: Hi, I'm looking for an ancient Egypt exhibit. I thought it was on this floor, but I can't find it.
W: It's actually on the third floor. You can take the main stairs right here. Is this your first time visiting our museum?
M: Yes. This is actually my first visit in **San Francisco**. **I'm on holiday visiting a friend.** A good friend of mine just moved to San Francisco. He doesn't live that far from here.

남: 안녕하세요. 고대 이집트 전시회를 찾고 있는데요. 이 층에서 전시회가 열리는 걸로 알고 있는데 찾을 수가 없네요.
여: 전시회는 3층에서 열리고 있습니다. 여기 있는 중앙 계단으로 올라가시면 됩니다. 저희 박물관에 처음으로 오신 건가요?
남: 네. San Francisco에 온 게 처음이에요. 휴가로 친구를 보러 왔어요. 제 친구 중의 한 명이 San Francisco로 이사를 왔거든요. 여기서 멀지 않은 곳에 살고 있습니다.

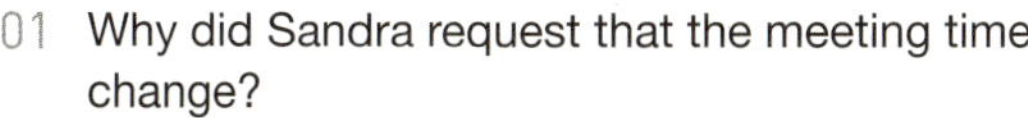

실전 TOEIC Test

01 Why did Sandra request that the meeting time change?
(A) She is waiting for a customer.
(B) She has been on a business trip.
(C) Some information was delayed.
(D) A room was not available.

02 When will the meeting most likely take place?
(A) On Thursday morning
(B) On Thursday afternoon
(C) On Friday morning
(D) On Friday afternoon

03 Where most likely do the speakers work?
(A) At a store
(B) At a post office
(C) At a factory
(D) At a delivery service

04 Why has the shipment been delayed?
(A) An order was not placed on time.
(B) A machine broke down.
(C) A form was incomplete.
(D) A shipping document was lost.

05 When is the woman's department moving?
(A) Over the weekend
(B) Next week
(C) In two weeks
(D) In two months

06 Why is the woman preparing to leave her office early?
(A) She is going away on vacation.
(B) The department is moving earlier than planned.
(C) A colleague needs the office space.
(D) The office must be cleaned tomorrow.

▶ 문제풀이 예제 정답: (D)

▶ 정답 및 해설 p.147~149

LESSON 6 기간/빈도/수/방법/수단(교통수단)을 묻는 문제

MP3 File 3-20

Point

How do the speakers resolve the issue?

대화 중에 여러 수치들이 등장할 수 있으므로 대화의 흐름을 정확하게 따라가면서 확인해야 한다. 기간, 빈도, 수, 방법, 수단을 묻는 문제는 How many, How long, How much와 같이 How ~로 묻는 문제들로 주로 대화의 중반부 이후에 단서가 제시되므로 끝까지 집중해 들어야 한다. 대화 초반에 키워드와 관련된 문제가 제시되고 이어 후반부에서 방법들을 제시하게 된다.

A 시험에 그대로 나온다! 기간/빈도/수/방법/수단을 묻는 질문 유형

How many applicants will be **interviewed**? 얼마나 많은 지원자들이 인터뷰를 할 것인가?
How long will the **man** need to **wait**? 남자는 얼마나 오랫동안 기다려야 하는 가?
How does the **woman suggest** getting to **Parkway Drive**? 여자는 어떻게 Parkway Drive에 가라고 하는가?
How did the **man** get to the **hotel**? 남자는 어떻게 호텔에 도착했는가?

B 토익 기출 대화 질문과 키워드

키워드 및 남/여 잘 구별해 듣기

정답으로 출제된 보기	화자들의 대화 속에 등장한 키워드
Q **How** did the **woman find out about the change?** 여자는 변경사항에 대해 어떻게 알게 되었는가? A **From a meeting** 회의에서	M: Did you hear that **the company website is going to be redesigned**? I got an e-mail this morning about it. 회사 웹사이트가 재디자인된다는 얘기 들었어요? 오늘 아침에 그것에 대해 이메일을 받았어요. W: Yeah, **I heard about it at the managers' meeting** last week. At the end of the meeting, the marketing department told us about their ideas for the site. They haven't started redesigning it yet. They plan to start working on it this week. 네. 지난주 관리자 회의에서 들었습니다. 회의 끝에 마케팅부서에서 사이트 아이디어에 대해 말해 주더군요. 아직 재디자인을 시작하지 않았고, 이번 주에 시작할 계획이랍니다.

난이도가 쉬운 문제인 경우에는 질문에 나온 내용이 그대로 대화에 등장하는 경우도 있다. 예를 들어, How many days will the project take?(그 프로젝트는 며칠이나 걸릴까?)라는 문제에 대해, 대화 속에서도 여자가 How long do you think the project will take?라고 같은 맥락의 질문이 그대로 주어지고, 이에 대해 남자의 답변 I think I can probably do in about 4 days. It should be finished by Tuesday.(아마 4일 정도 걸리겠죠. 화요일까지는 끝날 거예요.)이 이어져서 4 days가 정답임을 확인할 수 있다.

패러프레이징 표현 연습하기

By looking at a schedule 일정을 확인함으로써	M: I guess I'd better hurry back and **take another look at their calendar on my computer** to see what room I'm supposed to be in. 제가 어느 방에 있어야 하는지 서둘러 돌아가 제 컴퓨터에 적힌 일정을 다시 한 번 봐야겠습니다.
She used to work with him. 예전에 그녀는 그와 같이 일했다.	W: I know a great designer named Cliff Wallis. **He was a co-worker at my last job**. But he is usually very busy and may not be available for a couple of months. Cliff Wallis라는 훌륭한 디자이너를 알고 있어요. 전 직장 동료였죠. 하지만 그는 평소 아주 바빠서 몇 달 동안 (만날) 시간이 없을지도 모릅니다.

Ustar 출제포인트 시험에는 이렇게 나온다! **보기에 숫자가 등장하는 문제는 키워드를 동반한 숫자에 집중!**

보기에 숫자가 등장하는 문제는 대화 중에 해당 숫자가 모두 들리거나 하나도 안 들릴 수도 있기 때문에 키워드를 동반한 숫자를 듣거나 정확하게 내용을 파악해서 수를 확인해야 한다.

Q **How many stops** will the **train** make **before** reaching **Nanjing**? A One

M: Hi, I'd like a round trip train ticket to Nanjing. I'd like to leave this station tomorrow night and return on Sunday morning.
W: We have a train departing tomorrow night at 9 P.M., and one arriving back here at Shanghai on Sunday morning at 10:30 A.M. Will those times work for you, sir?
M: That's perfect. How long will the trip take?
W: About eleven hours **with the stop along the way in Suzo**.

■ 질문의 키워드인 stop(s)과 함께 등장하는 도시명에 주의를 기울이자. 여러 도시의 이름들이 거론되었지만 실제로 키워드 stop을 동반한 도시명은 대화 마지막의 Suzo밖에 없다. 대화에서 숫자를 언급하진 않았지만, 키워드 stop을 동반한 도시명의 개수를 파악하면 해결할 수 있다.

■ Q 기차는 Nanjing에 도착하기 전에 몇 번 정차할까? A 한 번 / 남: 안녕하세요. Nanjing행 왕복 기차표 부탁합니다. 내일 저녁 이 역을 떠나서 일요일 아침에 돌아오는 걸로요. 여: 내일 저녁 9시에 출발하는 기차가 있어요. 그리고 일요일 아침 10시 30분에 여기 Shanghai로 돌아오는 차편입니다. 선생님. 그 시간이면 되겠습니까? 남: 좋아요. 여행(시간)은 얼마나 걸리나요? 여: 약 11시간이구요. 가는 길에 Suzo에서 정차합니다.

Exercises

문제풀이 예제

Look 문제지 미리보기

How long will the man need to wait?
(A) Five minutes
(B) Ten minutes
(C) Fifteen minutes
(D) Thirty minutes

Look & Check 음성이 나오기 전 주요 키워드 표시하기

How long will the man need to wait?
(A) Five minutes
(B) Ten minutes
(C) Fifteen minutes
(D) Thirty minutes

남자는 얼마나 오래 기다려야 하나?
(A) 5분
(B) 10분
(C) 15분
(D) 30분

key How long / man / wait: 남자가 기다려야 하는 기간을 묻고 있으므로 '남자와 관련된 시간 표현'에 집중하라.

해설 남자가 얼마나 오랫동안 기다려야 하는지 묻고 있다. 키워드는 남자(man)이므로 남자에 관한 시간 표현이 나오면 귀를 기울여 들어야 한다. 여자는 첫 번째 대사(it will take approximately fifteen minutes to seat you)에서 남자에게 15분 정도 기다려야 한다고 말하고 있으므로 정답은 (C)가 된다.

어휘 take + 시간 + to + 동사원형 ~하는 데 시간이 걸린다 approximately 대략 seat ~를 자리에 앉히다 waiting list 대기자 명단

Listen 대화를 듣고 문제지와 대조하기 미M 미W

M: Hi, we'd like a table for five, please.
W: Five? Sure, but it will **take** approximately **fifteen minutes** to seat you. Do you want me to put your name on the waiting list?
M: That'd be nice, thanks. My name is Martin Wagner. Can we look at some menus while waiting?

남: 안녕하세요. 자리 있어요? 5명입니다.
여: 5명이요? 물론이죠. 그런데 자리에 앉으시려면 15분 정도 기다리셔야 합니다. 대기자 명단에 이름을 올려놓을까요?
남: 그렇게 해주세요. 감사합니다. 제 이름은 Martin Wagner입니다. 기다리고 있는 동안 메뉴를 볼 수 있을까요?

실전 TOEIC Test

01 What problem does the woman mention?
(A) Sales are lower than expected.
(B) A report is not complete.
(C) A store opening has been delayed.
(D) Some customers have complained.

02 How does the woman suggest they address the problem?
(A) By buying a competing store
(B) By increasing advertising
(C) By hiring more employees
(D) By lowering prices

03 What position are the candidates applying?
(A) An accountant
(B) An editor
(C) An assistant photographer
(D) An assistant manager

04 How many applicants will be interviewed?
(A) Two
(B) Three
(C) Four
(D) Five

05 How did the man learn about the play?
(A) By hearing an advertisement
(B) By talking to a friend
(C) By reading a review
(D) By looking at a brochure

06 Why is the woman disappointed?
(A) A theater is closed.
(B) Performances have been canceled.
(C) A friend is busy.
(D) Tickets are unavailable.

▶ 문제풀이 예제 정답: (C)

▶ 정답 및 해설 p.149~150

Chapter 4

대화의 후반부에 답이 위치하는 문제

biz conversation은 대화의 전개 방식이 정해져 있기 때문에 문제와 답의 순서 및 위치를 미리 예측할 수 있다. 각 대화 지문 당 주어지는 3문제 중 주로 마지막 문제가 대화의 후반부에 답이 등장한다. 대개 대화가 끝난 후 이어질 다음(next) 행동과 관련한 제안/요청 사항 및 미래의 일정 등을 묻기 때문에 앞에 등장한 문제들부터 차례대로 해결하고 맨 마지막에 풀면 된다.

★ 주요 출제 패턴

1. 미래의 일정을 묻는 문제
2. 제안이나 권유의 내용을 묻는 문제
3. 요구, 요청, 부탁의 내용을 묻는 문제
4. 연락정보와 홈페이지 관련 정보의 내용

★ 이렇게 풀어라! 문제풀이 전략

1. 질문이 미래형인 경우 미M 미W

질문에 will, next, is going to 등의 표현을 포함하고 있으면 답은 대화의 후반부를 들어야 한다.

Step 1_문제를 미리 읽고 주요 단어에 밑줄을 그어 놓는다.

What does the **woman** say she **will do**? (A) **Search** for an **article** (B) **Reassign** a **task** (C) **Restart** a **machine** (D) **Consult** a **coworker**	여자는 무엇을 하겠다고 말하는가? (A) 기사 검색 (B) 업무 재할당 (C) 기계 재시동 (D) 동료와의 상담

Step 2_대화의 후반부에서 여자 대사를 잘 들어야 한다.

M: Excuse me. I was trying to look for an article for some research I'm doing. But this computer isn't working properly. W: Oh yes, some of the library's computers are a few years old. We are in the process of replacing them. What happens when you try to use it? M: Well, I entered the title of the article. And when I hit the search button, the computer froze. There was no response. W: Um, sometimes it just has to be restarted. Why don't you come to the reference desk and I will use my computer to **find what you're looking for.**	남: 실례합니다. 조사를 할 게 있어서 기사를 하나 찾고 있는데요. 컴퓨터가 작동되지 않습니다. 여: 오, 그래요. 도서관의 몇몇 컴퓨터는 몇 년 된 거라서요. 교체 중에 있습니다. 사용할 때 어떤 현상이 있었나요? 남: 기사 제목을 치고 검색 버튼을 누르자 컴퓨터가 멈춰버렸어요. 아무 반응이 없었어요. 여: 음. 가끔 컴퓨터를 재시동해야 해요. 참고자료 데스크로 오세요. 제 컴퓨터로 당신이 찾고 있는 것을 찾아드릴게요.

Step 3_마지막 여자 대사의 I will use ~ 이하에서 자기 컴퓨터로 남자가 찾고 있는 걸 찾아주겠다고 말하고 있으므로 (A)가 정답이다. 즉, 보기의 Search for an article을 find what you're looking for로 패러프레이징하여 말하고 있다.

2. 질문이 권유, 부탁, 요구, 요청 등을 묻는 경우 호W 영M

주로 질문에서 suggest, ask, request 등 요구, 요청, 제안 등의 표현을 포함하고 있으면, 대화의 후반부에서 Let's / I want you to / We should 등으로 표현된다.

Step 3_문제를 미리 읽고 주요 단어에 밑줄을 그어 놓는다.

들을 때는 보기에 중요한 단어들에 미리 밑줄 작업을 해두어야 집중하기 좋고 패러프레이징에 대해서도 미리 준비해둘 수 있다.

What does the **woman suggest**? (A) **Moving** the product display (B) **Advertising** new product (C) Having a **dinner** (D) **Complaining** about the store	여자가 제안하는 것은 무엇인가? (A) 제품 진열대를 옮기는 것 (B) 신제품을 광고하는 것 (C) 저녁식사를 하는 것 (D) 가게에 대해 불만을 제기하는 것

Step 2_대화의 후반부에서 여자의 대사를 잘 들어야 한다.

W: Mr. Wallis, I think a customer must have bumped into the orange juice display on aisle two. Several boxes fell down and there's juice all over the floor. It's a real mess. M: Not again! I will meet up with you in a moment. I am just going to get a mop and bucket from the supply closet. W: All right. And after we've finished cleaning, maybe **we should move that display** so that people don't keep hitting it with their shopping carts.	여: Mr. Wallis. 고객이 2번 통로에 있는 오렌지 쥬스 진열대에 부딪쳤나봐요. 박스 여러 개가 떨어져 있고 바닥에 온통 쥬스 천지예요. 정말 엉망이네요. 남: 또 그래요! 금방 봐요. 비품창고에 대걸레와 양동이를 가지러 갈게요. 여: 알았어요. 청소를 다한 후에 아마도 진열대를 옮겨야 할 것 같아요. 그래야 사람들이 자꾸 쇼핑카트로 치지 않을 거예요.

Step 3_여자의 마지막 대사 중 진열대를 옮겨야 한다(we should move that display)는 말에서 (A)가 정답임을 알 수 있다.

3. 요청이나 제안, 권유하는 내용을 변형하여 이유나 목적 또는 방법을 묻는 경우 미W 영M

요구나 요청 또는 제안하는 사실을 묻는 유형이 주로 나왔지만 최근에는 제안이나 권유, 요청을 하는 이유나 목적 또는 방법을 묻는 질문으로도 종종 등장한다.

Step 1_문제를 미리 읽고 주요 키워드에 밑줄을 그어 놓는다.

들을 때는 보기에 중요한 단어들에 미리 밑줄 작업을 해두어야 집중하기 좋고 패러프레이징에 대해서도 미리 준비해둘 수 있다.

Why does the **man suggest** visiting the **website**? (A) To calculate **transportation costs** (B) To see a **list of recommended companies** (C) To post a **review** (D) To make an **online payment**	남자는 왜 웹사이트를 방문하라고 제안하는가? (A) 교통비를 계산하기 위하여 (B) 추천된 회사의 목록을 보기 위해 (C) 리뷰를 게시하기 위해 (D) 온라인 결제를 하기 위해

Step 2_대화의 후반부에서 남자가 하는 제안의 대사를 잘 들어야 한다.

W: Hello, I'd like to learn about your moving services. My company is transferring into Clock City and I'm planning to move there in the beginning of April. M: Sure, we can help with your move. I can send someone over to take a look at your things and give you a price estimate. W: That sounds good. I haven't yet found a permanent place to live in Clock City, so I need to put my belongings in storage for about a month. Does your company have storage facilities? M: I'm sorry we don't, but if you go to our website, **you will find list of storage facilities we recommend.**	여: 안녕하세요. 이사 서비스에 대해 알고 싶어서요. 저희 회사가 Clock City로 옮겨갈 겁니다. 그래서 저는 4월 초에 거기로 이사 갈 예정이에요. 남: 물론이죠. 이사하시는 걸 도와드릴 수 있습니다. 사람을 보내서 이사짐을 보고 견적을 드릴 수 있습니다. 여: 좋아요. Clock City에 살 곳을 아직 찾지 못해서 한 달 정도 짐을 보관할 창고가 필요합니다. 창고시설은 있나요? 남: 죄송합니다. 저희는 창고시설이 없답니다. 하지만 저희 웹사이트에 방문하시면 저희가 추천해드리는 창고시설 목록을 찾으실 수 있을 겁니다.

Step 3_마지막 남자 대사의 if you ~ 이하에서 여자에게 제안을 하면서 키워드인 website를 언급하고 있다. 그러면서 자신들이 추천하는 storage facilities 즉, 창고시설을 운영하는 회사의 리스트를 웹사이트에서 찾아볼 수 있다고 하므로 정답은 (B)가 된다. 즉, 보기의 To see a list of recommended companies를 you will find list of storage facilities we recommend로 패러프레이징해 말하고 있다.

LESSON **1** # 미래의 일정을 묻는 문제

MP3 File 3-21

Point

What will the man probably do next?

대화가 끝난 후 다음에 일어날 일을 묻는 문제는 마지막 대사에 답이 있다! 대화가 끝난 뒤에 어떤 행동이나 일이 일어날 것인가를 묻는 질문으로 대부분 세 번째 질문으로 등장하며, 매달 평균 2~3문제가 출제된다. 정답도 대화의 후반부, 즉 대화자의 마지막 말에서 해결할 수 있으므로 마지막 화자의 말을 주의 깊게 들어야 한다. 특히 시간부사를 키워드로 해서 등장하는 경우에는 키워드도 함께 꼭 확인해야 한다.

A 시험에 그대로 나온다! 미래의 일정을 묻는 질문 유형

What will the **speakers** do **this afternoon**? 화자들은 오늘 오후에 무엇을 할 것인가?
What does the **woman say** she will **tell Rohannie**? 여자는 Rohannie에게 무엇을 말할 거라고 하는가?
According to the woman, **what** will **occur/happen next week**? 여자에 의하면 다음 주에 무슨 일이 일어날 것인가?
What does the **man** most likely **do next**? 남자는 이후 무엇을 할까?
What does the **woman** say she **will do** on **Monday**? 여자는 월요일에 무엇을 할 것인가?

B 토익 기출 대화 질문과 키워드

키워드 및 남/여 잘 구별해 듣기

최근에는 단순하게 다음에 일어날 일만 묻는 것이 아니라 키워드가 함께 등장하여 좀더 구체적으로 물어보기 때문에 후반부에서 키워드를 잘 잡고 들어야 한다.

정답으로 출제된 보기	화자들의 대화 속에 등장한 키워드
Q **What** will **happen next month?** 다음 달에 어떤 일이 있을 것인가? A **Harvesting will begin.** 수확이 시작될 것이다	M: I thought you would find it worth the money. It saves time and cuts down on water use and it should boost yields. Does it look like you have a larger crop this year? 당신이 돈을 지불한 만큼 만족하실 거라 생각했어요. 이게 시간도 절약해주고 물도 아껴주고 생산량도 늘여줄 겁니다. 올해에는 수확량이 더 많을 거 같은가요? W: Possibly. **We will start harvesting next month.** So, we will know for sure then. 그럴 거예요. 다음 달에 수확을 시작할 거예요. 그러면, 그때 확실히 알겠죠.

패러프레이징 표현 연습하기

Depart for a conference 컨퍼런스로 출발	I'm **leaving for a conference** on Monday. 월요일에 컨퍼런스 참가 차 출발합니다.
Make a purchase 구매하다	So, I think I'**ll get** the X-12 **printer**. 그리고 X-12 프린터를 구매하겠습니다.
Contact a colleague 동료에게 연락	Okay, **I'll see if** John can be with me today. 좋습니다. 오늘 John이 같이 할 수 있는지 알아보겠습니다.
Get something to eat 먹을 것을 구하다	Is there any place nearby where I can **go to buy some food**? 근처에 음식을 좀 살 수 있는 곳이 있나요?
Try to contact Gail Gail에게 연락을 취하려 하다	W: Would you **call Gail** and schedule the meeting for them? Gail에게 전화 걸어 회의일정을 잡으시겠습니까? M: Certainly, I'll send you an email as soon as I **reach** her. 네, 그녀에게 연락하고 나서 바로 이메일을 보내드리겠습니다.

Ustar 출제포인트 시험에는 이렇게 나온다! **마지막 대사의 직전 대사에서 요구 및 요청 사항이 언급되는지 집중하라!**

정답이 마지막 대사에 있지 않고 직전 대사에서 한 쪽 화자가 요구 사항이나 요청 사항을 언급하자, 다른 화자가 그것을 하겠다는 내용으로 나오는 경우도 많다. 따라서 직전 대사에서 요구, 요청 사항이 언급되는지 잘 들어야 한다.

Q **What** does the **man** say he **will do**? A **Find** a **number**

W: Is there a **tracking number** I can have about the shipment?
M: Sure. Hold on a second and I'll look it up for you.

■ 마지막 남자 대사에서는 I'll look it up for you.라는 말로 키워드 find를 잡을 수 있지만 구체적으로 앞의 여자 대사에서 tracking number를 묻고 그것을 찾겠다는 남자 대사로 이어지고 있다.

■ Q 남자는 무엇을 할 것이라고 말하는가? A 번호를 찾겠다고 / 여: 배송과 관련하여 추적번호가 있나요? 남: 물론이죠, 잠깐만 기다리세요, 제가 찾아볼게요.

Exercises

문제풀이 예제

Look 문제지 미리보기

What will the woman probably do next?
(A) Go downstairs (B) Pack some books
(C) Order a meal (D) Call a moving company

Look & Check 음성이 나오기 전 주요 키워드 표시하기

What will the **woman** probably **do next**?
(A) Go **downstairs**
(B) Pack some **books**
(C) Order a **meal**
(D) Call a **moving company**

여자는 아마도 이후 무엇을 할 것인가?
(A) 아래층으로 내려간다
(B) 책을 싼다
(C) 식사를 주문한다
(D) 이삿짐 센터에 전화를 한다.

key What / woman / do next: 여자가 대화 이후에 할 일을 묻고 있으므로 '대화의 후반부'에 집중하라.

해설 대화가 끝난 후에 여자가 무엇을 할 것인지를 묻고 있다. 미래의 일이나 계획을 묻는 문제는 주로 대화의 후반부에서 그 정답을 찾을 수 있다. 여자는 마지막 대사(Sure. I'll meet you guys downstairs. I'll be right there after I finish putting these books into the box.)에서 책들을 상자에 넣은 후에 아래층으로 내려간다고 하였으므로 여자는 책을 포장하는 일을 먼저 할 것이다. 그러므로 정답은 (B)가 된다. 먼저 나온 downstairs를 듣고 (A)를 고르지 않도록 주의하자.

어휘 pack 포장하다 so far 지금까지 all night 밤새도록 greet 환영하다 give a hand 거들어주다 join 함께하다 downstairs 아래층에서

Listen 대화를 듣고 문제지와 대조하기 미M 미W

M: You've only packed four boxes so far? I don't think you can pack everything before you leave the office today. Are you planning to stay here all night and greet the movers when they come at nine?
W: What time? Nine? I was told that they are coming around at one o'clock. It looks like I'm going to be here pretty late.
M: I'm almost done with my office, so I'll come over and give you a hand. Some of us are going out to eat lunch now. Would you like to join us?
W: Sure. I'll meet you guys downstairs. **I'll be right there after I finish putting these books into the box.**

남: 지금까지 4박스밖에 포장하지 못했어요? 오늘 퇴근하기 전까지 전부 포장할 수 없을 것 같은데요. 오늘 밤새고 나서 9시에 이삿짐 센터에서 오는 사람들과 인사할 건가요?
여: 몇 시요? 9시요? 난 그 사람들이 1시에 온다고 들었는데요. 아무래도 오늘 상당히 늦게까지 있어야 할 것 같은데요.
남: 우리 사무실은 거의 끝났으니까 제가 들러서 도와드리도록 하겠습니다. 우리는 지금 점심을 먹으러 나갈 건데 같이 가지 않으실래요?
여: 네, 좋습니다. 아래에서 만나도록 하지요. 상자에 이 책들을 넣고 나서 바로 내려가도록 하겠습니다.

실전 TOEIC Test

01 What is the conversation mainly about?
(A) An advertising project
(B) An employee's promotion
(C) A possible merger
(D) A new employee

02 What will happen later this week?
(A) The procedure will be revised.
(B) The announcement will be made.
(C) The building will be completed.
(D) The job interview will be made.

03 What new task might the speakers be responsible for?
(A) Send an e-mail
(B) Hold a training course
(C) Prepare a press conference
(D) Install new equipment

04 Why is the line of training suits selling so well?
(A) They come in men's and women's styles.
(B) They can be found in many stores.
(C) They are made of high quality.
(D) They are recommended by celebrities.

05 What did customers consider a problem with one suit model?
(A) The price
(B) The availability
(C) The packaging
(D) The material

06 What will the man most likely do next?
(A) Collect some market data
(B) Review some advertisements
(C) Contact product development
(D) Changing the price of a training suit

▶ 문제풀이 예제 정답: (B)

▶ 정답 및 해설 p.151~152

MP3 File 3-22

Point

What does the woman offer to do?

제안이나 권유의 문제는 대화 후반부에서 질문에 등장한 남자/여자의 대사를 잘 들어야 한다! 상대에게 자신이 무엇을 해주겠다는 제안이나 상대에게 무엇을 하라는 권유를 묻는 문제는 주로 후반부를 들으면 해결할 수 있다. 지문 중에서 당사자가 직접적으로 I will ~, We can ~, Let me ~ 또는 Do you want me to ~등으로 표현하거나 조건문을 사용하여 If ~로 시작한다. 또, 대표적인 권유 제안 표현으로 Why don't I ~, Why don't you ~, You can ~등으로도 문장을 시작한다.

A 시험에 그대로 나온다! 제안이나 권유의 내용을 묻는 질문 유형

What does the **woman offer** the **man**? 여자는 남자에게 무엇을 제안하는가?
What does the **woman offer** to **help** the **man** do? 여자는 남자에게 어떤 도움을 주겠다고 제안하는가?
What does the **man recommend**? 남자는 무엇을 추천하는가?
What does the **man recommend** the **woman** do? 남자는 여자에게 무엇을 하라고 권유하고 있는가?
What does the **man suggest** that the **woman** do? 남자는 여자에게 무엇을 하라고 제안하는가?
What will the **woman do for** the **man**? 여자는 남자를 위해 무엇을 할 것인가?

B 토익 기출 대화 질문과 키워드

키워드 및 남/여 잘 구별해 듣기

정답으로 출제된 보기	화자들의 대화 속에 등장한 키워드
Q **What** does the **man suggest** the **woman do?** 남자는 여자에게 무엇을 하라고 제안하는가? A **Use another mode of transportation** 다른 교통수단을 이용하라	W: Excuse me, is this where I get the city bus to the airport? 죄송합니다. 여기가 공항으로 가는 시영 버스를 탈 수 있는 곳인가요? M: Yes, this is the right place. The buses are supposed to be here at 8. But, it's always late. 네, 맞습니다. 버스는 8시에 올 겁니다. 하지만 항상 늦어요. W: Oh no, I can't be late today. This is my first day of work to the airport hotel. 어, 안 되는데. 오늘 늦으면 안 돼요. 공항호텔에 첫 출근 날이거든요. M: Well, **if you are worried** about the time, **you probably should take a taxi instead**. Taxis come down to street in a few minutes. 음. 시간이 걱정되시면 대신 택시를 타셔야 할 겁니다. 택시는 금세 오거든요.

대화의 후반부에서 권유, 제안을 보여주는 표현

Look for a product 제품을 찾는다	Let me **check the store room to see if** we still have one **in stock**. 아직 재고가 있는지 창고를 확인해보겠습니다.
Install updated software 업데이트된 소프트웨어를 설치하다	Try **installing the latest version** of the accounting program on your computer. 컴퓨터에 회계프로그램의 최신버전을 설치해 보세요.
Get some information 정보를 구한다	I can **get you a schedule** of all the seminars. 모든 세미나의 일정을 보내드릴게요.
Allow additional time for questions 질문에 대한 추가적인 시간을 주다	So, I'd recommend **leaving more time for discussion** at the end of the training. 그래서 교육의 마지막에 논의할 수 있는 시간을 좀더 남겨놓으시는 게 좋아요.
Send the woman some information 여자에게 정보를 보낸다	If you give me your address, I'll **send you a brochure and application form**. 주소를 알려주시면, 브로셔와 지원서를 보내드리겠습니다.
Show a customer an item 고객에게 물품을 선보인다	There's the newest model, the XZ2000. It has similar options, but it's actually better value. **Would you like to take a look at it?** XZ2000이라는 최신모델이 있습니다. 사양은 비슷하지만, 사실 가격이 더 저렴합니다. 보시겠습니까?
E-mail a document 서류를 이메일로 보낸다	Why don't I just **email** you **a copy of my materials** from last year. 작년 자료 한 부를 이메일로 보내드릴까요?

Ustar 출제포인트 시험에는 이렇게 나온다! **반문이 대세! 간접적으로 어떤 것을 해봤는지 묻는 내용을 잡아라!**

Q What does the **woman suggest** the **man** do? A **Go** to the **security office**

W: Have you stopped by security office? They keep a box of items people found. So maybe someone found your key and turned it in.

■ 전체 대화의 마지막 여자 대사에서 직접적으로 제안하거나 권유하기보다는 경비실에 가봤냐는 반문을 통해 상대에게 그것을 해보라고 간접적으로 제안하는 경우이다.
■ Q 여자는 남자에게 무엇을 하라고 제안하는가? A 경비실로 가라고 / 여: 경비실에는 들러봤어요? 사람들이 주운 물건을 보관하는 상자를 가지고 있어요. 그래서 아마도 누군가가 당신 열쇠를 찾아서 맡겼을지도 모르죠.

Exercises

문제풀이 예제

Look 문제지 미리보기

What does the man suggest the woman do?
(A) Request more time (B) Speak with colleagues
(C) Walk to the train station (D) Ask for a discount

Look & Check 음성이 나오기 전 주요 키워드 표시하기

What does the **man suggest** the **woman do**?
(A) **Request** more **time**
(B) **Speak** with **colleagues**
(C) Walk **to the train station**
(D) **Ask** for a **discount**

남자는 여자에게 무엇을 하라고 제안하는가?
(A) 시간을 더 요청하라고
(B) 동료에게 얘기해 보라고
(C) 역까지 걸어가라고
(D) 할인을 요청하라고

key man / suggest / woman / do: 남자의 제안을 묻고 있으므로 '대화 후반부'의 '남자' 대사에 집중하라.

해설 남자가 여자에게 무엇을 제안하고 있는지를 묻고 있다. 제안, 권유, 요청을 묻는 문제들은 주로 대화의 후반부에 위치하므로 대화의 마지막 부분을 주의 깊게 들어야 한다. 남자는 마지막 대사에서 You should talk with our colleagues.라고 언급하고 있으므로 정답은 동료들에게 얘기를 해보라는 (B)가 된다.

어휘 repair work 보수 공사 tie up 꼼짝 못하게 묶어놓다 be supposed to + 동사원형 ~하기로 예정돼 있다 go on 계속 되다 expense 비용 consider 고려하다 at least 적어도 look into ~을 알아보다 on time 정각에 car-pool 카풀을 하다

Listen 대화를 듣고 문제지와 대조하기  미W 영M

W: Wow, I was almost late again this morning. The repair work on 11th Street has the traffic all tied up and the work is supposed to go on for months.
M: Yes, I heard that too. In fact, I've started taking the train to work. My neighbor leaves for the station the same time I do, so we ride together to the station and share the expenses for parking.
W: Well, maybe I should consider doing that. If I take the train at least I know I will get to work on time.
M: It'll be worth looking into. **You should talk with our colleagues.** Maybe someone who lives near you would also like to car-pool to the station.

여: 휴, 저는 오늘 아침에 거의 지각할 뻔 했어요. 11번가가 보수 공사를 하느라 차가 막혀서 꼼짝도 할 수가 없었는데 공사는 몇 달 동안이나 지속이 될 거라고 하네요.
남: 네, 저도 들었습니다. 사실 그래서 저는 기차를 타기 시작했어요. 제 이웃이 제가 출근하는 시간에 역으로 가기 때문에 역까지 차를 같이 타고, 주차비용은 나누어 내고요.
여: 음, 저도 그런 방법을 한 번 생각해 봐야겠네요. 기차를 타면 적어도 지각은 하지 않을 테니까요.
남: 알아볼 만한 가치가 있을 거예요. 동료들과 한 번 얘기해 보세요. 분명 집 근처에 살고, 역까지 카풀을 하기를 원하는 동료가 있을 거예요.

실전 TOEIC Test

01 Where is the conversation probably taking place?
(A) In a restaurant (B) On a train
(C) In a grocery store (D) At a dry cleaners

02 What problem does the man mention?
(A) A reservation was canceled.
(B) A ticket has been lost.
(C) A menu item is unavailable.
(D) A special offer has expired.

03 What does the man offer to do?
(A) Substitute a different product
(B) Speak to the manager
(C) Serve complimentary beverages
(D) Recalculate a bill

04 Where is the woman interested in working?
(A) At a school
(B) At a publishing company
(C) At a real estate firm
(D) At a community center

05 How long has the woman worked at her current job?
(A) One year (B) Two years
(C) Three years (D) Four years

06 What does the man recommend the woman do?
(A) Submit a resume
(B) Contact an employee
(C) Attend a workshop
(D) Read a brochure

▶ 문제풀이 예제 정답: (B)

▶ 정답 및 해설 p.152~153

LESSON 3 요구/요청/부탁의 내용을 묻는 문제

MP3 File 3-23

Point

What does the woman ask for?

요구나 요청의 내용을 묻는 문제는 남자/여자 당사자의 말에서 직접적으로 요청하는 내용을 잘 들어야 한다! 주로 대화의 후반부에 답이 있으므로 후반부를 집중해서 들어야 한다. 질문에는 require, request, ask 등의 표현이 쓰이고 대화 속에서는 당사자가 직접적으로 Could you ~? 또는 간접적으로 I'd like to ~, I need to ~, I have to ~, You're required to ~, I hope you ~같은 표현을 써서 말하게 된다.

A 시험에 그대로 나온다! 요구/요청/부탁의 내용을 묻는 질문 유형

What does the **man request**? 남자는 무엇을 요구하는가?
What does the **woman ask** the **man** to do? 여자는 남자에게 무엇을 해달라고 요청하는가?
What does the **woman remind** the **man** to do? 여자는 남자에게 무엇을 해야 한다고 상기시키는가?
What is the **receptionist asked** to do? 안내원은 무엇을 요청받고 있는가?

B 토익 기출 대화 질문과 키워드

키워드 및 남/여 잘 구별해 듣기

정답으로 출제된 보기	화자들의 대화 속에 등장한 키워드
Q **What** does the **man ask for?** 남자가 요청하는 것은 무엇인가? A **A telephone number** 전화번호	W: I'm leaving the office early today. My refrigerator isn't working right and a service person is coming to check it. 전 오늘 일찍 퇴근할 거예요. 냉장고가 제대로 돌아가질 않아서 기술자가 확인하러 오거든요. M: Oh, Okay. Is there anything you'd like me to take care of here? 아, 알았어요. 내가 처리해줬으면 하는 게 있나요? W: Do you think you'd be able to look at this contract? I've almost finished it. All that you really need to do is double-check a few details. 이 계약서 좀 봐주실 수 있으세요? 거의 끝났는데요. 몇 가지 세부사항만 체크해주시면 돼요. M: No problem, but **could you leave me a number where I can reach you**? 문제없어요. 그래도 당신에게 연락할 수 있는 전화번호 좀 알려주시겠어요?

대화의 후반부에서 요청, 부탁을 보여주는 표현

Discuss some prices 가격에 대한 논의	Would it be possible for us to **go over the cost estimate** for the flowers over the phone now? 우리가 지금 전화로 꽃비용 견적을 검토하는 게 가능할까요?
Give an order number 주문번호를 알려주다	Sure, I'd be glad to help you. Could you please **give me your order number?** 물론이죠. 기꺼이 도와드릴게요. 주문번호를 알려주시겠어요?
Give a feedback 의견을 주는 것	If you have time, would you be willing to attend part of the session, so you can **give me some feedback?** 시간 있으시면, 훈련 일부에 참석하시겠어요? 그리고 나서 제게 의견을 주시면 됩니다.
Internet access 인터넷 접속	No, thanks. I'm renting a car at the airport, so I won't be using the shuttle. But I'll do make sure I'll be able to **connect to the Internet** to my room. 괜찮습니다. 저는 공항에서 차를 빌릴 거라서 셔틀은 이용하지 않을 겁니다. 하지만 제 방에 인터넷 접속이 가능한지는 확실히하고 싶군요.

Ustar 출제포인트 시험에는 이렇게 나온다! **수동태 질문에 주의하라! What is the woman asked to do? 문제는 남자 대사에 답이 있다!**

Q **What** is the **woman asked** to do? A **Remove items** from her **desk**

M: Hi, Susan. I wanted to remind you that we are having our office painted this weekend. The painters will be moving the furniture, so make sure **you clear everything off your desk** before you leave today.
W: Oh, that's right. I'm a little concerned about the fumes, though.

■ 질문의 주어가 woman이지만 동사 ask가 수동태이므로 여자가 요청을 받는 것이다. 따라서 요청하는 사람은 남자이므로 남자 대사에 요청 내용이 나온다. 남자 대사의 so, make sure you clear everything off your desk라는 말이 보기에서는 Remove items from her desk라고 패러프레이징되어 등장했다.

■ Q 여자는 무엇을 요청받고 있는가? A 책상에서 물건들을 치우라고 / 남: 안녕하세요, Susan. 이번 주말에 사무실에 페인트칠을 할 거라는 걸 알려드리려고요. 페인트칠 하는 사람들이 가구는 옮길 거구요, 그래서 오늘 퇴근 전에 책상에 있는 걸 싹 치워주세요. 여: 네, 그래야겠네요. 냄새 때문에 좀 걱정은 되네요.

Exercises

문제풀이 예제

Look 문제지 미리보기

What does the woman ask the man to do?
(A) Revise a budget proposal
(B) Design a new logo
(C) Manage a project
(D) Interview a job candidate

Look & Check 음성이 나오기 전 주요 키워드 표시하기

What does the **woman ask** the **man** to **do**?
(A) **Revise** a budget **proposal**
(B) **Design** a new **logo**
(C) **Manage** a **project**
(D) **Interview** a **job candidate**

여자는 남자에게 무엇을 하라고 요청하는가?
(A) 예산 제안서를 수정하라고
(B) 새로운 로고를 만들라고
(C) 프로젝트를 관리하라고
(D) 지원자를 면접하라고

key woman / ask / man / do: 여자가 남자에게 요청하는 내용을 묻고 있으므로 '대화 후반부'의 '여자 대사'에 집중하라.

해설 여자가 남자에게 요청하는 내용이 무엇인지 묻는 문제이다. 대화 후반부에서 여자가 요청하는 얘기를 잘 들어야 한다. 여자는 마지막 대사(I'd like you to take over the coordination of the ad campaign)에서 일(project)을 맡아달라는 요청을 하고 있음을 알 수 있다.

어휘 advertising campaign 광고 캠페인 efficient 효율적인 replace 대체하다 take over 떠맡다

Listen 대화를 듣고 문제지와 대조하기 호W 미M

W: Steve, I don't know if you heard, but Ellen Kobayashi is leaving the company in two weeks. It's too bad because she's been doing such a great job with the advertising campaign for the new children's shampoo.
M: Oh, I heard Ellen is leaving, but I did not know it was so soon. She's such an efficient coordinator. I'm sure she'll be missed.
W: She certainly will be. In fact, we need someone to replace her right away. Since you are familiar with the product, **I'd like you to take over the coordination of the ad campaign.**

여: Steve, 들었는지 모르겠는데요, Ellen Kobayashi가 2주 후에 회사를 그만둔데요. 안됐어요. 새로운 유아용 샴푸의 광고 캠페인을 훌륭하게 하고 있는데.
남: 아, Ellen이 그만둘 거란 얘기는 들었어요. 하지만 이렇게 빠를 줄은 몰랐어요. 정말 일 잘하는 코디네이터였어요. 그녀가 그리울 거예요.
여: 정말 그녀가 그리울 거예요. 사실 우리는 즉시 그녀를 대체할 사람이 필요해요. 당신이 그 제품을 잘 알고 있으니깐 당신이 이 광고의 코디네이션을 맡아주었으면 좋겠어요.

실전 TOEIC Test

01 What does the woman compare for the man?
(A) Discounts for larger orders
(B) Methods of customizing shirts
(C) The availability of various shirt styles
(D) The production time for different items

02 What is the man concerned about?
(A) When the order will be complete
(B) The availability of a specific size
(C) Whether an order can be placed online
(D) The total cost of the order

03 What does that woman request that the man do?
(A) Make a deposit
(B) Fill out a form
(C) Email a file
(D) Choose a color

04 Why did the woman call the man?
(A) To review travel arrangements
(B) To ask about his qualifications
(C) To request references
(D) To set up an interview

05 What position is the man applying for?
(A) Travel agent
(B) Graphic designer
(C) Computer specialist
(D) Advertising director

06 What does the woman request the man to bring?
(A) A sample of his work
(B) An updated resume
(C) Letters of recommendation
(D) A completed application form

▶ 정답 및 해설 p.153~155

▶ 문제풀이 예제 정답: (C)

LESSON 4 연락정보와 홈페이지 관련 정보의 내용

MP3 File 3-24

Point

What will the speakers look for on a website?

연락방법이나 전화, 이메일, 웹사이트와 관련된 내용은 주로 대화의 후반부에 등장한다. 전화번호, 이메일, 팩스번호 등의 연락 방법을 제시하는 질문의 답은 주로 대화의 후반부에 있다는 것을 명심하자. 또한 추가 정보를 얻기 위한 방법도 대화의 후반부에서 제시된다.

A 시험에 그대로 나온다! 연락정보와 홈페이지 관련 정보를 묻는 질문 유형

What does the **man** want to **find** on the Internet? 남자는 인터넷에서 무엇을 찾고 싶어 하는가?
What will the **speakers look for** on the website? 화자는 웹사이트에서 무엇을 찾을 것인가?
How does the **woman** want to be **contacted**? 여자는 어떻게 연락 받기를 원하는가?

B 토익 기출 대화 질문과 키워드

대화 후반부에서 연락정보 및 홈페이지 관련 정보를 보여주는 표현

정답으로 출제된 보기	화자들의 대화 속에 등장한 키워드
Q **What** does the **man suggest** that the **woman do?** 남자는 여자에게 무엇을 제안하는가? A **Visit a website.** 웹사이트 방문	**You should go to the hospital website.** From what I've heard, **there is a list of open positions** and a place to sign up for interviews. 병원 웹사이트에 가보세요. 제가 듣기로는 공석 목록과 면접을 등록할 수 있는 페이지가 있다고 하더군요.
Q **What** does the **man want to find** on **the Internet?** 남자는 인터넷에서 무엇을 찾고 싶어 하는가? A **Some discount coupons.** 할인 쿠폰	**I will search the web to see if I can find a discount** for the show. There are usually **some coupons online**. 웹을 검색해 공연 할인을 받을 수 있는지 볼 거예요. 보통 온라인 쿠폰이 있잖아요.
Q **How** does the **woman want** to be **contacted?** 여자는 어떻게 연락받기를 원하는가? A **By phone** 전화로	You have my mobile phone number, **just give me a call** when you make your decision. 제 휴대폰 번호를 갖고 계시니까 결정하시면 제게 전화주세요.

Ustar 출제포인트 시험에는 이렇게 나온다! 후반부에 답이 동시에 걸리는 복합성 문제

01 **What** does the **man ask**?
(A) **Where** to pick up tickets
(B) **When** the performance starts
(C) **Whether** the seats are **together**
(D) **How** to get discounts

02 **What** does the **woman suggest** the **man** do?
(A) Write down a **reservation code**
(B) Bring **refreshments**
(C) **Arrive** at the theater **early**
(D) **Telephone** the box **office** before 8 p.m.

M: Hi, I'm calling to reserve three tickets for tonight's symphony performance.
W: Okay. We have tickets in the orchestra section for thirty dollars each and there are still a few left in the balcony. They're twenty dollars each.
M: I'd prefer the balcony tickets. But **are the seats next to each other?**
W: Yes, they are. I'll reserve them for you and you can get your tickets at the box office. The performance starts at 7 p.m. **but please pick them up half an hour before the performance begins**. You can pay with either cash or credit card.

남: 안녕하세요. 오늘 저녁 심포니 공연 티켓 3장 예매하려고 전화 드립니다.
여: 네. 오케스트라 섹션 티켓은 장당 30달러이구요. 아직 발코니에 있는 좌석이 남아 있는데, 장당 20달러입니다.
남: 발코니 티켓이 더 좋겠네요. 그런데 좌석은 붙어 있나요?
여: 네. 좌석들은 붙어 있는 거예요. 예약해드리겠습니다. 티켓은 매표소에서 받으시면 됩니다. 공연은 7시에 시작하지만 공연 시작 30분 전에 티켓을 찾아가시기 바랍니다. 현금이나 신용카드 어느 것으로도 지불하실 수 있습니다.

■ 01 남자 대사에서 남자가 물어보거나 요청하는 내용을 잘 들어야 하며, 보기의 키워드에 시선을 고정한다. 정답 (C)
02 여자의 마지막 대사에서 남자에게 무언가 제안하는 내용이 나온다는 사실을 염두에 두고 대화를 듣는다. 정답 (C)

■ 01 남자는 무엇을 물어보는가? (A) 티켓 찾는 곳 (B) 공연 시작 시간 (C) 좌석이 붙어 있는지 (D) 할인 받는 법 / 02 여자는 남자에게 무엇을 제안하는가? (A) 예약 번호를 기록해두라고 (B) 다과를 가져오라고 (C) 극장에 일찍 도착하라고 (D) 8시 전에 매표소로 전화하라고

Exercises

문제풀이 예제

Look 문제지 미리보기

What will the woman do for the man?	
(A) Send him a registration form	(B) Give him a phone number
(C) Arrange his transportation	(D) Contact his colleague

Look & Check 음성이 나오기 전 주요 키워드 표시하기

What will the **woman do** for the **man**?
(A) Send him a **registration form**
(B) Give him a **phone number**
(C) Arrange his **transportation**
(D) Contact his **colleague**

여자는 남자를 위해 무엇을 할 것인가?
(A) 등록신청서를 남자에게 보낸다
(B) 전화번호를 남자에게 준다
(C) 교통편을 알아봐준다
(D) 남자의 동료에게 연락한다

key What will / woman / do / for / man: 여자가 남자를 위해 할 일을 묻고 있으므로 '대화 후반부'의 '여자 대사'에 집중하라.

해설 여자가 남자를 위해 무엇을 할 것인지를 묻는 문제이다. 먼저 미래에 여자가 남자를 위해 무엇을 하겠다는 제안의 내용이므로 후반부에서 답이 나올 것을 예상하고 들어야 한다. 여자는 마지막 대사(Let me give you the number for the front desk there)에서 다른 호텔의 전화번호를 알려주겠다고 말하고 있으므로 정답은 (B)가 된다.

어휘 hotel guest 호텔 투숙객 check in 입실 수속을 하다 technology 기술 conference 회의

Listen 대화를 듣고 문제지와 대조하기  영M 미W

M: I'm calling to speak with a hotel guest, Mr. Louise Watkins. I believe he checked in this morning. I don't know what room he is in.
W: Louise Watkins? No, I'm sorry, I don't see anyone listed by that name. Could the room be under a different name?
M: No, I don't think so. He's attending the technology conference there this week. And this is where the conference is being held, isn't it?
W: Actually, no. The technology conference is at the Cambridge northwest. This is the Cambridge in the center city. We're owned by the same company but we're two different hotels. **Let me give you the number for the front desk there** so you can call them.

남: 호텔 손님인 Louise Watkins 씨와 통화하려고 전화했어요. 오늘 아침에 체크인 한 걸로 알고 있습니다. 몇 호실인지는 모르고요.
여: Louise Watkins 씨요? 죄송합니다. 그 이름으로 등록된 손님은 없네요.
남: 아니, 있을 거예요. 그는 이번 주에 거기에서 열리는 기술 컨퍼런스에 참석하고 있어요. 거기가 그 컨퍼런스가 열리는 호텔이죠, 그렇지 않나요?
여: 아니요. 그 기술는 북서부 쪽의 Cambridge 호텔에서 열리고 있죠. 여기는 시내에 있는 Cambridge 호텔이고요. 저희는 같은 회사이지만 호텔이 두 군데죠. 거기 프론트 데스크 전화번호를 알려드릴게요. 거기로 전화하세요.

실전 TOEIC Test

01 What is the woman looking for?
(A) A meeting agenda
(B) A registration form
(C) An engineering report
(D) A telephone number

02 Why is Jim unavailable?
(A) He is on vacation
(B) He is making a delivery.
(C) He is working overseas.
(D) He is with some clients.

03 What does the man suggest?
(A) Visiting a website
(B) Making additional photocopies
(C) Speaking to a manager
(D) Reschedule an appointment

04 Why is the woman going to Queens Drive?
(A) She has a job interview.
(B) She has tickets for a show.
(C) She has a doctor's appointment.
(D) She has a dinner reservation.

05 Why is the woman concerned?
(A) She cannot find her map.
(B) She does not want to be late.
(C) She forgot to cancel a luncheon.
(D) She left her wallet at home.

06 How does the man suggest getting to Queens Drive?
(A) By train (B) By bus
(C) On foot (D) By taxi

▶ 정답 및 해설 p.155~156

▶ 문제풀이 예제 정답: (B)

Part 3 Final Test

MP3 File 3-25

Part 3

Directions: You will hear some conversations between two people. You will be asked to answer three questions about what the speakers say in each conversation. Select the best response to each question and mark the letter (A), (B), (C), or (D) on your answer sheet. The conversations will not be printed in your test book and will be spoken only one time.

41 Why is the woman calling magazine office?
(A) To ask for subscribing a new magazine
(B) To change delivery address
(C) To cancel her subscription
(D) To confirm an order

42 What does the man advise the woman of?
(A) A method of shipment
(B) The name of the city
(C) An extra fee
(D) Another magazine

43 What will the man most likely do next?
(A) Change customer information
(B) Contact his supervisor
(C) Visit a website
(D) Make a reservation

44 What event are the speakers planning to attend?
(A) A music concert
(B) A company picnic
(C) An art exhibition
(D) A publishing seminar

45 How did the woman learn about the event?
(A) She read an article in a newspaper.
(B) Her friend told her about the event.
(C) She watched an advertisement on TV.
(D) She got a brochure at work.

46 What does the woman suggest?
(A) Asking for a help
(B) Referring to a map
(C) Parking in a car park
(D) Walking around the gallery

47 What are the speakers mainly discussing?
(A) Packaging for some samples
(B) Scheduling an overseas trip
(C) Prices for a new product
(D) Advertising in the local newspaper

48 What will happen in August?
(A) A product name will be selected.
(B) A series of meetings will take place.
(C) A marketing director will retire.
(D) A product will be officially released.

49 What will the man do?
(A) Create a budget
(B) Reschedule a meeting
(C) Approve a design
(D) Place an order

---

50 When does the conversation take place?
(A) In the morning
(B) In the afternoon
(C) At noon
(D) In the evening

51 What does the woman suggest?
(A) Taking a break
(B) Going to another restaurant
(C) Coming back later today
(D) Making a reservation first

52 What does the woman say about her restaurant?
(A) It opens at nine every day.
(B) It closes at eleven o'clock.
(C) It has many regular customers.
(D) It has dinner specials.

---

53 What's the problem with the speaker's order?
(A) The shipment has been delayed.
(B) The wrong product was sent.
(C) A bill is larger than expected.
(D) Some items arrived damaged.

54 What does the man say about the product?
(A) It was recently redesigned.
(B) It is no longer available.
(C) Sales have been excellent.
(D) Manufacturing costs have increased.

55 What did the distributor offer?
(A) An upgraded model
(B) Free shipping
(C) The extension of a warranty
(D) A discount on a future purchase

---

56 What is the woman preparing to do?
(A) Plan a business trip
(B) Attend a reception
(C) Give a job interview
(D) Conduct a training session

57 What can Richard send to the woman?
(A) Protective equipment
(B) Safety guidebooks
(C) A projector
(D) Office supplies

58 What does the woman tell the man to do?
(A) Make a proposal
(B) Place an order
(C) Give some feedback
(D) Conduct research

---

59 Where most likely are the speakers?
(A) At an employment fair
(B) At an award ceremony
(C) At a meeting with clients
(D) At a job interview

60 What does the man mention about his company?
(A) It offers annual bonuses.
(B) It specializes in advertising.
(C) It has a job opening.
(D) It is moving to another city.

61 What does the woman say she will do?
(A) Give some thought about applying for a position
(B) Schedule an appointment
(C) Prepare a presentation
(D) Send the man a job description

62 Who most likely is the man?
(A) A food caterer
(B) An accountant
(C) A banker
(D) An international salesman

63 When will the seminar be held?
(A) This Monday
(B) Next Monday
(C) This Thursday
(D) Next Friday

64 What change does Joanna request?
(A) Change in room
(B) Additional food items
(C) Cancel the appointment
(D) Delay the seminar

---

65 What are the speakers discussing?
(A) The retirement of a president
(B) The hiring of a new vice president
(C) The company's upcoming event
(D) The results of a community survey

66 What has James Miller done for the community?
(A) He revitalized the downtown area.
(B) He started a charitable program.
(C) He volunteered at local schools.
(D) He reduced government spending.

67 What does the man ask the woman to do?

(A) Suggest ideas for future projects
(B) Find a photograph of James Miller
(C) Edit an article
(D) Conduct an interview

68 What is the woman calling about?

(A) A missing paycheck
(B) A ticket
(C) A delivery of order
(D) A newspaper article

69 What department does the woman work in?

(A) Human resource department
(B) Accounting department
(C) Customer service
(D) Editorial department

70 What does the man offer to do?

(A) Check out the hotel
(B) Issue an another check
(C) Go to the post office
(D) Make a reservation

▶ 정답 및 해설 p.156~163

→→→→→→ Part

Short Talks

Part 4 개요 및 공략법

1. Part 4 시험에 대한 이해

Part 4는 Part 3와 같이 상호간의 대화가 아니라 한 사람이 등장하여 전화메시지, 공지, 뉴스 등의 내용을 일방적으로 전달하는 형태이다. 수험자는 전달되는 내용을 잘 듣고 주어진 보기 가운데 적절한 것을 선택하면 된다. 질문의 내용이 Part 3에서 등장하는 것과 유사하기 때문에 이미 Part 3에서 문제를 푸는 요령을 익힌 수험자라면 좀 더 편하게 문제에 접근할 수 있을 것이다.

문제 유형: 한 사람의 짧은 연설이나 말을 듣고 문제지에 나온 3문제를 차례로 푸는 유형이다.
문제 개수: 지문이 10개 등장하고 총 30문제 구성되어 있다. 지문은 25초 내외이며, 지문 하나당 3문제씩 구성된다.
풀이 시간: 파트3의 대화에 비해 지문 길이가 2배 정도이므로 적절한 시간 안배가 필수이다. 질문과 보기의 키워드를 미리 파악해두고 청취 시 관련 내용을 집중해서 들어야 한다.

2. Part 4 문제 샘플

문제지

문제지에는 문제만 있다.

71 What is the speaker reporting on?
(A) A local business
(B) A historical neighborhood
(C) A food festival
(D) A book signing

72 What did James Baker do in June?
(A) He took a trip to Europe.
(B) He published a cookbook.
(C) He opened a travel agency.
(D) He began working at a radio station.

73 What does the speaker recommend?
(A) Visiting an ice cream shop
(B) Trying some new flavors
(C) Listening to the next news
(D) Taking a cooking lesson

음성

지문은 문제지에는 없고 음성으로만 나온다.

Questions 71-73 refer to the following radio broadcast.
Welcome back. This is Radio 101 and before Joseph gives us a traffic update, I'd like to tell you about a sandwich place in a neighborhood called, "Enjoy San." Yesterday, I stopped by and talked to the owner, James Baker, about some of the unusual flavors available at the shop, like chicken and tuna. This June James Baker traveled throughout Europe and that's where he got the idea to include these unique flavors in his shop. I tried the tuna sandwiches and I give it a 5-star rating. So go on over to "Enjoy San," and enjoy some great new tastes.

3. Part 4에서 측정하고자 하는 것

Part 3이 상호 커뮤니케이션을 통한 업무과정에 대한 이해를 평가한다면, Part 4는 일방적인 커뮤니케이션 상황이나 특정 상황에 대한 인지 능력과 이해, 그리고 정보 습득 능력 등을 중점적으로 측정하게 된다. 다른 파트에 비해 발음이나 정확한 듣기 실력보다는 전체 내용을 이해하고 특정 정보를 습득하는 능력이 중요하다.

(1) **상황 인지 능력:** 특정 상황에서 발생하는 일방적인 이야기에 대한 기본적인 내용을 파악함으로써 상황 전개에 대한 인지 능력을 확인하려는 것이다.

(2) **구체적인 내용에 대한 이해도:** 세부 사항(수치, 시간, 장소, 일정, 원인 등)과 암시하는 내용들에 대한 이해 능력을 측정함으로써, 기본적인 정보 파악과 동시에 업무상에 등장하는 특정 상황에서 필요한 정확한 수치나 날짜, 장소, 구체적인 일정, 이유, 원인 등을 파악할 수 있는지 묻는다.

(3) **상황 인지 후의 대처(reaction):** 업무시 꼭 필요한 부분으로, 어떤 상황이나 정황에 대한 파악이 끝나고 나서 이에 대한 적절한 대처방안을 찾아내는 능력을 측정한다. 전체 내용을 신속히 파악하여 앞으로 예상되거나 해야 할 일에 대한 적절한 요구, 요청, 권유, 충고 사항을 찾아내야 한다.

4. Part 4 빈출 지문과 질문유형

빈출 지문 유형	질문 순서별 빈출 유형
• 안내방송(Announcement) • 행사연설(Speech) 및 강연(Talk) • 인물소개(Introduction) • 전화메시지(Telephone message) • 광고(Advertisement) • 뉴스(News) • 교통방송(Traffic report) • 일기예보(Weather report) • 공지(Notice) • 여행안내(Tour) • 지시 및 주의사항(Instruction)	**첫 번째 문제:** Part 3와 마찬가지로 주제(subject)나 목적(purpose), 말하는 사람(speaker)이나 듣는 사람(audience), 장소 등 해당 지문에 대한 기본적인 사항을 묻는다. **두 번째 문제:** 구체적인 행위나 장소, 시간, 이유, 수단, 방법 등을 묻는다. 지문에서 언급되고 있는 구체적인 내용과 관련된 정보를 묻는다. **세 번째 문제:** 지문이 끝난 후 앞으로의 행동 또는 제안, 요청 등에 관한 문제이다. next와 같이 미래 정보와 관련된 내용을 묻거나 듣는 이에게 제안, 요청하는 사항들이 질문으로 등장한다.

5. 패턴화된 지문 전개와 문제 배열순서에 따라 빠르게 풀어야 한다.

Part 4의 지문은 일정한 전개방식을 갖고 있으며, 질문들 역시 어느 정도 정해져 있다. 기본적으로 3단계의 전개방식으로 진행되며, 이는 해당 질문들과도 밀접한 관계가 있다. 다음은 미팅과 관련된 전개 패턴. 다른 지문들도 대체로 아래와 같은 패턴을 따른다.

전개 패턴	내 용	문제 유형
1단계(상) 기본적인 정보전달	모임의 이름과 대상을 밝히고, 자기소개나 주제에 대한 소개로 이야기를 시작한다.	이야기와 관련된 기본 정보들을 묻는 문제는 주로 1~2번째 문제에 등장한다. ① 화자(speaker)나 청중(audience)에 관한 정보 ② 장소(place) ③ 목적(purpose)이나 주제(subject)
2단계(중) 구체적인 전달사항	전달하고자 하는 세부 내용에 관해 본격적으로 이야기를 전개한다.	구체적인 정보를 묻는 문제는 주로 2번째 문제에서 등장한다. ① 특정 장소, 시간, 이유, 방법, 행위 등과 관련한 사항
3단계(하) 제안, 요구, 요청, 권고	끝으로 청중에게 제안, 요구, 요청하거나 다음 내용에 대해 언급하면서 자신의 말을 마무리 짓는다.	마지막 문제에서는 주로 미래나 제안, 요구, 요청과 관련된 정보를 묻는다. ① 청중이 해야 할 일이나 화자(speaker)의 제안, 요청 사항 ② 이야기가 끝난 후에 예상되는 일

6. 빈출 지문과 질문을 통해 내용 진행순서를 미리 익혀라.

빈출 지문의 양식과 질문 유형을 미리 알아두면 예측이 어느 정도 가능하기 때문에 내용에 좀 더 집중하여 들을 수 있다.

7. 지문의 내용이 바뀌거나 새로운 주제나 내용을 이야기할 때 등장하는 표현들을 익혀라.

지문의 상황별로 자주 등장하는 표현들을 익혀두면 상황에 대한 이해력을 높일 수 있고 보다 빠르고 정확한 청취가 가능하다.

① I'd like to talk about ~, I'm calling to ~ 등은 주제나 목적, 이유를 밝힐 때 늘 등장하는 표현들이다.

② However나 But 뒤에는 앞의 내용에 반하는 내용들이 나오는데, 주로 이 부분에서 답이 나온다.

③ Please ~, I recommend ~에는 상대에게 제안하거나 권고하는 내용이 나온다. 주로 후반부에서 등장한다.

8. 자주 출제되는 상황의 어휘와 패러프레이징 표현들을 기억하라.

정답이 되는 표현은 보기와 동일한 단어나 동일한 의미를 가지는 내용으로 출제된다. 어려운 어휘들이 등장하는 것이 아니라 지문에서 언급된 구체적인 사항들을 동일 어휘나 그보다 일반적이거나 쉬운 단어와 표현으로 풀어서 설명한다.

9. 스크립트를 반복적으로 학습하라.

업무상황에서 등장할 수 있는 내용과 상황은 제한적이기 때문에 유사한 내용들이 자주 등장한다. 그래서 스크립트를 확인하면서 지문별 내용을 정확히 숙지하는 연습을 해두면 효과적이다.

Ustar
TOEIC
Listening

Chapter 1

Part 4 문제풀이 전략

문제를 미리 읽어라!

문제를 미리 읽어야 한다는 것은 누구나 아는 사실이지만, 그 의미를 이해하는 것이 더 중요하다. 문제를 먼저 읽는다는 것은 지문을 듣기 전에 미리 무엇을 들어야 할지 파악해둔다는 것이다. 문제를 읽는 것은 번역을 하기 위해서가 아니라 들을 부분을 미리 표시하기 위해서라는 것을 기억하자.

★ 문제풀이 요령

1. 문제 확인 단계

① 기본적인 정보(상) → 구체적인 정보(중) → 제안, 요구, 요청, 권유, 당부(하)

② 키워드(고유명사/특정명사/특정동사/시간/날짜/요일) 확인

③ 질문과 보기 (A)~(D)의 키워드(동사나 명사)를 미리 확인

④ 지문 유형별 질문형태에 대한 전략

2. 문제는 순서대로 등장한다. 지문을 들으면서 동시에 선택지의 정답을 확인하라.

지문을 다 듣고 나서 답을 선택하면 늦는다. 지문을 듣는 동시에 보기 (A)~(D)에서 정답을 고르며 진행한다.

3. 문제풀이 패턴을 기억하라.

지문이 들리기 전에 문제를 파악하라. 지문이 끝나고 질문들을 읽어줄 때는 이미 해당 문제의 마킹이 끝나고 다음 지문의 문제들을 읽고 있어야 한다.

★ 이렇게 풀어라! 문제풀이 전략 영W

문제의 의도를 충분히 파악했다면 보기의 키워드를 확인하자. 첫 번째 문제부터 순서대로 첫 부분이나 끝 부분에서 언급되는 키워드를 잡아낼 수 있어야 한다.

Step 1_문제를 미리 읽고 주요 단어에 미리 밑줄을 그어 놓는다.

71 **What** is the **talk** mainly **about**? (주제 – 상) (A) Plans to remodel a **convention center** (B) The opening of an **exhibit** (C) The launch of the **sports complex** (D) The tour of a **city**	이 담화는 주로 무엇에 대한 것인가? (A) 컨벤션 센터를 리모델링하는 계획 (B) 전시회를 여는 것 (C) 종합 경기장을 여는 것 (D) 시내 관광

Step 2_전체 내용을 다 들으려고 하기보다는 처음 두 줄 중 보기에 있는 단어가 들리는 부분에 집중한다. 이때 시선은 문제의 보기에 둔다.

Step 3_처음에 간단한 인사말과 함께 Welcome to ~(~에 온 것을 환영한다) 하고 the opening of special exhibits이라고 어떤 행사인지가 이어진다. 특별전(special exhibits)이 열리는 것에 대한 이야기임을 쉽게 확인할 수 있다.

Questions 71-73 refer to the following talk. Good evening, and welcome to **the opening of special exhibits** at Manchester Art gallery. This exhibit features paintings and photos by Jacob Cooper. Mr. Cooper's paintings have been displayed at many well known museums around the world.	질문 71-73은 다음의 담화를 참조하시오. 안녕하세요. Manchester Art Center의 특별전시회 오픈행사에 온신 걸 환영합니다. 이 전시회는 Angela Andrews의 그림과 사진이 전시되어 있습니다. Ms. Andrews의 그림은 전 세계의 많은 박물관에서 전시가 되었습니다.

Step 4_이미 답을 확인했다면 더 이상 고민하지 말고 다음 문제의 보기로 시선을 돌리고 기다려야 한다.

LESSON 1 # 문제 미리 읽는 법

MP3 File 4-01

Point

문제를 통해 어떤 종류의 지문이 나올 것인지를 예상하라!

토익 LC의 마지막인 Part 4는 긴 지문을 듣고 문제를 해결해야 한다. 얼핏 생각하면 가장 어려울 것 같지만, 오히려 Part 3보다 쉬운 파트일 수도 있다. 두 사람의 대화가 아니라 한 사람이 일관된 톤(tone)으로 하나의 주제에 대해 말하기 때문에 문제만 미리 읽어두면 오히려 문제 풀이가 더 쉽다.

A Direction이 나올 때 문제와 보기의 주요 키워드를 확인하라. 영M

Part 3와 마찬가지로 Part 4도 문제를 먼저 읽어야 한다. 문제 확인 단계를 거쳐 준비하면 대화의 흐름에 따라 집중력의 강도를 조절할 수 있게 된다. 대화가 나올 때 어디를 들어야 할지 판단할 수 있도록 문제지에 표시해두자.

- **문제의 키워드와 지문에서의 예상위치, (A)~(D)의 주요 단어들에 표시해둔다.**

71 **What** is the speaker **reporting on**? (상)
(A) A local **business**
(B) A historical **neighborhood**
(C) A food **festival**
(D) A book **signing**

⇨ about, on, over 등 주제에 관한 질문은 지문의 첫 2줄에 답이 있다.

72 **What** did **James Baker** do **in June**? (상 → 중)
(A) He **took a trip** to Europe
(B) He **published** a **cookbook**.
(C) He **opened** a **travel agency**.
(D) He began **working at** a **radio station**.

⇨ 과거에 대한 정보는 답이 앞부분에 있으며 구체적인 키워드는 사람 이름과 6월이라는 단어이다. 키워드들이 들리면 그 근처에서 답이 같이 들린다.

73 **What** does the **speaker recommend**? (하)
(A) **Visiting** an ice cream **shop**
(B) **Trying** some new **flavors**
(C) **Listening** to the next **news**
(D) **Taking** a cooking **lesson**

⇨ recommend 즉, 제안이나 권유의 표현은 지문의 마지막 부분을 듣는다.

Questions 71-73 refer to the following radio broadcast.
Welcome back. This is Radio 101 and before Joseph gives us a traffic update, (71) I'd like to tell you about **a sandwich place in a neighborhood** called, "Enjoy San." Yesterday, I stopped by and talked to the owner, James Baker about some of the unusual flavors available at the shop, like chicken and tuna. This june (72) **James Baker traveled throughout Europe** and that's where he got the idea to include these unique flavors in his shop. I tried the tuna sandwiches and I give it a 5 star rating. So (73) **go on over** to "Enjoy San," and **enjoy some great new tastes**.

71

72

73

B 지문을 듣는 동시에 보기를 확인하라.

지문을 다 듣고 난 후에 답을 선택하는 것이 아니라 지문을 들으면서 선택지의 보기에서 정답을 선택하면서 진행해야 한다.

(1) **지문을 듣는 동안 미리 읽어둔 문제와 보기의 주요 키워드에 시선을 맞춰라.** 문제의 키워드를 보고 정답의 위치를 예상하면서 보기 가운데 어떤 키워드와 관련된 내용이 나오는지 집중한다.

(2) **지문의 흐름에 따라 해당 문제에 시선을 집중하며 보기에 일치하는 내용이 들리면 바로 답으로 선택한다.** 빠른 선택이 관건으로, 혹시 들으면서 일치하는 보기를 찾지 못했다면 계속 집착하지 말고 바로 그 다음 문제에 집중하자.

(3) **전체 내용을 다 들으려고 욕심내지 말고 문제의 답이 들릴 예상 위치에 따라 해당 내용만을 집어내가면서 들어야 한다.**

Part 4 유형 분석

MP3 File 4-02

Point

Part 4 문제의 기본적인 패턴과 지문에서의 정답 위치 유형을 익혀라!

Part 4는 2줄마다 답이 있는 구조라고 이해하면 된다. 정답의 위치를 문제가 알려주기 때문에 문제 분석을 통해 답의 위치를 미리 파악하고 기다렸다가 답을 찾아낼 수 있다.

A 지문에서의 1:1:1 구조 미M

문제들이 순서대로 일정 간격을 두고 하나씩 등장하여 가장 쉽게 풀 수 있는 유형이다. 이 유형은 매월 10~15문제이상 등장하고 질문들 역시 전형적인 패턴으로 등장한다.

71 **What type of business** is being **advertised**?
⇨ A **gift shop**

광고업체의 업종을 묻는 질문이다. 이야기 첫 머리에서 선물(gift)과 관련된 업체임을 알 수 있다.

72 **What** is unique about the goods that the business sells? ⇨ They are made from **recycled materials**.

재활용 자재를 사용하여 물건을 만들고 다른 곳에서는 찾아볼 수 없다는 내용으로 미루어 독특한(unique) 제품임을 알 수 있다.

73 **How** will the business **celebrate** its grand **opening**?
⇨ By **helping** homeless **people**

방법을 묻는 문제로, 이야기 후반부에 키워드 opening이 들리자마자 바로 뒤의 donate을 통해 homeless 자선단체에 돈을 기부한다는 것을 알 수 있다.

Questions 71-73 refer to the following advertisement.

Do you need **a special gift idea**? Then, come to the (71) **new gift shop** called "Gift selection". We carry a number of items made from (72) **recycled or reused materials**. You will find everything from notebooks made from recycled newspapers to dinnerware made from **recycled materials**. You won't find any better place to get a unique gift. During our grand (73) **opening celebration,** we will **donate** 20% of all sales to several **homeless charities**.

B 지문에서의 2:1 구조 호W

이야기의 목적과 구체적인 사람에 대한 정보를 묻는 문제가 동시에 등장한 경우이다. 지문의 초반부에서 목적을 언급하면서 구체적인 사람 이름이 등장한다. 문제풀이 호흡을 늦추면 풀기 어렵기 때문에 3문제에 대한 의도와 키워드를 찾아서 시선을 떼지 않는 게 관건이다.

74 **What** is the **purpose** of the **talk**?
⇨ To announce a **schedule change**

간단한 인사말로 시작하고 이야기하는 목적에 대해 바로 언급하고 있다. 연설자의 일정이 바뀌었다는 내용으로 일정 변경을 말하고 있음을 알 수 있다.

75 **Who** is **Dr. Earl Champbell**?
⇨ A **keynote speaker**

사람이름의 고유명사 키워드(Dr. Earl Champbell)와 함께 그 사람의 직업, 신분 등을 묻는 문제이다. 해당 고유명사가 등장한 중간 부분을 통해 일정이 변경된 기조연설자(keynote speaker)임을 알 수 있다.

76 **What information** is **contained** in the **guide**?
⇨ **Details** about a **conference**

문제의 키워드는 program guide, contain이다. 이야기 후반부에 details of all conferences를 포함하고 있다(include)는 내용이 보기에 그대로 등장하고 있다.

Questions 74-76 refer to the following talk.

Good morning, ladies and gentlemen. And welcome to the second international conference on Internet education. I was just informed that today's (75) **keynote speaker, Dr. Earl Champbell,** has been delayed. (74) His speech has been **rescheduled** for 3:30. Immediately following this afternoon's seminars you can find more about Dr. Champbell's speech in our program guide which you received with your registration materials. (76) **The program guide includes details of all conferences**, lectures and speakers. After a lunch break, please return here by 1:30.

C 지문에서의 1:2 구조 미W

두 번째, 세 번째 등장한 문제의 유형이 미래와 요구, 요청, 제안과 관련된 문제로 지문의 후반부에 정답의 단서가 연이어 등장하는 경우이다. 지문 후반부와 관련된 문제가 연이어 등장하는 만큼 문제풀이 호흡을 짧게 가져갈 것을 예상하고 풀어야 한다.

77 **What** is the **speaker trying** to **improve**?
⇨ Employees **working conditions**

이야기의 처음에서 회의를 마무리하기 전 공지사항으로 working environment라는 단어가 언급되었다.

78 **What** will happen **tomorrow**?
⇨ Some **furniture will be delivered**.

미래형 질문과 tomorrow라는 키워드를 통해 대화의 후반부에 나올 것을 예상할 수 있다. 후반부에서 tomorrow에 책상(desk = furniture)이 배송될 것이라는 내용이 있다.

79 **What** does the **speaker require** the **listeners** to do?
⇨ **Read** some **information**

요구사항을 묻는 문제로 역시 후반부에서 등장한다. 78번과 더불어 요청이나 제안의 표현을 잘 들어야 한다. tomorrow 관련 내용이 끝나자마자 please ~라는 요청, 부탁의 표현 뒤에 take a look(= read)과 this brochure(= information)를 확인할 수 있다.

Questions 77-79 refer to the following announcement.

Before we end the meeting, I have an announcement (77) to make about our **working environment**. We spend a lot of time working in front of our computers, and some of you have mentioned that you'd like to have more comfortable desks. Some people also require better back support. I placed new desks on order for everyone as there is enough money in the budget to make this purchase. They're designed for comfort and support, and they're completely adjustable. (78) The **desks will be delivered** sometime **tomorrow.** However, please (79) **take a look at this brochure** that I'm distributing. It has detailed instructions on how to use the various features of our new desks.

D 지문에서의 3:0 구조 호W

3문제 모두 후반부까지 듣고 풀지 않아도 되는 유형이다. 업종을 묻는 문제와 구체적인 정보를 묻는 키워드 문제가 나란히 이어지고 있는 형태이다. 초반부터 답이 등장하기 때문에 다른 어떤 유형보다도 처음에 긴장의 끈을 놓쳐서는 안된다. 긴장의 끈을 유지하고 집중하면서 해당 내용만 듣는다고 생각하자.

80 **What type of appliance** does **Blake Edwards** probably sell? ⇨ **Air conditioners**

전화메시지의 도입부에 상대방(Blake)의 이름이 언급되고 이어 '에어컨을 설치하는 것 때문에 전화했다'는 목적이 나온다. Blake가 에어컨을 취급하는 회사에 다닌다는 것을 알 수 있다.

81 **What information** does the **speaker want**?
⇨ The **cost** of a job

전화의 목적이 나왔으니 화자가 원하는 것이 이어질 것임을 예상해야 한다. 뒤이어 나오는 want와 price estimate을 통해 그 일에 대한 비용(cost) 견적을 원하고 있음을 알 수 있다.

82 **What did** the speaker's neighbor say **about the purchase**? ⇨ It is a **high-quality product**.

끝으로 키워드인 neighbor가 언급된 내용을 찾아야 한다. 앞서 price estimate가 나왔고 이어 neighbor가 언급되고 있다. 그 다음 문장의 happy with the quality of the work을 통해 정답을 확인할 수 있다.

Questions 80-82 refer to the following telephone message.

Hello, this message is for (80) **Blake Edwards**. I'm calling about having an **air conditioner installed** in one room of my house. And (81) **I want** you to give me a **price estimate.** You were recommended to me by a neighbor. She was very (82) **happy with the quality of the air conditioner** she purchased from your store.
If you could please give me a call at your convenience, I can let you know the measurements of the room so you can provide me with an estimate, or we could schedule a time for you to visit my house, and you could take a look yourself. My name is Sharon, and my number is 555-0111.

LESSON 3 빈출지문 유형별 내용 전개

Point

Part 4의 빈출 유형 지문들의 내용 전개를 익혀라!

자주 출제되는 지문 유형들의 내용 전개를 미리 알아두면 어느 정도 예측이 가능하기 때문에 내용에 좀 더 집중하여 들을 수 있다.

A 전화메시지(Telephone message)

녹음메시지(recorded message), 음성메시지(voice mail message), 자동음성안내(automated message)

내용 진행 순서: **인사말과 함께 화자에 대한 소개**를 하고 **전화를 건 목적, 메시지를 녹음하는 이유** 등을 언급하고 **주제에 대한 세부내용**을 말한다. 관련된 이야기를 마치면 끝에는 '다시 전화해라', '응급상황에는 어디로/누구에게 전화해라' 등 **연락처와 듣는 이에게 요청, 요구, 권유하는 내용**을 말한 후 끊는다.

B 연설(Speech)

회의, 모임(행사), 개회연설, 시상식 등의 기조연설

내용 진행 순서: 회사의 **업무성과에 대한 자축, 기념식** 등 주요행사에서의 **축하연설**, 시상식장의 **수상소감** 등 **특정 주제와 관련된 연설, 그리고** 세미나, 교육, 회의, 워크샵 등 특정 모임의 시작을 알리는 **기조연설이 나온다.** 간단한 **환영 또는 감사의 인사말**과 함께 **모임의 목적, 취지** 등에 대한 이야기를 시작하고 **행사소개, 일정, 쉬는 시간 또는 로비**(lobby)**에 다과**(Refreshments)가 준비되었다 등의 세세한 내용이 등장한다. 끝으로 **다음에 있을 내용, 희망사항** 등을 언급하면서 마무리를 한다.

C 안내(Announcement) 및 공지(Notice)

사내공지(공사, 정책, 제도의 변경), 쇼핑몰, 백화점, 마켓, 도서관 등의 공공장소, 공항, 기차역 또는 기내, 차내 안내방송

내용 진행 순서: **간단한 인사말**과 함께 **스케줄이나 장소, 일정**의 **변경사항이나 문제점, 주의사항** 등과 이에 대한 **지시사항, 주의사항, 요구사항, 권유사항** 등을 알려준다. 주로 **끝인사와 함께** 마친다.

D 방송(Broadcasting)

일기예보(weather forecast), 교통방송(traffic update), 뉴스리포트(news report), 라디오 프로그램(talk show, music program)

내용 진행 순서: 가장 먼저 기본적인 **인사말, 소개**와 더불어 **프로그램의 소개**(프로그램 이름, 방송 시간대, 특징)가 이루어진다. 그러고 나서 프로그램의 성격상 **교통방송, 일기예보, 토크쇼, 뉴스 리포트**가 등장하는데, 각 방송의 **특징을 살린 내용**이 등장하므로 질문 역시 어느 정도 정형화될 수밖에 없다. 그래서 다른 설명문보다 문제 해결이 쉬울 수도 있다. 하지만 뉴스 리포트의 경우에는 **특정 주제와 관련한 내용을 서술**하고 알리는 내용이므로 구체적인 사실에 대한 정보를 묻는 질문이 많다는 것을 알아두자. 그리고 방송은 보통 후반부에 **다음 프로그램에 대한 정보**나 **이어지는 방송내용**에 대한 언급, **계속해서 청취해달라는 요청** 등이 등장한다는 것도 기억해둘 것.

E 광고(Advertisement)

제품, 서비스, 호텔(리조트), 관광 상품

내용 진행 순서: 주로 라디오나 TV 홈쇼핑 광고를 연상케 하는 내용들이 등장한다. 상품, 회사, 할인서비스 등 소비자들을 현혹시키기 위해 광고는 대개 일정한 순서에 따라 전개된다. 우선 소비자들이 인식하고 있는 **문제를 제기함**으로써 소비자들의 주의를 끌고, 그에 대한 **해결책으로 자신들의 상품과 회사를 소개**한다. 그러고 나서 그 **상품의 특징이나 기능, 장점** 등을 언급하여 상품을 알리고, 소비자들이 살지 말지 고민할 때쯤 **할인이나 혜택 등의 정보**를 던져준다. 그리고 끝으로 구입을 결심한 소비자들에게 제시되어야 할 **연락처와 결제수단, 구매방법, 구매처** 등이 함께 제시된다.

F 일정(Tour)

관광(여행), 견학, 관람

내용 진행 순서: Part 4에서 등장하는 tour 상황은 여행가이드(tour guide)에 의해 관광, 여행, 견학, 관람 등이 진행되는 상황을 연상하면 쉽게 해결할 수 있다. 투어가 시작되는 처음 지점(회사, 공장, 모임장소 등)에서 **환영한다는 인사말**과 함께 **자신을 소개**하고 투어의 **주제나 목적지를** 언급한 후 **일정이 어떻게 진행**될지 이야기하게 된다. 그리고 나면 투어 중에 **지켜야 할 주의사항** 등에 대한 언급을 한 다음, '지금부터 투어를 시작하겠다'고 하면서 이야기를 끝내거나 투어 일정에 있는 한 군데를 들러서 이야기하는 경우가 등장한다.

G 소개(Introduction)

직원(퇴직, 전출입), 연설자, 책(저자), 모임(활동), 제품 등의 소개

내용 진행 순서: 업무관련 행사 또는 모임, 방송(broadcasting), 안내방송 및 공지 등에서 **특정인물을 소개하는 내용이다.** 행사 시작을 알리는 **인사말**부터 소개되는 인물이 등장하기 전까지의 내용이 주를 이룬다. **특정인물을 소개하면서** 그의 **현재부터 미래의 직위나 업무**를 언급한 다음 **과거의 업적, 이력, 경력 등**을 이야기하고 그가 어떤 이야기를 할 것인지 즉, **강연의 주제와 요구, 요청, 지시, 주의사항**들을 이야기하면서 소개를 마무리하게 된다.

H 설명(Instructions)

제품 및 강좌(course, class) 설명, 지시사항, 대피훈련(사내방송) 등

내용 진행 순서: 설명은 지문의 특성상 명령이나 지시조의 표현이 많이 등장하게 된다. 주로 특정제품(복사기, 팩스, 녹음기, 재봉틀, VCR 등)의 사용설명, **서비스의 이용절차**, 특정 업무나 장소와 관련한 **지시사항에 대한 설명이** 등장한다. 처음에는 간단한 소개와 인사말로 시작하여 이용방법이나 순서, 또는 특정 상황이나 단계(레벨)에서의 주의사항들을 나열한 다음 **마지막에는 궁금한 점에 대한 질문**을 어떻게 받을 것인지 이야기하며 설명을 마친다.

Chapter 2

Part 4 빈출 질문 패턴

Part 4에서 늘 등장하는 질문 패턴들이 있다. 매번 다른 내용이라 하더라도 형태가 같거나 유형이 비슷한 문제가 항상 등장한다. 여기에서 소개하는 빈출 질문 패턴 5선에 해당하는 문제만 완벽하게 소화더라도 총 40문제 중 20문제 이상을 맞출 수 있게 된다. 각 질문들의 형태와 의도를 정확히 알고 접근한다면, Part 4는 쉽게 정복할 수 있다. 특히 초급자의 경우에는 너무 욕심 부리지 말고 첫 번째 문제와 마지막 문제만 공략한다고 생각하고 접근해도 좋을 것이다.

★ 주요 출제 패턴

1. 첫 번째 질문 (지문의 전반부에 등장)	1. 화자에 대한 질문 (직업, 부서, 회사, 업종) 2. 장소 관련 질문 (행사, 회의, 안내방송 등이 나오거나 청중들이 있는 장소) 3. 사건, 행사의 종류나 유형에 대한 질문 4. 주제, 목적, 용건에 대한 질문 5. 대상을 묻는 질문 (제품, 회사, 업종) 6. 현재나 과거에 대한 상황
2. 두 번째 질문 (지문의 중반부에 등장)	7. 구체적인 키워드를 이용한 질문들 (특정 날짜, 요일, 특정 사람이나 특정 동사, 명사에 대한 질문 등)
3. 세 번째 질문 (지문의 후반부에 등장)	8. 수단이나 방법에 대한 질문 9. 화자의 요구나 제안사항, 각종 혜택, 할인(discount) 등에 관한 질문 10. 부정적이거나 예외적인 내용을 묻는 질문 11. 연락처, 웹사이트(website) 관련 정보 12. 다음에(next) 일어날 일과 관련된 질문

Tip 지문의 일반적인 패턴 (과거 → 현재 → 미래)
– 인사, 자기소개 → 주제, 목적 → 구체적인 전달 내용 → 제안, 요구, 요청, 미래
– 지문의 종류별 특정 어휘나 표현에 주의할 것

★ 빈출 질문 및 전략

내 용	질문 유형	답의 위치
화자 (speaker) 청중 (listener, audience)	**Who** is **speaking**? 누가 말하고 있는가? **Who** is the **speaker**? 화자는 누구인가? **Who** is the **intended audience** for this talk? 듣는 이들은 누구인가? **Who** is the **speaker** probably **addressing**? 화자는 누구에게 말하고 있는가? **Who** is the **audience** for this talk? 이 이야기의 청중은 누구인가?	전반부
장소 (where)	**Where** is the talk **being made**? 어디에서 나오는 이야기인가? **Where** does the talk most likely **take place**? 어디에서 발생하는 대화인가?	전반부
주제/목적 (topic, issue, purpose)	**What** is the **purpose** of the announcement? 공지의 목적은 무엇인가? **What** does Tracy come **here for**? Tracy는 왜 왔는가? What is the message **mainly about**? 메시지는 무엇에 대한 것인가?	전반부
구체적 정보 (키워드)	**How many students** were at the school **last year**? 작년에 얼마나 많은 학생들이 학교에 있었는가? **How long** is the **sale** effective? 세일은 얼마동안 하는가? **What** is **Ms. Parker's current position**? Ms. Parker의 현재 직위는?	중반부
요구/제안/권유/미래	**What are** the audience **asked** to do? 듣는 이는 무엇을 하도록 요청받는가? **What** does the speaker **suggest**? 화자는 무엇을 제안하는가? **What are** the people **advised** to do? 사람들에게 권고하는 것은 무엇인가?	후반부

LESSON 1 화자와 듣는 대상의 직업과 신분에 관련된 질문들

MP3 File 4-03

Point

화자(speaker)나 대상(listeners)은 대화의 전반부에서 동시에 언급된다. 주로 유형별 지문의 전반부에서 등장한다. 주제와 대상 또는 목적을 소개하면서 등장하기도 하지만, 직접적으로 자신이 누군지를 소개하는 표현들도 자주 등장하게 된다.

A 시험에 그대로 나온다! 화자와 듣는 이를 묻는 질문 유형

Who most likely is the **speaker**? 화자는 누구인가? | **Who** most likely are the **listeners**? 듣는 이는 누구인가?
Who is the training program **intended for**? 트레이닝 프로그램은 누구를 위한 것인가?
Who is the **speaker addressing**? 화자는 누구에게 이야기를 하고 있는가?
Who is the **caller**? 전화를 건 사람은 누구인가? | **Who** is **Harry Lindon**? Harry Lindon은 누구인가?

B 화자와 듣는 이에 대한 정보를 알 수 있는 빈출 표현 및 구문

I와 you는 대부분 동시에 답이 들린다. 지문에서 My name is Cathy and I'll be your guide today.라는 문장이 들리면 화자(speaker)는 tour guide이고, 듣는 이(audience)는 tourists라는 것을 알 수 있다.

(1) 화자(speaker)를 알 수 있는 표현: I, we, this, our, my 등

My name is Donna and **I'll be your guide** today.
☆ 〈I am + 직위, 신분〉이나 My name is ~ 등을 들어야 한다.
This message is for Katherine. **I'm calling from** Royal **Bank**.
☆ 듣는 이는 Katherine이며 화자는 은행에서 근무하는 사람임을 알 수 있다.
Hi, Jerry, **this is Hliton from AT Electronics**.
☆ 전화상 자기소개인 this is ~를 통해 화자가 전자회사임을 알 수 있다.
As vice president here in charge of marketing, **I can't tell you** how honored I am ~.
☆ As(~으로서)를 통해 화자가 부사장(vice president)이라는 것을 알 수 있다.

(2) 듣는 이(audience)를 알 수 있는 표현: you, we, your, our 등

I'm calling to let you know that we've received **your application and resume**.
☆ your resume에서 you는 구직자(job applicant)라는 것을 알 수 있다.
This offer is for **small business owners like you**.
☆ you는 사업가(business owner)라는 것을 알 수 있다.
Attention visitors.~ / Attention passengers, ~
☆ 듣는 이의 주목을 끄는 attention 뒤에 오는 대상을 통해 듣는 이가 누군지 알 수 있다.

(3) 지문의 앞부분에서 장소에 관한 표현이 듣는 이(audience)를 알려주기도 한다.

Good morning, ladies and gentlemen. And welcome to **the association of accountants' annual conference**.
☆ 듣는 이가 회계사(accountant)라는 것과 컨퍼런스가 열리는 주기가 1년에 한번(annual)임을 알 수 있다.
Good morning everyone, welcome to **your first day at Hitachi Electronics**.
☆ 듣는 이가 Hitachi Electronics라는 회사에 다니는 신입사원(new employees)임을 알 수 있다.
Attention, passengers. This is an **express train** for + 장소
☆ 장소가 열차이고 화자는 차장(train conductor), 듣는 이들은 승객(passenger)임을 알 수 있다.

Ustar 출제포인트 시험에는 이렇게 나온다!

특정 사람 이름이 나오는 경우에는 speaker인지 listener인지 혹은 제 3자인지 주의해서 들어야 한다.

Good evening. This is Elly Cox with your business report. Exxon mobiles president Mel Evans announced today that ~	안녕하세요. 비즈니스 리포터 Elly Cox입니다. Exxon Mobiles의 사장인 Mel Evans는 오늘 ~을 발표했습니다.
Q Who is Mel Evans? (A) A news reporter (B) An automobile company president Q Who is Elly Cox? (A) A news reporter (B) An automobile company president	Mel Evans는 누구인가? ⇨ 이름과 함께 등장하는 회사의 사장이다. Elly Cox는 누구인가? ⇨ This is ~를 통해 리포터임을 알 수 있다.

Exercises

문제풀이 예제

Look 문제지 미리보기

01 Who is the speaker addressing?
(A) Committee members (B) Sales associates
(C) Accounting managers (D) Clothing manufacturers

Look & Check 음성이 나오기 전 주요 키워드 표시하기

01 **Who** is the **speaker addressing**?
(A) **Committee** members
(B) **Sales** associates
(C) **Accounting** managers
(D) Clothing **manufacturers**

화자는 누구에게 이야기하고 있나?
(A) 위원회 의원들
(B) 영업 사원들
(C) 회계 부서장들
(D) 의류 생산업체들

key Who / speaker / addressing 위치: 대화의 상단부에서 보기 중에 들리는 단어를 잡아낸다.

해설 화자가 누구에게 얘기하고 있는지 묻고 있다. 이런 유형의 문제는 다 듣고 풀려고 하지 말고(토익은 시간과의 싸움이므로) 처음 2 줄에서 정답이 있다. 첫 부분에서 we, sales meeting이라고 언급하기 때문에 영업부에서 이루어지는 상황이라는 것을 알 수 있다.

어휘 address ~에게 연설하다, 말하다 associate 직원 accounting 회계 manufacturer 제조업체, 제조자

Listen 대화를 듣고 문제지와 대조하기  미W

Question 01 refers to the following talk.
Before we start this week's **sales meeting** I'd like to talk about the brochure we send out to our customers. Right now some of our customers receive Allen's Clothing brochures by mail but because mailing costs have gone up 25% in the past year we decided to discontinue the printed brochure. We're going to post this information throughout our store starting next month. When you have a customer at your register, please tell them about this change and mention that they can obtain a brochure from the Allen's Clothing website.

문제 01은 다음 담화를 참조하세요.
이번 주 영업회의를 시작하기 전에 우리 고객들에게 발송하는 안내책자에 대해 얘기하고자 합니다. 현재는 우리 고객 중 일부는 우편으로 Allen's Clothing의 안내책자를 받습니다만 작년에 우편발송비가 25% 상승한 관계로, 인쇄된 안내책자 발행을 중단하기로 결정했습니다. 우리는 이 사항을 다음 달부터 상점 전체에 게시할 것입니다. 여러분은 고객이 계산대에 오면 이 변경사항을 말씀해주시고, 안내책자는 Allen's Clothing의 웹사이트에서 볼 수 있다고 알려주시기 바랍니다.

어휘 brochure 안내책자 by mail 우편으로 mailing cost 우편 발송비 go up 오르다, 상승하다 discontinue 중단하다 post 게시하다 customer 고객 register 상점의 계산기, 계산대 obtain 얻다, 구하다

실전 TOEIC Test

01 Who is the talk for?
(A) Tourists
(B) Government officials
(C) New employees
(D) Product developers

02 Who is the speaker?
(A) A parking attendant
(B) A researcher
(C) A hiking guide
(D) A historian

03 Who is the speaker talking to?
(A) Shoppers
(B) Office workers
(C) Passengers
(D) Residents

04 Who is the speaker?
(A) An apartment tenant
(B) A landlord
(C) A building security guard
(D) A real estate agent

05 Who is the speaker?
(A) A train conductor
(B) A flight attendant
(C) A bus driver
(D) An airline pilot

06 Who most likely is being addressed?
(A) Software engineers
(B) Automobile mechanics
(C) Factory managers
(D) Market analysts

▶ 문제풀이 예제 정답: (B)

▶ 정답 및 해설 p.166~168

LESSON 2 목적(이유)이나 주제, 문제점과 관련된 질문들

MP3 File 4-04

Point

주제, 목적, 이유, 문제점 등에 해당하는 정보들은 지문의 맨 처음에 등장한다. 주로 처음에 간단한 인사말로 시작한 후에 등장하며, 전체 내용에서 초반부에 언급된다. 지문 유형별로 등장하는 기본적인 표현들을 익혀둔다면, Part 4에 보다 쉽게 접근할 수 있다. 보통 지문의 앞부분 2줄 정도에 답이 위치하고 있다. 따라서 각 지문의 첫 2줄에 자주 나오는 구문을 미리 연습한 후, 시험에서 앞부분을 듣고 바로 답을 선택할 수 있도록 하자.

A 시험에 그대로 나온다! 주제나 목적이나 이유를 묻는 질문 유형

What is the **talk** mainly **about**? 이 이야기는 주로 무엇에 대한 것인가?
What is the **purpose** of the **talk**? 이 이야기의 목적은 무엇인가?
What is being **advertised**? 어떤 것이 광고되고 있는가? | **What (event)** is being **announced**? 어떤 행사가 공지되고 있는가?
What is mainly **being discussed**? 주로 논의되고 있는 것은 무엇인가?
Why is the **speaker calling**? 화자는 왜 전화를 걸고 있는가?

B 주제나 목적, 이유 등을 알 수 있는 빈출 표현 및 구문

전화메시지 I'm calling because/about/to ~ ~때문에/대해서 전화 드립니다	부재중 녹음메시지(recorded message)에서 음성을 남긴 목적, 이유는 첫 부분에서 언급된다. **I'm calling about the change** that you requested in your flight itinerary. 귀하가 요청한 비행편 일정의 변경사항과 관련하여 전화 드립니다.
광고 You can get ~ ~을 받으실 수 있습니다 Are you interested in ~? ~에 관심이 있으신가요?	광고의 첫 부분에서는 광고의 대상을 언급한다. 언급하는 방식은 주로 먼저 질문을 던지고 대상이 되는 상품이나 서비스를 언급하면서 시작한다. **You can** get a service contract for all your appliances, covered in one easy contract. 귀하의 모든 가전제품을 하나의 간단한 계약으로 보장하는 서비스 계약을 하실 수 있습니다.
기사, 공지, 안내 회사 + has just reported that 회사는 ~을 발표했습니다	주제는 기사, 공지, 안내의 도입부에서 직접적으로 언급하는 내용들이다. BP **has just reported** a second quarter gain of nearly 10% in sales. BP는 2분기 영업실적이 거의 10% 올랐다고 발표했습니다. I just **wanted to let you know** about the change in policy. 정책이 바뀐 것에 대해 알려주려고 합니다.
회의, 모임 As many of you already know, ~ 여러분들 중 많은 분들이 이미 아시다시피	환영 인사말을 통해 모임이나 회의의 주제, 목적 등을 확인할 수 있다. 서두에서 '여러분들도 아시다시피'라고 하면서 주제나 목적을 언급한다. **As many of you already know**, Anthony Jackson **will soon be leaving his position** as head of the Training Center. 많은 분들이 이미 아시다시피, Anthony Jackson은 교육센터장 자리를 곧 그만두게 될 것입니다.
공공장소 안내 및 공지 Attention + 대상, ~ 주목해주시기 바랍니다	가게, 백화점, 도서관, 슈퍼마켓 등의 공공장소에서 자주 등장하는 표현으로, 듣는 이의 주목을 끈 다음 주제나 목적을 말한다. **Attention shoppers! Our store will be closing** in fifteen minutes. 쇼핑객 여러분께 알려드립니다. 저희 가게는 15분 후 문을 닫을 예정입니다.

Ustar 출제포인트 시험에는 이렇게 나온다!

1. 전반적인 이유(모임의 목적, 상황적인 요인)는 대화의 전반부에 답이 있고 구체적인 특정 사건의 이유는 대화의 중반부에 답이 있다. to부정사, for, because 등이 답과 관련된 표현이다.

Flights have been canceled **because of** heavy rain at the Heathrow airport.
비행기들이 Heathrow 공항의 폭우로 인해 운항이 취소되고 있습니다.
☆ 주로 공항 안내방송에서 출발이 지연되거나 취소되는 이유(= bad weather, weather conditions)를 말할 때 사용되는 표현이다.

The Leeds Highway is closed today **for** routine inspections. Leeds 고속도로가 오늘 정기검사로 폐쇄됐습니다.
☆ 교통방송에서 도로나 터널 등이 폐쇄될 예정임을 알리고 나서 그 이유가 for 이하에 등장한다.

2. 목적이 지문의 상단부에 나와 있지 않은 경우에는 하단부의 요구사항에 답이 있다: 전반부에서 주제나 목적에 대한 내용이 언급되지 않는 경우에는 보통 후반부에 나오는 요청, 요구사항이 목적이 된다고 볼 수 있다. 주로 간단한 전화메시지 등 내용이 짧은 담화에서 등장한다.

Please let Jean and Henry know that I'm going to be a few minutes late.
Jean과 Henry에게 제가 좀 늦을 거라고 알려주세요.
Could you please give me a calls so that we can sort something out? 우리가 뭔가 정리할 수 있게 저에게 전화주시겠습니까?

Exercises

문제풀이 예제

Look 문제지 미리보기

01 What is the reason for the announcement?
(A) To notify passengers of a delay
(B) To advertise a restaurant
(C) To introduce the conductor
(D) To recommend a tourist attraction

Look & Check 음성이 나오기 전 주요 키워드 표시하기

01 **What** is the **reason** for the **announcement**?
(A) To notify passengers of **a delay**
(B) To advertise **a restaurant**
(C) To introduce the **conductor**
(D) To recommend a **tourist attraction**

공지의 이유는 무엇인가?
(A) 승객들에게 지연을 알리기 위하여
(B) 식당을 광고하기 위하여
(C) 차장을 소개하기 위하여
(D) 관광명소를 추천하기 위하여

key What / reason / announcement 위치: 목적을 묻는 문제는 대화의 상단부에 집중하라.

해설 Why, What reason 등 '목적'을 묻는 문제는 지문의 처음 2줄에서 그 정답을 찾을 수 있다. 공지의 첫 부분에서 train, delayed라고 언급하기 때문에 기차가 연착되는 상황임을 알 수 있다. 보기 중에서 train이나 delay가 언급된 것은 (A)뿐이다.

어휘 notify 통보하다 passenger 승객 delay 연착 conductor 차장 tourist attraction 관광명소

Listen 대화를 듣고 문제지와 대조하기 미M

Question 01 refers to the following announcement.
Attention, train passengers to Birmingham! Trains from the South have been **delayed** due to heavy rain. So we will be stopping at the next station for twenty minutes to wait for passengers from those trains. During this time, you are welcome to get off the train and visit the cafes and shops in the station. However, if you leave the train, please take your personal belongings with you, as we won't be responsible for any missing items. We apologize in advance for this delay. If you have any questions, please see the conductor for assistance.

문제 01은 다음 안내방송을 참조하세요.
Birmingham행 열차 승객 여러분께서는 주목해 주십시오. South에서 출발한 열차가 폭우로 인해 지연되고 있습니다. 따라서 우리 열차는 이 열차의 승객들을 기다리기 위하여, 다음 역에서 20분간 정차할 예정입니다. 정차 시간 동안 열차에서 내리셔서 역 내의 카페나 상점을 방문하셔도 됩니다. 그러나 열차에서 내리시는 경우, 개인소지품을 함께 가지고 내리시기 바랍니다. 저희는 분실물에 대해서는 책임을 지지 않습니다. 지연에 대해 미리 사과드리며 문의사항이 있으시면 차장을 찾아주시기 바랍니다.

어휘 be delayed 지연되다 heavy rain 폭우 be welcome to do ~하는 것을 환영하다 get off 기차, 버스 등에서 내리다 personal belongings 개인 소지품 be responsible for ~에 대한 책임이 있다 missing item 분실물 in advance 사전에, 미리

실전 TOEIC Test

01 What is the purpose of the message?
(A) To announce an event
(B) To arrange an interview
(C) To report a delay
(D) To confirm an appointment

02 What is the main purpose of the announcement?
(A) To inform customers of a special sale
(B) To explain the daily specials at a cafe
(C) To give directions to a cafe
(D) To announce the closing time of a museum

03 What is the purpose of the event?
(A) To offer financial information
(B) To discuss changing the city
(C) To provide professional training
(D) To publicize some job openings

04 What is the announcement about?
(A) A redesigned website
(B) Annual meetings
(C) A client visit
(D) A new database system

05 What problem does the speaker mention?
(A) An order has not been delivered.
(B) A convention center does not have enough seats.
(C) Some corporations have not arrived.
(D) The computer system is not working properly.

06 Why is the speaker pleased?
(A) The number of customers has grown.
(B) Food quality has improved.
(C) An employee has won an award.
(D) A new website has been created.

▶ 문제풀이 예제 정답: (A)

▶ 정답 및 해설 p.168~170

LESSON 3 장소와 관련된 질문들

MP3 File 4-05

Point

이야기가 나오는 장소나 화자가 일하는 장소에 대한 정보는 인사말, 주제, 목적과 함께 초반부에 등장한다. 사실상 지문의 첫 2~3줄에 〈who + where + why〉 즉 신분(직업), 주제, 목적, 장소가 나온다. 질문을 미리 읽어두어 앞부분을 듣는 동시에 답을 선택할 수 있어야 한다. 이야기가 나오는 장소, 화자 또는 청중들이 있는 장소에 대한 질문은 앞부분에서 답을 찾을 수 있다. 단, where가 구체적인 일정이나 특정 명사의 위치 등을 묻는 경우에는 대화의 중반부에 나오게 된다.

A 시험에 그대로 나온다! 장소를 묻는 질문 유형

Where most likely does the **speaker work**? 화자는 어디에서 일하는가?
Where does the **announcement** most likely **take place**? 이 공지는 어디에서 나오고 있는가?
Where most likely is the **announcement** being **made**? 이 공지는 어디에서 이루어지고 있는가?
Where is the **talk taking place**? 이 이야기는 어디에서 일어나고 있는가? | **Where** are the **listeners**? 듣는 이들은 어디에 있는가?

B 장소를 알 수 있는 빈출 표현 및 구문

(1) 아래의 표현들이 들리면 바로 뒤에 장소에 대한 답이 나온다.

company picnic 회사 야유회	**Welcome to** the annual GM **company picnic**. GM의 연례 야유회에 오신 걸 환영합니다.
department store 백화점 **shopping mall** 쇼핑몰	**Attention**, shoppers. Be sure to stop **by the cosmetics section**. 쇼핑객 여러분께 알려드립니다. 화장품 코너에 꼭 들르시기 바랍니다.
train 기차	Ladies and gentlemen, in ten minutes we will be **arriving at North Street Station**. 신사 숙녀여러분, 10분후에 우리는 North Street역에 도착합니다.
office building 사무실	The Diego Group **is conducting a routine workplace evacuation drill**. All employees and visitors must exit the **building**. Diego Group은 정기 직장 대피 훈련을 실시합니다. 직원과 방문객들은 모두 건물 밖으로 나가주시기 바랍니다.
bank 은행	**You have reached** the main office of **Harvest Bank**. (여기는) Harvest Bank의 본사입니다.
photo studio 사진관	**This is** Marie from **Chan Photo**. Chan Photo의 Marie라고 합니다.
library 도서관	**Thank you for calling** Birmingham Community **Library**. 전화 주셔서 감사합니다. Birmingham 지역사회 도서관입니다.

(2) 화자(speaker), 청자(listener), 목적(purpose), 이유(reason)는 대부분 동시에 답이 등장한다.

My name is Scott, and I will be **serving** you **this evening**. 제 이름은 Scott이고요, 오늘 저녁 식사를 서빙할 겁니다.	화자 ⇨ waiter 장소 ⇨ restaurant 시간 ⇨ evening
Good morning, everyone, and **welcome to NTC Corporation's Annual Family Fun Day**. 안녕하세요, 여러분. NTC사의 연례 가족모임의 날에 오신 걸 환영합니다.	청자 ⇨ employees 장소 ⇨ company gathering 시간 ⇨ morning
Attention, passengers. Flight 221 has been **canceled because of heavy rain** at Heathrow **airport**. 승객 여러분들은 주목해 주십시오. 221편기가 Heathrow 공항의 폭우로 인하여 비행편이 취소되었습니다.	장소 ⇨ airport 청자 ⇨ passenger 목적 ⇨ cancelled flight 이유 ⇨ bad weather, weather conditions
The North West Highway is closed today for routine inspections. North West 고속도로는 정기점검으로 오늘 폐쇄되었습니다.	화자 ⇨ announcer 목적 ⇨ traffic information 이유 ⇨ routine inspection

Ustar 출제포인트 시험에는 이렇게 나온다! 지문에서 here가 들리면 where question의 답이 된다.

Q **Where** does the **announcement** most likely **take place**?
A Los Angeles.

Vouchers will be issued for meals and hotel accommodation **here in Los Angeles**.

■ 장소부사 here는 현재의 장소에 대한 답을 준다. 안내가 나오는 곳은 Los Angeles이다.
■ Q 안내가 주로 일어나는 장소는? / 여기 Los Angeles에서 호텔 숙박과 식사를 위한 쿠폰이 제공될 겁니다.

Exercises

문제풀이 예제

Look 문제지 미리보기

01 Where most likely is the announcement being made?
(A) At a professional conference
(B) A retirement banquet
(C) In a new employee orientation
(D) In a writing seminar

Look & Check 음성이 나오기 전 주요 키워드 표시하기

01 **Where** most likely is the **announcement** being **made**?
(A) At a **professional conference**
(B) At a **retirement** banquet
(C) In a new employee **orientation**
(D) In a **writing** seminar

어디에서 이뤄지는 공지인 것 같은가?
(A) 전문직 컨퍼런스
(B) 은퇴 연회
(C) 신입사원 오리엔테이션
(D) 작문 세미나

key Where / announcement / made 위치: 장소와 관련된 문제는 전반부에서 확인이 가능하다.

해설 공지가 이뤄지는 장소를 묻는 문제는 첫 2문장과 공지 전체에서 연관되는 단어를 주의해서 들어야 한다. welcome to the Association of Accountants' annual conference의 첫 문장에서 정답은 (A)임을 알 수 있다.

어휘 professional 전문직의 retirement 은퇴 banquet 연회

Listen 대화를 듣고 문제지와 대조하기 영M

Question 01 refers to the following announcement.
Good morning, ladies and gentlemen. And welcome to the Association of **Accountants' annual conference.** I just want to make a few announcements before the morning sessions begin. Please note that session 3, which was scheduled to be in the conference room has been moved to the ballroom next door. Also there are still tickets that are available for tomorrow night's banquet. It begins at 6:30 and features a talk by Jacklin Powells, author of "By all Accounts My Life As an Accountant." If you haven't already purchased a ticket, you can do so at the registration table in the hotel lobby.

문제 01은 다음 안내방송을 참조하세요.
좋은 아침입니다. 여러분. 회계사 협회의 연례 컨퍼런스에 오신 것을 환영합니다. 오전 회의를 시작하기 전에 몇 가지 공지사항을 알려드립니다. 컨퍼런스 룸에서 열릴 예정이던 제3회의가 바로 옆의 연회장으로 이동했습니다. 또한 내일 밤 연회의 표를 아직 판매 중입니다. 연회는 6시 30분에 시작하며 〈By all Accounts My Life As an Accountant〉의 저자인 Jacklin Powells 씨의 강연도 있을 것입니다. 아직 구매하지 않으셨다면 호텔 로비의 등록 테이블에서 구매하실 수 있습니다.

어휘 association 협회 accountant 회계사 session 수업, 학기, 회기 note 주목하다, 유의하다 available 이용 가능한 by all accounts 누구에게 들어도 feature 특색으로 삼다

실전 TOEIC Test

01 Where most likely are the listeners?
(A) At a ticket counter
(B) In a rest room
(C) On a train
(D) In a cafe

02 Where is the speaker?
(A) At an art exhibition
(B) At a computer store
(C) At a lecture
(D) At a convention

03 Where does the speaker most likely work?
(A) At an academic institution
(B) At a market-research firm
(C) At a news agency
(D) At a retail store

04 What department does the speaker work for?
(A) Accounting
(B) Research & development
(C) Personnel
(D) Marketing

05 Where mostly likely is the announcement being made?
(A) In a factory
(B) In an office
(C) In an airport
(D) In a department store

06 What type of company does the speaker most likely work for?
(A) A catering business
(B) A hotel
(C) A promotion agency
(D) A furniture design firm

▶ 정답 및 해설 p.170~172

▶ 문제풀이 예제 정답: (A)

LESSON 4 구체적인 사항과 관련된 질문들

MP3 File 4-06

Point

특정 명사나 동사, 부사 등 키워드를 이용하여 구체적인 정보를 묻는 질문은 중반부에 답이 있다. Who, Where, Why 등 일반적인 내용을 묻는 경우에는 이야기의 앞부분에서 답이 들리지만, 구체적인 키워드를 이용하여 〈Who + 특정 사람〉, 〈Where + 특정 일정〉 〈Why + 특정 원인〉 등을 질문하는 경우에는 대화의 중반부에서 관련 키워드를 들어야 답이 나온다.

A 시험에 그대로 나온다! 구체적인 정보를 묻는 질문 유형

What happened **today**? 오늘 어떤 일이 있었는가? | **Who** is **Ms. Warwick**? Ms. Warwick은 누구인가?
What will **Jason Ming** mainly **talk about**? Jason Ming은 무엇에 대해 이야기할 것인가?
How long will the Golden Gate **be closed**? Golden Gate는 얼마나 오랫동안 폐쇄되는가?
When will the **change** take **effect**? 변경사항은 언제 발효가 되는가?
Why should **listeners contact Howard**? 듣는 이들은 왜 Howard에게 연락을 해야 하는가?
How can listeners get more **information**? 듣는 이들은 어떻게 더 많은 정보를 얻을 수 있는가?

B How 의문문: 구체적인 기간, 횟수, 수, 양, 수단, 방법 등의 정보

(1) 전반부에 답이 등장하는 경우: 행사의 횟수(how often)와 기간(how long)과 관련된 질문은 주로 행사나 업무를 소개하는 초반부에 정답이 등장한다.

I'm so proud of all of your instructors of **this two-week course.** 이번 2주 코스의 강사분들 모두 매우 자랑스럽습니다.
Tonight is our **monthly introductory event.** 오늘밤은 저희 월례 소개행사입니다.

(2) 후반부에 답이 등장하는 경우: 수단, 방법(how)과 관련된 질문은 후반부에서 by -ing나 제안, 명령문의 형태로 들린다.
※ 광고의 할인기간 등은 주로 후반부에 등장한다.

Access to our special collections can be arranged **by contacting** Martin Glenn on extension 205.
저희 특별전에 오시려면 내선번호 205번 Martin Glenn에게 연락하셔서 일정을 잡으시면 됩니다.
But **hurry**, this offer is good for the next seven days only! 하지만 서두르세요. 이 제안은 다음 7일 동안만 유효합니다.
Details about the event are available at the library's information desk.
본 행사에 대한 자세한 사항은 도서관 안내데스크에서 받으실 수 있습니다.

C When 의문문: 시간이나 시점을 묻는 질문

주로 현재나 과거의 정보가 먼저 나오고 미래의 정보는 후반부에 언급된다. 즉, When did ~로 시작하는 질문의 경우에는 지문의 전반부에, When will ~로 시작하는 질문의 답은 지문의 후반부에 답이 나온다.

1. 현재의 시간은 인사말에서 언급된다.	**Good morning**, everybody, and **welcome to** Principles of Management. 안녕하세요. 좋은 아침입니다, 여러분. 경영학 원론(수업)에 오신 걸 환영합니다.
2. 영업시간은 앞부분 또는 후반부에 답이 나온다.	Our **regular hours are from 9:00 a.m. to 2:00 p.m.** Monday through Thursday. 저희 정규 영업시간은 월요일부터 목요일 오전 9시에서 오후 2시까지입니다.
3. 변경/안내/할인 공지에서는 starting, beginning 등의 표현을 잘 듣는다.	**Beginning next week, we will** be updating the company's telephone messaging system. 다음 주부터 우리는 회사의 전화메시지 시스템을 개선할 예정입니다.

Ustar 출제포인트 시험에는 이렇게 나온다! **구체적인 사항을 묻는 문제는 키워드와 함께 등장한다.**

who, what, where 등의 의문사 뒤에 특정 명사나 동사가 언급되면 그 단어가 들리는 근처에 답이 나온다.

Q **What happened today**? A A building reopened.	In local news, **the town library reopened today**. After three months of remodelling work, the building now features a new community room. The library plans to celebrate the opening of the room with a book reading by **fiction writer Elizabeth Cohen**. Please check the **bulletin board in the lobby** for more information 지역 소식입니다. 시내 도서관이 오늘 다시 문을 엽니다. 3개월의 리모델링 작업 이후 도서관에는 지역사회실이 새로 개설됩니다. 도서관측은 소설가 Elizabeth Cohen의 책읽기로 새로운 지역사회실의 개설을 축하할 예정입니다. 자세한 사항은 로비에 있는 게시판을 확인하세요.
Q **Where** is the **bulletin board**? A In the lobby	
Q **Who** is **Ms. Cohen**? A An author	

Exercises

문제풀이 예제

Look 문제지 미리보기

01 Who is Sonia Cruz?
(A) A salesperson (B) An auto mechanic
(C) A safety inspector (D) A president

Look & Check 음성이 나오기 전 주요 키워드 표시하기

01 **Who** is **Sonia Cruz**?
(A) A **salesperson**
(B) An **auto** mechanic
(C) A **safety** inspector
(D) A **president**

Sonia Cruz 씨는 누구인가?
(A) 영업직원
(B) 자동차 정비공
(C) 안전 점검자
(D) 사장

key Who / Sonia Cruz 위치: 지문의 중반부에서 키워드인 사람의 이름을 잘 들어라.

해설 Who 의문문이 speaker나 listener에 관한 질문이라면 지문의 앞부분에서 I나 you를 들어야 하지만, 특정 인물의 이름이 언급된 경우에는 지문 중간에 그 이름이 언급된 후에 그 사람에 대한 정보가 나온다. 따라서 사람 이름이 언급되기를 기다렸다가 그 바로 앞이나 바로 뒤의 단어를 들어야 답을 찾을 수 있다. Sonia Cruz from the National Safety Commission에서 정답은 안전에 관련된 (C)임을 알 수 있다.

Listen 대화를 듣고 문제지와 대조하기 미W

Question 01 refers to the following announcement.
As president of Tessco Group, I'd like to recognize all of our employees for their hard work and commitment. Thanks to you, we produce some of the best selling kitchen appliances in the country. We're especially proud that we've been recognized for our safe working environment year after year. With that in mind, I want to remind you that **Sonia Cruz from the National Safety Commission** will be making her annual inspection of our facility next week. As usual, Ms. Cruz will tour the factory to make sure we're following the proper safety guidelines. Before her visit, I'd like to ask you to look over the company's safety manual. If you need more details, please refer to the company's website.

문제 01은 다음 안내방송을 참조하세요.
Tessco Group의 사장으로서, 우리 회사의 모든 직원들의 노력과 헌신에 감사드리는 바입니다. 여러분 덕에 우리는 국내에서 최고로 잘 팔리는 주방용 가전제품들을 생산하고 있습니다. 우리는 특히, 해마다 우리의 안전한 작업 환경을 인정받는 데 대해 자부심을 갖고 있습니다. 이를 명심하고 있는 저는 여러분에게 전국 안전 위원회의 Sonia Cruz가 다음 주에 우리 시설의 연례 점검을 할 예정임을 상기시켜 드리고자 합니다. 평소대로 Cruz 씨는 우리가 적절한 안전 절차를 따르는지 확인하기 위해 공장을 둘러볼 것입니다. 그녀가 방문하기 전에, 여러분에게 회사의 안전 매뉴얼을 한 번 더 검토하시기를 요청하는 바입니다. 만약에 더 궁금한 사항이 있다면 회사의 웹사이트를 참조하시기 바랍니다.

어휘 recognize 인정하다 commitment 헌신 appliance 가전제품 be proud 자부심을 갖다 with ~ in mind ~을 명심하고 commission 위원회 inspection 점검 as usual 평소대로 tour 돌아보다 make sure 확인하다 look over 검토하다 refer to ~을 참조하다

실전 TOEIC Test

01 How long did the renovation take?
(A) Three months
(B) Four months
(C) Six months
(D) One year

02 When will the change take effect?
(A) This week
(B) Next week
(C) In two weeks
(D) In a month

03 Which track will the train to Seoul be leaving from?
(A) Track 4
(B) Track 5
(C) Track 11
(D) Track 12

04 What will happen next Tuesday?
(A) Employees will be trained.
(B) An office will be closed.
(C) Computers will be inspected.
(D) Job applications will be reviewed.

05 Where is the archives department located?
(A) In another building
(B) In the basement
(C) On the second floor
(D) Next to the mail room

06 What does the speaker say about this group?
(A) It is a leading financial firm.
(B) It is a start-up company.
(C) It is fairly small.
(D) It is well known.

▶ 문제풀이 예제 정답: (C)

▶ 정답 및 해설 p.172~174

LESSON **5** 제안, 요청, 요구사항이나 미래 일정에 관련된 질문들 MP3 File 4-07

Point

제안, 요청, 요구사항이나 미래 일정은 후반부에 답이 있다. 화자(speaker)가 청자들(listeners)에게 제안, 요청, 요구하는 질문의 경우에는 정답과 관련된 내용이 이야기의 후반부에 등장할 것이라 예상하고 Please, You should, I want you to ~ 등 요구, 요청의 표현들을 잘 들어야 한다. 또한 앞으로의 일에 대한 일정들도 미래시제 및 미래 시간부사와 함께 등장한다.

A 시험에 그대로 나온다! 요구, 제안, 미래의 일을 묻는 질문 유형

What are listeners asked to do? 청자(듣는 이)들은 무엇을 하도록 요청을 받는가?
What does the **speaker suggest** the **passengers** do? 화자는 승객들에게 무엇을 제안하는가?
According to the speaker, **what are all workers required** to do? 화자에 따르면, 전 직원은 뭘 해야 하는가?
What will the **listeners** probably do **next**? 청자(듣는 이)는 다음에 무엇을 할 것인가?
What will John Walton do **today**? John Walton은 오늘 무엇을 할 것인가?

B 요구, 제안, 미래의 일을 알 수 있는 빈출 표현 및 구문

(1) 요구, 요청, 권유의 답은 본문 하단부에서 다음 표현들이 들리는 곳에 있다.

Please + 동사원형	For more information, **please** call our reservation line at 555-1255. 더 많은 정보를 원하신다면 저희 예약번호인 555-1255번으로 전화주시기 바랍니다. **Please** direct all questions to the manager on duty. 모든 질문들은 근무 중인 매니저에게 해주시기 바랍니다.
You should ~ / You must ~ You can ~ / You need to ~ You'd better ~ I want you to ~	All passengers **should** proceed to the Thai Airlines customer service desk. 승객들은 모두 타이 항공사의 고객서비스 데스크로 가주시기 바랍니다. **You can** also let them know that it will be back on the menu again tomorrow. 내일 다시 메뉴에 올라갈 것이라고 그들에게 알려주세요.
We ask/require/suggest/ recommend/advise/invite	I strongly **recommend** that you remain seated with your seatbelt fastened. 안전벨트를 매신 채로 좌석에 그대로 계시기 바랍니다.
We would appreciate it if ~	**We would appreciate it if** all of you would fill out a questionnaire. 여러분 모두 질문지를 작성해주시면 감사하겠습니다.
(To do ~,) 명령문 (~하려면,) ~해라	**To take advantage** of these great deals, **visit** our website. 이 멋진 계약에 대한 혜택을 보시려면, 저희 웹사이트를 방문하시기 바랍니다. **Could you** call me and let me know **if** Monday is a good time for us to install it? 월요일이 설치하는 게 좋으시다면 전화해서 저에게 알려주시겠어요?
Why don't you ~?	**Why don't you** stop by the store? I'll show them to you. 가게에 들려보시는 건 어떠세요? 제가 그것들을 보여드리겠습니다.

(2) What will happen next?: 미래 일정은 후반부에서 now, next, Let's, first 등을 들어야 한다.

In a few minutes, our flight attendants will be **serving drinks and a light snack**.
잠시 후에 저희 승무원이 음료와 간단한 스낵을 제공할 것입니다.
Now for an update on the weekend **weather forecast**. 이제 곧 주말 일기예보 정보가 있을 겁니다.
She is here now to tell us more about **how the BU 2000 will be promoted**.
그녀는 BU 2000이 어떻게 홍보될 건지에 대해 우리에게 더 얘기해주기 위해 여기에 왔습니다.

(3) 제안(offer)은 I/We will, Let me, I can ~ for you 등 '내가 ~해주겠다'는 표현에 주목하라.

I'll email my resume to you this afternoon. I look forward to seeing you tomorrow.
아침에 이력서를 메일로 보낼게요. 내일 뵙겠습니다.
He will show you how to enter time into the payroll system. 그녀가 급여 시스템에 시간을 어떻게 입력하는지 알려줄 겁니다.

Ustar 출제포인트 시험에는 이렇게 나온다! But, However, Actually, Unfortunately, In fact에 집중한다.

이 표현들은 담화의 내용이 바뀌거나 다른 내용을 강조할 때 등장하는 표현들로, 뒤에 정답의 단서가 제시될 가능성이 높다.

Q **What problem** does the **speaker mention**? A The requested **room is not available**.

If you are still interested in renting one of the family cabins this August, we do have one left. **Unfortunately, it's not on the beach as you've requested.**

■ Q 화자가 언급한 문제는 무엇인가? A 요청한 방은 이용이 불가능하다. / 만약 8월에 가족 별장 중 하나를 렌트하는 데 아직 관심이 있으시다면, 하나 남은 게 있습니다. 하지만 요청하셨던 것처럼 해변에 있지는 않습니다.

Exercises

문제풀이 예제

Look 문제지 미리보기

01 What does the speaker offer to do?
(A) Explain details of a new apartment (B) Check the availability of an apartment
(C) Search for a rental apartment (D) Show an apartment in person

Look & Check 음성이 나오기 전 주요 키워드 표시하기

01 **What** does the **speaker offer** to do?
(A) **Explain** details of a **new apartment**
(B) Check the **availability** of an apartment
(C) **Search** for a **rental apartment**
(D) **Show** an **apartment** in person

화자는 무엇을 제안하고 있는가?
(A) 새 아파트의 세부사항에 대한 설명
(B) 아파트에 입주할 수 있는지 확인
(C) 임대 아파트를 알아보기
(D) 직접 아파트를 보여주기

key What / speaker / offer 위치: 지문의 후반부에서 제안하는 내용을 잘 들어라.

해설 제안하는 사항은 지문의 하단에 위치한다는 것에 주의하자. I can give you a tour of an occupied apartment which has similar features.에서 정답은 (D)임을 알 수 있다. 또한 제안하는 것과 관련된 can, should와 같은 조동사나 Why don't you ~?, You'd better와 같은 형태의 문장을 함께 알아두자.

어휘 availability 입수 가능성 search for 찾다, 알아보다 in person 직접, 손수

Listen 대화를 듣고 문제지와 대조하기  호W

Question 01 refers to the following telephone message.
Hi, my name is Rebecca calling from the Gold Star Apartment Complex. You called our office the other day to inquire about an apartment. Although you are looking for a three-bedroom apartment, we only have two-bedroom apartments available at this time. However, there's a three-bedroom apartment being constructed right now which will be available in two weeks if you can wait. If you'd like to see what it will look like, **I can give you a tour of an occupied apartment which has similar features.** So give me a call if you'd like to take a look.

문제 01은 다음 전화메시지를 참조하세요.
안녕하세요. 제 이름은 Rebbeca이구요. Gold Star 아파트 단지에서 전화 드립니다. 귀하께서 일전에 저희 사무실에 아파트에 관해 문의 전화를 주셔서 전화 드렸습니다. 귀하께서는 침실 3개짜리 아파트를 찾으시지만, 현재는 침실 2개짜리 아파트만 이용 가능합니다. 하지만 현재 침실 3개짜리 아파트가 공사 중이고 2주 후에는 사용하실 수 있습니다. 이 아파트가 궁금하시다면 유사한 조건이면서 사람이 거주중인 아파트를 보여드릴 수 있습니다. 그러니 아파트를 보고 싶으시다면 전화주시기 바랍니다.

어휘 complex 단지 the other day 일전에 inquire about ~에 관해 문의하다 occupied 이미 차지하고 있는, 살고 있는

실전 TOEIC Test

01 Where are people asked to return?
(A) To an airport (B) To a train
(C) To a bus (D) To a hotel

02 What are passengers asked to do?
(A) Board now
(B) Look at an airport monitor
(C) Check their airplane ticket
(D) Stay near the departure gate

03 What will the company do next month?
(A) Build a new plant
(B) Launch a new line of products
(C) Send a shipment
(D) Begin accepting job applications

04 What will be offered in September?
(A) A company party (B) A special discount
(C) Winter events (D) Free refreshments

05 What are the listeners asked to do?
(A) Sell tickets
(B) Find volunteers
(C) Donate their talents
(D) Respond to the call

06 According to the speaker, why should listeners go to the service desk?
(A) To report any problems
(B) To complete a form
(C) To search for a website
(D) To speak with a manager

▶ 문제풀이 예제 정답: (D)

▶ 정답 및 해설 p.174~176

Exercises

문제풀이 예제

Look 문제지 미리보기

01 Who most likely is the speaker?
(A) An engineer (B) A tenant
(C) A real estate agent (D) An architect

02 Why is the speaker calling?
(A) To confirm an order
(B) To reschedule an appointment
(C) To rent a car
(D) To ask for a payment

03 What does the speaker offer to do for the listener?
(A) Introduce her to a building manager
(B) Send her some property details
(C) Negotiate a lower price
(D) Report a new property

어휘 tenant 세입자 real estate agent 부동산 중개업자 architect 건축가 confirm 확인하다 negotiate 협상하다

Look & Check 음성이 나오기 전 주요 키워드 표시하기

01 **Who** most likely is the **speaker**?
(A) An **engineer**
(B) A **tenant**
(C) A **real estate** agent
(D) An **architect**

화자는 누구인 것 같은가?
(A) 기술자
(B) 세입자
(C) 부동산 중개업자
(D) 건축가

02 **Why** is the **speaker calling**?
(A) To confirm an **order**
(B) To reschedule an **appointment**
(C) To rent a **car**
(D) To ask for a **payment**

화자가 전화한 이유는 무엇인가?
(A) 주문을 확인하기 위해
(B) 약속 일정을 다시 잡기 위해
(C) 차량을 임대하기 위해
(D) 지급을 요청하기 위해

03 **What** does the **speaker offer** to do for the listener?
(A) Introduce her to a **building manager**
(B) Send her some **property details**
(C) Negotiate a **lower price**
(D) Report a **new property**

화자는 청자를 위해 무엇을 제안하고 있는가?
(A) 그녀를 건물 관리자에게 소개하기
(B) 그녀에게 건물 세부사항을 보내기
(C) 더 낮은 가격을 협상하기
(D) 새로운 부동산을 알려주기

해설 01 화자의 정체는 지문의 처음 2~3번째 문장 안에서 파악하도록 한다. this is Cameron from Aaron Property Rentals라고 했으므로 정답은 (C).
02 화자의 전화의 목적을 묻는 문제이므로, 역시 지문의 2~3번째 문장 안에서 확인한다. I am calling you about the office space we were supposed to visit today at one o'clock. I am afraid that tenants have asked me to reschedule이라고 하고 있으므로 원래의 약속 시간에 대한 변경을 요구하려고 전화했다는 것을 알 수 있다.
03 제안사항은 지문의 하단에 위치한다는 것을 알아두자. If you like, I can fax you all the rental listings including all necessary information such as rental fee, a minimum deposit and so on이라고 했으므로 정답은 (B).

Listen 대화를 듣고 문제지와 대조하기 미W

Questions 01-03 refer to the following telephone message.
Hi, Kimberly, this is **Cameron from Aaron Property Rentals**. I'm calling you about the office space we were supposed to visit today at one o'clock. I'm afraid that the tenants have asked me to **reschedule**, so we'll have to **rearrange another time** to visit that property. However, another office on the third floor in the same building has just become available. It's a little smaller than the other one, but I think you should take a look at it. If you like, **I can fax you all the rental listings including all of the necessary information** such as rental fees, the minimum deposit and so on. Please call me back when you can, and let me know what you think.

문제 01-03은 다음 전화메시지를 참조하세요.
안녕하세요. Kimberly. 저는 Aaron 부동산 임대의 Cameron입니다. 오늘 1시에 방문하기로 예정되었던 사무실 때문에 전화드렸습니다. 유감스럽게도 그곳 세입자가 일정을 다시 잡아달라 요청하셔서 시간을 다시 정해서 그 사무실을 방문해야 합니다. 그러나 같은 건물 3층에 있는 다른 사무실이 나와 있어요. 그 전 것보다는 약간 작지만 보셔야 할 것 같아서요. 만약 원하신다면 임대비용 그리고 최소 보증금 등과 같은 필요한 정보가 포함된 임대 조건을 팩스로 보내드릴 수 있습니다. 시간이 되시면 다시 전화를 주셔서 어떻게 생각하시는 지를 알려주시기 바랍니다.

어휘 be supposed to do ~하기로 되어 있다 reschedule 일정을 다시 잡다 take a look at ~을 보다 including ~을 포함해서 rental fee 임대료 deposit 보증금

▶ 문제풀이 예제 정답: 01 (C) 02 (B) 03 (B)

01 What was the speaker hired to evaluate?
(A) Energy use
(B) Reimbursement procedures
(C) Building safety
(D) Accounting practice

02 What is the speaker's main recommendation?
(A) To replace the heating system
(B) To add a second work shift
(C) To install timers for the lights
(D) To conduct a survey

03 What does the speaker offer to do?
(A) Schedule a meeting
(B) Demonstrate a product
(C) Set up a workshop
(D) Help with some repairs

---

04 What place is the speaker calling?
(A) A community center
(B) An electronics store
(C) A grocery store
(D) A hotel

05 What has the speaker lost?
(A) A set of keys
(B) A camera
(C) A pair of glasses
(D) An appointment book

06 What does the speaker plan to do tomorrow?
(A) Go to a grocery store
(B) Go to a restaurant with a friend
(C) Pick up an application
(D) Attend a workshop

---

07 What is the man calling about?
(A) Applying for a position
(B) Renting some office space
(C) Asking for a recommendation letter
(D) Finding a location for an event

08 What was the man told about the restaurant?
(A) An announcement about a renovation
(B) The location
(C) The patio
(D) The variety of menus

09 What does the man want to find out?
(A) The size of a space
(B) The fee for a service
(C) The phone number of the restaurant
(D) The address of a business

10 Who is the message for?
(A) A machinery salesperson
(B) A buffet server
(C) A restaurant manager
(D) A party organizer

11 What does the speaker say has increased?
(A) Party catering service
(B) Cereal production
(C) Packaging industry
(D) Machinery manufacturing

12 What does the speaker want to discuss?
(A) Purchasing additional equipment
(B) Repairing a machine
(C) Ordering food
(D) Organizing a party

---

13 What is the purpose of the call?
(A) To report a change
(B) To apologize for a delay
(C) To confirm the delivery date
(D) To set up a meeting

14 When is Ms. Helen Jones scheduled to receive her order?
(A) On Thursday
(B) On Tuesday
(C) On Friday
(D) On Wednesday

15 What is Ms. Helen Jones asked to do?
(A) Call if she needs any more arrangements
(B) Pick it up in person
(C) Call to arrange a meeting
(D) Stay home on Friday

---

16 What department does the speaker work in?
(A) The marketing department
(B) The accounting department
(C) The maintenance department
(D) The legal department

17 What does the speaker need help with?
(A) Computer access
(B) Computer relocation
(C) The deadline for the project
(D) Data records

18 Why does the problem have to be solved quickly?
(A) Because the deadline is today
(B) In order to update the computer
(C) In order to extend the line
(D) For purchasing a new computer

19 What type of company does the speaker work for?
(A) A production company
(B) A shoes manufacturer
(C) A publishing agency
(D) A beverage producer

20 Why does the speaker want to meet Mr. Warren?
(A) To plan a celebration
(B) To organize a sporting event
(C) To discuss some personnel changes
(D) To finalize a contract

21 What is scheduled to happen next month?
(A) A commercial will be released.
(B) A new contract will be in effect.
(C) A contest will end.
(D) A department will be reorganized.

22 What type of business is the speaker calling from?
(A) A community library
(B) An art center
(C) A fitness center
(D) A driving school

23 Why does the speaker want to talk to Ms. Bennett on the phone?
(A) To discuss a special offer
(B) To talk about the member's qualifications
(C) To reach an agreement
(D) To renew a contract

24 According to the speaker, why should Ms. Bennett call back right away?
(A) The offer expires tomorrow.
(B) He is out of town.
(C) He needs a membership card.
(D) The phone number will be changed.

25 Where does the speaker most likely work?
(A) In a jewelry store
(B) In a post office
(C) In a department store
(D) In a bank

26 What problem was reported?
(A) Missing items (B) Wrong items
(C) Broken items (D) Shipping delay

27 What does the speaker plan to do tomorrow?
(A) Return the wrong items
(B) Cancel the order
(C) Change the amount of the order
(D) Deliver them to a different address

28 What was the speaker asked to do?
(A) Host an exhibition
(B) Judge a contest
(C) Photograph a building
(D) Lead a workshop

29 Where will the event take place?
(A) At an art gallery
(B) At a hotel
(C) At a local public educational center
(D) At a university

30 What does the speaker worry about?
(A) The use of a special room
(B) Low demands for a professional course
(C) Lack of teaching experience
(D) Low demands for health programs

31 Who most likely is receiving the message?
(A) A web administer
(B) A personnel director
(C) A teacher
(D) A library employee

32 What did the listener request information about?
(A) Becoming a member
(B) Applying for a job
(C) Motivating employees
(D) Publishing an article

33 What does the speaker offer to do?
(A) Send an application
(B) E-mail a list of resources
(C) Confer with a colleague
(D) Renew the membership

34 What did the speaker receive?
(A) Some tickets
(B) An invitation
(C) A reply
(D) Some flowers

35 What will happen in the evening?
(A) A group will celebrate a birthday.
(B) A musician will perform.
(C) A retirement ceremony will take place.
(D) A cooking demonstration will be held.

36 When will the event begin?
(A) At 5 p.m.
(B) At 6 p.m.
(C) At 7 p.m.
(D) At 8 p.m.

▶ 정답 및 해설 p.178~185

LESSON **3** # 녹음메시지(Recorded Message)

MP3 File 4-10

Point

전화를 걸었을 때 나오는 녹음 메시지. 회사의 휴일이나 영업시간 후에 전화했을 때 들을 수 있는 녹음된 메시지로, You have reached ~ 뒤에 제시되는 회사명을 통해 어떤 회사에 전화를 걸었는지 묻는 문제에 대한 답을 쉽게 파악할 수 있다.

A 자동 안내 녹음메시지의 유형

(1) 부재중 녹음메시지(Recorded message): 전화 받을 사람(receiver)이 자리에 없을 때 자동응답기(answering machine)에 남겨놓는 메시지로 개인, 병원, 상점, 사무실 등의 메시지가 주를 이룬다. 처음에 You have reached ~하면서 누구(어디)인지 밝히고 녹음을 남기는 이유를 설명하고 급한 용무 시 연락할 방법(email, mobile phone, secretary, assistant)을 언급하며 끝낸다.

1. 인사말/수신자 소개	**Hello, you've reached** Technical Support. 안녕하세요, 기술지원부입니다. **Thank your calling** Hassan's Dental Clinic. 전화 주셔서 감사합니다. Hassan's Dental Clinic입니다.
2. 부재중인 이유	I **am** currently **out of town**. I'm **away on business**. 저는 지금 출장 중입니다. **Our office is currently closed because of** a holiday. 휴일이라서 사무실은 영업을 하지 않습니다.
3. 정상 영업시간 소개	Our regular **business hours are** 9 a.m. to 5 p.m. 저희 정규 영업시간은 오전 9시부터 오후 5시까지입니다.
4. 긴급 연락처	**Please call** our after-hour operator **at** 547-1258. 547-1258로 당직 근무자에게 전화주시기 바랍니다.
5. 제안 및 당부사항	**If you leave** a brief message, **we will return your call** as soon as possible. 간단한 메시지를 남겨주시면 가능한 빨리 전화드리도록 하겠습니다.

(2) 자동 안내 메시지(Automated message): 특정 은행이나 회사 등에 전화를 걸었을 때, 자동으로 기계가 전화를 받아 해당 서비스 코드번호(code number)나 각 담당자의 내선번호(extension number)를 언급하고 마지막에 교환원과의 연결을 언급하는 내용이다. 청취 시 해당 서비스나 용무를 원할 때 눌러야 하는 번호를 정확히 들어야 한다.

1. 인사말/회사소개	**Thank you for calling** Smith's Office Supplies store, Smith's 문구점에 전화 주셔서 감사합니다.
2. 회사소개 및 부재 이유, 영업시간 안내	Our Garden House **is internationally famous for** ~ 저희 Garden House는 세계적으로 ~으로 유명합니다. Our office **is currently closed because of** a holiday. 저희 사무실은 연휴 때문에 문을 닫았습니다.
3. 서비스안내	**Please press 1** to find ~. **Press 2** to check ~. ~을 찾으시려면 1번을 누르시고, ~을 확인하시려면 2번을 누르세요.
4. 요청 및 당부사항	**For all other inquiries, please** stay on the line or press 0. 다른 문의사항이 있으시면 그대로 계시거나 0번을 누르세요.

B 녹음된 전화메시지 빈출 질문

1. 녹음된 메시지의 목적을 묻는 질문	**What** is the **main purpose** of the message?
2. 전화 건 사람(메시지를 듣는 사람)을 묻는 질문	**Who** is this message **intended for**?
3. 메시지를 녹음한 사람의 정체를 묻는 질문	**Who** most likely is the **speaker**?
4. 문제점과 그 원인을 묻는 질문	**What** is the **problem**? / **What** has **caused the problem**?
5. 수단이나 방법 등 요청, 제안사항을 묻는 질문	**What information** should the listener **provide**? **What** are listeners **asked to do**?

Ustar 출제포인트 시험에는 이렇게 나온다! **서비스에 불편을 겪는 고객들을 대상으로 하는 음성메시지**

어떤 문제로 인해 서비스가 중단되어 고객이나 이용객들에게 자동으로 녹음된 메시지를 틀어주는 경우이다. 주로 '① 인사말 → ② 회사소개(업종) → ③ 문제와 원인 → ④ 문제 해결 방법 및 해결 시점 → ⑤ 요청, 당부사항'의 내용 순으로 전개된다. 자주 등장하는 유형은 화자(speaker)의 정체 즉, 회사의 업종, 듣는 이(caller)의 신분, 문제점이나 원인, 진행상황과 문제해결 시점, 추가적인 정보 확인 방법에 대한 문제들이다.

Exercises

문제풀이 예제

Look 문제지 미리보기

01 What is the purpose of the message?
(A) To explain payment procedures
(B) To provide directions
(C) To list office hours
(D) To describe admission policies

02 What will happen in December?
(A) A construction project will begin.
(B) A telephone number will change.
(C) A new course will be added.
(D) A building will be relocated.

03 Why should listeners press zero?
(A) To leave a message
(B) To speak to the operator
(C) To repeat the recording
(D) To hear an additional menu

어휘 procedure 절차 direction 길 안내 office hours 교수의 학생면담시간 admission 입학 relocate 이전시키다 operator 교환원

Look & Check 음성이 나오기 전 주요 키워드 표시하기

01 **What is** the **purpose** of the message?
(A) To **explain** payment **procedures**
(B) To **provide directions**
(C) To **list** office hours
(D) To **describe** admission **policies**

메시지의 목적은 무엇인가?
(A) 지불 절차의 설명
(B) 길 안내 제공
(C) 교수의 학생 면담 시간 목록
(D) 입학 정책 설명

02 **What will happen** in December?
(A) A **construction** project will **begin**.
(B) A **telephone number** will **change**.
(C) A **new course** will be **added**.
(D) A **department** will be **relocated**.

12월에는 무슨 일이 일어날 것인가?
(A) 공사가 시작될 것이다.
(B) 전화번호가 바뀔 것이다.
(C) 새로운 과목이 추가될 것이다.
(D) 학과가 이전될 것이다.

03 **Why** should listeners **press zero**?
(A) To **leave** a **message**
(B) To **speak** to the **operator**
(C) To **repeat** the **recording**
(D) To **hear** an additional **menu**

청자들은 왜 0번을 눌러야만 하는가?
(A) 메시지를 남기기 위해
(B) 교환원과 통화하기 위해
(C) 녹음을 다시 듣기 위해
(D) 추가 메뉴를 듣기 위해

해설 01 목적을 묻는 문제는 지문의 첫 2문장을 잘 듣도록 하자. You've reached the Business School of Michigan University. Our main entrance is located on Garden Street.라고 했으므로 길 안내를 해주는 것임을 알 수 있다. 정답은 (B).

02 12월이라는 단어를 주의 깊게 들어야 한다. 보통 미래 정보는 중하단부에 있다는 것도 알아두자. starting on December, Garden Street will be under construction이라고 했으므로 정답은 (A).

03 청자들에게 요청하는 것 역시 하단부에 위치한다. For additional information about our university, please press 0 now to hear a list of menu options에서 정답은 (D)라는 것을 알 수 있다.

Listen 대화를 듣고 문제지와 대조하기 미W

Questions 01-03 refer to the following recorded message.
You've reached the Business School of Michigan University. **Our main entrance is located on Garden Street,** Exit 45 off the River Parkway. However, please be aware that **starting in December, Garden Street will be under construction**, which may affect your route to our university. During this time, we recommend that all drivers enter the university through the north entrance. As usual, students and visitors are encouraged to park in our free parking lot. **For additional information about our university, please press 0 now** to hear a list of menu options.

문제 01-03은 다음 녹음메시지를 참조하세요.
Michigan University의 경영대학원에 전화하셨습니다. 우리 학교의 주 출입구는 River Parkway 고속도로의 45번 출구에서 나와 Garden Street에 위치해 있습니다. 하지만 12월부터 Garden Street가 공사에 들어갈 예정이어서 학교로 오는 길에 영향을 미칠 것입니다. 공사 기간에는 모든 운전자들은 북쪽 입구를 통해 들어오시기 바랍니다. 보통 때와 마찬가지로 학생들과 방문자들은 우리 학교의 무료 주차장에 주차하시기 바랍니다. 우리 대학교에 대해 더 상세한 정보를 알고 싶으시면 0번을 누른 다음 선택 메뉴를 들으시기 바랍니다.

어휘 reach 도달하다, 닿다 be aware that ~을 주의하다 starting ~부터 시작하여 affect 영향을 미치다 route 노선 recommend 추천하다, 권하다 as usual 평소대로 encourage 권하다, 독려하다

▶ 문제풀이 예제 정답: 01 (B) 02 (A) 03 (D)

MP3 File 4-11

Point

소비자나 고객이 회사나 공공기관에 전화했을 때 들을 수 있는 녹음 메시지
공공기관에 전화하면 흔히 들을 수 있는 메시지이다. 직접 전화를 받을 수 없는 상황이기 때문에 공휴일 또는 자동안내 시스템 등을 생각하면 쉽게 문제에 접근할 수 있을 것이다.

A 빈출 유형 1. 정전됐어요 미M

01 Who most likely is the speaker?
(A) A weather reporter
(B) A utility company employee
(C) A plant supervisor
(D) A real estate agent

02 What is the problem?
(A) There is an increase in utility rates.
(B) The construction is behind schedule.
(C) Some parts of the city have no power.
(D) The company needs to hire more workers.

03 When is the problem expected to be resolved?
(A) Immediately
(B) Within an hour
(C) Within two hours
(D) Within three hours

01 **Who** most likely is the **speaker**? – 화자가 누구인지 묻는 질문
☆ 화자에 대한 정보는 처음에 인사말과 함께 자기소개를 할 때 등장한다.
Tip Thank you for calling ~, You have reached ~ 등의 표현 뒤에 나오는 내용을 잘 들어야 한다.

02 **What** is the **problem**? – 문제점이 무엇인지 묻는 질문
☆ what, problem을 키워드로 하는 구체적인 정보를 묻는 질문이다.
Tip 문제 상황은 초반에 인사말이 끝난 후 목적과 함께 현재의 상황을 말하면서 등장할 것이다.

03 **When** is the **problem** expected to be resolved? – 문제가 언제 해결될 것인지를 묻는 질문
☆ when, problem, resolved를 키워드로 하는 구체적인 정보를 묻는 질문이다.
Tip 두 번째 문제와 세 번째 문제의 키워드 내용이 문제점(problem)으로 연결된다. 초반에 문제가 된 상황이 언급되고 나서 해결방안을 제시할 것을 기대하고 들어야 한다.

B 빈출 유형 2. 공휴일이라 영업을 하지 않습니다 호W

01 Who is the message probably for?
(A) Computer programmers
(B) Government officials
(C) Hospital patients
(D) Bank customers

02 What is suggested about the customer service representatives?
(A) They are on other telephone lines.
(B) They are repairing the equipment.
(C) They are not currently working.
(D) They work in another office.

03 What information is available on a website?
(A) A list of office locations
(B) A calender of events
(C) A list of prices
(D) A list of major clients

01 **Who** is the **message** probably **for**? – 누구를 대상으로 하여 남겨놓은 메시지인지를 묻는 질문
☆ 이 질문은 말하는 사람이 아니라, 듣는 사람에 대한 기본정보를 묻고 있다. 당연히 지문의 전반부에서 답을 찾을 수 있다.
Tip 〈Thank you for calling + 장소〉와 〈You have reached + 장소〉는 특정한 곳에 전화를 걸었을 때 등장하는 표현이다.

02 **What** is suggested **about the customer service representatives**? – 고객 서비스 직원에 대해 언급된 것을 묻는 질문
☆ 키워드인 customer service representatives가 나오면 바로 정답을 확인할 수 있다. 키워드를 상기하고 보기에 집중하라!
Tip suggest는 suggest that ~, suggest doing something의 형태로 '의견이나 생각을 말하다'라는 제안의 의미로 쓰이기도 하지만, 기본적으로 '~을 말하다'는 의미를 갖고 있다. 그래서 be suggested about(~에 대해 언급되어 있다)의 형태로 질문에도 자주 등장한다. 이와 유사한 의미의 질문으로는 What is said about ~?, What does the caller say about ~? 등이 있다.

03 **What information** is available on the **website**? – 웹사이트에서 이용 가능한 정보를 묻는 질문
☆ 키워드인 website를 잘 듣고 어떤 정보가 제공되는지 확인하라.
Tip 전화메시지 외에도 website에서 이용 가능한 정보를 묻는 질문들이 종종 출제된다. 이러한 질문은 주로 지문 후반부에 등장한다.

A 정답: 01 (B) 02 (C) 03 (B)   B 정답: 01 (D) 02 (C) 03 (A)

▶ 정답 및 해설 p.185~186

Exercises

문제풀이 예제

Look 문제지 미리보기

01 Where is the caller most likely calling from? (A) A county court (B) A museum (C) A theater (D) A library 02 What time does the facility close on Tuesday? (A) 3:00 p.m. (B) 4:00 p.m. (C) 4:30 p.m. (D) 9:00 p.m.	03 What are listeners required to do to arrange a guided tour? (A) Talk to a receptionist (B) Call Mr. Johnson (C) Contact Dr. Ellson (D) Wait for an operator

어휘 court 법원 facility 시설 guided tour 안내원이 동반된 투어 receptionist 접수원

Look & Check 음성이 나오기 전 주요 키워드 표시하기

01 **Where** is the **caller** most likely **calling from**?
(A) A county **court**
(B) A **museum**
(C) A **theater**
(D) A **library**

전화를 건 사람은 어디에 전화를 하고 있나?
(A) 군 법원
(B) 박물관
(C) 극장
(D) 도서관

02 **What time** does the **facility close** on **Tuesday**?
(A) **3:00** p.m.
(B) **4:00** p.m.
(C) **4:30** p.m.
(D) **9:00** p.m.

이 시설은 화요일 몇 시에 문을 닫는가?
(A) 오후 3시
(B) 오후 4시
(C) 오후 4시 30분
(D) 오후 9시

03 **What** are **listeners** required to **do to** arrange **a guided tour**?
(A) Talk to a **receptionist**
(B) Call **Mr. Johnson**
(C) Contact **Dr. Ellson**
(D) Wait for an **operator**

청자들은 안내인이 동반된 투어를 예약하려면 무엇을 해야 하는가?
(A) 접수원에게 이야기한다
(B) Johnson 씨에게 전화한다
(C) Ellson 박사에게 연락한다
(D) 교환원을 기다린다

해설 01 전화를 건 장소를 묻는 문제의 정답은 주로 지문의 앞부분에서 밝혀진다. 첫 번째 문장 Thank you for calling the Arlington County Library.에서 도서관에 전화했다는 것을 알 수 있다. 따라서 정답은 (D)가 된다.

02 키워드는 What time, close, Tuesday가 된다. 개관 시간을 소개하는 문장인 Tuesdays and Saturdays are from 9:00 a.m. until 3:00 p.m.에서 화요일은 3시까지 개관한다는 것을 알 수 있다. 따라서 정답은 (A)가 된다.

03 키워드는 What, do, guided tour로 잡아둔다. 요청/요구와 관련된 사항이므로 지문의 후반부를 공략해야 한다. 화자는 키워드인 A special guided tour of the exhibit을 언급한 뒤에 contacting Dr. Ellson라고 말하고 있다. 따라서 정답은 (C)가 된다.

Listen 대화를 듣고 문제지와 대조하기 영M

Questions 01-03 refer to the following telephone message.
Thank you for calling the Arlington County Library. If you know the number of the extension you'd like to reach, you can dial it now. Our regular hours are from 9:00 a.m. to 4:30 p.m. Mondays, Wednesdays and Fridays. **Tuesdays and Saturdays are from 9:00 a.m. until 3:00 p.m.** Thursdays are off days. This week we are featuring a special exhibit by noted anthropologist Dr. David Ellson. **A special guided tour** of the exhibit can be arranged **by contacting Dr. Ellson** and setting up a time with Shirley Johnson at the main desk. If you'd like to leave a message you may do so after the beep. Thank you for calling and have a wonderful day.

문제 01-03은 다음 전화메시지를 참조하세요.
Arlington군 도서관에 전화 주셔서 감사합니다. 연락하고자 하는 내선번호를 알고 계신 분은 지금 바로 눌러 주십시오. 정규 개관 시간은 월요일, 수요일, 금요일은 오전 9시부터 오후 4시 30분까지 입니다. 화요일과 토요일은 오전 9시부터 오후 3시까지 엽니다. 목요일은 문을 닫습니다. 이번 주는 유명한 인류학자 David Ellson 박사의 특별 전시회가 열립니다. 특별히 안내인이 동반된 전시회 투어를 하시려면 Ellson 박사에게 연락을 주십시오. 메인 데스크에 있는 Shirley Johnson 씨가 예약을 해드릴 것입니다. 메시지를 남기시려면 삐 소리 후에 남겨 주십시오. 전화 주셔서 감사합니다. 즐거운 하루 보내십시오.

어휘 extension 내선번호 dial 전화의 다이얼을 돌리다, 번호를 누르다 feature ~의 특징을 그리다, ~의 특색을 이루다 noted 유명한, 이름난 anthropologist 인류학자 guided 안내인을 동반한, 가이드가 딸린 arrange ~을 계획하다, 준비하다, 마련하다 set up an appointment 약속을 정하다 beep 비퍼(beeper)가 내는 주기적인 발신음, 신호음

▶ 문제풀이 예제 정답: 01 (D) 02 (A) 03 (C)

01 What is the message mainly about?
(A) Theater performances
(B) University lectures
(C) Museum tours
(D) Concerts

02 When will the events described take place?
(A) Today
(B) Tomorrow
(C) In a week
(D) In two weeks

03 According to the speaker, how can someone get more information?
(A) By visiting a website
(B) By checking the advertisement
(C) By requesting a brochure
(D) By calling the given number

---

04 What does the Homedeco Company sell?
(A) Stationery
(B) Telephones
(C) Tools
(D) Furniture

05 What are the company's products known for?
(A) Being lightweight
(B) Being reliable
(C) Being easy to use
(D) Being long lasting

06 Why would listeners press 2?
(A) To check on an order
(B) To leave a message
(C) To request a catalog
(D) To find out business hours

---

07 What type of work is scheduled?
(A) Electrical maintenance
(B) Computer upgrades
(C) Telephone system replacement
(D) Software testing

08 When will the work be completed?
(A) On Monday
(B) On Tuesday
(C) On Friday
(D) On Sunday

09 What are employees asked to do?
(A) Return a phone call
(B) Talk to their supervisors
(C) Visit a website
(D) Save all the data on their computer

10 Who most likely is the speaker?
(A) A pharmacist
(B) A receptionist
(C) A hotel guest
(D) A server

11 What recently changed at the Hilton Hotel ?
(A) The hours of operation
(B) The office's location
(C) The room rates
(D) The check-in procedure

12 Why would the caller remain on the line?
(A) To make a payment
(B) To change a reservation
(C) To report an emergency
(D) To get directions to the hotel

---

13 What does the store sell?
(A) Furniture
(B) Electronic equipment
(C) Cellular Phones
(D) Stationery products

14 What does Patronas Stationery Store do for its customers?
(A) It delivers merchandise for a small fee.
(B) It orders out-of-stock items.
(C) It custom-makes special products.
(D) It mails out product catalogs.

15 When does the store close on Saturday?
(A) At noon (B) At 3 p.m.
(C) At 5 p.m. (D) At 7 p.m.

---

16 Where would this announcement most likely be heard?
(A) At a conference
(B) On the telephone
(C) At an office
(D) On a street

17 Why is the facility closed?
(A) A repair is being made.
(B) Weather conditions are poor.
(D) Because of renovations.
(D) Due to schedule conflicts.

18 What does the speaker say will happen on Wednesday?
(A) There will be a delayed opening.
(B) An orientation will begin.
(C) The parking area will be closed.
(D) The website will not be available.

19 According to the message, what is Duke Gardens known for?
(A) A beautiful lake (B) Unusual plants
(C) An annual event (D) Gardening tools

20 According to the speaker, what can guests do at the information desk?
(A) Order a ticket
(B) Get an events schedule
(C) Check the entrance price
(D) Get tour information

21 Why should listeners press 1?
(A) To get information concerning the show
(B) To join the tour
(C) To order tickets
(D) To ask for more brochures

---

22 Who is this caller trying to reach?
(A) A manufacturing factory
(B) A local bank
(C) A tourist office
(D) A dental clinic

23 When will the office reopen?
(A) On Monday (B) On Tuesday
(C) On Thursday (D) On Friday

24 What should the caller do to talk to a representative?
(A) Remain on the line (B) Press the number 0
(C) Call back later (D) Record a message

---

25 What does the speaker tell Mark he has done?
(A) Sent a signed contract
(B) Made copies of the contract
(C) Changed the terms of a contract
(D) Gave the contract to his lawyer

26 What does the speaker tell Mark he is going to do?
(A) Meet with his associates the next day
(B) Begin working on the project immediately
(C) Hire additional people to work on the project
(D) Start advertising the product in San Francisco

27 What does the speaker say he would like to do in March?
(A) Meet with Mark
(B) Send the final payment
(C) Finish the project
(D) Give a presentation

28 What sort of business has the listener called?
(A) A bank
(B) A hair Salon
(C) A restaurant
(D) A travel Agency

29 What will the listener hear if he/she presses 4?
(A) Directions to the nearest St. Claire Bank
(B) Information on existing accounts
(C) The bank's hours of operation
(D) The bank's address

30 How can the listener speak to a representative?
(A) Press 5 (B) Press 6
(C) Dial the extension (D) Wait on the line

---

31 Who is the message intended for?
(A) Passengers on a tour bus
(B) The audience in a theater
(C) Attendees at a workshop
(D) Visitors at an exhibition

32 What are the visitors asked to do?
(A) Register for a course
(B) Purchase tickets
(C) Read some information
(D) Schedule a tour

33 According to the message, how can listeners get assistance?
(A) By visiting a museum shop
(B) By going to an information desk
(C) By calling a ticket sales office
(D) By checking a website

---

34 What is the main purpose of the message?
(A) To inform residents of an office location
(B) To describe a room available
(C) To give information about requesting property maintenance
(D) To recommend a cleaning company

35 What should the listeners do if they need immediate assistance?
(A) Stay on the line
(B) Speak to a manager
(C) Stop by the office
(D) Call the emergency number

36 What information should the listener provide?
(A) Name and contact information
(B) Street address
(C) A conformation code
(D) A time and date

▶ 정답 및 해설 p.186~194

Chapter 4

광고(Advertisement)

출제 비율은 평균 10% – 10개의 지문 중에 1~2개의 지문이 광고이다.

광고의 첫 마디는 소비자들의 주의를 끌기 위해 그들이 인식하고 있는 문제를 제기하고 그에 대한 해결책으로 자신들의 상품이나 회사를 대안으로 제시한다. 그리고 나서 그 상품이나 업체의 특징, 기능, 장점 등을 언급하면서 구매를 유도한다. 그리고 소비자들이 살지 말지 고민하고 있는 사이에 할인, 혜택 정보를 던져주는 것이다. 그 다음에 상품이나 서비스를 구매할 수 있는 연락처와 결제수단, 구매방법, 구매처 등이 함께 제시된다.

업체나 가게 광고	● 업체나 회사의 경우 주로 여행사, 식당, 세탁소, 스포츠용품점, 가구점, 슈퍼마켓, 청소대행업체, 음악사, 자동차 판매점 등의 광고가 등장한다. ● 주로 광고업체가 제공하는 서비스나 제품 등에 대해 개업이나 기념일을 맞이하여 할인이나 사은품을 제공한다는 광고, 홍보내용이다.
제품 및 서비스 광고	● 책, 음료수, 비디오, 여행용가방, 청소장비 등 다양한 제품을 광고한다.

★ 주요 출제 패턴

주요 광고 내용	**여행사:** 일상 탈출, 호기심 유발, 숙박 시설 할인 행사 홍보, 예약 유도 **서비스 업체:** 청소, 설거지, 집안일에 싫증난 사람을 대상으로 서비스 업체 홍보 **상점:** 최고의 서비스, 상품을 고객에게 제공하는 상점 홍보 **제품:** 제품 광고, 충전기나 품질보증서 설명, 혜택 정보 제공	
	광고 상품 및 회사: What is being advertised? ☆ 첫 부분의 Are you interested in ~?, Are you looking for ~? 확인 **특징 · 장점:** What's the advantage of ~? ☆ different, special, new, We're featuring, We specialize in ~ 확인 **사은품:** How can customers receive a free gift? ☆ 후반부의 For more information, ~, To order it ~ 확인	
빈출 문제	**광고의 목적** **무엇을 광고하는가?** **누구를 위한 광고인가?**	What's the purpose of this talk? What is being advertised? Who is the advertisement aimed at?
	제품 특징 **세일 기간** **세일 품목** **교환 환불 조건** **제품 가격**	What's the feature of the item? When does the sale end? What item is on sale? What does the speaker say about the return policy? How much is ~?
핵심 표현	The prices are marked down until this Friday. 할인가는 금요일까지 유효합니다. This sale applies to every item we have in stock. 이번 세일은 모든 재고 상품에 적용됩니다. We offer free delivery on all purchases. 모든 상품을 무료로 배송해 드립니다. Just call our toll-free number. 무료 전화로 연락주세요. Get a great price reduction on this item. 이 제품을 파격 할인가에 가져가세요. We guarantee a full refund. 전액 환불을 보장합니다. Pay for one, get two. (= Buy one, get one free. = Get two for the price of one.) 하나를 사시면 하나를 공짜로 드립니다.	

LESSON 1 제품 및 서비스 광고

MP3 File 4-12

Point

제품, 회사, 할인 광고: Part 4에서 등장하는 광고는 주로 제품이나 서비스 또는 업체(resort, furniture store, restaurant, fitness center 등), 할인광고(inventory sale, seasonal sale, going-out-of-business sale)가 주를 이루게 된다. 광고의 순서가 정해져 있어서 등장하는 문제에 대한 정답의 위치가 명확하여 비교적 쉽게 해결할 수 있다. 지문의 마지막 부분에는 주로 회사의 위치, 찾아가는 방법, 할인기간, 할인의 정도, 구매 방법 등에 대해 언급하게 된다.

A 광고의 순서

1. 문제점 제기 2. 광고를 듣는 대상 3. 광고하는 물건이나 서비스	**Are you sick and tired of ~ ?** **Ready to go for ~** **Are you looking for a ~ service?** **If you're experiencing difficulty ~**
4. 회사에 대한 전반적인 설명 5. 제품의 특징과 장점	**Let us make** your trip **easier ~ with our new products ~** **Our company has ~** The MML Inc. **specializes in ~** **One of the features is ~**
6. 구매혜택	**We offer it at a discounted price ~** **You can purchase ~ at ~**
7. 구매처 & 연락방법	**For more information on** free **~ , call us today at ~** **Visit us today at ~ and take advantage of ~** **To consult with** a customer service representative, **please call ~**

B 광고 빈출 질문

1. 광고의 대상(subject)	광고가 되는 제품이나 상품, 서비스 또는 용도에 관한 질문 **What** is being **advertised**? **What** is this **advertisement for**?
2. 화자(speaker)에 대한 정보	제품을 만드는 제조회사 또는 광고주에 대한 정보를 묻는 질문 **What kind of company** is this? **What** does the **company provide**?
3. 청중(audience)에 대한 정보	광고의 대상인 intended audience나 target audience를 묻는 질문 **Who** is the advertisement **aimed at**? **Who** is the advertisement **intended for**?
4. 제품의 장점, 특징에 관한 질문	**What advantage** does the company **offer**? **What** is **unique** about + 제품? ǀ **What** is **suggested** about + 제품? **What** is **different** features of + 제품?
5. 판매나 할인되는 상품 목록	**What service** is being **advertised**? ǀ **What item** is on **sale**?
6. 사은품, 할인혜택을 받기 위해 할 일	**What** should people do to **receive a discount**? **What** do customers **get for this week only**?
7. 구매수단, 방법, 구매처, 연락처 문의	**How** can the listeners **get more information**? **When** will the device be **introduced to the market**?

Ustar 출제포인트 시험에는 이렇게 나온다! **광고에서 반드시 들어야 하는 표현**

1. Are you interested in ~?, Are you looking for ~? 등 화두를 던지는 말을 잘 들어라.
지문을 시작할 때 '~에 관심 있으세요?', '~을 찾고 있습니까?' 등 화두를 던지는 말이 나온다. 광고되는 업체나 제품, 서비스가 어떤 것인지, 어떤 사람들을 대상으로 하는 광고인지 확인할 수 있다.

2. different, famous, special, 최상급을 잘 들어라!
광고가 되고 있는 업체나 상품의 특징(features)을 묻는 질문에 답할 때는 지문의 전반부에 제품의 특징을 나타내는 표현들이 자주 등장한다.
We specialize in ~ / For our famous ~

3. 마지막에 소비자에게 제안하는 If you ~, please ~를 잘 들어라.
주문이나 사은품, 할인혜택을 받기 위해서 어떻게 해야 하는지 묻는다. 후반부에서 할인 기간이나 주문방법 등에 대해 언급하고 광고를 마무리 한다. 그밖에도 소비자들에게 제안하는 말투로 For more information call us ~, To order it ~으로도 자주 등장한다.

Exercises

문제풀이 예제

Look 문제지 미리보기

01 What is the main purpose of the advertisement? (A) To announce a relocation of the store (B) To let people know about a new business (C) To mention a special sale (D) To introduce a new product 02 What kind of business is being advertised? (A) Household appliances (B) A grocery store (C) A shipping company (D) A sign printing company	03 What information is provided for the listeners? (A) A delivery date (B) An email address (C) A business hour (D) Directions to the store

어휘 household appliance 가전제품 shipping company 운송회사 sign 간판

Look & Check 음성이 나오기 전 주요 키워드 표시하기

01 **What** is the main **purpose** of the **advertisement**?
(A) To announce **relocation of the store**
(B) To let people know about a **new business**
(C) To mention a **special sale**
(D) To introduce a **new product**

광고의 주목적은 무엇인가?
(A) 가게의 이전을 알리기 위해
(B) 새로운 사업을 알리기 위해
(C) 특별 세일 알리기 위해
(D) 새 제품을 소개하기 위해

02 **What** kind of **business** is being **advertised**?
(A) **Household appliances**
(B) A **grocery** store
(C) A **shipping** company
(D) A **sign printing** company

어떤 종류의 사업체가 광고되고 있는가?
(A) 가전제품
(B) 식품점
(C) 운송회사
(D) 간판 인쇄 회사

03 **What information** is **provided** for the listeners?
(A) A **delivery date**
(B) An **email** address
(C) Business **hours**
(D) **Directions** to the store

청자들에게 어떤 정보가 주어지는가?
(A) 배송일
(B) 이메일 주소
(C) 영업시간
(D) 상점 약도

해설 01 광고의 목적 역시 지문의 처음 2문장 안에서 듣도록 노력한다. All household appliances at Costco are on sale.에서 정답이 (C)라는 것을 알 수 있다.

02 광고되는 사업체 역시 주제와 관련된 것이므로, 주로 지문의 상단에 위치하게 된다. All household appliances를 통해서 가전제품점이라는 것을 알 수 있고, 뒤의 all your household appliances like microwave, refrigerators and washers에서도 파악이 가능하다. 정답은 (A)이다.

03 청자들에게 주어지는 정보는 주로 하단에 위치한다. Our stores are located on Highway 65. Just follow the signs to Costco.에서 정답이 (D)라는 것을 알 수 있다.

Listen 대화를 듣고 문제지와 대조하기 미W

Questions 01-03 refer to the following advertisement.
Attention shoppers! **All household appliances at Costco are on sale**. We are offering everything at half price. But hurry up, as this offer is available for this week only. At these low prices our merchandise is sure to sell out quickly. Come stock up on all your **household appliances** like microwaves, refrigerators and washers. **Our store is located on Highway 65.** Just follow the signs to Costco. We look forward to seeing you soon.

문제 01-03은 다음 광고를 참조하세요.
쇼핑객 여러분께 알려드립니다. Costco에 있는 모든 가전제품들을 할인 판매합니다. 모든 것을 절반 가격에 판매합니다. 그러나 서둘러 주시기 바랍니다. 이 할인은 이번 주에만 진행되기 때문입니다. 이런 저렴한 가격이면 우리 제품들은 빨리 소진될 것입니다. 우리 상점에 오셔서 전자레인지, 냉장고 그리고 식기세척기와 같은 가전제품을 미리 구매해두세요. 우리 상점은 65번 고속도로에 위치해 있습니다. Costco 간판만 따라오세요. 곧 뵙기를 기대합니다.

어휘 on sale 세일 중인 hurry up 서두르다 sell out 다 팔리다 stock up 비축하다 microwave 전자레인지 washer 식기세척기 look forward to -ing ~하기를 고대하다

▶ 문제풀이 예제 정답: 01 (C) 02 (A) 03 (D)

LESSON 2 광고 빈출 유형 분석

MP3 File 4-13

Point

1. **제품 관련 광고:** 신제품이나 기존 상품에 대한 광고로 주로 홈쇼핑이나 라디오에서 들릴 법한 내용들이 등장한다. 제품에 대한 문제점부터 출발하거나 고객을 현혹시킬 만한 미사여구로 시작하게 된다. 이렇게 광고를 시작하고 나면, 광고되는 상품만이 갖는 장점이나 기능, 특징(features)들이 언급된다.
2. **서비스나 회사 광고, 할인 광고:** 특정 상품이 아닌 서비스나 매장, 회사(resort, furniture store, restaurant, fitness center 등), 할인서비스(inventory sale, seasonal sale, going-out-of-business sale) 등의 광고가 등장한다. 회사의 위치, 찾아가는 방법, 할인기간, 할인 정도, 구매방법 등에 대해 언급하게 된다.

A 빈출 유형 1. 할인 행사가 있어요. 미M

01 Which product is being advertised?
(A) Office supplies (B) Windows (C) Appliances (D) Furniture

02 What service is being offered to the customers?
(A) Installation (B) A warranty (C) Free delivery (D) A discount

03 When does the sale start?
(A) On Monday (B) On Tuesday (C) On Wednesday (D) On Friday

01 **Which product is being advertised?** – 광고되고 있는 제품이 어떤 제품인지 묻는 질문
☆ 광고되고 있는 제품에 대한 질문은 초반부에 답이 있다. 구체적인 제품명을 언급하거나 정답을 그대로 말하기도 한다.
Tip 첫 마디에서 문제점을 제기하는 내용을 잡아야 한다. Are you looking for ~? 등의 표현을 잘 들어라.

02 **What service** is being **offered** to the **customers**? – 어떤 서비스가 고객에게 제공되는지를 묻는 질문
☆ 키워드는 service, offer, customers로 어떤 서비스(service)인지 확인하라.
Tip 광고에서 제안하는 내용은 후반부에 등장한다. 후반부에서 offer, provide 등의 단어를 잘 들어라.

03 **When** does the **sale start**? – 세일이 언제 시작하는지 묻는 질문
☆ 지문 중 · 후반부에서 키워드인 sales start를 듣고 요일을 확인하라.
Tip 세일기간은 주로 할인광고에서 초반부나 후반부에 등장한다. 마지막 문제이므로 순차적으로 후반부에서 나올 것이라고 기대하라.

B 빈출 유형 2. 저희 가게로 오세요! 호W

01 What kind of business is being advertised?
(A) A furniture factory (B) A home furniture store
(C) A graphic design company (D) A painting store

02 What has been added to the business's website?
(A) Reviews by customers (B) Directions to a location
(C) An option for in-store pick-up (D) An online consultation

03 How can customers receive a 10% discount?
(A) By applying for a credit card (B) By making a membership card
(C) By completing a survey (D) By trying a new service

01 **What kind of business** is being advertised? – 광고하고 있는 회사의 업종에 관한 문제
☆ 업종에 관한 문제는 전반부에 답이 있다. 파는 물건들을 구체적으로 언급하거나 업종이 그대로 들린다.
Tip 두 번째 문장에 회사 이름이 나오고 We provide, offer 등의 표현으로 업종을 묘사하고 있다. Real Home Furniture offers one-stop shopping for all your needs.

02 What has been **added to the business's website**? – 웹사이트에 추가된 내용을 묻는 문제
☆ 키워드인 add와 website를 들어야 답이 나온다. 보기에 집중하라!
Tip 구체적인 내용은 대화의 중반부에 키워드를 끼고 언급된다. ~ added a new feature to our website.~ place your order online ~ pick up을 듣고 online order나 pick up이 언급된 보기를 찾아라.

03 **How** can customers **receive a 10% discount**? – 10% 할인을 받을 수 있는 방법을 묻는 문제
☆ 각종 혜택에 대한 정보는 하단부에 답이 나온다.
Tip 하단부에서 we'll give you ~ 부분을 들으면 답이 나온다.

A 정답: 01 (C) 02 (A) 03 (A) B 정답: 01 (B) 02 (C) 03 (D)

▶ 정답 및 해설 p.194~195

Exercises

문제풀이 예제

Look 문제지 미리보기

01 What kind of event is being advertised?
(A) A cooking contest (B) A concert
(C) A sporting event (D) A local carnival

02 According to the speaker, what will cost $2?
(A) Admission to the event
(B) An events guide
(C) Baked goods
(D) A raffle ticket

03 When will the event take place?
(A) On Thursday
(B) On Monday
(C) On Saturday
(D) On Sunday

어휘 cooking contest 요리 대회 local carnival 지역 축제 baked goods 빵 및 과자류 raffle 추첨 행사

Look & Check 음성이 나오기 전 주요 키워드 표시하기

01 **What** kind of **event** is being **advertised**?
(A) A **cooking** contest
(B) A **concert**
(C) A **sporting** event
(D) A local **carnival**

어떤 종류의 행사가 광고되고 있는가?
(A) 요리 대회
(B) 콘서트
(C) 스포츠 행사
(D) 지역 축제

02 According to the speaker, **what** will **cost $2**?
(A) **Admission** to the event
(B) An events **guide**
(C) Baked **goods**
(D) A **raffle ticket**

화자에 따르며, 무엇이 2달러의 비용이 드는가?
(A) 행사 입장
(B) 행사 가이드
(C) 빵 및 과자류
(D) 추첨 티켓

03 **When** will the **event** take place?
(A) On **Thursday**
(B) On **Monday**
(C) On **Saturday**
(D) On **Sunday**

행사는 언제 열리는가?
(A) 목요일
(B) 월요일
(C) 토요일
(D) 일요일

해설 01 광고의 대상을 묻는 문제이므로, 목적과 유사하다. 따라서 지문의 전반부를 주의 깊게 들어야 한다. Don't forget the Aston University local festival is this Monday라고 했으므로 정답은 (D).
02 2달러라는 단어를 잘 들어야 한다. Raffles tickets will sell for two dollars each.라고 했으므로 정답은 (D)이다.
03 행사가 열리는 요일을 묻는 문제. 행사를 알리는 내용이므로 전반부에 위치하는 것이 일반적이다. Don't forget the Aston University local festival is this Monday와 마지막의 So please join us this Monday.에서 다시 한 번 언급하고 있음을 알 수 있다.

Listen 대화를 듣고 문제지와 대조하기 영M

Questions 01-03 refer to the following advertisement.
Don't forget the **Aston University local festival** is **this Monday** from 4 to 10 p.m. in the university's main building. This annual festival is open to the public and admission is free. Among the activities at the carnival will be a film presentation, children's activities and plenty of delicious food. Students from the university will be hosting activities throughout the main building including face painting and a variety of arts and crafts. At the end of the festival, we will hold a draw for a brand new car. **Raffle tickets will sell for two dollars** each. And proceeds from the carnival will be donated to charity. So please join us **this Monday.**

문제 01-03은 다음 광고를 참조하세요.
Aston대학교의 지역 축제가 월요일 오후 4시부터 10시까지 대학 본관에서 있다는 것을 잊지 마세요! 이 연례 축제는 일반인들도 올 수 있으며 입장료는 무료입니다. 축제의 행사에는 영화 상영회, 아이들의 놀거리 그리고 맛있는 음식이 많이 있습니다. 대학에 재학중인 학생들이 페이스페인팅과 다양한 공예품 제작들을 포함해서 본관 전역에서 이러한 행사들을 진행할겁니다. 축제의 마지막에는 새 자동차 추첨 행사가 있을 예정입니다. 추첨권은 장당 2달러에 판매가 될 것입니다. 그리고 이 행사의 수입금은 자선단체에 기부될 것입니다. 월요일에 꼭 오세요.

어휘 open to ~에게 열려 있는 admission 입장 host 주최하다 including ~을 포함하여 arts and crafts 공예 draw 추첨 brand new 신형, 아주 새로운 proceeds 수입금 donate 기부하다 charity 자선단체

▶ 문제풀이 예제 정답: 01 (D) 02 (D) 03 (B)

01 What type of business is being advertised?
(A) A convenience store
(B) An office-supply store
(C) A food market
(D) A photography studio

02 What will contest winners receive?
(A) Product samples (B) A set of dinner plates
(C) A store discount (D) A framed picture

03 According to the advertisement, what can be found on the website?
(A) Hours of operation
(B) A contest entry room
(C) A schedule of events
(D) Directions to the business

---

04 What is the advertisement for?
(A) Study in foreign countries
(B) Foreign language lessons
(C) A French restaurant
(D) A student loan

05 Who is Gary Reeves?
(A) An academic instructor
(B) A software developer
(C) A student
(D) A hotel manager

06 What should the listener do to get more information?
(A) Call the office (B) Submit a form
(C) Visit the office (D) Attend the class today

---

07 Who would be interested in this advertisement?
(A) Restaurant owners
(B) Office workers
(C) Computer repair shops
(D) Furniture stores

08 What advantage is mentioned about the F6600-D Copy and Print System?
(A) It is very easy to use.
(B) It is cheaper to operate than similar systems.
(C) It uses less space than the current equipment setup does.
(D) It creates more professional looking documents than the current equipment does.

09 Which of the following is NOT mentioned about the F6600-D Copy and Print System?
(A) It has a fax function.
(B) It has a scanner function.
(C) It costs a little less than $2,000.
(D) It can make reductions and enlargements.

10 What type of business is being advertised?
(A) An airplane (B) A restaurant
(C) A travel agency (D) A hotel

11 What change has the business made recently?
(A) It has introduced an in-flight movie service.
(B) It has added new locations.
(C) It has updated its websites.
(D) It has decided to extend its hours of operation.

12 According to the speaker, who will receive a discount this month?
(A) Frequent flyers (B) International clients
(C) Current employees (D) Contest winners

---

13 Who most likely is the speaker?
(A) A radio host
(B) A tour guide
(C) A restaurant owner
(D) A city official

14 What is intended as part of the special package?
(A) Tickets to a museum
(B) A discount at hotels
(C) Free coffee at a cafe
(D) A city guidebook

15 Why should listeners visit the website?
(A) To get parking information
(B) To see a list of current shows
(C) To purchase tickets
(D) To learn more about city attractions

---

16 What is the main purpose of the advertisement?
(A) Going out of business sale
(B) Grand opening sale
(C) New winter items sale
(D) Clearance sale

17 What is the biggest discount you can get in this sale?
(A) Up to 70% off
(B) $150 dollars off
(C) Free socks with every purchase
(D) 80% off selected items

18 What do customers need to spend in order to receive a free duffle bag?
(A) More than $150
(B) More than 70%
(C) More than $70
(D) Exactly $150

19 What is The Valley Record?
(A) A magazine
(B) A newspaper
(C) A monthly journal
(D) A weekly newsletter

20 What is included in a subscription?
(A) Free home delivery
(B) Discounts on products
(C) Reduced prices on books
(D) Coupons for local stores

21 How can customers subscribe?
(A) By calling a phone number
(B) By registering on the website
(C) By registering at a local bookstore
(D) By going to the Valley Record office

---

22 Where does the speaker say State Gold Apartments is located?
(A) Next to a city park
(B) In a quiet neighborhood
(C) Close to a shopping center
(D) Near a school

23 What has recently taken place at State Gold Apartments?
(A) A community room has been added.
(B) The management has been changed.
(C) Rental fees have been reduced.
(D) Some of them have been completed with interior designs.

24 According to the speaker, what is free for all residents of State Gold Apartments?
(A) Fitness facilities (B) A storage space
(C) A parking area (D) A Shuttle service

---

25 What does the advertised business sell?
(A) Sheets and blankets
(B) Telephone equipment
(C) Musical instruments
(D) Coffee and tea

26 What will happen next month?
(A) A sale will be end.
(B) Lessons will begin.
(C) A new store will be open.
(D) A performance will be held.

27 What is located next to the advertised business?
(A) A cafe (B) A university
(C) A radio station (D) A bookstore

28 What type of event is being announced?
(A) A fashion show
(B) An art exhibition
(C) An antique furniture show
(D) An automobile show

29 When does the event start?
(A) Monday
(B) Saturday
(C) Thursday
(D) Sunday

30 What will visitors receive if they buy a ticket today?
(A) A T shirt
(B) Free entry for a concert
(C) A catalogue for the event
(D) A 10% discount

---

31 Where is Kevin's House located?
(A) Near a sports complex
(B) Near a school
(C) Near a train station
(D) Near a fire station

32 What is the restaurant famous for?
(A) Soup
(B) Salad
(C) Pasta
(D) Steak

33 What will the restaurant do on August 27th?
(A) Hold an audition for a band
(B) Host a party
(C) Introduce a new style of cooking
(D) Offer special prices

---

34 What type of business is being advertised?
(A) An airline
(B) A bank
(C) A travel agency
(D) A bookstore

35 What does the business specialize in?
(A) Tours of England and Italy
(B) Books on Latin America
(C) Discount airfare to Asia
(D) Language courses

36 According to the advertisement, how can customers get more information?
(A) By visiting a website
(B) By making a phone call
(C) By sending an e-mail
(D) By reading a travel brochure

▶ 정답 및 해설 p.195~203

Chapter 5

교통방송(Traffic Report) & 일기예보(Weather Forecast)

출제 비율은 평균 10% – 10개의 지문 가운데 1~2개의 지문이 교통방송이나 일기예보로 등장한다.
가장 전형적인 내용이 반복되는 유형이다. 교통방송은 현재의 교통상황이나 차가 막히는 원인을 제시한 후 우회로나 대안을 알려주며, 일기예보는 특정일의 기상상황과 앞으로의 날씨를 예보한 뒤 그에 상응하는 주의 및 권고사항을 알려준다.

교통방송	도로가 막히거나 폐쇄되었다는 소식과 그 이유를 전하고, 현재 취해진 조치와 다른 길로 우회해서 가라는 조언을 덧붙인다.
일기예보	오늘이나 주말 또는 다음 주의 날씨를 예보하고 날씨와 관련된 권고사항을 언급한다.

★ 주요 출제 패턴

<table>
<tr><td rowspan="3">내용</td><td colspan="2">교통방송: 도로 공사나 악천후로 인한 교통체증 안내, 우회 권고, 공사 도로 재개통 일정 안내</td></tr>
<tr><td colspan="2">일기예보: 현재의 날씨, 내일이나 주말의 날씨 예보, 우산이나 모자 등을 준비하라는 권고, 스튜디오 다시 연결</td></tr>
<tr><td colspan="2">방송 시간: When does the talk take place?
☆ 전반부의 Good morning, Good evening 등의 인사말로 쉽게 짐작할 수 있다.
주제, 목적: What's the subject of the report?
☆ 인사말에 바로 이어서 방송의 주제가 언급된다. has announced that ~, has decided to ~ 부분을 확인한다.
문제의 원인: What's causing the problem?
☆ 문제점을 언급한 후 바로 이어서 원인이나 배경을 말한다.
제안, 조언: What does the report advise listeners to do?
☆ 후반부의 remember that ~, We ask that ~, We recommend ~, I suggest ~, Please ~ 부분을 확인한다.</td></tr>
<tr><td rowspan="2">빈출 문제</td><td>주제
목적
화자
청자</td><td>What is the report about?
What's the purpose of this news report?
Who is the speaker?
Who is the broadcast mainly intended for?</td></tr>
<tr><td>뉴스 방송 시간
청자가 해야 할 일
권유 사항
비는 언제 그치는가?
월요일 날씨는 어떤가?
잠시 후 들을 내용은 무엇인가?</td><td>What time is the news given?
What are the listeners encouraged to do?
What does the speaker suggest?
When will the rain stop?
What's the weather forecast for Monday?
What will the listeners hear next?</td></tr>
<tr><td>핵심 표현</td><td colspan="2">Please, stay tuned for ~ 채널을 고정해주세요.
The skies are overcast = mostly cloudy skies 날씨가 흐립니다.
Tonight's weather calls for rain throughout the night. 오늘밤은 밤새 비가 오겠습니다.
There's a possibility of showers in the afternoon. 오후에 소나기 가능성이 있습니다.
The traffic is backed up. 교통이 정체되고 있습니다.
There was a car accident this morning. 오늘 아침 교통사고가 있었습니다.
Take an alternate route. = Take a detour. 우회하세요.
Take public transportation. 대중교통을 이용하세요.
We'll be back after ~을 들은 후 계속하겠습니다.</td></tr>
</table>

LESSON 1 교통방송

MP3 File 4-14

Point

라디오의 교통방송(Traffic Report): 리포터가 간단한 인사말과 함께 방송이 나가고 있는 시간과 간략한 자기소개를 하고 곧바로 교통 정보를 이야기한다. 정보는 주로 교통체증을 다루고 있으며 원인이나 이유로는 교통사고, 신호등, 도로 확장공사 등이 등장한다. 후반부는 우회도로에 대한 정보를 주는 등 전형적인 방송 내용으로 마무리한다.

A 교통방송의 순서

교통방송에서는 주로 도로가 막히거나 폐쇄되었다는 소식과 함께 그 원인이나 이유 등을 설명한다. 현재 어떤 조치를 취했으며 마지막에는 다른 길로 우회해서 가라는 등의 조언을 덧붙이며 끝난다.

1. 인사 및 프로그램명	Good morning. **This is ~ at ~ station.** 안녕하세요, 좋은 아침입니다. 여기는 ~ 방송국의 ~입니다. **This is** Alan Carroll **with a special traffic update.** 저는 특별 교통 소식의 Alan Carroll입니다.
2. 교통상황 3. 정체 이유	**I'd like to remind** you of ~ 여러분께 ~을 다시 알려드리려고 합니다. **There was an accident**/repair work ~ 사고/보수공사가 있었습니다 Due to severe fog, **there is severe traffic congestion** on the highway. 짙은 안개로 인해 고속도로에 심한 교통정체가 있습니다. **There's a significant delay** at the Western Town Tunnel. Western Town 터널에서 극심한 정체가 있습니다. **Back up** all the way to Pecktington. Pecktington까지 길이 막혀 있습니다.
4. 대안 제시	We **recommend avoiding** Main Street and **taking an alternative** ~ Main Street를 피해서 다른 길로 가시기 바랍니다. We **recommend taking** Route 21 and some other alternate routes. 21번 및 기타 우회로를 이용하시기 바랍니다.
5. 다음 방송시간 안내	**Coming up** at 6:00 ~ 6시에 다시 오겠습니다. Please **stay tuned**. (= Stay tuned for ~) 채널 고정하세요. **Our next traffic report will be in fifteen minutes** so keep listening. 다음 교통정보는 15분 후에 있을 예정이오니 계속해서 청취해주시기 바랍니다.

B 교통방송 빈출 질문

1. 프로그램의 주제나 목적, 현재 시간	**What time** is this **broadcast** being given?
2. 청중에 대한 정보	**Who** are the **listeners**?
3. 교통정체의 이유나 원인	According to the report, **what caused** the **traffic delay** this morning?
4. 구체적인 도로 정보	On which day was Maple Street **closed to automobile traffic**? **How long** will the **construction** take?
5. 요구사항	**What** has been **recommended**?
6. 대안 제시 및 다음 방송 안내	**What** does the **report advise** listeners to do? **When** is the **next update**?

Ustar 출제포인트 시험에는 이렇게 나온다! **교통체증의 빈출 답변을 기억하자!**

1. **빈출 답변인 교통체증의 이유는 주로 도로 공사나 악천후 등이다:** traffic accidents(교통사고), road constructions(도로공사), repair work(보수공사), poor weather condition(안 좋은 날씨), repavement(도로포장)
2. **우회하라, 대중교통을 이용하라, 천천히 조심히 운전하라 등도 답이다.**
   Take an alternative route(= detour). 우회로로 돌아가세요.
   Use public transportation. 대중교통을 이용하세요.
   Leave at an earlier time. 좀 더 일찍 출발하세요.
   Drive slower than usual. 평소보다 천천히 운전하세요.
3. **교통방송서의 청취자(audience)는 누구인가?** ⇨ drivers, automobilists, motorists

Exercises

문제풀이 예제

Look 문제지 미리보기

01 What type of a report is being given?
(A) Traffic (B) Weather
(C) Business (D) Entertainment

02 According to the report, what might affect the work schedule?
(A) Changes in the weather (B) Special events
(C) Requests from clients (D) Supply costs

03 What begins this week?
(A) Opening a theater
(B) A new train service
(C) Building renovation
(D) Some repair work

어휘 entertainment 연예, 오락 affect 영향을 미치다 renovation 수리, 보수

Look & Check 음성이 나오기 전 주요 키워드 표시하기

01 **What** type of a **report** is being given?
(A) **Traffic**
(B) **Weather**
(C) **Business**
(D) **Entertainment**

이 보도는 어디에 속하는가?
(A) 교통
(B) 날씨
(C) 경제
(D) 연예

02 According to the report, **what** might **affect** the work **schedule**?
(A) Changes in the **weather**
(B) Special **events**
(C) **Requests** from clients
(D) Supply **costs**

보도에 따르면, 무엇이 작업 일정에 영향을 미칠 것인가?
(A) 날씨의 변화
(B) 특별 행사
(C) 고객의 요청
(D) 재료 가격

03 **What** begins **this week**?
(A) Opening **a theater**
(B) A new **train service**
(C) Building **renovation**
(D) Some **repair work**

이번 주에 무엇이 시작되는가?
(A) 극장 개관
(B) 새로운 열차 서비스
(C) 건물 개조
(D) 수리 작업

해설 01 보도의 유형은 주제를 묻는 것과 일맥상통하므로, 상단 첫 2문장 안에서 파악하도록 한다. an important announcement for all drivers heading to the city에서 교통에 대한 것임을 알 수 있다.
02 작업 일정에 대해 말하고 있는 Unless it rains our road repair crew will close ~라는 부분에서 비가 오지 않는 경우에 일어나게 되는 일에 대해 말하고 있으므로 날씨가 영향을 미치게 되는 것임을 알 수 있다.
03 상단의 our road repair crew will close two lanes at the New Town Bridge every night starting this week에서 이번 주부터 수리 작업이 시작된다는 것을 알 수 있다. 따라서 정답은 (D).

Listen 대화를 듣고 문제지와 대조하기 미W

Questions 01-03 refer to the following report.
And now, **an important announcement for all drivers** heading to the city. **Unless it rains our road repair crew will close two lanes at the New Town Bridge every night starting this week.** Work will begin at 10 p.m. every night, All lanes will reopen by 6 a.m. the following morning. We ensure that downtown commuters won't be affected by this work. However, if you are attending any sporting events or shows, we advise you to detour around the Main Street. We apologize for any future inconvenience and if you experience any difficulties please let us know by calling 221-3431.

문제 01-03은 다음 방송을 참조하세요.
자, 다음은, 시내로 향하는 운전자들에게 모두 해당되는 중요한 사항을 알려드립니다. 만약 비가 오지 않는다면 이번 주부터 매일 밤 도로 공사 작업반이 New Town교의 두 차선을 폐쇄할 예정입니다. 작업은 매일 밤 오후 10시에 시작되는데, 다음날 오전 6시에는 모든 차선을 다시 열 것입니다. 시내로 출퇴근하시는 분들은 이 작업으로 인해 영향을 받지 않을 것이라고 확신합니다. 하지만 운동 경기나 공연 관람을 하시려 가신다면 Main가를 우회하시기 바랍니다. 앞으로 불편을 드리게 되어 미리 사과를 드리며, 만약 난관에 봉착하시면 221-3431로 연락하셔서 알려주시기 바랍니다.

어휘 head to ~로 향하다 road repair crew 도로 수리 작업반 lane 차선 commuter 통근자 detour 우회하다 apologize 사과하다 inconvenience 불편

▶ 문제풀이 예제 정답: 01 (A) 02 (A) 03 (D)

LESSON 2 일기예보

MP3 File 4-15

Point

라디오에서 나오는 일기예보(weather forecast) 안내: 우선 인사말과 함께 간단한 프로그램 소개나 자기소개가 이어진다. 그러고 나서 방송시간대, 평일, 주말, 다음 주 등의 구체적인 날씨정보가 등장한다. 날씨정보가 끝나면 청취자들에게 '우산을 챙겨라' 등 날씨와 관련된 조언을 한 뒤에 이어질 방송이나 프로그램을 소개한다.

A 일기예보의 순서

오늘의 날씨부터 주말이나 다음 주의 날씨를 예상하고 날씨와 관련된 주의 및 권고사항을 언급한다.

1. 인사/현재 방송시간 프로그램 소개	**Good evening. You're listening to ~** 안녕하세요. 여러분은 ~을 듣고 있습니다. **This is for** the morning weather report. 아침 일기예보입니다. Good morning, **this is** Steve Coast **with** your weather update. 안녕하세요. 저는 여러분에게 일기예보를 전해드리는 Steve Coast입니다. **I'm** Kerry Wonder **with** today's forecast. 오늘의 날씨의 Kerry Wonder입니다.
2. 현재 날씨와 조언	**Don't forget to take** your umbrella with you. 우산 꼭 챙겨가세요. **The rain we're currently experiencing will last** throughout the morning 지금 내리는 비는 오전 내내 계속될 예정입니다. The **temperature** is 25 degrees **right now**. 현재 기온은 25도입니다.
3. 미래의 날씨	**However, the sky will clear this afternoon** and the temperature will reach up to 20 degrees Celsius. 하지만 오후에 하늘이 맑게 개이고 기온은 섭씨 20도까지 오를 것입니다. **Tomorrow will** be warm and sunny. 내일은 해가 나고 따뜻하겠습니다. **We are expecting** more rain **later this week**. 이번 주에는 비가 더 내릴 것으로 예상하고 있습니다.
4. 다음 방송 안내	**We'll have** the next weather report **in one hour along** with the daily traffic update. 1시간 후에 매일 교통정보와 함께 다음 날씨정보를 알려드리겠습니다.

B 일기예보 빈출 질문

1. 방송이 진행되는 시간대	**When** is the **weather report** most likely **given**? **When** is this **traffic report** being **given**?
2. 방송의 종류	**What** is this **report for**? **What** is the main **subject of this report**?
3. 청취자가 날씨에 대한 대비책으로 해야 하는 행동을 묻는 질문	**What** does the speaker **recommend the listeners** do this morning? **What** does the speaker **suggest listeners** do?
4. 특정 요일, 기간 동안의 날씨 상태	According to the report, **how will the weather** be tomorrow? **What** is **today's weather** like?
5. 다음 방송에 관련된 질문	**When** is the **next weather report** going to happen? **When** is the **next news report**?

Ustar 출제포인트 시험에는 이렇게 나온다! **빈출답변을 암기해두자**

1. **날씨 관련 표현들을 암기해라.** ⇨ Sunny, Rainy, Windy, Snowy
2. **방송시간 안내는 제일 처음이나 마지막에 나온다.**
   ⇨ This is a weekly report ~ 지문 첫 대사(일주일에 한 번씩 하는 방송)
   ⇨ The next update will be in one hour ~ 지문의 마지막 대사(매시간 하는 방송)
3. **방송시간이나 장소는 now, it is, here 등에 답이 있다.**
   ⇨ 현재의 시간은 It is two o'clock.과 같이 표현하며, 현재의 장소는 here in Seoul 등으로 시작한다.
4. **however, but, so 등의 표현 뒤에는 반드시 답과 관련된 내용이 나온다.**
   ⇨ However I suggest ~, But remember ~

Exercises

문제풀이 예제

Look 문제지 미리보기

01 What is the report about?
(A) Weather (B) Business
(C) Traffic (D) Health

02 What does the speaker suggest the listeners to do?
(A) Drive carefully
(B) Dress comfortably
(C) Buy a new product
(D) Spend time outside

03 What will the listeners hear next?
(A) Songs
(B) A talk show
(C) An interview
(D) An advertisement

어휘 dress 옷을 입다 comfortably 편안하게

Look & Check 음성이 나오기 전 주요 키워드 표시하기

01 **What** is the **report about**?
(A) **Weather**
(B) **Business**
(C) **Traffic**
(D) **Health**

무엇에 관한 보도인가?
(A) 날씨
(B) 경제
(C) 교통
(D) 건강

02 **What** does the **speaker suggest** the listeners to **do**?
(A) **Drive** carefully
(B) **Dress** comfortably
(C) Buy a **new product**
(D) Spend time **outside**

화자는 청자들에게 무엇을 하기를 제안하는가?
(A) 조심스럽게 운전하기
(B) 편안하게 옷 입기
(C) 새 제품을 사기
(D) 야외에서 시간 보내기

03 **What** will the listeners **hear next**?
(A) **Songs**
(B) A **talk show**
(C) An **interview**
(D) An **advertisement**

청자들은 다음에 무엇을 듣게 될 것인가?
(A) 노래
(B) 토크 쇼
(C) 인터뷰
(D) 광고

해설 01 목적을 묻는 문제이므로, 지문의 첫 2문장 안에서 내용을 찾도록 한다. This is Adam Louis, with the MBS evening forecast.에서 날씨에 대한 보도를 하고 있음을 알 수 있다.
02 청자들에게 제안하는 것은 주로 하단에 위치한다는 것을 알아두자. So visit any parks or outdoor events while you can.에서 정답은 (D)라는 것을 알 수 있다.
03 미래에 관한 정보는 마지막 부분에서 나온다. after this commercial message from Valero Energy이라고 했으므로 정답은 (D)이다.

Listen 대화를 듣고 문제지와 대조하기 미M

Questions 01-03 refer to the following announcement.
This is Adam Louis, with the **MBS evening forecast**. In this typically rainy and humid season, we are happy to report that tomorrow will be unusually cool and sunny. The temperature for tomorrow should be lower than 20 degrees Celsius. I will recommend that you take advantage of this great weather because it won't last. We are expecting the rain to return later this week. **So visit any parks or outdoor events while you can**. I will have more details on what the rest of the week will be like **after this commercial message** from Valero Energy.

문제 01-03은 다음 안내방송을 참조하세요.
MBS 저녁 일기예보의 Adam Louis입니다. 이런 전형적인 비가 내리고 습한 우기 시즌에 내일은 예외적으로 시원하고 맑은 날씨가 될 것을 알려드리게 되어 기쁩니다. 내일의 기온은 섭씨 20도를 밑돌 것입니다. 그러나 이러한 좋은 날씨는 오래가지 않을 것이므로 이 기회를 잘 활용하시기 바랍니다. 이번 주말쯤에 비가 다시 올 것으로 예상됩니다. 따라서 할 수 있을 때 공원이나 야외로 나가서 즐기시기 바랍니다. Valero Energy의 광고 방송을 듣고 이번 주의 나머지 날씨에 대해 자세히 알려드리겠습니다.

어휘 forecast 예보 typically 전형적으로 rainy 비가 오는 humid 습한 unusually 이례적으로 sunny 맑은 temperature 기온 take advantage of ~을 이용하다 last 지속되다 outdoor 야외의 commercial message 광고 방송

▶ 문제풀이 예제 정답: 01 (A) 02 (D) 03 (D)

01 Why has city traffic decreased?
(A) Recent road construction has ended
(B) Larger buses have been introduced.
(C) Many people are on holiday.
(D) A subway station has opened.

02 What is causing delays on Route 30?
(A) A stalled truck
(B) A broken traffic signal
(C) Wet road conditions
(D) Bridge repairs

03 When is the next traffic report?
(A) In five minutes
(B) In ten minutes
(C) In one hour
(D) In two hours

---

04 Why is there a delay on the north bound freeway?
(A) Bad weather conditions
(B) Heavy traffic
(C) Road repairs
(D) A closed exit

05 How long will the Washington Bridge be closed for?
(A) One day
(B) Two days
(C) Two weeks
(D) One month

06 What will the listeners most likely hear next?
(A) A news report
(B) An advertisement
(C) A weather report
(D) An event schedule

---

07 What is the main purpose of the report?
(A) To give information about a construction project
(B) To advertise building materials
(C) To announce a city celebration
(D) To provide a current weather report

08 What does the speaker recommend?
(A) Taking public transportation
(B) Leaving earlier in the morning
(C) Driving at a reduced speed
(D) Taking an alternative route

09 How can listeners get updated information?
(A) By visiting a website
(B) By requesting e-mail updates
(C) By listening to the radio station
(D) By calling a special number

10 What is the purpose of the radio announcement?
(A) There will be construction
(B) A side road is being built
(C) A new highway is being constructed
(D) The highway is being permanently shut down

11 When will the main highway close to automobile traffic?
(A) In three weeks
(B) At the beginning of June
(C) On June 25
(D) At the end of June

12 What should people do if they have questions or concerns?
(A) Go to the construction site
(B) Phone the construction company
(C) Contact Gary Taylor
(D) Go to Kyle side road

---

13 What is the purpose of the broadcast?
(A) To give a car-buying tip
(B) To announce some construction work
(C) To report weather conditions
(D) To interview some politicians

14 What does the announcer suggest the listeners do tomorrow?
(A) Wear a warm jacket
(B) Allow extra commuting time
(C) Use public transportation
(D) Take an umbrella

15 What will listeners hear next?
(A) Business news
(B) Sports updates
(C) A traffic report
(D) An advertisement

---

16 Who most likely is the speaker?
(A) A doctor (B) A radio broadcaster
(C) A popular author (D) A pharmacist

17 What does the speaker suggest listeners do?
(A) Clean air-conditioning units regularly
(B) Have an annual physical exam
(C) Drink a lot of water
(D) Wait for the next weather update

18 According to the speaker, what can listeners find on the website?
(A) Product reviews (B) Local news articles
(C) A policy explanation (D) Health information

19 What is today's weather like?
(A) Cloudy and windy
(B) Freezing cold
(C) Warm
(D) It's raining.

20 What is going to happen tomorrow?
(A) The temperature will drop.
(B) Snow is expected.
(C) The temperature will remain the same.
(D) There will be heavy winds.

21 When is the next news report?
(A) Right after the weather report
(B) At 6 o'clock
(C) In twenty minutes
(D) At 7 o'clock

22 Who is this talk for?
(A) Motorists
(B) Police officers
(C) Customers
(D) Ambulance drivers

23 What caused the problem?
(A) A parked ambulance
(B) A car accident
(C) The police are arresting a criminal
(D) A fire

24 What has been recommended?
(A) Using a different road
(B) Calling the police
(C) Calling the radio station for updates
(D) Going to the accident site

25 Where should listeners expect delays?
(A) On Route 21
(B) On Highway 29
(C) Near the airport
(D) Near the shopping center

26 What caused the delay?
(A) Heavy snows
(B) Weekend traffic
(C) A hole in the road
(D) A stalled truck

27 What does the speaker recommend?
(A) Leaving early
(B) Traveling by bus
(C) Listening for news updates
(D) Taking a detour

28 How will the weather change tomorrow?
(A) It will get colder.
(B) It will start raining.
(C) It will become foggy.
(D) It will be sunnier.

29 What does the speaker advise people to do tomorrow?
(A) Carry an umbrella
(B) Drive carefully
(C) Wear heavy clothing
(D) Listen to the radio

30 What will listeners probably hear next?
(A) A traffic report
(B) Some music
(C) A news report
(D) Some advertisements

31 According to the report, what caused the traffic delay this morning?
(A) Traffic accidents
(B) Building construction
(C) A damaged highway
(D) Poor weather conditions

32 What advice does the speaker give?
(A) Take an alternative route
(B) Wait for a moment
(C) Use public transportation
(D) Call emergency services

33 What will happen tomorrow?
(A) A new highway will open.
(B) Repair work will begin.
(C) A new program will be aired.
(D) Traffic lights will be installed.

34 When was the weather report most likely given?
(A) In the morning
(B) At noon
(C) At 4 p.m.
(D) In the evening

35 What does the speaker recommend the listeners do this morning?
(A) Drive carefully
(B) Bring an umbrella
(C) Wear warm clothing
(D) Stay inside

36 According to the report, how will the weather be tomorrow?
(A) Sunny (B) Rainy
(C) Windy (D) Snowy

▶ 정답 및 해설 p.203~210

Chapter 6

인물소개(Introduction)

출제 비율은 평균 10% – 10개의 지문 중의 1~2개의 지문이 인물을 소개하는 내용이다.
업무관련 행사나 모임, 방송(broadcasting), 안내방송, 공지 등에서 특정인물을 소개하는 것이다. 행사의 시작을 알리는 인사말부터 소개되는 인물이 등장하기 전까지의 내용이 주를 이룬다. 우선 인물에 대한 업적, 이력, 경력 등을 언급하고 마지막으로 어떤 이야기를 할 것인지 연설이나 강연의 주제와 요구, 요청, 지시, 주의사항들을 이야기하면서 소개를 마무리한다.

초대연설자(guest speaker) 강연자, 전문가, 저자, 탐험가, 창립자 등	**● 일반 모임이나 행사에 초대받은 연설자(guest speaker) 소개** 소개하는 이유와 인물, 저서, 약력 등을 이야기한 다음 연설 주제를 언급한다. 강연의 순서가 언급되기도 한다. 끝으로 강연을 들을 준비가 됐는지 확인하고 지시 및 주의, 요청사항에 대해 알려준 다음, 주제나 연설자를 소개하는 것으로 마친다.
라디오 게스트 작가, 가수, 배우, 기업인 등	**● 게스트의 업적과 오늘의 주제 소개**
직원(employee) 전출자, 전입자, 퇴직자, 수상자 등	**● 새로운 간부의 지난 경력과 앞으로 회사에 기여할 일들을 소개** **● 수상자, 은퇴자의 업적과 오늘의 일정 소개** 업무와 관련된 회의, 오찬(luncheon), 파티 등 각종 행사 및 모임에서 간단한 인사말과 함께 인물을 소개하게 된 이유(전입, 전출, 퇴직, 은퇴, 수상 등)를 밝히고 인물의 직위(vice-president, director, regional manager, designer 등), 이력, 경력, 업적, 담당업무 등 그의 소감을 듣기 전까지의 소개내용이 나온다.

★ 주요 출제 패턴

내용	**라디오 게스트, 연설자 · 수상자 소개:** 강연회, 방송 등의 초청인사, 상을 받을 사람 등	
	직원 소개: 이직이나 은퇴하는 사원, 우수사원 소개, 그동안의 직책과 약력, 경력, 업무성과 등을 발표, 환영 및 감사인사 전달	
	목적: What is the purpose of the talk? ☆ 전반부의 I'm very pleased to ~, I'd like to introduce ~ 확인 **특정인의 직업:** Who is Mr. Johnson? ☆ 이름 뒤에 바로 직급을 언급 **이력, 업적:** What did Mr. Johnson recently do? ☆ 특정인의 이름을 언급한 후 그가 어떤 사람인지 소개하고 구체적인 업적이나 경력 언급 **이후 일정 및 앞으로 일어날 일:** What will happen next? ☆ 후반부의 is going to talk ~을 확인. 소개 받은 사람이 소감이나 연설을 할 것임을 말하거나 연설의 주제에 대해 언급	
빈출 문제	**목적** **소개 받는 사람** **화자** **청자** **장소**	What's the purpose of this talk? Who is being introduced? Who is the speaker? To whom is the talk being made? Where is this talk probably taking place?
	소개 받는 사람의 직위 **경력** **책임 업무** **연설 주제** **청중들이 할 일** **연설자가 잠시 후 할 일**	What is Mr. Khan's position? What does the speaker say about Mr. Potter? What will Mr. Cohen be responsible for? What's the topic of the keynote speech? What is the audience asked to do? What will Mr. Tanaka do next?
핵심 표현	I'm very pleased to introduce ~ ~를 소개하게 되어 기쁩니다 We're here tonight to welcome ~ 우리는 ~를 환영하기 위해 모였습니다 A report directly to B A는 B에게 직접 보고하다 will be in charge of = be responsible for ~을 책임지다 be transferred to ~ = be relocated to ~ ~로 전근가다 Let's give a warm welcome to ~ ~를 따뜻하게 환영합시다 This award goes to ~ 이 상은 ~에게 수여됩니다	

LESSON 1 라디오 게스트 소개

MP3 File 4-16

Point

라디오 프로그램에서의 게스트 소개: 토크쇼에서는 주로 프로그램의 소개와 더불어 투자(investment), 출판(publishing), 엔터테인먼트 등의 주제를 언급하고 이야기를 나누게 될 전문가나 해당인물을 소개하면서 본격적인 쇼가 진행되기 전까지의 내용들이 등장한다.

A 게스트 소개 순서

1. 인사, 프로그램 소개	**Good evening. You're listening to** ~ I am **your host**, ~ 안녕하세요. 여러분들은 ~을 듣고 있습니다. 저는 진행자 ~입니다. **This is** Miranda Lopez, **host of "Our world" here on WRG Radio.** WRG Radio의 Our world의 진행자 Miranda Lopez입니다. Good evening and **thanks for listening to** Radio 101. 안녕하세요. Radio 101을 청취해주셔서 감사합니다.
2. 오늘의 게스트 소개	**Our special guest is ~** 저희 특별손님은 ~입니다 **Today we are happy to have Mr. James Chang** in our studio. 오늘 저희 스튜디오에 Mr. James Chang이 나오셔서 기쁩니다. **In the studio**, a very special guest, Edgar Wolf. 스튜디오에 아주 특별한 손님인 Edgar Wolf 씨를 모셨습니다. Film director, Martin Lombardi, **will be joining us to talk about** his recent movie. 영화감독인 Martin Lomardi가 그의 최근 영화에 대해 이야기하기 위해 우리와 함께 할 것입니다.
3. 게스트의 현재 직위와 최근 정보	**We invited** Mr. Chang to NYT radio **to discuss his newly released autobiography.** 새롭게 출간한 자서전에 대해 이야기를 나누기 위해 Mr. Chang을 NYT 라디오에 초대했습니다. Professor Jones **has just published** a research study about ~ Jones 교수는 최근에 ~에 대해 연구논문을 발표했습니다
4. 오늘의 주제와 인터뷰 시작 / 청취자 참여 유도	**Professor Emilly Jones**, a research psychologist at Foster University, **will be talking with us about ~** Foster 대학교의 연구 심리학자인 Emily Jones 교수가 우리에게 ~에 대해 얘기할 겁니다 **She will share the results of her study** with us **after this commercial break.** 광고 후에 그녀의 연구 결과를 우리에게 이야기할 겁니다. **Tonight, Mr. Wolf will be discussing the inspiration** for the songs in his new CD. 오늘 Mr. Wolf 씨가 그의 새로운 CD에 있는 노래들에 대한 영감을 논의하겠습니다. **On today's show**, Martin **has promised to answer questions from you**, our listeners. 오늘 프로에서 Martin 씨는 청취자 여러분들의 질문에 답하겠습니다. **At the end of the interview**, Mr. Park **has agreed to take calls from** our listening audience. 인터뷰 끝에 Mr. Park은 청취자로부터의 전화를 받도록 하겠습니다.

B 게스트 소개 빈출 질문

1. 게스트의 직업, 신분 등에 대한 질문	**Who** is Mr. Chang?
2. 게스트의 현재 정보나 과거의 업적에 대한 질문	**What did** Mr. Chang **recently** do? **What accomplishment** of Satomi Hirobushi is **mentioned**? According to the speaker, **what did** Martin Lombardi do in Peru?
3. 다음 순서 설명	**What will happen next?** **What will** Edgar Wolf discuss?
4. 청취자에게 하는 요구, 요청사항	**What** are listeners **asked to do**? **What** are listeners **invited to do**?

Ustar 출제포인트 시험에는 이렇게 나온다! **게스트 소개 관련 빈출 정답 유형**

1. **키워드로 등장한 사람의 이름의 앞뒤를 잘 들어라!** 사람 이름을 키워드로 하여 그의 직업이나 직위 등을 묻는 질문은 인물 소개 초반에 나오는 이름 앞뒤의 내용을 잘 들어야 한다. 이름 앞뒤에 직업, 직위를 언급한다.
   I'm very pleased to introduce Natasha, the new general manager of our company.
   우리 회사의 새 본부장 Natasha를 소개하게 되어 매우 기쁩니다.
2. **후반부의 is going to talk ~를 잘 들어라:** 후반부에서는 앞에 소개 받은 사람이 나와서 연설할 거라는 얘기나 연설의 주제 등이 언급된다.
   She**'s going to talk to us about** her new novel. 그녀가 자신의 새 소설에 대해 우리에게 얘기할 겁니다.
3. **청취자에게 늘 요구하는 사항:** 전화하라(Call). 채널을 고정하라(Stay tuned).

Exercises

문제풀이 예제

Look 문제지 미리보기

01 What is the purpose of the talk?
(A) To advertise sales
(B) To introduce a guest
(C) To announce an award
(D) To report some local news

02 Who is Tomas Gray?
(A) A book reviewer
(B) A newspaper publisher
(C) A marketing specialist
(D) A financial writer

03 What are listeners asked to do?
(A) Purchase a book
(B) Visit a store
(C) Call a radio station
(D) Subscribe to a publication

어휘 guest 초대 손님 publisher 발행인 subscribe to ~을 구독하다

Look & Check 음성이 나오기 전 주요 키워드 표시하기

01 **What** is the **purpose** of the **talk**?
(A) To advertise **sales**
(B) To introduce a **guest**
(C) To announce an **award**
(D) To report some **local news**

이야기의 주제는 무엇인가?
(A) 세일 광고
(B) 초대 손님 소개
(C) 수상 공고
(D) 지역 뉴스 보도

02 **Who** is **Tomas Gray**?
(A) A book **reviewer**
(B) A newspaper **publisher**
(C) A **marketing** specialist
(D) A **financial** writer

Tomas Gray는 누구인가?
(A) 서적 평론가
(B) 신문 발행인
(C) 마케팅 전문가
(D) 재무 분야의 저술가

03 **What** are **listeners asked** to do?
(A) Purchase **a book**
(B) Visit a **store**
(C) **Call** a radio station
(D) **Subscribe** to a publication

청자들은 무엇을 요청 받는가?
(A) 책 구매
(B) 상점 방문
(C) 라디오 방송국으로 전화
(D) 출판물에 대한 정기 구독

해설 01 이야기의 목적은 지문의 첫 2문장 안에서 파악해야 한다. we will be speaking with a renowned international marketing expert, Tomas Gray에서 함께 이야기를 나눌 손님을 소개하고 있다는 것을 알 수 있다.
02 주제를 나타내는 문장에 이미 나와 있다. a renowned international marketing expert, Tomas Gray에서 정답을 알 수 있다.
03 요청사항은 지문의 하단에 위치한다. So, call the station at 766-3434에서 정답이 (C)라는 것을 알 수 있다.

Listen 대화를 듣고 문제지와 대조하기 영M

Questions 01-03 refer to the following talk.
Good evening. You're listening to 101 FM. Tonight **we will be speaking with a renowned international marketing expert, Tomas Gray.** Mr. Gray is the author of numerous books of new promotion strategies as well as a regular columnist in the *Global Business Week* magazine. He joins us tonight and we'll talk about his most recent book, "How to build up customer loyalty", which was released on Wednesday. It has already received great reviews. Mr. Gray is happy to take questions and comments from listeners. **So, call the station at 766-3434.**

문제 01-03은 다음 담화를 참조하세요.
안녕하세요, 좋은 저녁입니다. 여러분은 101 FM을 청취하고 계십니다. 오늘 저희는 저명한 국제 마케팅 전문가인 Tomas Gray와 함께 이야기를 나누도록 하겠습니다. Gray 씨는 Global Business Week 지에 정기적으로 칼럼을 기고하실 뿐만 아니라 새로운 판촉 전략에 대한 저서를 여러 권 집필하셨습니다. 오늘밤 우리와 함께하시면서 수요일에 발간된 최근 저서인 ≪How to build up customer loyalty≫에 대해서 이야기를 할 것입니다. 이 책은 벌써 평자들로부터 극찬을 받았습니다. Gray 씨는 청취자에게서 질문이나 의견을 기꺼이 받을 겁니다. 그러니 방송국 전화 766-3434번으로 전화주시기 바랍니다.

어휘 renowned 유명한, 저명한 marketing expert 마케팅 전문가 author 저자 promotion 판촉 strategy 전략 recent 최근의 build up 증가시키다 customer loyalty 소비자의 상표에 대한 충성 review 비평 comment 의견

▶ 문제풀이 예제 정답: 01 (B) 02 (C) 03 (C)

LESSON **2** # 오늘의 수상자 소개

MP3 File 4-17

Point

시상식장에서의 수상자 소개: 올해의 직원상, 이달의 직원상 등은 영어권 기업문화에서는 중요한 행사이다. 때문에 Part 4 지문에서도 이와 관련된 내용이 자주 등장한다. 사내 직원들의 동기부여를 목적으로 하는 행사로, 수상자 대부분이 직원들이다. 패턴화된 진행순서를 미리 알아두면 청취시 내용을 보다 빨리 파악할 수 있다.

A 수상자 소개 순서

1. 인사말(자기소개)/ 모임의 목적	**Thank you for coming** to our **annual awards dinner party.** 연례 수상식 만찬회에 잘 오셨습니다. **Welcome to our 5th annual employee awards.** 제5회 연례 직원시상식에 오신 걸 환영합니다.
2. 오늘의 수상자 소개	**I'm very pleased to announce** this year's **Salesperson of The Year, Alex Glen.** 올해의 영업직원인 Alex Glen을 소개하게 되어 너무 기쁩니다. The first **award goes to Elena Kim.** 첫 번째 상은 Elena Kim에게 수여됩니다.
3. 수상 이유와 업적 4. 수상자의 현재 직위와 과거의 정보	When Dr. Bantar **first joined our company,** ~ Dr. Bantar가 처음 우리회사에 입사했을 때, ~ **In all of those fifteen years, he has been** one of our top **salespeople.** 15년 동안 그는 최고의 영업사원 중 한 명이었습니다. **Elena has been the manager** of the accounting department **for the last three years.** Elena는 지난 3년간 회계부서의 매니저로 있었습니다. **Since she took the role,** the department has become ~ 그녀가 그 역할을 맡았을 때 이후로, 그 부서는 ~ 되었습니다
5. 시상 & 연설	Mr. Glen, **please come to the stage now** to receive this award. 글렌 씨, 무대로 와서 상을 받아주십시오. **Please come forward** to receive your award. 앞으로 나오셔서 상을 받아주시기 바랍니다. **He will be sharing some of the lessons** he learned from that effort with us tonight. **Now I'm happy to introduce** Mr. Jongmin Han. 오늘밤 우리에게 그가 그런 노력을 하면서 배웠던 교훈에 대해 이야기해줄 겁니다. Mr. Jongmin Han을 소개하게 되어서 기쁩니다.

B 수상자 소개 빈출 질문

1. 이야기의 목적을 묻는 질문	주로 등장하는 정답은 To honor an employee, To present an award이다. **What** is the **purpose** of the **talk**? **What** is the **main purpose** of the **speech**?
2. 장소나 직업, 업종에 대한 질문	기본적인 정보들로, 주로 대화의 전반부에서 시상식장(award ceremony)이라는 것을 알 수 있으며, 소개되는 사람의 고유명사 앞뒤로 그 사람의 부서나 직업을 알 수 있다. **Where** is this **talk** probably **taking place**? **What industry** does Satomi Hirobushi **work in**? **Where** does Dr. Bantar **work**?
3. 수상자의 업적이나 과거 또는 현재 경력에 대한 질문	문제에 등장한 키워드를 중심으로 정답의 내용들이 등장한다. **What** is **indicated about** Ms. Kim? **What** does the speaker **say about** Mr. Wallace? **What did** Dr. Bantar do for the department? According to the speaker, **what has** Mr. Han **done**? **What position** did Ms. Kozanski **have most recently**? **What** did the speaker **do at the age of** 18? **How long** has Ms. Kozanski **been working** in the company?

Ustar 출제포인트 시험에는 이렇게 나온다! **수상자 소개 관련 빈출 정답 유형**

1. 누가 화자(speaker) 이고 누가 수상자(recipient)인지 구별해야 한다.

As a AAA , I am pleased to introduce BBB

⇨ Q **Who** is the **speaker**? A AAA | Q **Who** is the **recipient** of the award? A BBB

2. What will probably happen next?: 미래의 일정에 해당하는 마지막 문단은 '① 연설하겠습니다 ② 박수치세요 ③ 질문에 대한 답변 시간을 가지겠습니다' 등의 내용이다.

Exercises

문제풀이 예제

Look 문제지 미리보기

01 What is the purpose of the talk?
(A) To report research findings
(B) To raise funds for research
(C) To introduce an award winner
(D) To announce a promotion

02 According to the speaker what did Jesse Peterson do?
(A) She devised a new product.
(B) She wrote a book.
(C) She designed a building.
(D) She reorganized a department.

03 What will Jesse do next week?
(A) Open a new business
(B) Take a trip
(C) Begin a research project
(D) Attend a ceremony

어휘 research findings 연구 결과 raise funds 모금하다 award winner 수상자

Look & Check 음성이 나오기 전 주요 키워드 표시하기

01 **What** is the **purpose** of the **talk**?
(A) To report **research findings**
(B) To **raise funds** for research
(C) To introduce **an award winner**
(D) To announce **a promotion**

이 이야기의 목적은 무엇인가?
(A) 연구 결과 보고
(B) 연구를 위한 자금 모금
(C) 수상자 소개
(D) 승진 발표

02 According to the speaker, **what did Jesse Peterson** do?
(A) She devised **a new product**.
(B) She **wrote a book**.
(C) She designed **a building**.
(D) She reorganized **a department**.

화자에 따르면, Jesse Peterson는 무엇을 했는가?
(A) 새로운 제품을 개발했다.
(B) 책을 썼다.
(C) 건물을 설계했다.
(D) 부서를 재편성 했다.

03 **What** will **Jesse** do next week?
(A) Open **a new business**
(B) Take a **trip**
(C) Begin **a research project**
(D) Attend **a ceremony**

Jesse는 다음 주에 무엇을 할 것인가?
(A) 새 사업체를 연다
(B) 여행을 간다
(C) 연구 프로젝트를 시작한다
(D) 축하연에 참석한다

해설 01 목적은 지문의 첫 2문장 안에서 파악하자. I'll begin tonight's presentation by announcing the winner에서 정답이 (C)라는 것을 알 수 있다.
02 Jesse에 대해 언급된 부분부터 주의 깊게 들어야 한다. Jesse just developed a microwave that is efficient and easy to use라고 했으므로 정답은 (A)이다.
03 미래 정보는 하단에 위치한다. Jesse will be traveling to the South East next week라고 했으므로 정답은 (B)이다.

Listen 대화를 듣고 문제지와 대조하기 미M

Questions 01-03 refer to the following introduction.
Good evening. I'm Adam Belton. As the company president, I'd like to welcome all of you to our annual awards banquet. **I'll begin tonight's presentation by announcing the winner** of the most innovative achievement award, **Jesse Peterson. Jesse just developed a microwave that is efficient and easy to use.** This product has been very well received by our customers as a cost-effective way of assuring its reliable functions. In fact, **Jesse will be traveling to the South East** next week to introduce it. Now let's welcome to the stage our award winner.

문제 01-03은 다음 소개를 참조하세요.
안녕하세요, 좋은 저녁입니다. 저는 Adam Belton입니다. 회사의 사장으로서 저는 여러분 모두가 연례 수상 연회에 오신 것을 환영하는 바입니다. 오늘밤 수상자 발표는 우선 최고 혁신상 수상자부터 시작하겠습니다. Jesse Peterson입니다. Jesse는 효율적이고 쉽게 이용할 수 있는 전자레인지를 개발했습니다. 신뢰할 수 있는 기능이 있으면서도 비용 효율적인 이 제품은 우리의 고객들에게서 좋은 평을 받았습니다. 사실, Jesse는 다음 주에 이것을 소개하기 위해 남동부 지역으로 출장을 갈 예정입니다. 이제 수상자를 무대 위로 모셔보도록 하겠습니다!

어휘 innovative 혁신적인 efficient 효율적인 be well received 호평을 받다 cost-effective 비용 효율적인 assure 보장하다 reliable 믿을 만한 function 기능

▶ 문제풀이 예제 정답: 01 (C) 02 (A) 03 (B)

LESSON **3** 직원 소개

MP3 File 4-18

Point

직원들이 모인 자리에서의 신입사원이나 퇴임직원 소개: 신입사원이나 퇴직자, 전출자를 보내는 송별회에서 특정인을 지칭하여 소개하는 연설문으로, 인물의 직업, 이력, 앞으로 맡게 될 업무 등을 소개한다. 승진됐거나 타 부서나 회사 등에서 새로 부임한 부사장(vice president), 편집장(editor), 매니저(manager), 업무 담당자 등을 소개하거나 은퇴나 퇴직하는 직원을 소개한다.

A 신입 및 은퇴 직원 소개 순서

1. 환영인사/ 자기소개/ 주인공 소개	**Welcome everyone to our very special banquet** this evening **in honor of** ~ ~을 축하하기 위한 오늘밤 특별 만찬에 오신 여러분을 환영합니다 **I'm very pleased to introduce** Samuel White, the new manager of our department. 우리 부서의 새로운 매니저인 Samuel White를 소개합니다. **Let me introduce our new** ~ 우리의 새로운 ~를 소개하겠습니다 Sonya **has joined us as** a head curator. Sonya 씨가 큐레이터 팀장으로서 저희 회사에 입사했습니다.
2. 주인공의 경력	He **has a lot of experience in** + 분야 그는 ~분야에 많은 경력을 가지고 있습니다 **Most recently** he **has worked at** BDN Networks. 가장 최근에 그는 BDN Networks에서 일했습니다. She **has spent** the last six years analyzing customer's behavior. 그녀는 고객 행태를 분석하는 일을 6년 동안 해왔습니다. **during his career here** 그가 여기에서 근무한 동안 I think **Allen's best known for** + 장점 Allen은 ~로 가장 잘 알려져 있는 것 같습니다
3. 주인공의 미래	He will be **of great value to our company.** 그는 우리 회사에 큰 힘이 될 것입니다. I believe that **her experience will help us to** ~ 그녀의 경험은 우리가 ~하는 데 있어 도움이 될 것이라 믿습니다
4. 부탁 당부 5. 주인공 연설	So **please, take the time to help him get familiar with** our system. 그렇기 때문에 그가 우리 시스템에 익숙해질 수 있도록 시간을 내어 도와주시기 바랍니다. **I want to remind you that we will be holding a party** to welcome her. 그녀를 환영하는 파티를 열 것이라는 다시 알려드립니다. Now, **he's going to talk to us about** his vision for our station. **Please welcome** Samuel White. White 씨께서 우리 방송국에 대한 자신의 비전을 말씀하실 것입니다. Samuel White를 환영해주시기 바랍니다. **Join me in congratulating** Allen **on** his successful career here at Miltop and **wishing him a wonderful future.** 여기 Miltop에서 Allen의 성공적인 직장생활에 대해 저와 함께 Allen을 축하해주시기 바랍니다. 그리고 앞으로 그가 멋진 미래를 가질 수 있기를 기원합니다.

B 기조 연설자 및 패널 소개 순서

회의(conference), 워크샵(workshop) 등의 모임이나 회의에서 기조 연설자(keynote speaker)나 패널(panel)들을 소개하거나 오늘의 연설 주제나 일정 등에 대해 설명한다.

1. 인사, 모임의 목적과 배경	**Welcome everyone to** this year's global conference on community health. 지역 건강에 대한 올해의 국제 회의에 오신 여러분들 환영합니다.
2. 오늘의 연설자 소개	Our presenters **will be sharing** their **experiences about** ~ 저희 발표자들은 ~에 대한 그들의 경험을 이야기할 것입니다
3. 일정 & 주의사항	**I have an important reminder about** ~ 중요한 사항인 ~을 다시 말씀드리겠습니다
4. 문의사항	**Please check the website to** confirm ~ ~을 확인하시려면 웹사이트를 확인해주시기 바랍니다

Ustar 출제포인트 시험에는 이렇게 나온다! **직원 소개 관련 빈출 정답 유형**

1. 지문의 주제는 인물 소개이다.
Q What is the purpose of the talk? A To introduce a new staff member

2. 요구사항은 박수, 환영, 도움, 환영회 참석 등이 자주 등장한다.
Q What are listeners asked to do? A Help a new employee

3. 앞으로 할 일은 하단부에 답이 있다.
Q What will Mr. White probably do next? A Give a speech

문제풀이 예제

Look 문제지 미리보기

01 What is Mrs. Dennis going to work for?
(A) A summer camp (B) A museum
(C) A library (D) A hospital

02 For which of the following purposes has Norma Dennis been hired?
(A) To raise money (B) To manage the office
(C) To generate publicity (D) To recruit volunteers

03 According to the speaker, in which industry does Norma Dennis have experience?
(A) Education
(B) Newspaper
(C) Healthcare
(D) Architecture

어휘 raise money 모금하다 publicity 홍보 recruit 모집하다 volunteer 자원봉사자 architecture 건축

Look & Check 음성이 나오기 전 주요 키워드 표시하기

01 **What** is Mrs. **Dennis** going to **work** for?
(A) A summer **camp**
(B) A **museum**
(C) A **library**
(D) A **hospital**

Dennis 씨는 어디에서 일하게 될 것인가?
(A) 여름 캠프
(B) 박물관
(C) 도서관
(D) 병원

02 **For which** of the following **purposes** has **Norma Dennis** been **hired**?
(A) To raise **money**
(B) To manage the **office**
(C) To generate **publicity**
(D) To recruit **volunteers**

Norma Dennis는 다음 중 어떤 목적을 위해 고용되었는가?
(A) 모금하기 위해
(B) 사무실을 관리하기 위해
(C) 홍보를 위해
(D) 자원봉사자들을 모집하기 위해

03 According to the speaker, in **which industry** does **Norma Dennis** have **experience**?
(A) **Education** (B) **Newspaper**
(C) **Healthcare** (D) **Architecture**

화자에 따르면, Norma Dennis는 어떠한 분야에 대한 경험을 가지고 있는가?
(A) 교육 (B) 신문
(C) 의료 (D) 건축

해설 01 화자는 첫 번째 문장에서 박물관에서 일할 자원봉사자를 새로 모집하는 것을 책임질 컨설턴트를 고용했다고 말한 뒤(We have just hired a consultant to take responsibility for organizing and recruiting new volunteers for the museum.) 그녀의 이름은 Norma Dennis라고 밝히고 있다(Her name is Norma Dennis).

02 첫 번째 문장에서 화자는 자원봉사자를 모집하는 것을 책임질 컨설턴트를 고용했다고(We have just hired a consultant to take responsibility for organizing and recruiting new volunteers) 하였으므로 정답은 (D)가 된다.

03 중후반부의 Her work has mainly been with healthcare and charities.를 통해 Norma Dennis가 의료 분야와 자선사업에 대한 경험을 지니고 있다는 사실을 알 수 있다.

Listen 대화를 듣고 문제지와 대조하기 호W

Questions 01-03 refer to the following talk.
If I could have your attention, I have an announcement to make. **We have just hired a consultant to take responsibility for organizing and recruiting new volunteers for the museum.** I'm very excited about her. **Her name is Norma Dennis**, and she's flying here from Texas to join us for our summer volunteer push. She was Director of Volunteer Services for the North Texas Healthcare System for about twenty years, so she has a lot of experience. **Her work has mainly been with healthcare and charities**. I think she'll really help us recruit, manage, and retain our museum volunteers. I encourage everyone to make her feel welcome and to implement all of her suggestions.

문제 01-03은 다음 담화를 참조하세요.
주목해 주시기 바랍니다. 말씀 드릴 것이 있습니다. 저희는 박물관에서 일할 자원봉사자들을 새로 모집하고 조직할 책임을 맡을 컨설턴트를 고용하였습니다. 저는 그녀에 대해 많은 기대를 하고 있습니다. 그녀의 이름은 Norma Dennis인데, 하기 자원봉사자 모집 운동을 추진하기 위해 텍사스에서 이곳으로 비행편으로 올 것입니다. 그녀는 북부 텍사스의 건강관리 공단에서 자원봉사자 서비스의 국장으로 약 20년간 근무하였기 때문에 많은 경험을 가지고 있습니다. 그녀는 의료와 자선단체에 관한 일들을 주로 했기 때문에 박물관 자원봉사자들을 모집하고, 관리하며, 계속 봉사 활동을 수행하도록 하는 데에 우리에게 많은 도움을 줄 것이라고 생각합니다. Dennis 씨를 환영해 주시고 그녀의 말에 따라 주시기 바랍니다.

어휘 hire 고용하다 responsibility 책임, 담당 organize 조직하다, 기획하다 recruit 모집하다, 뽑다, 선발하다 volunteer 지원자, 자원봉사자 encourage 독려하다 implement 실행하다, 실시하다

▶ 문제풀이 예제 정답: 01 (B) 02 (D) 03 (C)

01 What is the purpose of the speech?
(A) To announce a change in business hours
(B) To talk about job requirements
(C) To introduce a new manager
(D) To explain a new training plan

02 What happened recently at the business?
(A) The room service menu was improved.
(B) The hours of operation were reduced.
(C) A training manual was published.
(D) Some employees were relocated.

03 What should the listeners tell Scott about?
(A) Their work experience
(B) Their equipment needs
(C) Their salary requirements
(D) Their scheduling preferences

---

04 What is the purpose of the meeting?
(A) To select a new board member
(B) To introduce a guest speaker
(C) To review an annual budget
(D) To discuss a policy change

05 What does Tony James do?
(A) He edits an academic journal.
(B) He plans corporate functions.
(C) He coordinates a customer service program.
(D) He advises companies on financial matters.

06 What will listeners most likely do next?
(A) Watch a video presentation
(B) Interview a job applicant
(C) Sign up for training
(D) Review a candidate's credentials

---

07 What did Robert Regan do recently?
(A) He won an award.
(B) He wrote a book.
(C) He moved to Pittsburgh.
(D) He received a promotion.

08 What is learned about Robert Regan?
(A) He is a university professor.
(B) He is the CEO of a major corporation.
(C) He works for the federal government.
(D) He travels for two months of every year.

09 What is said to be one of Robert Regan's personal interests?
(A) Bicycle riding
(B) Mountain climbing
(C) Taking photographs
(D) Reading about history

10 What is the report mainly about?
(A) A city budget (B) A school curriculum
(C) A best CEO award (D) A sports program

11 What did Mr. Morris start?
(A) A medical care program
(B) A journalism class
(C) A sports team
(D) A science club

12 How does Mr. Morris plan to spend the prize money?
(A) By developing a new program
(B) By contributing it to charity
(C) By helping children
(D) By saving it

---

13 What does Lorraine Brennan do?
(A) A professor
(B) An accountant
(C) C.E.O. of a company
(D) A market researcher

14 What is implied about Digitech?
(A) It has been ranked in the top Fortune Magazine list.
(B) It is based in Europe.
(C) It has grown to dominate the international market.
(D) It is a computer manufacturer.

15 What is the audience going to do next?
(A) They will be listening to Ms. Lorraine Brennan's speech.
(B) They will take a break for ten minutes.
(C) They will read some printed materials.
(D) They will study some computer software.

---

16 What is the purpose of the speech?
(A) To propose a project
(B) To give an award
(C) To promote a tourist attraction
(D) To present a budget

17 Who is Ms. Marshall?
(A) A city official
(B) An employee of an automobile company
(C) An executive at an architectural firm
(D) A museum curator

18 What does the speaker say about the Asian market?
(A) The demand has increased.
(B) It had deteriorated.
(C) It has fluctuated.
(D) It has too many restrictions.

19 What is purpose of the talk?
(A) To announce a retirement party
(B) To honor an employee
(C) To give an award
(D) To name a professor

20 How long has Ms. Anderson worked for the foundation?
(A) Twenty five years
(B) Less than twenty five years
(C) More than twenty five years
(D) More than thirty years

21 What is Ms. Anderson going to talk about?
(A) Her future plans
(B) Her current project
(C) Her past work with the company
(D) Her recommendations for the foundation

---

22 What is the purpose of the introduction?
(A) To launch an advertising campaign
(B) To recognize an employee's work
(C) To welcome a new director
(D) To announce a sporting event

23 In what department does Mr. Marine work?
(A) Human resource
(B) Facilities
(C) Accounting
(D) Sales

24 What will probably happen next?
(A) A product will be demonstrated.
(B) Lunch will be served.
(C) An award will be presented.
(D) A video will be shown.

---

25 What is the purpose of the announcement?
(A) To congratulate a coworker
(B) To explain a product design
(C) To introduce a visitor
(D) To discuss a company policy

26 What department does Mr. Glenn Ross work in?
(A) Accounting
(B) Marketing
(C) Technical support
(D) Product development

27 What will Mr. Glenn Ross be doing next week?
(A) Retiring from her company
(B) Enjoying a holiday
(C) Opening a new office
(D) Working in a different city

28 What is being announced?
(A) A hiring process
(B) A marketing strategy
(C) A staff promotion
(D) An awards presentation

29 How long will Mr. Cooper be in training for?
(A) Two weeks
(B) Four weeks
(C) Two months
(D) Four months

30 Where are the headquarters of Lumin Inc.?
(A) In L.A.
(B) In Paris
(C) In New York
(D) In Toronto

---

31 What is the purpose of the announcement?
(A) To promote a special lunch menu
(B) To present awards
(C) To provide schedule overviews
(D) To introduce a new product

32 What time will professor Han begin to speak?
(A) At 8:00 a.m.
(B) At 10:00 a.m.
(C) At 12:00 p.m.
(D) At 2:30 p.m.

33 Where can the listener find the list of restaurants?
(A) In the tour book
(B) On the map
(C) On the bulletin board
(D) In the brochure

---

34 Who is Robert Rey?
(A) An electrician
(B) A financial analyst
(C) An architect
(D) A computer engineer

35 How does the speaker know Robert Rey?
(A) He went to one of Robert's previous speeches.
(B) He worked in his company.
(C) He interviewed him on the radio.
(D) He took a class from him.

36 What does the speaker say about this group?
(A) It is a leading financial firm.
(B) It is a start-up company.
(C) It is fairly small.
(D) It is well known.

▶ 정답 및 해설 p.210~218

Chapter 7

안내 및 일정공지(Announcement)

출제 비율은 평균 15% – 10개의 지문 중 2개 내외의 지문이 안내나 공지사항으로 등장한다.

안내나 공지사항은 다수에게 알려야 할 사실이나 상황 등의 전달을 목적으로 하는 담화이다. 주로 스케줄이나 일정, 시간, 장소 등의 변경이나 새로운 사항, 문제점, 주의사항 등을 알려준 다음 그에 대한 지시사항, 요구사항, 주의사항 등을 언급하면서 끝난다.

회사에서 들을 수 있는 안내방송 및 공지	회의 또는 사내방송	● 사무실이나 건물의 공사 또는 행사, 일정 및 변경 공지 ● 회사의 정책, 시스템 등이 바뀌는 것을 공지
공공장소에서 들을 수 있는 안내방송	공항, 극장, 도서관, 백화점, 슈퍼마켓	● 공항, 기차역 등에서 등장하는 안내방송은 출발 및 도착 시간의 변경이나 취소를 알리는 경우이다. 최근에는 기내 · 차내 방송이 등장하기도 한다. ● 백화점, 도서관 등에서 폐관이나 폐점을 알리는 방송 ● 극장, 공연장, 관람장에서 주의사항을 알리는 장내 방송

★ 주요 출제 패턴

내용	**[사내 공지 및 안내]** 일정 변경, 새로운 시스템 소개, 시설 점검, 공사일정, 새로운 회사정책, 행사일정, 업무관련 지시사항 **[공공장소 공지 및 안내]** **상점:** 할인, 영업 종료시간, 문의절차 안내 **회의장:** 연설자 불참 또는 연설 지연, 변경된 회의일정 및 장소, 회의 후 식사장소 안내 **공항/기내:** 비행편 취소 또는 지연 안내 **공연장:** 공연 중 음식물 섭취 불가, 건물 내 금연 등의 공지 **여행/견학:** 관광이나 여행 또는 공장/회사 견학 안내	
	청중: Who is the intended audience? → Attention, Welcome to ~, Thanks for coming to + 장소 **주제, 목적:** What is the announcement about? → I'd like to announce ~, I just wanted to let you know ~, We have a few reminders about ~ **제안, 당부:** What are the listeners advised to do? → 후반부의 Please make sure to ~, you can[should / need to / must] ~, Don't forget to ~	
빈출 문제	**주제** **목적** **화자** **청자**	What is being announced? What's the purpose of this announcement? Who is the speaker? Who is the announcement for?
	발생한 사건 **해야 할 일** **~에 대해** **특정 인물** **시작 날짜**	What happened last Saturday? What are employees asked to do? What does the speaker say about~? Who is Mr.~? When is the work scheduled to begin?

핵심 표현	May I have your attention. 알립니다. I'm happy to announce ~ ~을 알려드려 기쁩니다 Effective from ~ (= starting from ~) ~부터 시작하여 Please take note of ~ (= Please be informed that ~) ~을 주의하십시오 Make sure that ~ ~을 반드시 해주세요 You are allowed to ~ ~해도 됩니다 You're required[asked / encouraged] to ~ ~해주시기 바랍니다 should be accompanied by ~ ~와 반드시 동행해야 합니다 Submit a request in writing. 서면으로 신청서를 제출해 주세요. We apologize for the delay. 지연에 대해 사과드립니다. Sorry for any inconvenience. 불편을 끼쳐드려 죄송합니다. I'm returning your call about ~ ~에 관해 회신 전화드립니다

I 공항(at the airport) / 터미널(at the terminal) / 정거장(at the station)

주로 승객들을 대상으로 출발이나 도착 일정의 변경과 변경 사유, 그리고 그에 대한 보상(compensation)을 제공한다는 내용이 자주 언급된다.

I 기내(on the flight), 기차내(on the train), 버스내(on the bus)

항공기, 기차, 버스 등이 목적지에 도착하거나 출발하기 전에 등장하는 안내방송. 주로 현재의 운행 상황이나 목적지, 경유지에 대한 정보를 언급하고 난 후 주의사항, 지시사항들을 덧붙이게 된다.

I 공장(at the factory)

새로운 장비, 기계 등의 도입과 관련한 안전수칙이나 안전방송이 주를 이룬다.

I 사무실(at the office)

회의, 모임, 프로젝트(업무, 설비공사) 일정 공지나 변경, 새로운 시스템 소개, 시설 점검, 공사 일정, 새로운 회사정책, 행사일정, 업무 관련 지시사항

I 기타 – 도서관(library), 공원(park), 백화점(department store), 극장(theater) 등 각종 performance와 관련된 장소

해당 장소에서의 분실물이나 특정 장소의 opening과 closing, 할인판매 방송 등이 등장한다. 장소 관련 문제와 구체적인 내용, 또는 듣는 이에게 권유, 충고, 조언, 지시하는 사항들에 대해 잘 들어야 한다.

LESSON 1 사내공지

MP3 File 4-19

Point

회사의 미팅, 모임 등에서 직원들을 대상으로 전달하는 공지사항으로, 본격적으로 회의를 시작하기 전이나 회의가 끝나기 전에 알리는 것이다. 자주 등장하는 내용으로는 새로운 회사정책 공지, 일정변경, 새 시스템 도입, 공사안내, 시설점검 등이 있다.

A 사내공지의 순서

1. 인사, 장소, 공지의 목적	Good morning, **I want to make an announcement before** we ~ 안녕하세요. ~하기 전에 안내말씀 드리고자 합니다 Good afternoon. **As president of this company** ~ 안녕하세요. 이 회사의 사장으로서 ~ **Today's topic** is the electrical work that is scheduled for later this week. 오늘의 주제는 이번 주에 예정된 전기공사입니다. **I just wanted to let you know about the change.** 여러분께 변경된 사항을 알려드리고자 합니다.
2. 일정 및 변경 공지사항	They will **do the repair work on Friday**. 금요일에 수리할 겁니다. **Beginning next week, we will** be updating ~ 다음 주 초에 ~을 업데이트할 예정입니다 The new system **has some special features.** 새로운 시스템은 특별한 기능을 가지고 있습니다. So **the electricity** on the second floor **will be turned off** for about **three hours** on Friday. 그래서 2층의 전기가 금요일에 약 3시간동안 꺼질 것입니다.
3. 당부, 요구사항	**Please make sure** your computer is turned off **before you leave** the office. 퇴근 전에 컴퓨터를 꼭 꺼주시기 바랍니다.
4. 문의, 연락처	**If you have any questions** or concerns, **please** let me know. 궁금한 게 있으시거나 문제가 있으면 저에게 알려주세요.

B 사내공지 빈출 질문

1. 장소/대상/공지목적/주제	**What kind of** company does the **speaker work** for? **Where** is this **announcement** being made? **Who** is the **announcement for**? **Who** is the **intended audience**?
2. 공지의 주제와 목적	**What** is the **purpose** of the announcement? **What** is **being changed**? **What** kind of **work** will be **conducted**? **What change** will happen next week?
3. 구체적인 사항이나 일정	**How long** did the **renovation** take? **When** will the **work** take place? | **What** is new to the **office**? **What** does the speaker say **employees** will **do first**? **When** does the speaker say **employees can leave today**?
4. 요구 사항	**What** does the **speaker recommend**? **What are** some **listeners asked** to do?

Ustar 출제포인트 시험에는 이렇게 나온다! **사내공지 관련 빈출 정답 유형**

1. **첫 인사말을 잘 들어라!** 기본 인사말을 통해 장소와 모인 사람들에 대한 정보를 알 수 있다.
   Welcome to ~, Thank you for coming ~
2. **인사말이 끝난 후 첫 번째 말을 잘 들어라!** 주로 안내하고자 하는 내용이나 주제, 목적을 이야기할 것이다.
   I'd like to announce ~ , I just wanted to let you know ~
3. **후반부에 You can ~, You should ~ 등 제안하는 내용을 잘 들어라!** 안내 및 공지사항의 마지막 부분에서 늘 듣는 이들에게 제안, 권고하거나 공지가 끝난 무엇을 해야 하는지에 대한 정보를 확인할 수 있다.
   If you ~ , please make sure to ~. You can/should/need to/must ~

Exercises

문제풀이 예제

Look 문제지 미리보기

01 What is the purpose of the announcement?
(A) To announce a new branch office
(B) To advertise a shopping facility
(C) To address an employee complaint
(D) To reschedule an upcoming event

02 What will become available to employees next month?
(A) A company cafeteria (B) Extra office space
(D) Extra coffee breaks (D) Additional parking space

03 Why might listeners put their names on a list?
(A) To share rides to work
(B) To apply for a new position
(C) To get a parking permit
(D) To attend a seminar

어휘 complaint 불평, 불만 upcoming 다가오는 parking permit 주차 허가증

Look & Check 음성이 나오기 전 주요 키워드 표시하기

01 **What** is the **purpose** of the **announcement**?
(A) To announce a **new branch office**
(B) To advertise a **shopping facility**
(C) To address an **employee complaint**
(D) To reschedule an **upcoming event**

공지의 목적은 무엇인가?
(A) 새 지사 공지
(B) 쇼핑 시설 광고
(C) 직원 불만을 해결하기 위한 방안
(D) 다가오는 행사에 대한 일정 조정

02 **What** will become **available** to employees **next month**?
(A) A company **cafeteria**
(B) Extra **office space**
(D) Extra **coffee breaks**
(D) Additional **parking space**

다음 달에 직원들에게 무엇이 이용 가능하게 될 것인가?
(A) 회사 카페테리아
(B) 사무실 공간의 추가
(C) 휴식 시간의 추가
(D) 주차 공간의 추가

03 **Why** might listeners **put** their **names on a list**?
(A) To share **rides** to work
(B) To apply for a **new position**
(C) To get a **parking permit**
(D) To attend a **seminar**

왜 청자들은 목록에 이름을 올려야 하는가?
(A) 출근 시 자동차를 함께 타기 위해
(B) 새 직책에 신청하기 위해
(C) 주차 허가증을 받기 위해
(D) 세미나에 참석하기 위해

해설 01 목적은 지문의 첫 2문장 안에서 파악하도록 한다. I know that our employees have mentioned the parking's been a problem에서 직원들의 불만 사항을 언급하고 이것에 대해 해결하고자 한다는 것을 알 수 있으므로 정답은 (C).

02 Next month라는 단어가 키워드이다. So we've recently made an agreement with the museum next door to share some space in their lot. But that space won't be available to us until next month.에서 다음 달부터 주차 공간을 추가적으로 이용할 수 있게 된다는 것을 알 수 있다.

03 청자들에게 요청하는 것은 지문의 하단에 위치한다. You might want to ride to work with other people. ~ So if you're interested, please add you name and contact information to the list에서 정답은 (A)라는 것을 알 수 있다.

Listen 대화를 듣고 문제지와 대조하기 미M

Questions 01-03 refer to the following speech.
Now, we have one last announcement before we close today's meeting. **I know that our employees have mentioned that parking's been a problem** since we hired more sales representatives. So we've recently made an agreement with the museum next door to share some space in their lot. **But that space won't be available to us until next month.** However, if it's not convenient for you to take public transportation, you might want to ride to work with other employees. **We're trying to arrange car-pools. So if you're interested, please add your name and contact information to the list** posted next to the main entrance.

문제 01-03은 다음 연설을 참조하세요.
이제 오늘 회의를 마치기 전에 마지막으로 말씀드릴 게 있습니다. 우리가 영업직원들을 더 고용한 이래 직원들이 주차 문제에 관해 언급하고 있다는 것을 알고 있습니다. 따라서 우리는 최근에 옆 건물인 박물관의 주차 공간 일부를 공유할 수 있도록 계약을 체결하였습니다. 그러나 이 공간은 다음 달에나 이용할 수 있습니다. 하지만 대중교통을 이용하는 것이 불편하시다면 다른 직원들과 함께 차를 타고 출근할 수도 있습니다. 저희는 카풀 제도를 시작하려 합니다. 따라서 관심이 있으시면, 정문 옆에 게시되어 있는 목록에 여러분의 성함과 연락처를 남겨주시기 바랍니다.

어휘 parking 주차 hire 고용하다 make an agreement with ~와 계약하다 available 이용 가능한 convenient 편리한 take public transportation 대중교통을 이용하다 arrange 준비하다, 마련하다

▶ 문제풀이 예제 정답: 01 (C) 02 (D) 03 (A)

LESSON **2** 공공장소 안내공지

MP3 File 4-20

Point

공공장소에서 나오는 안내공지: 극장이나 공연장, 공항, 쇼핑몰, 박물관 등의 안내방송도 Part 4에 자주 등장하는 유형이다. 공연장에서는 주로 주의사항이나 공연시간 안내 등이 나오고, 쇼핑몰이나 도서관에서는 주로 영업시간, 할인, 폐점이나 폐관 안내 등이 나온다.

A 공공장소 안내공지의 순서

1. 인사, 장소, 소개	**Attention all shoppers.** 쇼핑객 여러분, 주목해주세요. Good evening ladies and gentlemen, and **welcome to the Silver Star Theater.** 안녕하세요. 신사 숙녀 여러분, Silver Star 극장에 오신 걸 환영합니다.
2. 공지의 목적	Our store **will be closing in thirty minutes.** 저희 상점은 30분 후에 문을 닫을 예정입니다. **Before tonight's concert begins** we have **some important reminders.** 오늘밤 공연이 시작되기 전에 몇가지 중요한 사항을 다시 알려드립니다. **I'm sorry to announce that** ~ be delayed /postponed ~ ~이 연기가 됨을 알려드리게 되어 죄송합니다
3. 공지 및 안내 사항	First, food and beverages **are permitted only in the lobby** 먼저 음식과 음료는 로비에서만 드실 수 있습니다. **We kindly ask that** you stay in your seats throughout the show. 공연이 진행되는 동안에 자리에 꼭 앉아계시기 바랍니다. Photographs **are not allowed in the hall.** 홀에서 사진은 찍으실 수 없습니다.
4. 혜택, 제안 및 당부사항	**We want to remind you that** you can ~ 여러분들은 ~을 하실 수 있다는 것을 다시 말씀드립니다 Remember to pick up your complimentary shopping bag **before you leave.** 가시기 전에 무료 쇼핑백을 가져가시기 바랍니다.
5. 인사말	We **appreciate your cooperation.** 협조해 주셔서 감사합니다. Thank you for coming and **enjoy the performance.** 와주셔서 감사하구요. 공연을 즐겁게 감상하시기 바랍니다.

B 공공장소 안내공지 빈출 질문

1. 장소/대상/공지 목적	**Where** does this **announcement** most likely **take place**? **What** does the **store sell**? **Where** most likely is the **announcement** being **made**? **What** event is **taking place**? **What** type of **performance** will follow this announcement? **What** is the **main reason** for this announcement?
2. 구체적인 정보	**When** will the **store close**? According to the speaker, **when** is **closing time**? **When** will the **event begin**? **What** is **special** about **next season's first show**? **What** will happen **tomorrow**?
3. 혜택/미래 정보	**What** will be **available** in the **lobby**? **What** do people **get** for **free**?
4. 요구사항	**What** is **not permitted**? **What are** listeners **asked** to do?

Ustar 출제포인트 시험에는 이렇게 나온다! **공공장소 공지 관련 빈출 정답 유형**

1. Welcome to ~ 등의 환영인사가 끝나자마자 본격적으로 안내방송을 하는 '이유'에 대해서 말한다. 인사말 이후 바로 '목적'을 이야기할 것을 예상해야 한다. 중요하게 상기할 것(important reminders)가 있다고 말한 후 '변경사항/주의사항'을 언급한다.
2. 이야기 중반부까지 공연 중에 주의해야 할 행동들을 언급하고 그 뒤에 '미래일정/혜택/감사'의 인사를 하는 것이 일반적인 공지의 순서이다.
3. 소비자의 신뢰를 얻기 위해 지문에 언급되는 회사, 극장, 상점 등에 대한 기본적인 설명은 지문의 앞부분에서 짧게 언급된다.

Exercises

문제풀이 예제

Look 문제지 미리보기

01 Where is the announcement taking place?
(A) In an office building (B) At a restaurant
(C) In a grocery store (D) At a cinema

02 What is the purpose of the announcement?
(A) To announce new business hours
(B) To talk about some special offers
(C) To request that clients be seated
(D) To notify customers of some new policies

03 How long has the business been operating?
(A) For one month
(B) For one year
(C) For ten years
(D) For fourteen years

어휘 grocery store 식품점 cinema 영화관 seat 자리에 앉히다

Look & Check 음성이 나오기 전 주요 키워드 표시하기

01 **Where** is the **announcement** taking place?
(A) In an **office** building
(B) At a **restaurant**
(C) In a **grocery** store
(D) At a **cinema**

이 공지는 어디에서 행해지고 있나?
(A) 사무실 건물
(B) 식당
(C) 식품점
(D) 영화관

02 **What** is the **purpose** of the **announcement**?
(A) To announce **new business hours**
(B) To talk about some **special offers**
(C) To request that **clients be seated**
(D) To notify customers of some **new policies**

공지의 목적은 무엇인가?
(A) 새로운 영업 시간을 알림
(B) 특별 제안 공지
(C) 고객들에게 착석 요청
(D) 고객들에게 새로운 정책에 대해 알림

03 **How long** has the **business** been **operating**?
(A) For **one month**
(B) For **one year**
(C) For **ten years**
(D) For **fourteen years**

이 사업체는 얼마나 영업을 했나?
(A) 1개월
(B) 1년
(C) 10년
(D) 14년

해설 01 공지가 행해지고 있는 장소는 지문의 상단에서 알 수 있다는 것에 주의하자. Attention, shoppers, High Street supermarket would like to thank you에서 정답은 (C)라는 것을 알 수 있다.
02 공지의 목적 역시 상단에 위치한다. We would like to show our thanks by offering specially discounted items in every department over the next two weeks에서 정답이 (B)라는 것을 알 수 있다.
03 업체에 대한 설명 역시 주로 지문의 상단에 위치하게 된다. as we celebrate our 14th anniversary와 후반부의 serve you over the past 14 years를 통해서 14년임을 알 수 있으므로 정답은 (D)이다.

Listen 대화를 듣고 문제지와 대조하기 미W

Questions 01-03 refer to the following announcement.
Attention, shoppers, High Street supermarket would like to thank you for your continued patronage **as we celebrate our 14th anniversary. We would like to show our thanks by offering specially discounted items** in every department over the next two weeks. Today our bakery is featuring home-made chocolate cakes. For only 3 dollars, you and your family can enjoy these delicious items at home or on the go. Please visit us again tomorrow when we will introduce more discounted products. Again, we thank you for allowing us to serve you over the past fourteen years. We pledge to continue to provide you with the best quality and service.

문제 01-03은 다음 안내공지를 참조하세요.
쇼핑객 여러분 주목해 주세요. High Street 수퍼마켓은 개업 14주년을 축하하면서, 오랫동안 우리 상점을 애용해 주신 고객 여러분에게 감사를 드립니다. 앞으로 2주일 동안 전 매장에서 특별 할인 제품을 제공함으로써 저희의 감사함을 표하고자 합니다. 오늘 제빵 및 제과 매장에서는 수제 초콜릿 케이크를 선보입니다. 단돈 3달러에 여러분과 가족들이 이 맛있는 제품을 집에서 혹은 일하면서 즐기실 수 있습니다. 내일 다시 한 번 방문해 주시면 할인 제품을 더 많이 소개하겠습니다. 다시 한 번 지난 14년 동안 여러분에게 서비스를 할 수 있도록 해주셔서 감사드리며 앞으로도 최고의 품질과 서비스를 계속 제공해 드릴 것을 약속드립니다.

어휘 patronage 상점 이용 celebrate 축하하다 anniversary 기념일 feature 주요 특색으로 삼다 on the go 바쁘게 일하면서 be pledged to + 동사원형 ~을 할 것을 맹세하다, 약속하다

▶ 문제풀이 예제 정답: 01 (C) 02 (B) 03 (D)

01 Who is the announcement for?
(A) Factory workers
(B) Customer service staff
(C) Clothes store clerks
(D) Librarians

02 According to the announcement, what will begin this afternoon?
(A) A promotional campaign
(B) Maintenance work
(C) Regular inspection
(D) Machines replacements

03 What are listeners asked to do with any questions?
(A) Talk to their supervisor
(B) Contact the maintenance department
(C) Email to the inspector
(D) Refer to the manual

---

04 Where is the announcement being heard?
(A) In a store
(B) In a post office
(C) In a library
(D) In an office

05 When are they closing?
(A) In ten minutes
(B) In twenty minutes
(C) In thirty minutes
(C) In one hour

06 What does the speaker say about counter five?
(A) The service is faster.
(B) Credit cards are accepted.
(C) It is the only counter for cash.
(D) There is no one at the moment.

---

07 What is the announcement about?
(A) A new store location
(B) An upcoming store closing
(C) A change in promotion methods
(D) Recent customer complaints

08 Who most likely are the listeners?
(A) Office suppliers
(B) Store employees
(C) Customers
(D) Website designers

09 What will be sent by e-mail?
(A) Customers complaint forms
(B) An event calendar
(C) Discount coupons
(D) Website passwords

10 What is the announcement about?
(A) A new security system
(B) A procedure for training employees
(C) A plan to evaluate company policies
(D) Access for an internal database

11 According to the announcement, why should the listeners go to the Human Resources office?
(A) To access the storage room
(B) To pick up an instruction manual
(C) To get an identification number
(D) To receive temporary work orders

12 What should the listeners do if they have any questions?
(A) Call a security guard
(B) Speak with a supervisor
(C) Attend an informational meeting
(D) Go to the main office

---

13 What kind of work will be conducted?
(A) Electrical maintenance
(B) An advertising campaign
(C) Computer software installation
(D) Office cleaning

14 When will the work take place?
(A) On Tuesday
(B) On Wednesday
(C) On Thursday
(D) On Friday

15 What are some listeners asked to do?
(A) Visit a website
(B) Charge computer batteries
(C) Attend a workshop
(D) Remove personal belongings

---

16 What is being offered for today only?
(A) A discount for kitchen appliances
(B) A woodworking demonstration
(C) Advice on garden designs
(D) A discount on any furniture purchases

17 What does the speaker say about large items?
(A) They are located on the second floor.
(B) They will be discounted tomorrow.
(C) They can be delivered at no charge.
(D) They can be paid by installments.

18 When will the store be closing?
(A) In ten minutes
(B) In fifteen minutes
(C) In thirty minutes
(D) In fifty minutes

19 Who is the speaker?
(A) A radio host (B) A school principal
(C) A conductor (D) A librarian

20 Where does the talk most likely take place?
(A) At a university (B) At a library
(C) At a concert hall (D) At a movie theater

21 What is the reason for the event?
(A) To raise money
(B) To display a film
(C) To award a prize
(D) To honor an artist

---

22 What is the announcement mainly about?
(A) A new product
(B) A new campaign
(C) A grand opening
(D) A discount card

23 Who is being addressed?
(A) Customers
(B) Store managers
(C) Office workers
(D) Customer service representatives

24 What are the listeners suggested to do if they want to get an additional discount at the online store?
(A) Buy ten items
(B) Speak with a manager
(C) Submit their e-mail address
(D) Buy $100 worth of merchandise

---

25 Where are the listeners?
(A) At a theater
(B) At a war museum
(C) At an art gallery
(D) In a lecture hall

26 What are the listeners asked to do?
(A) Leave the museum
(B) Remain in the museum for an additional thirty minutes
(C) Leave the museum immediately
(D) Show their receipts for a refund

27 What is true about the announcement?
(A) The listeners are asked to assemble in the main foyer.
(B) The speaker asks that an appointment be rescheduled.
(C) The listeners have broken a museum rule.
(D) Listeners may enjoy coffee before they leave.

28 Who is the intended audience?
(A) Travel agents
(B) Sales representatives
(C) Flight attendants
(D) Marketing supervisors

29 What are employees asked to do before travel?
(A) Submit a report to the human resource department
(B) Reserve the flight in advance
(C) Get approval from their supervisor
(D) Ask for their supervisors travel expenses

30 What will happen if the listeners do not comply with the new regulation?
(A) They will be fined.
(B) They will not be compensated.
(C) They cannot reserve the ticket for their trip.
(D) They have to fly economy class.

---

31 What event is taking place?
(A) A seminar (B) A company party
(C) An exhibition (D) A concert

32 What are listeners asked to do?
(A) Have their tickets ready
(B) Reserve a ticket online
(C) Check the revised schedules
(D) Turn off their mobile phones

33 According to the speaker, what will be available in the lobby?
(A) Photographs
(B) Schedules for next month
(C) Coupons
(D) Recordings

---

34 What happened in the last month?
(A) The company moved downtown.
(B) New machines were installed.
(C) A new factory opened.
(D) A musical concert was held.

35 Who most likely are the listeners?
(A) Factory workers
(B) Designers
(C) Sale representatives
(D) Tourists

36 What will Tomas Gibson do today?
(A) Introduce new software
(B) Share ideas about networking
(C) Start his new job in the office
(D) Demonstrate the use of some equipment

▶ 정답 및 해설 p.218~225

LESSON 3 행사, 회의, 모임 등의 연설

MP3 File 4-21

Point

행사, 회의, 모임 등의 인사말 및 일정 안내: 세미나, 컨퍼런스, 행사 등에서 본 행사 전에 나오는 안내방송이나 공지사항을 말한다. 내용 중 세부 사항에 대한 질문과 행사가 끝난 뒤 있을 일정이나 당부사항에 대한 질문들이 자주 출제되고 있다.

특정 주제나 행사와 관련된 기조연설, 프레젠테이션, 강연: 특정 활동, 업무 등과 관련된 강연이나 프로젝트에 관한 설명(presentation), 모임(meeting, conference)을 시작하기 전에 있는 기조연설 등이 이에 해당한다. 간단한 인사말과 함께 모임의 취지나 강연의 목적 등을 밝히고 행사 순서 등을 소개하게 된다.

A 연설의 순서

회사의 업무성과 자축, 기념식, 축하연설, 특정 모임의 시작을 알리는 기조연설, 행사소개, 감사인사 전달 및 저녁만찬 초대, 회사 워크숍, 직원 교육 프로그램 정보, 설문지 배포 등이 있다.

1. 인사말, 화자, 청자, 목적, 장소	**Welcome to** ~ ~에 오신 걸 환영합니다 **Thank you for coming** to ~ ~에 와주셔서 감사합니다 **We're here to celebrate** ~ 우리는 ~을 기념하기 위해 모였습니다
2. 세부내용	**The first item on our agenda** is ~ 첫 번째 안건은 ~입니다 **Please**, take a moment to ~ 잠시 시간을 내서 ~해주세요 **Lunch will be served at** the cafeteria. 점심은 구내식당에서 제공됩니다. **We expect to wrap up the day** by 5:00 p.m. 오후 5시에 일정이 끝납니다.
3. 향후 일정/당부사항	**This will allow** you to ~ 여러분은 ~하게 될 것입니다 **We'll have a question & answer session after** ~ ~후에 질의응답 시간이 있겠습니다 **There will be** a reception **following** the presentation. 발표 후 연회가 있겠습니다. **There will be** a presentation **followed by** a demonstration. 발표 후 시연이 있겠습니다.

B 연설 관련 빈출 질문

1. 행사 장소 및 종류/목적/화자/청자	**Where** is this speech **taking place**? **Who** is the speaker? **What**'s the **purpose** of this speech? **Who** is this talk most likely **intended for**?
2. 회사 창립 시기	**When** was the company **established**?
3. 위원회 소집 횟수	**How often** does the committee **meet**?
4. 참가자들이 할 일	**What** is the audience **asked to do**?
5. 화자가 잠시 후 할 일	**What** is the speaker going to **do next**?

Ustar 출제포인트 시험에는 이렇게 나온다! **연설 관련 빈출 정답 유형**

1. **초반에서 Welcome to ~, Thank you for coming ~라고 하면서 언급하는 모임의 이름을 놓치지 마라!**
   모임의 이름만 들어도 모임의 목적과 장소 또는 듣는 이들에 대한 정보를 확인할 수 있다.
   Welcome to the grand opening of the International Science Museum.
   국제 과학 박물관의 개관식에 오신 걸 환영합니다.
2. **As ~, I am ~ 을 잘 들어라!** 간단한 인사말이 끝난 후 말하는 사람(speaker), 즉 연설자나 진행자의 직위, 직업을 알 수 있다.
   Good afternoon. **As** vice president of Loco Inc., **I am proud to ~**
   안녕하세요. Loco 사의 부사장으로서 ~하게 되어 자랑스럽습니다
3. **후반부에 Now, we'd like you to ~를 잘 들어라.** 후반부에서 현재의 말이 끝난 후에 어떤 일이 있을 것인지를 직접적으로 말할 것이다. 주로 준비된 식사나 간단한 음식들을 권하면서 연설을 마무리한다.
   Now we'd like to invite you all into the museum's dining room.
   이제 여러분 모두 박물관의 식당에 초대하고 싶습니다.

Exercises

문제풀이 예제

Look 문제지 미리보기

01 What department does the speaker probably work in?
(A) Human resources (B) Accounting
(C) Payroll (D) Security

02 What are the listeners instructed to do?
(A) Attend a seminar
(B) Present their identification
(C) Complete some paperwork
(D) Submit a resume

03 What will most likely happen in thirty minutes?
(A) Several workshops will begin.
(B) A form will be distributed.
(C) Managers will be introduced.
(D) A procedure will be explained.

어휘 human resources 인사부 submit 제출하다 resume 이력서

Look & Check 음성이 나오기 전 주요 키워드 표시하기

01 **What department** does the **speaker** probably **work** in?
(A) **Human resources**
(B) **Accounting**
(C) **Payroll**
(D) **Security**

화자는 어떤 부서에서 일하는 것 같은가?
(A) 인사부
(B) 회계부
(C) 급여부
(D) 경비실

02 **What are** the **listeners instructed** to do?
(A) Attend a **seminar**
(B) Present their **identification**
(C) Complete some **paperwork**
(D) Submit a **resume**

청자들은 무엇을 하도록 지시받고 있는가?
(A) 세미나 참석
(B) 신분증 제시
(C) 서류 작성 완료
(D) 이력서 제출

03 **What will** most likely happen **in thirty minutes**?
(A) Several **workshops** will **begin**.
(B) A **form** will be **distributed**.
(C) **Managers** will be **introduced**.
(D) A **procedure** will be **explained**.

30분 뒤에 어떤 일이 일어날 것 같은가?
(A) 여러 개의 워크숍이 시작된다.
(B) 양식이 배부된다.
(C) 매니저들이 소개된다.
(D) 절차가 설명된다.

해설 01 화자의 정체를 묻는 문제는 지문의 상단에서 파악해야 한다. My name is George Hamilton from personnel.에서 화자는 인사부서에서 나왔다는 것을 알 수 있으므로 정답은 (A).

02 청자들에게 지시하는 사항은 ask you ~, request you ~, please ~ 등과 같은 표현으로 시작되니 유의하자. Most of you have already started to complete the form in your orientation packet. I'd like to ask you to go ahead and do that at this time.에서 정답은 (C)라는 것을 알 수 있다.

03 미래 정보는 지문의 마지막 부분에서 확인하자. In about thirty minutes, Katherine will be here from the payroll. She will show you how to enter time into the payroll system.이라고 했으므로 정답은 (D)이다.

Listen 대화를 듣고 문제지와 대조하기 영M

Questions 01-03 refer to the following talk.
Welcome everyone to your first day here at the Bank of America Group. **My name is George Hamilton from personnel.** And I'll be leading you through the new employees orientation. Most of you have already started **to complete the form in your orientation packet.** I'd like to ask you to go ahead and do that at this time. I'll collect the forms at the end of today's program. Please review other materials in the packet we distributed. It contains important information that will help you get through the first few weeks here. **In about thirty minutes, Katherine** will be here from payroll. **She will show you how to enter time into the payroll system.**

문제 01-03은 다음 담화를 참조하세요.
여러분 모두를 환영합니다. Bank of America Group에서 첫날이시죠. 저는 인사부서에 나온 George Hamilton입니다. 제가 신입사원 오리엔테이션을 진행할 것입니다. 여러분 대부분들은 이미 오리엔테이션 패킷에 있는 서류를 벌써 작성하기 시작하셨네요. 이번 시간에는 서류 작성을 하겠으니까 계속 작성하시기 바랍니다. 오늘 이 프로그램이 끝날 때 걷도록 하겠습니다. 저희가 나눠드린 패킷 안의 다른 자료들도 살펴봐 주시기 바랍니다. 앞으로 이곳에서 첫 몇 주 동안 지내는 데 있어 도움이 될 중요한 정보가 들어 있습니다. 약 30분 뒤에 급여부의 Katherine 씨가 이곳에 오시게 됩니다. 그녀는 여러분에게 급여 시스템에 근무한 시간을 입력하는 방법을 보여드리게 될 것입니다.

어휘 lead 이끌다, 지도하다 complete 완성하다 packet 꾸러미, 패킷 go ahead 어서 하다 collect 모으다, 수거하다 review 검토하다 get through 완수하다, 통과하다 how to + 동사원형 ~을 하는 방법 enter 입력하다

▶ 문제풀이 예제 정답: 01 (A) 02 (C) 03 (D)

LESSON 4 여행과 교통편 공지

MP3 File 4-22

Point

여행이나 견학과 관련된 공지로 버스, 기차, 항공기 등 교통편이나 공항, 터미널 등 교통시설 또는 여행지에서 나올 수 있는 안내 및 공지 사항 등이다.

교통편 또는 교통시설 – 버스, 지하철, 비행기, 공항, 기차역 등에서 나오는 안내방송이다. 주로 일정의 변경이나 취소를 알리는 경우로, 목적지를 묻는 문제나 변경이나 취소되는 사항과 원인을 묻는 문제가 자주 출제된다.

여행, 견학 – 여행이나 견학에서 tour의 주제나 목적지에 대해 언급한 후 일정이 어떻게 진행될 것인지 이야기하면서 주로 화자의 신분, 일정의 순서, 장소 등을 묻는 문제가 자주 출제된다.

A 교통편 공지의 순서

주로 공항, 터미널에서 나오는 안내방송이다. 교통편의 지연, 취소 등에 대한 내용을 공지하고 변경사항이나 대안을 제시한다. 비행기, 기차, 버스 내에서의 안내방송은 출발이나 도착시간 등과 관련된 운행 안내가 대부분이다.

1. 인사말, 대상, 장소,	**Attention passengers** traveling on flight 462 to Sydney. Sydney행 462편으로 여행하시는 승객 여러분께 알려드립니다.
2. 공지의 목적	**The airplane** you will be boarding **has been delayed** in New York **due to bad weather**. 여러분들이 탑승하실 비행기가 악천후로 New York에서 지연이 되었습니다.
3. 문제/변경/공지	It should be here in approximately one hour which means **we will have a new departure time of 3 p.m.** 해당 비행편은 한 시간 후에 도착할 예정이어서 출발시간이 오후 3시로 변경될 것입니다.
4. 해택/당부/요구/제안	**Please stay near the gate** in case we have any further announcements. 안내방송이 있을 경우를 대비하여 게이트 근처에 머물러주시기 바랍니다.
5. 인사말	**We sincerely apologize** for the inconvenience and we appreciate your cooperation. 불편을 끼쳐드려 죄송하고 협조해주셔서 감사합니다.

B 여행 및 견학 안내의 순서

(1) 유적지나 국립공원, 동물원 등의 관광지나 공장, 사무실 등을 여행, 견학하는 상황
(2) 역사적인 인물의 저택을 방문하는 상황
(3) 버스에서 좌우측에 보이는 건물이나 주변 상황에 대한 설명과 더불어 앞으로 가는 목적지에 대한 간단한 설명을 하는 버스 투어

1. 인사말 / 자기소개	**Good morning**, My name is ~ . **I'll be your (tour) guide** today. 안녕하세요, 제이름은 ~입니다. 저는 오늘 여러분의 (여행) 가이드입니다. Ladies and gentlemen. I'd like to welcome **you to our new factory** in Tuson. 신사 숙녀 여러분, Tuson의 저희 새로운 공장에 방문하신 것을 환영합니다.
2. 관광지 소개 및 방문 일정 안내	**We'll be starting** our tour of (with) ~. ~에 대한 여행을 시작하겠습니다. **Before we begin** ~ ~을 시작하기 전에 **This is the last stop** on our tour. 여기가 저희 마지막 여행지입니다. **On today's city bus tour** we'll visit ~ first. 오늘 시내 버스 관광에서 첫 번째로 ~를 방문하게 될 겁니다. It will **last approximately two hours.** 약 2시간 정도 소요될 것입니다. **First, ~ and then ~. After that ~, ~ at the end of the tour.** 처음에 ~ 그러고 나서 ~ . 그 다음에, 여행의 마지막에 ~.
3. 당부 및 주의사항과 다음 일정	**If you have** any questions, **please** feel free to ask. 질문이 있으시면 편하게 질문해주시기 바랍니다. **Now let's** get going. 자 출발합시다.

Ustar 출제포인트 시험에는 이렇게 나온다! **여행과 교통편 공지 관련 빈출 정답 유형**

1. 교통편 공지
- 장소를 묻는 문제는 앞부분의 인사말을 확인하라.
- 초반부에서 지연되거나 변경, 취소된 사항과 함께 그 원인이 언급된다.

2. 여행 및 견학 안내
- **Good morning. Welcome to ~ 등의 인사말을 잘 들어라!** '~에 오신 것을 환영합니다'라는 말로 사람들이 모여 있는 장소, 목적을 알 수 있으며, 바로 자기소개를 하며 오늘 방문지에 대한 기본적인 정보(역사, 유명한 이유 등)를 이야기한다.
- **특정 시간이나 장소를 잘 들어라!** 여행 지문의 빈출 질문 중 하나가 특정 시간이나 장소에서 어떤 일이 벌어질 것인지에 대한 것이다.
- **Now let's ~, I suggest/recommend ~ 등의 표현을 잘 들어라!** 간단한 일정소개가 끝난 후 본격적으로 첫 번째 일정을 소개하거나 여행객이나 직원들에게 어떤 행동을 하도록 제안, 권유하는 내용이 나온다.

Exercises

문제풀이 예제

Look 문제지 미리보기

01 What is said about Climton?
(A) It's a long-established company.
(B) It's a multinational company.
(C) It's has an award.
(D) Its sales increased.

02 What does Climton make?
(A) Eyeglasses (B) Protective clothing
(C) Television screens (D) Windows

03 What are listeners asked to do?
(A) To attend a press conference
(B) To board a tour bus
(C) To put on safety equipment
(D) To purchase some products

어휘 long-established 오래 전에 설립된 press conference 기자회견

Look & Check 음성이 나오기 전 주요 키워드 표시하기

01 **What** is said about **Climton**?
(A) It's a **long-established** company.
(B) It's a **multinational** company.
(C) It's had an **award**.
(D) Its sales **increased**.

Climton에 관해서 뭐라고 말하는가?
(A) 오래 전에 설립된 기업이다.
(B) 다국적 기업이다.
(C) 상을 수상했다.
(D) 판매량이 증가하고 했다.

02 **What** does Climton **make**?
(A) **Eyeglasses**
(B) Protective **clothing**
(C) Television **screens**
(D) **Windows**

Climton이 만들고 있는 것은 무엇인가?
(A) 안경
(B) 보호복
(C) TV 스크린
(D) 창문

03 **What** are **listeners asked** to do?
(A) To attend a **press conference**
(B) To board a **tour bus**
(C) To put on **safety equipment**
(D) To **purchase** some **products**

청자들에 어떻게 하라고 하는가?
(A) 기자회견 참석
(B) 관광버스 탑승
(C) 안전 장비 착용
(D) 제품 구입

해설 01 Climton이라는 회사에 대한 설명을 찾아야 하므로, 첫 문장부터 놓치지 않고 들어야 한다. Climton has been around for a long time이라고 했으므로 정답은 (A)이다.
02 Climton이라는 회사에 대한 설명 부분을 잘 들어야 한다. welcome to the Climton's window factory라고 했으므로 정답은 (D)이다.
03 요청 사항은 대개 지문의 마지막 부분에 정답의 힌트가 있다. please put on a pair of safety glasses provided in the bins to your right라고 했으므로 정답은 (C)이다.

Listen 대화를 듣고 문제지와 대조하기 미M

Questions 01-03 refer to the following talk.
Hello, everyone! And welcome to the **Climton's window factory**. Before we start the tour of our production facility, there are a few things I'd like to mention. Most of you probably know that **Climton has been around for a long time.** In fact, we're about to celebrate our one hundredth anniversary. That makes us the oldest window manufacturer in the country. In fact, there is a good chance that the windows in your offices and homes are made by Climton. Before we go in to the factory to see how our products are made, **please put on a pair of safety glasses** provided in the bins to your right. Alright, if everyone is ready, please follow me.

문제 01-03은 다음 담화를 참조하세요.
안녕하십니까 여러분! Climton 창문 공장에 오신 것을 환영합니다. 우리 생산 시설에 대한 견학을 시작하기에 앞서 몇 가지 알려드릴 사항이 있습니다. 여러분들은 대부분 Climton이 역사가 긴 회사라는 것을 알고 계실 것입니다. 사실, 우리는 창사 100주년을 축하할 예정입니다. 이는 우리가 국내에서 가장 오래된 창문 생산업체라는 것을 의미합니다. 사실 여러분의 사무실과 집의 창문도 Climton이 생산했을 가능성이 있답니다. 우리 제품이 어떻게 만들어지는지 공장을 둘러보기 전에 여러분의 오른편에 있는 통에 준비된 보호 안경을 착용해 주시기 바랍니다. 자, 모두 준비되셨으면 저를 따라와 주시기 바랍니다.

어휘 welcome 환영하다 production 생산 facility 시설 mention 언급하다 for a long time 오랫동안 celebrate 축하하다 manufacturer 생산업체 chance 가능성 put on 착용하다 safety glasses 보호 안경 bin 깡통, 통

▶ 문제풀이 예제 정답: 01 (A) 02 (D) 03 (C)

01 How does the speaker begin the speech?
(A) By accepting an award
(B) By welcoming new students
(C) By thanking the board of trustees
(D) By thanking the audience for attending

02 What is the speaker's new occupation?
(A) Dean of the Feldman School
(B) Owner of the Feldman School
(C) Professor at the Feldman School
(D) President of the Feldman School

03 What is the school's focus?
(A) Law
(B) Business
(C) Liberal arts
(D) Journalism

---

04 When is the scheduled departure time?
(A) In fifteen minutes
(B) In thirty minutes
(C) In forty five minutes
(D) In one hour

05 What does the speaker say about buying tickets?
(A) They must be carried at all times.
(B) They must be purchased before departure.
(C) They can be purchased on the train.
(D) They will be discounted for today.

06 According to the speaker, what requires an extra fee?
(A) The meal service
(B) Heavy luggage
(C) Carrying more than five items
(D) Tall items

---

07 What type of event is being announced?
(A) A food festival
(B) An art exhibition
(C) A product demonstration
(D) A car show

08 When does the event start?
(A) On Monday
(B) On Friday
(C) On Saturday
(D) On Sunday

09 What will the first 200 visitors receive?
(A) A T-shirt
(B) A coupon
(C) A free entrance pass
(D) An accessory

10 Why is the announcement being made?
(A) To encourage people to participate in a festival
(B) To inform students of a new semester
(C) To celebrate the anniversary of the university
(D) To advertise an annual sale

11 How long is the event scheduled to run for?
(A) One afternoon (B) One weekend
(C) Five days (D) Two weeks

12 Which of the following is NOT true about the event?
(A) Workshops are offered.
(B) A full-moon celebration will take place.
(C) There will be a movie festival.
(D) It is an annual event.

---

13 What is the talk mainly about?
(A) Employee benefits
(B) Company sales
(C) A new product release
(D) Reporting a new policy

14 Where does the speaker say the company currently advertises?
(A) On TV (B) In newspapers
(C) On radio (D) In magazines

15 What will Peter do next?
(A) Present sales data
(B) Introduce a new product
(C) Distribute a report
(D) Announce a winner

---

16 Who is the audience for the talk?
(A) Job candidates
(B) Business owners
(C) New managers
(D) University students

17 What will most likely happen in the morning session?
(A) A guest speaker will speak.
(B) A video will be shown.
(C) Drinks and snacks will be served.
(D) Some results will be reviewed.

18 According to the speaker, what can the audience do during lunch?
(A) Eat in the employee lounge
(B) Purchase a book
(C) Discuss course materials
(D) Register for another seminar

19 For how many years was Patty Apgar the Food Bank's director?
(A) 13 (B) 14 (C) 15 (D) 16

20 What does the speaker say increased while Patty Apgar was director?
(A) The amount of food being distributed
(B) The number of people working at the Food Bank
(C) The size of the Food Bank's storage facilities
(D) The number of organizations donating to the Food Bank

21 According to the announcement, what will be offered at the fundraiser?
(A) Volunteer's identification
(B) Music and refreshments
(C) Opportunities for employment
(D) Lower interest rates

---

22 What time will the passengers for Las Vegas be leaving?
(A) At 2:30 p.m. (B) At 4:00 p.m.
(C) At 8:00 p.m. (D) At 10:00 p.m.

23 Why has the departure of outgoing flights been changed?
(A) Because of mechanical problems with the plane
(B) Because of air traffic conditions
(C) Because of the inclement weather
(D) Because of busy schedules

24 What does the speaker recommend?
(A) Waiting quietly (B) Shopping
(C) Reading a book (D) Calling customer service

---

25 Who most likely is the speaker?
(A) A famed architect
(B) A tour guide
(C) A construction worker
(D) A department manager

26 How does the Eddleson building differ from other buildings?
(A) It was built earlier than the other buildings.
(B) It was built later than the other buildings.
(C) Its style is more traditional than the other buildings.
(D) Its style is more modern than the other buildings.

27 What caused the delay in construction?
(A) The unusual design of the building.
(B) The architect delayed construction.
(C) The construction crew caused the delay.
(D) The extremely cold weather.

28 Where most likely are the listeners?
(A) In a taxi
(B) On a boat
(C) On a plane
(D) On a bus

29 Where will the listeners have lunch?
(A) In the harbor
(B) At the parliament building
(C) At Essle Woods Park
(D) Downtown

30 What are the listeners asked to do?
(A) Fill out a form
(B) Bring a lunch
(C) Put all garbage into canisters
(D) Meet downtown

---

31 Where is the speaker?
(A) At a meeting room
(B) At a restaurant
(C) At Lee's house
(D) At a store

32 What is the speaker talking about?
(A) An employee dinner
(B) An award banquet
(C) A marketing seminar
(D) A birthday party

33 Who is Tommy Lee?
(A) A sales representative
(B) A famous chef
(C) A successful director
(D) A singer

---

34 Where is this announcement most likely being made?
(A) At a train station
(B) At an airport
(C) On a bus
(D) At a department store

35 What is the cause of the problem?
(A) Air traffic
(B) Road construction
(C) An accident
(D) Bad weather

36 What will be provided for these customers?
(A) Hotel accommodation
(B) Refreshments
(C) Free tickets
(D) Rental cars

▶ 정답 및 해설 p.225~233

Chapter 8

뉴스(News) & 설명(Instruction)

출제 비율은 평균 15% – 10개의 지문 중에 1~2개의 지문이 방송지문의 형태를 띠고 있다.

방송지문들은 우선 방송이라는 매체를 통해 등장하기 때문에 특정한 형식을 가지게 된다. 뉴스(리포트)와 토크쇼가 주로 등장하는데, 제일 처음에 인사말과 더불어 방송의 기본정보인 프로그램 소개(프로그램 이름, 방송 시간대, 특징)를 하고 해당 방송에 대한 내용이 나오고 후반부에는 다음 프로그램에 대한 정보나 이어지는 방송내용에 대한 언급, 계속해서 청취해달라는 식의 제안, 요청, 부탁하는 내용이 이어진다.

- 주로 기업경영이나 경제와 관련된 뉴스 리포트로 특정 기업의 사세확장, 건물의 매입이나 합병 등과 관련된 소식이 나온다.
- 정부의 에너지 절약 정책이나 경제정책 등의 변경과 관련된 소식
- 도로나 건물 등의 건립과 건설 관련 소식

★ 주요 출제 패턴

빈출 문제	화자 프로그램 종류 주제	**Who** is speaking? **What** is the **purpose** of the radio announcement? **What** is Biz-world This Week?
	특정 사건이나 상황의 결과 및 원인 / 구체적인 상황 및 정보	**According to the report, what** is important in North Valley? **How long** has Mrs. Catherine worked? **What caused** the **problem**? **What** did the **research show**?
	앞으로의 일정 / 제안이나 요구	**What** does the report **recommend**? **What** does the announcer **suggest**? **What advice** is the speaker giving?
핵심 표현	인사 및 프로그램 소개	Good morning. **This is** ~ **at** ~ **station.** 안녕하세요 저는 ~ 방송국의 ~입니다. **On** our local news, ~ 지역소식입니다. A recent research by ~ **shows that ~** ~에 의해 실시된 최근 연구조사는 ~을 보여주고 있습니다. **In** business news today~ 오늘의 비즈니스 소식입니다 The government approved a proposal yesterday for ~ 정부는 어제 ~를 위한 제안을 승인했습니다.
	주제/목적	**I'd like to inform** residents **of** the upcoming event. (지역)주민들에게 앞으로의 행사를 알려드리고자 합니다. The LMD corporation will soon ~ LMD사는 곧 ~할 예정입니다 The Peterson Inc. **announced** its plan to ~ Peterson사는 ~할 계획을 발표했습니다 Long Ireland Company **has decided to** ~ Long Ireland사는 ~을 하기로 했습니다
	요구/제안/권유	**Mark your calendars**, ladies and gentlemen. 달력에 표시해 놓으세요. 여러분. **If** you have any questions concerning ~, **please call** ~ ~에 대해 궁금한 것이 있으면, 전화주시기 바랍니다. **Please stay tuned.** 채널을 고정해주세요. **Keep listening.** 계속 청취해주세요.

LESSON 1 뉴스 보도(News Report)

MP3 File 4-23

Point

뉴스 보도: 경영, 경제와 관련된 인수 합병, 해외시장 진출, 사세 확장, 공장 건립 등에 관한 뉴스나 리포트의 주제를 먼저 언급한 후 사실이나 상황을 서술하는 형태의 지문으로 구체적인 내용들을 언급한다. 그리고 이에 대한 여파나 영향 등을 언급하거나 그러한 사건, 상황으로 인한 결과 등을 보도하는 내용들이 주를 이루게 된다.

A 뉴스(News)의 순서

뉴스는 Part 4 담화 중 가장 어려운 유형 중 하나로 사회 · 경제 관련 어휘가 많이 나오는 편이다. 맨 처음 두 문장에서 주로 뉴스의 주제를 알린 다음, 그 주제에 관련된 세부적인 사실이 전개된다.

1. 인사, 화자, 시간	**Today's big story in Business News**. Sega Software **announced the purchase** of ~ Business News에서 오늘의 주요 뉴스를 알려드리겠습니다. Sega Software는 ~을 매입했다고 발표했습니다. This is **Ian Maserat from** ROK Broadcasting, **your station for the latest local news** and weather. 최신 지역 뉴스와 날씨를 알려드리는 ROK 방송의 Ian Maserat입니다. Good morning, **this is Dan Mosley with your 7 o'clock news brief.** 안녕하세요. 저는 7시 뉴스의 Dan Mosley입니다.
2. 주제 및 세부사항, 미래에 대한 예측	**Early this morning**, they **announced that** the acquisition will be ~ 오늘 오전 일찍 그 회사는 합병이 ~하게 될거라고 발표했습니다. On Tuesday, **Crown Town approved plans** to do ~ 화요일 Crown Town사는 ~하는 계획들을 승인했습니다. Mayor of Plainfield **said that** ~ Plainfield의 시장은 ~라고 했습니다. It is estimated that the total cost of construction will be~ 총 공사비용은 ~가 될 것이라고 추산되고 있습니다.
3. 당부, 다음 방송 순서	**I'll be back again** with more news **in an** hour. 저는 한 시간후에 더 많은 뉴스로 돌아오겠습니다. We will **come back in fifteen minutes for the latest weather forecast**. 15분 후에 일기예보로 다시 뵙겠습니다. And **now for an update** on the weekend weather forecast. 다음은 주말 날씨 예보입니다.

B 뉴스 빈출 질문

1. 프로그램 소개 / 오늘의 뉴스	**Who** most likely is the **speaker**? **What** is the **subject** of the report? **Who** is the **speaker**?
2. 구체적인 내용	**What** do industry experts **expect**? **According to the report, what happened** this morning? **According to the broadcast, why** is the new building being constructed? **According to the speaker, what will** be constructed? **What is expected to happen when** construction is finished?
3. 다음 방송 순서	**What will** listeners likely hear **next**?

Ustar 출제포인트 시험에는 이렇게 나온다! **뉴스 관련 빈출 정답 유형**

1. **Good morning ~, Good evening ~ 등의 인사를 잘 들어라!** 인사말을 통해서 현재 방송이 나가는 시간대를 알 수 있다. 그리고 이어서 어떤 프로그램인지와 말하는 사람(speaker)이 누구인지도 말해준다.
   ⇨ local news reporter, broadcaster, announcer
2. **사람의 이름을 잘 들어라!** 키워드에서 등장한 사람이 방송을 진행하는 사람인지 초대 손님인지 확인하라!
3. **has announced that ~의 뒤를 놓치지 마라!** 뉴스 리포트의 주제를 언급할 때 자주 등장하는 표현으로 has decided(~하기로 했다), has announced that ~(~을 발표했다) 등이 있다. 이런 표현이 없는 경우에는 첫 인사말이 끝난 후 나오는 내용을 잘 들어야 한다.

Exercises

문제풀이 예제

Look 문제지 미리보기

01 What event does the report discuss?
(A) A corporate merger
(B) A marketing campaign
(C) A manufacturing conference
(D) A factory expansion

02 When will the event happen?
(A) In April (B) In July
(C) In August (D) In November

03 What is the expected result of the event?
(A) More convenient locations
(B) Safer food products
(C) Greater profitability
(D) More effective leadership

어휘 corporate 주식회사 merger 합병 expansion 확장 profitability 수익성

Look & Check 음성이 나오기 전 주요 키워드 표시하기

01 **What event** does the report **discuss**?
(A) A corporate **merger**
(B) A marketing **campaign**
(C) A manufacturing **conference**
(D) A **factory** expansion.

이 보도는 어떤 일에 대해서 말하고 있는가?
(A) 회사의 합병
(B) 마케팅 캠페인
(C) 제조(업) 컨퍼런스
(D) 공장 확장

02 **When** will the **event happen**?
(A) In **April**
(B) In **July**
(C) In **August**
(D) In **November**

이 일은 언제 일어날 것인가?
(A) 4월에
(B) 7월에
(C) 8월에
(D) 11월에

03 **What** is the **expected result** of the event?
(A) More convenient **locations**
(B) **Safer food** products
(C) Greater **profitability**
(D) More **effective leadership**

이 일에서 예상되는 결과는 무엇인가?
(A) 좀 더 편리한 위치
(B) 더 안전한 식품
(C) 더 큰 수익성
(D) 더 효율적인 리더쉽

해설 01 보도의 주제를 묻는 질문은 초반을 잘 들어야 한다. 초반에 Howard Johnson, CEO of Traditional Greek Foods, has announced that his company will merge에서 기업의 합병에 대한 이야기임을 알 수 있으므로 정답은 (A)가 된다.
02 이 일이 언제 일어날 지를 묻고 있다. 초반부에서 합병에 대한 이야기가 나오자마자 바로 뒤에서 The merger will take place this August.를 통해 8월에 합병이 있다는 것을 알 수 있다. 따라서 정답은 (C).
03 앞으로의 결과나 예상을 묻는 문제는 주로 중후반부를 잘 들어야 한다. he expects the merger will allow the new company to run operations more profitable에서 합병된 회사가 더 수익성이 좋아질 것으로 예상한다고 했으므로 (C)가 정답임을 알 수 있다.

Listen 대화를 듣고 문제지와 대조하기 영M

Questions 01-03 refer to the following report.
And now for the business news. Howard Johnson, CEO of Traditional Greek Foods, has announced that **his company will merge** with Spring Beverage. **The merger will take place this August**. In a recent press conference, Mr. Johnson said that he expects the merger will allow the **new company to run operations more profitable**, thanks to the combined experience and expertise each organization brings. The merged operation, which will be called Greek Spring Food and Beverage, will be the largest food and beverage company in the north European region.

문제 01-03은 다음 보도를 참조하세요.
지금부터는 경제 뉴스를 전해드리겠습니다. Traditional Greek Foods사의 CEO인 Howard Johnson은 자신의 회사는 Spring Beverage 사와 합병할 것이라고 발표했습니다. 이 합병은 이번 8월에 있을 예정입니다. 최근 기자회견에서 Johnson은 이 합병으로 인해 두 회사는 각각 보유하고 있는 경험과 전문지식을 합치기 때문에 새로운 회사는 좀 더 수익성을 기대할 수 있을 거라고 말했습니다. Greek Spring Food and Beverage사라는 이름을 갖게 될 이 합병된 회사는 북유럽 지역에서 가장 큰 식음료 회사가 될 것입니다.

어휘 CEO Chief Executive Officer(최고 경영자) announce 발표하다 merge 합병하다 take place 발생하다, 일어나다 thanks to ~ 덕분에 combined 합쳐진, 결합된 expertise 전문지식 beverage 음료

▶ 문제풀이 예제 정답: 01 (A) 02 (C) 03 (C)

LESSON 2 설명(Instruction)

MP3 File 4-24

Point

제품사용 설명: 제품 이용에 대한 간단한 감사의 말과 함께 제품의 용도 및 사용법 등에 대한 설명이 나온다. 주로 복사기, 팩스 등의 기계를 사용하는 방법과 문제가 발생할 경우에 대한 대처 방법 등을 언급한다.
강좌, 서비스와 관련된 절차, 지시사항: 여가활동(activities) 강좌나 서비스 이용에 대한 소개 및 간단한 절차, 장소, 준비사항, 주의사항 등을 언급한다.

A 제품설명 및 주의사항의 기본 유형

1. 인사, 주제	**Attention** all employees. 직원 여러분 주목해주세요. **I am a sales representative from** Easy Software. 저는 Easy Software사에서 나온 판매직원입니다.
2. 특징, 장점, 절차 등의 세부사항	**We'd like to remind** you of -ing ~. 저희는 여러분들께 ~하는 것을 다시 알려드리고자 합니다. **I'll be showing** you **our new software program**. 저희의 새로운 소프트웨어 프로그램을 보여드리겠습니다. **This program makes** designing promotional materials easy to do. 이 프로그램은 홍보용 자료를 쉽게 디자인할 수 있도록 해줍니다. Please note that ~ ~을 꼭 기억해주시기 바랍니다 After lunch, the inspectors will interview some employees. 점심식사 후에 검사원들이 일부 직원들을 면담하게 됩니다.
3. 당부, 요구사항	**Please talk to me before** your lunch break to check the schedule. 일정을 확인하려면 점심 전에 저에게 말씀해주시기 바랍니다. **I will post the schedule** in the staff room. 일정을 직원 휴게실에 게시하겠습니다. **If you need** further information, Please contact ~ 더 많은 정보를 원하신다면, ~로 연락주시기 바랍니다.

B 제품사용 및 지시사항 설명 관련 빈출 질문

1. 화자/청중/장소에 대한 질문	제품의 제조자(개인, 회사)나 여가활동을 진행하는 사람이 회사나 특정단체의 사람들을 대상으로 설명한다. **Who** is the **speaker**? **Where** does the **speaker work**? **What department** does the speaker **work in**?
2. 주제/목적에 대한 정보	제품의 용도를 묻거나 어떤 내용의 서비스나 강좌가 진행되고 있는지를 묻는 질문 **What** is the **discussion about**? **What** can the product **be used for**?
3. 구체적인 정보	절차나 이용방법 등을 묻는 질문 **What** is the first **step that needs to be done**? **What** is being **served with** the main dish? **What will happen** after lunch?
4. 주의사항 및 앞으로 할 일	특정상황과 관련한 주의사항이나 요청, 요구, 권장사항 그리고 앞으로 있을 일이나 할 일에 관련된 내용에 대한 질문 **Where** can the employees **find the notice** about their assignment? **What** does the speaker say the listeners **can receive**?

Ustar 출제포인트 시험에는 이렇게 나온다! **뉴스 관련 빈출 정답 유형**

1. **초반부에 인사말과 더불어 행사와 제품, 서비스에 대해 언급한다.** 주로 제품 시연회(product demonstration), 모임의 가입 절차(procedure), 강좌 설명회(instruction), 행사나 업무 일정(schedule) 등에 대한 설명이나 주의사항이 나온다.
2. **장소를 확인할 수 있는 here, this 등을 잘 들어라.** 장소는 보통 행사에 대한 환영 인사말에서 확인할 수 있지만 후반부에서 청중들에게 제안하는 내용에서 during this trade fair 등의 표현과 같이 나올 수도 있다.
3. **순서나 절차를 말하는 표현을 확인하라.** shortly after, follow, (and) then, after that ~

Exercises

문제풀이 예제

Look 문제지 미리보기

01 What is the purpose of the talk?
(A) To introduce an instructional video
(B) To list repair procedures
(C) To explain advertising strategies
(D) To welcome a number of new employees

02 What will listeners be reviewing?
(A) Safety guidelines (B) New brochures
(C) Assembly instructions (D) Software programs

03 How can listeners get additional information?
(A) By referring to the annual report
(B) By reading a product manual
(C) By attending a class
(D) By calling the manufacturer

어휘 instructional video 교육용 비디오 procedure 절차 refer to ~을 참조하다

Look & Check 음성이 나오기 전 주요 키워드 표시하기

01 **What** is the **purpose** of the **talk**?
(A) To introduce an **instructional video**
(B) To list **repair procedures**
(C) To explain **advertising strategies**
(D) To welcome a number of **new employees**

이야기의 목적은 무엇인가?
(A) 교육용 비디오를 소개하기 위해
(B) 수리 절차를 설명하기 위해
(C) 광고 전략을 설명하기 위해
(D) 여러 신입사원을 환영하기 위해

02 **What will listeners** be **reviewing**?
(A) **Safety guidelines**
(B) New **brochures**
(C) **Assembly** instructions
(D) Software **programs**

듣는 이들은 무엇을 검토할 것인가?
(A) 안전 지침서
(B) 새로운 안내 책자
(C) 조립 설명서
(D) 소프트웨어 프로그램

03 **How can listeners** get **additional information**?
(A) By referring to the **annual report**
(B) By reading a product **manual**
(C) By attending a **class**
(D) By calling the **manufacturer**

듣는 이들은 추가 정보를 어떻게 얻을 수 있는가?
(A) 연례보고서를 참조함으로써
(B) 제품 매뉴얼 읽음으로써
(C) 수업에 참석함으로써
(D) 생산업체에 전화함으로써

해설 01 목적은 지문의 첫 부분에 위치한다는 점에 주의하자. Thank your for purchasing newly released Office 545 and watching this introductory DVD.에서 Office 545에 대한 교육용 비디오라는 것을 알 수 있으므로 정답은 (A)가 된다.
02 I am here to help you understand instructions on how to use the software programs on your computer에서 소프트웨어 프로그램에 대해 이해를 돕는다고 말했으므로 정답은 (D)임을 알 수 있다.
03 시청자들을 위한 추가 정보의 언급은 지문의 하단에 있다. you can also find all the information you need in the office 545 guidebook이라고 했므로 정답은 (B)이다.

Listen 대화를 듣고 문제지와 대조하기  미W

Questions 01-03 refer to the following talk.
Thank you for purchasing the newly released **Office 545** and watching **this introductory DVD.** My name is Margaret. **I am here to give you instructions on how to use the software programs on your computer.** This program will enable you to do things like word processing, document editing, image picture creation and much more. During this demonstration, you will learn how to use each program. By the way, you can also find all the information you need **in the office 545 guidebook**.

문제 01-03은 다음 담화를 참조하세요.
새로운 출시된 Office 545를 구매해주시고 이 소개 DVD를 시청해주시고 계신 여러분께 감사드립니다. 제 이름은 Margaret입니다. 저는 여러분의 컴퓨터에 있는 이 소프트웨어 프로그램을 사용하는 방법을 설명하려고 여기 있습니다. 이 프로그램은 여러분께서 워드 프로세싱, 문서 편집, 이미지 제작 및 기타 여러 가지 것들을 할 수 있게 해줄 것입니다. 이 시연에서 여러분들은 각 프로그램을 사용하는 방법을 알게 될 것입니다. 그리고 또한 Office 545 가이드북에서 여러분들이 필요로 하는 모든 정보를 찾아보실 수 있습니다.

어휘 purchase 구매하다 release 출시하다 watch 시청하다 introductory 소개하는 instruction 설명, 교육 edit 편집하다 creation 제작 demonstration 시연

▶ 문제풀이 예제 정답: 01 (A) 02 (D) 03 (B)

01 Who most likely is the audience?
(A) Applicants for a job
(B) New employees
(C) Senior managers
(D) Computer technicians

02 What is the speaker teaching the listeners to do?
(A) Install a software program
(B) Submit a weekly report
(C) Set up an account on a computer
(D) Revise their personal information

03 What does the speaker say about the password?
(A) It must be entered twice.
(B) It can be obtained from the personnel department.
(C) It should include a number.
(D) It has been provided.

---

04 What is the main purpose of the talk?
(A) To organize a training schedule
(B) To discuss this year's budget
(C) To review telephone regulations
(D) To prepare for a product release

05 Who most likely is the audience?
(A) Financial analysts
(B) Event organizers
(C) Sales managers
(D) Product designers

06 What are listeners asked to do?
(A) Meet with their team
(B) Promote their new product
(C) Distribute a manual
(D) Submit their sales plan

---

07 Who are the listeners?
(A) Delivery persons
(B) Restaurant staff
(C) Real estate agents
(D) Customers

08 What has caused the problem?
(A) The address was incorrect.
(B) There are too many customers.
(C) Some ingredients are missing.
(D) The employees are not qualified.

09 According to the speaker, what will happen tomorrow?
(A) A new branch will open.
(B) A new promotion will begin.
(C) Some vegetables will be delivered.
(D) A popular dish will be available.

10 When is the board of directors scheduled to visit?
(A) At the end of the day
(B) At 11 a.m. tomorrow
(C) Next Tuesday
(D) In two weeks

11 What will each department discuss?
(A) Possible locations for a meeting
(B) Preparations for the visit
(C) An annual meeting
(D) The relocation of the factory

12 Where will the meetings take place?
(A) In the production room
(B) In the staff room
(C) In the main meeting room
(D) In the board room

---

13 What type of merchandise does the factory produce?
(A) Dishes
(B) Heavy machinery
(C) Packaged goods
(D) Office supplies

14 Why is the factory getting new equipment?
(A) To produce other items
(B) To replace broken machinery
(C) To increase production
(D) To accommodate more workers

15 According to the speaker, what are all workers asked to do?
(A) Obtain appropriate safety equipment
(B) Receive additional training
(C) Read an installation manual
(D) Speak with a supervisor

---

16 What is the report mainly about?
(A) A public library
(B) A shopping center
(C) A city park
(D) A press center

17 Who is William Scott?
(A) A city official
(B) A news reporter
(C) A conference organizer
(D) A construction engineer

18 When will the work on the project begin?
(A) In June
(B) In August
(C) In September
(D) In October

19 What has the hotel done recently?
(A) Renovated the lobby
(B) Installed wireless Internet
(C) Hired additional staff
(D) Added more guest rooms

20 According to the speaker, what should employees do when guests arrive?
(A) Explain a service
(B) Offer a tour guide
(C) Provide a key
(D) Give a survey

21 What does the speaker give the listeners?
(A) A list of assigned rooms
(B) A pamphlet
(C) An Internet address
(D) A map

22 What is the report mainly about?
(A) The history of the region
(B) The establishment of an organization
(C) The construction of a museum
(D) The opening of an art exhibit

23 Who is Larry Nelson?
(A) A historian
(B) A news reporter
(C) A fund manger
(D) An organization president

24 What is the next step in the project?
(A) Completing a design
(B) Finalizing a contract
(C) Getting an approval
(D) Creating a budget

25 What is the news report mainly about?
(A) A furniture design award
(B) A recycling program
(C) The development of a new product
(D) A merger between two companies

26 What has Furniture Island promised to do?
(A) Reward customers for recycling
(B) Produce environmentally friendly products
(C) Extend their product warranty
(D) Reduce prices by 15%

27 According to Mr. Wood, what will most likely happen by the end of the year?
(A) Furniture sales will increase.
(B) Additional employees will be hired.
(C) New manufactural standards will be implemented.
(D) Company costs will be reduced.

28 What is going to be demonstrated?
(A) A camcorder
(B) A security system
(C) A television
(D) A software program

29 Who is the demonstration intended for?
(A) Customers (B) Salespeople
(C) Manufactures (D) Designers

30 What are listeners asked to do with the brochures?
(A) Send them to their customers
(B) Use them in a display
(C) Share them with colleagues
(D) Keep them for future reference

31 Where does this talk probably take place?
(A) At a gymnasium
(B) At a university class room
(C) At Davidson's office
(D) At an auditorium

32 What can be inferred if the listeners have to reach too high?
(A) They can adjust the handles.
(B) They need to talk to their personal trainers.
(C) They need to change the machines.
(D) They can move the seat up.

33 What does the speaker suggest about the upper handles?
(A) The upper handles are 5 feet 4 inches long.
(B) The upper handles are very comfortable.
(C) Your feet need to touch the floor.
(D) People need to wear gloves.

34 What is the speaker explaining how to do?
(A) Install software
(B) Copy and paste text
(C) Connect to a network
(D) Search for a website

35 According to the instructions, what does the listener do first?
(A) Type the letters
(B) Select the mouse
(C) Click on the menu
(D) Select the text

36 Where can people find the COPY menu?
(A) On the other windows
(B) On the text editor
(C) On the drop-down menu
(D) On the text document

▶ 정답 및 해설 p.234~241

Part 4 Final Test

MP3 File 4-25

Part 4

Directions: You will hear some talks given by a single speaker. You will be asked to answer three questions about what the speaker says in each talk. Select the best response to each question and mark the letter (A), (B), (C), or (D) on your answer sheet. The talks will not be printed in your test book and will be spoken only one time.

71 Who most likely is the caller?
(A) A hotel clerk
(B) A travel agent
(C) A shuttle-bus driver
(D) A tour guide

72 What will the caller e-mail to Ms. Johnson?
(A) A list of activities
(B) A transit map
(C) A ticket
(D) An itinerary

73 What does the caller offer to do?
(A) Make an additional reservation
(B) Arrange a city tour
(C) Recommend a restaurant
(D) Compare hotel prices

74 Who is being addressed?
(A) Engineers
(B) Salespeople
(C) Clothing designers
(D) Corporate executives

75 What will happen in March?
(A) Prices will increase.
(B) A catalog will be mailed.
(C) A new store will open.
(D) New products will become available.

76 What will the listeners do?
(A) View sample items
(B) View client lists
(C) Discuss packaging options
(D) Set up a display

77 Who are the listeners?
(A) Job applicants
(B) New employees
(C) Department managers
(D) Previous customers

78 What is the purpose of the meeting?
(A) To announce a project
(B) To obtain some feedback
(C) To discuss job openings
(D) To explain a procedure

79 What will the listeners do?
(A) Watch a video
(B) Tour a facility
(C) Fill out some forms
(D) Introduce themselves

---

80 What will be manufactured in the new facility?
(A) Batteries
(B) Electric cars
(C) Car windows
(D) Cells for appliances

81 According to the speaker, what will the new facility be near?
(A) The research center
(B) The storage facility
(C) The assembly plant
(D) The loading zone

82 According to the speaker, what's the advantage of the new facility's location?
(A) It is close to the market.
(B) It is conveniently located downtown.
(C) Delivery cost will be reduced.
(D) Transportation fees can be reimbursed.

83 According to the speaker, why is the store sale taking place?
(A) To reduce its inventory
(B) To celebrate its anniversary
(C) To introduce a new item
(D) To advertise the opening of a new store

84 How do people find out about the sale price?
(A) By going to a web site
(B) By telephoning the store
(C) By visiting the store
(D) By checking a newspaper advertisement

85 When will the sale be held?
(A) On Tuesday
(B) On Thursday
(C) On Friday
(D) On Sunday

---

86 What is the speaker pleased about?
(A) The company won a prestigious prize.
(B) The company got a new contract despite strong competition.
(C) The company will have a special event to celebrate its 10th anniversary.
(D) The company has expanded its business territory into Europe.

87 What kind of company does the speaker work for?
(A) A consulting firm
(B) An accounting firm
(C) An advertising agency
(D) A television station

88 Why is David being praised?
(A) For making a proposal
(B) For organizing a business trip to New York
(C) For negotiating the deal
(D) For making a presentation

89 What is predicted for Saturday?
(A) Fog
(B) Snow
(C) Sun
(D) Rain

90 When is the concert scheduled to begin?
(A) On Saturday afternoon
(B) On Saturday evening
(C) On Sunday morning
(D) On Sunday evening

91 What are people advised to do?
(A) Stay indoors
(B) Drive carefully
(C) Wear light clothing
(D) Listen to next weather forecast

---

92 What type of business is the report about?
(A) An appliance manufacturer
(B) A television station
(C) A marketing firm
(D) A power company

93 According to the talk, what has increased recently?
(A) The price of a product
(B) The number of residents
(C) The demand for a service
(D) The rate of local taxes

94 What has the company asked customers to do?
(A) Reduce energy consumption
(B) Contact city officials
(C) Report service problems
(D) Visit an exhibit

---

95 Which department does the speaker work in?
(A) Research and development
(B) Quality control
(C) Customer service
(D) Maintenance

96 Why is the speaker calling?
(A) To order a machine part
(B) To apply for a job
(C) To describe a safety procedure
(D) To report on a repair request

97 What does the speaker suggest?
(A) Attending a training class
(B) Testing a machine
(C) Checking with a supervisor
(D) Traveling to a job site

98 Who are the listeners?

(A) Important clients
(B) Company employees
(C) Local journalists
(D) Financial consultants

99 What does the speaker say has happened to Bella Manufacturing?

(A) It has achieved significant growth.
(B) It has developed new products.
(C) It has been seeking a new president.
(D) It has merged with a competitor.

100 What does the speaker say will be decided by the end of the year?

(A) Cost-cutting measures
(B) The hiring of new management
(C) Another acquisition
(D) Corporate reorganization

▶ 정답 및 해설 p.242~248

Ustar TOEIC Listening

→→→→→→ Part 1, 2, 3, 4

Actual Test

Actual Test 1

LISTENING TEST

In the Listening test, you will be asked to demonstrate how well you understand spoken English. The entire Listening test will last approximately 45 minutes. There are four parts, and directions are given for each part. You must mark your answers on the separate answer sheet. Do not write your answers in your test book.

Part 1

Directions: For each question in this part, you will hear four statements about a picture in your test book. When you hear the statements, you must select the one statement that best describes what you see in the picture. Then find the number of the question on your answer sheet and mark your answer. The statements will not be printed in your test book and will be spoken only one time.

Sample Answer

Example

Statement (A), "They are looking at an item," is the best description of the picture, so you should select answer (A) and mark it on your answer sheet.

1

2

GO ON TO THE NEXT PAGE

3

4

Part 3

Directions: You will hear some conversations between two people. You will be asked to answer three questions about what the speakers say in each conversation. Select the best response to each question and mark the letter (A), (B), (C), or (D) on your answer sheet. The conversations will not be printed in your test book and will be spoken only one time.

41 Where is this conversation most likely taking place?
(A) In a restaurant
(B) In an office building
(C) At a conference center
(D) At a movie theater

42 When will the event begin?
(A) At 8 o'clock
(B) At 9 o'clock
(C) At 10 o'clock
(D) At 11 o'clock

43 What is the woman looking for?
(A) A machine to make copies
(B) A location to meet clients
(C) An area to park
(D) A place to get beverages

44 What does the museum offer on Saturday?
(A) Extended hours
(B) Reduced admission fees
(C) Guided tours
(D) Guest speakers

45 Why is the woman not available this Saturday?
(A) She will be out of town.
(B) She is teaching an art class.
(C) She will have to work at her work.
(D) She has to take visitors to the airport.

46 What does he offer to do?
(A) Complete some work
(B) Plan a future event
(C) Get some information
(D) Take a photograph

GO ON TO THE NEXT PAGE

47 Where is the conversation probably taking place?
(A) At a training seminar
(B) At a job interview
(C) At a new employee orientation
(D) At an awards ceremony

48 What previous work does the woman mention?
(A) Managing an international company
(B) Designing electronic devices
(C) Responding to customer inquiries
(D) Marketing products online

49 What most likely will be discussed next?
(A) The background of the company
(B) The company's products
(C) The woman's managerial skills
(D) The woman's upcoming workshops

---

50 What type of meeting is taking place this afternoon?
(A) A conference call
(B) A board meeting
(C) A training seminar
(D) An award banquet

51 What is the purpose of the meeting?
(A) To resolve recent problems with customers
(B) To discuss the online banking trend
(C) To improve productivity
(D) To inform employees of the financial status

52 What will take place after the meeting?
(A) A group discussion
(B) A demonstration
(C) A dinner
(D) A presentation

53 What is the woman's occupation?
(A) Business owner
(B) Painter
(C) Store manager
(D) Interior designer

54 What are the speakers mainly discussing?
(A) Participating in a contest
(B) Winning an award
(C) Hiring a new assistant
(D) Remodeling a building

55 What does the woman want Doyle to send her?
(A) A portfolio
(B) A resume
(C) A price list
(D) A recommendation

---

56 What is the man having a trouble with?
(A) Buying a new laptop
(B) Using an e-mail account
(C) Registering for a seminar
(D) Processing timesheets

57 What happened while the man was away?
(A) A program was updated.
(B) A new business was opened.
(C) A payment was returned.
(D) An address was changed.

58 What will the man have to do?
(A) Change a password
(B) Set up a new account
(C) Present a ID card
(D) Call the technical support team

59 What is included with the purchase of the home theater system?
(A) One-year warranty
(B) Free installation
(C) Free delivery
(D) Additional discounts

60 What is the man concerned about?
(A) The difficulty of installing the item
(B) The price of the item
(C) The item is too old
(D) Moving the item

61 What will the man probably do next?
(A) Take an order
(B) Purchase their home theater system
(C) Call the customer service department
(D) Read the manual

---

62 What type of event are the speakers discussing?
(A) A sporting event
(B) A concert
(C) A company picnic
(D) A seminar

63 Why was the event rescheduled?
(A) Some items have not been delivered.
(B) A meeting room was unavailable.
(C) Poor weather is predicted.
(D) A food order was not placed on time.

64 How is the event different from the one held last month?
(A) Family members will be included.
(B) New program coordinators
(C) It will be held in a different location.
(D) A press conference will take place.

65 What is the man concerned about?
(A) Having his computer repaired
(B) Finishing a report on time
(C) Scheduling time off from work
(D) Keeping his computer files secure

66 What problem does the woman mention?
(A) Supervisor permission is needed.
(B) Some sales information is missing.
(C) A computer shutdown is scheduled.
(D) Different software is required.

67 What does the woman suggest?
(A) Coming to work early on Monday
(B) Talking to a supervisor next week
(C) Consulting a computer technician
(D) Rescheduling a presentation

---

68 Who is Ms. Adams?
(A) An advertising coordinator
(B) A sales representative
(C) A human resources manager
(D) A graphic designer

69 According to the speaker, why will Ms. Adams be missed?
(A) She is respected by clients.
(B) She is a top salesperson.
(C) She has been with the company a long time.
(D) She does her job efficiently.

70 What does the woman ask the man to do?
(A) Revise a budget proposal
(B) Create a new logo
(C) Manage a project
(D) Interview a job candidate

GO ON TO THE NEXT PAGE

Part 4

Directions: You will hear some talks given by a single speaker. You will be asked to answer three questions about what the speaker says in each talk. Select the best response to each question and mark the letter (A), (B), (C), or (D) on your answer sheet. The talks will not be printed in your test book and will be spoken only one time.

71 Where most likely would the announcement be heard?
(A) At a train station
(B) On a plane
(C) At an airport
(D) At an airline company

72 According to the announcement, what has been changed?
(A) The departure time
(B) The arrival time
(C) The departure gate
(D) The flight number

73 What made the change necessary?
(A) Mechanical problems
(B) A baggage mix-up
(C) The delay of a previous flight
(D) Severe weather conditions

74 What is the announcement about?
(A) A community health fair
(B) A family sports event
(C) A medical clinic opening
(D) A store anniversary celebration

75 What will be featured at the event?
(A) Sample products
(B) Nutrition classes
(C) Exercise demonstrations
(D) Vision testing

76 What will the winner of the raffle receive?
(A) A vacation package
(B) A cookbook
(C) Exercise classes
(D) Sports equipment

77 Why is the museum planning to make changes?
(A) Because it has financial difficulty
(B) Because it has a relocation project
(C) Because there are serious technical problems
(D) Because it is understaffed

78 On what days will the museum be closed?
(A) On Sundays
(B) On Tuesdays
(C) On Saturdays
(D) On Fridays

79 What does the speaker mention about the lecture series?
(A) It is offered every Friday.
(B) It will continue.
(C) It will be unavailable.
(D) It is very popular among students.

---

80 What event is taking place?
(A) A fundraiser
(B) A gallery opening
(C) A city tour
(D) A film festival

81 Who is Pam Quinn?
(A) A professor
(B) An author
(C) An actor
(D) A photographer

82 What can the listeners do in the lobby?
(A) Make a purchase
(B) Ask questions
(C) Sign up for a tour
(D) Enjoy refreshments

83 In which department does the speaker most likely work?
(A) Sales
(B) Finance
(C) Personnel
(D) Shipping

84 What is the purpose of the message?
(A) To confirm a shipment date
(B) To advertise a position
(C) To cancel a sales meeting
(D) To verify an employee's record

85 What does the speaker ask the listener to do?
(A) Fax a document
(B) Return a telephone call
(C) Provide an address list
(d) Deliver an envelope

---

86 What has changed about the picnic?
(A) The location
(B) The time
(C) The date
(D) The cost

87 Why should members contact Jane Simmons?
(A) To get directions
(B) To arrange for a ride
(C) To arrange a picnic table
(D) To purchase a meal ticket

88 What does the speaker thank the members for doing?
(A) Coming to the meeting
(B) Helping to select a picnic location
(C) Designing some invitations
(D) Offering to bring food

GO ON TO THE NEXT PAGE

89 What will listeners most likely do when they get to Montclair Park?
(A) Have lunch
(B) Go hiking
(C) Ride a bike
(D) Take pictures

90 What does the speaker remind listeners about?
(A) Safety regulations
(B) Tourist attractions
(C) Travel plans for tomorrow
(D) An upcoming cycling trip

91 What does the speaker say he has in his backpack?
(A) Water
(B) Brochures
(C) Maps
(D) Tourist guides

---

92 What problem does the speaker mention?
(A) A move has been delayed.
(B) An area of the office has been damaged.
(C) A product is not available.
(D) A heating system is not working.

93 What will likely happen by Friday?
(A) Construction will begin.
(B) A contract will be signed.
(C) Repair work will be completed.
(D) Offices will be vacated.

94 Why should employees go down the hall?
(A) To use a kitchen
(B) To meet with a lawyer
(C) To look at flooring samples
(D) To watch a presentation

95 What's the talk mainly about?
(A) An award winner
(B) New sales plans
(C) Sales figures for the year
(D) The introduction of new sales staff

96 What type of business do they work at?
(A) A delivery company
(B) An office furniture business
(C) A publishing company
(D) An office interior design firm

97 What is said about Englewood School district?
(A) It is the largest client.
(B) It is a new client.
(C) It is expanding.
(D) It was recently renovated.

---

98 What does the speaker's company sell?
(A) Processed food
(B) Kitchen tables
(C) Natural ingredients
(D) Kitchen appliances

99 What document does the speaker refer to?
(A) A newspaper
(B) A magazine
(C) A research report
(D) Sales figures

100 What are listeners encouraged to do?
(A) To emphasize the quality of their products
(B) To be friendly to customers
(C) To try to cut costs
(D) To give special offers

▶ 정답 및 해설 p.250~270

NO TEST MATERIAL ON THIS PAGE

Actual Test 2

LISTENING TEST

In the Listening test, you will be asked to demonstrate how well you understand spoken English. The entire Listening test will last approximately 45 minutes. There are four parts, and directions are given for each part. You must mark your answers on the separate answer sheet. Do not write your answers in your test book.

Part 1

Directions: For each question in this part, you will hear four statements about a picture in your test book. When you hear the statements, you must select the one statement that best describes what you see in the picture. Then find the number of the question on your answer sheet and mark your answer. The statements will not be printed in your test book and will be spoken only one time.

Sample Answer

Example

Statement (A), "They are looking at an item," is the best description of the picture, so you should select answer (A) and mark it on your answer sheet.

1

2

GO ON TO THE NEXT PAGE

3

4

5

6

GO ON TO THE NEXT PAGE

7

8

9

10

GO ON TO THE NEXT PAGE

Part 2

Directions: You will hear a question or statement and three responses spoken in English. They will not be printed in your test book and will be spoken only one time. Select the best response to the question or statement and mark the letter (A), (B), or (C) on your answer sheet.

Sample Answer

Example

You will hear: Where is the meeting room?

You will also hear: (A) To meet the new director.
(B) It's the first room on the right.
(C) Yes, at two o'clock.

The best response to the question "Where is the meeting room?" is choice (B), "It's the first room on the right," so (B) is the correct answer. You should mark answer (B) on your answer sheet.

11. Mark your answer on your answer sheet.
12. Mark your answer on your answer sheet.
13. Mark your answer on your answer sheet.
14. Mark your answer on your answer sheet.
15. Mark your answer on your answer sheet.
16. Mark your answer on your answer sheet.
17. Mark your answer on your answer sheet.
18. Mark your answer on your answer sheet.
19. Mark your answer on your answer sheet.
20. Mark your answer on your answer sheet.
21. Mark your answer on your answer sheet.
22. Mark your answer on your answer sheet.
23. Mark your answer on your answer sheet.
24. Mark your answer on your answer sheet.
25. Mark your answer on your answer sheet.
26. Mark your answer on your answer sheet.
27. Mark your answer on your answer sheet.
28. Mark your answer on your answer sheet.
29. Mark your answer on your answer sheet.
30. Mark your answer on your answer sheet.
31. Mark your answer on your answer sheet.
32. Mark your answer on your answer sheet.
33. Mark your answer on your answer sheet.
34. Mark your answer on your answer sheet.
35. Mark your answer on your answer sheet.
36. Mark your answer on your answer sheet.
37. Mark your answer on your answer sheet.
38. Mark your answer on your answer sheet.
39. Mark your answer on your answer sheet.
40. Mark your answer on your answer sheet.

Part 3

Directions: You will hear some conversations between two people. You will be asked to answer three questions about what the speakers say in each conversation. Select the best response to each question and mark the letter (A), (B), (C), or (D) on your answer sheet. The conversations will not be printed in your test book and will be spoken only one time.

41 Who most likely is the woman?
(A) An office supplies manufacturer
(B) A sales representative
(C) A data-entry clerk
(D) A software designer

42 What does the woman say she is familiar with?
(A) A voice mail system
(B) A computer program
(C) Hiring requirements
(D) Hospital security

43 What does the woman ask the man to do?
(A) Help her to complete a summary
(B) Send her some documents
(C) Work over time to finish a project
(D) Assign her extra work

44 Who is Karl Jacobs?
(A) A receptionist
(B) A reporter
(C) An editor
(D) A publisher

45 Why is the woman surprised?
(A) He wrote a story quickly.
(B) He missed an important meeting.
(C) He finished interviewing others.
(D) He arrived at the woman's work early.

46 What is the receptionist asked to do?
(A) To find an available room
(B) To transfer a call
(C) To direct a visitor
(D) To reserve a meeting room

GO ON TO THE NEXT PAGE

47 Who mostly likely are the speakers?
(A) New managers
(B) Representatives
(C) Accountants
(D) Job applicants

48 What did the woman and man attend on Thursday?
(A) An interview
(B) A regional conference
(C) A workshop
(D) A client meeting

49 What did the man say about the event?
(A) It was held in the headquarters.
(B) It was too long.
(C) It was canceled.
(D) She missed the event.

---

50 Why is the woman calling?
(A) To change an appointment
(B) To discuss a delivery
(C) To report a problem
(D) To ask about a warranty

51 What does the man ask to confirm?
(A) A street address
(B) A date of purchase
(C) A model number
(D) A method of payment

52 What is an additional fee for?
(A) Delivering merchandise
(B) Assembling a piece of furniture
(C) Using an express service
(D) Removing an appliance

53 What does the man inquire about?
(A) Finding a cafeteria
(B) Learning about some paintings
(C) Getting a museum map
(D) Receiving a special discount

54 What does the woman recommend the man do?
(A) Join a guided tour
(B) Buy a season pass
(C) Enroll in art classes
(D) Return on a different day

55 What will the man probably do next?
(A) Leave the museum
(B) View an exhibition
(C) Look for a tour guide
(D) Shop at the gift store

---

56 What does the woman say about the store?
(A) It is offering a discount.
(B) It has a printing service.
(C) Some supplies are out of stock.
(D) It has new business hours.

57 What does the woman suggest the man do?
(A) Come back later
(B) Purchase another item
(C) Fill out an order form
(D) Pay with cash

58 What does the man say he needs?
(A) A printer
(B) Some ink
(C) A stapler
(D) Some paper

59 Who most likely is the woman?
(A) A real estate agent
(B) A building inspector
(C) An interior designer
(D) A construction worker

60 What was the man concerned about?
(A) The cost of some equipment
(B) The size of a room
(C) The safety of some wiring
(D) The deadline for repairs

61 What does the woman say she will do?
(A) Send a document
(B) Recommend an electrician
(C) Revise a building plan
(D) Replace some equipment

---

62 What is the conversation mainly about?
(A) Completing a project
(B) Commuting to work
(C) Changing work hours
(D) Choosing a place to live in

63 Why is the woman concerned?
(A) A road is being repaired
(B) The train is late
(C) Parking is limited
(D) Fares have increased

64 What does the man suggest the woman do?
(A) Request more time
(B) Speak with colleagues
(C) Walk to the train station
(D) Ask for a discount

65 Who most likely is Edward Wilson?
(A) A part-time worker
(B) A new employee
(C) An architect
(D) A former colleague

66 Why is the man concerned?
(A) The office will not be ready in time.
(B) Tickets might be unavailable.
(C) There isn't enough budget.
(D) The company will be relocated in downtown.

67 What does the woman say she will do next?
(A) Call her supervisor
(B) Take some packages to the client's office
(C) Issue a new security pass
(D) Speak to the facilities manager

---

68 Why does the woman mention two ticket prices?
(A) One ticket price includes a reservation fee.
(B) Seats are available in different locations.
(C) The tickets are for different performances.
(D) Discounts are available on several tickets.

69 What does the man ask?
(A) Where to pick up the tickets
(B) When the performance starts
(C) Whether the seats are together
(D) How to get discounts

70 What does the woman suggest the man do?
(A) Write down a reservation code
(B) Bring refreshments
(C) Arrive at the theater early
(D) Telephone the box office before 6 P.M.

GO ON TO THE NEXT PAGE

Part 4

Directions: You will hear some talks given by a single speaker. You will be asked to answer three questions about what the speaker says in each talk. Select the best response to each question and mark the letter (A), (B), (C), or (D) on your answer sheet. The talks will not be printed in your test book and will be spoken only one time.

71 What is the woman calling about?
(A) A job interview
(B) A doctor's appointment
(C) A business meeting
(D) A conference presentation

72 Why does the woman have to reschedule?
(A) Her flight has been delayed.
(B) Her car is being repaired
(C) She is not feeling well.
(D) She will be out of town.

73 What is the woman going to do this Thursday?
(A) Prepare a talk
(B) Telephone a job applicant
(C) Meet with a client
(D) Return to her office

74 What event is being announced?
(A) A presentation by a cooking school
(B) A food festival
(C) The grand opening of a restaurant
(D) A kitchen ware exhibition

75 How can people at the event enter the contest?
(A) By signing up at the main gate
(B) By buying an item
(C) By filling out a form
(D) By visiting their website

76 According to the advertisement, what can be found online?
(A) Price lists
(B) Directions to the event
(C) An application form to participate in the event
(D) A directory of participating businesses

77 What does Palisadium sell?
(A) Office furniture
(B) Art supplies
(C) Cleaning equipment
(D) Household goods

78 What is being announced?
(A) Price reductions
(B) Store hours
(C) The location of a department
(D) The arrival of new merchandise

79 What was said about refunds?
(A) They are available only with a receipt.
(B) They must be requested within 30 days.
(C) They will not be given on some purchases.
(D) They have to be approved by a manager.

---

80 What is the purpose of the broadcast?
(A) To report business news
(B) To advertise a new product
(C) To welcome a guest to a radio program
(D) To announce the results of a sporting event

81 Who is Bruce Sanders?
(A) A radio reporter
(B) A television producer
(C) A corporation president
(D) A football player

82 What will listeners hear next?
(A) An interview
(B) More sports news
(C) An advertisement
(D) The weather report

83 What's the purpose of the message?
(A) To ask about a program
(B) To introduce a service
(C) To offer a special discount
(D) To answer an inquiry

84 What type of business is Anthony Associates?
(A) A phone company
(B) A radio station
(C) A high speed Internet provider
(D) A website designing firm

85 What will the listener be provided with?
(A) Free counseling
(B) Free delivery
(C) A discounted price
(D) An exclusive design

---

86 What is the speaker mainly discussing?
(A) A conference agenda
(B) Travel policies
(C) New equipment
(D) Marketing strategies

87 Why was a change made?
(A) To reduce equipment costs
(B) To simplify expense reports
(C) To comply with industry regulations
(D) To improve communication with clients

88 According to the speaker, what will happen next week?
(A) Support staff will learn new procedures.
(B) Salespeople will meet with clients.
(C) Designers will video materials.
(D) Technicians will replace old computers.

GO ON TO THE NEXT PAGE

89 Where will Friday's event take place?
(A) At a community center
(B) At a school
(C) At a recording studio
(D) At a museum

90 What will Nick Nunez do?
(A) Interview an actor
(B) Perform some music
(C) Discuss his recent work
(D) Sign autographs

91 Why should listeners call the information line?
(A) To hear a list of activities
(B) To request tickets
(C) To learn about transportation options
(D) To purchase a membership

95 According to the speaker, what benefits does Bishop Commerce Building offer?
(A) Rent is low.
(B) It has a good view
(C) It is spacious.
(D) It is close to the train station.

96 What are the employees asked to do?
(A) Move his or her own computer
(B) Sort through files
(C) Carry documents by themselves
(D) Dispose of unnecessary furniture

97 When will the move take place?
(A) On Monday
(B) On Wednesday
(C) On Tuesday
(D) On Friday

---

92 Where does the caller work?
(A) At a clothing manufacturer
(B) At a fabric shop
(C) At a furniture company
(D) At an art studio

93 What problem does the caller describe?
(A) Damaged merchandise was delivered.
(B) The wrong material was used to make an item.
(C) A discount is no longer available.
(D) An order form was inaccurate.

94 What is the listener asked to do?
(A) Visit a business
(B) Send a payment
(C) Fill out a form
(D) Provide measurements

98 Where is the introduction taking place?
(A) At a university lecture
(B) At a professional conference
(C) At a product demonstration
(D) At an awards ceremony

99 Who is Miko Hiroshi?
(A) An office building manager
(B) A government official
(C) A structural engineer
(D) A conference planner

100 According to the speaker, what will happen at the end of Ms. Hiroshi's talk?
(A) A question-and-answer session will be held.
(B) An award will be presented.
(C) Notes from the presentation will be handed out.
(D) The audience will break for lunch.

▶ 정답 및 해설 p.271~292

ANSWER SHEET

Ustart TOEIC Actual Test 01

LISTENING (Part 1 ~4)

NO.	ANSWER				NO.	ANSWER				NO.	ANSWER				NO.	ANSWER				NO.	ANSWER			
	A	B	C	D		A	B	C	D		A	B	C	D		A	B	C	D		A	B	C	D
01	a	b	c	d	21	a	b	c		41	a	b	c	d	61	a	b	c	d	81	a	b	c	d
02	a	b	c	d	22	a	b	c		42	a	b	c	d	62	a	b	c	d	82	a	b	c	d
03	a	b	c	d	23	a	b	c		43	a	b	c	d	63	a	b	c	d	83	a	b	c	d
04	a	b	c	d	24	a	b	c		44	a	b	c	d	64	a	b	c	d	84	a	b	c	d
05	a	b	c	d	25	a	b	c		45	a	b	c	d	65	a	b	c	d	85	a	b	c	d
06	a	b	c	d	26	a	b	c		46	a	b	c	d	66	a	b	c	d	86	a	b	c	d
07	a	b	c	d	27	a	b	c		47	a	b	c	d	67	a	b	c	d	87	a	b	c	d
08	a	b	c	d	28	a	b	c		48	a	b	c	d	68	a	b	c	d	88	a	b	c	d
09	a	b	c	d	29	a	b	c		49	a	b	c	d	69	a	b	c	d	89	a	b	c	d
10	a	b	c	d	30	a	b	c		50	a	b	c	d	70	a	b	c	d	90	a	b	c	d
11	a	b	c		31	a	b	c		51	a	b	c	d	71	a	b	c	d	91	a	b	c	d
12	a	b	c		32	a	b	c		52	a	b	c	d	72	a	b	c	d	92	a	b	c	d
13	a	b	c		33	a	b	c		53	a	b	c	d	73	a	b	c	d	93	a	b	c	d
14	a	b	c		34	a	b	c		54	a	b	c	d	74	a	b	c	d	94	a	b	c	d
15	a	b	c		35	a	b	c		55	a	b	c	d	75	a	b	c	d	95	a	b	c	d
16	a	b	c		36	a	b	c		56	a	b	c	d	76	a	b	c	d	96	a	b	c	d
17	a	b	c		37	a	b	c		57	a	b	c	d	77	a	b	c	d	97	a	b	c	d
18	a	b	c		38	a	b	c		58	a	b	c	d	78	a	b	c	d	98	a	b	c	d
19	a	b	c		39	a	b	c		59	a	b	c	d	79	a	b	c	d	99	a	b	c	d
20	a	b	c		40	a	b	c		60	a	b	c	d	80	a	b	c	d	100	a	b	c	d

ANSWER SHEET

Ustart TOEIC Actual Test 02

LISTENING (Part 1 ~4)

NO.	ANSWER				NO.	ANSWER				NO.	ANSWER				NO.	ANSWER				NO.	ANSWER			
	A	B	C	D		A	B	C	D		A	B	C	D		A	B	C	D		A	B	C	D
01	a	b	c	d	21	a	b	c		41	a	b	c	d	61	a	b	c	d	81	a	b	c	d
02	a	b	c	d	22	a	b	c		42	a	b	c	d	62	a	b	c	d	82	a	b	c	d
03	a	b	c	d	23	a	b	c		43	a	b	c	d	63	a	b	c	d	83	a	b	c	d
04	a	b	c	d	24	a	b	c		44	a	b	c	d	64	a	b	c	d	84	a	b	c	d
05	a	b	c	d	25	a	b	c		45	a	b	c	d	65	a	b	c	d	85	a	b	c	d
06	a	b	c	d	26	a	b	c		46	a	b	c	d	66	a	b	c	d	86	a	b	c	d
07	a	b	c	d	27	a	b	c		47	a	b	c	d	67	a	b	c	d	87	a	b	c	d
08	a	b	c	d	28	a	b	c		48	a	b	c	d	68	a	b	c	d	88	a	b	c	d
09	a	b	c	d	29	a	b	c		49	a	b	c	d	69	a	b	c	d	89	a	b	c	d
10	a	b	c	d	30	a	b	c		50	a	b	c	d	70	a	b	c	d	90	a	b	c	d
11	a	b	c		31	a	b	c		51	a	b	c	d	71	a	b	c	d	91	a	b	c	d
12	a	b	c		32	a	b	c		52	a	b	c	d	72	a	b	c	d	92	a	b	c	d
13	a	b	c		33	a	b	c		53	a	b	c	d	73	a	b	c	d	93	a	b	c	d
14	a	b	c		34	a	b	c		54	a	b	c	d	74	a	b	c	d	94	a	b	c	d
15	a	b	c		35	a	b	c		55	a	b	c	d	75	a	b	c	d	95	a	b	c	d
16	a	b	c		36	a	b	c		56	a	b	c	d	76	a	b	c	d	96	a	b	c	d
17	a	b	c		37	a	b	c		57	a	b	c	d	77	a	b	c	d	97	a	b	c	d
18	a	b	c		38	a	b	c		58	a	b	c	d	78	a	b	c	d	98	a	b	c	d
19	a	b	c		39	a	b	c		59	a	b	c	d	79	a	b	c	d	99	a	b	c	d
20	a	b	c		40	a	b	c		60	a	b	c	d	80	a	b	c	d	100	a	b	c	d

실전에서 고득점이 가능한 토익 바이블 《유스타 토익》

기본기는 있는데 고득점이 안 나오는 분들께 강력 추천!

수험생들이 헷갈려하는 내용 위주로 정리되어 있어 매번 기초부터 다시 공부하는 시간 낭비를 할 필요가 없어 좋았습니다. 기본기가 어느 정도 있는 분이라면 하루하루 점수가 급상승하는 것을 느낄 수 있을 겁니다. 저도 이 책 덕분에 토익 점수를 많이 올릴 수 있었습니다. _ID yakantoxx (22세, 대학생)

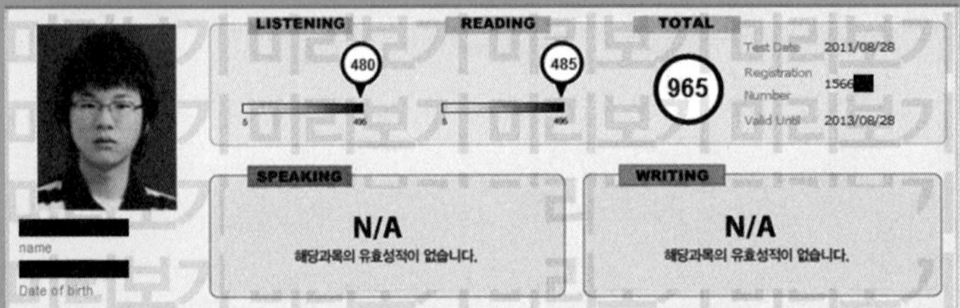

토씨 하나 버릴 게 없는 완소 토익 바이블!

유수연샘 수업 딱 한 달 듣고 925점이 나와서 900점 후반을 목표로 했어요. 하지만 시중에 나와 있는 책으로는 목표점수를 달성하기에 어딘지 부족하더군요. 《유스타 토익》은 저처럼 고득점을 목표로 하는 사람이 원하는 1%를 정확히 짚어주는 책이네요! 한 땀 한 땀 토익 장인의 손길이 느껴진달까요. 강의실에 앉아 유수연샘 강의를 듣는 것처럼 토씨 하나 버릴 것이 없습니다. _ ID lacetxx (30세, 로스쿨 진학준비중)

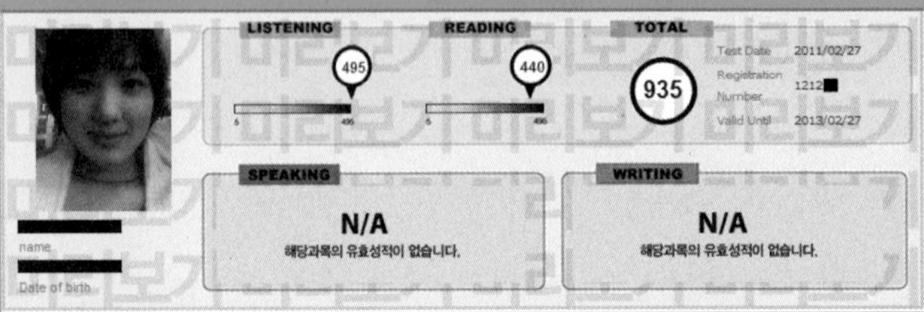

다른 책에서 볼 수 없는 기출 자료와 고득점 비법이 가득해요!

유수연 선생님 머릿속에 있는 모든 것을 끄집어낸 것이 아닌가 싶을 정도로 다른 어떤 책에서도 볼 수 없는 기출 자료와 고득점 비법들이 가득합니다. 예제와 문제도 전부 기출 문제 변형과 어휘로 만들어져 정말 유용합니다. _ ID osy210xx (29세, 대학원 진학 준비중)

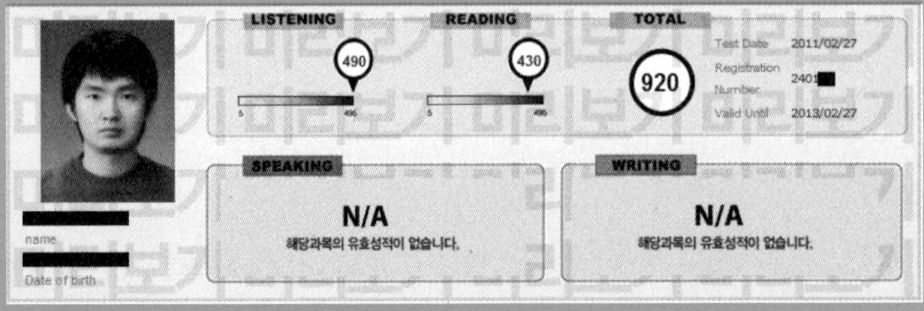

유수연 선생님의 수업을 그대로 옮겨놓은 듯 합니다.

시중에 나온 어떤 토익책을 살펴봐도 이렇게 이론과 문제가 완벽하게 연계된 책은 《유스타 토익》밖에 없었습니다. 수험생들이 헷갈리는 사항, 오답률이 높은 문제를 빠짐없이 다루고 있고 주제별 토익 출제포인트도 완벽하게 정리해줍니다. 기출 토익을 변형한 문제로 이론을 설명하고 있어 한번 죽 읽어만 봐도 그대로 실력이 쌓입니다. 유수연 선생님이 옆에서 가르쳐주는 것처럼 꼼꼼히 정리되어 있어 혼자 공부하는 데도 무리가 없네요. 충실한 이론, 풍부한 실전 연습문제, 토익멘토 유수연의 고득점 비법까지! 이 책 한 권만 반복해서 봐도 토익 만점, 더 이상 꿈이 아닙니다! _ID hyun26xx, (27세, 대학생)

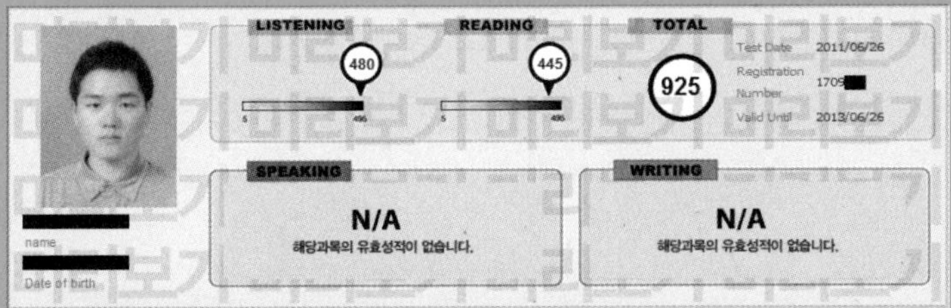

격이 다른 토익책, 《유스타 토익》

LEET(법학적성시험) 수험생입니다. 단기간 토익 고득점이 필요했지만 토익이란 시험이 영 생소하기만 하더군요. 그런데 《유스타 토익》을 만나고 나서 이제 토익에 대한 자신감이 생겼습니다. 책의 곳곳에서 느껴지는 저자의 열정, 실전 토익계의 전설만이 줄 수 있는 방대한 기출자료와 문제들은 '더 이상의 토익 기본서는 없다'라는 확신을 심어 주기에 충분했습니다. 타수업과 격이 다른 유수연 선생님의 강의처럼 《유스타 토익》 역시 다른 토익책과 격이 다릅니다! _ID junyoung-jouxx (29세, LEET 준비생)

얄팍한 비법이 아닌 문제를 보는 안목을 길러줘요!

토익은 그저 문제만 많이 풀면 되는 줄 알았는데 《유스타 토익》을 만나 패턴별로 정리된 이론과 문제를 풀면서 내가 부족한 부분을 정확히 체크하고, 토익이라는 시험을 전략적으로 준비할 수 있게 되었습니다. 왜 이것이 답이 되고 나머지는 오답인지 조목조목 정리해주니까 중구난방으로 흩어져 있던 개념들이 머릿속에 하나로 궤가 꿰어지면서 문제를 보는 눈이 생기네요. 아무리 많은 문제를 풀어도 늘 제자리걸음이던 제 점수가 이제 달라지고 있습니다. _ ID ssong11xx (26세, 대학생)

유수연 선생님의 10여년의 토익 노하우가 고스란히 담겨 있어요!

대학원 입시로 급하게 영어성적이 필요한 시점에 《유스타 토익》을 접하게 되었습니다. 유수연 선생님의 지난 10여년의 토익 노하우가 이 책 한 권에 고스란히 담겨 있다는 책의 문구가 결코 과장이 아니더군요. 지금까지 본 그 어떤 토익책보다 수험생에게 필요한 정보를 빠짐없이, 가장 잘 소화할 수 있는 형태로 전달하고 있습니다. 초보자에서 고득점자까지 토익을 공부하는 사람이라면 꼭 봐야하는 책이라고 생각합니다. 다음 달 토익점수가 기대됩니다. _ID sungmo-wwxx (24세, 대학원생)

Ustar TOEIC
Listening
정답 · 해설집

WISDOM HOUSE 위즈덤하우스

차례

Ustar TOEIC Listening

Answers

Chapter 2 유형별 전략

Lesson 1 1인 상반신 사진

Step 1 Warm-up Test p.31

01 미W 호W

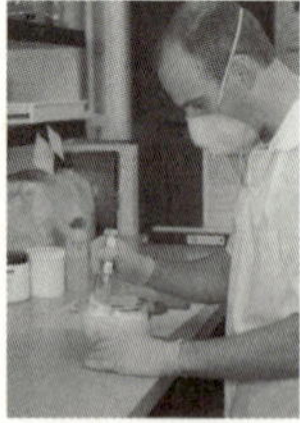

(A) He's arranging supplies in a laboratory.
(B) He's hanging up his lab coat.
(C) He's wearing protective gloves.
(D) He's reaching into his pocket.

(A) 남자가 연구실에서 비품을 정리하고 있다.
(B) 남자가 실험복을 걸고 있다.
(C) 남자가 보호장갑을 끼고 있다.
(D) 남자가 주머니에 손을 넣고 있다.

해설 남자가 손에 보호장갑을 끼고 실험을 하고 있는 사진이므로, 보호장갑을 끼고 있다(wearing protective gloves)는 객관적인 사실을 묘사한 (C)가 정답. (A) 비품을 정리하는(arranging) 동작, (B) 실험복을 걸고 있는(hanging up) 동작, (D) 손을 뻗어 주머니에 넣고 있는(reaching into) 동작은 모두 사진과 관련이 없으므로 오답이다. 정답 (C)

어휘 arrange 정리하다, 배열하다 supplies 비품 laboratory 연구실, 실험실 hang up 걸다 protective gloves 보호장갑 reach into ~로 손을 뻗어 넣다

02 영M 미W

(A) A man is fixing a lamp.
(B) A man is going hiking.
(C) A man is holding a tool.
(D) A man is getting on a bike.

(A) 남자는 램프를 고치고 있다.
(B) 남자는 하이킹을 가고 있다.
(C) 남자는 연장을 들고 있다.
(D) 남자는 자전거에 올라타고 있다.

해설 남자가 도구(tool)를 가지고 자전거의 바퀴를 수리하고 있는 사진이므로, 도구를 쥐고 있다(holding a tool)는 객관적인 사실을 기술한 (C)가 정답. (A)는 수리하고 있다(fixing)는 동작은 맞지만 고치는 물건이 램프(lamp)가 아니다. 사진에 lamp가 등장하지도 않으므로 lamp가 들리는 순간 바로 × 표시를 해야겠다. 또한 하이킹을 하는(going hiking) 모습과 자전거에 올라타고 있는(getting on) 동작도 사진에 나오지 않으므로 (B)와 (D)도 오답이다. 한편, 영어에서 hiking은 '등산'처럼 '산이나 들을 걷는 것'을 의미한다는 점도 반드시 알아두자. 정답 (C)

어휘 fix 수리하다 go hiking 하이킹을 가다(가볍게 등산하거나 언덕이나 들판을 걷는다는 의미) hold 쥐다, 잡다 tool 도구 get on (교통수단) ~에 타다 bike 자전거

Step 2 실전 TOEIC Test p.31

01 미M 호W

(A) The man is looking at a computer monitor.
(B) The man is typing on a keyboard.
(C) The man is putting on a jacket.
(D) The man is reading some documents.

(A) 남자가 컴퓨터 모니터를 보고 있다.
(B) 남자가 키보드를 치고 있다.
(C) 남자가 재킷을 입고 있다.
(D) 남자가 서류를 보고 있다.

해설 남자가 한 손에 서류를 들고 읽고(reading some documents) 있으므로 (D)가 정답이다. (A)의 경우, 사진에 컴퓨터 모니터(computer monitor) 자체가 보이지 않으므로 오답. 또한, (B)의 남자가 키보드를 치는(typing on) 동작, (C)의 재킷을 입고 있는(putting on) 동작 또한 사진의 내용과 관련이 없으므로 모두 오답이다. 정답 (D)

여기서 잠깐! 옷을 입거나 화장을 한다고 할 때 자주 등장하는 표현인 put on과 wear는 그 개념을 잘 이해하고 있어야 이와 같은 문제를 풀 때 오류를 범하지 않는다. 즉, put on은 옷을 입고 화장을 하는 '동작'을 의미하고, wear는 옷을 입고 화장을 한 '상태'를 의미한다. 따라서 이 문제의 경우, The man is wearing a jacket.이라고 하면 정답이 될 수 있지만 putting on을 쓴 (C)는 정답이 될 수 없다.

어휘 look at ~을 보다 type on a keyboard 자판을 치다 put on ~을 입다(동작) document 문서, 서류

02 영M 미W

(A) The cart has been filled with fruits.
(B) She is weighing groceries on a scale.

(C) She is looking at items in a store.
(D) Some products are being removed from the stand.

(A) 카트가 과일로 채워져 있다.
(B) 여자는 저울에 식료품의 무게를 재고 있다.
(C) 여자는 상점에서 상품을 보고 있다.
(D) 상품들이 선반에서 치워지고 있다.

해설 할머니가 상점에서 한 손에는 종이(a piece of paper)를 들고 한 손에는 채소(vegetables)를 들고 바라보고 있는 사진이다. 이를 상점에서 한 여자가 상품(items)을 보고(looking at) 있다고 포괄적으로 묘사한 (C)가 정답으로 적절하다. (A)의 경우, 카트(cart)는 보이지만, 카트가 과일로 가득 차 있는(filled with fruits) 것은 아니므로 오답이다. 사진에 저울(scale)도 등장하지 않을 뿐더러 식료품의 무게를 달고 있는 동작(weighing)도 아니므로 (B) 역시 오답. 또한, 매대에 상품들이 진열되어 있는 사진이지 치우고 있는(being removed) 것은 아니므로 (D)도 오답이 된다. 정답 (C)

어휘 be filled with ~로 가득 차다 weigh ~의 무게를 재다 item 물품 remove 제거하다, 치우다 stand 매대

03 미M 호W

(A) She's driving a car.
(B) She's getting out of the car.
(C) She's looking at a diagram.
(D) She's sitting on the stairs.

(A) 여자는 차를 운전하고 있다.
(B) 여자는 차에서 내리고 있다.
(C) 여자는 도표를 보고 있다.
(D) 여자는 계단에 앉아 있다.

해설 여자가 운전을 하고 있는 동작(driving a car)이므로 정답은 (A)이다. (B)의 경우, 여자는 차에 타고 앉아 있지 차에서 내리는(getting out of) 동작은 아니므로 오답이다. (C)와 (D) 역시 사진에 도표(diagram)도, 계단(stairs)도 나오지 않으므로 오답임을 가뿐하게 알아챌 수 있다. 정답 (A)

여기서 꼭 알아두고 가야 할 표현 한 가지! 택시나 자동차처럼 몸을 숙여 타고 내리는 교통수단의 경우에는 get in(~에 타다), get out of(~에서 내리다)라는 표현을 쓴다.

어휘 get out of (자동차, 택시 등에서) 내리다 diagram [dáiəgræ̀m] 도표 sit on ~에 앉다

04 영M 미W

(A) He is washing some dishes.
(B) He is packing some food.
(C) He is wiping a cooking surface.
(D) He is working at the stove.

(A) 남자는 설거지를 하고 있다.
(B) 남자는 음식을 포장하고 있다.
(C) 남자는 조리대를 닦고 있다.
(D) 남자는 스토브에서 일하고 있다.

해설 요리사로 보이는 남자가 요리용 레인지(stove)에서 요리를 하고 있는 모습이다. 이것을 스토브에서 일하고 있다(working at the stove)고 포괄적으로 묘사한 (D)가 정답. 주방에서 일을 하고 있는 건 맞지만, 그 일이란 게 구체적으로 요리, 즉 고기를 굽고 있는 것이지, 설거지를 하고 있는(washing some dishes) 것이 아니므로 (A)는 오답이다. 음식을 포장하거나(packing some food), 조리대를 닦고 있는(wiping a cooking surface) 모습도 아니므로 (B)와 (C)도 오답. 정답 (D)

어휘 wash/do the dishes 설거지하다 pack 포장하다 wipe 닦다 cooking surface 조리대 stove 가스레인지나 전기레인지 등과 같은 요리용 레인지

Lesson 2 1인 전신사진

Step 1 Warm-up Test p.33

01 영M 미W

(A) He is transporting some boxes on a cart.
(B) He is installing a railing in a hallway.
(C) He is unloading some boxes from a truck.
(D) He is delivering packages to a customer.

(A) 남자는 카트로 상자들을 옮기고 있다.
(B) 남자는 복도에 난간을 설치하고 있다.
(C) 남자는 트럭에서 박스를 내리고 있다.
(D) 남자는 고객에게 소포를 배송하고 있다.

해설 한 남자가 카트로 상자들을 옮기고 있으므로(transporting some boxes) 정답은 (A)이다. (B) 난간(railing)이 보이긴 하지만 남자가 난간을 설치하고 있는(installing a railing) 동작은 아니다. (C) 상자들이 있지만 사진에서 트럭(truck)은 보이지 않으며, 트럭에서 남자가 짐을 내리고 있는(unloading some boxes) 동작도 아니므로 오답이다. (D) 사진에서는 남자 한 사람만 등장하고 있을 뿐이다. 고객(customer)으로 보이는 다른 등장인물은 없으며, 남자가 소포를 배달하는(delivering packages) 모습도 아니므로 정답이 될 수 없다. 정답 (A)

어휘 transport 이동시키다, 실어 나르다 install 설치하다 railing 난간 hallway 복도 unload (짐을) 내리다 deliver 배달하다

02 미M 호W

(A) He's setting a table.
(B) He's carrying a computer.
(C) He's rolling some paper.
(D) He's sitting on the sofa.

(A) 남자는 상을 차리고 있다.
(B) 남자는 컴퓨터를 나르고 있다.
(C) 남자는 종이를 말고 있다.
(D) 남자는 소파에 앉아 있다.

해설 남자 한 명이 소파에 앉아 있는(sitting on the sofa) 모습이 두드러지게 보이는 사진으로, 보기 역시 여기에 초점을 맞춘 (D)가 정답이다. (A)의 경우, 남자가 상을 차리고 있는(setting a table) 동작이 아니므로 오답. (B) 사진에 컴퓨터(computer)는 등장하지 않으므로 컴퓨터를 나르고 있다(carrying a computer)는 설명도 바르지 않다. 서류나 종이(paper)도 사진에 보이지 않을 뿐더러, 종이를 말고 있는 동작(rolling)도 아니므로 (C) 역시 오답이다. 정답 (D)

어휘 set a table 상을 차리다 carry 나르다 roll (둥글게) 말다, 감다

Step 2 실전 TOEIC Test p.33

01 영M 미W

(A) She is holding a baton.
(B) She is running on the track.
(C) She is jumping over the obstacle.
(D) She is drawing a line on the ground.

(A) 여자는 배턴을 쥐고 있다.
(B) 여자는 트랙을 달리고 있다.
(C) 여자는 장애물을 뛰어넘고 있다.
(D) 여자는 땅바닥에 선을 그리고 있다.

해설 한 여자가 운동장 트랙에서 달리고 있는(running on the track) 장면이므로, 이를 그대로 묘사한 (B)가 정답. 사진에 baton(릴레이에서 주자들이 주고받는 배턴)은 보이지 않으므로 (A)는 바로 소거된다. (C)의 경우, 장애물(obstacle)을 뛰어넘고 있는(jumping over) 동작은 아니며, (D) 역시 바닥에 선을 그리고 있는(drawing a line) 동작도 아니므로 모두 오답이다.

한편, (A)와 (C)는 baton과 obstacle이란 단어만 제대로 알아들어도 바로 정답선상에서 제외시킬 수 있는 보기이므로, 평소 두 단어의 발음과 의미에 익숙하지 않은 사람은 문제를 풀기가 힘들었을 터. 하지만 (C)의 경우, obstacle을 못 알아들었어도 jumping over라는 사진과 관련 없는 동작 표현을 통해 다시 한 번 판단할 수 있는 기회가 주어지지만, (A)는 baton이란 말을 전적으로 알아들어야지만 자신 있게 오답임을 알 수 있는 보기이다. 스크립트 분석이 모두 끝난 다음, 두 번 다시 못 알아듣는 일이 없도록 오디오를 들으며 각 보기 문장을 큰소리로 따라 읽어보자. 정답 (B)

어휘 baton 미[bætɑ́n] 영[bǽtn] (릴레이에서 주자들이 주고받는) 배턴 jump over 뛰어넘다 obstacle 미[ɑ́bstəkl] 영[ɔ́bstəkl] 장애물 draw 그리다

02 미M 호W

(A) The man is cutting the grass.
(B) The man is working on the fence.
(C) The man is cleaning the ground.
(D) The man is spraying some plants with a water sprinkler.

(A) 남자가 잔디를 깎고 있다.
(B) 남자가 울타리를 손보고 있다.
(C) 남자가 땅바닥을 치우고 있다.
(D) 남자가 스프링클러로 식물에 물을 주고 있다.

해설 한 남자가 물을 뿌리는 도구를 이용하여 식물에 물을 주고 있는(spraying some plants) 모습이므로 (D)가 정답이다. (A) 잔디(grass)가 사진에 등장하지만 잔디를 깎는(cutting the grass) 동작은 아니며, (B) 남자 뒤로 울타리(fence)가 있지만, 울타리를 손보는(working on the fence) 모습도 아니므로 오답. 바닥을 청소하는(cleaning the ground) 동작도 사진에서 찾아볼 수 없으므로 정답이 될 수 없다. 정답 (D)

여기서 잠깐! '잔디를 깎는다'는 표현으로 cut the grass와 함께 mow the lawn도 Part 1에 심심치 않게 등장하므로 이참에 함께 기억해두도록 하자.

어휘 cut 베다, 자르다 grass 풀, 잔디 fence 울타리 spray 뿌리다 water sprinkler 스프링클러(물 뿌리는 장치)

03 영M 미W

(A) He's opening the suitcase.
(B) He's adjusting some furniture.
(C) He's laying carpet.
(D) He's packing a book into a bag.

(A) 남자는 여행가방을 열고 있다.
(B) 남자는 가구를 조정하고 있다.
(C) 남자는 카펫을 깔고 있다.
(D) 남자는 가방에 책을 넣고 있다.

해설 남자가 여행가방을 꾸리고(packing a suitcase) 있는 장면으로, 특히 가방에 책을 한 권 넣고 있는(packing a book into a bag) 모습이 포착된 사진이다. 가방을 꾸리고 있다는 포괄적인 묘사보다 가방에 책을 넣고 있다는 구체적인 묘사가 정답 보기로 제시된 문제. 즉, (D)가 정답이다. 가방은 이미 열려 있으므로 남자가 가방을 열고 있다(opening the suitcase)고 동작을 언급한 (A)는 오답. (B) 가구를 조정하고 있는(adjusting some furniture) 동작, (C) 카펫을 깔고 있는(laying carpet) 동작 모두 사진에서 찾아볼 수 없으므로 오답이다. 정답 (D)

어휘 suitcase 여행가방 adjust 조정하다 lay 놓다, 깔다 pack A into B A를 B에 넣다[싸다]

04 미M 호W

(A) She's waiting in a long line.
(B) She's standing on the railway.
(C) She's across from a busy road.
(D) She's at the edge of a platform.

(A) 여자는 기다랗게 늘어선 줄에 서서 기다리고 있다.
(B) 여자는 기차선로에 서 있다.
(C) 여자는 혼잡한 도로 맞은편에 있다.
(D) 여자는 플랫폼 가장자리에 있다.

해설 한 여자가 플랫폼 가장자리에(at the edge of a platform) 서 있는 모습이므로 (D)가 정답이다. 사진에 긴 줄(a long line)은 보이지 않으므로 long line을 듣는 순간 (A)는 × 표시를 하면 되겠다. 여자는 플랫폼에 서 있지, 기차선로 위에 서 있는(standing on the railway) 것이 아니므로 (B)도 오답. 사진 속 배경은 기차 플랫폼이지 혼잡한 도로(busy road)가 아니므로 (C)도 답이 될 수 없다. 사진에 등장하지 않는 사물이나 배경, 동작 등을 나타내는 표현이 들릴 때마다 해당 보기를 소거해가면서 문제를 풀도록 하자. 정답 (D)

어휘 wait in line 줄을 서서 기다리다 railway 철로, 철길 across from ~의 맞은편에 busy road 혼잡한 도로 at the edge of ~의 가장자리에

Lesson 3 2인 등장 사진

Step 1 Warm-up Test p.35

01 미M 호W

(A) One man's having his hair cut.
(B) One man's sitting at a desk.
(C) One man's filling a bottle with water.
(D) One man's holding a mirror.

(A) 한 남자가 머리를 깎고 있다.
(B) 한 남자가 책상에 앉아 있다.
(C) 한 남자가 병에 물을 채우고 있다.
(D) 한 남자가 거울을 들고 있다.

해설 사진은 이발을 하는 장면으로 두 남자 중 한 남자가 머리를 깎고 있는(having his hair cut) 모습이므로 정답은 (A)가 된다. 사진에 책상(desk)은 보이지 않으므로 (B)는 오답. 또, 사진에 병(bottle)은 보이지 않으므로 병에 물을 채우고 있다(filling a bottle with water)고 한 (C)도 오답이다. (D) 사진 속에 거울(mirror)이 등장하지만 두 남자 중 거울을 들고 있는(holding a mirror) 동작을 하는 사람은 없으므로 정답이 아니다. 정답 (A)

어휘 have one's hair cut (다른 사람에게 시켜) 머리를 깎다 (보통 미용실 등에서 머리를 깎는 경우에 쓰임) bottle 병 mirror 거울

02 영M 미W

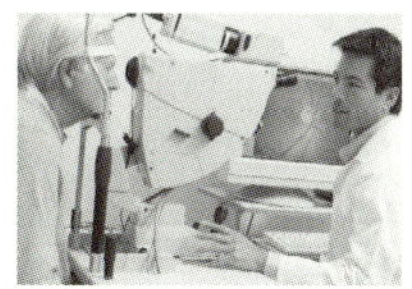

(A) One of the men is glancing at his wrist watch.
(B) A chart is being attached to the wall.
(C) Some equipment is being placed on the counter.
(D) A patient's eyes are being examined.

(A) 두 남자 중 한 사람이 손목시계를 보고 있다.
(B) 도표를 벽에 붙이고 있다.
(C) 카운터에 장비가 놓이고 있다.
(D) 환자가 눈 검사를 받고 있다.

해설 의사가 장비로 환자의 눈을 검사하고 있는 장면이므로 환자가 눈 검사를 받고 있다(patient's eyes are being examined)고 한 (D)가 정답이다. (A) 사진에 두 남자가 등장하고 있지만 두 사람 중 손목시계를 보는(glancing at his wrist watch) 동작을 하는 사람은 없으며, (B) chart(도표)가 벽에 붙여지고 있는(being attached) 모습과, (C) 장비들이 카운터에 놓여지고 있는(equipment is being placed on the counter) 모습은 사진에서 찾아볼 수 없으므로 오답이다. 정답 (D)

어휘 glance at 언뜻 보다, 힐끗 거리다 wrist watch 손목시계 chart 차트, 도표 place on ~에 놓다 examine 검사하다

Step 2 실전 TOEIC Test p.35

01 미M 호W

(A) They are exiting from the store.
(B) A group of people are buying some clothes.
(C) One of the women is pointing at the window display.
(D) The glass is being removed from the wall.

(A) 그들은 상점에서 나오고 있다.

(B) 한 무리의 사람들이 옷을 사고 있다.
(C) 한 여자가 진열창을 손으로 가리키고 있다.
(D) 유리가 벽에서 제거되고 있다.

해설 두 여자 중 한 여자가 진열창에 비친 상품을 바라보며 손으로 가리키는(pointing at the window display) 장면이므로 정답은 (C)이다. (A) 두 사람이 상점 밖으로 나오는 모습(exiting from the store)과 (B) 한 무리의 사람들(A group of people)은 사진에서 찾아볼 수 없으며, (D) 유리가 벽에서 제거되고 있는(The glass is being removed) 것도 사진에서 볼 수 없기에 오답이다. 정답 (C)

어휘 exit 나가다, 떠나다 point at 가리키다 window display 진열창 glass 유리 remove 치우다, 제거하다

02 영M 미W

(A) They are vacuuming the floor.
(B) They are leaning over a sofa.
(C) They are rearranging the furniture.
(D) They are stacking boxes next to the wall.

(A) 그들은 바닥을 진공청소기로 청소하고 있다.
(B) 그들은 소파에 기대어 있다.
(C) 그들은 가구를 다시 배치하고 있다.
(D) 그들은 벽 옆에 상자를 쌓고 있다.

해설 두 사람이 가구를 옮기고 있는 사진이므로 가구를 다시 배치하고 있다(rearranging the furniture)는 (C)가 정답이다. (A) 바닥을 진공청소기로 청소하고 있는(vacuuming the floor) 모습, (B) 소파에 기대고 있는(leaning over a sofa) 모습, (D) 벽 옆에 상자를 쌓고 있는(stacking boxes next to the wall) 모습은 사진에서 찾아볼 수 없으므로 오답이다. 정답 (C)

어휘 vacuum 진공청소기로 청소하다 lean over ~에 몸을 기대다 rearrange 재배열하다 stack 쌓다 next to ~옆에

03 미M 호W

(A) They're concentrating on a game.
(B) They're assembling a shelf.
(C) They're adjusting the centerpiece.
(D) They're setting a table.

(A) 그들은 게임에 집중하고 있다.
(B) 그들은 선반을 조립하고 있다.
(C) 그들은 장식물 위치를 조정하고 있다.
(D) 그들은 상을 차리고 있다.

해설 두 사람이 탁자 위에서 게임을 하고 있는 사진이므로 게임에 집중하고 있다(concentrating on a game)는 (A)가 정답이다. (B) 등장인물 뒤로 선반(shelf)이 보이긴 하지만, 사람들이 선반을 조립하고 있는(assembling a shelf) 모습은 아니며, (C) 사진에서 남자가 체스 말을 옮기고 있을 뿐 장식물을 조정하고 있는(adjusting the centerpiece) 모습은 찾아볼 수 없다. (D) 등장인물이 상을 차리고 있는(setting a table) 동작도 아니므로 오답이다. 정답 (A)

어휘 concentrate on ~에 집중하다 assemble 조립하다 shelf 선반 centerpiece 중앙부 장식, 중심물 set a table 상을 차리다

04 영M 미W

(A) A woman is folding a chair.
(B) Some people are resting near the van.
(C) A window is being opened.
(D) A man is boarding a bus.

(A) 여자는 의자를 접고 있다.
(B) 사람들이 밴 근처에서 쉬고 있다.
(C) 창문이 열리고 있다.
(D) 남자가 버스를 타고 있다.

해설 밴 앞에 두 사람이 쉬고 있으므로 밴 근처에서 쉬고 있다(resting near the van)고 묘사한 (B)가 정답이다. (A) 여자가 의자에 앉아 있을 뿐 의자를 접는(folding a chair) 동작을 하고 있지 않으며, (C) 밴의 창문이 열리고 있는(being opened) 모습이나 (D) 남자가 버스를 타고 있는(boarding a bus) 모습은 사진에서 찾아볼 수 없다. 정답 (B)

어휘 fold 접다 rest 쉬다, 휴식을 취하다 board 탑승하다

Lesson 4 3인 이상 등장 사진

Step 1 Warm-up Test p.37

01 미M 호W

(A) They are clapping their hands.
(B) They are placing violins in the cases.
(C) They are playing a piece of music.
(D) They are installing a stand.

(A) 그들은 박수를 치고 있다.
(B) 그들은 케이스에 바이올린을 넣고 있다.
(C) 그들은 음악을 연주하고 있다.
(D) 그들은 스탠드를 설치하고 있다.

해설 사람들이 악기 연주를 하고 있으므로 음악을 연주하고 있다(playing a piece of music)고 한 (C)가 정답이다. (A) 박수를 치고 있는(clapping their hands) 사람들의 모습은 보이지 않으며, (B) 악기를 넣는 케이스들(cases)은 보이지만, 케이스에 바이올린을 넣는(placing) 동작은 아니며, (D) 스탠드를 설치하고 있는(installing a stand) 동작도 보이지 않으므로 오답으로

처리한다. 정답 (C)

어휘 clap 박수를 치다 place 놓다, 두다 a piece of music 음악 작품 한 곡 install 설치하다 stand 스탠드

02 영M 미W

(A) Workers are painting lines on the street.
(B) A line of people are boarding a bus.
(C) Pedestrians are crossing the street.
(D) A police officer is directing traffic.

(A) 작업자들이 도로에 선을 그리고 있다.
(B) 일렬로 서 있는 사람들이 버스에 탑승하고 있다.
(C) 보행자들이 길을 건너고 있다.
(D) 경찰이 교통을 정리하고 있다.

해설 보행자들이 횡단보도를 건너고 있는 장면이므로 길을 건너고 있다(crossing the street)고 묘사한 (C)가 정답이다. (A) 도로 위에 선들(lines)이 보이긴 하지만 작업자들이 선을 그리는(painting lines on the street) 모습은 아니며, (B) 사람들이 버스에 탑승하는(boarding a bus) 모습과 (D) 경찰이 교통정리를 하는(a police officer is directing traffic) 장면도 사진에서 찾아볼 수 없으므로 오답이다. 정답 (C)

어휘 paint 페인트를 칠하다 board 탑승하다 pedestrian 보행자 cross the street 거리를 건너다 direct traffic 교통정리를 하다

Step 2 실전 TOEIC Test p.37

01 미M 호W

(A) People are standing by a display of books.
(B) People are constructing a bookcase.
(C) People are waiting in a line.
(D) People are gathered around the pillar.

(A) 사람들이 책 진열대 옆에 서 있다.
(B) 사람들이 책꽂이를 만들고 있다.
(C) 사람들이 줄을 서서 기다리고 있다.
(D) 사람들이 기둥에 모여 있다.

해설 사람들이 책 진열대에 서 있는 모습이 보인다. 따라서 사람들이 책 진열대 옆에 서 있다(standing by a display of books)고 기술한 (A)가 정답. (B) 사진에서 책장(bookcase)이 등장하긴 하지만 책장을 만들고 있는(constructing) 모습은 아니다. (C) 사람들이 한 줄로 서 있는(waiting in a line) 모습, (D) 사람들이 기둥에 모여 있는(gathered around the pillar) 장면 역시 보이지 않는다. 정답 (A)

어휘 display 진열(대) construct 건설하다, 만들다 bookcase 책꽂이 wait in a line 한 줄로 서서 기다리다 gather 모으다 pillar (다리, 건물 지붕 등을 받치는 둥근) 기둥

02 영M 미W

(A) They are examining the paper.
(B) They are adjusting their safety helmets.
(C) They are taking some measurements.
(D) They are facing each other.

(A) 그들은 서류를 검토하고 있다.
(B) 그들은 안전모를 바로잡고 있다.
(C) 그들은 치수를 재고 있다.
(D) 그들은 서로를 보고 있다.

해설 사람들이 함께 설계도를 보고 있는 장면이므로 서류를 검토하고 있다(examining the paper)는 (A)가 정답이다. (B) 안전모가 사진에 등장하지만 사람들이 안전모를 바로잡고 있는(adjusting their safety helmets) 모습은 아니며, (C) 치수를 재고 있는(taking some measurements) 동작과 (D) 서로를 마주보고 있는(facing each other) 동작도 사진과 관련 없으므로 오답이다. 정답 (A)

어휘 examine 검토하다, 조사하다 paper 서류 adjust 조정하다, (매무새 등을) 바로잡다 safety helmet 안전모 measurement 치수 face each other 서로 마주보다

03 미M 호W

(A) Handrails are being repaired.
(B) People are waving their hands.
(C) Some people are boarding a ferry.
(D) A staircase leads to the second floor.

(A) 손잡이 난간이 수리되고 있는 중이다.
(B) 사람들이 손을 흔들고 있다.
(C) 사람들이 연락선에 타고 있다.
(D) 계단이 2층으로 이어져 있다.

해설 사람들이 연락선에 탑승하고 있는(boarding a ferry) 사진이므로 이를 그대로 묘사한 (C)가 정답이다. (A) 사진에서 손잡이 난간(Handrails)은 보이지만 수리되고 있는(being repaired) 모습이 아니며, (B) 손을 흔드는(waving their hands) 모습은 사진에서 찾아볼 수 없고, (D) 계단이 2층으로 이어져 있다(staircase leads to the second floor)는 것은 사진상으로는 알 수 없다. 정답 (C)

어휘 handrail (계단 등의) 손잡이 난간 repair 수리하다 wave hands 손을 흔들다 ferry 연락선 staircase 계단 lead to ~로 이어지다

04 영M 미W

(A) A crowd is exiting the stadium.
(B) Players are spreading out across the field.
(C) The stands are filled with spectators.
(D) People are resting on the grass.

(A) 군중이 경기장을 나오고 있다.
(B) 선수들이 운동장에 퍼져 있다.
(C) 관중석이 관중으로 가득 차 있다.
(D) 사람들이 잔디에서 쉬고 있다.

해설 관중석이 관중들로 가득 찬(stands are filled with spectators) 모습이므로 정답은 (C)이다. (A) 군중이 경기장 밖으로 나서는(crowd is exiting) 모습과 (B) 선수들이 운동장을 가로질러 퍼져 있는(spreading out across the field) 모습은 사진상으로는 확인할 수 없다. (D) 운동장에 잔디가 보이긴 하지만 사람들이 쉬고 있는(resting on the grass) 모습은 아니므로 오답이다. 정답 (C)

어휘 crowd 사람들, 군중 exit 나가다, 떠나다 stadium 경기장 spread out 퍼지다 across 건너서, 가로질러 stand 관중석 be filled with ~로 가득 채워지다 spectator [spékteitər] 관중

Lesson 5 사람이 아닌 사물 묘사

Step 1 Warm-up Test p.39

01 영M 미W

(A) A woman is strolling in a garden.
(B) The gardener is trimming some bushes.
(C) Some leaves are being gathered into a pile.
(D) A woman is placing fallen leaves into a wheelbarrow.

(A) 여자가 정원에서 산책하고 있다.
(B) 정원사가 덤불을 다듬고 있다.
(C) 나뭇잎을 긁어모으고 있다.
(D) 여자가 손수레에 나뭇잎을 담고 있다.

해설 나뭇잎들을 긁어모으고 있는(leaves are being gathered into a pile) 모습이므로 정답은 (C)이다. (A) 사진에 한 여자가 등장하고 있지만 여자가 정원을 산책하는(strolling in a garden) 동작은 아니며, (B) 사진에서 덤불(bushes)이 보이긴 하지만, 다듬는(trimming) 모습은 보이지 않으므로 오답이다. (D) 사진에서 손수레(wheelbarrow)는 찾아볼 수 없으므로, 손수레에 나뭇잎을 담고 있는(placing fallen leaves) 동작 역시 확인할 수 없으므로 정답이 될 수 없다. 정답 (C)

어휘 stroll 거닐다, 산책하다 trim 다듬다 pile 더미 wheelbarrow 외바퀴 손수레

02 미M 호W

(A) A woman is placing some flowers on the shelves.
(B) Some pots are filled with blooming plants.
(C) The worker is rolling a cart towards a truck.
(D) The flowers are being planted along the grassy area.

(A) 여자가 선반에 꽃들을 올려놓고 있다.
(B) 화분들은 꽃이 핀 식물들로 가득 채워져 있다.
(C) 작업자가 트럭을 향해 카트를 굴리고 있다.
(D) 꽃들을 잔디 구역을 따라 심고 있다.

해설 화분들이 꽃들로 가득 채워져 있으므로 화분들이 꽃이 핀 식물들로 가득 채워져 있다(Some pots ~ filled with blooming plants)는 (B)가 정답이다. (A) 사진에 여자가 등장하지만 선반에 꽃을 올려두고 있는(placing some flowers on the shelves) 동작은 아니며, (C) 트럭(truck)과 (D) 잔디 구역(grassy area)은 사진에서 찾아볼 수 없으므로 오답이다. 정답 (B)

어휘 place 놓다, 두다 be filled with ~으로 가득 차 있다 bloom 꽃을 피우다, 꽃이 피다 roll 굴리다 toward ~쪽으로 grassy 풀로 덮인

Step 2 실전 TOEIC Test p.39

01 영M 미W

(A) The shades in the window have been closed.
(B) A man is reaching out to choose a cake.
(C) Customers are lined up in front of the store.
(D) Baked goods are displayed in the shop window.

(A) 창문 블라인드가 닫혀 있다.
(B) 남자가 케이크를 고르기 위해 손을 뻗고 있다.
(C) 고객들이 상점 앞에 줄지어 서 있다.
(D) 제과류가 상점 진열장에 진열되어 있다.

해설 상점에서 제과류가 진열장 안에 진열되어 있는(displayed in the shop window) 모습이므로 정답은 (D)이다. (A) 사진에서 창문 블라인드(shades)는 보이지 않으며, (B) 물건을 고르기 위해 손을 뻗고 있는 것은 남자(man)가 아닌 여자(woman)이므로 주어가 맞지 않다. (C) 줄지어 서 있는 고객들

(Customers are lined up)은 사진에 보이지 않으므로 정답이 될 수 없다. 정답 (D)

어휘 shade 가리개, 블라인드 reach out 손 등을 뻗다 be lined up 줄지어 서 있다 baked goods 구워 만든 제품, 제과류 display 진열하다 shop window 상점 진열장

02 미M 호W

(A) A man is taking off his apron.
(B) Pottery has been arranged on a shelf.
(C) A man is walking into a workshop.
(D) Stools have been pushed against the wall.

(A) 남자가 앞치마를 벗고 있다.
(B) 선반에 도자기들이 진열되어 있다.
(C) 남자가 작업장으로 들어가고 있다.
(D) (등받이 없는) 의자들이 벽에 밀려 있다.

해설 등장인물 뒤의 선반에 도자기들이 진열되어 있으므로(Pottery has been arranged on a shelf) (B)가 정답이다. (A) 남자가 앞치마를 입고 있는(wearing) 상태이지 벗고 있는(taking off) 동작은 아니며, (C) 작업장 안으로 걸어 들어가고 있는(walking into a workshop) 동작과 (D) 등받이 없는 의자들이 벽에 밀려 있는(Stools have been pushed against the wall) 모습은 사진에서 확인할 수 없으므로 오답이다. 정답 (B)

어휘 take off 벗다 apron 앞치마 pottery 도자기 arrange 배열하다 walk into ~로 걸어 들어가다 workshop 작업장

03 영M 미W

(A) A woman is working on the wall.
(B) Some weeds are growing beside the fence.
(C) The fence is being painted.
(D) A woman is mopping the floor.

(A) 여자가 벽을 손보고 있다.
(B) 잡초가 울타리 옆에서 자라고 있다.
(C) 울타리에 페인트를 칠하고 있다.
(D) 여자가 대걸레로 바닥을 닦고 있다.

해설 등장인물 주위로 잡초로 보이는 식물들이 자라고 있으므로 잡초가 울타리 옆에서 자라고 있다(Some weeds ~ growing beside the fence)는 것이 가장 적절한 묘사. 정답은 (B)이다. (A) 여자가 등장하긴 하지만 벽을 손보고 있는(working on the wall) 동작은 아니며, (C) 사진에서 울타리가 보이지만, 페인트를 칠하고 있는(fence ~ being painted) 동작은 찾아볼 수 없으며, (D) 여자가 바닥을 닦고 있는(mopping the floor) 동작도 아니므로 모두 오답이 된다. 정답 (B)

어휘 weed 잡초 fence 울타리 paint 페인트를 칠하다 mop 대걸레질을 하다

04 미M 호W

(A) A woman is sitting on the bench.
(B) Trains are approaching the station.
(C) The roof is casting a shadow.
(D) A woman is dragging her bag.

(A) 여자가 벤치에 앉아 있다.
(B) 열차들이 역으로 다가오고 있다.
(C) 지붕이 그늘을 드리우고 있다.
(D) 여자가 가방을 끌고 있다.

해설 지붕 아래로 그늘이 져서 그림자가 보이므로 지붕이 그늘을 드리우고 있다(roof ~ casting a shadow)고 한 (C)가 정답이다. (A) 사진에 여자가 등장하지만 여자가 벤치 앞에 서 있으므로 앉아 있다(sitting)는 묘사는 맞지 않으며, (B) 사진에서 열차들(Trains)은 찾아볼 수 없다. (D) 여자 앞에 가방(bag)이 있지만 여자가 가방을 끌고 있는(dragging her bag) 동작은 아니므로 정답이 될 수 없다. 정답 (C)

어휘 approach 다가가다, 다가오다

Lesson 6 장소 및 사물

Step 1 Warm-up Test p.41

01 미M 호W

(A) Hats have been displayed.
(B) A woman is wearing a hat.
(C) Hats are piled up on the ground.
(D) A rack is being set up outside.

(A) 모자들이 진열되어 있다.
(B) 여자가 모자를 쓰고 있다.
(C) 모자들이 땅바닥 위에 쌓여 있다.
(D) 밖에 선반이 설치되고 있다.

해설 모자들이 판매용으로 진열되어(have been display) 있으므로, 이를 제대로 설명한 (A)가 정답이다. (B) 사진에서 저 멀리 여자가 보이긴 하지만 모자를 쓰고 있는(wearing a hat) 상태는 아

니며, (C) 모자들이 땅에 쌓여 있다(piled up on the ground)는 묘사는 사진과 맞지 않고, (D) 선반이 설치되고 있다(A rack is being set up)는 동작은 사진에서 알 수 없으므로 오답이다.

정답 (A)

어휘 display 전시하다, 진열하다 pile up 쌓다 rack 선반 set up ~을 세우다, 설치하다

02 영M 미W

(A) Swimmers are approaching the shore.
(B) Boats are docked in a harbor.
(C) People are rowing a boat.
(D) Boats are being tied to the post.

(A) 수영하는 사람들이 해변에 다가가고 있다.
(B) 배들이 항구에 정박되어 있다.
(C) 사람들이 배를 젓고 있다.
(D) 배가 기둥에 묶여 있다.

해설 사진은 배들이 항구에 정박되어 있는(Boats ~ docked in a harbor) 모습이므로 이를 정확하게 묘사한 (B)가 정답이다. 사물과 풍경만 보이는 사진으로 (A) 수영하는 사람들(Swimmers)과 (C) 배를 젓는(rowing a boat) 사람들은 사진에서 찾아볼 수 없기에 오답. 또한 배들을 기둥(post)에 묶고 있는 사람은 보이지 않으므로 〈being + 과거분사〉로 배들이 기둥에 묶이고 있는(being tied) 동작을 묘사한 (D)도 오답이 된다.

정답 (B)

어휘 approach 접근하다, 다가가다 shore 해변 dock 정박시키다 harbor 항구 row 노를 젓다 tie 묶다 post 기둥

Step 2 실전 TOEIC Test

p.41

01 미M 호W

(A) The shape of the ceiling is arched.
(B) The picture is being hung on the wall.
(C) Some people are carving stone.
(D) A graphic design decorates the building's roof.

(A) 천장의 모양이 아치형이다.
(B) 그림이 벽에 걸리고 있다.
(C) 사람들이 돌을 조각하고 있다.
(D) 그래픽 디자인이 빌딩 지붕을 장식하고 있다.

해설 사진 윗부분을 통해 천장이 아치형임을 알 수 있으므로 천장 모양(The shape of the ceiling)이 아치형(arched)이라는 (A)가 정답이다. (B) 사진 속 그림은 벽에 걸려 있는 상태이지 걸리고 있는(being hung) 것은 아니므로 답이 될 수 없다. (C) 돌을 조각하고 있는(carving stone) 사람들과 (D) 그래픽 디자인(A graphic design)은 사진에서 찾아볼 수 없으므로 오답이다.

정답 (A)

어휘 ceiling 천장 carve 조각하다, 새기다 graphic design 그래픽 디자인 decorate 장식하다 roof 지붕

02 영M 미W

(A) All of the windows have been left open.
(B) The windows are symmetrically arranged.
(C) Balconies are being constructed on the building.
(D) The wall is decorated with trees and plants.

(A) 창문이 모두 열려 있다.
(B) 창문이 대칭으로 배열되어 있다.
(C) 발코니가 빌딩에 설치되고 있다.
(D) 벽이 나무와 식물로 장식되어 있다.

해설 창문들이 대칭으로 배열되어 있는(symmetrically arranged) 사진이므로 이를 그대로 표현한 (B)가 정답이다. (A) 사진에서 일부 창문들만 열려 있을 뿐 모든 창문(All of the windows)이 열린 것은 아니므로 오답. (C) 사람이 없는 풍경 사진에서 발코니가 설치되고(being constructed) 있을 수는 없으며, (D) 벽이 나무와 식물(trees and plants)로 장식되어(decorated) 있다는 것은 사진에 나타나지 않는 사실이므로 오답이다.

정답 (B)

어휘 symmetrically 대칭적으로 arrange 정리하다, 배열하다 balcony 발코니 construct 건설하다, 구성하다 decorate 장식하다

03 미M 호W

(A) A waiter is carrying some trays.
(B) Shoppers are facing a display stand.
(C) People are arranging tables.
(D) Tables and chairs have been placed outdoors.

(A) 웨이터가 쟁반을 나르고 있다.
(B) 쇼핑객들이 진열대와 마주보고 있다.
(C) 사람들이 테이블을 정리하고 있다.
(D) 테이블과 의자가 실외에 있다.

해설 야외에 테이블과 의자들이 있으므로(Tables and chairs have been placed) (D)가 정답이다. 사진에 웨이터(waiter)와 쇼핑객들(Shoppers)은 보이지 않으므로 (A)와 (B)는 오답. 또한, 사람들이 테이블을 정리하는(arranging tables) 동작도 아니므로 (C)도 답이 될 수 없다. 정답 (D)

어휘 carry 나르다, 옮기다 tray 쟁반 face 마주보다 display stand 진열대 outdoors 야외에서

Part 1

04 영M 미W

(A) A man is using a copy machine.
(B) There is some litter around the trash can.
(C) Desks are set across from each other.
(D) The shelves are full of books.

(A) 남자가 복사기를 사용하고 있다.
(B) 쓰레기통 주위에 쓰레기들이 있다.
(C) 책상들이 서로 바로 맞은편에 위치해 있다.
(D) 선반들이 책으로 꽉 차 있다.

해설 두 책상이 서로 맞은편에 자리잡고 있으므로(Desks ~ set across from each other), 이를 잘 묘사한 (C)가 정답이다. (A) 사진에서 남자(man)와 복사기(copy machine)는 보이지만, 남자가 복사기를 사용하는(using) 동작을 하고 있지 않으며, (B) 쓰레기통(trash can)과 (D) 선반(shelves)은 사진에 보이지 않으므로 오답이다. 정답 (C)

어휘 copy machine 복사기 litter 쓰레기 trash can 쓰레기통 across from ~의 맞은편에 each other 서로서로 be full of ~로 가득 차다

Lesson 7 풍경 및 배경 사진

Step 1 Warm-up Test p.43

01 영M 미W

(A) A man is walking through the tunnel.
(B) A walkway protrudes into the water.
(C) A boat has docked in the shipyard.
(D) A bridge is under construction.

(A) 한 남자가 터널을 걷고 있다.
(B) 물가로 보도가 나와 있다.
(C) 배가 조선소에 정박해 있다.
(D) 다리가 공사 중이다.

해설 물가에서 보도(walkway)가 튀어 나와 있는(protrudes into the water) 사진이므로, (B)가 정답이다. 풍경 사진으로 남자(man)와 보트(boat)는 찾아볼 수 없으므로 (A)와 (C)는 오답. 공사를 하고 있는(under construction) 다리도 사진에서 확인할 수 없으므로 (D)도 오답이다. 정답 (B)

어휘 walk through ~을 통해 걸어가다 walkway 인도, 보도 protrude 튀어나오다, 돌출되다 dock (배를) 부두에 대다 shipyard 조선소 under construction 공사 중

02 미M 호W

(A) The yard is full of fallen leaves.
(B) The bushes are being trimmed.
(C) The garden has been neatly planted.
(D) A man is walking through the forest.

(A) 마당이 낙엽들로 가득 차 있다.
(B) 관목들을 다듬고 있다.
(C) 정원이 깔끔하게 가꿔져 있다.
(D) 남자가 숲을 통해 걷고 있다.

해설 깔끔하게 잘 가꾸어진 정원을 배경으로 한 사진. 따라서 정원이 깔끔하게 가꾸어져 있다(The garden has been neatly planted.)고 표현한 (C)가 정답이다. 사진에서 (A) 낙엽(fallen leaves)과 (D) 남자(man)는 등장하지 않으며, (B) 사람이 없는 사진에서 사물인 관목(bushes)이 다듬어지고 있다(being trimmed)는 수동태 진행형은 오답 표현이다. 정답 (C)

어휘 fallen leaves 낙엽들 bush 관목, 덤불 trim 다듬다, 손질하다 neatly 깔끔하게, 말쑥하게, 솜씨 있게 plant 심다

Step 2 실전 TOEIC Test p.43

01 영M 미W

(A) Some chairs are occupied with customers.
(B) There are arches in the structure.
(C) The dishes are being removed from the tables.
(D) Trees have been planted between the tables.

(A) 손님들이 의자에 앉아 있다.
(B) 건물에 아치형의 구조가 있다.
(C) 테이블들에서 접시를 치우고 있다.
(D) 테이블들 사이에 나무를 심어 놓았다.

해설 사진에서 보이는 건축물에 아치형 구조(arches in the structure)가 보이므로 이를 그대로 묘사한 (B)가 정답이다. 사람이 없는 사진으로 (A) 의자에 손님이 앉아 있다(Some chairs ~ occupied with customers)는 것은 오답. 배경만 있는 사진에서 (C) 사물인 접시(dishes)가 치워지고 있다(being removed)는 수동태 진행형 표현 역시 오답이다. (D) 건물 앞에 나무들이 있을 뿐 테이블 사이에 심겨 있는(have been planted between the tables) 것은 아니므로 이 또한 정답이 될 수 없다. 정답 (B)

어휘 occupy 차지하다 customer 고객, 손님 structure 구조물, 건물 dish 접시 remove 치우다

02 미M 호W

(A) The statue overlooks the ground.
(B) The road is being repaved.
(C) Flowers are being planted.
(D) The lamps are being turned off.

(A) 동상이 땅을 내려다보고 있다.
(B) 도로를 재포장하고 있다.
(C) 꽃들을 심고 있다.
(D) 램프를 끄고 있다.

해설 사진 중심부에 있는 동상이 아래를 내려다보고 있는 위치에 있으므로 동상(statue)이 땅을 내려다보고 있다(overlooks the ground)고 기술한 (A)가 정답이다. 사람이 없는데 (B) 사물인 도로(road)가 재포장되고(being repaved) 있거나, (C) 꽃들이(Flowers) 심기고(being planted) 있거나, (D) 램프(lamps)가 꺼지고 있는(being turned off) 중일 수는 없으므로 모두 오답 표현이다. 풍경만 있는 사진에서 수동태 진행형인 〈being + 과거분사〉 표현이 들리면 99% 오답으로 보면 된다. 정답 (A)

어휘 statue 동상 overlook 내려다보다 ground 땅 repave 재포장하다 turn off (전원 등을) 끄다

03 영M 미W

(A) The building is under construction.
(B) Some people are working on top of the structure.
(C) Several columns sustain the roof of the building.
(D) A group of people are gathered around the fountain.

(A) 건물이 공사 중에 있다.
(B) 사람들이 구조물 위에서 작업하고 있다.
(C) 기둥들이 건물의 지붕을 지탱하고 있다.
(D) 한 무리의 사람들이 분수 주위에 모여 있다.

해설 건물의 기둥들이 지붕을 받치고 있으므로 기둥들(columns)이 지붕을 지탱하고 있다(sustain the roof)고 한 (C)가 정답이다. (A) 건물(building)은 사진에 보이지만 공사 중인 상태(under construction)는 아니며, (B) 건물 위에서(on top of the structure) 일하고 있는 사람과 (D) 분수(fountain) 주변에 한 무리의 사람들(A group of people)은 사진에서 찾아볼 수 없으므로 오답이 된다. 정답 (C)

어휘 under construction 공사 중 on top of ~의 위에 structure 건물, 구조물 column 기둥 sustain 지탱하다 roof 지붕 be gathered 모이다 fountain 분수

04 미M 호W

(A) Buildings are located beside the lake.
(B) People are swimming in the water.
(C) Water is flowing from the mountain.
(D) The waves are breaking on the rocks.

(A) 건물들이 호수 옆에 위치해 있다.
(B) 사람들이 물에서 수영하고 있다.
(C) 물이 산으로부터 흐르고 있다.
(D) 파도가 바위에 부딪혀 부서지고 있다.

해설 호수 옆에 건물들이 서 있으므로, 건물들이 호수 옆에 위치해 있다(located beside the lake)고 한 (A)가 정답이다. 풍경만 있는 사진이므로 (B) 사람들이 수영하고 있다(People are swimming)는 것은 오답이며, (C) 건물 뒤편으로 산(mountain)이 보이긴 하지만 산으로부터 물이 흘러내리는(flowing from the mountain) 것은 확인할 수 없으므로 오답이다. (D) 사진에서 파도(waves)와 바위들(rocks)은 보이지 않으므로 역시 정답이 될 수 없다. 정답 (A)

어휘 be located 위치하다 beside ~ 옆에 lake 호수 flow 흐르다 wave 파도 break 깨어지다, 부서지다

Chapter 3 장소별 전략

Lesson 1 회사 및 사무실

Exercises p.47

01 미W 영M

(A) She is pressing a button.
(B) She is positioning a sheet of paper on the glass.
(C) She is posting a document on the wall.
(D) She is using a coffee machine.

(A) 여자는 버튼을 누르고 있다.
(B) 여자는 유리면에 종이 한 장을 놓고 있다.
(C) 여자는 벽에 문서를 붙이고 있다.
(D) 여자는 커피 머신을 사용하고 있다.

해설 사무실에서 한 여자가 복사를 하고 있는 사진으로, 복사기 유리면 위에 종이 한 장을 놓고 있는(positioning a sheet of paper on the glass) 모습을 구체적으로 묘사한 (B)가 정답이

다. (A) 버튼을 누르고 있는(pressing a button) 동작, (C) 벽에 서류를 붙이고 있는(posting a document) 동작은 사진과 관련이 없으며, (D) 커피 머신(coffee machine)도 사진에 등장하지 않는다. coffee machine을 copy machine(복사기)으로 잘못 알아듣고 (D)를 답으로 고르는 일이 없어야겠다. 스크립트 분석이 다 끝난 다음, 다시 한 번 오디오를 들으며 coffee machine이 들어간 보기 (D)를 듣고 여러 번 따라 읽어보자.

정답 (B)

어휘 press 누르다 position (특정한 위치에) 두다 a sheet of paper 종이 한 장 post 붙이다, 게시하다

02 호W 미M

(A) A man is sorting through the file cabinet.
(B) There is a monitor between two file cabinets.
(C) A picture is hanging on the wall.
(D) The wastebasket is being emptied.

(A) 남자가 서류 보관함을 정리하고 있다.
(B) 두 서류 보관함 사이에 모니터가 있다.
(C) 벽에 그림 한 점이 걸려 있다.
(D) 휴지통이 비워지고 있다.

해설 두 서류 보관함 사이 책상 위에 컴퓨터 모니터(a monitor between two file cabinets)가 있는 모습을 There is ~ 구문으로 기술한 (B)가 정답이다. 사진에 사람은 등장하지 않으므로, man이 주어로 나오는 (A)와, 〈being + 과거분사〉로 사람이 있어야 가능한 동작(being emptied)을 묘사한 (D)는 답이 될 수 없다. 사진에 그림(picture)도 보이지 않으므로 (C) 역시 오답.

정답 (B)

어휘 sort 분류하다, 정리하다 file cabinet 서류 보관함 hang on ~에 걸려 있다 wastebasket 휴지통 empty 비우다

03 영M 미W

(A) People are looking at the computer screen.
(B) Office supplies are being distributed to people.
(C) A man is standing apart from the others.
(D) One of the employees is opening the window.

(A) 사람들이 컴퓨터 화면을 보고 있다.
(B) 사무용품이 사람들에게 분배되고 있다.
(C) 남자가 사람들로부터 떨어져 서 있다.
(D) 한 직원이 창문을 열고 있다.

해설 한 남자가 여러 사람들 앞에 서서 발표를 하고 있는 장면. 다른 사람들로부터 떨어져 서 있다(standing apart from the others)고 눈에 보이는 단순 사실을 기술한 (C)가 정답이다. (A)의 경우, 사람들은 발표자를 보고 있지(looking at a man/speaker), 컴퓨터 화면을 보고 있는(looking at the computer screen) 것이 아니므로 오답. 사무용품이 분배되고 있는(being distributed) 동작이나 창문을 여는(opening the window) 동작을 하는 사람도 보이지 않으므로 (B)와 (D)도 정답이 될 수 없다.

정답 (C)

어휘 look at ~을 보다 office supplies 사무용품 distribute 나누어 주다, 분배하다 apart from ~에서 떨어져 employee 직원

04 미M 호W

(A) The table is surrounded by chairs.
(B) Chairs are stacked on top of each other.
(C) A speaker is using the microphone.
(D) There is a potted plant in the corner of the room.

(A) 테이블이 의자로 둘러싸여 있다.
(B) 의자들이 층층이 쌓여 있다.
(C) 발표자가 마이크를 사용하고 있다.
(D) 방 한 구석에 화분 하나가 있다.

해설 회의실로 보이는 사진으로, 사람은 등장하지 않는다. 따라서 보기에 사람이 언급되는 순간 그 보기는 바로 정답선상에서 제외시키면 되겠다. 중앙에 놓인 원형 테이블 주위로 의자들이 둘러싸여 있는(The table is surrounded by chairs) 사진의 전반적인 상황을 묘사한 (A)가 정답. 사진에 층층이 쌓인(stacked on top of each other) 의자들은 보이지 않으므로 (B)는 답이 될 수 없다. 사물만 있는 사진에서 사람을 언급한 (C)는 speaker라는 말을 듣자마자 바로 × 표시를 하면 되겠다. 또, 화분은 원형 테이블의 중앙에(in the center of the table) 있지, 방 한 구석에(in the corner of the room) 있는 게 아니므로 (D)도 오답이다.

정답 (A)

어휘 be surrounded by ~에 의해 둘러싸여 있다 be stacked 쌓여 있다 on top of each other 층층이 microphone [máikrəfòun] 마이크 potted plant 화분 in the corner of the room 방 한 구석에

05 영M 미W

(A) A woman is washing her hands.
(B) A man is carrying a briefcase.
(C) Two men are greeting each other.
(D) They are handling some documents.

(A) 한 여자가 손을 씻고 있다.
(B) 한 남자가 서류가방을 들고 있다.
(C) 두 남자가 서로 인사를 나누고 있다.
(D) 그들은 서류를 다루고 있다.

해설 두 남자가 마주보며 악수를 하고 있는 사진이므로, 이를 서로 인사를 나누고(greeting each other) 있다고 포괄적으로 묘사한 (C)가 정답이다. (A)의 경우, 사진에 여자(woman)가 등장하긴 하지만, 손을 씻고 있는(washing her hands) 모습은 아니므로 오답. 또, 사진에 서류가방(briefcase)은 보이지 않으며, 서

류를 다루고 있는(handling some documents) 동작도 아니므로 (B)와 (D)도 정답이 될 수 없다. 정답 (C)

어휘 wash one's hands 손을 씻다 carry 들고 있다, 휴대하다 briefcase 서류가방 greet ~에게 인사하다 each other 서로서로 handle 다루다

06 미M 호W

(A) A woman is dialing a number.
(B) The telephone is in use.
(C) A woman is reading a newspaper.
(D) There is a clock on the desk.

(A) 여자가 전화번호를 누르고 있다.
(B) 전화를 사용 중이다.
(C) 여자는 신문을 읽고 있다.
(D) 책상 위에 시계가 있다.

해설 한 손에는 펜을 쥐고(holding a pen) 한 손에는 전화 수화기를 들고 있는(holding a receiver) 여자의 사진이다. 여자가 수화기를 들고 있는 모습에 초점을 맞춰 전화를 사용 중(The telephone is in use)이라고 묘사한 (B)가 정답. (A) 전화번호를 누르고 있는(dialing a number) 동작, (C) 신문을 읽고 있는(reading a newspaper) 동작은 사진과 관련이 없으며, (D) 책상 위에 시계(a clock on the desk)도 찾아볼 수 없으므로 모두 오답이다. 정답 (B)

어휘 dial 다이얼을 돌리다, 전화를 걸다 be in use 사용되고 있다 newspaper 신문

07 미W 영M

(A) A window has been opened.
(B) They are moving a table next to the shelf.
(C) They're having a discussion around the table.
(D) A woman is passing papers to a coworker.

(A) 창문이 열려 있다.
(B) 그들은 선반 옆으로 테이블을 옮기고 있다.
(C) 그들은 테이블에서 토론을 하고 있다.
(D) 여자가 동료 한 명에게 서류를 건네고 있다.

해설 테이블에 둘러앉아 회의를 하고 있는 사진이므로, 사람들이 토론을 하고 있다(having a discussion)고 묘사한 (C)가 정답이다. 사진에 열려 있는(has been opened) 창문은 보이지 않으므로 (A)는 오답. 테이블을 옮기고 있는(moving a table) 동작도, 서류를 건네고 있는(passing papers) 동작도 사진에 나타나 있지 않으므로 (B), (D)도 답이 될 수 없다. 정답 (C)

어휘 next to ~의 옆에 have a discussion 토론을 하다 pass 건네주다 coworker [kóuwə̀ːrkər] 동료

08 호W 미M

(A) She is holding a mouse.
(B) She is folding some papers.
(C) She is riding a bus.
(D) She is using a pen.

(A) 여자는 마우스를 잡고 있다.
(B) 여자는 서류를 접고 있다.
(C) 여자는 버스를 타고 가고 있다.
(D) 여자는 펜을 사용하고 있다.

해설 여자가 펜을 들고 무언가를 쓰고 있는 모습을 펜을 사용하고(using a pen) 있다고 뭉뚱그려 표현한 (D)가 정답이다. 여자는 펜을 들고 있지(holding a pen), 마우스를 들고 있는(holding a mouse) 게 아니며, 서류나 신문지 같은 걸 접고 있는(folding some papers) 것도 아니며, 버스를 타고 가고 있는(riding a bus) 것도 아니므로 (A), (B), (C)는 오답이다. (C)의 riding은 writing(쓰고 있는)과의 유사발음을 염두에 둔 함정 보기이지만, 사진에 버스가 등장하지 않으므로, bus만 듣고도 (C)가 오답임을 쉽게 알아챌 수 있다. 정답 (D)

어휘 fold 접다 papers 서류들, 신문 ride (차량 등을) 타고 가다

Lesson 2 식당 및 음식점

Exercises p.51

01 미M 호W

(A) A woman is taking an order.
(B) They are having a meal outside.
(C) There's some food in the shop window.
(D) Customers are carrying their trays.

(A) 여자가 주문을 받고 있다.
(B) 사람들이 야외에서 식사를 하고 있다.
(C) 상점 진열장에 음식이 있다.
(D) 손님들이 쟁반을 옮기고 있다.

해설 식당을 배경으로 웨이트리스(waitress)로 보이는 여자가 주문을 받고 있는(taking an order) 모습이므로, 이를 그대로 기술한 (A)가 정답이다. 사진 속 장소는 식당 안이지 밖(outside)이 아닐 뿐더러 식사를 하고 있는(having a meal) 사람도 없으므로 (B)는 오답. (C)와 (D) 역시 애초에 사진에 등장하지도 않는 shop window와 trays만으로도 오답임을 쉽게 알 수 있다. 정답 (A)

어휘 take an order 주문받다 have a meal 식사하다 outside 야외에서, 밖에서 shop window 상점의 진열장 carry 들고 있다, 나르다 tray 쟁반

02 영M 미W

(A) The guests are putting food on their plates.
(B) A waiter is serving some dishes.
(C) Meals have been placed on a table.
(D) People are pulling their chairs away from the table.

(A) 손님들이 접시에 음식을 담고 있다.
(B) 웨이터가 음식을 내오고 있다.
(C) 식사가 테이블에 놓여 있다.
(D) 사람들이 테이블에서 의자를 빼고 있다.

해설 한 쪽에는 테이블 위에 음식들이 뷔페식으로 차려져 있고, 다른 한 쪽에서는 사람들이 의자에 앉아 식사를 하고 있다. 이 중 테이블 위에 음식이 놓여 있는(Meals have been placed on a table) 사실에 초점을 맞춰 기술한 (C)가 정답. (A) 접시에 음식을 담고 있는(putting food on their plates) 동작, (D) 테이블에서 의자를 빼고 있는(pulling their chairs away) 동작은 사진에 나타나 있지 않으므로 답이 될 수 없다. 또, 사진에는 웨이터가 등장하지 않으므로 (B)는 waiter만 듣고도 오답임을 바로 알 수 있다. 정답 (C)

어휘 guest 손님 put food on a plate 접시에 음식을 담다 serve (식당에서 음식을) 제공하다, (웨이터가 음식을) 서빙하다 pull away 떼어 놓다

03 호W 미M

(A) She is cooking some food.
(B) She is studying a menu.
(C) A glass is being filled with water.
(D) She is eating a meal.

(A) 여자는 음식을 요리하고 있다.
(B) 여자는 메뉴를 살펴보고 있다.
(C) 유리컵이 물로 채워지고 있다.
(D) 여자는 식사를 하고 있다.

해설 1인 상반신 사진으로, 여자가 식당 테이블에 앉아 메뉴를 보고 있고, 테이블 위에는 빈 접시 하나와 빈 유리컵이 두 잔 놓여 있다. 이 중 여자의 행위에 초점을 맞춰 메뉴를 살펴보고(studying a menu) 있다고 한 (B)가 정답. (A) 요리를 하고 있는(cooking) 동작, (C) 유리컵이 채워지고 있는(being filled) 동작, (D) 식사를 하고 있는(eating) 동작은 모두 사진과 관련이 없다. 정답 (B)

하나 더! 동사 study는 '공부하다', '연구하다'는 뜻보다 무언가를 '살펴보다'란 뜻으로 Part 1에 자주 등장한다는 점을 기억해 두자.

어휘 cook 요리하다 study 살펴보다 be filled with ~로 가득 차다 eat a meal 식사를 하다

04 미W 영M

(A) Utensils are being arranged on a cart.
(B) A server is writing down a customer's order.
(C) Glasses have been gathered onto a tray.
(D) A chef is slicing some food.

(A) 조리도구들이 카트에 정리되고 있다.
(B) 웨이터가 고객의 주문 사항을 받아 적고 있다.
(C) 유리잔들이 쟁반 위에 모여 있다.
(D) 요리사가 음식을 썰고 있다.

해설 음식을 칼로 썰고 있는(slicing some food) 요리사의 동작에 초점을 맞춰 묘사한 (D)가 정답이다. 주방이 배경인 사진이므로 조리도구들(Utensils)이 눈에 띄긴 하지만, 카트(cart)가 보이지 않으므로 (A)는 오답. 서빙하는 사람(server)이나 유리잔들(Glasses)과 쟁반(tray)은 사진에 등장하지 않으므로 (B)와 (C)도 사진에 관한 설명으로는 적절하지 않다. 정답 (D)

어휘 utensil [juːténsəl] 조리도구 server 웨이터, 웨이트리스처럼 식당에서 서빙하는 사람 write down ~을 적다, 기록하다 order 주문 gather 모으다 tray 쟁반 chef 요리사 slice 얇게 썰다

05 호W 미M

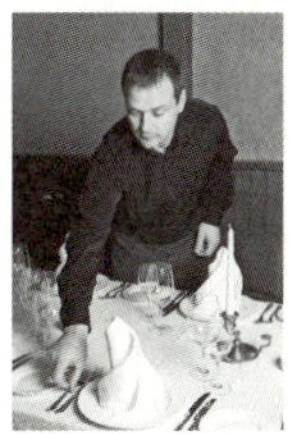

(A) A man is setting the table.
(B) A man is using a kitchen utensil.
(C) A man is adjusting a candle.
(D) A man is removing dishes from the shelf.

(A) 남자가 식탁을 차리고 있다.
(B) 남자가 조리도구를 사용하고 있다.
(C) 남자가 초를 조정하고 있다.
(D) 남자가 선반에서 요리를 치우고 있다.

해설 남자가 식탁을 차리고 있는(setting the table) 모습이므로 이를 잘 묘사한 (A)가 정답이다. 사진에 (B)의 조리도구(kitchen utensil)와 (D)의 선반(shelf)은 찾아볼 수 없으므로 오답. (C)의 경우, 초(candle)는 보이지만 남자가 초를 조정하고 있는(adjusting) 동작을 하고 있지 않으므로 답이 될 수 없다.

참고로, adjust a candle은 촛대에 꽂힌 초를 바로잡거나 초

의 심지 등을 바로 세우는 등과 같이 초의 상태를 조정하는 것을 의미한다. 정답 (A)

어휘 set a table 식탁을 차리다 kitchen utensil 조리기구 adjust 조정하다 candle 초 remove 제거하다 shelf 선반

06 미W 영M

(A) One of the men is pointing into the distance.
(B) The men are sweeping the street.
(C) They are sitting outside.
(D) The men are wearing uniforms.

(A) 두 남자 중 한 명이 멀리 가리키고 있다.
(B) 두 남자가 거리를 쓸고 있다.
(C) 그들은 밖에 앉아 있다.
(D) 두 남자는 유니폼을 입고 있다.

해설 웨이터로 보이는 두 남자가 유니폼을 입고(wearing uniforms) 식당 앞에 서 있는(standing) 모습이다. 이 중 두 남자의 외모에 초점을 맞춰, 입고 있는 복장을 언급한 (D)가 정답이다. (A) 먼 곳을 가리키고 있는(pointing into the distance) 동작, (B) 거리를 쓸고 있는(sweeping) 동작, (C) 밖에 앉아 있는(sitting) 동작은 사진에서 확인할 수 없으므로 모두 동작 동사 오답이다. 정답 (D)

어휘 point 가리키다 into the distance 저 멀리, 먼 곳에 sweep (빗자루 등으로) 쓸다

07 미M 호W

(A) People are opening the umbrellas.
(B) People are resting on the grass.
(C) People are sitting in the shade.
(D) People are lying down on the benches.

(A) 사람들이 파라솔을 펴고 있다
(B) 사람들이 잔디에서 쉬고 있다.
(C) 사람들이 그늘에 앉아 있다.
(D) 사람들이 벤치에 누워 있다.

해설 야외식당의 파라솔 아래 사람들이 앉아 있는 모습을 그늘 아래 앉아 있다(sitting in the shade)고 포괄적으로 묘사한 (C)가 정답이다. (A)의 경우, 사진에 파라솔(umbrellas)은 있지만 사람들이 이를 펴고 있는(opening) 동작은 하지 않으므로 오답이다. (B) 잔디(grass)는 사진에서 찾아볼 수 없으며, (D) 벤치에 누워 있는(lying down on the benches) 사람 역시 사진에서 확인할 수 없으므로 오답. 정답 (C)

어휘 umbrella 우산, 파라솔 rest 쉬다, 휴식을 취하다 shade 그늘 lie down 드러눕다

08 영M 미W

(A) Customers are taking seats indoors.
(B) Some boats are docked by an outdoor restaurant.
(C) There's some food in the serving dishes.
(D) People are rowing towards a café.

(A) 실내에서 손님들이 자리에 앉아 있다.
(B) 배들이 야외식당 옆에 정박해 있다.
(C) 접시에 음식이 있다.
(D) 사람들이 카페를 향해 노를 젓고 있다.

해설 배들이 정박해 있는(boats are docked) 야외식당(outdoor restaurant)의 테이블 하나에 사람들이 앉아 있는(sitting at a table) 모습의 사진이다. 이 중 사람들이 아닌 배들이 정박해 있는 배경에 초점을 맞춰 묘사한 보기가 정답으로 출제된 문제이다. 즉, 정답은 (B). 사진의 배경은 야외(outdoors)이지 실내(indoors)가 아니므로 (A)는 오답이다. (C)의 음식이 담긴 서빙용 접시(some food in the serving dishes)와 (D)의 노를 젓고 있는(rowing) 사람들도 사진에 보이지 않으므로 역시 오답. 정답 (B)

어휘 customer 고객, 손님 take a seat 자리에 앉다 indoors 실내에 (↔ outdoors) dock 정박하다, (배를) 부두에 대다 row 노를 젓다 toward ~쪽으로, ~을 향하여

Lesson 3 엔터테인먼트 및 여가생활

Exercises p.55

01 미W 영M

(A) The man is climbing up the rock.
(B) The man is standing on the ladder.
(C) The man is inspecting the ground.
(D) The man is running around the track.

(A) 남자가 바위를 오르고 있다.
(B) 남자가 사다리 위에 서 있다.
(C) 남자가 땅을 조사하고 있다.
(D) 남자가 운동장 트랙을 달리고 있다.

해설 야외 활동으로 암벽 등반을 하는 남자가 보인다. 따라서 이를 바위를 오르고 있다(climbing up the rock)고 구체적으로 묘사한 (A)가 정답. (B) 서 있는(standing) 동작과 사다리(ladder), (C) 조사하고 있는(inspecting) 동작과 땅(ground), (D) 달리고 있는(running) 동작과 트랙(track)은 모두 사진에 없는 내용이므로 오답이다. 정답 (A)

어휘 climb up 오르다 ladder [lǽdər] 사다리 inspect 조사하다 ground 땅 track 트랙

02 호W 미M

(A) A display is being dismantled.
(B) A man is framing a photograph.
(C) A portrait has been drawn on the pavement.
(D) An artwork has drawn the woman's attention.

(A) 전시품이 철거되고 있다.
(B) 남자가 사진을 액자에 넣고 있다.
(C) 도로에 초상화가 그려져 있다.
(D) 미술품이 여자의 관심을 끌고 있다.

해설 벽에 걸린 미술품을 남자와 여자가 바라보고 있는 사진. 미술품을 바라보고 있는 모습을 미술품이 여자의 관심을 끌고 있다(An artwork ~ drawn the woman's attention)는 식으로 바꿔 표현한 (D)가 정답이다. (A) 전시품이 철거되고 있는(being dismantled) 동작, (B) 사진을 액자에 넣고 있는(framing a photograph) 동작은 사진과 관련이 없으므로 오답. (C) 사진은 미술관을 배경으로 하며, 인도나 도로와 같은 포장도로(pavement)는 찾아볼 수 없으므로 역시 답이 될 수 없다. 정답 (D)

하나 더! draw는 (C)에서처럼 그림을 '그리다'란 뜻으로도 쓰이고, (D)처럼 관심 등을 '끌다'란 뜻으로도 쓰인다. 또, display는 '전시하다, 진열하다'란 뜻의 동사뿐 아니라 '전시, 전시품', '진열, 진열대'란 뜻의 명사로도 토익 Part 1에 자주 등장한다.

어휘 display 전시품 dismantle [dismǽntl] (기계, 구조물을) 분해하다, 해체하다 frame 틀[액자]에 넣다 photograph 사진 portrait [pɔ́:rtrit] 초상화 pavement 포장도로 artwork 미술품 draw one's attention ~의 관심을 끌다

03 영M 미W

(A) The man is standing up in a boat.
(B) The man is fishing with the pole.
(C) The boat is being pushed into the water.
(D) The man is holding a paddle.

(A) 남자가 배에서 일어서고 있다.
(B) 남자가 낚싯대를 이용하여 낚시를 하고 있다.
(C) 보트가 물 안으로 밀려들어가고 있다.
(D) 남자가 노를 들고 있다.

해설 보트에 앉아 있는 남자가 낚싯대로 낚시를 하고 있는(fishing with the pole) 사진이므로, 남자의 행위를 그대로 묘사한 (B)가 정답이다. 남자는 보트에 앉아 있지(sitting), 일어서고 있는(standing up) 동작을 하는 것이 아니므로 (A)는 오답. 보트는 물 위에 뜬 채로 멈춰 있을(stopping) 뿐, 물 안으로 밀려들어가고 있는(being pushed) 모습이 아니므로 (C) 역시 오답이다. 남자가 들고 있는 것은 낚싯대(pole)이지, 노(paddle)가 아니므로 (D)도 답이 될 수 없다. 정답 (B)

여기서 잠깐! '물고기'로 유명한 fish에 '낚시하다'란 동사 의미가 있다는 것을 몰랐다면, 이 자리에서 반드시 기억해두고 넘어갈 것. 아울러, pole은 땅에 박혀 있는 얇은 '기둥'이나 '말뚝'뿐 아니라, 막대기 모양을 가진 '낚싯대'나 높이뛰기 '장대'같은 것을 말할 때도 쓰인다는 사실을 알아두자.

어휘 stand up 일어서다 fish 낚시를 하다 pole 막대기, 낚싯대 push 밀다, 밀치다 paddle 노

04 미M 호W

(A) A man is singing into the microphone.
(B) Some musical instruments are being moved.
(C) The musician is making his way onto the stage.
(D) A man is putting away his instrument.

(A) 남자가 마이크에 대고 노래하고 있다.
(B) 악기들이 옮겨지고 있다.
(C) 뮤지션이 무대로 나가고 있다.
(D) 남자가 악기를 치우고 있다.

해설 앞에 있는 남자는 기타를 치며, 마이크에 대고 노래를 부르고 있고, 뒤에 있는 남자는 드럼을 치고 있는 사진이다. 이 중 앞에 있는 남자가 마이크에 대고 노래를 부르고 있는(singing into the microphone) 모습에 초점을 맞춘 보기가 정답으로 제시된 문제. 즉, (A)가 정답이다. 기타를 치는 동작이 보기로 제시된다면, 보통 playing a guitar(기타를 치고 있는)보다는 playing an instrument(악기를 연주하고 있는)라는 포괄적인 표현이 제시된다. (B)의 경우, 악기(musical instruments)들이 사진에 보이긴 하지만, 옮겨지고 있는(being moved) 모습은 아니므로 오답. 또, 남자들은 둘 다 무대에서 악기를 연주하고 있을 뿐, 무대로 나가고 있는(making his way onto the stage) 것도, 악기를 치우고 있는(putting away) 것도 아니므로 (C)와 (D) 역시 동작 동사 오답이다. 정답 (A)

여기서 잠깐! 토익 Part 1에서는 guitar, drum 등과 같은 구체적인 악기명보다는 instrument(악기)처럼 뭉뚱그린 표현이 빈출한다. 또, '마이크에 대고' 노래를 하거나 말을 한다는 표현도 Part 1의 보기로 빈출하는데, 이때는 sing, speak 등의 동사 뒤에 into the microphone을 쓴다는 것을 기억해두자.

어휘 sing into a microphone 마이크에 대고 노래하다 (musical) instrument 악기 make one's way 나아가다 put away (원래 있던 곳으로) 물건을 옮기다, 치우다

05 영M 미M

(A) The audience is standing up to applaud.
(B) People are attending a concert.
(C) The conductor is standing on the podium.

(D) Performers are leaving the stage.

(A) 관중이 기립 박수를 치고 있다.
(B) 사람들이 콘서트에 참여하고 있다.
(C) 지휘자가 지휘대에 서 있다.
(D) 공연자들이 무대를 떠나고 있다.

해설 사진 아래에 관중으로 보이는 사람들이 공연을 관람하고 있으므로, 사람들이 콘서트에 참석하고 있다(attending a concert)고 한 (B)가 가장 적절한 묘사이다. (A) 청중들이 기립 박수를 치고 있는(standing up to applaud) 동작, (C) 지휘자(conductor)가 지휘대에 서 있는(standing on the podium) 동작은 사진에서 확인하기 어려우며, (D) 공연자들(Performers)은 무대 위에서 공연을 하고 있으므로 무대를 떠나고 있다(leaving the stage)는 표현은 사진과 맞지 않다. 정답 (B)

어휘 audience [ɔ́:diəns] 관중, 청중 stand up to applaud 기립 박수를 치다 attend 참석하다 conductor [kəndʌ́ktər] 지휘자 podium [póudiəm] 단, 지휘대 performer 연주가, 공연자 leave 떠나다

06 미M 호W

(A) They are playing sports.
(B) Sports players have spread out onto the ground.
(C) All of the stands are filled with spectators.
(D) The seats are being cleaned.

(A) 그들이 운동 경기를 하고 있다.
(B) 운동선수들이 경기장에 퍼져 있다.
(C) 관중석 전체가 관중으로 가득 차 있다.
(D) 좌석들이 청소되고 있다.

해설 경기장에서 운동선수들이 야구를 하고 있는 모습을 운동 경기를 하고 있다(playing sports)고 뭉뚱그려 표현한 (A)가 정답이다. (B) 운동선수들이 운동장에 널리 퍼져 있다(have spread out onto the ground)는 내용은 사진으로는 확인이 어려우며, (C) 일부 좌석들이 비어 있기 때문에, 관중석 전체가 관중들로 가득 차 있다(are filled with)는 표현은 사진과 맞지 않으므로 오답이다. (D) 좌석(seats)이 청소되고 있는(being cleaned) 동작도 사진에 나타나 있지 않으므로 정답이 될 수 없다. 정답 (A)

어휘 sports player 운동선수 spread out (넓은 공간에) 퍼져 있다 stand 관중석 be filled with ~으로 가득 차 있다 spectator [spékteitər] 관중 seat 좌석

07 미W 영M

(A) They are strolling along the road.
(B) They are sitting side by side.
(C) The couples are dancing outdoors.
(D) The couple are moving the plants.

(A) 그들은 도로를 따라 산책하고 있다.
(B) 그들은 나란히 앉아 있다.
(C) 커플들이 야외에서 춤추고 있다.
(D) 커플이 식물을 옮기고 있다.

해설 야외에서 두 사람씩 짝지어 춤을 추고 있는 모습이므로 커플들이 야외에서 춤을 추고 있다(couples ~ dancing outdoors)고 묘사한 (C)가 정답이다. (A) 걷고 있는(strolling) 동작, (B) 앉아 있는(sitting) 동작, (D) 식물을 옮기고 있는(moving the plants) 동작은 모두 사진과 맞지 않다. 정답 (C)

어휘 stroll 거닐다, 산책하다 along the road 길을 따라 side by side 나란히 outdoors 야외에서, 밖에서(↔ indoors)

08 호W 미M

(A) Some artwork is hanging on the wall.
(B) Workers are moving a picture.
(C) There are exhibitions in glass cases.
(D) People are gathering around an exhibition.

(A) 미술품이 벽에 걸려 있다.
(B) 작업자들이 그림 한 점을 옮기고 있다.
(C) 유리 진열장 안에 전시품들이 있다.
(D) 사람들이 전시품 주위로 모이고 있다.

해설 유리 진열장 안에 전시품들이 보관되고 있는 사진이므로, 유리 진열장 안에 전시품(exhibitions in glass cases)이 있다고 언급한 (C)가 정답이다. (A) 벽에 걸려 있는(hanging on the wall) 미술품(artwork)은 사진에서 찾아볼 수 없으며, 사물만 있는 사진에서 작업자들(Workers)과 사람들(People)을 언급한 (B)와 (D)는 오답이다. 정답 (C)

어휘 artwork 미술품 hang on the wall 벽에 걸다 move 옮기다 picture 그림, 사진 exhibition [èksəbíʃən] 전시품, 전시회 glass case 유리 진열장

Lesson 4 쇼핑 및 상점

Exercises p.59

01 영M 미W

(A) A woman is handling a piece of jewelry.
(B) Display cases are being polished.
(C) A customer is entering the lobby.
(D) Some bags have been placed on the shelf.

(A) 여자가 보석 한 점을 다루고 있다.
(B) 진열장이 닦여지고 있다.

(C) 손님이 로비로 들어가고 있다.
(D) 가방 몇 개가 선반 위에 놓여 있다.

해설 보석 매장에서 여자가 목걸이를 하나 손에 쥐고 살펴보고 있는 사진이다. 여자의 행위를 보석 한 점을 다루고(handling a piece of jewelry) 있다고 포괄적으로 묘사한 (A)가 정답. 사진에 진열장들(Display cases)은 보이지 않으며, 장소 또한 로비(lobby)가 아니므로 (B)와 (C)는 오답이다. 또, 가방이라곤 여자가 메고 있는 것 하나뿐이므로, 가방 몇 개(Some bags)가 선반에 놓여 있다(have been placed ~ the shelf)고 언급한 (D)도 역시 오답. 정답 (A)

어휘 handle 다루다 display case 진열장 polish 광나게 닦다 enter 들어가다 shelf 선반

02 미M 호W

(A) A sales clerk is arranging some clothing.
(B) One of the women is trying on the shirt.
(C) A woman is choosing an item.
(D) A customer is paying for some merchandise.

(A) 점원이 옷을 정리하고 있다.
(B) 여자들 중 한 명이 셔츠를 입어보고 있다.
(C) 한 여자는 물건을 고르고 있다.
(D) 손님이 물건 값을 지불하고 있다.

해설 옷 매장에서 손님이 점원에게 신용카드를 내밀고 있는 모습을 물건 값을 지불하고(paying for some merchandise) 있다고 포괄적으로 묘사한 (D)가 정답이다. 점원은 계산대에 서서 신용카드를 받고 있지, 옷을 정리하고 있는(arranging some clothing) 것이 아니므로 (A)는 오답. 셔츠를 입어보고 있는(trying on) 여자도 없고, 물건을 고르고 있는(choosing) 여자도 없으므로 (B), (C)도 답이 될 수 없다. 정답 (D)

하나 더! try on은 옷이나 신발, 안경, 모자 등이 나한테 맞나 안 맞나 한번 착용해본다는 의미의 '동작' 동사이다.

어휘 sales clerk 점원, 상점 직원 arrange 정리하다, 배열하다 clothing [klóuðiŋ] 옷 choose 선택하다, 고르다 item 물품 pay for ~에 대한 값을 지불하다 merchandise 상품

03 미W 영M

(A) One of the women is wiping the counter.
(B) One of the women is putting on an apron.
(C) A woman is passing food to a customer.
(D) A woman is using some kitchen utensils.

(A) 여자들 중 한 명이 카운터를 닦고 있다.
(B) 여자들 중 한 명이 앞치마를 두르고 있는 중이다.
(C) 여자가 손님에게 음식을 건네고 있다.
(D) 여자가 조리도구를 사용하고 있다.

해설 카운터를 사이에 두고 점원으로 보이는 여자가 손님에게 음식을 건네주는(passing food) 모습이므로 정답은 (C)이다. (A) 카운터를 닦고 있는(wiping) 동작, (B) 앞치마를 두르고 있는(putting on) 동작, (D) 조리도구를 사용하고 있는(using) 동작은 모두 사진과 관계없으므로 오답이다. 정답 (C)

다시 한 번! put on은 옷이나 신발 등을 입고 신는 '동작'을 의미하며, 이미 입거나 신고 있는 '상태'를 나타내려면 wear를 써야 한다. 또, 앞서 나온 try on은 나한테 맞나 안 맞나 한번 입어보고 신어본다는 '동작'을 의미한다는 것도 함께 구분해두자.

어휘 wipe 닦다 counter (식당, 바 등의) 카운터, 스탠드 put on (옷 등을) 입다, 두르다 (동작을 나타냄) apron 앞치마 pass 건네주다 kitchen utensil 조리도구

04 호W 미M

(A) A large mirror has been hung on the wall.
(B) There is a display rack near the entrance.
(C) They're putting down their backpacks.
(D) A woman is pointing at the window.

(A) 큰 거울이 벽에 걸려 있다.
(B) 입구 가까이에 진열대가 있다.
(C) 그들은 배낭을 내려놓고 있다.
(D) 여자가 창문을 가리키고 있다.

해설 상점 입구 가까이에 상품을 진열한 진열대(display rack near the entrance)가 보이므로 정답은 (B)이다. 큰 거울(large mirror)은 사진에 없는 사물이므로 (A)는 오답. (C) 남자와 여자 모두 배낭을 메고 있지, 내려놓고 있지(putting down)는 않으며, (D) 여자가 창문을 손으로 가리키고 있는(pointing at the window) 동작도 사진과 맞지 않다. 정답 (B)

어휘 display rack 진열대 entrance 입구 put down 내려놓다 backpack 배낭 point at (손으로) ~을 가리키다

05 미W 영M

(A) Some people are taking a class.
(B) Some people are unloading the sunglasses.
(C) Some people have stopped in front of an outdoor shop.
(D) Some people are looking through the store window.

(A) 사람들이 수업을 받고 있다.
(B) 사람들이 선글라스를 내려놓고 있다.
(C) 사람들이 야외 상점 앞에 멈춰서 있다.
(D) 사람들이 상점 창문을 통해 보고 있다.

해설 사람들이 야외 상점 앞에 멈춰 서서 상품을 보고 있는 사진으로, 야외 상점 앞에 멈춰서 있는(have stopped in front of an outdoor shop) 객관적인 사실을 묘사한 (C)가 정답이다. (A) 수업을 듣고 있다(taking a class), (B) 선글라스들을 내려놓다(unloading the sunglasses)는 사진과 관련이 없는 동작이며, (D) 사진에서 상점 창문(store window)은 보이지 않으므로 모두 오답. 정답 (C)

어휘 take a class 수업을 받다 unload (짐을) 내려놓다

06 호W 미M

(A) Some vegetables are being weighed on the scale.
(B) The man is loading crates onto the truck.
(C) Fruits are growing in the garden.
(D) Shelves are being stocked in the store.

(A) 저울에 채소의 무게가 달리고 있다.
(B) 남자는 트럭에 나무상자를 싣고 있다.
(C) 과일이 정원에서 자라고 있다.
(D) 상점에 있는 선반들이 채워지고 있다.

해설 한 남자가 저울로 채소의 무게를 달고 있는 모습을 저울에 채소의 무게가 달리고 있다(Some vegetables are being weighed on the scale)고 수동태 진행형으로 묘사한 (A)가 정답이다. (B)의 경우, 사진에 나무상자들(crates)과 트럭(truck)은 보이지 않을 뿐더러, 짐을 싣고 있는(loading) 동작도 아니므로 오답. 또한, 사진 속 장소는 과일 상점이지, 정원(garden)이 아니므로 (C)도 답이 될 수 없다. 상점의 선반들은 이미 물건이 채워진 상태이지, 채워지고 있는 중(being stocked)인 것은 아니므로 (D)도 오답이다. 정답 (A)

어휘 vegetable 채소 weigh ~의 무게를 달다 scale 저울 load (짐을) 싣다 crate 나무상자 grow (식물이) 자라다 stock (상점 진열대에 물건을) 채워넣다

07 영M 미W

(A) The man is reaching for a product.
(B) Cartons are piled on a shopping cart.
(C) A clerk is closing the counter.
(D) Shelves have been emptied of their merchandise.

(A) 남자가 물건을 잡으려 손을 뻗고 있다.
(B) 쇼핑 카트에 제품통들이 쌓여 있다.
(C) 점원이 카운터를 닫고 있다.
(D) 선반에서 상품들이 꺼내어져 비어 있다.

해설 진열된 상품 앞에서 남자가 물건에 손을 뻗고 있는(reaching for a product) 사진이므로 정답은 (A)이다. (B) 제품 곽들(Cartons)과, (C) 점원(clerk), 카운터(counter)는 사진에서 발견할 수 없는 명사 오답 표현이며, (D) 선반들(Shelves)은 상품으로 가득 차 있으므로 비어 있다(have been emptied) 표현은 적절하지 못하다. 정답 (A)

어휘 reach for ~를 잡으려고 손을 뻗다 product 상품 carton [kɑ́:rtn] (우유 등의 제품을 담는 종이로 만든) 곽[통], 상자 pile (겹겹이, 층층이) 쌓다 empty 비우다 merchandise 물품, 상품

08 미M 호W

(A) The man is opening a shoe box.
(B) The shopper is trying on an item.
(C) Some shoes are lying on the ground.
(D) A sales person is standing near the shelves.

(A) 남자가 신발 상자를 열어보고 있다.
(B) 쇼핑객이 상품을 착용해보고 있다.
(C) 신발 몇 개가 바닥에 놓여 있다.
(D) 판매원이 선반 가까이 서 있다.

해설 신발 가게에서 남자가 신발을 신어보고 있는 사진으로, 상품을 착용해보고 있다(trying on an item)고 포괄적으로 묘사한 (B)가 정답이다. (A)의 경우, 등장인물 옆으로 신발 상자(shoe box)들이 보이긴 하지만, 남자가 상자를 열어보는 (opening) 동작은 하지 않으므로 동작 동사 오답이다. 또한, 바닥에 신발이 놓여 있는(shoes are lying on the ground) 상황도 아니므로 (C) 역시 오답. 사진에 판매원(sales person)으로 보이는 사람도 없으므로 (D)도 답이 될 수 없다. 정답 (B)

어휘 shopper 쇼핑객 try on 입어보다, 신어보다 item 물품 lie on (물건이) ~에 놓여 있다, (사람이) ~에 누워 있다 sales person 판매원 shelves [ʃelvz] shelf(선반)의 복수형

Lesson 5 교통수단

Exercises p.63

01 미W 영M

(A) Passengers are boarding the bus.
(B) A bus is approaching the bus stop.
(C) There aren't any passengers at the station.
(D) A man is getting off the bus.

(A) 승객들이 버스에 탑승하고 있다.
(B) 버스가 정류장 쪽으로 다가오고 있다.
(C) 버스 정거장에 아무도 없다.
(D) 남자가 버스에서 하차하고 있다.

해설 버스 정류장 쪽으로 버스 한 대가 다가오고(A bus is approaching) 있고, 사람들(people: passengers)은 기다리고 있는(waiting) 사진이다. 이 중 버스의 움직임에 초점을 맞춰 표현한 (B)가 정답. (A) 승객들이 버스에 탑승하고 있는(boarding) 동작, (D) 한 남자가 버스에서 하차하고 있는(getting off) 동작은 사진에 나타나 있지 않으므로 오답이다. 또, (C)의 경우, 버스 정류장에 기다리고 있는 승객들이 있으므로 사람이 아무도 없다(There aren't any passengers)는 말은 사진과 맞지 않다. 정답 (B)

여기서 잠깐! 버스나 기차, 비행기 등과 같이 서서 타고 내리는 교통수단의 경우에는 주로 get on/off(타다/내리다)를 쓰고, 택시나 자동차 등과 같이 몸을 숙여 타고 내려야 하는 교통수단의 경우에는 get in/out of(타다/내리다)를 쓴다.

어휘 passenger [pǽsəndʒər] 승객 board 탑승하다 approach 접근하다, 다가오다 bus stop 버스 정류장 get off (버스, 기차 등에서) 내리다, 하차하다

02 호W 미M

(A) A man is riding a horse.
(B) A man is walking on the path.
(C) A man has stopped at the crosswalk.
(D) A bicycle is being chained to the post.

(A) 남자가 말을 타고 있다.
(B) 남자가 길을 걷고 있다.
(C) 남자가 횡단보도에 멈춰서 있다.
(D) 자전거가 기둥에 묶여지고 있다.

해설 남자가 자전거를 탄 채 횡단보도 앞에 멈춰서(A man has stopped at the crosswalk) 있으므로 (C)가 정답이다. 남자가 타고 있는 것은 자전거(bicycle)이지 말(horse)이 아니므로 (A)는 오답. (B) 길을 걷고 있는(walking on the path) 동작, (D) 자전거가 기둥에 체인으로 묶여지고 있는(being chained) 동작도 사진과 관련 없으므로 오답이다. 특히 (D)의 경우, being chained를 못 알아들었다 할지라도 사진에 나오지 않는 기둥(post)을 듣고 바로 소거할 수 있다. 정답 (C)

어휘 ride a horse 말을 타다 path 길 crosswalk 횡단보도 chain 사슬로 묶다, 사슬을 채우다 post 기둥, 말뚝

03 영M 미W

(A) Some people are lining up in the boarding area.
(B) A man is walking down the stairway near the windows.
(C) Passengers are pulling their suitcases down the hallway.
(D) People are standing next to the carousel.

(A) 사람들이 탑승 구역에서 일렬로 서 있다.
(B) 남자가 창가 쪽 계단을 내려가고 있다.
(C) 승객들이 복도를 따라 여행가방을 끌고 가고 있다.
(D) 사람들이 수하물 컨베이어 벨트 옆에 서 있다.

해설 사진 속 장소는 공항의 수하물 찾는 구역(baggage claim area)의 컨베이어 벨트(carousel)이다. 따라서 탑승 구역(boarding area)을 언급한 (A)는 듣자마자 바로 소거하면 되겠다. 사람들이 수하물 컨베이어 벨트 옆에서 짐을 기다리고 있는 사진이므로, 수하물 옆에 서 있는(standing next to the carousel) 객관적인 모습을 기술한 (D)가 정답. (B)의 경우, 걷고 있는(walking) 남자도 사진에 나타나 있지 않을 뿐더러, 계단(stairway)도 보이지 않으므로 답이 될 수 없다. 또, 여행가방들(suitcases)은 사진에 등장하지만 승객들이 복도를 따라 끌고 있는(pulling) 동작은 아니기에 (C) 역시 오답이다. 정답 (D)

어휘 line up (일렬로) 줄을 서다 boarding area 탑승 구역 walk down 걸어 내려가다 stairway 계단 passenger 승객 pull 끌다 suitcase 여행가방 hallway 복도 carousel [kærəsél] 수하물 컨베이어 벨트, 회전식 수하물 수취대

04 미M 호W

(A) Some ducks are swimming near the boat.
(B) The man is sailing on a boat.
(C) Some boats are floating by a dock.
(D) The boats are being painted.

(A) 오리가 보트 근처에서 수영하고 있다.
(B) 남자가 배로 항해하고 있다.
(C) 배들이 부두 옆에 떠 있다.
(D) 배들에 페인트칠을 하고 있다.

해설 배들이 부두 옆에 떠 있는(boats are floating by a dock) 모습이므로 정답은 (C)이다. (A) 사진에 오리들(ducks)은 등장하지 않으므로 오답. 혹여 duck(오리)을 유사발음 어휘인 dock(부두)으로 잘못 알아들었다 할지라도, 부두가 수영을 할 수는 없는 노릇이므로, 이어지는 동작 동사 swimming을 듣고 바로 오답임을 알 수 있겠다. (B) 사람이 없이 풍경만 있는 사진에서 사람을 의미하는 남자(man)가 주어인 표현은 오답이다. (D) 사람이 없는 사물만 있는 사진에서 페인트칠이 되고 있다(are being painted)는 수동태 진행형 표현도 오답이다. 정답 (C)

어휘 duck [dʌk] 오리 sail 항해하다 float 떠 있다 dock 미 [dak] 영 [dɔk] 부두 paint 페인트칠하다

05 영M 미W

(A) Some people are entering the train station.
(B) The train is at the station.
(C) The platform is full of people.
(D) The station is being closed for repairs.

(A) 사람들이 기차역으로 들어가고 있다.
(B) 기차가 역에 있다.
(C) 플랫폼이 사람들로 꽉 차 있다.
(D) 역이 보수 공사로 인해 닫히고 있다.

해설 기차(train)가 역에 있으므로(at the station) 이를 그대로 설명한 (B)가 정답이다. 사람이 없이 사물과 배경만 있는 사진에서 사람들(people)이 언급된 (A)와 (C)는 오답. (D)의 보수 공사 때문에 문이 닫히고 있는(being closed) 상황 역시 사람이 있어야 가능한 일이므로 답이 될 수 없다. 정답 (B)

어휘 enter 들어가다 train station 기차역 be full of ~로 가득 차다 repair 수리, 보수

06 미M 호W

(A) A man is packing his suitcase.
(B) A man is reading the train schedule.
(C) A man is waiting for a train.
(D) A man is standing at an automated machine.

(A) 남자가 여행가방을 싸고 있다.
(B) 남자가 열차 시간표를 보고 있다.
(C) 남자가 기차를 기다리고 있다.
(D) 남자가 자동 티켓 발매기 앞에 서 있다.

해설 남자가 자동 티켓 발매기 앞에 서 있으므로(standing at an automated machine) (D)가 정답. 사진 왼편에 여행가방(suitcase)이 보이긴 하지만 남자가 여행가방을 싸고 있는(packing) 동작을 하는 것은 아니므로 (A)는 동작 동사 오답이다. 사진에 열차 시간표(train schedule)와 기차(train)는 찾아볼 수 없으므로 (B)와 (C)는 사진에 나오지 않는 명사 오답이다. 정답 (D)

어휘 pack (짐을) 싸다 suitcase 여행가방 train schedule 열차 시간표 wait for ~을 기다리다 automated machine 자동화 기계. 여기서는 '자동 티켓 발매기'를 의미

07 미W 영M

(A) The airplane is flying over the sky.
(B) The airplane is taking off at the airport.
(C) The runway is under renovation.
(D) Some people are going up the staircase.

(A) 비행기가 하늘을 날고 있다.
(B) 비행기가 공항에서 이륙하고 있다.
(C) 활주로가 보수 공사 중이다.
(D) 사람들이 계단을 오르고 있다.

해설 사람들이 비행기로 들어가는 계단을 오르고(going up the staircase) 있으므로 정답은 (D)이다. 비행기는 멈춰서 있는 상태이지, 하늘을 날고 있거나(flying), 공항에서 이륙하고 있는(taking off) 중인 것은 아니므로 (A)와 (B)는 오답이다. 활주로가 보수 공사 중(under renovation)인지도 사진을 통해 파악할 수 없으므로 (C)도 오답. 정답 (D)

어휘 take off 이륙하다(↔ land) runway 활주로 under renovation 보수 공사 중 staircase 계단

08 호W 미M

(A) One woman is closing the window.
(B) One woman is looking at an open book.
(C) Some passengers are standing in an aisle.
(D) Some people are ready to get on the bus.

(A) 한 여자가 창문을 닫고 있다.
(B) 한 여자가 책을 펼쳐놓고 보고 있다.
(C) 승객들이 통로에 서 있다.
(D) 사람들이 버스에 탈 준비가 되어 있다.

해설 승객 중 한 여자가 펼쳐진 책을 보고(looking at an open book) 있으므로 (B)가 정답이다. (A) 한 여자가 창문을 닫고 있는(closing) 동작은 사진과 관련이 없으며, (C) 승객들은 모두 자리에 앉아(sitting) 있지, 통로에 서 있는(standing) 게 아니므로 오답. (D) 사람들이 버스를 탈 준비가 되어 있는(ready to get on the bus)지의 여부는 버스 밖 풍경이지 버스 안 풍경이 아니므로 역시 오답이다. 정답 (B)

어휘 close 닫다 look at ~을 보다 passenger 승객 aisle [ail] 통로 be ready to + 동사원형 ~할 준비가 되다 get on (버스나 비행기 등에) 타다(↔ get off)

Lesson 6 길, 거리, 도로, 계단

Exercises p.67

01 영M 미W

(A) There are some vehicles on the bridge.
(B) Passengers are boarding a boat.
(C) A steel structure is being built.
(D) Some pedestrians are gathering beneath the bridge.

(A) 다리 위에 차들이 있다
(B) 승객들이 배에 탑승하고 있다.
(C) 철골 구조물이 설치되고 있다.
(D) 보행자가 다리 밑에 모이는 중이다.

해설 물 위에 큰 다리가 보이고, 다리 위에는 차들이 달리고 있다. 다리의 위치 관계보다는 다리 위에 차들(some vehicles on the bridge)이 있는 모습을 There are ~ 구문으로 묘사한 보기가 정답으로 제시된 문제이다. 즉, (A)가 정답. 사진에 배(boat)는 보이지 않으므로 (B)는 오답이다. 철골 구조물이 설치되고 있는(being built) 동작도 사진에서 찾아볼 수 없으므로 (C)도 오답. 다리 위만 보일 뿐 다리 아래(beneath the bridge)는 보이지 않으므로 다리 밑에서 어떤 일이 벌어지고 있는지는 당연히 알 수 없다. 따라서 (D) 역시 오답이다. 정답 (A)

어휘 vehicle 차량 passenger 승객 board 탑승하다 steel 철, 강철 structure 건축 구조물 pedestrian [pədéstriən] 보행자 gather 모이다 beneath [biníːθ] ~아래에

02 미M 호W

(A) The man is walking down the stairway.
(B) A staircase lies near the tower.
(C) The building is closed for repairs.
(D) There are handrails running up the middle of the steps.

(A) 남자가 계단을 걸어 내려가고 있다.
(B) 계단이 탑 가까이에 있다.
(C) 건물이 보수 공사로 인해 닫혀 있다.
(D) 계단 중앙에 손잡이 난간이 위로 뻗어 있다.

해설 사람이 계단을 걸어 올라가고(walking up) 있고, 계단 중앙에는 손잡이 난간이 위로 쭉 뻗어(handrails running up the middle of the steps) 있다. 따라서 남자가 계단을 내려오고 있다(walking down)고 묘사한 보기 (A)는 소거되고, 손잡이 난간의 위치와 상태를 바르게 묘사한 (D)가 정답이 된다. 사진에 탑(tower)은 보이지 않고, 건물이 보수 공수 때문에(for repairs) 닫혀 있는 건지도 사진상으론 알 수 없으므로 (B)와 (C)도 과감히 소거할 수 있다. 정답 (D)

여기서 잠깐! '계단'을 뜻하는 표현으로 stairway, staircase, stairs, steps 등과 같은 단어가 Part 1에 빈출한다. stairway와 staircase가 '계단' 전체를 뭉뚱그려 말하는 단어인 반면, stair와 step은 '계단 한 칸 한 칸'을 의미하는 단어이기 때문에 '계단' 전체를 뭉뚱그려 얘기할 때는 복수형인 stairs와 steps로 써야 한다는 것도 상식적으로 알아두자.

어휘 walk down 걸어 내려가다 stairway 계단 staircase (난간까지 포함한) 계단 lie 놓여 있다 near ~가까이에 handrail 손잡이 난간 run up 끝까지 죽 뻗어[이어지고] 있다 the middle of ~의 중앙 steps 계단

03 미W 영M

(A) A motorcyclist is riding behind the vehicle.
(B) The street is lined with parked cars.
(C) A vehicle is driving across the sand.
(D) A man is unloading a pot on the street.

(A) 자동차 뒤에 오토바이를 타고 가는 사람이 있다.
(B) 거리에 주차된 차들이 나란히 줄지어 있다.
(C) 차가 모래사장을 가로질러 가고 있다.
(D) 남자가 거리에 항아리를 내려놓고 있다.

해설 자동차 뒤에 오토바이를 타고 가는 사람이 보인다. 어떤 사람이 오토바이를 타고 간다는 말을 영어로는 motorcyclist(오토바이를 타는 사람)가 riding하고 있다. 즉 A motorcyclist is riding이라고 간단히 표현할 수 있다. 이 표현만 제대로 알고 있다면 쉽게 (A)를 정답으로 찜할 수 있는 문제. (B)의 경우, 건물 앞 거리에 주차된 듯 보이는 차들이 있긴 하지만, 줄지어 늘어서(lined with) 있는지는 명확히 확인할 수 없으므로 오답이다. 또한 사진에 모래사장(sand)이나 항아리/단지/냄비(pot) 같은 것은 보이지 않으므로 (C)와 (D)도 sand와 pot이라는 말만 잘 알아들었어도 오답임을 금세 알 수 있다. 정답 (A)

여기서 Part 1 빈출어휘 하나! vehicle은 자동차, 트럭, 버스 등과 같은 차량을 통칭하는 표현이므로, 사진에 버스가 나오든 자동차가 나오든 모두 vehicle로 싸잡아 표현할 수 있다는 사실을 알아두자.

어휘 motorcyclist 오토바이를 타는 사람 be lined with ~로 줄지어 있다 parked 주차된 unload (트럭, 선박 등에서 짐을) 내리다 pot 항아리, 단지, (단지 모양의) 냄비

04 호W 미M

(A) Bicycles have been parked in the snow.
(B) The snow is being removed from the trees.
(C) A vehicle is hidden behind a pile of snow.
(D) There are stairs in front of the building.

(A) 눈 속에 자전거가 세워져 있다.
(B) 눈이 나무에서 치워지고 있다.
(C) 차가 눈 더미 아래 숨겨져 있다.
(D) 건물 앞에 계단이 있다

해설 눈에 덮인 자전거가 여러 대 세워져 있는 사진이다. 따라서 이 광경 그대로 자전거들이 눈 속에 세워져 있다(parked in the snow)고 묘사한 (A)가 정답. 사람이 등장하지 않는 사진에서 눈이 나무에서 치워질(being removed) 수는 없으므로 수동태 진행형을 쓴 (B)는 오답이다. 사진에 차량(vehicle)이나 건물(building)도 보이지 않으므로, (C)와 (D)도 쉽게 정답선상에서 제외시킬 수 있다. 정답 (A)

참고! 자동차를 비롯한 각종 차량을 세워두는 것을 우리말로는

'주차한다'고 하고 영어로는 park라는 동사를 쓴다. 자전거를 세워두는 것도 마찬가지로 park라는 동사를 쓸 수 있다.

어휘 park 주차하다 remove 제거하다 hide 감추다, 숨기다, 가리다 (hide – hidden – hid) a pile of 한 더미 stairs 계단

05 미W 영M

(A) Some street lights are being installed.

(B) The road is being paved with stones.

(C) There aren't any cars in the alleyway.

(D) A man is entering the building.

(A) 가로등이 설치되고 있다.

(B) 도로가 돌로 포장되고 있다.

(C) 골목에 자동차가 한 대도 없다.

(D) 남자가 건물에 들어가고 있다.

해설 양쪽으로 건물이 늘어선 골목을 남자가 걸어가고 있는(walking on the alleyway) 장면이다. 차량은 한 대도 보이지 않으므로 (There aren't any cars ~) 정답은 (C)가 되겠다. (A) 가로등들(street lights)과 (B) 도로가 포장되고 있는(being paved) 모습은 사진에 나오지 않으므로 오답. 남자는 길을 걷고 있지, 건물에 들어가고 있는(entering the building) 것이 아니므로 (D) 역시 오답이다. 정답 (C)

어휘 street light 가로등 install (장비, 가구, 프로그램 등을) 설치하다 pave (벽돌, 아스팔트 등으로 길을) 포장하다 alleyway [ǽliwèi] 골목, 좁은 길[통로] enter ~에 들어가다

06 호W 미M

(A) Musical instruments are being sold in a market.

(B) The audience has been seated for a concert.

(C) Some performers are playing drums on the street.

(D) There are stairs leading to the stage.

(A) 시장에서 악기가 팔리고 있다.

(B) 관중이 공연을 관람하기 위해 앉아 있다.

(C) 공연가들이 거리에서 드럼을 연주하고 있다.

(D) 무대로 이어지는 계단이 있다.

해설 거리에서 공연가들이 드럼을 연주하는(playing drums) 장면이므로, 이를 그대로 묘사한 (C)가 정답. (A) 사진 속 배경은 거리(street)이지 시장(market)이 아니며, (B) 공연하는 사람들(performers)은 보이지만 자리를 잡고 앉아 있는(seated) 청중들(audience)은 보이지 않으며, (D) 계단(stairs)과 무대(stage)도 사진에 나오지 않으므로 모두 오답이다. 정답 (C)

어휘 musical instrument 악기 sell 팔다 market 시장 audience 관중 be seated 착석하다, 자리에 앉다 performer 공연가 play 연주하다 lead to ~로 이어지다

07 영M 미W

(A) Some workers are digging the ground.

(B) Street lamps are positioned beside a highway.

(C) The road is being blocked for maintenance work.

(D) Pedestrians are walking along the path.

(A) 작업자 몇 명이 땅을 파고 있다

(B) 가로등이 고속도로 옆에 위치해 있다.

(C) 도로가 보수 공사로 인해 막혀 있다.

(D) 보행자가 길을 따라 걷고 있다.

해설 공사 중임을 나타내는 삼각 표지판과 ROAD CLOSED(도로 차단)라는 표지판을 통해 보수 공사로 인해 도로가 막혀 있다(being blocked for maintenance work)는 사실을 알 수 있으므로 (C)가 정답이다. 사진에 사람은 보이지 않으므로, 작업자들(workers)과 보행자들(Pedestrians)을 언급한 (A)와 (D)는 오답. 거리에 가로등들(Street lamps) 또한 보이지 않으므로 (B)도 오답이다. 정답 (C)

잔소리 한 마디! 사물이 특정 위치에 자리잡고 있다고 할 때 쓰이는 표현으로 be situated뿐 아니라 be positioned도 Part 1에 자주 등장한다. 스크립트를 다 분석한 다음, 오디오를 듣고 문장을 따라 읽으며 be positioned의 발음과 소리에 익숙해지도록 하자.

어휘 dig (땅을) 파다 street lamp 가로등 position (특정한 위치에) 두다, 배치하다, ~의 자리를 잡다 highway 고속도로 block 막다, 봉쇄하다 maintenance[méintənəns] work 보수 작업 pedestrian 보행자 walk along ~을 따라 걷다 path 길

08 미M 호W

(A) Trees line both sides of the street.

(B) There is a vehicle parked against the curb.

(C) Traffic is moving in both directions.

(D) People are resting under some trees.

(A) 나무가 길 양쪽에 줄지어 늘어서 있다.

(B) 연석 옆에 주차된 차량이 있다.

(C) 차들이 양방향으로 이동하고 있다.

(D) 사람들이 나무 밑에서 쉬고 있다.

해설 길 양쪽으로 나무들이 죽 줄지어 있고(Trees line both sides ~), 자동차가 한 대 보이는(There is a car on the street.) 사진이다. 이 중 나무들이 늘어선 모습이 정답 보기로 제시된 문제. 즉, 정답은 (A)이다. 사진에 연석(curb)은 보이지 않으므로 (B)는 오답. 길 한 쪽에 자동차 한 대만 보이므로, 차들이 양방향으로 움직이고(moving in both directions) 있다고 한 (C)도 답이 될 수 없다. 또한 사람들(People)도 보이지 않으므로 (D)

도 오답이다. 정답 (A)

여기서 잠깐! 도로 위 차량의 방향을 묘사하는 보기도 Part 1에 자주 등장하는데, 차량이 '한 쪽 방향으로' 움직이는 모습을 나타낼 때는 보통 in one direction 또는 in the same direction이라는 표현이 쓰이고, '양방향으로' 움직이는 모습을 나타낼 때는 in both directions 또는 in different directions라는 표현이 쓰인다.

어휘 line ~을 따라 늘어서다, 줄지어 있다 against the curb 연석 쪽에 바짝 붙어 traffic (도로상에 왕래하는) 차량들, 교통(량) in both directions 양방향으로 rest 쉬다, 휴식을 취하다

Lesson 7 건설 및 작업

Exercises p.71

01 호W 미M

(A) Workers are picking up the tools.
(B) Trucks have lined up in front of the building.
(C) There are some construction materials around a work area.
(D) Some bricks are being transferred.

(A) 작업자들이 연장들을 집어 들고 있다.
(B) 건물 앞으로 트럭들이 나란히 줄지어 있다.
(C) 건설 현장 주위에 건축 자재들이 있다.
(D) 벽돌들이 옮겨지고 있다.

해설 건설 현장을 배경으로 건축 자재들이 보이는 사진. 따라서 건설 현장 주위에 건축 자재들(construction materials around a work area)이 있다고 설명한 (C)가 정답이다. 사진에 사람은 보이지 않으므로 작업자들(Workers)을 언급한 (A)는 오답. 트럭들(Trucks)과 벽돌들(bricks)도 보이지 않으므로 (B)와 (D)도 답이 될 수 없다. 특히 (D)의 경우, 벽돌이 옮겨지고 있는(being transferred) 상황은 사람이 있어야 가능한 동작이다. 이처럼 사람이 등장하지 않는 사진에서 〈being + 과거분사〉는 대부분 오답이 된다는 사실을 다시 한 번 새겨두자. 정답 (C)

어휘 worker 작업자, 인부 pick up 줍다, 집어 들다 tool 연장, 도구 line up 줄을 서다, 줄을 이루다 construction materials 건축 자재 work area 작업 구역 brick 벽돌 transfer 옮기다, 이동시키다

02 미W 영M

(A) The man is writing on a chalkboard.
(B) The man is measuring the size of the furniture.
(C) The man is holding a ruler with his hand.
(D) The man is wearing a tool belt.

(A) 남자가 칠판에 무언가를 쓰고 있다.
(B) 남자가 가구의 크기를 측정하고 있다.
(C) 남자가 한 손에 자를 들고 있다.
(D) 남자가 공구 벨트를 착용하고 있다.

해설 작업자로 보이는 남자가 한 손으론 자를 쥐고(holding a ruler), 다른 한 손에는 펜을 들고(holding a pen) 무언가를 측정하는(measuring) 사진이다. 이 중 한 손에 자를 들고 있는 모습을 (C)에서 묘사하고 있으므로 정답. (A)는 사진에 등장하지 않는 chalkboard(칠판)를 듣는 순간 바로 소거시킨다. (B)는 남자가 무언가를 재고 있는(measuring) 동작은 맞지만, 재고 있는 것이 가구(furniture)인지는 알 수 없기 때문에 답이 될 수 없다. 공구 벨트(tool belt)도 보이지 않으므로 (D)도 오답. 정답 (C)

어휘 write on ~에 쓰다, 적다 chalkboard [tʃɔ́:kbɔ̀:rd] 칠판 measure ~의 치수를 재다, 측정하다 ruler 자 tool belt 공구 벨트

03 미M 호W

(A) Windows are being measured.
(B) The fence is being torn down.
(C) They are carrying the ladder.
(D) Some workers are constructing a roof.

(A) 창문들의 치수를 재고 있다.
(B) 울타리가 허물어지고 있다.
(C) 사람들이 사다리를 들고 가고 있다.
(D) 작업자들이 지붕을 설치하고 있다.

해설 작업자로 보이는 두 남자가 지붕 위에서 작업을 하고 있는 사진으로, 작업자들이 지붕을 설치하고(constructing a roof) 있다고 한 (D)가 가장 적절한 설명이다. (A)의 창문들(Windows)과 (B)의 울타리(fence), (C)의 사다리(ladder)는 모두 사진에 나오지 않는 사물이므로 자동으로 착착 정답선상에서 소거된다. 정답 (D)

어휘 fence 울타리 tear[tɛər] down (건물, 담 등을) 허물다(tear-tore-torn) carry 들고 가다, 나르다 ladder 사다리 construct 건설하다, 구축하다 roof 지붕

04 영M 미W

(A) A heavy machine is making tracks on the ground.
(B) Tires are stacked on the sand.
(C) Workers are painting lines on a roadway.
(D) A worker is getting onto the truck.

(A) 중장비가 땅 위에 바퀴자국을 남기고 있다.
(B) 타이어들이 모래 위에 쌓여 있다.
(C) 작업자들이 길에 페인트로 선을 그리고 있다.
(D) 한 작업자가 트럭에 타고 있다.

해설 작업자가 트랙터를 몰고 있고(operating a tractor), 바닥에

는 트랙터의 바퀴자국(tracks on the ground)이 보이는 사진이다. 무엇보다도 트랙터가 바닥에 바퀴자국을 남기는(making tracks on the ground) 모습이 뚜렷하게 보이는 사진으로, 이를 그대로 묘사한 (A)가 정답이다. 타이어든 뭐든 바닥에 쌓여 있는(stacked) 물건은 보이지 않으므로 (B)는 오답. 또한 작업자는 트랙터를 몰고 있지, 도로에 페인트칠을 하고 있는(painting) 것도, 트럭에 올라타는(getting onto) 동작을 하고 있는 것도 아니므로 (C)와 (D)도 오답이다. 정답 (A)

여기서 잠깐! 토익 Part 1에서는 트랙터(tractor), 기중기(crane) 같은 장비를 heavy machine(중장비)이라는 포괄적인 표현으로 묘사하는 경우가 많다는 것을 짚어보고, 다음 문제로 넘어가자.

어휘 heavy machine 중장비 track 자국, 길, 선로 be stacked 쌓여 있다 paint 페인트칠하다 roadway 도로, 차도 get onto ~에 올라타다

05 미M 호W

(A) They are building a brick wall.
(B) They are entering the building.
(C) They're working on a construction project.
(D) They are lifting a ladder.

(A) 사람들이 벽돌로 된 벽을 짓고 있다.
(B) 사람들이 건물에 들어가고 있다.
(C) 사람들이 건설 공사 작업을 하고 있다.
(D) 사람들이 사다리를 들어 올리고 있다.

해설 건설 현장에서 사람들이 공사와 관련해 현장 업무를 보고 있는(working on a construction project) 중이므로 이를 그대로 묘사한 (C)가 정답이다. 벽돌 벽(brick wall)과 사다리(ladder)는 보이지 않으므로 (A)와 (D)는 오답. 사람들이 건물 안으로 들어가고 있는(entering) 동작도 아니므로 (B)도 오답이다. 정답 (C)

어휘 brick 벽돌 enter ~에 들어가다 construction project 건설 공사 프로젝트 lift 들어 올리다 ladder 사다리

06 영M 미W

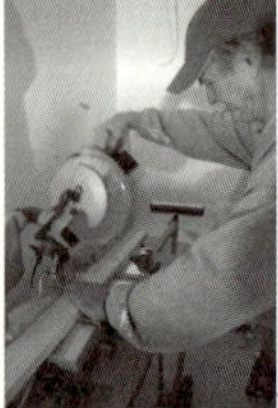

(A) The man is using a power tool on a piece of wood.
(B) The man is tying some rope to a post.
(C) The man is hammering a nail into the wood.
(D) The man is measuring some wood.

(A) 남자가 나무에 전동 공구를 사용하고 있다.
(B) 남자가 기둥에 로프를 묶고 있다.
(C) 남자가 나무에 망치로 못을 박고 있다.
(D) 남자가 나무의 치수를 재고 있다.

해설 남자가 전동 공구를 가지고 기다란 나무토막을 다루고 있는 모습이다. 이를 나무토막에 전동 공구를 사용하고(using a power tool on a piece of wood) 있다고 포괄적으로 묘사한 (A)가 정답이다. (B)의 경우, 사진에 로프(rope)도 보이지 않을 뿐더러, 묶고 있는(tying) 동작도 아니므로 오답. (C)의 못(nail)도 사진에 등장하지 않으며, 망치질을 하고 있는(hammering) 동작도 아니다. 남자가 나무의 치수를 재고 있는(measuring) 동작도 아니므로 (D)도 답이 될 수 없다. 정답 (A)

어휘 power tool 전동 공구 a piece of 한 조각의 wood 나무, 목재 tie (끈 등으로) 묶다, 묶어두다 post 기둥 hammer 망치질을 하다 nail 못 measure ~의 치수를 측정하다, 재다

07 호W 미M

(A) Workers are working with some wood.
(B) Workers are walking through a doorway.
(C) Workers are carrying a toolbox.
(D) Workers are filling some items in a drawer.

(A) 작업자들이 목재들을 이용하여 작업을 하고 있다.
(B) 작업자들이 출입구로 걸어 들어가고 있다.
(C) 작업자들이 공구 상자를 들고 가고 있다.
(D) 작업자들이 서랍에 물품들을 채우고 있다.

해설 건설 현장(construction site)에서 인부 두 명(workers)이 목재를 들고 나르고 있는(carrying some wood) 사진이다. 이를 목재를 이용해 작업하고(working with some wood) 있다고 포괄적으로 표현한 (A)가 정답. (B) 출입구(doorway)와 (C) 공구 상자(toolbox), (D) 서랍(drawer)은 모두 사진에 등장하지 않는 명사들이므로 오답이다. 정답 (A)

어휘 doorway 출입구 carry 들고 가다, 나르다 toolbox 공구 상자 fill 채우다 item 물품 drawer 서랍

08 미W 영M

(A) A construction vehicle is passing through a tunnel.
(B) A road is being repaved.
(C) Pipes have been laid on the ground.
(D) Workers are carrying the long pipes.

(A) 건설 차량이 터널을 통과하고 있다.
(B) 도로가 재포장되고 있다.
(C) 파이프들이 땅에 놓여 있다.
(D) 작업자들이 긴 파이프들을 나르고 있다.

해설 바닥 위에 파이프 두 개가 보이므로 파이프들이 땅 위에 놓여 있다(Pipes have been laid)고 묘사한 (C)가 정답이다. 사진에 터널(tunnel)은 등장하지 않으므로 (A)는 오답. 사람이 등장하지 않는 사진에서 사람이 있어야 가능한 도로가 재포장되고 있는(being repaved) 상황을 표현한 (B)도 오답. 역시 사람이 등장하지 않는 사진에서 작업자들(Workers)을 언급한 (D)도 오답이다. 정답 (C)

어휘 construction vehicle 건설 차량 pass through ~을 거쳐 지나가다 repave (길을) 다시 포장하다 lay 놓다

Lesson 8 집 또는 일상 가사

Exercises p.75

01 영M 미W

(A) A cushion is being positioned on the sofa.
(B) A large potted plant is situated beside the window.
(C) There are picture frames on the wall.
(D) Curtains near the window are being removed.

(A) 쿠션이 소파에 놓이고 있다.
(B) 창문 옆에 큰 화분이 위치해 있다.
(C) 벽에 액자들이 걸려 있다.
(D) 창문 가까이 커튼이 걷히고 있다.

해설 창문 옆에 큰 화분(large potted plant)과 쿠션이 놓인 소파(sofa with cushion)가 있는 사진이다. 이 중 큰 화분의 위치를 묘사한 보기가 정답으로 제시된 문제. 즉, 창문 옆에 큰 화분이 위치해 있다(A large potted plant is situated beside the window)고 설명한 (B)가 정답이다. (A)의 경우, 쿠션은 이미 소파에 놓여 있는 상태(A cushion is positioned on the sofa.)이지, 놓이고 있는(being positioned) 동작이 일어나고 있는 것은 아니므로 오답. 마찬가지로, 창문 가까이의 커튼도 이미 걷힌 상태(Curtains near the window are removed.)이지 걷히고 있는 중(being removed)인 것은 아니므로 수동태 진행형 표현을 쓴 (D)도 오답이다. 또한, 사진에 벽(wall)과 그림 액자들(picture frames)도 보이지 않으므로 (C)도 답이 될 수 없다. 정답 (B)

어휘 be positioned (특정한 위치에) 배치되어 있다, 자리잡고 있다 potted plant 화분 be situated 위치해 있다 picture frame 그림 또는 사진 액자

02 미M 호W

(A) The woman is assembling some equipment.
(B) The woman is hanging some decorations.
(C) The woman is taking a journal from the shelf.
(D) The woman is cleaning with a vacuum cleaner.

(A) 여자가 장비를 조립하고 있다.
(B) 여자가 장식물을 걸고 있다.
(C) 여자가 선반에서 신문을 꺼내고 있다.
(D) 여자가 진공청소기로 청소하고 있다.

해설 여자가 진공청소기를 이용하여 청소를 하고(cleaning with a vacuum cleaner) 있으므로 이를 그대로 묘사한 (D)가 정답이다. (A) 장비를 조립하고 있는(assembling) 동작, (B) 장식물을 걸고 있는(hanging) 동작, (C) 신문을 꺼내고 있는(taking a journal from ~) 동작은 모두 사진과 관련이 없으므로 오답. 정답 (D)

어휘 assemble 조립하다 equipment 장비 hang 걸다, 매달다 decoration 장식품, 장식 journal 신문, 잡지 vacuum cleaner 진공청소기

03 미W 영M

(A) Bowls have been set on the counter.
(B) The sink is full of dishes.
(C) A cabinet has been opened.
(D) The man is getting food from the microwave.

(A) 주방 조리대에 그릇들이 놓여 있다.
(B) 싱크대가 접시들로 가득 차 있다.
(C) 찬장이 열려 있다.
(D) 남자가 전자레인지에서 음식을 꺼내고 있다.

해설 남자가 찬장을 향해 손을 뻗고(reaching into a cabinet) 있고, 찬장의 문은 열려 있는(has been opened) 상태이다. 따라서 찬장의 열려 있는 상태를 묘사한 (C)가 정답. (A) 주방 조리대에 그릇들(Bowls)과 (B) 싱크대에 접시들(dishes)은 사진으로 확인하기 어려우며, (D) 전자레인지(microwave)가 보이긴 하지만, 남자가 전자레인지에서 음식을 꺼내고 있는(getting food from ~) 동작은 아니므로 오답이 된다. 정답 (C)

어휘 bowl [boul] 그릇, 사발 set (특정한 장소, 위치에) 놓다 counter 주방의 조리대, 카운터 sink 개수대, 싱크대 be full of ~로 가득 차다 dish 접시 cabinet 찬장 microwave 전자레인지

04 호W 미M

(A) Chairs are being arranged around the table.
(B) The table has been covered with cloth.
(C) Some potted plants are hanging on the wall.

(D) Some flowers are being planted in the garden.

(A) 의자들이 테이블 주위에 정리되고 있다.
(B) 테이블은 테이블보로 덮여 있다.
(C) 화분들이 벽에 걸려 있다.
(D) 꽃들이 정원에 심기고 있다.

해설 집 외벽 창문 옆에 화분들이 벽에 걸려 있는(potted plants are hanging on the wall) 모습을 묘사한 (C)가 정답이다. (A)의 경우, 테이블(table)과 테이블 주위에 의자들(Chairs)이 보이지만, 사람이 없는 사진에서 사물인 의자들(Chairs)이 정리되고(being arranged) 있을 수는 없으므로, 수동태 진행형 표현은 올바르지 못하다. 이와 같은 맥락에서 (D)도 역시 사물인 꽃들(flowers)이 심기고 있다(being planted)고 수동태 진행형을 이용한 동작 표현은 답이 될 수 없다. 또, 사진에 없는 테이블보(cloth)를 언급한 (B)도 오답. 정답 (C)

어휘 arrange 정리하다, 배열하다 be covered with ~로 덮여 있다 cloth 테이블보 potted plant 화분 hang on the wall 벽에 걸리다 plant 심다

05 미W 영M

(A) He is lying on the lawn.
(B) He is fixing the machine.
(C) He is mowing the grass.
(D) He is resting on the ground.

(A) 남자는 잔디에 누워 있다.
(B) 남자는 기계를 고치고 있다.
(C) 남자는 잔디를 깎고 있다.
(D) 남자는 땅 위에서 쉬고 있다.

해설 남자가 잔디깎이(lawn mower)로 잔디를 깎고 있는(mowing the grass) 장면이므로 (C)가 정답이다. (A) 사진에서 잔디(lawn)는 보이지만, 남자가 누워 있는(lying) 동작은 아니며, (B) 기계(machine)가 보이지만 고치고 있는(fixing) 동작도 아니며, (D) 쉬고 있는(resting) 동작도 아니므로 모두 동작 동사 오답이다. 정답 (C)

어휘 lie (사람, 동물이) 눕다, 드러눕다 lawn 잔디 fix 고치다, 수리하다 mow (풀을) 베다 grass 잔디 rest 쉬다, 휴식하다

06 호W 미M

(A) A stool has been placed in front of the piano.
(B) There are many kinds of instruments in the room.
(C) The vases are being set on the shelf.
(D) A carpet is being laid on the floor.

(A) 피아노 앞에 등받이 없는 의자가 놓여 있다.
(B) 방에 다양한 악기들이 있다.
(C) 선반에 꽃병들이 놓이고 있다.
(D) 바닥에 카펫이 놓이고 있다.

해설 피아노 앞에 등받이와 팔걸이가 없는 의자(stool)가 놓여 있는(been placed in front of the piano) 모습을 묘사한 (A)가 정답이다. 방 안에 악기(instrument)는 피아노 한 대밖에 없으므로 다양한 악기(many kinds of instruments)가 있다고 한 (B)는 오답. 또한, 선반 위에 꽃병(vase)은 하나밖에 없으므로 vases라고 꽃병들을 언급한 (C)도 오답이다. 혹여, vases를 vase로 잘못 알아들었다 하더라도, 꽃병은 이미 선반 위에 놓인 상태이지, 놓이고 있는 중(being set)이 아니므로 사람이 등장하지 않은 사진에서 수동태 진행형으로 동작을 표현한 부분에서 오답임을 간파할 수 있겠다. (D) 역시 카펫이 놓이고 있는 중(being laid)이라는 수동태 진행형 표현을 통해 답이 될 수 없음을 알 수 있다. 정답 (A)

여기서 잠깐! stool은 의자 중에서도 등받이와 팔걸이가 없는 의자를 말할 때 쓰는 단어이므로 chair나 sofa와 구분해 알아두도록 하자.

어휘 stool (등받이와 팔걸이가 없는) 의자 place 놓다, 두다 in front of ~의 앞에 many kinds of 많은 종류의, 다양한 instrument 악기 set (특정한 장소, 위치에) 놓다 lay 놓다, 두다

07 영M 미W

(A) The tiled floor is being scrubbed with a brush.
(B) A man is painting a wall above the window.
(C) The windows have been opened.
(D) A man is pouring liquid into a container.

(A) 타일바닥이 솔로 문질러 닦이고 있다.
(B) 남자가 창문 위의 벽을 페인트칠하고 있다.
(C) 창문들이 열려 있다.
(D) 남자가 용기에 액체를 따르고 있다.

해설 남자가 창문 위의 벽을 페인트칠하고 있는(painting a wall above the window) 모습이므로 (B)가 정답. (A)는 사진에서 타일이 깔린(tiled) 바닥(floor)은 보이지 않으므로 오답이다. (C) 남자 앞에 창문은 닫혀 있으므로 열려 있다(have been opened)는 표현은 사진과 맞지 않으며, (D) 남자가 용기에 액체를 따르고 있는(pouring) 행동은 하지 않으므로 동작 동사 오답이 된다. 정답 (B)

어휘 tile [tail] 타일을 깔다 scrub [skʌb] (솔 등으로) 문질러 닦다 paint 페인트칠하다 above ~보다 위에[위로] pour A into B A를 B에 붓다, 따르다 container 용기

08 미M 호W

(A) She is watering some flowers.
(B) She is cleaning the house.
(C) She is pulling out some weeds in the yard.

(D) She is taking care of some plants.

(A) 여자가 꽃에 물을 주고 있다.
(B) 여자가 집을 청소하고 있다.
(C) 여자가 마당에서 일부 잡초들을 뽑고 있다.
(D) 여자가 식물을 돌보고 있다.

해설 여자가 식물을 만지며 돌보고 있는(taking care of some plants) 사진이므로 정답은 (D)가 된다. (A) 꽃에 물을 주고 있는(watering) 동작, (B) 집을 청소하고 있는(cleaning) 동작, (C) 마당에서 잡초를 뽑고 있는(pulling out some weeds) 동작은 모두 사진과 관련이 없으므로 오답이다. 정답 (D)

하나 더! 평소 '물'이란 명사로 잘 알고 있는 water에는 나무나 화초에 '물을 주다'란 의미도 있다는 것을 다시 한 번 새겨두고 넘어가자.

어휘 water 물을 주다 clean 청소하다 pull out 꺼내다, 빼다, 뽑다 weed 잡초 yard 마당 take care of ~을 돌보다 plant 식물

Lesson 9 자연 및 풍경

Exercises p.79

01 미W 영M

(A) A path leads to the building.
(B) Some people are walking through the archway.
(C) Some fallen trees are blocking the path.
(D) There are stairs in front of the building.

(A) 길이 건물 쪽으로 이어져 있다.
(B) 몇몇 사람들이 아치형 입구를 지나며 걷고 있다.
(C) 쓰러진 나무들이 길을 막고 있다.
(D) 건물 앞에 계단이 있다.

해설 사진 중앙에 길이 건물로 이어지고 있으므로(leads to the building) (A)가 정답이다. 사람이 등장하지 않는 사진에서 사람들(people)을 언급한 (B)는 여지없이 정답선상에서 제외되고, 사진에 보이지 않는 쓰러진 나무들(fallen trees)과 계단(stairs)을 언급한 (C)와 (D)도 답이 될 수 없다. 정답 (A)

어휘 path 길 lead to ~로 이어지다 archway 아치형 입구[통로] block (지나가지 못하게) 막다, 차단하다 stairs 계단

02 호W 미M

(A) A lighthouse is situated near a shoreline.
(B) The house is being constructed by the shore.
(C) Some people are looking at the ocean.
(D) A sailboat is being towed through the water.

(A) 등대가 해안가에 위치해 있다.
(B) 해안가에 집이 지어지고 있다.
(C) 몇몇 사람들이 바다를 보고 있다.
(D) 돛단배가 바다에서 견인되고 있다.

해설 해안가에 등대가 우뚝 서 있는 풍경 사진. 따라서 해안가 가까이에 등대가 위치해 있다(lighthouse ~ situated near a shoreline)고 묘사한 (A)가 정답이다. 등대 옆에 집 한 채가 보이긴 하지만, 사람이 없는 사진에서 집이 지어지고(being constructed) 있을 수는 없으므로 수동태 진행형의 동작 표현을 사용한 (B)는 오답. 또한, 사람이 없는 사진에서 사람들(people)을 언급한 (C)도 답이 될 수 없으며, 사진에 돛단배(sailboat)도 등장하지 않으므로 (D)도 오답이다. 정답 (A)

어휘 lighthouse 등대 be situated ~에 위치해 있다 near ~가까이에, ~근처에 shoreline 물가, 해안가 construct 건설하다, 구축하다 shore 해안, 호숫가 look at ~을 보다 ocean 대양, 바다 sailboat 돛단배 tow 견인하다

03 영M 미W

(A) They have left their shoes on the sand.
(B) They are walking along the water's edge.
(C) Some people are lying on the beach.
(D) The fog is coming in from the sea.

(A) 사람들이 모래 위에 신발을 뒀다.
(B) 사람들이 물가를 따라 걷고 있다.
(C) 사람들이 해변에 누워 있다.
(D) 바다에서부터 안개가 밀려들고 있다.

해설 성인 남녀가 해변을 따라 걷고(walking along the beach) 있고, 남자는 아이를 안고(holding a child) 있는 게 선명하게 드러나는 사진이다. 따라서 성인 남녀가 해변을 따라 걷고 있는 모습에 초점을 맞춰, 이들이 물가를 따라 걷고 있다(walking along the water's edge)고 포괄적으로 묘사한 (B)가 정답이다. 모래 위에 신발(shoes)은 보이지 않으므로 (A)는 오답. 사람들은 걷고 있지 해변에 누워 있는(lying) 것이 아니므로 (C)도 오답. 바다에서 안개가 밀려들고 있는(fog ~ coming in)지는 사진상으로 확인할 수 없으므로 (D) 역시 오답이다. 정답 (B)

어휘 leave 남겨두다 sand 모래, 모래사장 walk along ~을 따라 걷다 edge 끝, 가장자리 lie 눕다 fog 안개 come in 밀려들다, 들어오다

04 미M 호W

(A) There is a water fountain in the center of the park.
(B) A group of people are jogging across the path.
(C) Some sculptures stand in the park.
(D) A tree is being cut down on the grass.

(A) 공원 중앙에 분수대가 있다.

(B) 사람들 무리가 길을 가로질러 조깅을 하고 있다.
(C) 공원에 몇몇 조각품들이 서 있다.
(D) 잔디 위에서 나무가 베어지고 있다.

해설 조각품들(sculptures)과 나무들(trees)이 서 있는 공원 정경 사진이다. 따라서 공원에 조각품들이 서 있다(sculptures stand in the park)고 묘사한 (C)가 정답. 사진에 분수대(water fountain)와 사람들(people)은 보이지 않으므로 (A), (B)는 오답이다. 또, 사람이 등장하지 않는 사진에서 나무가 베어지고 있다(being cut down)고 수동태 진행형 표현을 이용해 동작을 나타낸 (D)도 답이 될 수 없다. 정답 (C)

어휘 (water) fountain 분수 in the center of ~의 중앙에 park 공원 a group of ~그룹[한 무리] jog 조깅하다 across ~을 가로질러 sculpture 조각품 cut down (나무 등을) 베어 넘어뜨리다

05 영M 미W

(A) A fence is being constructed in the pasture.
(B) Horses are being herded into a barn.
(C) Animals are feeding on the grass.
(D) Some people are assembling a gate.

(A) 울타리가 초원에 세워지고 있다.
(B) 말들을 헛간으로 이동시키고 있다.
(C) 동물들이 잔디에서 먹이를 먹고 있다.
(D) 몇몇 사람들이 문을 조립하고 있다.

해설 말들이 풀밭에서 풀을 뜯고 있는 사진이므로, 이를 동물들이 풀밭에서 먹이를 먹고 있다(Animals ~ feeding on the grass)고 포괄적으로 표현한 (C)가 정답이다. (A) 사진에서 울타리(fence)가 보이긴 하지만, 사람이 없는 사진에서 사물 주어인 울타리가 세워지고(being constructed) 있을 수는 없으므로, 수동태 진행형 표현을 이용하여 동작을 나타낸 것은 알맞지 않다. (B) 사진에 말들(Horses)이 보이긴 하지만, 헛간으로 떼 지어 이동하게 하고 있는(being herded) 것은 아니므로 역시 오답. 또한, 사람이 등장하지 않는 사진에서 사람 주어(Some people)를 언급한 (D)도 답이 될 수 없다. 정답 (C)

여기서 잠깐! 동사 feed는 feed a baby(아기에게 젖을 먹이다), feed horses(말에게 사료를 먹이다)처럼 '~에게 먹이를 주다, ~를 먹이다'란 타동사의 뜻도 있지만, 여기서처럼 동물이 '먹이를 먹다, 사료를 먹다'란 자동사의 뜻으로도 쓰인다.

어휘 fence 울타리 pasture 미[pǽstʃər] 영[páːstʃər] 초원, 목초지 herd (특정 방향으로 짐승을 떼로) 몰다 barn 헛간 feed (동물이) 먹이를 먹다 assemble 조립하다

06 미M 호W

(A) A crowd has gathered around the tour bus.
(B) Some people are waiting for a bus.
(C) There is a long line of vehicles on the road.
(D) A clock is on the exterior of the building.

(A) 사람들이 관광버스 주위에 모여 있다.
(B) 사람들이 버스를 기다리고 있다.
(C) 도로에 차들이 길게 줄 서 있다.
(D) 건물 외부에 시계가 있다.

해설 우선, 사람이 등장하지 않는 사진에서 crowd와 people을 언급한 (A)와 (B)는 자동 소거된다. 또한 도로에 차량들의 긴 행렬(a long line of vehicles)도 보이지 않으므로 (C)도 × 표시를 해야겠다. 사진 속에서 가장 두드러져 보이는 건물 외부에 시계가 있는 것이 보이는데, (D)에서 A clock is on the exterior of the building.이라고 이를 그대로 묘사하고 있으므로, 정답이다. 정답 (D)

어휘 crowd 군중 gather 모이다 wait for ~을 기다리다 line 선, 줄 vehicle 차량 clock 시계 exterior [ikstíəriər] 외관, 외부

07 미W 영M

(A) Plants are growing near some columns.
(B) The umbrella is being folded.
(C) People are leaning over a balcony rail.
(D) Tables are being rearranged in a courtyard.

(A) 몇몇 기둥 가까이에 식물들이 자라고 있다.
(B) 파라솔이 접히고 있다.
(C) 사람들이 발코니 난간에 기대고 있다.
(D) 테이블들이 마당에 재배치되고 있다.

해설 사진 오른편에 기둥들 옆으로 식물들이 자라고 있으므로 (Plants ~ growing near some columns) 이를 적절히 설명한 (A)가 정답이다. 사람이 등장하지 않는 사진에서 수동태 진행형 표현으로 접히고 있는(being folded) 동작과 재배치되고 있는(being rearranged) 동작을 나타낸 (B)와 (D)는 오답. 특히 (D)의 경우, 사진에는 테이블이 하나(a table)밖에 없는데, 테이블들(Tables)을 언급했으므로 주어만 잘 들어도 바로 정답이 아님을 알 수 있다. (C) 역시 사람들(People)을 언급한 주어만 잘 들어도 답이 아님을 금세 알 수 있는 보기이다. 정답 (A)

어휘 column 기둥 umbrella 파라솔, 우산 fold (종이나, 천을) 접다, 접어 포개다 lean over ~위로 몸을 기울이다, ~에 기대다 rail 난간 rearrange 재배열하다, 재배치하다 courtyard 뜰, 마당

08 호W 미M

(A) The walkway is encircled by the pond.
(B) Water is flowing down from a rock.
(C) Tree branches hang over the bridge.
(D) The bridge is suspending over a stream.

(A) 보도가 연못에 둘러싸여 있다.
(B) 물이 바위에서 흘러내리고 있다.
(C) 나뭇가지가 다리에 걸려 있다.
(D) 강 위에 다리가 매달려 있다.

해설 강 위에 흔들다리가 있으므로 강 위에 다리가 매달려 있다(suspending over a stream)고 한 (D)가 정답이 된다. (A)의 경우, 사진에 보도(walkway)는 보이지 않으므로 보도가 연못에 둘러싸여 있다(encircled by the pond)는 것은 사진상으로 확인이 불가능하며, (B) 역시 사진에 바위(rock)는 보이지 않으므로 물이 바위에서 흘러내리고 있다(flowing down)는 것도 알 수 없다. 또한, 나뭇가지(Tree branches)는 다리에 걸려(hang over the bridge) 있지 않으므로 (C)도 정답이 될 수 없다. 정답 (D)

어휘 walkway 통로, 보도 encircle [insə́:rkl] 에워싸다, 둘러싸다 pond 연못 flow down 흘러내리다 hang 걸리다 suspend 매달다, 걸다 stream 시내, 개울

Lesson 10 기타 일상생활 관련 장소

Exercises p.83

01 영M 미W

(A) People are working in a laboratory.
(B) A microscope is being removed from the desk.
(C) A man is trying on protective gear.
(D) The test tubes are arranged in a rack.

(A) 사람들이 연구실에서 일하고 있다.
(B) 현미경이 책상에서 치워지고 있다.
(C) 남자가 보호장비를 착용해보고 있는 중이다.
(D) 시험관이 선반에 정리되어 있다.

해설 실험도구들과 실험복을 입고 있는 사람들을 통해 배경이 연구실임을 알 수 있다. 즉, 사람들이 연구실에서 연구하고 있는 모습의 사진이다. 따라서 이를 연구실에서 일을 하고(working in a laboratory) 있다고 포괄적으로 묘사한 (A)가 정답. (B)의 경우, 연구원이 현미경(microscope)을 들여다보고(looking into) 있는 모습이지, 책상에서 치우고 있는(being removed) 모습이 아니므로 오답이다. 또한 남자는 보호 장갑(protective gloves) 및 보안경(protective goggles) 등의 보호장비(protective gear)를 착용하고 있는 상태(wearing)이지, 착용해보고 있는 동작(trying on)을 하고 있는 것은 아니므로 역시 오답. (D)는 선반에 정리된(arranged in a rack) 시험관을 사진에서 찾아볼 수 없으므로 역시 답이 될 수 없다. 중간에 있는 여자 연구원은 시험관(test tube)을 손에 들고(holding) 들여다보고(looking into) 있다. 정답 (A)

여기서 잠깐! try on은 옷이나 신발, 안경, 모자 등이 나한테 맞나 안 맞나 한번 착용해본다는 의미의 동작 동사라는 점을 다시 한 번 짚어보고 넘어가자.

어휘 laboratory 연구실 microscope 현미경 remove 제거하다 try on 입어보다 protective gear 보호장비 test tube 시험관 arrange 배열하다, 정리하다 rack 선반

02 미M 호W

(A) A man is holding a book in his hands.
(B) A man is reading a newspaper.
(C) A man is stacking books on the shelves.
(D) A man is taking a volume from the bookcase.

(A) 남자가 양손에 책을 들고 있다.
(B) 남자가 신문을 보고 있다.
(C) 남자가 선반에 책을 쌓고 있다.
(D) 남자가 책장에서 책 한 권을 꺼내고 있다.

해설 도서관을 배경으로 한 사진에서 한 남자가 양손에 책을 한 권 들고(holding a book) 있으므로, 이를 그대로 묘사한 (A)가 정답이다. 사진에 신문은 아예 나오지도 않으므로 (B)는 newspaper라는 말을 듣는 동시에 바로 × 표시를 하면 되겠다. (C) 책을 쌓는(stacking) 동작, (D) 책장에서 책을 한 권 꺼내는(taking a volume) 동작도 모두 사진에 나오지 않으므로 오답. 정답 (A)

어휘 newspaper 신문 stack 쌓다, 채우다 take 꺼내다 volume (책 등의) 권 bookcase 책장

03 미W 영M

(A) He is zipping his clothes shut.
(B) He is holding a car's hood.
(C) He is moving the car into a parking area.
(D) He is standing close to the car.

(A) 남자는 옷 지퍼를 잠그고 있다.
(B) 남자는 차의 후드를 잡고 있다.
(C) 남자는 주차 구역으로 차를 이동시키고 있다.
(D) 남자는 자동차 가까이에 서 있다.

해설 남자가 주유기 손잡이를 들고 서서 자동차에 주유하고 있는 사진. 따라서 자동차 가까이에 서 있다(standing close to the car)는 객관적인 사실을 묘사한 (D)가 정답이다. (A) 옷의 지퍼를 잠그고 있는(zipping his clothes shut) 동작, (B) 자동차의 후드를 잡고 있는(holding a car's hood) 동작, (C) 주차 구역으로 차를 이동시키고 있는(moving the car into) 동작은 모두 사진과 관련이 없으므로 오답이다. 정답 (D)

어휘 zip ~ shut ~의 지퍼를 잠그다, 채우다 hood (자동차 등의) 덮개 parking area 주차 구역 close to ~가까이에

04 호W 미M

(A) Tires are being displayed outside.
(B) Automobiles have been advertised for sale.
(C) A mechanic is repairing a car.
(D) Drivers are waiting in front of the garage.

(A) 밖에 타이어가 진열되고 있다.
(B) 자동차를 팔기 위해 광고를 하고 있다.
(C) 정비공이 차를 수리하고 있다.
(D) 운전자들이 정비소 앞에 기다리고 있다.

해설 1인 상반신 사진으로, 정비공(mechanic)이 자동차를 수리하고 있는(repairing a car) 모습이다. 따라서 이를 그대로 묘사한 (C)가 정답. 사진에 타이어들(Tires)은 보이지만, 외부에 진열되고 있는(being displayed) 중은 아니므로 (A)는 답이 될 수 없다. 또한 자동차를 팔기 위해 광고되고(have been advertised for sale) 있는지는 사진 속에 드러나 있지 않으므로 (B)도 오답. 사진에는 정비공 한 사람만 등장하므로 Drivers are ~로 시작하는 (D)는 첫 마디만 듣고도 바로 오답임을 알 수 있다. 정답 (C)

여기서 잠깐! '차고'로 익숙한 garage에는 '자동차 정비소'라는 뜻도 있다는 것을 알아두고 넘어가자.

어휘 outside 밖, 바깥 automobile 자동차 advertise 광고하다 for sale 팔려고 내놓은 mechanic 정비공 garage 미 [gərάːdʒ] 영 [gǽrɑːdʒ] 자동차 정비소

05 미W 영M

(A) A man is writing on a notebook.
(B) A person is distributing papers.
(C) They are looking at the computer monitor.
(D) People are looking toward a man.

(A) 남자가 노트에 필기를 하고 있다.
(B) 한 사람이 종이를 나누어주고 있다.
(C) 그들은 컴퓨터 화면을 보고 있다.
(D) 사람들이 남자를 보고 있다.

해설 학생들로 보이는 다수의 사람들이 한 남자의 강의를 듣고 있는 모습에서, 사람들이 한 남자를 보고 있다(People ~ looking toward a man)는 전적으로 객관적인 사실만을 기술한 (D)가 정답. 노트에 필기를 하고 있는(writing on a notebook) 동작은 사진에서 확인하기 어려우며, 종이를 나누어주고 있는(distributing papers) 동작을 하는 사람도 보이지 않으므로 (A)와 (B)는 오답이다. 또, 사진에 컴퓨터 화면(computer monitor)도 보이지 않으므로 (C) 역시 답이 아님을 쉽게 알 수 있다. 정답 (D)

어휘 notebook 노트, 공책 distribute 나누어주다, 분배하다 look at ~을 보다 toward ~쪽으로, ~을 향하여

06 호W 미M

(A) A man is raking leaves in his back yard.
(B) Groceries are being bagged at a store.
(C) People are picking vegetables in the yard.
(D) Food is being prepared on the table outside.

(A) 남자가 뒷마당에서 낙엽을 긁어모으고 있다.
(B) 상점에서 식료품들을 가방에 넣고 있다.
(C) 사람들이 밭에서 채소를 따고 있다.
(D) 야외에서 음식들이 테이블 위에 준비되고 있다.

해설 사람들이 밭(yard)에서 채소를 따고 있는(picking vegetables) 장면이므로 (C)가 정답이다. 사진에 낙엽(leaves)은 보이지 않을 뿐더러 갈퀴질을 하는(raking) 동작도 아니므로 (A)는 오답. 사진 속 배경은 밭이지 상점(store)이 아니며, 사람들이 먹을거리(Food)를 준비하고 있는(being prepared) 모습도 아니므로 (B)와 (D)도 오답이다. 정답 (C)

어휘 rake 갈퀴질하다, 갈퀴로 긁어모으다 yard 마당, 밭 grocery 식료품 bag 봉지나 가방 등에 담다 pick 뽑다, 따다 vegetable 채소

07 영M 미W

(A) He is removing his headphones.
(B) He is speaking into a microphone.
(C) He is typing on a keyboard.
(D) He is plugging in a cord.

(A) 남자는 헤드폰을 벗고 있다.
(B) 남자는 마이크에 대고 말을 하고 있다.
(C) 남자는 자판을 치고 있다.
(D) 남자는 코드를 전원에 꽂고 있다.

해설 녹음실로 보이는 장소에서 남자가 귀에 헤드폰을 끼고 마이크 앞에서 말을 하고(speaking into a microphone) 있다. 이러한 남자의 동작에 초점을 맞춰 묘사한 (B)가 정답. 남자는 헤드폰(headphones)을 끼고(wearing) 있지, 벗고(removing) 있는 게 아니므로 (A)는 오답이다. (C) 키보드를 치고 있는(typing) 동작, (D) 코드를 전원에 꽂고 있는(plugging in) 동작도 사진과 관련이 없으므로 모두 오답이다. 정답 (B)

어휘 remove 제거하다 headphones 헤드폰 speak into microphone 마이크에 대고 말하다 type on a keyboard 자판을 치다 plug in ~을 콘센트에 꽂다(↔ plug out)

08 미M 호W

(A) He is facing a machine.
(B) He is wearing a long sleeve shirt.
(C) He is working at the bank.
(D) He is taking money out of his pocket.

(A) 남자는 기계를 마주하고 있다.
(B) 남자는 긴 소매 셔츠를 입고 있다.
(C) 남자는 은행에서 일하고 있다.
(D) 남자는 주머니에서 돈을 꺼내고 있다.

해설 남자가 현금 자동 입출금기 앞에 서 있는 사진이므로, 기계를 마주하고(facing a machine) 있다고 포괄적으로 묘사한 (A)가 정답이다. 남자는 짧은 소매 셔츠(short sleeve shirt)를 입고 있지 긴 소매(long sleeve)를 입고 있는 것이 아니므로 (B)는 오답. 현금 자동 입출금기 앞에 서 있는 것만으론 남자가 은행에서 근무한다(working at the bank)고 단정지을 수 없으므로 (C)도 답이 될 수 없다. 남자는 주머니에서 아무것도 꺼내고(taking ~ out of his pocket) 있지 않으므로 (D) 또한 답이 될 수 없다. 정답 (A)

어휘 face ~을 마주보다 long sleeve shirt 긴 소매 셔츠 take ~ out of one's pocket 주머니에서 ~을 꺼내다

Part 1 Final Test

p.87

01 영M

(A) She's pushing a cart.
(B) She's putting her glasses into her hair.
(C) She's piling items onto a shelf.
(D) She's holding a mobile phone.

(A) 여자는 카트를 밀고 있다.
(B) 여자는 안경을 그녀의 머리에 쓰고 있다.
(C) 여자는 선반에 물건을 쌓고 있다.
(D) 여자는 휴대폰을 들고 있다.

해설 사진에 등장한 여자가 손에 휴대폰을 들고 통화하고 있는 모습이므로 휴대폰을 들고 있다(holding a mobile phone)는 (D)가 정답이다. (A) 여자 앞에 카트(cart)가 있지만 여자가 카트를 밀고 있는(pushing) 동작이 아니며, (B) 여자의 머리 위에 안경(glasses)이 보이긴 하지만, 이미 쓰고 있는 상태(wearing)이지, 쓰고 있는 동작(putting her glasses into her hair)이 아니므로 오답이다. (C) 여자 뒤에 선반이 있지만 카트에 물건을 채우고 있지 선반에 물건을 쌓고 있는(piling items onto a shelf) 것이 아니므로 역시 동작 동사 오답이다. 정답 (D)

어휘 push 밀다 glasses 안경 pile (물건을 차곡차곡) 쌓다, 포개다 item 물품, 품목 shelf 선반 hold 잡다, 쥐다 mobile phone 휴대폰

02 미W

(A) A woman is picking up some paper.
(B) They are facing the wall.
(C) A man is handing a box to the woman.
(D) They are shaking hands.

(A) 여자가 종이 몇 장을 집어 들고 있다.
(B) 사람들이 벽을 마주하고 있다.
(C) 남자가 여자에게 상자를 건네주고 있다.
(D) 사람들이 서로 악수하고 있다.

해설 두 사람이 등장하는 사진에서 배달원으로 보이는 한 남자가 여자에게 상자를 건네주고 있는(handing a box) 모습이므로, 이를 그대로 묘사한 (C)가 정답이다. (A)의 경우, 여자는 종이를 집어 들고 있는(picking up) 동작이 아니므로 동작 동사 오답. (B)는 두 사람이 서로를 마주보고(facing each other) 있지, 벽을 마주보고 있는(facing the wall) 모습이 아니므로 사진과 맞지 않는다. 또한, 두 사람이 악수를 하고 있는(shaking hands) 동작 역시 아니므로 (D)도 동작 동사 오답. 정답 (C)

어휘 pick up ~을 집다 face ~을 마주보다 hand 건네주다 shake hands 악수하다

03 호W

(A) There is a railing being installed.
(B) Boats are putting out to sea.
(C) Some boats are being tied at the dock.
(D) Boats are lined up under the bridge.

(A) 난간이 설치되고 있다.
(B) 배들이 바다로 출항하고 있다.
(C) 배 몇 척이 부두에 묶이고 있다.
(D) 배들이 다리 아래에 줄지어 서 있다.

해설 다리 아래 배들이 나란히 정렬되어 있는 사진이므로, 배들이 다리 아래 줄지어 있다(lined up under the bridge)고 기술한 (D)가 정답. 사람이 없는 사진에서 난간이 설치되고(railing being installed) 있을 수도, 배가 부두에 묶여지고(being tied) 있을 수도 없으므로, 수동태 진행형으로 묘사한 (A)와 (C)는 오답이다. 사진상에 움직이고 있는 배도 없을 뿐더러, 바다(sea)도 보이지 않으므로 배들이 바다로 출항하고 있다(putting out to sea)고 한 (B)도 답이 될 수 없다. 정답 (D)

어휘 railing 난간 install 설치하다 put out to sea 바다로 출항하다 tie (끈 등으로) 묶다, 묶어두다 dock 부두 line up 줄을 서다, 줄을 이루다

04 영M

(A) People are standing by the entrance.
(B) A lamp is being attached to the wall.
(C) Waitresses are serving food at the café.
(D) They are sitting outdoors.

(A) 사람들이 입구 옆에 서 있다.
(B) 벽에 램프를 붙이고 있다.
(C) 카페에서 웨이트리스들이 음식을 제공하고 있다.
(D) 사람들이 야외에 앉아 있다.

해설 노천 카페처럼 보이는 배경으로 사람들이 식탁에 앉아 있다. 이것을 야외에 앉아 있다(sitting outdoors)고 포괄적으로 표현한 (D)가 정답. (A) 사진 속에 보이는 사람들은 모두 앉아 있으므로 서 있다(standing)는 묘사는 사진과 어울리지 않으므로 오답이다. (B) 사진에 보이는 전등은 이미 설치되어 건물에 붙어 있지, 벽에 설치가 되고 있는(being attached to the wall) 중이 아니므로 오답. (C) 사진 속에서 웨이트리스(Waitresses)로 보이는 사람은 찾을 수 없으므로 보이지 않는 명사 오답이다. 정답 (D)

어휘 entrance 입구 attach 붙이다, 첨부하다 waitress 웨이트리스 serve (식당 등에서) 음식을 제공하다 outdoors 야외에서

05 미W

(A) A car is parked under some trees.
(B) The truck's back door is being opened.
(C) A ramp leads into the back of a truck.
(D) Boxes have been stored in the container.

(A) 자동차가 나무들 아래에 주차되어 있다.
(B) 트럭 뒷문이 열리고 있다.
(C) 경사로가 트럭 뒤로 이어져 있다.
(D) 상자들이 컨테이너에 보관되어 있다.

해설 경사로가 트럭 뒤와 연결되어 있으므로, 경사로가 트럭 뒤로 이어져 있다(A ramp leads into the back of a truck.)고 한 (C)가 적절한 묘사이다. 사진에 자동차(car)는 보이지 않으므로 (A)는 오답. 트럭 뒷문은 이미 열린 상태이지, 열리고 있는(being opened) 중이 아니므로 (B) 역시 오답이다. 남자가 상자 하나를 들고 트럭 컨테이너 안으로 나르고(carrying a box) 있을 뿐, 컨테이너 안에 상자들이 보관되어 있는(Boxes have been stored in the container.) 모습은 나타나 있지 않으므로 (D)도 정답이 될 수 없다. 정답 (C)

어휘 park 주차하다 ramp (화물 적재, 항공기 탑승 등을 위한) 경사로, 경사면 lead into (길, 도로 등이) ~로 통하다 store 저장하다 container (화물 수송용) 컨테이너

06 영M

(A) Items are on display by the shop entrance.
(B) Some merchandise is being hung in the closet.
(C) There is a stool next to the wall.
(D) The road is being repaved.

(A) 상품들이 상점 입구 옆에 진열되어 있다.
(B) 물건들이 옷장에 걸리고 있다.
(C) 벽 옆에 등받이가 없는 의자가 있다.
(D) 길이 재포장되고 있다.

해설 상점 입구에 상품들이 진열되어 있는(Items are on display by the shop entrance.) 사진이므로, 이를 그대로 묘사한 (A)가 정답이다. 사진에는 옷장(closet)도, 등받이가 없는 의자(stool)도 보이지 않는다. 따라서 사진에 등장하지 않은 사물을 언급한 (B)와 (C)는 오답. 또, 사람이 보이지 않는 사진에서 길이 재포장되고(being repaved) 있을 수도 없으므로, 수동태 진행형으로 동작을 표현한 (D)도 답이 될 수 없다. 정답 (A)

어휘 item 물품, 품목 on display 진열된 merchandise 상품 hang 걸다 closet 미[klάzit] 영[klɔ́zit] 옷장 stool (등받이와 팔걸이가 없는) 의자 next to ~옆에 repave 다시 포장하다

07 호W

(A) A man is carrying a camera on his shoulder.
(B) Some people are getting into a car.
(C) Cars are being parked in a line.
(D) A man is being interviewed on the street.

(A) 한 남자가 어깨 위에 카메라를 메고 있다.
(B) 사람들이 차에 타고 있다.
(C) 차들이 한 줄로 주차되고 있다.
(D) 한 남자가 거리에서 인터뷰를 하는 중이다.

해설 카메라맨으로 보이는 사람이 촬영을 하고 있고, 한 남자가 리포터의 인터뷰에 응하고 있다. 따라서 남자가 거리에서 인터뷰를 받고 있다(being interviewed)고 묘사한 (D)가 가장 적절한 묘사. (A) 카메라(camera)가 사진에 등장하긴 하지만, 남자의 어깨 위에(on his shoulder) 위치해 있지 않으므로 오답이다. (B) 사람들이 인터뷰를 하고 있는 모습이지, 차에 탑승하고 있는(getting into a car) 동작은 아니므로 동작 동사 오답이다. 자동차들은 이미 나란히 주차되어 있는(are parked) 상태이지, 주차되고 있는(are being parked) 중인 것으로 아니므로 수동태 진행형으로 사물의 움직임을 나타낸 (C)도 답이 될 수 없다. 정답 (D)

어휘 carry 가지고 다니다 camera [kǽmərə] 카메라 shoulder 어깨 get into (택시, 자동차 등에) 타다 park 주차하다 in (a) line 일렬로

08 미W

(A) A magazine has been dropped on the floor.
(B) Some notices are pinned to the bulletin board.
(C) The monitor has been turned on.
(D) The receiver has been put down on the table.

(A) 잡지가 바닥에 떨어져 있다.
(B) 게시판에 안내문들이 핀으로 고정되어 있다.
(C) 모니터 전원이 켜져 있다.
(D) 수화기가 테이블 위에 놓여 있다.

해설 사진 뒤로 보이는 게시판에 핀으로 고정된 공고문들이 보이므로, 게시물들이 게시판에 핀으로 고정되어 있다(Some notices are pinned to the bulletin board.)고 한 (B)가 정답이 된다. (A) 잡지(magazine), (C) 모니터(monitor)는 사진에서 찾아볼 수 없으므로 오답. (D) 수화기(receiver)는 전화기 위에 놓여 있지, 테이블 위에(on the table) 놓여 있는 것이 아니므로 역시 답이 될 수 없다. 정답 (B)

어휘 drop 떨어뜨리다 notice 공고문, 안내문 pin (핀 등으로) 꽂다, 고정시키다 bulletin board [bùlitən bɔ:rd] 게시판 turn on 전원을 켜다 receiver 수화기 put down 내려놓다

09 영M

(A) Some books are being arranged.
(B) A man is removing a book from his bag.
(C) Book shelves are positioned opposite to each other.
(D) A man is sitting on the floor.

(A) 책들이 정리되고 있다.
(B) 남자가 자기 가방에서 책을 한 권 꺼내고 있다.
(C) 책꽂이들이 서로 마주보며 자리하고 있다.
(D) 남자가 바닥에 앉아 있다.

해설 중간에 통로를 사이에 두고 양 옆으로 책꽂이들이 서로 마주보고 있으므로, 책꽂이들이 서로 맞은편에 위치되어 있다(Book shelves are positioned opposite to each other.)고 묘사한 (C)가 정답이다. (A) 책이 정리되고 있는(books ~ being arranged) 동작은 사진과 관련 없으므로 오답. (B) 사진에 등장한 두 남자 중 어느 남자도 가방에서 책을 꺼내고 있는 (removing a book from his bag) 동작을 하는 사람은 없다. (D) 사진 속 남자가 책꽂이 사이의 선반에 앉아 있을 뿐, 바닥에 앉아 있는(sitting on the floor) 것이 아니므로 역시 오답이다. 정답 (C)

어휘 arrange 정리하다, 배열하다 remove 제거하다 shelve [ʃelv] shelf(선반)의 복수형 be positioned 위치하다, 자리하다 opposite to ~ 맞은편의 each other 서로 서로

10 미W

(A) A group of tourists is strolling along a road.
(B) A building overlooks a forest.
(C) A statue is mounted on a pedestal.
(D) Some vehicles have stopped at the traffic lights.

(A) 관광객 한 무리가 길을 따라 걷고 있다.
(B) 건물이 숲을 내려다보고 있다.
(C) 동상이 받침대 위에 설치되어 있다.
(D) 차들이 교통 신호등에 멈춰서 있다.

해설 사진 중앙에 동상(statue)이 받침대 위에 설치되어 있는 (mounted on a pedestal) 모습이 인상적인 사진이다. 이 모습을 그대로 묘사한 (C)가 정답. (A) 사진 속에 사람들이 보이긴 하지만, 여행객 무리가 길을 따라 걷고 있는(strolling along a road) 것은 아니며, (B) 동상 뒤로 보이는 건물이 내려다보고 있는 것은 광장이지, 숲(forest)이 아니므로 사진과 맞지 않다. (D) 사진 속에 교통 신호등(traffic light)은 보이지 않으므로 역시 오답이다. 정답 (C)

어휘 tourist 여행객 stroll 걷다 overlook 내려다보다 forest [fɔ́:rist] 숲 statue [stǽtʃu:] 동상 mount on ~에 올라타다 pedestal [pédəstl] 대좌 vehicle 차량 traffic light 교통 신호등

Ustar TOEIC Listening

→→→→→→ Part

2 Answers

Chapter 1 Who 의문문

Lesson 1 Who 의문문 기본형

Step 1 Warm-up Test p.101

01 미W 미M

Who will the acting director be?
(A) I knew that.
(B) Dr. Susan Reymond.
(C) In the office.

누가 소장 대행이 될 건가요?
(A) 나는 그럴 줄 알았어요.
(B) Susan Reymond 박사요.
(C) 사무실에서요.

해설 누가 소장 대행이 될 것인지 묻는 질문이다.
(A) 사람 I가 들어갔으나 엉뚱한 동사로 오답이 되는 유형이다. 동사의 시제도 잘못되었다.
(B) 사람 이름으로 대답하였으므로 정답이다.
(C) 〈전치사 in + 장소〉는 Where 의문문의 답변이다. 정답 (B)

어휘 acting director 소장 대행

02 영M 미W

Who's in charge of payable accounts?
(A) They will be paid in thirty days.
(B) Yes, it's on the first floor.
(C) The accounting director.

누가 지급계정 담당자인가요?
(A) 그것들은 30일 후에 지불됩니다.
(B) 네, 그건 1층에 있어요.
(C) 회계국장입니다.

해설 지급계정 담당자가 누구인지 묻는 질문이다.
(A) payable과 유사어휘인 paid를 이용한 오답 유형이다. 언급되지 않은 3인칭 주어는 답변으로 불가능하다.
(B) Who 의문문은 Yes나 No로 대답할 수 없다.
(C) 직책으로 대답하였으므로 정답이다. 정답 (C)

어휘 in charge of ~을 담당하는 payable account 지급계정 accounting director 회계국장

03 호W 영M

Who's our biggest supplier?
(A) BMP Company.
(B) On the shelf.
(C) Some office supplies.

우리의 제일 큰 공급업체는 어디죠?
(A) BMP사예요.
(B) 선반에요.
(C) 사무용품들이요.

해설 가장 큰 공급업체가 어딘지 묻는 질문이다.
(A) 회사 이름으로 대답하였으므로 정답이다.
(B) 〈on + 장소〉 형태는 Where 의문문의 답변이 된다.
(C) supplier와 유사어휘인 supplies를 이용한 오답 유형이다. 정답 (A)

04 미M 미W

Who's speaking at the conference?
(A) Not very often.
(B) The director of engineering.
(C) Next to our office.

회의에서 연설할 사람이 누구인가요?
(A) 그렇게 자주는 아니에요.
(B) 기술이사가 할 거예요.
(C) 저희 사무실 옆이에요.

해설 회의에서 누가 연설할지 묻는 질문이다.
(A) 빈도의 답변은 How often 등 빈도를 묻는 질문에 대해서만 답이 될 수 있다.
(B) 직책으로 대답하였으므로 정답이다.
(C) 〈전치사 next to + 장소〉는 Where 의문문의 답변이다. 정답 (B)

어휘 conference 학회, 회의 director of engineering 기술이사

05 호W 미M

Who should I call to fix my phone?
(A) Yes, you are right.
(B) The service department.
(C) In the service center.

전화를 고치려면 어디로 연락해야 하나요?
(A) 네, 당신이 옳아요.
(B) 서비스 부서요.
(C) 서비스 센터 안에서요.

해설 전화기를 고치기 위해 연락해야 할 대상을 묻는 질문이다.
(A) Who 의문문은 Yes나 No로 대답할 수 없다.
(B) 부서로 대답하였으므로 정답이다.
(C) 〈전치사 in + 장소〉는 Where 의문문의 답변이 된다. 정답 (B)

Step 2 실전 TOEIC Test p.101

01 영M 호W

Who drew this map?
(A) To the director.
(B) Yes, it's the factory.
(C) Ms. Simpson did.

이 지도는 누가 그렸나요?
(A) 소장에게요.
(B) 네, 그건 공장이에요.
(C) Ms. Simpson이 그렸어요.

해설 지도를 그린 사람이 누구인지 묻는 질문이다.
(A) 전치사 to는 '~에게'라는 방향을 나타내므로 답이 될 수 없다.
(B) Who 의문문은 Yes나 No로 대답할 수 없다.
(C) 사람 이름으로 대답하였고, 동사의 시제도 맞으므로 정답이다. 정답 (C)

어휘 draw (그림을) 그리다(draw – drew – drawn) factory 공장

02 미W 미M

Who is supposed to water the plants?

(A) In the garden.

(B) Gary does it.

(C) About five hours.

화초에 물을 주기로 되어 있는 사람이 누구인가요?

(A) 정원에요.

(B) 그건 Gary가 합니다.

(C) 약 5시간이요.

해설 화초에 물을 주기로 한 사람이 누구인지 묻는 질문이다.

(A) plants에서 연상되는 단어인 garden으로 오답을 유도하는 보기이다. 〈전치사 in + 장소〉는 Where 의문문에 대한 답변이다.

(B) 사람 이름으로 대답하였으므로 정답이다.

(C) 기간 및 소요 시간에 대한 답변은 How long으로 물어봤을 때 정답이 될 수 있다. 정답 (B)

어휘 be supposed to + 동사원형 ~하기로 되어 있다 water (식물 등에) 물을 주다 plant 식물, 화초 garden 정원 about 대략, 약

03 미M 영M

Who sent this memo out?

(A) My assistant.

(B) Last Friday.

(C) To the store.

누가 이 회람을 보냈나요?

(A) 제 비서가요.

(B) 지난 금요일에요.

(C) 가게로요.

해설 회람을 보낸 사람이 누구인지 묻는 질문이다.

(A) 직책으로 답변하였으므로 정답이다.

(B) 요일 등의 특정 시점으로 대답을 하려면 When 의문문으로 질문해야 한다.

(C) 〈전치사 to + 장소〉로 대답하려면 Where 의문문으로 질문해야 한다. 정답 (A)

어휘 assistant 조수, 비서

04 미M 미W

Who approved the new building plans?

(A) In the building.

(B) The senior inspector.

(C) I'll water the plants.

누가 새 건축 계획을 승인하였나요?

(A) 건물 안에요.

(B) 수석 검열관이요.

(C) 제가 화초에 물을 줄 거예요.

해설 건축 계획을 승인한 사람이 누구인지 묻는 질문이다.

(A) building이라는 동일어휘를 반복하여 혼란을 주는 유형이다. 〈전치사 in + 장소〉는 Where 의문문에 대한 답변이다.

(B) 직책으로 대답하였으므로 정답이다.

(C) plans와 유사발음 어휘인 plants를 이용한 오답 유형이다. 사람 I가 주어이긴 하지만 질문과 상관없는 동사로 오답이다. 질문과 동사의 시제도 맞지 않는다. 정답 (B)

05 호W 미M

Who's in charge of the accounting division?

(A) Mr. Nelson, the manager.

(B) Yes, it took four days.

(C) It's the savings account.

누가 회계부서의 책임자입니까?

(A) 매니저인 Mr. Nelson입니다.

(B) 네 그건 4일 걸렸어요.

(C) 그건 저축예금 계좌에요.

해설 회계부서의 책임자가 누구인지 묻는 질문이다.

(A) 사람의 이름과 직책으로 대답한 정답이다.

(B) Who 의문문은 Yes나 No로 대답할 수 없다.

(C) accounting과 유사어휘인 account로 혼란을 유발하는 오답 유형이다. 정답 (A)

어휘 accounting division 회계부서 manager 관리자 savings account 저축예금 계좌

Lesson 2 Who 의문문 난이도형 (1)

Step 1 Warm-up Test

p.103

01 미W 미M

Who translates our trading video?

(A) Kevin does it.

(B) Yes, there's a market nearby.

(C) They're in our video library.

누가 거래 녹화를 번역하나요?

(A) Kevin이 합니다.

(B) 네, 근처에 시장이 있어요.

(C) 그것들은 우리의 영상 도서관 내에 있어요.

해설 비디오를 번역하는 사람이 누구인지 묻는 질문이다.

(A) 사람 이름으로 대답하였으므로 정답이다.

(B) trading의 연상어휘인 market을 이용한 오답 유형이다. Who 의문문에서 Yes나 No로 대답할 수 없다.

(C) 동일어휘 video를 반복하여 혼란을 주는 유형이다. 질문에서 제시되지 않은 3인칭 대명사를 주어로 대답할 수 없을 뿐만 아니라, 〈in + 장소〉는 Where 의문문에 대한 답변이다. 정답 (A)

어휘 market 시장 nearby 인근에, 가까운 곳에 video library 영상 도서관

02 영M 미W

Who will speak at the anniversary party?

(A) Yes, partially.

(B) The manager is planning to.

(C) On the reverse side.

창립 기념일 파티에서 누가 연설할 건가요?

(A) 네, 부분적으로요.

(B) 매니저가 하기로 되어 있습니다.

(C) 반대편에요.

해설 기념 파티에서 연설할 사람을 묻는 질문이다.

(A) Who 의문문에 Yes나 No로 대답할 수 없다.

(B) 직책이 주어이고, 뒤의 동사도 오류가 없으므로 정답이다.

(C) 〈전치사 on + 장소〉는 Where 의문문의 답변이다.
정답 (B)

어휘 speak 말하다, 연설하다 anniversary party 창립 기념일 파티 partially 부분적으로 reverse side 반대쪽

03 미W 미M

Who left this message on my desk?
(A) It is in the bottom drawer.
(B) It might have been Theresa.
(C) Let's leave soon.

누가 제 책상 위에 이 메시지를 놓고 갔나요?
(A) 그건 맨 아래 서랍 속에 있어요.
(B) 아마 Theresa가 그랬을 거예요.
(C) 곧 떠납시다.

해설 책상 위에 메시지를 남겨둔 사람이 누군지 묻는 질문이다.
(A) desk의 연상어휘인 drawer(서랍)가 등장한 오답 유형으로, Where 의문문으로 질문했을 때의 답변이다.
(B) It이 주어로 등장하고 사람 이름은 문장 맨 뒤로 빠진 정답 유형이다. 사람 이름이 처음에 나오지 않을 경우도 있다는 것에 주의하자.
(C) left의 현재형인 leave를 이용한 오답 유형이다. 질문과는 전혀 관련이 없는 대답이다.
정답 (B)

어휘 drawer 서랍

04 미M 호W

Who's picking up Mr. Allen from the airport?
(A) Eva said she would.
(B) We will meet a supplier today.
(C) About one hour away.

누가 Mr. Allen을 공항에서 태워서 올 건가요?
(A) Eva가 한다고 했어요.
(B) 우리는 오늘 공급업체를 만날 거예요.
(C) 약 1시간 정도 떨어진 거리에요.

해설 공항에서 Mr. Allen을 태워올 사람이 누구인지 묻는 질문
(A) 그렇게 하겠다고 한 사람이 누구인지 대답한 유형이다. 뒤쪽에서 엉뚱한 말을 하여 오답이 되는 경우도 있으니 주의하자.
(B) We로 시작하지만 질문과는 상관없는 답변이다.
(C) How long ~?으로 거리를 묻는 질문에 대한 답변이므로 오답이다.
정답 (A)

어휘 pick up (차로) 태우러 가다 supplier 공급업체, 공급자 away (시간적, 공간적으로) 떨어져

05 미M 미W

Who collects the data for the R&D department?
(A) Max's group does it.
(B) Sales are down.
(C) At a board meeting.

연구개발 부서를 위한 자료를 누가 수집하나요?
(A) Max의 팀이 합니다.
(B) 매출이 줄고 있어요.
(C) 이사회 회의에서요.

해설 데이터를 수집하는 사람이 누구인지 묻는 질문이다.
(A) 소유격을 사용하여 특정 집단으로 대답하였으므로 정답이다.
(B) 질문과 전혀 상관없는 답변이다.
(C) Where로 물었을 때 가능한 답변이다.
정답 (A)

어휘 collect 모으다, 수집하다 R&D (research and development) 연구개발 board meeting 이사회 회의

Step 2 실전 TOEIC Test p.103

01 미W 영M

Who should I call if I have a problem regarding this issue?
(A) Mr. Huston can help you.
(B) Not too much.
(C) You may need one.

이 건에 대해 문제가 생기면 누구에게 연락할까요?
(A) Mr. Huston이 도와드릴 수 있어요.
(B) 너무 많이는 말고요.
(C) 하나 필요하실 거예요.

해설 문제가 생길 경우 누구에게 연락해야 할지 묻는 질문이다.
(A) 사람 이름을 주어로 사용하여 제대로 답변했다.
(B) 질문과 전혀 상관없는 답변이다.
(C) 주어로 You가 등장하였으나 뒤에 엉뚱한 내용을 추가하여 혼란을 주는 유형의 오답이다.
정답 (A)

어휘 regarding ~에 관하여 issue 주제, 쟁점, 사안

02 미W 미M

Who should we ask to organize the event?
(A) On Monday in the hotel.
(B) Mrs. Lee has already volunteered.
(C) Yes, we received them already.

누구에게 행사를 준비하라고 해야 할까요?
(A) 월요일에 호텔에서요.
(B) Mrs. Lee가 이미 하겠다고 자원했어요.
(C) 네, 우리가 이미 그것들을 받았습니다.

해설 누구에게 행사 준비를 시킬지 묻는 질문이다.
(A) event의 연상어휘인 hotel을 이용한 오답이다.
(B) 사람 이름이 등장한 정답이다. 일반적인 답변과는 다르게 이미 하겠다고 한 사람이 있으니 누구에게도 요청할 필요가 없다고 대답한, 조금 복잡한 유형의 답변이다.
(C) Who 의문문은 Yes나 No로 대답할 수 없다.
정답 (B)

어휘 organize 준비하다 volunteer 자원하다

03 미M 호W

Who changed the contents of the article?
(A) I think it was Mr. Alliot.
(B) Some different ways.
(C) To make it easier.

그 기사 내용을 누가 바꿨나요?
(A) Mr. Alliot이었던 것 같아요.
(B) 몇 가지 다른 방법들이요.
(C) 그것을 더 쉽게 하기 위해서요.

해설 기사 내용을 바꾼 사람이 누구인지 묻는 질문이다.
(A) I think 구문을 이용해 사람 이름으로 답변하였다.
(B) 질문의 change에서 연상될 수 있는 different를 이용한 오답 유형이다.

(C) to부정사로 시작하는 답은 목적이나 이유를 묻는 Why에 대한 답변이 될 수 있다. 정답 (A)

어휘 content 내용 article 기사

04 미W 미M

Who is going to announce the merger?

(A) Yes, I'll stand.

(B) Mrs. Wilson will.

(C) Tonight.

누가 합병을 발표할 건가요?

(A) 네, 제가 서 있을게요.

(B) Mrs. Wilson이 할 거예요.

(C) 오늘 오후요.

해설 발표할 사람이 누구인지 묻는 질문이다.

(A) Who 의문문에 대해서는 Yes나 No로 답변할 수 없다.

(B) 사람의 이름으로 대답하였으므로 정답이다.

(C) 특정 시간에 대한 답변은 When 의문문에서 가능하다.

정답 (B)

어휘 merger 합병

05 영M 미W

Who's working on the financial report?

(A) It's a new option.

(B) That's management's job.

(C) For three days.

누가 재무 보고서를 작성하고 있습니까?

(A) 그것은 새로운 옵션이에요.

(B) 그건 경영진의 업무에요.

(C) 3일 동안이요.

해설 재무 보고서를 작성하고 있는 사람이 누구인지 묻는 질문이다.

(A) 질문과 상관없는 답변으로 What 의문문과 어울린다.

(B) 업무를 하는 사람을 직접적으로 말하지 않고 소유격을 이용하여 그 업무가 누구의 소관인지 간접적으로 밝혔으므로 정답이다.

(C) Who 의문문에 기간으로 대답할 수 없다. 정답 (B)

어휘 financial report 재무 보고서 option 옵션, 선택사항

Lesson 3 Who 의문문 난이도형 (2)

Step 1 Warm-up Test p.105

01 미W 미M

Who can unlock the main entrance?

(A) James has the key.

(B) It's just down the hall.

(C) We'll stop by the store.

중앙 출입구를 누가 열 수 있죠?

(A) James가 열쇠를 가지고 있어요.

(B) 홀 바로 아래에 있어요.

(C) 우린 가게에 들를 거예요.

해설 중앙 출입구를 열 수 있는 사람이 누구인지 묻는 질문이다.

(A) 열쇠를 가지고 있는 사람의 이름을 제시하였으므로 정답이다.

(B) 위치로 대답하고 있으므로 Where 의문문에 대한 답변이다.

(C) 질문과 전혀 상관없는 답변이다. 정답 (A)

어휘 main entrance 중앙 출입구 hall 홀, 복도 stop by 들르다

02 미M 미W

Who's supposed to attend the meeting?

(A) The next one is at noon.

(B) Anyone who's interested.

(C) I met him.

누가 회의에 참석하기로 되어 있나요?

(A) 다음 것은 정오에 있어요.

(B) 관심 있는 사람은 누구나요.

(C) 그를 만났었어요.

해설 회의에 참석할 사람이 누구인지 묻는 질문이다.

(A) 특정 시점에 대한 대답은 When 의문문의 답변이다.

(B) 불특정 대상을 지칭하는 대명사 someone, anyone은 정답이 될 수 있다는 것을 항상 기억하자!

(C) 인칭 대명사 I가 주어이긴 하지만 본문에서 언급되지 않은 3인칭 대명사 him을 목적어로 받아 오답이다. Part 2에서 질문에 등장하지 않은 he나 she가 나오면 오답이다.

정답 (B)

어휘 be supposed to + 동사원형 ~하기로 되어 있다 attend 참석하다

03 미M 영M

Who's giving the speech tomorrow?

(A) At the convention center.

(B) On the third floor.

(C) I don't know.

내일 누가 연설을 하나요?

(A) 컨벤션 센터에서요.

(B) 3층에요.

(C) 잘 모르겠어요.

해설 내일 연설할 사람이 누구인지 묻는 질문이다.

(A) 장소에 대한 답변은 Where 의문문에 어울린다.

(B) 위치를 묻는 질문에 대한 답변이다.

(C) 모른다는 유형은 어떤 질문에서도 답이 될 수 있는 만능 답변이다. 하지만 말이 길어지면 엉뚱한 내용이 될 수 있으므로 주의해야 한다. 정답 (C)

04 미W 미M

Who's going to be the supervisor for the new convention project?

(A) It was in the conference hall.

(B) We still haven't decided.

(C) That's more convenient.

누가 새 컨벤션 프로젝트의 관리자가 되나요?

(A) 그것은 회의실에 있었어요.

(B) 우린 아직 결정하지 못했어요.

(C) 그게 더 편리해요.

해설 프로젝트의 관리자가 누가 될지 묻는 질문이다.

(A) 장소에 대한 답변은 Where 의문문에 어울린다. 질문의 convention과 유사 의미인 conference를 이용한 오답 유형이다.

(B) 아직 정하지 못했다는 것은 일종의 I don't know 유형으로 정답이 된다.

(C) convention과 유사발음인 convenient를 이용한 오답 유형이다. 정답 (B)

05 영M 미W

Who did you speak to yesterday?

(A) About 3 o'clock.

(B) No, did you?

(C) One of your colleagues.

어제 누구와 이야기했나요?

(A) 3시쯤에요.

(B) 아니요, 당신은요?

(C) 당신 동료 중 한 명이요.

해설 어제 대화한 상대가 누구인지 묻는 질문이다.

(A) 특정 시점 대답은 When 의문문과 어울린다.

(B) Who 의문문은 Yes나 No로 대답할 수 없다.

(C) 특정 집단 내의 한 사람을 말하는 대명사 one으로 대답하였으므로 정답이다. 정답 (C)

Step 2 실전 TOEIC Test p.105

01 미W 미M

Who sells tickets for the show?

(A) That man in the black shirt.

(B) No, I didn't see it.

(C) Only after 5 o'clock.

누가 공연 티켓을 판매하나요?

(A) 저기 검은 셔츠를 입은 남자가요.

(B) 아니요, 전 못 봤어요.

(C) 5시 이후에만요.

해설 공연 티켓을 판매하는 사람이 누구인지 묻는 질문이다.

(A) that이라는 지시어로 눈앞에 보이는 특정 외형의 사람을 지칭하여 대답한 정답이다.

(B) Who 의문문은 Yes나 No로 대답할 수 없으며, 동사의 시제도 맞지 않는다.

(C) 특정 시간 이후라는 대답은 When 의문문과 어울린다. 정답 (A)

02 미M 미W

Who was standing on the stage?

(A) I didn't see there was anyone.

(B) It wasn't that hard.

(C) To the studio.

누가 무대에 서 있었나요?

(A) 저는 아무도 보지 못했어요.

(B) 그렇게 어렵지 않았어요.

(C) 스튜디오로요.

해설 무대 위에 서 있던 사람이 누구인지 묻는 질문이다.

(A) 대명사 anyone으로 무대 위에 아무도 없었다는 대답을 하였으므로 정답이다.

(B) 질문과 상관없는 답변으로 오답이다.

(C) 방향을 말해주고 있다. Where 의문문과 어울린다. 정답 (A)

어휘 stage 무대

03 미W 호W

Who coordinated the fundraising party last year?

(A) I don't think there was anyone.

(B) No, not much to read.

(C) Nearly two hundred dollars.

작년 기금 모금 파티는 누가 조직했었나요?

(A) 아무도 없었던 것 같아요.

(B) 아니요, 읽을 게 별로 없어요.

(C) 거의 200달러입니다.

해설 작년에 기금 모금 파티를 누가 준비했는지 묻는 문제이다.

(A) 아무도 없었던 것 같다고 대답하고 있으므로 정답이다. someone, anyone 등의 불특정 대상을 지칭하는 대명사는 Who 의문문에서 정답이 될 수 있다는 것을 기억하자!

(B) Who 의문문은 Yes나 No로 대답할 수 없다.

(C) fundraising party에서 금액을 연상시킬 수는 있겠으나, Who 의문문에는 금액으로 대답할 수 없다. 정답 (A)

어휘 coordinate 주선하다, 준비하다 fundraising 기금 모금

04 미M 미W

Who is the guest speaker at the business symposium?

(A) That's true, I guess.

(B) Nobody I've heard of.

(C) Business has been good.

비즈니스 심포지엄의 초청연사가 누구인가요?

(A) 제 생각엔 맞는 것 같아요.

(B) 제가 들은 바로는 없어요.

(C) 사업이 괜찮았어요.

해설 초청연사가 누구인지 묻는 질문이다.

(A) 앞에서 언급한 내용이 맞다는 확인의 답변으로, Who에 대한 답변이 될 수 없다.

(B) nobody나 no one은 아무도 없다는 답변으로, Who 의문문의 정답이 될 수 있다.

(C) business라는 동일어휘로 혼동을 주지만 질문과는 전혀 상관없는 답변이다. 정답 (B)

05 미W 미M

Who's on the new hiring committee?

(A) I am, for now.

(B) Every Thursday.

(C) He is upstairs.

새로운 채용 위원회에 누가 있나요?

(A) 당분간 제가 있습니다.

(B) 매주 목요일에요.

(C) 그는 위층에 있어요.

해설 채용 위원회에 있는 사람이 누구인지 묻는 질문이다.

(A) 본인이라고 대답하였으므로 정답이다. I나 You 같은 1, 2인칭 대명사는 정답이 될 수 있다.

(B) 요일은 When 의문문에 대한 답변으로 어울린다.

(C) 질문에서 제시되지 않은 3인칭 대명사는 정답이 될 수 없다. 정답 (A)

어휘 committee 위원회 upstairs 위층으로, 위층에

Lesson 1 When 의문문 기본형

Step 1 Warm-up Test p.109

01 미W 미M

When are we going to the motor show?

(A) Not really.

(B) Two days later.

(C) By car.

우리는 자동차 전시회에 언제 가죠?
(A) 꼭 그렇지는 않아요.
(B) 이틀 후에요.
(C) 차로요.

해설 자동차 전시회에 언제 갈지 묻는 질문이다.
(A) 질문과는 상관없는, 정도에 대한 답변이다.
(B) 〈시간명사 + 시간부사〉의 형태로 지금부터 이틀 후라고 특정 시점을 제시하였으므로 정답이다.
(C) 〈전치사 by + 교통수단〉은 방법을 물어봤을 때의 대답으로, 주로 How 의문문의 답변이 된다. 정답 (B)

02 미M 미W

When is the inspection?

(A) Sometime next week.

(B) I expect so.

(C) It's not that rainy.

검열이 언제 있나요?
(A) 다음 주 중에 있어요.
(B) 아마 그럴 거예요.
(C) 비가 그렇게 많이 내리지는 않아요.

해설 검열이 언제 있는지 묻는 질문이다.
(A) 〈시간명사 + 시간부사〉의 형태로, 다음 주 중의 확정되지 않은 시간을 나타내었으므로 정답이다.
(B) inspection과 유사발음 어휘인 expect로 혼란을 유발하는 유형이다. 하지만 질문과는 전혀 상관이 없다.
(C) 현재의 날씨에 대해 말하고 있다. 비가 오는 정도에 대해 말하고 있으므로 How 의문문으로 물어봤을 때의 답변이 될 수 있다. 정답 (A)

어휘 inspection 조사, 검열 expect 예상하다 rainy 비가 오는

03 영M 호W

When did you learn about your promotion?

(A) Just now.

(B) The division manager.

(C) By email.

당신의 승진 사실을 언제 알았나요?
(A) 방금요.
(B) 부서 책임자요.
(C) 이메일로요.

해설 승진 소식에 대해 언제 알았는지 묻는 질문이다.
(A) 지금 막 들었다는 답변으로 정답이다.
(B) 특정 직책으로 대답하는 것은 Who 의문문일 때 가능하다.
(C) 〈전치사 by + 수단〉은 How 의문문에서 답변이 될 수 있다.
정답 (A)

어휘 promotion 승진, 진급

04 미W 미M

When's the new product demonstration?

(A) It does not start until 1 o'clock.

(B) At the stadium.

(C) For about five hours.

신제품의 시연회는 언제 있나요?
(A) 1시에 시작해요.
(B) 경기장에서요.
(C) 거의 5시간 동안요.

해설 새로운 제품의 시연회가 언제 있을지 묻는 질문이다.
(A) 〈not until + 시간〉의 형태로 대답했다. 특정 시간 전에는 시작하지 않는다, 즉 제시된 시간이 되어야 시작한다고 말했으므로 정답이다.
(B) at 뒤에 시간이 오면 정답이겠지만 장소가 왔으므로 Where 의문문에 대한 답변이 된다.
(C) 기간을 제시하는 것은 How long ~?의 답변이 된다.
정답 (A)

어휘 demonstration 시연회 stadium 경기장

05 영M 미W

When is Ryan going to see a doctor?

(A) On Monday.

(B) On his desk.

(C) At the corner.

Ryan은 언제 진찰을 받으러 가나요?
(A) 월요일에요.
(B) 책상에요.
(C) 모퉁이에요.

해설 Ryan이 언제 진찰을 받으러 가는지 묻는 질문이다.
(A) 〈전치사 on + 요일〉로 특정 요일을 나타내었으므로 정답이다.
(B) 전치사 on 뒤에 장소가 나왔으므로 Where 의문문에 대한 답변이다.
(C) 전치사 at 뒤에 장소가 나왔으므로 Where 의문문에 대한 답변이다.
정답 (A)

Step 2 실전 TOEIC Test p.109

01 미W 영M

When does his train arrive?

(A) Gate two.

(B) From Arizona.

(C) In thirty minutes.

그가 탄 기차는 언제 도착하나요?
(A) 2번 게이트(탑승구)요.
(B) Arizona에서요.
(C) 30분 후에요.

Part 2

해설 그가 탄 기차가 언제 도착하는지 묻는 질문이다.
(A) train에서 연상될 수 있는 gate로 혼동을 유발한 오답 유형이다. 특정 게이트명으로 대답하였으므로 Where 의문문에 대한 답변이다.
(B) train에서 연상될 수 있는 train의 출발지를 언급해 혼동을 유발한 오답 유형이다. Where 의문문에 적합한 답변이다.
(C) 〈전치사 in + 시간〉의 형태를 이용하여 30분 후에 온다고 대답했으므로 정답이다. 정답 (C)

02 미M 미W

When will my prescription be ready?
(A) A detailed description.
(B) Yes, I think so.
(C) Not before tomorrow.

제 처방전은 언제 준비되나요?
(A) 세밀한 묘사요.
(B) 네, 저도 그렇게 생각해요.
(C) 내일이요.

해설 처방전이 언제 준비되는지 묻는 질문이다.
(A) prescription과 유사발음 어휘인 description을 이용한 오답이다.
(B) When 의문문은 Yes나 No로 대답할 수 없으며, 동사의 시제도 맞지 않는다.
(C) 〈not before + 시간〉의 형태로 특정 시간이 되어야 준비가 될 것이라고 대답하였으므로 정답이다. 정답 (C)

어휘 prescription 처방전 detailed 세밀한 description 묘사

03 미W 미M

When can we expect to receive the payment?
(A) In two days.
(B) Since last Monday.
(C) Certainly.

우리가 돈을 언제쯤 받을 수 있을까요?
(A) 이틀 후에요.
(B) 지난주 월요일부터요.
(C) 물론이지요.

해설 돈을 언제 받을 수 있을지 묻는 질문이다.
(A) 〈전치사 in + 기간〉의 형태로 일정 기간 이후에 받을 수 있다고 대답하였으므로 정답이다.
(B) 대답에 시점이 들어 있지만, 질문은 지금부터 얼마 후에 지불을 받을 수 있냐는 것인데, 답변은 지난주 월요일부터 현재까지 진행되었다는 말이므로 상관없는 이야기를 하고 있다.
(C) Certainly는 상대의 말에 동의하는 답변으로 When 질문에 적절한 답이 될 수 없다. 정답 (A)

어휘 expect 예상하다, 기대하다 receive 받다 payment 지불, 지급

04 영M 호W

When are you transferring to the Purchasing Department?
(A) A week.
(B) Right across the hall.
(C) On June 1st.

구매부로 언제 전근을 가나요?
(A) 일주일이요.
(B) 복도 바로 건너편에요.
(C) 6월 1일에요.

해설 전근가는 날이 언제인지 묻는 질문이다.
(A) 특정 시점을 물었는데, 일주일이라는 기간으로 대답하였으므로 오답이다.
(B) 위치에 대해 말하고 있으므로 Where 의문문에 어울리는 답변이다.
(C) 〈전치사 on + 날짜〉로 특정 시점을 말하고 있으므로 정답이다. 정답 (C)

어휘 transfer 옮기다, 전근가다 Purchasing Department 구매부

05 미W 미M

When did the shipment arrive?
(A) No, by train.
(B) Yes, it was.
(C) Two days ago.

화물이 언제 도착했나요?
(A) 아니요, 기차로요.
(B) 네, 그랬어요.
(C) 이틀 전에요.

해설 화물이 언제 도착했는지 묻는 질문이다.
(A) When 의문문은 Yes나 No로 대답할 수 없다. shipment에서 수송 방법에 관한 이야기를 연상할 수도 있다는 점을 이용한 오답 유형이다.
(B) When 의문문은 Yes나 No로 대답할 수 없다.
(C) 〈시간명사 + 시간부사〉의 형태로 정답이 된다. 정답 (C)

어휘 shipment 화물, 선적

Lesson 2 When 의문문 난이도형 (1)

Step 1 Warm-up Test p.111

01 미M 미W

When will the security system be installed?
(A) Upstairs.
(B) As soon as possible.
(C) One thousand dollars each.

보안 시스템은 언제 설치되나요?
(A) 위층이요.
(B) 가능한 한 빨리요.
(C) 각각 1,000달러입니다.

해설 보안 시스템이 언제 설치될지 묻는 질문이다.
(A) 위치를 답하는 유형으로 Where 의문문에 어울린다.
(B) As soon as possible이란 표현을 이용하여 '가능한 한 빨리 (수리될 것이다)'라고 대답하였으므로 정답이다.
(C) 가격으로 대답하는 것은 How much로 물었을 때 어울린다. 정답 (B)

어휘 security system 보안 시스템 install 설치하다 as soon as possible 가능한 한 빨리

02 미W 미M

When are you going to give your presentation to the new clients?
(A) Right after Billy speaks.

(B) Yes, it went very well.
(C) In the event hall.

신규 고객들에게 프레젠테이션은 언제 하실 건가요?
(A) Billy의 연설 직후에요.
(B) 네, 매우 잘 되었어요.
(C) 이벤트 홀 안에서요.

해설 언제 프레젠테이션을 할지 묻는 질문이다.
(A) 〈접속사 after + S + V〉의 형태로 특정 주어의 특정 행위가 있은 이후에 일어날 것이라고 대답하였으므로 정답이다.
(B) When 의문문은 Yes나 No로 대답할 수 없다.
(C) 〈in + 장소명사〉는 특정 위치를 지칭하므로 Where 의문문과 어울린다. 정답 (A)

어휘 presentation 발표 speak 말하다, 연설하다

03 호W 영M

When did these computer manuals arrive?
(A) Since yesterday.
(B) Her plane arrives at 1.
(C) Last Wednesday.

이 컴퓨터 사용설명서들이 언제 도착했나요?
(A) 어제부터요.
(B) 그녀가 탄 비행기는 1시에 도착해요.
(C) 지난 수요일에요.

해설 컴퓨터의 사용설명서가 언제 도착했는지 묻는 질문이다.
(A) 전치사 since는 특정 시간부터 지금까지 상태나 상황이 계속되고 있다는 의미이므로, 현재까지의 기간을 묻는 질문에 대한 답변이다. When 의문문에서는 기간을 의미하는 오답에 주의해야 한다.
(B) 동일어휘인 arrive를 반복한 오답 유형이다. 게다가 언급되지 않은 3인칭 대명사 her가 등장하였으므로 오답이다.
(C) 지난 수요일이란 과거의 특정 시간으로 대답했으므로 정답이 된다. 정답 (C)

어휘 manual 사용설명서 arrive 도착하다 since ~부터

04 미M 미W

When did you buy your car?
(A) I'm afraid not.
(B) By myself.
(C) About a month ago.

언제 자동차를 구입했습니까?
(A) 유감이지만 아니에요.
(B) 저 혼자서요.
(C) 약 한 달 전에요.

해설 차를 언제 구입했는지 묻는 질문이다.
(A) 정답과 전혀 관계없는 답변이다.
(B) How 의문문으로 차를 어떻게 구입하였냐고 물었을 때 가능한 답변으로, When 의문문에 전혀 어울리지 않는다.
(C) 특정한 과거의 시점을 말하고 있으므로 정답이다. 정답 (C)

어휘 by oneself 스스로, 혼자 힘으로

05 미W 미M

When is the training session for new employees?
(A) The train departs at ten.
(B) No, in the lobby.
(C) After the meeting today.

신입사원 교육은 언제인가요?
(A) 기차는 10시에 출발해요.
(B) 아니요, 로비에서요.
(C) 오늘 회의 이후에요.

해설 교육이 언제 있을 것인지 묻는 질문이다.
(A) 시간으로 대답하고는 있으나 교육, 훈련이라는 의미의 training과 유사한 발음인 train(기차)을 언급한 오답 유형이다.
(B) When 의문문은 Yes나 No로 대답할 수 없다.
(C) 〈전치사 after + 명사〉를 이용하여 어떤 사건 이후의 시간을 말하고 있으므로 정답이다. 정답 (C)

어휘 training session 교육

Step 2 실전 TOEIC Test p.111

01 호W 영M

When do you usually leave the office?
(A) I left you a message.
(B) Through the main entrance.
(C) Around half past five.

보통 언제 퇴근하나요?
(A) 메시지를 남겨놨어요.
(B) 중앙 출입구를 통해서요.
(C) 5시 30분경에요.

해설 언제 퇴근하는지 묻는 질문이다.
(A) leave의 과거형인 left를 이용한 오답 유형이다. 동사의 시제도 다르거니와 질문의 leave는 사무실을 '떠나다'는 의미인 반면, 여기서는 메시지를 '남기다'는 뜻으로, When 의문문과는 관련이 없는 답변이다.
(B) How 의문문의 답변에 어울린다.
(C) 시간을 직접적으로 제시하였으므로 정답이다. 정답 (C)

어휘 usually 보통, 대개 leave the office 퇴근하다

02 영M 미W

When would you like to revise the customer satisfaction survey?
(A) Four hours ago.
(B) In the questionaries.
(C) Two hours later.

고객 만족도 설문지를 언제 수정할 건가요?
(A) 4시간 전에요.
(B) 설문지 안에요.
(C) 두 시간 후에요.

해설 고객 만족도 설문지를 언제 수정할지 묻는 질문이다.
(A) When 의문문과 어울리는 답변이긴 하지만 조동사 would로 미래 지향적인 질문을 하고 있으므로 과거 시점에 대한 답변은 정답이 될 수 없다.
(B) customer satisfaction survey에서 questionary를 연상시킬 수 있겠지만 Where 의문문에 어울리는 답변이다.
(C) 〈시간명사 + 시간부사〉의 형태로 정답이 된다. 정답 (C)

어휘 customer satisfaction survey 고객 만족도 설문지 questionary 설문지

03 미W 미M

When should I send this package?

(A) By priority mail.

(B) After I finish it first.

(C) To the London branch.

이 소포를 언제 보내야 하나요?
(A) 우선 취급 우편으로요.
(B) 이것부터 먼저 끝내고요.
(C) London 지사로요.

해설 소포를 언제 발송해야 할지 묻는 질문이다.
(A) 소포를 보내는 방법으로 priority mail을 연상할 수 있겠으나, 〈by + 수단〉은 How 의문문에 어울린다.
(B) 〈접속사 after + S + V〉로 특정 행위 이후에 해야 한다고 답변하였으므로 정답이다.
(C) When은 Where와 발음이 유사하므로 Where로 물었을 때의 답변을 오답으로 출제하는 경우가 많으므로 주의하자!
정답 (B)

어휘 send 보내다, 발송하다 package 소포, 포장물 priority mail 우선 취급 우편 branch 지사, 분점

04 영M 호W

When did you and your family move to Seoul?

(A) After I changed jobs.

(B) We're all packed up.

(C) In ten years.

당신과 당신의 가족은 언제 서울로 이사했나요?
(A) 제가 직업을 바꾼 후에요.
(B) 우리 모두 짐을 쌌어요.
(C) 10년 후에요.

해설 서울로 언제 이사했는지 묻는 질문이다.
(A) 〈접속사 after + S + V〉의 형태로 이사한 시점을 말하였으므로 정답이다.
(B) '짐을 싸다'라는 의미의 pack up은 move에서 연상되는 답변이긴 하지만 시간의 정보를 담고 있지 않아 답이 될 수 없다.
(C) When 의문문에서 나올 수 있는 답변이긴 하지만 과거 사실에 대한 질문이므로 미래 시점으로 답변하게 되면 오답이 된다. When 의문문에서는 동사의 시제도 잘 파악해야 한다.
정답 (A)

어휘 move 이사하다 pack up (짐을) 싸다

05 미W 미M

When is Adam mailing the price estimate?

(A) Until the end of this month.

(B) As soon as he finishes it.

(C) At the post office.

Adam이 가격 견적서를 언제 보내나요?
(A) 이번 달 말까지요.
(B) 끝내자마자 보낼 거예요.
(C) 우체국에서요.

해설 언제 견적서를 보낼지 묻는 질문이다.
(A) 〈전치사 until + 기준 시점〉은 기간에 대한 답변이므로 오답이다.
(B) 〈접속사 as soon as + S + V〉의 형태로 특정 행위가 끝난 직후라는 대답이므로 정답이 된다.
(C) mailing에서 연상 가능한 post office를 이용한 오답 유형이며, 장소를 묻는 Where에 대한 답변이 될 수 있다.
정답 (B)

어휘 mail 우편으로 보내다, 이메일로 보내다 estimate 견적(서) post office 우체국

Lesson 3 When 의문문 난이도형 (2)

Step 1 Warm-up Test p.113

01 미M 미W

When will Mr. Miler announce his retirement?

(A) No, I'm too tired.

(B) Not for another few weeks.

(C) That's what I meant.

Mr. Miler는 언제 은퇴 발표를 하나요?
(A) 아니요, 너무 피곤해요.
(B) 몇 주 후에나 할 거예요.
(C) 그게 제가 말했던 겁니다.

해설 은퇴 발표를 언제 할지 묻는 질문이다.
(A) retirement와 유사발음 어휘인 tired를 이용한 오답 유형이다. 또한 When 의문문은 Yes나 No로 대답할 수 없다.
(B) 앞으로 몇 주 간은 안 할 것이라는 말은 몇 주 지난 후에 할 것이라는 의미이므로 정답이다.
(C) 앞의 말에 동의하는 것으로 의문사 의문문에는 적절한 답변이 될 수 없다.
정답 (B)

어휘 announce 발표하다, 공표하다 retirement 은퇴 mean ~라는 의미이다

02 호W 영M

When can we schedule an appointment?

(A) It was last week.

(B) I'm available after 2.

(C) Try the one outside.

약속을 언제로 잡을까요?
(A) 지난 주였어요.
(B) 저는 2시 이후에 가능해요.
(C) 밖에 있는 것을 써보세요.

해설 약속 시간을 언제로 잡을지 묻는 질문이다.
(A) 시점으로 대답하고 있으나 미래의 일에 대한 질문인데 과거의 시점으로 답변하고 있어 오답이다.
(B) 특정 시간 이후에 가능하다고 하였으므로 정답이다.
(C) 밖에 있는 것으로 해보라는 의미로 When에 대한 답변이 될 수 없다.
정답 (B)

어휘 schedule 일정을 잡다 appointment 약속

03 미M 미W

When did you get the plans from the architect?

(A) They came yesterday.

(B) The architect, Mr. Yang.

(C) We printed it in color.

건축가에게서 설계도들을 언제 받았나요?

(A) 어제 왔어요.
(B) 건축가인 Mr. Yang이요.
(C) 우린 그것을 컬러로 인쇄했어요.

해설 설계도를 언제 받았는지 묻는 질문이다.
(A) 설계도가 어제 왔다는 답변이다. the plans를 they로 받은 난이도 있는 답변이므로 주의하자!
(B) 동일어휘를 반복하는 오답 유형으로, 직업과 이름으로 대답하였다. Who 의문문에 어울리는 답변이다.
(C) 방법이나 상태를 묻는 How 질문에 가능한 답변이다.
정답 (A)

어휘 plan 설계도 architect [ɑ́ːrkətèkt] 건축가, 설계자 in color 컬러로

04 미W 미M

When will the new service be available?
(A) I'm afraid I'm busy then.
(B) You can use it now.
(C) The hotel is completely empty.

새로운 서비스는 언제 이용 가능한가요?
(A) 유감이지만 그땐 너무 바쁠 것 같아요.
(B) 지금 사용하실 수 있어요.
(C) 그 호텔은 완전히 비어 있어요.

해설 새로운 서비스가 언제부터 이용 가능한지 묻는 질문이다.
(A) 바빠서 시간이 없다는 의미로, When 의문문에 맞지 않는 답변이다.
(B) now라는 시점을 언급하여 지금 이용할 수 있다는 답변이다.
(C) 호텔의 상태에 대한 답변으로 질문과 관계가 없는 오답이다.
정답 (B)

어휘 available 이용 가능한 completely 완전히, 전적으로 empty 비어 있는

05 미M 호W

When will the car repairs be finished?
(A) I read the report.
(B) He will be driving.
(C) As soon as the parts arrive.

자동차 수리가 언제 끝날까요?
(A) 제가 보고서를 읽었어요.
(B) 그가 운전할 거예요.
(C) 부품이 도착하면 곧 돼요.

해설 자동차 수리가 언제 끝나는지 묻는 질문이다.
(A) 질문과 전혀 관련 없는 답변이다. repairs와 유사한 발음인 report를 이용한 오답이다.
(B) car에서 연상될 수 있는 driving을 이용한 오답 유형이다. 질문에서 등장하지 않은 3인칭 대명사는 정답이 될 수 없다.
(C) 〈as soon as + S + V〉의 형태로 부품이 도착하면 바로 가능하다고 대답하였으므로 정답이다.
정답 (C)

어휘 repair 수리, 보수, 수선 report 보고서

Step 2 실전 TOEIC Test

p.113

01 미M 미W

When should I announce the research results?
(A) At the regular meeting.
(B) I've looked everywhere.
(C) In the office.

연구 결과를 언제 발표해야 할까요?
(A) 정기회의 때요.
(B) 모든 곳을 다 찾아봤어요.
(C) 사무실에서요.

해설 결과를 언제 발표해야 할지 묻는 질문이다.
(A) 전치사 at 뒤에 정기회의라는 특정한 시점으로 대답했으므로 정답이 된다. at 뒤에 행사가 나올 때는 Where 의문문에 대한 답변으로도 가능하다는 것을 알아두자.
(B) looked는 research와 유사한 의미로 등장한 오답 유형의 답변이다.
(C) in 뒤에 장소가 나온 답변은 Where 의문문에 어울린다.
정답 (A)

어휘 announce 발표하다, 공표하다 research 연구, 조사 result 결과 regular meeting 정기회의 everywhere 모든 곳, 어디나

02 미M 미W

When are they replacing the water cooler?
(A) After the holidays.
(B) Let's go swimming.
(C) It's warmer now.

그들이 생수기를 언제 교체할까요?
(A) 크리스마스 시즌 이후에요.
(B) 수영하러 갑시다.
(C) 이제 따뜻해졌네요.

해설 생수기를 언제 교체할지 묻는 질문이다.
(A) 〈전치사 after+시간명사〉의 형태로 시점을 제시하였으므로 정답이다.
(B) water에서 연상 가능한 swimming을 이용한 오답 유형이다.
(C) cooler에서 연상 가능한 warmer를 이용한 오답 유형이다.
정답 (A)

어휘 replace 대체하다, 교체하다 holidays 크리스마스 시즌

03 호W 영M

When will renovation start on the City Tower?
(A) The other construction company.
(B) The top floor.
(C) Sometime next winter.

City Tower의 보수가 언제 시작되나요?
(A) 다른 건축 회사요.
(B) 가장 위층이요.
(C) 내년 겨울 중에요.

해설 City Tower의 보수가 언제 시작되는지 묻는 질문이다.
(A) renovation에서 연상 가능한 construction을 이용한 오답 유형이다. 대상(회사, 업체)을 언급했으므로 Who나 Where에 대한 답변이 될 수 있다.
(B) 꼭대기 층을 의미하므로 Where 의문문에 대한 답변이 될 수 있다.
(C) 내년 겨울의 어느 시점이라고 대답했으므로 정답이 된다.
정답 (C)

어휘 renovation 보수 construction 공사, 건설 floor 층 sometime 언젠가

04 미M 미W

When will the draft contract be completed?

(A) By the end of this week.

(B) Ms. Wallace, I think.

(C) I can't complain.

계약서 초안은 언제 마무리가 되나요?
(A) 이번 주말까지요.
(B) 제 생각엔 Ms. Wallace예요.
(C) 아주 좋아요.

해설 계약서 초안이 언제 완성될지 묻는 질문이다.
(A) 〈전치사 by + 기준 시점〉이 제시되었으므로 정답이다. 이번 주말까지 끝낸다는 의미이다.
(B) 사람 이름으로 대답하는 것은 Who 의문문에 대한 답변이다.
(C) complete와 유사발음 어휘인 complain을 이용한 오답 유형이다. 정답 (A)

어휘 complete 완료하다, 끝마치다 complain 불평하다, 항의하다

05 영M 호W

When will we receive the specifications for the new mobile phone?

(A) Where did you find the receipt?

(B) In almost any electronic store.

(C) We should be hearing from the supplier soon.

새 휴대폰의 사양서를 언제 받을 건가요?
(A) 영수증을 어디서 찾았나요?
(B) 거의 대부분의 전자제품 가게에서요.
(C) 공급업자에게 곧 들을 수 있을 거예요.

해설 사양서를 언제 받게 되는지 묻는 질문이다.
(A) receive와 유사발음 어휘인 receipt를 이용한 함정 문제이다. 질문과 상관없고 시제도 맞지 않는다.
(B) mobile phone에서 electronic store를 연상할 수는 있으나 Where 의문문에 어울리는 답변이다.
(C) I don't know 유형으로, 본인은 모르나 곧 공급업자가 이야기해 줄 것이라고 말하고 있다. 정답 (C)

어휘 specification 사양서 receipt 영수증 electronic 전자 장비와 관련된 supplier 공급업체, 공급자

Chapter 3 Where 의문문

Lesson 1 Where 의문문 기본형

Step 1 Warm-up Test p.117

01 영M 호W

Where should we send the bus to pick up the guests?

(A) About 10 people.

(B) It's just gas.

(C) Outside the main building

손님들을 태울 버스를 어디로 보내야 할까요?
(A) 10명 정도요.
(B) 그건 가스일 뿐이에요.
(C) 본관 밖이요.

해설 버스를 어디로 보내야 할지 묻는 질문이다.
(A) guests에서 사람 수를 묻는 질문이라고 연상할 수 있으나 Where 의문문과 관련 없는, How many에 대한 답변이다.
(B) bus에서 연상 가능한 gas를 이용한 오답 유형이다.
(C) 〈전치사 outside + 명사〉로 특정 위치를 나타내고 있으므로 정답이다. 정답 (C)

어휘 pick up ~를 (차에) 태우러 가다 outside ~의 밖에, 근처에

02 미W 미M

Where should we hang this picture?

(A) It's a new camera.

(B) Beside the door.

(C) He wasn't supposed to.

이 사진을 어디에 걸어야 할까요?
(A) 그건 새 카메라에요.
(B) 문 옆에요.
(C) 그는 그러려던 것이 아니었어요.

해설 사진을 걸어둘 장소를 묻는 질문이다.
(A) picture에서 연상 가능한 camera를 이용한 오답 유형이다. Where 의문문과는 전혀 연관성이 없다.
(B) 〈전치사 beside + 명사〉로 특정 위치를 나타내고 있으므로 정답이다.
(C) 질문에 등장하지 않은 3인칭 대명사는 바로 오답으로 처리해야 한다. 정답 (B)

어휘 picturer 그림, 사진 hang 걸다, 매달다 be supposed to + 동사원형 ~할 예정이다, ~하기로 되어 있다

03 미M 미W

Where did Derek go?

(A) To the warehouse.

(B) With his reports.

(C) Before you go.

Derek는 어디로 갔었나요?
(A) 창고로요.
(B) 보고서를 가지고요.
(C) 당신이 가기 전에요.

해설 Derek이 어디에 갔었는지 묻는 질문이다.
(A) 〈전치사 to + 장소명사〉로 Derek이 향한 곳을 제시하였으므로 정답이다.
(B) 3인칭의 인물이 등장하였으므로 대명사 his는 가능하나, 장소에 대한 답변이 될 수 없다.
(C) When에 대한 답변이므로 오답이다. 정답 (A)

어휘 warehouse 창고

04 미W 미M

Where should I attach this photograph?

(A) A different attachment.

(B) To the top of the form.

(C) I brought my camera.

이 사진을 어디에 붙여야 하나요?

(A) 다른 부착물이요.

(B) 서식 가장 위쪽에요.

(C) 제 카메라를 가져왔어요.

해설 사진을 어디에 부착해야 하는지 묻는 질문이다.

(A) attach와 유사발음인 attachment를 이용한 오답 유형이다.

(B) 〈전치사 to + 명사〉로 특정 위치를 지시하고 있으므로 정답이다.

(C) photograph에서 연상 가능한 camera를 이용한 오답 유형이다. 정답 (B)

어휘 attach 부착하다, 붙이다 attachment 부착(물) photograph 사진 bring 가져오다

05 호W 영M

Where did you put my files?

(A) By the front door.

(B) Yes, I did.

(C) No, it's too heavy.

제 파일을 어디에 두셨나요?

(A) 현관 옆에요.

(B) 네, 제가 그랬어요.

(C) 아니요, 너무 무거워요.

해설 파일을 둔 장소를 묻는 질문이다.

(A) 〈전치사 by + 명사〉를 이용해 파일을 둔 장소를 대답하였으므로 정답이다.

(B) Where 의문문은 Yes나 No로 대답할 수 없다.

(C) Where 의문문은 Yes나 No로 대답할 수 없다. 정답 (A)

어휘 front door 현관, 정문 heavy 무거운

Step 2 실전 TOEIC Test p.117

01 미W 미M

Where does Ms. Morrison work?

(A) In the accounting department.

(B) She started today.

(C) By taking the bus.

Ms. Morrison은 어디서 일하나요?

(A) 회계 부서에서요.

(B) 그녀는 오늘 시작했어요.

(C) 버스를 타고요.

해설 Ms. Morrison이 어디서 일하는지 묻는 질문이다.

(A) 부서명으로 대답하였으므로 정답이다.

(B) 특정 시점에 대해 말하고 있으므로 When 의문문에 대한 답변이다.

(C) 운송 수단을 언급하고 있으므로 How 의문문에 어울리는 답변이다. 정답 (A)

어휘 accounting department 회계 부서

02 미M 호W

Where can I get an employment application?

(A) Yes, leave it there.

(B) On the ground floor.

(C) Not much longer.

입사 지원서를 어디서 구할 수 있나요?

(A) 네, 거기에 두세요.

(B) 1층에요.

(C) 그리 오래되진 않았어요.

해설 입사 지원서를 구할 수 있는 장소를 묻는 질문이다.

(A) Where 의문문은 Yes나 No로 대답할 수 없다.

(B) 〈on + 층수〉로 대답하여 1층에 있다고 장소를 언급하고 있으므로 정답이다.

(C) 질문과 전혀 관계없는 답변이다. 정답 (B)

어휘 employment application 입사 지원서 ground floor 1층

03 영M 미M

Where did you see the job advertised?

(A) On the company website.

(B) An assistant position.

(C) Not too long ago.

광고된 그 일자리는 어디서 보셨나요?

(A) 회사 홈페이지에서요.

(B) 보조원 직이요.

(C) 그렇게 오래되지는 않았어요.

해설 광고된 그 일자리는 어디서 봤는지 출처나 장소를 묻는 질문이다.

(A) 회사의 홈페이지라는 출처를 말하였으므로 정답이다.

(B) job application에서 연상할 수 있는, 직종으로 답변한 오답 유형으로 Where 의문문에 어울리지 않는다.

(C) When에 대한 답변으로 어울린다. 정답 (A)

04 미M 미W

Where was your article published?

(A) Yes, this past Tuesday.

(B) On page 50 in the paper.

(C) Two hundred copies.

당신의 기사는 어디에 게재되었나요?

(A) 네, 지난 화요일이요.

(B) 신문 50페이지에요.

(C) 200부요.

해설 기사가 게재된 곳을 묻는 질문이다.

(A) Where 의문문은 Yes나 No로 대답할 수 없다.

(B) 신문의 특정 페이지를 말하였으므로 정답이다.

(C) published에서 연상 가능한 ~ copies(~부)를 이용한 오답 유형이다. 수량을 묻는 How many에 대한 답변이 될 수 있다. 정답 (B)

어휘 article 기사 publish 출판하다, 게재하다 paper 종이, 신문

05 미W 영M

Where is the nearest post office?

(A) To buy some envelopes.

(B) At 5 o'clock.

(C) Across from the park.

가장 가까운 우체국이 어디인가요?
(A) 봉투를 좀 구입하기 위해서요.
(B) 5시에요.
(C) 공원 건너편에요.

해설 가장 가까운 우체국의 위치를 묻는 질문이다.
(A) post office에서 연상 가능한 envelopes를 이용한 오답 유형이다. 목적이나 이유를 묻는 질문에 대한 답변이 될 수 있다.
(B) 특정 시간을 말하는 답변은 When 의문문에 어울린다. When과 Where의 발음이 유사함을 이용하여 Where 의문문에는 시간 답변을, When 의문문에는 장소 답변을 오답으로 제시하는 경우가 많다.
(C) 공원 건너편이라는 특정 위치를 제시하여 정답이다. 정답 (C)

어휘 post office 우체국 envelope 봉투

Lesson 2 Where 의문문 난이도형

Step 1 Warm-up Test p.119

01 영M 호W

Where can I buy some postage stamps?
(A) At eight this morning.
(B) Try the store next door.
(C) The letter's not arrived yet.

우표를 어디서 살 수 있을까요?
(A) 오늘 오전 8시요.
(B) 옆 가게에 가보세요.
(C) 편지는 아직 도착하지 않았어요.

해설 우표를 살 수 있는 장소를 묻는 질문이다.
(A) 시간 답변은 When 의문문과 어울린다. When과 Where의 발음이 유사한 것에 착안하여 혼란을 유도하는 오답이다.
(B) 옆 가게에 가보라고 간접적으로 대답한 정답이다.
(C) postage stamps에서 연상 가능한 letter를 이용한 오답 유형이다. 정답 (B)

어휘 postage stamp 우표

02 미W 미M

Where is the manual for the new copier?
(A) It is still in the box.
(B) It's five cents a copy.
(C) No, I haven't seen it yet.

새 복사기 매뉴얼이 어디 있나요?
(A) 아직 상자 안에 있어요.
(B) 그것은 한 부 당 5센트에요.
(C) 아니요, 전 아직 보지 못했어요.

해설 새 복사기 매뉴얼이 어디에 있는지 장소를 묻는 질문이다.
(A) 상자 안에 있다고, 위치로 대답하였으므로 정답이다.
(B) copier와 유사어휘인 copy를 이용한 오답 유형이다. 질문과는 상관없는 답변이다.
(C) Where 의문문은 Yes나 No로 대답할 수 없다. 정답 (A)

03 미M 미W

Where can I find information about the company's products?
(A) Yes, they are proud.
(B) No, not many.
(C) Check the website.

그 회사 제품에 대한 정보를 어디서 찾을 수 있을까요?
(A) 네, 그들은 자랑스러워해요.
(B) 아니요, 많지는 않아요.
(C) 홈페이지를 확인해 보세요.

해설 제품에 대한 정보를 어디서 찾을 수 있는지 묻는 질문이다.
(A) product와 유사발음 어휘인 proud를 이용한 오답 유형이다. Where 의문문은 Yes나 No로 대답할 수 없다.
(B) Where 의문문은 Yes나 No로 대답할 수 없다.
(C) 명령문으로 홈페이지라는 출처를 제시했으므로 정답이다.
정답 (C)

04 호W 영M

Where did Bill find the letter?
(A) In the middle of April.
(B) Margret gave it to him.
(C) It's fine with me.

Bill은 이 편지를 어디서 찾았나요?
(A) 4월 중순에요.
(B) Margret이 그에게 줬어요.
(C) 전 이게 괜찮아요.

해설 편지를 어디서 찾았는지 묻는 질문이다.
(A) 시점을 의미하는 4월은 When 의문문에 대한 답변이다.
(B) Bill이 누구로부터 편지를 받았는지 언급하였으므로 정답이다. Where 의문문은 그 출처로 사람이나 부서 등이 될 수 있다는 것을 명심하자.
(C) 질문의 find와 유사한 발음인 fine을 이용한 오답 유형이다.
정답 (B)

05 미M 미W

Where should I take my new client for dinner?
(A) Ask Demi for a recommendation.
(B) They are waiting in the lobby.
(C) I had the beef.

제 새 고객을 저녁식사에 어디로 데리고 가야 할까요?
(A) Demi에게 추천해 달라고 요청해봐요.
(B) 그들은 로비에서 기다리고 있어요.
(C) 전 쇠고기를 먹었어요.

해설 고객을 저녁식사에 어디로 데리고 갈지 묻는 질문이다.
(A) I don't know 유형으로, 본인이 대답을 하지 않고 추천해 줄 다른 사람에게 물어보라고 대답하고 있다. 이런 유형은 정답이 될 가능성이 매우 높다.
(B) Where 의문문의 대답으로 보이긴 하지만, 내용상 식사를 할 수 있는 곳을 제시하지 않고 있기 때문에 오답이 된다.
(C) dinner에서 연상 가능한 beef를 이용한 오답 유형이다.
정답 (A)

어휘 client 고객 recommendation 추천 beef 쇠고기

Step 2 실전 TOEIC Test p.119

01 미W 미M

Where did you get the printer paper?
(A) Put the printer over there.

(B) From the supply closet.
(C) I read the paper every morning.

인쇄용지를 어디서 구했나요?
(A) 프린터를 저기에 두세요.
(B) 사무용품실에서요.
(C) 저는 매일 아침 신문을 읽어요.

해설 인쇄용지를 어디서 얻었는지 출처나 장소를 묻는 질문이다.
(A) 질문에 언급된 동일어휘인 printer를 이용한 오답 유형이다.
(B) 전치사 from 뒤에 장소를 언급하여 어디서 났는지 출처를 언급하고 있다.
(C) 동일어휘 paper를 이용한 오답 유형이다. 정답 (B)

어휘 printer paper 인쇄용지 supply closet 사무용품실 paper 신문, 종이

02 미M 호W

Where did you find the schedule for the lecture series?
(A) I found it online.
(B) Yes, for a couple of months.
(C) A series of events.

연속 강의 스케줄을 어디에서 찾았나요?
(A) 인터넷에서 찾았어요.
(B) 네, 두 달 동안이요.
(C) 일련의 행사에요.

해설 스케줄을 어디서 찾았는지 출처를 묻는 질문이다.
(A) 온라인, 즉 인터넷에서 찾았다고 출처를 제시하고 있으므로 정답이다.
(B) Where 의문문은 Yes나 No로 대답할 수 없다.
(C) 동일어휘인 series를 이용한 함정이다. 정답 (A)

어휘 schedule 스케줄 lecture 강의, 강연

03 미W 미M

Where do you get your mail?
(A) It's delivered to my workstation.
(B) I sent you a letter this morning.
(C) Everyday before 9 o'clock.

우편물을 어디로 받나요?
(A) 제 자리로 배달돼요.
(B) 오늘 아침에 당신에게 편지를 보냈어요.
(C) 매일 9시 이전이요.

해설 평소 우편물을 어디로 받는지 묻는 질문이다.
(A) 우편물이 배달되는 위치를 제시함으로써 간접적으로 자신이 받게 되는 장소를 나타내고 있으므로 정답이다.
(B) mail에서 연상 가능한 letter를 이용한 오답 유형으로, 시제도 맞지 않다. When 의문문과 어울린다.
(C) 특정 시점을 말하고 있으므로 When 의문문과 어울린다. 정답 (A)

어휘 mail 우편, 우편물 workstation 사무실의 자리

04 미M 미W

Where can I get directions to the convention center?
(A) I'll go there directly.
(B) I can give them to you.
(C) He's not the director.

컨벤션 센터로 가는 길을 어디서 알 수 있을까요?
(A) 저는 곧장 그리로 갈 거예요.
(B) 제가 알려드릴게요.
(C) 그는 이사가 아니에요.

해설 어디에서 컨벤션 센터로 가는 길을 알 수 있는지 묻는 질문이다.
(A) direction과 유사발음 어휘인 directly를 이용한 함정 보기이다.
(B) 본인이 알려줄 수 있다고 하였으므로 정답이다.
(C) direction과 유사발음 어휘인 director를 이용한 함정 답변이다. 본문에 언급되지 않은 3인칭 대명사인 he, she 등은 적절한 답변이 될 수 없다. 정답 (B)

어휘 direction 방향 directly 곧장, 곧바로 director 이사, 감독

05 호W 영M

Where is the art director?
(A) She's working at the gallery.
(B) They'll arrive tomorrow.
(C) Which direction is it?

미술감독은 어디에 있나요?
(A) 그녀는 화랑에서 일하고 있어요.
(B) 그들은 내일 도착할 거예요.
(C) 그건 어느 방향인가요?

해설 미술감독이 어디에 있는지 묻는 질문이다.
(A) 질문의 art director를 she로 받아 일하는 장소를 언급하고 있으므로 정답이다.
(B) 질문의 director는 단수이므로 복수 대명사가 주어로 나올 수 없다.
(C) director와 유사발음 어휘인 direction을 이용한 함정 보기이다. 정답 (A)

어휘 art director 미술감독 gallery 갤러리, 화랑

Lesson 3 없다/모른다 답변

Step 1 Warm-up Test p.121

01 미M 미W

Who is in the storage?
(A) Roy stopped by the store.
(B) No one as I know.
(C) I put it there.

창고에 누가 있나요?
(A) Roy가 그 가게에 들렀어요.
(B) 제가 알기로는 아무도 없어요.
(C) 제가 그걸 거기에 뒀어요.

해설 창고에 누가 있는지 묻는 질문이다.
(A) 사람이 등장하긴 했지만 store에 들렀다는 내용으로, 질문의 storage와 유사한 발음을 이용한 오답이다.
(B) I don't know 유형이다. 본인이 알기로는 아무도 없다고 확실치 않은 대답을 하고 있으므로 정답이다.
(C) 위치로 대답하고 있으므로 Who 의문문의 대답으로 어울리지 않는다. 정답 (B)

어휘 storage 창고

02 미W 미M

Where do you want me to put the files?

(A) From the manager.

(B) Leave them there.

(C) Yes, I did.

파일들을 어디에 둘까요?
(A) 매니저로부터요.
(B) 거기에 두세요.
(C) 네, 제가 했어요.

해설 파일을 어디에 두기를 원하는지 묻는 질문이다.
(A) 출처를 묻는 Where 의문문의 답변은 될 수 있으나 물건을 놓을 장소를 묻는 질문에 대한 답변으로는 적절하지 않다.
(B) there를 이용하여 눈에 보이는 특정 위치를 지정하고 있으므로 정답이다.
(C) Where 의문문에 Yes나 No로 대답할 수 없다. 정답 (B)

03 호W 영M

Who will take charge of the new project?

(A) No one as I know.

(B) The company credit card.

(C) The old one works fine.

새 프로젝트를 누가 맡을 건가요?
(A) 제가 알기로는 아무도 없어요.
(B) 회사 신용카드요.
(C) 오래된 것이 잘 작동해요.

해설 새 프로젝트를 누가 맡을 것인지 묻는 질문이다.
(A) I don't know 유형으로 본인이 아는 한은 맡을 사람이 아무도 없다는 답변을 하고 있다.
(B) 청구하다는 의미를 가지고 있는 charge에서 연상할 수 있는 credit card를 언급한 오답이다.
(C) 오래된 것이 잘 작동되고 있다는 내용으로 질문과는 전혀 상관없는 답변이다. project에서 work를 연상케 하는 오답 유형이다. 정답 (A)

어휘 take charge of ~을 떠맡다, 책임을 지다

04 미M 미W

How many did you receive?

(A) None so far.

(B) Yes, I did.

(C) I bought a new computer.

몇 개나 받았나요?
(A) 아직까진 없어요.
(B) 네, 제가 했어요.
(C) 새 컴퓨터를 샀어요.

해설 얼마나 많이 받았는지, 즉 몇 개나 받았는지 묻는 질문이다.
(A) 받은 것이 없다는 답변으로 정답이다.
(B) How 의문문은 Yes나 No로 대답할 수 없다.
(C) 새 컴퓨터를 샀다는 답변은 질문과 상관없다. 정답 (A)

어휘 so far 지금까지

05 미W 미M

Is today's meeting about communication or planning?

(A) At two o'clock.

(B) No, it's in the package.

(C) Neither. It's about auditing.

오늘 회의 주제가 커뮤니케이션인가요? 아니면 기획인가요?
(A) 2시 정각에요.
(B) 아니요, 그건 패키지 안에 있어요.
(C) 둘 다 아니에요. 회계 감사에요.

해설 오늘 회의의 안건이 제시한 두 가지 중 무엇인지 묻는 질문이다.
(A) 시간 답변은 When 의문문과 어울린다.
(B) A or B 질문은 A, B가 각각 명사 단어인 경우 Yes나 No로 대답할 수 없다.
(C) A와 B 둘 다 아니고, C라고 다른 옵션으로 대답을 하고 있으므로 정답이다. 정답 (C)

어휘 communication 의사소통, 연락 planning 기획 auditing 회계 감사

Step 2 실전 TOEIC Test

p.121

01 미M 호W

Where can we hold the workshop?

(A) There is a seminar room downstairs.

(B) I can work on Friday.

(C) Isn't it too heavy?

연수회를 어디서 열 수 있을까요?
(A) 아래층에 세미나실이 있어요.
(B) 저는 금요일에 일할 수 있어요.
(C) 그거 너무 무겁지 않나요?

해설 연수회를 개최할 장소를 묻는 질문이다.
(A) 아래층의 세미나실을 제시한 정답이다.
(B) workshop과 유사 발음 어휘인 work와 조동사 can을 반복 등장시켜 혼란을 유도하는 오답이다. Where 의문문에 특정 일자로 대답할 수 없다.
(C) 반문하는 답변으로 질문과 상관없는 내용이다. 정답 (A)

어휘 hold 열다, 개최하다 workshop 연수회 seminar room 세미나실 downstairs 아래층에

02 미W 미M

What's the name of the new art gallery in town?

(A) Actually, I'm not sure.

(B) I also bought one.

(C) Why don't you take a photograph?

시내의 새 미술관 이름이 뭔가요?
(A) 사실 잘 모르겠어요.
(B) 저도 하나 구입했어요.
(C) 사진 한 장 찍는 게 어때요?

해설 시내의 새 미술관의 이름을 묻는 질문이다.
(A) I don't know 유형이다. 뒤쪽에 엉뚱한 말이 추가되지 않는다면 어느 의문문에서든 정답이 될 수 있다.
(B) 이름을 묻는 질문과는 전혀 상관없이 하나를 샀다는 답변이므로 오답이다.
(C) art gallery에서 사진 찍는 것을 연상시킬 수는 있겠으나 질문과 상관없는 답변이다. 정답 (A)

어휘 art gallery 미술관, 화랑 town 도시, 시내

03 영M 호W

What should we bring with us to Rickey's retirement party?

(A) No, it doesn't start until 9 p.m.

(B) In the meeting room on the first floor.

(C) Nothing. Everything's been taken care of.

Rickey의 은퇴 파티에 무엇을 가져가야 할까요?
(A) 아니요. 오후 9시나 돼서야 시작해요.
(B) 1층에 있는 회의실에서요.
(C) 아무것도 가져가지 않아도 돼요. 모든 것이 준비되어 있어요.

해설 은퇴 파티에 무엇을 가져가야 할지 묻는 질문이다.
(A) 의문사 의문문에 Yes나 No로 대답할 수 없다.
(B) What 의문문에 장소의 답변은 나올 수 없다.
(C) 가져갈 것이 없다는 답변으로 정답이다. 정답 (C)

어휘 retirement party 은퇴 파티

04 미W 미M

What's the topic of the workshop?

(A) For two days.

(B) I have no idea.

(C) It starts in ten minutes.

워크숍의 주제가 뭐예요?
(A) 이틀 동안이요.
(B) 몰라요.
(C) 10분 후에 시작해요.

해설 연수회의 주제가 무엇인지 묻는 질문이다.
(A) 주제를 묻는 질문에 기간으로 대답할 수 없으므로 오답이다.
(B) 모른다는 답변은 무적이다. 어떠한 의문문에서도 정답이 될 수 있으나, 뒤쪽에 엉뚱한 말을 덧붙여 오답으로 유도할 수 있으므로 주의하자.
(C) 시작 시점에 대한 대답은 When 의문문과 어울린다.
정답 (B)

05 영M 미W

What's the new president's name?

(A) I haven't met her yet.

(B) They renamed the building.

(C) Write down your name on the list.

신임 사장의 이름이 무엇인가요?
(A) 아직 만나보지 못했어요.
(B) 그들이 건물 이름을 바꿨어요.
(C) 리스트에 당신의 이름을 적으세요.

해설 새로운 사장의 이름이 무엇인지 묻는 질문이다.
(A) I don't know 유형이다. 모른다는 것을 아직 만나본 적이 없다는 말로 돌려서 말하고 있다.
(B) name과 유사어휘인 renamed를 이용한 함정 보기이다. 질문과는 상관없는 답변이다.
(C) 동일어휘인 name을 언급한 오답 유형이다. 정답 (A)

어휘 president 사장, 대통령 rename 이름을 다시 짓다 write down ~을 적다

Part 2

Chapter 4 What 의문문

Lesson 1 What 의문문 기본형

Step 1 Warm-up Test p.125

01 미M 미W

What form of payment do you prefer?

(A) My former address.

(B) I'll use a credit card.

(C) I'd prefer to.

무엇으로 결제하시겠어요?
(A) 제 이전 주소요.
(B) 신용카드를 사용할래요.
(C) 그게 더 좋아요.

해설 선호하는 지불 형태를 묻는 질문이다. What 뒤에 명사가 따라올 때는 그 명사가 답을 결정한다.
(A) form과 유사발음 어휘인 former를 이용한 오답 유형이다. 질문과는 상관이 없다.
(B) 지불 방식을 신용카드로 대답하였으므로 정답이다.
(C) prefer를 반복 등장시켜 혼란을 유발하는 오답 유형이다.
정답 (B)

어휘 form 종류, 유형, 방식 payment 지불 prefer (to + 동사원형) (~하는 것을) 선호하다, 좋아하다 former 이전의 address 주소 credit card 신용카드

02 미W 미M

What color paper should I use for the brochures?

(A) I'm sure it is.

(B) Gray would be good.

(C) That's quite useful.

안내책자에 어느 색 종이를 사용할까요?
(A) 제가 확신해요.
(B) 회색이 좋을 것 같네요.
(C) 그건 꽤 유용해요.

해설 안내책자에 사용할 종이의 색을 묻는 질문이다. What 뒤에 명사가 위치할 때는 그 명사가 답을 결정한다.
(A) 그렇다고 확신한다는 내용으로, 색을 묻는 질문에 대한 답변으로는 부적절하다.
(B) 회색을 제시하였으므로 정답이다.
(C) 질문의 use와 유사하게 들리는 useful을 이용한 오답 유형이다.
정답 (B)

어휘 brochure 안내책자 useful 유용한, 도움이 되는

03 미W 영M

What form of identification should I bring?

(A) I should, too.

(B) Please fill out the form.

(C) A passport is best.

신분증은 어떤 것을 가져갈까요?
(A) 저도 그래요.
(B) 서류를 작성해 주시기 바랍니다.
(C) 여권이 가장 좋아요.

해설 가져가야 하는 신분증의 종류를 묻는 질문이다.
(A) 동일어휘인 I, should가 반복되고 있는 오답 유형이다.
(B) 동일어휘인 form을 반복하였지만, 질문의 form은 '종류'를 가리키는데 반해 보기의 form은 '서류'를 의미한다. 질문과 상관없는 답변이다.
(C) 신분증의 종류로서 여권이 가장 좋다고 대답하였으므로 정답이다. 정답 (C)

어휘 identification 신분증명서 form 종류, 형태, 서류 passport 여권

04 미M 미W

What's the price of a one-way ticket to Boston?
(A) That's too many.
(B) Around thirty-five minutes.
(C) About twelve dollars.

Boston으로 가는 편도 티켓이 얼마인가요?
(A) 그건 너무 많아요.
(B) 35분 정도요.
(C) 12달러 정도요.

해설 가격을 묻는 질문이다. What 뒤에 〈be동사 + 명사〉가 등장할 때는 그 명사가 질문의 의도가 된다.
(A) 질문의 to와 유사한 발음인 too가 언급된 오답 유형으로 가격과는 전혀 상관없는 수량에 대한 답변이다.
(B) 가격을 묻는 문제에 기간으로 대답할 수 없으므로 오답이다.
(C) 가격으로 제대로 답변하였다. 정답이다. 정답 (C)

어휘 price 가격 one-way 편도의

05 미M 호W

What plans does the company have for its twentieth year anniversary?
(A) Yes, a business plan.
(B) There will be a celebration.
(C) Please make ten more.

회사가 창사 20주년 기념일 행사로 무엇을 계획하고 있나요?
(A) 네, 사업 계획이요.
(B) 기념행사가 있을 거예요.
(C) 열 개 더 만들어 주세요.

해설 창사 20주년 기념일 계획이 무엇인지 묻는 질문이다.
(A) 동일어휘인 plan을 반복하여 혼란을 유발하는 문제이나 What 의문문에 Yes나 No로 대답할 수 없다.
(B) 기념행사가 계획되어 있다는 답변으로 정답이다.
(C) 질문에서와 마찬가지로 수를 언급하고 있지만 What plans가 아닌 How many에 대한 답변이다. 정답 (B)

어휘 plan 계획 anniversary (~주년) 기념일 celebration 기념행사

Step 2 실전 TOEIC Test

p.125

01 미M 미W

What kind of work do you do at the laboratory?
(A) It works well.
(B) It's closed today.
(C) I'm a technician.

실험실에서 어떤 종류의 일을 하세요?
(A) 그건 잘 작동해요.
(B) 오늘은 문이 닫혔어요.
(C) 저는 기술자예요.

해설 실험실에서 하는 일이 무엇인지 묻는 질문이다. What 의문사 뒤의 명사가 답을 결정한다.
(A) 질문의 명사 work를 동사 work로 받아 반복 사용한 오답 유형이다. 일이나 업무의 종류가 아닌 작동 상태에 대한 답변이다.
(B) 일에 관한 질문에 오늘이라는 시점으로 대답하였으므로 정답이 될 수 없다.
(C) 본인의 직업을 말함으로써 어떤 일을 하는지 설명하고 있으므로 정답이다. 정답 (C)

어휘 laboratory 실험실 technician 기술자, 기사

02 호W 미M

What will new employees work on?
(A) It isn't working.
(B) We have a new project for them.
(C) In an office.

신입사원들은 어떤 일을 할 건가요?
(A) 그건 작동하지 않아요.
(B) 그들을 위한 새로운 프로젝트가 있어요.
(C) 사무실 안에요.

해설 신입사원들은 어떤 일을 하게 될지를 묻는 질문이다.
(A) 동일어휘 work를 이용한 함정 보기이다. 질문의 work on은 '~에 관한 일을 하다'는 의미로 쓰인 반면, 여기서의 work는 기계 등이 '작동하다'란 의미이다.
(B) 그들이 할 일로 새로운 프로젝트가 있다고 하였으므로 정답이다.
(C) 업무를 묻는 질문에 장소로 대답할 수 없으므로 오답이다.
정답 (B)

어휘 employee 직원

03 미M 미W

What's your manager's name?
(A) For several years now.
(B) Yes, it's a shame.
(C) It's Bob Griffin.

당신 매니저의 이름이 뭔가요?
(A) 현재 몇 년 동안이요.
(B) 네, 유감이네요.
(C) Bob Griffin이에요.

해설 매니저의 이름을 묻는 질문이다. What 뒤에 〈be동사 + 명사〉가 나올 땐 그 명사가 정답을 이끈다. 소유격은 명사 수식 기능을 하므로 가장 뒤에 위치한 명사 name이 답을 결정하는 것이다.
(A) 이름을 묻는 질문에 기간으로 답변하였으므로 오답이다.
(B) What 의문문에 Yes나 No로 대답할 수 없다.
(C) Who 의문사와 마찬가지로 사람 이름으로 대답하면 정답이다. 정답 (C)

어휘 several 몇몇의 shame 애석한 일, 창피, 수치심

04 미W 미M

What will they be serving at the reception this evening?

(A) An acceptance speech.

(B) The service was excellent.

(C) Light refreshments.

오늘 저녁 연회에서는 무엇이 나오나요?
(A) 수락 연설이요.
(B) 서비스가 좋았어요.
(C) 가벼운 다과요.

해설 연회에서 어떤 음식이 제공되는지 묻는 질문이다. What 의문문 뒤에 〈주어 + 동사〉가 나올 경우에는 동사가 정답을 이끈다.
(A) reception과 유사발음 어휘인 acceptance를 이용한 오답 유형이다. 질문과는 관련 없는 답변이다.
(B) serving과 유사어휘인 service를 언급하여 오답을 유도하는 함정이다.
(C) 제공될 수 있는 음식의 종류를 말하고 있으므로 정답이다.
정답 (C)

어휘 serve (음식을) 제공하다 reception 연회 acceptance speech 수락 연설 refreshments 다과, 가벼운 식사

05 미M 영M

What are you doing this afternoon?

(A) Finishing a report.

(B) Fine, thanks.

(C) Yes, I have to.

오늘 오후에 무엇을 할 건가요?
(A) 보고서를 끝낼 거예요.
(B) 잘 지내요.
(C) 네, 제가 해야 해요.

해설 오늘 오후에 무엇을 할 예정인지 묻는 질문이다. 동사에 집중하자.
(A) 오늘 오후에 할 일로 보고서를 끝내는 것을 말하고 있다. 정답이다.
(B) 안부나 의향을 묻는 질문에 어울리는 답변이다.
(C) What 의문문에 Yes나 No로 대답할 수 없다. 정답 (A)

어휘 report 보고서

Lesson 2 What 의문문 난이도형

Step 1 Warm-up Test p.127

01 미W 미M

What's wrong with this fax machine?

(A) It's upstairs on the left.

(B) The operation manager.

(C) It's probably out of ink.

이 팩스기에 무슨 문제가 있나요?
(A) 위층 왼편에 있어요.
(B) 운영 관리자요.
(C) 아마 잉크가 다 떨어졌을 거예요.

해설 팩스기가 무엇이 잘못되었는지 묻는 질문이다. What is 뒤의 형용사와 명사가 답을 이끈다.
(A) 문제가 무엇인지 묻는 질문에 장소를 제시하고 있으므로 오답이다.
(B) 직책의 답변은 Who 의문문과 어울린다.
(C) 팩스기의 문제점으로 잉크가 다 떨어졌다고 대답하였으므로 정답이다. 정답 (C)

어휘 fax machine 팩스기 operation manager 운영 관리자

02 미M 미W

What do you think we should call our new line of athletic wear?

(A) Something that's fun and easy to memorize.

(B) I never knew you were so athletic.

(C) I'm planning to dress casually.

우리의 새 운동복 제품군 이름을 뭐라고 해야 한다고 생각하세요?
(A) 재미있고 외우기 쉬운 것으로요.
(B) 이렇게 몸이 좋으신지 전혀 몰랐어요.
(C) 편하게 입을 계획이에요.

해설 새로운 운동복의 명칭에 대해 상대방의 의견을 묻고 있다.
(A) 재미있고 외우기 쉬운 어떤 것이라는 포괄적인 답변이므로 정답이다.
(B) 반복어휘 athletic으로 오답을 유도하는 함정이다. 질문과는 무관하다.
(C) wear에서 연상 가능한 dress를 이용한 오답 유형이다.
정답 (A)

어휘 athletic wear 운동복 athletic [æθlétik] 육상의, 몸이 탄탄한 casually 편하게, 우연히

03 미W 영M

What happened to your computer?

(A) Yes, that happens often.

(B) It's broken.

(C) Last week, sometime.

당신 컴퓨터에 무슨 일이 생겼나요?
(A) 네, 그건 자주 일어나요.
(B) 고장 났어요.
(C) 지난주 언젠가요.

해설 컴퓨터에 무슨 일이 생겼는지 묻는 질문이다. What happened로 질문하면 발생과 관련된 답변이 나온다.
(A) 동일어휘 happen으로 혼란을 유발하는 함정 답변이다. What 의문문에 Yes나 No로 대답할 수 없다.
(B) 컴퓨터에 발생한 일로 고장을 제시하고 있으므로 정답이다.
(C) 어떤 시점을 대답하고 있다. 질문과 무관하다. 정답 (B)

어휘 happen 발생하다, 벌어지다 break 부서지다, 고장 나다

04 미M 호W

What's the quickest way to the train station?

(A) It leaves at 8:45.

(B) A ticket costs two dollars.

(C) Turn left at the next block and go straight.

기차역으로 가는 가장 빠른 길이 뭐죠?
(A) 그것은 8시 45분에 떠나요.
(B) 차표 가격은 2달러에요.
(C) 다음 블록에서 왼쪽으로 돌아 곧장 가세요.

해설 기차역으로 갈 수 있는 가장 빠른 길을 묻는, 방법에 대한 질문

이다. What is 이후의 명사에 집중하자.

(A) train station에서 출발 시간을 연상할 수는 있으나 시간을 묻는 질문이 아니므로 오답이다.

(B) train station에서 차표 가격을 연상할 수는 있으나 방법에 대한 답변은 될 수 없다.

(C) 기차역으로 가는 빠른 길을 제시해주고 있으므로 정답이다.

정답 (C)

어휘 way 길 train station 기차역 cost 비용이 ~들다

05 미W 미M

What's Mr. Adam's new position?

(A) This is the latest version.

(B) No one knows when to leave.

(C) I think he is the head accountant.

Mr. Adam의 새로운 직책은 무엇인가요?

(A) 이것이 최신판이에요.

(B) 언제 떠날지 아무도 몰라요.

(C) 제 생각에는 수석 회계사일 거예요.

해설 직책이 무엇인지 묻는 질문이다. be동사 뒤의 명사에 주의하자.

(A) new에서 latest를 연상할 수도 있겠으나 직위와는 상관없는 답변이다.

(B) I don't know 유형이므로 정답이 될 것 같지만, 뒤에서 시간에 대한 답변임을 알 수 있으므로 직위가 무엇인지를 묻는 질문에는 답이 될 수 없다.

(C) 직책으로 대답하므로 정답이다. 정답 (C)

어휘 position 위치, 직책 head accountant 수석 회계사

Step 2 실전 TOEIC Test p.127

01 영M 호W

What will the parking fee be?

(A) It feeds five.

(B) Yes, in the driveway.

(C) Forty dollars a day.

주차 요금이 얼마 나올까요?

(A) 5를 넣으세요.

(B) 네, 주택 안의 차도에서요.

(C) 하루에 40달러에요.

해설 주차 요금이 얼마인지 묻는 질문이다.

(A) 가격을 묻는 질문에 숫자가 등장하였지만 가격과는 무관한 답변이다.

(B) parking에서 연상 가능한 driveway를 이용한 오답 유형이다. What 의문문은 Yes나 No로 대답할 수 없다.

(C) 정확한 금액으로 답변했으므로 정답이다. 정답 (C)

어휘 parking fee 주차요금 driveway 주택 안의 차도

02 미M 미W

What's the problem with the sales report?

(A) He is probably in his office.

(B) There are some spelling mistakes.

(C) I read the book last week.

판매 보고서가 어디가 잘못되었나요?

(A) 그는 아마 그의 사무실에 있을 거예요.

(B) 철자가 몇 군데 틀렸어요.

(C) 지난주에 그 책을 읽었어요.

해설 판매 보고서의 문제점이 무엇인지 묻는 질문이다. 〈What + be동사〉 뒤의 명사에 주의하자.

(A) 질문에 등장한 적 없는 he, she와 같은 3인칭 대명사는 정답이 될 수 없다.

(B) 문제점을 지적하고 있으므로 정답이다.

(C) 문제가 무엇이냐는 질문에 어제 읽었다는 시간에 대한 답변은 답이 될 수 없다. 정답 (B)

어휘 sales report 판매 보고서 probably 아마 spelling 철자, 맞춤법 mistake 실수, 잘못

03 미W 미M

What's the first step of the renovation plan?

(A) To the flat.

(B) Hiring workers.

(C) In two weeks.

보수 계획의 첫 단계가 무엇인가요?

(A) 아파트로요.

(B) 일꾼들을 고용하는 것이요.

(C) 2주 후에요.

해설 보수 계획의 첫 단계가 무엇인지 묻는 질문이다.

(A) 장소의 전치사 to와 장소명사인 flat을 이용해 방향에 대한 답변을 하고 있으므로 오답이다.

(B) 보수 계획의 첫 단계로 일꾼들을 구해야 한다고 답변하였으니 정답이다.

(C) 어떤 절차에 관한 질문에 시점으로 대답할 수 없다. 정답 (B)

어휘 renovation 개수, 보수 flat 아파트

04 영M 호W

What's the matter with this drying machine?

(A) I'm going there too.

(B) We met her last week.

(C) It's missing a part.

건조기에 무슨 문제 있나요?

(A) 저도 그리로 가고 있어요.

(B) 우리는 지난주에 그녀를 만났어요.

(C) 부품이 하나 분실됐어요.

해설 건조기에 무슨 문제가 있는지 묻는 질문이다. 건조기의 상태로 대답할 수 있다.

(A) 상대의 말에 동의하여 자신도 간다는 내용이므로 문제점에 대한 답변으로는 부적절하다.

(B) 질문에서 언급되지 않은 3인칭 대명사인 her가 언급되고 있으며, 시점으로 답변하고 있어 오답이다.

(C) 부품이 없어졌다는 문제점을 제시하고 있으므로 정답이다.

정답 (C)

어휘 drying machine 건조기 part 부품

05 미W 미M

What time is the next meeting?

(A) For more than an hour.

(B) No, it's the last time.

(C) It was changed to three.

다음 회의는 몇 시인가요?

(A) 한 시간이 넘게요.

(B) 아니요, 이게 마지막이에요.
(C) 3시로 바뀌었어요.

해설 다음 회의의 시간을 묻는 질문이다. What time ~?으로 묻는 것은 When 의문문과 의미가 같다.

(A) 소요 시간에 대한 대답은 When 의문문과 어울리지 않는다.
(B) What 의문문은 Yes나 No로 대답할 수 없다.
(C) 3시로 바뀌었다면서 시간을 말해주고 있으므로 정답이다.

정답 (C)

Chapter 5 How 의문문

Lesson 1 How 의문문 기본형

Step 1 Warm-up Test p.131

01 미W 미M

How many people responded to the e-mail?
(A) Yes, I will read it.
(B) Everyone except Austin.
(C) By tomorrow afternoon.

그 이메일에 몇 명이 응답했나요?
(A) 네, 제가 그걸 읽을게요.
(B) Austin을 제외한 모두가요.
(C) 내일 오후까지요.

해설 얼마나 많은 사람들이 이메일에 응답했는지 수를 묻는 문제이다.
(A) e-mail에서 read, 즉 이메일을 읽는다는 내용을 연상시킬 것을 노린 함정 보기이다. How 의문문은 Yes나 No로 대답할 수 없다.
(B) How 의문문은 뒤의 형용사나 부사가 답을 결정한다. How 뒤의 형용사 many가 수량을 묻는 질문을 만들었다. 보통은 수로 대답이 나오지만, 여기서는 특정 수량으로 대답하지 않고 이름을 제시한 한 사람을 제외한 모두가 답변하였다고 하였으므로 정답이다.
(C) When 의문문으로 언제까지 응답해야 하냐고 물었을 때나 가능한 답변이다.

정답 (B)

어휘 respond to ~에 응답하다, 답변하다 except ~를 제외하고

02 호W 미W

How long will this light bulb last?
(A) More or less.
(B) For a desk lamp.
(C) At least three years.

이 전구의 수명이 얼마인가요?
(A) 그 정도요.
(B) 탁상용 스탠드로요.
(C) 최소 3년이요.

해설 전구의 수명이 얼마나 가는지 기간을 묻는 질문이다.
(A) more or less는 특정 수치에 근접한다는 의미로, 질문에서 특정 수명을 언급하여 질문하였다면 그 언저리라는 의미의 답이 될 수 있겠지만 이 문제에서는 정답이 될 수 없다.
(B) light bulb에서 연상 가능한 lamp를 이용한 오답 유형이다. 전치사 for는 보통 어떤 목적이나 이유를 나타낼 때 쓰이므로 정답이 될 수 없다.
(C) 3년이라는 수명을 제시했으므로 정답이다. How 뒤에 형용사 long이 쓰일 때는 보통 기간, 소요 시간 등을 묻는다.

정답 (C)

어휘 light bulb 전구 more or less 약, 대략 desk lamp 탁상용 스탠드 at least 최소한

03 미W 미M

How long have you worked in the store?
(A) About 10 km from here.
(B) At 9 o'clock.
(C) Nearly four years.

그 가게에서 일한 지 얼마나 되었나요?
(A) 여기서 10km 정도 떨어져 있어요.
(B) 9시에요.
(C) 4년 정도요.

해설 가게에서 일한 지 얼마나 되었는지 묻는 문제이다.
(A) 일한 기간을 묻는 문제에 거리로 대답했으므로 오답이다.
(B) 특정 시간 답변은 When 의문문과 어울린다.
(C) 특정 기간을 제시하였으므로 정답이다. How 뒤의 형용사 long을 들었다면 기간, 소요 시간의 답변을 예상하자. nearly는 주로 뒤에 수치를 동반한다는 것도 알아두자.

정답 (C)

어휘 nearly 거의

04 영M 호W

How often do you submit the expense report?
(A) Once a month.
(B) That's too expensive.
(C) In the folder.

지출 보고서를 얼마나 자주 제출하나요?
(A) 한 달에 한 번이요.
(B) 그건 너무 비싸요.
(C) 폴더 안에요.

해설 보고서를 얼마나 자주 제출하는지 횟수를 묻는 질문이다.
(A) 한 달에 한 번이라는 빈도로 대답했으므로 정답이다.
(B) expense와 유사발음인 expensive를 이용한 오답으로, 가격에 대한 답변이 된다.
(C) report에서 연상 가능한 folder를 이용한 오답 유형이다. 장소를 지시하는 답변은 Where 의문문과 어울린다.

정답 (A)

어휘 submit 제출하다 expense report 지출 보고서 once 한 번 expensive 비싼, 돈이 많이 드는 folder 폴더

05 미W 미M

How late is the library open?
(A) I haven't lately.
(B) Until 5 p.m.

(C) Five days a week.

그 도서관은 언제까지 문을 여나요?
(A) 최근에는 그런 적이 없어요.
(B) 오후 5시까지요.
(C) 1주일에 5일이요.

해설 도서관이 얼마나 늦게까지 문을 여는지 묻는 질문이다.
(A) late의 유사어휘인 lately를 이용한 오답 유형이다.
(B) 전치사 until을 이용하여 특정 시간까지 문을 연다고 답변하였으므로 정답이다.
(C) 빈도에 관한 답변은 How often과 어울린다. 정답 (B)

어휘 library 도서관 lately 최근에

Step 2 실전 TOEIC Test p.131

01 미M 영M

How long will it take you to replace the tires?
(A) Two or three kilometers at least.
(B) No, I can't see it.
(C) I'll be done by two o'clock.

타이어를 교체하는 데 얼마나 걸릴까요?
(A) 적어도 2~3km요.
(B) 아니요, 안 보여요.
(C) 두 시까지 끝낼게요.

해설 타이어 교체하는 데 얼마나 걸릴지 소요 시간을 묻는 질문이다.
(A) 특정 거리를 언급하였으므로 오답이다.
(B) How 의문문은 Yes나 No로 대답할 수 없다.
(C) 특정 소요 시간 대신에 완료할 수 있는 시간으로 답변하였다. How long으로 소요 시간을 물어볼 때에는 일이 완료되는 시점으로 대답할 수도 있다는 것을 기억해두자. 정답 (C)

어휘 replace 교체하다

02 미W 미M

How long is the flight to Chicago?
(A) About 12 hours.
(B) A long time ago.
(C) It starts at 3 o'clock.

Chicago까지 항공편으로 얼마나 걸리나요?
(A) 12시간 정도요.
(B) 오래 전에요.
(C) 3시 정각에 시작해요.

해설 Chicago까지 가는 데 얼마나 걸리는지 소요 시간을 묻는 질문이다.
(A) 특정 소요 시간으로 답변한 정답이다.
(B) long을 반복 사용한 오답 유형으로, 과거의 시점을 언급했으므로 When에 대한 답변이 될 수 있다.
(C) 뜬금없이 시작 시간을 답변하고 있는 오답이다. 정답 (A)

어휘 flight 비행기, 항공편 a long time ago 오래 전에

03 미M 호W

How often do you attend professional conferences?
(A) Whenever I can.
(B) About two months.
(C) I'd like to do that.

전문가 회의에 얼마나 자주 참여하나요?
(A) 가능할 때마다요.
(B) 약 두 달 간이요.
(C) 그거 제가 하고 싶어요.

해설 회의에 얼마나 자주 참여하는지 빈도나 횟수를 묻는 질문이다.
(A) How often에는 횟수나 빈도로 대답하는 것이 보편적이지만, every나 whenever 등을 이용한 표현도 가능하다는 점을 기억하자.
(B) 두 달이라는 기간으로 답변했으므로 How long에 대한 답변이다.
(C) 제안에 대해 동의하는 답변으로 빈도에 대한 답변은 될 수 없다. 정답 (A)

어휘 professional 직업적인, 전문직의 conference 회의, 학회

04 미W 미M

How much were the orders?
(A) By filling out the form.
(B) About 100 Euros.
(C) To confirm the order.

주문한 것들의 가격이 얼마죠?
(A) 그 서식을 작성해서요.
(B) 100유로 정도요.
(C) 주문을 확인하려고요.

해설 주문한 것들이 얼마인지 가격을 묻는 질문이다.
(A) order에서 연상 가능한 fill out the form을 이용한 오답 유형으로, 전치사 by는 수단에 대한 답변이 될 수 있다.
(B) How much는 보통 셀 수 없는 양이나 가격으로 대답한다. 질문에서 가격을 물었으므로 특정 가격으로 대답한 정답이다.
(C) 동일어휘 order를 반복한 오답 유형이다. to부정사는 대개 목적, 이유 등을 나타낸다. 정답 (B)

어휘 fill out (필요한 사항들을) 기입하다 form (문서의) 서식 confirm 확인하다

05 호W 영M

How many orders did we receive today?
(A) About ten years older.
(B) May I have one?
(C) More than I can count.

오늘 주문 받은 것이 얼마나 되나요?
(A) 약 10살 정도 더 많아요.
(B) 제가 하나 가져도 될까요?
(C) 셀 수 없을 만큼 많이요.

해설 오늘 받은 주문의 수량이 얼마나 되는지 묻는 질문이다.
(A) 숫자만 듣고 정답으로 오해하지 않도록 주의하자. 숫자 뒤에서 엉뚱한 말을 했으므로 오답이다.
(B) 숫자가 등장하였으나 하나를 가져도 되냐는 엉뚱한 답변이다.
(C) (A), (B)는 모두 숫자가 포함되었지만 정답은 오히려 숫자로 대답하지 않은 다소 난이도 있는 문제라 할 수 있다. 셀 수 없을 정도라고 하여 그 수가 많다는 것을 강조하였다. 정답 (C)

어휘 receive 받다 older 나이가 더 많은 count 수를 세다

Lesson 2 How 의문문 난이도형 (1)

Step 1 Warm-up Test p.133

01 미W 호W

How do you clean this computer screen?
(A) Yes, for the commuters.
(B) With paper towels.
(C) From the television.

이 컴퓨터 스크린을 어떤 방법으로 닦으세요?
(A) 네, 통근자들을 위해서요.
(B) 종이 타월로요.
(C) 텔레비전으로부터요.

해설 스크린을 닦을 때 어떻게 하는지 방법을 묻는 질문이다.
(A) computer와 유사발음 어휘인 commuter를 이용한 오답 유형이다. How 의문문은 Yes나 No로 대답할 수 없다.
(B) How do로 질문할 때는 대개 방법이나 수단 등을 묻는 문제가 된다. with 뒤에 컴퓨터 스크린을 닦는 도구를 제시하여 자신이 사용하는 방법을 나타냈으므로 정답이다.
(C) screen에서 연상 가능한 television을 이용한 오답 유형으로, from은 출처를 나타낼 때 사용하는 전치사다. 정답 (B)

어휘 clean 닦다, 청소하다 commuter 통근자 paper towel 종이 타월

02 미M 미W

How long has Mr. Jones been waiting?
(A) Ten minutes.
(B) It's eight pages long.
(C) Soon, I hope.

Mr. Jones가 얼마나 오래 기다렸나요?
(A) 10분간요.
(B) 그건 8페이지 분량이에요.
(C) 금방 됐으면 좋겠어요.

해설 Mr. Jones가 얼마나 기다렸는지 시간을 묻는 질문이다.
(A) How long은 시간이나 길이를 묻는 유형이다. 여기서는 기다린 시간을 묻는 질문에 10분이라는 특정 기간으로 답변했으므로 정답이다.
(B) 동일어휘인 long을 이용한 오답이다. 책의 페이지 수로 대답하였다.
(C) 여태껏 얼마나 기다렸는지 묻는 질문에 soon이라든지 hope와 같은 미래 지향적인 답변을 할 수 없다. 정답 (A)

어휘 wait 기다리다 soon 곧 hope 희망하다

03 미W 미M

How are your clients traveling to Hong Kong?
(A) By airplane.
(B) On Friday.
(C) Fine, thank you.

당신 고객들이 Hong Kong으로 어떻게 이동하나요?
(A) 비행기로요.
(B) 금요일에요.
(C) 좋아요, 감사합니다.

해설 고객이 홍콩으로 어떻게 갈 것인지 교통수단을 묻는 질문이다.
(A) 수단을 나타낼 때는 주로 전치사 by나 through를 이용한 표현을 사용한다는 점을 기억하자.
(B) 특정 요일로 대답하는 경우는 When 의문문과 어울린다.
(C) 안부나 의향을 묻는 말에 대한 답변으로 적절하다. 정답 (A)

어휘 client 고객 travel 여행하다, 이동하다 airplane 비행기

04 영M 호W

How do you get home in the evenings?
(A) I take the city bus.
(B) About an hour away.
(C) I watch television.

저녁에는 집에 어떻게 가시나요?
(A) 저는 시내버스를 타요.
(B) 한 시간 정도 떨어진 거리에요.
(C) 저는 텔레비전을 봐요.

해설 집에 가는 수단을 묻는 질문이다.
(A) 수단을 묻는 문제에 버스를 탄다고 구체적인 수단을 제시했으므로 정답이다.
(B) 거리는 How long 혹은 How far의 질문에 대한 답변이 된다.
(C) 질문과 상관없는 답변이다. 정답 (A)

어휘 city bus 시내버스

05 미W 미M

How many days are left until the new campaign is launched?
(A) Just over a week now.
(B) No thanks, I've eaten lunch.
(C) Yes, I think that's too late.

새로운 캠페인이 시작되려면 며칠이나 남았나요?
(A) 지금부터 일주일 조금 넘게 남았어요.
(B) 괜찮습니다, 점심 먹었어요.
(C) 네, 너무 늦은 것 같네요.

해설 캠페인이 시작하려면 며칠이나 남았는지 묻는 질문이다.
(A) How many로 물었으면 보통 숫자로 대답한다. a week는 일주일, 즉 7일의 다른 말이므로 정답이다.
(B) launch와 유사발음 어휘인 lunch를 이용한 오답 유형이다.
(C) How 의문문은 Yes나 No로 대답할 수 없다. 정답 (A)

어휘 campaign 캠페인

Step 2 실전 TOEIC Test p.133

01 미M 미W

How do you get to work every day?
(A) I drive there.
(B) Around nine.
(C) Yes, three times a week.

매일 직장에 어떻게 가나요?
(A) 운전해서 가요.
(B) 9시 정도요.
(C) 네, 일주일에 세 번이요.

해설 직장까지 가는 방법을 묻는 질문이다.
(A) drive는 '운전한다'는 뜻이므로 자가용으로 출근한다는 것을 알 수 있다.
(B) 대략 9시라는 의미로, When 의문문과 어울리는 답변이다.

(C) How 의문문은 Yes나 No로 대답할 수 없다. 정답 (A)

어휘 get to work 출근하다 around 대략

02 호W 영M

How can I contact David in the office upstairs?

(A) I usually just walk up there.

(B) The other contract.

(C) Yes, there are stairs.

위쪽 사무실에 있는 David와 어떻게 연락할 수 있나요?
(A) 저는 대개 그곳까지 걸어 올라가요.
(B) 다른 계약이요.
(C) 네, 거기 계단이 있어요.

해설 David와 어떻게 연락할 수 있는지 방법을 묻는 질문이다.
(A) David를 만나기 위해 자신이 하는 행동을 말하였다. 이는 연락이 닿는 방법을 간접적으로 알려준 일종의 제안에 해당하는 정답이다.
(B) contact와 유사발음 어휘인 contract를 이용한 오답 유형이다.
(C) upstairs의 stairs를 반복한 오답 유형이다. How 의문문은 Yes나 No로 대답할 수 없다. 정답 (A)

어휘 contact 연락하다 office 사무실 upstairs 위층 usually 보통, 대개 contract 계약

03 미M 미W

How do I get to the hotel from the airport?

(A) Yes, a round-trip ticket.

(B) With a single room.

(C) By taxi or shuttle bus.

공항에서 호텔까지 어떻게 갈 수 있나요?
(A) 네, 왕복 여행 표요.
(B) 1인용 침실로요.
(C) 택시나 셔틀버스로요.

해설 공항에서 호텔까지 가기 위한 이동 수단을 묻는 문제이다.
(A) airport에서 연상 가능한 round-trip ticket을 이용한 오답 유형이다. How 의문문은 Yes나 No로 대답할 수 없다.
(B) hotel에서 연상 가능한 single room을 이용한 오답 유형이다.
(C) 전치사 by를 이용하여 두 가지 가능한 이동 수단을 구체적으로 제시했으므로 정답이다. 정답 (C)

어휘 get to + 장소 ~에 가다 airport 공항 round-trip 왕복 여행의 single room 1인용 침실

04 호W 미M

How far is it to the hotel?

(A) It costs less this way.

(B) For one night, please.

(C) About five miles.

호텔까지 거리가 얼마나 되나요?
(A) 이렇게 하는 것이 비용이 덜 들 거예요.
(B) 1박으로 부탁합니다.
(C) 약 5마일 정도요.

해설 호텔까지 얼마나 떨어져 있는지 거리를 묻는 질문이다.
(A) How far 질문에 가격으로 대답할 수 없다.
(B) hotel에서 연상 가능한 1박이라는 의미인 one night으로 답변했으므로 오답이다.
(C) 거리를 묻는 질문에는 보통 거리를 직접적으로 대답하거나 소요 시간으로 대답하는 경우가 대부분이다. 5마일이라는 거리를 말하였으므로 정답이다. 정답 (C)

어휘 cost 비용이 ~들다

05 영M 미W

How will you get to the train station?

(A) Probably by phone.

(B) It's an express train.

(C) A friend is driving me.

기차역까지 어떻게 가실 건가요?
(A) 아마도 전화로요.
(B) 그건 급행열차에요.
(C) 제 친구가 차로 태워줄 거예요.

해설 기차역까지 어떻게 갈 것인지 수단을 묻는 질문이다.
(A) 방법, 수단을 묻는 How 의문문에 by로 대답하여 수단으로 답변했으나 연락 수단을 뜻하므로 오답이다.
(B) 동일어휘 train을 이용한 오답 유형이다. 정답과는 무관하다.
(C) 친구가 차로 태워주기로 했다는 의미이므로 정답이다. 정답 (C)

어휘 express train 급행열차

Lesson 3 How 의문문 난이도형 (2)

Step 1 Warm-up Test p.135

01 호W 영M

How did you hear about our company?

(A) Mr. Baker told me about it.

(B) It's in the city.

(C) He is the general manager.

우리 회사에 대해서 어떻게 알았나요?
(A) Mr. Baker가 회사에 대해 말해주었어요.
(B) 그건 그 도시 안에 있어요.
(C) 그는 총지배인이에요.

해설 회사를 어떻게 알게 되었는지 묻는 질문이다.
(A) How did you hear about ~?은 일종의 관용적인 표현으로 특정 대상을 알게 된 출처를 묻는 문제이다. 보통 대답으로는 주위 사람에게 추천을 받았거나, 광고에서 봤다는 식의 답변이 주를 이룬다. 자신에게 말해준 사람의 이름을 댔으므로 정답이다.
(B) Where 의문문과 어울리는 답변이다.
(C) 질문에 등장하지 않은 3인칭 대명사 he가 답변으로 등장할 수는 없다. 정답 (A)

어휘 general manager 총지배인

02 미M 미W

How about taking a quick break?

(A) The tapes are on the shelf.

(B) Sorry, I didn't mean to break it.

(C) I can't. I've got too much to do.

잠시 쉬는 것이 어떤가요?
(A) 선반 위에 있는 테이프요.

(B) 미안해요. 그걸 망가뜨리려는 건 아니었어요.
(C) 전 쉴 수 없어요. 할 일이 너무 많아요.

해설 잠시 쉬는 것이 어떨지 묻는 일종의 권유, 제안의 질문이다.
(A) take와 유사발음 어휘인 tape를 이용한 오답으로 장소에 대한 답변이 될 수 있다.
(B) 동일어휘인 break를 반복하여 이용한 오답이다.
(C) 잠시 쉬자는 권유에 대해 할 일이 많다며 거절하고 있으므로 정답이다. 정답 (C)

어휘 break (잠깐의) 휴식, 부수다 mean to + 동사원형 ~하려고 의도하다

03 미W 미M

How will you get to the warehouse?
(A) Ms. Owens gave me money for a cab.
(B) No, I don't wear glasses.
(C) To take inventory.

창고까지 어떻게 가실 건가요?
(A) Ms. Owens가 택시 타라고 돈을 줬어요.
(B) 아니요, 저는 안경을 쓰지 않아요.
(C) 재고 조사를 하려고요.

해설 창고까지 어떻게 갈지 방법을 묻는 질문이다.
(A) 특정 인물이 택시를 타라고 돈을 줬다고 했으므로 정답이다.
(B) warehouse와 유사발음 어휘인 wear를 이용한 오답 유형이다. How 의문문에 Yes나 No로 대답할 수 없다.
(C) warehouse에서 연상 가능한 inventory를 이용한 오답 유형이다. to부정사는 목적을 의미하므로 Why 의문문에 어울리는 답변이다. 정답 (A)

어휘 warehouse 창고 cab 택시 inventory 재고

04 미M 호W

How do I cancel my subscription?
(A) Pick it up at the pharmacy.
(B) The meeting's been postponed.
(C) Call the customer service number.

정기구독을 어떻게 취소하나요?
(A) 약국에서 가져오세요.
(B) 그 회의는 연기되었어요.
(C) 고객 서비스 부서로 전화하세요.

해설 정기구독을 어떻게 취소하는지 방법을 묻는 질문이다.
(A) subscription의 유사발음 어휘인 prescription은 '처방전'이라는 의미이다. prescription에서 연상 가능한 pharmacy(약국)을 이용한 오답 유형이다.
(B) cancel에서 연상 가능한 postpone을 이용한 오답 유형이다. 질문과는 무관하다.
(C) 정기구독을 취소하는 방법으로 고객 서비스 부서로 전화를 하라고, 방법을 명령문 형태로 제안하고 있는 답변이다. 정답 (C)

어휘 subscription 정기구독 pick up 가지러 가다 postpone 연기하다

05 미W 미M

How do you type so fast?
(A) I practice a lot.
(B) It's too tight.
(C) In the morning.

어떻게 그렇게 빨리 타자를 치시나요?
(A) 연습을 많이 해요.
(B) 그건 너무 꽉 껴요.
(C) 아침에요.

해설 어떻게 그렇게 빨리 타자를 치는지 묻는 질문이다.
(A) 자신이 타자를 빨리 치는 이유는 연습을 많이 하기 때문이라고 말하고 있으므로 정답이다.
(B) type의 유사발음 어휘인 tight를 이용한 오답 유형이다. 정답과는 관계없다.
(C) 특정 시점에 관한 답변은 When 의문문과 어울린다. 정답 (A)

어휘 type 타자를 치다 tight 꽉 조이는

Step 2 실전 TOEIC Test p.135

01 영M 미W

How can I contact Dr. Wallace?
(A) I signed the contract.
(B) A different session.
(C) I'll give you her e-mail address.

Wallace 박사와 어떻게 연락할 수 있을까요?
(A) 제가 계약서에 서명했어요.
(B) 다른 세션이요.
(C) 이메일 주소를 알려드릴게요.

해설 Wallace 박사와 어떻게 연락을 할 수 있는지 수단을 묻는 질문이다.
(A) contact의 유사발음 어휘인 contract를 이용한 오답이다.
(B) 정답과 관련 없는 답변이다.
(C) 연락을 할 수 있는 수단인 이메일 주소를 알려준다고 제안하고 있다. 정답 (C)

어휘 contact 연락하다 sign 서명하다

02 미W 미M

How can you read those small numbers?
(A) A little bit bigger.
(B) I can't, without my glasses.
(C) His number is 567-2121.

그 작은 숫자들을 어떻게 읽나요?
(A) 약간 더 커요.
(B) 안경 없이는 못 읽어요.
(C) 그의 전화번호는 567-2121이에요.

해설 화자가 작은 숫자들을 어떻게 읽는지 묻는 문제이다.
(A) small에서 연상 가능한 bigger를 이용한 오답 유형이다. 정답과는 관련이 없다.
(B) 전치사 without을 이용하여 안경 없이는 불가능하다고 하였다. 즉, 안경을 쓰고 읽는다는 방법을 나타내었으므로 정답이다.
(C) 전화번호가 무엇인지 묻는 What 의문문에 대한 답변으로 적절하다. 동일어휘인 number를 이용한 오답으로 3인칭 his가 난데없이 등장하였다. 정답 (B)

어휘 a little bit 조금 glasses 안경

03 영M 호W

How may I help you?
(A) I'm looking for the Lost & Found office.

(B) Oh, you're welcome.
(C) It's been very helpful.

무엇을 도와드릴까요?
(A) 분실물 센터를 찾고 있어요.
(B) 오, 천만에요.
(C) 그것은 매우 도움이 되었어요.

해설 일종의 관용적 표현으로 상대에게 도움을 주기 위한 제안의 표현이다.
(A) 자신이 찾고 있는 대상을 말함으로써 어떤 도움을 받고 싶은지 제시하고 있으므로 정답이다.
(B) 감사하다는 내용에 대한 답변으로 오답이다.
(C) help의 파생어인 helpful을 이용한 오답 유형이다. 질문과는 관련 없다. 정답 (A)

어휘 look for ~을 찾다 helpful 도움이 되는

04 미W 영M

How many microphones are available for the press conference?
(A) She reports on local news.
(B) Page ten in the manual.
(C) You should ask Mr. Evans.

기자회견에 마이크가 몇 개 사용 가능한가요?
(A) 그녀는 지역 뉴스를 보도해요
(B) 설명서의 10페이지요.
(C) Mr. Evans에게 물어보세요.

해설 기자회견에 몇 개의 마이크가 사용 가능한지 묻는 질문이다.
(A) press conference에서 연상 가능한 news를 이용한 오답 유형이다. 질문에 등장하지 않은 3인칭 대명사 she는 답변으로 등장할 수 없다.
(B) 숫자만 듣고 정답으로 고르지 않도록 주의하자. 질문은 사용 가능한 마이크의 숫자를 묻는데 10쪽이라는 답변은 적절하지 않다.
(C) How many로 물어보았으므로 숫자로 대답하는 것이 정석이지만 일종의 I don't know 유형으로 본인은 모르니 다른 사람에게 물어보라고 하였으므로 정답이다. 정답 (C)

어휘 microphone 마이크 available 이용 가능한 press conference 기자회견 report 보고하다, 보도하다 manual 사용설명서

05 미M 미W

How would you like your tea?
(A) Could you spell that?
(B) With milk, please.
(C) Yes, I would.

차를 어떻게 준비해 드릴까요?
(A) 철자를 알려 주시겠어요?
(B) 우유를 넣어서 부탁드려요.
(C) 네, 그래요.

해설 차를 어떻게 원하는지 묻는 문제이다.
(A) 엉뚱한 요청을 하고 있다.
(B) How would you like ~?는 '~을 어떻게 원하시나요?' 정도의 의미로, 상대방의 취향에 대해 묻는 문제이다. 우유를 넣어달라고 했으므로 정답이다.
(C) How 의문문은 Yes나 No로 대답할 수 없다. 정답 (B)

어휘 tea 차 spell 철자를 읽다, 철자를 적다

Lesson 4 How 의문문 난이도형 (3)

Step 1 Warm-up Test p.137

01 미W 미M

How do you like your new job?
(A) The work is challenging.
(B) I bought it a year ago.
(C) Mostly by train.

새로운 직장은 어때요?
(A) 일이 까다롭습니다.
(B) 그걸 1년 전에 구입했어요.
(C) 대개 기차를 이용해서요.

해설 새로운 직장이 어떤지 의견이나 느낌을 묻는 질문이다.
(A) 일이 까다롭고 어렵다고 자신의 의견을 말하고 있으므로 정답이다.
(B) 질문과 상관없는 답변으로, 구매한 시기를 답하고 있다.
(C) 수단을 물었을 때 가능한 답변이다. 정답 (A)

어휘 challenging 도전 의식을 북돋우는, 어려운, 까다로운 mostly 주로, 일반적으로

02 영M 호W

How was the marketing meeting?
(A) The sales teams.
(B) Very productive.
(C) A couple of hours.

마케팅 회의는 어땠어요?
(A) 영업팀이요.
(B) 매우 생산적이었어요.
(C) 2시간이요.

해설 회의가 어땠는지 상대방의 의견을 묻는 질문이다. 〈How + be동사 + 주어〉는 주어에 대한 상대방의 의견을 묻는 표현으로 자주 등장한다.
(A) marketing meeting에서 연상 가능한 sales team을 이용한 오답으로 Who 질문에 적절한 답변이다.
(B) 질문의 주어인 the marketing meeting에 대해 좋았다는 의미로 생산적이었다고 의견을 말하고 있으므로 정답이다.
(C) 두 시간이라는 기간으로 대답하고 있다. How long에 어울리는 답변이다. 정답 (B)

어휘 sales team 영업팀 productive 생산적인

03 미W 미M

How did you like working in India?
(A) I enjoyed it very much.
(B) He's never been there before.
(C) At the end of this year.

인도에서 일했던 건 어땠어요?
(A) 매우 재미있었어요.
(B) 그는 전에 그곳에 가봤던 적이 없어요.
(C) 올해 말에요.

해설 인도에서 일했던 것이 어땠는지 의견을 묻는 질문이다.

(A) How do you like ~?는 상대방의 의향을 묻는 질문이다. 과거형으로 물어봤으므로 과거 시제로 대답하여 그곳에서 일했던 것이 즐거웠다는 자신의 의견을 말하고 있으므로 정답이다.
(B) 질문에 등장하지 않은 3인칭 대명사 he는 답변으로 불가능하다.
(C) 시점 대답은 When 의문문과 어울린다. 정답 (A)

어휘 enjoy 즐기다

04 미M 미W

How did the production department do last year?
(A) Better than expected.
(B) A short time ago.
(C) Of course they did.

작년에 생산부서가 어땠나요?
(A) 기대했던 것보다 잘했습니다.
(B) 얼마 전에요.
(C) 물론 그들이 했어요.

해설 작년에 생산부서가 어땠는지 상대방의 의견을 묻는 질문이다.
(A) 생각보단 좋았거나 잘했다는 본인의 의견을 나타내고 있으므로 정답이다.
(B) 시간이 얼마 안 지난 특정 과거시점 대답은 When 의문문과 어울린다.
(C) 상대의 질문에 동의하는 답변이다. 정답 (A)

어휘 production department 생산부서 expect 예상하다, 기대하다

05 호W 미M

How do you like the work so far?
(A) It's harder than I thought.
(B) I take a train to work.
(C) A financial expert.

지금까지 일이 어떤가요?
(A) 생각보다 어렵네요.
(B) 일하러 갈 때 기차를 타요.
(C) 금융 전문가요.

해설 지금까지 일이 어떤지 상대방의 의견을 묻는 질문이다.
(A) 생각보다 어렵다고 자신의 의견을 밝히고 있으므로 정답이다.
(B) 동일어휘 work를 이용한 오답 유형이다. 방법이나 수단을 물었을 때 가능한 답변이다.
(C) 질문과 무관하다. Who에 대한 답변이 될 수 있다. 정답 (A)

어휘 so far 지금까지 financial expert 금융 전문가

Step 2 실전 TOEIC Test p.137

01 미M 미W

How do you like the new vice president?
(A) He's out of the office today.
(B) No, not a present.
(C) He's very friendly.

새로운 부사장은 어때요?
(A) 그는 오늘 부재중이에요.
(B) 아니요, 선물이 아니에요.
(C) 그는 매우 친절해요.

해설 새로운 부사장이 어떤지 상대방의 의견을 묻는 질문이다.
(A) 주어가 he인 것은 맞지만 그에 대한 본인의 의향이 아닌 현재 그가 어디에 있는지에 대한 답변이므로 오답이다.
(B) How 의문문은 Yes나 No로 대답할 수 없다. president의 유사발음 어휘인 present를 이용한 오답이다.
(C) 그가 매우 친근한 사람이라고 자신의 의견을 말하고 있으므로 정답이다. 정답 (C)

어휘 vice president 부사장 out of the office 사무실에 없는, 부재중인 present [préznt] 선물

02 미W 미M

How was your trip to Toronto?
(A) A few weeks.
(B) By train.
(C) It was great.

Toronto 여행은 어땠나요?
(A) 몇 주간이요.
(B) 기차로요.
(C) 멋졌어요.

해설 Toronto로 갔던 여행이 어땠는지 묻는 질문이다.
(A) 의견을 묻는 질문에 기간으로 답변할 수 없다.
(B) 〈by + 교통수단〉은 수단이나 방법을 물었을 때 가능한 답변이다.
(C) 멋졌다고 자신의 의견을 답하고 있으므로 정답이다.
정답 (C)

03 미M 호W

How's the coffee?
(A) Yes, put it on the table.
(B) I'm feeling better. Thanks.
(C) It's quite excellent.

그 커피 어때요?
(A) 네, 테이블 위에 놓아주세요.
(B) 기분이 나아졌어요. 감사합니다.
(C) 아주 훌륭하네요.

해설 커피가 어떤지 상대방의 의견을 묻는 질문이다.
(A) How 의문문에 Yes나 No로 대답할 수 없다.
(B) 커피에 대한 의견을 묻는 질문에 본인에 관해 말하고 있으므로 동문서답이다.
(C) 커피에 대해 칭찬을 함으로써 자신의 의견을 말하고 있다.
정답 (C)

어휘 excellent 훌륭한, 뛰어난

04 미W 영M

How do you like the new software?
(A) I only wore them once.
(B) It seems to work fine.
(C) Yes, they did.

새로운 소프트웨어는 어때요?
(A) 전 그거 딱 한 번 입어봤어요.
(B) 잘 작동하는 것 같아 보이네요.
(C) 네, 그들이 그랬어요.

해설 새로운 소프트웨어에 대해 어떻게 생각하는지 의견을 묻는 문제이다.
(A) software와 유사발음인 wear의 과거형 wore를 이용한

오답 유형이다. 자신의 이야기를 하고 있으므로 정답이 될 수 없다.
(B) 잘 작동되는 것 같아 보인다는 자신의 의견을 말하고 있으므로 정답이다.
(C) How 의문문 문제는 Yes나 No로 대답할 수 없다. 정답 (B)

어휘 wear 입다(wear – wore – worn) work (기계나 프로그램 등이) 작동하다

05 미M 미W

How's the newspaper article going?
(A) To the art museum.
(B) He's coming soon.
(C) I'm almost done with it.

신문 기사는 어떻게 진행되고 있나요?
(A) 미술관으로요.
(B) 그는 곧 와요.
(C) 거의 다 했어요.

해설 신문의 기사가 어떻게 진행되는지 상태를 묻는 질문이다.
(A) 전치사 to는 방향을 나타내므로 Where 의문문과 어울린다.
(B) 질문에 등장하지 않은 3인칭 대명사 he는 답변으로 등장할 수 없다.
(C) How's A going?은 A라는 일의 진행 상태를 묻는 질문이다. 거의 다 끝냈다고 대답했으므로 정답이다. 정답 (C)

어휘 newspaper 신문 article 기사 art museum 미술관

Chapter 6 Why 의문문

Lesson 1 Why 의문문 기본형

Step 1 Warm-up Test p.141

01 미M 호W

Why has the train been delayed?
(A) Yes, it's late.
(B) I'm flying to Ohio.
(C) Because of the weather.

기차가 왜 지연되었나요?
(A) 네, 늦었어요.
(B) 저는 비행기를 타고 Ohio로 갈 거예요.
(C) 날씨 때문에요.

해설 기차가 지연된 이유를 묻는 질문이다.
(A) 의문사 의문문은 Yes나 No로 답변할 수 없다. 질문의 delayed를 듣고 연상 가능한 late를 이용한 오답이다.
(B) 질문에서 train을 듣고 다른 교통수단인 비행기와 관련된 flying을 이용한 오답이다.
(C) 이유를 묻는 Why 의문문에 날씨 때문에(because of) 기차가 지연되었다고 구체적인 이유를 제시하고 있으므로 정답이다. 정답 (C)

어휘 delay 지연시키다, 지체하게 하다 late 늦은 fly 비행기로 가다 because of weather 날씨 때문에

02 미W 미M

Why did Braden leave work early?
(A) I usually walk.
(B) He had an appointment.
(C) I lived downtown.

Braden은 왜 일찍 퇴근했나요?
(A) 저는 항상 걷습니다.
(B) 그는 약속이 있었어요.
(C) 저는 시내에서 살았어요.

해설 Braden이 일찍 회사를 떠난 이유를 묻는 질문이다.
(A) 질문의 work와 유사발음 어휘인 walk를 이용한 오답이다.
(B) 약속이 있었다고 구체적인 이유를 언급했으므로 정답이다.
(C) 질문의 leave와 유사발음 어휘인 live를 이용한 오답이다. Where 의문문으로 묻는 질문에 어울리는 답변이다.
정답 (B)

어휘 leave 떠나다 work 일, 직장 early 이른, 일찍 appointment 약속 downtown 시내(에서)

03 미M 영M

Why has the Citigroup project been delayed?
(A) Yes, everyone likes our programs.
(B) Not until the second quarter.
(C) The budget hasn't been approved.

Citigroup 프로젝트가 왜 지연되었나요?
(A) 네, 모든 사람들이 저희의 프로그램을 좋아합니다.
(B) 2분기가 되면요.
(C) 예산이 승인되지 않았거든요.

해설 Citigroup 프로젝트가 지연된 이유를 묻는 질문이다.
(A) 의문사 질문에는 Yes나 No로 답변할 수 없다. 질문의 project에서 접두어 pro-로 시작하는 programs을 이용하여 유사발음 혼동을 유도한 오답이다.
(B) 질문과 관련이 없는 답변이다. When 의문문으로 묻는 질문에 어울린다.
(C) 예산이 승인되지 않았다는 것은 프로젝트 지연 이유로 타당하므로 정답이 된다. 정답 (C)

어휘 project 프로젝트, 계획 not until ~하고 나서야 비로소 quarter 분기 budget 예산 approve 승인하다

04 미W 미M

Why did Jim decide to resign?
(A) In order to go back to school.
(B) In the contract.
(C) Until the end of the month.

Jim이 사임을 결정한 이유는 무엇인가요?
(A) 학교로 돌아가기 위해서요.
(B) 계약서에 있어요.
(C) 월말이 되면요.

해설 Jim이 사임을 결정한 이유를 묻는 질문이다.
(A) in order to(~하기 위하여)라는 목적을 나타내는 구문을 이

용하여, 학교로 돌아가기 위해서라는 이유를 제시하고 있으므로 정답이 된다.
(B) 전치사 in과 함께 출처를 말해주는 답변이다. Where 의문문에 대한 답변으로 적절하다.
(C) 시간전치사 until과 함께 등장하여 When 의문문과 어울리는 답변이다. 정답 (A)

어휘 decide to + 동사원형 ~하기로 결정하다 resign 사임하다 in order to + 동사원형 ~하기 위하여 go back (to) (~로) 돌아가다 contract 계약서

05 미M 미W

Why did Ms. Morgan leave early today?
(A) About three hours ago.
(B) To meet a client.
(C) As soon as I can.

오늘 Ms. Morgan은 왜 일찍 퇴근했죠?
(A) 약 3시간 전에요.
(B) 고객을 만나기 위해서요.
(C) 가능한 한 빨리요.

해설 오늘 Ms. Morgan이 일찍 퇴근한 이유를 묻는 질문이다.
(A) 과거의 특정 시점을 제시하고 있어 When 의문문에 어울리는 답변이다.
(B) to부정사를 이용하여 이유나 목적을 말하는 구문으로 정답이다.
(C) 시간부사절인 as soon as를 이용한, When 질문에 어울리는 답변이다. 정답 (B)

어휘 about 약, 대략 client 고객

Step 2 실전 TOEIC Test p.141

01 미W 미M

Why is Jackie running so late?
(A) In about an hour.
(B) She missed the bus.
(C) After work at the gym.

Jackie는 왜 그렇게 늦나요?
(A) 약 한 시간 후에요.
(B) 그녀는 버스를 놓쳤어요.
(C) 퇴근 후에 체육관에 있어요.

해설 Jackie가 늦는 이유를 묻는 질문이다.
(A) 전치사 in 뒤에 기간이 나오면 '~후에'라는 의미이다. When 의문문에 어울리는 답변이다.
(B) 버스를 놓쳤다는 것은 그녀가 늦는 이유로 타당하므로 적절한 답변이 된다.
(C) 질문에서 running을 듣고 연상할 수 있는 gym(체육관)을 이용한 오답이다. 정답 (B)

어휘 miss 놓치다 gym 체육관

02 영M 호W

Why was the meeting rescheduled?
(A) In the office.
(B) It was going well.
(C) Dr. Rusell couldn't come.

회의 일정이 왜 변경되었나요?
(A) 사무실에요.
(B) 잘 진행되었어요.
(C) Rusell 박사가 올 수 없었거든요.

해설 회의 일정이 변경된 이유를 묻는 질문이다.
(A) 장소의 전치사 in을 이용한 Where 질문에 대한 답변이다. 질문의 meeting을 듣고 연상할 수 있는 office를 이용한 오답 유형.
(B) 진행이나 상황을 묻는 How did ~? 의문문에 어울리는 답변이다.
(C) 회의 일정이 변경된 이유로 Rusell 박사가 올 수 없었기 때문이라는 구체적인 사항을 제시하고 있으므로 정답이 된다. 정답 (C)

어휘 reschedule 일정을 변경하다

03 미W 영M

Why did the copy machine break?
(A) A cup of coffee.
(B) The new one.
(C) It was getting old.

복사기가 왜 고장이 났나요?
(A) 커피 한 잔이요.
(B) 새 것이에요.
(C) 오래 되었거든요.

해설 복사가기 고장 난 이유를 묻는 질문이다.
(A) 질문의 copy(복사)와 발음이 유사한 coffee(커피)를 이용한 오답이다.
(B) 질문과는 관련이 없는 오답이다. 대명사 one은 주로 선택의 의미가 있는 Which 의문문에 적절한 답변이다.
(C) 오래 되었다는 것은 복사기가 고장 난 이유로 적절하므로 정답이 된다. 정답 (C)

어휘 copy machine 복사기 break 고장 나다

04 미M 미W

Why was the paper moved out of the supply closet?
(A) To be closer to the hallway.
(B) From the sales flyer.
(C) I'll do it later.

종이를 왜 물품 서랍장 밖으로 옮겼나요?
(A) 복도에 더 가까이 두기 위해서요.
(B) 광고 전단지로부터요.
(C) 제가 나중에 그걸 할게요.

해설 물품 서랍장 밖으로 종이를 옮긴 이유를 묻는 질문이다.
(A) 종이를 물품 서랍장에서 옮긴 것은 복도에 더 가까이 두기 위해서라고 구체적인 이유를 제시하였으므로 정답이 된다.
(B) 출처를 의미하는 전치사 from은 Where 의문문에 어울리는 답변이다.
(C) 질문과는 관련이 없다. 제안이나 요청에 대한 답변으로 적절하다. 정답 (A)

어휘 paper 종이 move 옮기다, 이동하다 supply closet 물품 서랍장 hallway 복도, 통로 sales flyer 광고 전단지

05 미W 미M

Why are the applications on the desk?
(A) No, he didn't apply.
(B) So we can review them this afternoon.

(C) Ten applicants.

왜 책상 위에 지원서들이 있나요?
(A) 아니요. 그는 지원하지 않았어요.
(B) 우리가 오늘 오후에 그것들을 검토하기 위해서요.
(C) 지원자 10명입니다.

해설 책상 위에 지원서들이 있는 이유를 묻는 Why 의문문이다.
(A) 의문사 질문은 Yes/No 답변이 불가능하다. 질문의 applications와 관련된 어휘인 apply를 이용한 오답이다.
(B) 결과나 목적을 의미하는 so (that)을 이용하여 '~을 할 수 있도록'이라고 답변하고 있으므로 정답이다.
(C) 수에 대한 내용이므로 How many 의문문에 대한 답변이 될 수 있다. 질문의 applications와 관련된 어휘인 applicants를 이용한 오답이다. 정답 (B)

어휘 application 지원서 apply 지원하다, 신청하다 review 검토하다, 확인하다 applicant 지원자

Lesson 2 Why did not vs Why do not

Step 1 Warm-up Test p.143

01 미W 미M

Why don't we look over the applications this afternoon?
(A) It was this morning.
(B) That's a good idea.
(C) Yes, on vacation.

오늘 오후에 지원서들을 검토하는 게 어때요?
(A) 오늘 아침이었어요.
(B) 좋은 생각이에요.
(C) 네, 휴가 중이에요.

해설 Why don't we ~?를 이용하여 지원서를 검토해보자고 제안을 하는 질문이다.
(A) 질문의 this afternoon(오늘 오후)을 듣고, 연상 가능한 this morning(오늘 아침)을 이용한 오답이다.
(B) 좋은 생각이라는 의미인 That's a good idea.는 제안 또는 권유에 대하여 대표적인 동의 표현이므로 정답이 된다.
(C) 질문에 대해 Yes(긍정)로 대답하고 있지만, 뒤에 휴가 중이라는 말을 덧붙여 질문과는 논리적으로 관계 없는 답변이 됐다. 정답 (B)

어휘 look over ~을 살펴보다 vacation 휴가

02 미M 미W

Why don't you come over for dinner this week?
(A) Sorry, I am going out of town.
(B) To that new restaurant.
(C) It's been done for a while.

이번 주에 저녁 먹으러 오는 게 어때요?
(A) 죄송하지만 출장을 갈 거예요.
(B) 그 새로운 식당으로 가요.
(C) 금방 완성했어요.

해설 Why don't you를 이용해 저녁을 먹으러 오라고 권유, 제안하는 질문이다.
(A) 저녁을 먹으러 오는 게 어떠냐는 제안에 대해 거절하면서, 출장을 갈 예정이기에 갈 수 없다고 덧붙이고 있으므로 정답이 된다.
(B) 질문의 dinner를 듣고 restaurant를 연상하게 한 오답이다.
(C) 질문과는 관련이 없는 답변이므로 오답이다. 정답 (A)

어휘 come over 오다, 들르다 for a while 잠시 동안, 당분간

03 호W 영M

Why didn't Ms. Hamilton order the new printer?
(A) It was too expensive.
(B) Make 25 copies.
(C) No, that's the old one.

Ms. Hamilton은 왜 새 프린터를 주문하지 않았나요?
(A) 너무 비쌌거든요.
(B) 25부를 복사하세요.
(C) 아니요, 그것은 오래된 거예요.

해설 새 프린트를 주문하지 않은 이유에 대해 묻는 질문이다.
(A) 값이 너무 비싸서 주문하지 않았다는 것은 타당한 이유가 되므로 정답이다.
(B) 질문에 제시된 printer를 듣고, 연상할 수 있는 copy를 이용한 오답이다.
(C) Why 의문문에는 Yes/No로 답변할 수 없다. 정답 (A)

어휘 expensive 값비싼

04 미M 미W

Why haven't we billed our new customers yet?
(A) The old one was broken.
(B) The invoices aren't complete.
(C) In front of the building.

새 고객들에게 왜 아직도 청구서를 보내지 않았나요?
(A) 오래된 것이 고장 났어요.
(B) 청구서가 완성되지 않아서요.
(C) 빌딩 앞이에요.

해설 왜 아직도 청구서를 보내지 않았는지 이유를 묻는 질문이다.
(A) 질문에 제시된 new를 듣고 반의어인 old를 연상하게 한 오답 유형이다.
(B) 청구서가 아직 미완성이라 보내지 않았다는 것은 청구서를 보내지 못한 타당한 이유이므로 정답이다.
(C) 장소를 나타내는 in front of는 이유나 원인에 대한 답변이 아니라 Where 의문문에 더 적합한 답변이다. 정답 (B)

어휘 bill 청구서[계산서]를 보내다 customer 고객 yet 아직 break 고장 나다 invoice 송장, 청구서 complete 완성된

05 호W 미M

Why isn't that printer ever used?
(A) It's not connected.
(B) We'll take the other one.
(C) You must be used to it.

그 프린터 왜 아직도 사용하지 않나요?
(A) 아직 연결하지 않았거든요.
(B) 우리는 다른 것을 가지고 갈 거예요.
(C) 당신은 그것에 익숙해져야 합니다.

해설 프린터를 왜 아직도 사용하지 않는지 이유를 묻는 질문이다.
(A) 프린터를 사용하지 않은 이유에 대해 연결이 되지 않았다고 구체적으로 답변하고 있으므로 정답이 된다.

(A) The one on the right.
(B) The office closes at 6:00.
(C) Yes, it's official.

어디가 당신의 사무실인가요, Tom?
(A) 오른쪽에 있는 사무실이요.
(B) 사무실은 6시에 문을 닫습니다.
(C) 네, 공식적인 것입니다.

해설 〈Which + 명사〉를 이용하여 어느 사무실인지 묻는 질문이다.
(A) 부정대명사 one을 이용하여 위치상으로 오른쪽에 있는 것이라고 답변하고 있어 정답이다.
(B) 질문에 등장한 동일어휘인 office를 이용한 오답으로, When에 대한 답변이다.
(C) 의문사 의문문은 Yes/No로 답변할 수 없다. 정답 (A)

어휘 on the right 오른쪽에 있는

02 미W 미M

Which restaurant do you prefer?
(A) Yes, I prefer it.
(B) Yes, I've eaten that.
(C) The one on Main Street.

어느 식당을 선호하세요?
(A) 네, 이게 좋겠네요.
(B) 네, 그거 먹었어요.
(C) 시내 중앙도로에 있는 식당이요.

해설 〈Which + 명사〉를 이용하여 어느 식당을 선호하는지 묻는 질문이다.
(A) 의문사 의문문은 Yes/No로 답변할 수 없다. 동일어휘 prefer를 이용한 오답이다.
(B) 의문사 의문문은 Yes, No로 답변할 수 없다. 식당에서 연상할 수 있는 eat을 이용한 오답이다.
(C) 부정대명사 one을 이용하여 어느 위치에 있는 식당이라고 대답했으므로 정답이다. 정답 (C)

어휘 prefer 선호하다

03 영M 호W

Which car did you decide to buy?
(A) The white one.
(B) Let's see that outside.
(C) Yes, I did.

어느 차를 사기로 결정하셨나요?
(A) 하얀색 차요.
(B) 그건 밖에서 봅시다.
(C) 네, 제가 했어요.

해설 〈Which + 명사〉를 이용하여 어느 차인지 묻는 질문이다.
(A) 부정대명사 one을 이용하여 하얀색 차라고 답변했으므로 정답이다.
(B) 질문의 decide와 유사한 발음인 outside를 이용한 오답이다.
(C) 의문사 의문문은 Yes/No로 답변할 수 없다. 정답 (A)

어휘 decide 결정하다 outside 밖에

04 미W 영M

Would you prefer a window or an aisle seat?
(A) I'll take three more.
(B) Yes, it is windy.
(C) Either one is fine.

창가 쪽 좌석과 통로 쪽 좌석 중에서 어느 것을 선호하세요?
(A) 3개 더 가져갈게요.
(B) 네, 바람이 부네요.
(C) 어느 것이나 괜찮아요.

해설 질문의 후반부에 or를 이용하여 창가 쪽인지 복도 쪽인지를 묻는 선택 질문이다.
(A) 수량에 대한 답변으로 How many에 더 적합한 답변이다.
(B) 날씨에 대한 답변으로 질문과는 전혀 상관없는 답변이다.
(C) 둘 중의 어느 것이라도 괜찮다는 의미의 답변으로 정답이다.
정답 (C)

어휘 aisle 통로 windy 바람이 부는

05 미M 미W

Do you want to send a gift or just a card?
(A) I received it.
(B) Let's send both.
(C) I came by car.

선물을 보내고 싶으세요, 아니면 그냥 카드만 보내시길 원하세요?
(A) 받았습니다.
(B) 둘 다 보내죠.
(C) 차로 왔어요.

해설 or를 이용한 선택 구문으로, 선물이나 카드 중에서 어느 것을 보내길 원하는지 묻는 질문이다.
(A) send(보내다)에서 연상되는 receive(받다)를 이용한 오답이다.
(B) 둘 중의 하나를 선택하기 보다는 두 개를 다 보내자고 답변하고 있으므로 정답이다.
(C) 질문의 card와 유사한 발음인 car를 이용한 오답이다.
정답 (B)

어휘 gift 선물

Lesson 2 A or B 선택의문문

Step 1 Warm-up Test p.151

01 미W 미M

Is your office upstairs or downstairs?
(A) I will be there after 1.
(B) It is at the end of the hall.
(C) His office is downstairs.

당신의 사무실은 위층인가요, 아래층인가요?
(A) 1시 이후에 거기에 갈 겁니다.
(B) 복도 끝에 있어요.
(C) 그의 사무실은 아래층입니다.

해설 or를 이용한 선택 구문으로 위층인지, 아래층인지 묻는 질문이다.
(A) 시간으로 답하고 있기 때문에 When 질문에 더 적절하다.
(B) 위층, 아래층 둘 다 아니고 사무실은 복도 끝에 있다고 제 3의 유형으로 답변하고 있으므로 정답이다.
(C) 질문에 등장하지 않는 3인칭 his가 등장했으므로 오답이다.
정답 (B)

어휘 at the end (시간, 장소의) 끝에, 마지막에

02 미M 미W

Would you like a room with one bed or two?

(A) This room is reserved.

(B) No, it's on the third floor.

(C) Just one, please.

침대가 하나인 방을 드릴까요, 아니면 두 개인 방을 드릴까요?
(A) 이 방은 예약이 되어 있습니다.
(B) 아니요, 3층에 있습니다.
(C) 침대 하나짜리로 주세요.

해설 or를 이용한 선택 구문으로 원하는 침대의 수가 하나인지 두 개인지를 묻고 있다.
(A) 질문에 등장한 동일어휘인 room을 이용한 오답이다.
(B) 몇 층이라고 장소로 답변하고 있어서 오답이다.
(C) 침대를 하나만 원한다는 답변으로 정답이다. 정답 (C)

어휘 reserve 예약하다

03 호W 영M

Is it better to travel to Edinburgh by car or by train?

(A) The train is faster.

(B) I think they do.

(C) No, he's not.

Edinburgh까지 여행하는데 차로 가는 거하고 기차로 가는 것하고 어느 것이 더 나은가요?
(A) 기차가 더 빠를 겁니다.
(B) 그들이 하는 걸 거예요.
(C) 아니요, 그는 아닙니다.

해설 or를 이용하여 두 개의 교통수단 중에 어느 것이 더 나은지를 묻는 선택 질문이다.
(A) 기차가 더 빠르다고 기차를 추천하고 있는 답변으로 정답이다.
(B) 질문과는 상관없는 답변이다.
(C) 질문에 등장하지 않은 he가 등장하여 오답이다. 정답 (A)

어휘 travel 여행하다

04 미M 호W

Would you like to talk in the meeting room or my office?

(A) It's scheduled for noon.

(B) Actually, my office is closer.

(C) The other room is bigger.

회의실에서 얘기를 할까요, 아니면 제 사무실에서 얘기를 할 까요?
(A) 정오로 일정이 잡혀 있어요.
(B) 사실 제 사무실이 좀 더 가까워요.
(C) 다른 방이 더 큽니다.

해설 or를 이용해 회의실과 사무실 중에서 선택을 제안하는 질문이다.
(A) 오후로 일정이 잡혀 있다는 의미로, When에 대한 답변이 될 수 있다.
(B) 제시했던 장소가 아니라 자신의 사무실이 더 가깝다고 제 3의 장소를 역제안하고 있으므로 정답이다.
(C) 방의 크기를 묻는 답변이 아니므로 정답이 될 수 없다.
정답 (B)

어휘 be scheduled for ~로 일정이 잡혀 있다

05 미W 미M

Would you prefer wooden garden shears or plastic ones?

(A) The plastic ones look better.

(B) It was near the woods.

(C) A paper bag, please.

나무로 만든 정원가위를 원하세요, 아니면 플라스틱으로 된 것을 선호하세요?
(A) 플라스틱으로 된 것이 더 좋아 보이네요.
(B) 숲 근처에 있었어요.
(C) 종이가방 하나 주세요.

해설 or를 이용하여 나무로 된 것과 플라스틱으로 된 것 중 어느 것을 선호하는지 묻는 선택 질문이다.
(A) 부정대명사 one을 이용하여 플라스틱으로 된 것이 좋다고 답변하고 있으므로 정답이다.
(B) 질문의 wooden과 유사한 어휘인 woods를 이용한 오답으로 장소에 대한 정보를 주고 있다.
(C) 질문과는 상관없는 종이가방을 달라고 요청하고 있음으로 오답이다. 정답 (A)

어휘 wooden 나무로 만든 shear 전지가위 woods 숲

Step 2 실전 TOEIC Test p.151

01 미W 영M

Do you prefer the colored copy or the black and white?

(A) The one with the red logo is better.

(B) Sure, I'll make at least twenty.

(C) I'd like to reserve a copy.

컬러복사가 좋으신가요, 아니면 흑백복사가 좋으신가요?
(A) 빨간색 로고가 있는 게 더 좋아요.
(B) 물론이죠, 적어도 20장은 할 겁니다.
(C) 한 부를 보관하고 싶어요.

해설 or를 이용하여 컬러를 선호하는지 흑백을 선호하는지 묻는 선택 질문이다.
(A) 빨간색 로고를 언급하면서 간접적으로 컬러를 선호한다고 답변하고 있으므로 정답이다.
(B) 질문의 copy를 이용하여 20장을 복사할 것이란 의미로 오답이다.
(C) 동일어휘인 copy를 이용한 오답이다. 정답 (A)

어휘 colored 컬러로 된 at least 적어도 reserve 보관하다, 보유하다, 예약하다

02 미M 미W

Would you like the boxes on the desk or the floor?

(A) Put them on this table, please.

(B) I'd like a cup of coffee, thanks.

(C) Yes, it's on the second floor.

박스를 책상에 놓을까요, 아니면 바닥에 놓을까요?
(A) 이 테이블에 올려주세요.
(B) 커피 한 잔 주세요, 감사합니다.
(C) 네, 2층에 있어요.

해설 or를 이용하여 박스를 놓을 위치를 선택하도록 묻는 질문이다.
(A) 제시했던 두 장소 말고 제 3의 장소에 놓아달라고 하고 있으므로 정답이 된다.
(B) 질문에 등장한 동일한 like을 이용한 오답으로, 제안에 대한 답변으로 적절하다.
(C) 질문에 등장한 floor를 이용한 오답이다. 정답 (A)

03 미W 미M

Should I revise this memo before or after lunch?
(A) I'm not hungry, thanks.
(B) As soon as you can.
(C) Not very much.

점심을 먹기 전에 회람을 수정할까요, 아니면 점심식사 후에 할까요?
(A) 배고프지 않아요. 감사합니다.
(B) 될 수 있는 대로 바로 하세요.
(C) 그렇게 많지 않아요.

해설 or를 이용하여 점심 전에 할 것인지, 후에 할 것인지 묻는 선택 질문이다.
(A) 질문의 lunch에서 연상되는 hungry(배고픈)를 이용한 오답이다.
(B) 제시했던 선택 시간이 아닌, 가능한 한 빨리 해달라는 제3의 답변이므로 정답이다.
(C) 질문과는 상관없는 양이나 정도에 대한 답변이다. 정답 (B)

어휘 revise 수정하다

04 영M 호W

Will he travel by plane or train?
(A) He usually flies.
(B) He was an instructor.
(C) It will probably rain.

그는 비행기를 타고 가나요, 아니면 기차를 타고 가나요?
(A) 그는 보통 비행기를 타고 다닙니다.
(B) 그는 강사였습니다.
(C) 아마도 비가 올 것 같습니다.

해설 or를 이용하여 여행 수단을 묻는 선택 질문이다.
(A) 보통 비행기를 타고 간다고, 선택 사항 중에서 하나를 골라 답변하고 있다.
(B) 직업을 묻는 질문에 더 적절한 답변이다.
(C) 질문의 train과 유사한 발음인 rain을 이용한 오답이다.
정답 (A)

어휘 usually 보통, 대개 probably 아마도

05 미W 미M

Would you rather stay until 5 or 6 o'clock today?
(A) The earlier time would be better.
(B) I can not find it.
(C) The presentation begins in one hour.

오늘 5시까지 있으시겠어요, 아니면 6시까지 있으시겠어요?
(A) 이른 시간이 더 낫죠.
(B) 찾을 수가 없어요.
(C) 발표는 한 시간 후에 시작합니다.

해설 or를 이용해 몇 시까지 있을지 묻는 선택 질문이다.
(A) earlier time이라고 했으므로 앞에서 언급했던 시간 중에서 5시가 더 낫다는 답변이다. 정답이다.
(B) 질문과는 전혀 상관없는 답변이다.
(C) 시간을 답변하고 있지만 질문과는 상관없는 발표가 시작하는 시간을 언급하고 있으므로 오답이다. 정답 (A)

어휘 Would you rather ~? (오히려, 차라리) ~하시겠어요?

Lesson 3 선택의문문 난이도형 (1)

Part 2

Step 1 Warm-up Test p.153

01 미W 미M

Which assignment should I work on first?
(A) It's due on the second.
(B) This afternoon, I think.
(C) Start with the Exxon contract.

제가 어떤 일을 먼저 해야 할까요?
(A) 2일까지입니다.
(B) 제 생각으로는 오늘 오후예요.
(C) Exxon 계약 건부터 시작하세요.

해설 〈Which + 명사〉를 이용하여 어떤 일부터 할지 묻는 질문이다.
(A) first에서 연상할 수 있는 second를 이용한 오답으로, 일의 마감일을 언급하는 답변이다.
(B) 오후라는 시간으로 답했으므로, When에 대한 답변으로 가능하다.
(C) 특정 업무를 언급하며 그것부터 시작하라고 제시했으므로 정답이다. 정답 (C)

어휘 assignment 과제, 업무 contract 계약(서)

02 영M 호W

Which bus should I take?
(A) I'm going to the store.
(B) You can get tickets later.
(C) The eastbound one.

저는 어떤 버스를 타야 하죠?
(A) 가게에 가려고요.
(B) 표는 나중에 받으실 수 있습니다.
(C) 동쪽으로 가는 버스요.

해설 〈Which + 명사〉를 이용하여 어떤 버스를 타야하는지 묻는 질문이다.
(A) 버스를 탄다는 말에서 연상되는 store(가게)를 이용한 오답이다.
(B) 교통수단과 관련하여 연상할 수 있는 ticket을 언급한 오답이다.
(C) 구체적인 버스의 번호를 언급하진 않았지만 어느 방향으로 가는 버스를 타야하는지 제시하고 있으므로 정답이다.
정답 (C)

어휘 take a bus 버스를 타다 eastbound 동쪽으로 가는

03 미W 미M

Would you like an appointment for next week or the following week?
(A) Just one, thank you.
(B) Next week, please.
(C) I forgot it today.

약속을 다음 주로 할까요, 아니면 그 다음 주로 할까요?
(A) 그냥 하나요. 감사합니다.

(B) 다음 주로 할게요.
(C) 오늘 깜빡 잊었습니다.

해설 or를 이용하여 다음 주, 또는 그 다음 주에 약속을 잡을 것인지 묻는 선택 질문이다.
(A) 수량에 대한 답변으로 질문과는 상관없는 오답이다.
(B) 선택 사항 중에서 하나를 선택하여 next week라고 제시하고 있으므로 정답이다.
(C) 날짜에서 연상되는 today를 이용한 오답이다. 정답 (B)

어휘 appointment 약속

04 미M 미W

Would you rather tickets for Thursday or Saturday?
(A) Either is fine.
(B) Yes, it's an express service.
(C) Three weeks ago.

목요일 티켓으로 하시겠어요, 아니면 토요일 티켓으로 하시겠어요?
(A) 둘 중에서 어느 것이라도 좋습니다.
(B) 네, 이건 특급 서비스입니다.
(C) 3주 전에요.

해설 or를 이용해 티켓의 날짜를 선택해달라는 질문이다.
(A) either를 이용해 어느 것이라도 괜찮다고 말했으므로 정답이다.
(B) 질문의 ticket에서 연상되는 express service(특급 서비스)를 이용한 오답이다.
(C) 과거의 시점에 대한 답변으로 질문과는 상관없는 오답이다.
정답 (A)

어휘 express 고속의, 특급의

05 미W 영M

Which airline did you use when you went to Seoul?
(A) My flight made two stops.
(B) I was there last year.
(C) I took British Airlines.

서울에 갈 때 어떤 항공사를 이용하셨나요?
(A) 제 비행기는 두 군데를 경유했습니다.
(B) 작년에 거기에 있었어요.
(C) British 항공사를 탔어요.

해설 〈Which + 명사〉를 이용하여 어느 항공사 비행기를 탔는지 묻는 질문이다.
(A) 질문의 airline에서 연상될 수 있는 flight를 이용하여 질문과는 상관없는 경유지의 수로 답하고 있으므로 오답이다.
(B) 서울에 갔다는 내용에서 연상되는 언제 거기에 갔었다는 답변이므로 오답이다.
(C) 어느 항공사를 타고 갔는지 정확하게 답변하고 있으므로 정답이다. 정답 (C)

어휘 stop 경유(지), 정거장

Step 2 실전 TOEIC Test p.153

01 미M 미W

Which website design do you prefer?
(A) This one's more professional.
(B) I'd rather sign up online.
(C) I like planning events.

어느 웹사이트의 디자인을 선호하세요?
(A) 이 웹사이트가 더 전문적이네요.
(B) 온라인으로 가입할게요.
(C) 행사를 기획하는 것을 좋아합니다.

해설 〈Which + 명사〉를 이용하여 어느 웹사이트의 디자인이 좋은지 묻는 질문이다.
(A) 부정대명사 one을 이용하여 특정 사이트를 가리키며 더 전문적이라고, 선호하는 사이트를 제시하고 있으므로 정답이다.
(B) website에서 연상할 수 있는 online을 이용한 오답으로, 수단이나 방법에 대한 답변이 될 수 있다.
(C) 질문의 prefer와 동일한 의미로 쓰일 수 있는 like를 이용한 오답이다. 정답 (A)

어휘 professional 전문적인

02 호W 영M

Which candidate will you hire?
(A) Probably Ms. Evans.
(B) I already have a job.
(C) The salary is lower.

어느 지원자를 채용하실 건가요?
(A) 아마도 Evans 씨요.
(B) 저는 이미 일자리를 구했습니다.
(C) 급여가 더 낮네요.

해설 〈Which + 명사〉를 이용하여 어느 지원자를 채용할 것인지 묻는 질문이다.
(A) 구체적으로 지원자의 이름을 언급하고 있으므로 정답이다.
(B) 질문의 hire에서 연상될 수 있는 job을 이용한 오답으로, 질문과는 상관없는 일자리를 구했는지 여부에 대한 답변이다.
(C) 채용이나 인사에 연관된 salary를 이용한 오답으로 질문과는 상관없는 답변이다. 정답 (A)

어휘 candidate 지원자, 후보자

03 미M 미W

Which building does Ms. Nelson work in?
(A) They're construction workers.
(B) The Tesco Building.
(C) It's in her office.

Nelson 씨는 어느 건물에서 일하나요?
(A) 그들은 건설 노동자들입니다.
(B) Tesco 빌딩입니다.
(C) 그건 그녀의 사무실에 있어요.

해설 〈Which + 명사〉를 이용하여 어느 건물에서 일하는지 묻는 질문이다.
(A) 질문과는 상관없는 they가 등장하고 직업을 언급하는 답변이므로 오답이다.
(B) 건물의 명칭을 말하고 있으므로 정답이다.
(C) 질문과는 상관없는 지시대명사 it의 위치로 답변하고 있으므로 오답이다. 정답 (B)

어휘 construction 건설

04 영M 미M

Is the conference in Toronto or Ottawa this year?
(A) It's in Washington.
(B) Yes, I'd love to.

(C) That's correct.

올해 컨퍼런스는 Toronto에서 하나요, 아니면 Ottawa에서 하나요?
(A) Washington에서 있습니다.
(B) 네, 저 하고 싶어요.
(C) 그게 맞습니다.

해설 or를 이용하여 행사가 열리는 장소에 대해 묻는 선택 질문이다.
(A) 질문에서 언급하지 않은 제 3의 장소를 언급하고 있으므로 정답이다.
(B) 질문과는 상관없는, 제안이나 권유에 대한 답변으로 오답이다.
(C) 질문과는 상관없이 상대의 말에 동의하는 답변으로 오답이다. 정답 (A)

어휘 correct 맞는, 정확한

05 미M 호W

Where did you eat lunch, in the break room or the cafeteria?
(A) We eat at noon.
(B) It's down the hall.
(C) I ate outside.

어디서 식사하셨나요, 휴게실 아니면 카페테리아?
(A) 저희는 정오에 먹습니다.
(B) 복도를 따라가면 있어요.
(C) 밖에서 먹었어요.

해설 의문사 Where로 질문을 하고 뒤에서 or를 이용하여 구체적으로 장소에 대해 선택 질문을 하고 있다.
(A) 질문의 lunch에서 연상되는 eat을 이용한 오답으로, 질문과는 상관없는 시간에 대한 답변이 된다.
(B) 질문과는 상관없는 장소에 대한 답변이므로 오답이다.
(C) 선택 사항으로 제시한 두 장소 말고 제 3의 장소로 밖에서 먹었다고 답변하고 있으므로 정답이다. 정답 (C)

어휘 break room 휴게실 cafeteria 구내식당

Lesson 4 선택의문문 난이도형 (2) - 〈문장 or 문장〉

Step 1 Warm-up Test p.155

01 미M 미W

Do you want this package now, or should I deliver it to your home?
(A) My home would be more convenient.
(B) I packed it myself.
(C) He just bought a house.

이 소포를 지금 가져가시겠어요, 아니면 집으로 배달을 해드릴까요?
(A) 집이 더 편할 거 같습니다.
(B) 저 혼자 이걸 쌌어요.
(C) 그는 방금 집을 샀어요.

해설 지금 가져갈 것인지 집으로 배달을 시킬 것인지 묻는 선택 질문이다.
(A) 질문에서 제시한 선택안 중에서 집으로 배달하는 것이 더 편할 것 같다고 답변하고 있으므로 정답이다.
(B) 질문에 등장한 명사 package와 유사한 어휘인 pack을 이용한 오답으로, Who에 대한 답변으로 적절하다.
(C) 질문에 등장하지 않은 he가 등장하였으므로 오답이다.
home과 유사 의미인 house를 이용한 오답이다. 정답 (A)

어휘 package 소포, 짐 deliver 배송하다 convenient 편리한 pack (짐을) 싸다

02 미W 영M

Should we take a break now or carry on until we finished?
(A) I didn't break it.
(B) Let's continue working.
(C) I'll carry it for you.

지금 쉴까요, 아니면 끝날 때까지 그냥 할까요?
(A) 제가 고장 내지 않았습니다.
(B) 그냥 계속해서 일합시다.
(C) 제가 들게요.

해설 지금 쉬었다가 할 건지 아니면 일이 끝날 때까지 계속할 건지 묻는 선택 질문이다.
(A) 질문에 등장한 명사 break를 동사로 이용한 오답으로 질문과는 상관없는 답변이다.
(B) 질문에서 제시한 선택 사항 중에서 하나를 선택해서 계속해서 일하자고 답변했으므로 정답이다.
(C) 동일어휘 carry를 이용한 오답이다. 정답 (B)

어휘 take a break 쉬다 carry on 계속하다 carry 들다

03 미M 호W

Can you work on the spreadsheet now, or should we do it later?
(A) He works in finance.
(B) It's usually on time.
(C) Let's do it now.

스프레드시트 작업을 지금 하실 건가요, 아니면 나중에 할까요?
(A) 그는 재무 쪽에서 일합니다.
(B) 보통 제시간에 맞춥니다.
(C) 지금 하죠.

해설 일을 지금 할 것인지 아니면 나중에 할 것인지 묻는 선택 질문이다.
(A) 질문에 등장하지 않은 he가 등장하였으므로 오답이다.
(B) 질문과는 상관없는 시간에 대한 답변으로 오답이다.
(C) 제시된 선택 사항 중에서 하나를 선택해서 지금 하자고 답변하고 있으므로 정답이다. 정답 (C)

어휘 finance 재무

04 미W 미M

Should I turn off the computer, or will you be using it?
(A) You used one.
(B) Please leave it on.
(C) Thirty percent off.

컴퓨터를 끌까요, 아니면 당신이 쓰실 건가요?
(A) 당신은 하나를 사용했습니다.
(B) 그냥 켜놓으세요.
(C) 30% 할인합니다.

해설 컴퓨터를 끌지, 아니면 그냥 켜놓을지 묻는 선택 질문이다.
(A) 질문에 등장한 using와 유사어휘인 used를 이용한 오답이다.

(B) 켜놓은 상태로 놔두라는 말로 자신이 쓸 것이라고 답변했으므로 정답이다.
(C) 질문과는 상관없는 할인율을 언급하고 있으므로 오답이다.

정답 (B)

어휘 turn off 끄다 leave ~채로 남겨놓다

05 미M 미W

Do you have to finish the report now, or can you join us for lunch?

(A) A soup, please.

(B) Yes, I finished the project.

(C) I can come with you.

지금 리포트를 끝내셔야 하나요, 아니면 저희와 점심을 드실 수 있나요?

(A) 스프 주세요.

(B) 네, 저는 프로젝트를 끝냈습니다.

(C) 당신하고 같이 갈 수 있습니다.

해설 지금 일을 해야 하는지, 아니면 식사를 함께 할 수 있는지 묻는 선택 질문이다.
(A) 질문과는 상관없이 질문의 lunch에서 연상될 수 있는 음식(soup)으로 답변하고 있으므로 오답이다.
(B) 질문과는 상관없는 답변으로, 질문에 등장한 동일어휘인 finish를 이용한 오답이다.
(C) 제시한 선택 사항 중에서 식사를 하러 갈 수 있다는 답변이므로 정답이다.

정답 (C)

어휘 join 함께 하다 come with 함께 가다

Step 2 실전 TOEIC Test p.155

01 호W 미M

Do you have a moment to review the agenda, or are you busy?

(A) I can look at it now.

(B) For a business meeting.

(C) The system needs some repairs.

안건을 보실 시간이 있으신가요, 아니면 바쁘신가요?
(A) 지금 볼 수 있어요.
(B) 업무회의를 위해서요.
(C) 시스템은 수리를 할 필요가 있어요.

해설 안건을 검토할 시간이 있는지 없는지를 묻는 선택 질문이다.
(A) 지금 볼 수 있다고 답변하고 있으므로 정답이다.
(B) 전치사 for와 함께 목적을 의미하는 답변이므로 오답이다.
(C) 질문과는 상관없는 수리가 필요한지 여부에 대한 답변으로 오답이다.

정답 (A)

어휘 have a moment 잠시 시간이 있다 agenda 안건

02 미M 미W

Are you coming to the office tomorrow, or are you working at home?

(A) I'll be here as usual.

(B) They're already late.

(C) He'll get to the office soon.

내일 사무실에 오시나요, 아니면 집에서 일을 하실 건가요?

(A) 평소처럼 여기 사무실에 있을 겁니다.
(B) 그들은 이미 늦었어요.
(C) 그는 곧 사무실에 도착할 겁니다.

해설 사무실에 나올 건지 아니면 집에서 일을 할 건지 묻는 선택 질문이다.
(A) 질문에서 제시한 office와 home을 언급하진 않았지만 here라는 말로 사무실에 나올 것이라고 말했으므로 정답이다.
(B) 질문에 등장하지 않은 they가 언급되고 답변 내용도 질문과는 상관없으므로 오답이다.
(C) 질문에 등장하지 않은 he가 등장한, 동일어휘인 office를 이용한 오답이다.

정답 (A)

어휘 as usual 평소처럼 get to ~에 도착하다

03 미W 영M

Do you already know Mr. Gary, or should I introduce you to him?

(A) We've worked together before.

(B) He's ready to start now.

(C) I painted it black.

Gary 씨를 이미 아시나요, 아니면 그에게 소개시켜드릴까요?
(A) 우리는 전에 함께 일한 적이 있어요.
(B) 그는 지금 시작할 준비가 됐습니다.
(C) 검정색으로 칠했습니다.

해설 Mr. Gary를 아는지, 모르면 소개시켜주겠다는 질문이다.
(A) 예전에 함께 일을 했었다는 답변을 통해 Mr. Gary를 알고 있다는 답변이므로 정답이다.
(B) 질문과는 상관없이 지금 일할 준비가 되어 있다고 답변하고 있으므로 오답이다.
(C) 등장한 사람의 이름이 gray와 유사한 발음이므로 색을 연상할 수 있는 black을 이용한 오답이다.

정답 (A)

어휘 introduce 소개하다

04 미M 미W

Are you busy with work right now or could you help me move my desk?

(A) I will be finished in a few minutes.

(B) The disk is next to the computer.

(C) I took a walk earlier, today.

지금 일 때문에 바쁘신가요, 아니면 책상을 옮기는 것을 도와주실 수 있나요?
(A) 지금 하고 있는 일은 몇 분 후에 끝날 겁니다.
(B) 그 디스크는 컴퓨터 옆에 있습니다.
(C) 저는 오늘 일찍 산책했어요.

해설 일 때문에 바쁜지, 아니면 도와줄 수 있는지를 묻는 질문이다.
(A) 곧 일이 끝날 것이라고 했으므로 잠시 후에 도와주겠다는 의미이다. 정답이다.
(B) 질문에 등장한 desk와 유사한 발음인 disk를 이용한 오답이다.
(C) 질문과는 상관없이 오늘 일찍 산책을 했다는 답변으로 오답이다.

정답 (A)

어휘 in a few minutes 몇 분 후에, 잠시 후에

05 호W 미M

Are you going to promote Mr. Gibson or hire

someone new?
(A) Please set it up a little bit higher.
(B) Not too long ago.
(C) I haven't decided yet.

Gibson 씨를 승진시킬 건가요, 아니면 새로운 사람을 채용하실 건가요?
(A) 조금만 높게 설치해 주세요.
(B) 그렇게 오래되지 않았습니다.
(C) 아직 결정하지 못했습니다.

해설 특정인을 승진시킬 것인지, 새로운 사람을 고용할 것인지 묻는 질문이다.
(A) 질문에 등장한 promote와 유사한 의미인 higher를 이용한 오답으로, 위치에 대한 답변이다.
(B) 질문과는 상관없이 과거의 시점으로 답변하고 있으므로 오답이다.
(C) 둘 중에서 어떤 것으로 할지 결정하지 못했다는 의미이므로 정답이다. 정답 (C)

어휘 promote 승진시키다 hire 고용하다 decide 결정하다

Part 2

Chapter 8 Be동사/조동사 의문문

Lesson 1 Be동사/조동사 의문문 기본형

Step 1 Warm-up Test p.159

01 미W 미M

Has your new bookshelf been delivered yet?
(A) No, I'm still waiting.
(B) Thank you. I chose it myself.
(C) It's an excellent book.

새 책장은 배송되었습니까?
(A) 아니요, 아직 기다리고 있어요.
(B) 감사합니다. 제가 그것을 선택했습니다.
(C) 훌륭한 책이에요.

해설 새 책장이 도착했는지, 배송 완료 여부에 대해 묻는 질문이다.
(A) 배송이 되었는지 여부에 대해 No로 대답하고, 아직 기다리고 있다고 추가 설명을 해주고 있으므로 정답이다.
(B) 질문에 제시된 책장(bookshelf)과 유사한 발음인 myself를 이용한 오답이다.
(C) 질문에 제시된 책장(bookshelf)에서 연상 가능한 책(book)을 이용한 오답이다. 정답 (A)

어휘 bookshelf 책장 deliver 배달하다 yet 아직 choose 선택하다 excellent 훌륭한, 뛰어난

02 미M 미W

Were the salads for the banquet prepared yesterday?
(A) An excellent repair service.
(B) It was there last.
(C) Yes, they were all ready.

어제 열린 연회에 샐러드가 준비가 됐었나요?
(A) 훌륭한 수리 서비스였어요.
(B) 거기에 마지막으로 있었어요.
(C) 네, 모두 준비되었어요.

해설 샐러드가 준비 되었는지 사실 여부를 확인하는 질문이다.
(A) 질문에 제시된 prepared와 발음이 유사한 repair를 이용한 오답이다. 상태나 느낌을 묻는 How에 대한 답변이 될 수 있다.
(B) 질문과는 관련이 없는 오답이다.
(C) 준비가 되었는지 사실 여부를 확인하는 질문에, 준비가 다 되었다고 답변했으므로 정답이다. 정답 (C)

어휘 salad 샐러드 banquet 연회 prepare 준비하다 excellent 훌륭한, 뛰어난

03 호W 영M

Do you have a table for two?
(A) Yes, certainly.
(B) On the label.
(C) So am I.

두 명이 앉을 자리가 있나요?
(A) 네, 그럼요.
(B) 라벨 위에요.
(C) 저도 그래요.

해설 두 명이 앉을 수 있는 자리가 있는지 여부를 확인하는 Do동사 의문문이다.
(A) 앉을 자리가 있는지 물음에 Yes, certainly라고 긍정적으로 대답했으므로 적절한 답변이다.
(B) 위치를 나타내는 전치사 on과 table과 유사한 발음인 lable을 이용한 오답 유형이다.
(C) 상대의 말에 동의하여 자신도 그렇다는 답변이다. 정답 (A)

어휘 certainly 틀림없이, 분명히

04 미M 호W

Did Dr. Henry say his research was completed?
(A) Okay, I have them all.
(B) No, he found it already.
(C) Yes, he finished last week.

Henry 박사는 연구가 끝났다고 했나요?
(A) 네, 제가 그것들을 모두 가지고 있습니다.
(B) 아니요, 그는 이미 그것을 찾았습니다.
(C) 네, 그는 지난주에 끝냈습니다.

해설 Dr. Henry가 연구가 끝났다고 말했는지, 사실 여부를 확인하는 질문이다.
(A) Okay는 상대의 의견에 동의할 때 자주 등장하는 답변이다. 질문과는 관련이 없는 오답이다.
(B) 질문에 나온 research(연구)에서 연상할 수 있는 found(발견했다)를 이용한 오답이다.
(C) 연구가 끝이 났는지에 대해 Yes(긍정)로 답하고, 이어 지난 주(last week)에 완료됐다고 덧붙이고 있으므로 정답이다. 정답 (C)

어휘 research 연구, 조사 complete 완성하다 finish 끝내다, 완성하다

05 미W 미M

Did Kimberly work on this month's magazine?

(A) No thanks, I already have that issue.

(B) Yes, she worked on some of the articles.

(C) It's delivered to my house.

이번 달 잡지에 Kimberly도 작업을 했습니까?
(A) 아닙니다, 괜찮습니다. 저는 이미 그 잡지를 갖고 있습니다.
(B) 네, 그녀는 기사들 중 일부를 작업했습니다.
(C) 우리 집으로 배송됩니다.

해설 Kimberly가 작업을 했었는지 과거의 사실 여부를 확인하는 질문이다.
(A) 질문에 제시된 magazine(잡지)에서 연상되는 issue(잡지의 호)를 이용한 오답이다. No thanks는 제안에 대한 거절의 답변으로 자주 등장한다.
(B) 질문에 대해 Yes(긍정)으로 답하고, 그녀가 기사들 중 일부를 작업했다고 보충 설명해주고 있으므로 정답이다.
(C) 잡지의 구독에서 연상할 수 있는 오답 표현이다. delivered to my house(집으로 배송 된다)라는 답변은 Where 의문문에 더 적절하다.
정답 (B)

어휘 work on ~에 대한 일을 하다 issue (잡지의) 호 article 기사 deliver 배달하다

Step 2 실전 TOEIC Test

p.159

01 미M 미W

Are you working off-site this week?

(A) He left for the conference last week.

(B) I like walking in the morning.

(C) No, but I will do it next Monday.

이번 주에 외부에서 일을 하시나요?
(A) 지난주에 그가 회의장으로 떠났습니다.
(B) 저는 아침에 걷는 것을 좋아합니다.
(C) 아니요, 하지만 다음 주 월요일에 할 겁니다.

해설 이번 주에 외근을 하는지 묻는 질문이다.
(A) 질문의 this week에서 연상되는 last week를 이용한 오답이다. 난데없이 3인칭 대명사인 he가 등장하였다.
(B) 질문에 제시된 working과 발음이 비슷한 walking을 이용하여 혼동을 주는 오답이다.
(C) 이번 주에 외근이냐는 물음에 No(부정)으로 대답하고, 다음 주 월요일에 외근을 간다는 내용을 덧붙이고 있으므로 정답이다.
정답 (C)

어휘 work off-site 외근하다 leave 떠나다 conference 컨퍼런스, 회의

02 호W 영M

Have you eaten here before ?

(A) No, not yet.

(B) In a week.

(C) I'm really hungry.

전에 여기서 식사해보신 적이 있으신가요?
(A) 아니요, 아직 한 번도 해본 적이 없어요.
(B) 일주일 후에요.
(C) 저는 너무 배가 고파요.

해설 여기서 식사를 해본 적이 있는지 경험을 묻는 질문이다.
(A) 경험을 묻는 질문에, No(부정)으로 답하고, 아직 해본 적이 없다고 덧붙이고 있으므로 정답이다.
(B) 전치사 in 뒤에 기간이 나오면 '~후에'라는 의미이다. When에 대한 답변이 된다.
(C) 질문의 eaten에서 연상되는 hungry를 이용한 오답이다.
정답 (A)

03 미M 호W

Are you ready to meet now?

(A) Yes, this is a good time.

(B) I already saw it.

(C) Just two meetings.

지금 만날 준비가 되었나요?
(A) 예, 지금이 좋습니다.
(B) 저는 이미 그것을 보았어요.
(C) 회의는 딱 2번이에요.

해설 지금 만날 준비가 되어 있는지 묻는 질문이다.
(A) 지금 만날 수 있는지에 대해 Yes(긍정)로 답하고, 덧붙여 지금이 좋은 때라고 말하고 있으므로 적절한 답변이다.
(B) 질문에 제시된 ready와 유사한 발음인 already를 이용한 오답이다.
(C) 질문의 meet과 유사한 어휘인 meetings를 이용한 오답이다.
정답 (A)

어휘 be ready to + 동사원형 ~할 준비가 되다 meeting 회의

04 미W 미M

Did you go to the market yesterday?

(A) Yes, I bought some clothes.

(B) I marked the changes.

(C) Yes, I'll be there.

어제 시장에 갔었나요?
(A) 예, 옷을 좀 샀어요.
(B) 저는 변경 사항에 표시했어요.
(C) 네, 저는 거기에 갈 거예요.

해설 어제 시장에 갔었는지, 과거 사실의 여부를 묻는 질문이다.
(A) 어제 시장에 갔었는지 묻는 질문에, Yes(긍정)로 대답하고, 옷을 좀 샀다는 보충 설명을 하고 있으므로 적절한 답변이다.
(B) 질문의 market(시장)과 발음이 비슷한 marked를 이용한 오답이다.
(C) 과거에 대한 사실을 묻는 질문에, Yes라고 답변하고 뒤에서 거기에 갈 것이라는 미래 시제로 답변하는 것은 어색하다.
정답 (A)

어휘 market 시장 mark 표시하다 change 변경, 변화

05 미M 미W

Did you see Owen last night?

(A) It's the last one.

(B) On your right.

(C) Yes, I saw him.

지난밤에 Owen을 보셨나요?
(A) 그것이 마지막입니다.
(B) 오른쪽이요.
(C) 네, 저는 그를 보았어요.

해설 Owen을 봤는지 과거 사실의 여부를 묻는 질문이다.
(A) 질문에 제시된 last를 반복 사용한 오답이다. 질문의 last는 last night(지난밤)처럼 '지난'이란 의미를 가지며, (A)의 last는 '마지막의'라는 의미임에 주의해야 한다.
(B) 질문의 night와 유사한 발음인 right를 이용한 오답이다.
(C) 지난밤에 David를 보았는지 묻는 질문에, Yes(긍정)로 대답하고, 보았다고 보충 설명을 해주고 있으므로 정답이다.
정답 (C)

Lesson 2 Yes/No로 답하는 경우

Step 1 Warm-up Test p.161

01 미W 영M

Did you make it to the art exhibit yesterday?
(A) No, but I plan to next week.
(B) I made monthly payments.
(C) Yes, she starts early.

어제 미술 전시회에 갈 수 있었어요?
(A) 아니요, 그렇지만 저는 다음 주에 갈 거예요.
(B) 저는 달마다 지불합니다.
(C) 네, 그녀는 일찍 시작해요.

해설 어제 미술 전시회에 갈 수 있었는지, 과거 사실의 여부를 묻는 질문이다.
(A) 미술 전시회에 갈 수 있었는지 묻는 물음에 No(부정)로 대답하고 다음 주에 갈 것이라고 보충 설명을 하고 있으므로 적절한 답변이다.
(B) 질문에 제시된 made와 형태는 같으나 의미는 서로 다른 made를 이용한 동일어휘 반복 오답이다.
(C) 질문의 주어(you)를 관련이 없는 3인칭 단수(she)로 받을 수 없으므로 3인칭 주어 불일치 오답이다. 정답 (A)

어휘 make it to ~에 이르다, 도착하다 art exhibit 미술 전시회 monthly 매월의, 다달이 payment 지불, 지급

02 미M 미W

Is your pen working?
(A) Yes, I work every day.
(B) Perhaps, I will.
(C) No, it's out of ink.

펜 잘 나오나요?
(A) 네, 저는 매일 일합니다.
(B) 아마도, 제가 할 것입니다.
(C) 아니요, 잉크가 다 떨어졌어요.

해설 펜이 잘 나오는지, 잘 써지는지, 사실 여부를 묻는 질문이다.
(A) 질문에 제시된 working의 원형 동사 work를 사용한 오답이다.
(B) 질문과는 관련이 없는 답변으로 정답이 될 수 없다.
(C) 펜이 잘 나오는지 물어보는 질문에 No(부정)로 대답하고, 잉크가 다 떨어졌다고, 펜이 잘 나오지 않은 이유를 보충 설명해주고 있으므로 적절한 대답이 된다. 정답 (C)

어휘 work 작동하다, 일하다 be out of ~가 바닥이 나다, 재고가 없다

03 호W 영M

Did you like the hotel you stayed in?
(A) Yes, the location was great.
(B) No, I am not.
(C) I will stay for two nights.

머물렀던 호텔은 좋았나요?
(A) 네, 위치가 매우 좋았어요.
(B) 아니요, 저는 아닙니다.
(C) 저는 이틀 밤을 머무를 것입니다.

해설 머물렀던 호텔은 좋았는지 묻는 질문이다.
(A) 머물렀던 호텔이 좋았는지 묻는 질문에, Yes(긍정)로 대답하고, 위치가 좋았다고 구체적으로 설명해주고 있으므로 정답이 된다.
(B) Do동사 의문문이므로 No(부정)로 답할 수는 있지만, 그 다음 내용이 질문과 관계없으므로 오답이다. 마음에 들지 않았다고 하려면 No, I didn't. 정도가 적절하다.
(C) 질문에 제시된 stay를 반복 사용한 오답이며, 기간에 대한 정보를 주고 있어 How long에 대한 답변이다. 정답 (A)

어휘 location 위치 great 대단한, 아주 좋은

04 미M 미W

Did you receive the computer training yesterday?
(A) Most employees take the train.
(B) Yes, it's a used model.
(C) No, I wasn't here.

어제 컴퓨터 교육을 받으셨나요?
(A) 직원들은 대부분 기차를 탑니다.
(B) 네, 그것은 중고품입니다.
(C) 아니요, 저는 여기에 없었어요.

해설 어제 컴퓨터 교육을 받았는지 과거 사실을 확인하는 질문이다.
(A) 질문에 제시된 training(교육)과 비슷한 발음인 train(기차)을 이용한 오답이다.
(B) 질문의 computer에서 연상되는 used model(중고품)을 이용한 오답이다.
(C) 질문에 No(부정)로 답하고, 여기에 없어서 교육을 받지 못했다고 부연 설명하고 있으므로 적절한 답변이다. 정답 (C)

어휘 receive 받다 computer training 컴퓨터 교육 employee 직원 take a train 기차를 타다 used model 중고품

05 미W 미M

Have you read over the benefits policy?
(A) Yes, he tried one.
(B) I didn't have a pen.
(C) No, I haven't had time.

복지 정책에 대해 읽어 보신 적이 있으신가요?
(A) 네, 그는 그것을 시도했어요.
(B) 저는 펜을 가지고 있지 않았습니다.
(C) 아니요, 읽을 시간이 없었어요.

해설 복지 정책을 읽어 본 적이 있는지 경험을 물어보는 질문이다.
(A) 질문의 주어(you)에 대해 3인칭 단수(he)로 받는 것은 올바르지 못하므로 3인칭 주어 불일치 오답이다.
(B) 질문의 have를 반복해서 사용한 오답이다.
(C) 복지 정책을 읽어본 경험이 있는가에 대해 No(부정)로 답하고, 읽을 시간이 없었다고 이유를 보충 설명해주고 있으므로 정답이다. 정답 (C)

어휘 read over (책 따위를) 끝까지 꼼꼼히 읽다 benefits policy 복지 정책

Step 2 실전 TOEIC Test p.161

01 미M 미W

Is this seminar supposed to last three hours?
(A) No, it's the other station.
(B) Yes, but it'll probably end early.
(C) I think it's yours.

이번 세미나는 3시간 동안 진행되는 건가요?
(A) 아닙니다. 그것은 다른 역입니다.
(B) 네. 그렇지만 아마도 일찍 끝나게 될 것입니다.
(C) 제 생각엔 당신 것인 것 같아요

해설 세미나가 3시간 동안 진행될 예정인지 묻는 질문이다.
(A) No(부정)로 대답할 수 있지만 그 다음의 내용이 질문과 관계 없으므로 오답이다.
(B) 세미나가 3시간 동안 진행될 것이냐는 질문에 Yes(긍정)로 대답하고 일찍 끝나게 될 것이라고 보충 설명 해주고 있으므로 정답이다.
(C) 질문의 내용과 관계없으므로 오답이다. 정답 (B)

어휘 probably 아마도

02 호W 미M

Did this product sell well in Canada?
(A) Yes, and also in Europe.
(B) No, he's on vacation there.
(C) I'll check the price.

이 상품이 캐나다에서 잘 팔렸나요?
(A) 네. 유럽에서도 잘 팔렸어요.
(B) 아니요. 그는 그곳에서 휴가를 보내고 있어요.
(C) 제가 가격을 확인해볼게요.

해설 상품이 잘 팔렸는지 과거의 사실 여부를 묻는 질문이다.
(A) 상품이 잘 팔렸는지 묻는 질문에 Yes(긍정)로 대답하고 유럽에서도 잘 팔렸다는 보충 설명을 해주고 있으므로 정답이다.
(B) 질문의 주어(product)와 관련이 없는 3인칭 주어(he)로 받을 수 없고, 과거시제로 질문했는데 현재시제(is)로 대답할 수 없다.
(C) 질문에 제시된 상품(product)에서 연상 가능한 가격(price)을 이용한 오답이다. 또한 과거시제로 물어보는 질문에 미래시제(will)로 대답하는 것은 어색하다. 정답 (A)

어휘 product 상품 sell well 잘 팔리다 vacation 휴가 check 확인하다, 알아보다 price 가격

03 미M 호W

Did Harper do a great job presenting the marketing plan?
(A) I didn't get a present.
(B) No, it wasn't Patrick.
(C) Yes, he's an effective speaker.

Harper 가 마케팅 기획을 잘 발표했나요?
(A) 저는 선물 못 받았어요.
(B) 아니요. Patrick이 아니었어요.
(C) 네. 그는 발표를 아주 잘 하죠.

해설 발표를 잘 했는지 묻는 질문이다.
(A) 질문에서는 present가 '발표하다'로 쓰였는데 답변에서는 '선물'로 쓰였기 때문에 오답이다.
(B) Harper 씨가 한 발표 내용에 대해 묻는 질문에 Patrick이 아니었다라고 답변하고 있으므로 오답이다
(C) 긍정(Yes)으로 대답하고 그가 유능한 발표자라고 보충 설명을 하고 있으므로 정답이다. 정답 (C)

어휘 present 명[préznt] 선물 동[prizént] 발표하다

04 미W 영M

Did you work in the same department as Isabel?
(A) I rented an apartment.
(B) Yes, I'll be there.
(C) Yes, we're co-workers.

Isabel과 같은 부서에서 일했나요?
(A) 저는 아파트를 임대했어요.
(B) 네, 곧 갈 거예요.
(C) 네. 우리는 동료에요.

해설 Isabel과 같은 부서에서 함께 일했냐고 묻는 질문이다.
(A) 질문에 제시된 department와 유사한 발음인 apartment를 이용한 유사발음 오답이다.
(B) 과거시제로 물어보는 질문에 미래시제(will)를 사용하여 대답할 수 없다.
(C) 과거에 함께 일했는지에 대해 물어보는 질문에 긍정(Yes)으로 대답하고 동료라는 보충 설명을 하고 있으므로 적절한 답변이다. 정답 (C)

어휘 same 같은 department 부서 rent (집, 가게 등을) 임대하다 co-worker 동료

05 미M 미W

Was your business trip to Austria successful?
(A) Yes, I made several contacts.
(B) It finally got here.
(C) No, I went to Italy.

오스트리아로 출장 갔었던 일은 성공적이었나요?
(A) 네. 저는 몇 사람과 접촉했죠.
(B) 마침내 그것이 여기에 도착했어요.
(C) 아니요. 저는 이탈리아에 갔었어요.

해설 오스트리아로 출장 갔었던 일이 잘 되었는지 묻는 질문이다.
(A) 잘되었다고 Yes라고 답하고 여러 명과 접촉했다는 구체적인 내용을 보충 설명하고 있다
(B) 질문과 관계없는 대답이므로 오답이다.
(C) 오스트리아에 출장 간 일에 대해 묻고 있는데 이탈리아에 갔었다고 대답하고 있으므로 오답이다. 정답 (A)

어휘 business trip 출장 successful 성공적인 several 몇몇의 contact 연락, 접촉 finally 마침내

Lesson 3 Yes/No 없이도 답이 되는 경우

Step 1 Warm-up Test p.163

01 미W 영M

Have you ever been here before?
(A) I don't think so.
(B) No, it's after the event.
(C) Yes, here they are.

당신은 전에 이곳에 와 본 적이 있나요?
(A) 와 본 적이 없는 것 같아요.
(B) 아니요, 그건 이벤트 다음이에요.
(C) 네, 여기 있어요.

해설 이곳에 와 본 적이 있는지 경험을 묻는 질문이다.
(A) 와 본 적이 있느냐는 질문에 그런 것 같지 않다고, 부정적으로 대답했기 때문에 No로 대답하지 않아도 정답이다.
(B) 질문의 주어(you)와 관련이 없는 3인칭 주어 it으로 대답할 수 없다.
(C) 조동사 Have로 질문하는 경우에는 뒤에 나오는 주어를 잘 들어야한다. 질문의 주어는 단수인데 They로 대답할 수 없고 내용 또한 질문과 관련 없으므로 오답이다. 정답 (A)

02 미M 미W

Has the pamphlet already been finished?
(A) It will be ready soon.
(B) It starts this afternoon.
(C) I let them go home.

팸플릿 벌써 완성됐나요?
(A) 곧 준비 될 거예요.
(B) 오늘 오후에 시작해요.
(C) 그 사람들을 집으로 돌려보냈어요.

해설 팸플릿이 완성되었는지 완료 여부를 묻는 질문이다.
(A) Yes라고 대답하고 있지는 않지만 완성됐냐는 질문에 곧 준비될 것이라는 상황을 설명하는 대답이므로 정답이다.
(B) When 의문문에 적절한 대답이다.
(C) 질문과는 상관없는 답변으로, 대명사 them을 받을 수 있는 대상이 없다. 정답 (A)

어휘 pamphlet [pǽmflət] 팸플릿

03 미W 미M

Do you know if the new accountant has started yet?
(A) He'll be here on Monday.
(B) Until eight o'clock.
(C) The bank just opened.

새로운 회계사가 일을 시작했는지 알아요?
(A) 그는 월요일에 올 거예요.
(B) 8시까지입니다.
(C) 은행이 막 문을 열었어요.

해설 새로운 회계사가 일을 시작했는지 여부를 묻는 질문이다.
(A) Yes/No의 대답이 없지만 그가 월요일에 올 것이라는 상황을 설명했으므로 정답이다.
(B) 언제까지(When ~?) 혹은 몇 시까지(What time ~?)를 묻는 질문에 더 어울리는 대답이므로 오답이다.
(C) 질문의 accountant에서 연상되는 bank를 이용하여 오답을 유도하고 있다. 정답 (A)

어휘 accountant 회계사

04 미M 미W

Have you already been introduced?
(A) No, it isn't ready yet.
(B) It's a new product.
(C) To a few people.

벌써 소개받았나요?
(A) 아니요, 그것은 아직 준비가 되지 않았어요.
(B) 그것은 새로운 상품이에요.
(C) 몇 사람에게요.

해설 소개를 받았는지 여부를 묻는 질문이다.
(A) 질문의 주어가 you이므로 it으로 대답할 수 없다. 질문의 already와 발음이 비슷한 ready를 답변에 사용한 오답이다.
(B) 질문과 관계없으므로 오답이다.
(C) Yes/No는 없지만 몇 사람들에게 소개를 받았다고 긍정의 뜻으로 답변하고 있다. 정답 (C)

어휘 already 이미 introduce 소개하다

05 미W 호W

Are you going to call Mr. Russo?
(A) It goes over there.
(B) At our last meeting.
(C) He told me to call at noon.

Russo 씨에게 전화하실 건가요?
(A) 그것은 저쪽으로 가요.
(B) 우리의 마지막 미팅에서요.
(C) 그는 정오에 전화하라고 말했어요.

해설 Mr. Russo에게 전화할 것인지 물어보는 질문이다.
(A) 질문의 주어가 you인데 it으로 대답하는 것은 어색하므로 오답이다.
(B) 전치사 at 뒤에 장소가 나왔으므로 When이나 Where에 대한 답변이 될 수 있다.
(C) Yes/No는 없지만 전화할 것이냐는 질문에 그가 정오에 전화하라고 했다는 자연스러운 대답이므로 정답이다. 정답 (C)

어휘 noon 정오

Step 2 실전 TOEIC Test p.163

01 미M 미W

Is Michael stopping by the warehouse today?
(A) He'll be here at 2.
(B) Stop at the corner.
(C) It departs tomorrow.

오늘 Michael이 창고에 들를 예정인가요?
(A) 그는 2시에 올 거예요.
(B) 코너에서 멈춰 주세요.
(C) 그것은 내일 출발해요.

해설 Michael이 창고에 들를 것인지를 묻는 질문이다.
(A) Yes/No 답변 없이 2시에 올 것이라고 자연스럽게 대답하였으므로 정답이다.
(B) stop을 중복 사용하여 혼동을 주는 답변으로, 장소에 대한 정보를 주고 있으므로 오답이다.
(C) 질문의 주어가 Michael이므로 it으로 대답할 수 없으므로 오답이다. 정답 (A)

어휘 stop by ~에 잠시 들르다

02 호W 영M

Is the post office near the pharmacy?
(A) On Monday.
(B) Right next door.
(C) I feel fine, thanks.

우체국은 약국에서 가깝나요?
(A) 월요일이요.
(B) 바로 옆이에요.
(C) 전 괜찮아요. 고마워요.

해설 우체국이 약국 가까이에 있는지 묻는 질문이다.
(A) 요일 답변은 시간을 묻는 When 질문에 적절한 답변이다.
(B) 단순히 가깝다, 안 가깝다가 아니라 정확하게 우체국의 위치를 알려주고 있으므로 정답이다.
(C) 우체국의 위치에 대해 묻는 질문과 전혀 관련 없는 대답이므로 오답이다. 정답 (B)

어휘 post office 우체국 pharmacy 약국

03 미M 미W

Was there a home improvement store on this street?
(A) Store it here.
(B) There used to be.
(C) For my house.

이 거리에 주택 수리용품 가게가 있나요?
(A) 여기에 저장하세요.
(B) 전에는 있었지요.
(C) 우리 집을 위해서요.

해설 주택 수리용품 가게가 있는지 사실 여부를 묻는 질문이다.
(A) 동일어휘를 이용한 오답이다. 질문의 store는 명사인 가게의 뜻으로 쓰였는데 답변에서는 저장한다는 동사로 쓰였다.
(B) 예전에는 있었지만 지금은 없다는 의미의 자연스러운 대답이다.
(C) 질문의 home을 듣고 house를 연상하게 한 오답이다.
정답 (B)

어휘 home improvement store 식료품을 제외한 가정에서 쓰는 모든 물건을 파는 곳

04 미W 미M

Were you able to sleep on the plane?
(A) Only for a few hours.
(B) I like it plain, thanks
(C) We're flying to Denver.

비행기에서 잠을 잘 수 있었나요?
(A) 고작 몇 시간이요.
(B) 다른 거 없이 그냥 주세요. 고맙습니다.
(C) 우리는 비행기로 Denver로 갈 거예요.

해설 비행기에서 잠잘 수 있었는지 묻는 질문이다.
(A) 몇 시간밖에 못 잤다고 자연스럽게 대답하고 있으므로 정답이다.
(B) 질문에 plane과 유사한 발음인 plain을 이용한 오답으로, 권유나 제안에 대한 답변으로 적절하다.
(C) 질문의 plane을 듣고 fly를 연상하게 한 오답이다. 정답 (A)

어휘 be able to + 동사원형 ~을 할 수 있다 plain 꾸미지 않은, 소박한, 있는 그대로, ~없이

05 영M 호W

Will Norah be available on Tuesday?
(A) Only last month.
(B) It won't be ready yet.
(C) No, she'll still be out of town.

Norah는 화요일에 시간 여유가 있을까요?
(A) 지난 한 달만요.
(B) 그것은 아직 준비되지 않았을 겁니다.
(C) 아니요, 그때도 역시 출장 중일 겁니다.

해설 Norah가 화요일에 시간 여유가 있는지 묻는 질문이다.
(A) 기간을 묻는 How long ~? 질문에 적절한 답변으로 오답이다.
(B) 질문의 will을 반복한 오답으로 엉뚱한 주어로 답변하고 있다.
(C) 부정(No)으로 대답하고 그때도 출장으로 외부에 나가 있을 것이라는 답변이므로 정답이다. 정답 (C)

어휘 available 시간 여유가 있는

Lesson 4 조동사 의문문 구어체 답변들

Step 1 Warm-up Test p.165

01 미M 호W

Is Alice Turner the new project manager?
(A) The budget for each project.
(B) Actually, she's the lead architect.
(C) You're right, I was.

Alice Turner가 새로운 프로젝트의 매니저인가요?
(A) 각각의 프로젝트를 위한 예산입니다.
(B) 사실, 그녀는 수석 건축가예요.
(C) 맞아요, 나였어요.

해설 Alice Turner가 새로운 프로젝트의 매니저인지 묻는 질문이다
(A) 질문의 project를 중복 사용하여 혼동을 준 오답이다.
(B) Yes/No로 직접적으로 대답하기보다 Actually로 시작하면서 질문에 대한 보충 설명을 해주고 있으므로 정답이다.
(C) 질문과 관련이 없는 오답이다. 정답 (B)

어휘 budget 예산 actually 사실은, 실제로 lead 수석의, 주요한 architect 건축가

02 미W 미M

Have you seen the plant manager today?
(A) I saw the potted plants.
(B) She's in the other building.
(C) Head of the management group.

오늘 공장장을 본 적 있나요?
(A) 저는 화분에 심는 화초를 봤어요.
(B) 그녀는 다른 빌딩에 있어요.
(C) 관리 그룹의 책임자예요.

해설 오늘 공장장을 본 적이 있는지 묻는 질문이다.
(A) 질문의 plant(공장)와 동음이의어인 plant(화초)를 이용한 오답이다.
(B) 그녀가 어디에 있는지 구체적인 위치를 언급했으므로 정답이다.
(C) head of ~는 직위나 사람을 묻는 Who에 대한 답변으로 오답이다.
정답 (B)

어휘 plant manager 공장장 pot plant 화분에 심는 화초 head 책임자

03 미M 미W

Did you see the briefcase I left in here?

(A) Yes, just send a brief resume.
(B) No, I haven't heard from him.
(C) Yes, I put it on the table.

제가 여기에 두고 간 서류가방을 보았나요?
(A) 네, 간략한 이력서를 보내세요.
(B) 아니요, 그에게 듣지 못했어요.
(C) 네, 제가 테이블 위에 두었어요.

해설 서류가방을 보았는지 묻는 질문이다.
(A) 질문의 briefcase와 유사한 발음인 brief를 이용한 오답이다.
(B) 질문의 here와 발음이 비슷한 hear의 과거 형태 heard를 이용한 오답이다.
(C) Yes(긍정)로 대답하고 그 가방을 테이블 위에 올려놓았다고 보충 설명을 하고 있으므로 정답이 된다. 정답 (C)

어휘 briefcase 서류가방 brief 간략한, 짧은 resume 이력서

04 호W 영M

Have you completed the assignment?
(A) That's not what I meant.
(B) I agree with it completely.
(C) I'm almost done.

업무를 끝냈나요?
(A) 그건 제가 말하고자 했던 것이 아니에요.
(B) 전적으로 동의해요.
(C) 거의 다 했어요.

해설 업무를 끝냈는지 여부를 묻는 질문이다.
(A) 질문과는 전혀 상관없는 답변이다.
(B) 질문의 completed와 유사어휘인 completely를 이용한 오답이다.
(C) 업무를 끝냈냐는 질문에 거의 다 했다고 자연스럽게 답변하므로 정답이다. 정답 (C)

어휘 complete 완성하다 assignment 숙제, 과제, 업무 completely 완전히, 전적으로 almost 거의

05 미M 미W

Did the shipment arrive yesterday?
(A) The night shift.
(B) I don't think so.
(C) No, he won't.

어제 배송품이 도착했나요?
(A) 야간 근무조예요.
(B) 그렇게 생각하지 않아요.
(C) 아니요, 그는 안할 거예요.

해설 (A) 질문의 shipment와 유사한 발음 shift를 이용한 오답으로 도착했는지 여부를 알 수 있는 답변은 아니다.
(B) No로 대답하진 않지만 질문에 대해 그렇게 생각하지 않는다고 부정의 의미를 내포한 자연스러운 답변이므로 정답이다.
(C) No를 사용하여 대답하지만 3인칭 대명사인 he를 받을 수 있는 사람이 없으므로 답변이 될 수 없다. 정답 (B)

어휘 shipment 수송품 night shift 야간 근무조

Step 2 실전 TOEIC Test

p.165

01 미W 미M

Have you booked your flight yet?
(A) The other airport.
(B) Actually, I just did.
(C) It was published last year.

비행기 예약하셨나요?
(A) 다른 공항이에요.
(B) 사실 방금했어요.
(C) 그건 작년에 출판되었어요.

해설 비행기를 예약했는지의 사실 여부를 묻는 질문이다.
(A) 질문의 flight를 듣고 연상 가능한 airport를 이용한 오답이다.
(B) Yes라고 대답하진 않지만 방금했다는 표현으로 긍정의 의미가 내포되어 있어 자연스러운 답변이다.
(C) 질문에서 book이 '예약하다'로 쓰였는데 '책'으로 혼동하면 연상 가능한 publish를 이용하여 과거의 시간에 대한 답변을 하고 있으므로 오답이다. 정답 (B)

어휘 book 예약하다 publish 출판하다

02 영M 호W

Will it take too long to revise that report?
(A) I think it was last week.
(B) Yes, I told them I would.
(C) Not if we start now.

보고서 수정하는 데 오래 걸릴 거 같은가요?
(A) 그건 지난주에요.
(B) 예, 제가 하겠다고 말했어요.
(C) 우리가 지금 시작한다면 오래 걸리지 않을 거예요.

해설 보고서 수정하는 데 오래 걸릴지를 묻는 질문이다.
(A) 미래의 일정 여부에 대한 질문에 과거 시점을 제시하고 있으므로 오답이다.
(B) Yes라는 답변으로 오래 걸릴 것이란 내용이 나왔지만 뒤에 보충 설명이 엉뚱한 내용이므로 오답이다.
(C) 보고서 수정하는 데 오래 걸리지 않겠냐는 질문에 대해 지금 시작한다면 오래 걸리지 않을 것이라고 if 구문을 이용한 답변이다. 정답 (C)

어휘 revise 수정하다

03 미W 미M

Is the paint on the stairs still wet?
(A) It should be dry by now.
(B) It doesn't hurt.
(C) Sure, I'll wait for you.

계단의 페인트가 아직 안 말랐나요?
(A) 지금쯤 말랐을 겁니다.
(B) 그건 해치지 않아요.
(C) 물론이죠, 제가 기다릴게요.

해설 페인트가 말랐는지 여부를 묻는 질문이다.
(A) Yes/No로 대답하진 않지만 계단의 페인트에 대해 물어보는 질문에 말랐을 거라고 자연스럽게 대답하고 있으므로 정답이다.
(B) Be동사(is)를 이용하여 질문하고 있는데 Do동사로 대답할

수 없고 질문과 전혀 관련 없는 대답이므로 오답이다.
(C) 페인트가 말랐는지 안 말랐는지에 대해 기다려야 한다는 의미를 연상시키는 wait을 이용한 오답이다. 정답 (A)

어휘 paint 페인트 stair 계단

04 호W 미W

Did you go to the seminar last night?
(A) That will be interesting.
(B) They're not the same.
(C) It was cancelled.

어제 저녁 세미나에 가셨나요?
(A) 재미있을 거 같네요.
(B) 그들은 같지 않아요.
(C) 그거 취소되었어요.

해설 어제 저녁에 세미나에 갔었는지 여부를 묻는 질문이다.
(A) 질문의 seminar와 연관해서 interest를 연상케 한 오답이다. 세미나에 가자라는 권유에 대한 답변이 될 수 있다.
(B) seminar와 유사한 발음인 same을 이용한 오답으로 질문과 관련이 없는 오답이다.
(C) Yes/No가 나오지는 않았지만 세미나에 갔었냐는 질문에 그것(세미나)은 취소되었다고 자연스럽게 말하고 있으므로 정답이다. 정답 (C)

어휘 cancel 취소하다

05 미W 영M

Should I reserve the executive meeting room or will a smaller one be alright?
(A) Their service is wonderful.
(B) Check with Erica.
(C) Okay, tomorrow then.

제가 간부 회의실을 예약해야할까요, 아니면 더 작은 방으로 할까요?
(A) 서비스는 훌륭해요
(B) Erica에게 확인해봐요.
(C) 네, 그럼 내일이요.

해설 간부 회의실을 예약할지, 혹은 더 작은방으로 해야 할지에 대해 should로 물어보며, 선택의 or를 이용한 질문이다.
(A) reserve와 service 즉, 예약하다와 서비스라는 내용상 관련이 있는 연상 단어를 이용하였으므로 오답이다
(B) 질문에 Erica에게 확인해보라며 의미상 자연스러운 연결이 되므로 정답이다.
(C) Okay는 상대의 제안이나 의견에 대해 동의하는 의미를 갖는 답변으로 선택 질문에 대한 답변으로는 어색하다. 정답 (B)

어휘 reserve 예약하다 executive meeting 간부 회의

Lesson 5 권유/제안/부탁/선택의 조동사 의문문

Step 1 Warm-up Test p.167

01 미M 미W

Should I give him your business card when he returns?
(A) That's where I put it.
(B) For about a week.
(C) He already has one.

그가 돌아올 때 당신의 명함을 드려야 하나요?
(A) 제가 넣어둔 곳이에요.
(B) 한 1주일 동안요.
(C) 이미 갖고 있어요.

해설 명함을 줘야할지 상대방의 의견을 묻는 질문이다.
(A) 물건 등을 어디에(Where) 두었는지 물었을 때 더 어울리는 답변이다.
(B) 시간, 기간이 어느 정도 걸리는지 물어보는 질문(How long)에 어울리는 답변이다.
(C) 그에게 명함을 줘야 할지 물어보는 질문에 이미 갖고 있다고 대답하고 있으므로 정답이다. 정답 (C)

어휘 business card 명함 about 대략, 약

02 미W 미M

Could you take these to the dry cleaners?
(A) Yes, it's quite clear.
(B) Sure, no problem.
(C) Tickets please.

이것 좀 세탁소에 갖다 주실래요?
(A) 네, 꽤 확실해요.
(B) 물론이죠.
(C) 티켓 주세요.

해설 물건을 세탁소로 맡겨달라는 부탁의 질문이다.
(A) 질문의 cleaner와 유사한 발음 clear를 사용한 오답이다.
(B) 부탁하는 질문에 물론이라며 승낙하므로 정답이다.
(C) 부탁하는 질문에 티켓 달라고 요청하는 대답으로 어색하다. 정답 (B)

어휘 quite 꽤, 상당히

03 영M 호W

Do you want to share a taxi back to the office?
(A) He'll take it home.
(B) I already have a ride, thanks.
(C) No, it's in front.

사무실로 돌아가는데 택시 같이 타실래요?
(A) 그가 집에 가져갈 거예요.
(B) 저 타고 갈 거 있어요. 고마워요.
(C) 아니요, 앞이에요.

해설 택시를 같이 타고 갈 건지 제안을 하는 질문이다.
(A) 질문에서 You(2인칭 주어)를 사용하였는데 He(3인칭 주어)를 사용하는 답변은 어색하다.
(B) 상대의 제안에 거절하는 의미로 자신은 이미 타고 갈 교통수단이 있기 때문에 괜찮다고 답하고 있으므로 정답이다.
(C) 부정(No)으로 대답하고는 있지만 뒤의 내용은 장소에 대한 정보로 질문과 관련 없으므로 오답이다. 정답 (B)

어휘 in front 앞에

04 미W 미M

Do you have time to interview the applicants?
(A) The view from here is excellent.
(B) When did you go?
(C) Sure, I'm free all week.

지원자 인터뷰 할 시간 있나요?

(A) 이곳 전망 훌륭하네요.
(B) 언제 갔었어요?
(C) 물론이죠, 저 일주일 내내 시간 많아요.

해설 인터뷰 할 시간이 있는지 상대에게 부탁을 하는 질문이다.
(A) 질문의 interview와 발음이 유사한 view를 이용한 오답이다.
(B) 질문의 time을 듣고 연상 가능한 When을 이용한 오답이다.
(C) 인터뷰 할 시간이 있는지 묻는 질문에 긍정의 의미인 Sure라고 대답하고 시간 많다고 하고 있으므로 정답이다.
정답 (C)

어휘 applicant 지원자 excellent 훌륭한

05 영M 미W

Do you prefer working alone or with a group?
(A) I enjoy both.
(B) No, I won't be home.
(C) At around 5:00.

혼자 일하는 것과 그룹으로 일하는 것 중에 어느 것이 더 좋나요?
(A) 전 둘 다 좋아요.
(B) 아니요, 저 집에 없을 거예요.
(C) 5시 즈음에요.

해설 or를 중심으로 조동사 Do를 이용하여 혼자 일하는 것과 그룹으로 일하는 것 중에 무엇을 더 좋아하냐고 상대방에게 묻는 질문이다.
(A) 둘 다 좋다고 대답하므로 정답이다.
(B) 질문의 working과 유사한 발음 won't를 이용한 오답이다.
(C) 시간에 관련된 질문에 더 어울리는 답변이므로 오답이다.
정답 (A)

Step 2 실전 TOEIC Test p.167

01 호W 영M

Won't you be coming to dinner with us?
(A) Yes, I've already eaten.
(B) Mr. Adam's.
(C) Unfortunately, I can't.

우리와 함께 저녁 먹으러 오지 않을 건가요?
(A) 네, 저 먹었어요.
(B) Mr. Adam의 것이에요.
(C) 안됐지만 못해요.

해설 함께 저녁 먹으러 오지 않을 것인지 상대에게 의견을 묻는 질문이다.
(A) Yes(긍정)로 대답하면 같이 갈 것이라는 내용이 뒤에 따라와야 하는데, 이미 먹었다는 답변은 어색하다.
(B) 물건 등이 누구의 것인지 묻는 Who 질문에 더 어울리는 답변이다.
(C) 함께 저녁 먹으러 올 거지 않냐는 질문에 안됐지만 그렇게 하지 못할 것이라는 답변으로 정답이 된다. 정답 (C)

어휘 unfortunately 불행하게도, 유감스럽게도

02 미M 미W

Do you like our new office building?
(A) I'd like to eat later.
(B) No, I haven't seen the budget
(C) It's better than the old one.

저희 새로운 사무실 빌딩은 마음에 드세요?
(A) 나중에 먹을게요.
(B) 아니요, 그 예산안 못 봤는데요.
(C) 전의 건물보다 더 좋아요.

해설 건물이 맘에 드는지 상대방의 의견을 묻는 질문이다.
(A) 질문에 동일어휘인 like을 이용한 오답이다.
(B) No라고 답변하면 뒤에 맘에 들지 않는 이유 등을 설명해야 하는데 엉뚱한 답변을 하고 있다.
(C) 새 빌딩이 마음에 드냐는 질문에 전의 건물보다 더 낫다고 자연스러운 대답을 하므로 정답이다. 정답 (C)

어휘 normally 보통, 일반적으로 budget 비용, 예산, 예산안

03 미W 미M

Do you need change for the vending machine?
(A) I don't need a schedule.
(B) I have some. Thanks.
(C) I made some changes.

자동판매기에 잔돈이 필요하나요?
(A) 스케줄 필요 없어요.
(B) 있어요. 고마워요.
(C) 변화를 좀 줬어요.

해설 자동판매기에 넣을 잔돈이 필요한지 상대에게 묻는 질문이다.
(A) 필요하냐는 질문에 I don't need로 필요 없다는 말로 시작하고 있지만 그 뒤의 내용이 질문과 관련이 없으므로 오답이다.
(B) 잔돈이 필요하다는 질문에 조금 남아 있다고 대답하고는 상대의 제안에 감사하다는 답변을 하고 있다.
(C) 질문의 change는 '잔돈'으로 쓰였는데 '변화'로 대답하므로 오답이다. 정답 (B)

어휘 change 잔돈, 변화 vending machine 자동판매기

04 영M 호W

Do you want sugar or cream?
(A) Some of each please.
(B) There's milk but no cream.
(C) Yes, it was nice.

설탕이나 크림 드려요?
(A) 둘 다 약간씩만 주세요.
(B) 우유가 있지만 크림은 없어요.
(C) 네, 좋았어요.

해설 설탕 또는 크림을 원하는지 상대에게 묻는 질문이다.
(A) 의견을 묻는 질문에 둘 다 달라고 대답하므로 정답이다.
(B) 질문의 cream을 중복 사용한 오답이다.
(C) '무엇을 드릴까요?'라는 질문에 좋았다고 대답하는 것은 어색하므로 오답이다. 정답 (A)

어휘 each 각각

05 미W 미M

Could you please e-mail me your direct phone number?
(A) I read the report earlier.
(B) No, I didn't receive your call.
(C) Yes, I'll send it in a few minutes.

직통 전화번호 좀 메일로 보내주실래요?
(A) 리포트 일찍 읽었어요.
(B) 아니요, 전화 못 받았어요.
(C) 네, 몇 분 후에 보내드릴게요.

해설 전화번호를 달라고 요청하는 질문이다.
(A) 질문의 e-mail을 듣고 연상 가능한 read를 이용한 오답이다.
(B) 질문의 phone을 듣고 연상 가능한 call을 이용한 오답이다.
(C) 메일을 보내달라는 물음에 몇 분 후에 보낼 것이라고 대답하므로 정답이다. 정답 (C)

어휘 direct phone 직통 전화 receive 받다

Chapter 9 권유/제안/부탁 의문문

Lesson 1 권유/제안 의문문

Step 1 Warm-up Test p.171

01 미W 영M

Why don't we meet after lunch to discuss the budget?
(A) I'll see if I'm available.
(B) She's a financial expert.
(C) Have you met him yet?

점심식사 후에 만나서 예산안에 대해 얘기하는 건 어때요?
(A) 시간 되는지 볼게.
(B) 그녀는 금융 전문가야.
(C) 그 사람 만났나요?

해설 Why don't you ~?를 사용하여 만나서 얘기를 하자고 권유하는 질문이다.
(A) 권유하는 질문에 Yes/Sure를 사용한 것은 아니지만 시간 되는지 본다고 자연스럽게 답변하였으므로 정답이다.
(B) 질문에 등장하지 않은 3인칭 she가 등장하고 질문의 budget을 듣고 연상 가능한 financial을 사용한 오답이다.
(C) 질문에 등장하지 않은 3인칭 he가 등장하고 질문의 meet의 과거형 met을 사용한 오답이다. 정답 (A)

어휘 discuss 토론하다 available 시간 여유가 있는 financial 금융의 expert 전문가

02 미M 호W

Would you like a ride to work tomorrow?
(A) Yes, I can write it.
(B) I'd appreciate that.
(C) He stepped out for a walk.

내일 일하러 갈 때 태워드릴까요?
(A) 네, 제가 쓸 수 있어요.
(B) 감사합니다.
(C) 그는 산책하러 나갔어요.

해설 Would you like ~?를 이용하여 태워주겠다고 제안하는 질문이다
(A) 긍정(Yes)으로 대답하지만 뒤의 내용이 질문과 관련 없고 질문의 ride와 유사한 발음인 write를 사용한 오답이다.
(B) 제안하는 질문에 고맙다고 대답하므로 정답이다.
(C) 질문에 등장하지 않은 3인칭 he가 등장하고 질문의 work와 유사한 발음인 walk을 이용한 오답이다. 정답 (B)

어휘 appreciate 감사하다, 고마워하다 for a walk 산책하러

03 미W 미M

Shouldn't we leave for the department meeting?
(A) They said it's next month.
(B) Yes, we don't want to be late.
(C) His flight departed this morning.

부서 회의하러 나가야하지 않나요?
(A) 다음 달이래요.
(B) 네, 우리가 늦지 않았으면 해요.
(C) 그의 비행기는 오늘 아침에 출발했어요.

해설 Shouldn't we ~?를 사용하여 상대방의 의향을 묻는 질문이다.
(A) 다음 달이라는 시기를 말하고 있으므로 When에 대한 답변이 될 수 있다.
(B) 지금 나서야 한다는 의견을 제시한 질문에 Yes로 긍정하고 늦어서는 안 된다는 자신의 의견으로 보충 설명을 하고 있다.
(C) 질문에 등장하지 않은 his와 질문의 leave(떠나다)를 듣고 연상 가능한 depart(이륙하다)를 사용한 오답이다. 정답 (B)

어휘 department meeting 부서 회의

04 미M 미W

Let's visit the shopping mall in town.
(A) I didn't see him.
(B) Sounds good to me.
(C) Are they in town too?

쇼핑몰에 가요.
(A) 전 그를 못 봤어요.
(B) 좋아요.
(C) 그들도 시내에 있나요?

해설 Let's를 이용하여 쇼핑몰에 가자고 권유하는 질문이다.
(A) 질문에 등장하지 않은 him이 등장하여 어색한 답변이다.
(B) 권유에 승낙의 의미로 좋다고 답변하였으므로 정답이다.
(C) 질문에 등장하지 않은 they가 언급되고 질문의 town을 중복 이용한 오답이다. 정답 (B)

어휘 shipping mall 쇼핑몰

05 호W 영M

Would you like to order a new printer to go with your new computer?
(A) I'd like to but I can't.
(B) Thanks. I'll keep the one I have.
(C) It should be printed.

새 컴퓨터에 맞는 새 프린터 주문하시겠어요?
(A) 그러고 싶지만 안 되겠어요.
(B) 고마워요. 제가 갖고 있는 거 보관할게요.
(C) 프린트되어야만해요.

해설 Would you like to ~?를 이용하여 프린터를 주문하겠느냐는 제안의 질문이다.
(A) 상대의 제안을 받아들이고 싶지만 그렇게 할 수 없다고 거절하는 답변으로 정답이 된다.
(B) 제안에 대해 감사하다는 답변이 나왔지만 뒤에 제가 가지고 있는 것을 보관하겠다는 내용이 질문과 맞지 않는 오답이다.
(C) 질문의 printer와 동일한 파생어 print를 이용한 오답이다.
정답 (A)

어휘 go with 어울리다

Step 2 실전 TOEIC Test p.171

01 영M 미W

Why don't you ask for a promotion?
(A) No, I didn't.
(B) Because it is not moving.
(C) That's a good idea.

승진을 요청하는 게 어때요?
(A) 안했어요.
(B) 움직이지 않기 때문이에요.
(C) 좋은 생각이에요.

해설 Why don't you ~?(~하는 게 어때?)를 사용하여 승진을 요청하라고 제안하는 질문이다.
(A) 질문과 관련 없는 오답이다.
(B) 이유를 물어보는 질문에 더 어울리는 답변이다.
(C) 권유하는 질문에 좋은 생각이라고 동의하는 답변이므로 정답이다.
정답 (C)

어휘 promotion 홍보, 승진

02 미W 미M

Would you like to read my newspaper when I finish?
(A) Thanks, but I already bought a copy.
(B) No, can you fix it?
(C) Yes, I'd be happy to lead.

제가 신문을 다 읽으면 읽으실래요?
(A) 고마워요, 근데 벌써 한 부 샀어요.
(B) 아니요, 고쳐주실 수 있어요?
(C) 네, 안내해 드리죠.

해설 Would you like to ~?를 이용하여 상대방에게 신문을 읽으라고 권유하는 질문이다.
(A) 고맙다고 말하고 이미 샀다고 자연스럽게 응대했으므로 정답이다.
(B) 질문과는 상관없는 답변으로 finish와 유사한 발음인 fix를 이용한 오답이다.
(C) 질문의 read와 발음이 유사한 lead를 이용한 오답이다.
정답 (A)

어휘 lead 안내하다

03 영M 호W

Can I give you the mail for Mr. Diago?
(A) Yes, by air-mail please.
(B) Sure. I'll put it in his office.
(C) The new address.

Mr. Diago에게 온 우편물을 당신께 드릴까요?
(A) 네, 항공우편으로 부탁해요.
(B) 물론이죠. 제가 그의 사무실에 놓아둘게요.
(C) 새로운 주소입니다.

해설 조동사 Can을 사용하여 상대에게 우편물을 건네줄지 제안하는 질문이다.
(A) 긍정(Yes)으로 대답하고 있지만 뒤의 내용이 질문과 관련 없고 질문의 mail을 중복 사용해서 혼동을 준 오답이다.
(B) Sure를 사용하여 상대의 제안이나 요청에 긍정적으로 답변을 하고 자신이 받아서 그의 사무실에 갖다 놓겠다고 보충 설명하고 있으므로 정답이다.
(C) 질문의 mail을 듣고 연상 가능한 address를 사용한 오답이다.
정답 (B)

어휘 address 주소

04 미W 영M

Don't you need your glasses to read that?
(A) Yes, glass or plastic is fine.
(B) No, not for reading.
(C) I'm not thirsty.

그거 읽는 데 안경이 필요하지 않나요?
(A) 네, 유리나 플라스틱이면 괜찮아요.
(B) 아니요, 읽으려는 게 아니에요.
(C) 목마르지 않아요.

해설 Don't you ~?를 이용하여 안경이 필요한지 묻는 질문이다.
(A) 질문의 glasses와 발음 유사한 glass를 사용한 오답이다.
(B) 안경이 필요한지 묻는 질문에 부정으로 대답하고 있고 뒤에 그것은 읽으려는 게 아니라고 보충 설명하므로 정답이다.
(C) 질문과는 상관없는 답변으로, glasses를 듣고 물컵으로 잘못 이해할 때 연상 가능한 thirsty를 이용한 오답이다.
정답 (B)

어휘 thirsty 목마른

05 미M 미W

Let's buy a map at the next service station.
(A) I always listen to that station.
(B) Is the fuel tank empty?
(C) There's one on the back seat.

다음 휴게소에서 지도를 삽시다.
(A) 저는 항상 그 방송(국)을 들어요.
(B) 연료 탱크가 비어있나요?
(C) 뒷자리에 있어요.

해설 Let's를 사용하여 지도를 사자고 권유하는 질문이다.
(A) 질문에 등장한 동일어휘인 station을 이용한 오답이다.
(B) 질문의 service station을 듣고 gas station을 연상케 하여 fuel tank를 이용한 오답이다.
(C) 지도를 사자는 제안에 뒷좌석에 (지도가) 있다고 구체적으로 설명하고 있으므로 정답이다.
정답 (C)

어휘 service station 휴게소

Lesson 2 권유/제안 의문문에 가능한 답변들

Step 1 Warm-up Test p.173

01 미W 미M

Would you be interested in organizing the luncheon?
(A) I'll have to check my schedule.
(B) Yes, it was interesting.
(C) A table for four, please.

오찬을 준비하는 데 관심이 있으신가요?
(A) 제 스케줄을 확인해 봐야 해요.
(B) 네, 그건 흥미로웠어요.
(C) 4명을 위한 테이블을 준비해주세요.

해설 Would you be interested ~?는 '~하는 데 관심 있으세요? ~ 하시겠어요?'라고 상대에게 권유를 하는 표현이다.
(A) 확실치는 않지만 일단 스케줄을 확인해보겠다는 답변으로 정답이다.
(B) Yes라고 대답하고 있지만 주어가 사물이고 동일한 파생어인 interesting을 이용한 오답이다.
(C) luncheon에서 식당의 인원수를 연상케 하는 오답으로 How many의 질문에 대한 답변이 된다. 정답 (A)

어휘 be interested in ~에 흥미가[관심이] 있다 luncheon 오찬

02 미M 호W

Why don't we offer a reward to the legal team?
(A) That's Ansley's responsibility.
(B) I only shop during sales.
(C) The team plays on Monday.

법무팀에게 보상을 해주는 것은 어떠나요?
(A) 그건 Ansley의 담당이에요.
(B) 전 세일 기간에만 쇼핑해요.
(C) 그 팀 경기는 월요일이에요.

해설 법무팀에게 보상을 제안하는 건 어떠냐고 Why don't we ~?를 사용하여 제안하는 질문이다.
(A) 법무팀에게 보상을 제안하는 건 어떠냐는 질문에 동의나 반대의 답변을 하는 것이 아니라 책임자가 누군지 알려줌으로써 자신이 말할 수 있는 것이 아님을 말하고 있다.
(B) 제안하는 질문에 어울리지 않는 답변으로 When에 대한 질문에 더 적절하다.
(C) 동일어휘인 team을 이용한 오답으로 팀 경기가 언제(When) 열리냐고 묻는 의문문에 더 잘 어울리는 답변이다. 정답 (A)

어휘 offer 제안하다 responsibility 책임

03 미W 영M

Don't you want to join our book discussion group?
(A) Sorry, I'm too busy.
(B) Help yourself.
(C) Yes, it was.

우리 독서 토론 그룹에 들어오고 싶지 않으세요?
(A) 미안해요. 너무 바빠서요.
(B) 많이 드세요.
(C) 네, 그랬어요.

해설 Don't you want to ~?를 사용하여 독서 토론그룹에 들어오고 싶지 않은지 제안하는 질문이다.
(A) 제안하는 질문에 미안하다며 거절하고 있고 그 뒤에 거절의 이유를 보충 설명하므로 정답이다.
(B) 많이 먹으라는 뜻으로 음식 등을 권유하면서 쓸 때 더 어울리는 답변이다.
(C) 현재 시제(Do)를 사용한 질문에 과거 시제(was)로 답변할 수 없다. 정답 (A)

어휘 discussion 토론 Help yourself. 많이 드세요.

04 미M 미W

Shouldn't we send Ms. Belle this result?
(A) She's already received it.
(B) Yes, it was a guided tour.
(C) Sometime last week.

이 결과를 Ms. Belle에게 보내야하지 않나요?
(A) 그녀는 이미 받았어요.
(B) 네, 그건 가이드가 딸린 투어에요.
(C) 지난주 언젠가

해설 Shouldn't we ~?(~를 해야 하지 않나요?)라고 질문하는 것은 '~해야 할 것 같다'는 의미의 의문문이 된다. Ms. Belle에게 결과를 보내야하지 않냐고 제안하는 질문이다.
(A) 그녀는 이미 그것을 받았다는 상황을 설명해주는 답변이므로 정답이다.
(B) 여행 관련 상품에 대한 문의에 대한 대답으로 더 어울린다.
(C) 시간에 대한 답변으로 When 의문문에 더 적절한 답변이다. 정답 (A)

어휘 sometime 언젠가

05 미W 미M

Why don't we start the meeting?
(A) Let's wait for our manager.
(B) I don't have an extra one.
(C) It hasn't started yet.

회의를 시작할까요?
(A) 매니저를 기다리죠.
(B) 남는 게 없어요.
(C) 아직 시작 안 했어요.

해설 Why don't we ~?를 사용하여 회의를 시작하는 것이 어떠냐고 제안하는 질문이다.
(A) 회의를 시작하는 게 어떠냐는 질문에 매니저를 기다리자는 의미로 절절한 답변이다.
(B) 무엇인가 더 있는지 물어보는 질문에 더 어울리는 답변이다.
(C) 모임 등이 시작했냐고 물어보는 질문에 더 어울리는 답변이다. 정답 (A)

어휘 manager 매니저 extra 여분의

Step 2 실전 TOEIC Test p.173

01 영M 미W

Should we do another quality control check?
(A) Only the best quality.
(B) That's a good idea.
(C) I've got one. Thanks.

품질관리를 한 번 더 해야 하나요?
(A) 최고의 품질밖에 없습니다.
(B) 좋은 생각이에요.
(C) 하나 받았어요. 고마워요.

해설 조동사 should를 사용하여 품질관리를 한 번 더 해야 하는지 상대방의 의견을 물으며 제안하는 질문이다.
(A) 질문의 quality를 반복 사용한 오답이다.
(B) 의향을 묻는 질문에 좋은 생각이라고 의견을 말하고 있으므로 정답이다.
(C) another에서 연상할 수 있는 one을 이용한 오답이다.
정답 (B)

어휘 quality control 품질관리 check 확인하다

02 호W 미M

Let's order new furniture for the conference room.
(A) It will start at 10.
(B) It's fully booked.
(C) We can't afford it.

회의실에 둘 새 가구를 주문해요.
(A) 10시에 시작할 거예요.
(B) 예약이 다 찼어요.
(C) 우린 그럴 여유가 없어요.

해설 Let's를 사용하여 새 가구를 사자고 권유하는 질문이다.
(A) What time 또는 When 의문문에 적절한 답변이다.
(B) conference room에서 연상하여 예약이 꽉 찼다는 의미의 book을 이용한 오답이다.
(C) 새 가구를 주문하자는 질문에 그럴 자금적인 여유가 없다고 거절하는 의미의 답변으로 정답이 된다. 정답 (C)

어휘 furniture 가구 conference room 회의실 book 예약하다 can't afford 여유가 없다

03 영M 호W

Why don't we get the employees mobile phones?
(A) No, I haven't.
(B) In this brochure.
(C) That would be expensive.

직원들에게 휴대전화를 사주는 게 어떨까요?
(A) 아니요.
(B) 이 안내책자 안에요.
(C) 비쌀꺼에요.

해설 Why don't we ~?를 이용하여 상대에게 구매나 소유를 제안하는 질문이다.
(A) 무언가를 가지고 있냐는 등의 질문에 더 어울리는 답변이다.
(B) 위치나 출처를 묻는 질문에 어울리는 답변이다.
(C) 제안하는 질문에 (사게 되면) 비쌀 것이라는 자연스러운 대답을 하므로 정답이다. 정답 (C)

어휘 brochure 안내책자

04 미W 영M

Would you like me to send this invoice now?
(A) Let me check it over first.
(B) Yes, I would like some.
(C) I hope you can hear me.

제가 이 청구서를 지금 보낼까요?
(A) 제가 먼저 확인해 볼게요.
(B) 네. 약간 좋아해요.
(C) 알아들으셨길 바라요.

해설 Would you like me to ~?를 사용하여 상대방에게 청구서를 보낼지 제안하는 질문이다.
(A) 제안하는 질문에 먼저 확인해보겠다고 자연스럽게 대답하므로 정답이다.
(B) 긍정(Yes)으로 대답하지만 동일어휘 like을 이용하여 질문과 관련 없는 답변을 하고 있음으로 오답이다.
(C) 제안하는 질문에 어울리지 않는 답변이므로 오답이다.
정답 (A)

어휘 invoice 청구서

05 미M 미W

Wouldn't you like to try something from this fruit basket?
(A) Yes, he flew back yesterday.
(B) Who asked about it?
(C) I'll have an apple, thanks.

과일 바구니에서 뭐 하나 드셔보지 않으실래요?
(A) 네, 그는 어제 다시 (비행기로) 되돌아 왔어요.
(B) 누가 이것에 대해 물어봤나요?
(C) 사과 하나요. 고마워요.

해설 Wouldn't you like to ~?를 이용하여 과일 바구니에서 무언가를 먹어 보라고 권유하는 질문이다.
(A) 그가 언제 되돌아갔냐는 질문에 더 잘 어울리는 답변이다.
(B) 질문과 관련 없는 답변이다.
(C) 과일 바구니에서 뭐 하나 먹어보지 않겠냐는 질문에 사과 하나라고 구체적으로 답변했으므로 정답이다. 정답 (C)

어휘 fly back 회항하다

Lesson 3 요청/부탁 의문문

Step 1 Warm-up Test p.175

01 미W 미M

Would you like me to put your call through to Mr. Kellar?
(A) Yes, I'd appreciate that.
(B) No, put it in this box.
(C) Yes, I think he could.

Mr. Kellar에게 전화를 연결해드릴까요?
(A) 네, 고마워요.
(B) 아니요, 이 박스에 넣으세요.
(C) 네, 그가 할 수 있을 것 같아요.

해설 Would you like me to do ~?를 이용하여 상대방에게 제안하는 질문이다.
(A) 제안하는 질문에 고맙다며 승낙하는 답변으로 정답이다.
(B) 질문의 put을 중복 사용한 오답이다.
(C) Yes로 대답하여 승낙하는 것 같지만 뒤의 내용이 질문과 관련이 없으므로 오답이다. 정답 (A)

어휘 appreciate 감사하다

02 영M 호W

Would you mind turning off your mobile phone?
(A) You are welcome.
(B) On the left.
(C) Sure, no problem.

핸드폰을 꺼주시겠어요?
(A) 천만에요.
(B) 왼쪽으로요.
(C) 물론이죠. 괜찮아요.

해설 Would you mind ~?를 이용하여 상대방에게 양해를 구하는 문장이다.
(A) 주로 감사의 인사말에 대한 답변으로 쓰이는 표현이다.
(B) 방향이나 위치를 물어보는 질문에 더 어울리는 답변이다.
(C) 자칫 Would you mind ~?의 질문에 Sure를 Yes의 의미로 받아서 꺼리거나 싫다는 의미로 받아들여서는 안 된다. sure는 상대방의 의견에 동의하는 표현이므로 여기서는 yes와는 다른 의미가 된다는 것을 잊지 말자. 정답 (C)

어휘 turn off (~의 전원을) 끄다

03 미W 영M

Do you need help with the market analysis?
(A) I usually shop on Mondays.
(B) No, thanks. It's already done.
(C) The new product.

시장분석에 도움이 필요하세요?
(A) 전 보통 월요일에 쇼핑해요.
(B) 고맙지만 괜찮아요. 이미 다 했어요.
(C) 새로운 상품이에요.

해설 Do you need ~?를 사용하여 도움이 필요한지 제안하는 질문이다.
(A) 질문의 market을 듣고 연상 가능한 shop을 사용한 오답이다.
(B) 상대의 제안에 정중하게 거절하고 이미 다 끝냈다고 대답하므로 정답이다.
(C) 질문의 market을 듣고 연상 가능한 product을 사용한 오답이다. 정답 (B)

어휘 market analysis 시장분석

04 미M 미W

Could you hold this suitcase for a minute?
(A) Almost ten minutes ago.
(B) I'd be happy to.
(C) Everyone ought to.

잠시 동안 이 가방을 맡아주시겠어요?
(A) 거의 10분 전에요.
(B) 기꺼이 그렇게 하지요.
(C) 모두들 해야죠.

해설 Could you ~?를 사용하여 상대방에게 부탁하는 질문이다.
(A) 질문의 minute을 중복 사용한 오답이다.
(B) 부탁하는 질문에 기꺼이 승낙하는 답변으로 정답이다.
(C) 질문과 관련 없는 질문이다. 정답 (B)

어휘 suitcase 여행가방

05 미M 호W

Could you hand out brochures of the product demonstration today?
(A) I'm afraid I won't be able to go.
(B) I think I've already seen it.
(C) Thanks, but I just bought some.

오늘 제품 설명에 관한 책자를 나눠주시겠어요?
(A) 죄송하지만 갈 수 없을 것 같아요.
(B) 제 생각엔 이미 봤던 것 같아요.
(C) 고맙지만, 이미 샀어요.

해설 Could you ~?를 사용하여 상대방에게 부탁하는 질문이다.
(A) I'm afraid~를 사용하여 제품 설명회에 참석을 하지 못할 것 같다며 거절하는 답변으로 정답이 된다.
(B) 질문과 관련 없으므로 오답이다.
(C) Thanks는 부탁의 질문에 어울리지 않는다. 제안의 질문에 어울리는 답변이다. 정답 (A)

어휘 product demonstration 제품 설명

Step 2 실전 TOEIC Test p.175

01 영M 미W

Would you like me to make a reservation for you?
(A) He is out of town.
(B) I took the menu.
(C) That won't be necessary.

제가 예약해 드릴까요?
(A) 그는 시내 밖이에요.
(B) 메뉴 받았어요.
(C) 그럴 필요는 없을 것 같아요.

해설 Would you like me ~?를 이용하여 예약을 해주겠다고 상대방에게 제안하는 질문이다.
(A) 질문에 등장하지 않은 he가 등장했다. 장소를 묻는 질문에 어울리는 답변이다.
(B) 질문의 reservation을 듣고 연상 가능한 menu를 사용한 오답이다.
(C) 상대의 제안하는 질문에 그럴 필요는 없다고 거절하는 의미의 답변으로 정답이다. 정답 (C)

어휘 reservation 예약 necessary 필요한

02 미W 영M

Would you like me to drop those files off for you?
(A) No, none of them broke.
(B) Oh, I didn't know that.
(C) Thanks. That'll save me some time.

그 파일들을 제가 보내드릴까요?
(A) 아니요, 아무것도 깨지지 않았어요.
(B) 오, 몰랐어요.
(C) 고마워요. 시간을 절약할 수 있겠어요.

해설 Would you like me ~?를 이용하여 파일들을 보내주겠다고 제안하는 질문이다.
(A) 무슨 일이 있냐는 혹은 무언가 깨지지 않았냐는 질문에 더 어울리는 답변이다.
(B) 무언가를 알고 있는지에 대한 질문에 더 어울리는 답변이다.
(C) 상대의 제안에 먼저 감사하다고 하고 시간이 절약될 것이라

고 보충 설명을 하고 있다. 정답 (C)

어휘 drop off (사물)을 가져다놓다[주다], (사람)을 어디에 데려다주다

03 미M 호W

Do you mind if I join you?

(A) Yes, I enjoyed it.

(B) Not at all.

(C) No, it isn't mine.

제가 함께 해도 괜찮을까요?

(A) 네, 재미있었어요.

(B) 전혀요(괜찮아요).

(C) 아니요, 그건 제 것이 아니에요.

해설 Do you mind ~?를 이용하여 합석이나 함께 해도 되는지 양해를 구하는 질문이다.

(A) Do you mind ~?로 질문했을 때 Yes로 답변하는 것은 부정(꺼리거나 싫다)의 의미이고 그 뒤의 내용이 질문과 어울리지 않으므로 오답이다.

(B) mind에 부정의 의미가 포함되어있기 때문에 Not at all(전혀 개의치 않는다)의 표현이 Sure의 의미와 같으므로 정답이다.

(C) 질문의 mind와 유사한 발음 mine을 사용한 오답이다.

정답 (B)

어휘 mind 꺼리다, 싫다

04 미W 미M

Could I send this package by express mail?

(A) I've already packed.

(B) You'll have to fill out this form.

(C) A baggage handling fee.

특급 우편으로 이 소포를 보낼 수 있을까요?

(A) 이미 짐 다 쌌어요.

(B) 이 서류를 작성해주셔야 할거예요.

(C) 수하물 처리비입니다.

해설 Could I ~?를 사용하여 소포를 특급 우편으로 보낼 수 있는지 물어보는 질문이다.

(A) 질문의 package를 듣고 연상 가능한 packed를 사용한 답변이다.

(B) 상대의 요청이나 부탁에 그 것을 할 수 있는 방법을 제시하며 이 서류를 먼저 작성하라고 답변하고 있으므로 정답이 된다.

(C) 질문의 package와 유사한 발음인 baggage를 사용한 오답 유형이다.

정답 (B)

어휘 package 소포 express mail 특급 우편 baggage handling fee 수하물 처리비

05 영M 미W

Can you make change for two hundred dollars?

(A) Certainly.

(B) That's a good price.

(C) No, it's the same.

200달러를 잔돈으로 바꿔주실 수 있나요?

(A) 물론이죠.

(B) 좋은 가격이네요.

(C) 아니요, 그건 같아요.

해설 Can you ~?를 사용하여 잔돈을 바꿔달라고 부탁하는 질문이다.

(A) 상대방의 부탁에 승낙하는 표현이므로 정답이다.

(B) 질문의 two hundred dollars를 듣고 연상 가능한 price를 사용한 오답이다.

(C) 잔돈의 의미를 가지는 change를 변화의 의미로 혼동하여 same을 고를 수 있다.

정답 (A)

어휘 Certainly (대답으로) 물론이죠

Chapter 10 부가/부정의문문

Lesson 1 부가의문문

Step 1 Warm-up Test p.179

01 미W 영M

That man in the white shirt is Mr. Collins, isn't it?

(A) No, that's Mr. Cooper.

(B) In the accounting office.

(C) I prefer black one.

하얀 셔츠 입은 사람이 Mr. Collins죠, 그렇지 않나요?

(A) 아니요, Mr. Cooper에요.

(B) 회계 사무소에서요.

(C) 전 검정색을 더 좋아해요.

해설 부가의문문을 사용하여 하얀 셔츠 입은 사람이 Mr. Collins가 맞는지 물어보는 질문이다.

(A) 부정(No)으로 대답하고 그 사람은 Mr. Cooper라고 보충 설명해주므로 정답이다.

(B) 질문과 관련 없으므로 오답이다.

(C) 선택의문문에 더 잘 어울리는 답변이다.

정답 (A)

어휘 accounting 회계

02 미M 미W

Mr. Fisher retired recently, didn't he?

(A) Yes, I'm tired.

(B) No, it arrived today.

(C) Yes, last month.

Mr. Fisher가 최근에 은퇴하지 않았나요?

(A) 네, 피곤해요.

(B) 아니요, 오늘 도착했어요.

(C) 네, 지난달에요.

해설 Mr. Fisher가 은퇴하지 않았냐는 부가의문문으로, 보기에 Yes/No가 모두 있으므로 관련 동사와 명사를 잘 들어야 한다.

(A) 긍정(Yes)으로 대답하고 있지만 그 뒤의 내용이 질문과 관계없으므로 오답이다.

(B) 부정(No) 으로 대답하고 있지만 그 뒤의 내용이 질문과 관계

없으므로 오답이다.

(C) 긍정(Yes)으로 대답하고 그가 언제 은퇴했는지 그 시점을 보충 설명한 정답이다. 정답 (C)

어휘 retire 은퇴하다 recently 최근에

03 호W 미M

You haven't signed the thank-you card, have you?

(A) You're welcome.

(B) From 9 to 3.

(C) No, not yet.

감사카드에 싸인 안했나요?

(A) 천만에요.

(B) 9시부터 3시까지요.

(C) 아직이요.

해설 감사카드에 사인을 했는지에 대해 부가의문문이다.

(A) 질문과 어울리지 않는 답변이다.

(B) 시간에 관련된 질문에 어울리는 답변이다.

(C) 사인했냐는 질문에 부정(No)으로 대답하고 아직 안했다고 하므로 정답이다. 정답 (C)

어휘 sign 사인하다

04 영M 호W

Our profits increased this year, didn't they?

(A) See you in a few months.

(B) Yes, I believe so.

(C) No, he didn't tell her.

올해 우리 수익이 증가했죠, 그렇지 않나요?

(A) 몇 달 후에 봐요.

(B) 네, 그래요.

(C) 아니요, 그는 그녀에게 말하지 않았어요.

해설 수익이 증가하지 않았냐는 부가의문문이다.

(A) 질문과 관련 없으므로 오답이다.

(B) 수익이 증가하지 않았냐고 묻는 질문에 그렇다고 긍정(Yes)으로 대답하므로 정답이다.

(C) 부정(No)으로 대답하였으나 뒤의 내용이 질문과 관련 없으므로 오답이다. 정답 (B)

어휘 profit 이익, 수익 increase 증가하다

05 미W 영M

You went to the company picnic last year, didn't you?

(A) I sent it last night.

(B) No, I was on vacation.

(C) Yes, I'm looking forward to it.

작년에 회사 야유회 가지 않으셨나요?

(A) 제가 지난밤에 보냈어요.

(B) 아니요, 전 휴가 갔었어요.

(C) 네, 전 그것을 고대하고 있어요.

해설 상대방에게 작년 회사 야유회에 가지 않았냐고 확인하는 부가의문문이다.

(A) 질문의 동일어휘인 last를 이용한 오답이다.

(B) 작년에 회사 야유회에 가지 않았냐고 묻는 질문에 부정(No)으로 대답하고 휴가 갔었다고 보충 설명하므로 정답이다.

(C) 긍정(Yes)으로 대답하고 있지만 뒤의 내용이 질문과 관련 없는 오답이다. 정답 (B)

어휘 company picnic 회사 야유회 vacation 휴가

Step 2 실전 TOEIC Test p.179

01 미M 미W

He signed a new contract last week, didn`t he?

(A) Yes, he did.

(B) Next week is better.

(C) I'll take five, thanks.

그는 지난주에 새로운 계약서에 서명하지 않았나요?

(A) 네, 그랬어요.

(B) 다음 주가 더 괜찮을 거예요.

(C) 5개요, 고마워요.

해설 지난주에 계약서에 서명하지 않았냐는 부가의문문이다.

(A) 긍정(Yes)으로 시작하며 그가 했다고 대답하므로 정답이다.

(B) 질문의 week을 중복 사용한 오답이다.

(C) 질문과 관련 없는 오답이다. 정답 (A)

어휘 contract 계약서

02 호W 영M

You found the train station, right?

(A) The training is over.

(B) You should turn left.

(C) Eventually, yes.

기차역 찾았나요?

(A) 훈련은 끝났어요.

(B) 좌회전해야 돼요.

(C) 네, 결국 찾았어요.

해설 기차역을 찾지 않았냐고 묻는 질문이다.

(A) 질문의 train과 유사한 발음인 training을 사용한 오답이다.

(B) 질문의 right을 듣고 연상 가능한 left를 사용한 오답이다.

(C) 기차역을 찾았냐는 질문에 결국 찾았다는 대답이므로 정답이다. 정답 (C)

어휘 train station 기차역 training 훈련 eventually 결국

03 미M 호W

Mr. Griffin didn't stop by my office, did he?

(A) Maybe it's in your top drawer.

(B) Yes, and he left a message for you.

(C) It's next to the sales office.

Mr. Griffin이 제 사무실에 들르지 않았죠?

(A) 그거 아마 맨 위 서랍에 있을 거예요.

(B) 네, 그리고 그가 메시지를 남겼어요.

(C) 영업부 옆이에요.

해설 Mr. Griffin이 사무실에 들르지 않았냐고 확인하는 부가의문문이다.

(A) 어떤 물건 등을 보았냐고 혹은 어디 있는지 아냐고 묻는 질문에 더 어울리는 답변이다.

(B) Yes로 대답하고 그 뒤에 보충 설명을 한 정답이다.

(C) Where 의문문에 어울리는 답변이다. 정답 (B)

어휘 top drawer 맨 위 서랍

04 미W 미M

You've handed in the survey results, haven't you?
(A) The handle's broken.
(B) No, it's on company finances.
(C) No, I'm still compiling them.

조사 결과 넘겨주지 않았나요?
(A) 손잡이가 부서졌어요.
(B) 아니요, 회사 돈에서요.
(C) 아니요, 아직 편집하고 있어요.

해설 조사 결과를 넘겨주지 않았냐고 부가의문문을 사용하여 확인하는 질문이다.
(A) 질문의 handed와 유사한 발음인 handle을 사용한 오답이다.
(B) 부정(No)으로 대답하고 있지만 뒤의 내용이 질문과 관련 없는 오답이다.
(C) 부정(No)으로 대답하고 아직 편집중이라고 보충 설명한 정답이다. 정답 (C)

어휘 hand in 건네다, 넘겨주다 compile 편집하다

05 영M 미W

I think it's too cold to eat outside, don't you?
(A) Yes, it was lovely.
(B) You're right. Let's go to the cafeteria.
(C) No, I have to heat it.

밖에서 먹기엔 너무 추운 것 같아요. 그렇지 않아요?
(A) 네. 그건 사랑스러웠어요.
(B) 맞아요. 구내 식당으로 가요.
(C) 아니요. 따뜻하게 해야 해요.

해설 밖에서 먹기엔 너무 추울 것 같지 않냐고 상대방에게 묻는 부가의문문이다.
(A) 긍정(Yes)으로 대답하지만 뒤의 내용이 질문과 관련 없는 오답이다.
(B) 질문에 동의하며 추우니 구내 식당으로 가자는 의미로 보충 설명한 정답이다.
(C) 질문의 cold를 듣고 연상 가능한 heat을 사용한 오답이다. 정답 (B)

어휘 cafeteria 구내 식당

Lesson 2 부정의문문

Step 1 Warm-up Test p.181

01 미W 영M

Couldn't you find a place to sit down?
(A) No, the theater is full.
(B) Just send it over there.
(C) It's an apartment in town.

앉을 자리 찾고 있지 않나요?
(A) 아니요, 극장은 다 찼어요.
(B) 저쪽으로 보내주세요.
(C) 시내에 있는 아파트에요.

해설 앉을 자리를 찾고 있지 않냐고 물어보는 부정의문문이다.
(A) 앉을 자리를 찾고 있지 않냐고 물어보는 질문에 그렇지 않다고 부정으로 대답하고 극장이 꽉 찼다고 보충 설명하므로 정답이다.
(B) 질문과 관련 없는 답변으로 오답이다.
(C) 질문과 관련 없는 답변으로 오답이다. 정답 (A)

어휘 theater 극장

02 미M 호W

This is the entire report, isn't it?
(A) Yes, I'm tired.
(B) No, one section is missing.
(C) Could you pour me a coke?

이게 리포트 전문이지 않나요?
(A) 네, 저 피곤해요.
(B) 아니요, 한 섹션이 없어요.
(C) 콜라 한 잔 주실래요?

해설 리포트 전문인지 확인하는 부가의문문이다.
(A) 긍정(Yes)으로 대답하지만 뒤의 내용이 질문과 관련 없으므로 오답이다.
(B) 부정(No)으로 대답하고 한 섹션이 없다고 보충 설명한 정답이다.
(C) 정답과 관련 없는 오답이다. 정답 (B)

어휘 entire 전체의 pour 따르다

03 미W 미M

Mckesson reported higher earnings this year, didn't they?
(A) At least a decade ago.
(B) Not tall enough.
(C) Yes, according to the annual report.

올해 Mckesson에서 높은 수익을 발표하지 않았나요?
(A) 적어도 십년 전에요.
(B) 충분히 크지 않아요.
(C) 네, 연차 보고서에 따르면요.

해설 Mckesson에서 발표한 특정 내용에 대해 확인차 묻는 부가의문문이다.
(A) 질문의 year를 듣고 연상 가능한 decade를 사용한 오답이다.
(B) 질문과 관련 없는 오답이다.
(C) 긍정(Yes)으로 대답하고 연차 보고서에 따르면 그렇다는 의미로 답변한 정답이다. 정답 (C)

어휘 at least 적어도 decade 10년 according to ~에 따르면 annual report 연차 보고서

04 영M 미W

Didn't you already send him the contract?
(A) I hope you'll stay in contact.
(B) It's next to the post office.
(C) Yes, but this one has been revised.

그에게 이미 계약서 보내지 않았나요?
(A) 계속 연락되길 바라요.
(B) 우체국 옆이에요.
(C) 네, 근데 이건 수정된 거예요.

해설 그에게 계약서를 보내지 않았는지 확인하는 부정의문문이다.
(A) 질문의 contract와 유사발음인 contact를 사용한 오답 유

형이다.

(B) 질문과 관련 없는 오답이다.

(C) 긍정(Yes)으로 대답하고 그 뒤에 수정된 것이라고 보충 설명하므로 정답이다. 정답 (C)

어휘 contract 계약서 contact 연락, 접촉 next to ~옆에 post office 우체국 revise 수정하다

05 호W 영M

Wasn't Mr. Howard transferred to a different department?

(A) No, he just has a new office.

(B) He changes planes there.

(C) It's a rental apartment.

Mr. Howard가 다른 부서로 옮기지 않았나요?

(A) 아니요, 그 사람 새 사무실을 열게 됐어요.

(B) 그는 거기에서 비행기를 갈아타요.

(C) 그건 임대 아파트에요.

해설 Mr. Howard가 다른 부서로 옮기지 않았냐고 확인하는 부정의문문이다.

(A) 부정(No)으로 대답하고 그가 새 사무실을 열게 되었다고 보충 설명한 정답이다.

(B) 질문과 관련 없는 오답이다.

(C) 질문의 department와 유사한 발음 apartment를 사용한 오답이다. 정답 (A)

어휘 transfer 옮기다 different 다른 department 부서 rental apartment 임대 아파트

Step 2 실전 TOEIC Test p.181

01 미M 호W

Don't you have a dental appointment today?

(A) Thanks for the news.

(B) Yes, I'd better go.

(C) I'm sorry to hear that.

오늘 치과 약속 있지 않아요?

(A) 뉴스 고마워요.

(B) 네, 저 가야겠어요.

(C) 안됐어요.

해설 오늘 치과 약속이 잡혀 있지 않냐고 사실을 확인하는 부정의문문이다.

(A) 질문과 관련 없는 오답이다.

(B) 긍정(Yes)으로 대답하고 가야겠다고 보충 설명한 정답이다.

(C) 안 좋은 소식을 들었을 때의 답변으로 어울린다. 정답 (B)

어휘 dental 치과의 appointment 약속

02 미W 미M

Haven't you found your address book, yet?

(A) No, and I've looked everywhere.

(B) It's a new dress.

(C) Not without a reservation.

주소록 아직 못 찾았나요?

(A) 못 찾았어요, 사방으로 찾아봤는데.

(B) 새 드레스에요.

(C) 예약 없이는 안 돼요.

해설 주소록을 찾지 못했는지 사실 여부를 확인하는 부정의문문이다.

(A) 주소록을 찾지 못했냐는 질문에 부정(No)으로 대답하며 사방으로 찾아봤지만 못 찾았다는 의미로 정답이다.

(B) 질문의 address와 유사한 발음 dress를 사용한 오답이다.

(C) 질문의 book을 듣고 '예약하다'로 생각하여 연상 가능한 reservation(예약)을 사용한 오답이다. 정답 (A)

어휘 address book 주소록

03 영M 미W

Didn't Ms. Sanders receive a promotion last year?

(A) It goes on the shelf.

(B) Here is the permission form.

(C) Yes, I think she did.

Ms. Sanders가 작년에 승진하지 않았나요?

(A) 선반 위에요.

(B) 허가 서류 여기 있어요.

(C) 네, 그랬을 거예요.

해설 Ms. Sanders가 작년에 승진하지 않았는지 사실 여부를 확인하는 부정의문문이다.

(A) 질문과 관련 없는 오답이다.

(B) 질문의 promotion과 발음이 유사한 permission을 사용한 오답이다.

(C) 질문에 긍정(Yes)으로 대답하고 자신도 그렇게 생각한다고 대답한 정답이다. 정답 (C)

어휘 promotion 승진 permission 허가, 승인

04 영M 호W

Your name is Dian Ross, isnt' it?

(A) Yes, she's here.

(B) No, I'm Nicol Williams.

(C) It is the main course.

당신의 성함이 Dian Ross 아닌가요?

(A) 네, 그녀는 여기 있어요.

(B) 아니요, 전 Nicol Williams에요.

(C) 그건 주요리에요.

해설 상대방의 이름이 Dian Ross인지 확인하는 부정의문문이다.

(A) 긍정(Yes)으로 대답하지만 뒤의 내용이 질문과 관련 없고, 그녀가 어디 있는지 물어보는 질문에 더 어울린다.

(B) 부정(No)으로 대답하고 자신의 이름이 Nicol Williams라고 보충 설명한 정답이다.

(C) 질문의 name과 유사발음 어휘인 main을 사용한 오답이다. 정답 (B)

어휘 main course 주요리

05 미M 호W

You'll be available to check the documents, won't you?

(A) No, it's out of stock.

(B) Check in at the front desk.

(C) Sure, I'll look at them later today.

이 문서 체크할 수 있지 않으세요?

(A) 아니요, 재고품이 없어요.

(B) 안내 데스크에서 확인하세요.

(C) 물론이죠, 제가 오늘 좀 있다 확인할게요.

해설 문서를 체크할 수 있지 않냐고 묻는 부정의문문이다.
(A) 물건 등이 더 없냐고 묻는 질문에 어울린다.
(B) 질문의 check를 중복 사용한 오답이다.
(C) 긍정(Sure)으로 대답하고 나중에 확인하겠다고 대답한 정답이다. 정답 (C)

어휘 available 가능한 out of stock 재고가 떨어진 front desk 안내 데스크

Lesson 3 Yes/No로 답하지 않는 부가/부정의문문

Step 1 Warm-up Test p.183

01 호W 영M

Aren't we supposed to finish this project by tomorrow?
(A) The projector is next door.
(B) No, the store is usually not open.
(C) We have a few more days.

우리 이 프로젝트 내일까지 끝내야 하지 않나요?
(A) 영사기는 옆방에 있어요.
(B) 아니요, 그 가게는 대개 문을 안 열어요.
(C) 우리 며칠 더 여유 있어요.

해설 내일까지 프로젝트를 끝내야 하지 않는지 확인하는 부정의문문이다.
(A) 질문의 project와 발음이 유사한 projector를 사용한 오답이다.
(B) 부정(No)으로 대답하지만 뒤의 내용이 질문과 관련 없는 오답이다.
(C) Yes/No를 사용하여 직접적으로 대답하진 않지만 며칠 더 여유 있다는 식으로 말하며 내일까지 안 끝내도 된다는 의미를 내포한 정답이다. 정답 (C)

어휘 projector 영사기 usually 보통, 대개

02 미M 미W

Didn't someone reserve the conference room?
(A) Sure, I'll take some.
(B) I asked June to do that.
(C) We went to it last year.

누가 회의실을 예약하지 않았나요?
(A) 물론이죠, 제가 좀 살게요.
(B) 제가 June에게 부탁했어요.
(C) 우리는 작년에 시작했어요.

해설 누군가 회의실을 예약하지 않았는지 묻는 부정의문문이다.
(A) 과거 시제(Didn't ~)의 질문에 대해 미래 시제(I'll ~)로 대답할 수 없다.
(B) 누군가 회의실을 예약하지 않았냐는 질문에 June에게 예약해달라고 부탁했다고 대답한 정답이다.
(C) 질문과 관련 없는 오답이다. 정답 (B)

어휘 conference room 회의실

03 호W 미M

Don't you have a meeting with your client?
(A) Thanks, but I already ate.
(B) It's nice to meet you too.
(C) I had to cancel it.

고객과 미팅 있지 않나요?
(A) 고마워요. 근데 저 벌써 먹었어요.
(B) 나도 만나서 반가웠어요.
(C) 취소해야 했어요.

해설 고객과 미팅이 있지 않은지 사실을 확인하는 부정의문문이다.
(A) 질문의 내용과 연관 없는 오답이다.
(B) meeting의 유사어휘 meet을 사용한 오답이다.
(C) 고객과 미팅이 있지 않은지 묻는 질문에 취소해야 했다고 상황을 설명한 정답이다. 정답 (C)

어휘 client 고객 cancel 취소하다

04 미M 호W

Isn't William's anniversary party taking place soon?
(A) It's been postponed.
(B) No, on the corner.
(C) Please send it.

William의 기념 파티가 곧 열리지 않나요?
(A) 연기되었어요.
(B) 아니요, 코너에요.
(C) 보내주세요.

해설 William의 기념 파티가 곧 열리지 않는지 사실을 확인하는 부정의문문이다.
(A) 기념파티가 연기되었다고 대답한 정답이다.
(B) 부정(No)으로 대답하지만 뒤의 내용이 질문과 관련 없는 오답이다.
(C) 질문과 관련 없는 오답이다. 정답 (A)

어휘 anniversary party 기념파티 take place 열리다, 개최되다 postpone 연기하다

05 미W 영M

Are you working tomorrow?
(A) I didn't know it was broken.
(B) Actually, I have the day off.
(C) I went walking today.

내일 일하나요?
(A) 그거 부서진 줄 몰랐어요.
(B) 사실은 저 내일 휴무에요.
(C) 오늘 산책했어요.

해설 내일 일하는지 확인하는 질문이다.
(A) 질문과 관련 없는 답변이다.
(B) 내일 일하냐는 질문에 휴무라고 대답한 정답이다.
(C) 질문의 working과 유사발음인 walking을 이용한 오답이다. 정답 (B)

어휘 day off 휴무

Step 2 실전 TOEIC Test p.183

01 미M 미W

You'll be leaving for vacation on Friday, right?
(A) I left them at home.
(B) I had a wonderful time.
(C) That's what I'm planning.

금요일에 휴가 떠날 예정이죠, 맞죠?
(A) 저 집에 두고 왔어요.
(B) 정말 좋은 시간이었어요.
(C) 바로 그게 제가 계획하고 있는 거예요.

해설 금요일에 휴가를 떠날 예정인지 확인하는 질문이다.
(A) 질문과 관련 없는 답변으로, 무언가를 갖고 왔냐고 묻는 질문에 어울린다.
(B) 좋은 시간 보냈냐는 질문에 어울리는 답변이다.
(C) 금요일에 휴가를 떠날 예정인지 묻는 질문에 바로 그것이 계획하고 있는 일이라며 긍정적으로 대답한 정답이다. 정답 (C)

어휘 vacation 휴가

02 호W 영M

Finishing the assignment was quite an accomplishment, wasn't it?
(A) The purchasing department.
(B) I'm glad we met the deadline.
(C) That sounds like a great idea.

할당업무를 끝내는 거 꽤 성취감 있지 않았나요?
(A) 구매부서예요.
(B) 마감기한을 지켜서 다행이에요.
(C) 좋은 생각이에요.

해설 할당업무를 끝내는 게 꽤 성취감 있는 일이지 않냐고 묻는 부가의문문이다.
(A) 질문의 assignment와 발음이 유사한 department를 사용한 오답이다.
(B) 질문에 대해 마감기한을 지켜서 다행이라고 자연스럽게 대답한 정답이다.
(C) 상대방의 의견이나 의향을 묻는 질문에 어울리는 답변이다. 정답 (B)

어휘 assignment 할당업무 purchasing 구매

03 영M 미W

You speak Chinese, don't you?
(A) A public speaker.
(B) I didn't go.
(C) A little bit.

중국어 할 수 있지 않나요?
(A) 연설가예요.
(B) 저 안 갔어요.
(C) 조금요.

해설 상대방에게 중국어를 할 수 있지 않냐고 확인하는 부가의문문이다.
(A) 질문의 speak와 발음이 유사한 speaker를 사용한 오답이다.
(B) 어딘가에 갔었냐고 묻는 질문에 어울리는 답변이다.
(C) 중국어를 할 수 있지 않냐고 묻는 질문에 조금 한다고 긍정적으로 대답한 정답이다. 정답 (C)

어휘 public speaker 연설가

04 호W 미M

Matts will be attending the meeting, won't he?
(A) There is no difference.
(B) About a sales promotion.
(C) He's planning on it.

Matts가 미팅에 참석할 거죠, 안 그래요?
(A) 다른 점이 없네요.
(B) 판매 촉진에 대해서요.
(C) 그는 그렇게 계획하고 있어요.

해설 Matts가 미팅에 참석할 예정이 아닌지 묻는 부가의문문이다.
(A) 질문과 관련 없는 오답이다.
(B) 질문과 관련 없는 오답이다.
(C) Matts가 미팅에 참석할 예정이 아닌지 묻는 질문에 그럴 계획이라고 대답한 정답이다. 정답 (C)

어휘 attend 참석하다

05 미M 호W

Don't we need to order some more supplies?
(A) It's hard to open.
(B) I just did yesterday.
(C) Yes, it was a surprise.

비품을 좀 더 주문해야 되지 않을까요?
(A) 열기가 어렵네요.
(B) 어제 제가 주문했어요.
(C) 네, 놀랐어요.

해설 주문을 더 해야 되지는 않는지 확인하면서 제안하는 질문이다.
(A) 질문과는 상관없는 오답으로 상태를 묻는 How에 적절한 답변이다.
(B) 어제 자신이 이미 했다고 답변하고 있으므로 정답이다.
(C) 질문의 supplies와 유사발음인 surprise를 이용한 오답 유형이다. 정답 (B)

어휘 supplies 비품

Chapter 11 간접의문문과 평서문

Lesson 1 간접의문문

Step 1 Warm-up Test p.187

01 미W 영M

Excuse me, where can I catch the express train?
(A) To Avon.
(B) In twenty minutes.
(C) Platform five.

실례합니다. 고속열차는 어디에서 탈 수 있죠?
(A) Avon 방향이요.
(B) 20분 후에요.
(C) 5번 플랫폼에서요.

해설 고속열차를 어디에서 탈 수 있는지 물어보는 질문으로, 도입부의 Excuse me 뒤에 나오는 where 이하를 잘 들어야 한다.
(A) 방향을 물어보는 질문에 어울리는 답변이다.

(B) 시간과 관련된 질문에 어울리는 답변이다.
(C) 고속열차를 어디에서 탈 수 있는지 물어보는 질문에 5번 플랫폼에서 타면 된다고 정확하게 말해 주었으므로 정답이다.
정답 (C)

어휘 catch (버스, 열차, 비행기 등을) 타다 express train 고속열차

02 영M 호W

Do you know how this telephone works?
(A) Yes. It's very easy.
(B) He already called.
(B) It's not too expensive.

이 전화기를 어떻게 작동시키는지 아시나요?
(A) 네, 아주 쉬워요.
(B) 그가 이미 전화했어요.
(C) 그리 비싸지 않아요.

해설 전화기 작동법을 묻는 간접의문문이다.
(A) 어떻게 작동시키는지 아느냐는 질문에 아주 쉽다고 말해주었으므로 정답이다.
(B) 질문의 telephone을 듣고 연상 가능한 called를 사용한 오답이다.
(C) 가격에 관한 질문에 어울리는 답변이다. 정답 (A)

어휘 work 작동되다 expensive 비싼

03 미W 영M

Do you know why the auto parts haven't arrived?
(A) There was a delay at the port.
(B) I don't think they've arrived.
(C) He departs on Tuesday.

자동차 부품이 왜 도착하지 않았는지 아시나요?
(A) 항구에서 지연되었어요.
(B) 그들이 도착했을 거라고 생각하지 않아요.
(C) 그는 화요일에 출발해요.

해설 자동차 부품이 왜 도착하지 않았는지 이유를 묻는 간접의문문이다.
(A) 왜 도착하지 않았냐는 질문에 그 이유를 정확하게 말해주었으므로 정답이다.
(B) 질문의 arrived를 중복 사용한 오답이다.
(C) 질문의 arrived(도착하다)를 듣고 연상 가능한 depart(출발하다)를 사용한 오답이다. 정답 (A)

어휘 auto parts 자동차 부품 delay 지연 port 항구 depart 출발하다

04 미M 미W

Do you know who sits at this desk?
(A) Upstairs and on the right.
(B) Our new senior.
(C) The disk is full already.

이 자리에 누가 앉는지 알아요?
(A) 위층 오른쪽이요.
(B) 새로 온 선배요.
(C) 이 디스크는 이미 꽉 찼어요.

해설 이 자리에 누가 앉는지 묻는 간접의문문이다.
(A) 위치를 묻는 질문에 어울리는 답변이다.
(B) 누가 앉는지 정확하게 말해주었으므로 정답이다.
(C) 질문의 desk와 발음이 유사한 disk를 사용한 오답이다.
정답 (B)

어휘 upstairs 위층 senior 선배, 연장자 full 가득 찬

05 호W 영M

Excuse me, is this seat taken?
(A) No, I haven't.
(B) Sorry, it is.
(C) Please have some.

실례합니다, 여기 자리 있나요?
(A) 아니요, 제가 안 했어요.
(B) 미안하지만 그래요.
(C) 좀 드세요.

해설 자리가 비었는지 묻는 간접의문문이다.
(A) Have you (ever) + p.p. ~? 형태의 무엇을 했냐 또는 해봤냐고 묻는 질문에 어울리는 답변이다.
(B) 미안하다고 대답하며 자리 주인이 있다는 의미로 말했으므로 정답이다.
(C) 먹을 것을 권할 때 어울리는 답변이다. 정답 (B)

어휘 seat 자리

Step 2 실전 TOEIC Test p.187

01 영M 호W

Excuse me, where's the nearest pharmacy?
(A) The doctor gave it to me.
(B) There's one over on Elm Street.
(C) It's on the top shelf.

실례합니다, 여기에서 가장 가까운 약국이 어디인가요?
(A) 의사가 제게 줬어요.
(B) Elm가에 하나 있어요.
(C) 선반 꼭대기에 있어요.

해설 여기에서 가장 가까운 약국이 어디 있는지 묻는 간접의문문이다.
(A) 질문의 pharmacy를 듣고 연상 가능한 doctor를 사용한 오답이다.
(B) 약국이 어디 있는지 묻는 질문에 Elm가에 있다고 정확하게 대답한 정답이다.
(C) 물건 등이 어디 있는지 묻는 질문에 어울리는 답변이다.
정답 (B)

어휘 pharmacy [fɑ́ːrməsi] 약국 shelf 선반

02 미W 미M

Can you please tell me where I can buy a train ticket?
(A) That's at 4 p.m.
(B) It's supposed to rain.
(C) Over at those machines.

기차표를 어디서 살 수 있는지 좀 알려주시겠어요?
(A) 오후 4시에요.
(B) 비가 올 거예요.
(C) 저쪽에 있는 기계에서요.

해설 기차표를 어디서 살 수 있는지 묻는 간접의문문이다.
(A) 시간과 관련된 질문에 어울리는 답변이다.
(B) 질문의 train과 발음이 유사한 rain을 사용한 오답이다.

Part 2

(C) 기차표 사는 곳을 정확하게 말해주었으므로 정답이다. 정답 (C)

어휘 train ticket 기차표 be supposed to + 동사원형 ~하기로 되어 있다

03 영M 미W

Can you tell me where the customer service department is?

(A) Take the stairs to the third floor.

(B) Yes, the service contract is included.

(C) That's the return policy.

고객 서비스 부서가 어디 있는지 알려주시겠어요?
(A) 계단을 이용해 3층으로 가세요.
(B) 네, 서비스 계약이 포함되어 있어요.
(C) 그게 환불 정책이에요.

해설 고객 서비스 부서가 어디 있는지 묻는 간접의문문이다.
(A) 어디로 가면 되는지 정확하게 말해주었으므로 정답이다.
(B) 질문의 service를 중복 사용한 오답이다.
(C) 질문의 customer service(고객 서비스)를 듣고 연상 가능한 return policy(환불 정책)을 사용한 오답이다. 정답 (A)

어휘 customer service department 고객 서비스 부서 contract [kɑ́ntrækt] 계약 include 포함하다 return policy 환불정책

04 미W 영M

Do you know where the staff room is?

(A) I've been coughing all day.

(B) Yes, follow me.

(C) No, they're in a meeting.

교무실이 어디 있는지 아나요?
(A) 오늘 하루 종일 기침하고 있어요.
(B) 네, 따라오세요.
(C) 아니요, 그들은 회의 중이에요.

해설 교무실이 어디 있는지 묻는 간접의문문이다.
(A) 몸 상태가 어떤지 묻는 질문에 어울리는 답변이다.
(B) 교무실이 어디 있는지 묻는 질문에 따라오라고 말했으므로 정답이다.
(C) 질문과 관련 없으므로 오답이다. 정답 (B)

어휘 staff room 교무실 cough [kɔːf] 기침하다 all day 하루 종일

05 미M 호W

Do you know why the library is closed?

(A) Close to the bus station.

(B) I think they have that book.

(C) They've changed their hours.

도서관이 왜 문을 닫았는지 아나요?
(A) 버스 정류장 근처에요.
(B) 그 책 갖고 있을 거예요.
(C) 개관시간을 바꿨어요.

해설 도서관이 문을 닫은 이유를 묻는 간접의문문이다.
(A) 위치를 묻는 질문에 어울리는 답변이다.
(B) 질문의 library를 듣고 연상 가능한 book을 사용한 오답이다.
(C) 도서관이 문을 닫은 이유를 설명하였으므로 정답이다. 정답 (C)

어휘 close to + 장소 ~가까이에 bus station 버스 정류장

Lesson 2 평서문 기본형

Step 1 Warm-up Test p.189

01 호W 미M

My meeting is on the other side of town.

(A) Both sides of the paper.

(B) I don't see why not.

(C) You should take a train.

회의가 도시 반대편에서 있어요.
(A) 종이 양면 다요.
(B) 안 될 이유가 없어요.
(C) 기차를 타시는 게 좋겠네요.

해설 회의가 도시 반대편에 있다고 말하는 평서문이다.
(A) 질문의 side를 중복 사용한 오답이다.
(B) 질문과 관련 없는 오답이다.
(C) 회의가 도시 반대편에 있다는 말에 기차를 타라고 권하고 있으므로 정답이다. 정답 (C)

어휘 take a train 기차를 타다

02 영M 호W

This poster needs to be reprinted on other paper.

(A) The works at the post office.

(B) I don't read the newspaper.

(C) I'll see if I can find some.

이 포스터를 다른 종이에 다시 인쇄해야 돼요.
(A) 우체국에서의 일이에요.
(B) 저 신문 안 봐요.
(C) 종이가 있는지 한번 찾아볼게요.

해설 포스터를 다른 종이에 다시 인쇄해야겠다고 문제점을 제시하는 평서문이다.
(A) 질문의 poster와 유사한 발음 post를 사용한 오답이다.
(B) 질문의 paper와 유사한 발음 newspaper를 사용한 오답이다.
(C) 다른 종이에 다시 인쇄해야 한다는 말에 종이를 한번 찾아보겠다고 대답한 정답이다. 정답 (C)

어휘 reprint 재판하다 I'll see if S + V ~인지 (한번) 알아보겠다

03 미W 미M

I've never been to London.

(A) Neither have I.

(B) On holiday.

(C) When was that?

런던에 못 가봤어요.
(A) 저도요.
(B) 공휴일에요.
(C) 그게 언제였어요?

해설 런던에 가보지 못했다고 하는 평서문이다.
(A) 런던에 가보지 못했다고 하는 상대방의 말에 자기도 못 가봤다고 맞장구치는 대답으로 정답이다.
(B) 날짜, 요일에 관련된 질문에 어울린다.

(C) 질문과 관련 없는 오답이다. 정답 (A)

어휘 have never been to + 장소 ~에 가본 적이 한 번도 없다

04 미M 미W

The registration packets need to be sent out right away.

(A) Yes, I've already packed them.

(B) I'll take care of it.

(C) She went the other way.

등록 안내서 지금 바로 보내야 해요.
(A) 네, 이미 다 포장했어요.
(B) 제가 할게요.
(C) 그녀는 다른 방향으로 갔어요.

해설 등록 안내서를 지금 보내야 한다고 말하는 평서문이다.
(A) 질문의 packets와 발음이 유사한 packed를 사용한 오답이다.
(B) 문제 제기한 질문에 제가 하겠다고 응답하였으므로 정답이다.
(C) 질문의 away와 발음이 유사한 way를 사용한 오답이다.
정답 (B)

어휘 registration packet 등록 안내서 묶음 send out ~을 보내다 right away 지금 당장 pack 포장하다 take care of (일을) 처리하다

05 호W 영M

It looks like I left my mobile phone in the office upstairs.

(A) No, I don't remember.

(B) It does look familiar.

(C) I'll wait for you to get it.

제 핸드폰을 위층 사무실에 두고 온 것 같아요.
(A) 아니요, 저 기억 안 나요.
(B) 친숙해 보여요.
(C) 가져오세요. 기다릴게요.

해설 핸드폰을 위층에 두고 온 것 같다고 말하는 평서문이다.
(A) 질문과 관련 없는 오답이다.
(B) 질문의 look을 중복 사용한 오답이다.
(C) 가져오길 기다리겠다고 말하였으므로 정답이다. 정답 (C)

어휘 look like ~처럼 보이다, ~같아 보이다 mobile phone 핸드폰 familiar 친숙한

Step 2 실전 TOEIC Test p.189

01 미M 호W

Our sales have increased by 20 percent.

(A) In a few minutes.

(B) That's good news.

(C) I'll wait for a discount.

우리 판매량이 20% 증가했어요.
(A) 몇 분 후에요.
(B) 좋은 소식이네요.
(C) 할인을 기다릴게요.

해설 판매량 증가에 대해 말하는 평서문이다.
(A) 시간과 관련한 질문에 어울리는 답변이다.
(B) 판매량이 증가했다는 말에 좋은 소식이라고 맞장구치는 대답으로 정답이다.
(C) 질문의 sales, 20 percent를 듣고 연상 가능한 discount를 사용한 오답이다. 정답 (B)

어휘 increase 증가하다 discount 할인

02 미W 미M

I'll let you know when room 202 is available.

(A) Thanks, I'll be at my office.

(B) I already have a few.

(C) That's when it should arrive.

202호실 사용이 가능하게 될 때 알려드릴게요.
(A) 고마워요. 전 사무실에 있을 거예요.
(B) 저 이미 좀 받았어요.
(C) 도착해야 할 때가 바로 그 때예요.

해설 202호실 사용이 가능하게 되면 알려준다는 평서문이다.
(A) 202호실 사용이 가능하게 되면 알려준다는 말에 자기가 어디에 있겠다고 알려주는 정답이다.
(B) 질문과 관련 없는 오답이다.
(C) 질문과 관련 없는 오답이다. 정답 (A)

어휘 let ~ know ~에게 알려주다 available 가능한 That's when S + V 그때가 바로 ~할 때이다

03 영M 미W

I've really liked working here.

(A) They did too.

(B) At 10.

(C) How was the commute?

저 여기서 일하는 것 정말 좋았어요.
(A) 그들도 좋아했어요.
(B) 10시에요.
(C) 통근이 어땠어요?

해설 일하는 게 좋았다고 말하는 평서문이다.
(A) 좋았다는 말에 그들도 좋아했다고 맞장구치는 대답으로 정답이다.
(B) 시간과 관련된 질문에 어울리는 답변이다.
(C) 질문의 working(일하는 것)을 듣고 연상 가능한 commute(통근)를 사용한 오답이다. 정답 (A)

어휘 commute 통근

04 호W 영M

That was a great presentation.

(A) Thanks, I'd love to.

(B) The best one I've attended.

(C) I don't mind that.

좋은 발표였어요.
(A) 고마워요. 저도 좋아요.
(B) 제가 참석했던 것 중에 최고였어요.
(C) 괜찮아요.

해설 좋은 발표였다고 말하는 평서문이다.
(A) Thanks라는 말에 동의하는 것이라고 볼 수도 있지만, 그 뒤에 이어지는 내용이 권유나 제안에 대해 '좋으니까 그러겠다'고 수락하는 표현이므로 오답이다.

(B) 참석했던 것 중에 최고였다고 맞장구치는 대답으로 정답이다.

(C) 질문과 관련 없는 오답이다. 정답 (B)

어휘 presentation 발표 attend 참석하다

05 미M 미W

You can sign the contract any day this week.

(A) It's been assigned.

(B) Okay, I'll do it today.

(C) Two days ago.

이번 주 아무 때나 이 계약서에 사인하시면 돼요.

(A) 맡겨졌어요.

(B) 알았어요. 오늘 할게요.

(C) 이틀 전에요.

해설 아무 때나 사인해도 된다고 이야기하는 평서문이다.

(A) 질문의 sign과 유사한 발음 assigned를 사용한 오답이다.

(B) 아무 때나 사인해도 된다고 하는 말에 오늘 하겠다고 대답하였으므로 정답이다.

(C) 질문의 day를 중복 사용한 오답이다. 정답 (B)

어휘 assign 맡기다, 할당하다

Lesson 3 평서문 난이도형 (1)

Step 1 Warm-up Test p.191

01 호W 미M

The last presentation was very interesting.

(A) Yes, this is the last one.

(B) The next one should be even better.

(C) Maybe in half an hour.

지난 발표가 매우 흥미로웠어요.

(A) 네, 이게 마지막이에요.

(B) 다음번은 더 좋을 거예요.

(C) 아마도 30분 후에요.

해설 지난 발표가 매우 흥미로웠다는 평서문이다.

(A) last를 반복 언급한 오답 유형이다.

(B) 다음번 프레젠테이션이 더 나을 거라고 말했으므로 정답이다.

(C) 특정 시간 대답은 When 의문문과 어울린다. 정답 (B)

어휘 last 지난

02 영M 호W

I think you should wait until next year before buying a new apartment.

(A) Will it be cheaper then?

(B) Less than a year ago.

(C) Yes, there is one downtown.

제 생각에 새 아파트를 구입하시려면 내년까지 기다리는 게 좋을 것 같아요.

(A) 그때가 되면 더 저렴해지나요?

(B) 1년 전보다 적어요.

(C) 네, 시내에 하나 있어요.

해설 새 아파트를 사려면 내년까지 기다리는 게 좋을 것이라는 평서문이다.

(A) 기다리라는 말에 대해 그때가 되면 아파트 값이 더 내리냐고 기다려야 하는 이유를 들어 반문하고 있으므로 정답이다.

(B) next year에서 연상 가능한 a year ago를 이용한 오답 유형이다. 질문과는 무관하다.

(C) 평서문에 대해 맞장구의 의미로 Yes를 사용할 수는 있지만 관련 없는 답변을 하고 있다. 정답 (A)

어휘 cheeper 값이 더 저렴한 then 그때 downtown 시내에

03 미W 영M

I need ten copies of this document by tomorrow.

(A) Where should I leave them for you?

(B) Who's the group leader?

(C) No, it wasn't very neat.

내일까지 이 문서 10부가 필요해요.

(A) 그것들을 어디에 둘까요?

(B) 인솔자가 누구인가요?

(C) 아니요, 그것은 아주 깔끔하진 않았어요.

해설 내일까지 문서 10부가 필요하다는 평서문이다. 즉, 상대방에게 내일까지 복사를 요청하고 있다.

(A) 복사한 후 어디에 두는 것이 좋은지 추가 질문하는 답변으로 정답이다.

(B) 반문이긴 하지만 질문과 전혀 관계없는 내용을 묻고 있으므로 오답이다.

(C) 질문과 관련이 없는 답변이다. 정답 (A)

어휘 copy 사본, 한 부 leave 두다 group leader 인솔자, 사회자 neat 깔끔한, 말쑥한

04 미M 미W

Turn left onto Queens Road.

(A) Is that the next street?

(B) The one on the right.

(C) I turned it in yesterday.

좌회전해서 Queens Road로 들어가세요.

(A) 그건 다음 거리인가요?

(B) 오른쪽에 있는 것이요.

(C) 저는 어제 그것을 제출했어요.

해설 좌회전해서 Queens Road로 들어가라는 평서문이다.

(A) 왼쪽으로 꺾으면 다음 거리(구역)가 나오냐고 추가 질문하는 답변으로, 정답이다.

(B) left의 반의어인 right를 이용한 오답 유형이다.

(C) 반복어휘 turn을 이용한 오답 유형이다. 정답 (A)

어휘 turn right/left 오른쪽/왼쪽으로 돌다 turn in ~을 제출하다

05 호W 미M

Not many employees are going to the company picnic.

(A) We'll pick one now.

(B) She has them already.

(C) Should we reschedule the date?

회사 야유회에 가는 직원이 많지 않아요.

(A) 지금 하나 뽑으려고요.

(B) 그녀는 이미 그것들을 가지고 있어요.

(C) 날짜를 변경해야 할까요?

Ustar TOEIC Listening

→→→→→→→ Part

Answers

Exercises p.221

Questions 01-03 refer to the following conversation. 미W 호W

W1: So, Aden, what do you think of the musical so far?
W2: Oh, I think it's fantastic! I'm glad that we were able to get tickets at the last minute. This has always been one of my favorite musicals. And the actors are doing such an excellent job.
W1: I agree. And the renovations. This is the first time I've been here since the theater's been reopen. I'm really impressed. I hardly recognized the place.
W2: Let's go back to our seats. The second part is about to start.

문제 01-03은 다음 대화를 참조하세요.
여1: Aden, 지금까지 뮤지컬이 어땠나요?
여2: 아주 좋은데요. 난 우리가 아슬아슬하게라도 표를 산 것이 기뻐요. 이 뮤지컬은 내가 가장 좋아하는 공연 중의 하나예요. 그리고 배우들이 너무 연기를 잘해요.
여1: 맞아요. 건물의 구조 변경도 참 마음에 드네요. 이 극장이 다시 오픈한 이후로 여기 온 게 처음이에요. 정말 인상적이네요. 못 알아볼 뻔 했네요.
여2: 자리로 돌아가죠. 두 번째 파트가 막 시작하네요.

어휘 think of ~을 생각하다 so far 지금까지 at the last minute 마지막 순간에, 아슬아슬하게, 임박해서 renovation 수리, 보수 be about to + **동사원형** 막 ~하려고 하다

01 화자들은 무엇에 대해서 이야기를 하고 있는가?
(A) 뮤지컬
(B) 영화
(C) 연극
(D) 책

해설 **키워드:** What event / speakers / discussing
위치: 대화의 전반부
대화의 주제를 묻는 문제는 주로 전반부에서 그 정답을 찾아낼 수 있다. 여자1의 첫 대사에서 뮤지컬에 대해서 어떻게 생각하고 있냐(what do you think of the musical so far?)고 뮤지컬에 대한 화두를 던지고 있고, 그 다음 여자2는 뮤지컬이 참 재미있다(I think it's fantastic!)며 뮤지컬과 관련된 이야기를 하고 있는 것으로 보아 대화의 주제가 뮤지컬(musical)임을 알 수 있다. 정답 (A) A musical

어휘 discuss 논의하다, 의논하다 play 연극

02 최근에 바뀐 것이 무엇이라고 하는가?
(A) 셔틀버스.
(B) 건물이 리모델링되었다.
(C) 예약 시스템이 개선되었다.
(D) 공연 시간이 연장되었다.

해설 **키워드:** What / change / mentioned **위치:** 대화의 중반부
최근에 바뀐 것(change)이 무엇인지 구체적인 정보를 묻고 있으므로 대화의 중반부쯤에서 정답을 찾을 수 있다. 여자1의 두 번째 대사에서(And the renovations. This is the first time I've been here since the theater's been reopen.) 구조 변경 또한 마음에 들고, 극장이 다시 오픈하고 난 후에 처음이라는 말로 보아 정답이 (B)라는 것을 알 수 있다. 대화의 renovation이 문제에서는 change로 패러프레이징됐다는 것을 알아두자. 정답 (B) The building was renovated.

03 화자들은 다음에 무엇을 할 것인가?
(A) 배우들을 만난다
(B) 주문을 한다
(C) 티켓을 구입한다
(D) 자기 자리로 돌아간다

해설 **키워드:** What / speakers / do next **위치:** 대화의 후반부
다음에 일어날 일을 묻는 문제 유형이므로 정답은 대화의 후반부에서 찾을 수 있다.
여자2의 마지막 대사에서(Let's go back to our seats.) 두 번째 파트가 곧 시작하니까 자리로 돌아가자고 언급하고 있으므로 자기 자리로 돌아갈 것이라는 점을 알 수 있다. 따라서 정답은 (D)이다. Let's ~는 앞으로 있을 미래 상황을 나타내는 표현이라는 것을 함께 알아두도록 하자.
정답 (D) Return to their seats

Questions 04-06 refer to the following conversation. 미W 영M

W: Excuse me, I believe you've given me the wrong meal. I asked the other flight attendant for the chicken, but this isn't what I ordered.
M: Oh, that's because I am giving out the special orders. The passenger list shows that you requested a vegetarian meal when you made your reservation.
W: No, I didn't make such a request. I am sure of that because I just booked my ticket yesterday.
M: I apologize for the confusion. I'll check my list to find out who actually did request the vegetarian meal.

문제 04-06은 다음 대화를 참조하세요.
여: 실례합니다. 음식을 잘못 주신 것 같아요. 제가 다른 승무원에게 닭고기를 달라고 했는데 이건 제가 주문한 것이 아닌데요.
남: 오, 특별주문을 하셨기 때문에 제가 그것으로 드렸는데요. 손님이 예약하실 때 채식을 요청했다고 승객명단에 나와 있거든요.
여: 아니요, 저는 그런 적이 없는데요. 제가 어제 표를 예약했기 때문에 확실합니다.
남: 혼란을 드려 죄송합니다. 누가 채식을 주문했는지 명단을 확인해봐야겠네요.

어휘 flight attendant 비행기 승무원 order 주문하다 give out 나누어주다 list 목록, 명단 request 요구하다, 요청하다 vegetarian meal 채식주의자 식단, 채식 make a reservation 예약하다 in advance 미리 be sure of ~에 확신을 가지다 book 예약하다 apologize 사과하다 confusion 혼동, 혼란 find out 발견하다, 생각해내다

04 여자는 무슨 문제가 있다고 말하는가?
(A) 다른 비행기에 탑승했다.
(B) 잘못된 자리로 안내를 받았다.
(C) 주문한 것과 다른 음식을 받았다.
(D) 예약을 잘못했다.

해설 **키워드:** What problem / woman / mention
위치: 대화의 전반부

문제점을 묻는 문제이므로 주로 대화의 전반부에서 그 정답을 찾아낼 수 있다. 여자의 첫 대사에서(I believe you've given me the wrong meal.) 음식을 잘못 주신 것 같다고 하고 있으므로 주문한 음식과는 다른 음식(wrong food)을 받았다는 것을 알 수 있다. 따라서 정답은 (C)가 된다. wrong meal이 wrong food로 패러프레이징된 것임을 함께 알아두자.

정답 (C) She has been served the wrong food.

05 여자는 어제 무엇을 했는가?
(A) 예약을 취소했다
(B) 주문했다
(C) 채소를 주문했다
(D) 티켓을 구매했다

해설 **키워드:** What / woman / did / yesterday
위치: 대화의 후반부

키워드가 yesterday이고, 여자(woman)가 한 일을 묻는 것이므로 여자의 대사에서 키워드인 yesterday를 주의 깊게 들어야 한다. 여자의 두 번째 대사를 보면(I just booked my ticket yesterday) 어제 티켓을 예약했다고 하였으므로 정답은 (D) 티켓을 구매했다가 된다. 정답 (D) Purchased a ticket

06 남자는 무엇을 할 것인가?
(A) 명단에서 찾아본다
(B) 티켓을 예약한다
(C) 승무원을 부른다
(D) 음식을 산다

해설 **키워드:** What /man / do / next **위치:** 대화의 후반부

미래의 일을 묻는 문제 유형이므로 정답은 대화의 후반부에서 찾을 수 있다.

남자의 마지막 대사에서(I'll check my list to find out ~) 누가 채식을 주문했는지 명단을 확인해본다고 하였으므로 정답은 (A)가 된다. 정답 (A) Consult a list

Questions 07-09 refer to the following conversation. 미M 미W

M: Is your computer working today? I'm having some trouble with mine.

W: Mine's working, but Michael just warned me of a power outage in the office yesterday evening. If your computer was on when the power went out, then it may have been affected.

M: Oh, I forgot to shut down my computer last night. I had better check to see if my work has been saved.

W: Michael said to call him if you need help. I imagine he is already in his office. He is probably expecting to deal with a lot of problems today.

문제 07-09는 다음 대화를 참조하세요.
남: 오늘 네 컴퓨터는 제대로 작동하니? 내 것은 문제가 있어.
여: 내 것은 괜찮아, 그러나 Michael이 어젯밤에 정전될 거라고 미리 얘기해줬어. 네 컴퓨터가 정전됐을 때 켜진 상태였다면 그때 영향을 받았을 거야.
남: 아, 내가 지난밤에 컴퓨터 전원 끄는 것을 잊어버렸어. 작업했던 문서가 저장이 잘 되었는지 확인을 해봐야겠어.
여: Michael이 만약 도움이 필요하면 전화하라고 했어. 내 생각으론 Michael은 사무실에 있을 것 같아. 그 사람은 아마 오늘 문제들을 많이 처리해야 될 거야.

어휘 work 작동하다 have trouble (with) ~에 어려움을 겪다 warn A of B A에게 B에 대해서 미리 말해주다 go out (불, 전기 등이) 나가다, 꺼지다 electrical power 전력 affect 영향을 미치다 shut down 닫다, 끄다 deal with 처리하다

07 남자는 왜 걱정을 하는가?
(A) 그는 편지를 받지 않았다.
(B) 그는 마감기한을 놓쳤다.
(C) 그의 컴퓨터에 문제가 있다.
(D) 그는 회의에 늦었다.

해설 **키워드:** Why / man / concerned **위치:** 대화의 전반부

특정 행위나 사실에 대한 이유나 원인을 묻는 문제로 남자의 첫 번째 대사를 보면(Is your computer working today? I'm having some trouble with mine.) 남자의 컴퓨터가 작동을 하지 않는다고 말하고 있으므로 정답은 (C)가 된다. 정답 (C) He is having computer trouble.

08 어젯밤에 사무실에서 어떤 일이 있었는가?
(A) 전기가 나갔다.
(B) 새로운 장비가 배달되었다.
(C) 열쇠를 찾지 못했다.
(D) 창문이 깨졌다.

해설 **키워드:** What / happened / office / yesterday evening
위치: 대화의 전반부

키워드가 office와 yesterday evening인데, 키워드와 관련된 구체적인 정보를 묻는 문제이다. 여자의 첫 대사에서(Mine's working, but Michael just warned me of a power outage in the office yesterday evening.) Michael이 어젯밤에 정전이 될 것이라고 미리 말해줬다고 했으므로 어젯밤에 정전이 됐다는 것을 알 수 있다. 따라서 정답은 (A)가 된다.

정답 (A) The power went out.

09 Michael은 어떤 일을 하는가?
(A) 건물 수리
(B) 기술 지원
(C) 재무 계획
(D) 품질 관리

해설 **키워드:** What / Michael / do **위치:** 대화의 중후반부

Michael의 업무를 묻고 있다. 키워드가 Michael이므로 Michael과 관련된 부분을 잘 들어야 한다. 대화의 전반부에서 컴퓨터에 대한 문제가 언급되고 대화의 마지막 여자의 대사에서 (Michael said to call him if you need help.) 도움이 필요하다면 Michael이 자신에게 연락해 달라고 했다는 내용이 등장하므로 보기 중에서 가장 적절한 것은 기술 지원인 (B)라는 것을 알 수 있다. 정답 (B) Technical support

Questions 10-12 refer to the following conversation. 호W 영M

W: This is Susan Bromm at Floma Construction. Our facility manager, Ms. Lopez, recently arranged for your company to move some materials from our office to the International Convention Center. I'm calling because we've just received the bill and it cost more than we expected.

M: Okay, let me take a look at your information. Do you have any questions about a particular charge?

W: Well, I understand the truck rental costs and hourly moving fees. But there was a 100-dollar charge for storage. What is that for exactly?

M: Well, we picked up the boxes on Thursday. But because you didn't want them to be delivered to the convention center until the following morning, we kept them in our storage facility overnight. The fee was included in the contract Ms. Lopez signed with our company.

문제 10-12는 다음 대화를 참조하세요.

여: 저는 Floma Construction사의 Susan Bromm입니다. 우리의 설비 관리자, Lopez 씨가 최근에 귀사에 요청하여 저희 사무실에서 International Convention Center로 자재들을 옮기도록 했습니다. 제가 전화를 드리는 이유는 저희가 조금 전 청구서를 받았는데 우리가 예상한 것보다 금액이 더 많게 나왔습니다.

남: 네, 제가 한 번 확인해 보겠습니다. 어떤 비용에 대해서 궁금하신 점이 있으신가요?

여: 그러니까 트럭 대여 비용과 시간당 이사 비용은 이해가 가는데요. 그런데 보관 비용이 100달러라고 나와 있는데 그게 정확하게 무엇인가요?

남: 아, 우리는 목요일에 그 짐들을 가져왔습니다. 그러나 귀사가 그것들을 다음날 아침에 International Convention Center로 배송해달라고 해서 저희는 하룻밤 그것들을 창고에 보관했습니다. 그 비용은 Lopez 씨가 저희 회사와 계약할 때 포함된 것입니다.

어휘 arrange 조치하다 material 자재 receive 받다 bill 청구서 take a look at ~을 보다 charge 청구 비용 hourly 시간당 moving fee 이전 비용 storage 보관 exactly 정확히 pick up 가지고 가다 deliver 배달하다 convention center 회의장 following 다음의 facility 시설, 설비 overnight 하룻밤 동안 contract 계약, 계약서

10 여자는 어떤 종류의 회사에 전화하고 있는가?
(A) 은행
(B) 호텔
(C) 헬스클럽
(D) 이삿짐 센터

해설 **키워드:** What type of business / woman / calling
위치: 대화의 전반부
회사의 업종을 묻는 문제이므로 대화의 전반부에서 그 정답을 찾아볼 수 있겠다. 여자의 첫 번째 대사를 보면(Ms. Lopez, recently arranged for your company to move some materials from our office to the International Convention Center.) 자재를 사무실에서 International Convention Center로 옮기는 것에 대한 이야기가 언급되고 있으므로 정답은 (D) 이삿짐센터라는 것을 알 수 있다.

정답 (D) A moving company

11 여자가 언급하고 있는 문제는 무엇인가?
(A) 청구서에 예상하지 않은 요금이 포함되어 있다.
(B) 회의가 취소되었다.
(C) 잃어버린 상자
(D) 잘못된 배달

해설 **키워드:** What problem / woman / mention
위치: 대화의 전반부
문제점을 묻는 문제는 주로 대화의 전반부에서 그 정답을 찾아낼 수 있다. 여자의 첫 대사에서(I'm calling because we've just received the bill and it cost more than we expected.) 예상한 금액보다 비용이 더 많게 나왔다고 하였으므로 정답은 (A)가 된다.

정답 (A) Her bill included an unexpected charge.

12 남자는 Lopez 씨에 관해서 무슨 말을 하는가?
(A) 그녀는 상자들을 배달했다.
(B) 그녀는 상자들을 잃어버렸다.
(C) 그녀는 상자들을 가져갔다.
(D) 그녀는 계약서에 서명했다.

해설 **키워드:** What / man / about Ms. Lopez
위치: 대화의 후반부
키워드가 Ms. Lopez로 Ms. Lopez에 관한 구체적인 정보를 묻는 문제이다. 3번째 질문으로 제시되어 있기에 정답은 주로 대화의 후반부에서 제시될 가능성이 크다. 남자의 마지막 대사에서(The fee was included in the contract Ms. Lopez signed with our company.) Lopez 씨가 계약서에 서명했다고 했으므로 정답은 (D)가 된다.

정답 (D) She signed the contract.

Chapter 2 대화의 전반부에 답이 위치하는 문제

Lesson 1 대화의 주제를 묻는 문제

실전 TOEIC Test p.225

Question 01 refers to the following conversation. 미W 미M

W: Daniel, would you like to come to the staff meeting tomorrow morning? The sales and marketing team is going to show us all the top features of next year's new models. Since this is your first week here, it will be a good chance for you to meet the vehicle design staff.

M: That would be great. I've only met a couple of salespeople and I'd like to have a chance to know the others. Where will the meeting be held?

W: All of our staff meetings are in the general conference room downstairs. I'm busy right before the meeting. But if you would like, I could walk you over there right now. Then, you will know where to go this afternoon.

문제 01은 다음 대화를 참조하세요.

여: Daniel, 내일 오전에 직원회의에 참석하고 싶으신가요? 영업팀과 마케팅팀이 내년에 출시되는 새로운 모델의 제일 좋은 기능을 모두 우리에게 선보일 거거든요. 이번 주가 입사한 지 첫째 주니까 차량 디자인팀 직원들을 모두 만나보는 좋은 기회가 될 거예요.

남: 아주 좋습니다. 영업팀 직원 두서너 명만 만나보아서 다른 사람들도 만나보고 싶네요. 회의는 어디에서 하죠?

여: 우리 회의는 모두 아래층에 있는 총회의실에서 합니다. 저는 회의 전까지 바쁠 거예요. 그렇지만 당신이 원한다면 지금 회의실까지

함께 가줄 수 있습니다. 그러면 오늘 오후에 회의실을 혼자서도 잘 가실 수 있으실 테니까요.

어휘 staff meeting 직원회의 feature 기능 vehicle 차량 conference room 회의실 downstairs 아래층에서

01 화자들은 무엇에 대해서 이야기하고 있는가?
(A) 운전 안내
(B) 직무기술서
(C) 업무 배정
(D) 직원회의

해설 **키워드:** What / speakers / discussing
위치: 대화의 전반부
대화의 주제를 묻는 문제는 주로 대화의 전반부에서 그 정답을 찾아낼 수 있다. 여자는 첫 대사에서(would you like to come to the staff meeting tomorrow morning?) 직원회의에 참석하고 싶은지에 대한 화두를 던지고, 계속해서 회의에 대한 이야기로 대화가 이어지고 있으므로 정답은 (D) 직원회의가 된다. 정답 (D) A staff meeting

어휘 driving 운전 direction 방향 job description 직무기술서 assignment 과제, 임무

Question 02 refers to the following conversation. 영M 호W

M: Helena, do you have time next Monday to interview someone with me for the editorial assistant position?

W: Let's see. Next Monday I have a breakfast meeting with the other department heads, and then a conference call with the publicity staff at 10 a.m. So why don't we schedule it for immediately after that?

M: Sure, that's fine. When will the conference call finish up?

W: We should be done by 10:30 a.m. Just send me an e-mail, and tell me when the applicant is coming.

문제 02는 다음 대화를 참조하세요.
남: Helena, 다음 주 월요일에 편집 보조직에 지원한 사람의 면접을 저와 진행하실 수 있습니까?
여: 한번 봅시다. 다음 주 월요일에 다른 부서장들과 아침식사 회의가 있습니다. 그리고 그 다음 10시에 홍보직원과 전화회의가 있습니다. 그래서 그 이후에 바로 하도록 일정을 잡는 게 어떻습니까?
남: 좋습니다. 전화회의가 언제 끝납니까?
여: 10시 30분까지는 끝날 겁니다. 이메일로 지원자가 언제 오는지 말해주세요.

어휘 interview 면접을 보다 editorial 편집의 assistant 조수, 보조원 position 자리 department head 부서 책임자 conference call 전화회의 publicity 홍보 applicant 지원자

02 화자들은 무엇에 대해 이야기를 하고 있는가?
(A) 아침 메뉴
(B) 취업 면접
(C) 신문 기사
(D) 영업 회의

해설 **키워드:** What / speakers / discussing **위치:** 대화의 전반부
대화의 주제를 묻는 문제이므로 역시 대화 전반부를 놓치지 말고 잘 듣자. 남자는 첫 대사에서(do you have time next Monday to interview someone with me for the editorial assistant position?) 편집 보조직에 지원한 사람의 면접을 함께 진행할 시간이 있는지에 대해 묻고 있으며, 이어 면접 진행이 가능한 시간을 여자와 조율하는 내용이 이어지고 있다. 즉, 이들은 취업 면접에 관한 대화를 나누고 있는 것. 따라서 정답은 (B)가 된다. 정답 (B) A job interview

Question 03 refers to the following conversation. 미M 미W

M: Excuse me, there's a sign over the circulation desk that says the newly released books can be borrowed for three weeks. Is that correct?

W: Yes, new releases are now due three weeks after they've been checked out. Just like our other books.

M: Oh! I was confused. I had thought that they're due after just one week.

W: Well, the library's policy used to be that new books could be taken out for a week. We changed it because so many patrons requested a longer time period.

문제 03은 다음 대화를 참조하세요.
남: 실례합니다. 신간 도서를 3주 동안 빌릴 수 있다고 하는 안내 표지가 도서 대출대에 있던데요. 그게 맞나요?
여: 네. 신간 도서는 3주 동안 대출하실 수 있습니다. 다른 책도 마찬가지입니다.
남: 혼동이 되었네요. 저는 일주일 동안 대출할 수 있다고 알고 있었습니다.
여: 그게요, 전에는 신간 도서를 일주일 동안만 대출해 주는 게 도서관 방침이었는데, 기간을 연장해 달라고 요청하는 이용자들이 많아서 방침을 바꾸었습니다.

어휘 circulation desk 도서 대출대 newly released 새롭게 출시된 due ~하기로 되어 있는 check out (도서관 등에서) 대출받다 confuse 혼란시키다 policy 정책, 방침 patron 고객, 이용자

03 대화는 주로 무엇에 관한 것인가?
(A) 연체료 지불
(B) 도서관 카드 신청
(C) 신간 도서 대출
(D) 새 비디오 예약

해설 **키워드:** What / conversation / about **위치:** 대화의 전반부
대화의 주제를 묻는 문제는 주로 대화의 전반부에서 그 정답을 찾아낼 수 있다. 남자의 첫 대사에서(there's a sign over the circulation desk that says the newly released books can be borrowed for three weeks) 신간 도서를 3주 동안 빌릴 수 있는 것이 맞는지를 확인하고 있으므로 정답은 (C) 신간 도서 대출이 된다. 정답 (C) Borrowing new books

Question 04 refers to the following conversation. 영M 호W

M: I want to buy a new printer. There are two models here that I'm interested in and I'd like to know the difference between them.

W: Sure. The Series 9 is our newest model. It prints very fast and has an excellent color resolution. It also has scanning, copying and faxing capabilities. The Series 8 is last year's model. It's a little slower and doesn't have a faxing feature. But it's also less expensive.

M: I'd prefer a faster printer with more features. So I think I'll get the Series 9 printer. I don't see any on the shelf, though.

W: Well, there are some in the stock room. Let me get one for you. I'll be right back.

문제 04는 다음 대화를 참조하세요.

남: 새 프린터를 사고 싶습니다. 관심 있는 모델이 2개가 있는데 이 둘의 차이점을 알고 싶습니다.

여: 알려드리죠. 9시리즈가 최신 모델입니다. 이 프린터는 고속으로 인쇄되고 색상 해상도가 뛰어나죠. 또한 스캔, 복사, 팩스 기능을 가지고 있습니다. 8시리즈는 작년 모델입니다. 약간 느리고 팩스 기능을 가지고 있지 않습니다. 하지만 좀 더 저렴한 편입니다.

남: 저는 기능이 더 많고, 빨리 인쇄되는 프린터가 좋아요. 그래서 9시리즈 프린터를 사고 싶습니다. 하지만 선반에 진열된 것이 없네요.

여: 창고에 몇 대 있습니다. 하나 가져다 드리겠습니다. 바로 오도록 하겠습니다.

어휘 be interested in ~에 관심이 있다 difference 차이 newest 최신의 resolution 해상도 capability 능력, 역량 feature 기능 shelf 선반 stock room 창고

04 화자들은 무엇에 대해서 이야기하고 있는가?
(A) 조사 결과
(B) 소책자의 레이아웃 디자인
(C) 두 모델의 기능
(D) 품질 관리의 기준

해설 **키워드:** What / speakers / talking **위치:** 대화의 전반부
대화의 주제를 묻는 문제는 주로 대화의 전반부에서 그 정답을 찾아낼 수 있다. 남자의 첫 대사에서(I want to buy a new printer. There are 2 models here that I'm interested in and I'd like to know the difference between them.) 프린터를 사고 싶은데, 두 모델의 차이점을 알고 싶다고 언급하고 그 뒤 여자의 대사에서 두 가지 프린터의 기능에 대해서 나열하고 있으므로 정답은 (C)가 된다.
정답 (C) Features of two models

Question 05 refers to the following conversation. 영M 미W

M: Hello, I've never been to your book shop before but I understand you carry hard-to-find books. I'm looking for a copy "Far from Home" that's been signed by the author.

W: I'm familiar with the book. We don't have any signed copies, but I'm sure we have an unsigned copy available. If you like, I could get you a copy right now. Otherwise, I can do an online search on specialty booksellers to find an autographed copy. It could take some time though, and of course it will cost more.

M: I realize that, but the signature is really important to me. The book is a gift for my father. He used to know the author.

W: All right, I will see what I can do. If you give me your contact information, I'll let you know when I hear something.

문제 05는 다음 대화를 참조하세요.

남: 안녕하세요. 저는 이 서점을 처음 왔지만, 찾기 힘든 책들을 취급한다는 것을 알고 있습니다. 저는 저자의 자필서명이 된 Far from Home이란 책을 찾고 있습니다.

여: 그 책을 알고 있습니다만 우리는 저자의 자필서명이 된 책은 가지고 있지 않아요. 하지만 서명이 되어 있지 않은 책은 가지고 있습니다. 원하신다면 지금 당장이라도 가져가실 수 있습니다. 그렇지 않다면 자필서명이 된 책을 찾아주는 전문 서적상을 온라인으로 검색해 볼게요. 시간도 좀 걸리고 더 비쌀 것입니다.

남: 저도 알고 있어요. 하지만 자필서명은 정말 중요해요. 그 책은 아버지에게 드리는 선물입니다. 아버지는 그 작가와 친분이 있었거든요.

여: 알겠어요. 제가 한번 알아보도록 하겠습니다. 연락처를 주시면, 있다는 말을 들으면 알려드릴게요.

어휘 look for 찾다 author 저자 be familiar with 익히 알다 signed 서명이 있는 specialty 전문 bookseller 서적상 signature 서명 contact information 연락처

05 남자가 원하는 것은 무엇인가?
(A) 유명한 작가에게 연락하는 것
(B) 작가의 서명이 담긴 책을 구매하는 것
(C) 원하지 않는 상품을 반품하는 것
(D) 온라인으로 책을 읽는 것

해설 **키워드:** What / man / want **위치:** 대화의 전반부
화자가 원하는 것을 묻는 문제는 주로 대화의 전반부에서 그 정답을 찾아낼 수 있다. 남자의 첫 대사에서(I'm looking for a copy "Far from Home" that's been signed by the author.) 저자의 자필서명이 된 책을 찾는다고 했으므로 autographed book(서명이 된 책)을 구매하고자 한다는 (B)가 정답이다.
정답 (B) Buy an autographed book

Question 06 refers to the following conversation. 미W 호W

W1: Hi, Sophie, it's Jane from work. Would it be possible to get a ride in to work with you this morning? My friend usually drops me off on the way to his office, but he had to go in early today.

W2: I'd be happy to give you a ride, but my car is being fixed and it won't be ready until tomorrow. I am just going to take a taxi. Do you want to share one?

W1: That sounds great. I'll get a taxi and I'll be by to pick you up in ten minutes.

W2: You'd better make that fifteen. I still have a few things to do.

문제 06은 다음 대화를 참조하세요.

여1: 안녕 Sophie. 나 같은 회사에 있는 Jane이야. 오늘 출근하는데 네 차를 타고 가도 될까? 내 친구가 보통 출근길에 나를 태워주는데 그가 오늘 일찍 출발해야만 했거든.

여2: 같이 타고 가고 싶은데, 내 차가 수리 중이야. 내일이나 되어야 탈 수 있어. 난 택시를 타고 가려고 하는데 같이 갈래?

여1: 그거 좋은 생각이다. 내가 택시를 잡고 10분 후에 너를 데리러 갈게.

여2: 15분이 더 좋을 거 같아. 아직 할 일이 좀 있어서.

어휘 drop off 내려주다 on the way to ~로 가는 길에 pick up ~를 차에 태우러 가다

06 화자들은 주로 무엇에 대해 이야기하는가?
(A) 이른 회의
(B) 출근하는 방법
(C) 정비공과의 문제
(D) 새로운 작업 스케줄

해설 **키워드:** What / speakers / discussing
위치: 대화의 전반부

(B) 광고 이사
(C) 시 공무원
(D) 텔레비전 제작자

해설 **키워드:** Who / woman **위치:** 대화의 전반부
여자의 직업을 묻고 있다. 직업을 묻는 문제는 주로 전반부에서 그 정답을 찾을 수 있다. 남자는 첫 번째 대사에서(How's your story about the new mayor coming?) 새로운 시장에 관련된 기사가 어떻게 진행이 되고 있냐고 묻고 있고, 이에 대해 여자는(I know you want to run it in Saturday's newspaper) 토요일 신문에 기사를 게재하고 싶은 것은 알고 있다고 하는 것으로 보아 여자의 직업은 (A) 신문 기자임을 알 수 있다. 정답 (A) A newspaper reporter

Question 06 refers to the following conversation. 영M 호W

M: Excuse me, I'd like to inquire about booking one of the vacation homes you have for rent. Is that 54 Market Street?
W: Yes, that's one of our newer properties. It's very popular because of the location. Let's see. The house has been rented out for most of the summer. But it is available for a week in mid August.
M: That might work, but I'll have to ask my friends before making a decision. We've been talking about taking a vacation together. How many people does the house accommodate?
W: It sleeps ten comfortably. Here, I can give you the rental brochure to show your friends. I recommend making up your mind soon though, because I don't think it will be available for very long.

문제 06은 다음 대화를 참조하세요.
남: 실례합니다. 임대용으로 내놓은 별장을 예약하는 것에 대해 묻고 싶습니다. 그곳이 Market가 54번지입니까?
여: 네. 그곳이 새로운 집 중 하나예요. 위치 때문에 아주 인기가 좋습니다. 한번 봅시다. 여름 내내 집이 예약되어 있는데요. 하지만 8월 중순에 1주일 동안 이용 가능합니다.
남: 그 정도면 괜찮습니다. 하지만 결정을 하기 전에 친구들에게 물어봐야만 합니다. 함께 휴가를 가는 것에 대해 얘기하고 있거든요. 그 집은 몇 명의 사람이 이용 가능한가요?
여: 10명이 편안하게 이용하실 수 있을 정도입니다. 친구들에게 보여줄 소책자를 드릴 수 있습니다. 예약이 곧 마감될 것 같으니 빨리 결정을 하시는 게 좋을 겁니다.

어휘 vacation home 별장 property 재산, 부동산, 건물 rent out 임대하다 make a decision 결정하다 accommodate 수용하다 brochure 소책자 make up one's mind 결정하다 available 이용 가능한

06 여자의 직업은 무엇인가?
(A) 티켓 에이전트
(B) 부동산 관리인
(C) 관광 가이드
(D) 상점 출납원

해설 **키워드:** Who / woman **위치:** 대화의 전반부
여자의 직업을 묻고 있다. 직업을 묻는 문제는 주로 전반부에서 그 정답을 찾을 수 있다. 남자는 첫 번째 대사에서(I'd like to inquire about booking one of the vacation homes you have for rent.) 임대용으로 내놓은 별장을 예약하는 것에 대해서 문의가 있다고 하고 여자는 자신이 가지고 있는 집 중 하나라고 말하고 있다. 이를 통해 여자는 건물이나 집 등을 임대하거나 관리하는 사람임을 알 수 있으므로 여자의 직업은 보기 중에서 (B)이다. 정답 (B) A property manager

Lesson 4 회사의 종류, 업종을 묻는 문제

실전 TOEIC Test p.231

Question 01 refers to the following conversation. 영M 미W

M: Do you know what's happening at the Westbury plant? I heard there was a problem with our new line of shoes.
W: Yes, we had to shut down production for a couple of days to repair some equipment. But everything is okay now.
M: Good. We won't miss the release day, will we? We made a commitment to retailers to deliver the shoes next month.
W: Well, we allowed a little extra time in the schedule in case something went wrong. And if it turns out we're too far behind, we can put some extra workers on that production line. I'm sure we'll be able to meet our target date.

문제 01은 다음 대화를 참조하세요.
남: Westbury 공장에 무슨 일이 일어나는지 알고 있습니까? 우리 신발 신제품군에 문제가 있었다고 들었습니다.
여: 네. 몇 가지 장비를 수리하느라 며칠 동안 생산을 멈추어야 했습니다. 하지만 지금은 모든 것이 괜찮습니다.
남: 좋습니다. 우리는 출시일을 놓치지 말아야 합니다. 다음 달에 소매상들에게 신발을 배송할 것을 약속했습니다.
여: 글쎄요. 우리는 무언가가 잘못될 경우를 대비해서 시간을 좀 여유롭게 두고 생산 일정을 짰죠. 그리고 만약 생산 일정이 너무 차질을 빚는다면 우리는 생산 라인에 인력을 추가로 배치할 수 있습니다. 우리는 출시일을 맞출 것이라고 확신합니다.

어휘 plant 공장 shut down (문을) 닫다, (기계를) 멈추다 equipment 장비 release 발표, 출시, 개봉 make a commitment 노력하다, 약속하다, 헌신하다 go wrong 고장 나다, 잘못되다 turn out ~인 것으로 드러나다, 밝혀지다 be far behind 훨씬 뒤처지다 production line 생산 라인

01 화자들은 어떤 업종에서 일하는가?
(A) 제조 회사
(B) 소매상
(C) 직업소개소
(D) 광고 회사

해설 **키워드:** What kind of business / speakers / work
위치: 대화의 전반부
화자들이 종사하는 업종을 묻는 문제는 주로 전반부에서 그 정답을 찾을 수 있다. 남자는 첫 번째 대사에서(Do you know what's happening at the Westbury plant? I heard there was a problem with our new line of shoes.) 공장(plant)과 신발 신제품군(new line of shoes)에 대해서 언급하고 있고, 여자는 production 등을 언급한 것으로 보아 화자들은 제조 회사에서 근무하고 있다는 것을 알 수 있다. 그러므로 정답은 (A) 제조 회사가 된다.
정답 (A) A manufacturing company

Question 02 refers to the following conversation. 미M 호W

M: Jean, did you ever decide what to do about having your house painted?

W: Yes, I'm going to use a company called Robinson Art. I got estimates from several different painters. And they were pretty much the same. But Robinson Art has been in business for over fifteen years. So I picked them.

M: I thought maybe you've given up on the idea since you've just been assigned to work a big project in Mexico City.

W: Oh, Robinson Art was very understanding. They agreed to wait until January when I return from Mexico City before starting on my house.

문제 02는 다음 대화를 참조하세요.

남: Jean, 집을 페인트칠하는 것에 대해서 어떻게 할지 결정했어요?

여: 네, Robinson Art라는 회사를 이용하려고요. 여러 회사에서 견적을 받았는데, 가격은 거의 같더라고요. 하지만 Robinson Art사는 15년이 넘게 이 일을 했더라고요. 그래서 Robinson Art사를 선택했어요.

남: Mexico City에서 큰 프로젝트에 참여하기로 되었기 때문에 페인트칠하는 거에 대해서 포기한 줄 알았는데요.

여: Robinson Art사 측에서 이해를 해주더라고요. 제가 Mexico City에서 돌아오는 1월까지 기다려 준다고 했어요.

02 Robinson Art사는 어떤 종류의 회사인가?

(A) 재무 설계

(B) 주택 페인트칠 회사

(C) 사무실 청소

(D) 이사 도우미

해설 **키워드:** What type of company / Robinson Art

위치: 대화의 전반부

회사의 업종을 묻는 문제는 주로 전반부에서 그 정답을 찾을 수 있다. 그러나 키워드가 Robinson Art이므로 Robinson Art가 언급된 부분을 주의 깊게 들어야 한다. 남자는 첫 번째 대사에서(did you ever decided what to do about having your house painted?) 페인트칠을 하는데 어떻게 할 건지 묻고 있고 여자는 다음 대사에서(I'm going to use a company called Robinson Art.) Robinson Art사를 이용할 것이라고 했으므로 이 회사는 페인트칠을 해주는 회사라는 것을 알 수 있다. 그러므로 정답은 (B)가 된다.

정답 (B) House painting

Question 03 refers to the following conversation. 미W 미M

W: James, you know how we talked about finding ways to cut costs on printing paper for our photo service. Well, I found an Internet site we could use. Their prices are 10% lower than what we've been paying.

M: Wow, that's quite a difference. But what about shipping costs? Our local suppliers have been giving us free delivery.

W: Well, there is a shipping charge for small orders. However, there is no fee on orders over two hundred dollars, though.

M: That is more than what we usually spend at one time. If we are going to purchase larger quantities, we have to ask the staff to hand in a request ahead of time. Overall, though, I think the savings would be worth the effort.

문제 03은 다음 대화를 참조하세요.

여: James, 우리는 사진을 인화하는 데 사용되는 인쇄용지의 사용을 줄이는 방법에 대해 이야기했죠. 그런데 제가 우리가 이용할 수 있는 인터넷 사이트를 찾았습니다. 우리가 현재 지불하고 있는 비용에 비해 10% 정도 저렴합니다.

남: 야, 가격 차이가 꽤 있네요. 그런데 배송비는 어떤가요? 우리 지역의 공급업자는 배송을 무료로 해주고 있어요.

여: 글쎄요. 주문량이 적으면 배송비용이 있어요. 하지만 200달러가 넘는 주문에 대해서는 배송비용이 없어요.

남: 우리가 한 번에 지불하는 금액보다 더 많은 금액이네요. 만약에 우리가 더 많은 양을 구매하려면 직원들에게 미리 구매 요청을 하라고 해야 하죠. 하지만 모든 걸 따져보면 절약을 하는 데에 그런 노력이 따르는 것은 괜찮을 것 같아요.

어휘 cut costs 비용을 줄이다 shipping cost 배송비 local 지역의, 현지의 supplier 공급업자, 공급 회사 delivery 배달 quantity 양 purchase 구입하다 hand in 제출하다 request 요구, 요청 savings 절약 worth 가치가 있는 effort 노력

03 화자들은 어디에서 일하는가?

(A) 제조 공장

(B) 회계법인

(C) 인쇄 회사

(D) 창고

해설 **키워드:** Where / speakers / work **위치:** 대화의 전반부

화자들이 다니고 있는 회사의 업종을 묻는 문제는 주로 전반부에서 그 정답을 찾을 수 있다. 여자가 첫 번째 대사에서 (you know how we talked about finding ways to cut costs on printing paper for our photo service.) 사진을 인화하는 데 사용되는 인쇄용지의 사용을 줄이는 방법에 대해 이야기했다고 하는 말로 보아 화자들은 인쇄 회사(printing company)에서 일하고 있음을 알 수 있다.

정답 (C) At a printing company

Question 04 refers to the following conversation. 호W 영M

W: I can't believe the train hasn't come yet. I wonder what's wrong.

M: The ticket agent said that the tracks are being worked on and it's causing delays of up to forty-five minutes.

W: This is the first time that's ever happened. The train is usually so reliable.

M: That's true. I take the train because it stops just a few streets from the theater where I work in. In the last two years as a ticket officer, I've never been late.

문제 04는 다음 대화를 참조하세요.

여: 아직도 기차가 오지 않다니 믿을 수가 없네요. 무엇이 문제인지 궁금하네요.

남: 표 판매원이 말하길, 선로 작업을 하고 있어서, 45분 정도 지연이 되고 있다네요.

여: 이런 일이 일어난 게 처음이에요. 기차는 보통 아주 믿을 만 하거든요.

남: 네 맞아요. 제가 일하는 극장에서부터 멀지 않은 곳에 정거하기 때

문에 기차를 타거든요. 2년 동안 티켓 판매원으로 일하면서 한 번도 늦은 적이 없었거든요.

어휘 track 선로 work on ~에 대한 작업을 하다 delay 지연 up to ~까지 reliable 믿을 수 있는

04 남자는 어디에서 일을 하나?
(A) 극장에서
(B) 공항에서
(C) 건설 회사에서
(D) 기차역에서

해설 **키워드:** Where / man / work **위치:** 대화의 후반부
화자들의 직업과 회사의 종류와 업종을 묻는 문제는 첫 번째 문제로 등장하여 주로 전반부에서 그 정답을 찾을 수 있다. 하지만 전체 3문제 중에 마지막 문제로 등장한다 해도 당황하지 말자. 마지막 문제에 등장하게 되면 답은 후반부에 나오게 된다. 남자의 마지막 대사인 the theater where I work in에서 남자가 일하는 곳은 극장임을 알 수 있다. 정답 (A) At a theater

어휘 construction company 건설회사

Question 05 refers to the following conversation. 영M 미W

M: Ms. Cohen. I'm writing an article for Automotive Technology magazine on new models. Could you update me on your company's new sport sedan? It was scheduled to be launched on March 15th, but I understand there is a problem with the production.
W: No, production is going just fine. The problem was that it took us time to negotiate an agreement with one of our outside suppliers.
M: Oh, I see. So, when can customers expect to see the new model?
W: Dealerships will begin receiving their first shipment by May 1st. So the cars will be on sale by mid May.

문제 05는 다음 대화를 참조하세요.
남: Cohen 씨, 저는 새로운 모델을 다루는 Automotive Technology 잡지에 기사를 쓰고 있습니다. 귀사의 신형 스포츠 세단에 대한 최신 정보를 알려주시겠습니까? 3월 15일에 출시될 예정이었는데 생산에 문제가 있다는 것으로 알고 있습니다.
여: 아니요, 생산에는 문제가 없을 것입니다. 외주 공급업자와 계약을 협상하는 데 시간이 걸린 것뿐입니다.
남: 알겠습니다. 고객들은 새 모델을 언제 볼 수 있을까요?
여: 대리점은 5월 1일에 첫 차량을 받기 시작할 겁니다. 그러면 자동차는 5월 중순에 판매될 것입니다.

어휘 article 기사 be scheduled to + 동사원형 ~하기로 예정되어 있다 launch 출시하다 production 생산 negotiate 협상하다 agreement 협정, 합의 dealership 판매 대리점 shipment 선적

05 여자는 어떤 종류의 회사에서 일하는가?
(A) 잡지사
(B) 차량 제조사
(C) 광고 회사
(D) 수리점

해설 **키워드:** What business / woman / work
위치: 대화의 전반부
여자가 다니는 회사의 업종을 묻는 문제이다. 회사의 업종을 묻는 문제는 주로 전반부에서 그 정답을 찾을 수 있다. 남자는 첫 번째 대사에서(Could you update me on your company's new sport sedan?) 신형 스포츠 세단에 대한 최신 정보를 알려달라고 말하고 있으므로 여자는 (B) 차량 제조사에서 근무하고 있다는 것을 알 수 있다.
정답 (B) A vehicle manufacturer

Question 06 refers to the following conversation. 미M 호W

M: Hi, I'm a patient of Dr. Robert. I'm calling because my back is bothering me and I'd like to make an appointment to get it checked out.
W: Let's see. Dr. Robert has some time available tomorrow morning at 10:00. Can you come then?
M: Yes, that would be fine.
W: Okay, I'll go ahead and schedule you in.

문제 06은 다음 대화를 참조하세요.
남: 안녕하세요. Robert 의사 선생님의 환자입니다. 허리가 아파서 전화 드렸어요. 진찰 약속을 잡고 싶습니다.
여: 어디 봅시다. Robert 의사 선생님은 내일 오전 10시에 시간이 가능하십니다. 그때 오실 수 있습니까?
남: 네. 그게 좋겠습니다.
여: 좋습니다. 일정을 잡도록 하겠습니다.

어휘 make an appointment 약속을 잡다 available 시간이 가능한, 이용 가능한

06 여자는 어디에서 일하나?
(A) 여행사
(B) 자동차 정비소
(C) 진료소
(D) 컨퍼런스 센터

해설 **키워드:** Where / woman / work **위치:** 대화의 전반부
여자가 일하는 곳의 업종을 묻는 문제이다. 회사의 업종을 묻는 문제는 주로 전반부에서 그 정답을 찾을 수 있다. 남자는 첫 번째 대사에서(I'm a patient of Dr. Robert. I'm calling because my back is bothering me and I'd like to make an appointment to get it checked out.) 허리가 아파서 검진을 받고 싶다고 하고 있으므로 여자는 (C) 진료소에서 일하고 있다는 것을 알 수 있다. 정답 (C) At a medical office

Lesson 5 대화가 일어나는 장소를 묻는 문제

실전 TOEIC Test p.233

Question 01 refers to the following conversation. 영M 미W

M: Excuse me. I was trying to look for an article for some research I'm doing. But this computer isn't working properly.
W: Oh yes. Some of the library's computers are a few years old. We are in the process of replacing them. What happens when you try to use it?
M: Well, I entered the title of the article. And when I hit the search button, the computer froze. There was no response.
W: Um. Sometimes it just has to be restarted. Why don't you come to the reference desk and I will use my computer to find what you're looking for.

문제 01은 다음 대화를 참조하세요.

남: 실례합니다. 제가 진행 중이던 연구에 대한 기사를 찾고 있었는데 이 컴퓨터가 제대로 작동하지 않네요.

여: 네, 알겠습니다. 도서관의 컴퓨터 중 일부는 몇 년 되었기 때문에 교체하고 있는 중입니다. 사용하려고 할 때 어떤 문제가 생기나요?

남: 그게요, 기사 제목을 입력하고 검색 버튼을 눌렀더니 컴퓨터가 멈췄어요. 반응이 없더라고요.

여: 아, 그럴 때는 그냥 재부팅을 해야 하는 경우가 있죠. 참고 자료대로 오시면, 제 컴퓨터로 찾으시는 걸 알아봐드릴게요.

어휘 look for 찾다 article 기사 work 작동하다 in the process of ~을 하는 과정인 replace 교체하다 enter 입력하다 reference 참고 자료

01 대화는 어디에서 일어나고 있는가?

(A) 실험실
(B) 도서관
(C) 전자제품점
(D) 출판사 사무실

해설 **키워드:** Where / conversation / taking place
위치: 대화의 전반부

대화가 일어나는 장소를 묻는 문제이다. 대화가 일어나는 장소는 주로 대화의 전반부에서 그 정답을 찾을 수 있다.

여자는 첫 번째 대사에서(Some of the library's computers are a few years old.) 도서관의 컴퓨터 일부가 좀 오래되었다고 하는 것으로 보아 화자의 대화 장소가 도서관(library)임을 알 수 있다. 정답 (B) In a library

Question 02 refers to the following conversation. 호W 미M

W: Here are some pants you might be interested in, Mr. Hooks. They are made of cotton. They are easy to wash and don't wrinkle.

M: They are very nice but I was hoping to find something in black or navy blue. Do you have anything in those colors?

W: Absolutely. We just received a new shipment from the warehouse yesterday. I'll be back in a second with some more pants for you to try on.

문제 02는 다음 대화를 참조하세요.

여: Hooks 씨가 마음에 들어 하실 만한 바지가 여기에 있습니다. 면으로 만들어졌고요 세탁하기 쉽고 구겨지지도 않습니다.

남: 아주 좋네요. 하지만 저는 검정색이나 짙은 감색 제품을 찾고 있었습니다. 그런 색상이 있나요?

여: 그럼요. 어제 창고에서 나온 새로운 물품을 받았습니다. 입어보실 만한 바지를 금방 가지고 오겠습니다.

어휘 be interested in ~에 관심이 있다, 흥미가 있다 be made of ~로 만들어졌다 cotton 면 wrinkle 주름지다 shipment 선적품 warehouse 창고 try on 입어보다 navy blue 짙은 감색

02 화자들은 어디에 있나?

(A) 창고
(B) 페인트 가게
(C) 옷 가게
(D) 우체국

해설 **키워드:** Where / speakers **위치:** 대화의 전반부

대화가 일어나는 장소를 묻는 문제는 주로 대화의 전반부에서 특정 장소와 관련된 단어에서 정답을 유추할 수 있다. 여자는 첫 번째 대사에서(Here are some pants you might be interested in, Mr. Hooks.) Mr. Hooks가 마음에 들어 할 만한 바지(pants)를 보여주고 있는 것으로 보아 화자는 (C) 옷 가게에 있음을 알 수 있다. 정답 (C) In a clothing shop

어휘 warehouse 창고 post office 우체국 clothing shop 옷 가게

Question 03 refers to the following conversation. 영M 미W

M: Hi, this is Kale from Dale Lighting. We've got a call from the restaurant manager saying that some of the lights in the kitchen aren't working.

W: Oh, thanks for coming so quickly. I was washing some dishes after our lunch service, and noticed that some of the lights are not working. The main switch is here, and we open for dinner in just two hours.

M: Okay. Before inspecting the fuse box, I need some equipment from our truck. I'll be right back.

문제 03은 다음 대화를 참조하세요.

남: 안녕하세요. 저는 Dale조명의 Kale입니다. 식당 매니저로부터 전화를 받았는데 부엌에 있는 전등에 불이 들어오지 않는다고 들었습니다.

여: 오, 빨리 와주셔서 감사합니다. 점심시간 후에 설거지를 하고 있었는데 전등에 불이 들어오지 않는 것을 발견했습니다. 주 스위치는 여기에 있습니다. 2시간 후에 저녁식사 손님을 맞이해야 합니다.

남: 알겠습니다. 퓨즈 상자를 점검하려면 트럭에 있는 장비가 있어야 합니다. 바로 돌아오겠습니다.

어휘 lighting 조명 work 작동하다 inspect 점검하다 fuse box 두꺼비집, 퓨즈 상자 equipment 장비

03 대화는 어디에서 일어나고 있는가?

(A) 철물점
(B) 배관공 사무실
(C) 식당
(D) 컴퓨터실

해설 **키워드:** Where / conversation / take place
위치: 대화의 전반부

대화가 일어나는 장소를 묻는 문제는 주로 대화의 전반부에서 특정 장소에 대한 힌트를 얻을 수 있다.

남자는 첫 번째 대사에서(We've got a call from the restaurant manager saying that some of the lights in the kitchen aren't working.) 부엌의 전등에 불이 들어오지 않는다고 하는 식당의 매니저로부터 전화를 받았다고 하고 있고, 여자는 빨리 와주셔서 감사하다(Oh, thanks for coming so quickly.)고 응대하는 것으로 보아 대화가 일어나는 장소가 (C) 식당임을 알 수 있다. 정답 (C) In a restaurant

Question 04 refers to the following conversation. 미W 미M

W: Hello, I'm calling to see if you have any rental cars available for this Tuesday morning. My flight arrives in Sydney at 9:00 a.m.

M: Certainly, we'll have several cars available for you on Tuesday. Would you be returning the car to the Sydney airport?

W: I'm attending a conference in Sydney, but when it

ends, I'm planning to drive down to Brisbane. I'll be flying out of the Brisbane airport on Friday. So would I be able to drop the car off at that airport?

M: That's no problem. However, if you return the vehicle to a different location, we do charge a fifty-dollar fee.

문제 04는 다음 대화를 참조하세요.

여: 안녕하세요. 화요일 오전에 렌터카가 있는지 알아보려고 전화를 드렸습니다. 제 비행기는 오전 9시에 Sydney에 도착합니다.

남: 그럼요. 화요일에 렌트하실 수 있는 차가 몇 대 있습니다. Sydney 공항에 차를 반납하시겠습니까?

여: 저는 Sydney에서 열리는 회의에 참석합니다. 회의 후에 Brisbane으로 갈 것입니다. 금요일에 Brisbane 공항에서 출발합니다. 그 공항에 차를 반납해도 될까요?

남: 문제없습니다. 그러나 빌린 장소가 아닌 다른 곳에 차량을 반납하시면 50달러를 더 내셔야 합니다.

어휘 rental car 렌터카 arrive in ~에 도착하다 available 이용 가능한 return 반납하다 attend 참석하다 drop off 반납하다 vehicle 차량 location 위치, 장소 fee 수수료

04 남자는 어디에서 일하나?

(A) 렌터카 대리점
(B) 중고차 대리점
(C) 자동차 수리점
(D) 주유소

해설 **키워드:** Where / man / work **위치:** 대화의 전반부

남자가 일하는 장소가 어딘지를 묻는 질문이다. 첫 번째 대사에서 전화 대화임을 알 수 있으며 남자가 일하는 곳은 첫 번째 여자 대사(see if you have any rental cars available)에서 렌터카가 있는지 물어보고 있으므로 남자는 rental car 업체에서 일하는 것임을 알 수 있다. 따라서 정답은 (A)가 된다.

정답 (A) At a car rental agency

Question 05 refers to the following conversation. 영M 호W

M: Hi Laura, I haven't seen you since you graduated from business school last month. How do you like working for a big consulting firm?

W: Well, I miss the free time I used to have, but the cases I'm working on are really interesting.

M: That's good to hear. Say, I'm looking for a job myself right now since I'm almost finished taking classes. Do you know whether your office is hiring?

W: Oh, I don't know. I haven't seen anything advertised lately, but I'd be happy to ask someone in the personnel office and get back to you.

문제 05는 다음 대화를 참조하세요.

남: 안녕하세요. Laura 씨. 지난달에 경영대학원을 졸업하신 후에 뵌 적이 없네요. 대형 컨설팅 회사에서 일 하시는 건 어떻습니까?

여: 글쎄요. 전에 누렸던 자유 시간이 그리워요. 그렇지만 제가 지금 진행하고 있는 건들은 정말 흥미로워요.

남: 다행이네요. 제가 이제 졸업을 할 때가 되어서 취업을 해야 합니다. 지금 당신의 회사에서 사람을 구하고 있나요?

여: 잘 모르겠네요. 최근에 광고하는 것을 본 적은 없지만, 인사부에 물어보고 나서 연락해드릴게요.

어휘 graduate from ~를 졸업하다 business school 경영대학원 consulting firm 컨설팅 회사 look for 찾다 whether ~인지 아닌지 hire 고용하다 advertise 광고하다 personnel office 인사 담당 부서

05 여자는 어디서 일하나?

(A) 대학
(B) 인사부
(C) 부동산 중개소
(D) 컨설팅 회사

해설 **키워드:** Where / woman / work **위치:** 대화의 전반부

대화가 일어나는 장소나 대화자들의 신분 또는 직업과 관련된 정보는 주로 대화의 전반부에서 확인할 수 있다. 남자의 첫 번째 대사(How do you like working for a big consulting firm?)에서 대형 컨설팅 회사에서 일 하시는 건 어떠냐고 묻고 있으므로 여자는 컨설팅 회사에서 일하고 있다는 것을 바로 알 수 있다.

정답 (D) In a consulting firm

Question 06 refers to the following conversation. 미W 영M

W: Hi, I'm with T. E. Furniture Company. We're supposed to meet here for lunch at 1 p.m. Has anyone else arrived?

M: Not yet. We reserved the table near the window for your group. Would you like to be seated now?

W: Yes, please. And could I also have some hot tea while I'm waiting?

M: Of course. Your server will be over in a minute. Here is a list of our daily specials for you to look at in the meantime.

문제 06은 다음 대화를 참조하세요.

여: 안녕하세요. 저는 T. E. Furniture사에서 왔는데요. 여기에서 1시에 점심 약속이 되어 있습니다. 도착한 사람이 있나요?

남: 아직 아무도 도착하지 않았습니다. 창가 가까운 자리에 예약해 놓았습니다. 지금 앉으시겠습니까?

여: 네. 기다리는 동안 뜨거운 차를 한 잔 해도 되겠습니까?

남: 물론입니다. 웨이터가 금방 올 것입니다. 그러는 동안 여기에 있는 금일 특별 메뉴를 보시기 바랍니다.

어휘 be supposed to + **동사원형** ~하기로 되어 있다 reserve 예약하다 in a minute 즉각, 당장 meantime 그 동안, 그 사이에

06 대화는 어디에서 일어나고 있나?

(A) 사무실
(B) 식당
(C) 가구점
(D) 슈퍼마켓

해설 **키워드:** Where / conversation / taking place
위치: 대화의 전반부

대화가 일어나는 장소를 묻는 문제는 주로 대화 전반부의 특정 장소와 관련된 단어에서 그 정답을 찾을 수 있다. 여자의 첫 번째 대사(I'm with T. E. Furniture Company. We're supposed to meet here for lunch at 1 p.m.)에서 여기에서 1시에 점심을 먹기로 되어 있다는 말이 등장하고 있는 것으로 보아 대화가 일어나는 장소는 식당임을 알 수 있다. 그러므로 정답은 (B)가 된다.

정답 (B) In a restaurant

Lesson 6 전화를 건 목적을 묻는 문제

실전 TOEIC Test p.235

Question 01 refers to the following conversation. 미W 영M

W: Hello, I'd like to learn about your moving services. My company is transferring into Perth and I'm planning to move there in the middle of June.

M: Sure, we can help with your move. I can send someone over to take a look at your things and give you a price estimate.

W: That sounds good. I haven't yet found a permanent place to live in Perth, so I need to put my belongings in storage for about a month. Does your company have a storage facilities?

M: I'm sorry we don't. But if you go to our website, you will find a list of storage facilities we recommend.

문제 01은 다음 대화를 참조하세요.

여: 안녕하세요. 이사 서비스에 대해서 알고 싶습니다. 저희 회사가 Perth로 이전을 하는데 저는 6월 중순에 거기로 이사하려고 합니다.

남: 이사하는 것을 도와드릴 수 있습니다. 사람을 보내서 이삿짐을 보고 견적을 내도록 하겠습니다.

여: 좋습니다. 아직 Perth에서 계속 살 곳을 찾지 못했습니다. 그래서 한 달 동안 제 이삿짐을 보관할 곳이 필요합니다. 당신의 회사에 창고가 있습니까?

남: 죄송합니다만 없습니다. 하지만 우리 웹사이트로 가신다면, 추천해 드리는 창고를 찾을 수 있을 겁니다.

어휘 transfer 이전하다 plan to + 동사원형 ~할 계획이다 take a look at ~을 보다 price estimate 가격 견적서 permanent 영구적인 belongings 소유물, 소지품 storage 저장, 보관 storage facility 저장 시설, 창고 recommend 추천하다

01 여자는 왜 전화를 했는가?

(A) 가구를 사려고

(B) 사업체의 보험을 들려고

(C) 이사하려고

(D) 아파트를 임대하려고

해설 **키워드:** What / woman / calling about

위치: 대화의 전반부

전화를 건 목적을 묻는 문제는 주로 대화의 전반부에 그 정답이 나온다. 여자가 전화를 건 목적을 묻고 있으므로 여자의 대사를 잘 들어야 한다. 여자는 첫 대사에서(I'd like to learn about your moving services. ~ I'm planning to move there) 회사가 이전을 해서, 자신도 이사를 해야 하기 때문에 이사에 관해 궁금한 것이 있다고 하고 있으므로 정답은 (C) 이사하려고 전화를 한 것이다. 정답 (C) Moving household items

Question 02 refers to the following conversation. 호W 미M

W: Hello, Mr. Cohen. This is Susan Miller calling from George Hands. Your doctor called in a prescription last week. But you haven't picked it up yet. I just wanted to make sure that you knew your new medication was ready.

M: Thanks. I have been really busy lately. I will try to stop by later and pick it up. What time do you close tonight?

W: We close at eight. But we do have a free delivery service. We could deliver it to your home tomorrow morning. If you're interested, I just need to confirm your current address.

문제 02는 다음 대화를 참조하세요.

여: 안녕하세요. Cohen 씨. 저는 George Hands의 Susan Miller입니다. 의사가 지난주에 전화로 약을 처방해 주었습니다. 하지만 아직 가져가지 않으셨네요. 약이 준비되었다는 것을 알려드리려고 전화를 드렸습니다.

남: 고마워요. 최근에 정말 바빴습니다. 나중에 들려서 가져가죠. 오늘 밤 몇 시에 문을 닫으십니까?

여: 8시에 닫아요. 하지만 무료 배송 서비스를 합니다. 우리는 내일 오전에 약을 당신 집으로 배송해 드리겠습니다. 괜찮으시다면 현주소를 확인하도록 하겠습니다.

어휘 call in a prescription (의사가 약국에) 전화로 처방해주다 medication 약 stop by 잠시 들르다 delivery service 택배 서비스 deliver 배달하다 confirm 확인하다 current address 현주소

02 여자는 남자에게 왜 전화를 하는가?

(A) 지불에 관한 정보를 얻으려고

(B) 주문했던 것을 가져가도록 하기 위해

(C) 실수에 대해 사과하려고

(D) 등록을 확인하려고

해설 **키워드:** Why / woman / calling / man

위치: 대화의 전반부

전화를 건 목적을 묻는 문제는 주로 대화의 전반부에 정답이 나온다. 여자가 전화를 건 용건, 즉 목적에 대한 질문이므로 여자의 첫 번째 대사를 놓치지 말아야 한다. 여자는 첫 대사에서 (Your doctor called in a prescription last week. But you haven't picked it up yet. I just wanted to make sure that you knew your new medication was ready.) 의사가 전화로 처방해 준 약이 나왔는데 아직 가져가지 않아서 받아가라고 알려주기 위해 전화를 했다고 말하고 있다. 그러므로 정답은 (B) 주문했던 것을 가져가도록 하기 위해 전화했다는 것이 정답이 된다. 여기서 order가 가리키는 것은 your new medication이다.

정답 (B) To ensure that an order is picked up.

Question 03 refers to the following conversation. 영M 미W

M: Hi, this is Robert Harrison calling. I had a lunch meeting earlier today. I think I left my briefcase at your restaurant. Did you find it by any chance?

W: Oh hello, Mr. Harrison. I just found a briefcase a few minutes ago when I was cleaning up the private room. It's a brown briefcase.

M: That sounds like mine. I'm so glad you found it. I will just stop by on my way from work to pick it up around 6 o'clock.

W: That's fine. The office will be open until seven this evening.

문제 03은 다음 대화를 참조하세요.

남: 안녕하세요. Robert Harrison입니다. 오늘 좀 전에 점심시간에 회의를 했었는데. 식당에 가방을 두고 간 것 같습니다. 혹시 발견하셨는지요?

여: 안녕하세요. Harrison 씨. 몇 분 전에 특실을 청소하던 중에 가방을 찾았습니다. 갈색 가방입니다.
남: 제 것인 것 같네요. 찾아주셔서 감사합니다. 6시경 직장에서 집으로 가는 길에 들르겠습니다.
여: 좋습니다. 오늘 저녁 7시까지 사무실이 열려 있을 것입니다.

어휘 briefcase 서류가방 by any chance 혹시라도 clean up 치우다, 청소하다 stop by 들르다 on one's way 도중에 around 약, 쯤 private room 특실

03 남자는 왜 전화를 했는가?
(A) 잃어버린 물건에 대해 물으려고
(B) 시간 약속을 다시 조정하려고
(C) 주소를 알려주려고
(D) 반품 정책에 대해 문의하려고

해설 **키워드:** Why / man / calling **위치:** 대화의 전반부
전화를 건 목적을 묻는 문제는 주로 대화의 전반부에 그 정답이 나온다. 남자가 전화를 한 목적을 묻고 있으므로 남자의 첫 번째 대사를 잘 들어야 한다. 남자는 첫 대사에서(I think I left my briefcase at your restaurant. Did you find it by any chance?) 가방을 식당에 놓고 왔는데, 그 가방을 발견했냐고 묻고 있으므로 남자가 전화를 건 목적은 (A) 잃어버린 물건에 대해 문의를 하기 위해서이다.
정답 (A) To ask about a missing item

Question 04 refers to the following conversation. 미M 미W

M: Hello, I'm calling to make a reservation for tonight. I've got some clients flying in from out of town and one of them is a vegetarian. A friend told me that you have a lot of great vegetarian dishes.
W: Well, we have some which are vegetarian. Some of the soups and salads are prepared without meat.
M: Well, I thought you had more choices. Have you changed your menu recently?
W: Your friend must've eaten at the other location. The menu at that location is a bit different. It has a much larger selection of vegetarian dishes.

문제 04는 다음 대화를 참조하세요.
남: 안녕하세요. 오늘밤 저녁식사를 예약을 하려고 전화를 했습니다. 다른 도시에서 비행기를 타고 오시는 손님들인데, 한 분이 채식을 하는 사람이에요. 채식을 하는 분들을 위한 맛있는 음식이 많다고 친구에게서 들었습니다.
여: 글쎄요. 채식주의자들을 위한 음식이 있기는 합니다. 몇 가지 종류의 수프와 샐러드에는 고기가 포함되지 않습니다.
남: 종류가 더 많다고 생각했는데요. 최근에 메뉴를 바꿨습니까?
여: 친구 분이 다른 식당에서 식사를 하신 것 같습니다. 그곳의 메뉴는 약간 다른 편입니다. 채식주의자들을 위한 요리가 훨씬 더 많죠.

어휘 make a reservation 예약하다 vegetarian 채식주의자 dish 요리, 접시 location 장소 a bit 조금, 다소 selection 선택

04 남자는 식당에 왜 전화를 하는가?
(A) 매니저와 통화하기 위해
(B) 특별한 메뉴를 만들기 위해서
(C) 길 안내를 받기 위해서
(D) 예약을 하기 위해서

해설 **키워드:** Why / man / calling / restaurant
위치: 대화의 전반부
전화를 건 목적을 묻는 문제로 주로 대화의 전반부에 정답이 나온다. 남자가 전화를 건 이유를 묻고 있기 때문에 남자의 첫 번째 대사를 잘 들어야 한다. 남자는 첫 대사에서(I'm calling to make a reservation for tonight.) 오늘 밤 저녁식사를 예약하려고 전화를 했다고 하고 있으므로 정답은 (D) 예약을 하기 위해서가 된다. 참고로 I'm calling to ~는 전화를 건 목적을 알려주는 표현이라는 것을 알아두자.
정답 (D) To make a reservation

Question 05 refers to the following conversation. 영M 호W

M: Hi, this is Daniel Melder calling from the Weekly Business. I'm writing an article on the city's budget proposal for next year and I wanted to check that I have the most up-to-date information.
W: Yes, I was expecting your call. There were some last minute changes made at the budget meeting last night. I'm preparing a report of the final figures right now.
M: Great! Then I called at the right time. When do you think the final report will be ready? This article is scheduled to be printed this week.
W: Don't worry. We're aware of your deadline. I should have it finished by tomorrow. I will email you a copy as soon as I get it approved.

문제 05는 다음 대화를 참조하세요.
남: 안녕하세요. 저는 Weekly Business의 Daniel Melder입니다. 내년 도시 예산 제안서에 대한 기사를 쓰고 있습니다. 제가 가진 정보가 가장 최신 정보인지 확인하려고 전화를 했습니다.
여: 네. 전화를 기다리고 있었습니다. 어제 저녁에 열린 예산안 회의에서 최종적으로 변경된 것이 있습니다. 지금 최종 수치에 관한 보고서를 준비하고 있습니다.
남: 잘 됐네요! 딱 맞는 시간에 전화를 드린 거네요. 최종 보고서가 언제까지 준비된다고 생각하십니까? 이 기사는 이번 주에 인쇄될 예정입니다.
여: 걱정하지 마세요. 마감일을 알고 있습니다. 내일까지 끝낼 것입니다. 승인이 되자마자 이메일을 드리겠습니다.

어휘 article 기사 budget proposal 예산안 up-to-date 최신의 final figures 확정 계수 be scheduled to + 동사원형 ~하기로 되어 있다 be aware of ~을 알다 deadline 마감시간 approve 승인하다

05 남자는 왜 여자에게 전화를 하는가?
(A) 면접을 일정을 잡기 위해
(B) 정보를 확인하기 위해
(C) 이메일 주소를 요청하기 위해
(D) 부서 회의를 준비하기 위해

해설 **키워드:** Why / man / calling / woman
위치: 대화의 전반부
전화를 건 목적을 묻는 문제는 주로 대화의 전반부에 정답이 나온다. 남자가 전화를 건 목적을 묻고 있기 때문에 남자의 첫 번째 대사를 잘 들어야 한다. 남자는 첫 대사에서 자신을 소개하고 나서 최신 정보를 확인하고 싶다(I wanted to check that I have the most up-to-date information)고 말하고 있으므로 (B)가 정답이 된다. 정답 (B) To verify some information

Question 06 refers to the following conversation. 미W 영M

W: Hello, I'm calling to inquire about your new thermometers.
M: Right. This new model is much easier to take a patient's temperature. It's especially designed for young children.
W: Well, is it possible to come in and try one out?
M: Sure. You can visit anytime for a free demonstration.

문제 06은 다음 대화를 참조하세요.
여: 안녕하세요. 새로운 체온계에 대해 문의할 게 있어서 전화 했습니다.
남: 네, 이 새로운 모델은 환자의 체온을 훨씬 더 쉽게 측정할 수 있습니다. 이 제품은 특히 어린이들을 위해 만들어진 것입니다.
여: 그런데, 가서 직접 한번 해봐도 되겠습니까?
남: 물론이죠. 언제든지 오셔서 무료 체험을 하실 수 있습니다.

어휘 inquire 문의하다 take someone's temperature ~의 체온을 재다 design 고안하다, 디자인하다 try out (시험 삼아) 해보다

06 여자는 왜 전화를 하고 있나?
(A) 카탈로그를 요청하려고
(B) 환불을 요청하려고
(C) 시간 약속을 확인하려고
(D) 제품에 대해 물으려고

해설 **키워드:** Why / woman / calling **위치:** 대화의 전반부
전화를 건 목적을 묻는 문제로 주로 대화의 전반부에 정답이 나온다. 여자가 전화를 한 목적을 묻고 있으므로 여자의 첫 번째 대사를 잘 들어야 한다. 여자가 새로 나온 체온계에 대해 문의하려고 전화를 한다고(I'm calling to inquire about your new thermometers.) 말했으므로 정답은 제품에 대해 문의하기 위해서라는 (D)이다. 정답 (D) To inquire about a product

Lesson 7 문제점이나 걱정에 관한 문제

실전 TOEIC Test p.237

Question 01 refers to the following conversation. 호W 영M

W: All right, Mr. Clarke. Your doctor faxed us the prescription for your new glasses. But, unfortunately, we no longer have the frames you requested in stock. We can order them today, but they won't be here 'til next week.
M: Umm, I don't think I can wait that long. I'm going on holiday on Thursday, and I'll be away for two weeks. I really want to take my new glasses on the trip with me.
W: Well, if you come in to the store, you can look at the frames we have in stock here. If you find a pair you like today, we can have the glasses ready for you tomorrow morning.
M: Okay, I'll come in this afternoon and take a look. If I can pick my glasses up tomorrow, that will be perfect.

문제 01은 다음 대화를 참조하세요.
여: 알겠습니다, Clarke 씨. 의사 선생님이 새 안경에 대한 처방전을 팩스로 보내주었습니다. 하지만 유감스럽게도, 저희는 고객님이 원하시는 안경테가 떨어졌네요. 오늘 주문할 수 있지만 다음 주에나 오겠는데요.
남: 그때까지 기다릴 수는 없어요. 목요일에 2주 예정으로 휴가를 떠나요. 저는 새로 산 안경을 쓰고 여행을 떠나고 싶습니다.
여: 오늘 매장으로 나오셔서 진열되어 있는 안경테를 한번 보세요. 오늘 마음에 드는 안경테를 찾으신다면, 내일 오전에는 안경을 준비할 수 있습니다.
남: 좋습니다. 오늘 오후에 보러 가겠습니다. 만약에 내일 안경을 받을 수 있다면 괜찮아요.

어휘 prescription 처방전 glasses 안경 unfortunately 유감스럽게도 no longer 더 이상 ~아니다 frame 안경테 request 요구하다 in stock 비축되어, 재고로 order 주문하다

01 문제점이 무엇인가?
(A) 안경의 재고가 없다.
(B) 안경테가 없다.
(C) 청구서에 오류가 있었다.
(D) 배송이 일정보다 늦다.

해설 **키워드:** What / problem **위치:** 대화의 전반부
문제점을 묻는 문제는 주로 대화의 전반부에 그 정답이 나온다. 여자는 첫 번째 대사(But, unfortunately, we no longer have the frames you requested in stock.)에서 고객이 요청한 안경테가 없다고 말하고 있으므로 정답은 안경테가 없다는 (B)이다. but, unfortunately 등의 표현 다음에는 앞의 내용과 상반되어 안 좋은 이야기나 문제점이 등장한다는 것을 예상하고 들어야 한다. 정답 (B) Some frames are unavailable.

Question 02 refers to the following conversation. 미W 미M

W: Oh, Tom, I wanted to ask you. Did you hear about the music festival in Norwick this weekend? I thought I could drive down there Saturday afternoon.
M: I was thinking of going too. But when I went last year, the traffic was horrible. It took me over thirty minutes to drive down Main Street.
W: Well, according to the newspaper, there's a special bus service for the festival this year. There's free parking in Central Park and you can take a bus from there. Why don't you try that? I think the buses run every twenty minutes.

문제 02는 다음 대화를 참조하세요.
여: Tom, 물어보고 싶은 게 있어요. 이번 주말에 Norwick에서 열리는 음악 축제에 대해 들었어요? 토요일 오후에 거기로 차를 가지고 갈 건데요.
남: 저도 가려고 생각했어요. 하지만 작년에 갔을 때, 교통이 끔찍했죠. Main가를 빠지는 데만 30분이 넘게 걸리더라고요.
여: 그런데 신문 보도에 따르면, 올해에는 축제를 위한 특별한 버스 서비스가 있다고 해요. Central Park에 무료 주차 공간이 있다고 하네요. 거기서 버스를 탈 수 있어요. 그렇게 가는 게 어때요? 버스가 20분마다 운행한다고 해요.

어휘 festival 축제 think of ~을 생각하다 traffic 교통 horrible 끔찍한 according to ~에 따르면 run 운행하다

02 작년에 어떤 문제가 있었는가?
(A) 표가 매진되었었다.
(B) 교통 체증이 있었다.
(C) 주차 공간에 제약이 있었다.
(D) 교통사고가 났었다.

해설 **키워드:** What problem / occurred / last year
위치: 대화의 전반부

문제점을 묻는 문제는 주로 대화의 전반부에 정답이 나온다. 그러나 키워드가 last year이므로 키워드인 last year를 중심으로 들어야 한다. 남자는 첫 번째 대사(But when I went last year, the traffic was horrible.)에서 작년(last year)에 그곳에 갔을 때 교통이 좋지 않았다고 하는 것으로 보아 정답은 교통 체증이 있었다는 (B)이다. 정답 (B) Traffic was heavy.

Question 03 refers to the following conversation. 영M 호W

M: Linda, I told In-sook from our Boston branch that I'd pick her up from the airport in an hour, and bring her here to the office. But now I have a client meeting at two o'clock. Do you think you can pick her up?

W: I wish I could help, but I have a conference call in about thirty minutes. I don't think there is any way I could pick her up in time. Why don't you call a car service company?

M: I guess I could do that. Do you know a reliable one?

W: Yes, there is one I have used a few times in the past. Just a moment, and I'll find the number.

문제 03은 다음 대화를 참조하세요.

남: Linda, Boston 지점에서 오는 In-sook 씨에게 한 시간 후에 공항에서 그녀를 태워서 사무실로 데려온다고 말했는데, 2시에 고객과 회의가 있어요. 그녀를 데리러 갈 수 있나요?

여: 도움이 되었으면 좋겠지만 저는 약 30분 후에 전화회의를 해야 해요. 시간에 맞추어 그녀를 데리러 갈 수 있을 것 같지 않습니다. 자동차 서비스를 부르는 게 어떻겠어요?

남: 그렇게 하면 되겠네요. 믿을 만한 회사가 있습니까?

여: 네. 몇 번 이용했던 곳이 있어요. 잠깐만요. 번호를 찾아볼게요.

어휘 pick up 자동차로 상대방이 있는 곳으로 가서 태우다 client 고객 conference call 전화회의 reliable 믿을 만한 in the past 과거에 just a moment 잠깐만

03 남자는 무엇에 대해 걱정을 하고 있는가?
(A) 공항에 동료를 데리러 가는 것
(B) 전화회의를 준비하는 것
(C) 비행기를 놓치는 것
(D) 다른 지점으로 전근 가는 것

해설 **키워드:** What / man / concerned **위치:** 대화의 전반부

문제점을 묻는 문제로 주로 대화의 전반부에 정답이 나온다. 남자가 걱정하고 있는 것이므로 남자의 첫 번째 대사를 확인해야 한다. 남자는 첫 번째 대사에서 한 시간 후에 공항으로 Boston 지점에서 오는 In-sook을 데리러 가야 한다고 말하고는 but 다음에는 고객과 회의가 있어 여자에게 대신 데리러 갈 수 있는지를 묻고 있다. 따라서 정답은 (A)가 된다. 보기의 동료(colleague)는 보스턴 지점의 In-sook을 의미한다.
정답 (A) Picking a colleague up at the airport

Question 04 refers to the following conversation. 미M 미W

M: Hi, this is Roger from L. J. Dry Cleaning Services. I've come to clean your carpets. You scheduled an appointment for one o'clock today, right?

W: Actually, I believe we scheduled that for tomorrow at one o'clock. As you can see, the office is full of employees right now. But tomorrow everyone will be out for a training workshop.

M: Oh, we must have confused the date. Well, my supervisor should still be able to schedule the cleaning for tomorrow. But, let me just call her so that I can confirm it for you.

문제 04는 다음 대화를 참조하세요.

남: 안녕하세요. 저는 L. J. 드라이클리닝의 Roger인데요, 카펫을 청소하러 왔습니다. 오늘 약속을 1시에 잡았죠, 그렇죠?

여: 사실 우리는 내일 1시에 일정을 잡았는데요. 보시다시피 사무실은 지금 직원으로 꽉 차 있습니다. 하지만 내일은 모두 연수 워크숍에 갈 거거든요.

남: 우리가 날짜를 혼동했나 봅니다. 그러면, 제 상사가 내일로 일정을 잡을 수 있을 겁니다. 하지만 제가 전화를 해서 확인해 드리겠습니다.

어휘 schedule an appointment 약속을 잡다 confuse 혼동하다 supervisor 상사 be able to + 동사원형 ~할 수 있다 confirm 확인하다

04 무엇이 문제인가?
(A) 직원이 다른 연장을 가져왔다.
(B) 고객 서비스 상담원이 자리에 있지 않다.
(C) 사무실이 곧 닫는다.
(D) 남자는 잘못된 날에 도착했다.

해설 **키워드:** What / problem **위치:** 대화의 전반부

문제점을 묻는 문제는 주로 대화의 전반부에 정답이 나온다. 남자는 첫 번째 대사(You scheduled an appointment for one o'clock today, right?)에서 오늘 1시에 일정을 잡았다는 것을 확인하는데, 여자는 오늘이 아니라 내일이라고(Actually, I believe we scheduled that for tomorrow at one o'clock.) 말하고 있으므로 남자는 잘못된 날에 왔음을 알 수 있다. 그러므로 정답은 (D)가 된다.
정답 (D) The man arrived on the wrong day.

Question 05 refers to the following conversation. 호W 영M

W: Excuse me, when is the next ferry boat to Rocky Island scheduled to depart? I have a seven o'clock dinner reservation on the island. Do you think I could arrive on time?

M: Well, the boat was supposed to leave at 6 o'clock but it's taking longer than expected to refuel. Hopefully, we will be departing in fifteen minutes. But you should still arrive on time for dinner.

W: Great, the fare is still ten dollars, isn't it? I heard there is going to be a fare increase soon.

M: Yes, a one way ticket is still ten dollars. However, next month's fare will go up by two dollars at the start of the summer tourist season.

문제 05는 다음 대화를 참조하세요.

여: 실례합니다. Rocky 섬으로 출발하는 다음 연락선은 언제 떠나죠? 섬에서 7시에 저녁식사 예약이 되어 있어요. 제때에 도착할 수 있을까요?

남: 배는 6시에 떠나기로 되어 있지만 연료를 다시 넣는 게 예상보다 시간이 더 걸리네요. 15분 후에 출발할 수 있을 겁니다. 하지만 저

녁식사 시간에 맞춰 도착할 수 있을 거예요.
여: 좋습니다. 승선료가 아직도 10달러죠? 곧 요금 인상이 있을 것이라는 말을 들어서요.
남: 네. 편도는 아직도 10달러입니다. 하지만 다음 달 요금은 여름 관광 시즌 시작에 맞추어 2달러 오를 것입니다.

어휘 ferry boat 연락선 depart 출발하다 reservation 예약 on time 정시에 be supposed to + **동사원형** ~하기로 되어 있다 refuel 재급유하다 fare 요금 tourist season 관광 시즌

05 여자는 무엇에 대해 걱정을 하는가?
(A) 정시에 도착하는 것
(B) 악천후에 여행하기
(C) 좋은 자리 구하기
(D) 예약하기

해설 **키워드:** What / woman / worried about
위치: 대화의 전반부
걱정을 묻는 문제는 주로 대화의 전반부에 정답이 나온다. 여자가 걱정하고 있는 것이므로 여자의 첫 번째 대사를 잘 들어야 한다. 여자는 첫 번째 대사(I have a seven o'clock dinner reservation on the island. Do you think I could arrive on time?)에서 섬에서 7시에 저녁식사가 있기 때문에 배가 정시에 도착할 수 있을지 걱정하고 있다. 그러므로 여자가 걱정하고 있는 것은 (A) 정시에 도착하는 것임을 알 수 있다.
정답 (A) Arriving on time

Question 06 refers to the following conversation. 미M 미W

M: Susan, the photocopier isn't working very well. The images are all blurred and there's a strip along the edge of the paper.
W: You should tell Kevin, the administrative assistant, about the problem. He has the phone number for the service company and he usually takes care of arranging for repairs.
M: Oh, ok. I hope it can be fixed soon. I'm giving a client presentation tomorrow and I have a lot of materials to prepare.

문제 06은 다음 대화를 참조하세요.
남: Susan, 복사기가 잘 작동하지 않네요. 이미지가 흐릿하게 나오고, 종이 가장자리에 선도 나오네요.
여: 사무행정 직원인 Kevin에게 이 문제에 대해서 말해보세요. 그는 서비스 회사의 전화번호를 알고 있어요. 그리고 그가 고장수리에 대한 업무를 담당하고 있습니다.
남: 알겠습니다. 빨리 복사기가 고쳐졌으면 좋겠어요. 내일 고객들에게 발표를 해야 해서 준비해야 할 것들이 많거든요.

어휘 photocopier 복사기 blurred 흐릿한 strip 선 edge 가장자리 administrative assistant 사무행정 직원 arrange 처리하다 repair 수리 fix 고치다

06 화자들은 어떤 문제에 대해 이야기를 나누고 있는가?
(A) 전화기가 고장 났다.
(B) 종이가 걸렸다.
(C) 사무실 기계가 작동하지 않는다.
(D) 그들은 회의에 참석하지 못했다.

해설 **키워드:** What problem / speakers / discussing
위치: 대화의 전반부
문제점을 묻는 문제는 주로 대화의 전반부에 정답이 나온다. 남자는 첫 번째 대사(the photocopier isn't working very well)에서 복사기가 고장 났다고 말하고 있으므로 정답은 사무실 기계(office machine), 즉 복사기(photocopier)가 제대로 작동하지 않는다는 (C)이다.
정답 (C) An office machine is not working.

Lesson 8 화자가 원하는 것을 묻는 문제

실전 TOEIC Test p.239

Question 01 refers to the following conversation. 미W 미M

W: Hi. You're Willam, right? My husband and I live down the hall from you. We are in 19A. I haven't seen you since the day you have moved into our building. How is your new place?
M: It's nice. Thanks. Listen. I am glad that I ran into you. I was hoping that we could have a chat about what this community has on offer. I have been thinking I should join a local charitable group. But I am not familiar with any in the area. Do you have any suggestions?

문제 01은 다음 대화를 참조하세요.
여: 안녕하세요. Willam 씨죠? 제 남편과 저는 복도 저쪽에 살고 있어요. 우리 집은 19A에요. 우리 빌딩으로 이사 오시고 난 이후에는 뵌 적이 없군요. 새 집은 어떠신지요?
남: 좋습니다. 감사합니다. 당신을 우연히 마주쳐서 다행이네요. 이 동네에서 제공하는 것에 대해 얘기를 나누고 싶었어요. 저는 이 지역의 자선단체에 가입을 할 생각을 하고 있거든요. 하지만 이 지역에 대해 아는 게 없어서요. 말씀해주실 게 있으세요?

어휘 move into ~로 이사하다 run into 마주치다 local 지역의 charitable group 자선단체 be familiar with ~에 익숙하다, ~에 정통하다 area 지역 suggestion 제안

01 남자가 원하는 것은 무엇인가?
(A) 아파트를 찾기
(B) 사업을 시작하기
(C) 출판물 구입하기
(D) 모임에 가입하기

해설 **키워드:** What / man / want **위치:** 대화의 전반부
원하거나 희망하는 것이 무엇인지를 묻는 문제는 주로 첫 번째 문제에서 등장하며, 대화의 전반부에 답이 있다. 남자가 원하는 것을 묻고 있으므로 남자의 대사를 잘 들어야 한다. 남자가 I was hoping ~이라고 하고 그 다음에 I have been thinking I should join a local charitable group이라고 말을 계속하고 있으므로 남자는 어떤 단체에 가입하고 싶어 한다는 것을 알 수 있다. 따라서 정답은 (D)가 된다.
정답 (D) Join a group

Question 02 refers to the following conversation. 호W 미M

W: These flower arrangements are really beautiful. But you don't have very many on display. Do you have any more? I need enough arrangements for ten tables.
M: This is all we have here in the store, but we can order more. When do you need them by?

W: Well, I'm organizing a welcoming party for our director. That starts at seven tomorrow evening. But I'd like to have the flowers by noon tomorrow so we can get the room decorated early. Do you deliver?

M: Yes, delivery is free, and we can get them to you by noon with no problem. But, because we're creating some of the arrangements on such short notice, we have to treat this as a special order. And that adds 6% to your total cost.

문제 02는 다음 대화를 참조하세요.

여: 이 꽃꽂이들은 정말 아름답네요. 하지만 진열된 것이 많이 없네요. 더는 없나요? 테이블 10개에 꽃꽂이가 필요합니다.

남: 우리 상점에 있는 것은 이게 전부지만, 더 주문할 수 있어요. 언제까지 필요하십니까?

여: 저의 이사님을 위한 환영파티를 준비 중입니다. 내일 저녁 7시에 시작해요. 하지만 내일 정오까지 꽃을 받고 싶습니다. 그래야 저희가 일찍 방을 장식할 수 있기 때문이죠. 배달해 주시나요?

남: 네. 배송은 무료입니다. 그리고 아무런 문제없이 정오까지 받아 보실 수 있으실 겁니다. 하지만 급히 만들어야 하기 때문에, 특별 주문으로 처리가 되고 총 비용에 6퍼센트의 비용이 추가되죠.

어휘 flower arrangement 꽃꽂이 on display 전시된, 진열된 organize 준비하다, 조직하다 director 이사, 임원 decorate 장식하다 deliver 배달하다 on such short notice 아주 촉박하게 treat 처리하다 special order 특별 주문 total cost 총비용

02 여자가 남자에게 원하는 것은 무엇인가?
(A) 축하행사에 참석하기
(B) 테이블을 주문하기
(C) 꽃꽂이를 제공하기
(D) 특별 메뉴 만들기

해설 **키워드:** What / woman / want / man / do
위치: 대화의 전반부
원하거나 희망하는 것이 무엇인지를 묻는 문제는 주로 첫 번째 문제에서 등장하며, 전반부에서 답이 등장한다. 여자가 남자에게 원하는 것을 묻는 질문이므로 첫 번째 여자 대사를 잘 들어야 한다. 여자는 첫 번째 대사(Do you have any more? I need enough arrangements for ten tables.)에서 꽃꽂이가 더 있냐고 물어보면서 10개의 테이블 위에 놓을 꽃꽂이가 필요하다고 말하고 있으므로 여자가 남자에게 원하는 것은 꽃꽂이를 제공한다는 (C)이다. 정답 (C) Provide flower arrangements

Question 03 refers to the following conversation. 미W 영M

W: Hi, I just read the email about the training classes new employees are required to take and I have a question. Do you have a schedule that shows when these classes are offered?

M: Well, the classes are online so it's possible to take them at any time. And because they're required, you can do them during work hours.

W: Great. My manager suggested I take the basic marketing course. How do I register for that?

M: Just go to the company's employee website and click on the work skills training tab. It gives a good explanation of the whole registration process.

문제 03은 다음 대화를 참조하세요.

여: 안녕하세요. 신입사원들이 받아야 하는 연수에 대한 이메일을 방금 전에 읽었습니다. 그런데 질문이 있어요. 이 수업들이 언제 있는지 일정표가 있나요?

남: 수업은 온라인으로 진행됩니다. 그래서 언제라도 수업을 받을 수 있죠. 그리고 필수사항이기 때문에 근무시간에 받으셔도 됩니다.

여: 좋습니다. 제 상사가 저는 기초 마케팅 과정 수업을 받으라고 하시는데, 어떻게 등록을 하는 거죠?

남: 회사 직원의 웹사이트로 가서 업무 스킬 대한 연수 탭을 누르세요. 그러면 등록 과정에 대한 설명이 전부 상세하게 나올 겁니다.

어휘 training 교육 be required to + 동사원형 ~하라는 요구를 받다 offer 제공하다 at any time 언제라도, 아무 때나 register 등록하다 explanation 설명 whole 전체의 registration 등록 process 과정

03 여자는 무엇을 원하는가?
(A) 과정에 등록하기
(B) 급료 지불용 수표 입금하기
(C) 근무시간을 변경하기
(D) 사업허가증 신청하기

해설 **키워드:** What / woman / want **위치:** 대화의 전반부
원하거나 희망하는 것이 무엇인지를 묻는 문제는 주로 첫 번째 문제로 등장하며, 전반부에 답이 등장한다. 여자는 첫 번째 대사(I just read the email about the training classes new employees are required to take and I have a question.)에서 신입사원들이 받아야 하는 연수에 대해 이메일을 읽었는데 이 과정에 대해 궁금한 것이 있다고 말하고 있으므로 보기 중에서 정답은 과정에 등록하기인 (A)가 답이라는 것을 짐작할 수 있다. 대화의 후반부인 여자의 두 번째 대사에서 좀 더 정확하게 How do I register for that?이라고 질문하고 있으므로 정답은 더 명확해진다. 참고로 지문의 classes가 보기에서는 course로 패러프레이징됐다는 것을 함께 알아두자.
정답 (A) Register for a course

Question 04 refers to the following conversation. 호W 미M

W: Hi, Mr. Ben. I've just begun working here as a sales representative earlier this week. Do you know where I could obtain some business cards?

M: Well, our company uses several print suppliers. They are all excellent. The only problem is that they are slow. They usually take two weeks to ship. So if you are in a hurry, I can recommend some different suppliers.

W: That's fine. I'll be attending a training workshop all next week. So I won't need them too soon anyway.

문제 04는 다음 대화를 참조하세요.

여: 안녕하세요, Ben 씨. 저는 이번 주 초에 영업사원으로 일을 시작했어요. 제가 어디에서 명함을 받을 수 있는지 알 수 있을까요?

남: 우리 회사는 여러 인쇄회사들을 이용하는데요. 그 회사들은 모두 일을 아주 잘해요. 그런데 한 가지 문제가 있다면 명함을 받는데 시간이 좀 걸린다는 것이죠. 보통 명함을 받는 데 2주 정도 걸려요. 급하시다면, 다른 회사를 추천해드리겠습니다.

여: 괜찮아요. 다음 주 내내 연수 워크숍에 참석하기 때문에 그렇게 급하지는 않아요.

어휘 sales representative 영업 담당자 obtain 얻다 business card 명함 several 몇몇의 supplier 공급자, 공급 회사 in a hurry 급한 attend 참석하다 training 교육, 훈련, 연수

04 여자는 무엇을 주문하기를 원하는가?
(A) 연수 안내 책자
(B) 프린터 종이
(C) 명함
(D) 판매 책자

해설 **키워드:** What / woman / want / order
위치: 대화의 전반부
원하거나 희망하는 것이 무엇인지를 묻는 문제는 주로 첫 번째 문제로 등장하며, 전반부에 답이 있다. 여자는 첫 번째 대사(Do you know where I could obtain some business cards?)에서 명함을 받고 싶다고 말하고 있으므로 정답은 (C) 명함(Business cards)이다. 정답 (C) Business cards

Question 05 refers to the following conversation. 미W 영M

W: I haven't seen Mr. Wagner this morning. Is he in yet? I need to talk with him about an applicant for the accounting manager position.
M: Actually, Mr. Wagner is out of town until Tuesday. He is at a sales conference this week.
W: Is there any way I can talk with him? I received a resume from Ann. He used to work with her in New York. I wanted to talk to him before her interview tomorrow morning.
M: Well, he said he'd call later today. I'll tell him you stopped by and I'll give him a message to call you. He won't have a lot of time, but if you have just a few questions, I doubt he will mind.

문제 05는 다음 대화를 참조하세요.
여: 오늘 아침 Wagner 씨를 못 봤는데, 사무실에 있나요? 경리 부장직에 지원한 사람에 대해 그와 함께 얘기를 좀 해야 해서요.
남: 사실, Wagner 씨는 출장 중이라 화요일에나 돌아오십니다. 이번 주에 영업 회의에 참석하고 있거든요.
여: 그와 이야기할 수 있을 방법이 없나요? Ann으로부터 이력서를 받았어요. 그가 뉴욕에서 그녀와 같이 일했거든요. 내일 아침에 그녀를 면접보기 전에 그와 얘기를 해야 하는데.
남: 그가 오늘 전화한다고 말했습니다. 그에게 당신이 찾아왔다고 전달하고 전화를 하라고 하겠습니다. 그가 시간이 많지는 않지만 몇 가지 질문만 있다고 한다면 그가 싫다고 하진 않을 것입니다.

어휘 accounting manager 경리부장 applicant 지원자 out of town 도시를 떠나서 sales conference 영업 회의 stop by 들르다 mind 꺼려하다

05 여자는 왜 Wagner 씨와 이야기를 하고 싶어 하는가?
(A) 전 동료에 대해 물어보려고
(B) 면접의 시간을 확인하기 위해
(C) 신입사원에게 그를 소개하려고
(D) 고객 회의 기록을 검토하기 위해

해설 **키워드:** Why / woman / want / talk / Mr. Wagner
위치: 대화의 전반부에서 중반부
원하거나 희망하는 것이 무엇인지를 묻는 문제는 주로 첫 번째 문제에서 등장하며, 전반부에 답이 나온다. 하지만 질문은 키워드인 Mr. Wagner와 함께 등장하고 있다. 여자는 첫 번째 대사에서 I need to talk with him about an applicant ~라고 지원자에 대해서 이야기하고 싶다고 말했지만 보기에는 지원자(applicant)에 대한 내용은 없다. 두 번째 여자 대사에서 Mr. Wagner와 함께 일을 했던 지원자에 대해 이야기하고 싶다는 내용이 등장하는 것으로 보아 정답은 (A)가 된다. 다소 난이도가 있는 문제로 출제됐던 것으로, 여자의 대사를 정확히 따라가면서 들어야 풀 수 있는 문제이다.
정답 (A) To inquire about his former colleague

Question 06 refers to the following conversation. 호W 미M

W: Our new clients will arrive here next week, right? Why don't you take them out to dinner on Tuesday night? What do you think about Urban Steak House? I ate there a few days ago and it was excellent.
M: Yes, I heard it's very good, but I'd like to know what else is on their menu. Maybe some of the people coming don't like to eat steak.
W: Wow, I know that they have wonderful salads and I think that they also serve fish and pasta dishes, but we should check that online to be sure. We can use a computer in my office if you like.

문제 06은 다음 대화를 참조하세요.
여: 우리의 새 고객이 다음 주에 여기에 도착하죠? 화요일 밤에 저녁을 대접하는 건 어떨까요? Urban Steak House는 어떤가요? 며칠 전에 거기에서 식사를 했는데 아주 괜찮았습니다.
남: 네, 아주 좋다고 들었습니다. 하지만 메뉴에 다른 것이 뭐가 있는지 알고 싶어요. 아마 고객들 중의 몇 사람은 스테이크를 싫어할 수도 있을 겁니다.
여: 아, 맛있는 샐러드가 있고 생선과 파스타 요리도 있습니다. 하지만 온라인으로 정확하게 확인을 해봐야겠습니다. 원하신다면, 제 사무실에 있는 컴퓨터로 확인하죠.

어휘 client 고객 take out to 데리고 나가서 ~을 접대하다 excellent 아주 우수한 serve 제공하다

06 남자는 식당에 대해 무엇을 알고 싶어 하는가?
(A) 영업시간
(B) 장소
(C) 메뉴
(D) 가격

해설 **키워드:** What / man / know / restaurant
위치: 대화의 전반부
원하거나 희망하는 것이 무엇인지를 묻는 문제는 주로 첫 번째 문제에서 등장하며, 전반부에 답이 나온다. 남자가 식당에 대해서 알기를 원하는 것이므로 남자의 대사를 잘 들어야 한다. 남자는 메뉴에 대해서 더 알고 싶다고(but I'd like to know what else is on their menu) 말하고 있으므로 정답은 (C)가 된다.
정답 (C) Its menu options

Lesson 9 과거와 현재에 대한 정보

실전 TOEIC Test p.241

Question 01 refers to the following conversation. 영M 호W

M: Thank you for coming in, Ms. Cohen. We are only interviewing the top 10 candidates for the position of night manager at our hotel. And we are asking each person the same question. First of all, please tell us about your previous work experience.

W: Well, I've been working at the Park Hotel for the last two years. Last year, I was promoted to assistant manager. I'm especially proud of the fact that the hotel won the local tourism board award for the best customer service this past year.

M: That's very impressive. I'm sure they'll be sorry to lose you. Why do you want to leave that job?

W: Well, I'm going back to school to get a degree for hospitality and tourism but still I want to work full-time. The position here is allowed me to work at night and attend the classes during the day.

문제 01은 다음 대화를 참조하세요.

남: Cohen 씨 와주셔서 감사합니다. 저희 호텔에서는 야간 근무 매니저직에 지원한 분들 중에서 상위 10명의 후보자들만 인터뷰를 하고 있습니다. 각각의 지원자들에게 같은 질문을 하고 있습니다. 우선, 이전 경력에 대해서 저희에게 말씀을 해 주십시오.

여: 저는 지난 2년 동안 Park Hotel에서 근무하고 있습니다. 작년에는 대리로 승진했습니다. 저는 작년에 저희 호텔이 우수 고객 서비스로 인한 지역 관광 위원회 상을 받았다는 것이 자랑스럽습니다.

남: 아주 인상적이군요. 지금 회사에서 당신과 같은 인재를 잃게 돼서 아쉬워하겠습니다. 왜 지금 직장을 그만두고 싶어 하나요?

여: 호텔 관광 학위를 얻기 위해 학교를 다시 다닐 것입니다. 그래도 저는 정규직으로 일하기를 원합니다. 이 회사에서는 제가 야간 근무를 하기에 낮 동안에 수업을 들을 수 있기 때문입니다.

어휘 interview 면접보다 candidate 후보자, 지원자 position 위치, 자리 first of all 우선 previous 이전의 work experience 경력 promote 승진시키다 assistant manager 대리, 부팀장 be proud of ~을 자랑스러워하다 impressive 인상적인 lose 잃다 degree 학위 full-time 전임으로 attend 참석하다

01 여자는 어떤 직책에 대해 인터뷰를 하고 있는가?

(A) 여행 가이드

(B) 호텔 매니저

(C) 안내 데스크 접객원

(D) 인사 부장

해설 **키워드:** What position / woman / interviewing
위치: 대화의 전반부

현재 진행되고 있는 일과 관련된 정보는 주로 대화의 전반부에서 확인할 수 있다. 키워드를 통해 여자가 현재 인터뷰를 하는 상황이 전개될 것을 알고 있다면 어떤 직위에 대해 이야기하고 있는지 확인하면 된다. 남자는 첫 번째 대사에서 호텔에서 야간 근무 매니저에 지원한 10명의 지원자들을 면접보고 있다고(We are only interviewing the top 10 candidates for the position of night manager at our hotel.) 했으므로 여자가 지원하는 직위가 hotel manager임을 알 수 있다.

정답 (B) Hotel manager

Question 02 refers to the following conversation. 미W 영M

W: Hi, Jack. How was your trip last week? You were visiting our office in Paris, weren't you?

M: Yes, it was really interesting. I met with the marketing staff and I learned a lot of how our products are marketed in Europe. Now I have some ideas about how we can expand our customer base here in the United States.

W: That's great. I'm sure everyone will be excited to hear your ideas at our marketing meeting tomorrow morning.

M: Right. I just saw the e-mail about that. I'm going to take some time this afternoon and get all my information organized.

문제 02는 다음 대화를 참조하세요.

여: 안녕하세요, Jack. 지난주 여행은 어떠셨나요? 파리에 있는 저희 사무실에 방문하셨다고요?

남: 네, 정말로 재미있었어요. 저는 마케팅 직원과 만났고, 저희 제품이 어떻게 유럽에서 판매되고 있는지에 대해서 배웠죠. 저는 미국에서 우리의 고객층을 어떻게 확장시켜 나갈지에 대한 몇 가지 아이디어가 있어요.

여: 좋습니다. 모두들 내일 아침에 있는 마케팅 회의에서 당신의 아이디어를 듣는 것을 기대하고 있을 거예요.

남: 네. 저는 그것에 대한 이메일을 방금 전에 보았어요. 저는 오늘 오후에 시간을 내서 제가 갖고 있는 정보들을 모두 정리할 것입니다.

어휘 staff 직원 product 제품 expand 확장하다 customer base 고객층 organize 준비하다, 정리하다

02 남자는 지난주에 무엇을 했는가?

(A) 업계 박람회에 갔었다

(B) 새로운 고객을 만났다

(C) 다른 사무실을 방문했다

(D) 제품 시연회를 준비했다

해설 **키워드:** What / man / do / last week **위치:** 대화의 전반부

과거에 대한 정보를 묻는 문제는 주로 대화의 전반부에서 정답이 등장한다. 먼저 남자 대사에서 답이 나올 것이라는 것을 예상하고 last week이라는 키워드를 잘 들어야 한다. 여자는 첫 대사에서 지난주(last week) 여행(출장)이 어땠냐고 묻는 것으로 보아 남자가 지난주에 어딜 다녀왔다는 것을 알 수 있다. 뒤에 바로 이어 남자가 파리에 있는 사무실을 방문했다는 사실을 확인하고(You were visiting our office in Paris, weren't you?) 남자가 그렇다는 답변을 하고 있어 지난주에 남자는 다른 곳에 있는 사무실을 방문했음을 알 수 있으므로 정답은 (C)가 된다.

정답 (C) Visited a different office

Question 03 refers to the following conversation. 미M 미W

M: Jessica, did you know that the bank on Leon Avenue has relocated? Now, a book store is being built in this place.

W: Yes, I read about that, but the bank just moved to a new location in the Riverside neighborhood last week.

M: Oh, really? Do you know the address? I have to apply for a mortgage loan later today.

W: I don't, but I can give you directions while you are driving.

문제 03은 다음 대화를 참조하세요.

남: Jessica, Leon가에 있는 은행이 이전한 것을 알고 있었어요? 지금 그 자리에 서점이 들어서고 있더라고요.

여: 네, 그것에 대해서 읽었어요. 은행은 지난주에 Riverside 근처로 옮겼어요.

남: 정말이에요? 주소 아세요? 오늘 주택 담보 대출을 신청해야 하거든요.

여: 주소는 모르지만 운전을 해서 가는 길은 안내해드릴 수 있어요.

어휘 relocate 이전하다 build 짓다 location 장소 neighborhood 근처, 인근, 이웃 apply for 신청하다 mortgage loan 주택 담보 대출 direction 방향 while ~하는 동안

03 여자가 은행에 대해 말하는 것은 무엇인가?
(A) 다른 지역으로 옮겼다.
(B) 새로운 서비스를 추가했다.
(C) 서점에서 가깝다.
(D) 영업시간이 바뀌었다.

해설 **키워드:** What / woman / say / bank **위치:** 대화의 전반부
키워드인 은행(bank)에 대한 정보를 묻는 질문이다. 여자의 대사에서 답을 찾아야 한다. 첫 번째 대사에서 남자가 은행에 대해서 언급(Did you know that the bank on Leon Avenue has relocated?)하고 다음 여자 대사에서 구체적으로 은행이 어디로 이전을 했다(moved)는 내용으로 보아 정답은 (A)가 된다. 과거에 발생한 사실은 주로 대화의 전반부에 등장한다는 것을 잊지 말자. 정답 (A) It has moved to a different area.

Question 04 refers to the following conversation. 미M 호W

M: Hi, is this where we're supposed to meet for the city tour?
W: Yes, but the tour's not leaving for thirty minutes. Have you purchased your ticket?
M: Yes, I bought it online. Since the tour is not starting for half an hour, is there any place nearby where I can go to buy some food?
W: There's a snack stand next to the bank. They have really good sandwiches and desserts.

문제 04는 다음 대화를 참조하세요.
남: 안녕하세요. 여기가 시티 투어를 하기 위해 만나기로 한 곳인가요?
여: 네. 30분 후에 투어가 시작될 겁니다. 표는 구매했어요?
남: 네. 온라인으로 구매했습니다. 30분 후에나 투어가 시작되니까, 음식을 살 수 있는 곳이 근처에 있습니까?
여: 은행 뒤에 간이식당이 있습니다. 아주 맛있는 샌드위치와 디저트를 판매하고 있어요.

어휘 be supposed to + 동사원형 ~하기로 되어 있다, 예정되어 있다 city tour 도시 관광 leave 떠나다 purchase 구입하다 nearby 근처에 snack stand 간이식당

04 남자는 온라인으로 무엇을 했는가?
(A) 표를 구매했다
(B) 기사를 읽었다
(C) 이메일을 보냈다
(D) 스케줄 표를 찾았다

해설 **키워드:** What / man / did online **위치:** 대화의 전반부
남자가 온라인으로 무엇을 했는지 묻는 질문이다. 과거에 발생한 사실은 주로 대화의 전반부에서 언급된다. 남자의 대사에서 online이라는 키워드를 확인해야 한다. 여자는 첫 대사에서 ticket에 대해서 묻고, 남자는 두 번째 대사에서(I bought it online) 온라인으로 티켓을 구매했다고 말하고 있으므로 정답은 표를 구매했다는 (A)이다. 정답 (A) Buy a ticket

Question 05 refers to the following conversation. 미W 미M

W: I've just got an email from Ms. Serra. She confirmed that five clients from Birmingham will be coming on Wednesday to discuss the new community center that we are designing for them.
M: Great, now I can finalize plans for Wednesday's lunch meeting. I've been waiting to hear how many people will be attending before making a reservation.
W: Can we get a reservation for noon? The clients have to be at the train station by 4:00 to catch a train back to Birmingham.
M: Sure, I'll make a noon reservation when I go back to my desk. We should pick a restaurant near the office. In fact, the Hamilton Hotel Restaurant would be good. It's just down the street.

문제 05는 다음 대화를 참조하세요.
여: Serra 씨로부터 이메일을 받았어요. 우리가 디자인하고 있는 새 지역사회 센터에 대해 논의하려고 수요일에 Birmingham에서 5명의 고객이 올 것이라고 했습니다.
남: 좋습니다. 이제 수요일 점심 회의에 대해서 결정을 지을 수 있겠네요. 예약을 하기 전에 몇 명이나 참석하는지가 궁금했거든요.
여: 정오에 예약을 할 수 있겠습니까? 고객들은 Birmingham으로 가는 기차를 타려 4시까지 기차역으로 가야 해요.
남: 그럼요. 제 자리로 가서 정오로 점심 예약을 잡겠어요. 사무실 가까이에 식당을 고르겠습니다. 사실, Hamilton 호텔 식당은 괜찮습니다. 바로 길을 따라가면 있거든요.

어휘 confirm 확인하다 client 고객 discuss 토론하다 community center 지역사회 센터 make a reservation 예약하다 attend 참석하다 noon 정오

05 남자는 왜 예약하기 전에 기다렸는가?
(A) 다른 프로젝트로 바빴다.
(B) 손님이 몇 명이나 올지 몰랐다.
(C) 식당이 보수공사로 문을 닫았다.
(D) 방문의 날짜가 확인되지 않았다.

해설 **키워드:** Why / man / wait / reservation
위치: 대화의 전반부
남자가 예약을 하기 전에 왜 기다렸는지 묻는 질문이다. 과거의 구체적인 사실이나 정보를 묻는 질문으로 남자의 대사에서 예약을 하기 전에 기다리고 있다는 내용과 함께 이유에 대해서 설명을 할 것을 예상할 수 있다. 남자는 첫 번째 대사(I've been waiting to hear how many people will be attending before making a reservation.)에서 예약을 하기 전에 사람이 몇 명이 올지를 알아야 하기 때문에 기다렸다고 하고 있으므로 정답은 (B)가 된다. 대화의 흐름은 과거 사실에서 앞으로 있을 미래 내용으로 전개가 된다는 것을 잊지 말자.
정답 (B) He did not know how many guests to expect.

Question 06 refers to the following conversation. 호W 영M

W: Excuse me, but I believe my team is meeting here this afternoon in about ten minutes.
M: That's strange. I'm sure I reserved this room for the next hour. Why don't we check the schedule on the door?

W: Oh, you're right. I haven't signed up for this room after all. I guess I'd better hurry back and take another look at that calendar on my computer to see what room I'm supposed to be in. Sorry for the interruption.

문제 06은 다음 대화를 참조하세요.
여: 실례지만요, 제 팀이 10분 후에 여기서 오후 회의를 하려고 모이게 되어 있어요.
남: 이상하네요. 다음 한 시간 동안 방을 예약했거든요. 문에 부착되어 있는 일정을 확인하는 게 어떻습니까?
여: 아, 이런, 맞습니다. 제가 이 방을 예약하지 않았네요. 서둘러 돌아가서, 제 팀이 어느 방에서 모여야 하는지 컴퓨터에 있는 일정표를 확인해 보아야겠어요. 방해해서 죄송합니다.

어휘 believe 믿다 reserve 예약하다 sign up 등록하다 after all 결국에는 look at 보다 calendar 달력, 일정표 be supposed to + 동사원형 ~하기로 되어 있다 interruption 방해

06 여자는 무엇을 알아보려고 하는가?
(A) 판매 담당자의 이름
(B) 고객의 전화번호
(C) 팀 회의의 장소
(D) 프레젠테이션 시작 시간

해설 **키워드:** What / woman / determine **위치:** 대화의 전반부
여자가 지금 무엇을 확인하고자 하는지 묻는 질문이다. 여자 대사에서 지금 하고 있는 것이 무엇인지 확인해야 한다. 여자는 첫 번째 대사에서 team meeting이 여기에서 있다고 말하고, 이에 대해 남자는 자신이 이 방을 예약했다고 말하고 있다. 따라서 보기 중에서 답이 될 수 있는 것은 팀의 회의 장소인 (C)이다.
정답 (C) The location of a team meeting

Chapter 3 대화의 중반부에 답이 있는 키워드 이용 문제

Lesson 1 특정 행위의 대상이나 인명에 대해 묻는 문제

실전 TOEIC Test p.249

Questions 01-02 refer to the following conversation. 영M 미W

M: Lisa. I'm concerned. We've got two new editors starting next week. And I'm not sure we have a room for them on this floor.
W: I've been thinking about that. There are some empty spaces upstairs. Why don't we move Angela and Brandon to those spaces so that we'll have space for the new editors down here. That way, we can have the editorial department together on this floor with us.
M: But Angela and Brandon work with us. They are not editors, but they handle so much of our administrative work.
W: Yes, but they also do administrative work for the fashion photographers on that floor.

문제 01-02는 다음 대화를 참조하세요.
남: Lisa, 걱정이 되는 게 있어요. 다음 주부터 편집자 두 명이 새로 오는데, 우리 층에는 그 사람들이 앉을 방이 없어요.
여: 나도 그 문제를 생각하고 있었어요. 위층에 빈 자리가 있잖아요. Angela와 Brandon을 위층에 있는 자리로 옮기는 게 어때요? 그래야지만 새로 오는 편집자들이 앉을 공간이 생길 것 같은데요. 그러면 우리 층에 편집부 직원이 모두 함께 있을 수 있어요.
남: 하지만 Angela와 Brandon은 우리와 함께 일하잖아요. 그들은 편집자는 아니지만 우리 일에 관한 행정적인 업무를 많이 처리하죠.
여: 그거야 그렇지만, 그 사람들은 그 층에 있는 패션 사진기자들의 행정 업무도 처리하죠.

어휘 editor 편집자 starting ~부터 empty 빈 upstairs 위층에 so that ~하기 위해서 administrative work 행정 업무 photographer 사진사

01 남자는 왜 걱정을 하는가?
(A) 그는 직원을 충원해야 한다.
(B) 프로젝트 마감일이 변경됐다.
(C) 사무 공간이 충분하지 않다.
(D) 신입사원들이 교육을 받아야 한다.

해설 **키워드:** Why / man / concerned **위치:** 대화의 전반부
문제점이나 걱정에 관한 문제는 주로 대화의 전반부에 해답의 힌트가 나온다. 남자는 첫 대사(I'm concerned. We've got two new editors starting next week. And I'm not sure we have a room for them on this floor.)에서 걱정이 있다면서 새로 편집자들이 오는데 사무실에 공간이 없다고 하고 있으므로 정답은 (C) 사무 공간이 충분하지 않은 것을 걱정하고 있음을 알 수 있다.
정답 (C) There is not enough office space.

02 Angela와 Brandon은 누구인가?
(A) 수석 편집자
(B) 행정 직원
(C) 패션 사진작가
(D) 구직자

해설 **키워드:** Who / Angela and Brandon **위치:** 대화의 중반부
키워드인 Angela and Brandon이 언급이 되는 전후를 주의 깊게 들어야 한다. 남자는 두 번째 대사(But Angela and Brandon work with us. They are not editors, but they handle so much of our administrative work.)에서 키워드(Angela and Brandon)를 언급하면서 그들이 행정 업무(administrative work)를 하는 직원이라고 밝힌다. 그러므로 정답은 (B)가 된다. 정답 (B) Administrative staff

Questions 03-04 refer to the following conversation. 미M 미W

M: Hey, I read your article on the art program at Jun Public Park. I really liked it. And the photos of the people were great.
W: Yeah, were they good? But the editor asked me to do that story. He also assigned a new photographer. Have you met Paul Simon?

M: Sure, I know Paul. After seeing his work in your article, I'd like to have him come with me on my next assignment. I'm interviewing the new director of the City Community Center, and there will definitely be some good photo opportunities there.

문제 03-04는 다음 대화를 참조하세요.

남: Jun Public Park에서 열리는 미술 프로그램에 대한 기사를 읽었는데요. 기사가 정말 괜찮았어요. 그리고 사람들의 사진도 좋았고요.

여: 그래요? 좋았어요? 편집국장이 그 기사를 쓰라고 했죠. 그리고 새로운 사진기자도 배정했거든요. Paul Simon을 만나본 적이 있나요?

남: 물론이죠, 저는 Paul을 압니다. 당신의 기사에서 그의 작품을 본 후에, 저는 다음 업무를 그와 함께 하고 싶어졌어요. City Community Center에 새로 부임한 소장을 인터뷰하려고 하는데, 거기에서 좋은 사진들을 찍을 기회가 있을 거예요.

어휘 article 기사 editor 편집국장 assign 배정하다, 분배하다 photographer 사진기자, 사진작가 assignment 과제, 할 일 definitely 정말로, 확실히

03 화자들은 어디에서 일하는가?
(A) 공원에서
(B) 신문사에서
(C) 공공 도서관에서
(D) 카메라 가게에서

해설 **키워드:** Where / speakers / work **위치:** 대화의 전반부
화자들의 직업이나 대화의 장소를 묻는 문제는 주로 전반부에서 특정 직업이나 장소와 관련된 단어가 언급된다. 남자는 첫 대사(I read your article on the art program at Jun Public Park. I really liked it. And the photos of the people were great.)에서 당신의 기사를 잘 읽었고 그 기사가 마음에 든다고 말하고 있고, 그 다음 전개되는 내용의 키워드는 editor, photographer, article, interview이므로 화자들이 신문사에서 일한다는 것을 알 수 있다. 그러므로 정답은 (B)가 된다.
정답 (B) At a newspaper

04 Paul Simon은 누구인가?
(A) 편집국장
(B) 교사
(C) 작가
(D) 사진기자

해설 **키워드:** Who / Paul Simon **위치:** 대화의 중후반부
키워드로 등장한 제 3자의 직업을 묻는 유형이다. 키워드인 Paul Simon을 중심으로 앞뒤에서 언급되는 내용이 어떤 직업과 관련됐는지 확인해야 한다. 여자는 첫 번째 대사(He also assigned a new photographer. Have you met Paul Simon?)에서 편집국장이 새로운 사진기자를 붙였다는 내용과 더불어 Paul Simon을 만나본 적이 있느냐고 묻고 있다. 여기서 Paul Simon이 사진기자임을 알 수 있다. 또한 남자는 후반부에 그와 일하고 싶다는 내용과 더불어 사진 찍기에 좋은 기회가 있을 것이라는 내용으로 미루어보아 Paul Simon은 사진기자라는 것을 확실히 알 수 있다. 정답 (D) A photographer

Questions 05-06 refer to the following conversation. 호W 영M

W: Hey, Thomas! I heard that you are scheduled to go to the headquarters tomorrow.

M: I am. You know that new online ordering system we've been testing in our office? Well, it's been really successful. Our sales have almost doubled. So the president wants all of the branches to start using the system.

W: Wow, that's really something! So the president wants to meet with you to learn more about the online system?

M: Actually, I already gave him a briefing by email. I am going tomorrow because a group of branch managers is visiting the headquarters. And they want me to train them on how to use the system.

문제 05-06은 다음 대화를 참조하세요.

여: 안녕하세요, Thomas! 내일 본사로 가신다고 들었어요.

남: 네. 우리 사무실에서 새로운 온라인 주문 시스템을 테스트하고 있다는 것을 아시죠? 그게 매우 성공적입니다. 우리의 매출이 거의 두 배가 됐거든요. 그래서 사장님이 모든 지점에서 그 시스템을 사용하길 원하시거든요.

여: 야, 정말 굉장하네요. 그래서 사장님이 온라인 시스템에 대해 더 배우려고 당신을 만나길 원하신 거군요.

남: 사실은 사장님께는 벌써 이메일로 브리핑을 드렸습니다. 지점장들이 본사에 오기 때문에 제가 내일 가는 거예요. 지점장들이 저에게 그 시스템 사용법을 가르쳐달라고 하거든요.

어휘 be scheduled to + **동사원형** ~하기로 되어 있다 headquarters 본사 online ordering system 온라인 주문 시스템 successful 성공적인 sale 판매, 매출 double 두 배로 되다 president 사장 branch 지사, 분점

05 남자에 의하면, 주문량이 증가된 것은 무엇 때문인가?
(A) 새롭게 개발된 제품
(B) 일련의 교육
(C) 새로운 온라인 시스템
(D) 개정된 판매 정책

해설 **키워드:** man / what / caused / increase in orders
위치: 대화의 전반부에서 중반부
키워드의 구체적인 내용을 묻는 문제로 남자의 대사에 정답이 있다. 첫 번째 문제로 등장한 경우에는 정답은 주로 전반부에 등장하게 된다. 남자는 첫 번째 대사에서 new online ordering system을 언급하면서 매우 성공적이어서 매출이 두 배가 되었다고 말하고 있다. 따라서 매출, 즉 주문이 증가한 이유는 새로 개발한 online system 때문이라는 것을 알 수 있으므로 정답은 (C)가 된다. 정답 (C) A new online system

06 남자는 누구와 만날 거라고 말하나?
(A) 지점장들
(B) 시스템 개발자들
(C) 이사진
(D) 가망 고객들

해설 **키워드:** Who / man / will meet **위치:** 대화의 후반부
남자가 누구를 만날 것인지 구체적인 정보를 묻는 문제이다. 이러한 문제의 유형은 주로 대화의 중반부에 그 정답이 제시되나 질문이 미래형인 경우는 대화의 후반부에 답이 나온다. 남자는 마지막 대사(I am going tomorrow because a group of branch managers is visiting the headquarters.)에서 지

점장들이 본사로 오기 때문에 본사에 갈 것이라고 하고 있으므로 남자가 만나는 사람은 (A) 지점장들이라는 것을 알 수 있다.
정답 (A) Branch managers

Lesson 2 특정 시점에 대해 묻는 문제

실전 TOEIC Test p.251

Questions 01-02 refer to the following conversation. 영M 호W

M: Hi, Alice. It's Dennis. I'm terribly sorry, but I'm caught in traffic right now, and I don't think I'll be on time for the meeting.
W: Oh, that's too bad. The traffic can be pretty bad on Monday mornings. How long do you think it'll take to get here?
M: Probably about half an hour. I'm on the Kincaid Street right now.

문제 01-02는 다음 대화를 참조하세요.
남: 안녕하세요. Alice. Dennis입니다. 정말로 죄송해요. 제가 교통체증에 걸려서 제시간에 회의에 들어갈 수 없을 것 같아요.
여: 이런, 정말 유감이군요. 월요일 아침에는 차가 많이 막히지요. 도착하는 데 얼마나 걸릴 것 같습니까?
남: 30분 정도 걸릴 것 같아요. 저는 지금 Kincaid Street에 있어요.

어휘 terribly 너무, 몹시 be caught in traffic 교통체증에 걸리다 on time 정시에 probably 아마 half an hour 반시간

01 왜 남자는 회의에 늦을 것인가?
(A) 길을 잃어버려서.
(B) 그는 늦게 일어났다.
(C) 그는 교통체증에 걸렸다.
(D) 비행기가 지연되었다.

해설 **키워드:** Why / man / late **위치:** 대화의 전반부
첫 번째 문제에 구체적인 내용을 묻는 문제가 등장했다. 첫 번째 문제는 대화의 전반부에서 등장하기 때문에 남자의 대사에서 늦는다(late)는 내용을 확인해야 한다. 남자는 첫 번째 대사(but I'm caught in traffic right now, and I don't think I'll be on time for the meeting)에서 교통체증에 걸려 회의(meeting)에 늦을 것이라고 했으므로 남자가 늦는 이유는 교통체증에 걸렸다는 (C)이다. 정답 (C) He is stuck in traffic.

02 대화는 언제 일어나고 있는가?
(A) 월요일
(B) 화요일
(C) 목요일
(D) 금요일

해설 **키워드:** When / conversation / take place
위치: 대화의 중반부
대화가 일어나고 있는 특정 시점에 대해 묻는 문제이다. 대화 중에서 시간을 알 수 있는 내용을 확인해야 한다. 여자는 중반부의 대사에서(The traffic can be pretty bad on Monday mornings.) 월요일(Monday)에 교통체증이 심하다고 말하고 있으므로 이들이 대화를 나누고 있는 시점이 월요일이라는 것을 알 수 있다. 그러므로 정답은 (A) 월요일이 된다.
정답 (A) On Monday

Questions 03-04 refer to the following conversation. 미M 미W

M: Hi, Jane. When you order office supplies this week, would you please get more envelopes?
W: Sure. I usually place orders on Monday mornings for delivery on Tuesday afternoons. Is that okay?
M: That sounds good. **I'll need about two hundred large white** envelopes for invitations I want to send by Friday.
W: Okay. I'll let you know as soon as I receive them on Tuesday.

문제 03-04는 다음 대화를 참조하세요.
남: 안녕하세요, Jane. 이번 주에 사무용품을 주문할 때, 봉투를 더 주문해 주실 수 있으세요?
여: 물론이죠. 보통 화요일 오후에 배송되도록 월요일 아침에 주문을 해요. 괜찮겠어요?
남: 괜찮아요. 저는 금요일에 보낼 초대장에 쓸 큰 사이즈의 흰색 봉투가 200장 정도 필요해요.
여: 알겠습니다. 제가 화요일에 물품을 받으면 바로 알려드릴게요.

어휘 order 주문하다 office supplies 사무용품 envelop 봉투 place an order 주문하다 delivery 배달 about 약 invitation 초대, 초대장 send 보내다 as soon as ~하자마자, 곧 receive 받다

03 남자가 요구하는 것은 무엇인가?
(A) 봉투
(B) 주문 양식
(C) 메일 주소
(D) 초대장

해설 **키워드:** What / man / request **위치:** 대화의 전반부
원하거나 필요한 것을 묻는 문제는 주로 대화의 전반부에서 정답을 찾을 수 있다. 남자는 첫 번째 대사(would you please get more envelopes?)에서 봉투를 더 주문해 줄 수 있느냐고 묻고 있다. 그러므로 남자가 원하는 것은 봉투(envelopes)이므로 정답은 (A)가 된다. 정답 (A) Envelopes

04 물품은 언제쯤 배달될 것인가?
(A) 월요일
(B) 화요일
(C) 목요일
(D) 금요일

해설 **키워드:** When / delivery / arrive **위치:** 대화의 중반부
구체적인 키워드(delivery)로 특정 시점에 대해 묻는 문제이다. 여자는 첫 번째 대사(I usually place orders on Monday mornings for delivery on Tuesday afternoons.)에서 키워드인 delivery와 함께 화요일에 배송이 이루어지도록 월요일에 주문을 한다고 말하고 있으므로 정답은 (B) 화요일이다.
정답 (B) On Tuesday

Questions 05-06 refer to the following conversation. 호W 미M

W: Hi, this is Joan Lee calling. I'm a member of the Betty Band. We're scheduled to play at your convention center this Friday night and I want to ask you about unloading our equipment. Is there a special entrance we should use?

M: Yes. There's a backdoor that leads right to the stage area. You can just pull up behind the building and go through the courtyard. You'll see a door marked "Diamond room" on the left.

W: Okay. Great. We start playing at 8:30 and we need about an hour to set up and do our sound check. So we'll be there at around 7:30.

문제 05-06은 다음 대화를 참조하세요.

여: 안녕하세요. 저는 Joan Lee인데요. Betty 밴드의 멤버예요. 우리는 이번 주 금요일 밤에 그쪽의 컨벤션 센터에서 연주를 하기로 되어 있죠. 저희 장비를 내려놓는 것에 관하여 묻고 싶은 게 있는데요. 저희가 사용할 수 있는 특별 출입구가 있습니까?

남: 네. 무대로 바로 이어지는 뒷문이 있습니다. 건물 뒤에 차를 세우시고 마당을 통해서 오시면 됩니다. 왼쪽에 다이아몬드실이라고 표시가 된 문을 보실 수 있으실 겁니다.

여: 네. 좋습니다. 저희는 8시 30분에 연주를 시작할 건데요. 장비를 설치를 하고 음향을 확인하기 위해서는 1시간 정도의 시간이 필요해요. 그래서 저희는 7시 30분경에 거기에 도착을 할 거예요.

어휘 be scheduled to + 동사원형 ~하기로 되어 있다, 예정되어 있다 convention 대회, 회의 unload (짐을) 내리다 equipment 장비 entrance 입구 backdoor 뒷문 lead to ~로 이어지다 stage area 무대 공간 pull up 차를 세우다 courtyard 뜰 set up 설치하다

05 여자가 알고 싶어 하는 것은 무엇인가?

(A) 어디로 건물에 들어가는지
(B) 언제 공연이 시작하는지
(C) 방의 크기가 얼마인지
(D) 구매 가능한 티켓의 수량이 얼마나 되는지

해설 **키워드:** What / woman / find out **위치:** 대화의 전반부

원하거나 필요한 것을 묻는 문제는 주로 대화의 전반부에서 정답을 찾을 수 있다. 여자는 첫 번째 대사(Is there a special entrance we should use?)에서 자신들이 이용할 수 있는 입구를 물어보고 있다. 그러므로 정답은 건물의 입구를 알고 싶다는 (A)이다. 정답 (A) Where to enter the building.

06 여자는 금요일 몇 시에 도착하는가?

(A) 오후 7시
(B) 오후 7시 30분
(C) 오후 8시
(D) 오후 8시 30분

해설 **키워드:** When will / woman / arrive / Friday
위치: 대화의 후반부

여자가 금요일에 언제 도착할지, 구체적인 정보를 묻는 문제이다. 미래의 사실을 묻고 있기 때문에 정답은 중후반부 정도에 등장한다. 여자의 마지막 대사인 So we'll be there at around 7:30를 통해 오후 7시 30분임을 알 수 있으므로 정답은 (B)가 된다. 정답 (B) At 7:30 P.M.

Lesson 3 구체적인 행위가 발생하는 장소를 묻는 문제

실전 TOEIC Test p.253

Questions 01-02 refer to the following conversation. 호W 영M

W: Hello, I'd like to go to the Mason Shopping Mall. Will your bus take me there?

M: No, it won't. The route I'm driving goes up to the Central Bank and then back. You'll have to take the number 101 bus. It goes east to the shopping center.

W: Oh, okay. Does that bus stop here?

M: No, you're on the wrong side of the street to catch eastbound buses. The bus stop you need is right across the street next to the post office.

문제 01-02는 다음 대화를 참조하세요.

여: 안녕하세요. Mason 쇼핑몰로 가려고 하는데요. 이 버스가 거기로 갑니까?

남: 아니요, 가지 않아요. 이 버스는 중앙은행까지 가서 다시 돌아와요. 당신은 101번 버스를 타고 가야 합니다. 그 버스는 동쪽으로 운행하여 그 쇼핑센터로 가죠.

여: 알았어요. 버스가 여기에 서나요?

남: 아니요, 이쪽은 동쪽으로 운행하는 버스를 탈 수 있는 곳이 아니죠. 당신이 버스를 타야 하는 정류소는 길 건너편 우체국 옆에 있어요.

어휘 route 길, 노선 eastbound 동쪽으로 가는 next to ~옆에

01 여자와 이야기를 하고 있는 사람은 누구인가?

(A) 가게 점원
(B) 교통경찰관
(C) 집배원
(D) 버스 운전기사

해설 **키워드:** Who / woman / talking **위치:** 대화의 전반부

여자와 대화하는 사람, 즉 남자의 직업이나 신분을 묻는 문제이다. 대화자의 직업을 묻는 문제는 전반부에서 해당 직업이나 신분과 관련된 단어를 잘 들어야 한다. 여자의 첫 번째 대사(Will your bus take me there?)에 있는 your bus를 통해 상대방 남자가 버스 기사임을 알 수 있다. 따라서 정답은 (D)가 된다.
정답 (D) A bus driver

02 여자는 어디로 가기를 원하는가?

(A) 버스 터미널
(B) 은행
(C) 우체국
(D) 쇼핑센터

해설 **키워드:** Where / woman / want / go **위치:** 대화의 전반부

여자가 가고자 하는 장소를 묻는 문제이다. 원하거나 요구하는 내용은 주로 전반부에 등장하므로 전반부의 여자 대사를 잘 들어야 한다. 여자는 첫 번째 대사(I'd like to go to the Mason Shopping Mall.)에서 Mason 쇼핑몰에 가고 싶다고 하였으므로 정답은 (D) 쇼핑센터가 된다. 첫 번째 문제와 동시에 풀리는 문제이므로 두 문제의 키워드를 파악하지 못하면 풀기 어려운, 난이도 있는 문제이다. 정답 (D) To a shopping center

Questions 03-04 refer to the following conversation. 미W 미M

W: Hi, I'd like to speak to Dr. Garcia. My name is Sarah Brown. I'm a patient of hers.

M: I'm sorry, Ms. Brown. Dr. Garcia is out of town. She's attending a medical conference. Is this an emergency?

W: No, I'm calling about some medicine she prescribed. I want to see if I could change it to a different one.

M: In that case, I will connect you to Dr. Park's office. He's taking care of Dr. Garcia's patients until she returns.

문제 03-04는 다음 대화를 참조하세요.

여: 안녕하세요. Garcia 의사 선생님과 통화하고 싶은데요. 제 이름은 Sarah Brown인데요. 선생님의 환자예요.

남: Brown 씨. 죄송합니다. Garcia 선생님은 지금 출장 중입니다. 의학 회의에 참석 중이시거든요. 급한 일이신가요?

여: 아니요. 선생님이 처방한 약에 대해 궁금한 점이 있어서 전화를 드렸어요. 제가 다른 약으로 바꿀 수 있는지 알고 싶어서요.

남: 그런 경우라면 Park 의사 선생님의 사무실로 연결시켜 드리겠습니다. Garcia 선생님이 돌아올 때까지 그 분의 환자를 돌보고 있거든요.

어휘 patient 환자 attend 참석하다 emergency 비상사태 medicine 약 prescribe 처방하다 different 다른 in that case 그런 경우에는 connect 연결하다 take care of ~를 돌보다 return 돌아오다

03 여자는 왜 Garcia 의사 선생의 사무실에 전화를 했는가?

(A) 약속을 잡기 위해
(B) 주문을 확인하기 위해
(C) 약에 대해 얘기하기 위해
(D) 변경 사항을 그녀에게 알리기 위해

해설 **키워드:** Why / woman / calling / Dr. Garcia
위치: 대화의 중반부

여자가 Dr. Gracia에게 전화를 건 목적을 묻는 질문이다. 전화를 건 용건을 묻는 문제는 주로 전반부에 정답의 힌트가 등장한다. 하지만 여자의 첫 번째 대사에서는 Dr. Garcia와 통화를 하고 싶다는 것 이외에는 다른 말이 없다. 그러나 여자는 두 번째 대사(I'm calling about some medicine she prescribed)에서 약에 관해서 얘기를 하기 위해 전화했다고 말하고 있으므로 정답은 (C)가 된다. 다소 난이도 있는 유형으로 두 번째 문제와의 상관관계를 파악하여 보기에 집중해야 한다.

정답 (C) To talk about a medicine

04 Garcia 의사 선생은 어디에 있는가?

(A) 회의장에
(B) 응급실에
(C) 사무실에
(D) 휴가 중

해설 **키워드:** Where / Dr. Garcia **위치:** 대화의 중반부

키워드인 Dr. Garica가 지금 있는 곳을 묻는 문제이다. 현재의 상태와 관련된 문제는 주로 전반부에 정답의 힌트가 등장하게 된다. 키워드인 Dr. Garcia와 함께 그녀가 어디에 있는지를 확인해야 한다. 첫 번째 여자 대사에서 Dr. Garcia가 언급되고 있으므로 곧 그녀가 있는 곳이 나올 것이라는 걸 기대하고 들어야 한다. 남자는 첫 번째 대사(Dr. Garcia is out of town. She's attending a medical conference.)에서 Dr. Garcia가 회의에 참석하고 있다고 말하고 있으므로 정답은 (A)가 된다. 앞 문제와 이번 문제는 특성상 모두 전반부에 해답의 힌트가 등장할 것이란 예상을 하고 공통 키워드인 Dr. Garcia를 중심으로 들으며 보기에 시선을 가져가야 쉽게 풀 수 있다.

정답 (A) At a conference

Questions 05-06 refer to the following conversation. 호W 미M

W: Excuse me, is this the Star Tower?

M: Yes, it is. Can I help you?

W: I'm about thirty minutes early but I have a job interview with Mr. Wilson at two. Could you tell me where his office is?

M: It's on the third floor in Suite B. You can go up now and I'll let him know you are here. When you get to the third floor, his office is to your left at the end of the hall.

문제 05-06은 다음 대화를 참조하세요.

여: 실례합니다. 여기가 Star Tower입니까?

남: 네, 그렇습니다. 도와드릴까요?

여: 30분 정도 일찍 왔습니다만 2시에 Wilson 씨와 면접이 있습니다. 그의 사무실은 어디에 있나요?

남: 3층에 있는 Suite B입니다. 올라가보세요. 그에게 당신이 여기에 왔다고 전해주겠습니다. 3층에 가시면 그의 사무실은 복도 끝 왼쪽에 있습니다.

어휘 go up 올라가다 at the end of ~의 끝에

05 화자들은 주로 무엇에 대해서 이야기하고 있는가?

(A) 만날 약속 잡기
(B) 새 직장에서 일 시작하기
(C) 사무실 위치 안내
(D) 보수공사 계획

해설 **키워드:** What / speakers / discussing
위치: 대화의 중반부

화자들이 나누는 대화의 주제를 묻는 문제는 주로 전반부에서 해답의 힌트가 나오지만, 이번 문제에서는 전반부 대화에서는 단순한 대화만 이어질 뿐 아무런 주제가 없다. 하지만 여자는 두 번째 대사(Could you tell me where his office is?)에서 사무실의 위치를 물어보고 있으므로 대화는 사무실의 위치나 방향에 대한 것임을 알 수 있다. 따라서 정답은 (C)가 된다.

정답 (C) Directions to an office

06 Wilson의 사무실은 어디에 있나?

(A) 2층
(B) 3층
(C) 15층
(D) 26층

해설 **키워드:** Where / Mr. Wilson's office **위치:** 대화의 후반부

구체적인 키워드인 Mr. Wilson의 사무실의 위치를 묻는 질문이다. 여자가 두 번째 대사(Could you tell me where his office is?)에서 Wilson의 사무실이 어디에 있는지를 물어보자 남자는 3층에 있다고(It's on the third floor in Suite B.) 대답하고 있으므로 정답은 (B) 3층이 된다.

정답 (B) On the third floor

Lesson 4 지문의 키워드를 그대로 이용하는 질문

실전 TOEIC Test

p.255

Questions 01-02 refer to the following conversation. 호W 미M

W: Roy, I was thinking we could use some new magazines for the clinic. We've had the same ones in the waiting room for a while now and I'm sure our patients would appreciate the change.

M: Now that you mention it, I was reading a magazine just the other day that had a great article on nutrition. I can't remember the name of it, but I'll see if I can find out. It would be great reading for a health clinic.

W: Would you recognize the magazine if you saw it? I'm sure the bookstore has a lot of health magazines. You could try looking for it there.

M: If I can find it, I'll buy a copy and give it to you. Then could you read some of the articles and see what you think?

문제 01-02는 다음 대화를 참조하세요.

여: Roy, 진찰실에 새 잡지가 필요하다고 생각하고 있었어요. 대기실에 계속 같은 잡지들만 있었잖아요. 환자들은 잡지가 바뀌면 마음에 들어 할 거예요.

남: 잡지 얘기를 하니까 생각이 나는데요, 저는 저번에 잡지를 보다가 영양에 대한 좋은 기사를 읽었어요. 잡지 이름은 기억나지 않지만 제가 찾아볼게요. 진찰실에 비치하면 좋을 것 같아요.

여: 만약에 보신다면 그 잡지를 알아보시겠어요? 서점에 건강에 관련된 잡지가 많이 있을 겁니다. 거기서 찾아보는 게 어때요?

남: 제가 찾는다면 한 권 사서 드릴게요. 그러면 기사를 읽어보시고 어떤지 한 번 보세요.

어휘 clinic 진찰실 magazine 잡지 for a while 한동안 patient 환자 appreciate 고마워하다 article 기사 nutrition 영양 look for ~을 찾다 recognize 알아보다

01 여자는 어떤 아이디어를 제안하는가?

(A) 새로운 읽을거리
(B) 병원 보수
(C) 잡지에 광고 싣기
(D) 기사에 대한 평을 쓰기

해설 **키워드:** What idea / woman / propose
위치: 대화의 전반부

여자가 제안하고 있는 것이 무엇인지 구체적인 정보를 묻는 문제이다. 여자는 첫 번째 대사(I was thinking we could use some new magazines for the clinic.)에서 진찰실에 새로운 잡지를 비치해야 된다고 말하고 있으므로 정답은 새로운 읽을거리인 (A)이다. 키워드 문제라도 첫 번째 등장한 문제는 전반부에서 답이 등장하게 된다는 것을 잊지 말도록 하자.

정답 (A) Getting new reading material

02 남자는 무엇을 잊었는가?

(A) 예약 날짜
(B) 서점의 위치
(C) 전화번호
(D) 잡지의 제목

해설 **키워드:** What / man / forget **위치:** 대화의 중반부

남자가 무엇을 잊었는지 구체적인 내용을 묻는 문제이다. 남자는 두 번째 대사(I can't remember the name of it)에서 잡지의 이름을 기억 못하겠다고 하고 있으므로 남자가 잊은 것은 (D) 잡지의 제목이다. 참고로 지문의 can't remember가 문제에서는 forget으로 패러프레이징됐다는 것을 알아두자.

정답 (D) The title of a magazine

Questions 03-04 refer to the following conversation. 영M 미W

M: Hi, Debra. I am supposed to give a presentation about our information security services to Root Heatings tomorrow. Since they are our biggest clients, I want my presentation to be flawless. Could you listen while I practice it and tell me what you think?

W: Of course, I would be happy to give you some feedback. I am free right now if that works for you. Shall we use your office?

M: We should probably use the conference room. There is some audio-visual equipment in there that I will be using tomorrow, and I want to make sure everything works properly.

문제 03-04는 다음 대화를 참조하세요.

남: 안녕하세요, Debra. 내일 Root Heatings에 정보 보안 서비스에 관해 발표를 하기로 되어 있어요. 우리의 주요 고객이기 때문에 제 발표가 완벽했으면 합니다. 제가 연습하는 동안 발표를 들으시고 어떻게 생각하시는지를 말씀해 주시겠어요?

여: 물론이지요. 기꺼이 피드백을 드릴게요. 제가 지금 시간이 있기 때문에 바로 했으면 좋겠는데요, 가능하신지 모르겠네요. 당신의 사무실에서 할까요?

남: 회의실을 사용해야 될 겁니다. 거기에 내일 제가 사용해야 할 시청각 장비가 있거든요. 모든 것이 제대로 작동하는지를 확인해보고 싶어서요.

어휘 be supposed to + 동사원형 ~하기로 되어 있다 presentation 발표 flawless 흠이 없는 conference room 회의실 audio-visual equipment 시청각 장비

03 남자는 Root Heatings에 대해서 뭐라고 말하는가?

(A) 다국적 기업이다.
(B) 중요한 고객이다.
(C) 오랫동안 사업을 해왔다.
(D) 그들은 사무용 가구를 제작한다.

해설 **키워드:** What / man / say / Root Heatings
위치: 대화의 전반부

남자가 Root Heatings에 대해서 말하고 있는 것이 무엇인지, 구체적인 내용을 묻는 문제이다. 첫 번째 등장하는 문제는 주로 전반부에서 답이 나온다는 것을 잊지 말자. 남자의 첫 번째 대사 중에서 키워드인 Root Heatings를 중점으로 전후의 이야기를 잘 들어야 한다. 남자는 첫 번째 대사에서 Root Heatings를 언급하고 그 후 Since they are our biggest clients(그 회사가 우리의 주요 고객이다)라고 말하고 있으므로 정답은 (B)이다. 참고로 our biggest client가 an important client로 패러프레이징됐다는 것도 함께 알아두자.

정답 (B) They are an important client.

04 여자는 무엇을 하기로 동의하는가?

(A) 사무용품을 더 주문하기
(B) 회의에 참석하기
(C) 남자에게 피드백 주기

(D) 경비실 가기

해설 **키워드:** What / woman / agree **위치:** 대화의 중반부
여자가 무엇을 동의하는지 구체적인 정보를 묻는 질문이다. 여자의 대사에 답이 등장하지만 상대방의 말에 동의하는 내용이므로 남자가 여자에게 동의를 구하는 내용을 잘 들어야 한다. 남자는 첫 번째 대사에서 자신의 발표를 연습하는 것을 보고 피드백을 달라고 여자에게 부탁을 하고 있고, 여자는 기꺼이 그렇게 하겠다고 동의하고 있으므로(I would be happy to give you some feedback.) 정답은 (C) 남자에게 피드백 주기이다.

정답 (C) Give the man some feedback

Questions 05-06 refer to the following conversation. 미M 호W

M: Hi, my wife and I are interested in buying a home in the South Wellington area. The lease on our apartment ends April 30th. So we want to move around then.
W: We have several homes for sale right now. Given that you want to move this spring, now is the right time to start looking. What are you looking for in particular?
M: We'd like to take the train to work, so it's really important for us to be close to a station. I know there's one near the Wellington Public Library.
W: Actually, there are several stations convenient to South Wellington. Unfortunately, our computers aren't working right now, so I can't look at the listings. But if you can leave your name and number, I'll look at what we have available in the area and call you as soon as I can.

문제 05-06은 다음 대화를 참조하세요.
남: 안녕하세요. 아내와 저는 South Wellington 지역에 있는 집을 사려고 해요. 우리 아파트의 임대 기간이 4월 30일에 끝납니다. 그래서 우리는 그때 즈음에 이사를 하고 싶어요.
여: 매매로 나온 집이 몇 채 있어요. 이번 봄에 이사를 하시고 싶으시다면 지금이 집을 찾기에는 적기죠. 특별히 찾으시는 게 있습니까?
남: 우리는 기차를 타고 통근하고 싶어요. 그래서 역에서 가까이 사는 것이 저희에게는 정말 중요하죠. Wellington 공공 도서관 가까이에 하나가 있는 걸로 아는데요.
여: 사실 South Wellington에는 편리한 역이 몇 군데 있어요. 그런데 죄송합니다만, 컴퓨터가 지금 작동을 하지 않아서 목록을 볼 수 없어요. 만약 이름과 전화번호를 남기신다면, 그 지역에서 매매 가능한 집을 알아보고 가능한 한 빨리 연락드리겠습니다.

어휘 be interested in ~에 관심이 있다, 흥미가 있다 lease 임대차 계약 for sale 팔려고 내놓은 given that ~을 고려하면 look for 찾다 in particular 특히 convenient 편리한 unfortunately 유감스럽게도 work 작동되다 listing 리스트, 목록 leave 남기다 available 이용 가능한, 사용 가능한 area 지역 as soon as ~하자마자

05 남자가 중요하다고 말하는 것은 무엇인가?
(A) 근처에서 대중 교통수단을 이용할 수 있는 곳에 사는 것
(B) 집을 살 수 있는 돈을 저축하는 것
(C) 더 큰 아파트를 찾는 것
(D) 도서관에서 직업을 구하는 것

해설 **키워드:** What / man / important **위치:** 대화의 중반부
지문 중의 키워드를 그대로 이용하는 질문의 유형은 주로 대화의 중반부에서 그 정답을 찾을 수 있다. 키워드가 man과 important이므로 남자가 하는 말 중에서 중요한 것(important)을 주의 깊게 들어야 한다. 남자는 두 번째 대사(We'd like to take the train to work, so it's really important for us to be close to a station.)에서 기차로 통근하고 싶기 때문에 기차역 근처에 사는 것이 중요하다고 하고 있으므로 정답은 근처에서 대중 교통수단을 이용할 수 있는 곳에 사는 것이란 (A)이다. 질문의 키워드인 important가 지문에서 그대로 나온 것(important)을 확인할 수 있다.

정답 (A) Living near public transportation

06 여자는 왜 나중에 남자에게 전화하기를 원하는가?
(A) 지금 정보를 이용할 수가 없다.
(B) 계약서를 준비하는 데 시간이 걸린다.
(C) 그녀는 매니저와 상의해야 한다.
(D) 다른 고객들이 도움을 기다리고 있다.

해설 **키워드:** Why / woman / call / later **위치:** 대화의 중반부
여자가 왜 나중에 전화를 해야 하는지, 구체적인 행위에 대한 이유나 원인을 묻는 질문이다. 미래에 일어날 일에 대한 내용이므로 주로 대화의 후반부에 정답이 등장한다. 여자의 대사에서 전화를 하겠다는 내용을 주의 깊게 들어야 한다. 여자의 마지막 대사에 Unfortunately가 등장하는 것으로 보아 문제가 발생하고 있음을 알 수 있다. 뒤에서 컴퓨터가 고장이 나서 (집들의) 목록을 볼 수 없어서 나중에 전화를 하겠다는 내용을 확인할 수 있으므로 보기 중에서 정답은 (A)가 된다.

정답 (A) Some information is currently unavailable.

Lesson 5 특정 행위나 사실에 대한 이유나 원인 또는 감정을 묻는 문제

실전 TOEIC Test p.257

Questions 01-02 refer to the following conversation. 호W 영M

W: Good morning, have you heard from Sandra about the schedule for the marketing meeting on Thursday?
M: She just called. The customer survey results she was expecting only came in this morning. She still has to analyze all the data so she asked if we could move the meeting to Friday.
W: I'll leave for a business trip on Friday afternoon, but a morning meeting would be alright. Would you call Sandra and schedule the meeting for then?
M: Certainly. I'll send you an email as soon as I reach her.

문제 01-02는 다음 대화를 참조하세요.
여: 안녕하세요. 마케팅 회의가 목요일에 잡혀 있다는 것을 Sandra로부터 들으셨나요?
남: 그녀가 방금 전에 전화했어요. 그녀가 기다렸던 고객조사 결과가 오늘 아침에서야 도착해서 자료를 모두 분석해야 한대요. 그래서 금요일로 회의를 옮길 수 있는지 물었어요.
여: 저는 금요일 오후에 출장을 가야 하거든요. 하지만 오전 회의는 괜찮을 것 같습니다. Sandra에게 연락을 해서 금요일 오전으로 회의 일정을 잡을 수 있겠어요?
남: 물론입니다. 그녀에게 연락이 되면 바로 이메일을 보내죠.

어휘 schedule 일정, 스케줄 customer 고객 survey 조사 result

결과 analyze 분석하다 leave 떠나다 business trip 출장 send 보내다 as soon as ~하자마자

01 Sandra는 왜 회의 시간을 변경해달라고 요청했는가?
(A) 그녀는 고객을 기다리고 있다.
(B) 그녀는 출장 중이다.
(C) 정보가 지연되었다.
(D) 방을 이용할 수 없다.

해설 **키워드:** Why / Sandra / request / meeting / change
위치: 대화의 중반부
특정 행위나 사실에 대한 이유나 원인을 묻는 문제이다. 키워드인 Sandra는 여자가 첫 번째 대사에서 언급하고 있고, 남자는 첫 번째 대사(The customer survey results she was expecting only came in this morning. She still has to analyze all the data so she asked if we could move the meeting to Friday.)에서 Sandra가 기다리고 있던 고객 조사 결과가 오늘 아침에야 왔기 때문에 분석할 시간이 필요해서 회의 시간을 금요일로 바꾸기를 원한다고 하고 있으므로 정답은 (C) 정보가 지연되었다가 된다.
정답 (C) Some information was delayed.

02 회의는 언제 진행될 것인가?
(A) 목요일 오전
(B) 목요일 오후
(C) 금요일 오전
(D) 금요일 오후

해설 **키워드:** When / will / meeting / take place
위치: 대화의 중반부
회의가 언제 있을 예정인지 구체적인 사실을 묻고 있다. 앞으로 있을 미래와 관련된 문제이다. 이런 유형의 문제는 먼저 예정되었던 시간이 있고 대화의 후반부에서 최종 시간을 언급하게 된다. 남자는 첫 번째 대사(she asked if we could move the meeting to Friday)에서 Sandra가 금요일(Friday)에 회의를 했으면 한다고 말하고 있고, 여자는 두 번째 대사(I'll leave for a business trip on Friday afternoon, but a morning meeting would be alright.)에서 금요일 오후에 출장을 가기 때문에 오전에 회의하는 게 좋겠다고 말하고 있으므로 정답은 (C) 금요일 오전이 된다. 정답 (C) On Friday morning

Questions 03-04 refer to the following conversation. 미W 미M

W: Did the latest shipment of children's jackets go out yet? The last shipments were late. So I want to be sure that everything gets to the store on time.
M: Actually, we had a slight delay because one of our machines on the production floor broke down last night. But we will be ready to ship the jackets this afternoon. The store should have everything by the day after tomorrow.
W: That's going to be too late. You'd better tell the delivery service to rush the shipment. That way the store will get the jackets by tomorrow.

문제 03-04는 다음 대화를 참조하세요.
여: 아동용 재킷의 최근 선적품이 발송됐나요? 지난 번 선적이 너무 늦었어요. 그래서 모든 것이 제시간에 상점에 도착할 수 있도록 하고 싶어요.
남: 사실 약간 지연이 되었습니다. 왜냐하면 생산 라인의 기계가 어제 저녁에 고장이 났거든요. 하지만 우리는 오늘 오후에 재킷을 보낼 수 있을 겁니다. 가게에 모레까지는 모든 것이 배송될 겁니다.
여: 너무 늦어요. 배송 회사에 배송을 서둘러서 하라고 얘기하는 게 좋겠어요. 그러면 상점은 내일까지 재킷을 받을 수 있을 겁니다.

어휘 shipment 선적품 go out 발송되다 on time 제시간에 slight 약간의 delay 지연 machine 기계 production 생산 break down 고장 나다 be ready to + 동사원형 ~할 준비가 되다 ship 운송하다 the day after tomorrow 모레 delivery service 배달 서비스 rush 서두르다

03 화자들은 어디에서 일하는가?
(A) 상점에서
(B) 우체국에서
(C) 공장에서
(D) 운송 회사에서

해설 **키워드:** Where / speakers / work **위치:** 대화의 전반부
화자들이 일하는 곳이나 업종을 묻는 문제이다. 전반부에서 특정 종류의 회사나 장소와 관련된 표현을 확인해야 한다. 초반에 jacket이나 shipment, store 등이 등장하므로 어디인지 정확하지 않지만, 남자의 대사(one of our machines on the production floor broke down last night)에서 생산 라인의 기계가 고장이 났다는 말이 등장하는 것으로 보아 이들은 공장에서 일하는 것을 알 수 있다. 그러므로 정답은 (C)이다.
정답 (C) At a factory

04 선적이 왜 지연되었는가?
(A) 주문이 제 시간에 이루어지지 않았다.
(B) 기계가 고장 났다.
(C) 서류를 제대로 쓰지 않았다.
(D) 선적 서류를 잃어버렸다.

해설 **키워드:** Why / shipment / delayed **위치:** 대화의 중반부
특정 행위나 사실에 대한 이유나 원인을 묻는 문제이다. 키워드인 shipment와 delay를 잘 들어야 한다. 남자의 대사(we had a slight delay because one of the machines on the production floor broke down last night)에서 지난밤 생산 라인의 기계 하나가 고장이 나서 배송이 지연됐다고 하고 있으므로 정답은 (B)가 된다.
정답 (B) A machine broke down

Questions 05-06 refer to the following conversation. 영M 호W

M: Wow, you packed a lot of boxes already. I thought your department wasn't relocating until next week.
W: That's true, but I'm leaving for a two-week vacation tomorrow morning, so I won't be back before the department moves to the new building next week. The problem is a client is coming to see me this afternoon, but there's hardly any room in here with all these boxes.
M: Why don't you reserve the conference room for your meeting this afternoon? That way you can just leave your boxes in here.

문제 05-06은 다음 대화를 참조하세요.
남: 야, 벌써 짐을 많이 싸셨네요. 저는 당신네 부서가 다음 주에나 옮기는 줄 알았는데요.
여: 맞아요. 하지만 전 내일 아침 2주 동안 휴가를 떠나요. 그래서 다음 주에 새로운 건물로 옮길 때까지 돌아오지 않을 거예요. 문제는 오

늘 오후에 고객이 저를 보러 온다는 거죠. 하지만 여기에 이 모든 상자들 때문에 공간이 거의 없습니다.
남: 회의실을 예약해서 오늘 오후에 그곳에서 회의를 하는 건 어때요? 그러면 여기에 그냥 상자를 놔두실 수 있잖아요.

어휘 pack 싸다, 포장하다 relocate 이전하다 leave 떠나다 Why don't you ~? ~하는 게 어때요? reserve 예약하다 conference room 회의실

05 여자의 부서는 언제 이전하는가?
(A) 주말에
(B) 다음 주에
(C) 2주 후에
(D) 두 달 후에

해설 **키워드:** When / woman's department / moving
위치: 대화의 전반부
여자의 부서가 언제 이전하는지 구체적인 시점을 묻는 문제이다. 남자가 첫 번째 대사(I thought your department wasn't relocating until next week.)에서 다음 주에나 이전하는 줄로 알았다고 말하자, 여자는 맞다(That's true)고 대답하고 있으므로 여자의 부서는 다음 주에 이전을 할 것임을 알 수 있다. 따라서 정답은 (B)가 된다. 정답 (B) Next week

06 여자는 왜 사무실에서 일찍 나가려고 준비하고 있는가?
(A) 그녀는 휴가를 갈 것이다.
(B) 부서는 계획됐던 것보다 일찍 이전할 것이다.
(C) 동료가 사용할 사무실 공간이 필요하다.
(D) 내일 사무실을 청소해야 한다.

해설 **키워드:** Why / woman / leave / office / early
위치: 대화의 중반부
여자가 왜 일찍 떠날 준비를 하는지 구체적인 행위에 대한 이유나 원인을 묻는 문제이다. 남자가 첫 번째 대사에서 다음 주에 부서 이전을 하지 않느냐고 말하자, 여자는 맞다(That's true)고 하면서도 but이라는 말로 부연 설명을 할 준비를 하고 있기 때문에 왜 일찍 짐을 싸고 있는지 설명이 나올 것을 예상할 수 있다. 여자는 첫 번째 대사(but I'm leaving for a two-week vacation tomorrow morning, so I won't be back before the department moves to the new building next week.)에서 내일 아침에 휴가를 가면 다음 주에는 돌아오지 않기 때문에 짐을 싸고 있다고 말하고 있으므로 (A)가 정답이다. 정답 (A) She is going away on vacation.

Lesson 6 기간/빈도/수/방법/수단(교통수단)을 묻는 문제

실전 TOEIC Test p.259

Questions 01-02 refer to the following conversation. 미W 미M

W: The finance department gave me the sales report from our new food store in Southern. And this quarter's sales figures are much lower than we're expecting.
M: Yes, I heard about that. It seems customers are still really loyal to our main competitor in the area, Green Grocery. It's been there for a long time.
W: Hmm, maybe we should advertise more.
M: That's probably a good idea. I can look over the sales figures so we can focus our ads on the products customers most want to buy.

문제 01-02는 다음 대화를 참조하세요.
여: 회계부서에서 Southern에 있는 우리 신규 식품점의 매출 보고서를 제게 주었는데 이번 분기의 매출량이 우리가 기대했던 것보다 낮더라고요.
남: 네, 저도 그것에 대해 들었어요. 고객들이 그 지역 주요 경쟁점인 Green 식품점을 아직도 애용하는 것 같아요. 오랫동안 거기에서 영업을 해오고 있거든요.
여: 음, 아마도 우리는 더 광고를 해야 할 것 같아요.
남: 좋은 생각인 것 같습니다. 매출량을 검토해서 고객들이 가장 원하는 제품에 대한 광고에 초점을 맞추도록 하겠습니다.

어휘 finance department 회계부, 경리부 sales report 판매 보고서 seem ~인 것 같다 loyal 충실한 competitor 경쟁자 grocery 식료품점 for a long time 오랫동안 advertise 광고하다 look over 살펴보다 sales figure 판매 수치 focus 초점을 맞추다 ad 광고

01 여자는 어떤 문제점을 언급하는가?
(A) 판매량이 기대했던 것보다 저조하다.
(B) 보고서가 완전하지 않다.
(C) 가게의 개장일이 늦춰졌다.
(D) 고객들이 항의를 했다.

해설 **키워드:** What / problem / woman / mention
위치: 대화의 전반부
문제점과 관련된 내용은 주로 대화의 전반에서 찾을 수 있다. 여자의 말에서 어떤 안 좋을 것을 말하는지 잘 들어야 한다. 여자는 첫 번째 대사(this quarter's sales figures are much lower than we're expecting)에서 이번 분기의 매출량이 기대했던 것보다 낮다고 말하고 있으므로 여자가 문제점으로 언급한 것은 판매량이 기대했던 것보다 저조하다는 (A)이다.
정답 (A) Sales are lower than expected.

02 여자는 문제를 어떻게 해결해야 한다고 제안하는가?
(A) 경쟁 상점을 매입해서
(B) 광고를 늘려서
(C) 직원을 더 고용해서
(D) 가격을 낮추어서

해설 **키워드:** How / woman / address / problem
위치: 대화의 중반부
문제를 해결하기 위한 구체적인 방법을 묻는 문제이다. 주로 문제 상황은 앞에서 등장하고 해결 방법에 대한 제안은 대화의 중후반부에 등장하게 된다. 여자의 대사에서 제안하는 내용을 확인해야 한다. 여자는 두 번째 대사(maybe we should advertise more)에서 광고를 더 해야 한다고 하고 있으므로 정답은 (B)가 된다. 정답 (B) By increasing advertising

Questions 03-04 refer to the following conversation. 호W 영M

W: Hi, Sean. I came by to see if you're having any luck finding an assistant photographer.
M: Well, we've received a lot of applications. Three candidates seem especially well qualified for the assistant position. So I'd like to schedule interviews with them. Are you free next Wednesday?

Part 3

W: No, sorry I'm not free then. But I do have some time Thursday morning.

M: Okay, great. I'll try and schedule them to come in on Thursday then.

문제 03-04는 다음 대화를 참조하세요.

여: 안녕하세요, Sean. 사진기사 조수를 찾았는지 보려고 들렀어요.

남: 음, 지원서를 많이 받았어요. 특히 세 명의 지원자가 조수직에 적합한 것 같아요. 그래서 그들과 면접 일정을 잡으려고 해요. 다음 주 수요일에 시간이 있어요?

여: 아니요, 그때 저는 시간이 없어서 죄송해요. 하지만 목요일 오전에 시간이 있어요.

남: 좋아요. 그럼 그들과 목요일 그때 인터뷰를 하는 것으로 일정을 잡겠습니다.

어휘 come by 잠깐 들르다 assistant 조수, 보조원 photographer 사진사 receive 받다 application 지원, 지원서 candidate 지원자, 후보자 seem ~인 것 같다 qualified 자격이 있는 position 위치, 자리, 직위 would like to + 동사원형 ~하고 싶다 schedule 일정, 스케줄, 일정을 잡다

03 지원자들은 어떤 직위에 지원하고 있는가?

(A) 회계사
(B) 편집장
(C) 사진기사 조수
(D) 대리

해설 **키워드:** What position / the candidates / applying
위치: 대화의 전반부

어떤 자리에 사람들이 지원을 하고 있는지 구체적인 정보를 묻는 문제이다. 대화의 초반부에서 여자가 assistant photographer를 구하는 게 어떻게 되고 있는지 보려고 왔다는 말에서 정답을 바로 유추할 수 있다. 뒤의 남자의 대사에서 지원서(application), 지원자(candidate) 등의 단어를 통해 정답이 (C) 사진기사 조수라는 것을 확실하게 알 수 있다.

정답 (C) An assistant photographer

04 몇 명의 지원자가 인터뷰를 하게 될 것인가?

(A) 2명
(B) 3명
(C) 4명
(D) 5명

해설 **키워드:** How many applicants / interviewed
위치: 대화의 중반부

인터뷰를 보는 지원자의 수를 묻는 문제이다. 대화의 내용에서 수를 정확하게 들어야 한다. 남자는 첫 대사(Three candidates seem especially well qualified for the assistant position. So I'd like to schedule interviews with them.)에서 세 명이 조수 자리에 적합한 것 같고 그들과 인터뷰하고 싶다고 말하고 있으므로 정답은 (B) 3명이 된다.

정답 (B) Three

Questions 05-06 refer to the following conversation. 영M 미W

M: Hey, Julie. You enjoy comedies right? Have you seen the new play at the Collins Theater? The review on the newspaper said that it was really funny.

W: No, my friend and I tried to buy tickets but it's completely sold out. We're so disappointed. We were really looking forward to it.

M: Well. The article said more performances have been added since it has been so popular. Why don't you call the theater to see if you can get tickets now?

문제 05-06은 다음 대화를 참조하세요.

남: 안녕, Julie. 희극을 좋아하죠? Collins 극장에서 공연하는 새 연극 봤어요? 신문에 나온 평을 보니까 정말 재미있는 것 같아요.

여: 아니, 못 봤어요. 제 친구와 저는 티켓을 사려고 했는데 매진됐어요. 정말 실망스러웠어요. 정말 보고 싶었거든요.

남: 기사에서는 그 연극이 인기가 너무 많아서 공연을 추가한다고 하더라고요. 티켓을 살 수 있는지 극장에 전화해서 알아보지 그래요?

어휘 comedy 희극 play 연극 theater 극장 funny 재미있는 sold out 표가 매진된, 다 팔린 disappointed 실망한, 낙담한 look forward to ~을 고대하다 article 기사 performance 공연 add 추가하다 popular 인기 있는

05 남자는 연극에 대해서 어떻게 알았는가?

(A) 광고를 듣고
(B) 친구를 통해
(C) 평을 읽고
(D) 안내 책자를 보고

해설 **키워드:** How did / man / learn / play **위치:** 대화의 전반부

남자가 어떻게 그 연극에 대해서 알게 되었는지 구체적인 정보를 묻는 문제이다. 과거의 사실과 관련된 내용은 대화의 전반부에서 찾을 수 있다. 남자는 첫 번째 대사(The review on the newspaper said that it was really funny.)에서 신문에 나온 평을 보니 연극이 정말 재미있는 것 같다고 말하고 있으므로 정답은 평을 읽고 알았다는 (C)이다.

정답 (C) By reading a review

06 여자는 왜 실망을 했는가?

(A) 극장이 문을 닫았다.
(B) 공연이 취소되었다.
(C) 친구가 바쁘다.
(D) 티켓을 구매할 수 없다.

해설 **키워드:** Why / woman / disappointed
위치: 대화의 중반부

여자가 왜 실망하고 있는지 구체적인 정보를 묻는 문제이다. 여자의 대사에서 실망스럽다(disappointed)라는 말을 잘 들어야 한다. 여자는 티켓을 사려고 했지만 매진이라 살 수 없어서 실망을 했다고(my friend and I tried to buy tickets but it's completely sold out. We're so disappointed.) 말하고 있으므로 정답은 티켓을 구매할 수 없어서 실망했다는 (D)이다.

정답 (D) Tickets are unavailable.

Lesson 1 미래의 일정을 묻는 문제

실전 TOEIC Test p.263

Questions 01-03 refer to the following conversation. 호W 영M

W: Did you hear the news? Our company and AIA Corporation are discussing a merger. I just got an email about it.

M: Yes, I heard about that at the staff meeting earlier today. Later this weekend at a press conference they are going to officially announce whether the merger will be accepted.

W: I didn't even know our company was expanding our operations in the same direction as AIA Corporation. It will be interesting to hear what happens at the press conference. I wonder if our jobs will change very much.

M: We talked about that a little at the staff meeting. Our jobs will probably stay the same. The only major change is that our department will be responsible for training employees from AIA Corporation on our manufacturing procedures.

문제 01-03은 다음 대화를 참조하세요.

여: 그 소식 들으셨나요? 우리 회사와 AIA사가 합병에 대해 이야기를 나누고 있다고 해요. 방금 전에 합병에 관한 이메일을 받았어요.

남: 네, 오늘 직원회의에서 그 소식을 들었어요. 이번 주말에 기자회견을 열어서 합병할 것인지에 대해 공식적으로 발표를 할 거랍니다.

여: 저는 우리 회사가 AIA사와 같은 방향으로 사업을 확장하고 있다는 것도 몰랐어요. 기자회견에서 어떤 일이 일어날지 기대가 되네요. 저희의 일에 많은 변화가 일어날지 궁금합니다.

남: 저희는 그 점에 대해서 직원회의에서 이야기를 했어요. 우리의 일은 아마도 그대로 유지될 것 같아요. 다만 가장 큰 변화는 우리 부서가 AIA사 직원들을 우리의 제조 공정에 대해 교육시키는 것을 담당하게 될 거예요.

어휘 merger 합병 staff meeting 직원회의 press conference 기자회견 officially 공식적으로 announce 알리다 whether ~인지 아닌지 accept 받아들이다 expand 확장하다 operation 사업 in the same direction 같은 방향으로 corporation 기업, 회사 be responsible for ~에 책임이 있다 manufacturing procedure 제조 공정

01 이 대화는 주로 무엇에 관한 것인가?

(A) 광고 프로젝트
(B) 직원의 승진
(C) 합병의 가능성
(D) 신입사원

해설 **키워드:** What / conversation / about **위치:** 대화의 전반부

대화의 주제를 묻는 문제는 주로 대화의 전반부에 그 정답이 제시된다. 여자는 첫 번째 대사(Our company and AIA Corporation are discussing a merger.)에서 AIA사와 합병에 관한 이야기가 진행되고 있다고 말하고 있으므로 이 대화의 주제는 합병의 가능성이다. 따라서 정답은 (C)이다.

정답 (C) A possible merger

02 이번 주가 끝날 때쯤에 어떤 일이 일어날 것인가?

(A) 공정이 바뀔 것이다.
(B) 발표가 있을 것이다.
(C) 건물이 완공될 것이다.
(D) 면접시험이 진행될 것이다.

해설 **키워드:** What / happen / later this week
위치: 대화의 중반부

이번 주가 끝날 무렵에 어떤 일이 있을지 구체적인 정보를 묻는 문제이다. 키워드인 later this week가 제시되어 있기 때문에 키워드를 중심으로 들어야 한다. 남자는 첫 번째 대사(Later this weekend at a press conference they are going to officially announce whether the merger will be accepted.)에서 이번 주말에 합병에 관한 공식적인 발표가 있을 것이라고말하고 있으므로 정답은 발표가 있을 것이라는 (B)이다.

정답 (B) The announcement will be made.

03 화자들은 어떤 새로운 일을 맡게 될 것인가?

(A) 이메일을 보내기
(B) 교육 프로그램 진행하기
(C) 기자회견 준비하기
(D) 새로운 장비 설치하기

해설 **키워드:** What new task / speakers / responsible
위치: 대화의 후반부

대화자들이 어떤 새로운 일을 맡게 될지 구체적인 정보를 묻는 문제이다. 앞으로 발생할 미래의 일에 대한 내용이므로 후반부를 잘 들어야 한다. 남자는 마지막 대사에서 The only major change라고 말하며 변화될 것에 대한 운을 떼고 있다. 바로 이어 직원들을 교육시키는 것을 담당하게 될 것이라고(our department will be responsible for training employees) 말하고 있으므로 정답은 교육 프로그램 진행하기인 (B)이다.

정답 (B) Hold a training course

Questions 04-06 refer to the following conversation. 미W 미M

W: I just finished putting together the market research report for the new line of training suits. It looks like the strong sales are a direct result of the celebrity endorsements.

M: It sounds like having famous athletes recommend the suits was a good idea. But do we know why sales are weaker for one of the children suits?

W: I believe so. There was some negative feedback about the design of that one. People said they didn't like the material we used.

M: That's too bad. We'll let the product development group know as soon as possible so they can change that. In fact, I'll let them know right now.

문제 04-06은 다음 대화를 참조하세요.

여: 운동복의 신제품군에 대한 시장조사 보고서를 마무리했어요. 매출이 크게 증가한 것은 유명인의 우리 제품을 보증해 주었기 때문인 것 같아요.

남: 유명한 운동선수가 우리 운동복을 추천하도록 했던 것은 아이디어가 좋았던 것 같아요. 그런데 아동용 운동복 한 종류의 판매가 왜 저조한지 알 수 있나요?

여: 저는 알 것 같아요. 아동용 운동복의 디자인에 대한 부정적인 피드백이 있었죠. 우리가 사용하는 소재가 마음에 들지 않는다는 말이 있었어요.
남: 이런, 유감이군요. 제품개발부에 가능한 한 빨리 알려서 소재를 바꿔야겠습니다. 당장 알려야겠어요.

어휘 put together 조립하다, 마무리하다 market research 시장조사 report 보고서 training suit 운동복 direct 직접적인 result 결과 celebrity 유명인사 endorsement 보증 athlete 운동선수 recommend 추천하다 negative 부정적인 material 소재 product development 제품개발 as soon as possible 가능한 한 빨리

04 왜 운동복 제품군이 아주 잘 팔리는가?
(A) 남성복과 여성복 둘 다 나온다.
(B) 많은 상점에서 구입할 수 있다.
(C) 품질이 우수하다.
(D) 유명인들이 추천한다.

해설 **키워드:** Why / training suits / selling so well
위치: 대화의 전반부
운동복이 왜 잘 팔리는지 구체적인 정보를 묻는 문제이다. 대화의 초반부에서 먼저 키워드인 training suit과 selling well을 잘 들어야 한다. 여자는 첫 번째 대사(It looks like the strong sales are a direct result of the celebrity endorsements.)에서 판매가 잘 되는 이유는 유명인사가 제품을 보증해준 결과라고 말하고 있다. 따라서 정답은 (D)가 된다. celebrity endorsement의 의미를 몰랐다면 답을 찾기 어려웠을 것이다. endorsement는 '보증'이라는 의미의 빈출 어휘이므로 꼭 알아두자.
정답 (D) They are recommended by celebrities.

05 고객들이 운동복 한 종류의 문제점으로 여기는 것은 무엇인가?
(A) 가격
(B) 이용성
(C) 포장
(D) 소재

해설 **키워드:** What / customer / problem / suit
위치: 대화의 중반부
고객들이 운동복에 대해 불만족스러운 것이 무엇인지를 묻는 문제이다. 대화의 중반부에서 만족스럽지 못한 것에 대해 이야기를 할 것이다. 남자는 첫 번째 대사에서 먼저 sales are weaker라는 말을 통해 문제점을 언급하고 있으므로 다음 대사에서 문제가 무엇인지를 말할 것이다. 여자는 두 번째 대사에서 먼저 디자인(design)에 대한 부정적인 의견을 언급하고 이어서 사람들이 제품의 소재를 좋아하지 않는다고(they didn't like the material we used) 말하고 있으므로 정답은 (D) 소재가 된다.
정답 (D) The material

06 남자는 다음에 무엇을 할 것인가?
(A) 시장정보를 수집한다
(B) 광고를 검토한다
(C) 제품개발부에 연락한다
(D) 운동복의 가격을 바꾼다

해설 **키워드:** What / man / do next **위치:** 대화의 후반부
대화가 끝난 후 남자가 무엇을 할 것인지 미래의 일을 묻는 문제이다. 대화의 후반부에서 남자의 대사를 잘 들어야 한다. 남자는 마지막 대사(We'll let the product development group know as soon as possible so they can change that.)에서 제품개발부에 가능한 한 빨리 알리도록 하겠다고 말하고 있으므로 남자가 다음에 할 일은 제품개발부에 연락하는 것이 된다. 그러므로 정답은 (C)가 된다.
정답 (C) Contact product development

Lesson 2 제안이나 권유의 내용을 묻는 문제

실전 TOEIC Test p.265

Questions 01-03 refer to the following conversation. 호W 영M

W: Hi, before we order a meal, we have this coupon I cut out of a magazine a while ago. It says that if we order two lunches, the second one is half price.
M: I'm so sorry but that coupon expired yesterday. The restaurant isn't offering that special price anymore.
W: Oh, that's too bad, but you're right. I didn't see the expiration date.
M: I'll tell you what. Since the coupon only expired yesterday, let me ask my manager if we can honor it anyway.

문제 01-03은 다음 대화를 참조하세요.
여: 안녕하세요. 식사를 주문하기 전에 말씀드릴 게 있는데요, 얼마 전에 잡지에서 자른 쿠폰이 있어요. 둘이서 점심식사를 주문한다면, 두 번째 것은 반값이라고 하더군요.
남: 죄송하지만 어제 쿠폰의 유효 기간이 끝났어요. 식당은 더 이상 할인된 가격을 제공하고 있지 않습니다.
여: 유감이군요. 하지만 당신이 맞아요. 유효 기간을 보지 못했네요.
남: 이렇게 하면 어떨까요? 쿠폰의 유효 기간은 바로 어제 끝났으니까, 제가 매니저에게 얘기해서 그 쿠폰을 그냥 받을 수 있는지 알아보겠습니다.

어휘 order 주문하다 meal 식사 magazine 잡지 a while ago 얼마 전에 half price 반값 expire 만료되다, 만기가 되다 offer 제공하다 expiration date 만료 날짜 honor 유효한 것으로 인정하다

01 이 대화는 어디에서 일어나고 있는가?
(A) 식당에서
(B) 기차에서
(C) 식료품점에서
(D) 세탁소에서

해설 **키워드:** Where / conversation / taking place
위치: 대화의 전반부
대화의 장소를 묻는 문제이다. 대화 전반부의 해당 장소와 관련된 표현에서 답을 찾을 수 있다. 여자의 첫 번째 대사에 나오는 order a meal, lunches 등을 통해서 대화가 일어나는 장소는 식당임을 알 수 있으므로 정답은 (A)가 된다.
정답 (A) In a restaurant

02 남자는 어떤 문제에 대해서 언급하는가?
(A) 예약이 취소됐다.
(B) 티켓을 잃어버렸다.
(C) 메뉴에 있는 음식을 주문할 수 없다.
(D) 특별 제공의 유효 기간이 끝났다.

해설 **키워드:** What problem / man / mention
위치: 대화의 전반부
문제가 되는 내용을 묻는 문제이다. 전반부 남자의 대사에서 문제가 될 수 있는 상황을 잘 들어야 한다. 남자의 첫 번째 대사 I'm so sorry but에서 문제가 되는 상황을 말할 것이라는 점을

예상할 수 있다. 뒤이어 나오는 coupon expired yesterday에서 쿠폰의 유효 기간이 끝났다는 것을 알 수 있으므로 정답은 (D)가 된다. 정답 (D) A special offer has expired.

03 남자는 어떻게 해주겠다고 하는가?
(A) 다른 제품으로 대체한다
(B) 매니저에게 이야기한다
(C) 무료 음료를 제공한다
(D) 계산서를 다시 계산한다

해설 **키워드:** What / man / offer **위치:** 대화의 후반부
남자가 무엇을 해주겠다고 제안하는지 묻는 문제이다. 마지막에 등장하는 요구, 제안의 문제는 대화의 후반부에서 답을 찾을 수 있다. 남자의 마지막 대사인 let me ask my manager ~에서 남자는 매니저에게 물어보겠다고 했으므로 정답은 (B)가 된다. 정답 (B) Speak to the manager

Questions 04-06 refer to the following conversation. 미W 미M

W: Hi, I saw that you are looking for a new editor to work at your company. Are you still accepting applications?
M: Yes, the position is still open. Are you interested in applying?
W: It seems like a great opportunity. But the job posting says you need at least four years' experience. I've only been working in publishing companies for three years.
M: Hmm. well, we do sometimes make exceptions for applicants with impressive backgrounds. I think you should send us your resume anyway. We'll contact you if we think you might be a good fit.

문제 04-06은 다음 대화를 참조하세요.
여: 안녕하세요, 저는 귀사가 새로운 편집자를 채용하고 있다는 것을 봤는데요, 아직도 지원서를 받고 있나요?
남: 네, 아직 지원자를 받고 있습니다. 지원을 하고 싶으신가요?
여: 좋은 기회인 것 같아서요. 그런데 구인 조건에 적어도 4년의 경력이 있어야 한다고 적혀 있던데요, 저는 출판사에서 3년 정도 근무했을 뿐입니다.
남: 음, 글쎄요. 저희는 경력이 특출한 지원자들에게 예외를 두기도 합니다. 저희에게 이력서를 보내주십시오. 귀하가 적합한 인재라고 판단이 되면 연락을 드리도록 하겠습니다.

어휘 look for 찾다 editor 편집자 accept 받아들이다 application 지원, 지원서 position 위치, 자리 apply 지원하다 be interested in ~에 관심이 있다 seem like ~인 것 같다, ~처럼 보이다 opportunity 기회 job posting 구인 정보 at least 적어도 experience 경험, 경력 publishing company 출판사 make exceptions for ~에 대해 예외를 두다 applicant 지원자 impressive 인상적인 background 배경, 경력 contact 연락하다 fit 적합한 사람, 적합한 것

04 여자는 어디에서 일하는 데에 관심이 있는가?
(A) 학교에서
(B) 출판사에서
(C) 부동산 회사에서
(D) 지역사회 센터에서

해설 **키워드:** Where / woman / interested / working
위치: 대화의 전반부
여자가 일하고 싶은 곳이 어디인지, 구체적인 정보를 묻는 문제이다. 대화의 전반부에서 어떤 분야인지를 알 수 있는 표현이 나오니 잘 들어야 한다. 여자는 첫 번째 대사에서 new editor란 표현을 언급하고 아직도 지원을 받느냐고 묻고 있다. 따라서 여자가 일하고자 하는 회사는 출판사임을 알 수 있는데, 또 여자는 두 번째 대사(But, the job posting says you need at least four years' experience. I've only been working in publishing companies for three years)에서 출판사(publishing companies.)라고 직접적으로 말하고 있으므로 정답은 (B)이다. 정답 (B) At a publishing company

05 여자는 현재의 직장에 얼마나 오랫동안 일하고 있는가?
(A) 1년
(B) 2년
(C) 3년
(D) 4년

해설 **키워드:** How long / woman / worked
위치: 대화의 중반부
여자가 현재 일하는 곳에서 몇 년간 있었는지, 구체적인 정보를 묻는 문제이다. 먼저 여자 대사에서 숫자를 잘 들어야 한다. 여자는 두 번째 대사(I've only been working in publishing companies for three years.)에서 3년간 일하고 있다고 말하고 있으므로 정답은 (C)이다. 정답 (C) Three years

06 남자는 여자에게 무엇을 제안하는가?
(A) 이력서 제출하기
(B) 직원에게 연락하기
(C) 워크숍에 참석하기
(D) 안내 책자 읽기

해설 **키워드:** What / man / recommend / woman
위치: 대화의 후반부
남자가 여자에게 권유하거나 제안하는 게 무엇인지 묻는 문제이다. 요구, 요청, 제안의 문제는 주로 후반부에서 확인할 수 있다. 남자는 마지막 대사(I think you should send us your resume anyway.)에서 이력서를 보내라고 제안하고 있으므로 정답은 (A)가 된다. 정답 (A) Submit a resume

Lesson 3 요구/요청/부탁의 내용을 묻는 문제

실전 TOEIC Test p.267

Questions 01-03 refer to the following conversation. 영M 미W

M: Hi, I'd like to order twenty shirts customized with my company's logo for my sales team to wear at a conference. What do you have available?
W: Well, we have a wide variety of colors and styles. We can also print your logo on your shirts or seal it in. Printed shirts are less expensive. But sealed in logos look more professional.
M: I'd prefer sealed in logos. Would it be finished by the end of next week?
W: Yes, but we'll need to start your order right away. Can you email me a copy of your logo? Then we can enter the design into our computer. In the mean time, I'll send you the address of our website. You can see the kinds of shirts we offer.

문제 01-03은 다음 대화를 참조하세요.

남: 안녕하세요. 우리 영업팀이 회의장에서 입을 회사 로고가 있는 셔츠 20장을 주문 제작을 하고 싶어요. 어떤 게 가능할까요?

여: 글쎄요. 다양한 색상과 스타일이 있죠. 그리고 우리는 셔츠에 로고를 프린트할 수 있고 볼록하게 실 작업을 할 수도 있죠. 프린트한 셔츠는 더 저렴합니다. 하지만 실 작업을 한 로고가 더 전문적으로 보입니다.

남: 로고를 실 작업으로 해주세요. 다음 주말까지 끝낼 수 있습니까?

여: 네, 할 수 있지만 주문하신 것을 바로 만들기 시작해야 합니다. 로고를 이메일로 보내주시겠습니까? 그러면 우리 컴퓨터에 디자인을 입력할 수 있죠. 그동안에 저희 웹사이트 주소를 보내드리겠습니다. 그러면 우리에게 있는 셔츠의 종류를 보실 수 있습니다.

어휘 order 주문하다 customized 개개인의 요구에 맞춘 sales team 영업팀 wear 입다 conference 회의 available 이용 가능한, 사용 가능한 a wide variety of 매우 다양한 seal 볼록하게 실 작업 인쇄를 하다 professional 전문적인, 전문가 in the mean time 그동안, 그 사이에 offer 제공하다

01 여자는 남자에게 무엇을 비교해 주는가?

(A) 대량 주문을 하면 할인을 받는 것에 대해
(B) 셔츠를 어떤 식으로 주문 제작하느냐에 대해
(C) 어떤 스타일의 셔츠를 주문하느냐에 대해
(D) 제품에 따라 제작 시간이 다른 것에 대해

해설 **키워드:** What / woman / compare
위치: 대화의 전반부

여자가 무엇을 비교하고 있는지 구체적인 내용을 묻는 질문이다. 전반부에서 여자의 대사를 잘 들어야 한다. 남자의 요청 사항에 대해 여자는 첫 번째 대사에서 다양한 스타일과 색상이 있다고 하고는 We can also print your logo on your shirts or seal it in.이라고 말하고 있다. 즉, 회사의 로고를 넣는 방법에 대해 두 가지를 선택할 수 있다고 비교 설명하고 있으므로 정답은 (B)가 된다. 정답 (B) Methods of customizing shirts

02 남자는 무엇에 대해서 걱정을 하고 있는가?

(A) 언제 주문이 완료될지
(B) 특정한 사이즈가 있는지
(C) 온라인으로 주문이 가능한지
(D) 주문에 대한 총액

해설 **키워드:** What / man / concern
위치: 대화의 중반부

남자가 무엇을 염려하거나 걱정하고 있는지 구체적인 내용을 묻는 문제이다. 남자는 두 번째 대사(Would it be finished by the end of next week?)에서 다음 주까지 셔츠 제작이 끝날 수 있는지를 묻고 있다. 따라서 정답은 (A)이다.

정답 (A) When the order will be complete

03 여자는 남자에게 무엇을 요구하는가?

(A) 보증금 내기
(B) 양식 작성하기
(C) 파일을 이메일로 보내기
(D) 색상 선택하기

해설 **키워드:** What / woman / request
위치: 대화의 후반부

여자가 남자에게 무엇을 요청하고 있는지 묻는 문제이다. 요구나 요청의 문제는 주로 후반부에 정답에 대한 힌트가 등장한다. 대화 후반부의 여자 대사를 잘 들어야 한다. 여자는 마지막 대사(Can you email me a copy of your logo?)에서 로고를 이메일로 보내달라고 직접적으로 요청하고 있으므로 정답은 (C)이다. a copy of logo가 보기에서는 파일(file)로 패러프레이징 되었다. 정답 (C) Email a file

Questions 04-06 refer to the following conversation. 호W 미M

W: Good morning, Mr. Smith. This is Erika Martinez, the hiring manager from Shall Corporation. I was very impressed with the resume you submitted. And I'd like to have you come in this week to discuss an open position in our graphic design department.

M: Thank you very much. Let's see. I'm free Wednesday morning. Could we meet then?

W: Wednesday will be fine. How about 10 a.m.? Oh, and please bring your graphic design portfolio. We'd like to take a look at some of your work.

문제 04-06은 다음 대화를 참조하세요.

여: 안녕하세요, Smith 씨. 저는 Shall사의 고용 담당 부장인 Erika Martinez입니다. 제출하신 이력서가 아주 인상 깊었습니다. 그래픽 디자인 부서의 공석에 대해 논의하게 이번 주에 와주셨으면 좋겠어요.

남: 대단히 감사합니다. 가만있어 보자. 수요일 오전에 시간이 가능한데요. 그때 뵈어도 되겠습니까?

여: 수요일이면 좋습니다. 오전 10시는 어떻습니까? 그리고 그래픽 디자인 포트폴리오를 가져오세요. 작업하신 것을 보고 싶어요.

어휘 hiring manager 고용 담당 부장 be impressed with ~에 감동받다 resume 이력서 submit 제출하다 discuss 논의하다 open position 공석 department 부서 bring 가져오다 portfolio 작품집, 포트폴리오 take a look at ~을 보다

04 여자는 왜 남자에게 전화를 했는가?

(A) 여행 준비를 검토하기 위해
(B) 자격 요건에 대해 물어보기 위해
(C) 추천서를 요구하기 위해
(D) 인터뷰를 잡기 위해

해설 **키워드:** Why / woman / call **위치:** 대화의 전반부

여자가 전화를 한 목적을 묻는 질문이다. 전화의 목적은 여자의 첫 번째 대사를 잘 들어야 한다. 여자는 이력서가 좋았다는 말과 함께 회사로 와서 디자인 부서의 공석에 대해 이야기를 했으면 좋겠다고(I'd like to have you come in this week to discuss an open position in our graphic design department) 말하고 있으므로 인터뷰를 잡기 위해 전화했다는 것을 알 수 있다. 따라서 정답은 (D)가 된다.

정답 (D) To set up an interview

05 남자가 지원하는 자리는 무엇인가?

(A) 여행사 직원
(B) 그래픽 디자이너
(C) 컴퓨터 전문가
(D) 광고 부장

해설 **키워드:** What position / man / apply
위치: 대화의 전반부에서 중반부

지원하고 있는 분야 등 현재 발생하고 있는 사실은 주로 전반부에서 알 수 있다. 첫 번째 여자 대사를 통해 그래픽 디자인 부서의 공석에 대해 인터뷰를 잡고 있다는 것을 알 수 있으므로 남자가 지원한 분야는 (B) 그래픽 디자이너이다. 또한 마지막 여자 대사에서 your graphic design portfolio라는 말을 통해서도 더 정확하게 알 수 있다. 질문에 남자가 언급되어 있기 때문에

남자 대사에 귀 기울여 들어야 하지만 초반부에서 첫 번째 문제의 힌트와 함께 등장하고 있기 때문에 난이도가 높은 문제이다.

정답 (B) Graphic designer

06 여자는 남자에게 무엇을 가지고 오라고 요구하는가?
(A) 남자가 작업한 작품의 샘플
(B) 최근에 작성한 이력서
(C) 추천서
(D) 다 작성한 지원서

해설 **키워드:** What / woman / request / bring
위치: 대화의 후반부
여자가 남자에게 요구하는 것을 묻는 문제이다. 요구나 요청, 제안의 내용은 주로 대화의 후반부에 등장한다. 따라서 후반부의 여자 대사를 잘 들어야 한다. 여자는 마지막 대사(please bring your graphic design portfolio)에서 남자가 했던 디자인 작업 내용을 가져오라고 하고 있기 때문에 정답은 (A)가 된다.

정답 (A) A sample of his work

Lesson 4 연락정보와 홈페이지 관련 정보의 내용

실전 TOEIC Test p.269

Questions 01-03 refer to the following conversation. 호W 미M

W: Hi, Eddie. Do you have a registration form for the environmental seminar? I want to register early.
M: Oh, I lent my entire packet of seminar materials to Jim because he's also planning to attend. Unfortunately, he's at an all-day meeting with some clients today. So we have to wait until tomorrow to ask for them.
W: Umm... Do you know if we have any extra copies in the office?
M: No, I don't think we do. You could visit the seminar website. In fact, it'll probably be easier and faster to register online.

문제 01-03은 다음 대화를 참조하세요
여: 안녕하세요, Eddie. 환경 세미나의 신청서 있어요? 일찍 신청하고 싶어서요.
남: 아, Jim에게 세미나에 대한 자료를 모두 빌려줬어요. 왜냐하면 그도 세미나에 참석할 예정이거든요. 하지만 유감스럽게도 그는 오늘 하루 종일 고객과 회의가 있어서 그걸 받으려면 내일까지 기다려야 해요.
여: 음, 사무실에 여유분이 있을까요?
남: 아니요, 없을 거예요. 세미나 웹사이트에 가보세요. 사실 온라인으로 등록하는 것이 아마도 더 쉽고 빠를 거예요.

어휘 registration form 신청서 environmental 환경의 register 등록하다 lend 빌려주다 entire 전체의 material 자료 plan to + 동사원형 ~할 계획이다 unfortunately 유감스럽게도 client 고객 in fact 사실

01 여자는 무엇을 찾고 있는가?
(A) 회의 안건
(B) 신청서
(C) 엔지니어링 보고서
(D) 전화번호

해설 **키워드:** What / woman / looking for **위치:** 대화의 전반부
여자가 무엇을 찾고 있는지 묻는 문제이다. 누군가가 원하거나 찾고 있는 내용은 주로 전반부에서 답을 찾을 수 있다. 여자는 첫 번째 대사(Do you have a registration form for the environmental seminar?)에서 신청 서류를 찾고 있다고 말하고 있으므로 정답은 (B)가 된다.

정답 (B) A registration form

02 왜 Jim을 만날 수 없는가?
(A) 그는 휴가 중이다.
(B) 그는 배달을 하고 있다.
(C) 그는 해외에서 근무 중이다.
(D) 그는 고객과 함께 있다.

해설 **키워드:** Why / Jim / unavailable **위치:** 대화의 중반부
왜 Jim을 만날 수 없는지 구체적인 내용을 묻는 문제이다. 키워드인 Jim을 잘 들어야 한다. 정답은 Jim을 끼고 앞뒤로 등장할 것이다. 남자는 첫 번째 대사(Unfortunately, he's at an all-day meeting with some clients today. So we have to wait until tomorrow to ask for them.)에서 Jim이 고객과의 회의에 들어가서 만날 수 없다고 말하고 있으므로 정답은 고객과 함께 있다는 (D)가 된다.

정답 (D) He is with some clients.

03 남자는 무엇을 제안하는가?
(A) 웹사이트 방문
(B) 복사를 더 하기
(C) 매니저와 대화
(D) 시간 약속 재조정

해설 **키워드:** What / man / suggest **위치:** 대화의 후반부
남자가 제안하는 것이 무엇인지 묻는 문제이다. 요구나 요청, 제안의 내용은 주로 후반부에 등장한다. 후반부의 남자 대사를 잘 들어야 한다. 남자는 마지막 대사에서 You could visit the seminar website.(홈페이지를 방문해보라.)라고 말하고 있으므로 (A)가 정답이 된다.

어휘 visit 방문하다 make a photocopy 복사를 하다 reschedule 일정을 다시 잡다

정답 (A) Visiting a website

Questions 04-06 refer to the following conversation. 미W 영M

W: Excuse me, I'm trying to find Queens Drive. Is that near here?
M: No, it's on the other side of town. It's about a thirty- to forty-minute walk from here.
W: Oh, no. I have a dinner reservation there with a client in 20 minutes. I'm probably going to be late. Do you know if there's a bus I can take?
M: Well, we're not really near a bus route but there's a train station just down a block on your left. That'll be the fastest way to get to Queens Drive. Just go three stops towards the center city.

문제 04-06은 다음 대화를 참조하세요.
여: 실례합니다, Queens Drive를 찾고 있는데요, 여기에서 가깝습니까?
남: 아니요, 도시 반대편에 있어요. 여기에서 걸어서 30분에서 40분 정도 거리입니다.
여: 큰일 났네요. 20분 후에 거기에서 고객과 저녁식사 예약이 있어요. 늦을 거 같아요. 타고 갈 수 있는 버스가 있는지 아십니까?
남: 글쎄요, 근처에 버스노선이 있지 않습니다만, 왼쪽으로 한 블록 떨

어진 곳에 기차역이 있습니다. 그게 Queens Drive로 가는 가장 빠른 방법이죠. 시내 방향으로 세 정거장만 가시면 됩니다.

어휘 try to + 동사원형 ~을 하려고 하다 on the other side 반대편에 reservation 예약 client 고객 be going to + 동사원형 ~할 것이다 train station 기차역 bus route 버스 노선 towards ~쪽으로

04 여자는 왜 Queens Drive로 가려고 하는가?
(A) 취업 면접이 있다.
(B) 공연 티켓을 가지고 있다.
(C) 진찰 약속이 있다.
(D) 저녁식사 예약이 있다.

해설 **키워드:** Why / woman / go / Queens Drive
위치: 대화의 전반부
여자가 왜 특정 장소로 가려고 하는지, 구체적인 내용을 묻는 문제이다. 먼저 여자의 대사에서 특정 장소를 나타내는 고유명사인 Queens Drive를 잘 들어야 한다. 여자는 첫 번째 대사에서 Queens Drive의 위치를 묻고 두 번째 대사(I have a dinner reservation there)에서 저녁식사 예약이 되어 있다고 말하고 있으므로 정답은 (D)가 된다.
정답 (D) She has a dinner reservation.

05 왜 여자는 걱정을 하는가?
(A) 지도를 찾지 못하고 있다.
(B) 늦게 도착하고 싶지 않다.
(C) 오찬을 취소하는 것을 잊었다.
(D) 지갑을 집에 놓고 왔다.

해설 **키워드:** Why / woman / concerned
위치: 대화의 중반부
여자가 왜 걱정을 하고 있는지, 구체적인 내용을 묻는 문제이다. 여자는 두 번째 대사(I'm probably going to be late.)에서 늦는 것을 걱정하고 있음을 알 수 있다. 그러므로 정답은 (B)가 된다.
정답 (B) She does not want to be late.

06 남자는 어떻게 Queens Drive에 가야 한다고 제안하는가?
(A) 기차로
(B) 버스로
(C) 걸어서
(D) 택시로

해설 **키워드:** How / man / suggest **위치:** 대화의 후반부
남자가 특정 장소로 가는 방법에 대해서 어떤 방법을 제안하는지 묻는 문제이다. 마지막에 등장하는 요구, 요청, 제안의 문제는 주로 대화의 후반부에서 정답을 찾을 수 있다. 남자는 마지막 대사에서(but there's a train station just down a block on your left) 기차를 타고 가라고 제안하고 있으므로 정답은 (A)가 된다.
정답 (A) By train

어휘 suggest 제안하다 on foot 걸어서

Part 3 Final Test

p.270

Questions 41-43 refer to the following conversation. 미W 미M

W: Hello, My name is Jennifer Cohen. I'm calling about my magazine delivery. I'm planning to move out of the city, so I'd like to change my delivery address.

M: Okay, I can do that for you. Do you know that there is an additional charge for delivery outside of the city, right?

W: Oh, no, I didn't. Then, it could be delivered to my office? It's in the city. Is that okay?

M: That won't be a problem. Could you let me know that address? And I'll go ahead and make the change in our records right away.

문제 41-43은 다음 대화를 참조하세요.
여: 안녕하세요. 제 이름은 Jennifer Cohen입니다. 제 잡지 배송에 관련해서 전화 드렸어요. 저는 다른 도시로 이사를 계획 중이라 배송지 주소를 변경했으면 해요.
남: 알겠습니다. 그렇게 해드릴 수 있어요. 다른 도시로 배송할 때는 추가 비용이 드는 것은 알고 계시죠?
여: 아니요, 그건 몰랐어요. 그렇다면 사무실에서 받을 수 있을까요? 제 사무실은 시내에 있어요. 괜찮죠?
남: 문제될 것 없습니다. 주소를 알려주시겠어요? 저희 기록을 바로 바꿔드릴게요.

어휘 magazine 잡지 delivery 배송 move 이사하다 address 주소 additional 추가적인 charge 요금 problem 문제 go ahead 진행하다 record 기록 right away 곧바로, 즉시

41 여자는 잡지 사무실에 왜 전화를 했는가?
(A) 새 잡지의 정기구독을 요청하기 위해
(B) 배송지 주소를 변경하기 위해
(C) 정기구독을 취소하기 위해
(D) 주문을 확인하기 위해

해설 **키워드:** Why / woman / calling **위치:** 대화의 전반부
대화의 이유, 목적을 묻는 질문은 기본적인 정보에 관한 질문이므로 지문의 전반부에서 근거를 찾을 수 있다. 또한 여자의 목적이므로 여자의 대화에 집중해야 한다. I'm calling about my magazine delivery. I'm planing to move out of city, so I'd like to change my delivery address.에서 이사 때문에 배송지 주소를 변경하려고 전화했음을 알 수 있다. 따라서 정답은 (B) To change delivery address이다.
정답 (B) To change delivery address

어휘 subscribe (잡지, 신문 등을) 구독하다 cancel 취소하다 subscription 정기구독 confirm 확인하다 order 주문

42 남자는 여자에게 무엇에 대해 조언하는가?
(A) 배송 방법
(B) 도시의 이름
(C) 추가 요금
(D) 다른 잡지

해설 **키워드:** What / man / advise **위치:** 대화의 중반부
남자가 여자에게 조언하는 정보가 무엇인지 묻는 문제이다. 남자의 대화에 집중하면서 정보를 전달하는 부분을 캐치하자! Do you know that there is an additional charge for delivery outside of the city, right?에서 여자가 추가 비용이 발생하는 것에 대해 알고 있는지 확인하고 있으므로 (C) An

extra fee가 정답이다. 정답 (C) An extra fee

어휘 advise A of B A에게 B에 대해 조언하다 method 방법 shipment 배송 another 또 다른

43 남자는 다음에 무엇을 할 것인가?
(A) 고객 정보를 변경한다
(B) 상사에게 연락한다
(C) 홈페이지를 방문한다
(D) 예약한다

해설 **키워드:** What will / man / next **위치:** 대화의 후반부
남자가 다음으로 할 행동을 묻는 문제이다. 미래 상황은 후반부에 근거가 제시되는 전형적인 문제이며, 남자의 행동이므로 여자가 지시를 하거나, 남자가 직접적으로 언급하는 두 가지 상황을 추측할 수 있다. 이 문제에서는 후반부 남자의 대화 중 I'll go ahead and make the change in our record right away.에서 직접적으로 자신이 기록을 변경하겠다고 하였으므로 (A) Change customer information이 정답이다.
정답 (A) Change customer information

어휘 customer 고객 information 정보 contact 연락하다 supervisor 상사, 관리자 visit 방문하다 website 웹사이트, 홈페이지 reservation 예약

Questions 44-46 refer to the following conversation. 미M 미W

M: Julian, it looks like we are getting close to the art gallery. We probably should start looking for a place to park.
W: I'm really looking forward to the art exhibit. I've wanted to see it ever since I read about it in the Daily News last week.
M: Well, I guess the publicity from that newspaper article has paid off. It looks like there is a big crowd. Actually, I don't see any available parking space on this street at all.
W: I think there is a car park around the corner. Why don't we try parking there? It would just be a short walk to the gallery from there.

문제 44-46은 다음 대화를 참조하세요.
남: Julian, 미술관에 가까워지는 것 같아. 슬슬 주차할 공간을 찾아야 할 거야.
여: 난 이 미술 전시회를 정말로 기다렸어. 지난주에 Daily News에서 그것에 대해 읽었을 때부터 보고 싶었어.
남: 그 신문의 홍보 기사가 성공한 것 같아. 사람들이 엄청나게 온 것 같은데. 정말 이 거리에는 주차할 데가 한 군데도 없는 것 같은데.
여: 내 생각에는 모퉁이 근처에 주차장이 있을 거야. 그쪽에 주차하자. 거기서 잠깐 걸으면 미술관까지 갈 수 있으니까.

어휘 look forward to ~을 고대하다 art exhibit 미술 전시회 ever since ~이후로 줄곧 guess 추측하다 publicity 홍보 newspaper article 신문 기사 pay off 성공하다 crowd 무리 actually 정말로 parking space 주차 공간 corner 모퉁이 car park 주차장 short walk 단거리의 보행

44 화자들은 어느 행사에 참가할 계획인가?
(A) 음악 연주회
(B) 회사 야유회
(C) 미술 전시회
(D) 출판 세미나

해설 **키워드:** What event / speaker / attend
위치: 대화의 전반부
화자들이 참석하려는 행사의 종류가 무엇인지 묻는 문제이다. 세부사항을 묻는 문제이므로 event를 키워드로 잡아 행사에 관한 내용을 캐치해야 한다. 첫 번째 문제이므로 대화의 앞쪽에 단서가 나올 것이라는 정도는 추측할 수 있다. 남자의 첫 대사인 Julian, it looks like we are getting close to the art gallery.만 듣고도 추측이 가능하지만, 다음 여자의 대화에서 I'm really looking forward to the art exhibit.을 들으면 정답이 (C) An art exhibition이라는 것을 확실히 알 수 있다.
정답 (C) An art exhibition

어휘 event 행사 music concert 음악 연주회 picnic 소풍, 야유회 publishing 출판(사업) seminar 세미나

45 여자는 그 행사에 대해 어떻게 알게 되었는가?
(A) 그녀는 신문 기사를 읽었다.
(B) 그녀의 친구가 그 행사에 관해 이야기했다.
(C) 그녀는 TV 광고를 보았다.
(D) 그녀는 직장에서 안내 책자를 얻었다.

해설 **키워드:** How / woman / learn / event **위치:** 대화의 중반부
여자가 행사에 대해 어떻게 알게 되었는지 구체적인 수단, 방법을 묻는 질문이다. 여자의 대화에 근거가 있음을 추측할 수 있다. since I read about it in the Daily News last week에서 신문인 Daily News에서 읽었다고 했다. 따라서 신문 기사를 읽었다는 (A) She read an article in a newspaper.가 정답이다. 정답 (A) She read an article in a newspaper.

어휘 article 기사 newspaper 신문 advertisement 광고 brochure 안내 책자

46 여자는 무엇을 제안하는가?
(A) 도움 요청하기
(B) 지도 참고하기
(C) 주차장에 주차하기
(D) 미술관 근처를 걷기

해설 **키워드:** What / woman / suggest **위치:** 대화의 후반부
권유, 제안은 그 근거가 보통 후반부에 있다. 제안하는 주체가 여자이므로 후반부의 여자 대사에 집중하자. I think there is a car park around the corner. Why don't we try parking there?에서 여자가 주차장의 위치를 언급하고 그쪽에 주차하자고 제안하고 있으므로 정답은 (C) Parking in a car park이다. 정답 (C) Parking in a car park

어휘 suggest 제안하다 refer 참고하다 walk around 돌아다니다

Questions 47-49 refer to the following conversation. 호W 영M

W: Have you heard about the packaging Mrs. Parker wanted for the new perfume samples? She decided that the samples should be boxed individually.
M: I haven't heard about that yet. How many boxes do we have to order and when do we need them by?
W: Well, the cosmetics will be officially launched on August 1st, so all the samples will have to be ready by then.
M: OK, I'll call our supplier and ask them to send us boxes for the sample bottles.

문제 47-49는 다음 대화를 참조하세요.

여: Parker 씨가 새로운 향수 샘플을 어떻게 포장하고 싶어 하는지 들었어요? 그녀는 샘플들을 따로따로 상자에 넣어야 한다고 했어요.
남: 저는 아직 들은 바가 없어요. 상자를 몇 개나 주문해야 하고 언제까지 필요할까요?
여: 글쎄요, 그 화장품들은 공식적으로 8월 1일에 출시될 거라서 그때까지 샘플들을 모두 준비해야만 해요.
남: 알겠어요. 제가 공급사에 연락해서 샘플 병들을 넣을 상자들을 보내달라고 요청할게요.

어휘 packaging 포장하기 perfume 향수 sample 샘플, 견본품 box 상자에 넣다 individually 개별적으로 order 주문하다 cosmetics 화장품 officially 공식적으로 launch 출시하다 supplier 공급업자, 공급업체 bottle 병

47 화자들은 무엇에 관해 상의하고 있는가?
(A) 샘플의 포장
(B) 해외여행 계획
(C) 새로운 제품의 가격
(D) 지역 신문에 광고하기

해설 **키워드:** What / speakers / discussing
위치: 대화의 전반부
대화의 주제를 묻는 문제는 주로 전반부에서 근거를 찾을 수 있다. 여자는 대화 첫 마디(Have you heard about the packaging ~?)에서 이미 포장에 관해 언급하였으며, 이어서 the samples should be boxed individually라고 말하며 구체적인 포장에 관련한 사항을 말하고 있다. 따라서 정답은 (A) Packaging for some samples이다.
정답 (A) Packaging for some samples

어휘 schedule 일정을 잡다, 예정하다 overseas trip 해외여행 local 지역의 newspaper 신문

48 8월에 어떤 일이 일어나는가?
(A) 제품 이름이 선택될 것이다.
(B) 일련의 회의들이 열릴 것이다.
(C) 마케팅 부장이 은퇴할 것이다.
(D) 제품이 공식적으로 출시될 것이다.

해설 **키워드:** What / happen / August **위치:** 대화의 중반부
날짜나 시간, 요일 등은 키워드가 되기 매우 쉽다. August를 키워드로 잡고 기다리자. 여자는 두 번째 대화(the cosmetics will be officially launched on August 1st)에서 8월 1일에 화장품이 공식적으로 출시될 것이라고 하였으므로 (D) A product will be officially released.가 정답이다.
정답 (D) A product will be officially released.

어휘 retire 은퇴하다 release 공개하다, 출시하다

49 남자는 무엇을 할 것인가?
(A) 예산을 세운다
(B) 회의 일정을 변경한다
(C) 디자인을 승인한다
(D) 주문을 한다

해설 **키워드:** What / will / man **위치:** 대화의 후반부
미래 상황에 관한 질문은 후반부에 그 근거가 있으며, 남자의 행동이므로 대개 남자의 대화에 근거가 있다. 마지막 남자의 대화(I'll call our supplier and ask them to send us boxes)에서 상자를 주문할 것임을 알 수 있으므로 정답은 (D) Place an order이다.
정답 (D) Place an order

어휘 create 창조하다, 세우다 budget 예산 reschedule 일정을 변경하다 meeting 회의 approve 승인하다 place an order 주문하다

Questions 50-52 refer to the following conversation. 미M 호W

M: Good evening, I would like a table for three. Are you still serving dinner?
W: I'm sorry we are closing in a few minutes. We close at ten. Why don't you try the restaurant across the street? It's open until eleven.
M: Well, looks like they have quite a crowd over there. I might do that. Do you close at ten every day? What are your weekend hours like?
W: We have the same hours on the weekend. We are open from 9 a.m. to 10 p.m. every day.

문제 50-52는 다음 대화를 참조하세요.
남: 안녕하세요. 3인용 테이블이 있었으면 해요. 아직 저녁식사가 가능한가요?
여: 죄송하지만 몇 분 후에 문을 닫을 거예요. 저희는 10시에 문을 닫습니다. 길 건너에 있는 식당에 가 보시는 게 어떨까요? 그곳은 11시까지 영업합니다.
남: 음, 그곳엔 꽤 사람이 많이 있는 것 같네요. 그렇게 해야겠어요. 매일 10시에 문을 닫나요? 주말 영업시간은 어때요?
여: 주말에도 영업시간은 동일해요. 매일같이 오전 9시에 문을 열어서 오후 10시에 문을 닫습니다.

어휘 table 테이블, 식탁 serve (식당에서 음식을) 제공하다 dinner 저녁식사 restaurant 식당 across 건너에 every day 매일

50 이 대화는 언제 이루어지고 있는가?
(A) 아침에
(B) 오후에
(C) 정오에
(D) 저녁에

해설 **키워드:** When / conversation / take place
위치: 대화의 전반부
대화가 이루어지고 있는 시간은 기본적인 정보에 속하므로 전반부에 근거가 있음을 짐작할 수 있다. 시간에 관한 근거를 주는 표현 및 단어에 신경을 쓰면서 들어보자. 남자의 첫 인사말이 Good evening인데 이것은 저녁에 하는 인사말이므로 (D) In the evening이 정답이다.
정답 (D) In the evening

어휘 morning 아침 afternoon 오후 noon 정오 evening 저녁

51 여자는 무엇을 제안하는가?
(A) 휴식을 취하는 것
(B) 다른 식당으로 가는 것
(C) 오늘 늦게 다시 오는 것
(D) 우선 예약을 하는 것

해설 **키워드:** What / woman / suggest **위치:** 대화의 중반부
제안 문제는 대개 후반부에 근거가 나오지만, 두 번째 질문이니 후반부로 가기 전에 일단 여자의 대화에 집중하면서 제안 사항이 있는지 확인한다. 여자는 첫 번째 대사(Why don't you try the restaurant across the street?)에서 길 건너편의 식당에 가볼 것을 제안하였으므로 정답은 (B) Going to another restaurant이다.
정답 (B) Going to another restaurant

어휘 take a break 잠시 쉬다 another 또 하나의, 다른

52 여자는 식당에 대해 무엇이라고 말하는가?

(A) 그곳은 매일 9시에 문을 연다.
(B) 그곳은 11시 정각에 문을 닫는다.
(C) 그곳은 단골손님이 많다.
(D) 그곳은 저녁 특선요리가 있다.

해설 **키워드:** What / woman / say / restaurant
위치: 대화의 후반부
여자가 식당에 대해 언급한 내용을 묻는 문제이다. 보기를 미리 파악했는지가 관건인 문제로, 보기의 키워드 한두 단어에 미리 동그라미 쳐두고, 관련 내용이 나왔을 때 정답으로 선택하자. 여자는 두 번째 대사에서 We are open from 9 a.m. to 10 p.m. every day.라고 했으므로 (A) It opens at nine every day가 정답이다. 정답 (A) It opens at nine every day

어휘 regular customer 단골손님 dinner special 저녁 특선요리

Questions 53-55 refer to the following conversation. 미W 영M

W: Richard, do you know if those color printers have arrived yet? I think we ordered them a month ago. Have you received anything from the distributor?
M: Yes, I just got an email this morning saying that the printers are on their way, and that they should be here by Wednesday. Apparently the model we ordered is selling so fast that the manufacturer couldn't keep up with demand.
W: I'm not surprised to hear that. I know it has received a lot of good reviews and the price is more reasonable.
M: Actually, there is usually a $10 shipping fee, but the distributor said they won't charge us for shipping because of the delay.

문제 53-55는 다음 대화를 참조하세요.
여: Richard, 그 컬러 프린터들이 도착했나요? 내가 알기로는 우리가 주문한 지 한 달 된 것 같은데요. 배급업자에게서 연락 받은 것 있나요?
남: 네, 오늘 아침 받은 이메일에 그 프린터들은 배송 중이어서 수요일까지 여기에 도착할 것이라고 언급되어 있어요. 듣자하니 우리가 주문한 그 모델이 아주 잘 팔려서 제조사가 수요에 맞추지 못한다네요.
여: 놀랄 일도 아니네요. 그 프린터는 평이 아주 좋고 가격도 아주 싸요.
남: 사실, 거기에는 보통 배송 요금이 10달러 들지만 배급업자들이 말하기를 지연됐기 때문에 배송비를 청구하지 않겠다고 했어요.

어휘 color printer 컬러 프린터 order 주문하다 receive 받다 distributor 배급업자 be on one's way 오고 있는 중이다 manufacturer 제조업체 reasonable 가격이 싼 shipping fee 배송비 charge 청구하다

53 대화자들의 주문품에 어떤 문제가 있는가?
(A) 배송이 지연되었다.
(B) 잘못된 상품이 배송되었다.
(C) 청구서의 가격이 생각보다 많다.
(D) 몇몇 제품들이 손상된 상태로 배송되었다.

해설 **키워드:** What / problem / order **위치:** 대화의 전반부
화자의 주문품에 어떤 문제가 있는지 구체적인 사실을 묻는 문제이다. 각 보기를 키워드로 잡아 지문에서 제품의 문제에 관해 말하는 부분과 일치하는 보기를 고르면 된다. 여자의 첫 번째 대사(I think we ordered them a month ago. Have you received anything from the distributor?)에서 물품을 주문한 지가 한 달이 되었다는 사실을 알 수 있으며, 남자는 첫 번째 대사(I just got an email this morning saying that the printers are on their way)에서 이제야 배송되는 중이라고 말하고 있다. 따라서 정답은 (A) The shipment has been delayed.이다. 정답 (A) The shipment has been delayed.

어휘 shipment 배송 delay 미루다, 연기하다 bill 청구서 expect 예상하다 item 물품 damaged 손상된, 하자가 생긴

54 남자는 제품에 대해 무엇이라고 말하는가?
(A) 그것은 최근에 다시 디자인되었다.
(B) 그것은 품절되었다.
(C) 판매가 매우 잘되고 있다.
(D) 제조비용이 상승하였다.

해설 **키워드:** What / man / say / product **위치:** 대화의 중반부
남자가 제품에 대해 말하는 내용과 일치하는 보기를 고르는 문제이다. 대화를 듣기 전에 각 보기의 키워드 파악이 중요하다. 키워드를 파악하고 남자의 말을 들으면서 제품에 대해 말하는 내용에 집중한다. 남자는 첫 번째 대사(Apparently the model we ordered is selling so fast that the manufacturer couldn't keep up with demand.)에서 제품이 너무 잘 팔려서 제조사가 수요를 맞추지 못한다고 하였으므로 (C) Sales have been excellent.가 정답이다.
정답 (C) Sales have been excellent.

어휘 recently 최근에 redesign 다시 디자인하다 no longer available 품절된 excellent 훌륭한, 탁월한 manufacturing cost 제조비용

55 공급업체가 제안한 것은 무엇인가?
(A) 업그레이드된 모델
(B) 무료 배송
(C) 보증기간 연장
(D) 차후 주문 건에 대한 할인

해설 **키워드:** What / distributor / offer **위치:** 대화의 후반부
권유, 제안하는 사항을 묻는 문제이므로 대화 후반부에 근거가 등장한다고 추측할 수 있다. 남자는 마지막 대사(Actually, there is usually a $10 shipping fee, but the distributor said they won't charge us for shipping because of the delay.)에서 원래 10달러의 배송 요금이 있지만 배송이 지연된 것 때문에 공급업체가 배송비용을 청구하지 않을 것이라고 하였으므로 (B) Free shipping이 정답이 된다.
정답 (B) Free shipping

어휘 offer 제공하다, 제안하다 free 무료의 extension 연장 warranty 품질 보증, 보증기간

Questions 56-58 refer to the following conversation. 영M 호W

M: Hi Vera, how are your preparations coming for the new employee training next week? I know this is your first time running the session, so I thought you might have some questions.
W: Oh, thanks for checking. In fact, I am just wondering if we have any more copies of the handbook with our safety guidelines. I want to make sure everyone gets a written copy.
M: We have plenty of those handbooks. You can talk to Richard, and have him send you some. Is there anything else you'd like help with?

W: Well, if you have time, would you be willing to attend part of the session to give me some feedback? I'd really appreciate any suggestions to improve my future presentations.

문제 56-58은 다음 대화를 참조하세요.

남: 안녕하세요. Vera. 다음 주에 있을 신입사원 교육 준비는 잘 되어 가나요? 당신은 이번에 교육을 처음 준비하는 것이니까 질문 사항들이 있을 것 같은데요.

여: 아, 점검해줘서 고마워요. 사실, 우리의 안전 수칙이 포함된 안내서가 더 있는지 알고 싶어요. 저는 신입사원들에게 모두 책자로 된 것을 주고 싶어요.

남: 안내서는 많아요. Richard한테 이야기해서 보내달라고 하세요. 다른 건 도움을 받고 싶은 부분은 없으세요?

여: 음, 시간 있으시면 세션에 일부 참석하셔서 제게 피드백을 좀 주실 수 있을까요? 이후의 제 발표를 향상시킬 어떠한 의견이라도 감사히 받을게요.

어휘 preparation 준비 new employee training 신입사원 교육 handbook 편람, 안내서 safety guideline 안전 수칙 make sure 확실히 하다 plenty of 많은 be willing to + 동사원형 기꺼이 ~하다 attend 참석하다 feedback 피드백

56 여자는 무엇을 준비하는가?
(A) 출장을 계획하는 것
(B) 연회에 참가하는 것
(C) 구직 면접을 보는 것
(D) 교육을 진행하는 것

해설 **키워드:** What / woman / preparing **위치:** 대화의 전반부
여자가 계획하는 것이 무엇인지 구체적인 사실을 묻는 문제이다. preparing 정도를 키워드로 잡고, 준비에 관련된 내용 전후에서 보기와 비교하여 정답을 찾아야 한다. 남자는 첫 번째 대사(how are your preparations coming for the new employee training next week?)에서 new employee training의 준비가 어떻게 되어 가냐고 물었으므로 여자가 준비하는 것은 (D) Conduct a training session이다.
정답 (D) Conduct a training session

어휘 business trip 출장 reception 연회 conduct 수행하다 training session 교육

57 Richard가 여자에게 보내 줄 수 있는 것은 무엇인가?
(A) 보호 장비
(B) 안전 지침서
(C) 프로젝터
(D) 사무용품

해설 **키워드:** What / Richard / send / woman
위치: 대화의 중반부
사람 이름은 대표적인 키워드이다. Richard가 등장하기를 기다려 앞뒤 문장을 잘 파악한다. 남자는 두 번째 대사(We have plenty of those handbooks. You can talk to Richard, and have him send you some.)에서 Richard가 핸드북을 줄 수 있다고 말하고 있다. 그런데 핸드북은 안전 수칙을 담고 있으므로 정답은 (B) Safety guidebooks이다.
정답 (B) Safety guidebooks

어휘 protective equipment 보호장비 safety guidebooks 안전 지침서 projector 프로젝터 office supplies 사무용품

58 여자는 남자에게 무엇을 하라고 말하는가?
(A) 제안을 하는 것
(B) 주문을 하는 것
(C) 피드백을 주는 것
(D) 조사를 수행하는 것

해설 **키워드:** What / woman / tell / man **위치:** 대화의 후반부
여자가 남자에게 하라고 한 것, 즉 제안한 것이 무엇인지 찾는 문제로, 지문 후반부에서 그 근거를 찾을 수 있는 대표적인 유형이다. 여자는 마지막 대사(if you have time, would you be willing to attend part of the session to give me some feedback?)에서 세션에 참석하여 피드백을 달라고 하였으므로 (C) Give some feedback이 정답이다.
정답 (C) Give some feedback

어휘 proposal 제안 research 조사

Questions 59-61 refer to the following conversation. 미M 미W

M: Ms. Kelly? Hello, I'm James at Jay Graphic Design. Congratulations on your award this evening! The best design award is quite an achievement.

W: Thank you! It's nice to meet you. And your company also received some awards tonight, right?

M: Yes, that was exciting. By the way, my company has an opening for an senior graphic designer right now. If you're interested, I'd like to tell you more about it.

W: Well, I haven't thought about changing jobs. But it certainly sounds interesting. Why don't you give me your card and I'll consider it?

문제 59-61은 다음 대화를 참조하세요.

남: Kelly 씨죠? 안녕하세요. 저는 Jay Graphic Design사의 James입니다. 오늘 저녁 수상을 축하드려요. 최고 디자인상은 굉장한 거죠.

여: 감사합니다. 만나서 반가워요. 당신 회사도 오늘 상을 받지 않았나요?

남: 네, 굉장했죠. 그런데 저희 회사가 수석 그래픽 디자이너 자리가 비었어요. 만약 관심 있으시다면 더 말씀을 드리고 싶은데요.

여: 음, 이직은 아직 생각해보지 않아서요. 하지만 꽤 흥미롭게 들리네요. 명함 하나 주시겠어요? 생각 좀 해볼게요.

어휘 quite 꽤 achievement 성취, 달성, 업적 receive 받다 by the way 그런데 opening 빈자리 certainly 틀림없이 consider 고려하다, 생각하다

59 화자들은 어디에 있을 것 같은가?
(A) 채용 박람회
(B) 시상식
(C) 고객과의 회의 자리
(D) 구직 면접

해설 **키워드:** Where / speakers **위치:** 대화의 전반부
대화가 일어나는 장소를 묻는 질문이다. 남자는 첫 대사(Congratulations on your award this evening!)에서 수상을 축하한다고 하였고 이어지는 여자의 대사(your company also received some awards tonight, right?)에서도 남자의 회사도 수상하지 않았냐고 하였으므로 시상식에서 일어나는 대화임을 알 수 있다. 따라서 정답은 (B) At an award ceremony이다. 정답 (B) At an award ceremony

어휘 employment 채용 fair 박람회 award ceremony 시상식 client 고객 job interview 구직 면접

60 남자는 자신의 회사에 대해 뭐라고 언급하는가?
(A) 매년 보너스를 준다.
(B) 광고가 전문이다.
(C) 구인 중이다
(D) 다른 도시로 옮길 것이다

해설 **키워드:** What / mention / his company
위치: 대화의 중반부
남자가 자신의 회사에 대해 뭐라고 했는지 구체적으로 물어보는 질문이다. 남자는 두 번째 대사(my company has an opening for an senior graphic designer right now)에서 빈 자리가 있다고 하였으므로 지금 현재 회사가 구인 중인 것을 알 수 있다. 따라서 정답은 (C) It has a job opening.이다.
정답 (C) It has a job opening.

어휘 mention 언급하다 annual 해마다 specialize in ~을 전문으로 하다 job opening 구인, 일자리

61 여자는 무엇을 하겠다고 말하는가?
(A) 일자리에 지원하는 것에 대해 생각해보겠다고
(B) 약속 일정을 잡는다고
(C) 발표를 준비한다고
(D) 직무 기술서를 남자에게 보내준다고

해설 **키워드:** What / woman / do **위치:** 대화의 후반부
여자가 무엇을 하겠다고 하는지 묻는 질문이다. 여자의 대사에서 답을 찾을 수 있다. 남자가 여자에게 일자리를 제안하자 여자는 마지막 대사(Why don't you give me your card and I'll consider it?)에서 생각해보겠다며 명함을 달라고 하였으므로 정답은 (A) Give some thought about applying for a position이다.
정답 (A) Give some thought about applying for a position

어휘 apply 지원하다 schedule 일정을 잡다 appointment 약속 prepare 준비하다 presentation 발표 job description 직무 기술서

Questions 62-64 refer to the following conversation. 호W 영M

M: Hi, Joanna. I'm calling about refreshments for International Textile Industry Seminar on Friday next week. You asked me to check with you by the end of this week to confirm the order.
W: Yes. As we discussed last time, we'll have 20 participants on Friday and we will be needing coffee, tea, juice, and muffins in the morning. And sandwiches and soft drinks for lunch.
M: Right, I'll go ahead then and get the order ready. That will be 95 dollars total for both breakfast and lunch.
W: Oh, I forgot. Could you add some fruits to the breakfast?

문제 62-64는 다음 대화를 참조하세요.
남: 안녕하세요, Joanna. 다음 주 금요일 국제 섬유 산업 세미나에서 쓸 음식 때문에 전화 드립니다. 주문 확인을 위해 이번 주말까지 당신에게 확인하라고 하셔서요.
여: 네. 지난번에 우리가 얘기했듯이 금요일에 20명이 참석할 겁니다. 저희는 아침에 커피와 차, 주스 그리고 머핀이 필요합니다. 그리고 점심으로 샌드위치와 청량음료가 필요하구요.
남: 알겠습니다. 그럼 주문하신 것이 준비되도록 하겠습니다. 아침과 점심 둘 다 해서 총 95달러가 될 겁니다.
여: 아, 깜빡했네요. 아침에 과일을 추가해 주시겠어요?

62 남자는 누구인가?
(A) 출장 요리업자
(B) 회계사
(C) 은행원
(D) 해외 영업담당자

해설 **키워드:** Who / man **위치:** 대화의 전반부
직업이나 신분을 묻는 질문은 주로 전반부에서 확인이 가능하다. 남자는 첫 번째 대사(I'm calling about refreshments for International Textile Industry Seminar on Friday next week.)에서 음식 때문에 전화를 했다고 말하고는 뒤이어 You asked me to check with you by the end of this week to confirm the order.라고 하면서 주문하고자 하는 음식을 확인한다고 말하고 있다. 이 내용을 통해 남자는 출장 요리업자라는 것을 알 수 있으므로 정답은 (A)이다.
정답 (A) A food caterer

어휘 caterer 출장 요리업자 international 국제의, 해외의

63 세미나는 언제 열리는 가?
(A) 이번 주 월요일
(B) 다음 주 월요일
(C) 이번 주 목요일
(D) 다음 주 금요일

해설 **키워드:** When / seminar / held **위치:** 대화의 중반부
세미나가 언제 열리는지를 묻는 질문이다. 보통 키워드를 중심으로 한 구체적인 사실이나 내용을 묻는 문제는 주로 중반부에 등장한다. 하지만 첫 번째 대사에서 이미 키워드인 seminar가 등장하면서 Seminar on Friday next week라고 하고 있다. 이를 통해 세미나는 다음 주 금요일임을 알 수 있다. 첫 번째 문제와 함께 동시에 풀리는 형태로, 두 개의 문제를 확인하고 보기에 시선을 두고 있지 않으면 풀기 어려운 난이도가 있는 문제이다.
정답 (D) Next Friday

어휘 hold 개최하다

64 Joanna는 어떤 변경을 요청하고 있는가?
(A) 방 변경
(B) 추가 음식물
(C) 약속 취소
(D) 세미나 연기

해설 **키워드:** What change / Joanna / request
위치: 대화의 후반부
Joanna가 요청한 내용을 묻는 질문이다. 주로 요구, 요청 등의 내용은 대화의 후반부에 등장하게 된다. 남자의 첫 번째 대사를 통해 여자가 Joanna임을 알 수 있는데, 여자는 마지막 대사(Could you add some fruits to the breakfast?)에서 과일을 추가해달라고 요청하고 있으므로 정답은 (B)가 된다.
정답 (B) Additional food items

어휘 change 변경, 변화 request 요구하다 additional 추가의 appointment 약속 delay 연기하다

Questions 65-67 refer to the following conversation. 미M 미W

M: You will have to make some changes to the front page of tomorrow's morning edition. I just confirmed that James Miller, president of JK Group, is retiring. He's planning to announce at the JK headquarters on Main Street this afternoon.

W: Oh, this will be big news. Mr. Miller has been dedicated to the community as well as his company. The charitable program he led had a big impact in our society.
M: That's why I'd like you to be at the JK headquarters. I've already asked our photographer be there, but I'd like you to interview Mr. Miller. And be sure to ask him what he plans to do after his retirement.

문제 65-67은 다음 대화를 참조하세요.
남: 내일 아침 신문의 1면을 바꿔야 할 것 같습니다. JK Group의 사장인 James Miller가 은퇴를 한다는 것을 방금 전에 확인했습니다. 그는 오늘 오후에 Main가에 있는 JK 본사에서 은퇴를 발표할 것이라고 하네요.
여: 야, 큰 뉴스거리가 되겠네요. Miller 씨는 그의 회사뿐만 아니라 지역사회에 많은 헌신을 해왔습니다. 그가 이끌어왔던 자선 프로그램은 우리 사회에 큰 영향을 끼쳤습니다.
남: 그래서 당신이 JK 본사에 갔으면 좋겠어요. 저는 이미 사진사에게 가라고 했어요. Miller 씨와 인터뷰를 하시길 바랍니다. 그리고 그가 은퇴 후에 무엇을 할 계획인지 꼭 물어보세요.

어휘 make a change 변경하다 front page (신문의) 제 1면 edition 판, 호, 회 confirm 확인하다 president 사장 retire 은퇴하다 announce 발표하다 headquarters 본사 be dedicated to ~에 헌신하다 community 지역사회 A as well as B B뿐만 아니라 A도 charitable 자선의 lead 이끌다 impact 영향, 충격 society 사회 photographer 사진사

65 화자들은 무엇에 대해 이야기를 하고 있는가?
(A) 사장의 은퇴
(B) 새로운 부사장의 고용
(C) 다가오는 회사의 이벤트
(D) 지역사회 조사 결과

해설 **키워드:** What / speakers / discussing
위치: 대화의 전반부
대화의 주제는 주로 전반부에 그 내용이 제시된다. 남자는 첫 대사(I just confirmed that James Miller, president of JK Group, is retiring.)에서 JK Group의 사장인 James Miller가 은퇴한다고 말하고 있으므로 정답은 사장의 은퇴인 (A) The retirement of a president이다.
정답 (A) The retirement of a president

어휘 retirement 은퇴 hiring 고용 vice president 부사장 upcoming 다가오는, 곧 있을 community 지역사회 survey 조사 result 결과

66 James Miller는 지역사회를 위해 무엇을 했는가?
(A) 그는 도심 지역에 새로운 활력을 주었다.
(B) 그는 자선 프로그램을 시작했다.
(C) 그는 지역 학교에서 봉사를 했다.
(D) 그는 정부 지출을 축소했다.

해설 **키워드:** What / James Miller / done / community
위치: 대화의 중반부
James Miller가 지역사회를 위해 무엇을 했는지 묻는, 구체적인 정보를 물어보는 질문의 유형이다. 키워드는 James Miller와 community가 되겠다. 여자는 첫 번째 대사(Mr. Miller has been dedicated to the community as well as his company. The charitable program he led had a big impact in our society.)에서 Miller의 자선 프로그램이 사회에 큰 영향을 끼쳤다고 말하고 있으므로 정답은 (B)이다.
정답 (B) He started a charitable program.

어휘 revitalize 새로운 활력을 주다, 재활성화시키다 downtown area 도심지역 charitable 자선의 volunteer 봉사하다 local school 지역 학교 reduce 줄이다, 축소하다 government spending 정부 지출

67 남자는 여자에게 무엇을 하라고 요구하는가?
(A) 미래의 프로젝트에 대한 아이디어 제안
(B) James Miller의 사진 찾기
(C) 기사 편집
(D) 인터뷰 진행

해설 **키워드:** What / man / ask / woman **위치:** 대화의 후반부
요구, 요청, 부탁의 내용은 주로 대화의 후반부에 제시된다. 남자는 두 번째 대사(I'd like you to interview Mr. Miller.)에서 여자에게 인터뷰를 하라고 부탁하고 있으므로 정답은 (D) 인터뷰 진행이다.
정답 (D) Conduct an interview

어휘 suggest 제안하다 photograph 사진 edit 편집하다 conduct 진행하다, 수행하다

Questions 68-70 refer to the following conversation. 미W 영M

W: Hello, this is Linda Wilson in the editorial department. I'm calling because I haven't received my check, for the last pay period.
M: Linda Wilson in the editorial department? Let me see, we sent the paycheck by mail last Friday to your home address. You should've received it by now.
W: But it hasn't arrived yet. What should I do? I've already been waiting a week.
M: Well, when there is a delay like this, we can stop payments on the original check and issue a new one. You could pick it up in the payroll department later today.

문제 68-70은 다음 대화를 참조하세요.
여: 안녕하세요, 저는 편집부의 Linda Wilson입니다. 지난 급여 기간의 급여 수표를 받지 못해서 전화 드렸습니다.
남: 편집부의 Linda Wilson이요? 한번 봅시다. 집 주소로 지난 금요일에 급료 지급 수표를 보냈습니다. 지금쯤 받으셨을 텐데요.
여: 그러나 아직 도착하지 않았습니다. 제가 어떻게 해야죠? 일주일째 기다리고 있는 거예요.
남: 음, 이렇게 도착이 지연될 경우에는 우리는 원래 수표에 대한 지급을 정지시키고 새 수표를 발행해 드려요. 오늘 중으로 급료 지급부로 오셔서 수표를 찾아가세요.

어휘 editorial department 편집부 pay period 급여 지급 기간 paycheck 급료 지급용 수표 home address 자택 주소 delay 지연, 연기 original check 원래 발행된 수표 issue 발행하다, 발표하다, 발부하다 payroll department 급여 지급부

68 여자는 무엇 때문에 전화를 했는가?
(A) 급료 지급용 수표가 사라져서
(B) 표 때문에
(C) 주문한 것의 배달 때문에
(D) 신문 기사 때문에

해설 **키워드:** What / woman / calling **위치:** 대화의 전반부

전화의 목적을 묻는 문제는 주로 대화의 전반부에 그 내용이 제시가 된다. 여자는 첫 번째 대사(I'm calling because I haven't received my check)에서 급여 지급용 수표를 받지 못했다고 말하고 있으므로 정답은 (A)이다.

정답 (A) A missing paycheck

어휘 missing 잃어버린, 사라진 delivery 배달 article 기사

69 여자는 어떤 부서에서 근무하는가?
(A) 인사부
(B) 회계부
(C) 고객 서비스부
(D) 편집부

해설 **키워드:** What department / woman / work
위치: 대화의 전반부
직업과 회사의 종류 및 업종과 관련된 내용은 주로 지문의 전반부에 나온다. 여자는 첫 번째 대사에서 자신을 소개하면서 editorial department(편집부)에 있다고 했으므로 정답은 (D)이다.

정답 (D) Editorial department

어휘 human resources department 인사부 accounting department 회계부 customer service 고객 서비스 editorial department 편집부

70 남자는 무엇을 하겠다고 하는가?
(A) 호텔의 퇴실 수속
(B) 다른 수표 발행
(C) 우체국으로 가기
(D) 예약하기

해설 **키워드:** What / man / offer **위치:** 대화의 후반부
제안 및 권유의 내용은 주로 대화의 후반부에 나온다. 남자는 두 번째 대사(we can stop payments on the original check and issue a new one)에서 원래 발행된 수표의 지급을 중지하고 새로 수표를 발행해 주겠다고 했으므로 정답은 (B)이다.

정답 (B) Issue an another check

어휘 check out 퇴실 수속을 하다 make a reservation 예약하다

Ustar TOEIC Listening

→→→→→→ Part

Answers

Lesson 1 화자와 듣는 대상의 직업과 신분에 관련된 질문들

실전 TOEIC Test

p.287

Question 01 refers to the following talk. 호W

Good morning everyone. Welcome to the Walgreen new employee orientation. My name is Melissa Saunders. I work in the Personnel Department. Let me start the tour by showing you around the manufacturing facility today and helping you get settled into your new jobs. We want you to work as smoothly as possible for your first few days so please feel free to ask me any questions. First I will be taking you to the assembly line where all of our mobile phone products are made and then to the product development department where our researchers are located. After that we'll head back to the employee's lounge and I'll explain about our Corporate Policy. Please follow me.

문제 01은 다음 담화를 참조하세요.

좋은 아침입니다. 여러분. Walgreen 신입사원 오리엔테이션에 오신 것을 환영합니다. 제 이름은 Melisa Saunders입니다. 저는 인사부서에서 일하고 있습니다. 오늘은 제조시설을 보여 드리면서 일정을 시작하도록 하고 여러분들이 새로운 일에 적응하는 것을 도와드리도록 하겠습니다. 저희는 여러분들이 처음 며칠간 가능한 어려움 없이 일을 하기를 바라기 때문에 궁금한 것이 있으면 언제든지 질문하시기 바랍니다. 우선 저희 휴대폰이 만들어지는 조립공정을 보여드릴 것이고 그리고 나서 저희 연구진들이 있는 제품개발부로 갈 겁니다. 그 후에는 직원 휴게실로 다시 와서 회사규정들을 설명드릴 겁니다. 저를 따라오세요.

01 이 대화를 듣는 이는 누구인가?
(A) 관광객
(B) 정부 관료들
(C) 신입직원들
(D) 제품개발자들

해설 **키워드:** Who / talk for **위치:** 지문 전반부

이 이야기를 듣는 사람들이 누구인지를 묻는 질문이다. 듣는 사람에 대한 정보는 대화의 전반부에서 확인할 수 있는 기본정보에 관한 내용이다. 모임의 환영인사 등에서 모임의 이름과 성격을 통해 쉽게 확인할 수 있다. 첫인사와 더불어 Welcome to ~라고 환영인사를 하면서 Walgreen new employee orientation이라고 말했기 때문에 Walgreen사의 신입사원 오리엔테이션임을 알 수 있다. 정답 (C) New employees

어휘 employee 직원 orientation 오리엔테이션, 예비 교육 Personnel Department 인사부 manufacturing facility 생산시설 smoothly 부드럽게 assembly line 조립라인 mobile phone 휴대폰 product development department 상품개발부 researcher 연구원 locate ~에 위치시키다 lounge 휴게실 Corporate Policy 기업 정책 follow 따르다

Question 02 refers to the following tour announcement. 미M

Welcome to Litchfield Mountain National Park. My name is Luke, and I'll be your guide on our walk to the top of Litchfield Mountain today. It will last approximately two hours but we will take several short breaks along the way including a twenty-minute stop at the famous Cachuma Lake. We should arrive at the top at around noon and then we'll have lunch.

Please respect the environment of our mountains. Do not throw rubbish of any kind, including apple cores, banana skins etc, during any stage of your walk. You will need to carry your trash with you and put it in the trash cans located in the parking lots when we return.

문제 02는 다음 여행 안내방송을 참조하세요.

Litchfield 국립공원에 오신 것을 환영합니다. 저는 Luke이고요 오늘 Litchfield산 정상까지 올라가는 것을 안내해 드릴 가이드입니다. 약 2시간 정도 소요되지만 가는 길에 유명한 Cachuma Lake에 20분 들르는 것을 포함해서 잠깐씩 자주 쉴 겁니다. 12시 정도에는 꼭대기에 도착해서 점심을 먹을 겁니다.

저희 산의 환경을 보호해 주시기 바랍니다. 사과 찌꺼기, 바나나 껍질 등을 포함해서 등산 도중에는 어떠한 쓰레기도 버리지 않으셨으면 합니다. 쓰레기를 꼭 가지고 다니시고 저희가 다시 돌아왔을 때 주차장에 있는 쓰레기통에 버리셔야 합니다.

02 화자는 누구인가?
(A) 주차요원
(B) 연구원
(C) 등산 가이드
(D) 역사가

해설 **키워드:** Who / speaker **위치:** 지문 전반부

말하는 사람의 직업을 묻는 질문이다. 전반부에서 모임의 이름이나 목적을 통해 확인할 수 있으며, 때로는 자신에 대한 소개를 할 것이다. 전반부를 놓치지 말고 잘 들어야 한다. 처음에 Mountain National Park에 온 것을 환영하는 인사말과 함께 자신을 guide라고 소개(My name is Luke, and I'll be your guide)를 하고 있는 것을 확인할 수 있다. 그러므로 정답은 (C)가 된다. 정답 (C) A hiking guide

어휘 guide 안내인, 가이드 last 지속하다 approximately 거의 several 몇몇의 break 쉬다, 휴식(하다) along the way 도중에 including ~을 포함하여 respect 존중하다 environment 환경 rubbish 쓰레기 core (사과 같은 과일의) 속 skin 피부, 껍질 carry 나르다, 가지고 다니다 trash 쓰레기 trash can 쓰레기 통 parking lot 주차장

Question 03 refers to the following notice. 영M

Good morning everyone. Before we start the staff meeting, I'd like to make an announcement. As you know, our office was scheduled to be painted today. However, the painting's been delayed. They are still working on the accounting offices on the fifth floor and it won't be completed until Thursday. I am sorry for the inconvenience. Before you leave the office on Thursday, please make sure that you have your offices ready for painting on Friday. Unplug and cover your computers, and store all your personal files in the cabinet. If you have any questions or concerns please let me know after the meeting.

문제 03은 다음 공지를 참조하세요.
안녕하세요. 좋은 아침입니다. 직원회의를 시작하기 전에 알려드릴 사항이 있습니다. 여러분도 아시다시피, 저희 사무실에 오늘 페인트를 칠하기로 되어 있었습니다. 하지만 페인트 칠(공사)이 연기되었습니다. 아직까지도 5층에 있는 경리부사무실을 칠하고 있고 목요일이 되어야 끝난다고 합니다. 불편하게 되어서 죄송합니다. 목요일에 퇴근하시기 전에 금요일에 페인트 칠 공사를 위해 사무실을 정리하시기 바랍니다. 컴퓨터의 전원을 뽑고 덮어놓으시고요. 모든 개인 파일들은 캐비닛에 넣어두세요. 궁금한 것이나 문제가 있으시면 회의가 끝난 후에 제게 말해 주시기 바랍니다.

03 화자는 누구에게 이야기를 하고 있는가?
(A) 쇼핑객들
(B) 사무실 직원들
(C) 승객들
(D) 거주자들

해설 **키워드:** Who / speaker / talking to **위치:** 지문 전반부
듣는 사람을 묻는 질문이다. 듣는 대상에 대한 정보는 이야기의 대화의 전반부에서 모임의 성격이나 목적 등의 상황만 파악하면 쉽게 확인이 가능하다. 이야기의 시작에서 간단한 인사말 후에 Before we start the staff meeting. ~으로 보아 직원회의(staff meeting)를 하고 있는 상황임을 알 수 있으므로 듣는 이들은 office workers이다. 정답 (B) Office workers

어휘 staff meeting 직원회의 make an appointment 약속을 잡다 be scheduled to + 동사원형 ~하기로 되어 있다, ~할 예정이다 delay 미루다, 연기하다 accounting 회계 inconvenience 불편 make sure that + 문장 ~을 확신하다 unplug 플러그를 뽑다 personal 개인적인 concern 걱정, 염려

Question 04 refers to the following telephone message. 미W

Good morning, this is a message for David from Leona Lewis. I'm calling to let you know that an apartment matching most of your requests has become available. Unfortunately, it's not within walking distance of the subway station, but it has a good security system and heater. The rent is 1,500 Euros per month. If you are interested, please let me know as soon as possible and I'll ask the building manager if you can have a look at it tomorrow. I'll be out of the office till 5 p.m., so you can reach me on my mobile phone. Thanks David. I hope to hear from you soon.

문제 04는 다음 전화메시지를 참조하세요.
안녕하세요. 좋은 아침입니다. 이 메시지는 David 씨에게 남깁니다. 저는 Leona Lewis이구요. 당신이 원하는 대부분의 것들을 충족하는 아파트가 나왔다는 것을 알려드리기 위해 전화 드립니다. 그런데 전철역까지는 도보로 가기엔 좀 멉니다. 하지만 보안이 잘 되어 있고 난방도 좋아요. 임대료는 한 달에 1,500유로입니다. 만약 관심이 있으시면 가능한 빨리 알려주세요. 내일 볼 수 있을지 건물 관리인에게 물어볼게요. 제가 5시까지 사무실에 없을 겁니다. 제 핸드폰으로 연락주세요. 고마워요. David 씨. 연락 기다릴게요.

04 화자는 누구인가?
(A) 아파트 거주민
(B) 집 주인
(C) 건물 경비
(D) 부동산 중개인

해설 **키워드:** Who / speaker **위치:** 지문 전반부
말하는 사람이 누구인지를 묻는 질문이다. 말하는 사람에 대한 정보는 주로 지문의 전반부에서 자신을 소개하는 표현을 잘 들어야 한다. 또는, 특정 직업을 가진 사람만이 쓰는 단어들이 나올 것이다. 처음에 메시지를 남기는 사람에 대한 이름만 언급되어 다소 당황스럽지만, I'm calling to let you know that ~이하에서 전화를 건 목적이 괜찮은 아파트(an apartment matching most of your requests)가 나왔다고 전화를 하는 것으로 보아 보기 중의 부동산 중개인이 가장 적절하다.
정답 (D) A real estate agent

여기서 잠깐! 땅(부지), 건물, 아파트, 사무실 등을 관리하고 중개인의 역할을 하는 사람으로 A real estate agent뿐만 아니라 property manger도 토익에서 자주 등장한다.

어휘 match 맞추다, 조화시키다 request 요청, 요구 available 이용 가능한, 시간이 있는 unfortunately 불행하게도, 유감스럽게도 within walking distance 걷는 거리 이내 security 보안, 경비 per 각, 당 as soon as possible 가능한 한 빨리 have a look at ~을 한번 슬쩍 보다 reach 연락하다 mobile phone 휴대폰

Question 05 refer to the following announcement. 미M

Hello, ladies and gentlemen. This is your captain speaking. I hope you enjoyed the lunch. The flight attendants are coming around now to collect your cups and plates as we will be landing in Boston shortly. We will be arriving a few minutes early which I know is good for passengers with connecting flights to New York and Washington. Our path into Boston will take us over the city and the bay. So, I encourage you to sit back and enjoy the amazing view for the remaining minutes of our flight.

문제 05는 다음 안내방송을 참조하세요.
안녕하세요, 여러분. 저는 여러분의 기장입니다. 점심은 잘 드셨는지요. 잠시 후 보스턴에 도착할 예정이며, 여러분의 컵과 접시들을 수거하기 위해 이제 승무원들이 돌아다닐 것입니다. 우리는 예정 시간보다 몇 분 더 일찍 도착하게 될 것인데, 이것이 뉴욕과 워싱턴에 가는 경유 비행기를 갈아타려는 승객 여러분들께는 도움이 되실 거라 생각합니다. 우리가 보스턴으로 가는 항로는 시와 만을 지나 예정입니다. 따라서 여러분들께서는 좌석에 앉으셔서 남은 비행 시간 동안 멋진 차창 밖 전경을 구경하시기 바랍니다.

05 화자는 누구인가?
(A) 기차 차장
(B) 비행기 승무원
(C) 버스 기사
(D) 항공기 기장

해설 **키워드:** Who / speaker **위치:** 지문 전반부
화자의 정체는 지문의 전반부에서 알 수 있다. This is your captain speaking.과 The flight attendants are coming around라는 부분에서 비행기의 captain임을 알 수 있다.
정답 (D) An airline pilot

어휘 captain 기장 flight attendant 승무원 collect 수거하다 plate 접시 land 착륙하다 shortly 잠시 후 switch 갈아타다 connecting flight 경유 비행기 take 걸리다 bay 만 spectacular 멋진

Question 06 refers to the following excerpt from a meeting. 영M

I've called this manager's meeting to announce a new policy that affects factory workers under your supervision. Beginning next month, everyone operating machinery will be required to take a ten-minute break every hour. In the past few weeks, we've had several reports about safety problems that resulted from operators who are distracted and tired through dealing with their routine jobs. We definitely want to reduce the number of these costly mistakes and we believe that regular breaks for workers could reduce the number of accidents.

문제 06은 회의 도중 발언한 내용을 참조하세요.
여러분의 감독 하에 있는 공장 근로자들에게 영향을 미칠 수 있는 새로운 정책을 발표하기 위해 이번 부서장 회의를 소집했습니다. 다음 달부터, 기계를 다루는 모든 공장 근로자들은 매시간 10분의 휴식을 취해야 할 것입니다. 지난 몇 주 동안 우리는 산만하고, 그들의 일상적인 업무에 피곤해 하는 기계 작동자들에 의해 야기되는 안전 문제에 관한 보고서를 봤습니다. 우리는 이러한 값비싼 실수들의 수를 줄이기를 원하며, 정기적인 휴식이 사고 수를 줄일 수 있다고 생각합니다.

06 누구에게 연설되어지고 있는 중인가?
(A) 소프트웨어 엔지니어들
(B) 자동차 정비공들
(C) 공장 부서장들
(D) 시장 분석가들

해설 **키워드:** What / being addressed **위치:** 지문 전반부
청자의 정체를 묻는 문제는 지문의 전반부에 위치한다. 회의를 소집한 이유를 들면서 정체를 밝히고 있으므로(I've called this manager's meeting to announce a new policy that affects factory workers under your supervision.) 정답은 (C)가 된다. 정답 (C) Factory managers

어휘 call a meeting 회의를 소집하다 effect 영향을 미치다 operator 작동자 under supervision 감독 하에 operate 작동하다 machinery 기계 result from ~로부터 야기되다 reduce 줄이다 costly 값비싼

Lesson 2 목적(이유)이나 주제, 문제점과 관련된 질문들

실전 TOEIC Test p.289

Question 01 refers to the following telephone message. 영M

Hi, this message is for George Fisher. I'm calling to confirm your appointment with the dentist on Friday, March 3rd, at 1 p.m. Please note your appointment will take more than an hour, since we'll be taking X-rays as well as cleaning and examining your teeth. We also advise you to arrive at least ten minutes earlier than your appointment to fill out the new patient history form and other paperwork. If you have any questions or need to reschedule, please call the office. We'll be open until five o'clock today.

문제 01은 다음 전화메시지를 참조하세요.
안녕하세요. George Fisher 씨에게 드리는 메시지입니다. 저는 3월 3일 금요일 오후 1시의 치과 예약을 확인하고자 전화 드렸습니다. 귀하의 치아를 검사하고 스케일링하는 것뿐만 아니라, 엑스레이도 찍어야 하기 때문에, 귀하의 진료는 한 시간 넘게 지속된다는 것을 기억해 주시기 바랍니다. 또한 신규 환자 병력서 및 기타 서류를 작성하기 위하여 예약시간 10분 전에 도착해 주시기를 요청하는 바입니다. 다른 질문이나 일정을 다시 조정하실 필요가 있다면 사무실로 전화 주시기 바랍니다. 저희는 오늘 5시까지 문을 엽니다.

01 메시지의 목적은 무엇인가?
(A) 행사를 공지하기 위해
(B) 면접일정을 잡기 위해
(C) 지연을 보고하기 위해
(D) 예약을 확인하기 위해

해설 **키워드:** What / purpose / message **위치:** 지문 전반부
목적을 묻는 질문 유형이다. 목적은 지문의 전반부에 위치한다. 예약을 확인하기 위해 전화했다(I'm calling to confirm your appointment)고 했으므로 정답은 (D)가 된다.
정답 (D) To confirm an appointment

어휘 confirm 확인하다 as well as ~뿐만 아니라 examine 점검하다 complete 완료하다 reschedule 일정을 다시 잡다

Question 02 refers to the following announcement. 미W

Attention visitors. The Modern Arts Museum's exhibit rooms will be closing in half an hour. The museum's cafe and gift store will remain open until 9. If you checked your personal items or clothes when you entered, do not forget to collect them before you leave. Remember that a new exhibit, "19th century paintings," will be opening next week. You can get a free brochure for this exhibit as you're leaving the museum today. Once again, the museum will be closing in half an hour

문제 02는 다음 안내방송을 참조하세요.
방문객들은 주목해주시기 바랍니다. 현대미술 박물관의 전시실이 30분 후에 문을 닫습니다. 박물관 카페와 선물가게는 9시까지 이용하실 수 있습니다. 입장하실 때, 맡긴 옷과 개인 물품이 있으시다면 떠나시기 전에 다시 가지고 돌아가시기 바랍니다. '19세기 그림'이라는 새로운 전시회가 다음 주부터 시작되는 것을 기억해 주십시오. 오늘 박물관을 나가시면서 이번 전시회에 관한 무료 안내 책자를 받아가시기 바랍니다. 다시 한 번 말씀드립니다. 박물관은 30분 뒤에 문을 닫습니다.

02 공지의 목적은 무엇인가?
(A) 고객들에게 특별 세일을 알리기 위해
(B) 카페의 오늘의 특별 요리를 알리기 위해
(C) 카페로 가는 길을 안내하기 위해
(D) 박물관의 마감시간을 알리기 위해

해설 **키워드:** What / purpose / announcement
위치: 지문 전반부
목적은 지문의 첫 부분에서 알 수 있다는 것을 잊지 말자. 30분 후에 문을 닫는다고 말하는 내용이므로(The Modern Arts Museum's exhibit rooms will be closing in half an hour.) 정답은 (D)가 된다.

정답 (D) To announce the closing time of a museum

어휘 attention 주목 check 맡기다 be sure to + 동사원형 확실히 ~하다 collect 수거하다

Question 03 refers to the following radio announcement. 미M

If you're looking for a job or considering a career change, come to Best Place 9th annual job fair. The fair will take place at Kingston University on July 10th and 12th. Again this year, job seekers will be able to discuss employment opportunities with companies in a variety of fields including hospitality, consulting, entertainment and finance. Candidates should bring copies of their resumes with a cover letter and contact information. Visit the job fair's website at Best Place.com for more information about the organization's representatives of the fair.

문제 03은 다음 라디오 방송을 참조하세요.
일자리를 찾고 있거나 종사하는 직종을 바꾸고 싶다면 Best Place의 9번째 연례 취업 박람회에 오시기 바랍니다. 박람회는 7월 10일과 12일 Kingston 대학교에서 개최됩니다. 올해에도 다시, 구직자들께서는 요식업과 컨설팅 및 연예, 금융을 포함한 다양한 분야의 회사들과 함께 채용의 기회를 논의해 볼 수 있을 것입니다. 지원자들은 자기소개서와 연락처가 포함된 이력서를 가져오시기 바랍니다. 박람회의 담당자들에 관한 정보를 더 알고 싶으신 분은 박람회 웹사이트 Best Place.com을 방문하여 확인하시기 바랍니다.

03 행사의 목적은 무엇인가?
(A) 금융 정보의 제공
(B) 도시 변화에 대한 논의
(C) 전문적인 훈련 제공
(D) 일자리 공지

해설 **키워드:** What / purpose / event **위치:** 지문 전반부
목적은 지문의 상단에 위치한다. If you're looking for a job or considering a career change, come to Best Place 9th annual job fair.에서 일자리를 찾는 사람들에게 기회를 제공한다고 했으므로 정답은 (D)이다.

정답 (D) To publicize some job openings

어휘 look for ~을 찾다 consider 고려하다 career change 종사하는 직종의 변화 fair 박람회 take place 일어나다, 개최되다 field 분야 including ~을 포함하여 bring 가져오다

Question 04 refers to the following announcement. 호W

Before we start today, I want to let you know there is some news about the company's website. Sean Harrison has spent the last two years on the site and we're now able to post announcements about company events and other news regarding our work here at General Electronics. So, when you get back to your desks, make sure the General Electronics's website is properly set up as the home page on your computer. That way, each morning you will not miss what's new at the company. If you have any suggestions that you think may be of interest to everyone, let Colin know and he can post it for you.

문제 04는 다음 안내방송을 참조하세요.
오늘 우리가 일을 시작하기 전에 회사 웹사이트에 관한 뉴스를 알려드리겠습니다. Sean Harrison 씨가 지난 2년 동안 사이트에 많은 시간을 들여 회사 행사와 General Electronics의 업무에 관한 다른 뉴스들에 대해 공지를 게시할 수 있게 되었습니다. 따라서 자리로 돌아가시면 여러분의 컴퓨터의 홈페이지를 General Electronics사의 웹사이트로 설정하시기 바랍니다. 그렇게 하시면 매일 아침 자동적으로 회사의 새 소식을 볼 수 있게 될 것입니다. 모든 사람들이 관심을 가질 만한 공지를 가지고 계시다면 Colin이 그것을 게시할 수 있도록 알려주시기 바랍니다.

04 무엇에 관한 공지인가?
(A) 새로 디자인된 웹사이트
(B) 연례 회의
(C) 고객 방문
(D) 새로운 데이터베이스 체제

해설 **키워드:** What / announcement **위치:** 지문 전반부
공지의 목적을 묻는 문제는 지문의 첫 부분을 잘 들어야 한다. I want to let you know there is some news about the company's website. Sean Harrison has spent last two years on the site라는 부분에서 새로 디자인된 웹사이트에 대해 말하고 있다는 것을 알 수 있다. 그러므로 정답은 (A) 새로 디자인된 웹사이트이다.

정답 (A) A redesigned website

어휘 spend 시간, 돈을 쓰다 post 게시하다 regarding ~에 관한 get back to ~로 되돌아오다 set up 설정하다 of interest 관심 있는

Question 05 refers to the following announcement. 미M

Welcome to the monthly World Finance Conference, everyone. We apologize for the long registration lines. Unfortunately, we are experiencing some technical problems with our administration system, and we are unable to access your registrations. To help us expedite the check-in process, please have your receipt ready to show us as proof of payment. And due to these unexpected difficulties, we have postponed the first seminar until this afternoon. We expect that everyone can check-in before the event begins. Thank you for your cooperation.

문제 05는 다음 안내방송을 참조하세요.
월례 세계 재정 컨퍼런스에 오신 여러분들을 환영합니다. 등록하는 데 오랫동안 기다리게 하여 죄송합니다. 유감스럽게도 행정 시스템에 약간의 문제가 발생하여 여러분의 등록에 접근할 수 없었습니다. 등록절차를 신속하게 할 수 있도록, 지불 영수증을 준비하여 주시기 바랍니다. 이러한 예기치 않은 어려움으로 인하여 첫 번째 세미나는 오늘 오후로 연기되었습니다. 모든 사람들이 행사가 시작되기 전에 체크인하실 수 있을 것입니다. 협조해 주셔서 감사합니다.

05 화자가 언급한 문제는 무엇인가?
(A) 주문이 배달되지 않았다.
(B) 컨벤션 센터에는 자리가 충분하지 않다.
(C) 일부 기업 관계자들이 도착하지 않았다.
(D) 컴퓨터 시스템이 적절하게 작동하지 않고 있다.

해설 **키워드:** What problem / speaker / mention
위치: 지문 전반부
문제 제기도 주로 지문의 첫 부분에 위치하는 것이 일반적이다. Unfortunately, we are experiencing some technical problems with our administration system, and we

are unable to access your registrations.에서 행정 시스템에 문제가 있다고 하고 있으므로 정답은 (D)가 된다. 또한 문제 제기의 경우 주로 위와 같이 unfortunately, but, however, I'm afraid와 같은 표현이 자주 사용된다는 것을 정리해 두자.

정답 (D) The computer system is not working properly.

어휘 apologize for ~에 대해 사과하다 registration 등록 be unable to do ~할 수 없다 access 접근하다, 이용하다 expedite 신속히 하다 check-in 체크인, 등록 process 과정, 절차 ready 준비된 proof 증거 payment 지불 postpone 연기하다

Question 06 refers to the following talk. 미W

> Hi, everyone. I am happy to inform you that we've had a lot more diners visiting our restaurants during the past few months. Most of our customers enjoy the oriental atmosphere here, and they have been telling their friends about us. So, we've decided to hire five more servers. I've asked Sara to place advertisements for these positions in the newspaper and search recruiting sites. However, if you want to recommend anyone suitable for this position, please contact Sara.

문제 06은 다음 담화를 참조하세요.

안녕하십니까, 여러분. 지난 몇 달 동안 저희 식당에 방문해주시는 고객의 수가 더욱더 늘어났다는 보고를 하게 되어 기쁩니다. 고객들께서 이곳의 동양적인 분위기를 좋아해 주시고, 그분들의 친구들에게 저희 식당에 대해 말해주고 있습니다. 따라서 저희는 5명의 웨이터를 더 고용하기로 결정했습니다. Sara에게 신문과 채용 사이트에 구인 광고를 게재하라고 요청했습니다. 그러나 만약 이 자리에 적합한 사람을 추천해 주고 싶으시다면 Sara에게 연락해주시길 부탁드립니다.

06 화자는 왜 기뻐하는가?

(A) 고객들의 수가 증가하여

(B) 음식의 품질이 향상되어서

(C) 직원이 상을 받게 되어서

(D) 새로운 웹사이트가 개설되어서

해설 **키워드:** Why / speaker / pleased **위치:** 지문 전반부

화자가 무엇 때문에 기뻐하는지 I am happy to ~ 부분을 잘 들어야 한다. I am happy to inform you that we've had a lot more diners visiting our restaurants during the past few months.라고 했으므로 정답은 고객의 수가 증가해서인 (A)가 된다.

정답 (A) The number of customers has grown.

어휘 oriental 동양적인 atmosphere 분위기 tell 말해주다 put an advertisement 광고를 내다 recruiting site 구인 사이트

Lesson 3 장소와 관련된 질문들

실전 TOEIC Test p.291

Question 01 refers to the following announcement. 미W

> Ladies and gentlemen, we apologize for the delay in our departure from Surrey. We will be leaving the station in five minutes so please have your tickets ready for the conductors. If you didn't have time to purchase the ticket before boarding the train you can buy one from the conductor. A one-pound convenience fee will be added to the cost of the ticket. I also want to remind you that at the back of this train, you can find a dining car offering a range of reasonably priced meals and snacks. Again we apologize for the delay and thank you for your patience.

문제 01은 다음 안내방송을 참조하세요.

신사 숙녀 여러분, Surrey에서 출발이 지연되어 사과드립니다. 5분 후에 역을 출발할 것이니, 차장에게 표를 보여줄 준비를 하시기 바랍니다. 열차에 탑승하기 전 표를 구매하실 시간이 없으셨다면 차장에게 표를 구입하실 수도 있습니다. 1파운드의 서비스 요금이 표 가격에 추가됩니다. 이 열차 뒤편에는 다양한 종류의 합리적인 가격의 식사와 스낵이 제공되는 식당 칸이 있음을 알려드립니다. 다시 한 번 지연에 대해 사과드리며 기다려 주셔서 감사드립니다.

01 청자들은 어디에 있을 것 같은가?

(A) 티켓 판매소

(B) 화장실

(C) 기차 안

(D) 카페 안

해설 **키워드:** Where / listeners **위치:** 지문 전반부

공지가 이뤄지고 있는 장소를 묻는 문제는 대화의 전반부에서 찾는 것이 일반적이다. we apologize for the delay in our departure from Surrey. We will be leaving the station in five minutes so please have your tickets ready for the conductors.에서 5분 후에 역을 출발할 것이니, 차장에게 표를 보여줄 준비를 하기 바란다고 말하고 있으므로 열차 안에서 나오고 있는 공지임을 알 수 있다. 그러므로 정답은 (C) 기차 안이 된다.

정답 (C) On a train

어휘 delay 지연 departure from ~로부터의 출발 leave 출발하다 board 탑승하다 conductor 차장 convenience fee 서비스 요금 add 추가하다 remind 상기하다 dining car 식당칸 a range of 다양한 reasonably 합리적으로 priced 가격이 매겨진

Question 02 refers to the following talk. 미M

> Good morning and welcome to the 7th annual convention on Mobile Communication Technology. I know you are looking forward to this event filled with focus group sessions, software demonstrations, and some case studies of the latest network technology. Those of you who participated in last year's convention will notice something special this time. We now have wireless Internet access in all areas. If you are attending the focus group session on mobile telecommunication, the first activity, there has been a change. It will be held in the Hult Center, not the Empire Room. If you have any further inquiries about the activities you may speak to the coordinator at the main office near the entrance.

문제 02는 다음 담화를 참조하세요.

안녕하세요. 제7회 이동통신기술 연례회의에 오신 것을 환영합니다. 여러분들은 소비자 그룹 토론과 소프트웨어 시연 및 최신 네트워크 기술에 대한 사례 등으로 구성되어 있는 이 행사를 기다려왔다는 것을 잘 알고 있습니다. 지난해 회의에 참석하신 분들은 이번에 특별한 것이 있다는 것을 알게 될 겁니다. 현재 회의장 어디에서나 무선 인터넷 접속이 가능해졌답니다. 첫 번째 행사인 이동전화통신에 관한 소비자 그룹 토론에 참석하시고자 하는 분들에게 변경 사항이 있다는 것을 알려드립니다. 이 행사는 Empire Room에 열리는 것이 아니라 Hult

Center에서 있을 예정입니다. 행사에 대해 더 궁금하신 게 있으시다면 출입구 옆에 있는 사무실에서 행사 진행자에게 문의하시기 바랍니다.

02 화자는 어디에 있는가?
(A) 미술 전시회
(B) 컴퓨터 가게
(C) 강연장
(D) 컨벤션

해설 **키워드:** Where / speaker **위치:** 지문 전반부
말하는 사람이 있는 장소를 묻는 질문은 전반부에서 모임의 성격을 통해 쉽게 확인할 수 있다. 환영 인사인 welcome to the 7th annual convention을 통해 컨벤션장임을 알 수 있다. 그러므로 정답은 (D)가 된다.
정답 (D) At a convention

어휘 annual convention 연례회의, 연례총회 look forward to ~을 기대하다 session 시간, 기간 participate in ~에 참가하다 notice 알아차리다, 의식하다 wireless Internet access 무선 인터넷 접속 area 지역 attend 참석하다 mobile telecommunication 이동통신 further 더 inquiry 질문, 문의 coordinator 진행자 entrance 입구

Question 03 refers to the following telephone message. 호W

Hello, I'm calling from Siemens, a national survey & research company. It would be great if you could answer some questions regarding products you usually buy. If you participate in this survey, we'll send you fifty dollars worth of product samples. Just call us back on 222-3535 so we can send you a copy of our survey. But you'd better hurry up, as you must call us back within 24 hours in order to receive your free samples. We are looking forward to hearing from you.

문제 03은 다음 전화메시지를 참조하세요.
안녕하세요. 전국적인 여론조사 회사인 Siemens사에서 전화 드립니다. 귀하께서 평상시에 구매하시는 제품에 관해 몇 가지 질문에 응답해 주신다면 참 좋을 것 같습니다. 귀하께서 저희의 조사에 참여해 주신다면 50달러 상당의 제품 샘플을 보내드릴 것입니다. 222-3535으로 바로 답신 주시면 귀하께 설문지를 보내드릴 것입니다. 그러나 서두르세요. 무료 샘플을 받기 위해선 24시간 이내에 저희에게 전화를 주셔야 합니다. 귀하의 답신을 기다리겠습니다.

03 화자는 어디에서 일할 것 같은가?
(A) 교육 기관
(B) 시장조사 회사
(C) 통신사
(D) 소매점

해설 **키워드:** Where / speaker / work **위치:** 지문 전반부
화자의 정체는 지문의 상단에서 알 수 있다. 특히 recorded message와 같은 경우는 발신자의 정체는 바로 첫 번째 문장에서 대부분 알 수 있다. 첫 번째 문장의 I'm calling from Siemens, a national survey & research company.에서 여론조사 회사라고 했으므로 정답은 (B) 시장조사 회사가 된다.
정답 (B) At a market research firm

어휘 answer 대답하다, 응답하다 usually 평소에 call back 답신하다 look forward to -ing ~하기를 고대하다

Question 04 refers to the following short talk. 영M

As we all know, we have a lot of work to do. So, let's start the meeting right away. First, I'm happy to announce that two new accountants will be joining our department. If any of you can help with their new assignments tomorrow, I would really appreciate it. Just call me to let me know. The next thing I'd like to inform you about is that everything's on schedule for next month's release of our new line of accounting software programs we developed this year. The research and development team has been working hard to make next month's product launch go smoothly. And now Richard from the research department will show you what they've been working on.

문제 04는 다음 담화를 참조하세요.
다들 알다시피 우리는 해야 할 일이 많습니다. 그러니 회의를 시작해 보도록 하겠습니다. 우선, 2명의 새로운 회계사들이 우리 부서에 합류할 것임을 알리게 되어 기쁩니다. 여러분들 중 누구라도 내일 그들이 새로운 업무를 시작할 때 도와주신다면 정말 감사하겠습니다. 저에게 전화로 알려주시기만 하면 됩니다. 언급하고자 하는 다른 사항은 올해에 개발한 새로운 회계 소프트웨어 프로그램 제품군이 일정대로 다음 달에 출시 될 것이라는 점입니다. 연구개발팀은 다음 달 제품 출시를 순조로이 할 수 있도록 열심히 일하고 있는 중입니다. 그래서 연구개발팀의 Richard가 그들이 현재 무엇을 하고 있는지 여러분에게 보여줄 것입니다.

04 화자는 어느 부서에서 일하고 있는가?
(A) 회계
(B) 연구개발
(C) 인사
(D) 마케팅

해설 **키워드:** What department / speaker / work
위치: 지문 전반부
화자의 정체는 대화의 전반부에서 알 수 있다. First, I'm happy to announce that two new accountants will be joining our department.에서 회계사 두 명이 우리 부서에 새로 온다고 알리고 있는 것으로 보아 화자가 일하는 부서는 회계부라는 것을 알 수 있다. 그러므로 정답은 (A)가 된다.
정답 (A) Accounting

어휘 join 합류하다 appreciate 감사하다 on schedule 일정대로 release 출시 product launch 제품 출시 smoothly 순조로이

Question 05 refers to the following announcement. 미W

Attention, all employees. This is a reminder that some of the computers will be replaced with newer ones this afternoon. Employees who have asked for new computers and software should remain at their workstations during this replacement. Although there is a weekly meeting for sales representatives, those employees who should be present at their desks this afternoon will not be required to attend today. If you have any further questions, call the maintenance department.

문제 05는 다음 안내방송을 참조하세요.
직원 여러분들께서는 모두 주목해주시기 바랍니다. 컴퓨터들 중 일부가 오늘 오후에 새 것으로 교체된다는 것을 다시 알려드립니다. 새로운 컴퓨터와 소프트웨어를 주문하신 직원들은 교체를 할 때 본인의 자리

에 있어 주시길 바랍니다. 영업 사원들을 위한 주간회의가 있지만 오늘 오후에 사무실에 계셔야 하는 직원들은 오늘 회의에 참석하지 않아도 됩니다. 질문이 있으시면 관리팀으로 연락해 주세요.

05 공지는 어디에서 이뤄질 것 같은가?
(A) 공장
(B) 사무실
(C) 공항
(D) 백화점

해설 **키워드:** Where / announcement / made
위치: 지문 전반부
공지의 장소를 묻는 문제는 지문의 상단에서 확인하자. Attention, all employees. This is a reminder that some of the computers will be replaced with newer ones this afternoon.이라고 했으므로 회사에서 이뤄지는 공지임을 알 수 있다. 정답 (B) In an office

어휘 reminder 상기시키는 것 workstation 사무실 등에서 근로자 한 사람에게 주어지는 작업 장소 replace A with B A를 B로 교체하다 replacement 교체, 대체 weekly meeting 주 1회하는 회의 sales representative 영업사원 present 있는, 존재하는, 참석한 be required to + 동사원형 ~하라는 요구를 받다 attend 참석하다 maintenance 유지보수, 관리 department 부서

Question 06 refers to the following announcement. 미M

Good morning, everyone. Today we have some great news. We've won the best innovative design award for our office furniture at the London Design Show. Our desk chairs in particular, were recognized for their functionality and comfort. The award will be presented to the design team at a banquet at the Queens' Hotel next week. But I wanted to take this opportunity to thank everyone who worked hard on this project. I know that all of you will keep up the good work and continue to show excellence in our new product line.

문제 06은 다음 안내방송을 참조하세요.
좋은 아침입니다, 여러분. 오늘은 좋은 뉴스로 시작하고자 합니다. 런던 디자인 쇼에서 우리 사무용 가구가 최고의 혁신적인 디자인상을 받았습니다. 우리 책상 의자는 특히, 기능성과 편안함을 인정받았습니다. 상은 내달 Queens 호텔의 연회에서 디자인팀에게 수여될 것입니다. 그러나 저는 이 기회를 빌어 이 프로젝트에 작업했던 모든 분들께 감사하다는 말씀을 드리고자 합니다. 우리의 새로운 제품군을 소개하는 다음 프로젝트에도 계속적으로 열심히 해 주시길 바라는 바입니다.

06 화자는 어떤 종류의 회사에서 근무할 것 같은가?
(A) 음식조달 업체
(B) 호텔
(C) 판촉 대행사
(D) 가구 디자인 회사

해설 **키워드:** What type of company / speaker / work
위치: 지문 전반부
화자의 정체를 묻는 문제의 유형은 대화의 전반부에서 찾아보도록 한다. We've won the best innovative design award for our office furniture at the London Design Show.에서 이 회사가 가구와 관련된 회사임을 알 수 있다.
정답 (D) A furniture design firm

어휘 innovative 혁신적인 in particular 특히 functionality 기능성 comfort 편안함, 안락함 present [prizént] 수여하다 opportunity 기회 keep up 계속하다

Lesson 4 구체적인 사항과 관련된 질문들

실전 TOEIC Test p.293

Question 01 refers to the following talk. 영M

Good evening, ladies and gentlemen. It is my honor to welcome you as we celebrate the grand reopening of the Phoenix Art Museum. After three months of renovation the facility has been modernized and the guest lounge has been expanded. I'm also glad to announce that our museum is now equipped with escalators making it easier for our visitors to see all of the wonderful artworks on exhibition. Now we are going to have many of our popular community programs including our museum festival series which highlights local artists.

문제 01은 다음 담화를 참조하세요.
안녕하십니까, 신사 숙녀여러분. Phoenix Art Museum의 재개관을 축하하면서 여러분들을 맞이하게 되어 영광입니다. 3개월의 보수공사 후 시설은 현대화되었고 방문객 라운지는 더 확장이 되었습니다. 또한 전시되어 있는 훌륭한 예술품들을 좀 더 쉽게 돌아볼 수 있도록 에스컬레이터를 설치했다는 것을 알려드리게 되어 기쁩니다. 지금부터는 지역 예술가들을 돋보이게 하는 전시관 축제들을 포함하여 대중적인 지역 프로그램들을 가지게 될 것입니다.

01 보수공사는 얼마가 걸렸는가?
(A) 3개월
(B) 4개월
(C) 6개월
(D) 1년

해설 보수공사가가 얼마나 걸렸는지를 묻는 질문이다. 키워드인 renovation(보수공사)을 잘 들어야 한다. renovation과 관련된 이야기를 하면서 기간에 대해서도 언급할 것이기 때문이다. 처음에 환영의 인사말이 끝나고 나서 After three months of renovation(3개월의 보수공사 후)라고 하면서 바로 renovation과 함께 3개월이란 기간이 등장한다. 따라서 정답은 (A)이다. 정답 (A) Three months

어휘 honor 명예, 영예 celebrate 축하하다 grand reopening 재개관 renovation 보수 facility 시설 modernize 현대화하다 expand 확장하다 announce 발표하다, 알리다 be equipped with ~을 갖추고 있다 artwork 미술품 exhibition 전시회 including ~을 포함하여 festival 축제 highlight 강조하다 local 지역의 artist 예술가 popular 인기 있는

Question 02 refers to the following excerpt from a meeting. 미W

Now, before we move onto the next agenda, I'd like to tell you about an important change that everyone must be aware of. We recently installed a new payroll system that has enabled us to start a new wage payment system. So, starting next week, all employees will be paid every two weeks rather than once a month. You all will be receiving an email regarding the new payment system, which will include a list of answers to some frequently asked questions. We believe that everything will go smoothly next week. And I hope you all find the new payment system to be much better than before.

문제 02는 회의 도중 발언한 내용을 참조하세요.
이제, 다음 안건을 시작하기 전에 여러분이 반드시 숙지해야 하는 중요한 변화에 대해 얘기하고자 합니다. 우리는 최근에 새로운 방식의 급여 지급을 가능하게 하는 급여 시스템을 설치하였습니다. 따라서 다음 주부터 모든 직원들은 한 달에 한 번 급여를 받는 대신에 매 2주마다 급여를 받게 될 것입니다. 여러분 모두는 자주 질문하는 사항들에 대한 답변을 포함해서 새로운 급여 지급 시스템을 설명하는 이메일을 받게 될 것입니다. 다음 주에는 모든 것이 순조롭게 진행될 것이라고 확신합니다. 그리고 여러분 모두 새로운 급여 지급 시스템이 기존 것보다 훨씬 좋다는 것을 알게 되시기를 희망합니다.

02 언제 변경 사항이 시행될 것인가?
(A) 이번 주
(B) 다음 주
(C) 2주 후
(D) 한 달 후

해설 **키워드:** When / change / take effect **위치:** 지문 중반부
미래 정보를 묻는 문제이므로 지문의 중후반부에서 찾아야 한다. 앞부분에서 I'd like to tell you about an important change라고 하면서 변화가 있다고 말하고는, 중반부에 starting next week, all employees will be paid every two weeks rather than once a month라고 말하며, 다음 주부터 모든 직원들이 2주마다 급여를 받게 될 것이라고 알리고 있다. 따라서 변경 사항은 (B) 다음 주부터 시행된다는 것을 알 수 있다. 정답 (B) Next week

어휘 recently 최근에 enable A to + **동사원형** A가 ~하는 것을 가능하게 하다 rather than ~보다는 오히려 frequently asked questions 자주 묻는 질문들

Question 03 refers to the following announcement. 미M

Attention, passengers traveling on the 11:15 express to Seoul. Due to railway congestion here in the airport, this train will depart one hour late, at 12:15. Also, it will no longer be leaving from track 4 as originally scheduled. It will be boarding instead on track 5. All passengers must have tickets and identification cards ready for inspection upon boarding. If you have any questions about the departure delay, please go to the information desk located next to the main gate.

문제 03은 다음 안내방송을 참조하세요.
서울행 11시 15분발 고속열차를 타시는 승객 여러분들께서는 주목해주시기 바랍니다. 이곳 공항에서의 철로 혼잡 때문에 이 열차는 1시간 뒤인 12시 15분에 출발할 예정입니다. 또한 원래 일정대로 4번 선로에서 출발하지 않음을 알립니다. 대신 5번 선로에서 탑승을 하게 될 것입니다. 모든 승객들은 탑승 시 점검을 위해 신분증과 티켓을 준비하시기 바랍니다. 출발 지연에 대해 문의가 있으시면 정문 옆에 위치한 안내데스크로 와주시기 바랍니다.

03 서울행 열차는 어느 선로에서 출발할 것인가?
(A) 4번 선로
(B) 5번 선로
(C) 11번 선로
(D) 12번 선로

해설 **키워드:** Which track / train to Seoul / leaving
위치: 지문 중반부
서울행 열차가 출발할 선로를 묻는 문제이다. 키워드인 track의 앞뒤 문장을 잘 들어야 한다. Also, it will no longer be leaving from track 4 as originally scheduled. It will be boarding instead on track 5.에서 원래의 일정대로 4번 선로(track)에서 출발하지 않고 5번 선로에서 출발한다고 하고 있으므로 정답은 (B) 5번 선로가 된다. 원래 일정대로 잡혀 있는 내용과 혼동하지 않도록 한다. 참고로 instead, originally와 같은 표현에 주의하자. 정답 (B) Track 5

어휘 travel 여행하다 railway 선로 congestion 정체, 과잉 depart 출발하다 no longer 더 이상 ~않는 originally 원래대로 scheduled 일정이 잡힌 inspection 점검 upon boarding 탑승 시에

Question 04 refers to the following announcement. 호W

Good morning, everyone. I wanted to announce that next month new software will be installed on all dispatching department's computers. I think you will like it. This software will allow us to process customer's orders much more efficiently. Now, in order to prepare you for this transition, next Tuesday there will be a training workshop at noon. Technical Services will show us how to use the software. Please attend the workshop. If you have any questions relating to this matter, please let me know.

문제 04는 다음 안내방송을 참조하세요.
좋은 아침입니다, 여러분. 다음 달 새로운 소프트웨어가 발송 부서의 컴퓨터에 모두 설치될 것임을 알려드리고자 합니다. 여러분들이 그것을 좋아하실 것이라 생각합니다. 이 소프트웨어는 고객들의 주문을 더욱더 효율적으로 처리하는 것을 가능하게 해줄 것입니다. 지금, 이 변화에 대해 여러분들이 준비할 수 있도록 다음 주 화요일 12시에 워크샵이 있을 것입니다. 기술 지원부가 어떻게 소프트웨어를 사용하는지 우리에게 보여줄 것입니다. 워크샵에 참석해주시길 바랍니다. 워크샵과 관련된 문의사항이 있으시다면 말씀해주세요.

04 다음 화요일에는 어떤 일이 생길 것인가?
(A) 직원들이 교육을 받을 것이다.
(B) 사무실이 문을 닫을 것이다.
(C) 컴퓨터를 점검할 것이다.
(D) 입사지원서를 검토할 것이다.

해설 **키워드:** What / happen / Tuesday **위치:** 지문 후반부
미래 정보를 묻는 문제이므로 지문의 후반부에서 키워드인 next Tuesday의 앞뒤 문장을 잘 들어야 한다. next Tuesday there will be a training workshop at noon. Technical Services will show us how to use the software에서 다음 주 화요일에 직원들이 교육을 받을 것이라고 말하고 있으므로 정답은 (A)이다. 정답 (A) Employees will be trained.

어휘 announce 공지하다 dispatching department 발송 부서 process 처리하다 efficiently 효율적으로 prepare A for B A가 B에 대해서 준비하도록 조치하다 transition 변화, 이동

Question 05 refers to the following announcement. 영M

First on our agenda today, I'd like to tell you about our new record keeping policy. As of the first of August, you must submit your daily routine work reports to the archives department. The archives department will store these records permanently. They are located on the second floor but you don't need to hand in the reports in person. When you leave the office, you can put the documents in the drop boxes that have been located near the elevators on each floor. The report form will be provided by your supervisor, so please complete the form when writing up the report. Thanks for your cooperation with this.

문제 05는 다음 안내방송을 참조하세요.
오늘 안건의 첫 순서는 새로운 기록 보관 정책에 관한 것입니다. 8월 1일부로 여러분은 일일 업무 보고서를 문서보관소에 제출해야 합니다. 문서보관소는 이러한 기록들을 영구적으로 보관하게 될 것입니다. 문서보관소는 2층에 있지만, 여러분들이 직접 보고서를 제출하실 필요는 없습니다. 퇴근할 때 각 층의 엘리베이터 근처에 설치된 보관함에 넣기만 하면 됩니다. 보고서 양식은 여러분의 상사가 나누어 줄 것입니다. 협조해 주셔서 감사합니다.

05 문서보관소는 어디에 있는가?
(A) 다른 건물
(B) 지하실
(C) 2층
(D) 우편실 옆

해설 **키워드:** Where / archives department **위치:** 지문 중반부
문서보관소(archives department)의 위치를 묻고 있으므로 키워드인 archives department를 중심으로 앞뒤의 문장을 잘 들어야 한다. The archives department will store these records permanently. They are located on the second floor라고 말했으므로 문서보관소가 2층(second floor)에 있다는 것을 알 수 있다. 그러므로 정답은 (C)이다.
정답 (C) On the second floor

어휘 agenda 안건 record keeping 기록 보관 as of ~부로 archive 문서보관소 permanently 영구적으로 in person 직접 hand in 제출하다 cooperation 협조

Question 06 refers to the following talk. 미W

Attention ladies and gentlemen, I'm pleased to introduce our guest speaker today. I don't have to tell you that Dr. Robert Rey is one of the most prominent analysts in the field of global financing. After I heard Dr. Rey's talk at the World Economic Forum in Tokyo last August, I was introduced to him and asked him to be a guest speaker at our seminar, though I didn't think he had time to speak to a small regional group like ours. Dr. Rey's speech today is titled "Global Investment Trends." Thank you for joining us, Dr. Rey.

문제 06은 다음 담화를 참조하세요.
신사숙녀 여러분 주목해주시기 바랍니다. 저는 오늘의 초대 연사를 소개하게 되어 기쁩니다. Robert Rey 박사님이 세계금융 분야에서 저명한 분석가 중의 한 사람이라는 것을 여러분들께 말할 필요는 없겠지요. 저는 지난 8월 도쿄에서 있었던 세계 경제포럼에서 Rey 박사님의 연설을 들은 후에 저는 박사님을 소개 받았는데, 그때 저희 세미나의 초대연사가 되어달라고 요청했습니다. 비록 저희와 같이 작은 지역 단체에서 연설을 해줄 시간은 없을 것이라고 생각했지만요. 오늘 Rey 박사님의 연설 제목은 글로벌 투자 트렌드입니다. 와주셔서 감사합니다. Rey 박사님.

06 화자는 이 단체에 대해서 뭐라고 말을 하는가?
(A) 최고의 금융회사이다.
(B) 신생기업이다.
(C) 좀 적다.
(D) 잘 알려져 있다.

해설 **키워드:** What / speaker / say / group **위치:** 지문 후반부
보기 중의 키워드들을 확인을 해놓고 들어야 한다. 말하는 이가 자신의 모임에 대해 뭐라고 말하는지 묻고 있으므로 키워드인 group에 관한 내용이 언급되면 주의 깊게 들어야 한다. 이야기의 후반부에서 자신의 단체에 대해서 a small regional group like ours(우리와 같은 작은 단체)라고 언급하고 있으므로 정답은 (C)이다.
정답 (C) It is fairly small.

어휘 be pleased to + 동사원형 ~하게 되어 기쁘다 introduce 소개하다 guest speaker 초청 연사 prominent 저명한 analyst 분석가 field 분야 financing 금융 regional 지역의

Lesson 5 제안, 요청, 요구사항이나 미래 일정에 관련된 질문들

실전 TOEIC Test

p.295

Question 01 refers to the following talk. 미M

Ladies and gentlemen. We are approaching one of the most historic and beautiful sites you'll find in Paris. The structure you see before you was erected nearly a century ago. It was once in very poor condition. But the city government decided to restore it about twenty years ago. Now it is one of the top ten renowned places in the world. Please be careful, as the steps on the bus may be slippery. You have two hours to enjoy walking around the site. But don't forget to return to the bus on time since we'll be leaving promptly at 4 o'clock.

문제 01은 다음 담화를 참조하세요.
신사 숙녀 여러분. 우리는 파리에서 발견할 수 있는 가장 역사적이고 아름다운 장소들 중 하나인 곳에 다가가고 있습니다. 앞쪽에 보이는 건물은 거의 1세기 전에 세워진 것입니다. 전에 이 건물은 매우 상태가 좋지 않았지만, 시 정부가 20년 전에 그 건물을 복원하기로 했습니다. 그래서 지금은 세계에서 유명한 10개의 장소 중 한 곳이 되었습니다. 버스의 계단이 미끄러우니 주의하시기 바랍니다. 여러분들은 이 장소의 주변을 2시간 동안 둘러보실 수 있습니다. 그러나 우리는 4시 정각에 출발할 예정이오니 제시간에 버스로 되돌아와 주시기 바랍니다.

01 사람들은 어디로 돌아오라고 요청받고 있는가?
(A) 공항
(B) 열차
(C) 버스
(D) 호텔

해설 **키워드:** Where / people / return **위치:** 지문 후반부
사람들이 어디로 돌아오라는 요청을 받고 있는지 묻고 있다. 요청 사항은 지문의 하단에 위치하게 된다. But don't forget to return to the bus on time에서 제시간에 버스로 돌아오는

것을 잊지 말라고 하고 있으므로 정답은 (C)이다.

정답 (C) To a bus

어휘 attention 주의, 주목, 관심 historic 역사적인 site 관광지, 장소 erect 세우다, 직립시키다 in poor condition 형편없는 상태의 restore 복원하다, 복구하다 return to ~로 되돌아오다 promptly 즉시

Question 02 refers to the following announcement. 미W

Good morning, passengers for British Air Flight 733 with nonstop service to London Heathrow airport. We apologize for the change in our departure time. There was a delay in Los Angeles due to heavy snow. The aircraft has arrived here from Denver and it's currently being stopped for in-flight refueling. The flight is now scheduled to depart at 11:45 a.m. We'll begin the boarding process shortly. Please remain close to the gate so you can board without any further delay.

문제 02는 다음 안내방송을 참조하세요.

안녕하세요, London의 Heathrow 공항으로 직행하는 British Air 733 항공편의 승객여러분. 우리의 출발 시간 변경에 대해 사과를 드립니다. 비행기가 폭설로 인해 Los Angeles에서 지연이 되었습니다. 항공기가 Denver에서 이곳으로 도착하여 급유를 위해 멈춰 있는 중입니다. 비행기는 오전 11시 45분에 출발할 예정입니다. 바로 탑승 수속을 시작할 것입니다. 앞으로 더욱 지연되지 않도록 탑승구 주변에 계시길 바랍니다.

02 승객들은 무엇을 하도록 요청받고 있는가?

(A) 탑승하기
(B) 공항 모니터를 주시하기
(C) 비행기 티켓을 확인하기
(D) 출발 탑승구 근처에 머무르기

해설 **키워드:** What / passenger / asked **위치:** 지문 후반부

승객들이 무엇을 요청받고 있는지 묻고 있다. 요청 사항과 같은 질문 유형은 주로 지문 후반부에 그 정답이 제시된다. 지문 후반부를 보면 Please remain close to the gate(탑승구 근처에 계시길 바랍니다)라고 하고 있으므로 정답은 (D)이다.

정답 (D) Stay near the departure gate

어휘 nonstop 직행의 departure 출발 delay 지연 in-flight refueling 비행 도중의 급유 be scheduled to + 동사원형 ~할 예정이다 boarding process 탑승 수속 remain close 가까이에 있다

Question 03 refers to the following report. 영M

In business news today, Canada's Beam Industries Inc. has decided to buy an old building in a suburb of Toronto. The vice president of the company said the building will be used as a local distribution center for its household appliance business. The purchase is expected to take place as early as next week. According to the company's vice president, Beam Industries Inc. intends to hire additional workers for the center from local towns. They will start accepting job applications for full-time positions next month.

문제 03은 다음 보도를 참조하세요.

오늘의 비즈니스 소식입니다. 캐나다의 Beam Industries사는 Toronto시 교외에 있는 오래된 건물을 매입하기로 결정했습니다. 회사의 부사장은 그 건물은 회사의 가전제품 사업 분야를 위한 지역 유통 센터로 사용할 것이라고 말했습니다. 매입은 다음 주에 이루어질 것으로 예상하고 있습니다. 부사장에 따르면 Beam Industries사는 유통 센터에 근무할 직원을 해당 지역에 거주하는 인력으로 충당하고자 합니다. 다음 달부터 정규직원 채용을 위한 지원서를 받기 시작할 것입니다.

03 이 회사는 다음 달에 무엇을 할 것인가?

(A) 새로운 공장을 짓는다
(B) 신제품군을 출시한다
(C) 물건을 선적해서 보낸다
(D) 입사 지원서를 받기 시작한다

해설 **키워드:** What / company / do / next month
위치: 지문 후반부

미래에 무엇을 할 것인지를 묻는 질문이다. 이러한 문제의 유형은 주로 지문 후반부에 그 정답이 제시된다. next month라는 미래 시점 키워드를 통해 내용이 후반에 등장할 것이라는 것을 기대하고 듣도록 하자. 이야기의 맨 마지막에서 They will start accepting job applications for full-time positions next month.라고 말했으므로 다음 달에(next month) job applications(입사 지원서)를 받기 시작할 것이라는 것을 확인할 수 있다. 그러므로 정답은 (D)이다.

정답 (D) Begin accepting job applications

어휘 suburb 교외 vice president 부사장 local 지역의 distribution 분배, 유통 household appliance 가전제품 purchase 구입 be expected to + 동사원형 ~하기로 되어 있다 take place 개최되다, 일어나다 according to ~에 의하면, 따르면 intend to + 동사원형 ~할 작정이다 hire 고용하다 accept 받아들이다 job application 입사 지원서 full-time position 정규직

Question 04 refers to the following talk. 호W

Ladies and gentlemen, we are looking around the newly completed area of the convention center. We rent out this amazing space not just for conventions but also for workshops, seminars, and business meetings. It can hold up to thousands of people at once. And as part of this project, we've installed moveable soundproof walls so that the space can be divided into several smaller rooms to accommodate different events. And during the month of September, we will offer free refreshments and coffee for no more than 10 people. So if you are planning on a small gathering this fall season, you can get more information about rental fees on our website.

문제 04는 다음 담화를 참조하세요.

신사숙녀 여러분, 이제 우리는 컨벤션 센터의 새로이 완공된 부분을 둘러보고 있습니다. 우리는 이 뛰어난 공간을 컨벤션뿐만 아니라, 워크샵, 세미나, 업무 회의를 위한 장소로 임대할 수 있습니다. 이곳은 한 번에 수천명의 사람들을 수용할 수 있습니다. 또한 이번 프로젝트의 일환으로 이동 방음벽을 설치하였기 때문에 다양한 행사들을 수용할 수 있도록 공간을 여러 개의 더 작은 구역으로 나눌 수 있습니다. 그리고 9월 한 달 동안 10명 미만의 사람들에게 저희는 무료 다과와 커피를 특별히 제공합니다. 만약 당신이 이 가을 시즌동안 소모임을 계획하고 계신다면 저희의 웹사이트에서 임대료와 같은 정보를 더 확인해 보시길 바랍니다.

04 9월에 무엇이 제공될 것인가?

(A) 회사 파티
(B) 특별 할인
(C) 겨울 행사
(D) 무료 다과

해설 **키워드:** What / offered / September **위치:** 지문 후반부
미래 정보를 묻는 문제로 September가 키워드이다. 미래 정보는 주로 지문 후반부에서 정답이 제시된다. 이야기의 후반부에서 And during the month of September, we will offer free refreshments and coffee라고 말하고 있으므로 회사가 9월에 제공하는 것은 (D) 무료 다과임을 알 수 있다.
정답 (D) Free refreshments

어휘 rent out 임대하다, 빌려주다 space 공간 hold up 수용하다 as part of ~의 일환으로 moveable 이동할 수 있는 soundproof 방음의 divide 나누다 accommodate 수용하다

Question 05 refers to the following announcement. 미M

As president of this relief organization, I want to thank each of you for volunteering to help us raise money during our charity events. To date, we have raised over $50,000 this year. However, in order to build a playground in Central City Park, we need to raise an additional $10,000. Next week, Yellow Club will be holding a concert. We need you to sell tickets. I hope to see all of you at the concert. If we can sell at least 1000 tickets, we'll have reached our goal.

문제 05는 다음 내용을 참조하세요.
구호 단체의 회장으로서 저는 자선 행사 기간 동안 우리의 모금 운동에 자원봉사 활동을 해주신 여러분 모두에게 감사드리고자 합니다. 올해는 지금까지 5만 달러가 넘는 기금을 모금했습니다. 그러나 Central City 공원에 운동장을 만들기 위해서 1만 달러를 더 모아야 합니다. 다음 주에 Yellow Club은 콘서트를 개최할 것입니다. 저희는 여러분들이 티켓을 판매해 주셨으면 합니다. 콘서트에서 여러분을 모두 뵙기를 바랍니다. 만약 우리가 적어도 1천장의 티켓을 판매한다면 우리의 목표를 달성하는 것입니다.

05 청자들은 무엇을 하도록 요청받는가?
(A) 표 판매
(B) 자원자 찾기
(C) 재능 기부
(D) 전화 응답

해설 **키워드:** What / listeners / asked **위치:** 지문의 후반부
청자에게 요청하는 부분은 지문의 하단에서 찾아야 한다. 지문의 후반부에서 We need you to sell tickets(저희는 여러분들이 티켓을 판매해주었으면 합니다)라고 말하고 있으므로 정답은 (A)임을 알 수 있다. 참고로 We need to ~, Please ~, We ask you to ~와 같은 요청할 때의 표현을 알아두자.
정답 (A) Sell tickets

어휘 relief organization 구호 단체 volunteer 자원하다 raise money 자금을 모금하다 hold 개최하다 at least 적어도 reach 도달하다

Question 06 refers to the following announcement. 미W

Good afternoon, Family Mart customers. Are you a member of our store? If not, now is a great time to join us. As a store member, you will receive a variety of seasonal discounts on offers not available to the general public and for today only, we are offering a 10% discount on any of our own brand items when you sign up to be a member of Family Mart. It's easy. Just stop by the customer service counter to fill out an application. You will be glad you are part of the Family Mart family.

문제 06은 다음 안내방송을 참조하세요.
안녕하십니까, Family Mart 고객 여러분. 저희 가게의 회원이십니까? 아니시라면 지금이 등록할 절호의 시기입니다. 회원이 되시면 일반인들에게는 적용되지 않는 다양한 계절 할인을 받으실 수 있습니다. 그리고 Family Mart 회원에 등록하시면, 오늘에 한해서 저희 브랜드의 모든 제품에 10퍼센트의 할인을 받으실 수 있습니다. 방법은 간단합니다. 고객 서비스 카운터에 들러 신청서를 작성하시면 됩니다. Family Mart의 회원이 되신 것에 만족하게 될 것입니다.

06 화자에 따르면, 청자들은 왜 서비스 데스크에 가야만 하는가?
(A) 문제점을 신고하기 위해
(B) 양식을 작성하기 위해
(C) 웹사이트를 찾기 위해
(D) 매니저와 얘기하기 위해

해설 **키워드:** why / listeners / go / service desk
위치: 지문의 후반부
왜 청자들이 서비스 데스크를 가도록 요청을 받는지를 묻고 있다. 요청과 관련된 질문의 형태는 주로 지문의 후반부에서 그 정답이 제시된다. 지문의 후반부에서 고객 서비스 데스크에 들려 신청서를 작성하라고(Just stop by the customer service counter to fill out an application.) 말하고 있으므로 정답은 (B)가 된다. 정답 (B) To complete a form

어휘 a variety of 다양한 것 seasonal discount 계절 할인 available 이용이 가능한 general public 일반 대중 offer 제안하다 sign up 등록하다 complete 완성하다

Chapter 3 전화메시지 (Telephone Message)

Lesson 2 전화메시지 빈출 유형 분석

A. 빈출 유형 1 p.300

Questions 01-03 refer to the following telephone message. 미M

Good Morning. This message is for Gene Kelly. Ms. Kelly, this is Bill Myer from the reception desk at Dr. Lima's office. I've called to confirm that you have a dental appointment on January 11th at 2 o'clock. Since this is your first visit with us, please come to the office ten minutes early to fill out some forms. Also, if for any reason you need to cancel your appointment, we ask you to notify us by Tuesday at least 24 hours in advance. Thank you.

문제 01-03은 다음 전화메시지를 참조하세요.
안녕하세요. Gene Kelly 씨에게 메시지를 남깁니다. 저는 Lima 의사

선생님의 진료실 접수부에서 근무하는 Bill Myer라고 합니다. 1월 11일 2시에 치과 진료 예약이 있다는 것을 확인시켜 드리려고 전화했습니다. 이번이 첫 번째 방문이기 때문에 서류를 작성하려면 10분 일찍 오셔야 합니다. 또한 어떤 이유가 있으셔서 진료 예약을 취소하시려면 화요일까지 알려주시기 바랍니다. 적어도 24시간 전에 말이죠. 감사합니다.

어휘 reception desk 접수부 confirm 확인하다 dental 치과의 appointment 약속 fill out 작성하다 form 양식, 서식 cancel 취소하다 notify 알리다 at least 적어도 in advance 미리

01 이 메시지의 목적은 무엇인가?
(A) 일정을 변경하기 위해
(B) 약속을 확인하기 위해
(C) 인터뷰 일정을 잡기 위해
(D) 정책이 바뀐 것을 직원들에게 알려주기 위해

해설 **키워드:** What / purpose / message **위치:** 지문 전반부
전화메시지를 남긴 목적을 묻고 있다. 목적을 묻는 질문은 주로 전반부에서 그 정답이 제시된다. 지문 전반부를 보면 I've called to confirm that you have a dental appointment에서 치과 진료 예약을 확인하려고 전화했다고 말하고 있으므로 정답은 (B)이다. 참고로 I've called 후에 전화를 건 목적이 언급된다는 것을 기억하자.
정답 (B) To confirm an appointment

어휘 purpose 목적 set up (약속)을 정하다, 잡다 inform 알리다 policy 정책

02 전화를 건 사람은 누구인가?
(A) 전화 교환원
(B) 인사부 부장
(C) 지원자
(D) 접수 담당자

해설 **키워드:** Who / caller **위치:** 지문 전반부
전화를 건 사람에 대한 정보는 전반부에 나온다. 메시지의 전반부를 보면 this is Bill Myer from the reception desk에서 접수 담장자인 Bill Myer라고 언급하고 있으므로 전화를 건 사람은 (D) 접수 담당자임을 알 수 있다. 정답 (D) A receptionist

어휘 telephone operator 전화 교환수 human resources 인사부 applicant 지원자 receptionist 접수 담당자

03 전화를 건 사람은 Kelly 씨가 무엇을 해야 한다고 말하는가?
(A) 병력 서류를 가져오기
(B) 사진이 붙은 신분증을 가져오기
(C) 오기 전에 전화하기
(D) 일찍 도착하기

해설 **키워드:** What / Ms. Kelly / do **위치:** 지문 후반부
Ms. Kelly가 무엇을 해야 하는지를 묻고 있다. 요구 사항에 관한 것이므로 지문 후반부에서 언급된다. please come to the office ten minutes early to fill out some forms.에서 10분 일찍 오라고 하고 있으므로 정답은 (D) 일찍 도착하기가 된다.
정답 (D) Arrive earlier

어휘 medical records 병력 photo identification 사진이 부착된 신분증

B 빈출 유형 2 p.300

Questions 01-03 refer to the following telephone message. 영M

Hi, Ms. Tanaka. This is James Parker from Travel Today magazine. We received your application for the photographer. You are the only candidate who has full-time work experience with the types of photos we do. So we would like to interview you before we start seeing the other applicants. Please let me know if you are available on Wednesday, June 24 from 1 to 2 p.m. You're going to meet with our chief editor, Jimmy Cooper, and I will be showing you our editorial office after the interview. You can reach me at 555-4472. I look forward to hearing from you soon. Thank you.

문제 01-03은 다음은 전화메시지를 참조하세요.
안녕하세요. Tanaka 씨. 저는 Travel Today 잡지사의 James Parker입니다. 당신이 제출한 사진작가 지원서를 받았습니다. 당신은 우리가 다루는 종류의 사진에 대한 전임 사진작가로 일한 경험을 가지고 있는 유일한 후보자입니다. 그래서 다른 지원자들을 보기 전에 당신과 인터뷰를 하고 싶습니다. 6월 24일 수요일 오후 1~2에 인터뷰가 가능한지 알려주시기 바랍니다. 당신은 우리 편집장인 Jimmy Cooper 씨와 인터뷰를 하게 될 거구요. 인터뷰가 끝난 후 제가 저희 편집실을 구경시켜드릴 겁니다. 555-4472로 제게 연락을 주시기 바랍니다. 연락 기다리겠습니다. 감사합니다.

어휘 application 지원서 candidate 지원자 full-time work experience 정규직 근무 경험 chief editor 편집장 look forward to -ing ~을 기대하다

01 이 메시지의 목적은 무엇인가?
(A) 약속을 잡기 위해
(B) 회원 가입을 신청하기 위해
(C) 회의 시간을 확인하기 위해
(D) 여행을 예약하기 위해

해설 **키워드:** What / purpose **위치:** 지문 전반부
전화메시지의 목적은 주로 전반부에 등장하게 된다. 처음에 인사를 하고는 전화를 하게 된 배경을 설명하고 나서 So we would like to interview you라는 부분에서 면접 약속을 잡고자 메시지를 남기고 있다는 것을 알 수 있다. 따라서 정답은 (A)가 된다. 정답 (A) To schedule an appointment

어휘 schedule 일정, 약속 등을 잡다 apply for 신청하다 reserve 예약하다

02 Tanaka 씨가 지원한 직책은 무엇인가?
(A) 인사부서의 매니저
(B) 컴퓨터 프로그래머
(C) 사진사
(D) 이사

해설 **키워드:** What position / Ms. Tanaka / applied
위치: 지문 중반부
첫 부분에서 메시지를 받는 사람이 Ms. Tanaka임을 확인할 수 있으며 바로 뒤에서 We received your application for the photographer.에서 Ms. Tanaka가 사진작가에 지원했음을 알 수 있으므로 정답은 (C)가 된다.
정답 (C) Photographer

어휘 personnel 인사(부서의) photographer 사진사, 사진작가

03 전화를 건 사람은 왜 Ms. Tanaka에 처음으로 연락을 하고 있는가?
(A) 그녀가 먼저 지원서를 보냈다.
(B) 그녀가 전에 상을 받았던 적이 있다.
(C) 그녀가 대학을 갓 졸업했다.

(D) 그녀는 같은 분야의 경험을 가지고 있다.

해설 **키워드:** Why / contacting / Ms. Tanaka / first
위치: 지문 중후반부
지문 중반부에서 Tanaka 씨가 잡지사가 다루는 사진 분야에서 전임 사진작가로 일한 경험이 있어서 다른 지원자들을 보기 전에 면접을 봤으면 좋겠다(You are the only candidate who has full-time work experience with the types of photo we do. So we would like to interview you before we start seeing the other applicants.)고 했으므로 정답은 (D)이다.
정답 (D) She has experience in the same field.

어휘 application 지원서 award 상을 수여하다 graduate 졸업하다 field 분야

Lesson 1, 2 실전 TOEIC Test p.302

Questions 01-03 refer to the following telephone message. 호W

Hello, Ms. Miley. This is Avery Duke calling from Mckesson Corporate. You hired us to perform the audit of your energy consumption to see how your company could reduce energy usage. We finished inspecting your electric bills and business log and have some suggestions on how you can successfully lower your energy use. Our best recommendation would be to install a timer on your lighting system. Since the timer will be turned off automatically, I believe you can save at least 10% of your energy usage compared to now. If you need any further consulting, I would be happy to meet you to provide you with more customized alternatives. Call me to find out the best time for a meeting.

문제 01-03은 다음 전화메시지를 참조하세요.
안녕하세요, Miley 씨. 저는 Mckesson사의 Avery Duke입니다. 귀하께서는 귀사의 에너지 사용을 줄일 수 있는 방법을 알아보기 위한 에너지 감사를 위해 저희를 고용하셨습니다. 귀사의 전기요금 청구서와 업무일지에 대한 점검을 마쳐서 귀사의 에너지 사용을 성공적으로 낮출 수 있는 방법에 관해 몇 가지 제안을 하고자 합니다. 저희의 최우선 제안은 조명 시스템에 타이머를 설치하라는 것입니다. 타이머는 자동으로 꺼지기 때문에 에너지 사용을 지금보다 적어도 10퍼센트는 줄이실 수 있습니다. 귀하가 상담을 더 원하신다면, 귀사에게 좀 더 맞는 방안을 제공해드릴 수 있을 것입니다. 회의에 가장 좋은 시간을 전화로 알려주시길 바랍니다.

어휘 perform 수행하다 audit 감사 reduce 줄이다 usage 사용, 이용 inspect 조사하다 suggestion 제안 recommendation 권고 install 설치하다 lighting 조명 automatically 자동적으로 customized 고객 맞춤의 alternative 대안

01 화자는 무엇을 평가하기 위하여 고용되었는가?
(A) 에너지 사용
(B) 환급 절차
(C) 건물 안전
(D) 회계 관행

해설 **키워드:** What / speaker / hired to evaluate
위치: 지문 전반부
화자는 무엇을 평가하기 위해 고용되었냐고 묻고 있다. hired가 키워드이므로 이 키워드를 중심으로 앞뒤 문장을 잘 들어야 한다. 지문 전반부(You hired us to perform the audit of your energy consumption to see how your company could reduce energy usage.)에서 에너지 사용을 줄이기 위해 고용했다고(hired) 말하고 있으므로 정답은 (A) 에너지 사용이 된다.
정답 (A) Energy use

어휘 hire 고용하다 evaluate 평가하다 reimbursement 환급 procedure 절차 safety 안전 accounting 회계

02 화자의 주요 권고 사항은 무엇인가?
(A) 난방 장치의 교체
(B) 제2 교대 근무조 추가
(C) 조명 타이머 설치
(D) 설문조사 실시

해설 **키워드:** What / speaker / recommendation **위치:** 지문 중반부
recommendation이 키워드이다. 지문에서 이 키워드를 중심으로 앞뒤 문장을 잘 들어야 한다. 지문 중반부(Our best recommendation would be to install a timer on your lighting system.)에서 최우선적인 권고 사항(recommendation)은 조명 시스템에 타이머를 설치하라는 것이라고 하였으므로 조명과 관련된 권고 사항임을 알 수 있다. 그러므로 정답은 (C)가 된다.
정답 (C) To install timers for the lights

어휘 recommendation 권고 replace 대체하다 heating system 난방 시스템 work shift 근무 교대 install 설치하다 conduct a survey 설문조사를 하다

03 화자는 무엇을 제안하는가?
(A) 회의 일정 잡기
(B) 제품 시연
(C) 워크숍 개최
(D) 수리에 대한 도움

해설 **키워드:** What / speaker / offer **위치:** 지문 후반부
제안하는 것은 주로 지문 후반부에 그 정답이 제시된다. 지문의 맨 마지막(Call me to find out the best time for a meeting)에서 회의를 위한 가장 적합한 시간을 전화로 알려달라고 말하고 있으므로 화자가 제안하는 것은 회의 일정을 잡는 것이 된다. 그러므로 정답은 (A)가 된다.
정답 (A) Schedule a meeting

어휘 demonstrate 보여주다 set up (약속을) 잡다 repair 수선, 수리

Questions 04-06 refer to the following telephone message 미M

Hi, this is Eric Tucker. I was at the photography class there at the community center two days ago and I think I left my camera in the room. My camera was in a shopping bag. On the back of the camera you can see a label "made in the U.K." Will someone please call me and let me know if it was found? My number is 332-4786. If it is there, I could pick it up at any time tomorrow. I'm planning to stop at the grocery store early tomorrow morning, and the community center is on my way to the store.

문제 04-06은 다음 전화메시지를 참조하세요.
안녕하세요. 저는 Eric Tucker입니다. 저는 이틀 전에 커뮤니티 센터에서 사진 수업을 들었는데 제가 카메라를 교실에 놓고 온 것 같습니다. 카메라는 쇼핑백에 있었습니다. 카메라 뒤에는 made in the U.K.라는 라벨이 있습니다. 혹시 카메라를 찾으시면 저에게 연락을 주시기를 부탁드립니다. 제 전화번호는 332-4786입니다. 만약 카메라가 거기에 있다면 내일 언제든지 카메라를 찾으러 갈 수 있습니다. 저는

내일 아침 일찍 식료품점에 갈 예정인데 커뮤니티 센터는 식료품점으로 가는 길에 있습니다.

어휘 photography 사진술 community center 지역사회 센터 leave ~을 놓고 오다 pick up 갖고 가다 at any time 아무 때나 grocery store 식료품점 on my way to ~로 가는 중에

04 화자가 전화 건 곳은 어디인가?
(A) 커뮤니티 센터
(B) 전자제품 상점
(C) 식료품점
(D) 호텔

해설 **키워드:** What place / speaker / calling **위치:** 지문 전반부
전화하는 곳에 대해 묻는, 장소와 관련된 문제이므로 지문의 첫 문장에서 찾아야 한다. I was at the photography class there at the community center two days ago and I think I left my camera in the room.에서 화자는 커뮤니티 센터에서 사진 수업을 들었다고 하였으므로 정답은 (A) 커뮤니티 센터가 된다. 정답 (A) A community center

어휘 electronics store 전자제품 상점

05 화자는 무엇을 잃어버렸는가?
(A) 열쇠
(B) 카메라
(C) 안경
(D) 다이어리

해설 **키워드:** What / speaker / lost **위치:** 지문 전반부
화자의 문제에 대해 언급하고 있다. 문제 제기는 주로 지문의 상단에 위치한다는 것을 기억하자. 지문 전반부(I think I left my camera in the room.)에서 화자는 카메라를 놓고 온 것 같다고 말하고 있으므로 정답은 (B)가 된다. 정답 (B) A camera

어휘 a set of 한 세트

06 화자는 내일 무엇을 할 계획인가?
(A) 식료품점에 가기
(B) 친구와 함께 식당에 가기
(C) 지원서 수령
(D) 워크숍 참석

해설 **키워드:** What / speaker / plan / tomorrow
위치: 지문 후반부
미래 정보에 대한 내용은 지문의 마지막 부분에서 알 수 있다. 지문 후반부(I'm planning to stop at the grocery store early tomorrow morning)에서 화자는 내일 식료품점에 간다는 것을 알 수 있다. 그러므로 정답은 (A)가 된다.
정답 (A) Go to a grocery store

어휘 pick up 가지고 가다 application 지원서 attend 참석하다

Questions 07-09 refer to the following telephone message. 영M

Hello, my name is Michael Baird. I am calling to talk to someone who is in charge of holding an event at your restaurant on October 12th. My company is looking for a large space for a 10th anniversary company party. Your restaurant was referred to me and I was told that you have a beautiful outdoor patio. I wanted to ask whether the patio could accommodate a group of two hundred people. Could someone please call me back on 232-4413 to discuss it? Thank you.

문제 07-09는 다음 전화메시지를 참조하세요.
안녕하세요. 저는 Michael Baird라고 합니다. 10월 12일 귀하의 식당에서 행사를 개최하려고 하는데, 이에 관해 담당자와 얘기를 나누고자 전화 드렸습니다. 우리 회사는 창사 10주년 기념행사를 위한 넓은 장소를 찾고 있는 중입니다. 저는 귀하의 식당에 대해 들었는데, 그 곳에 아름다운 야외 테라스가 있다고 하더군요. 저는 야외 테라스가 200명을 수용할 수 있을지 확인하고 싶습니다. 이 부분에 대해 논의하게 제게 232-4413으로 전화를 주시겠습니까? 감사합니다.

어휘 hold 개최하다 look for 찾다 anniversary company party 창사 기념 파티 refer A to B A를 B에게 추천하다 outdoor 야외의 patio 테라스 whether ~인지 아닌지 accommodate 수용하다

07 남자는 무엇에 관해 전화를 걸고 있는가?
(A) 일자리에 지원하기 위해
(B) 사무 공간을 임대하기 위해
(C) 추천장을 부탁하기 위해
(D) 행사를 위한 장소를 찾기 위해

해설 **키워드:** What / man / calling about **위치:** 지문 전반부
전화를 건 목적을 묻는 문제이므로 지문의 첫 번째 문장을 잘 들어야 한다. I am calling to talk to someone who is in charge of holding an event at your restaurant on October 12th.에서 행사를 위한 장소를 물색하는 중이라는 것을 알 수 있다. 참고로 전화상에서의 목적은 I'm calling to do, I'm calling about ~의 표현을 주로 사용한다는 것을 알아두자. 정답 (D) Finding a location for an event

어휘 apply for 지원하다 position 직위, 위치 rent 임대하다, 빌리다 space 장소 ask for 요구하다, 요청하다 recommendation letter 추천서 location 장소

08 남자는 식당에 대해서 무엇을 들었는가?
(A) 보수공사 관한 공지
(B) 위치
(C) 테라스
(D) 다양한 메뉴

해설 **키워드:** What / man / told / restaurant **위치:** 지문 중반부
told와 restaurant가 키워드이다. 지문 중반부쯤에 이 키워드들이 들어간 문장이 들린다. Your restaurant was referred to me and I was told that you have a beautiful outdoor patio.에서 화자는 아름다운 테라스에 대해 들었다고 말하고 있으므로 정답은 (C) 테라스가 된다. 정답 (C) The patio

어휘 announcement 발표 renovation 보수 location 위치 a variety of 다양한

09 남자가 알고자 하는 것은 무엇인가?
(A) 공간의 규모
(B) 서비스에 대한 수수료
(C) 식당의 전화번호
(D) 사업체의 주소

해설 **키워드:** What / man / find out **위치:** 지문 후반부
요청 사항에 해당하는 문제이므로, 지문의 후반부를 잘 들어봐야 한다. I wanted to ask whether the patio could accommodate a group of two hundred people.에서 남자가 알고자 하는 것은 테라스에 200명이 앉을 수 있는지의 여부이므로 정답은 (A) 공간의 규모가 된다.
정답 (A) The size of a space

어휘 find out 알아내다 fee 수수료, 요금

Questions 10-12 refer to the following telephone message. 미M

> Hello, this is Edgar from Kendra Catering. I purchased some new machinery from you a year ago, for packaging our party food. We are very satisfied with this purchase. It has made a huge difference in our efficiency. Our party catering service has gone up almost 50%. It has been so successful that I'd love to talk to you about buying some similar machinery for our school catering service package. Please, call me back so we talk about setting up an appointment.

문제 10-12는 다음 전화메시지를 참조하세요.

안녕하세요. Kendra 출장 연회업체의 Edgar입니다. 저는 1년 전에 귀하로부터 저희 파티 음식 포장용 새 기계 하나를 구매하였습니다. 기계의 구매로 인하여 저희 업무의 효율성에 큰 차이를 가져왔기 때문에 저는 아주 만족하고 있습니다. 파티 연회 서비스가 거의 50퍼센트 증가하였습니다. 이것은 너무나 성공적이어서 저는 학교 급식 서비스의 포장을 위해 저희가 구매한 기계와 유사한 것을 구매하고 싶습니다. 약속을 잡을 수 있도록 답신 전화 주시기 바랍니다.

어휘 machinery 기계 package 포장하다 make a difference 차이가 나다 efficiency 효율성 go up 인상하다, 증가하다 similar 유사한 set up 정하다

10 누구를 위한 메시지인가?
(A) 기계 판매사원
(B) 뷔페 웨이터
(C) 식당 매니저
(D) 파티 주최자

해설 **키워드:** Who / message **위치:** 지문 전반부
청자의 정체를 묻는 문제는 주로 지문 전반부에서 그 정답이 제시가 된다. I purchased some new machinery from you a year ago,에서 화자는 청자에게 기계를 구입했다는 것을 알 수 있으므로 청자는 (A) 기계 판매원이다.
정답 (A) A machinery salesperson

어휘 salesperson 판매사원 organizer 주최자

11 화자는 무엇이 증가했다고 말하고 있는가?
(A) 파티 연회 서비스
(B) 곡물 생산
(C) 포장 산업
(D) 기계 제조

해설 **키워드:** What / speaker / say / increased
위치: 지문 중반부
increased가 키워드이다. Our party catering service has gone up almost 50%에서 파티 연회서 비스가 50퍼센트 증가했다는 것을 알 수 있으므로 정답은 (A)이다. 참고로 go up이 increase로 패러프레이징됐다는 것을 알아두자.
정답 (A) Party catering service

어휘 cereal production 곡물 생산 packaging industry 포장 산업

12 화자는 무엇에 관해 의논하기를 원하는가?
(A) 장비 추가 구매
(B) 기계 수리
(C) 음식 주문
(D) 파티 준비

해설 **키워드:** What / speaker / discuss **위치:** 지문 후반부
화자가 앞으로 원하는 바를 나타내는 부분은 미래 정보이므로 지문 후반부를 살펴봐야 한다. I'd love to talk to you about buying some similar machinery for our school catering service package에서 비슷한 기계를 사고 싶다고 말하고 있으므로 정답은 (A)이다. 참고로 원하는 바는 I'd like to ~, I'd love to ~등의 표현을 사용한다는 것을 알아두자.
정답 (A) Purchasing additional equipment

어휘 organize 준비하다, 정리하다, 체계화하다

Questions 13-15 refer to the following telephone message. 미W

> Good evening, Ms. Helen Jones. This is Olivia Mccarthy from International Design Office Furniture. I'm calling to let you know that your desk has arrived. I'd like to confirm the delivery date you requested, Friday June 12th. Our delivery truck should arrive at your home between 11 a.m. to 1 p.m. that Friday. Our employees will set up the desk, and answer questions you may have about it. Please call us at 544-0675 by Thursday at the latest if you have any more requests.

문제 13-15는 다음 전화메시지를 참조하세요.

안녕하세요. Helen Jones 씨. International Design Office Furniture의 Olivia Mccarthy입니다. 귀하의 책상이 도착했음을 알려드리려 전화했습니다. 귀하가 요청하신 배달 일이 6월 12일 금요일임을 확인하고자 합니다. 저희 배송 트럭은 당일 금요일 오전 11시부터 오후 1시 사이에 도착할 것입니다. 저희 직원들이 책상을 설치해 드릴 것이며 고객님이 궁금한 것이 있다면 답변을 해 줄 것입니다. 만약 궁금하신 점이 있으시다면 늦어도 목요일까지는 544-0675로 전화주시기 바랍니다.

어휘 confirm 확인하다 delivery 배송 set up 설치하다 at the latest 늦어도

13 전화 건 목적은 무엇인가?
(A) 변경사항을 보고하기 위해
(B) 지연에 대해 사과하기 위해
(C) 배송 날짜를 확인하기 위해
(D) 회의 일정을 잡기 위해

해설 **키워드:** What / purpose / call **위치:** 지문 전반부
전화의 목적은 주로 지문의 상단에 위치한다. I'm calling to let you know that your desk has arrived. I'd like to confirm the delivery date you requested, Friday June 12th.에서 배송일을 확인하고자 전화한 것임을 알 수 있다.그러므로 정답은 (C)이다. 정답 (C) To confirm the delivery date

어휘 report 보고하다, 알리다 apology 사과하다 delay 지연 confirm 확인하다 delivery date 납품일 set up a meeting 회의 일정을 잡다

14 Helen Jones 씨가 주문한 물품을 받는 날은 언제인가?
(A) 목요일
(B) 화요일
(C) 금요일
(D) 수요일

해설 **키워드:** When / Helen Jones / receive / order
위치: 지문 중반부
언제 주문한 것을 받는지 묻는, 세부사항에 관련된 문제이다. 지문 중반부의 I'd like to confirm the delivery date you requested, Friday June 12th.(귀하가 요청하신 배달일이 6월 12일 금요일임을 확인하고자 합니다.)에서 정답이 (C) 금요

일임을 알 수 있다. 정답 (C) On Friday

어휘 be scheduled to + 동사원형 ~하기로 되어 있다 order 주문

15 Helen Jones 씨는 무엇을 하도록 요청받는가?
(A) 조정할 것이 더 있으면 전화하기
(B) 직접 가져가기
(C) 회의 일정을 잡기 위해 전화를 하기
(D) 금요일에 집에 있기

해설 **키워드:** What / Helen Jones / asked to do
위치: 지문 후반부
요청 사항은 지문의 하단에 위치한다. Please call us at 544-0675 by Thursday at the latest if you have any more requests.에서 부탁할 것이 있으면 전화를 해달라고 말하고 있으므로 정답은 (A)라는 것을 알 수 있다.
정답 (A) Call if she needs any more arrangements

어휘 arrangement 정리, , 타협 in person 직접 arrange 마련하다, 정리하다

Questions 16-18 refer to the following message. 영M

Hello, this is Daniel Bell calling from the online marketing department. I'm one of the marketers here and I'm having an issue with my computer. I have a trouble in accessing the program I need to create a new campaign logo. None of my coworkers are experiencing this, so the problem seems to be specific to my computer. I'd like to get this resolved as soon as possible. I'm currently working on an important project and the deadline is the end of the day. Could you please give me a call back at extension 5431 and let me know when you can fix this. Thank you.

문제 16-18은 다음 메시지를 참조하세요.
안녕하세요. 온라인 마케팅 부서의 Daniel Bell입니다. 저는 이곳의 마케터들 중 한 명인데, 컴퓨터에 문제가 있습니다. 저는 새로운 캠페인 로고를 만드는 프로그램에 접속하는데 문제가 있습니다. 동료들은 이런 일을 겪지 않고 있으므로 제 컴퓨터에만 문제가 생긴 것으로 보입니다. 이 문제를 되도록 빨리 해결해 주시기를 바랍니다. 중요한 프로젝트 작업을 하고 있고 마감기한이 오늘 오후입니다. 언제 이 문제를 고칠 수 있을지 제 내선번호 5431번으로 답신을 주시겠습니까? 감사합니다.

어휘 marketer 마케팅 전문가 issue 문제 seem ~인 것처럼 보이다 access 접근하다, 이용하다 experience 경험하다 specific 구체적인, 특정한 resolve 해결하다 as soon as possible 가능한 한 빨리 fix 고치다, 수선하다

16 화자는 어떤 부서에서 일하는가?
(A) 마케팅부
(B) 회계부
(C) 유지보수부
(D) 법무부

해설 **키워드:** What department / speaker / work
위치: 지문 전반부
화자의 정체와 관련된 질문은 대부분 대화의 전반부에 그 정답이 제시된다. this is Daniel Bell calling from the online marketing department.에서 화자는 온라인 마케팅 부서의 Daniel Bell이라고 말하고 있으므로 정답은 (A) 마케팅부가 된다. 정답 (A) The marketing department

어휘 marketing department 마케팅부 accounting department 회계부 maintenance department 유지보수부 legal department 법무부

17 화자가 도움을 필요로 하는 것은 무엇인가?
(A) 컴퓨터 접속
(B) 컴퓨터 재배치
(C) 프로젝트의 마감시간
(D) 자료 기록

해설 **키워드:** What / speaker / need help **위치:** 지문 전반부
문제 제기는 주로 지문의 전반부에 위치하는 것이 일반적이다. I have a trouble in accessing the program I need to create a new campaign logo.에서 화자는 컴퓨터에 접속하는데 문제가 있다고 말하고 있으므로 화자가 도움을 필요로 하는 것은 컴퓨터에 접속하는 것이 된다. 그러므로 정답은 (A)가 된다. 정답 (A) Computer access

어휘 relocation 재배치 deadline 마감시간

18 왜 문제가 빨리 해결되어야만 하는가?
(A) 마감일이 오늘이기 때문에
(B) 컴퓨터를 업데이트하기 위해
(C) 선을 늘리기 위해
(D) 새 컴퓨터를 구입하기 위해

해설 **키워드:** Why / problem / solved / quickly
위치: 지문 후반부
왜 문제가 빨리 해결되어야 하는지를 묻고 있다. 키워드가 quickly이므로 키워드를 중심으로 앞뒤 이야기를 잘 들어야 한다. 지문 후반부(I'd like to get this resolved as soon as possible. I'm currently working on an important project and the deadline is the end of the day.)에서 화자는 이 문제를 가능한 한 빨리 해결해야 한다고 하면서 그 이유가 중요한 프로젝트를 진행 중인데 마감일이 오늘까지라고 언급하고 있다. 그러므로 정답은 (A)이다. 참고로 키워드인 quickly가 as soon as possible로 패러프레이징된 것을 함께 확인해 두자. 정답 (A) Because the deadline is today

어휘 solve 해결하다 in order to ~하기 위해서 extend 연장하다, 확대하다 purchase 구입하다

Questions 19-21 refer to the following telephone message. 미M

Hello, Mr. Warren. This is Aaron Downy at the Fashion Leading Shoes company. We're really looking forward to working with your advertising agency on a campaign for the new line of shoes. I'm calling today because our lawyer said that we have some problems with a few conditions in the contract. I'd like to set up a meeting with you so we can go over the details of the agreement. As soon as the contract has been signed, we will be able to move forward with the campaign. We're currently working on the first commercial for our new shoes next month. I look forward to hearing from you.

문제 19-21은 다음 전화메시지를 참조하세요.
안녕하세요, Warren 씨. Fashion Leading Shoes사의 Aaron Downy입니다. 저희는 새로운 신발 제품군에 대한 캠페인을 귀하의 광고사와 함께 일하기를 바라고 있습니다. 오늘 전화한 이유는 저희 변호사가 계약 조건에 몇 가지 문제가 있다고 말했기 때문입니다. 귀하와의 약속을 정하여 계약의 세부사항에 대해 검토하기를 바랍니다. 계약

이 체결되는 대로 캠페인 작업을 할 수 있을 것입니다. 저희는 현재 다음 달에 시작되는, 새로운 신발에 대한 첫 번째 광고를 작업 중입니다. 귀하의 연락을 기다리겠습니다.

어휘 look forward to -ing ~하기를 고대하다 advertising agency 광고사 new line of shoes 새로운 신발 제품군 contract 계약서 set up a meeting 회의 일정을 잡다 go over 검토하다 agreement 계약 as soon as ~하자마자 move forward 진척시키다

19 화자가 일하는 회사는 어떤 종류의 회사인가?
(A) 생산회사
(B) 신발 생산업체
(C) 출판업체
(D) 음료 생산업체

해설 **키워드:** What type of company / speaker / work
위치: 지문 전반부
화자의 정체는 주로 지문의 첫 번째 문장에서 알 수 있다. 지문의 초반부(This is Aaron Downy at the Fashion Leading Shoes company.)에서 Fashion Leading Shoes사의 Aaron Downy이라고 말하고 있으므로 정답은 (B) 신발 생산업체가 된다. 정답 (B) A shoe manufacturer

어휘 production 생산 manufacturer 제조업자 publishing agency 출판사 beverage 음료 producer 생산자

20 화자가 Warren 씨와 만나고 싶어 하는 이유는 무엇인가?
(A) 기념식을 기획하기 위해
(B) 스포츠 행사를 계획하기 위해
(C) 인사이동을 논의하기 위해
(D) 계약을 마무리 짓기 위해

해설 **키워드:** Why / speaker / want / meet / Mr. Warren
위치: 지문 중반부
왜 화자가 Mr. Warren을 만나고 싶어 하는지, 세부사항을 묻는 질문의 형태이다. 문제에서 want to meet이 키워드이다. I'd like to set up a meeting with you so we can go over the details of the agreement.에서 화자는 계약을 마무리 짓기 위해 만나기를 원한다고 하고 있으므로 정답은 (D)이다. 참고로 I want to do = I'd like to do의 구조를 기억하자.
정답 (D) To finalize a contract

어휘 celebration 축하 organize 준비하다, 정리하다 sporting event 스포츠 경기 personnel changes 인사이동 finalize 마무리 짓다 contract 계약

21 다음 달에 어떤 일이 예정되어 있는가?
(A) 광고가 나갈 것이다.
(B) 새로운 계약이 효력을 발휘할 것이다.
(C) 콘테스트가 끝날 것이다
(D) 부서가 재편성될 것이다

해설 **키워드:** What / happen / next month **위치:** 지문 후반부
next month가 키워드이다. 미래 정보이므로 지문 후반부에서 찾아야 한다. We're currently working on the first commercial for our new shoes next month.에서 키워드인 next month가 언급이 되는데 여기서 화자는 다음 달에 시작되는 첫 번째 광고를 제작 중이라고 하였으므로 다음 달(next month)에 광고가 나갈 것을 예상할 수 있다. 그러므로 정답은 (A)가 된다. 정답 (A) A commercial will be released

어휘 be scheduled to + 동사원형 ~하기로 되어있다, 예정되어 있다 commercial TV 광고 release 공개하다, 발표하다 be in effect 효력을 발휘하다 reorganize 재조직하다, 재편성하다

Questions 22-24 refer to the following telephone message. 영M

Hello, this message is for Ms. Daisy Bennett. This is Asher Evans calling from City Center Fitness Club. We received your online request for information about joining our club. I can give you more details about many benefits of becoming a member over the phone. I should also mention that we are currently offering a summer special price that expires tomorrow. So I encourage you to contact us as soon as you can. I want to ensure that you receive the best possible price. Again this is Asher Evans with City Center Fitness Club. You can reach me at 555-8871. Thank you.

문제 22-24는 다음 전화메시지를 참조하세요.
안녕하세요. 이 메시지는 Daisy Bennett 씨를 위한 것입니다. 저는 City Center Fitness Club의 Asher Evans라고 합니다. 저희 클럽에 가입하시는 것의 정보에 대한 온라인 요청을 받았습니다. 회원이 되시면 받는 많은 혜택에 대해 보다 상세한 사항을 전화로 말씀드릴 수 있습니다. 또한 내일이면 끝나는 여름 특별 가격이 현재 제공되고 있음을 알려드립니다. 따라서 가능한 한 빨리 저희에게 다시 전화를 주시기 바랍니다. 귀하께서는 최고의 저렴한 가격을 받으실 수 있으실 겁니다. 다시 한 번 말씀드립니다. 저는 City Center Fitness Club의 Asher Evans라고 하며 제 번호는 555-8871번입니다. 감사합니다.

어휘 request 요청 join 가입하다, 합류하다 benefit 혜택 over the phone 전화상으로 mention 언급하다 encourage 독려하다 expire 만기가 되다 ensure 확실히 하다 possible 가능한

22 화자는 어떤 종류의 업체에서 전화를 걸고 있는가?
(A) 지역 도서관
(B) 아트센터
(C) 헬스클럽
(D) 운전학원

해설 **키워드:** What / type of business / calling from
위치: 지문 전반부
전화를 건 사람이 어떤 업종에 종사하고 있는지, 화자에 대한 정보를 묻는 질문이다. 전반부에서 간단한 인사와 함께 This is Asher Evans calling from City Center Fitness Club.이라고 말하고 있으므로 전화를 건 곳이 fitness club인 것을 알 수 있다. 따라서 정답은 (C) A fitness center가 된다.
정답 (C) A fitness center

어휘 type 종류, 유형 business 업체, 업종 community 지역, 동네

23 왜 화자는 Bennett 씨와 전화로 대화하기를 원하는가?
(A) 특별한 제공에 대해 말하기 위해
(B) 회원자격에 대해 말하기 위해
(C) 합의에 도달하기 위해
(D) 계약을 갱신하기 위해

해설 **키워드:** Why / speaker / want / talk / Ms. Bennett / on the phone **위치:** 지문 중반부
왜 화자는 전화상으로 Ms. Bennett와 이야기를 하고 싶어 하는지를 묻고 있다. 이 문제의 키워드는 on the phone이므로 이 키워드를 중심으로 앞뒤 이야기를 잘 들어야 한다. 지문 중반부(I can give you more details about many benefits of becoming a member over the phone.)에서 전화상으로 회원이 되면 받는 특별 혜택에 대해 이야기해 준다고 말하고 있으므로 정답은 (A)이다. 정답 (A) To discuss a special offer

어휘 offer 제공 qualification 자격 reach an agreement 합의에 도달하다 renew 갱신하다

24 화자에 의하면, 왜 Bennett 씨는 바로 전화를 해야 하는가?
(A) 제공이 내일 만기가 되기 때문에.
(B) 그는 출장 중이기 때문에.
(C) 그는 회원카드가 필요하다.
(D) 전화번호가 바뀔 것이다.

해설 **키워드:** Why / Ms. Bennett / call / right away
위치: 지문 중반부

왜 Ms. Bennett이 바로(right away) 전화를 해야 하는지, 세부사항을 묻는 문제이다. 질문에서 키워드는 right away이다. 지문 중반부(I should also mention that we are currently offering a summer special price that expires tomorrow. So I encourage you to contact us as soon as you can.)에서 내일이면 끝나는 특별 할인이 있으므로 가능한 한 빨리 연락을 달라고 하고 있으므로 정답은 (A)이다. 참고로 키워드인 right away가 as soon as you can으로 패러프레이징된 것도 함께 알아두자.

정답 (A) The offer expires tomorrow.

어휘 offer 제안, 제공, 제공하다 expire 만기가 되다 be out of town (출장 등으로) 도시를 떠나 있다 right away 즉시

Questions 25-27 refer to the following telephone message. 미W

Hello, this is Norah Maddison, the manager of the 41st Street Jewelry Boutique. I'm calling about my order for fifty silver bracelets. This morning when the delivery arrived at my shop, I was disappointed to see that you shipped the wrong product. I found that all fifty bracelets that arrived this morning were gold, not silver. Since it is urgent, I'd appreciate it if you could send the correct order as soon as possible. We're having a special sale next week. As for the gold bracelets, I will go to the post office and send them back to you tomorrow.

문제 25-27은 다음 전화메시지를 참조하세요.
안녕하세요. 41st Street Jewelry Boutique의 매니저인 Norah Maddison입니다. 은팔찌 50개의 주문 건에 대해서 전화 드렸습니다. 오늘 오전에 저희 가게에 제품이 도착했는데, 저는 귀하께서 잘못된 제품을 배송하신 것을 알고 실망하지 않을 수 없었습니다. 오늘 도착한 팔찌 50개는 모두 은이 아니라 금이었습니다. 시간이 촉박하니 가능한 한 빨리 맞는 제품을 보내주신다면 감사하겠습니다. 저희는 다음 주에 특별 세일에 들어갑니다. 금팔찌에 대해서는 내일 우체국에 가서 반송하도록 하겠습니다.

어휘 bracelet 팔찌 delivery 배송(품) be disappointed 실망하다 ship 배송하다 wrong 잘못된 appreciate 감사히 여기다 as soon as possible 가능한 한 빨리 as for ~에 관해서는

25 화자는 어디에서 근무하는 것 같은가?
(A) 보석점
(B) 우체국
(C) 백화점
(D) 은행

해설 **키워드:** Where / speaker / work **위치:** 지문 전반부
화자가 어디에서 일하는지, 화자의 정체를 묻는 질문이다 이런 질문의 유형은 대부분 지문 전반부에서 그 정답이 제시된다. this is Norah Maddison, the manager of the 41st Street Jewelry Boutique에서 보석 부티크에서 일한다고 말하고 있으므로 정답은 (A) 보석점이 된다.

정답 (A) In a Jewelry store

어휘 jewelry store 보석점 post office 우체국 department store 백화점

26 어떤 문제가 통보되었는가?
(A) 없어진 제품
(B) 다른 제품
(C) 고장 난 제품
(D) 배송 지연

해설 **키워드:** What problem / reported **위치:** 지문 전반부
문제점을 묻는 질문의 형태는 주로 지문 전반부에서 그 정답이 언급된다. I was disappointed to see that you shipped the wrong product.에서 잘못된 제품을 받아 실망했다고 말하고 있으므로 문제점은 (B) 다른 제품임을 알 수 있다.

정답 (B) Wrong items

어휘 missing item 분실물 delay 지연

27 화자는 내일 무엇을 할 예정인가?
(A) 잘못된 제품 돌려주기
(B) 주문 취소하기
(C) 주문의 양 변경하기
(D) 다른 주소로 물건을 배달하기

해설 **키워드:** What / speaker / plan / tomorrow
위치: 지문 후반부
미래 정보를 묻는 문제이므로 지문 후반부에서 찾아야 한다. 지문 후반부(I will go to the post office and send them back to you tomorrow.)에서 내일 우체국에 가서 물건을 돌려보낸다고 말하고 있으므로 정답은 (A) 잘못된 제품 돌려주기가 된다. 정답 (A) Return the wrong items

어휘 return 돌려주다 cancel 취소하다 amount 양 order 주문

Questions 28-30 refer to the following telephone message. 미M

This message is for Robert Edwards, this is Gregory Han. You called me before to ask if I could teach a writing workshop at the local public educational center on September 10th. I'd be happy to do that. But since my course focuses on professional writing skills, I was wondering if there is a need for this course at the local public educational center. Please call me back at 511-0202.

문제 28-30은 다음 전화메시지를 참조하세요.
이메시지는 Robert Edwards 씨를 위한 것입니다. 저는 Gregory Han입니다. 귀하께서는 9월 10일에 지역 공공 교육 센터에서 여는 워크숍에서 작문을 가르칠 수 있는지에 대해서 전에 저에게 전화로 물어보셨습니다. 저는 하고 싶습니다. 그러나 저의 수업이 전문적인 작문 기술에 초점이 맞추어져 있기에 저는 지역 공공 교육 센터에서 이 과정에 대한 수요가 있을지 의문입니다. 511-0202로 전화주시기를 부탁드립니다.

어휘 local 지역의 focus on ~에 초점을 맞추다 professional 전문적인 wonder 궁금히 여기다

28 화자는 무엇을 요청 받았는가?
(A) 전시회 주최
(B) 콘테스트 심사

(C) 건물 사진 찍기
(D) 워크숍 강의

해설 **키워드:** What / speaker / asked **위치:** 지문 전반부
화자가 과거에 요청을 받은 내용을 묻는 질문이다. 주로 과거에 발생한 내용은 전반부에서 전화를 건 목적과 배경을 설명하면서 등장한다. 간단한 인사말 이후에 바로 You called me before to ask if I could teach a writing workshop at the local public educational center on September 10th. I'd be happy to do that.을 통해 자신이 작문 워크숍을 진행해 달라는 요청을 받았다는 것을 말하고 있다. 따라서 정답은 (D)이다.
정답 (D) Lead a workshop

어휘 host 주최하다 exhibition 전시회 judge 심사하다 photograph 사진을 찍다 lead 안내하다, 이끌다

29 행사는 어디에서 열릴 예정인가?
(A) 미술관
(B) 호텔
(C) 지역 공공 교육 센터
(D) 대학교

해설 **키워드:** Where / event / take place **위치:** 지문 전반부
행사의 주최지를 묻는 문제이다. 장소와 관련된 문제들은 주로 지문 전반부에 정답이 제시된다. You called me before to ask if I could teach a writing workshop at the local public educational center on September 10th.에서 화자는 지역 공공 교육 센터에서 여는 워크샵에 관해 말하고 있으므로 정답은 (C)이다.
정답 (C) At a local public educational center

어휘 take place 개최되다, 일어나다

30 화자는 무엇을 걱정하고 있는가?
(A) 특별 강의실의 사용
(B) 전문적인 과정에 대한 낮은 수요
(C) 가르친 경험의 부족
(D) 건강 프로그램에 대한 낮은 수요

해설 **키워드:** What / speaker / worry **위치:** 지문 후반부
지문 중반부에서 happy라는 내용이 나오고 뒤에서 But 하면서 상황이 바뀔 것을 예상할 수 있다. But since my course focuses on professional writing skills, I was wondering if there is a need for this course에서 앞에서 언급한 특정 course에 대한 수요가 있을지를 걱정하고 있다고 말하고 있으므로 정답은 (B)가 된다.
정답 (B) Low demands for a professional course

어휘 low 낮은 demand 수요, 요구 lack of ~의 부족, 결핍

Questions 31-33 refer to the following telephone message. 호W

Hello, Mr. Elliott. This is Emily calling from the reference service department of the National Library. You were here a week ago and asked for some reference books about motivating employees. I found some more useful websites that you might want to know. One describes the benefits of goal setting and the others give advice on educating employees and rewarding people. If you call me back with your email address, I'll be happy to send you those sites.

문제 31-33은 다음 전화메시지를 참조하세요.
안녕하십니까, Elliott 씨. National Library의 참고 문헌 서비스 부서의 Emily입니다. 귀하는 일주일 전에 이곳에 오셔서 직원 동기부여에 관한 참고문헌을 요청하셨습니다. 저는 귀하께 도움이 될 만한 웹사이트들을 더 발견했습니다. 하나는 목표를 설정하는 것이 왜 좋은지 설명한 것이고 나머지 하나는 직원을 교육하는 것과 보상하는 것에 관한 조언을 제공합니다. 다시 전화하셔서 이메일 주소를 알려주시면 이 사이트 주소를 보내드리겠습니다.

어휘 reference 참고 문헌 motivate 동기를 부여하다 describe 설명하다, 묘사하다 goal setting 목표 설정 reward 보상하다

31 이 메시지는 누가 받을 것 같은가?
(A) 웹 관리자
(B) 인사부 이사
(C) 교사
(D) 도서관 직원

해설 **키워드:** Who / receiving **위치:** 지문 전반부
메시지를 받는 사람에 대한 정보를 묻는 질문이다. 주로 전화를 메시지를 남기는 사람과 받는 사람 즉, 화자와 청자에 관한 정보는 전반부에서 등장하다. 처음 인사를 하고 나서 You were here a week ago and asked for reference books about motivating employees.라고 말했으므로 직원들에게 동기를 부여 하는 데 관심이 있을 만한 사람은 보기 중에서 (B) 인사부서의 이사가 가장 적절하다.
정답 (B) A personnel director

어휘 receive 받다

32 청자는 무엇에 관한 정보를 요청했는가?
(A) 회원이 되는 것
(B) 일자리 지원
(C) 직원 동기부여
(D) 기사 출판

해설 **키워드:** What / listener / request **위치:** 지문 전반부
청자가 요청했던 정보에 대해 묻고 있다. 이 부분에 대한 정답은 지문의 상단에서 찾을 수 있다. 지문 전반부(asked for reference books about motivating employees)에서 직원 동기 부여에 관한 정보를 요청했다는 것을 알 수 있다. 그러므로 정답은 (C)가 된다 정답 (C) Motivating employees

어휘 apply for 지원하다 motivate 동기를 부여하다 publish 출판하다 article 기사

33 화자는 무엇을 제안하는가?
(A) 지원서 보내기
(B) 자료의 출처를 이메일로 보내기
(C) 동료와 의논하기
(D) 회원 갱신하기

해설 **키워드:** What / speaker / offer **위치:** 지문 후반부
제안하는 것은 지문의 하단에 위치한다. If you call me back with your email address, I'll be happy to send you those sites.에서 이메일 주소를 보내주면 웹사이트를 알려준다고 하고 있으므로 정답은 (B) 자료의 출처를 이메일로 보내기가 된다. 정답 (B) E-mail a list of resources

어휘 application 지원서 confer 상의하다 colleague 동료 renew 갱신하다

Questions 34-36 refer to the following telephone message. 영M

Hi, Tiffany. It's Derrick. Thank you so much for responding to our invitation. Don't forget George's retirement party is tonight at six at Trey's Restaurant. I have already made all the arrangements and Nina is going to pick up the cake and gift on her way there. I'll see you tonight at six. Looking forward to it.

문제 34-36은 다음 전화메시지를 참조하세요.
안녕하세요, Tiffany 씨. Derrick입니다. 저희 초대에 응해 주셔서 정말 감사드립니다. George 씨의 은퇴 기념 파티가 오늘 6시에 Trey 식당에서 있다는 것을 잊지 마십시오. 저는 이미 모든 것을 다 준비해 놓았고 Nina는 케이크와 꽃을 오는 길에 가지고 올 것입니다. 오늘밤 6시에 뵐게요. 너무 기대됩니다.

어휘 respond 응답하다 invitation 초대 make an arrangement 준비하다 pick up 수령하다 look forward to ~을 고대하다

34 화자는 무엇을 받았는가?
(A) 티켓
(B) 초대장
(C) 답장
(D) 꽃

해설 **키워드:** What / speaker / receive **위치:** 지문 전반부
화자가 받았던 것을 묻고 있고 있다. 과거의 일은 주로 상단에 위치함을 알아두자. Thank you so much for responding to our invitation.이라고 말했으므로 화자가 받은 것은 초대에 응하는 답장임을 알 수 있다. 따라서 정답은 (C) 답장이 된다.
정답 (C) A reply

어휘 reply 답장

35 저녁에 어떤 일이 일어날 것인가?
(A) 모임에서 생일을 축하할 것이다.
(B) 음악가가 공연할 것이다
(C) 은퇴 기념 파티가 열릴 것이다.
(D) 요리 시연이 열릴 것이다.

해설 **키워드:** What / happen / the evening **위치:** 지문 중반부
오늘 저녁에 일어나는 일이 무엇인지 묻고 있다. 키워드가 the evening이므로 키워드를 중심으로 전후의 이야기를 잘 들어야 하겠다. 지문 중반부(Don't forget George's retirement party is tonight)에서 오늘밤에 은퇴 기념 파티가 있다고 언급하고 있으므로 은퇴 기념 파티가 열릴 것이라고 한 (C)가 정답이 된다. 참고로 the evening이 tonight으로 패러프레이징됐다는 것을 알아두자.
정답 (C) A retirement ceremony will take place.

36 행사는 언제 시작할 것인가?
(A) 오후 5시
(B) 오후 6시
(C) 오후 7시
(D) 오후 8시

해설 **키워드:** When / event / begin **위치:** 지문 중반부
행사의 시작 시간을 묻는 문제이다. 35번 문제의 답과 연결해 들어야 한다. Don't forget George's retirement party is tonight at 6 at Trey's Restaurant.에서 6시에 은퇴 기념 파티가 있다고 말하고 있으므로 정답은 (B) 오후 6시가 된다.
정답 (B) At 6 p.m.

어휘 event 행사, 사건 begin 시작하다

Lesson 4 녹음메시지 빈출 유형 분석

A. 빈출 유형 1 p.306

Questions 01-03 refer to the following recorded message. 미M

You have reached Starkvile Energy Company. We are experiencing problems with power outages in many residential areas of the town. It's been caused by last night's storm. The repair crews have already been sent to the area and they are working on the problem now. We currently expect to restore services to all areas within an hour. If your power has not been restored by then, please contact our customer service center. Thank you for your understanding.

문제 01-03은 다음 녹음 메시지를 참조하세요.
Starkvile Energy사입니다. 현재 시내의 많은 거주 지역이 정전이 되었습니다. 이것은 어젯밤의 폭풍으로 인한 것입니다. 복구 인력이 이미 그 지역으로 파견되었고 현재 그 문제에 대해 작업을 하고 있습니다. 현재 저희는 한 시간 이내에 전 지역이 복구될 것으로 예상하고 있습니다. 만약 그때까지 전력이 복구되지 않으면 저희 고객 센터로 연락해 주시기 바랍니다. 이해해 주셔서 감사합니다.

어휘 experience 경험하다, 겪다 power outage 정전 residential area 주거 지역 cause 초래하다 crew 직원 restore 복구하다 understanding 이해

01 화자는 누구인가?
(A) 기상 리포터
(B) 전기회사 직원
(C) 공장 관리자
(D) 부동산 중개인

해설 **키워드:** Who / speaker **위치:** 지문 전반부
지금 말하고 있는 화자의 신분이나 직업을 묻는 문제이다. 주로 지문 전반부에서 확인이 가능하다. 첫 문장에서 You have reached Starkvile Energy Company. We are experiencing problems with power outages에서 현재 말하고 있는 사람은 전기회사의 직원임을 알 수 있다. 보기 중에서 직접적으로 언급되진 않았지만 utility company에서 정답을 찾을 수 있다. 일반적으로 utility company는 전기, 가스, 수도 회사를 말한다. 정답 (B) A utility company employee

어휘 weather 날씨 plant 공장

02 무엇이 문제인가?
(A) 전기료가 상승했다.
(B) 공사 일정이 늦어지고 있다.
(C) 시내 일부에 전력이 공급되고 있지 않다.
(D) 회사는 인력을 더 고용해야 한다.

해설 **키워드:** What / problem **위치:** 지문 전반부
문제가 되는 상황은 주로 전반부에 등장한다. 처음에 간단한 소개가 나오고 나서 바로 We are experiencing problems with power outages in many residential areas of the town라고 했으므로 정전(power outage)이 발생했음을 알 수 있다. 따라서 정답은 (C)가 된다.
정답 (C) Some parts of the city have no power.

어휘 increase 상승 rate 요금 behind schedule 일정이 늦어진 hire 고용하다

03 문제가 언제 해결될 것으로 예상되는가?
(A) 즉시
(B) 1시간 이내에
(C) 2시간 이내에
(D) 3시간 이내에

해설 **키워드:** When / problem / expected / resolved
위치: 지문 후반부
앞에서 언급된 문제가 언제 해결될 것인지, 미래에 발생할 일의 시기를 묻는 질문이다. 미래와 관련된 사항 주로 지문 후반부에서 등장한다. 후반부의 We currently expect to restore services to all areas within an hour.를 통해 1시간 이내에 문제가 해결될 것임을 알 수 있다. 키워드 resolve라는 단어 대신 유사 어휘인 restore를 사용하여 패러프레이징됐다는 것을 알아두자. 정답 (B) Within an hour

어휘 be expected to + 동사원형 ~할 것으로 예상되다, 기대되다 resolve 해결하다

B. 빈출 유형 2 p.306

Questions 01-03 refer to the following recorded message. 호W

Thank you for calling Brookline Bank. The office is currently closed because of the national holiday. The business hours are 9 a.m. to 5 p.m., Monday thru Friday, except for national holidays. If you need to speak to one of our customer service representatives, please call back during regular business hours or you may also check your account information on our website. You can also find the addresses, telephone numbers and directions for your nearest branch office as well as our financial services listed. Thank you again and have a nice day.

문제 01-03은 다음 녹음 메시지를 참조하세요.
Brookline Bank에 전화 주셔서 감사합니다. 국경일이므로 현재는 은행 영업을 하지 않고 있습니다. 저희 영업시간은 오전 9시부터 오후 5시까지, 국경일을 제외하고 월요일부터 금요일까지입니다. 저희 고객 서비스 센터 직원과 직접 통화를 원하신다면 정상 영업시간에 다시 전화를 주시면 됩니다. 그렇지 않으면 저희 웹사이트에서 귀하의 계좌정보를 확인하실 수도 있습니다. 또한 귀하가 필요한 금융서비스 뿐만 아니라 귀하와 가장 가까운 지점의 주소, 전화번호와 찾아가는 길을 찾아보실 수도 있습니다. 다시 한 번 감사드립니다. 좋은 하루 되세요.

어휘 national holiday 국경일 except for ~을 제외하고 customer service 고객 서비스 representative 담당자 direction 방향 branch office 지점 A as well as B B뿐만 아니라 A도 financial service 금융 서비스

01 이 메시지는 누구에게 남긴 것인가?
(A) 컴퓨터 프로그래머
(B) 정부 관료
(C) 병원 환자
(D) 은행 고객

해설 **키워드:** Who / message / for **위치:** 지문 전반부
누구를 대상으로 남겨놓은 메시지인지 묻는 질문이다. 이 질문은 말하는 사람에 대해서 묻는 질문이 아니라, 듣는 사람에 대한 정보를 묻고 있다. 당연히 지문 전반부에서 답을 찾을 수 있다. Thank you for calling Brookline Bank.에서 바로 은행에서 녹음한 메시지임을 알 수 있으므로 대상은 당연히 은행 고객이 된다. 참고로 〈Thank you for calling + 장소〉와 〈You have reached + 장소〉는 주로 전화상으로 특정한 곳에 전화를 걸었을 때 등장하는 정형화된 표현이다.
정답 (D) Bank customers

어휘 government official 공무원 patient 환자

02 고객 서비스 직원에 대해 언급된 것은 무엇인가?
(A) 다른 전화를 받고 있다.
(B) 장비를 수리하고 있다.
(C) 현재 근무하지 않고 있다.
(D) 다른 사무실에서 일하고 있다.

해설 **키워드:** What / suggested / customer service representatives **위치:** 지문 중반부
고객 서비스 직원에 대해 언급된 것을 묻는 질문이다. 키워드인 customer service representatives가 나오면 바로 정답을 확인할 수 있다. 그러므로 키워드를 상기하고 보기에 집중하면서 들어야 한다. 지문 중반부(If you need to speak to one of our customer service representatives, please call back during regular business hours)에서 키워드인 customer service representatives가 나오고 통화를 하고 싶으면 정상 업무 시간(regular business hours)에 하라는 말로 보아 현재 근무하고 있지 않다는 것을 알 수 있다. 참고로 suggest는 보통 suggest that ~ 또는 suggest doing something으로 의견이나 생각을 말한다는 뜻의 제안의 의미로만 알고 있지만, 기본적으로 '~을 말하다'라는 의미를 갖고 있기 때문에 be suggested about ~ 형태로 나오게 되면 무엇에 대해 언급되고 있는 것을 묻는 질문으로 확인해야 하다. 유사 질문의 형태로 what is said about ~? 또는 what does the caller say about ~?으로 등장하기도 한다.
정답 (C) They are not currently working.

어휘 repair 수리하다 equipment 장비 currently 현재, 지금

03 웹사이트에서 이용 가능한 정보는 무엇인가?
(A) 지점(사무실)의 위치
(B) 행사 일정표
(C) 가격표
(D) 주요 고객 명단

해설 **키워드:** What information / available / website
위치: 지문 후반부
웹사이트에서 이용 가능한 정보를 묻는 질문이다. 키워드인 website를 확인하고 어떤 정보가 제공되는지를 주의 깊게 들어야 한다. 지문 후반부(on our website. you can also find the addresses, telephone numbers and directions for your nearest branch office)에서 웹사이트에서 지점의 위치를 확인할 수 있음을 알 수 있다. 그러므로 정답은 (A) 지점(사무실)의 위치가 된다. 참고로 전화메시지 이외에도 website에서 이용 가능한 정보를 묻는 질문들이 종종 등장하게 되는데, 이러한 내용들은 주로 지문 후반부에 나온다는 것을 알아두도록 하자. 정답 (A) A list of office locations

어휘 location 장소 calendar 일정표 event 행사, 사건 list 목록 client 고객

Lesson 3, 4 실전 TOEIC Test p.308

Questions 01-03 refer to the following recorded message. 미M

You have reached the Big Star Theater. Please listen carefully for details about today's event. At 6 p.m. and 8 p.m., for one night only, there will be a performance by the City Play, a wonderful play, which has extended its run. On stage you can see lots of famous actors and a world-winning player, Walter Tucker. Tickets for tonight's show are fifteen dollars for adults and eight dollars for children. Reservation only. Cash and credit cards are accepted. For more information, please call our reservation line at 554-6755.

문제 01-03은 다음 녹음 메시지를 참조하세요.
Big Star 극장에 전화하셨습니다. 오늘의 행사에 관한 세부사항을 잘 들어주시기 바랍니다. 오늘 오후 6와 8시에 오늘 밤 딱 하루만 City Play의 멋진 공연이 연장됩니다. 많은 유명한 배우들과 세계적인 상을 받은 Walter Tucker도 무대에서 함께 만나보실 수 있습니다. 오늘밤의 공연 티켓은 성인은 15달러이며 아동은 8달러입니다. 예매만 할 수 있습니다. 현금과 신용카드로 결제가 가능합니다. 더 궁금하신 점이 있으시면 예약 직통전화인 554-6755로 전화주시길 바랍니다.

어휘 detail 세부사항 performance 공연 extend 연장하다, 확대하다 run 공연 stage 무대 adult 성인 reservation 예약 accept 받아들이다

01 메시지는 주로 무엇에 관한 것인가?
(A) 극장 공연
(B) 대학 강의
(C) 박물관 관람
(D) 콘서트

해설 **키워드:** What / message **위치:** 지문 전반부
지문의 주제를 묻는 문제이므로 전반부 내용을 잘 들어야 한다. You have reached the Big Star Theater. Please listen carefully for details about today's event.에서 극장의 공연에 관한 메세지임을 알 수 있다. 따라서 정답은 (A)가 된다.
정답 (A) Theater performances

어휘 theater 극장 performance 공연 lecture 강의 museum 박물관

02 공연은 언제 있을 것이라고 말하는가?
(A) 오늘
(B) 내일
(C) 일주일 후
(D) 2주일 후

해설 **키워드:** When / events / take place **위치:** 지문 전반부
공연은 언제 있을지 묻는 문제이다. 키워드가 event이므로 키워드를 중심으로 전후의 이야기를 잘 들어야겠다. 전반부(Please listen carefully for details about today's event.)에서 event에 대한 세부사항을 잘 들으라고 하면서 event가 언급이 되고 그 뒤의 At 6 p.m. and at 8 p.m. for one night only에서 오늘밤 하루만 공연이 있다고 말하고 있으므로 정답은 (A) 오늘이 된다.
정답 (A) Today

어휘 in 후에

03 화자에 따르면, 더 많은 정보를 얻기 위해서는 어떻게 해야 하는가?
(A) 웹사이트를 방문한다
(B) 광고를 확인한다
(C) 안내 책자를 요청한다.
(D) 주어진 번호로 전화를 건다.

해설 **키워드:** How / someone / get / information
위치: 지문 후반부
청자들에게 더 많은 정보에 접근하는 방법을 묻는 문제이므로, 지문의 하단에서 찾을 수 있다. 지문의 마지막(For more information, please call our reservation line at 554-6755.)에서 더 궁금한 것이 있으면 전화를 하라고 말하고 있으므로 정답은 (D) 주어진 번호로 전화를 건다가 된다.
정답 (D) By calling the given number

어휘 according to ~따르면, ~에 의하면 advertisement 광고 brochure 소책자 given 주어진

Questions 04-06 refer to the following recorded message. 호W

Thank you for calling the Homedeco Company, makers of wood furniture for over a hundred years. The Homedeco name is known nationally for producing chairs and dining tables that will last a lifetime. Please listen carefully to the following options as our phone menu has recently been updated. Please press 1 to find store locations near you. Press 2 to check the status of an order. For all other inquiries, please stay on the line and one of our customer service representatives will assist you shortly.

문제 04-06은 다음 녹음 메시지를 참조하세요.
지난 100여년 동안 목재가구를 만들어온 Homedeco사에 전화를 주셔서 감사합니다. Homedeco라는 이름은 평생토록 사용할 수 있는 의자와 식탁을 만드는 것으로 국내에서 유명합니다. 전화 메뉴가 최근에 갱신되었으므로 다음의 옵션들을 주의 깊게 들어주시기 바랍니다. 근처의 판매점을 찾아보시려면 1번을 누르십시오. 주문 상황을 확인하시려면 2번을 누르십시오. 모든 다른 문의 사항은 전화기를 끊지 말고 기다려 주십시오. 고객 서비스 직원이 바로 도와드릴 것입니다.

어휘 maker 생산업체 nationally 국내에서, 전국적으로 produce 생산하다 last 지속되다 lifetime 평생 update 최신화 시키다 press 누르다 status 상태, 상황 inquiry 문의사항 stay on the line 전화를 끊지 말고 기다리다 shortly 바로, 즉시, 곧

04 Homedeco사는 무엇을 파는 회사인가?
(A) 문구류
(B) 전화기
(C) 도구
(D) 가구

해설 **키워드:** What / Homedeco / sell **위치:** 지문 전반부
전화메시지에서 화자의 정체는 지문 전반부에 위치한다. 지문의 상단 부분(Thank you for calling the Homedeco company, makers of wood furniture for over a hundred years.)에서 목재가구를 만드는 곳이라고 말하고 있으므로 Homedeco는 가구를 파는 회사이다. 그러므로 정답은 (D)이다.
정답 (D) Furniture

어휘 stationery 문구류 tool 도구 furniture 가구

05 이 회사의 제품은 무엇으로 유명한가?
(A) 가벼움
(B) 믿음직스러움
(C) 사용하기 쉬움
(D) 오래 지속됨

해설 **키워드:** What / company's products / known for
위치: 지문 전반부
첫 부분부터 회사에 대해 언급하고 있으므로, 이 회사에 대한 장점을 바로 나열할 것임을 알 수 있다. 지문 전반부(The Homedeco name is known nationally for producing chairs and dining tables that will last a lifetime.)에서

Part 4

Homedeco는 평생토록 사용할 수 있는 의자와 식탁을 만드는 것으로 국내에서 유명하다고 말하고 있으므로 정답은 (D)가 된다. 정답 (D) Being long lasting

어휘 be known for ~으로 유명하다, ~으로 잘 알려져 있다 lightweight 가벼운 reliable 믿을 만한 last 지속하다

06 왜 청자들은 2번을 눌러야만 하는가?
(A) 주문을 확인하기 위해
(B) 메시지를 남기기 위해
(C) 카탈로그를 요청하기 위해
(D) 영업시간을 알기 위해

해설 **키워드:** Why / listener / press 2 **위치:** 지문 후반부
요청하는 사항은 주로 지문의 하단에 위치한다. press 2가 키워드이므로 이를 중심으로 전후의 이야기를 주의 깊게 들어야 하겠다. 지문 후반부(Press 2 to check the status of an order.)에서 주문 상태를 알고 싶으면 2번을 누르라고 말하고 있으므로 정답은 (A)이다. 정답 (A) To check on an order

어휘 press 누르다 order 주문 leave a message 메시지를 남기다 request 요구하다 find out 알아내다 business hours 업무시간

Questions 07-09 refer to the following recorded message. 미W

Hello, this recorded phone message is to inform all employees that we will be installing a new electrical system this weekend. Electrical power for the building needs to be shut off after 9 p.m. on Friday. This work will be completed on Sunday, so all systems will be back to normal and running when you come in on Monday. To prevent any damage or loss to your equipment, please turn off your computers and save all your work and files before leaving work on Friday afternoon. Thank you.

문제 07-09는 다음 녹음메시지를 참조하세요.
안녕하십니까. 이 녹음 메시지는 모든 직원 여러분들에게 이번 주말에 새로운 전기 시스템을 설치할 것임을 알려드리기 위한 것입니다. 건물의 전기는 금요일 오후 9시에 차단될 것입니다. 작업은 일요일에 끝날 예정이므로 모든 시스템은 월요일 여러분이 돌아오실 때면 정상적으로 되돌아와 있을 것입니다. 귀하의 장비의 피해를 예방하기 위해서 금요일 오후에 퇴근하시기 전에 여러분의 컴퓨터를 꺼주시고, 작업한 것과 파일들을 모두 저장해 주시길 바랍니다.

어휘 recorded 녹음된 install 설치하다 electrical power 전력 be shut off 차단되다 run 가동되다, 운영되다 prevent 예방하다 damage 피해 turn off 끄다 leave work 퇴근하다

07 어떤 종류의 작업이 예정되어 있나?
(A) 전기 보수
(B) 컴퓨터 업그레이드
(C) 전화 시스템 교체
(D) 소프트웨어 시험

해설 **키워드:** What / work / scheduled **위치:** 지문 전반부
기본적인 정보를 묻는 질문이 아닌 구체적인 내용을 묻는 문제라도 첫 번째 문제는 지문의 상단에 위치하는 경우가 일반적이다. 지문 전반부(we will be installing new electrical system this weekend)에서 이번 주말에 새로운 전기 시스템을 설치할 것이라고 했으므로 정답은 (A)이다.
정답 (A) Electrical maintenance

어휘 electrical 전기의 maintenance 유지, 보수 replacement 교체, 대체

08 작업은 언제 완료될 것인가?
(A) 월요일
(B) 화요일
(C) 금요일
(D) 일요일

해설 **키워드:** When / work / completed **위치:** 지문 중반부
언제 작업이 완료되는지를 묻고 있다. 키워드가 work와 completed이므로 이를 중심으로 이야기를 잘 들어야 하겠다. 지문 중반부(This work will be completed on Sunday)에서 작업이 일요일에 완료될 것이라고 말하고 있으므로 정답은 (D) 일요일이 된다. 정답 (D) On Sunday

어휘 complete 완료하다, 끝마치다

09 직원들은 무엇을 하도록 요청받고 있는가?
(A) 답신 전화하기
(B) 상사와 얘기하기
(C) 웹사이트 방문하기
(D) 컴퓨터에 있는 자료 저장하기

해설 **키워드:** What / employees / asked **위치:** 지문 후반부
요청하는 내용은 지문 후반부에 위치한다. 지문의 하단(please turn off your computers and save all your work and files)에서 컴퓨터를 끄고 모든 자료들을 저장하라고 말하고 있으므로 정답은 (D) 컴퓨터에 있는 자료 저장하기가 된다.
정답 (D) Save all the data on their computer

어휘 return a phone call 답신 전화를 하다 supervisor 관리자, 상사 save 저장하다

Questions 10-12 refer to the following recorded message. 영M

Hello, you've reached the front desk of the Hilton Hotel. Our office is closed for the day. Please note that our hours have recently changed. We are now open from 8 a.m. to 6 p.m. Monday to Saturday. If you would like to make a reservation, please call back during our regular business hours. If you need to speak to someone concerning a late arrival or any matter, please stay on the line while your call is transferred to the person on duty.

문제 10-12는 다음 녹음 메시지를 참조하세요.
안녕하세요. 귀하는 Hilton 호텔의 안내 데스크에 연결되셨습니다. 저희 사무실은 현재 문을 닫았습니다. 최근에 변경된 저희의 운영시간은 월요일부터 토요일까지 오전 8시부터 오후 6시까지임을 확인해주시기 바랍니다. 예약을 원하신다면 저희 정상 영업시간에 다시 전화주시기 바랍니다. 예약시간 보다 늦게 도착하시거나 다른 일이 있으신 분은 전화를 끊지 말고 기다리시면 당직자에게 연결됩니다.

어휘 reach 도달하다, ~에 연결되다 be closed for the day 근무시간이 지나 문을 닫다 note 유의하다, 주의하다 recently 최근에 open 열린, 영업 중인 reservation 예약 call back 다시 전화하다 business hours 영업시간 transfer 옮기다, 이동하다 on duty 근무 중인, 당직인

10 화자는 누구일 것 같은가?
(A) 약사
(B) 접수원
(C) 호텔 투숙객

(D) 웨이터

해설 **키워드:** Who / speaker **위치:** 지문 전반부

전화메시지에서 화자의 정체는 지문 전반부에 나타난다. you've reached the front desk of the Hilton Hotel에서 전화를 받는 사람에게 호텔의 안내 데스크에 연결됐다고 하는 것으로 보아 호텔의 접수원이라는 것을 알 수 있다. 그러므로 정답은 (B) 접수원이 된다. 정답 (B) A receptionist

어휘 pharmacist 약사 receptionist 접수원 guest 손님 server 웨이터

11 Hilton 호텔에서 최근에 변경된 것은 무엇인가?

(A) 운영시간

(B) 사무실 위치

(C) 숙박 요금

(D) 입실 수속 절차

해설 **키워드:** What / recently / changed / Hilton Hotel

위치: 지문 전반부

최근에 호텔에서 변경된 것이 무엇인지를 묻고 있다. recently, changed, Hotel이 키워드이다. 지문 전반부(our hours have recently changed. We are now open from 8 a.m. to 6 p.m. Monday to Saturday.)에서 최근에 운영시간이 바뀌었다고 말하고 있으므로 정답은 (A) 운영시간이 된다.

정답 (A) The hours of operation

어휘 operation 운영 room rate 숙박 요금 check-in 입실 수속 procedure 절차

12 왜 전화 건 사람은 전화를 끊지 않고 있는가?

(A) 지불하기 위하여

(B) 예약을 변경하기 위해서

(C) 긴급 사항을 알리기 위해

(D) 호텔로 가는 길을 알기 위해

해설 **키워드:** Why / caller / remain / on the line

위치: 지문 후반부

요청 사항의 내용은 지문 후반부에 위치한다. 지문 후반부(If you need to speak to someone concerning a late arrival or any matter, please stay on the line)에서 긴급 상황 시 전화를 끊지 말고 기다리라고 말하고 있으므로 정답은 (C) 긴급 사항을 알리기 위해서가 된다.

정답 (C) To report an emergency

어휘 make a payment 지불하다 emergency 비상(사태) direction 방향

Questions 13-15 refer to the following recorded message. 호W

Hello. Thank you for calling Patronas Stationery Store, the largest provider of quality office supplies and stationery items in the downtown area. Remember, you may also order items which we don't currently have in stock, and we will deliver them to your home or office at no extra charge. We are closed at the moment. But if you leave your name, number and a brief message, we will return your call as soon as possible. Our business hours are from 9 a.m. to 6 p.m. Monday through Friday and from 12 noon to 5 p.m on Saturday. Thank you and have a nice day.

문제 13-15는 다음 녹음메시지를 참조하세요.

안녕하세요. 양질의 사무용품 및 문구류를 제공하는 시내에서 제일 큰, Patronas 문구점에 전화 주셔서 감사합니다. 기억해주세요, 여러분은 현재 재고가 없는 제품도 주문 가능하며, 추가 요금 없이 댁이나 사무실에 배달해 드립니다. 지금은 영업시간이 아닙니다. 그러나 귀하의 성함과 전화번호와 짧은 메시지를 남겨주시면 가능한 한 빨리 답신 전화를 드리겠습니다. 저희 영업시간은 월요일부터 금요일까지 오전 9시에서 오후 6시이며, 토요일은 정오부터 오후 5시까지입니다. 감사드리며 좋은 하루 보내시기 바랍니다.

어휘 stationery 문구류 provider 제공업체 quality 양질의 office supplies 사무용품 in stock 재고가 있는 deliver 배달하다 at no extra charge 추가 요금 없이 brief 짧은, 간략한 business hours 영업시간 as soon as possible 가능한 한 빨리

13 이 상점은 무엇을 파는가?

(A) 가구

(B) 전자 기구

(C) 휴대전화

(D) 문구류

해설 **키워드:** What / store / sell **위치:** 지문 전반부

상점에 관련된 전화메시지이다. 따라서 상점의 정체는 지문 전반부에서 알 수 있다. Thank you for calling Patronas Stationery Store에서 문구점에 전화 주셔서 감사하다고 하고 있으므로 문구류를 판매하는 상점이 되겠다. 그러므로 정답은 (D) 문구류가 된다. 정답 (D) Stationery products

어휘 furniture 가구 electronic equipment 전자 기구 cellular phone 휴대폰 stationery 문구류

14 Patronas 문구점은 고객들을 위해서 무엇을 하는가?

(A) 적은 수수료로 상품을 배달한다.

(B) 품절 제품을 주문해 준다.

(C) 특별 제품을 주문 제작한다.

(D) 제품 카탈로그를 우편으로 보낸다.

해설 **키워드:** What / Patronas / do / for its customers

위치: 지문 중반부

Patronas 문구점은 고객을 위해 무엇을 해 주는지를 묻고 있다. 지문 중반부(you may also order items which we don't currently have in stock)에서 현재 품절된 제품을 주문할 수 있다고 말하고 있으므로 정답은 (B) 품절 제품을 주문해 준다가 된다. 정답 (B) It orders out-of-stock items

어휘 merchandise 물품, 상품 fee 요금, 수수료 out of stock 품절이 되어, 매진이 되어 item 물건 mail out 우편으로 발송하다

15 상점은 토요일에 몇 시에 문을 닫는가?

(A) 정오

(B) 오후 3시

(C) 오후 5시

(D) 오후 7시

해설 **키워드:** When / store / close / Saturday

위치: 지문의 후반부

상점이 언제 문을 닫는지 묻고 있다. 주로 영업시간은 지문의 후반부에서 명시된다. 키워드인 Saturday의 앞뒤를 주의 깊게 들어야겠다. 지문의 하단(from 12 noon to 5 p.m on Saturday)에서 토요일에는 12시부터 오후 5시까지 영업을 한다고 했으므로 문구점이 문을 닫는 시간은 오후 5시이다.

정답 (C) At 5 p.m.

어휘 close 닫다

Questions 16-18 refer to the following message. 미M

Thank you for calling Spira Consultants. We're closed today, February 13, due to the terrible weather conditions. Tomorrow, Wednesday, February 14, our offices will be open later than usual at 11:30 a.m. The first shift tomorrow will be canceled, but second and third shift workers must arrive at their regular times and proceed as scheduled. Emergency parking regulations will be in effect. For more information, please visit the company website.

문제 16-18은 다음 녹음메시지를 참조하세요.

Spira Consultants사에 전화해 주셔서 감사합니다. 저희는 악천후로 인하여 2월 13일 오늘 영업을 하지 않습니다. 2월 14일 수요일인 내일 저희 사무실은 평소보다 늦게 오전 11시 30분에 문을 열 것입니다. 첫 번째 교대조는 내일 취소되었으나 두 번째와 세 번째 교대조는 정상 시간에 출근을 해 주셔서 예정대로 일을 진행해 주시길 바랍니다. 비상 주차 규정이 시행될 것입니다. 더 궁금하신 점이 있으시면 회사 웹사이트를 방문해 주시길 바랍니다.

어휘 due to 때문에 terrible 심한, 끔찍한 weather condition 기상 조건 usual 보통의, 일상의 shift 교대 근무, 교대조 regular 규칙적인, 정기적인 proceed 진행하다 as scheduled 예정대로, 계획대로 emergency 비상 parking 주차 regulation 구정, 규범, 규칙 be in effect 시행되다, 효력이 발생하다

16 이 공지는 어디에서 들을 수 있는가?

(A) 회의에서
(B) 전화상에서
(C) 사무실에서
(D) 거리에서

해설 **키워드:** Where / announcement / heard
위치: 지문 전반부

공지가 들리는 장소를 문제는 주로 지문 전반부에서 힌트를 잡을 수 있다. 첫 부분(Thank you for calling Spira Consultants)에서 전화를 주셔서 감사하다고 말하고 있으므로 이 공지를 들을 수 있는 곳은 전화상에서이다. 그러므로 정답은 (B)가 된다.

정답 (B) On the telephone

어휘 announcement 공지 conference 회의 on the telephone 전화상에서

17 왜 이 기관은 문을 닫았는가?

(A) 수리가 진행되고 있다.
(B) 날씨가 좋지 않다.
(C) 보수공사 때문에.
(D) 일정이 겹쳐서.

해설 **키워드:** Why / facility / closed **위치:** 지문 전반부

왜 이 기관이 문을 닫았는지, 세부사항을 묻는 문제이다. 키워드인 closed를 중심으로 앞뒤 이야기를 주의 깊게 들어야 하겠다. 지문 전반부(We're closed today, February 13, due to the terrible weather conditions.)에서 악천후로 문을 열지 않는다고 말하고 있으므로 정답은 (B)이다.

정답 (B) Weather conditions are poor.

어휘 facility 시설, 기관 repair 수리, 수선 poor 좋지 못한 renovation 보수 conflict 갈등

18 화자는 수요일에 무슨 일이 일어날 것이라고 하는가?

(A) 문을 여는 시간이 늦어질 것이다.
(B) 오리엔테이션이 시작될 것이다.
(C) 주차장이 폐쇄될 것이다.
(D) 웹사이트를 이용할 수 없을 것이다.

해설 **키워드:** What / happen / Wednesday **위치:** 지문 전반부

수요일에 어떤 일이 일어나는지 세부사항을 묻는 문제이다. 키워드인 Wednesday를 중심으로 앞뒤 이야기를 주의 깊게 들어야 하겠다. 지문 전반부(Tomorrow, Wednesday, February 14, our offices will be open later than usual at 11:30 a.m.)에서 수요일에 평소보다 늦게 오전 11시 30분에 문을 열 것이라고 말하고 있으므로 정답은 (A)이다.

정답 (A) There will be a delayed opening.

어휘 delay 지연시키다, 미루다 parking area 주차장 available 이용 가능한

Questions 19-21 refer to the following recorded message. 영M

Thank you for calling Duke Gardens. Our gardens and green houses are internationally famous for our variety of rare and exotic flowers and plants. We're open daily from 9 a.m. to 4 p.m. all year around. During your visit, you can find out several guided tours at the information desk. I believe everyone might know that we are having a special event starting next month. You can get more details concerning the next month event on our website. If you want to order tickets for the next month flower show, press 1 now. We hope to see you soon at Duke Gardens.

문제 19-21은 다음 녹음메시지를 참조하세요.

Duke Gardens에 전화 주셔서 감사드립니다. 희귀하고 이국적인 다양한 화초들이 자라고 있는 정원과 온실은 해외에서도 유명합니다. 저희는 연중 오전 9시부터 오후 4시까지 매일 문을 엽니다. 방문하시는 동안 안내 데스크에서 가이드와 함께 하는 관람도 있다는 것을 알게 될 것입니다. 다음 달부터 특별한 행사가 있다는 것을 모두들 아실 거라고 생각합니다. 다음 달에 열리는 행사들에 대한 자세한 정보는 웹사이트에서 찾아보실 수 있습니다. 다음 달에 열리는 꽃 전시회의 티켓을 구입하시려면 지금 1번을 눌러주세요. 저희는 곧 여러분들을 Duke Gardens에서 뵙기 바랍니다.

어휘 internationally 국제적으로 famous for ~으로 유명한 rare 희귀한 exotic 이국적인 all year around 연중무휴로 guided tour 가이드가 딸린 투어 concerning ~에 대해서

19 메시지에 따르면, Duke Gardens는 무엇으로 유명한가?

(A) 아름다운 호수
(B) 희귀식물
(C) 연례행사
(D) 원예도구

해설 **키워드:** what / Duke Garden / known for
위치: 지문 전반부

정체를 묻는 질문의 유형은 주로 전반부에 그 내용이 제시된다. 키워드인 Duke Garden에 대해 설명하는 부분을 잘 들어야 한다. Our gardens and green houses are internationally famous for our variety of rare and exotic flowers and plants.에서 이 정원은 다양한 희귀하고 이국적인 화초들로 유명하다고 말하고 있으므로 정답은 (B) 희귀식물이 된다.

정답 (B) Unusual plants

어휘 unusual 흔치 않은, 드문 plant 식물 gardening 원예 tool 도구

20 화자에 따르면, 손님들은 안내 데스크에서 무엇을 할 수 있는가?
(A) 티켓 주문하기
(B) 행사 일정표 받기
(C) 입장료 확인
(D) 관람 정보 얻기

해설 **키워드:** what / guests / do / information desk
위치: 지문 중반부
손님들이 안내 데스크에서 무엇을 할 수 있는지, 세부사항을 묻는 질문의 형태이다. 키워드인 information desk의 앞뒤를 주의 깊게 들어야 하겠다. 지문 중반부(you can find out several guided tours at the information desk)에서 안내 데스크에서 가이드가 함께하는 관람 정보에 대해서 알 수 있다고 말하고 있으므로 정답은 (D)이다.
정답 (D) Get tour information

어휘 schedule 일정, 스케줄 entrance 입장

21 청자들은 왜 1번을 눌러야 하는가?
(A) 전시회에 관한 정보를 알기 위해
(B) 관람에 참가하기 위해
(C) 표를 주문하기 위해
(D) 안내 책자를 더 요청하기 위해

해설 **키워드:** Why / listeners / press 1 **위치:** 지문 후반부
요청사항에 해당하는 부분이므로, 마지막 부분을 잘 들어야 한다. 키워드인 press 1의 앞뒤를 주의 깊게 들어야 한다. 지문 후반부(If you want to order tickets for the next month flower show, press 1 now.)에서 티켓을 주문하려면 1번을 누르라고 했으므로 정답은 (C)가 된다.
정답 (C) To order tickets

어휘 concerning ~에 관하여 join 참가하다 order 주문하다

Questions 22-24 refer to the following telephone message. 미W

You have reached Albany Province Tourist Board. Our office is currently closed because of a holiday. We will reopen on Tuesday, March 14th. If you'd like to listen to tourist information of our beautiful province, press zero at any time during this message. If you wish to speak to one of our representatives, please leave a message after the tone. Someone will return your call when we open on Tuesday. Thank you for calling and have a nice day.

문제 22-24는 다음 전화메시지를 참조하세요.
Albany주 관광청입니다. 휴일이라 저희는 현재 업무를 하지 않습니다. 3월 14일 화요일에 다시 문을 열 것입니다. 아름다운 저희 주에 대한 여행 정보 청취를 원하시면 메시지가 나오는 동안 아무 때나 0번을 눌러 주십시오. 저희 직원과 통화를 하고자 하시면 삐 소리 후에 메시지를 남겨주시기 바랍니다. 화요일에 업무가 시작되면 저희 직원이 답신을 드릴 것입니다. 전화 주셔서 감사합니다. 좋은 하루 되십시오.

어휘 currently 현재 leave a message 메시지를 남기다 after the tone 톤 이후에(삐 소리 이후에)

22 청자는 어디에 전화를 건 것인가?
(A) 제조 공장
(B) 지역 은행
(C) 관광청
(D) 치과

해설 **키워드:** Who / caller / reach **위치:** 지문 전반부
화자의 정체를 묻는 문제와 일맥상통한다. 그러므로 정답은 지문 전반부에서 제시될 수 있겠다. You have reached Albany Province Tourist Board.에서 관광청에 전화한 것을 알 수 있으므로 정답은 (C) 관광청이 된다.
정답 (C) A tourist office

어휘 manufacturing 제조 factory 공장 local 지역의 tourist office 관광청 dental clinic 치과

23 사무실은 언제 다시 문을 여는가?
(A) 월요일
(B) 화요일
(C) 목요일
(D) 금요일

해설 **키워드:** When / office / reopen **위치:** 지문 전반부
사무실이 언제 다시 문을 여는지 세부사항을 묻는 질문의 형태이다. 키워드인 reopen을 주의 깊게 들어야 한다. 지문 전반부(We will reopen on Tuesday, March 14th.)에서 화요일에 다시 문을 연다고 말하고 있으므로 정답은 (B) 화요일이 된다.
정답 (B) On Tuesday

어휘 reopen 다시 문을 열다

24 전화 건 사람은 직원과 얘기하려면 어떻게 해야 하는가?
(A) 전화를 끊지 말고 기다린다
(B) 0번을 누른다
(C) 나중에 다시 전화한다
(D) 메시지를 녹음한다

해설 **키워드:** What / caller / do / talk / representative
위치: 지문 중반부
직원과 얘기를 하려면 어떻게 해야 하는지, 세부사항을 묻는 질문의 형태이다. 키워드인 talk와 representative를 중심으로 주의 깊게 들어야 하겠다. 지문 중반부(If you wish to speak to one of our representatives, please leave a message after the tone.)에서 직원과 이야기를 하려면 메시지를 남기라고 말하고 있으므로 정답은 (D) 메시지를 녹음한다가 된다.
정답 (D) Record a message

어휘 representative 담당자 remain on the line 전화를 끊지 않고 대기하다 press 누르다 record a message 메시지를 녹음하다

Questions 25-27 refer to the following voice-mail message. 미M

Hello, Mark. This is Sam Rogers. I'm calling to let you know that I agree with the terms of the contract you sent. I signed it and sent it via overnight courier this afternoon, so you should receive it sometime tomorrow. I'm going to get started on the project immediately, and I'm looking forward to working with you on it. I also wanted to let you know that I'll be in San Francisco from March 2nd through March 8th on unrelated business. But I'd like to get together with you while I'm there to talk about the project, and show you what I'll have completed by then. Let me know if you'll have time during that week to see me. Give me a call back on 312-274-5555 when you have a chance. Thanks.

문제 25-27은 다음 음성 사서함 메시지를 참조하세요.
안녕하세요, Mark 씨. 전 Sam Rogers입니다. 당신이 보내주신 계약서의 조건에 동의한다는 것을 알려드리기 위해 전화했습니다. 서명을 해서 오늘 오후에 택배를 통해 보내드렸으니 내일쯤 받으실 수 있을 것입니다. 저는 프로젝트에 관한 일을 바로 시작할 것이며, 당신과

함께 일하게 될 것을 고대하고 있습니다. 그리고 이 일과 상관없이 3월 2일부터 3월 8일까지 San Francisco에 있을 것임을 알려드립니다. 그러나 제가 거기에 머무르는 동안 만나서 그 프로젝트에 관해 얘기를 나누었으면 합니다. 그 때까지 제가 완성한 일도 보여드리고 싶습니다. 그 주에 저와 만날 시간이 있는지 알려주시기 바랍니다. 시간 되실 때 312-274-5555번으로 저에게 전화주세요. 감사합니다.

어휘 term(s) (지급 · 계약 등의) 조건, 조항 contract 계약서 via ~을 통해 overnight courier 그 다음날 배달되는 택배 look forward to -ing ~을 하기를 고대하다 unrelated 관계가 없는 get together 만나다, 모이다 complete 끝내다, 완성하다, 완료하다

25 화자는 마크에게 무엇을 했다고 말하는가?
(A) 서명한 계약서를 보냈다
(B) 계약서의 사본을 만들었다
(C) 계약의 조건들을 변경했다
(D) 그의 변호사에게 계약서를 주었다

해설 **키워드:** What / speaker / Mark / done **위치:** 지문 전반부
현재완료시제를 사용해서 끝낸 일에 대해서 묻고 있으므로 지문 초반부에 정답이 제시될 가능성이 높다. 전반부의 I agree with the terms of the contract you sent. I signed it and sent it를 통해 화자는 계약서에 서명을 하고 보냈다는 것을 알 수 있다. 따라서 정답은 (A)가 된다.
정답 (A) Sent a signed contract

어휘 term(s) (지급 · 계약 등의) 조건, 조항 make a copy 복사하다

26 화자는 마크에게 그가 무엇을 할 것이라고 말하는가?
(A) 다음 날 동료와 만난다
(B) 당장 그 프로젝트에 착수한다
(C) 프로젝트 진행을 위해 사람을 더 고용한다
(D) San Francisco에서 상품 광고를 시작한다

해설 **키워드:** What / speaker / going to do **위치:** 지문 중반부
키워드는 what, going to do가 된다. 지문 중반부에서 화자는 프로젝트에 바로 착수할 것이라고 말했으므로(I'm going to get started on the project immediately) 정답은 (B)가 된다. 참고로 지문의 get started on은 '(일 등을) 시작하다'라는 의미로 보기에서는 begin working on으로 바뀌어 표현되었다. 정답 (B) Begin working on the project immediately

어휘 associate 동료, 친구 immediately 곧, 즉시, 당장에 hire 고용하다 additional 부가적인 advertise 광고하다, 선전하다

27 3월에 화자는 무엇을 하고 싶다고 말하는가?
(A) 마크와 만나기
(B) 마지막 지불 금액 보내기
(C) 프로젝트 끝내기
(D) 발표하기

해설 **키워드:** What / speaker / do / March **위치:** 지문 중반부
화자는 3월에 San Francisco에 갈 것이라면서(I also wanted to let you know that I'll be in San Francisco from March 2nd through March 8th on unrelated business.) 그곳에서 당신을 만나고 싶다고 말하고 있다(But I'd like to get together with you while I'm there to talk about the project). 따라서 정답은 (A)가 된다. 참고로 지문의 get together가 보기에서는 meet으로 바뀌어 표현된 것에 유의한다. 정답 (A) Meet with Mark

어휘 payment 지불, 납부, 지불 금액 give a presentation 발표하다

Questions 28-30 refer to the following message. 호W

> You have reached St. Claire Banking, located at 671 Birch Wood Blvd. Our regular hours are from 9:00 a.m. to 4:00 p.m. Monday to Friday, and we are closed for all civic holidays. For instructions in French, press 2 now. If you know the extension of the person you are trying to reach, you may dial it now. For information regarding new accounts, or previously existing accounts, press 3 now. If you would like directions to the St. Claire Bank nearest you, press 4 now. If you would like to speak with one of our qualified customer care representatives, please stay on the line and the first available representative will be happy to help you.

문제 28-30은 다음 메시지를 참조하세요.
Birch Wood로 671번지에 위치한 St. Claire 은행입니다. 정규 영업 시간은 월요일부터 금요일까지 오전 9시에서 오후 4시까지이며, 모든 공휴일에는 영업을 하지 않습니다. 불어 안내는 2번을 누르십시오. 연락하고자 하는 분의 내선번호를 알고 계신 분은 번호를 누르시면 됩니다. 신규계좌나 기존계좌에 대한 안내는 3번을 누르시면 됩니다. 가까운 St. Claire 은행 안내는 4번을 누르십시오. 상담원과 통화를 원하시는 분은 끊지 말고 기다리시면 먼저 연결 가능한 상담원이 도와드릴 겁니다.

어휘 Blvd(= boulevard) 대로 civic 시민의, 시의, 도시의 instruction 지시, 지령, 설명 press 누르다 extension 내선번호 dial 전화의 다이얼을 돌리다 regarding ~에 관해서는, ~의 점에서는 existing 현행의, 지금의 account 계좌 qualified 자격이 있는, 적격의 representative 직원, 대리인 stay on the line (끊지 않고) 계속 기다리다 available (시간이 비어) 만날[말할] 수 있는, 바쁘지 않은

28 청자는 어떤 종류의 회사에 전화를 하였는가?
(A) 은행
(B) 미용실
(C) 레스토랑
(D) 여행사

해설 **키워드:** What sort of business / listener / called
위치: 지문 전반부
어떤 회사에 전화를 걸었는지 묻는 문제이다. 전화메시지에서 화자나 대상은 대개 앞부분에 제시된다. 첫 번째 문장인 You have reached St. Claire Banking에서 청자는 은행에 전화를 걸었음을 알 수 있다. 따라서 정답은 (A)가 된다.
정답 (A) A bank

어휘 sort of 어떤 종류의

29 4번을 누르면 청자는 어떤 정보를 듣게 될 것인가?
(A) 가까운 St. Claire 은행 안내
(B) 기존 계좌에 대한 정보
(C) 은행 업무 시간
(D) 은행 주소

해설 **키워드:** What / hear / presses 4 **위치:** 지문 중반부
키워드는 presses 4로 잡아두고 이것이 제시되는 앞뒤를 잘 들어야 한다. 지문 중반부에 위치한 문장 If you would like directions to the St. Claire Bank nearest you, press 4 now를 통해 4번을 누르면 가장 가까운 은행 위치 정보를 알 수 있다는 것을 알 수 있다. 따라서 정답은 (A)가 된다.
정답 (A) Directions to the nearest St. Claire Bank

어휘 press 누르다 existing 현행의, 지금의 operation 운영, 경영

30 직원과 통화하려면 어떻게 해야 하는가?
(A) 5번을 누른다
(B) 6번을 누른다
(C) 내선번호를 누른다
(D) 끊지 않고 기다린다

해설 **키워드:** How / listener / speak / representative
위치: 지문 후반부
키워드는 speak와 representative이다. 맨 마지막 문장 If you would like to speak with one of our qualified customer care representatives, please stay on the line에서 직원과 통화하려면 끊지 않고 기다려야 한다는 사실을 확인할 수 있다. 참고로 지문의 stay on the line은 같은 의미인 wait on the line으로 바뀌어 표현되었다.

정답 (D) Wait on the line

어휘 representative 직원, 담당자 extension 내선번호 wait on the line (끊지 않고) 계속 기다리다

Questions 31-33 refer to the following recorded message. 미W

Welcome to the Gordon National Museum. These recorded instructions will guide you through our special exhibition "What's Special in Spain". As you look around the gallery, you will notice a brief explanation next to each work of art. So please take time to read this in order to get more knowledge about Spanish history. If you need a pair of glasses, please go to the information desk where someone will be happy to assist you. Enjoy the tour, and don't forget to visit the museum's shop where posters of "What's Special in Spain" from the exhibit are available.

문제 31-33는 다음 녹음메시지를 참조하세요.
Gordon 국립 박물관에 오신 것을 환영합니다. 이 녹음 내용은 여러분을, 저희 특별 전시회인 "스페인에서 특별한 것"에 대한 가이드를 해드릴 것입니다. 전시회를 둘러보시면 각각의 작품 옆에 설명이 되어 있는 것을 보시게 될 것입니다. 스페인의 역사에 대해서 더 많은 정보를 원하신다면 이 간단한 설명을 읽어보시길 바랍니다. 만약 안경이 필요하시다면 여러분을 기꺼이 도와드릴 안내 데스크에 가셔서 도움을 받으시길 바랍니다. 즐거운 관람이 되시길 바라며 "스페인에서 특별한 것" 전시회 작품의 포스터를 구입할 수 있는 박물관의 상점에 방문하시는 것도 잊지 말아주시기 바랍니다.

어휘 recorded 녹음된 guide 가이드하다, 안내하다 exhibition 전시회 notice 알아차리다 work of art 작품 assist 도와주다 available 이용 가능한

31 누구에게 들려주려고 마련한 메시지인가?
(A) 관광버스 안에 있는 승객들
(B) 극장 안의 관객들
(C) 워크숍의 참석자들
(D) 전시회의 방문객들

해설 **키워드:** Who / message / intended for **위치:** 지문 전반부
청자의 정체 역시 지문 전반부에서 언급하는 것이 일반적이다. Welcome to the Gordon National Museum.에서 Gordon 국립 박물관에 오신 것을 환영한다고 말하고 있으므로 정답은 (D) 전시회의 방문객들이 된다.

정답 (D) Visitors at an exhibition

어휘 be intended for ~를 위해 의도되다 passenger 승객 audience 관객 attendee 참석자 visitor 방문객

32 방문객들은 무엇을 하라고 요청받고 있는가?
(A) 코스 등록
(B) 표 구매
(C) 정보 읽기
(D) 관람 일정 잡기

해설 **키워드:** What / visitors / asked **위치:** 지문 중반부
방문객들이 무엇을 하라고 요청받는지 묻고 있다. 키워드가 visitors이므로 방문객들에게 무언가를 해달라고 하는 내용을 잘 들어야 한다. 지문 중반부(So please take time to read this in order to get more knowledge about Spanish history)에서 정보를 더 얻기 위해서는 설명을 읽으라고 말하고 있으므로 정답은 (C) 정보 읽기가 된다. 참고로 please라는 표현에서 무언가 정중하게 부탁할 것이라고 예측할 수도 있겠다.

정답 (C) Read some information

어휘 register for 등록하다 purchase 구입하다 schedule 일정을 잡다

33 메시지에 따르면, 청자들은 어떻게 도움을 받을 수 있는가?
(A) 박물관 상점을 방문함으로써
(B) 안내 데스크를 방문함으로써
(C) 표 판매소에 전화함으로써
(D) 웹사이트를 확인함으로써

해설 **키워드:** how / get / assistance **위치:** 지문 후반부
방법을 묻는 문제이므로 지문 후반부에서 힌트를 들을 수 있다는 것을 알 수 있다. if you need a pair of glasses, please go to the information desk에서 도움이 필요하면 안내 데스크로 가라고 한다는 것을 알 수 있다. 그러므로 정답은 (B) 안내 데스크를 방문함으로써가 된다.

정답 (B) By going to an information desk

어휘 according to ~의하면, 따르면 assistance 도움

Questions 34-36 refer to the following recorded message. 영M

Hello, you have reached the maintenance office of Lakeside Apartments. Our office is currently closed. Our regular business hours are Monday to Friday from 8 a.m. to 8 p.m. If you're experiencing a maintenance problem that requires immediate attention, please call our after-hour's operator at 525-1050. For a regular maintenance check, leave a detailed message after this recording and we'll reply as soon the office opens. Be sure to leave your name and telephone number. Thank you.

문제 34-36은 다음 녹음 메시지를 참조하세요.
안녕하세요. 귀하께서는 Lakeside 아파트의 보수유지 사무소에 연결되셨습니다. 저희 사무소는 현재 근무 중이지 않습니다. 저희의 정기 근무시간은 월요일부터 금요일까지 오전 8시부터 오후 8시까지입니다. 즉각적으로 처리해야 되는 보수 문제가 있으시면 525-1050번으로 연락주시길 바랍니다. 일상적인 보수를 위해서는 이 녹음 이후에 자세한 메시지를 남겨주시면 사무실 문을 열자마자 응답해 드리겠습니다. 여러분의 성함과 전화번호를 남겨주시기 바랍니다. 감사합니다.

어휘 maintenance 유지보수 currently 현재 regular business hours 정기 근무시간 require 요청하다 immediate 즉각적인 attention 관심 operator 관리자 detailed 상세한 reply 응답하다

34 메시지의 목적은 무엇인가?
(A) 사무실 위치를 주민들에게 알리기 위해

(B) 이용 가능한 방 설명
(C) 건물 보수 요청에 관한 정보 제공
(D) 청소업체 추천

해설 **키워드:** What / purpose / message **위치:** 지문 전반부
목적은 주로 지문 전반부에서 그 내용이 제시된다. you have reached the maintenance office of Lakeside Apartments에서 아파트 보수 부서에 전화했다는 것을 알 수 있으므로 보기 중 가장 적절한 것은 (C) 건물 보수 요청에 관한 정보 제공이 된다. 중반부(If you're experiencing a maintenance problem)에서 보수 작업이 필요한 경우 어떻게 해야 하는지를 알려주고 있기 때문에 정답은 (C)라는 것을 확실하게 알 수 있다.

어휘 inform 알리다 resident 주민, 거주자 location 장소 describe 묘사하다, 설명하다 available 이용 가능한, 시간이 가능한 property maintenance 건물 보수 recommend 추천하다 cleaning 청소 정답 (C) To give information about requesting property maintenance

35 청자들은 즉각적인 도움이 필요한 경우 어떻게 해야 하는가?
(A) 전화를 끊지 않고 기다린다
(B) 매니저에게 말한다
(C) 사무실을 방문한다
(D) 비상 전화번호로 전화를 건다

해설 **키워드:** What / listeners / do / immediate assistance
위치: 지문 중반부
immediate assistance가 키워드이다. If you're experiencing a maintenance problem that requires immediate attention, please call our after-hour's operator at 525-1050에서 즉각적인 관심이 요구되는 보수 문제를 겪고 계시다면 525-1050번으로 연락을 달라고 하고 있으므로 정답은 (D)임을 알 수 있다.
정답 (D) Call the emergency number

어휘 immediate 즉각적인 assistance 도움 stay on the line 전화를 끊지 않고 기다리다 emergency number 비상 전화번호

36 청자들은 어떤 정보를 제공해야만 하는가?
(A) 이름과 연락처
(B) 거리 주소
(C) 확인 코드
(D) 시간과 날짜

해설 **키워드:** What information / listeners / provide
위치: 지문의 후반부
요청사항을 묻는 문제이므로 지문의 하단을 들어봐야 한다. Be sure to leave your name and telephone number.에서 성함과 전화번호를 남겨달라고 말하고 있으므로 정답은 (A)가 된다. 정답 (A) Name and contact information

어휘 contact information 연락처 conformation 확인

Chapter 4 광고(Advertisement)

Lesson 2 광고 빈출 유형 분석

A. 빈출 유형 1 p.314

Questions 01-03 refer to the following advertisement. 미M

Are you tired of using old home appliances? Starting tomorrow, Ace Home Improvement is having an annual sales event. We have everything including washing machines, refrigerators, TVs, ovens, and more. We know you don't want to wait long for your products to be delivered. So, we are offering a next-day delivery and installation service for all products. Visit our store tomorrow located at 597 Miranda Street. The sale starts on Monday and ends next Sunday. So don't miss this fabulous chance.

문제 01-03은 다음 광고를 참조하세요.
쓰고 계시는 오래된 가전제품들이 지겨우십니까? 내일 Ace Home Improvement에서 연례 할인 행사를 실시합니다. 세탁기, 냉장고, 텔레비전, 오븐 등 모든 것이 다 포함되어 있습니다. 고객님들이 제품이 배달되기까지 오래 기다리고 싶어 하지 않으시는 것을 알기에 전 제품에 익일 배달 및 설치 서비스를 제공하고 있습니다. 내일 방문해 보세요. Miranda가 597번지에 있습니다. 할인 행사는 월요일에 시작해서 다음 일요일에 마칩니다. 엄청난 이 기회를 놓치지 마십시오.

어휘 home appliance 가전제품 washing machines 세탁기 refrigerators 냉장고 installation service 설치 서비스 fabulous 엄청난

01 무엇에 관한 광고인가?
(A) 사무용품
(B) 창문
(C) 가전제품
(D) 가구

해설 **키워드:** Which product / advertised **위치:** 지문 전반부
무엇에 관한 광고인지 묻는 문제이므로 기본적인 정보가 나오는 지문 전반부를 잘 들어야 한다. 첫 문장에서 오래된 home appliances가 지겹지 않냐고 말하고는 계속해서 가전제품에 관해 말하고 있으므로 정답은 (C)이다. 정답 (C) Appliances

어휘 furniture 가구

02 고객에게 제공되는 서비스는 무엇인가?
(A) 설치
(B) 품질 보증
(C) 무료 배달
(D) 할인

해설 **키워드:** What service / offered **위치:** 지문 중반부
고객에게 제공되는 서비스가 무엇인지 물어보는 질문으로, 구체적인 내용이 들어있는 중반부를 잘 들어야 한다. 중반부(we are offering a next-day delivery and installation service for all products)에서 설치 서비스를 바로 다음날 제공하겠다고 하였으므로 정답은 (A)이다. 정답 (A) Installation

어휘 service 서비스 offer 제공하다 warranty 품질 보증 delivery 배달

03 세일은 언제 시작하는가?
(A) 월요일
(B) 화요일
(C) 수요일
(D) 금요일

해설 **키워드:** When / sale / start **위치:** 지문 후반부
세일이 언제 시작하는지 물어보는 질문이다. 미래에 관한 내용은 지문 후반부에 나온다. 후반부에서 The sale starts on Monday라고 하였으므로 정답은 (A)이다.
정답 (A) On Monday

B. 빈출 유형 2 p.314

Questions 01-03 refer to the following advertisement. 호W

Whether you're buying home furniture for your own personal use or for your office, Real Home Furniture offers one-stop shopping for all your needs. We have it all, from tables and chairs to beds and even office furniture. And now, to make shopping faster than ever, we've added a new feature to our website. You can now place your order online to request that your merchandise be ready for you to pick up at our store in one hour. Just go to www.realhomefurniture.com to find a complete catalogue and order form. We'll give you a 10% discount of newly introduced furniture when you come in.

문제 01-03은 다음 광고를 참조하세요.
개인용이든 사업용이든지 가구를 사신다면, Real Home Furniture가 여러분의 욕구를 모두 해결해드릴 수 있는 원스탑 쇼핑을 제공해 드립니다. 저희는 탁자와 의자부터 침대, 심지어는 사무용가구까지 모든 것을 취급하고 있습니다. 그리고 지금 이전보다도 더 쉬운 쇼핑을 위해 웹사이트에 새로운 기능을 추가하였습니다. 여러분께서는 온라인으로 주문을 하고 1시간 후에 저희 상점으로 오셔서 직접 가지고 갈 수 있습니다. 완전한 카탈로그와 주문서 확인을 위해 www.realhomefurniture.com를 바로 방문하시기 바랍니다. 방문하시는 분께 새로 들어온 가구를 10퍼센트 할인해 드리겠습니다.

어휘 furniture 가구 personal use 개인용 one-stop 한 군데에 모든 것이 구비된 office furniture 사무용 가구 add 추가하다 place one's order 주문하다 request 요청하다 be ready for ~을 위해 준비하다 pick up 수령하다 complete 완전한

01 광고되는 사업체의 유형은 무엇인가?
(A) 가구공장
(B) 가구점
(C) 그래픽 디자인 회사
(D) 페인트 상점

해설 **키워드:** What kind of business **위치:** 지문 전반부
광고의 목적을 나타내는 것이므로 지문의 첫 번째 문장을 잘 들어야 한다. Real Home Furniture offers one-stop shopping for all your needs.에서 정답은 (B)라는 것을 알 수 있다.
정답 (B) A home furniture store

어휘 factory 공장

02 사업체의 웹사이트에 추가된 것은 무엇인가?
(A) 고객들의 평가
(B) 위치 안내
(C) 가게에서 수령할 수 있는 옵션
(D) 온라인 상담

해설 **키워드:** added / website **위치:** 지문 중반부
사업체의 웹사이트에 추가된 것은 무엇인지 묻는 질문이다. 구체적인 내용은 지문 중반부에 많이 나오므로 중반부를 잘 들어야한다. 웹사이트에서 추가된 것이 있다고 말한 다음 your merchandise be ready for you to pick up at our store in one hour.이라고 말하고 있다. 여기에서 pick up이라는 단어가 힌트가 된다. 정답은 (C)이다.
정답 (C) An option for in-store pick-up

어휘 add 더하다 in-store 가게 내의 consultation 상담

03 고객들은 어떻게 10퍼센트 할인을 받을 수 있는가?
(A) 신용카드를 신청함으로써
(B) 회원카드를 만듦으로써
(C) 설문조사를 완성함으로써
(D) 새로운 서비스를 이용함으로써

해설 **키워드:** How / customers / discount **위치:** 지문 후반부
고객들은 어떻게 10퍼센트 할인을 받을 수 있는지 물어보는 질문이다. 무언가를 주겠다고 하는 내용과 방법은 주로 지문의 하단에 위치한다. 또한 어떻게 할인을 받을 수 있는지 물어보는 질문이므로 discount 전후를 잘 들어야한다. we'll give you a 10% discount of newly introduced furniture when you come in에서 새로운 서비스를 이용하면 할인을 받을 수 있다고 했으므로 정답은 (D)이다
정답 (D) By trying a new service

어휘 credit card 신용카드

실전 TOEIC Test p.316

Questions 01-03 refer to the following advertisement. 미M

Loyal Dutch Shell Convenience Store is pleased to announce the opening of its newest store in Toronto. Like all of our stores, we guarantee that our newest location will sell all items at the lowest price possible. To celebrate our grand opening, if you buy one of our own brand products, you will get one free. A "best package" will also be chosen this Saturday. We are encouraging everyone to submit the name of your favorite package. Contest winners will receive a free set of dinner plates. For a complete schedule of all the opening events we have planned for our grand opening, please visit our website at www.dutchshell.com. We hope to see you there.

문제 01-03은 다음 광고를 참조하세요.
Loyal Dutch Shell 편의점은 Toronto에서 새 가게를 오픈하게 되어 기쁘게 생각합니다. 저희의 모든 가게와 동일하게 새 지점에서도 모든 아이템을 최저 가격에 팔 것을 보장합니다. 개점을 축하하면서, 저희 브랜드의 물건 하나를 구매하시면 하나를 공짜로 드립니다. "최고의 패키지"가 이번 주 토요일에 결정됩니다. 당신이 가장 좋아하는 패키지의 이름을 써주세요. 콘테스트 우승자에게는 정찬용 접시 세트를 드립니다. 저희가 계획하고 있는 지점의 모든 오픈 이벤트의 스케줄을 보시려면 www.dutchshell.com을 방문해 주세요. 당신의 방문을 기다립니다.

어휘 convenience store 편의점 be pleased 기쁘다 announce 발표하다 newest 최신의 guarantee 보장하다 grand opening 개점 product 상품, 물건 encourage 격려하다 submit 제출하다 favorite 가장 좋아하는 winner 우승자 dinner plate 정찬용 접시(식사 때 주요한 음식을 담는 크고 편편한 접시)

01 광고되는 사업체의 유형은?
(A) 편의점
(B) 사무용품 판매점
(C) 식품 가게
(D) 사진관

해설 **키워드:** What type of business / advertised
위치: 지문 전반부
광고의 목적을 물어보는 질문은 지문의 첫 번째 문장을 잘 들어야한다. Loyal Dutch Shell Convenience Store is pleased to announce the opening of its newest store in Toronto.에서 정답은 (A)인 것을 알 수 있다.
정답 (A) A convenience store

어휘 office supply 사무용품

02 콘테스트 우승자는 무엇을 받는가?
(A) 상품 샘플
(B) 정찬용 접시 세트
(C) 상품 할인
(D) 사진 액자

해설 **키워드:** What / winners / receive **위치:** 지문 중반부
콘테스트 우승자가 무엇을 받는지 물어보는 질문이다. 지문 중반부의 콘테스트에 대해 설명하는 부분을 잘 들어야 한다. Contest winners will receive a free set of dinner plates.에서 우승자는 정찬용 접시 세트를 받는다고 하였으므로 정답은 (B)이다
정답 (B) A set of dinner plates

어휘 framed picture 사진 액자

03 광고에 따르면 웹사이트에서 무엇을 찾을 수 있다고 하였는가?
(A) 영업시간
(B) 콘테스트가 열리는 곳의 출입문
(C) 이벤트 스케줄
(D) 가게 위치

해설 **키워드:** what / found / website **위치:** 지문 후반부
웹사이트에서 무엇을 찾을 수 있는지 물어보는 질문이다. For a complete schedule of all the opening events we have planned for our grand opening, please visit our website at www.dutchshell.com에서 행사 스케줄을 보려면 웹사이트를 방문하라고 말했으므로 정답은 (C)이다.
정답 (C) A schedule of events

어휘 according to ~에 따르면 hours of operation 영업시간

Questions 04-06 refer to the following advertisement. 미W

Are you interested in learning another language? This winter, Gary Reeves, a professor at St. George College, will be offering an introductory class in French. The class will be held three nights a week for ten weeks. It's a small class, and students will receive individual attention. If you'd like to join the class or need more detailed information, call our office at 282-9885

문제 04-06은 다음 광고를 참조하세요.
외국어 학습에 관심이 있으신가요? 이번 겨울 St. George College의 Gary Reeves 교수님께서 프랑스어 입문 클래스를 제공하실 것입니다. 이 수업은 1주에 3번 저녁 수업으로 10주 동안 열릴 예정입니다. 소규모 수업으로 학생들은 개인적인 관심을 받을 수 있을 것입니다. 만약 수업에 참여하고 싶으시거나 더 자세한 정보를 원하시면 저희 사무실 282-9885로 전화를 주시기 바랍니다.

어휘 be interested in ~에 흥미가 있다 introductory 입문의 individual attention 개인적인 관심 detailed 자세한

04 무엇을 위한 광고인가?
(A) 유학
(B) 외국어 수업
(C) 프랑스 식당
(D) 학자금 대출

해설 **키워드:** What / advertisement for **위치:** 지문 전반부
광고의 목적을 물어보는 질문이다. 지문의 첫 번째 문장을 잘 들어야 한다. 외국어에 관심이 있는지 물어보면서 프랑스어 초급 클래스를 열 것이라고(This winter, Gary Reeves, a professor at St. George College, will be offering an introductory class in French.) 말했기 때문에 정답은 (B)이다.
정답 (B) Foreign language lessons

어휘 foreign language 외국어 student loan 학자금 대출

05 Gary Reeves는 누구인가?
(A) 지도 강사
(B) 소프트웨어 개발자
(C) 학생
(D) 호텔 매니저

해설 **키워드:** Who / Gary Reeves **위치:** 지문 전반부
Gary Reeves가 누구인지 물어보는 질문이다. 지문 전반부(This winter, Gary Reeves, a professor at St. George College, will be offering an introductory class in French.)에서 Gary Reeves가 누구인지 정확하게 말하고 있다. 초급 클래스를 제공할 교수님이라고 말하고 있으므로 정답은 (A)이다.
정답 (A) An academic instructor

어휘 academic instructor 지도 강사 software developer 소프트웨어 개발자

06 청자는 더 정보를 더 얻기 위해 어떻게 해야 하나?
(A) 사무실에 전화하기
(B) 서류를 제출하기
(C) 사무실을 방문하기
(D) 오늘 수업에 참가하기

해설 **키워드:** What / get more information **위치:** 지문 후반부
청자가 광고를 듣고 난 뒤 정보를 더 얻기 위해서는 무엇을 해야 하는지 물어보는 질문이다. 지문 후반부(If you'd like to join the class or need more detailed information, call our office at 282-9885.)에서 좀 더 자세한 정보를 원한다면 전화를 해달라고 말했으므로 정답은 (A)이다.
정답 (A) Call the office

어휘 submit 제출하다 attend 참석하다

Questions 07-09 refer to the following advertisement. 영M

The F6600-D copy and print system looks complicated, but taking the time to learn its functions will make any number of everyday office tasks easier. First, it's fast: it makes copies at a speed of thirty-five pages a minute. But it does much more than that. It has scanner and fax functions as well. And it can be connected to the personal computers in your office. With this machine you're getting four office tools in one—with the F6600-D copy and print system you'll no longer need to own and maintain a scanner, a fax machine, and a printer. Think about the space in your office that will be freed up. And all this functionality comes for just under two thousand dollars.

문제 07-09는 다음 광고를 참조하세요.
F6600-D 복사 프린트 시스템은 복잡해 보이지만, 이것의 기능을 익히고 나면 매일매일 사무실 일이 편안해질 것입니다. 첫째, 이것은 신속합니다: 1분당 35쪽을 복사합니다. 이것뿐만이 아닙니다. 스캐너와 팩스 기능도 갖추고 있습니다. 그리고 당신의 사무실 컴퓨터와 연결시킬 수 있습니다. 이 기계 하나로 네 개의 사무실 기기를 갖추게 되는 것입니다. F6600-D 복사 프린트 시스템 하나면 당신은 더 이상 스캐너, 팩스, 프린터를 장만할 필요가 없습니다. 공간이 넓어질 사무실을 생각해 보십시오. 이 모든 기능은 다 합쳐 2000달러 미만입니다.

어휘 complicated 복잡한, 뒤섞인 function 기능, 작용 connect 연결시키다, 이어주다 personal 개인의, 개인적인 no longer 더 이상 ~않다 own 소유하다 free up ~을 해방하다, 풀어주다, 해소하다, 확보하다 functionality 기능성, 실용성

07 이 광고에 관심을 보일 사람은 누구인가?
(A) 레스토랑 사장
(B) 사무실 직원
(C) 컴퓨터 수리점
(D) 가구점

해설 **키워드:** Who / interested **위치:** 지문 전반부
광고의 대상을 묻는 문제이다. 광고의 대상은 지문 전반부에 제시되는 경우가 많다. 이 지문에서도 첫 번째 문장(but taking the time to learn its functions will make any number of everyday office tasks easier)에서 광고하고 있는 제품이 사무실 일을 더 쉽게 만들어 준다고 했으므로 정답은 (B)가 됨을 알 수 있다. 정답 (B) Office workers

어휘 owner 소유자 repair shop 수리점

08 F6600-D 복사 프린트 시스템의 장점으로 언급된 것은 무엇인가?
(A) 아주 사용하기 쉽다.
(B) 비슷한 종류의 시스템보다 관리하는데 비용이 적게 든다.
(C) 기존 기기들보다 공간을 덜 차지한다.
(D) 기존 기기들보다 더 전문적으로 보이는 서류들을 만들어 낸다.

해설 **키워드:** What advantage / mentioned **위치:** 지문 후반부
F6600-D Copy and Print System에 대한 장점으로 언급된 것을 찾는 문제이므로 보기의 내용을 먼저 파악하고 들어가는 것이 중요하다. 화자는 이 제품의 장점에 대해 열거하다가 지문 후반부에서 더 자유롭게 사용할 수 있는 사무실 공간에 대해 생각해 보라고(Think about the space in your office that will be freed up.) 언급하고 있다. 이로 미루어보아 이 제품은 기존 기기들보다 공간을 덜 차지한다는 사실을 알 수 있다. 따라서 정답은 (C)가 된다. 정답 (C) It uses less space than the current equipment setup does.

어휘 setup 기구, 조직, 장치, 설비 professional-looking 전문적인 것처럼 보이는

09 다음 중 F6600-D 복사 프린트 시스템에 대해 언급된 사실이 아닌 것은?
(A) 팩스 기능을 가지고 있다.
(B) 스캐너 기능을 가지고 있다.
(C) 2000달러보다 조금 덜 든다.
(D) 축소와 확대를 할 수 있다.

해설 **키워드:** NOT mentioned / F6600-D **위치:** 지문 중반부
이 시스템에 대해 언급되지 않은 것을 물어보는 문제이다. 시스템에 대해 구체적으로 이야기한 중반부를 주의 깊게 들으며 언급된 것을 소거하며 풀도록 한다. 팩스, 스캐너 기능을 갖고 있고(it has scanner and fax functions), 2000달러보다 좀 덜 든다고 하였지만(just under two thousand dollars) 축소와 확대를 할 수 있다고는 언급하지 않았다.
정답 (D) It can make reductions and enlargements.

어휘 less than ~보다 적은 reduction 축소 enlargement 확대

Questions 10-12 refer to the following advertisement. 호W

Looking for a more affordable way to get to your next out-of-town business meeting? Well, stop searching and check out United Airlines. United Airlines has flights to every major business destination worldwide at the lowest price. From next month, we will add flights that leave earlier in the morning and later in the evening. For your convenience, we offer an online check-in service from your home or office computer so you'll never have to worry about long check-in lines. Plus, for this month only, we have special discounts for frequent flyer club members. Visit our website www.unitedairlines.com for more information. We look forward to serving you soon at United Airlines.

문제 10-12는 다음 광고를 참조하세요.
타 지역에서 개최되는 다음 번 회의에 보다 저렴한 가격으로 갈 수 있는 방법을 찾으십니까? 그렇다면 그만 찾으시고, United Airlines사를 확인해보시기 바랍니다. United Airlines사는 최저가로 전 세계에 걸쳐 주요 출장지에 갈 수 있는 항공편을 갖추고 있습니다. 다음 달부터 오전에는 보다 일찍, 그리고 저녁에는 보다 늦게 출발하는 항공편을 추가할 것입니다. 귀하의 편의를 위하여, 귀하의 자택 혹은 사무실의 컴퓨터로 온라인 탑승수속 서비스를 이용하신다면 더 이상 탑승수속을 하는 데 오래 기다릴 걱정을 하실 필요가 없습니다. 또한, 이번 달만 저희는 단골 고객 분들을 위한 특별 할인을 제공하고 있습니다. 더 자세한 사항은 저희 웹사이트인 www.unitedairlines.com를 방문해 주시기 바랍니다. United Airlines에서 여러분을 모실 수 있기를 고대합니다.

어휘 affordable 가격이 저렴한 get to 도착하다 out-of-town 시외의, 도시를 벗어난 search 탐색하다 destination 도착 예정지 add 추가하다 frequent flyer 단골로 항공사를 이용하는 고객 look forward to -ing ~하기를 고대하다

10 어떤 유형의 사업체가 광고되고 있는가?
(A) 비행기
(B) 식당
(C) 여행사
(D) 호텔

해설 **키워드:** What type of business / advertised
위치: 지문 전반부
광고 대상의 정체를 묻는 문제는 주로 지문 전반부에서 알 수 있다는 점에 주의하자. Well, stop searching and check out United Airlines.에서 항공사임을 알 수 있으므로 정답은 (A)이다. 정답 (A) An airplane

어휘 travel agency 여행사

11 최근에 사업체가 바꾼 것은 무엇인가?
(A) 기내의 영화 서비스를 도입했다.

(B) 새로운 장소를 추가했다.
(C) 웹사이트를 업데이트했다.
(D) 운행 시간을 연장하기로 했다.

해설 **키워드:** What change / recently **위치:** 지문 중반부
최근 사업체가 변화를 준 것이 무엇인지 묻는 문제로 구체적인 내용이 나오는 중반부를 잘 듣도록 한다. 중반부의 we will add flights that leave earlier in the morning and later in the evening.은 '오전 일찍과 오후 늦은 시간대의 항공편을 추가하기로 했다'는 얘기이므로 운행 시간을 연장했다고 볼 수 있다.
정답 (D) It has decided to extend its hours of operation.

어휘 in-flight 기내의 movie service 영화 서비스 location 장소, 지역 extend 연장하다 hours of operation 운행시간

12 화자에 따르면, 이번 달에 누가 할인을 받게 될 것인가?
(A) 항공사를 자주 이용하는 고객
(B) 해외 고객
(C) 현재 직원
(D) 콘테스트 수상자

해설 **키워드:** who / discount / this month **위치:** 지문 후반부
이번 달에 누가 할인을 받을 수 있는지 물어보는 문제이다. 광고에서 할인과 같은 special offer는 주로 지문의 하단에 위치하게 된다는 점에 주의하자. 이번 달에는 단골고객들에게 특별 할인을 해주겠다고(for this month only, we have special discounts for frequent flyer club members) 했으므로 정답은 (A)이다.
정답 (A) Frequent flyers

어휘 frequent flyer 항공사를 자주 이용하는 고객 current 현재의

Questions 13-15 refer to the following advertisement. 미M

Hi, I'm Gabriel Harris, radio host of the award-winning show, Today's Hot Music. Today we have a great deal for our listeners. To celebrate CGV cinema week we are offering discounts on tickets to all the latest movies scheduled during the next month. We've teamed up with Americano Cafe to offer a special package to our listeners. For the low price of ten dollars, after enjoying a movie, you can have a great opportunity to taste a variety of coffee for free at Americano Cafe. Public transportation is accessible nearby. You can purchase tickets and special packages online at www.cgvcinema.com or at the cinema box office. This offer is limited, so order today.

문제 13-15는 다음 라디오 광고를 참조하세요.
안녕하세요. 저는 수상 경력을 가지고 있는 프로인 Today's Hot Music의 진행자 Gabriel Harris입니다. 오늘 청취자들을 위해 많은 것을 준비했는데요. CGV 시네마 주간을 축하하기 위해 저희가 다음 달에 예정된 최신 영화의 티켓 할인을 제공하고 있습니다. 저희는 Americano Cafe와 제휴하여 청취자들을 위한 특별 패키지를 제공하기로 했습니다. 저렴한 가격인 10달러로 여러분은 영화를 보신 후 Americano Cafe에서 다양한 커피를 무료로 맛보실 수 있는 기회를 가질 수 있습니다. 대중교통은 근처에서 이용 가능합니다. 티켓과 특별 패키지는 www.cgvcinema.com이나 영화 매표소에서 살 수 있습니다. 수량이 한정되어 있으니 오늘 주문하시기 바랍니다.

어휘 award-winning 수상한 a great deal 많이 celebrate 축하하다 discount 할인 latest 최근의 scheduled 예정된 during ~동안 team up with ~와 제휴하다 opportunity 기회 variety 다양한 public transportation 대중교통 accessible 접근 가능한 nearby 인근의 cinema box office 영화 매표소

13 화자는 누구일 것 같은가?
(A) 라디오 프로 진행자
(B) 관광 안내자
(C) 식당 소유주
(D) 시 공무원

해설 **키워드:** Who / speaker **위치:** 지문 전반부
화자의 정체는 지문 전반부에서 알 수 있으므로 첫 문장을 주의 깊게 듣는다. 첫 문장(I'm Gabriel Harris, radio host of the award-winning show, Today's Hot Music)에서 자신을 소개하면서 라디오 프로 진행자라고 말했으므로 정답은 (A)이다.
정답 (A) A radio host

어휘 host 진행자 city official 시 공무원

14 특별 패키지의 일환으로 기획된 것은 무엇인가?
(A) 박물관 티켓
(B) 호텔 할인
(C) 카페에서의 무료 커피
(D) 도시 안내 책자

해설 **키워드:** What / intended / special package
위치: 지문 중반부
특별 패키지의 일환으로 기획된 것은 무엇인지 물어보는 질문이다. 구체적인 내용은 지문 중반부에서 찾을 수 있다. 중반부의 문장(We've teamed up with Americano cafe to offer a special package to our listeners.)에서 카페와 제휴하였으므로 카페와 관련된 것이 답이라고 유추할 수 있다. 또한 그 뒤의 you can have a great opportunity to taste a variety of coffee for free at Americano Cafe.에서 커피를 무료로 맛볼 기회가 있다고 하였으므로 답은 (C)이다.
정답 (C) Free coffee at a cafe

어휘 intend 의도하다 museum 박물관 free 무료의

15 청자들이 웹사이트를 방문해야만 하는 이유는 무엇인가?
(A) 주차 정보를 알기 위해
(B) 현재 어떤 프로가 있는지 알기 위해
(C) 티켓을 구매하기 위해
(D) 도시 관광명소를 더 알기 위해

해설 **키워드:** Why / visit the website **위치:** 지문 후반부
방문해 달라는 요청사항의 이유를 묻는 것이므로 지문 후반부에서 답을 찾을 수 있다. You can purchase tickets and special packages online at www.cgvcinema.com에서 웹사이트에서 티켓을 살 수 있다고 하였으므로 정답은 (C)이다.
정답 (C) To purchase tickets

어휘 visit 방문하다 city attraction 도시 명소

Questions 16-18 refer to the following advertisement. 미W

Spring is officially here. The weather is fantastic and so are the sales on all fall and winter clothing and footwear. We have deals on everything from wool pullovers and ski coats to cashmere socks and topcoats. We have to clear our stockrooms to make room for our spring and summer offerings so that means everything must go! We are offering up to 70% off fall items. In addition to this, if you spend more than $150, we'll also throw in a free duffle bag. Don't wait until next year to stock up on the items you need at prices you'll love.

문제 16-18은 다음 광고를 참조하세요.

공식적인 책력상으로 봄이 시작됐습니다. 날씨가 환상적입니다. 그리고 추동 의복 및 신발 세일도 환상적입니다. 저희는 모직 풀오버 스웨터와 스키 코트부터 캐시미어 양말과 톱코트까지 모든 제품에 대한 할인을 실시하고 있습니다. 봄, 여름 상품을 둘 공간을 마련하기 위해 창고를 비워야 하기 때문에 모든 물품들을 처분해야 합니다. 가을 상품은 70퍼센트까지 할인이 적용됩니다. 게다가 구입 가격이 150달러가 넘는 분들에게는 더플 백을 무료로 드립니다. 내년까지 기다리지 마시고, 지금 아주 착한 가격으로 필요한 제품을 사놓으세요.

어휘 officially 공식적으로 footwear 신발 pullover 풀오버(머리에서부터 입는 스웨터 등) cashmere 캐시미어직 topcoat 가벼운 외투 stockroom 저장소, 창고 offering 매출, 판매, 매물, 선사품 throw in ~을 덤으로 보태다, 덤으로 주다 duffel bag 더플 백 stock up 비축하다

16 광고의 주요 목적은 무엇인가?
(A) 점포 정리 세일
(B) 개점 세일
(C) 겨울 신상품 세일
(D) 재고 정리 세일

해설 **키워드:** main purpose / advertisement **위치:** 지문 전반부
광고의 목적을 묻는 문제이다. 정답은 지문의 초반부에 제시될 가능성이 높다. 첫 번째 문장에서 봄이 왔음을 알린 뒤 두 번째 문장에서 날씨가 환상적이고, 추동 의복 및 신발 세일도 환상적이라고(The weather is fantastic and so are the sales on all fall and winter clothing and footwear) 밝히고 있다. 이러한 종류의 세일을 재고 정리 세일이라고 하므로 정답은 (D)가 된다.
정답 (D) Clearance sale

어휘 going out of business sale 점포 정리 세일 grand opening 개점 clearance sale 창고[재고] 정리 세일

17 이 세일을 통해서 최대 얼마까지 할인을 받을 수 있는가?
(A) 70퍼센트까지
(B) 150달러
(C) 구매하면 양말이 무료
(D) 일부 품목 80퍼센트 할인

해설 **키워드:** biggest discount **위치:** 지문 중반부
세일을 통해 최대 얼마까지 할인 받을 수 있는지 묻는 질문이다. 보통 광고 지문에서 혜택, 할인 정보와 관련된 내용은 대개 지문 중후반부에 위치하게 된다. 지문의 아래쪽에 위치한 문장 We are offering up to 70% off all items.을 통해 70퍼센트까지 할인을 받을 수 있다는 사실을 확인할 수 있다. 따라서 정답은 (A)가 된다.
정답 (A) Up to 70% off

어휘 purchase 구입, 구매 selected items 일부 품목

18 무료 더플 백을 받으려면 손님들은 얼마나 구매해야 하는가?
(A) 150달러 넘게
(B) 70퍼센트 넘게
(C) 70달러 넘게
(D) 정확하게 150달러

해설 **키워드:** spend / receive a free duffle bag
위치: 지문 후반부
무료 더플 백을 받으려면 손님들이 얼마나 구매해야 하는지 물어보는 질문이다. 광고 지문 속에서 무료 혜택과 관련된 내용은 지문의 후반부에 위치하는 경우가 많다. 후반부(if you spend more than $150, we'll also throw in a free duffle bag)에서 150달러 넘게 구매하면 무료 더플 백을 받을 수 있다는 것을 확인할 수 있다. 따라서 정답은 (A)가 된다.
정답 (A) More than $150

어휘 duffle bag 더플 백 exactly 정확히, 엄밀히

Questions 19-21 refer to the following advertisement. 영M

Save 50 percent off The Valley Record. Subscribe to Sun Valley's most popular news source and you'll get free home delivery of the daily paper plus our Sunday magazine. Why spend time and money buying the paper every morning when, for a fraction of the price, it can be conveniently delivered to your doorstep or mailbox by 5 a.m. For more information or to subscribe immediately, call 1-800-576-9305. Don't hesitate; this offer will only last for a limited time. Start saving today!

문제 19-21은 다음 광고를 참조하세요.

The Valley Record를 50퍼센트 할인된 가격으로 구독하세요. Sun Valley 지역의 가장 인기 있는 신문을 구독하시면 일간지를 매일 댁에서 받아 보실 수 있습니다. 배달료는 무료입니다. 뿐만 아니라 일요 매거진도 받을 수 있습니다. 적은 돈으로 당신의 현관 앞이나 우편함으로 아침 5시까지 편리하게 배달이 되는데 왜 매일 아침 신문을 사느라고 시간과 돈을 소비하십니까? 보다 자세한 사항을 알고 싶으시거나 바로 구독 신청을 하시려면 1-800-576-9305으로 전화주세요. 망설이지 마십시오. 이러한 혜택은 제한된 시간 동안만 제공됩니다. 오늘부터 할인을 받으세요!

어휘 save 절약하다 subscribe (신문, 잡지 등을) 구독하다 popular 인기 있는, 평판이 좋은 news source 신문 등의 대중매체 delivery 배송, 배달 daily paper 일간 신문 spend 쓰다, 소비하다, 다 써버리다 fraction 조금, 적은 일부, 파편 conveniently 편리하게, 알맞게 deliver 배달하다, 전하다 doorstep (현관문 앞의) 계단 mailbox 우편함 immediately 즉시, 곧 hesitate 망설이다, 주저하다 offer 제공, 제안, 가격 할인 last 지속하다, 계속하다 limited 제한된, 한정된

19 The Valley Record는 무엇인가?
(A) 잡지
(B) 신문
(C) 월간 잡지
(D) 주보

해설 **키워드:** What / The Valley Record **위치:** 지문 전반부
광고되고 있는 제품에 대해 묻고 있는 것이므로 지문의 초반부를 잘 들어야 한다. 두 번째 문장(Subscribe to Sun Valley's most popular news source and you'll get free home delivery of the daily paper plus our Sunday magazine.)에서 daily paper(일간지)라는 표현이 있으므로 정답은 (B)가 된다. 지문의 daily paper가 보기에서는 newspaper로 바뀌었다는 것에 유의한다.
정답 (B) A newspaper

어휘 monthly 매달의, 월간의 journal 잡지, 정기 간행물 weekly 매주의, 주간의 newsletter (회사, 단체, 관청 등의) 회보, 주보 등

20 정기 구독에 무엇이 포함되어 있는가?
(A) 무료 자택 배송
(B) 제품 할인
(C) 책 할인
(D) 지역 상점의 쿠폰

해설 **키워드:** What / included / subscription **위치:** 지문 중반부
화자는 두 번째 문장에서 일간지를 집으로 무료로 배달해 준다

Part 4

고(you'll get free home delivery of the daily paper) 했으므로 정기 구독에 포함된 것은 (A) 무료 자택 배송임을 알 수 있다. 정답 (A) Free home delivery

어휘 include ~을 포함하다, 함유하다 subscription 정기 구독 free 무료의 discount 할인 product 제품, 상품 reduced 할인된 local 지역의, 지방의

21 고객들은 어떻게 구독 신청을 할 수 있는가?
(A) 전화를 함으로써
(B) 웹사이트에서 등록함으로써
(C) 지역 서점에서 등록함으로써
(D) The Valley Record 사무실을 방문함으로써

해설 **키워드:** How / subscribe **위치:** 지문 후반부
고객들이 어떻게 구독 신청을 할 수 있는지 물어보는 질문이다. 보통 연락 방법 또는 연락처와 관련된 내용은 지문 후반부에 등장한다는 것을 기억해 두자. For more information or to subscribe immediately, call 1-800-576-9305에서 구독 신청 방법은 (A) 전화를 하는 것임을 알 수 있다.
정답 (A) By calling a phone number

어휘 customer 고객 subscribe 구독하다, (서명하여 주식 등을) 신청하다 register 등록하다, 기재하다

Questions 22-24 refer to the following advertisement. 호W

State Gold Apartments is well known for its perfect location next to beautiful City Park. Now in addition to the amazing surroundings of the complex, a limited number of units have been completed with breathtaking interior deigns, which will become available for rent starting next month. You will love living in State Gold Apartments where residents have free access to our facilities such as a gym, a laundry room and a tennis court 24 hours a day. To schedule a tour, call 522-3432.

문제 22-24는 다음 광고를 참조하세요.
State Gold 아파트는 아름다운 City Park 옆에 있어 위치가 너무 좋기로 유명하죠. 이제 이 단지는 주위 환경이 훌륭하다는 것에서 한 걸음 더 나아가 한정된 아파트는 숨이 막힐 정도로 실내를 아름답게 장식하고 다음 달부터 임대에 들어갑니다. 당신은 입주자들이 체육관, 세탁실, 테니스 코트 같은 저희 시설에 24시간 자유롭게 들어갈 수 있는 State Gold 아파트에 사는 것을 좋아할 것입니다. 둘러보기를 예약하시려면 522-3432로 전화주세요.

어휘 be well known for ~으로 잘 알려져 있다 in addition to ~에 덧붙여 amazing 놀라운 surrounding 주위 환경 complex 단지 limited 제한된 complete 완성하다 interior deign 실내장식 available 가능한 resident 거주자, 입주자 facility 시설 such as ~과 같은 gym 체육관 laundry room 세탁실 schedule 예약하다

22 State Gold 아파트는 어디에 있다고 화자는 말하는가?
(A) 도시공원 옆
(B) 조용한 동네
(C) 쇼핑센터 근처
(D) 학교 근처

해설 **키워드:** Where / located **위치:** 지문 전반부
아파트의 위치를 묻는 질문으로 전반부를 주의 깊게 듣는다. 첫 문장의 its perfect location next to beautiful City Park에서 아름다운 도시공원 옆에 위치해 있다고 하였으므로 정답은 (A)이다. 정답 (A) Next to a city park

어휘 be located 위치하다 city park 도시공원 quiet neighborhood 조용한 동네, 지역 close 근처의

23 State Gold 아파트에서 최근에 일어난 일은 무엇인가?
(A) 지역사회실이 추가되었다.
(B) 경영진이 바뀌었다.
(C) 임대료가 하락했다.
(D) 일부 아파트의 실내장식이 완성되었다.

해설 **키워드:** What / recently taken place **위치:** 지문 중반부
State Gold 아파트에서 최근에 일어난 일이 무엇인지 묻는 질문이다. 중반부(a limited number of units have been completed with breathtaking interior deigns)에서 일부 아파트의 실내장식이 완성되었다고 말하고 있으므로 정답은 (D)이다. 정답 (D) Some of them have been completed with interior designs.

어휘 recently 최근에 take place 일어나다, 발생하다 community 지역사회 management 경영진 rental fee 임대료

24 화자에 따르면, State Gold 아파트의 입주자 전원에게 무료인 것은 무엇인가?
(A) 헬스 시설
(B) 저장 공간
(C) 주차 공간
(D) 셔틀 서비스

해설 **키워드:** what / free for all residents **위치:** 지문 후반부
입주자들에게 무료로 제공되는 것이 무엇인지 물어보는 질문이다. 지문 후반부(State Gold Apartments where residents have free access to our facilities such as a gym, a laundry room and a tennis court 24 hours a day)에서 무료로 제공되는 것들을 나열하고 있다 gym과 같은 의미인 fitness facilities가 답이 된다. 정답 (A) Fitness facilities

어휘 fitness facilities 헬스 시설 storage 창고 parking area 주차 공간

Questions 25-27 refer to the following radio advertisement. 미M

Looking to put a little harmony into your life? Visit the Melonie Music Store, located on Queens Street next to the Coffee & Tea cafe. Our hours are 9 to 6 Monday through Saturday. Our annual sale begins next Friday, March 10th. Don't miss it. We'll have even lower prices than usual on all our pianos and organs. Plus we'll soon be offering piano and organ lessons for all levels. These new music lessons will start early next month. That's at the Melonie Music Store on Queens Street, right next door to the Coffee & Tea cafe.

문제 25-27은 다음 라디오 광고를 참조하세요.
여러분의 삶에 조그만 화음을 불어넣고 싶나요? Queens가의 Coffee & Tea 카페 옆에 있는 Melonie Music Store로 오세요. 저희 영업시간은 월요일부터 토요일까지 9시부터 6시까지입니다. 저희 연례 할인 행사는 다음 주 금요일 3월 10일부터 시작합니다. 놓치지 마시기 바랍니다. 우리는 모든 피아노와 오르간도 정상 가격보다 싸게 제공합니다. 또한 피아노와 오르간의 모든 레벨의 레슨을 제공할 예정입니다. 이 음악 레슨은 다음 달 초부터 시작할 것입니다. 이 모든 것이 Queens가의 Coffee & Tea 카페 바로 옆에 있는 Melonie Music Store에 있습니다.

어휘 harmony 조화, 화음 locate (어디에) 위치시키다 next to 옆에 begin 시작하다

25 광고가 되고 있는 업체가 판매하고 있는 것은 무엇인가?
(A) 시트와 담요
(B) 전화 장비
(C) 악기
(D) 커피와 차

해설 **키워드:** What / business / sell **위치:** 지문 전반부
업체가 판매하고 있는 것이 무엇인지 묻는 문제이다. 주로 이 같은 문제는 지문 전반부에서 확인이 가능하다. Looking to put a little harmony into your life? Visit the Melonie Music Store에서 음악과 관련된 것을 판매하는 업체임을 알 수 있으므로 (C)가 정답이 된다. 정답 (C) Musical instruments

어휘 sheet 시트 equipment 장비

26 다음 달에 무슨 일이 있을 것인가?
(A) 할인이 끝날 것이다.
(B) 레슨이 시작될 것이다.
(C) 새 가게가 오픈할 것이다.
(D) 공연이 열릴 것이다.

해설 **키워드:** What will / happen / next month **위치:** 후반부
다음 달에 일어날 일을 묻는 문제이다. 미래에 일어날 일들의 내용은 지문 후반부에서 next month라는 키워드를 끼고 나오게 될 것이다. These new music lessons will start early next month를 통해서 레슨이 있을 것임을 알 수 있으므로 정답은 (B)가 된다. 정답 (B) Lessons will begin.

어휘 sale 할인 판매 performance 공연

27 광고가 되고 있는 업체 옆에 무엇이 있는가?
(A) 카페
(B) 대학교
(C) 라디오 방송국
(D) 서점

해설 **키워드:** What / next to / business **위치:** 지문 후반부
광고가 되고 있는 업체 옆에 있는 게 무엇인지 구체적인 내용을 묻는 질문이다. 이런 문제는 키워드 next to를 잘 들어야 한다. 지문 전반부에서도 언급이 되었지만 마지막으로 광고가 되고 있는 업체의 위치를 설명하면서 Melonie Music Store on the Queens Street, right next door to the Coffee & Tea cafe를 통해서 바로 옆에 카페가 있음을 알 수 있다. 따라서 정답은 (A)가 된다. 정답 (A) A cafe

어휘 next to 옆에 advertised 광고가 되고 있는

Questions 28-30 refer to the following announcement. 미W

The 2008 International Motor Show begins Saturday on April 16th at the Melbourne Convention Center. The latest domestic and imported models, concept cars will be on display at the motor show. The show which runs through April 21st will be open to the public daily from 10 o'clock in the morning until 8 o'clock at night. Also, the 'Kia Theatre of Dreams' arena turns into the 'Motor Show Music Festival' where six nights of live music concerts kick off at 9 p.m. If you buy a ticket to The 2008 International Motor Show today, you'll get free entry to the 'Motor Show Music Festival' on the same day. Tickets can be purchased at the center's ticket office or our website www.Melbournemotorshow.com.

문제 28-30는 다음 안내를 참조하세요.
2008년 International Motor Show가 4월 16일에 Melbourne Convention Center에서 개최됩니다. 최신 국내 및 수입 모델과 콘셉트 카들도 모터쇼에서 전시가 될 겁니다. 4월 21일까지 열리는 이 모터쇼는 매일 아침 10시부터 밤 8시까지입니다. 또한 Kia Theatre of Dreams관은 6일 밤 동안 밤 9시에 열리는 라이브뮤직 콘서트인 Motor Show Music Festival 무대로 바뀝니다. 오늘 2008년 International Motor Show의 티켓을 구매하시면 같은 날 Motor Show Music Festival을 무료로 즐기실 수 있습니다. 티켓은 센터의 매표소나 저희 웹사이트인 www.Melbournemotorshow.com에서 구입하실 수 있습니다.

어휘 international 국제적인 domestic 국내의 import 수입하다 display 진열 run 운영하다 until ~까지 kick off 시작하다 purchase 구입하다

28 어떤 종류의 행사가 발표되는가?
(A) 패션 쇼
(B) 미술 전시회
(C) 골동품 가구 전시회
(D) 자동차 전시회

해설 **키워드:** What / type of event **위치:** 지문 전반부
어떤 행사인지 물어보는 질문은 기본 정보가 제공되는 전반부를 잘 들어야한다. 지문 전반부(The 2008 International Motor Show begins Saturday)에서 모터쇼가 토요일에 시작한다고 말했으므로 보기 중에서 automobile과 관련된 행사임을 알 수 있다. 뿐만 아니라 뒤에 나오는 concept cars라는 표현으로도 확인이 가능하다. 정답 (D) An automobile show

어휘 exhibition 전시회 antique 골동품 automobile show 자동차 전시회

29 언제 이벤트가 시작하는가?
(A) 월요일
(B) 토요일
(C) 목요일
(D) 일요일

해설 **키워드:** When / event / start **위치:** 지문 전반부
언제 이벤트가 시작하는지 묻는 질문이다. 첫 번째 질문과 동일한 키워드인 event가 등장했다. 지문 전반부를 들을 때 행사에 대해 어떤 행사이고, 언제 하고, 어떤 내용으로 구성되었는지에 대해 주의 깊게 듣는다. 지문의 첫 문장(The 2008 International Motor Show begins Saturday on April 16th at the Melbourne Convention Center.)에서 행사 소개와 더불어 어떤 행사인지, 언제 하는지, 장소는 어디인지 한꺼번에 말하고 있으므로 토요일임을 확인할 수 있다.
정답 (B) Saturday

30 오늘 티켓을 사는 방문객들은 무엇을 받을 수 있는가?
(A) 티셔츠
(B) 콘서트의 무료입장
(C) 행사 카탈로그
(D) 10퍼센트 할인

해설 **키워드:** What / receive / if they buy a ticket today
위치: 지문 후반부
오늘 티켓을 사는 방문객들이 무엇을 받을 수 있는지 묻는 질문이다. 통상적으로 요구, 요청, 제안의 정보는 지문 후반부에 있

기 때문에 후반부를 주의 깊게 듣는다. if you buy a ticket today(오늘 티켓을 사면, ~을 받을 것이다)에서 특정 내용을 제안한다는 것을 알 수 있다. 오늘 티켓을 산다면 콘서트에 무료로 입장할 수 있을 것(you'll get free entry to 'Motor Show Music Festival' on the same day)이라고 말했으므로 정답은 (B)이다. 정답 (B) Free entry for a concert

어휘 receive 받다 free entry 무료입장

Questions 31-33 refer to the following advertisement. 영M

> If you want to taste the best cooking around, you are going to love "Kevin's House", located on Noranda Street near the Central Train Station here in the heart of Perth. We're open every day for breakfast, lunch and dinner. We have everything from soup and salad to steak, chicken and fish. But our customers come back year after year for our famous pasta. To thank our customers, we'd like to invite you to our annual pasta party on August 27th. Come and enjoy delicious food with a live jazz band!

문제 31-33은 다음 광고를 참조하세요.

주변에서 가장 맛있는 음식을 먹고 싶다면 여기 Perth의 중심부 Central 기차역 근처의 Noranda가에 있는 Kevin's House를 좋아하시게 될 겁니다. 저희는 매일 아침, 점심, 저녁을 제공한답니다. 저희는 수프와 샐러드부터 스테이크, 치킨, 생선까지 모든 음식이 다 있습니다. 하지만 저희 고객들은 저희의 유명한 파스타 때문에 매년 다시 오고 있답니다. 저희 고객들에게 감사하기 위해 여러분들을 8월 27일에 연례 파스타 파티에 여러분들을 초대합니다. 오셔서 라이브 재즈와 맛있는 음식을 즐기시기 바랍니다.

어휘 taste 맛보다 located 위치한 customer 고객 year after year 매년, 해마다 famous 유명한 annual 연례의 delicious 맛있는

31 Kevin's House가 어디에 위치해 있는가?
(A) 종합 경기장 근처에
(B) 학교 근처에
(C) 기차역 근처에
(D) 소방서 근처에

해설 **키워드:** What / Kevin's House **위치:** 지문 전반부
Kevin's House의 위치를 묻는 질문이다. 기본 정보가 나오는 전반부("Kevin's House", located on Noranda Street near the Central Train Station)에서 키워드인 Kevin's House가 기차역 근처(near the Central Train Station)에 있다고 말했으므로 답은 (C)이다.
정답 (C) Near a train station

어휘 sports complex 종합 경기장

32 식당은 무엇으로 유명한가?
(A) 스프
(B) 샐러드
(C) 파스타
(D) 스테이크

해설 **키워드:** What / famous **위치:** 지문 중반부
식당이 무엇으로 유명한지 묻는 질문이다. 광고가 되고 있는 대상의 특징이나 장점은 지문 중반부에 나오니 주의 깊게 듣도록 한다. 광고가 되고 있는 식당에 대한 설명이 끝나고 나서 But이라고 하면서 손님들이 계속해서 온다는 말과 함께 pasta가 유명하다고 광고하고 있다. 정답 (C) Pasta

어휘 famous 유명한 soup 수프 pasta 파스타

33 8월 27일에 식당에서 무엇을 할 것인가?
(A) 밴드를 위한 오디션이 있을 것이다
(B) 파티가 열릴 것이다
(C) 새로운 요리 스타일을 소개할 것이다
(D) 특별 가격을 제안할 것이다

해설 **키워드:** What / August 27th **위치:** 지문 후반부
8월 27일에 식당에서 무엇을 할 것인지 묻는 질문이다. 미래에 대한 내용은 지문 후반부에 나오니 잘 듣도록 한다. 또한 시간이나 장소를 나타내는 말은 주로 문장의 뒷부분에 나오므로 '~할 것이다, ~할 예정이다' 등의 미래시제와 관련된 이야기를 잘 들어야한다. 후반부(we'd like to invite you to our annual pasta party on August 27th)에서 구체적인 날짜를 언급하고 파티에 초대하고 싶다고 하였으므로 정답은 (B)이다.
정답 (B) Host a party

어휘 audition 오디션

Questions 34-36 refer to the following radio advertisement. 호W

> Are you looking for a travel agency with a solid reputation and the knowledgeable staff? Then look no further than Johnson Travel Agency. Located in downtown end over, Johnson Travel Agency has been in business for 20 years helping customers book reasonably priced trips worldwide. We specialize in tours of Europe especially of England and Italy. In fact, we are currently offering discount airfare on 10-day direct trips to London, Leed and Birmingham. Or if you are planning a trip to Asia or Latin America, our extra agents can assist you with all arrangements. Just give us a call at 555-5428 or stop by our conveniently located office.

문제 34-36은 다음 광고를 참조하세요.

믿음직한 명성이 있고 여행에 대해 해박한 지식을 갖춘 직원이 있는 여행사를 찾으세요? 그러면 Johnson Travel Agency만한 것을 찾기 어려울 것입니다. 시내에 있는 Johnson Travel Agency는 고객들이 합리적인 가격으로 전 세계를 여행할 수 있도록 예약을 도우면서 20년간 사업을 하고 있습니다. 저희는 유럽여행을 전문으로 하고 특히 영국과 이태리를 전문적으로 합니다. 사실 현재 저희는 London, Leed 그리고 Birmingham을 직항기로 10일 동안 여행할 수 있는 항공료를 할인해드리고 있습니다. 그렇지 않고 아시아나 라틴아메리카로 여행할 계획이시라면 저희의 다른 직원들이 모든 것을 준비할 수 있게 도와드릴 수 있습니다. 555-5428로 전화주세요 아니면 편리한 곳에 있는 저희 지점으로 방문해주시기 바랍니다.

어휘 solid 믿음직한 reputation 명성 knowledgeable 해박한 reasonably 합리적으로 priced 가격이 매겨진 specialize in ~을 전문으로 하다 currently 현재의 assist 돕다 arrangement 준비 stop by 들르다

34 어떤 종류의 업체를 광고하고 있는가?
(A) 항공사
(B) 은행
(C) 여행사
(D) 서점

해설 **키워드:** What / business / advertised **위치:** 지문 전반부
광고가 되고 있는 업체를 묻는 질문이다. 광고가 되고 있는 업체나 제품 서비스는 주로 광고의 초반에서 확인할 수 있

다. Are you looking for a travel agency with a solid reputation and the knowledgeable staff?를 통해서 여행사(travel agency) 광고임을 알 수 있으므로 정답은 (C)가 된다.
정답 (C) A travel agency

어휘 advertise 광고하다

35 업체는 무엇을 전문적으로 하는가?
(A) 영국과 이태리 여행
(B) 라틴 아메리카에 관한 책
(C) 아시아행 항공료의 할인
(D) 언어 연수

해설 **키워드:** What / specialize in **위치:** 지문 중반부
업체가 전문적으로 하는 것이 무엇인지를 묻는 문제이다. 보통 회사의 특징이나 상품들의 소개는 중반부에서 등장하게 된다. We specialize in tours of Europe especially of England and Italy.를 통해서 영국과 이태리 여행 상품을 전문적으로 다루고 있음을 알 수 있으므로 정답은 (A)이다.
정답 (A) Tours of England and Italy

어휘 specialized in ~을 전문으로 하다

36 광고에 따르면 고객들은 어떻게 더 상세한 정보를 얻을 수 있는가?
(A) 웹사이트 방문을 통해
(B) 전화로
(C) 이메일을 보냄으로써
(D) 여행 책자를 읽음으로써

해설 **키워드:** How / get / more information **위치:** 지문 후반부
더 많은 정보를 얻으려면 어떻게 해야지 묻는 질문이다. 주로 후반부에서 자주 등장하는 내용이다. 지문의 후반부(if you are planning a trip to Asia or Latin America)에서 앞에서 언급한 여행지 외에 다른 곳에 가고 싶으면 Just give us a call at 555-5428 or stop by our conveniently located office.이라고 했으므로 전화 또는 사무실을 직접 방문해서 더 많은 정보를 얻을 수 있다는 것을 알 수 있다. 그러므로 정답은 (B)가 된다.
정답 (B) By making a phone call

어휘 customer 고객 visit 방문하다 brochure 안내 책자

Chapter 5 교통방송(Traffic Report) & 일기예보(Weather Forecast)

실전 TOEIC Test p.324

Questions 01-03 refer to the following traffic report. 영M

Hello and welcome to BBC's rush hour traffic update. I'm Griffin Arturo. I'm happy to announce that most city roads don't look relatively crowded today. Traffic volume is down because the north subway stop has opened today. So, most drivers in the city center will not be stuck in traffic thanks to this change. There is about a one-hour delay on Route 30 near the High Street Bridge though. Last night a blast of wind keeled over a delivery truck and now it is blocking one lane of the road. Stay tuned. I'll be back in one hour with another traffic update.

문제 01-03은 다음 교통방송을 참조하세요.
안녕하세요, BBC의 러시아워 교통 소식을 알려드리겠습니다. 저는 Griffin Arturo구요. 오늘 시내 도로가 상대적으로 붐비지 않아 기분 좋군요. 교통량이 줄어들고 있습니다. 왜냐하면 북쪽 지하철역이 오늘 개통되었기 때문인데요. 이것 때문에 도심 대부분의 운전자들이 교통 체증에 갇히지 않겠습니다. 그렇지만 High Street 다리 부근 30번 도로 근처에 1시간 정도 지체가 있겠습니다. 어젯밤 강한 바람으로 배달 트럭이 넘어져서 한 차선을 막고 있습니다. 채널을 고정해 주시기 바랍니다. 1시간 후에 새로운 정보로 다시 돌아오겠습니다.

어휘 relatively 상대적으로 crowded 붐비는 traffic volume 교통량 delay 지연, 지체 blast of wind 강풍 keel over 넘어뜨리다 block 막다, 차단하다

01 왜 도심 교통량이 줄어들었는가?
(A) 최근에 있었던 도로 건설이 끝나서.
(B) 큰 버스들이 도입되어서.
(C) 많은 사람들이 휴가를 가서.
(D) 지하철역이 개통되어서.

해설 **키워드:** Why / city traffic / decreased **위치:** 지문 전반부
교통방송이기 때문에 전반부에 교통상황이 나올 것을 예상할 수 있다. 상대적으로 붐비지 않다고 하였고(don't look relatively crowded today.) 그 이유로 지하철역이 개통되었다고 (because the north subway stop has opened today) 하였으므로 정답은 (D)이다.
정답 (D) A subway station has opened.

어휘 decrease 줄어들다 recent 최근의 road construction 도로 건설

02 30번 도로가 지체되는 이유는 무엇인가?
(A) 정지된 트럭
(B) 고장 난 신호등
(C) 젖은 노면
(D) 다리 수리

해설 **키워드:** What / causing / delays on Route 30
위치: 지문 중반부
30번 도로가 지체되는 구체적인 이유를 묻는 질문이다. 대체로 구체적인 정보는 지문 중반부에 많이 나온다. 어젯밤 트럭이 넘어지는 바람에(a blast of wind keeled over a delivery truck) 도로가 지체된다고 하였으므로 정답은 (A)이다.
정답 (A) A stalled truck

어휘 stalled 정지된 traffic signal 신호등 road condition 노면 상태

03 다음 교통방송은 언제인가?
(A) 5분 후에
(B) 10분 후에
(C) 1시간 후에
(D) 2시간 후에

해설 **키워드:** When / next traffic report **위치:** 지문 후반부
미래에 관련한 내용은 지문 후반부에 나오므로 주의 깊게 듣는다. I'll be back in one hour with another traffic update.에서 한 시간 후에 새로운 정보로 돌아오겠다고 하였으므로 정답은 (C)이다.
정답 (C) In one hour

어휘 traffic report 교통방송

Questions 04-06 refer to the following radio broadcast. 미W

Thanks for listening to 109 FM, your local station for the latest traffic and weather conditions. I'm with Chris, from the daily traffic report. There's a thirty-minute delay on the north bound freeway from exit 2 to exit 12 due to traffic congestion. However, traffic is moving smoothly on all other major freeways. Also, just a reminder that starting this Sunday the Washington Bridge will be closed for repaving for two days. You'd better plan to take an alternate route to avoid delays. Now here's Rocco Jenkins with today's business news.

문제 04-06은 다음 라디오 방송을 참조하세요.

최신 교통정보와 일기예보를 방송하는 여러분 지역의 109 FM 방송에 채널을 맞춰주셔서 감사합니다. 저는 일일 교통정보의 Chris 씨와 함께 나와 있습니다. 북쪽 방향의 고속도로가 2번 출구부터 12번 출구까지 교통 혼잡으로 인해 30분간의 지체가 있습니다. 그러나 다른 모든 주요 고속도로의 차량 흐름은 순조롭습니다. 또한 일요일부터 Washington 다리가 이틀간 수리 공사를 위해 폐쇄될 것임을 상기하시기 바랍니다. 지체를 피하기 위해선 다른 도로를 이용하실 계획을 세워야 하실 것입니다. 이제 Rocco Jenkins의 비즈니스 뉴스를 들으시겠습니다.

어휘 delay 지체, 지연 exit 출구 traffic congestion 교통 정체 smoothly 순조로이 reminder 상기시키는 것 repair 수리, 수선 take an alternate route 다른 도로를 이용하다 avoid 피하다

04 북쪽 방향의 고속도로의 정체는 무엇 때문인가?

(A) 악천후
(B) 교통량이 많아서
(C) 도로 수리
(D) 출구 폐쇄

해설 **키워드:** delay / north bound freeway **위치:** 지문 전반부

전반부(There's a thirty-minute delay on the north bound freeway from exit 2 to exit 12 due to traffic congestion.)에서 교통 정체로 인해 지체가 된다고 말했으므로 정답은 (B)이다. 정답 (B) Heavy traffic

어휘 freeway 고속도로 heavy traffic 많은 교통량

05 Washington 다리는 얼마 동안 폐쇄될 예정인가?

(A) 하루
(B) 이틀
(C) 2주
(D) 한 달

해설 **키워드:** How long / Washington Bridge / closed
위치: 지문 중반부

Washington 다리가 얼마동안 폐쇄될 예정인지 묻는 질문이다. 보통 구체적인 내용은 지문 중반부에 나온다. the Washington Bridge will be closed for repaving for two days에서 이틀 동안 폐쇄될 것이라고 하였으므로 정답은 (B)이다. 정답 (B) Two days

어휘 close 닫다

06 청자들은 다음에 무엇을 들을 것 같은가?

(A) 뉴스 보도
(B) 광고
(C) 날씨 정보
(D) 행사 일정

해설 **키워드:** What / listeners / hear next **위치:** 지문 후반부

미래에 관련된 내용은 지문 후반부에 나오는 경우가 많다. 마지막 문장인 Now here's Rocco Jenkins with today's business news.에서 다음 내용은 Rocco Jenkins의 오늘의 비즈니스 뉴스인 것을 알 수 있으므로 정답은 (A)이다. 정답 (A) A news report

어휘 advertisement 광고

Questions 07-09 refer to the following radio report. 미M

Good morning, and thank you for listening to CFC radio. The transportation department has announced that starting next week, Route 14 will be closed due to construction. Once the project starts, traffic jams near the downtown area will become unavoidable. We suggest that drivers take Holly Road until the project is completed at the end of this month. Keep listening to CFC radio for daily updates on the construction project.

문제 07-09는 다음 라디오 방송을 참조하세요.

안녕하세요. CFC 라디오를 청취해주셔서 감사합니다. 교통국은 내일부터 14번 도로가 공사로 인해 폐쇄된다고 발표했습니다. 공사가 시작되면, 시내 교통체증을 피할 수 없을 것 같습니다. 운전자들께서는 이번 달 말에 공사가 마무리될 때까지 Holly로를 이용해주시기 바랍니다. CFC 라디오에서는 공사에 관한 소식을 매일 알려드리오니 청취해 주시기 바랍니다.

어휘 transportation department 교통국 be closed 폐쇄되다 due to ~ 때문에 construction 공사 suggest 제안하다, 권하다 avoid 피하다 take 취하다 complete 완성하다

07 보도의 주요 목적은 무엇인가?

(A) 공사에 관한 정보 제공
(B) 건축 자재 광고
(C) 시 축하식 공지
(D) 현재 날씨 정보 제공

해설 **키워드:** What / main purpose / report **위치:** 지문 전반부

목적은 지문의 전반부에 나오는 것이 일반적이다. 두 번째 문장(The transportation department has announced that starting next week Route 14 will be closed due to construction.)에서 교통국에서 도로 공사에 관해 발표한 내용을 전달하고 있으므로 정답은 (A)이다.
정답 (A) To give information about a construction project

08 화자는 무엇은 제안하는가?

(A) 대중교통의 이용
(B) 아침에 일찍 출발하는 것
(C) 감속하여 운전하는 것
(D) 다른 도로를 이용하는 것

해설 **키워드:** What / speaker / recommend **위치:** 지문 중반부

화자가 제안하는 것이 무엇인지 묻는 질문이다. 지문에서는 이와 유사한 suggest의 단어를 사용했음을 주의하자. 지문 중반부(We suggest that drivers take Holly road until the project is completed at the end of this month.)에서 Holly로를 이용하길 제안한다고 말하고 있으므로 정답은 (D)이다. 정답 (D) Taking an alternative route

어휘 recommend 추천하다 public transportation 대중교통 alternative route 다른 도로

09 청자들은 어떻게 최신 정보를 얻을 수 있는가?

(A) 웹사이트 방문

(B) 이메일로 최신 정보 요청
(C) 라디오 청취
(D) 특별 번호로 전화

해설 **키워드:** How / get updated information
위치: 지문 후반부

청자들이 어떻게 최신 정보를 얻을 수 있는지 묻는 질문이다. 청자가 정보를 얻는 방법과 같은 문제는 주로 지문의 후반부에서 명시됨을 주의하자. 마지막 문장(Keep listening to CFC radio for daily updates on the construction project)에서 건설 공사에 대해 업데이트된 소식을 알려드리오니 청취해 달라고 하였으므로 정답은 (C)이다.

정답 (C) By listening to the radio station

어휘 information 정보 request 요청하다

Questions 10-12 refer to the following radio announcement. 호W

The city of Toddleston would like to make the following announcement to its residents. Beginning in June, construction along the main highway will begin for the next three weeks. This means that the freeway will be closed to all motorists at that time. Citizens who use the highway are encouraged to take Kyle side. The construction is expected to be completed by no later than June 25. After that time, the highway will reopen and all residents are invited to make use of the newly renovated highway as they desire. Any questions or concerns should be directed to Mr. Gary Taylor at Town Hall.

문제 10-12는 다음 라디오 안내방송을 참조하세요.
Toddleston시의 거주자 여러분들께 안내 말씀 드립니다. 6월 초부터 주고속도로를 따라 3주 동안의 공사가 시작될 것입니다. 그 기간 동안 모든 운전자들은 고속도로를 이용할 수 없습니다. 고속도로를 이용하고자 하는 분들은 대신 Kyle 샛길을 이용해 주시기 바랍니다. 공사는 늦어도 6월 25일에 마무리될 예정입니다. 그 후, 고속도로는 재개되어 모든 거주자들은 원하실 때마다 새로이 보수된 고속도로를 이용할 수 있습니다. 문의사항이나 용건이 있으신 분들은 시청에 있는 Gary Taylor 씨에게 연락 주시기 바랍니다.

어휘 following 다음의, 다음에 오는 resident 거주자, 거류민 freeway 고속 도로 motorist 자동차 운전자 citizen 시민 be encouraged to + 동사원형 ~하도록 권장받다 side road 샛길, 옆길 instead 대신에 complete 끝내다, 완성하다 reopen 재개하다, 다시 시작하다 newly 새로이, 다시 renovate 새것으로 만들다, 혁신하다 desire 바라다, 원하다 Town Hall 시청

10 라디오 공지방송의 목적은 무엇인가?
(A) 공사가 있을 것이다.
(B) 샛길을 만들고 있다.
(C) 새로운 고속도로를 건설 중이다.
(D) 고속도로가 영원히 폐쇄될 것이다.

해설 **키워드:** What / purpose / radio announcement
위치: 지문 전반부

라디오 공지 방송의 목적은 무엇인지 물어보는 질문이다. 방송의 주제나 목적은 지문의 초반부에 제시된다. 두 번째 문장(Beginning in June, construction along the main highway will begin for the next three weeks.)에서 화자는 주고속도로를 따라 공사를 할 것이라고 하였으므로 이를 간단하게 바꾸어 말한 (A)가 답이 된다.

정답 (A) There will be construction

어휘 side road 샛길, 옆길 permanently 영원히, 영구히 shut down 폐쇄하다, 닫다

11 주고속도로는 언제 교통이 통제될 것인가?
(A) 3주 후
(B) 6월 초
(C) 6월 25일
(D) 6월 말

해설 **키워드:** When / highway / close **위치:** 지문 중반부

주고속도로가 언제 통제될 것인지 묻는 질문이다. 구체적인 내용은 지문 중반부에 나오는 경우가 많다. 지문 내용 중 Beginning in June, construction along the main highway will begin for the next three weeks.를 통해서 6월 초에 공사를 시작하여 3주 동안 진행되고, 이 기간 동안 폐쇄될 것(This means that the freeway will be closed to all motorists at that time)이라는 것을 알 수 있으므로 정답은 (B).

정답 (B) At the beginning of June

어휘 automobile 자동차 traffic 교통, 통행

12 문의사항이나 용건이 있으면 어떻게 해야 하는가?
(A) 공사 현장에 간다
(B) 건설사에 전화를 건다
(C) Gary Taylor에게 연락한다
(D) Kyle 샛길로 간다

해설 **키워드:** What / do / questions or concerns
위치: 지문 후반부

문의사항이나 연락처와 관련된 사항들은 대개 지문 후반부에 위치한다. 맨 마지막 문장(Any questions or concerns should be directed to Mr. Gary Taylor at Town Hall.)에서 화자는 Mr. Gary Taylor에게 연락하라고 하였으므로 정답은 (C)가 된다. 지문의 be directed to를 contact로 바꾸어 표현한 것에 유의한다.

정답 (C) Contact Gary Taylor

어휘 construction site 공사 현장 phone ~에게 전화를 걸다

Question 13-15 refer to the following radio broadcast. 미W

Today's weather is fine but partly cloudy. Colder air will move into the region tonight and we expect the temperature to reach only 17 degrees Celsius tomorrow. There's also a 60% chance of rain tomorrow morning. Thunderstorms in the area may slow down the morning rush hour traffic so you should allow some extra time for your morning commute. This report has been brought to you by Glory Department Store. Now stay tuned for today's sports news!

문제 13-15는 다음 라디오 방송을 참조하세요.
오늘 날씨는 좋지만 구름이 좀 끼었습니다. 차가운 공기가 오늘밤 우리 지역으로 유입되어 내일은 섭씨 17도밖에 안 될 것으로 예상됩니다. 또한 내일 오전에는 비가 올 확률이 60퍼센트입니다. 폭풍우로 인해 러시아워 교통이 지체될지도 모르니 아침 출근은 여유를 가지고 출발하시기 바랍니다. 이 보도는 Glory 백화점에서 제공하였습니다. 이제 오늘의 스포츠 뉴스 순서입니다.

어휘 partly 부분적으로 cloudy 구름이 낀 Celsius 섭씨 chance 확률 thunderstorm 폭풍우 commute 통근

13 방송의 목적은 무엇인가?
(A) 자동차 구매에 관한 정보
(B) 건설 작업 공지

(C) 날씨 보도
(D) 정치인 인터뷰

해설 **키워드:** What / purpose / broadcast **위치:** 지문 전반부
방송의 목적에 대해 묻는 질문이다. 목적은 지문의 첫 번째 문장에서 알 수 있다는 것에 주의하자. 첫 문장(Today's weather is fine but partly cloudy.)에서 날씨를 보도하고 있음을 알 수 있다. 정답 (C) To report weather conditions

어휘 broadcast 방송 car-buying 자동차 구매 construction work 건설 작업 interview 인터뷰하다 politician 정치인

14 아나운서는 내일 청취자들에게 어떻게 하라고 조언하고 있는가?
(A) 따뜻한 재킷 입기
(B) 출근시 여유 시간을 주기
(C) 대중교통을 이용하기
(D) 우산 챙기기

해설 **키워드:** What / suggest / listeners **위치:** 지문 중반부
지문 중반부(There's also an 60% chance of rain tomorrow morning. Thunderstorms in the area may slow down the morning rush hour traffic so you should allow some extra time for your morning commute.)에서 비가 올 확률이 있으며 폭풍우 때문에 교통이 지체될 수 있으니 출근 시 여유 시간을 두라고 말하고 있으므로 정답은 (B)이다. 정답 (B) Allow extra commuting time

어휘 suggest 제안하다 warm 따뜻한 public transportation 대중교통

15 청취자들은 다음에 무엇을 들을 것인가?
(A) 경제 뉴스
(B) 최신 스포츠 뉴스
(C) 교통 방송
(D) 광고

해설 **키워드:** hear / next **위치:** 지문 후반부
미래 정보는 지문의 마지막 부분에 위치하게 된다. Now stay tuned for today's sports news에서 다음 내용이 스포츠 경기에 대한 것임을 알 수 있으므로 정답은 (B)이다.
정답 (B) Sports updates

어휘 business news 비즈니스 뉴스 advertisement 광고

Questions 16-18 refer to the following radio broadcast. 영M

Good morning, and thanks for listening to Radio 101, the most popular program for national news and weather updates. For the next following couple of days, we will see some unseasonably hot and humid weather throughout the country. We advise you of some important instructions to follow. First, drink plenty of liquid so you can stay well hydrated. Doctors recommend drinking more than five glasses of water a day. It is especially important in hot weather like we are having this week. For more helpful information on how to stay healthy this summer, check out our website at www.radio101.com.

문제 16-18은 다음 라디오 방송을 참조하세요.
안녕하세요, 가장 인기 있는 국내 뉴스 및 기상 정보를 제공하는 Radio 101을 청취해 주시는 여러분 감사합니다. 앞으로 이틀 동안, 전국에 걸쳐 때 아닌 상당히 덥고 습한 날씨가 예상됩니다. 따라서 여러분을 위한 조언을 드립니다. 충분한 양의 음료를 마셔서 수분을 유지하시기 바랍니다. 의사들은 하루에 5잔이 넘는 물을 마실 것을 조언하고 있습니다. 이번 주와 같은 더운 날씨에는 특히 중요합니다. 여름철에 건강을 유지하는 방법에 관한 더 많은 유용한 정보는 www.radio101.com에서 확인하시기 바랍니다.

어휘 popular 인기 있는 unseasonably 때 아니게, 철에 맞지 않게 humid 습한 plenty of 많은, 충분한 hydrate 수분을 유지하게 하다 recommend 조언하다 helpful 유용한 stay healthy 건강을 지키다 check out 확인하다

16 화자는 누구일 것 같은가?
(A) 의사
(B) 라디오 아나운서
(C) 인기 있는 작가
(D) 약사

해설 **키워드:** Who / speaker **위치:** 지문 전반부
화자가 누구인지 묻는 질문이다. 화자의 정체는 지문의 상단에 위치하게 된다. Good morning, and thanks for listening to Radio 101, the most popular program for national news and weather update.에서 라디오 아나운서임을 알 수 있다. 그러므로 정답은 (B)이다.
정답 (B) A radio broadcaster

어휘 radio broadcaster 라디오 아나운서 author 작가 pharmacist 약사

17 화자는 청취자들에게 무엇을 제안하고 있는가?
(A) 에어컨을 정기적으로 청소하라
(B) 연례 정기 검진을 하라
(C) 물을 많이 마셔라
(D) 다음 날씨 정보를 기다려라

해설 **키워드:** What / suggest / listeners do **위치:** 지문 중반부
화자가 청취자들에게 무엇을 제안하고 있는지 묻는 질문이다. 제안은 일반적으로 문제 제기 뒤에 하게 되는 것임을 기억하자. we will see some unseasonably hot and humid weather에서 때 아니게 더운 날씨를 겪을 것이라는 문제가 제기되었으므로 바로 다음에서 제안을 확인할 수 있다. We advise you of some important instructions to follow. First, drink plenty of liquid so you stay well hydrated.에서 물을 많이 마시라고 제안하는 것을 알 수 있다. 정답은 (C)이다. 정답 (C) Drink a lot of water

어휘 air-conditioning 냉난방 장치의 regularly 규칙적으로 annual 해마다의 physical exam 신체검사

18 화자에 따르면, 청취자들은 웹사이트에서 무엇을 확인할 수 있는가?
(A) 제품 평
(B) 지역 뉴스 기사
(C) 정책 설명
(D) 건강 정보

해설 **키워드:** what / find / on the website **위치:** 지문 후반부
마지막 문장(For more helpful information on how to stay healthy in this summer, check out our website at www.radio101.com)에서 건강 정보를 얻고 싶으면 웹사이트를 확인해보라고 말하고 있다. 따라서 정답은 (D)이다.
정답 (D) Health information

어휘 policy 정책 explanation 설명 health information 건강 정보

매니저를 소개하려고 한다는 것을 알 수 있다.

정답 (C) To introduce a new manager

어휘 purpose 목적 announce 발표하다 change 변화 business hours 영업시간 job requirement 일자리 자격 요건 explain 설명하다

02 사업체에서 최근에 일어난 일은 무엇인가?

(A) 룸서비스 메뉴가 달라졌다.
(B) 영업시간이 줄었다.
(C) 훈련 매뉴얼이 발간되었다.
(D) 직원들이 이전되었다.

해설 **키워드:** What / happened / recently **위치:** 지문 중반부

사업체에서 최근에 일어난 일이 무엇인지 묻는 질문이다. we recently improved our room service menu에서 최근 룸서비스 메뉴를 개선했다고 하였으므로 정답은 (A)이다.

정답 (A) The room service menu was improved.

어휘 recently 최근에 room service 룸서비스 improve 개선하다 reduce 줄이다 manual 매뉴얼 publish 발간하다 employee 직원 relocate 전근 시키다

03 청자들은 Scott 씨에게 무엇에 관해 말해야 하는가?

(A) 경력
(B) 장비 요구
(C) 임금 요구
(D) 선호하는 일정

해설 **키워드:** What / tell Scott **위치:** 지문 후반부

청자들이 Scott 씨에게 무엇에 관해 말해야 하는지 물어보는 질문이다. 청자들에게 제안하거나 요청하는 것은 지문의 하단에 위치함을 잊지 말자. If you have any preferences for your schedule, you should let Scott know right away라고 했으므로 Scott 씨에게 선호하는 일정을 알려야 된다는 것을 알 수 있다. 정답 (D) Their scheduling preferences

어휘 experience 경험 equipment 장비 salary 임금 requirement 요구 preference 선호

Questions 04-06 refer to the following speech. 미M

Welcome, members of the advisory board of Nokia. The purpose of today's meeting is to nominate a new member to the board. The first applicant we are considering is Mr. Tony James. Mr. James has worked at our company for the past twenty years as director of our customer service division, playing a crucial role in developing and implementing customer relations programs. He has indicated that his interest in joining the board is to promote a new training program for our customer service representatives. Before we discuss our second applicant, please take a few minutes to review Mr. James' resume and application.

문제 04-06은 다음 연설을 참조하세요.

어서 오세요. Nokia의 자문 위원회 위원 여러분. 오늘 회의의 목적은 새로운 위원을 지명하는 것입니다. 우리가 고려하고 있는 첫 번째 지원자는 Tony James 씨입니다. James 씨는 지난 20년 동안 우리의 고객 서비스 관리자로서 근무해 왔고 고객 관련 사항 프로그램을 개발하고 시행하는데 중요한 역할을 해왔습니다. 그는 저희 위원회에 합류하여 고객 서비스 상담원을 위한 새로운 훈련 프로그램을 촉진시키는 데에 흥미가 있다는 뜻을 전했습니다. 두 번째 지원자에 관해 논의하기 전에 James 씨의 이력서와 지원서를 검토할 시간을 갖길 바랍니다.

어휘 advisory 자문의 board 위원회 nominate 지명하다 applicant 지원자 consider 고려하다 director 관리자, 감독 play a role 역할을 하다 crucial 중요한 develop 개발하다 implement 시행하다 relation 관계, 관련 indicate 나타내다 interest in ~에 대한 관심 promote 촉진시키다, 홍보하다 customer service representative 고객 서비스 담당자 resume 이력서

04 회의의 목적은 무엇인가?

(A) 새로운 위원을 지명하기
(B) 초대 연사를 소개하기
(C) 연례 예산 검토
(D) 정책 변경 토론

해설 **키워드:** What / purpose **위치:** 지문 전반부

회의의 목적에 대해 묻는 질문이다. 목적은 지문의 상단에 위치함을 주의하자. The purpose of today's meeting is to nominate a new member to the board.에서 위원을 임명하기 위함임을 알 수 있다.

정답 (A) To select a new board member

어휘 introduce 소개하다 review 검토하다 annual 연례의 budget 예산 discuss 토론하다 policy 정책 change 변경

05 Tony James 씨는 무슨 일을 하고 있는가?

(A) 학술지를 편집하고 있다.
(B) 회사 행사를 계획한다.
(C) 고객 서비스 프로그램을 운영하고 있다.
(D) 회사에 재정 문제에 관해 조언하고 있다.

해설 **키워드:** What / Tony James / do **위치:** 지문 중반부

Tony James가 무엇을 하고 있는지 물어보는 질문이다. 주로 사람에 대해 소개를 할 때는 현재나 최근의 경력을 먼저 나열함을 알아두자. 이 문제는 현재 하고 있는 일을 묻고 있다. Mr. James has worked at our company for the past twenty years as director of our customer service division라고 했으므로 고객 서비스에 관한 일을 하고 있음을 알 수 있다.

정답 (C) He coordinates a customer service program.

어휘 edit 편집하다 academic 학문의 plan 계획하다 corporate 회사의 function 행사 coordinate 조직하다, 운영하다 customer service program 고객 서비스 프로그램 advise 조언하다 financial 재정적인 matter 문제

06 청자들은 다음에 무엇을 할 것 같은가?

(A) 비디오 발표를 본다
(B) 취업 지원자를 면접한다
(C) 교육에 등록한다
(D) 지원자의 서류를 검토한다

해설 **키워드:** What / will / listeners / do / next
위치: 지문 후반부

청자들이 다음에 무엇을 할 것 같은지 물어보는 문제이다. 미래 정보는 지문 후반부를 살펴보자. Before we discuss our second applicant, please take a few minutes to review Mr. James' resume and application.에서 다음 지원자에 대해 토론하기 전에 James의 이력서와 지원서를 살펴볼 것이라고 추측할 수 있다. 따라서 정답은 (D)이다.

정답 (D) Review a candidate's credentials

어휘 presentation 발표 interview 인터뷰하다 job applicant 취업 지원자 sign up 등록하다 candidate 지원자 credential 자격을 증명하는 서류

Questions 07-09 refer to the following speech. 영M

> Tonight, we welcome Robert Regan, author of City Steps: A History of Pittsburgh Streets. Dr. Regan is the Associate Professor of Geography at Lawrence University. His professional career includes senior level positions in the federal government, major corporations, and universities. Also, he is an avid bicyclist who manages to ride his bicycle more than two thousand miles a year around Pittsburgh. Dr. Regan says the "City Steps" project was one of the most enjoyable experiences of his career, combining his professional and personal interests.

문제 07–09는 다음 연설을 참조하세요.
오늘밤 City Steps: A History of Pittsburgh Streets의 저자이신 Robert Regan 씨를 만나 뵙도록 하겠습니다. Regan 박사님은 Lawrence 대학교의 지리학과 부교수로 재임 중입니다. 그는 연방정부와 대기업, 대학에서 고위직의 전문적인 경력을 쌓아왔습니다. 또한, 박사님은 Pittsburgh 주변을 1년에 자전거로 2000마일 이상 달리시는 열정적인 자전거 마니아이기도 합니다. Regan 박사님은 City Steps의 저술은 일과 개인적 취미를 결합시킬 수 있었던, 자신의 경력에서 가장 즐거웠던 일 중 하나였다고 합니다.

어휘 author 저자, 작가 associate professor 부교수 geography 지리학, 지형 professional career 직업 경력 senior 상급의, 고위직의 federal government 연방정부 avid 열정적인 enjoyable 즐거운, 유쾌한 combine 결합하다

07 Robert Regan 씨가 최근에 한 일은?
(A) 상을 탔다.
(B) 책을 썼다.
(C) Pittsburgh로 이사했다.
(D) 승진했다.

해설 **키워드:** What / Robert Regan / do / recently
위치: 지문 전반부
Robert Regan 씨가 최근에 한 일에 대해 물어보는 질문이다. 지문의 초반부에서 City Steps: A History of Pittsburgh Streets의 저자인 Robert Regan을 환영한다고 하였으므로 이 사람은 최근에 책을 썼다는 사실을 알 수 있다.
정답 (B) He wrote a book

어휘 recently 최근에 receive a promotion 진급하다, 승진하다

08 Robert Regan 씨에 대해 알 수 있는 것은 무엇인가?
(A) 대학교 교수이다.
(B) 대기업의 최고경영자이다.
(C) 연방정부에서 일한다.
(D) 매년 두 달 동안 여행을 한다.

해설 **키워드:** What / learned / Robert Regan **위치:** 지문 전체
Robert Regan 씨에 대해 알 수 있는 것에 대해 물어보는 질문이다. 인물을 소개하는 지문에서 이 사람에 대한 정보는 지문의 전반에 걸쳐 등장하기 때문에 먼저 보기를 읽고 듣는 것이 무엇보다 중요하다. 화자가 Robert Regan은 Lawrence 대학교의 지리학과 부교수로 재임 중이라고(Dr. Regan is the Associate Professor of Geography at Lawrence University.) 소개하고 있으므로 정답은 (A)가 된다.
정답 (A) He is a university professor.

어휘 federal government 연방정부

09 Robert Regan 씨의 개인적 취미 중 하나는 무엇인가?
(A) 자전거 타기
(B) 등산
(C) 사진 촬영
(D) 역사책 읽기

해설 **키워드:** what / Robert Regan's / personal interests
위치: 지문 중반부
Robert Regan 씨의 개인적 취미에 대해 물어보는 질문이다. 화자는 Robert Regan를 1년에 Pittsburgh를 자전거로 2000마일 이상 달리는 자전거 마니아라고 소개하고 있다(he is an avid bicyclist who manages to ride his bicycle more than two thousand miles a year around Pittsburgh). 이로 미루어 보아 Robert Regan의 취미는 (A) 자전거 타기임을 알 수 있다.
정답 (A) Bicycle riding

어휘 personal 개인적인 climbing 등산, 등반 history 역사

Questions 10-12 refer to the following news report. 미W

> Good evening, this is Carol Graham with Channel 7's News at 5, your source for local news. Our first story today is the presentation of the best CEO of the year award. The award was presented at a banquet honoring all of this year's nominees. This year's best CEO is Ronald Morris, the CEO of CVS Caremark. Three years ago, Mr. Morris introduced the highly successful medical care program, which has significantly helped a lot of patients. Mr. Morris will donate his 5,000 dollar prize money to charity.

문제 10–12는 다음 뉴스 보도를 참조하세요.
좋은 저녁입니다. 저는 오후 5시 지역 뉴스를 전달하는 채널 7의 Carol Graham입니다. 오늘의 첫 번째 소식은 올해의 최고 CEO 수상식입니다. 상은 올해의 후보자들 모두에게 경의를 표하는 연회에서 수여되었습니다. 올해 최고 CEO는 Ronald Morris로서 CVS Caremark사의 CEO입니다. 3년 전 Mr. Morris는 상당히 많은 환자들에 도움을 준, 매우 성공적인 건강관리 프로그램을 도입하였습니다. Morris 씨는 5천 달러의 상금을 자선단체에 기부할 것입니다.

어휘 presentation 발표, 수여 present 수여하다 banquet 연회 honor 경의를 표하다 nominee 후보자 introduce 소개하다 highly successful 매우 성공적인 significantly 상당히 donate 기부하다 charity 자선단체

10 보도는 주로 무엇에 관한 것인가?
(A) 시 예산
(B) 학교 교과 편성
(C) 최고 CEO상
(D) 스포츠 프로그램

해설 **키워드:** What / report / about **위치:** 지문 전반부
주제를 묻는 문제이므로, 지문의 첫 번째 문장을 확인해야 한다. Our first story today is the presentation of the best CEO of the year award.에서 최고 CEO상에 관한 내용임을 알 수 있으므로 정답은 (C)이다.
정답 (C) A best CEO award

어휘 budget 예산 curriculum 교과 편성

11 Mr. Morris는 무엇을 시작했었는가?
(A) 건강관리 프로그램
(B) 저널리즘 수업

(C) 스포츠 팀
(D) 과학 클럽

해설 **키워드:** What / Mr. Morris / start **위치:** 지문 중반부
Mr. Morris가 무엇을 시작했었는지 물어보는 문제이다. Mr. Morris가 무엇을 했는지에 집중해서 듣도록 한다. 중반부 Three years ago, Mr. Morris introduced the highly successful medical care program에서 3년 전에 건강관리 프로그램을 도입했다고 하였으므로 정답은 (A)이다.
정답 (A) A medical care program

어휘 journalism 저널리즘

12 Mr. Morris는 상금을 어떻게 사용할 계획인가?
(A) 새로운 프로그램 개발
(B) 자선단체에 기부
(C) 어린이 돕기
(D) 저축

해설 **키워드:** How / Mr. Morris / spend / prize money
위치: 지문 후반부
Mr. Morris는 상금을 어떻게 사용할 것인지 묻는 질문이다. 마지막 문장 Mr. Morris will donate his 5,000 dollar prize money to charity.에서 자선단체에 기부할 것이라고 하였기 때문에 정답은 (B)이다.
정답 (B) By contributing it to charity

어휘 spend 쓰다 소비하다 develop 개발하다 contribute 기부하다 charity 자선단체

Questions 13-15 refer to the following introduction. 미M

Our next speaker has been president and chief executive of British software company Digitech for over ten years. After earning a master's degree in business administration from Appleton University, Lorraine Brennan began her career as an account executive at Digitech. She later held a number of senior positions before advancing to her current role. Under her direction, Digitech has grown to dominate the domestic software market. For four consecutive years, she has topped Fortune Magazine's list of the most powerful women in business. Today she will be speaking about international influences in European software markets. Ladies and gentlemen, please welcome Ms. Lorraine Brennan.

문제 13-15는 다음 소개를 참조하세요.
다음 연설자는 10년 이상 영국 소프트웨어 회사인 Digitech의 사장 겸 최고 경영자의 자리를 맡아왔습니다. Appleton 대학교에서 경영학 석사과정을 이수한 이후 Ms. Lorraine Brennan은 Digitech에서 회계주임으로 일을 시작하였습니다. 그 후 그녀는 현재의 직위로 승진하기까지 여러 고위직을 맡았습니다. 그녀의 지휘 아래 Digitech은 국내 소프트웨어 시장을 지배하는 회사로 성장해왔습니다. 4년 연속으로 Fortune지의 비즈니스 분야의 가장 영향력 있는 최고의 여성으로 뽑혔습니다. 오늘 그녀는 유럽 소프트웨어 시장에 미치는 해외 시장의 영향에 대해 이야기 할 것입니다. 신사 숙녀 여러분, Ms. Lorraine Brennan을 환영해주시기 바랍니다.

어휘 speaker 연설자 president 사장 chief executive 최고 경영 책임자 earn 획득하다, 얻다 career 직업, 경력 account executive 회계 주임 later 뒤에, 나중에 senior 선임의, 손위의 position 처지, 지위, 신분 advance 앞으로 나아가다 current 지금의, 현재의 role 역할, 임무 direction 지도, 지휘 grow 성장하다, 커지다 dominate 지배하다, 우위를 차지하다 domestic 국내의 consecutive 연속적인, 계속되는 top ~의 정상에 오르다 powerful 강력한, 세력이 있는 influence 영향, 세력

13 Lorraine Brennan의 직업은 무엇인가?
(A) 교수
(B) 회계사
(C) 회사의 최고 경영자
(D) 시장 조사자

해설 **키워드:** What / Lorraine Brennan / do **위치:** 지문 전반부
Ms. Lorraine Brennan의 직업에 대해 묻는 질문이다. 첫 번째 문장 Our next speaker has been president and chief executive of British software company Digitech에서 다음 연설자는 Digitech의 사장 겸 최고 경영자의 자리를 맡아 왔다고 하였고, 뒤에 그 사람의 이름이 Ms. Lorraine Brennan이라는 것을 밝히고 있으므로 정답은 (C)가 된다.
정답 (C) C.E.O. of a company

어휘 professor 교수 accountant 회계사 researcher 연구자, 조사자

14 Digitech에 대해 시사하는 것은 무엇인가?
(A) Fortune지의 톱 리스트에 올라 있다.
(B) 유럽에 본사를 두고 있다.
(C) 해외 시장을 지배할 정도로 성장하였다.
(D) 컴퓨터 제조업체이다.

해설 **키워드:** What / implied / Digitech **위치:** 지문의 전, 후반부
Digitech에 대해 시사하는 것은 무엇인지 물어보는 질문이다. 첫 번째 문장에서 영국 소프트웨어 회사인 Digitech 회사라고 언급하였고(British software company Digitech) 지문 후반부에서 연사가 해외 시장이 유럽 소프트웨어 시장에 미치는 영향에 대해서 이야기할 것이라고 다시 언급하고 있다(Today she will be speaking about international influences in European software markets.). 따라서 Digitech 소프트웨어 회사는 (B) 유럽에 위치하고 있다는 것을 추측할 수 있다.
정답 (B) It is based in Europe

어휘 imply ~을 넌지시 비치다, ~을 암시하다 based in ~에 본사가 있는 dominate ~을 지배하다, ~을 좌우하다 manufacturer 제조업체

15 청자들은 다음에 무엇을 할 것인가?
(A) 그들은 Lorraine Brennan의 연설을 들을 것이다.
(B) 그들은 10분간 휴식을 취할 것이다.
(C) 그들은 인쇄된 자료를 읽을 것이다.
(D) 그들은 컴퓨터 소프트웨어를 공부할 것이다.

해설 **키워드:** What / audience / do / next **위치:** 지문 후반부
청취자들이 다음에 무엇을 할 것인지 물어보는 문제이다. 다음에 할 일을 묻고 있으므로 지문 후반부를 공략해야 한다. 끝에서 두 번째 문장(Today she will be speaking about international influences in European software markets.)에서 Lorraine Brennan 씨가 해외 시장이 유럽 소프트웨어 시장에 미치는 영향에 대해 이야기 할 것이라고 하였으므로 청자들은 이 사람의 이야기에 귀를 기울일 것임을 알 수 있다. 따라서 정답은 (A)가 된다. 정답 (A) They will be listening to Ms. Lorraine Brennan's speech

어휘 speech 연설 take a break 휴식을 취하다 material 자료

Part 4

Questions 16-18 refer to the following speech. 호W

> Ladies and gentlemen, it's my pleasure to present this year's best employee award to Penny Marshall. As the vice president of Dexia Group, Ms. Marshall has been an important player in the Asian automobile market. Ten years ago, the Asian automobile market had deteriorated and many car manufacturers withdrew their product lines. Since then, Ms. Marshall has worked closely with local dealers to coordinate many projects to take over the market share of the Asian market. Many of these projects were very successful and our sales have increased dramatically. Now, let's give a big hand for Ms. Marshall who has worked tirelessly to contribute to our company.

문제 16-18은 다음 연설을 참조하세요.
신사 숙녀 여러분, 올해의 최우수 사원상을 Penny Marshall에게 수여하게 되어 기쁩니다. Dexia 그룹의 부사장인 Ms. Marshall은 아시아 자동차 시장에서 중요한 역할을 해왔습니다. 10년 전, 아시아 자동차 시장이 악화되고, 많은 자동차 제조업체들의 생산라인이 철수됐습니다. 그러자 Ms. Marshall은 현지의 판매상들과 긴밀히 협조하여 아시아 시장에서의 시장 점유율을 장악하기 위한 여러 프로젝트들을 기획했습니다. 그 프로젝트들 중 많은 것들이 아주 성공적이어서 우리의 판매는 극적으로 증가해왔습니다. 이제 우리 회사를 위해 지치지 않고 일해 온 Marshall 씨에게 큰 박수를 보내주시기 바랍니다.

어휘 pleasure 기쁨 present 수여하다 deteriorate 악화되다 manufacturer 제조업체 withdraw 철수하다 automobile 자동차 closely 가까이에, 밀접하게 local 지역의 dealer 중개인 coordinate 조정하다 market share 시장 점유율 successful 성공적인 increase 증가하다 dramatically 극적으로 tirelessly 지치지 않고, 꾸준히 contribute 공헌하다

16 연설의 목적은 무엇인가?
(A) 프로젝트의 제안
(B) 시상
(C) 관광 명소 홍보
(D) 예산 발표

해설 **키워드:** What / purpose / speech **위치:** 지문 전반부
연설의 목적에 대해 물어보는 질문이다. 목적은 지문의 첫 번째 문장에서 찾도록 한다. it's my pleasure to present this year's best employee award to Penny Marshall에서 상을 수여하기 위함임을 알 수 있으므로 정답은 (B)이다.
정답 (B) To give an award

어휘 promote 홍보하다 attraction 명소 present 발표하다 budget 예산

17 Ms. Marshall은 누구인가?
(A) 시 공무원
(B) 자동차 회사 직원
(C) 건축회사의 중역
(D) 박물관 큐레이터

해설 **키워드:** Who / Ms. Marshall **위치:** 지문 전반부
Ms. Marshall이 누구인지 물어보는 질문이다. 전반부에서 Ms. Marshall에게 상을 수여하겠다고 하면서 그녀가 누구인지도 밝히고 있으므로 주의 깊게 듣도록 한다. As the vice president of Dexia Group, Ms. Marshall has been an important player in the Asian automobile market.에서 아시아 자동차 시장에서 중요한 역할을 했다고 하였으므로 Dexia 그룹이 자동차 관련 회사임을 알 수 있고 그 회사의 부사장이므로 자동차 회사의 직원임을 알 수 있다.
정답 (B) An employee of an automobile company

어휘 employee 직원 executive 중역 architectural 건축의 museum 박물관 curator 큐레이터

18 화자는 아시아 시장에 관해 무엇이라고 말하는가?
(A) 수요가 증가해왔다.
(B) 악화되었다.
(C) 변동을 거듭했다.
(D) 많은 제약이 있다.

해설 **키워드:** What / speaker / say / Asian market
위치: 지문 중반부
아시아 시장에 대해 화자가 무엇이라고 했는지 물어보는 질문이다. 구체적인 내용은 지문 중반부에 나올 가능성이 높으므로 주의 깊게 듣는다. the Asian automobile market had deteriorated에서 아시아 시장이 악화됐다고 하였으므로 정답은 (B)이다.
정답 (B) It had deteriorated

어휘 demand 수요 deteriorate 악화되다 fluctuate 변동을 거듭하다 restriction 제약

Questions 19-21 refer to the following talk. 미W

> It is my pleasure to be here on behalf of our foundation. As you know, Ms. Tracy Anderson is one of our finest employees and has been with us for over twenty-five years. I have called you here to take part in honoring the kind of professionalism that is displayed by people such as Ms. Anderson. We here at Wallace, Bangheim and Overton, would like to wish Ms. Anderson all the best of luck in her future endeavors and thank her for her contributions to our company. Tracy, it would be of great interest to us to have you come and talk about some of your experiences with us. Everyone, let's give a big welcome to Ms. Tracy Anderson.

문제 19-21은 다음 담화를 참조하세요.
재단을 대표하여 이 자리에 서게 되어 기쁩니다. 여러분들도 아시다시피 Ms. Tracy Anderson은 25년 동안 근무해 온 우수한 직원 중 한 명입니다. 저는 Ms. Anderson과 같은 분들이 보여준 프로 근성에 경의를 표하고자 이 자리에 여러분들을 모셨습니다. 여기 Wallace, Bangheim, Overton에 있는 우리는 Ms. Anderson이 미래에 하고자 하는 일에 행운이 깃들기를 바라며, 또한 우리 회사에 대한 공헌에 감사드리고 싶습니다. Tracy, 앞으로 오셔서 저희와 함께 했던 경험을 이야기 해주세요. 여러분, Ms. Tracy Anderson을 반갑게 맞이합시다.

어휘 on behalf of ~을 대신하여, ~을 대표해서 foundation 협회, 재단 call ~를 오게 하다, 불러들이다, (회의 등을) 소집하다 professionalism 전문가 기질, 프로 근성 honor ~에게 영광[명예]을 주다, ~의 명예가 되다 endeavor 노력, 시도, 진력 contribution 공헌, 기여

19 연설의 목적은 무엇인가?
(A) 은퇴 기념 파티를 공지하기 위하여
(B) 직원에게 경의를 표하기 위하여
(C) 상을 수여하기 위하여
(D) 교수를 지명하기 위하여

해설 **키워드:** What / purpose / talk **위치:** 지문 초반부

연설의 목적이 무엇인지 물어보고 있다. 글의 주제나 목적은 주로 지문의 초반부에 제시된다. 세 번째 문장(I have called you here to take part in honoring the kind of professionalism)에서 화자는 직원의 프로 근성에 경의를 표하고자 이 자리에 마련했음을 알 수 있다. 따라서 정답은 (B)가 된다. 정답 (B) To honor an employee

어휘 retirement 퇴직, 은퇴 name 임명하다, 지명하다

20 Ms. Anderson은 재단에서 얼마 동안 일했는가?
(A) 25년
(B) 25년 미만
(C) 25년 넘게
(D) 30년 넘게

해설 **키워드:** How long / Anderson / worked
위치: 지문 전반부

Ms. Anderson이 재단에서 얼마 동안 일했는지 물어보는 질문이다. 두 번째 문장(has been with us for over twenty-five years)에서 Ms. Anderson이 25년 넘게 일했다는 사실을 확인할 수 있다. 따라서 정답은 (C)가 된다.
정답 (C) More than twenty-five years

어휘 foundation 재단

21 Anderson 씨는 무엇에 대해 이야기 할 것인가?
(A) 미래 계획
(B) 현재 작업 중인 프로젝트
(C) 재단과 함께 했던 지난 일
(D) 재단에 대한 권고

해설 **키워드:** What / Ms. Anderson / going to / talk about
위치: 지문 후반부

Ms. Anderson이 무엇에 대해 이야기할 것인지 물어보는 질문이다. 연사 지문 속에서 소개 받는 사람의 다음 일정, 예를 들어 앞으로 나눌 이야기는 주로 지문 후반부에 위치한다. 끝에서 두 번째 문장(talk about some of your experiences with us)에서 화자는 Ms. Anderson에게 자신들과 함께 했던 경험을 말해 달라고 하고 있다. 따라서 정답은 (C)가 된다.
정답 (C) Her past work with the company

어휘 future 미래 recommendation 권고

Questions 22-24 refer to the following introduction. 영M

Ladies and gentlemen, I'm pleased to present this year's sales employee of the year award to Mr. Dean Marine. Mr. Marine joined the sales department only two years ago. And after a relatively short time, he has helped double our sales of sports goods in Europe. He was also responsible for building up a highly successful customer relationship with some major players in Europe. I now would like to invite Mr. Marine to the stage to receive his award.

문제 22-24는 다음 소개를 참조하세요.
신사 숙녀 여러분, Mr. Dean Marine에게 올해의 판매직원 상을 수여하게 되어 기쁩니다. Mr. Marine은 겨우 2년 전에 판매부서에 합류했습니다. 그런데 상대적으로 짧은 기간 동안 그는 유럽의 스포츠용품 판매량을 두 배로 늘리는데 도움을 주었습니다. 또한 그는 유럽의 주요 선수들과 대단히 성공적인 고객 관리 사업을 추진하는 것을 책임졌습니다. 수상을 위해 Mr. Marine을 무대 위로 초대하고자 합니다.

어휘 be pleased to + **동사원형** ~하게 되어 기쁘다 join 합류하다 relatively 상대적으로 double 두 배가 되게 하다 be responsible for ~에 책임이 있다 build up 구축하다 highly 매우, 대단히 successful 성공적인 customer relationship 고객 관리 invite A to + **동사원형** A를 ~하도록 초대하다, 권유하다

22 소개의 목적은 무엇인가?
(A) 광고 캠페인의 시작
(B) 직원의 공로에 대해 인정
(C) 새로운 관리자에 대한 환영
(D) 스포츠 행사 공지

해설 **키워드:** What / purpose / introduction **위치:** 지문 전반부
소개의 목적을 물어보는 문제이다. 지문의 목적은 첫 번째 문장에서 알 수 있다. I'm pleased to present this year's sales employee of the year award to Mr. Dean Marine.라고 했으므로 올해의 판매 직원상을 수여한다는 것을 알 수 있다. 따라서 정답은 (B)이다. 정답 (B) To recognize an employee's work

어휘 launch 시작하다 campaign 캠페인 recognize 인정하다 welcome 환영하다 director 관리자 announce 공지하다

23 Mr. Marine는 어떤 부서에서 일하고 있는가?
(A) 인사
(B) 시설
(C) 회계
(D) 판매

해설 **키워드:** what department / Mr. Marine / work
위치: 지문 전반부

Mr. Marine이 어느 부서에서 일하고 있는지에 대해 물어보는 질문이다. 첫 번째 문장에서 목적에 대해 말하고 바로 그 다음 문장(Mr. Marine joined the sales department only two years ago.)에서 2년 전에 판매 부서로 합류했다고 하였으므로 정답은 (D)이다. 전반부에서 2문제의 답을 찾을 수 있으니 주의 깊게 듣도록 한다. 정답 (D) Sales

어휘 human resource 인사부 facilities 시설 accounting 회계

24 다음에는 어떤 일이 생길 것 같은가?
(A) 제품이 시연될 것이다.
(B) 점심이 제공될 것이다.
(C) 상이 수여될 것이다.
(D) 비디오가 상영될 것이다.

해설 **키워드:** What will happen / next **위치:** 지문 후반부
다음에 어떤 일이 생길 것 같은지 물어보는 질문이다. 앞으로의 일은 지문의 마지막 문장에서 알 수 있다. 마지막 문장(I now would like to invite Mr. Marine to the stage to receive his award.)에서 Mr. Marine 씨에게 상을 수여할 것임을 알 수 있으므로 정답은 (C)이다.
정답 (C) An award will be presented.

어휘 demonstrate 시연하다

Questions 25-27 refer to the following excerpt from a meeting. 미M

Before we start the weekly meeting, I'd like to take a minute to congratulate Mr. Glenn Ross. Since he joined our team ten years ago, he's been a dedicated accountant, and today I am very happy to announce that he's just been promoted to the position of senior accountant. Next week, Mr. Ross will be flying to New York, where he will be in charge of the major business accounts. So, congratulations, Mr. Glenn Ross. We wish you the best of luck.

문제 25-27은 회의 중 발언 내용을 참조하세요.
주간 회의를 시작하기 전에 잠깐 시간을 내어 Mr. Glenn Ross에게 축하의 말을 전하고 싶습니다. 10년 전에 우리 팀에 합류한 이래 Ross 씨는 회계사로 헌신적으로 일했습니다. 그런데 Ross 씨가 수석 회계사로 승진됐다는 것을 오늘 알리게 되어 기쁩니다. 다음 주에 Ross 씨는 비행편으로 New York으로 가서 주요 사업건을 맡을 것입니다. 축하합니다. Mr. Glenn Ross. 행운을 빕니다.

어휘 congratulate 축하하다 dedicated 헌신적인 accountant 회계사 promote 승진시키다 in charge of ~을 맡은 major 주요한 congratulations 축하의 인사로 하는 말

25 공지의 목적은 무엇인가?
(A) 동료를 축하하기 위해
(B) 제품 디자인을 설명하기 위해
(C) 방문객을 소개하기 위해
(D) 회사 정책을 논의하기 위해

해설 **키워드:** What / purpose / announcement
위치: 지문 전반부
공지의 목적이 무엇인지 묻는 질문이다 목적을 묻는 문제는 지문의 첫 번째 문장에서 답을 찾자. 첫 번째 문장(I'd like to take a minute to congratulate Mr. Glenn Ross.)에서 Mr. Glenn Ross를 축하하기위해 시간을 내고 싶다고 말하였으므로 정답은 (A)이다. 정답 (A) To congratulate a coworker

어휘 coworker 동료 explain 설명하다 design 디자인 introduce 소개하다 visitor 방문객 discuss 토론하다 policy 정책

26 Mr. Glenn Ross가 일하는 부서는 어디인가?
(A) 회계
(B) 마케팅
(C) 기술 지원
(D) 제품 개발

해설 **키워드:** What department / Mr. Glenn Ross / work in
위치: 지문 중반부
Mr. Glenn Ross가 일하는 부서는 어디인지 묻는 질문이다. 그를 축하하고 싶다는 말과 함께 헌신적인 회계사(he's been a dedicated accountant)였다고 말하고 있으므로 정답은 (A)이다. 정답 (A) Accounting

어휘 accounting 회계 marketing 마케팅 technical 기술적인 support 지원 product 제품 development 개발

27 Mr. Glenn Ross는 다음 주에 무엇을 할 예정인가?
(A) 회사에서 은퇴한다
(B) 휴가를 즐긴다.
(C) 새 사무실을 연다.
(D) 다른 도시에서 일한다.

해설 **키워드:** What / will / Mr. Green Ross / doing / next week **위치:** 지문 후반부
Mr. Glenn Ross가 다음 주에 무엇을 할 예정인지 묻는 질문이다. 미래에 할 일은 보통 지문 후반부에 나오므로 놓치지 않도록 한다. 후반부에 Mr. Ross will be flying to New York이라고 했으므로 정답은 (D)이다.
정답 (D) Working in a different city

어휘 retire 은퇴하다 different 다른

Questions 28-30 refer to the following talk. 호W

Thank you all for joining us today. I'd like to let you know that after reviewing candidates for the past two months, our board of directors has offered the position of Chief Executive Officer at Lumin Inc. to Alex Cooper. He will be working here in about four weeks after finishing his executive orientation program. Mr. Cooper comes to us from the Kensington Group in L.A., where he has worked as Chief Financial Officer for the past two years. Before that he worked for two years as a marketing director at the GMK Inc. in Paris. Mr. Cooper will now spend four weeks training in our Human Resources center in New York before relocating to our headquarters here in Toronto. We're very excited to welcome Mr. Cooper to our group.

문제 28-30은 다음 담화를 참조하세요.
오늘 이 자리에 와주셔서 감사합니다. 두 달 동안 후보자들을 검토한 후 이사회는 Lumin사의 최고 경영자 자리를 Alex Cooper 씨에게 제안하였습니다. 그는 임원 오리엔테이션 프로그램을 이수하고 약 4주 후부터 여기서 일하게 될 것입니다. Mr. Cooper 씨는 지난 2년 동안 L.A.의 Kesington Group에서 CFO(최고 재정 책임자)로 일하다가 저희에게 오게 됩니다. 그는 그 전에 2년 동안 Paris의 GMK사에서 마케팅 이사로 재임했었습니다. Mr. Cooper는 현재 여기 Toronto의 본사에 오기 전에 New York에는 인재관리 센터에서 4주간의 교육을 받을 것입니다. 저희는 Mr. Cooper를 맞이하게 돼서 매우 기쁩니다.

어휘 review 검토하다 candidate 후보자 offer 제공하다 position 자리 about 대략, 약 director 이사 spend (시간을) 보내다, 쓰다 relocate 이전하다 headquarters 본사

28 발표하고 있는 것은 무엇인가?
(A) 고용 절차
(B) 마케팅 전략
(C) 직원 승진
(D) 시상식

해설 **키워드:** What / announced **위치:** 지문 전반부
발표하고 있는 것은 무엇인지 물어보는 질문이다. 주제나 목적을 묻는 문제는 이야기의 초반부를 정확히 들어야 한다. 이야기의 초반부인 I'd like to let you know that ~에서 말하고자 하는 내용이 나올 것이라는 것을 확인할 수 있다. that ~이하의 내용에서 offered the position of Chief Executive Officer at Lumin Inc. to Alex Cooper(Alex Cooper에게 CEO자리를 제안했다)라는 내용으로 보아 직원 승진(staff promotion)과 관련된 것임을 알 수 있다.
정답 (C) A staff promotion

어휘 announce 발표하다 hire 고용하다 process 절차 strategy 전략 staff promotion 직원 승진 award 상, 수여하다 presentation 수여, 증정

29 Mr. Cooper는 얼마 동안 교육을 받을 것인가?
(A) 2주
(B) 4주
(C) 2개월
(D) 4개월

해설 **키워드:** How long / Mr. Cooper / in training
위치: 지문 중반부
Mr. Cooper는 얼마동안 교육을 받을 것인지 물어보는 질문이다. 구체적인 사항을 묻는 키워드 문제로, 사람 이름 Mr.

Cooper가 등장하면서 교육 기간을 묻고 있다. 지문에서는 보기 중에 나와 있는 특정 기간을 말할 것이다. 중반부(He will be working here in about four weeks after finishing his executive orientation program.)에서 임원 오리엔테이션 프로그램을 이수하고 약 4주 후부터 근무하게 될 것이라고 말하고 있다. 또한 후반부에서 교육을 받느라 4주 동안 New York에서 지낸다는 내용에서 다시 한 번 확인할 수 있으므로 정답은 (B)이다. 정답 (B) Four weeks

어휘 training 교육

30 Lumin사의 본사는 어디에 있는가?
(A) LA (로스앤젤레스)
(B) 파리
(C) 뉴욕
(D) 토론토

해설 **키워드:** Where / headquarters of Lumin Inc
위치: 지문 후반부
Lumin사의 본사의 위치에 대해 물어보는 질문이다. 동일한 종류의 보기들이 등장하게 되면 적어도 2개 이상의 도시가 등장할 것이라는 것을 명심해야 한다. 그 중에서 Lumin사의 본사를 찾아야 한다. 이야기가 중반으로 흐를 때까지도 본사인 headquarters나 main office라는 언급이 없었다. 후반부에서 여기 본사인 Toronto에 오기 전에(before relocating to our headquarters here in Toronto.)라는 부분에서 본사의 위치를 알 수 있다. 정답 (D) In Toronto

Questions 31-33 refer to the following talk. 미W

Ladies and Gentlemen, this is the first day for our public speaking seminar. As you can see in your brochure, we have many exciting speeches for today. For our first guest speaker, we are pleased to have professor Han. You probably recognize the title of his recent book on public speaking which has sold more than ten million copies. He will be speaking to us today at 10 o'clock. There will be a lunch break after the first lecture. For your convenience, we offer you a list of local restaurants and cafeterias in your brochure or you can visit the canteen downstairs. After lunch, you will attend one of our workshops or visit the exhibition hall. If you have any more questions, please feel free to speak with one of our attendants. Now I'd like to turn the microphone over to professor Han.

문제 31-33은 다음 담화를 참조하세요.
신사, 숙녀 여러분, 오늘은 대중 연설 세미나가 열리는 첫 날입니다. 여러분의 안내 책자에서 볼 수 있다시피, 오늘 아주 흥미로운 연설이 여러 번 있습니다. 첫 번째 초청 연사로 Han 교수님을 소개하게 되어 기쁩니다. 아마도 여러분들은 대중 연설에 관한 그의 최근의 책이 1천만 부 이상 팔렸다는 것을 알고 계실 겁니다. Han 교수님은 오늘 10시에 연설을 할 것입니다. 첫 번째 강의가 끝나면 점심식사 시간을 갖겠습니다. 여러분의 편의를 위해 안내 책자에 지역의 식당과 카페테리아를 안내했습니다. 또는 아래층의 구내식당을 이용할 수도 있습니다. 점심식사 이후에는 우리 워크숍들 중 하나에 참석하시거나 전시관을 방문하시겠습니다. 궁금하신 점이 있으시면 저희 안내원을 찾아주시기 바랍니다. 이제 마이크를 Han 교수님께 넘기도록 하겠습니다.

어휘 public speaking 대중 연설 exciting 흥미로운 probably 아마도 recognize 깨닫다, 알아차리다 recent 최근의 lunch break 점심시간 lecture 강의 convenience 편의 restaurant 식당 cafeteria 셀프서비스 식당 brochure 안내 책자 canteen 구내식당 attend 참석하다 workshop 워크숍 exhibition 전시회 attendant 안내원 microphone 마이크

31 안내의 목적은 무엇인가?
(A) 특별 점심 메뉴 홍보
(B) 시상
(C) 대략적인 일정 안내
(D) 새 제품 소개

해설 **키워드:** What / purpose / announcement
위치: 지문 전반부
발표의 목적이 무엇인지 묻는 질문이다. 목적은 지문의 첫 번째 문장에서 듣도록 한다. this is the first day for our public speaking seminar. As you can see in your brochure, we have many exciting speeches for today에서 세미나 참석을 환영한다고 하고 흥미로운 하루가 될 것 같다며 일정에 대해 말하고 있다. 따라서 정답은 (C)이다.
정답 (C) To provide schedule overviews

어휘 promote 홍보하다 provide 제공하다 introduce 소개하다

32 Han 교수는 언제 연설을 시작할 것인가?
(A) 오전 8시
(B) 오전 10시
(C) 오후 12시
(D) 오후 2:30

해설 **키워드:** What time / professor Han / begin to speak
위치: 지문 중반부
Han 교수는 언제 연설을 시작할 것인지 물어보는 질문이다. 중반부(He will be speaking to us today at 10 o'clock)에서 10시에 연설할 것이라고 하였으므로 정답은 (B)이다.
정답 (B) At 10:00 a.m.

어휘 professor 교수

33 청자들은 식당 목록을 어디에서 찾을 수 있는가?
(A) 관광 안내서
(B) 지도
(C) 게시판
(D) 안내 책자

해설 **키워드:** Where / find / list of restaurants **위치:** 지문 중반부
청자들이 식당 목록을 어디에서 찾을 수 있는지 물어보는 질문이다. a list of restaurants가 키워드이다. 중반부(we offer you a list of local restaurants and cafeterias in your brochure)에서 안내 책자에 식당 목록이 있다고 하였으므로 정답은 (D)이다. 정답 (D) In the brochure

어휘 bulletin board 게시판

Questions 34-36 refer to the following talk. 영M

Attention ladies and gentlemen. I'm pleased to introduce our guest speaker today. I don't have to tell you that Dr. Robert Rey is one of the most prominent analysts in the field of global financing. After I heard Dr. Rey's talk at the World Economic Forum in Tokyo last August, I was introduced to him and asked him to be a guest speaker at our seminar, though I didn't think he had time to speak to a small regional group like ours. Dr. Rey's speech today is titled "Global Investment Trends." Thank you for joining us, Dr. Rey.

문제 34-36 다음은 담화를 참조하세요.

신사숙녀 여러분 주목해주시기 바랍니다. 오늘 저희의 초청 연사를 소개하게 되어 기쁩니다. Dr. Robert Rey가 세계금융 분야에 저명한 분석가 중의 한사람이라는 것을 여러분들께 말할 필요는 없겠지요. 저는 지난 8월 Tokyo에서 있었던 World Economic Forum에서 Dr. Rey의 연설을 들은 후에 소개를 받고 그에게 저희 세미나에 초청 연사로 와달라고 요청했습니다. 비록 저희와 같이 작은 지역 그룹에서 연설할 시간은 없을 것이라고 생각했지만요. 오늘 Dr. Rey의 연설의 제목은 글로벌 투자 트렌드입니다. 와주셔서 감사합니다, Dr. Rey.

어휘 attention 주목, 주의 be pleased + 동사원형 ~을 하게 되어 기뻐하다 introduce 소개하다 prominent 저명한 analyst 분석가 seminar 세미나 regional 지역의 investment 투자

34 Robert Rey는 누구인가?
(A) 전기기사
(B) 재정 분석가
(C) 건축가
(D) 컴퓨터 엔지니어

해설 **키워드:** Who / Robert Rey **위치:** 지문 전반부

Robert Rey가 누구인지 물어보는 질문이다. 사람 이름을 키워드로 하는 문제이니까 그 사람의 이름을 잘 들어야한다. 초반부에서 연설자를 소개하겠다는 말과 더불어 키워드인 Robert Rey를 언급하고는 Dr. Robert Rey is one of the most prominent analysts in the field of global financing.이라고 말했다. 따라서 정답은 (B)이다.

정답 (B) A financial analyst

어휘 electrician 전기기사 financial 재정의 analyst 분석가 architect 건축가 engineer 엔지니어

35 화자는 Robert Rey를 어떻게 알게 되었는가?
(A) 전에 Robert의 연설을 들으러 갔었다.
(B) 그 사람의 회사에서 일했다.
(C) 라디오에서 인터뷰를 했다.
(D) 수업을 들었다.

해설 **키워드:** How / know / Robert Rey **위치:** 지문 중반부

Robert Rey를 어떻게 알게 되었는지 물어보는 질문이다. 첫 번째 문제에서 등장한 Robert Rey가 또 키워드로 등장했다. 어떻게 알게 되었다는 내용을 잡아야 한다. Dr. Robert Rey를 소개한 후 바로 뒤에 이어서 After I heard Dr. Rey's talk ~ last August에서 화자가 Dr. Rey의 연설을 들었다는 것을 확인할 수 있다. Dr. Rey's talk를 보기에서는 one of Robert's previous speeches로 바꾸어 표현했다.

정답 (A) He went to one of Robert's previous speeches.

어휘 previous 이전의

36 화자는 자신의 모임에 대해 뭐라고 말하는가?
(A) 최고의 금융회사이다.
(B) 신생기업이다.
(C) 꽤 작다.
(D) 잘 알려져 있다.

해설 **키워드:** What / speaker / say / this group
위치: 지문 후반부

말하는 이가 자신의 모임에 대해 뭐라고 말하는지 물어보는 질문이다. 이야기의 후반부에서 자신의 회사에 대해서 a small regional group like ours.이라고 언급했다. 따라서 정답은 (C)이다.

정답 (C) It is fairly small.

어휘 financial firm 금융회사 start-up 신생기업 fairly 꽤, 상당히 well known 잘 알려진

Chapter 7 안내 및 일정공지(Announcement)

Lesson 1, 2 실전 TOEIC Test

p.342

Questions 01-03 refer to the following announcement. 영M

Attention all employees. There will be a monthly inspection on all floor machines starting this afternoon, and it will continue until 8 o'clock tomorrow morning. All production lines have to stop operations by 5 o'clock this afternoon, so that the machines can cool down before they are checked. If you have any questions, please call the maintenance department. Thank you for your cooperation.

문제 01-03은 다음 안내방송을 참조하세요.

직원분들은 주목해 주십시오. 오늘 오후부터 바닥에 있는 모든 기계들에 대한 월별 정기 검사가 실시되어 내일 오전 8시까지 진행될 것입니다. 기계들을 점검할 수 있도록 기계를 식혀야 하므로 생산 라인은 오늘 오후 5시까지 작동을 멈춰야 합니다. 더 궁금하신 것이 있으시면 정비 부서에 전화주시기 바랍니다. 협조해 주셔서 감사합니다.

어휘 attention 주목 employee 직원 monthly 매달의 inspection 검사 machine 기계 continue 계속되다 until ~까지 production 생산 operation 작동 cool down 식히다 냉각시키다 check 확인하다, 점검하다 maintenance department 정비(점검, 보수 유지) 부서 cooperation 협조

01 누구에게 공지하는 것인가?
(A) 공장 직원들
(B) 고객 서비스 직원들
(C) 옷가게 점원들
(D) 도서관 사서들

해설 **키워드:** Who / announcement for **위치:** 지문 전반부

누구에게 공지하는 것인지 물어보는 질문이다. 청자가 누구인지 나타내는 표현은 주로 전반부에서 많이 나오므로 주의해서 듣는다. Attention all employees이란 바로 첫 문장에서 직원들에게 주목하라고 하였고, 뒤이어 There will be a monthly inspection on all floor machines starting this afternoon이라고 했으므로 공장에서 근무하는 직원들을 대상으로 하는 안내방송이란 것을 알 수 있다. 따라서 정답은 (A)이다.

정답 (A) Factory workers

어휘 factory 공장 worker 직원 customer service 고객 서비스 staff 스태프, 직원 clothes store 옷가게 clerk 점원 librarian 사서

02 공지에 따르면 오늘 오후 무엇이 시작되는가?
(A) 홍보 캠페인
(B) 보수 작업
(C) 정기 검사
(D) 기계 교체

해설 **키워드:** What / begin / this afternoon **위치:** 지문 전반부
질문의 this afternoon이 나오는 앞뒤 부분을 잘 들어야 한다. 두 번째 문장(There will be a monthly inspection on all floor machines starting this afternoon)에서 기계에 대한 정기 점검이 시작될 것이라고 하였기 때문에 정답은 (C)이다.
정답 (C) Regular inspection

어휘 promotional 홍보의 regular 정기적인 replacement 교체

03 청자들은 궁금한 것이 생기면 어떻게 해야 하는가?
(A) 관리자에게 말한다
(B) 정비 부서에 연락한다
(C) 점검자에게 이메일을 보낸다.
(D) 매뉴얼을 참조한다

해설 **키워드:** What / listeners / asked to do / any questions
위치: 지문 후반부
청자들이 궁금한 것이 생기면 어떻게 해야 하는지 물어보는 질문이다. 제안 및 문의 관련 내용은 후반부에 잘 나오니 주의 깊게 듣도록 한다. 지문 후반부(If you have any questions, please call the maintenance department.)에서 궁금한 것이 있으면 정비 부서로 전화하라고 말하였기 때문에 정답은 (B)이다. 정답 (B) Contact the maintenance department

어휘 supervisor 관리자 contact 연락하다 manual 매뉴얼

Questions 04-06 refer to the following announcement. 미M

May I have your attention, please? Our City Supermarket will be closing in ten minutes. Please proceed to the checkout counter immediately to complete your purchase. Our checkout counters will close in precisely twenty minutes, so please hurry. If you only have ten items or fewer, please go to counter 5. It is an express counter that allows our cashiers to provide faster service. Thank you. Have a great day.

문제 04-06은 다음 안내방송을 참조하세요.
주목해 주시겠습니까? 저희 City 슈퍼마켓은 10분 후에 문을 닫을 예정입니다. 구매한 물품을 들고 즉시 계산대로 가서 계산을 마쳐주시기 바랍니다. 저희 계산대는 정확히 20분 후에 마무리할 예정이니 서둘러 주시기 바랍니다. 만약 구매 물품이 10개 이하인 분들은 5번 카운터로 가주십시오. 계산원이 빠르게 서비스해 드리는 빠른 계산대입니다. 감사합니다. 좋은 하루 되십시오.

어휘 proceed 가다 checkout counter 계산대 immediately 즉시 complete 완료하다 purchase 구매 precisely 정확하게 hurry 서두르다 express counter 빠른 계산대 allow 허락하다 cashier 계산원 provide 제공하다

04 어디에서 들을 수 있는 공지인가
(A) 상점에서
(B) 우체국에서
(C) 도서관에서
(D) 사무실에서

해설 **키워드:** Where / announcement / heard
위치: 지문 전반부
공지 사항을 전달할 때는 청자에게 주목해 달라고 한 후 공지내용을 말하게 되므로 지문 전반부를 잘 들어야 한다. Our City Supermarket will be closing이라고 말했으므로 정답은 (A)이다.
정답 (A) In a store

어휘 store 가게 post office 우체국 library 도서관 office 사무실

05 상점은 언제 문을 닫는가?
(A) 10분 후에
(B) 20분 후에
(C) 30분 후에
(C) 1시간 후에

해설 **키워드:** When / closing **위치:** 지문 전반부
언제 문을 닫는지 물어보는 질문이다. 지문 전반부에서 will be closing in 10 minutes라고 하였으므로 정답은 (A)이다.
정답 (A) In ten minutes

06 화자는 5번 카운터에 대해 뭐라고 하는가?
(A) 서비스가 빠르다.
(B) 신용카드 사용이 가능하다.
(C) 현금을 받는 카운터는 여기뿐이다
(D) 지금 아무도 없다

해설 **키워드:** What / speaker / say about / counter five
위치: 지문 후반부
5번 카운터에 대해 화자가 무엇이라고 하는지 묻는 질문이다. 후반부(If you only have ten items or fewer, please go to counter 5.)에서 구매 물품이 10개 이하라면 5번 카운터로 가라고 하였고, 그 다음에 It is an express counter라고 말했으므로 정답은 (A)이다. 정답 (A) The service is faster.

어휘 credit card 신용카드 accept 받다, 받아들이다 at the moment 지금

Questions 07-09 refer to the following announcement. 호W

Before we start today's morning shift, I'd like to remind everyone of our new discount coupon promotion. As you know, for the past ten years, we've printed discount coupons in the local newspaper. Starting tomorrow, we're trying something new. Customers will also be able to receive coupons electronically by email. All of our cashiers must be informed that when customers are checking out, ask them if they'd like to receive the coupons by email. And if they're interested, ask them to write down their name and email address on the form that you'll find next to the cash register.

문제 07-09는 다음 안내방송을 참조하세요.
오늘 아침 교대 근무를 시작하기 전에, 모든 사람들에게 새로운 할인 쿠폰 홍보에 관해 상기시키고자 합니다. 여러분도 아시다시피 지난 10년 동안 우리는 지역 신문에 우리 상점의 할인 쿠폰을 인쇄해 왔습니다. 내일부터 우리는 새로운 것을 시도해 보고자 합니다. 고객들이 이메일로도 쿠폰을 받을 수 있게 할 것입니다. 고객들이 계산을 할 때, 계산원 여러분들께서는 고객들에게 쿠폰을 이메일로 받겠는지 물어보시기 바랍니다. 관심이 있다면 이름과 이메일 주소를 금전 등록기 옆에 있는 양식에 적도록 요청하시기 바랍니다.

어휘 shift 교대 근무 remind 상기시키다 promotion 홍보, 판촉 print 인쇄하다 be able to + 동사원형 ~할 수 있다 electronically 전자적으로, 컴퓨터로 by email 이메일로 inform 알리다, 알려주다 check out 계산대에서 계산하다 write down 쓰다 cash register 금전 등록기(계산대에 있는 기계)

07 무엇에 관한 공지인가?
(A) 새 상점 위치
(B) 다가오는 상점 마감시간
(C) 홍보 방법의 변경
(D) 고객의 최근 불만들

해설 **키워드:** What / announcement about **위치:** 지문 전반부
무엇에 관한 공지인지 물어보는 질문이다. 첫 번째 문장(I'd like to remind everyone of our new discount coupon promotion)에서 할인 쿠폰을 홍보하는 새로운 방법에 관해서 말하고자 하는 것임을 알 수 있다. 따라서 정답은 (C)이다.
정답 (C) A change in promotion methods

어휘 **location** 위치 **upcoming** 다가오는 **method** 방법 **recent** 최근의 **complaint** 불평, 불만

08 청자들은 누구일 것 같은가?
(A) 사무용품 공급자들
(B) 상점 직원들
(C) 고객들
(D) 웹사이트 디자이너들

해설 **키워드:** Who / listeners **위치:** 지문 전반부, 전체
청자의 정체는 주로 지문의 전반부에서 알 수 있다. 그런데 문제 자체에 most likely와 같은 유추형 부사가 나오면 지문에 나오는 단어들의 공통점을 찾아서 답을 찾아야 한다는 점에 주의하자. I'd like to remind everyone of our new discount coupon promotion에서 청자가 누구인지 암시하고 있다. 또한 cash register, cashier와 같은 단어에서 청자는 상점의 직원들임을 알 수 있다. 정답 (B) Store employees

어휘 **supplier** 공급회사 **store employee** 상점 직원

09 이메일로 무엇을 보내게 될 것인가?
(A) 고객 불만 신고 양식
(B) 행사 일정표
(C) 할인 쿠폰
(D) 웹사이트 암호

해설 **키워드:** What / sent / by e-mail **위치:** 지문 중후반부
미래 정보를 나타내는 것이므로 지문의 중후반부를 주의 깊게 들어야 한다. 중반부(Customers will also be able to receive coupons electronically by email.)에서 고객들은 이메일로도 쿠폰을 받을 수 있게 될 것이라고 말했으므로 정답은 (C)이다. 정답 (C) Discount coupons

어휘 **complaint** 불만 **form** 양식 **calendar** 달력, 일정표 **password** 비밀번호

Questions 10-12 refer to the following announcement. 미W

Attention employees. Please remember that from this week, you'll be able to enter the internal database without any registration. But you should be notified of your access information from your supervisor. If you haven't already received your password and ID number, please go to Human Resources on the first floor. Starting next week, you will need to enter your password and ID number online to access internal information. If you have any questions about the new policy, please speak with your supervisor. Have a good afternoon.

문제 10-12는 다음 안내방송을 참조하세요.
직원 여러분들은 주목해 주십시오. 이번 주부터 여러분들은 등록하지 않아도 내부 데이터베이스에 들어갈 수 있습니다. 그러나 여러분들은 상사에게서 접근에 필요한 사항을 전달받아야 합니다. 만약 여러분의 ID와 비밀번호를 아직 받지 않으셨다면 1층의 인사부에 가시기 바랍니다. 다음 주부터 온라인으로 내부 정보에 접근하기 위해서는 여러분들은 ID 번호와 비밀번호를 입력하셔야 할 것입니다. 이 새로운 정책에 관해 문의사항이 있으시면 여러분의 상사와 얘기하시기 바랍니다. 즐거운 오후 보내시기 바랍니다.

어휘 **attention** 주목 **remember** 기억하다 **internal** 내부의 **database** 데이터베이스 **without** ~없이 **be notified of** 통지를 받다 **access** 접근 **information** 정보 **supervisor** 상사 **receive** 받다 **password** 비밀번호

10 무엇에 관한 공지인가?
(A) 새로운 보안 시스템
(B) 직원 훈련의 절차
(C) 회사 정책을 평가하기 위한 기획
(D) 내부 데이터베이스 접근

해설 **키워드:** What / announcement about **위치:** 지문 전반부
공지의 목적을 묻는 문제이므로, 지문의 전반부를 잘 들어야 한다. 두 번째 문장(from this week, you'll be able to enter the internal database without any registration)에서 등록하지 않아도 내부 데이터베이스에 접근할 수 있다고 했으므로 내부 데이터베이스 접근에 대한 문제임을 알 수 있다. 따라서 정답은 (D)이다. 정답 (D) Access for an internal database

어휘 **security system** 보안 시스템 **procedure** 절차 **evaluate** 평가하다 **policy** 정책 **access** 접근

11 공지에 따르면, 청자들은 왜 인사부에 가야만 하는가?
(A) 창고로 가려고
(B) 사용 설명서를 얻기 위해
(C) ID 번호를 받기 위해
(D) 임시 작업 명령을 받기 위해

해설 **키워드:** why / listeners / go to / Human Resources
위치: 지문 중반부
청자들이 왜 인사부에 가야하는지 물어보는 질문이다. 중반부(If you haven't already received your password and ID number, please go to Human Resources)에서 비밀번호와 ID 번호를 받지 못했다면 인사부로 가라고 했으므로 정답은 (C)이다. 정답 (C) To get an identification number

어휘 **Human Resources office** 인사부 사무실 **access** 접근하다 **storage room** 창고 **pick up** 얻다 **instruction manual** 사용(취급)설명서 **identification number** ID 번호 **temporary** 일시적인 **order** 명령

12 청자들은 질문이 있으면 어떻게 해야만 하는가?
(A) 경비원에게 전화를 건다
(B) 상사에게 말한다
(C) 정보 회의에 참석한다
(D) 본사에 간다

해설 **키워드:** What / listeners / do / questions
위치: 지문 후반부
청자들이 질문이 있으면 어떻게 해야만 하는지 물어보는 질문이다. 미래 정보를 나타내는 것이므로 지문의 하단을 참조해야 한다. If you have any questions about the new policy, please speak with your supervisor.에서 궁금한 것이 있으면 상사에게 얘기하라고 했으므로 정답은 (B)이다.
정답 (B) Speak with a supervisor

어휘 **security guard** 경비원 **attend** 참석하다, 참가하다 **meeting** 회의 **main office** 본사

Questions 13-15 refer to the following announcement. 영M

Good morning, everyone. On Tuesday, our electricians found some electrical problems on the second floor. It will take them a few days to complete the necessary repairs. So I'm going to arrange laptop computers for anyone working on that floor during the repair work. And the conference rooms on the third floor will be used as temporary office space. But please make sure you charge the laptop's battery before Friday morning.

문제 13-15는 다음 안내방송을 참조하세요.
여러분, 좋은 아침입니다. 이번 주 화요일에 저희 전기기사들이 2층 전기에 문제가 있다는 것을 발견했습니다. 수리를 해서 문제를 해결하려면 며칠 걸릴 것입니다. 그래서 저는 수리 작업이 진행되는 동안 2층에서 일하는 사람은 누구나 사용할 수 있는 노트북을 조치해드리겠습니다. 그리고 3층 회의실을 잠시 사무실로 사용할 예정입니다. 하지만 금요일 오전 이전에 노트북 배터리를 충전해 두십시오.

어휘 electrician 전기기사 electrical 전기의 problem 문제 arrange 마련하다 laptop computer 휴대용 컴퓨터, 노트북 repair 수리 conference room 회의실 temporary 일시적인 space 공간 battery 배터리

13 어떤 일이 있을 것인가?
(A) 전기 보수
(B) 광고 캠페인
(C) 컴퓨터 소프트웨어 설치
(D) 사무실 청소

해설 **키워드:** What kind of work / conducted
위치: 지문 전반부
어떤 일이 진행될 것인지 묻는 질문이다. 상황을 설명하는 내용은 지문 전반부에 있으니 잘 듣도록 한다. 2층에 전기 문제가 있다고 말한 다음에 It will take them a few days to complete the necessary repairs.(필요한 수리 작업을 완료하려면 며칠 걸릴 것입니다.)라고 설명했으므로 정답은 (A)이다.
정답 (A) Electrical maintenance

어휘 electrical 전기의 installation 설치

14 언제 작업을 할 것인가?
(A) 화요일에
(B) 수요일에
(C) 목요일에
(D) 금요일에

해설 **키워드:** When / work / take place **위치:** 지문 후반부
언제 작업을 할 것인지 묻는 질문이다. 후반부(please make sure you charge the laptop's battery before Friday morning)에서 금요일 오전 이전에 배터리를 충전하라고 말했으므로 금요일부터 작업을 시작할 것이다. 따라서 정답은 (D)이다.
정답 (D) On Friday

어휘 take place 일어나다

15 청자들에게 어떻게 하라고 하는가?
(A) 웹사이트 방문하기
(B) 컴퓨터 배터리 충전하기
(C) 워크숍 참석하기
(D) 개인 물품 치우기

해설 **키워드:** What / listeners / asked to do **위치:** 지문 후반부
청자들이 무엇을 요청 받았는지 묻는 질문이다. 지문 후반부(please make sure you charge the laptop's battery)에서 노트북 배터리를 충전해 달라고 하였으므로 정답은 (B)이다.
정답 (B) Charge computer batteries

어휘 visit 방문하다 charge 충전하다 attend 참석하다 remove 제거하다 belonging 소지품

Questions 16-18 refer to the following announcement. 미W

Attention, shoppers! Are you picking up home furniture today? Well, for today only, we will give a 30% discount on any piece of furniture you buy. And if you are planning to purchase any home furniture such as a sofa, a bed or a dining table, remember that we provide free next-day delivery. But, to guarantee the delivery you need to speak to one of our sales staff as soon as possible, as we will be closing in half an hour.

문제 16-18은 다음 안내방송을 참조하세요.
손님 여러분 주목해주세요! 오늘 가정용 가구를 고르실 건가요? 오늘 딱 하루만 여러분이 구매하시는 모든 가구에 30퍼센트 할인을 해드립니다. 그리고 소파나 침대, 식탁 같은 가정용 가구를 사실 계획이라면 익일 무료 배달을 제공함을 기억해주세요. 하지만 내일 배송을 받고자 하시면 저희는 30분 후에 문을 닫을 예정이오니 가능한 빨리 판매사원에게 말씀해 주시기 바랍니다.

어휘 home furniture 가정용 가구 such as ~와 같은 delivery 배달 guarantee 보장하다 sales staff 판매사원들 as soon as possible 가능한 한 빨리

16 오늘 하루만 제공되는 것은 무엇인가?
(A) 주방용 가전제품에 대한 할인
(B) 목공예 시연
(C) 정원 디자인에 관한 조언
(D) 가구 구매에 대한 할인

해설 **키워드:** What / offered / today only **위치:** 지문 전반부
오늘 하루만 제공되는 것이 무엇인지 물어보는 질문이다. 전반부(for today only, we will give a 30% discount on any piece of furniture you buy)에서 오늘만 가구에 대해서 30퍼센트 할인해주겠다고 하였으므로 정답은 (D)이다.
정답 (D) A discount on any furniture purchases

어휘 offer 제공하다 kitchen appliance 주방용 가전제품 woodworking 목공예 demonstration 시연

17 화자는 대형 물품에 관해 무엇이라고 말하고 있는가?
(A) 상점 2층에 있다.
(B) 내일 할인될 것이다.
(C) 무료로 배송될 것이다.
(D) 할부로 지불할 수 있다.

해설 **키워드:** What / speaker / say / large items
위치: 지문 중반부
화자는 대형 물품에 대해 무엇이라고 말하고 있는지 물어보는 질문이다. 중반부(if you are planning to purchase any home furniture such as a sofa, a bed or a dining table, remember that we provide free next-day delivery)에서 소파, 침대 또는 식탁 같은 가구는 무료로 다음 날 배달해 준다고 했으므로 정답은 (C)이다.
정답 (C) They can be delivered at no charge.

어휘 locate 위치하다 deliver 배달하다 installment 분할, 할부

Part 4

18 가게는 언제 문을 닫을 예정인가?
(A) 10분 후
(B) 15분 후
(C) 30분 후
(D) 50분 후

해설 **키워드:** When / store / closing **위치:** 지문 후반부
가게가 언제 문 닫을지 물어보는 질문이다. 미래에 관한 내용은 지문 후반부에 나오므로 주의해서 듣는다. 후반부(we will be closing in half an hour)에서 30분 후에 문을 닫겠다고 했으므로 정답은 (C)이다. 정답 (C) In thirty minutes

Questions 19-21 refer to the following announcement. 호W

Good evening, I'm Sophia Alexander, the head librarian of the National University Library. I want to welcome you all to the International Culture Center which has generously agreed to host this evening's fund raising concert and reception to benefit the library. The proceeds that we raise tonight will allow us to expand our library collection, hire additional staff, and offer more after-school programs for children. So, please be generous. But now, let's turn to the entertainment events of the evening. It's my pleasure to introduce conductor, Perry Davis and the St. Evans Symphony Orchestra.

문제 19-21은 다음 안내방송을 참조하세요.
안녕하세요. 저는 National University 도서관의 수석 사서인 Sophia Alexander입니다. 도서관을 위한 오늘 저녁의 모금행사 콘서트와 도서관 자선행사 연회를 주최하는 것을 흔쾌히 동의해 주신 International Culture 센터에 오신 여러분 모두 환영합니다. 오늘밤 모금되는 수입금으로 우리는 도서관의 장서를 확장하고, 더 많은 직원을 채용하며, 아이들을 위한 더 많은 방과 후 수업 프로그램을 제공할 수 있을 것입니다. 따라서 아낌없이 기부해 주시기 바랍니다. 그러나 지금은 오늘밤의 즐거운 시간을 시작할 차례입니다. 지휘자인 Perry Davis 씨와 St. Evans 교향악단을 소개합니다.

어휘 librarian 사서 generously 관대하게 agree 동의하다 host 주최하다 fund raising 모금 reception 연회 benefit ~에게 혜택을 주다 proceeds 수입금 allow A to + 동사원형 A가 ~하는 것을 허가하다 expand 확장하다 after-school 방과 후 generous 관대한, 후한 entertainment 유흥, 오락거리 conductor 지휘자

19 화자는 누구인가?
(A) 라디오 진행자
(B) 학교 교장
(C) 지휘자
(D) 사서

해설 **키워드:** Who / speaker **위치:** 지문 전반부
화자가 누구인지 물어보는 질문이다. 화자의 정체는 주로 지문의 첫 번째 문장에서 알 수 있다. I'm Sophia Alexander라고 이름을 소개한 후에 바로 head librarian(수석 사서)이라고 말했으므로 정답은 (D)이다. 정답 (D) A librarian

어휘 radio host 라디오 진행자 principal 교장 conductor 지휘자 librarian 사서

20 이 담화는 어디에서 들을 수 있을 것 같은가?
(A) 대학교
(B) 도서관
(C) 콘서트 홀
(D) 영화관

해설 **키워드:** Where / talk / take place **위치:** 지문 중반부
이 담화를 어디서 들을 수 있는지 물어보는 질문이다. 대화의 장소 역시 지문 전반부에서 알 수 있음을 상기하자. I want to welcome you all to the International Culture Center which has generously agreed to host this evening's fund raising concert에서 담화를 들을 수 있는 곳은 콘서트 홀이라는 것을 알 수 있으므로 정답은 (C)이다.
정답 (C) At a concert hall

어휘 library 도서관 concert hall 콘서트 홀

21 행사의 이유는 무엇인가?
(A) 모금하기 위해
(B) 영화 상영
(C) 시상
(D) 예술가에 대한 경의 표시

해설 **키워드:** What / reason / event **위치:** 지문 중반부
행사의 이유가 무엇인지 묻는 질문이다. 중반부의 this evening's fund raising concert and reception to benefit the library에서 모금을 위한 행사임을 알 수 있으므로 정답은 (A)이다. 정답 (A) To raise money

어휘 raise money 모금하다 display 상영하다

Questions 22-24 refer to the following announcement. 미M

Attention all Best Computer shoppers: remember to sign up for a Best Computer discount card. When you buy nine items with the Best Computer discount card, you'll get a tenth item of equal or lesser value for free. You'll also receive fifteen percent off your first purchase as well as coupons and special promotional offers. Customers who provide their e-mail address will also receive additional offers from our online store. To sign up for your own card, speak with any Best Computer sales representative today. Best Computer: Best quality for the Best price!

문제 22-24는 다음 안내방송을 참조하세요.
Best 컴퓨터에서 쇼핑하시는 분들은 모두 주목해주시기 바랍니다. Best 컴퓨터의 할인 카드를 받을 수 있도록 잊지 말고 등록하시기 바랍니다. Best 컴퓨터 할인 카드로 상품을 9개 구매하시면 같은 가격 또는 그 미만의 10번째 제품은 무료로 받으실 수 있습니다. 또한 첫 번째 구매의 15퍼센트 할인과, 쿠폰, 특별 판촉 행사 할인 혜택을 받을 수 있습니다. 이메일 주소를 제공하는 고객들은 온라인 상점에서 추가적인 할인 혜택을 받을 것입니다. 카드를 신청하시려면 오늘 Best 컴퓨터 판매 담당자에게 얘기하십시오. Best 컴퓨터는 최저 가격으로 최고 품질을 드립니다!

어휘 attention 주목, 주의 sign up 응모하다, 가입하다, 등록하다 equal 같은, 동등한 lesser 더욱 작은 value 가치, 가격 receive 받다, 얻다 purchase 구매, 구입 promotional 판촉의, 장려의 provide 제공하다 additional 추가적인 sales representative 판매 담당자 quality 품질

22 무엇에 관한 공지인가?
(A) 신상품
(B) 새 캠페인
(C) 개점
(D) 할인 카드

해설 **키워드:** What / announcement / about **위치:** 지문 전반부
주제나 목적을 묻는 문제는 대개 지문의 초반부에서 답이 제시될 가능성이 높으므로 앞부분을 절대로 놓쳐서는 안 된다. 화자가 Best 컴퓨터의 할인 카드를 발급받도록 등록을 하라고 얘기하면서(remember to sign up for a Best Computer discount card) 그에 대한 상세한 정보를 설명하고 있으므로 정답은 (D)이다. 정답 (D) A discount card

어휘 mainly 주로, 대개 grand opening 개점

23 누구에게 이야기하고 있는가?
(A) 고객들
(B) 상점 매니저들
(C) 사무실 직원들
(D) 고객 서비스 직원들

해설 **키워드:** Who / being addressed **위치:** 지문 전반부
누구에게 이야기하는지 대상을 묻는 질문이다. 첫 번째 문장(Attention all Best Computer shoppers)에서 이 공지의 대상은 쇼핑객, 즉 (A) 고객이 됨을 알 수 있다. 지문의 shoppers가 보기에서는 같은 의미인 customers로 바뀌어 표현되었다. 정답 (A) Customers

어휘 address 말을 걸다, 연설하다, 강연하다 representative 담당자

24 청자들은 온라인 상점에서 추가 할인을 받으려면 어떻게 해야 하는가?
(A) 제품 10개 구매
(B) 매니저에게 이야기하기
(C) 이메일 주소를 알려주기
D) 100달러 상당의 상품을 구매하기

해설 **키워드:** What / do / get / additional discounts / online store **위치:** 지문의 중후반부
청자들이 온라인 상점에서 추가 할인을 받으려면 어떻게 해야 하는지 물어보는 질문이다. 할인 혜택이나 제공과 관련된 부분은 대개 지문 중후반부에 등장한다는 것을 기억해두자. 화자는 이메일 정보를 제공하는 고객은 추가 가격 할인을 받을 수 있다고 하였으므로(Customers who provide their e-mail address will also receive additional offers from our online store.) 정답은 (C)가 된다. 지문의 offer는 '가격 할인'이라는 뜻으로 쓰여 문제의 discount와 같은 의미를 나타내고 있다. 정답 (C) Submit their e-mail address

어휘 submit 제출하다, 보내다, 제시하다 worth ~의 가치가 있는 merchandise 상품, 잡화

Questions 25-27 refer to the following announcement. 영M

> Attention everyone, the exhibits at the National Museum of War History will be closing for the evening in the next twenty minutes. At that time, all visitors are asked to move away from the main foyer and exit the museum on the north side. For everyone's convenience, the coffee shop and snack bar will remain open for an additional thirty minutes so that everyone can enjoy some refreshments before they leave. We here at the NMW trust that everyone has enjoyed themselves, and hope to see all of you again soon.

문제 25-27은 다음 안내방송을 참조하세요.
모두 주목해 주시기 바랍니다. 전쟁 역사 국립 박물관에서 진행되고 있는 전시회의 저녁 전시가 20분 후에 마감합니다. 마감이 되면 모든 방문객 여러분들은 중앙 로비에서 이동하셔서 박물관의 북쪽으로 나가 주시기 바랍니다. 여러분들의 편의를 위해 커피숍과 스낵바는 30분 동안 더 열어둘 예정이니 떠나시기 전에 가벼운 음료를 드실 수 있습니다. 여기 전쟁 역사 국립 박물관에서 여러분들이 즐거운 시간을 보내셨으리라 믿고, 조만간 다시 뵙기를 바랍니다.

어휘 exhibit 전시, 진열 move away 떠나다 foyer 휴게실, 로비 exit 떠나다, 나가다 additional 부가적인, 증가의, 특별한 refreshments (가벼운) 음식물, 다과, 청량음료 trust 믿다, 신뢰하다

25. 청자들은 어디에 있는가?
(A) 극장
(B) 전쟁 박물관
(C) 미술관
(D) 강당

해설 **키워드:** Where / listeners **위치:** 지문 전반부
안내방송의 장소를 묻는 문제는 대개 앞부분에서 정답이 제시된다. 첫 번째 문장에서 National Museum of War History를 언급했으므로 정답은 (B)가 된다. 정답 (B) At a war museum

어휘 art gallery 미술관, 화랑 lecture hall 강당

26 청자들에게 어떻게 하라고 하나?
(A) 박물관에서 나가기
(B) 박물관에 30분간 더 남아 있기
(C) 박물관에서 즉시 나가기
(D) 환불을 받으려면 영수증을 보여주기

해설 **키워드:** What / listeners / asked to do **위치:** 지문 중반부
화자가 청자들한테 요청한 사실을 고르는 문제로 두 번째 문장에서 asked to를 언급해준 뒤에 정답을 제시해 주고 있다. 모든 방문객들은 중앙 로비에서 이동해서 박물관을 나가달라고 부탁하였으므로(all visitors are asked to move away from the main foyer and exit the museum) 정답은 (A)가 된다. 지문의 exit가 보기에서는 leave로 바뀌어 표현되었다.
정답 (A) Leave the museum

어휘 remain 남다, 머무르다 immediately 바로, 즉시 receipt 영수증 refund 환불

27 공지 방송에 대해 사실인 것은?
(A) 청자들은 중앙 휴게실로 모일 것을 요구 받았다.
(B) 화자는 약속을 변경해 줄 것을 요구하였다.
(C) 청자들은 박물관 규칙을 따르지 않았다.
(D) 청자들은 박물관을 나가기 전에 커피를 마실 수 있다.

해설 **키워드:** What / true / announcement **위치:** 지문 후반부
True question의 경우 문제 속에서 키워드를 파악할 수 없으므로 보기를 먼저 읽고 듣는 것이 매우 중요하다. 지문 후반부에 위치한 문장(everyone can enjoy some refreshments before they leave)에서 모든 사람들은 떠나기 전에 가벼운 음료를 마실 수 있다는 사실을 확인할 수 있다. 따라서 정답은 (D)가 된다. 지문의 refreshments가 보기에서는 coffee로 바뀌어 표현되었다.
정답 (D) Listeners may enjoy coffee before they leave.

어휘 assemble 모이다, 집합하다 foyer 휴게실, 로비 reschedule 일정[예정]을 변경하다 break (법·약속·질서)를 어기다, 위반하다, 깨뜨리다

Questions 28-30 refer to the following notice. 미W

I'd like to thank everyone for attending our meeting here today despite your busy schedules. I would like to take this chance to clarify our new policy regarding business travel here at the Kensington Institute. Employees are required to get written approval from the supervisors prior to any planned business trips. Failure to do so will result in denied compensation and possible termination of position. To get approval, employees must fill out form C, which can be picked up in the human resources department here at the head office. It is also important to remember that employees are required to fly economy class, and may not reserve tickets for business or first class using the company account.

문제 28-30은 다음 공지를 참조하세요.
바쁜 일정에도 불구하고 오늘 미팅에 참석해 주신 모든 분들께 감사드립니다. 저는 여기 Kensington 협회에서 출장과 관련된 새로운 정책을 알리고자 이 자리에 섰습니다. 직원들은 출장을 계획하기 전에 상관에게 서면 허가를 받아야 합니다. 이렇게 하지 않으면 보상 받을 수 없고 직위해제를 당할 수도 있습니다. 승인을 받기 위해서 직원들은 여기 본사에 있는 인사부에서 C 양식을 가져와 작성해 주셔야 합니다. 또한 이코노미 클래스로 예약해야 한다는 것을 꼭 기억하십시오. 회사의 자금으로 비즈니스 또는 퍼스트 클래스를 예약할 수 없습니다.

어휘 clarify (생각 · 문제 등을) 명백히 하다 regarding ~에 관하여, 대하여 business travel 출장 institute 협회, 학회 approval 승인, 시인, 인가 supervisor 상관, 관리자 prior to ~보다 앞에[먼저] result in ~으로 끝나다 deny 부정하다, 취소하다 compensation 보상, 배상, 보충, 대가 termination 해고, 면직 fill out (서류 등을) 작성하다

28 청중은 누구인가?
(A) 여행사 직원들
(B) 영업 사원들
(C) 항공기 승무원들
(D) 마케팅 부장들

해설 **키워드:** What / audience **위치:** 지문 중반부
글의 대상을 묻는 문제이다. 세 번째 문장 Employees are required to get written approval from the supervisors prior to any planned business trips.에서 화자는 직원들은 출장을 계획하기 전에 상관에게 서면 허가를 받아야 한다고 이야기하고 있다. 출장 관련 건으로 상관에게 승인을 받을 만한 대상은 보기 중 (B) 영업 사원이 가장 적절하다.
정답 (B) Sales representatives

어휘 intended 의도된, 고의의 sales representative 영업사원, 판매사원 flight attendant 승무원 supervisor 상관, 관리자

29 직원들은 여행을 하기 전에 어떻게 하라고 하는가?
(A) 인사부에 보고서를 제출하는 것
(B) 미리 비행기를 예약하는 것
(C) 상사에게 승인을 받는 것
(D) 출장비를 상관에게 요구하는 것

해설 **키워드:** What / employees / asked to do / before travel **위치:** 지문 중반부
직원들이 여행을 하기 전에 무엇을 할 것을 요청 받았는지 물어보는 질문이다. 세 번째 문장 Employees are required to get written approval from the supervisors prior to any planned business trips.에서 화자는 출장을 가기 전에 상관에게 허가를 받으라고 하였으므로 정답은 (C)가 된다.
정답 (C) Get approval from their supervisor

어휘 submit 제출하다 reserve (좌석 · 방)을 예약하다 get approval ~을 승인받다 travel expense 출장비

30 청자들이 새로운 규정에 따르지 않으면 무슨 일이 벌어질 것인가?
(A) 벌금을 물게 될 것이다.
(B) 환급받지 못할 것이다.
(C) 출장 티켓을 예약할 수 없다.
(D) 이코노미 클래스로 가야 한다.

해설 **키워드:** What / happen / listeners / not comply with / regulation **위치:** 지문 중반부
청자들이 새로운 정책에 따르지 않으면 무슨 일이 벌어질 것인지 물어보는 질문이다. Not comply, regulation을 대신하는 Failure to do로 시작한 문장 Failure to do so will result in denied compensation을 통해 보상을 받지 못하게 될 수 있다는 사실을 알 수 있다. 따라서 정답은 (B)가 된다.
정답 (B) They will not be compensated.

어휘 comply with ~에 따르다 fine ~에게 벌금을 과하다 compensation 보상, 배상, 보충, 대가

Questions 31-33 refer to the following notice. 미M

Good evening. Welcome to Stratton Center. I know you are very excited about tonight's music festival. Before the concert, I have to make a few short but important announcements. First, please check and make sure that your mobile phone is turned off. And remember that taking pictures is not allowed anytime during the concert. Signed photographs of tonight's performers are available in the lobby. Please be considerate to others that are seated near you. Thank you for your cooperation and enjoy the concert.

문제 31-33은 다음 공지를 참조하세요.
안녕하십니까. Stratton 센터에 잘 오셨습니다. 오늘 음악 페스티벌에 대한 여러분들의 기대가 클 것으로 생각합니다. 콘서트 시작에 앞서 짧지만 중요한 몇 가지 사항 알려 드립니다. 먼저 가지고 계시는 휴대폰의 전원을 꺼져 있는지 확인해 주십시오. 그리고 공연 도중에 사진 촬영은 허용되지 않습니다. 연주자들의 사인이 들어간 사진들은 로비에서 구매가 가능합니다. 옆 좌석의 사람들을 배려해 주십시오. 협조에 감사드리고 즐거운 공연되시기 바랍니다.

31 무슨 행사가 열릴 것인가?
(A) 세미나
(B) 회사 파티
(C) 전시회
(D) 콘서트

해설 **키워드:** What event / taking place **위치:** 지문 전반부
무슨 행사가 열릴 것인지 물어보는 질문이다. 지문 전반부에서 tonight's music festival이라고 했으므로 정답은 (D)이다.
정답 (D) A concert

어휘 seminar 세미나 exhibition 전시회 concert 콘서트

32 청자에게 어떻게 하라고 부탁하는가?
(A) 티켓을 미리 준비하기
(B) 온라인으로 티켓 예약하기
(C) 변경된 스케줄 확인하기

(D) 핸드폰 전원 끄기

해설 **키워드:** What / listeners asked to do **위치:** 지문 중반부
청자가 무엇을 하도록 부탁받았는지 물어보는 질문이다. 중반부 please check and make sure that your mobile phone is turned off에서 핸드폰 전원을 꺼달라고 하였으므로 정답은 (D)이다. 정답 (D) Turn off their mobile phones

어휘 reserve 예약하다 revise 변경하다 수정하다 turn off (전원을) 끄다

33 화자에 따르면, 로비에서 구할 수 있는 것은 무엇인가?
(A) 사진
(B) 다음 달 스케줄
(C) 쿠폰
(D) 음반

해설 **키워드:** What / available in the lobby **위치:** 지문 후반부
로비에서 가능한 게 무엇인지 물어보는 질문이다. 미래에 관한 내용은 보통 지문 후반부에 나온다는 것을 잊지 말자. Signed photographs of tonight's performers are available in the lobby.에서 사인이 들어있는 사진은 로비에서 구매가 가능하다고 하였으므로 정답은 (A)이다. 정답 (A) Photographs

Question 34-36 refer to the following announcement. 호W

Last month we installed some new machinery here in the factory. These machines are designed to package our entire line of clothing products faster than before. And this should significantly increase our productivity. Since all of us here on the plant floor will be working with this new equipment I want to make sure everyone learns how to operate it correctly and is familiar with the safety features. Tomas Gibson from Maintenance is here today. He helped install the new machinery and he will be showing us how to use it efficiently and safely.

문제 34-36은 다음 안내방송을 참조하세요.
우리는 지난달 이곳 공장 안에 새로운 기계를 설치했습니다. 이 기계들은 우리의 옷 제품의 전체 라인을 이전보다도 더 빠르게 포장하도록 고안되어져 있습니다. 그리고 이것은 우리의 생산성을 상당히 증가시킬 것입니다. 이곳 공장 현장의 우리 모두는 이 새로운 장비를 가지고 일할 것이므로, 저는 모든 사람들이 그것을 정확하게 작동하는 방법을 확실히 알고 안전 기능에 익숙해지기를 바랍니다. 오늘 정비부서의 Tomas Gibson 씨가 이곳에 왔습니다. 그는 새 기계를 설치하는 것을 도왔는데, 우리에게 그것을 효율적이고, 안전하게 사용하는 방법을 알려줄 것입니다.

어휘 install 설치하다 machinery 기계 be designed to do ~하도록 고안되다 package 포장하다 entire 전체의 significantly 상당히 increase 증가하다 productivity 생산성 plant floor 공장 현장 equipment 장비 make sure 확실히 하다 operate 작동시키다 correctly 정확하게 familiar with ~을 잘 알고 있는, 익숙한 safety feature 안전기능 maintenance 정비 efficiently 효율적으로 safely 안전하게

34 지난달에 어떤 일이 있었는가?
(A) 회사가 시내로 이전했다.
(B) 새로운 기계가 설치되었다.
(C) 새 공장이 문을 열었다.
(D) 콘서트가 개최되었다.

해설 **키워드:** What / happened / last month **위치:** 지문 전반부
주말에 어떤 일이 있었는지 물어보는 문제이다. 과거시제를 나타내고 있으므로 지문 전반부에서 주로 언급할 것임을 알아두자. 첫 문장 Last month we installed new machinery here in the factory.에서 지난 달 새로운 기계를 설치했다고 하였으므로 정답은 (B)이다. 정답 (B) New machines were installed.

어휘 last 지난 downtown 시내 machine 기계 install 설치하다 factory 공장 concert 콘서트 be held 개최되다

35 청자들은 누구일 것 같은가?
(A) 공장 근무자들
(B) 디자이너들
(C) 영업 직원들
(D) 관광객들

해설 **키워드:** Who / listeners **위치:** 지문 전 · 중반부
청자들이 누구일 것 같은지 물어보는 질문이다. 청자들의 정체는 지문의 첫 번째 문장에서 찾아야 하며 보통 most likely와 같이 유추형의 부사가 위치하는 경우에는 지문 전체에서 단어들의 공통점을 파악해야 함을 주의하자. Last month we installed some new machinery here in the factory.에서 공장에 있는 사람들임을 알 수 있고, Since all of us here on the plant floor will be working에서 공장 현장에서 일하는 사람들임을 알 수 있으므로 정답은 (A)이다.
정답 (A) Factory workers

어휘 worker 작업자 designer 디자이너 representative 외판원 tourist 여행자

36 Tomas Gibson 씨는 오늘 무엇을 할 것인가?
(A) 새 소프트웨어를 소개할 것이다
(B) 네트워킹에 관한 아이디어를 공유할 것이다
(C) 사무실에서의 그의 새로운 업무를 시작할 것이다
(D) 장비 사용을 알려줄 것이다

해설 **키워드:** What / Tomas Gibson / do today
위치: 지문 후반부
Tomas Gibson 씨가 오늘 할 일에 대해 묻는 질문이다. 미래에 관한 정보는 후반부에 위치한다. 마지막 문장 He helped install the new machinery and he will be showing us how to use efficiently and safely.에서 장비 사용하는 법을 보여준다고 하였으므로 정답은 (D)이다.
정답 (D) Demonstrate the use of some equipment

어휘 introduce 소개하다 software 소프트웨어 share 공유하다 idea 생각, 아이디어 networking 네트워킹 demonstrate 시연하다 equipment 장비

Lesson 3, 4 실전 TOEIC Test

p.348

Questions 01-03 refer to the following speech. 미W

Good afternoon. I would like to begin by thanking the Board of Trustees for selecting me to be the next president of the Feldman School of Business. Throughout my years as Dean of Feldman, I've had the opportunity to see this institution grow while maintaining a tradition of business excellence. Former president Reynolds worked hard to uphold the missions and goals of the Feldman School, and I pledge to do the same. In the next few years, I'd like to see a broader scope of academic courses and degrees offered at this institution. I would also like to create departments and degrees in international business, business law, and economics. As we continue to progress towards the future, I want the Feldman School to emerge as a top business school in the nation.

문제 01-03은 다음 연설을 참조하세요.

안녕하세요. 저를 Feldman 경영대학원의 다음 총장으로 선택해준 것에 대해 이사회에 감사드림으로써 시작하려고 합니다. Feldman의 학장으로서 근무하는 동안 저는 비즈니스 우수성의 전통을 유지하는 동시에 이 기관이 성장하는 것을 볼 수 있었습니다. 이전 총장인 Reynolds 씨가 Feldman 경영대학원의 사명과 목표를 유지하기 위해 열심히 일해 왔고 저도 똑같이 행할 것을 약속드립니다. 몇 년 후, 이 기관에서 좀 더 다양한 대학 코스와 학위들이 제공되는 것을 볼 수 있기를 바랍니다. 또한 저는 국제 비즈니스, 비즈니스 법, 그리고 경제학 분야의 학부와 학위를 창설하고 싶습니다. 미래를 향해 계속해서 앞으로 나아가면서 Feldman 경영대학원이 국내 최고의 경영대학원으로 부상하기를 바랍니다.

어휘 board of trustees 이사회 select 고르다, 선택하다 president 의장, 총장 throughout ~동안, 내내 dean (대학의) 학장, 학부장 opportunity 기회, 호기 institution 학회, 협회, 학교 시설 while ~하는 동안, ~하는 동시에 maintain 지속하다, 유지하다, 지탱하다 tradition 전통, 관례 excellence 우수, 탁월성 former 먼저의, 이전의 uphold 지탱하다, 유지하다 mission 사명, 임무 goal 목적, 목표 pledge 맹세하다, 보증하다, 서약하다 broad 폭이 넓은, 광범위한 scope 범위, 영역 academic 대학의, 학구적인 degree 학위 create 창조하다, 창설하다 department (대학의) 학부, 과 progress 전진하다, 나아가다 emerge 일어서다, 부상하다

01 화자는 이 연설을 어떻게 시작하는가?
(A) 상을 받음으로써
(B) 새 학생들을 환영함으로써
(C) 이사회에 감사함으로써
(D) 청중에게 참석한 것에 대해 감사함으로써

해설 **키워드:** How / begin / speech **위치:** 지문 전반부
연설이 어떻게 시작되고 있는지 묻고 있는 문제이므로 지문의 초반부를 잘 들어야 한다. 화자는 두 번째 문장에서 이사회에 감사드린다는 말로 연설을 시작하고 있으므로(I would like to begin by thanking the Board of Trustees) 정답은 (C)가 된다. 정답 (C) By thanking the board of trustees

어휘 accept 수락하다, 받아들이다 award 상, 상금 trustee 수탁자, 보관인, (대학 등 법인의) 이사 board of trustees 평의원회, 이사회 audience 청중 attend 참석하다

02 화자의 새 업무는 무엇인가?
(A) Feldman 경영대학원의 학장
(B) Feldman 경영대학원의 소유주
(C) Feldman 경영대학원의 교수
(D) Feldman 경영대학원의 총장

해설 **키워드:** What / speaker's / new occupation
위치: 지문 전반부
두 번째 문장에서 이사회에게 감사를 드리는 이유가 for selecting me to be the next president of the Feldman School of Business로 나와 있다. 이 문장에 나온 be, next president를 통해 정답은 (D)임을 알 수 있다. (A)는 화자가 이제껏 맡아왔던 직책이기 때문에 정답이 될 수 없다.
정답 (D) President of the Feldman School

어휘 occupation 직업, 업무 dean (대학의) 학장, 학부장 owner 소유자, 임자 professor 교수

03 이 학교는 무엇에 초점을 두고 있는가?
(A) 법
(B) 경영
(C) 인문 교양 과목
(D) 언론

해설 **키워드:** What / school's focus **위치:** 지문 후반부
What, school's focus가 키워드가 된다. 화자는 지문의 초반부에서 기관이 비즈니스 우수성의 전통을 유지하면서 성장한다고 언급해주고 있고(this institution grow while maintaining a tradition of business excellence), 맨 마지막 문장에서는 국내 최고의 경영대학원으로 알려지기를 바란다고 하였으므로(emerge as a top business school in the nation) 정답은 (B)가 됨을 알 수 있다. 정답 (B) Business

어휘 focus 초점, 중심, 주안점 liberal arts 교양 과목 journalism 신문잡지, 언론

Questions 04-06 refer to the following talk. 미M

Attention, all passengers. The train to Brisbane will leave in fifteen minutes. If you have not already purchased a ticket, you should buy one before you board the train. Tickets are not sold on the train. Passengers may carry two bags at no charge. Any items over five kilograms will be subject to an additional charge. Again, the train to Brisbane is scheduled to leave on time in fifteen minutes at 1 o'clock. Thank you for choosing to travel with Kingston Rail.

문제 04-06은 다음 담화를 참조하세요.

모든 승객 여러분들께 알려드립니다. Brisbane행 열차가 15분 후에 출발을 합니다. 아직 열차표를 구매하지 않으신 분들은 탑승하기기 전에 미리 구매해 주시길 바랍니다. 기차에서는 열차표를 판매하지 않습니다. 승객 여러분들은 추가 요금 없이 두 개의 가방을 가지고 탑승하실 수 있습니다. 5킬로그램이 넘는 물건에 대해서는 추가 요금이 부과됩니다. 다시 한 번 말씀드립니다. Brisbane행 열차는 15분 후인 1시 정각에 출발합니다. Kingston 철도를 이용해주셔서 감사합니다.

어휘 board 탑승하다 at no charge 요금 부담 없이 be subject to ~의 적용을 받는다 additional charge 추가 요금 be scheduled to ~하기로 되어있다, 예정되어 있다 on time 정각에

04 출발 시간은 언제인가?
(A) 15분 후에
(B) 30분 후에
(C) 45분 후에
(D) 한 시간 후에

해설 **키워드:** When / departure time **위치:** 지문의 전반부
출발시간이 언제인지를 묻고 있다. 기차 출발시간을 알리는 방송이므로 지문의 초반부에 서 출발시간이 언급되리라는 것을 예상할 수 있다. 두 번째 문장에서(The train to Brisbane will leave in fifteen minutes.) 기차는 15분 후에 떠난다고 하고 있으므로 정답은 (A) 15분 후에가 된다. 참고로 departure time이 leave로 패러프레이징됐음을 알아두자.
정답 (A) In fifteen minutes

어휘 departure time 출발시간

05 표 구매에 대해서 화자는 무엇을 말하는가?
(A) 항상 지니고 다녀야 한다.
(B) 출발 전에 사야한다.

(C) 기차에서 구입할 수 있다.
(D) 오늘 할인을 해준다.

해설 **키워드:** What / speaker / say / buying tickets
위치: 지문 전반부

구체적인 내용을 묻는 질문으로 키워드인 표를 사는 것과 관련된 이야기를 중심으로 들어야 하겠다. 지문 전반부에서(If you have not already purchased a ticket, you should buy one before you board the train.) 기차에 탑승하기 전에 표를 구매하라고 하고 있으므로 정답은 (B) 출발 전에 사야 한다가 된다. 참고로 buying이 purchased로 그리고 선택지 보기의 departure가 board the train으로 패러프레이징됐다는 것도 함께 확인해두자.

정답 (B) They must be purchased before departure.

어휘 carry 지니다 at all times 항상 purchase 구입하다 departure 출발 discount 할인, 할인하다

06 화자에 따르면, 추가 요금을 내야 하는 것은 무엇인가?
(A) 식사 서비스
(B) 무거운 짐
(C) 5개가 넘는 물품
(D) 부피가 큰 물건

해설 **키워드:** What / requires / extra fee **위치:** 지문 중반부

키워드가 extra fee이므로 키워드를 중심으로 추가 요금을 더 내야 하는 경우에 대해서 주의 깊게 들어야 하겠다. 지문 중반부에서(Any items over five kilograms will be subject to an additional charge.) 5킬로그램이 넘는 물건에 대해서는 추가요금이 부과된다고 하고 있으므로 정답은 (B) 무거운 짐이 되겠다. 여기서 extra fee는 additional fee로 패러프레이징됐다.

정답 (B) Heavy luggage

어휘 according to ~따르면, 의하면 require 요구하다 extra fee 추가 요금 meal service 식사 서비스 heavy 무거운 luggage 짐 more than ~이상 item 물품

Questions 07-09 refer to the following talk. 호W

> The 25th annual International Auto Show begins Friday on September 10th at the Calton Exhibition center. All kinds of cars will be on display including the latest concept cars and rare antique automobiles. The show will be held for a week from 10 in the morning until 8 at night. The first two hundred people to arrive on Friday will receive a free T-shirt provided by Takima Motors. Tickets go on sale on Monday, September 6th. They are available only at the center's ticket office.

문제 07-09는 다음 담화를 참조하세요.

제 25회 연례 국제 자동차 전시회가 9월 10일 금요일, Calton 전시 센터에서 열립니다. 최신 컨셉트 차량을 비롯해서 희귀 골동품 차까지 모든 종류의 차들이 전시될 예정입니다. 행사는 오전 10시부터 저녁 8시까지 일주일 동안 열릴 것입니다. 금요일에 오시는 선착순 200분은 Takima Motors 사에서 제공하는 티셔츠를 받으실 것입니다. 티켓은 9월 6일 월요일에 판매될 것이며 센터 매표소에서만 구매가 가능합니다.

어휘 annual 연례의 international 국제적인 exhibition center 전시장 on display 전시된, 진열된 including ~을 포함하여 latest 최근의 rare 드문, 희귀한 antique 골동품인, 골동품 automobile 자동차 be held 열리다 go on sale 매출하다 available 이용 가능한, 시간이 가능한

07 어떤 종류의 행사가 안내되고 있는가?
(A) 음식 축제
(B) 미술 전시회
(C) 제품 시연
(D) 자동차 전시회

해설 **키워드:** What type of event / announced
위치: 지문 전반부

공지의 목적을 묻는 문제는 주로 전반부에서 그 내용이 제시된다. 첫 문장에서(The 25th annual International Auto Show begins ~) 국제 자동차 전시회가 열린다고 하고 있으므로 이 공지의 목적은 자동차 전시회를 알리는 것임을 알 수 있다. 그러므로 정답은 (D) 자동차 전시회가 된다.

정답 (D) A car show

어휘 announce 발표하다, 알리다, 방송으로 알리다 festival 축제 exhibition 전시회 demonstration 설명, 입증

08 행사는 언제 시작하는가?
(A) 월요일
(B) 금요일
(C) 토요일
(D) 일요일

해설 **키워드:** When / event / start **위치:** 지문 전반부

행사는 언제 시작하는지를 묻고 있다. 키워드가 event와 start이다. 이 문제는 첫 번째 문제와 연관이 되어 있기도 하다. 첫 번째 문장에서(The 25th annual International Auto Show begins Friday on September 10th ~) 자동차 전시회가 9월 10일 금요일에 열린다고 하고 있으므로 정답은 (B) 금요일이 된다. 참고로 start가 begin으로 패러프레이징됐음을 확인해두자.

정답 (B) On Friday

어휘 event 행사, 사건

09 선착순 200명은 무엇을 받을 것인가?
(A) 티셔츠
(B) 쿠폰
(C) 무료 입장권
(D) 액세서리

해설 **키워드:** What / 200 visitors / receive **위치:** 지문 중반부

선착순 200명의 방문객들이 무엇을 받느냐는 문제로 세부사항을 묻는 문제의 유형이다. 키워드가 200 visitors이므로 키워드를 중심으로 주의 깊게 들어야 한다. 지문 중반부에(The first two hundred people to arrive on Friday will receive a free T-shirt) 선착순 200명은 티셔츠를 받는다고 하고 있으므로 정답은 (A) 티셔츠가 된다. 200 visitors가 200 people로 패러프레이징된 것을 확인해두자.

정답 (A) A T-shirt

어휘 visitor 방문객 receive 받다 free 무료의 entrance 입구, 입장

Questions 10-12 refer to the following announcement. 미M

> Adults and children alike are invited to attend the thirty-fourth annual Astrofest at the University's main campus, held from Friday, September 17th to Sunday the 19th. Astrofest is a nationally recognized conference of amateur telescope makers and stargazers. There will be guest speakers, workshops, planetarium shows, an astro photography contest, an all-night classic scientific film festival, and a large area for commercial vendors. Admission is free. For more information call 512-0767.

문제 10-12는 다음 안내방송을 참조하세요.
어른 아이 할 것 없이 9월 17일 금요일부터 19일 일요일까지 대학 본교 캠퍼스에서 열리는 34회 연례 천문 페스티벌에 초대합니다. 천문 페스티벌은 아마추어 망원경 제작자부터 별 관측인들의 전국적으로 유명한 컨퍼런스입니다. 초대 손님 연설, 워크샵, 천문 쇼, 천문사진 공모전, 고전 공상 과학영화 페스티벌이 열릴 것이고 넓은 상품 판매 구역도 준비될 것입니다. 입장료는 무료입니다. 더 자세한 정보를 원하는 분은 512-0767로 전화 주십시오.

어휘 astrofest 천문 페스티벌 nationally 국가적으로, 전국적으로 amateur 아마추어, 비전문가 telescope 망원경 gazer 응시자 planetarium 천문관 astrophotography 천체 사진술 sci-fi film 공상 과학 영화 commercial 상업의, 상업상의 vendor 노점 상인, 행상인 admission 입장료

10 안내방송을 하는 이유는 무엇인가?
(A) 축제에 참여하도록 하기 위해서
(B) 학생들에게 학기의 시작을 알리기 위해서
(C) 대학교의 개교기념일을 축하하기 위해서
(D) 연례 염가판매를 광고하기 위해서

해설 **키워드:** Why / announcement / made **위치:** 지문 전반부
목적, 주제와 관련된 내용은 지문 전반부에서 찾아야 한다. 첫 번째 문장 Adults and children alike are invited to attend the thirty-fourth annual Astrofest에서 화자는 천문 페스티벌에 사람들을 초대하고 있음을 알 수 있다. 따라서 정답은 (A)가 된다.
정답 (A) To encourage people to participate in a festival.

어휘 encourage ~을 촉진하다, ~을 조성하다, 장려[원조]하다 commence 시작하다, 개시하다 celebrate 축하하다, 기념하다 annual sale 연 1회의 대염가 판매

11 행사는 얼마 동안 진행되는가?
(A) 오후 반나절
(B) 주말
(C) 5일간
(D) 2주 동안

해설 **키워드:** How long / event / run **위치:** 지문 전반부
지문 속에서 행사가 언급된 이후를 잘 들어야 한다. 보통 이러한 문제는 키워드를 파악하는 문제로서 키워드가 들리고 앞, 뒤에 문제 해결의 힌트가 있다. 초반부에서 천문 페스티벌은 9월 17일 금요일부터 19일 일요일까지 열린다고 하였으므로(annual Astrofest at the University's main campus, held from Friday, September 17th to Sunday the 19th.) (B) 주말 동안에 열린다는 사실을 알 수 있다. 정답 (B) One weekend

어휘 be scheduled to ~하기로 예정되어 있다 run (얼마의 기간 동안) 계속되다

12 다음 중 이벤트에 관한 사실이 아닌 것은 무엇인가?
(A) 워크샵이 있다.
(B) 보름달 축하연이 벌어질 것이다.
(C) 영화 축제가 있을 것이다.
(D) 연례행사이다.

해설 **키워드:** NOT true / event **위치:** 지문 중 · 후반부
NOT-question은 상세한 정보를 찾는 문제로 들어가면서 하나하나 지워가는 소거법이 무엇보다 중요하다. 또한 답이 지문 전반에 걸쳐 등장할 수 있으므로 보기를 먼저 염두에 두고 들어야 한다. 첫 번째 문장에서 annual Astrofest라고 언급해주고 있으므로 (D)는 답에서 제외시킨다. 또한 지문 중반부에서 천문 페스티벌에서 열리는 행사 내용이 한꺼번에 나오기 때문에(There will be guest speakers, workshops, planetarium shows, an astro photography contest, an all-night classic scientific film festival, and a large area for commercial vendors.) 이 부분을 제대로 듣고 놓치지 않았다면 (B)가 안 나왔음을 알 수 있다. workshops와 sci-fi film festival에서 (A)와 (C)는 답이 아니라는 것을 확인할 수 있다. 이러한 문제는 소거법을 이용해야 한다는 것을 절대 잊지 말도록 하자! 정답 (B) A full-moon celebration will take place

어휘 full-moon 보름달, 만월 annual event 연례행사 festival 축제

Questions 13-15 refer to the following talk. 미W

The next topic on our agenda is the recent accomplishment of our sales. Before Peter gives us a detailed report, let me give you a brief overview. First quarter sales rose by 15%. Research indicates that sales went up after our recent advertisement was released in three major cities. So, the board decided that we keep advertising in those newspapers. Okay, let's have Peter come out now and give us a presentation of our sales figures.

문제 13-15는 다음 담화를 참조하세요.
다음 안건의 주제는 최근 판매율의 증가입니다. Peter 씨가 판매보고서에 대해 자세하게 발표를 해주시기 전에 제가 여러분께 간단한 개요를 알려드리겠습니다. 1분기 판매율이 15퍼센트 증가하였습니다. 조사 결과 최근에 주요 3개 도시에서 광고를 하고 난 후에 매출액이 증가했다고 합니다. 그래서 이사회는 신문광고를 계속하기로 결정하였습니다. 좋습니다. 그러면 이제 Peter 씨가 나와 주셔서 매출액에 대한 발표를 해주실 것입니다.

어휘 agenda 안건, 의제 recent 최근의 accomplishment 업적, 공적 detailed 상세한 brief 간단한 overview 개관, 개요 quarter 분기 sale 판매, 매출(량) indicate 나타내다 go up 올라가다 advertisement 광고 release 공개하다, 발표하다 major 주요한 the board 이사회 advertising 광고 come out 나오다

13 무엇에 관한 이야기 인가?
(A) 직원 복지
(B) 회사의 매출
(C) 신제품 출시
(D) 새로운 정책 보고

해설 **키워드:** What / talk / about **위치:** 지문 전반부
목적, 주제와 관련된 내용은 지문 전반부에서 찾아야 한다. 첫 번째 문장에서(The next topic on our agenda is the recent accomplishment of our sales.) 다음 안건의 주제는 매출액의 증가라고 하고 있으므로 회사의 매출에 대한 이야기임을 알 수 있다. 그러므로 정답은 (B) 회사의 매출이 된다.
정답 (B) Company sales

어휘 employee benefit 직원 복지 release 출시 policy 정책

14 화자는 현재 회사가 어디에 광고를 하고 있다고 하는가?
(A) TV
(B) 신문
(C) 라디오
(D) 잡지

해설 **키워드:** Where / company / advertises **위치:** 지문 중반부

회사가 어디에 광고를 하는지를 묻고 있다. 키워드는 advertises가 된다. 지문 중반부에 보면 the board decided that we keep advertising in those newspapers.에서 계속 신문에 광고를 내기로 결정했다고 하고 있으므로 정답은 (B) 신문이 된다. 정답 (B) In newspapers

어휘 currently 현재 magazine 잡지

15 Peter는 다음에 무엇을 할 것인가?
(A) 매출액 자료 발표
(B) 신제품 소개
(C) 보고서 배부
(D) 수상자 발표

해설 **키워드:** What / Peter / do next **위치:** 지문 후반부
미래 일정과 관련된 내용은 주로 지문 후반부에 제시된다. 키워드가 Peter이므로 Peter가 다음에 무엇을 할 것인지를 주의 깊게 들으면 된다. 지문의 마지막 문장에서(Peter come out now and give us a presentation of our sales figures) 판매 수치를 말할 것임을 알 수 있으므로 정답은 (A)가 된다.
정답 (A) Present sales data

어휘 present 발표하다 introduce 소개하다 distribute 나누어주다, 분배하다, 배부하다 announce 알리다, 발표하다

Questions 16-18 refer to the following talk. 영M

Good morning, my name is Marco Carey, and I'm the leader for this training seminar for new managers. The seminar will be broken into two sessions, one in the morning and one in the afternoon including an hour for lunch. We're scheduled to watch a short video followed by a group discussion this morning. The video will offer you some important tips from successful managers. During the afternoon session, we're going to use the course book. If you haven't purchased it, please drop by the bookstore during the lunch break and buy it.

문제 16-18은 다음 담화를 참조하세요.
좋은 아침입니다. 저는 이번 신입 매니저 교육 세미나의 진행자 Marco Carey라고 합니다. 세미나는 한 시간의 점심시간을 포함하여 오전에 하나, 오후에 하나, 이렇게 두 세션으로 나눠질 것입니다. 오전에는 짧은 비디오 청취를 한 후 그룹 토론이 예정되어 있습니다. 이 비디오는 성공적인 매니저가 되는데 있어 중요한 지침을 줄 것입니다. 오후 세션 동안에는 교재를 사용할 것입니다. 아직 교재를 구입하지 않으신 분께서는 점심시간 동안 서점에 가셔서 구입하시기 바랍니다.

어휘 training seminar 교육 세미나 including ~을 포함해서 during ~동안 course book 교과서 purchase 구입하다 drop by ~에 들르다

16 이야기를 듣는 청중은 누구인가?
(A) 입사 지원자
(B) 사업주
(C) 신입 매니저
(D) 대학생

해설 **키워드:** Who / audience **위치:** 지문 전반부
청중이 누구인지 정체를 묻는 질문의 유형이다. 이런 문제의 유형은 주로 전반부에서 그 정답을 찾을 수 있다. 첫 번째 문장에서(Good morning, my name is Marco Carey, and I'm the leader for this training seminar for new managers.) 신입 매니저들을 위한 교육 세미나라고 하고 있으므로 정답은 (C) 신입 매니저가 된다. 정답 (C) New managers

어휘 audience 청중, 관객 job candidate 입사 지원자

17 오전 세션에서는 무슨 일이 일어날 것 같은가?
(A) 초청연사가 연설을 할 것이다.
(B) 비디오를 보여줄 것이다.
(C) 음료와 스낵이 제공될 것이다.
(D) 결과를 검토할 것이다.

해설 **키워드:** What / happen / morning session
위치: 지문 중반부
아침 세션에 무엇이 진행되는지 세부사항을 묻는 질문의 형태이다. 키워드가 morning session이므로 키워드를 중심으로 앞, 뒤 이야기를 주의 깊게 들어야 하겠다. 지문 중반부를 보면 (We're scheduled to watch a short video followed by a group discussion this morning.) 아침 세션에 비디오를 볼 예정이라고 하고 있으므로 정답은 (B) 비디오를 보여줄 것이다가 된다. 정답 (B) A video will be shown.

어휘 guest speaker 초청연사 serve 제공하다 review 검토하다

18 화자에 의하면, 청중은 점심시간 동안 무엇을 할 수 있나?
(A) 직원 휴게실에서 점심
(B) 책 구입
(C) 교재에 대해 토론
(D) 다른 세미나 등록

해설 **키워드:** What / audience / do / lunch **위치:** 지문 후반부
점심시간에 청중들이 무엇을 하는지 세부사항을 묻는 질문의 형태이다. 키워드가 lunch이므로 키워드를 중심으로 앞, 뒤 이야기를 주의 깊게 들어야 하겠다. 지문의 마지막 문장을 보면(please drop by the bookstore during the lunch break and buy it.) 점심시간에 서점에 들러 교재를 구입하라고 했으므로 정답은 (B) 책 구입이 된다. 정답 (B) Purchase a book

어휘 employee lounge 직원 휴게실 purchase 구입하다 discuss 토론하다 course material 교재 register for 등록하다

Questions 19-21 refer to the following announcement. 호W

The Allentown Food Bank will hold its third annual fundraiser on Monday at Beaver Brook Country Club in Clinton Township, from 5 to 8 p.m. It is being held in honor of Food Bank director Patty Apgar, who retired in September after fourteen years of service. During those fourteen years, the bank went from one volunteer, one full-time staffer and three part-time staffers, to nearly eight hundred volunteers, as of last year, with seven full-time and ten part-time employees. Music and food will be provided, and all proceeds from the event will benefit the Food Bank.

문제 19-21은 다음 안내방송을 참조하세요.
Allentown Food Bank는 Clinton Township에 있는 Beaver Brook 컨츄리 클럽에서 월요일 오후 5시부터 8시까지 3번째 연례 기금 모금 행사를 개최합니다. 이 행사는 14년간 푸드 뱅크의 소장으로 근무하다 9월에 퇴직한 Patty Apgar를 기념하기 위해 개최됩니다. 14년 동안 푸드 뱅크는 한 명의 자원봉사자, 한 명의 정규직 사원과 세 명의 파트타임 사원들에서 시작을 하여 작년 부로 거의 팔백 명에 이르는 자원봉사자들과 일곱 명의 정규직 사원들, 열 명의 파트타임 사원들로 성장했습니다. 음악과 음식이 제공될 것이며 이 행사의 모든 수입

금은 푸드 뱅크를 위해 쓰여질 것입니다.

어휘 food bank 식량은행, (빈민 구제용) 식량저장 배급소 hold ~을 열다, 개최하다 fundraiser 모금행사 township 읍, 군 in honor of ~에게 경의를 표하여, ~을 기념하여 retire 퇴직하다 service 근무 volunteer 지원자, 자원봉사자 staffer 직원, 국원 as of ~부로 proceeds 수입금 benefit ~에게 도움이 되다, 이롭다

19 Patty Apgar는 몇 년간 푸드 뱅크의 소장으로 있었나?
(A) 13년
(B) 14년
(C) 15년
(D) 16년

해설 **키워드:** How many years / Patty Apgar / director
위치: 지문 중반부
키워드는 Patty Apgar로 잡고 이 사람의 이름이 언급된 앞, 뒤 부분을 잘 듣는다. 두 번째 문장의 뒷부분에서 Patty Apgar를 언급한 뒤, 14년 동안 근무했다고 부가 설명을 하고 있으므로 (Patty Apgar, who retired in September after fourteen years of service) 정답은 (B)가 된다. 정답 (B) 14

어휘 director 소장

20 화자는 Patty Apgar가 소장으로 있는 동안 무엇이 늘었다고 말하고 있나?
(A) 분배되는 식량의 양
(B) 푸드 뱅크에서 일하는 사람들의 수
(C) 푸드 뱅크의 저장 시설의 규모
(D) 푸드 뱅크에 기부하는 기관들의 수

해설 **키워드:** What / increased / Patty Apgar / director
위치: 지문 중반부
키워드는 What, increased, Patty Apgar, director로 잡는다. 두 번째 문장에서 Patty Apgar는 14년 동안 근무했다는 내용이 나오고(Patty Apgar, who retired in September after fourteen years of service), 세 번째 문장에서 그 14년 동안 직원의 수가 늘었다는 설명이 나오고 있다(During those fourteen years, the bank went from one volunteer, one full-time staffer and three part-time staffers, to nearly eight hundred volunteers, as of last year, with seven full-time and ten part-time employees.). 따라서 정답은 (B)가 된다. 정답 (B) The number of people working at the Food Bank

어휘 distribute 분배하다 storage 저장 facility 시설 organization 조직, 기관 donate 기증하다, 기부하다

21 공지 방송에 따르면 모금행사에서 무엇이 제공될 것인가?
(A) 자원봉사자의 신분증
(B) 음악과 다과
(C) 고용의 기회
(D) 낮은 금리

해설 **키워드:** what / offered / fundraiser **위치:** 지문 후반부
제공, 혜택과 관련된 내용은 지문 후반부에 제시되는 경우가 많다. 맨 마지막 문장 Music and food will be provided에서 음악과 음식이 제공된다는 사실을 알 수 있으므로 정답은 (B)가 된다. 지문의 offered는 provided로, food는 refreshments로 바뀌어 표현되었다. 정답 (B) Music and refreshments

어휘 fundraiser 모금행사 identification 신분 증명(서) refreshments 다과, 가벼운 음식물 opportunity 기회 employment 고용, 채용 interest rate 이자율

Questions 22-24 refer to the following announcement. 미M

Attention all passengers. We regret to announce that at this time the snow fall and subsequent visibility conditions have caused a delay in all outgoing flights. Currently flight 2340 to Las Vegas is delayed and has been rescheduled to depart at 8:00 p.m. Flight 998 to Miami Florida will now be leaving at 10 p.m. If you are a passenger on either of these flights, feel free to drop by the duty-free store for good deals on brand name items. Also our airport restaurants and coffee shops will be happy to take care of your dining needs. Have a wonderful trip.

문제 22-24는 다음 안내방송을 참조하세요.
승객 여러분, 주목해 주십시오. 지금 현재 폭설이 내려 앞이 잘 보이지 않는 상황으로 인해 출발하려는 모든 비행기가 지연되었다는 사실을 알리게 되어 유감입니다. 현재 라스베가스로 떠나는 2340 비행기는 지연되어 오후 8시에 출발할 것입니다. 마이애미 플로리다로 향하는 998 비행기는 오후 10시에 출발할 것입니다. 이 항공편에 탑승하실 승객 여러분께서는 저렴한 가격으로 유명 상품을 살 수 있는 면세점에 들러보셔도 좋을 겁니다. 또한, 공항의 레스토랑과 커피숍에서는 승객 여러분의 식사를 준비해 드릴 것입니다. 즐거운 여행 되십시오.

어휘 snow fall 강설 subsequent 뒤의, 그 직후의 visibility 눈에 보이는 상태, 시정 delay 지연, 지체 outgoing (장소 · 지위 등을) 떠나가는, 나가는, 출발하는 currently 현재는 지금은 depart 떠나다 drop by 들르다 duty-free store 면세점 good deal 만족스러운 제안[협정], 만족스러운[즐거운] 상황[일, 생활] brand name 유명 상품 take care of ~을 책임지고 떠맡다, ~의 책임을 지다 dining 정찬(을 들기)

22 Las Vegas로 향하는 승객들은 몇 시에 떠날 것인가?
(A) 오후 2시 30분
(B) 오후 4시
(C) 오후 8시
(D) 오후 10시

해설 **키워드:** What time / passengers for Las Vegas / leaving **위치:** 지문의 중반부
키워드는 What time, Las Vegas, leaving으로 잡아둔 뒤 이것이 언급되는 앞, 뒤를 잘 들어야 한다. 세 번째 문장 Currently flight 2340 to Las Vegas is delayed and has been rescheduled to depart at 8:00 p.m.에서 키워드인 flight to Las Vegas 뒤에 depart at 8:00 p.m.이라고 하였으므로 정답은 (C)가 됨을 알 수 있다. 문제에서 제시된 leaving은 지문에서 같은 의미인 depart로 바뀌어 표현되었다. 정답 (C) At 8:00 p.m.

어휘 passenger 승객

23 이륙하는 비행기들의 출발이 변경된 이유는 무엇인가?
(A) 비행기의 기계적인 문제 때문에
(B) 항공 교통 상황 때문에
(C) 악천후 때문에
(D) 바쁜 스케줄 때문에

해설 **키워드:** Why / departure / changed **위치:** 지문 전반부
키워드는 Why, departure, changed로 잡아둔다. 두 번째 문장의 the snow fall and subsequent visibility conditions have caused a delay in all outgoing flights 구문을 통해 폭설로 인해 앞이 잘 보이지 않아 비행기들의 출발이 지연되고 있음을 알 수 있다. 지문의 snow fall을

inclement weather로 바꾸어 표현한 (C)가 정답이다.

정답 (C) Because of the inclement weather

어휘 departure 출발, 떠남 outgoing (장소 · 지위 등을) 떠나가는, 나가는, 출발하는 air traffic 항공 교통 inclement (날씨가) 험악한, 폭풍우의

24 화자는 무엇을 권하는가?

(A) 조용히 기다리는 것

(B) 쇼핑하는 것

(C) 책을 읽는 것

(D) 고객 서비스부에 전화하는 것

해설 **키워드:** What / speaker / recommend **위치:** 지문 후반부

문제점에 대한 해결책, 제안, 권유 등과 같은 내용은 대개 지문의 아래쪽에 위치한다. 지문 후반부에 나와 있는 문장 If you are a passenger on either of these flights, feel free to drop by the duty-free store for good deals on brand name items.에서 화자는 지연된 비행기를 탑승하려는 승객들한테 기다리는 동안 면세점을 들를 것을 권유하고 있다. 지문의 drop by the duty-free store를 shopping으로 간단하게 바꾸어 표현한 (B)가 답이다. 정답 (B) Shopping

어휘 recommend 추천하다, 권하다 quietly 조용히, 말없이

Questions 25-27 refer to the following talk. 미W

Alright everyone, we are nearing the end of our tour. If you look to your left you will see that the building on the east side is a little different than the other buildings. It is the Eddleson building. It was designed by the famed architect Elliot Eddleson. This building, although being designed and constructed at the same time as the other buildings around it, is noticeably modern in appearance. This has been attributed to Mr. Eddleson's unique appreciation of this particular aesthetic. The uniqueness of the design made for a difficult construction and due to the unusually cold weather at the time, construction had to be delayed for three months. Our last stop in the tour will be inside the main foyer of Mr. Eddlson's masterpiece.

문제 25-27은 다음 담화를 참조하세요.

자, 여러분 저희는 여행의 막바지에 와 있습니다. 왼쪽을 보시면 동쪽에 있는 건물은 다른 건물들과 조금 다르다는 것을 알 수 있을 것입니다. 이것이 Eddleson 건물입니다. 이것은 유명한 건축가 Elliot Eddleson이 설계한 것입니다. 비록 주변의 다른 건물들과 같은 시대에 설계되고 세워졌지만 이 건물은 외관상 매우 현대적입니다. 이것은 Eddleson 씨 특유의 특별한 미적 가치 인식 덕분입니다. 이 독특한 디자인으로 인해 건축 작업은 어려웠고, 그 당시 이례적인 추운 날씨로 인해 공사는 3개월 동안 지연되어야 했습니다. 저희가 마지막으로 둘러볼 곳은 Eddleson 씨의 대표작인 로비입니다.

어휘 noticeably 눈에 띄게, 두드러지게 in appearance 보기에는 be attributed to ~에 기인하다, ~의 덕분으로 여겨지다 unique 독특한, 비길 데 없는, 유례없는 appreciation 올바른 인식[이해], 식별, 감지, 인지 aesthetic 미적 가치관, 미의식, 미학 uniqueness 유일함, 비길 데 없음; 진귀함, 비상함 delay 지연하다, 미루다 foyer 휴게실, 로비 masterpiece 걸작, 명작, 대작, 대표작

25 화자는 누구일 것 같은가?

(A) 유명한 건축가

(B) 관광 가이드

(C) 공사 현장 인부

(D) 부서장

해설 **키워드:** Who / speaker **위치:** 지문 전반부

화자를 묻는 문제의 정답은 대개 지문 전반부에 제시된다. 첫 번째 문장 Alright everyone, we are nearing the end of our tour.에서 화자는 사람들에게 여행의 막바지에 와 있음을 알리고 있으므로 정답은 (B)가 된다는 것을 알 수 있다.

정답 (B) A tour guide

어휘 famed 유명한, 이름난 architect 건축가, 건축기사 construction worker 공사 현장 인부 department manager 부서장

26 Eddleson의 건물은 다른 건물들과 어떻게 다른가?

(A) 그것은 다른 빌딩보다 일찍 지어졌다.

(B) 그것은 다른 빌딩보다 나중에 지어졌다.

(C) 그것의 스타일은 다른 건물들보다 더 전통적이다.

(D) 그것의 스타일은 다른 건물들보다 더 현대적이다.

해설 **키워드:** How / Eddleson building / differ / other buildings **위치:** 지문 중반부

지문 중반부인 This building, although being designed and constructed at the same time as the other buildings around it, is noticeably modern in appearance.에서 화자는 키워드인 other buildings를 언급한 뒤, 뒤에 noticeably modern을 언급해주고 있다. 다른 건물들과 같은 시대에 지어졌지만 매우 현대적임을 강조하고 있으므로 정답은 (D)가 된다. 정답 (D) Its style is more modern than the other buildings.

어휘 differ 다르다 traditional 전통적인

27 공사가 지연된 이유는 무엇인가?

(A) 건물의 독특한 디자인.

(B) 건축가가 공사를 지연시켰다.

(C) 공사장 인부가 지연시켰다.

(D) 매우 추운 날씨.

해설 **키워드:** What caused / delay / construction **위치:** 지문 후반부

What caused, delay, construction을 키워드로 잡는다. 지문 후반부에 위치한 due to the unusually cold weather at the time, construction had to be delayed for three months에서 공사는 이례적인 추운 날씨로 인해 지연되었음을 알 수 있다. 따라서 정답은 (D)가 된다. (A)의 경우 독특한 디자인은 건축하는 것을 어렵게 만들었던 것이지 지연시켰던 주원인은 아니므로 정답이 될 수 없다.

정답 (D) The extremely cold weather

어휘 architect 건축가, 건축기사 construction crew 건설 현장의 노동자 extremely 대단히, 몹시

Questions 28-30 refer to the following announcement. 영M

Good morning and welcome aboard River Front Cruises. We are going to start by touring the city's famous harbor and enjoying the warm morning sun. After that, we'll be heading towards the downtown area where you can enjoy the sites of the parliament building from the tranquility here on the water. Our tour will conclude over by Essle Woods Park where we're going to dock and have some lunch. Everyone is invited to fill out the customer quality service questionnaire at any time.

Part 4

문제 28-30은 다음 안내방송을 참조하세요.
안녕하세요. River Front 유람선에 탑승하신 것을 환영합니다. 저희는 도시의 유명한 항구를 둘러보면서 따뜻한 아침 햇살을 맞이하며 여행을 시작할 것입니다. 그 후 저희는 여기 평온한 선상에서 국회 의사당을 볼 수 있는 시내쪽으로 갈 것입니다. 여행은 우리가 정박하고 점심을 먹게 될 Essle Woods 공원에서 끝날 것입니다. 모든 분들은 언제든지 고객 서비스 품질 설문지를 작성해 주시기 바랍니다.

어휘 aboard ~을[에] 타고 cruise 순항[순양]; 유람 항해 head toward ~쪽을 향하다 site 위치, 장소 parliament 의회, 국회 tranquility 조용함, 고요함 conclude 끝내다, 종결하다 dock 정박하다 fill out 작성하다, 기입하다 questionnaire 질문 사항; 질문서[표], 앙케트 용지

28 청자들은 어디에 있을 것 같은가?
(A) 택시
(B) 배
(C) 비행기
(D) 버스

해설 **키워드:** Where / listeners **위치:** 지문 전반부
청자들이 있을 만한 장소, 즉 대화가 이루어지고 있는 장소를 묻는 문제이다. 장소가 어디인지 직접 언급해주지 않는 경우가 더 많으므로 특정 장소에서 쓰이는 어휘들을 모아 조합을 해서 정답을 이끌어내야 한다. 첫 번째 문장의 welcome aboard River Front Cruises 부분에서 화자는 River Front 유람선에 탑승한 것을 환영한다 하였으므로 정답은 (B)가 된다.
정답 (B) On a boat

어휘 listener 청자 plane 비행기

29 청자들은 어디에서 점심을 먹을 것인가?
(A) 항구에서
(B) 국회 의사당에서
(C) Essle Woods 공원에서
(D) 시내에서

해설 **키워드:** Where / listeners / have lunch **위치:** 지문 후반부
키워드는 Where, lunch로 잡고 이 키워드들이 언급되는 앞, 뒤를 잘 들어야 한다. 지문 후반부에 위치한 문장의 Essle Woods Park where we're going to dock and have some lunch를 통해 사람들은 배를 정박시키고 Essle Woods 공원에서 밥을 먹을 것임을 알 수 있다. 따라서 정답은 (C)가 된다.
정답 (C) At Essle Woods Park

어휘 parliament 의회, 국회

30 청자들은 무엇을 하라는 요청을 받는가?
(A) 설문지를 작성하는 것
(B) 점심을 싸오는 것
(C) 쓰레기를 모두 쓰레기통에 넣는 것
(D) 시내에서 만나는 것

해설 **키워드:** What / asked **위치:** 지문 후반부
요청, 요구와 관련된 사항은 주로 지문 후반부에 위치하게 된다. 맨 마지막 문장 Everyone is invited to fill out the customer quality service questionnaire at any time. 에서 화자는 모든 사람들에게 설문지 작성을 해달라고 요청하고 있으므로(fill out the customer quality service questionnaire) 정답은 (A)가 된다. 정답 (A) Fill out a form

어휘 canister (뚜껑이 붙은) 깡통, 작은 상자(금속제)

Questions 31-33 refer to the following speech. 호W

Good evening, ladies and gentlemen. Welcome to Kingston Technology company's annual appreciation dinner for employees. We are glad to be celebrating here at Rossetti's Italian Restaurant. Tonight, in addition to thanking all of our employees for their tremendous efforts, we will honor Tommy Lee, our marketing director. Mr. Lee and his staff created an excellent advertising campaign for the new Kingston Business Management Software and thanks to their hard work, this year's sales figures have far exceeded our expectations. Now to begin the evening, let's all enjoy the wonderful Italian dinner at Rossetti's. After dinner we have a special presentation planned for Mr. Lee and then we'll end the evening with a live musical performance.

문제 31-33은 다음 안내방송을 참조하세요.
안녕하세요. 신사숙녀 여러분 Kingston Technology사 직원들을 위한 연례 감사 연회에 오신 것을 환영합니다. Rossetti's 이태리 식당에서 이 자리를 축하하게 된 것에 대해 기쁩니다. 오늘 밤 저희 전 직원의 엄청난 노력에 감사하는 것뿐만 아니라 저희는 저희 마케팅 부장인 Tommy Lee를 축하할 것입니다. Mr. Lee와 그의 직원들은 새로운 Kingston Business Management 소프트웨어를 위한 멋진 광고 캠페인을 만들었고 그들이 열심히 일한 결과 올해 매출이 저희의 예상을 훨씬 넘어섰습니다. 지금 오늘 밤(행사)를 시작하기 위해 Rossetti's의 멋진 이태리 저녁식사를 즐기시기 바랍니다. 저녁식사가 끝난 후 Mr. Lee를 위한 특별 시상을 한 다음 라이브 음악과 함께 이 밤을 마치도록 하겠습니다.

어휘 annual 연례의 appreciation 감사 celebrate 축하하다 in addition to 게다가 tremendous 엄청난, 대단한 effort 노력 honor 명예를 주다 marketing director 마케팅 부장 advertising campaign 광고 캠페인 thanks to ~덕분에 sales figure 판매수치 exceed 넘다, 초월하다 expectation 예상 musical performance 음악 공연

31 화자는 어디에 있는가?
(A) 회의실
(B) 식당
(C) Lee 씨의 집
(D) 가게

해설 **키워드:** Where / speaker **위치:** 지문 전반부
말하는 사람이 어디에 있는지를 묻는 질문이다. 말하는 사람에 대한 정보는 전반부에서 등장하는 기본적인 정보이다. 보기의 특정 장소와 관련된 내용을 확인해야 한다. Welcome to Kingston Technology company's annual appreciation dinner for employees.에서 직원들을 위한 감사 연회장임을 알 수 있으며, 바로 뒤에 here at Rossetti's Italian Restaurant라고 말하고 있어 식당임을 알 수 있다. 그러므로 정답은 (B) 식당이 된다. 참고로 장소를 묻는 문제는 모임의 성격을 파악하거나 모임의 성격 파악이 어려울 경우 〈here at + 장소〉 또는 〈this + 장소〉 등을 잘 들어야한다.
정답 (B) At a restaurant

32 화자는 무엇에 대해 이야기하고 있는가?
(A) 직원 저녁식사
(B) 시상식 연회
(C) 마케팅 세미나
(D) 생일 파티

해설 **키워드:** What / speaker / talking about **위치:** 지문 전반부
이야기의 주제를 묻는 질문이다. 주제를 묻는 문제 역시 모임의 성격에서 쉽게 찾을 수 있으며, 주로 전반부에 나오기 때문에 앞서 나온 장소를 묻는 문제와 연계하여 푼다. 31번 문제와 마찬가지로 처음 인사말인 Welcome to Kingston Technology company's annual appreciation dinner for employees.에서 주제는 직원들을 위한 감사 연회임을 알 수 있다. 그러므로 정답은 (A)가 된다.
정답 (A) An employee dinner

어휘 award banquet 시상식 연회

33 Tommy Lee는 누구인가?
(A) 영업사원
(B) 유명한 요리사
(C) 유능한 부장
(D) 가수

해설 **키워드:** Who / Tommy Lee **위치:** 지문 중반부
Tommy Lee의 직업 또는 직책을 묻는 질문이다. 키워드인 Tommy Lee를 잘 들어야 한다. 사람의 이름을 키워드로 해서 직업이나 직위 등을 묻는 문제는 이름을 끼고 앞뒤로 답이 등장한다. 지문 중반부를 보면 we will honor Tommy Lee, our marketing director에서 키워드인 Tommy Lee 뒤에 our marketing director라는 말이 나오므로 정답은 보기 중의 (C) 유능한 부장임을 알 수 있다. 정답 (C) A successful director

어휘 sales representative 영업사원 chef 요리사 successful 성공적인 director 부장, 이사

Questions 34-36 refer to the following announcement. 미M

Attention, all passengers on West Pacific Airline. Due to inclement weather conditions, all outgoing flights after 4 p.m. have been delayed. Flight 428 to Tokyo has been rescheduled and will now move to 8:20 a.m. tomorrow morning. Flight 432 to Hong Kong has also been rescheduled and will now leave at 9:20 a.m. tomorrow morning. We're sorry for the inconvenience. We will be providing hotel accommodations and airport limousine services. If you are a passenger on any of these flights, please speak to a customer service representative at the West Pacific Airline office for further assistance. Thank you for your understanding and we sincerely apologize for this inconvenience.

문제 34-36은 다음 안내방송을 참조하세요.
West Pacific Airline의 모든 승객 여러분들에게 알려드립니다. 기상 조건의 악화로 인해 오후 4시 이후의 모든 출발 항공기들이 지연되었습니다. 도쿄행 428기는 일정이 조정되어 내일 오전 8:20으로 옮겨졌고요. 홍콩행 432기 역시 일정이 조정되어 내일 오전 9:20에 출발할 것입니다. 불편을 드려 죄송합니다. 저희는 호텔 숙박과 공항 리무진 서비스를 제공할 것입니다. 이 항공기들의 승객 여러분은 더 구체적인 협조를 위해 저희 West Pacific Airline 사무실의 고객 서비스 직원에게 문의해주시기 바랍니다. 양해해 주셔서 감사합니다. 불편을 드려 진심으로 사과드립니다.

어휘 passenger 승객 due to ~ 때문에 inclement weather 악천후 delay 미루다, 연기하다, 지연시키다 reschedule 일정을 변경하다 inconvenient 불편한 accommodation 숙소, 시설 customer service representative 고객 서비스 상담원 assistance 도움 sincerely 진심으로 apologize for ~에 대해 사과하다 inconvenience 불편

34 안내가 나오는 장소는 어디일 것 같은가?
(A) 기차역
(B) 공항
(C) 버스 안
(D) 백화점

해설 **키워드:** Where / announcement **위치:** 지문 전반부
안내가 나오고 있는 장소를 묻는 질문이다. 안내가 나오고 있는 장소 등과 같은 기본적인 정보는 초반에 특정 장소에서만 확인할 수 있는 단어들이 들릴 것이다. 처음 주의를 끄는 Attention, all passengers에서 교통수단과 관련된 승객들임을 알 수 있고 뒤이어 West Pacific Airline으로 보아 공항임을 확인할 수 있다. 그러므로 정답은 (B) 공항이 된다.
정답 (B) At an airport

어휘 announcement 발표 train station 기차역

35 문제의 원인은 무엇인가?
(A) 항공 교통 정체
(B) 도로 공사
(C) 사고
(D) 기상 악화

해설 **키워드:** What / cause / problem **위치:** 지문 전반부
문제의 원인을 묻는 질문이다. 이야기에서 안 좋은 상황이 등장하면 그 원인에 대한 설명이 나올 것을 기대해야 한다. Attention ~의 첫 한마디가 끝나자마자 안내방송을 하는 목적을 이야기하면서 Due to inclement weather conditions, all outgoing flights after 4 p.m. have been delayed.(악천후로 모든 오후 4시 이후의 항공기들이 지연되고 있다.)라고 하는 것으로 보아 날씨 때문에 문제가 생긴 것을 확인할 수 있다. 정답 (D) Bad weather

어휘 air traffic 항공 교통정체 road construction 도로 공사 accident 사고 bad weather 악천후

36 고객들에게 무엇이 제공될 것인가?
(A) 호텔 숙박
(B) 다과
(C) 무료 티켓
(D) 렌트카

해설 **키워드:** What / be provided / customers
위치: 지문 중반부
고객들에게 무엇이 제공되는지 묻는 질문이다. 말하는 사람이 제안하는 내용을 잘 들어야 한다. 이와 같이 무엇을 주겠다고 제안하는 내용들은 요구나 요청, 권유 등의 내용과 함께 주로 후반부에 등장한다. 비행 스케줄이 지연된 것에 대한 이야기를 한 후 죄송하다는 말과 함께 We will be providing hotel accommodations and airport limousine services. 즉, 호텔 숙박과 공항 리무진 서비스를 제공하겠다는 말로 보아 정답은 (A) 호텔 숙박이 된다. 정답 (A) Hotel accommodation

어휘 provide 제공하다 customer 고객 hotel accommodation 호텔 숙박

Part 4

실전 TOEIC Test p.356

Questions 01-03 refer to the following instructions. 미M

Welcome to our computer training session for new employees. First, I'm going to show you how to set up an account with your network ID and password. On your computer screen, you can see a place to type in your personal information. Type in your name and employee number then click the submit button. Then, you need to choose a private password. You must type in your password twice to confirm that it is correct. Okay, now I'll give you a few more minutes to finish setting up your employee accounts. If you have any questions, please do not hesitate to ask.

문제 01-03은 다음 설명을 참조하세요.
신입 직원을 위한 우리의 컴퓨터 수업에 오신 것을 환영합니다. 우선, 여러분의 네트워크 ID와 암호를 설정하는 방법을 보여드릴 것입니다. 여러분의 컴퓨터 화면에 여러분의 개인 정보를 입력하는 곳이 보일 것입니다. 여러분의 이름과 직원 번호를 타이핑하신 후 제출 버튼을 클릭하시기 바랍니다. 이후 개인 암호를 결정할 필요가 있습니다. 암호가 정확한지 확인하기 위해 암호를 두 번 타이핑해야만 합니다. 자, 여러분의 직원 계정을 설정하는 것을 마칠 수 있도록 몇 분 더 드릴 것입니다. 문의사항이 있으시다면, 바로 제게 알려주시기 바랍니다.

어휘 session 수업, 회기 set up 설정하다 account 계정 place 장소 type in 입력하다 submit 제출 private 사적인, 개인적인 confirm 확인하다 correct 정확한

01 청자는 누구일 것 같은가?
(A) 입사 지원자들
(B) 신입 직원들
(C) 수석 매니저들
(D) 컴퓨터 기술자들

해설 **키워드:** What / audience **위치:** 지문 전반부
청자의 정체는 지문 전반부에서 그 내용이 제시된다. Welcome to our computer training session for new employees.이라고 했으므로 신입 직원들임을 알 수 있다. 그러므로 정답은 (B)이다. 정답 (B) New employees

어휘 audience 청자, 관객 senior 수석 technician 기술자

02 화자는 청자들에게 무엇을 하도록 가르치고 있는가?
(A) 소프트웨어 프로그램 설치
(B) 주간 보고서 제출
(C) 컴퓨터에 계정 설정
(D) 개인정보 수정

해설 **키워드:** What / speaker / teaching / listeners / do
위치: 지문 전반부
화자가 청자들에게 가르치는 내용을 묻는 문제이므로, 세부사항을 확인해야 한다. I'm going to show you how to set up an account에서 계정 설정하는 법을 가르치고 있다는 것을 알 수 있다. 그러므로 정답은 (C) 컴퓨터에 계정 설정이 된다.
정답 (C) Set up an account on a computer

어휘 install 설치하다 submit 제출하다 set up 설정하다 account 계좌, 계정 revise 수정하다 personal information 개인정보

03 화자는 암호에 관해 무엇이라고 말하는가?
(A) 두 번 입력해야만 한다.
(B) 인사부에서 알 수 있다.
(C) 숫자를 포함해야만 한다.
(D) 제공되었다.

해설 **키워드:** What / speaker / say / password
위치: 지문 후반부
구체적인 내용을 묻는 질문이다. 키워드를 중심으로 앞, 뒤의 이야기를 주의 깊게 들어야 한다. 지문 후반부에서 You must type in your password twice이므로 정답은 (A)이다.
정답 (A) It must be entered twice.

어휘 password 비밀번호 enter 적어 넣다, 들어가다 obtain 얻다 personnel department 인사과 include 포함시키다

Questions 04-06 refer to the following talk. 호W

Now, we reviewed our budget and sales figures for the last quarter. I'd like to talk a little about the new product we're releasing this month. As you know, in two weeks, we'll be introducing a new laser printer to the public. As regional sales managers, you're strongly encouraged to attend the release event. It will be held at the International Trade Center. And sometime before that, I'd like to ask all of you to get together with your sales teams to review our new printer. They should have received the manual a few months ago. However, they may have some further questions, which you can address then.

문제 04-06은 다음 담화를 참조하세요.
이제, 우리는 예산과 지난 분기의 판매 수치를 검토했습니다. 저는 이번 달에 출시할 새로운 소프트웨어에 관해 얘기를 나눠보고자 합니다. 여러분도 아시다시피, 2주 후에 우리는 새로운 레이저 프린터기를 대중에게 소개할 것입니다. 지역 판매 매니저로서, 여러분은 출시 행사에 참석하시길 강력히 요청합니다. 행사는 국제 무역 센터에서 열릴 것입니다. 그리고 그 이전에 여러분의 판매팀과 함께 모여 새로운 프린터에 대해 검토할 것을 요청하는 바입니다. 그들은 몇 달 전에 매뉴얼을 받았을 것입니다. 하지만 그들은 질문이 더 있을 것입니다. 그것들을 그 자리에서 다룰 수 있을 것입니다.

어휘 review 검토하다 budget 예산 sales figures 판매 수치 release 출시하다 introduce 소개하다 regional 지역의 strongly 강력하게 be encouraged to + 동사원형 ~하도록 권장되다 attend 참석하다 get together 모이다

04 담화의 목적은 무엇인가?
(A) 교육 일정을 기획
(B) 금년도 예산안 토론
(C) 전화 규정 검토
(D) 제품 출시 준비

해설 **키워드:** What / purpose / talk **위치:** 지문 전반부
목적은 지문 전반부에 제시된다. 두 번째 문장(I'd like to talk a little about the new product we're releasing this month.)에서 신제품 출시 준비에 대한 것임을 알 수 있다. 그러므로 정답은 (D) 제품 출시 준비가 된다.
정답 (D) To prepare for a product release

어휘 organize 구성하다, 조직하다 budget 예산 regulation 규칙 product 제품 release 출시

05 청자는 누구일 것 같은가?
(A) 재무 분석가
(B) 이벤트 주최자
(C) 판매 부장
(D) 제품 디자이너

해설 **키워드:** Who / audience **위치:** 지문 중반부
청자의 정체도 지문의 상단에서 나오는 것이 일반적이다. As regional sales managers, you're strongly encouraged to attend the release event.에서 판매부장으로서 출시 행사에 참석해야 한다고 하고 있으므로 청자의 정체는 (C) 판매 부장임을 알 수 있다. 정답 (C) Sales managers

어휘 financial analyst 재정분석가 organizer 조직자, 주최자

06 청자들은 무엇을 하도록 요청받는가?
(A) 그들의 팀원을 만난다
(B) 신제품을 홍보한다
(C) 매뉴얼을 배포한다
(D) 판매 계획안을 제출한다

해설 **키워드:** What / listeners / asked **위치:** 지문 후반부
요청사항은 지문의 하단에서 알 수 있다. I'd like to ask all of you to get together with your sales teams to review our new program.에서 팀원을 만나라고 말하고 있다. 그러므로 정답은 (A)가 된다. 정답 (A) Meet with their team

어휘 promote 홍보하다 distribute 분배하다 submit 제출하다 sales plan 판매 계획

Questions 07-09 refer to the following announcement. 영M

> Okay, everyone. I have an important announcement before you start serving lunch to customers. Today, our famous house salad will not be available. The shipment of vegetables didn't come in, so we don't have the ingredients we need to make it. Now, some of our regular customers come especially for the salad. So please make sure to let them know when you give them the menus so they can plan to order something else. You can also let them know that it will be back on the menu again tomorrow. We are getting a delivery in this evening.

문제 07-09는 다음 공지 사항을 참조하세요.
자, 여러분. 저는 여러분이 점심을 고객들에게 서빙을 시작하기 전에 중요한 사항을 알려드리겠습니다. 오늘은 우리의 유명한 하우스 샐러드를 제공할 수 없습니다. 야채의 배송이 들어오지 않아서 그것을 만드는 데 필요한 재료가 없습니다. 이제 우리의 단골 고객들 중 일부가 특히나 그 샐러드를 드시러 오실 것입니다. 따라서 그들에게 메뉴판을 주고 나서, 그들에게 이 사실을 알리도록 하여, 그 분들이 다른 메뉴를 주문할 준비를 할 수 있도록 하시기 바랍니다. 샐러드는 내일은 다시 이용이 가능하리라는 것을 알려주시기 바랍니다. 오늘 저녁에는 배송을 받을 것입니다.

어휘 announcement 공지 serve 음식을 제공하다 available 이용이 가능한 vegetable 야채 come in 들어오다 ingredient 재료 regular customer 단골 고객 order 주문하다 be back 되돌아오다

07 청자들은 누구인가?
(A) 배달원
(B) 식당 직원
(C) 부동산 중개인
(D) 고객

해설 **키워드:** Who / listeners **위치:** 지문 전반부
청자의 정체를 묻는 문제이므로 지문 전반부에 함께 나오는 단어의 공통적인 내용을 파악하여 답을 찾아야 한다. I have an important announcement before you start serving lunch to customers.에서 점심식사를 서빙하는 사람들에게 하는 말이라는 것을 알 수 있으므로 정답은 (B) 식당 직원이 된다. 정답 (B) Restaurant staff

어휘 delivery person 배달원 real estate agent 부동산 중개인

08 문제를 야기시킨 것은 무엇인가?
(A) 주소가 부정확했다.
(B) 고객이 너무 많다.
(C) 일부 재료가 없다.
(D) 직원들이 자격이 없다.

해설 **키워드:** What / caused / problem **위치:** 지문 전반부
문제점을 묻는 질문의 유형은 주로 지문 전반부에 그 내용이 언급된다. 지문의 상단에서 Today our famous house salad will not be available.이라고 샐러드는 오늘은 이용할 수 없다는 문제가 제기되고 있으므로, 이에 대한 이유도 바로 다음 문장에서 나올 것임을 예측해야 한다. The shipment of vegetables didn't come in, so we don't have the ingredients we need to make it.에서 일부 재료가 없어서 샐러드를 만들지 못한다는 것을 알 수 있다.
정답 (C) Some ingredients are missing.

어휘 cause 야기하다 incorrect 부정확한 ingredient 재료 missing 빠진, 없어진 qualified 자격이 있는

09 화자에 따르면, 내일 어떤 일이 일어날 것인가?
(A) 새로운 지사가 문을 열 것이다.
(B) 새로운 판촉 캠페인이 시작될 것이다.
(C) 야채가 배달될 것이다.
(D) 인기 있는 요리를 먹을 수 있을 것이다.

해설 **키워드:** What / happen / tomorrow **위치:** 지문의 후반부
미래 정보를 묻는 문제이므로, 지문의 하단을 잘 들어야 한다. it will be back on the menu again tomorrow.에서 내일은 샐러드가 나올 것임을 알 수 있으므로 정답은 (D)가 된다.
정답 (D) A popular dish will be available.

어휘 branch 지사, 지점 promotion 홍보, 승진 dish 요리 available 이용 가능한, 시간이 가능한

Questions 10-12 refer to the following announcement. 미W

> Today, I'd like to make an important announcement. The company's board of directors will be visiting our factory on July 11, two weeks from tomorrow. As a result, special department meetings have been scheduled for Tuesday in the main meeting room. At these meetings, you are to come up with a list of tasks to complete over the next two weeks in preparation for the board's visit. The meeting schedule will be posted on the bulletin board in the staff room by the end of today. So be sure to check the schedule to see what time your department's meeting will be held. Thank you.

문제 10-12는 다음 공지 사항을 참조하세요.

중요한 공지이니 잘 들어주시기 바랍니다. 오늘 회사의 이사회는 내일부터 2주 뒤인 7월 11일, 우리 공장을 방문할 것입니다. 그 결과로 특별 부서회의가 주요 회의실에서 화요일에 예정되어 있습니다. 이번 회의에서는 이사회의 방문에 대비하여, 다음 2주간 완성해야 할 업무 목록을 생각하여야 합니다. 회의 일정은 오늘까지 직원실의 게시판에 게시될 것이오니, 일정을 확인하시어 여러분의 부서회의가 언제 있는지 확인하시기 바랍니다. 감사합니다.

어휘 board of directors 이사회 as a result 그 결과로 schedule 일정, 일정을 잡다 come up with 떠오르다, 생각해내다 complete 완성하다 post 게시하다 bulletin board 게시판

10 이사회가 언제 방문하도록 예정되어 있는가?
(A) 당일 저녁
(B) 내일 오전 10시
(C) 다음 주 화요일
(D) 2주 후

해설 **키워드:** When / the board of directors / visit
위치: 지문 전반부

the board of directors가 키워드이다. 키워드를 중심으로 앞뒤 이야기를 주의 깊게 들어야 한다. The company's board of directors will be visiting our factory on July 11, two weeks from tomorrow.에서 2주 후인 7월 11일에 방문함을 알 수 있다. 그러므로 정답은 2주 후인 (D)가 된다.

정답 (D) In two weeks

어휘 be scheduled to + **동사원형** ~하기로 되어 있다, 예정되어 있다 in ~후에

11 각 부서는 무엇을 논의할 것인가?
(A) 회의 장소
(B) 방문에 대한 준비
(C) 연례회의
(D) 공장 이전

해설 **키워드:** What / department / discuss **위치:** 지문 후반부

앞으로의 일이므로 지문의 하단 쪽을 잘 들어야 한다. department가 키워드이다. special department meetings have been scheduled for Tuesday in the main meeting room에서 부서 회의가 열릴 것임을 알 수 있고, 다음 문장(At these meetings, you are to come up with a list of tasks to complete over the next two weeks in preparation for the board's visit.)에서 방문에 대한 대비를 해야 함을 알 수 있다. 그러므로 정답은 (B) 방문에 대한 준비가 된다. 정답 (B) Preparations for the visit

어휘 department 부서 location 장소 preparation 준비 visit 방문 possible 가능한 annual 연례 relocation 이전

12 회의는 어디서 열릴 것인가?
(A) 생산실
(B) 직원실
(C) 주회의실
(D) 이사회실

해설 **키워드:** Where / meetings / take place **위치:** 지문 중반부

회의가 열릴 장소에 대해 묻는 문제이므로 meetings가 키워드이다. 키워드인 meetings를 중심으로 앞뒤 이야기를 주의 깊게 들으며 어디서 회의가 열릴지를 생각해야 한다. special department meetings have been scheduled for Tuesday in the main meeting room이므로 회의가 열리는 곳은 주회의실이다. 그러므로 정답은 (C)가 된다.

정답 (C) In the main meeting room

어휘 take place 개최되다, 일어나다 staff room 직원실 meeting room 회의실

Questions 13-15 refer to the following announcement. 미M

I have an announcement before you start the shift. We're going to upgrade the machinery here in Ceramics Factory. The new machines will perform the same function as the old ones but they will do it more quickly. This upgrade will help us substantially speed up operations to produce more ceramic dinnerware. We should be able to double the number of plates we manufacture annually. Everyone must be trained in using the new equipment before it is installed next month. Please sign up for one of the two available training sessions before the end of the day. For safety reasons, you'll not be allowed to operate the equipment until you complete the training.

문제 13-15는 다음 공지 사항을 참조하세요.

여러분의 교대 근무를 시작하기 전에 알려드릴 것이 있습니다. 우리는 세라믹 공장의 기계를 업그레이드할 예정입니다. 새로운 기계들은 이전 것과 같은 기능을 수행할 것이지만, 더 빠르게 처리할 것입니다. 이 업그레이드는 우리가 더 많은 세라믹 식기류를 생산하기 위한 공정을 상당히 신속하게 하는 데 도움이 될 것입니다. 우리는 연간 생산량을 두 배로 늘릴 수 있게 될 것입니다. 여러분들께서는 다음 달에 새 기계를 설치하기 전에 장비를 사용하는 것에 대해 교육을 받아야 합니다. 오늘까지 2개의 수업 중 하나에 등록해 주시기 바랍니다. 안전상의 이유로, 여러분들은 교육을 완료하기 전까지는 장비를 작동시킬 수 없음을 알려드립니다.

어휘 machinery 기계 ceramics 세라믹 제품의 perform 수행하다 function 기능, 작용 substantially 상당하게 speed up 속도를 내다 produce 생산하다 dinnerware 식기류 double 두 배가 되게 하다 the number of ~의 수, 숫자 involved in ~에 관련된 sign up 등록하다 available 이용이 가능한 safety 안전 be allowed to + **동사원형** ~하도록 허가되다 operate 작동시키다 complete 완료하다

13 공장은 어떤 유형의 제품을 생산하고 있는가?
(A) 식기
(B) 중장비
(C) 포장된 제품
(D) 사무용품

해설 **키워드:** What type of merchandise / factory / produce
위치: 지문 중반부

공장에서 생산하는 제품에 관해 묻는 내용이므로 지문의 상단에서 확인하도록 하자. This upgrade will help us substantially speed up operations to produce more ceramic dinnerware.에서 식기류를 생산함을 알 수 있다. 보기 중 식기류는 (A) Dishes뿐이므로 바로 정답으로 선택할 수 있다.

정답 (A) Dishes

어휘 dish 접시 machinery 기계(류) goods 상품, 제품 office supplies 사무용품

14 공장은 왜 새 장비를 들이는 것인가?
(A) 다른 제품을 생산하기 위해서
(B) 고장 난 기계를 교체하기 위해서
(C) 생산량을 늘리기 위해서

(D) 더 많은 직원을 수용하기 위해서

해설 **키워드:** Why / factory / getting / new equipment
위치: 지문 중반부
This upgrade will help us to substantially speed up operations to produce more ceramic dinnerware.에서 생산량을 늘리기 위해서 기계를 새로 도입하려고 추진하고 있다는 것을 알 수 있다. 근거가 되는 문장이 앞 문제와 동일하므로 고난이도 문제에 해당한다.
정답 (C) To increase production

어휘 equipment 장비, 설비 produce 생산하다 replace 대체하다 broken 고장난 increase 증가하다, 증가시키다 production 생산, 생산량 accommodate 수용하다 worker 노동자

15 화자에 따르면, 모든 직원들은 무엇을 하도록 요청받고 있는가?
(A) 적절한 안전 장비를 획득하기
(B) 추가 교육 받기
(C) 설치 설명서 읽기
(D) 상사와 이야기하기

해설 **키워드:** What / workers / asked to do **위치:** 지문 후반부
요청사항은 지문의 하단에 위치한다. Everyone must be trained in using the new equipment before it is installed next month.에서 교육을 받아야 함을 알 수 있다. 그러므로 정답은 (B) 추가 교육 받기가 된다.
정답 (B) Receive additional training

어휘 ask 묻다, 요청하다 obtain 획득하다, 얻다 appropriate 적절한 safety equipment 안전 장비 receive 받다 additional 추가적인 training 훈련, 교육 installation 설치 manual 설명서 speak with ~와 이야기하다 supervisor 감독관

Questions 16-18 refer to the following news report. 호W

The city of Ember has approved plans to build a new park in the northeast district. The park will be located directly across from the Ember Public Library on Main Street. Plans for the park include a children's playground, a picnic area and a sports field. City mayor, William Scott, spoke about the new park at a press center yesterday. He expressed enthusiasm saying that the new recreation area would provide a much needed place for local residences. Construction will begin on September 2nd and an opening day celebration is tentatively scheduled for June 1st.

문제 16-18은 다음 뉴스 보도를 참조하세요.
Ember 시는 북동 구역에 새 공원을 짓는 계획을 승인했습니다. 공원은 Main가에 있는 Ember 공공 도서관 바로 맞은편에 위치하게 될 것입니다. 공원의 설계도에는 어린이 놀이터, 피크닉 장소와 운동 경기장도 포함되었습니다. 시장인 William Scott 씨는 어제 프레스 센터에서 새 공원에 관해 언급했습니다. 그는 새로운 놀이 장소가 지역주민들이 함께 하기 위한 필요 공간을 제공할 것이라고 말하면서 열정을 보였습니다. 공사는 9월 2일부터 시작되며 개원 축하식은 6월 1일로 임시적으로 정해졌습니다.

어휘 approve 승인하다 build 짓다, 건설하다 district 구역 directly 바로, 직접 across from 맞은편에 include 포함하다 playground 놀이터 field 경기장 express 나타내다, 표현하다 enthusiasm 열정 recreation 기분전환, 오락 tentatively 임시로

16 무엇에 관한 보도인가?
(A) 공공 도서관
(B) 쇼핑 센터
(C) 도시 공원
(D) 프레스 센터

해설 **키워드:** What / report / about **위치:** 지문 전반부
보도의 주제를 묻는 문제이므로 지문의 첫 번째 문장을 잘 듣도록 하자. The city of Ember has approved plans to build a new park in the northeast district.에서 도시 공원을 짓는 것임을 알 수 있다. 그러므로 정답은 (C) 도시 공원이 된다.
정답 (C) A city park

어휘 public library 공공 도서관

17 William Scott 씨는 누구인가?
(A) 시 공무원
(B) 뉴스 기자
(C) 컨퍼런스 기획자
(D) 공사 엔지니어

해설 **키워드:** Who / William Scott **위치:** 지문 중반부
사람 이름은 대표적인 키워드이다. 따라서 지문에서 William Scott이 들리기를 기다려야 하는데, William Scott의 정체인 city mayor, 즉 시장은 이름 바로 앞에 등장하므로 조금 난이도가 있는 문제라고 할 수 있다. 보기 중 시장을 포함할 수 있는 명사는 (A) A city official뿐이다.
정답 (A) A city official

어휘 official 공무원 reporter 기자, 리포터 organizer 조직자, 창시자 construction 공사

18 공사는 언제 시작될 것인가?
(A) 6월
(B) 8월
(C) 9월
(D) 10월

해설 **키워드:** When / work / begin **위치:** 지문 후반부
미래 정보는 지문의 하단에 위치한다. Construction will begin on September 2nd에서 공사는 9월에 시작한다는 것을 알 수 있으므로 정답은 (C)이다.
정답 (C) In September

어휘 project 계획, 프로젝트 begin 시작하다

Questions 19-21 refer to the following talk. 미M

I wanted to inform you of a new service we are offering here at the hotel. As you may know, we've just made wireless Internet available in all the guest rooms and the lobby. I'm sure this will be a popular service. Please be sure to become familiar with our Internet access procedure, so you can explain it to guests when they arrive. At check-in, you can also show our guests how to find the password. It's on a card on the main table in each room. When their computers prompt them for a user-name, they should enter their room number. For your reference, I'm giving you each a pamphlet that explains our new Internet access procedure.

문제 19-21은 다음 담화를 참조하세요.
저는 여러분에게 이곳 호텔에서 제공하고 있는 새로운 서비스에 관해 정보를 전해드리고자 합니다. 여러분들도 아시다시피, 저희는 모든 객실과 로비에 무선 인터넷을 사용할 수 있도록 했습니다. 저는 이것이 인기 있는 서비스가 될 것이라 확신합니다. 저희의 인터넷 접속 절차를 숙지하시어, 도착하시는 손님들에게 그것을 설명할 수 있도록 하시기 바랍니다. 수속 시에, 손님들에게 암호를 어디에서 찾을 수 있는지를

알려주시기 바랍니다. 그것은 각 방의 큰 테이블 위의 카드에 적혀 있습니다. 손님의 컴퓨터가 사용자 이름을 물으면, 손님의 방 번호를 입력하면 됩니다. 여러분의 참조를 위해 우리의 새로운 인터넷 접속 절차를 설명하고 있는 소책자를 각자에게 나눠드리겠습니다.

어휘 update 갱신하다, 최신화하다 wireless 무선의 familiar 익숙한, 잘 알고 있는 explain 설명하다 prompt 재촉하다 enter 입력하다

19 호텔은 최근에 무엇을 했는가?
(A) 로비의 개조
(B) 무선 인터넷 설치
(C) 추가 직원 고용
(D) 객실 추가

해설 **키워드:** What / hotel / done recently **위치:** 지문 전반부
호텔이 최근에 했던 일을 묻는 문제이다. 과거에 발생한 일은 보통 지문 전반부에 등장한다. 전반부(we've just made wireless Internet available in all the guest rooms and the lobby.)에서 무선 인터넷을 설치했음을 알 수 있으므로 정답은 (B)가 된다. 정답 (B) Installed wireless Internet

어휘 renovate 보수공사를 하다 install 설치하다 wireless 무선의 additional 추가의

20 화자에 따르면, 직원들은 손님들이 도착했을 때, 무엇을 해야만 하는가?
(A) 서비스에 관한 설명
(B) 관광 안내 제공
(C) 열쇠 제공
(D) 설문조사 제공

해설 **키워드:** what should / employees do / when guests arrive **위치:** 지문 중반부
질문의 should를 통해 화자가 employees에게 요청하거나 제안하는 내용을 묻는 질문임을 알 수 있다. 요구사항이나 제안사항은 보통 후반부에 등장하게 되는데, 이 문제는 두 번째 문제로 중후반부에서 등장할 수 있다. Please be sure to become familiar with our Internet access procedure, so you can explain it to guests when they arrive.에서 손님들에게 서비스를 설명해야 함을 알 수 있으므로 정답은 (A)가 된다.
정답 (A) Explain a service

어휘 explain 설명하다 offer 제안하다, 제공하다 provide 제공하다.

21 화자는 청자들에게 무엇을 제공하는가?
(A) 배정된 방의 목록
(B) 안내 책자
(C) 인터넷 주소
(D) 지도

해설 **키워드:** What / speaker / give / listeners
위치: 지문 후반부
화자가 듣는 이들에게 나눠줄 것이 무엇인지를 묻는 질문이다. 지문 후반부(I'm giving you each a pamphlet that explains our new Internet access procedure.)에서 안내책자를 배포할 것임을 알 수 있으므로 정답은 (B)가 된다.
정답 (B) A pamphlet

어휘 assigned 배정된 map 지도

Questions 22-24 refer to the following news report. 미W

Good evening. In local news, the Southeast Historical Society announced plans today to begin construction of a new regional museum. The president of the historical society, Larry Nelson, is responsible for raising the necessary funds for the project. And he is hopeful that the construction will start next June. The museum plans to have a display showing the history of this area including an exhibit about the various native people that have lived in the region. It also has a small research room with historical books and documents about the development of the area. Mr. Nelson said the historical society is eager to take the next step to finalize the design of the building.

문제 22-24는 다음 뉴스 보도를 참조하세요.
안녕하세요, 좋은 저녁입니다. 지역 뉴스에서 남서부 역사학회가 오늘 새로운 지역 박물관을 건립한다는 계획을 발표했습니다. 역사회의 의장인 Larry Nelson은 프로젝트를 위한 필요한 자금을 모금하는 것 담당하고 있습니다. 그는 공사는 다음달 6월부터 시작할 수 있을 거라 기대하고 있습니다. 박물관은 그 지역에 거주하는 다양한 원주민들에 관한 전시회를 포함한 이 지역의 역사를 보여주는 전시물들을 보여줄 수 있도록 계획하고 있습니다. 또한 지역의 발전에 대한 문서와 역사책을 보유하고 있는 작은 리서치룸을 가지게 됩니다. Mr. Neslon은 역사회가 건물 디자인을 최종화하는 다음 단계로 나가기를 바라고 있다고 전했습니다.

어휘 construction 건설 regional 지역의 responsible 책임이 있는 raise funds 자금을 모으다 hopeful 희망적인 display 전시물, 전시 including 포함하는 exhibit 전시회 various 다양한 native 원주민의 region 지역 historical 역사적인 development 개발 eager to + 동사원형 ~하고자 하는 take a step 조치를 취하다 finalize 최종화하다

22 무엇에 관한 보도인가?
(A) 지역의 역사
(B) 단체의 설립
(C) 박물관의 건립
(D) 미술 전시회의 개관

해설 **키워드:** What / report / about **위치:** 지문 전반부
지문의 목적을 묻는 문제이므로 지문의 상단을 잘 들어야 한다. the Southeast Historical Society announced plans today to begin construction of a new regional museum을 통해서 박물관 건립에 대한 내용임을 알 수 있으므로 정답은 (C)가 된다.
정답 (C) The construction of a museum

어휘 region 지역 establishment 설립 construction 건설, 건립

23 Larry Nelson은 누구인가?
(A) 역사가
(B) 뉴스 기자
(C) 펀드 매니저
(D) 단체의 장

해설 **키워드:** Who / Larry Nelson **위치:** 지문 중반부
구체적으로 등장하는 사람의 직업이나 신분을 묻는 문제는 사람의 이름을 끼고 앞뒤로 등장하는 직업이나 신분을 잘들어야 한다. The president of historical society, Larry Nelson, is responsible for ~에서 Larry Nelson이 조직의 수장임을 쉽게 알 수 있으므로 정답은 (D)가 된다.

정답 (D) An organization president

어휘 president 사장, 책임자

24 프로젝트의 다음 단계는 무엇인가?
(A) 디자인 완성
(B) 계약의 체결
(C) 승인 받기
(D) 예산 세우기

해설 **키워드:** What / next step **위치:** 지문 후반부
다음에 일어날 일 등 미래와 관련된 내용은 주로 지문 후반부에 등장한다. 지문의 맨마지막(Mr. Nelson said the historical society is eager to take the next step to finalize the design of the building.)에서 디자인을 완성하는 것임을 알 수 있으므로 정답은 (A)가 된다. 정답 (A) Completing a design

어휘 complete 끝내다 finalize 마무리하다, 끝내다 approval 승인

Questions 25-27 refer to the following news report. 미M

Good morning! Thanks for listening to WBS's morning business report. Earlier today, Paul Wood, the president of Furniture Island, announced that his company has developed a new style of kitchen furniture that they have high hopes for. Wood said that the product will be made entirely out of recycled materials. This is in line with Furniture Island's recent promise to make products that are more environmentally friendly. Their product is expected to be released soon. And Wood projects that the total sales for the year will be about 15% higher than last year's sales because of this new furniture.

문제 25-27은 다음 뉴스 보도를 참조하세요.
좋은 아침입니다. WBS의 아침 비즈니스 리포트를 청취해 주셔서 감사드립니다. 오늘 오전에 일찍 Furniture Island의 사장인 Paul Wood 그의 회사가 높은 기대를 갖고 있는 새로운 부엌가구를 개발했다고 발표했습니다. Wood 씨는 이 제품이 전부 재활용 재료를 가지고 만든 것이라 말했습니다. 이것은 Furniture Island의 최근의 약속인 환경 친화적인 제품을 만들겠다는 것과 일치하는 것입니다. 그들의 제품은 곧 출시될 것으로 예상됩니다. 그리고 Wood 씨는 이 새로운 가구 때문에 올해 총 판매량이 작년 판매량 보다 15퍼센트 더 높아질 것으로 전망하고 있습니다.

어휘 develop 개발하다 have the high hopes for ~에 대해 높은 기대를 갖다 be made out of ~로 만들어지다 recycled materials 재활용 재료 in line with ~와 일치하여 promise 약속 environmentally friendly 환경친화적인 release 출시하다

25 뉴스 보도의 주 내용은 무엇인가?
(A) 가구 디자인 상
(B) 재활용 프로그램
(C) 신제품의 개발
(D) 두 회사 간의 합병

해설 **키워드:** What / news report / about **위치:** 지문 전반부
주제를 묻는 문제이므로 지문의 첫 문장을 잘 듣자. Paul Wood, the president of Furniture Island, announced that his company has developed a new kitchen furniture에서 새로운 가구 즉, 신제품의 개발에 대한 이야기임을 알 수 있으므로 정답은 (C)가 된다.
정답 (C) The development of a new product

어휘 award 상 recycling 재활용하는 merger 합병

26 Furniture Island는 무엇을 하기를 약속했는가?
(A) 재활용을 하는 고객들에게 보상하기
(B) 환경친화적인 제품 만들기
(C) 제품의 보증기간을 연장하기
(D) 가격을 15퍼센트 낮추기

해설 **키워드:** What / Furniture Island / promised to do
위치: 지문 중반부
Furniture Island가 하겠다고 약속한 구체적인 내용을 묻는 질문이다. 지문 중반부(Furniture Island's recent promise to make products that are more environmentally friendly.)에서 환경친화적인 제품을 만들겠다고 약속한 것임을 알 수 있으므로 정답은 (B)가 된다.
정답 (B) Produce environmentally friendly products

어휘 reward 보상하다 extend 연장하다 reduce 줄이다, 낮추다

27 Mr. Wood에 따르면, 올해 말에 무슨 일이 일어날 것 같은가?
(A) 가구 판매량이 증가할 것이다.
(B) 직원이 추가로 고용될 것이다.
(C) 새로운 생산 기준이 시행될 것이다.
(D) 회사 비용이 감소될 것이다.

해설 **키워드:** what / happen / the end of the year
위치: 지문 후반부
앞으로 일어날 미래와 관련한 질문은 지문 후반부를 잘 들어야 한다. Wood projects that the total sales for the year will be about 15% higher than last year's sales because of this new furniture에서 판매량이 늘 것을 전망하고 있음을 알 수 있으므로 정답은 (A)가 된다.
정답 (A) Furniture sales will increase.

어휘 increase 증가하다 standard 기준, 표준 implement 실시하다 cost 비용

Questions 28-30 refer to the following talk. 호W

Good afternoon, everyone. We are happy to offer this product demonstration on our newest camcorder, the EPS 350F. You'll find it helpful when selling the camcorder in your stores. We will be showing you the basic and advanced features of the camcorder, and then you will have a chance to try it out. At the end of the demonstration, we will give you some product brochures to compare the EPS 350F to other similar camcorders currently on the market. We are recommending that you share these brochures with other salespeople at your stores.

문제 28-30은 다음 담화를 참조하세요.
좋은 오후입니다. 여러분. 우리의 최신 캠코더인 EPS 350F 제품 시연을 제안하게 되어 기쁩니다. 여러분의 상점에 있는 캠코더를 판매하실 때 시연이 도움이 될 것이라 생각합니다. 여러분에게 이 캠코더의 기본기능과 고급기능을 보여드리고, 이것들을 사용해보실 수 있도록 하겠습니다. 시연의 마지막에는 EPS 350F를 현재 시장에 있는 다른 유사 캠코더와 비교해볼 수 있도록 하는 제품 안내 책자를 나눠드리도록 하겠습니다. 이 안내 책자들을 여러분 상점의 다른 영업직원들과 공유하시기를 권해드립니다.

어휘 demonstration 시연 newest 최신의 helpful 유용한 basic 기본의 feature 기능 try out 시험해 보다 compare 비교해 보다 similar 유사한 on the market 시장에 있는 recommend 추천하다

Part 4

28 무엇이 시연될 것인가?
(A) 캠코더
(B) 보안 시스템
(C) TV
(D) 소프트웨어 프로그램

해설 **키워드:** What / demonstrated **위치:** 지문 전반부
앞으로 시연될 것이 무엇인지를 묻는 문제로 주제를 묻는 것과 같다. 그러므로 지문의 첫 번째 문장을 확인하자. We are happy to offer this product demonstration on our newest camcorder에서 보기 중의 캠코더임을 알 수 있으므로 정답은 (A)가 된다. 정답 (A) A camcorder

어휘 security 보안, 경비

29 누구를 위한 시연인가?
(A) 고객
(B) 영업직원
(C) 생산업자
(D) 디자이너

해설 **키워드:** Who / demonstration / for **위치:** 지문 전반부
이 이야기를 듣는 대상 역시 지문의 상단에서 알 수 있다. You'll find it helpful when selling the camcorder in your stores.에서 여러분의 상점에서 판매할 때 도움이 될 것이다라고 했으므로, 듣는 대상은 판매직원임을 알 수 있다.
정답 (B) Salespeople

어휘 A be intended for B A는 B를 위해 의도되다

30 청자들은 안내 책자를 가지고 무엇을 하도록 요청 받고 있는가?
(A) 고객들에게 보내기
(B) 전시하는 데 사용하기
(C) 동료들과 공유하기
(D) 참조 자료로 보관하기

해설 **키워드:** What / listeners / be asked / brochures
위치: 지문 후반부
권고, 제안에 관한 것은 지문의 하단에 나오게 됨을 주의하자. We are recommending that you share these brochures with other salespeople at your stores.에서 정답은 (C)임을 알 수 있다.
정답 (C) Share them with colleagues

어휘 share 공유하다 reference 참고(자료)

Questions 31-33 refer to the following talk. 영M

Good morning, everyone. Thank you for joining our training course. I'm your personal trainer, Davidson, and I'm going to give a demonstration on how to use this machine. The first thing you will do is sit on the machine. There are handles by your head. Reach for the handles. You will work this best if your arms are not stretched out but at an angle. If you have to reach too high, then the seat is too low. The seat is easily adjustable. Gym equipment in general is made for men. At 5 feet 4 inches tall I always put any seat I am on at the lowest or highest level depending on the piece of equipment. For those of you who are familiar with these type of machines, my setting is usually 5 feet. I moved the seat up as high as it went and I was able to reach the upper bars without having to stretch out my arms. It was very comfortable. My feet did not need to touch the floor. The upper handles are nicely padded. No need to wear gloves with this machine.

문제 31-33은 다음 담화를 참조하세요.
여러분, 좋은 아침입니다. 훈련 코스에 참가해 주셔서 감사합니다. 저는 여러분들의 개인 트레이너 Davidson입니다. 이 운동기구를 어떻게 사용해야 하는지 보여드리겠습니다. 가장 먼저 해야 할 것은 기계에 앉는 것입니다. 머리 옆에 핸들이 있을 것입니다. 핸들로 손을 뻗으세요. 팔을 쭉 내뻗는 게 아니라 비스듬히 뻗으면 최고의 효과를 발휘할 것입니다. 당신이 너무 높이 팔을 뻗어야 한다면 의자가 너무 낮은 것입니다. 의자는 쉽게 조정할 수 있습니다. 일반적으로 체육관 기계는 남자를 위해 만들어져 있습니다. 키가 5피트 4인치인 저는 제가 앉는 의자를 기구에 따라 최저나 최고 높이에 둡니다. 기계를 알고 계신 여러분들을 위해 저는 대개 5피트에 고정을 시켜놓는다는 것을 알려드립니다. 저는 좌석을 최대한 높이 올려 팔을 뻗지 않고도 위에 있는 바를 잡을 수 있습니다. 그것은 매우 편합니다. 발은 바닥에 닿을 필요가 없습니다. 위에 있는 핸들은 굉장히 푹신해서 장갑을 착용하실 필요가 없습니다.

어휘 training course 훈련 코스 give a demonstration ~을 보여주다[입증하다] reach for ~로 손을 뻗다 not A but B A가 아니라 B인 stretch out 내뻗다, 뻗다 at an angle 비스듬히 adjustable 조절할 수 있는 in general 대개, 대체로 depending on ~에 따라, ~에 좌우되어 outstretch ~을 뻗다, 펴다 nicely 좋게, 잘, 훌륭히 padded 푹신한

31 이 담화는 어디에서 이루어질 것 같은가?
(A) 체육관
(B) 대학교 강의실
(C) Davidson의 사무실
(D) 강당

해설 **키워드:** Where / talk / take place **위치:** 지문 전반부
대화가 이루어지고 있는 장소를 묻는 문제이다. I'm your personal trainer, Davidson, and I'm going to give a demonstration on how to use this machine에서 화자는 자신이 개인 트레이너라고 소개한 뒤, 운동기구를 사용하는 방법을 보여드리겠다고 하였으므로 정답은 (A)가 된다.
정답 (A) At a gymnasium

어휘 gymnasium 체육관, 실내 경기장 auditorium 강당, 대강의실

32 청자들이 팔을 너무 높이 뻗어야 하는 경우에는 어떻게 할 수 있나?
(A) 그들은 핸들을 조정할 수 있다.
(B) 그들은 개인 트레이너에게 말해야 한다.
(C) 그들은 기계를 바꾸어야 한다.
(D) 그들은 좌석을 위로 올릴 수 있다.

해설 **키워드:** What / if / have to reach too high
위치: 지문 중반부
지문 중반부에 위치한 문장 If you have to reach too high, then the seat is too low. The seat is easily adjustable.을 통해 손을 너무 높이 뻗어야 하는 경우, 의자가 너무 낮은 것이니 이것을 조정해야 한다는 것을 알 수 있다. 지문의 The seat is easily adjustable.을 They can move the seat up.으로 바꾸어 표현한 것에 유의한다.
정답 (D) They can move the seat up.

어휘 adjust 맞추다, 조정하다 seat 좌석, 자리

33 화자는 위에 있는 핸들에 대해 뭐라고 말하는가?
(A) 위에 있는 핸들은 길이가 5피트 4인치이다.

(B) 위에 있는 핸들은 매우 편안하다.
(C) 발이 바닥에 닿아야 한다.
(D) 사람들은 장갑을 착용해야 한다.

해설 **키워드:** What / suggest / the upper handles
위치: 지문 후반부

맨 마지막 문장(The upper handles are nicely padded. No need to wear gloves with this machine.)에서 upper handles를 제시한 뒤 이것이 매우 푹신하다고(are nicely padded) 설명하고 있으므로 이것을 very comfortable이라고 바꾸어 표현한 (B)가 정답이 된다. 장갑을 착용할 필요가 없다고 하였으므로(no need to wear gloves with this machine) (D)는 답이 될 수 없다.

정답 (B) The upper handles are very comfortable.

어휘 upper 위쪽의, 높은 쪽의 touch 닿다, 대다 glove 장갑, 글러브

Questions 34-36 refer to the following excerpt from an instruction video. 미W

To copy text off a website, you first need to select the text with your mouse. Watch me for a second ... I'm clicking on the word ... holding down the mouse button while I drag the cursor across the word ... okay, and now notice that the entire word is highlighted in blue. The text is now selected. Okay, so now I'm going to click on the "Edit" menu at the top of the screen... and choose "Copy" from the drop-down menu. All I have to do now is open up text editor... select the "Edit" menu again...and now click "Paste." And check it out, the text we copied is now pasted in the text document.

문제 34-36은 비디오 설명서에 나오는 내용을 참조하세요.
웹사이트에서 본문을 복사하려면 우선 마우스로 본문을 선택해야 합니다. 제가 하는 것을 잠시 보세요… 이 단어에 클릭을 해서…마우스의 버튼을 누른 채로 커서를 이 단어의 끝까지 끌고 갑니다… 좋아요, 그리고 이제 모든 단어가 파란색으로 표시된 것이 보이시죠. 이제 본문이 선택된 겁니다. 좋아요, 그럼 이제는 스크린의 위쪽에 있는 "편집" 메뉴를 클릭해서... 그 드롭다운 메뉴 중에 "복사"를 선택하시면 됩니다. 이제 제가 해야 할 일은 문서 편집기를 열어… "편집" 메뉴를 다시 선택하고… "붙이기"를 클릭하는 것입니다. 확인해 보세요. 우리가 복사한 그 본문이 이제 문서에 붙여졌습니다.

어휘 copy ~를 복사하다 select 고르다, 선택하다 text 본문 for a second 잠시 click (마우스의 버튼을) 클릭하다 hold down ~을 억누르다, (직업 · 일 등)을 보유[유지]하다, 계속하다 drag ~을 끌다 cursor 커서 notice ~에 주목하다 entire 전체의 highlight 강조하다, 두드러지게 하다 edit ~를 편집하다, 편집 text editor 문서 편집기 paste 붙이기, ~를 붙이다 check out ~을 확인하다

34 화자는 무엇을 하는 방법을 설명하고 있는가?
(A) 소프트웨어 설치
(B) 텍스트를 복사해서 붙이는 것
(C) 네트워크 연결
(D) 웹 사이트 찾기

해설 **키워드:** What / speaker / explain **위치:** 지문 전 · 후반부
무엇을 하는 방법을 설명하고 있는지를 묻는 문제이다. 이 이야기의 주제를 묻는 질문은 주로 전반부에 등장한다. 이야기의 첫 머리에서 To copy text off a website를 통해서 웹사이트의 글을 복사하는 것과 관련된 설명임을 알 수 있으므로 (B)를 정답으로 유추할 수 있으며 마지막 문장 And check it out, the text we copied is now pasted in the text document.에 확실하게 나와 있다.

정답 (B) Copy and paste text

어휘 install 설치하다 connect to ~와 연결되다 search for ~을 찾다

35 설명에 따르면 청자들은 무엇을 먼저 해야 하는가?
(A) 문서를 타이핑하는 것
(B) 마우스를 선택하는 것
(C) 메뉴를 클릭하는 것
(D) 텍스트를 선택하는 것

해설 **키워드:** what / do / first **위치:** 지문의 초반부
가장 먼저 해야 하는 일을 묻고 있으므로 지문의 초반부부터 귀 기울여 듣는다. 첫 번째 문장 you first need to select the text with your mouse에서 화자는 키워드인 first를 언급하고 난 뒤 마우스로 본문을 선택하라고 하였으므로 정답은 (D)가 된다.

정답 (D) Select the text

어휘 instruction 가르치는 것, 교수, 교육 text 본문

36 사람들은 어디서 복사 메뉴를 찾을 수 있는가?
(A) 다른 창에서
(B) 문서 편집 프로그램에서
(C) 드롭다운 메뉴에서
(D) 본문에서

해설 **키워드:** Where / find / COPY menu **위치:** 후반부
키워드를 COPY menu로 잡고 이 단어가 제시되는 앞, 뒤를 잘 듣는다. 지문 후반부에 나와 있는 choose "Copy" from the drop-down menu의 내용에서 키워드인 Copy가 제시되고 보기에 나와 있는 drop-down menu가 언급되고 있다. 따라서 정답은 (C)가 된다.

정답 (C) On the drop-down menu

어휘 text editor 문서[문장] 편집 프로그램 drop-down menu 컴퓨터 스크린 상에서 아래로 내려지는 선택 메뉴

Questions 71-73 refer to the following telephone message. 영M

Hello, This is Adam Parker from Star Travel. This message is for Rosa Johnson. Ms. Johnson, I have a flight and a hotel booked for your business trip to Leeds, and you're scheduled to depart at 8:20 a.m. I'll email the details of your itinerary. But I couldn't make a reservation for your rental car. Last time we spoke you said you might need a car but you weren't sure. Just let me know if you do, and I'll be happy to book a car for you, too. My number is 555-2564. Thanks, and I look forward to hearing from you.

문제 71-73은 다음 전화메시지를 참조하세요.
안녕하세요. 저는 Star Travel의 Adam Parker입니다. 이 메시지를 Rosa Johnson 씨에게로 보냅니다. Ms. Johnson. Leeds로 출장 가는 비행편과 호텔이 예약되어 있습니다. 그리고 오전 8시 20분에 출발 예정입니다. 여행 일정표의 상세 내역을 이메일로 보내드리겠습니다. 하지만 렌트카는 예약을 하지 못했습니다. 저번에 말씀하시길 차가 필요할지 모르지만 확실하지는 않다고 하셨는데요. 만약 차가 필요하시다면 알려주시길 바랍니다. 그러면 차를 예약해 놓겠습니다. 제 번호는 555-2564입니다. 감사합니다. 그럼 연락을 기다리겠습니다.

어휘 book 예약하다 be scheduled to ~하기로 되어있다, 예정되어 있다 depart 출발하다 detail 세부 사항 itinerary 여행 일정표 make a reservation 예약하다 look forward to -ing ~을 기대하다

71 전화를 건 사람은 누구인가?
(A) 호텔 직원
(B) 여행사 직원
(C) 셔틀버스 운전자
(D) 관광 가이드

해설 **키워드:** What / caller **위치:** 지문 전반부
화자의 정체를 묻는 문제는 주로 지문 전반부에 힌트가 제시된다. 첫 문장(Hello, This is Adam Parker from Star Travel.)에서 화자는 Star Travel의 Adam Parker라고 하며 자신이 여행사 직원임을 밝히고 있다. 그러므로 정답은 (B) 여행사 직원이 된다.

정답 (B) A travel agent

어휘 clerk 직원 tour guide 관광 가이드

72 전화를 건 사람은 Ms. Johnson에게 무엇을 이메일로 보낼 것인가?
(A) 행사 목록
(B) 교통 안내 지도
(C) 표
(D) 여행 일정표

해설 **키워드:** What / caller / e-mail / Ms. Johnson
위치: 지문 중반부
키워드가 e-mail과 Ms. Johnson이다. 키워드를 중심으로 앞, 뒤 이야기를 주의 깊게 들어야 하겠다. 지문 중반부(I'll email the details of your itinerary.)에서 여행 일정표를 이메일로 보낸다고 하고 있으므로 정답은 (D) 여행 일정표가 된다. 키워드인 e-mail이 그대로 지문에서 표현됐다는 것을 확인하도록 하자.

정답 (D) An itinerary

어휘 activity 활동 transit 수송, 환승 itinerary 여행 일정표

73 전화를 건 사람은 무엇을 제안하는가?
(A) 추가 예약
(B) 도시 관광 준비
(C) 식당 추천
(D) 호텔 가격 비교

해설 **키워드:** What / caller / offer **위치:** 지문 후반부
제안에 해당하는 문제이므로 지문 후반부에서 그 정답이 제시된다. 지문의 하단부(Last time we spoke you said you might need a car but you weren't sure. Just let me know if you do, and I'll be happy to book a car for you)에서 차가 필요하면 예약해 놓겠다고 하고 있으므로 정답은 (A) 추가 예약이 된다.

정답 (A) Make an additional reservation

어휘 additional 추가적인 reservation 예약 arrange 마련하다, 정리하다 recommend 추천하다 compare 비교하다 price 가격

Questions 74-76 refer to the following talk. 미W

You've all done a great job of selling our Delta brand of camping equipment this year. At this meeting, I want to tell you about the new product line that we are launching in March. In addition to tents, sleeping bags and backpacks, we will also be offering a line of outdoor clothing. It will be your jobs to sell these products to all the stores on your client lists. But before we talk about sales calls, let's move to the display room and take a look at the new items.

문제 74-76은 다음의 담화를 참조하세요.
여러분 모두 올해 Delta 캠핑 장비를 판매하는데 훌륭한 성과를 내 주셨습니다. 이번 회의에서는 3월에 출시하는 새로운 제품군에 대해 말씀드리고 싶습니다. 텐트, 침낭, 배낭뿐만 아니라 야외복군도 소개를 할 것입니다. 고객명단에 있는 상점에 이 물품들을 파는 것이 여러분의 일입니다. 방문판매에 관해 얘기하기 전에 진열실로 가서 새로운 제품을 보도록 합시다.

어휘 camping equipment 캠핑 장비 launch 출시하다 in addition to ~에 더하여, ~뿐만 아니라 sleeping bag 침낭 backpack 배낭 offer 제공하다, 제안하다 outdoor clothing 야외복 display room 전시실, 진열실

74 누구에게 말하고 있는가?
(A) 엔지니어
(B) 영업사원
(C) 의상 디자이너
(D) 기업 임원진

해설 **키워드:** Who / addressed **위치:** 지문 전반부
청자의 정체를 묻는 문제이다. 그러므로 전반부를 놓치지 말고 주의 깊게 들어야 한다. 첫 번째 문장(You've all done a great job of selling our Delta brand of camping equipment)에서 Delta 캠핑 장비를 판매하는데 좋은 성과를 내주었다고 하고 있으므로 듣고 있는 사람은 영업사원임을 알 수 있다. 그러므로 정답은 (B) 영업사원이 된다.

정답 (B) Salespeople

어휘 salespeople 영업사원 corporate 기업의, 회사의 executive 간부, 이사

75 3월에 무슨 일이 일어나는가?
(A) 가격이 인상될 것이다.
(B) 카탈로그가 발송될 것이다.
(C) 새 상점이 오픈할 것이다.
(D) 새 제품이 이용 가능하게 될 것이다.

해설 **키워드:** What / happen / March **위치:** 지문 중반부
미래의 일을 묻는 문제는 주로 지문 후반부에 제시가 되나 문제에서 키워드로 March가 제시되고 있으므로 키워드를 중심으로 전후의 내용을 확인해야 한다. 지문에서 March가 언급되는 중반부(the new product line that we are launching in March)에서 3월에 신제품을 출시한다고 하고 있으므로 정답은 (D)이다. 정답 (D) New products will become available.

어휘 price 가격 mail 우편으로 발송하다 available 이용 가능한, 시간이 가능한

76 청자들은 무엇을 할 것인가?
(A) 샘플을 본다
(B) 고객 명단을 본다
(C) 포장 선택을 논의한다
(D) 진열을 한다

해설 **키워드:** What / listener / do **위치:** 지문 후반부
미래에 무엇을 할 것인지를 묻는 질문의 유형이다. 이러한 문제의 유형은 주로 지문 후반부에 그 정답이 제시된다. 지문의 맨 마지막 문장(let's move to the display room and take a look at the new items.)에서 화자는 청자에게 진열실로 가서 새로운 제품을 보도록 하자고 하고 있으므로 정답은 (A)이다.
정답 (A) View sample items

어휘 discuss 토론하다, 논의하다 packaging 포장 option 선택 set up 준비하다, 설립하다 display 전시, 진열, 전시하다, 진열하다

Questions 77-79 refer to the following excerpt from a meeting. 미M

Hi, I'm John Rothman from the personnel department. You've all been working here for a few months now, and we'd like to get feedback from your experiences as recently hired employees. So during this session, we'll be asking you about the company's new employee orientation as well as things your departments have done to help you settle into your new positions. Now, chances are you don't know everyone here, so before we start, why don't we go around the room? Please tell everyone your name, which department you work for, and how long you've been with the company.

문제 77-79는 회의에서 발언된 내용을 참조하세요.
안녕하세요, 저는 인사부의 John Rothman입니다. 여러분 모두 지금 여기서 몇 달째 일을 하고 계십니다. 그래서 최근 고용된 직원으로서 여러분의 경험에 대한 피드백을 받고 싶습니다. 이 시간 동안에는 부서에서 여러분이 새로운 직책에 대해 잘 적응할 수 있도록 도와준 것과 회사의 신입직원 오리엔테이션에 대해서 물어볼 것입니다. 아마 여러분은 여기 모든 사람을 알지 못할 것입니다. 그래서 우리가 시작하기 전에 방을 한번 돌아보시는 게 어떻겠습니까? 여러분의 이름과 어떤 부서에서 일하시고, 회사에서 얼마나 일했는지 등을 모두에게 말씀해 주시길 바랍니다.

어휘 personnel department 인사부 session 시간, 기간 hire 고용하다 A as well as B B 뿐만 아니라 A도 settle into 자리잡다 position 직위, 직책, 자리, 위치 go around 돌다, 돌아다니다

77 청자는 누구인가?
(A) 구직자
(B) 신입사원
(C) 부서 매니저
(D) 기존 고객

해설 **키워드:** Who / listeners **위치:** 지문 전반부
청자의 정체를 묻는 질문이다. 두 번째 문장(You've all been working here for a few months now,)에서 몇 달 동안 일을 해왔다고 하고 있으므로 청자는 근무한지 얼마 되지 않는 신입사원임을 알 수 있으며, 바로 뒤의 your experiences as recently hired employees을 통해서도 확인할 수 있다. 그러므로 정답은 (B) 신입사원이 된다. 정답 (B) New employees

어휘 job applicant 구직자 department manager 부서장 previous 이전의

78 회의의 목적은 무엇인가?
(A) 프로젝트 발표
(B) 피드백 받기
(C) 구인에 관한 상의
(D) 과정 설명

해설 **키워드:** What / purpose / meeting **위치:** 지문 전반부
목적을 묻는 질문의 유형이다. 목적은 지문 전반부에 위치한다. we'd like to get feedback from your experiences as recently hired employees을 보면 최근 고용된 직원의 경험에 대한 피드백을 얻고 싶다고 하고 있으므로 이 회의의 목적은 피드백을 받는 것이 된다. 그러므로 정답은 (B)가 된다.
정답 (B) To obtain some feedback

어휘 purpose 목적 announce 알리다 obtain 얻다 discuss 토론하다, 논의하다 job opening 공석, 빈자리 procedure 절차

79 청자는 무엇을 할 것인가?
(A) 비디오 시청
(B) 시설을 둘러봄
(C) 서식 작성
(D) 자기소개

해설 **키워드:** What will / listeners / do **위치:** 지문 후반부
미래에 무엇을 할 것인지를 묻는 질문의 유형이다. 이러한 문제는 주로 지문 후반부에 그 정답이 제시된다. why don't we go around the room? Please tell everyone your name, which department you work for에서 방을 돌아다니면서 모두들에게 이름과 어떤 부서에서 일하는지 등을 말하라고 하고 있으므로 청자들은 자기소개를 할 것이라는 점을 알 수 있다. 그러므로 정답은 (D) 자기소개가 된다.
정답 (D) Introduce themselves

어휘 facility 시설 fill out 작성하다 form 양식, 서류 introduce 소개하다

Questions 80-82 refer to the following announcement. 호W

On behalf of Dallas International, I'm very pleased to announce that the company will soon begin manufacturing the batteries for our popular electric cars right here in Sao Paulo. The new production facility will be located right next to the vehicle assembly plant and will begin production by the end of the year. This is part of our plan to reduce costs by producing batteries close to the assembly plant. We will be able

Part 4

to eliminate the cost of shipping these products.

문제 80-82는 다음 공지를 참조하세요.
Dallas International을 대신하여, 바로 여기 Sao Paulo에서 우리 회사가 대중적인 전기 자동차의 배터리를 곧 생산하기 시작함을 알리게 되어 기쁩니다. 새로운 생산시설은 차량 조립공장 바로 옆에 있고 올해 말에 생산을 시작합니다. 조립공장에 가까이에서 배터리를 생산함으로 비용을 줄이려는 것이 저희의 계획입니다. 이 제품들의 배송비를 없앨 수 있을 것입니다.

어휘 on behalf of ~대신해서 be pleased to ~하게 되어 기쁘다 announce 알리다, 발표하다 manufacture 제조하다, 생산하다 popular 인기 있는, 대중적인 electric car 전기 자동차 production 생산 vehicle 차량, 탈 것 assembly plant 조립 공장 by the end of ~끝 무렵에 reduce 줄이다 cost 값, 비용 produce 생산하다 eliminate 제거하다 shipping 배송 product 제품

80 새 시설에서는 무엇을 만들 것인가?
(A) 배터리
(B) 전기 자동차
(C) 자동차 창문
(D) 가전제품용 건전지

해설 **키워드:** What / manufactured / in the new facility
위치: 지문 전반부
무엇이 생산되는지를 묻고 있다. 키워드가 manufactured이므로 키워드를 중심으로 전후의 이야기를 잘 들어야 하겠다. 첫 번째 문장(the company will soon begin manufacturing the batteries)에서 배터리를 생산하기 시작했다고 하고 있으므로 정답은 (A) 배터리가 된다. 정답 (A) Batteries

어휘 cell 전지, 세포 appliance 가전제품

81 화자에 따르면, 새로운 시설에 가까이 있는 것은 무엇인가?
(A) 연구 센터
(B) 저장 시설
(C) 조립공장
(D) 화물 적재장

해설 **키워드:** what / new facility / near **위치:** 지문 중반부
새로운 시설 근처에 있는 것은 무엇인지를 묻고 있다. 키워드는 new facility와 near이다. 지문 중반부(The new production facility will be located right next to the vehicle assembly plant)에서 새로운 생산 시설이 차량 조립공장 근처에 위치해 있다고 하고 있으므로 새로운 시설 근처에 있는 것은 (C) 조립 공장이 된다. near가 지문에서 next to로 패러프레이징된 것을 확인하고 넘어가도록 하자.
정답 (C) The assembly plant

어휘 according to ~의하면, 따르면 research center 연구 센터 storage facility 저장 시설 assembly plant 조립공장 loading zone 적재 구역

82 화자에 따르면, 새로운 시설의 위치는 어떤 장점이 있는가?
(A) 시장에 가깝다.
(B) 시내의 편리한 곳에 있다.
(C) 배송비가 줄어든다.
(D) 교통비가 환급된다.

해설 **키워드:** what / advantage / new facility's location
위치: 지문 후반부
새로운 시설의 위치와 관련하여 얻는 이점이 무엇인지를 묻고 있다. 그러므로 키워드는 advantage와 new facility's location이 되겠다. 지문 후반부(This is part of our plan to reduce costs by producing batteries close to the assembly plant. We will be able to eliminate the cost of shipping these products.)에서 조립공장 근처에 근접해 있는 것이 비용을 줄여줄 것이라고 하면서 뒤 문장에서 정확하게 제품의 배송비용이 없어질 것이라고 하고 있으므로 정답은 (C) 배송비가 줄어든다가 된다. 이 문제는 키워드가 지문에서 그대로 언급되지 않았기 때문에 다소 어려운 문제라고 볼 수 있겠다. 정답 (C) Delivery cost will be reduced.

어휘 according to ~의하면, 따르면 advantage 이점, 장점 facility 시설 location 장소 be close to ~에 접근해 있다, 가깝다 conveniently 편리하게, 알맞게 be located in ~에 위치해 있다 downtown 시내에 delivery cost 배송비 reduce 줄이다, 낮추다 transportation fee 교통비 reimburse 배상하다, 변제하다

Questions 83-85 refer to the following radio advertisement. 영M

If you are thinking of buying a desktop computer, Jenna's Electronics has a great deal for you. The newest computer models will be arriving at our stores soon, but our shelves are already overloaded with other models. In order to reduce our current inventory, we are offering amazing savings on the computers we have in stock. The discounts are so big we can't mention them on the air or list them on our website. You'll have to come in to one of our three locations this Sunday only to see these low prices for yourself. Hurry. This sale will only be held on Sunday.

문제 83-85는 다음 라디오 광고를 참조하세요.
만약에 데스크탑을 살 생각을 하고 계신다면, Jenna 전자가 당신에게 좋은 제안을 하나 하겠습니다. 새로운 컴퓨터 모델들이 곧 저희 상점에 도착하게 될 것입니다. 하지만 저희 매장에는 이미 다른 모델로 꽉 차 있습니다. 지금의 재고를 줄이려고, 재고 컴퓨터를 상당히 저렴한 가격으로 판매합니다. 할인 가격이 상당하기에 저희는 방송이나 저희 웹사이트에서 가격을 언급할 수가 없습니다. 저렴한 가격으로 판매되는 제품을 보시려면 이번 주 일요일에 저희 상점의 세 곳 중에 한 곳으로 오셔야 합니다. 서두르세요. 일요일에만 이 세일이 있습니다.

어휘 think of ~을 생각하다 desktop computer 데스크톱 컴퓨터, 탁상용 컴퓨터 deal 거래 newest 최신의 shelf 선반 overload 과적하다 in order to ~하기 위해서 reduce 줄이다 current 현재의 inventory 물품 목록, 재고(품) offer 제공하다 amazing 놀라운 saving 절약, 저금 in stock 비축되어, 재고로 discount 할인 mention 언급하다 on the air 방송 중에 be held 열리다

83 화자에 따르면, 왜 상점이 세일을 하는가?
(A) 재고를 줄이기 위해
(B) 창사 기념일을 축하하기 위해
(C) 신제품을 소개하려
(D) 새로운 점포의 개장을 광고하기 위해

해설 **키워드:** why / store sale / taking place **위치:** 지문 중반부
상점이 왜 세일을 하는지 그 이유를 묻고 있다. 이런 문제는 대개 지문 전반부에 답이 있다. 하지만 이 경우에는 전반부에서는 세일을 하는 배경을 설명하고 지문 중반부에서 그 이유가 언급되고 있음을 알 수 있다. 지문 중반부(In order to reduce our current inventory, we are offering amazing savings on the computers we have in stock.)에서 현재의 재고를 줄이기 위해 세일을 한다고 하고 있으므로 정답은 (A) 재고를 줄

이기 위해가 된다.

정답 (A) To reduce its inventory

어휘 according to ~에 의하면, 따르면 take place 개최되다, 일어나다 reduce 줄이다 inventory 물품 목록, 재고(품) celebrate 축하하다 anniversary 기념일 item 물품 introduce 소개하다 advertise 광고하다 opening 개장, 개점, 빈자리, 공석, 시작

84 사람들은 세일 가격을 어떻게 알 수 있는가?
(A) 웹사이트 방문
(B) 상점에 전화
(C) 상점을 방문
(D) 신문광고 확인

해설 **키워드:** How / people / find out / sale price
위치: 지문 후반부
사람들이 어떻게 세일 가격을 알 수 있는지 그 방법을 묻고 있다. 방법을 묻는 문제는 주로 지문 후반부에 그 정답이 제시된다. You'll have to come in to one of our three locations this Sunday only to see these low prices for yourself.에서 할인 가격을 알려면 직접 방문해야 한다고 하고 있으므로 정답은 (C)이다. 정답 (C) By visiting the store

어휘 find out 알아내다 sale price 할인 가격 by ~ing ~함으로써 telephone 전화를 걸다 newspaper advertisement 신문광고

85 세일은 언제인가?
(A) 화요일
(B) 목요일
(C) 금요일
(D) 일요일

해설 **키워드:** When / sale **위치:** 지문 후반부
가게가 세일을 언제 하는지를 묻고 있다. 키워드는 sale이 되겠고 문제의 보기에서 모두 요일이 제시되어 있으므로 요일을 주의 깊게 들어야 하겠다. 맨 마지막 문장을 보면 This sale will only be held on Sunday.에서 일요일만 세일을 한다고 했으므로 정답은 (D) 일요일이다. 정답 (D) On Sunday

어휘 sale 할인 판매

Questions 86-88 refer to the following announcement. 미M

Ok, before we get started with the weekly status update, I have some good news. This morning MK Telecommunications accepted our proposal to develop their television and web advertising campaign for next year. Since two other advertising agencies also submitted proposals, getting this job is something we can really be proud of. I want to thank all of you who helped, putting the proposals together. I would like to especially thank David who traveled to New York to present our proposal to MK's board of directors and will be back to us next week.

문제 86-88은 다음 공지 사항을 참조하세요.
자, 매주 최신 정보를 공유하기 전에, 좋은 뉴스가 있습니다. 오늘 아침 MK Telecommunications는 내년 텔레비전과 웹 광고 캠페인에 대한 우리의 제안서를 수락했습니다. 두 광고 에이전시가 제안서를 제출했기 때문에, 이 일을 맡게 된 것에 대하여 우리는 자부심을 느껴도 되는 일입니다. 제안서를 만드는데 도움을 준 여러분 모두에게 감사드립니다. 특히 David에게 감사를 드립니다. 그는 우리 제안을 MK 이사회에 발표하러 뉴욕에 갔으며, 다음 주에 돌아올 것입니다.

어휘 get started with ~로 시작하다 weekly 매 주의, 주 1회의 status (진행 과정상의) 상황, 지위 telecommunication 이동통신 accept 승낙하다, 받아들이다 proposal 제안, 제의 develop 개발하다 advertising campaign 광고 캠페인 advertising agency 광고 대행사 submit 제출하다 be proud of ~자랑스러워하다 put together 만들다, 준비하다 would like to ~하고 싶다 present 발표하다 board of director 이사회

86 화자는 무엇에 기뻐하는가?
(A) 회사가 권위 있는 상을 수상한 것.
(B) 회사가 심한 경쟁을 이기고 새로운 계약을 따낸 것.
(C) 회사의 창사 10주년을 기념하기 위해 특별한 행사를 하는 것.
(D) 회사가 유럽으로 사업 영역을 넓힌 것.

해설 **키워드:** What / speaker / pleased **위치:** 지문 전반부
화자가 무엇에 기분이 좋은지를 묻고 있다. 키워드가 pleased이므로 이 단어와 연관되는 내용을 주의 깊게 들으면 되겠다. 지문 전반부를 보면 I have some good news.에서 기분이 좋을 만한 소식이 있을 것을 알 수 있으며, 정답은 그 다음부터 확인할 수 있다. This morning MK Telecommunications accepted our proposal to develop their television and web advertising campaign for next year. Since two other advertising agencies also submitted proposals.에서 두 광고 에이전시가 제안서를 제출했음에도 우리의 제안서를 받아들였다고 하고 있으므로 정답은 (B) 회사가 심한 경쟁을 이기고 새로운 계약을 따낸 것이 된다. 참고로 pleased가 good news로 바뀌어 표현되었다고 보면 된다.
정답 (B) The company got a new contract despite strong competition.

어휘 be pleased about ~에 만족하다 prestigious 일류의, 명망 있는 prize 상 contract 계약 competition 경쟁 celebrate 축하하다 anniversary 기념일 expand 확장하다 territory 영역, 영토

87 화자는 어떤 종류의 회사에서 일하는가?
(A) 컨설팅 회사
(B) 회계 회사
(C) 광고 대행 업체
(D) 텔레비전 방송국

해설 **키워드:** What kind of company **위치:** 지문 전반부
직업이나 회사의 종류에 관한 문제는 주로 대화의 전반부에 그 정답이 제시된다. 지문 전반부(This morning MK Telecommunications accepted our proposal to develop their television and web advertising campaign for next year)에서 텔레비전과 웹 광고 캠페인에 대한 우리의 제안서를 받아들였다고 하고 있으므로 정답은 (C) 광고 대행 업체임을 알 수 있다.
정답 (C) An advertising agency

어휘 consulting firm 컨설턴트 회사 accounting firm 회계법인, 회계 사무소 advertising agency 광고 대행사 television station 텔레비전 방송국

88 David는 왜 칭찬을 받는가?
(A) 제안서 작성한 것에 대해
(B) 뉴욕으로 출장 계획을 수립한 것에 대해
(C) 거래를 협상한 것에 대해
(D) 프레젠테이션을 한 것에 대해

해설 **키워드:** Why / David / praised **위치:** 지문 후반부
키워드는 David와 praised이다. 키워드를 중심으로 지문의 이야기를 주의 깊게 들어야 하겠다. 지문 후반부에서 David

Part 4

의 이름이 언급되는데 다음 문장(I would like to especially thank David who traveled to New York to present our proposal)에서 제안을 발표하러 뉴욕에 간 David 씨에게 감사를 드린다고 하고 있으므로 정답은 (D) 프레젠테이션을 한 것에 대해서 감사하다고 하는 것임을 알 수 있다.

정답 (D) For making a presentation

어휘 praise 칭찬하다 proposal 제안 organize 조직하다, 구성하다 business trip 출장 negotiate 협상하다 deal 거래 make a presentation 발표를 하다

Questions 89-91 refer to the following weather report. 영M

The RNBC weather service has announced that Saturday's temperature will increase to ten degree by the end of the day. We're also expecting heavy rains. The rain is expected to end by Sunday afternoon just in time for the outdoor musical concert on Sunday evening. Drivers are asked to take the extra care on the roadways, as roads may be slippery due to the weather conditions.

문제 89-91은 다음 일기예보를 참조하세요.

RNBC 기상대는 토요일의 기온이 10도까지 오를 것이라고 발표했습니다. 또한 호우가 예상됩니다. 비는 일요일 저녁에 열리는 야외 음악 콘서트 직전에 그칠 것으로 예상됩니다. 차량 운전자는 날씨 상태 때문에 도로가 미끄러워질 수 있으니, 특별한 주의를 기울이셔야 합니다.

어휘 weather service 기상청 announce 알리다, 발표하다 temperature 기온 by the end of ~끝 무렵에 heavy rain 호우 be expected to ~기대되어 진다 outdoor 야외의 be asked to 요구되어 진다 extra 추가의 roadway 도로 slippery 미끄러운 due to ~때문에 weather condition 기상 상태

89 토요일에 무엇이 예상되는가?

(A) 안개
(B) 눈
(C) 태양
(D) 비

해설 **키워드:** What / predicted / Saturday **위치:** 지문 전반부

토요일에 무엇이 예상되는지 세부사항을 묻는 문제로 키워드는 Saturday이다. 지문의 첫 번째 문장(Saturday's temperature will increase to ten degree by the end of the day. We're also expecting heavy rains)에서 토요일에 기온이 10도까지 올라가고 비가 올 것으로 예상된다고 하고 있으므로 정답은 (D) 비가 된다. 정답 (D) Rain

어휘 predict 예측하다 fog 안개

90 콘서트는 언제 시작할 예정인가?

(A) 토요일 오후
(B) 토요일 저녁
(C) 일요일 아침
(D) 일요일 저녁

해설 **키워드:** When / concert / begin **위치:** 지문 중반부

콘서트가 언제 시작하는지를 묻고 있기에 키워드는 concert가 된다. 지문 중반부쯤에 있는 문장에서 키워드인 concert를 확인할 수 있다. the outdoor musical concert on Sunday evening에서 일요일 저녁에 야회 음악 콘서트가 있다고 하고 있으므로 정답은 (D) 일요일 저녁이 된다.

정답 (D) On Sunday evening

어휘 be schedule to + **동사원형** ~하기로 예정되어 있다

91 사람들은 무엇을 하도록 권고 받는가?

(A) 실내에 머무른다
(B) 주의 깊게 운전한다
(C) 가벼운 옷을 입는다
(D) 다음 일기예보를 듣는다

해설 **키워드:** What / people / advised to do **위치:** 지문 후반부

제안이나 권유, 권고 등은 주로 후반부에 그 내용이 등장한다. 지문의 마지막 문장(Drivers are asked to take the extra care on the roadways)에서 운전자들이 도로에서 특별히 주의를 기울이기를 바란다고 하였으므로 정답은 (B) 주의 깊게 운전한다가 된다. 문제에서 be advised to가 지문에서 be asked to로 패러프레이징되어 표현되었다.

정답 (B) Drive carefully

어휘 be advised to + **동사원형** ~하도록 권고 받다, 조언 받다 stay 머무르다 indoors 실내에서 light clothing 가벼운 옷 weather forecast 일기 예보, 기상 통보

Questions 92-94 refer to the following report. 호W

In local news, the Western Australia Electric company is asking area residents to help conserve power this summer. The company stated that unusual hot weather has caused sharp increase in the demand for electricity. The company may have difficulty in meeting greater demand for service. So the company is asking residents to take some easy power saving steps like turning down air conditioning units when leaving home. Electrical devices which are not in use should also be switched off. More tips can be found on Western Australian Electric's website. By encouraging customers to reduce their energy use, the company hopes to avoid the price increases in the coming year.

문제 92-94는 다음 보도를 참조하세요.

지역 뉴스를 말씀드리겠습니다. Western Australia 전기회사는 이번 여름에 에너지를 절약하라고 지역주민에게 요청하고 있습니다. 유난히 더운 날씨로 전기에 대한 수요가 가파르게 올랐다고 회사는 말했습니다. 에너지 수요가 더 증가하면 대처하기 어려울 수도 있다고 회사는 말했습니다. 그래서 회사는 집에서 외출하기 전에 에어컨을 끄는 등 쉽게 에너지를 절약할 수 있는 조치를 취해 달라고 요청하고 있습니다. 그리고 사용하지 않는 기기를 끄셔야 합니다. 에너지를 절약할 수 있는 더 많은 요령을 Western Australian 전기회사 웹사이트에서 찾아보실 수 있습니다. 고객에게 에너지 사용을 줄이도록 하면서, 회사는 내년에 가격 인상을 인상하지 않기를 바라고 있습니다.

어휘 local news 지역 뉴스 electric 전기의 area resident 지역 주민 conserve 아끼다 power 힘, 에너지, 전기 state 진술하다, 말하다 usual 보통의, 평상시의 cause ~야기하다, 초래하다 sharp 급격한 demand for ~에 대한 수요, 요구 electricity 전기 have difficulty in ~ing ~하는 데 어려움을 겪다 take a step 조치를 취하다 turn down 낮추다, 거절하다 air conditioning unit 에어컨 in use 쓰이고 있는 switch off 끄다 encourage A to B A가 B하도록 장려하다 reduce 줄이다 use 사용 hope to ~하기를 바라다 avoid 피하다 price increase 가격 인상 in the coming year 내년에

92 보도는 어떤 종류의 사업에 관한 것인가?
(A) 가전제품 제조사
(B) 텔레비전 방송국
(C) 마케팅 회사
(D) 전기 회사

해설 **키워드:** What type of business / report **위치:** 지문 전반부
정체와 관련된 내용은 지문 전반부에 제시가 된다. 첫 문장(the Western Australia Electric company is asking area residents to help conserve power)에서 전기회사라고 언급되어 있으므로 정답은 (D) 전기회사가 된다.
정답 (D) A power company

어휘 appliance 가전제품 manufacturer 제조사 television station 텔레비전 방송국 marketing firm 마케팅 회사 power company 전력회사

93 보도에 의하면, 최근 무엇이 증가되었는가?
(A) 제품 가격
(B) 지역주민의 수
(C) 서비스에 대한 수요
(D) 지방세율

해설 **키워드:** what / increased / recently **위치:** 지문 전반부
최근에 무엇이 증가됐는지 묻고 있다. increased가 키워드가 되겠다. 지문 전반부(hot weather has caused sharp increase in the demand for electricity)에서 전기에 대한 수요가 증가했다고 하고 있으므로 정답은 (C) 서비스에 대한 수요가 된다. electricity가 service로 바뀌어 표현되었다.
정답 (C) The demand for a service

어휘 according to ~의하면, 따르면 area resident 지역 주민 demand for ~에 대한 수요, 요구 local tax 지방세

94 회사는 고객에게 어떻게 하라고 하는가?
(A) 에너지 소비 절약
(B) 시 공무원에게 연락
(C) 서비스 문제 보고
(D) 전시회 방문

해설 **키워드:** What / company / asked / customers / do
위치: 지문 후반부
요구, 요청, 제안 등의 내용은 지문 후반부에서 그 내용을 확인할 수 있다. 회사가 고객들에게 무엇을 하라고 요구하는가 하는 문제이다. 지문의 마지막 문장(By encouraging customers to reduce their energy use, the company hopes to avoid the price increases in the coming year.)에서 고객들이 에너지 소비를 줄임으로써 라고 언급되어 있으므로 정답은 (A) 에너지 소비 절약이 된다. 문제에서의 asked ~to~가 encouraging ~to~으로 패러프레이징되었다는 것 또한 확인해 두자.
정답 (A) Reduce energy consumption

어휘 reduce 줄이다 energy consumption 에너지 소비 contact 연락하다 city official 시 공무원 exhibit 전시회

Questions 95-97 refer to the following telephone message. 미M

Hi, Leon. This is Bob from the maintenance department. I received your phone message about the sawing machine which is not working properly. I checked the machine after you left last night, and it appears that the blades have become blunt. I have replaced them with new blades and they seem to be looking fine now. Once you test it with some pieces of wood in the morning, if you still have any further problems once again let me know and I'll take a look at it.

문제 95-97은 다음 전화메시지를 참조하세요.
안녕하세요. Leon. 시설관리부의 Bob입니다. 기계톱이 제대로 작동되지 않는다는 전화메세지를 들었어요. 지난밤 당신이 퇴근한 뒤에 기계를 확인해 보았는데, 칼날이 무뎌졌어요. 제가 새로운 날로 교체하였고, 이제 괜찮아 보입니다. 일단 아침에 나무 조각으로 테스트 해보시고 그래도 또 다시 문제가 있으면 나에게 알려주세요. 그 기계를 점검하러 갈게요.

어휘 maintenance department 시설관리부 sawing machine 기계톱, 전기톱 blunt 무딘 appear 나타나다 blade 칼, 칼날 take a look at it 점검하다

95 화자는 어느 부서에서 일하는가?
(A) 연구개발
(B) 품질관리
(C) 고객 서비스
(D) 시설 관리

해설 **키워드:** What department / speaker / work in
위치: 지문 전반부
화자의 부서를 묻는 문제이므로 지문 전반부에 나오는 단어의 내용을 파악하여 답을 찾아야 한다. This is Bob from the maintenance department.에서 시설 관리부 직원임을 알 수 있다. 그러므로 정답은 (D) 시설 관리 부서에서 일하는 사람이다.
정답 (D) Maintenance

어휘 research and development 연구개발 quality control 품질관리 customer service 고객 서비스 maintenance 유지, 보수, 시설 관리

96 화자는 왜 전화하는가?
(A) 기계 부품 주문을 위해
(B) 일자리에 지원하려고
(C) 안전 절차를 설명하기 위해
(D) 보수 요청에 대해 말하기 위해

해설 **키워드:** Why / speaker / calling **위치:** 지문 전반부
화자에게 전화한 목적을 묻는 문제이기에 전반부의 내용을 잘 들어야한다. 두 번째 문장(I received your phone message about the sawing machine which is not working properly.)에서 청자가 전기톱이 작동되지 않아 먼저 전화를 걸어 메시지를 남겼다는 것을 알 수 있다. 그리고 화자는 메시지에 대한 답변으로 전화를 하는 것이기에 (D)가 적절하다. 정답 (D) To report on a repair request

어휘 apply for ~에 지원하다 a safety procedure 안전 절차 repair request 보수 요청

97 화자는 무엇을 제안하는가?
(A) 교육에 참석하기
(B) 기계를 테스트하기
(C) 상사에게 확인하기
(D) 취업 사이트를 둘러보기

해설 **키워드:** What / speaker / suggest **위치:** 지문 후반부
요청, 요구, 제안의 내용은 지문의 후반에 나온다. 지문 후반부(Once you test it with some pieces of wood in the morning)에서 우선 테스트하라는 내용이 나오기에 (B)가 정답이다.
정답 (B) Testing a machine

어휘 job site 취업 사이트

Questions 98-100 refer to the following speech. 미W

Let me welcome everyone to our quarterly staff meeting. As president of Bella manufacturing, I'm happy to announce that we are one of the most trusted toy manufacturers. And even with tough competition in today's market we are continuing to expand. We are growing so rapidly, in fact, that we need to take time off at this point to rethink the way we are organized. I've watched our daily operations, have spoken to our customers and listened to your suggestions. And today, I'd like to tell you about our plans for creating several new departments. This reorganization which we will finalize by the end of the year will position Bella manufacturing to continue expanding without compromising our product quality or customer service levels.

문제 98-100은 다음 연설을 참조하세요.

분기 직원회의에 오신 모든 분들을 환영합니다. Bella 제조사의 사장으로서, 장난감 제조업체 중에서 가장 신뢰 받는 제조업체 중의 하나가 된 것을 발표하게 되어 영광입니다. 극심한 경쟁을 벌이고 있는 현재의 시장 상황에서도 우리는 계속 확장해가고 있습니다. 사실 아주 빠른 성장을 보이고 있어서 지금이 우리의 조직을 다시 생각해야 할 시점입니다. 저는 매일 작업을 지켜보았고, 고객들과 대화하고, 여러분의 제안들도 들었습니다. 따라서 오늘 저는 여러분에게 몇 개의 새로운 부서를 만들 계획을 발표하려고 합니다. 올해 말까지 마무리할 조직 재편성은 Bella 제조사를 제품의 품질이나 고객만족을 손상시키지 않고 지속적으로 확장해 나갈 것입니다.

어휘 quarterly staff meeting 분기 직원회의 president 사장 tough 극심한 competition 경쟁 expand 확장하다 rapidly 빠르게 rethink 다시 생각하다 suggestion 제안 continue 계속하다, 지속하다 without ~없이 compromise 손상시키다

98 청자는 누구인가?

(A) 중요한 고객들
(B) 회사 직원들
(C) 지역 언론인들
(D) 재무 상담가들

해설 **키워드:** Who / listeners **위치:** 지문 전반부

청자에 관해 묻는 내용이므로 지문의 상단에서 확인하도록 하자. 첫 번째 문장인 Let me welcome everyone to our quarterly staff meeting.에서 화자는 분기 직원회의에서 말하고 있다는 것을 알 수 있다. 직원회의에서 듣는 사람들은 바로 회사 직원들이기에 정답은 (B)이다.

정답 (B) Company employees

어휘 important 중요한 journalist 신문기자 financial consultant 재무 상담가

99 화자는 Bella 제조사에 무슨 일이 일어났다고 하는가?

(A) 상당한 성장을 이루었다.
(B) 새로운 제품을 개발했다.
(C) 새로운 사장을 찾고 있다.
(D) 경쟁사와 합병하였다.

해설 **키워드:** What / speaker / happened / Bella Manufacturing **위치:** 지문 중반부

전체적인 지문의 내용을 파악해야 하는 문제이다. 두 번째 문장부터 벨라 제조사의 사장인 화자가 회사에 대한 좋은 소식을 전하고 있다. 3번째 문장(And even with tough competition in today's market we are continuing to expand. We are growing so rapidly, in fact)에서 힘든 시장 상황에도 계속해서 발전하고 있다는 내용이 나오기에 정답은 (A)이다.

정답 (A) It has achieved significant growth.

어휘 achieve 성취하다, 이루다 develop 개발하다 merge 합병하다 competitor 경쟁자, 경쟁사

100 화자는 연말까지 무엇을 결정할 것이라 하는가?

(A) 비용 절감 방법
(B) 새로운 경영진 고용
(C) 다른 회사의 인수
(D) 기업의 재편성

해설 **키워드:** What / speaker / decided / by the end of the year **위치:** 지문 후반부

미래에 어떤 일이 일어날 것 인지를 확인하는 문제이다. 미래와 관련된 문제는 주로 지문 후반부에 위치한다. 키워드를 by the end of the year로 잡고, 마지막 부분을 들으면 This reorganization which we will finalize by the end of the year에서 정답의 근거인 reorganization을 찾을 수 있다.

정답 (D) A corporate reorganization

어휘 cost-cutting measures 비용 절감 방법 acquisition 인수 corporate 회사의, 기업의 reorganization 재편성, 재조직

Ustar TOEIC Listening

→→→→→→ Part 1, 2, 3, 4

ACTUAL TEST
Answers

Actual Test 1

Part 1 p.365

01 미W

(A) A man is taking off his hat.
(B) A man is on a short ladder.
(C) A man is climbing up the staircase.
(D) A man is constructing a wall next to the driveway.

(A) 남자가 모자를 벗고 있다.
(B) 남자가 작은 사다리 위에 있다.
(C) 남자가 계단을 오르고 있다.
(D) 남자가 진입로 옆에 벽을 설치하고 있다.

해설 한 남자가 작은 사다리 위에 서서 작업을 하는 모습이므로, 작은 사다리 위에 있는(on a short ladder) 객관적인 모습에 초점을 맞춰 기술한 (B)가 정답이다. (A) 모자를 쓰고 있는 상태(wearing his hat)이지 벗고 있는(taking off) 동작은 아니므로 동작 동사 오답이다. (C) 사진에서 계단(staircase)은 보이지 않으며, 남자가 오르고 있는(climbing up) 동작도 아니므로 오답. (D) 배경이 진입로(driveway) 근처인지 확인할 수 없으며, 남자가 벽을 설치하는(constructing a wall) 동작도 아니므로 정답이 될 수 없다. 정답 (B)

여기서 잠깐! Part 1 빈출 어휘인 driveway에 대해 짚고 넘어가자. driveway는 도로에서 벗어나 집의 입구에서부터 집 건물 앞까지 나 있는 차 진입로로 주택의 일부에 속하는 구역이다.

어휘 take off 벗다(동작) ladder 사다리 climb up 오르다 staircase 계단 construct 건설하다 next to ~ 옆에 driveway 주택 내 차 진입로

02 영M

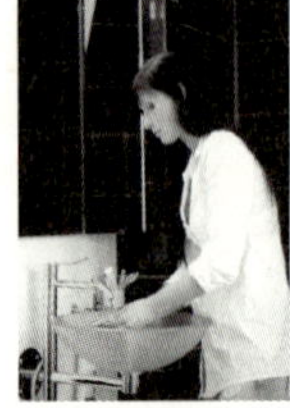

(A) She's washing her hair.
(B) She's standing near the sink.
(C) She's wiping the mirror.
(D) She's holding the tap.

(A) 여자는 머리를 감고 있다.
(B) 여자는 세면대 근처에 서 있다.
(C) 여자는 거울을 닦고 있다.
(D) 여자는 수도꼭지를 잡고 있다.

해설 여자가 세면대 앞에 서서 손을 씻고 있는 모습에서, 특히 세면대 근처에 서 있는(standing near the sink) 여자의 객관적인 자세에 초점을 맞춰 기술한 (B)가 정답이다. (A) 손을 씻고 있는(washing her hands) 것이지, 머리를 감고 있는(washing her hair) 동작이 아니므로 오답. (C) 사진 속에 거울(mirror)은 보이지 않으며, 거울을 닦고 있는(wiping) 동작도 아니므로 오답이다. (D) 사진에서 수도꼭지(tap)는 보이지만 여자가 수도꼭지를 잡고 있는(holding) 것은 아니므로 역시 정답이 될 수 없다. 정답 (B)

어휘 wash 씻다 sink 세면대, 싱크대 wipe 닦다 mirror 거울 hold 들다, 잡다, 쥐다 tap 수도꼭지

03 미W

(A) They are looking at a computer monitor.
(B) One of the women is writing an order.
(C) They are seated around the table.
(D) A note pad on the table is being used.

(A) 사람들이 컴퓨터 모니터를 보고 있다.
(B) 여자들 중의 한 명이 주문을 적고 있다.
(C) 사람들이 테이블 주위에 앉아 있다.
(D) 테이블 위에 있는 메모장이 사용되고 있는 중이다.

해설 세 사람이 테이블 주위에 앉아 있는(seated around the table) 공통된 사실을 묘사한 (C)가 정답. (A) 사진에 컴퓨터 모니터(computer monitor)가 보이긴 하지만, 세 사람 중 남자는 모니터를 보고 있지 않으므로 사진과 맞지 않는 묘사이다. (B) 사진에 등장한 두 여자 중 어떤 사람도 주문을 적고 있는(writing an order) 동작을 하고 있지 않으므로 동작 동사 오답. (D) 테이블 위에 메모장(note pad)이 보이지만, 사용되고 있는 중(being used)은 아니므로 역시 정답이 될 수 없다. 정답 (C)

어휘 look at 보다 order 주문 be seated 앉다 around ~ 주위에 note pad 메모장, 노트 패드

04 미M

(A) A woman is reaching into a drawer.
(B) There are cabinets under the counter.
(C) A woman is connecting a cord into an outlet.
(D) Some utensils are being sorted into drawers.

(A) 여자가 서랍에 손을 뻗고 있다.
(B) 조리대 아래에 수납장들이 있다.
(C) 여자가 콘센트에 코드를 연결하고 있다.
(D) 조리도구들이 종류별로 각 서랍 안에 정리되고 있다.

해설 조리대 아래에 수납장이 두 개 보이므로, 조리대 아래에 수납장들이 있다(There are cabinets under the counter.)라고 객관적인 사실을 묘사한 (B)가 정답이다. 여자는 조리대를 닦고(wiping the counter) 있지, 서랍에 손을 뻗고(reaching into a drawer) 있지도, 콘센트에 코드를 연결하고(connecting a cord into an outlet) 있지도 않으므로 (A)와 (C)는 오답. 특히 (C)의 경우, 사진에 코드가 보이지 않으므로 cord라는 말만 듣고도 금세 오답임을 알 수 있다. 사물 주어와 수동태 진행형을 이용한 보기 (D)의 경우, 조리도구들(utensils)이 종류별로 정리되고 있는(being sorted) 모습도 여자의 행동에서 찾아볼 수 없으므로 역시 오답이 된다. 정답 (B)

어휘 reach into ~안으로 손을 뻗다 drawer 서랍 cabinet 수납장, 캐비닛 counter 조리대 connect 잇다, 연결하다 cord 코드, 전선 outlet 콘센트 utensil [ju:ténsəl] 조리도구 sort 종류별로 정리하다, 분류하다

05 호W

(A) A man is filling a cart with luggage.
(B) A man is operating a vehicle.
(C) A man is moving a box into a truck.
(D) A man is putting on safety equipment.

(A) 남자가 카트를 짐으로 채우고 있다.
(B) 남자가 차량을 운전하고 있다.
(C) 남자가 트럭으로 상자를 옮기고 있다.
(D) 남자가 안전 장비를 입는 중이다.

해설 한 남자가 차량을 운전하고 있는 장면이므로, 남자가 차량을 운전하고 있다(operating a vehicle)는 (B)가 정답이다. (A) 사진에서 짐(luggage)은 찾아볼 수 없으므로 사진에 없는 사물 오답 유형이다. (C) 남자가 상자를 옮기고 있기는 하지만 트럭으로 옮기는 것(moving a box into a truck)은 아니므로 오답이다. (D) 사진에 남자가 등장하지만, 그가 안전 장비를 입고 있는(putting on safety equipment) 동작은 아니므로 오답이 된다. 정답 (B)

어휘 fill 채우다 luggage 짐 operate 작동하다 vehicle 차량, 운송 수단 move 옮기다 put on 입다 safety equipment 안전 장비

06 영M

(A) A man is assembling a computer.
(B) There are some shelves beside the desk.
(C) Some folders are scattered around the floor.
(D) A man is looking at his wrist watch.

(A) 남자가 컴퓨터를 조립하고 있다.
(B) 책상 옆에 선반 몇 개가 있다.
(C) 바닥 여기저기에 폴더들이 흩어져 있다.
(D) 남자가 그의 손목시계를 보고 있다.

해설 남자 옆으로 파일들이 꽂혀진 선반들이 보이므로 책상 옆에 선반들(some shelves beside the desk)이 있다는 보기 (B)가 정답이다. (A) 남자는 컴퓨터를 사용하고 있는 모습일 뿐 조립하고(assembling) 있는 것은 아니므로 동작 동사 오답이다. (C) 폴더들이 바닥 여기저기에 흩어져 있다(folders are scattered around the floor)는 것은 사진에서 확인하기 어려우므로 오답이 된다. (D) 남자는 손목시계(wrist watch)를 보고 있는 것이 아니라 컴퓨터 모니터를 보고 타이핑을 하는 모습이므로 사물 명사 오답이다. 정답 (B)

어휘 assemble 조립하다 shelf 선반 beside ~옆에 folder 서류철, 폴더 scatter 흩뿌리다 look at 보다 wrist watch 손목시계

07 미W

(A) Some people are trying on clothing.
(B) A woman is assisting customers in a shop.
(C) Customers are pointing at merchandise on the counter.
(D) A woman is removing a bracelet from a case.

(A) 사람들이 옷을 입어보고 있다.
(B) 여자가 상점에서 손님들을 돕고 있다.
(C) 손님들이 카운터에서 상품을 손으로 가리키고 있다.
(D) 여자가 상자에서 팔찌를 빼내고 있다.

해설 점원으로 보이는 흰 옷 입은 여자가 두 여자 손님에게 제품을 보여주는 장면이므로 여자가 손님들을 돕고(assisting customers) 있다는 (B)가 정답이다. (A) 사진에서 옷을 입어보고(trying on clothing) 있는 사람들은 보이지 않으므로 오답이다. (C) 손님들과 점원이 카운터를 사이에 두고 있지만 손님들이 제품을 손으로 가리키고(pointing at merchandise) 있지는 않으므로 오답이다. (D) 사진에서 점원으로 보이는 여자가 상자에서 팔찌를 빼내고(removing a bracelet from a case) 있는 동작은 아니므로 오답이 된다. 정답 (B)

어휘 try on 입어보다 clothing 옷 assist 거들다, 돕다 customer 손님 point at (손으로) 가리키다 merchandise 상품 counter 카운터, 판매대 remove 제거하다, 빼내다 bracelet 팔찌

08 미M

(A) Boxes are being unpacked in a warehouse.
(B) Baskets are being filled with some refreshments.
(C) Customers are picking fruit in an orchard.

Actual Test

(D) Merchandise is displayed on the stack of crates.

(A) 상자들이 창고에서 열리고 있다.
(B) 바구니들이 다과들로 가득 채워지고 있다.
(C) 손님들이 과수원에서 과일을 따고 있다.
(D) 상품이 나무 상자 더미 위에 진열되어 있다.

해설 상품이 나무 상자 더미 위에 진열되어 있으므로(Merchandise is displayed on the stack of crates.) 보기 (D)가 정답이다. 사진상 배경이 (A) 창고(warehouse)인지 (C) 과수원(orchard)인지 알 수 없기에 둘 다 사진에 나오지 않은 명사 오답이다. (B) 사람이 없는 사진에서 수동 진행형을 이용하여 사물 주어인 바구니들(baskets)이 다과로 채워지고 있다(are being filled)는 동작을 강조한 것은 올바른 표현이 아니므로 오답이 된다. 정답 (D)

어휘 unpack 풀다, 열다, (풀어서 내용물을) 꺼내다 warehouse 창고 be filled with ~로 가득 차다 refreshments 다과, 음료 customer 고객, 손님 pick 따다, 고르다 orchard [ɔ́:rʧərd] 과수원 merchandise 상품 display 진열하다 stack 더미 crate 나무 상자

09 미W

(A) Some trees are growing on the island.
(B) Trees are being planted around some buildings.
(C) There is a boat going out to sea.
(D) There is a stone fence surrounding a house.

(A) 나무들이 섬에서 자라고 있다.
(B) 나무들이 건물들 주변에 심어지고 있다.
(C) 보트 한 대가 바다로 나가고 있다.
(D) 집을 둘러싸고 돌담이 있다.

해설 섬에 나무들 모습이 보이므로 나무들이 섬에서 자라고 있다(Some trees are growing on the island.)는 보기 (A)가 정답이다. (B) 사람은 없고 배경만 있는 사진에서 사물 주어인 나무들(trees)이 수동 진행형으로 심어지고 있다(are being planted)는 표현은 올바르지 못하므로 오답이다. (C) 사진에 보트 한 대가 보이기는 하지만 바다로 나아가고(going out to sea) 있는지와 (D) 집을 둘러싸고 돌담(stone fence)이 있는지는 사진으로 확인하기 어려우므로 오답이 된다. 정답 (A)

어휘 plant 심다 around ~ 둘레에, ~ 주위에 go out to sea 바다로 나가다 stone 돌 fence 울타리 surround 둘러싸다

10 영M

(A) Vehicles have been stopped near the crosswalk.
(B) Passengers are exiting from a bus.
(C) A bus is parked in the garage.
(D) Lines are being painted on the pavement.

(A) 차량들이 횡단보도 근처에 멈춰져 있다.
(B) 승객들이 버스에서 나오고 있다.
(C) 버스가 차고에 주차되어 있다.
(D) 도로에 선들이 칠해지고 있다.

해설 횡단보도 앞에 차량들이 서 있는 사진이므로 횡단보도 근처에 멈춰져 있다(have been stopped near the crosswalk)는 보기 (A)가 정답이다. 사진에서 (B) 승객들(passengers)과 (C) 차고(garage)는 보이지 않으므로 둘 다 보이지 않는 명사 오답이다. (D) 사람이 등장하지 않고 사물과 배경만 있는 사진에서 사물 주어인 선들(lines)이 수동 진행형으로 페인트칠 되고 있다(are being painted)는 동작을 강조한 표현은 정답이 될 수 없으므로 오답이다. 정답 (A)

어휘 vehicle 차량, 탈것 crosswalk 횡단보도 passenger 승객 exit 나가다 garage 차고 pavement 포장 도로, 보도

Part 2

p.370

11 미W 호W

Who is the director's new secretary?
(A) Maria Schummer.
(B) Mail in the letter.
(C) On the desk.

소장의 새 비서가 누구인가요?
(A) Maria Schummer요.
(B) 편지 속 우편물이요.
(C) 책상 위에요.

해설 소장의 새 비서가 누구인지 묻는 Who 의문문이다.
(A) 사람 이름으로 답한, Who 의문문의 가장 기본적인 정답 유형이다.
(B) 질문과 관련 없는 답변이다.
(C) 특정 위치를 언급하는 답변은 Where 의문문과 어울린다.
정답 (A)

어휘 director 소장 secretary 비서 mail 우편물

12 영M 미W

Did you remember to bring an umbrella with you?
(A) It's Friday.
(B) I'll take it.
(C) No, I forgot.

우산 챙겨 오셨어요?
(A) 금요일이에요.
(B) 제가 가져갈게요.
(C) 아니요, 잊어버렸어요.

해설 우산 가져오는 것 잊지 않았냐고 묻는 말은 우산을 가져왔는지 여부를 묻는 질문이다.
(A) 특정 요일을 언급하는 답변은 When 의문문과 어울린다.
(B) 질문과 무관한 답변이다.
(C) Yes/No로 시작하는 문장은 조동사 의문문의 대표적 답변으로서, 잊어버렸다는 말은 가져오지 않았다는 뜻으로 정답이다.
정답 (C)

어휘 remember 기억하다 bring 가져오다 take 가지고가다 forget 잊다

13 미W 영M

Where are you meeting the new clients?

(A) To discuss the proposal.

(B) Wednesday of last week.

(C) In the lobby.

새로운 고객을 어디서 만나세요?
(A) 그 제안을 논의하기 위해서요.
(B) 지난 주 수요일요.
(C) 로비에서요.

해설 새로운 고객을 만날 장소가 어디인지 묻는 Where 의문문이다.
(A) to부정사 문장은 보통 목적, 이유를 나타낸다. Why 의문문과 어울린다.
(B) 특정 요일을 언급하는 답변은 When 의문문과 어울린다.
(C) 장소 전치사 in을 써서 Where 의문문에 적절한 답변을 하고 있으므로 정답이다. 정답 (C)

어휘 client 고객 discuss 논의하다 proposal 제안, 제의

14 미M 미W

When will the flight from Vancouver arrive?

(A) In two hours.

(B) A live performance.

(C) At the international terminal.

Vancouver발 항공편이 언제 도착합니까?
(A) 두 시간 후에요.
(B) 라이브 공연이요.
(C) 국제선 터미널에서요.

해설 Vancouver발 항공편이 언제 도착하는지 묻는 When 의문문이다.
(A) '두 시간 후'라는 특정 시점으로 답변하였으므로 정답이다.
(B) arrive와 유사발음인 a live를 이용한 오답 유형이다. 질문과는 무관하다.
(C) flight에서 연상 가능한 international terminal을 이용한 오답 유형이다. 정답 (A)

어휘 flight 항공편, 비행기 performance 공연 international terminal 국제선 터미널

15 영M 미M

How can I get to Beach Street?

(A) Sure, I'll get some.

(B) I'm fine, thanks.

(C) Take the first left.

Beach Street에 어떻게 가나요?
(A) 물론이지요, 제가 좀 가져갈게요.
(B) 잘 지내요, 감사합니다.
(C) 첫 번째 왼쪽 길로 가세요.

해설 Beach Street로 가는 방법, 수단을 묻는 How 의문문이다.
(A) 반복어휘 get을 이용한 오답 유형이다. get처럼 그 쓰임이 방대한 단어의 반복에 유의하자.
(B) 안부 인사에 대한 대표적인 답변이다.
(C) Beach Street로 가는 방법에 대해 첫 번째 왼쪽 길로 가라는 방향 제시를 해주고 있으므로 정답이다. 정답 (C)

어휘 get to ~에 도착하다, 닿다

16 미W 호W

What are you going to do after your trip?

(A) Just visit.

(B) It's over around 8:30.

(C) I'm starting a new job.

여행 다녀온 후에 무엇을 하실 건가요?
(A) 그냥 방문한 거예요.
(B) 8시 30분경에 끝나요.
(C) 새 일을 시작할 거예요.

해설 여행 다녀온 이후에 무엇을 할 것인지 묻는 What 의문문이다.
(A) 목적, 이유를 묻는 질문과 어울리는 답변이다.
(B) 시간을 묻는 질문과 어울리는 답변이다.
(C) 무엇을 할 것인지 대답하였으므로 정답이다. 정답 (C)

어휘 over 끝난 around 약, ~쯤

17 영M 미W

Which department does Kevin work for?

(A) Just the last part.

(B) I can't remember.

(C) 525.

Kevin이 어느 부서에서 일하나요?
(A) 마지막 부분이요.
(B) 기억나지 않아요.
(C) 525요.

해설 Kevin이 일하는 부서를 묻는 Which 의문문이다.
(A) department의 유사발음 어휘 part를 이용한 오답 유형이다. 질문과는 무관하므로 오답이다.
(B) I don't know 유형이다. 모른다는 답변은 엉뚱한 말이 추가되지 않는 이상 정답이 될 확률이 매우 높다.
(C) 부서의 위치를 물었을 때 가능한 답이다. 정답 (B)

어휘 department 부서 work for ~에 근무하다

18 호W 미M

Isn't the company's vice president retiring this year?

(A) A product development institute.

(B) No, not until next year.

(C) Yes, he's here.

회사의 부사장이 이번 연도에 은퇴하지 않나요?
(A) 제품 개발 기관이요.
(B) 아니요, 내년에나 할 거예요.
(C) 예, 그는 여기 있어요.

해설 회사의 부사장이 이번 연도에 은퇴하는지 여부를 확인하는 부정 의문문이다.
(A) 특정 기관, 부서명은 Where나 Who 혹은 Which 의문문과 어울린다.
(B) 내년에 은퇴한다는 부정적인 대답으로 정답이다.
(C) 질문과 무관한 답변이다. 정답 (B)

어휘 vice president 부사장 retire 은퇴하다 institute 기관

19 미W 영M

When will the next tenant pick up the keys?

(A) Either July first or second.

(B) Riverman Beach.

(C) At her apartment.

다음 세입자가 열쇠를 언제 가져갈 건가요?
(A) 7월 1일이나 2일에요.
(B) Riverman 해변이요.
(C) 그녀의 아파트에서요.

해설 다음 세입자가 열쇠를 언제 가져갈 것인지 묻는 문제이다.
(A) 열쇠를 가져가는 특정 날짜가 두 옵션 중 하나라고 대답하였으므로 정답이다.
(B) 질문과 상관없는 답변이다. 특정 지명을 언급하였으므로 Where 의문문과 어울린다.
(C) tenant에서 연상 가능한 apartment를 이용한 오답 유형이다. 정답 (A)

어휘 tenant 세입자 pick up (어디에서) ~을 찾아오다 either A or B A나 B 중의 하나

20 미M 미W

Should we arrange a lunch or a dinner for the new clients?
(A) Dinner would be better.
(B) Yes, we've been clients for a year.
(C) Yes, lunch was delicious.

새 고객들을 위해 점심식사를 준비해야 할까요, 아니면 저녁식사를 준비해야 할까요?
(A) 저녁식사가 더 좋겠네요.
(B) 예, 우리는 일 년간 고객이었어요.
(C) 예, 점심은 맛있었어요.

해설 새 고객들에게 점심식사와 저녁식사 중 어느 것을 대접해야 하는지 묻는 선택의문문이다.
(A) 두 가지 옵션 중 하나를 선택하는, 선택의문문의 전형적인 정답 유형이다.
(B) 질문에 나왔던 client를 반복 언급한 동일어휘 오답 유형이다.
(C) 동일어휘 lunch를 반복한 오답 유형이다. 정답 (A)

어휘 arrange 준비하다, 마련하다 client 고객 delicious 맛있는

21 영M 호W

Would you like me to book a room for you?
(A) Yes, for Friday night, please.
(B) There is one near the library.
(C) Seventy-eight dollars.

방을 예약해 드릴까요?
(A) 예, 금요일 밤으로 부탁해요.
(B) 도서관 근처에 하나 있어요.
(C) 78달러요.

해설 방을 예약해 주기를 바라는지 의향을 묻는 문제이다.
(A) 긍정의 대답 Yes에 이어 구체적으로 원하는 요일을 밝히고 있으므로 정답이다.
(B) 질문과 무관한 답변이다.
(C) 가격을 물어보는 질문에 어울리는 답변이다. 정답 (A)

어휘 book 예약하다

22 미W 미M

Why is the road closed to traffic?
(A) A long wait.
(B) Because of repair work.
(C) Let's load the truck.

그 도로는 왜 교통이 차단되어 있나요?
(A) 오래 기다려요.
(B) 보수 공사 때문에요.
(C) 트럭에 짐을 실읍시다.

해설 도로의 교통이 차단된 이유를 묻는 Why 의문문이다.
(A) 도로 교통이 차단된다는 상황에서 연상할 수 있는 답변이긴 하나 질문에서는 이유를 알고 싶어 한다.
(B) because of를 이용해 보수 공사 때문이라고 이유를 대고 있으므로 정답이다.
(C) road의 유사발음 어휘인 load를 이용한 오답 유형이다. 정답 (B)

어휘 repair work 보수 공사 load (짐을) 싣다

23 미M 호W

Where's the invoice for the new beam projector?
(A) It stops on Tuesday.
(B) I put it in the file drawer.
(C) Yes, the project is going well.

새 빔 프로젝터의 송장이 어디 있죠?
(A) 그것은 화요일에 멈춰요.
(B) 제가 서류함에 두었어요.
(C) 예, 프로젝트는 잘 진행되고 있습니다.

해설 송장의 위치를 묻는 Where 의문문이다.
(A) 질문과 무관한 답변이다.
(B) 서류함에 넣어 두었다고 말함으로써 특정 위치를 언급하였으므로 정답이다.
(C) projector와 유사발음 어휘인 project를 이용한 오답 유형이다. 의문문에 Yes나 No로 대답할 수 없다. 정답 (B)

어휘 projector 영사기 invoice 송장 file drawer 서류함 go well 잘 되어가다

24 영M 미W

I heard the whole staff is getting a raise.
(A) Really? I hadn't heard that.
(B) We've been to several plays this year.
(C) Yes, it's been praised.

전 직원의 임금이 인상될 거래요.
(A) 정말요? 저는 못 들었는데요.
(B) 우리는 올해 연극을 몇 개 보러 갔었어요.
(C) 예, 그것은 칭찬받았어요.

해설 직원들의 임금이 오를 거라는 이야기를 들었다는 평서문이다.
(A) 일종의 I don't know 유형으로 자신은 들은 바가 없다고 말하고 있다.
(B) 질문과 무관한 답변이다.
(C) raise의 유사발음 어휘인 praised를 이용한 오답 유형이다. 질문과는 무관한 내용으로 오답이다. 정답 (A)

어휘 whole 전체의, 모든 get a raise 임금이 인상되다 play 연극 praise 칭찬하다

25 호W 영M

Has Mr. Clarkson reviewed the agreement?
(A) He hasn't had a chance yet.

(B) The view is nice.

(C) I'll get the ingredients.

Clarkson 씨가 그 계약을 검토했나요?
(A) 아직 그럴 기회가 없었어요.
(B) 전망이 좋네요.
(C) 제가 재료를 가져갈게요.

해설 Ckarkson 씨가 계약을 검토했는지 여부를 묻고 있다.
(A) 검토할 기회가 없었다는 말은 아직 검토하지 않았다는 부정의 대답으로 정답이다.
(B) review의 유사발음 어휘인 view를 이용한 오답 유형이다. 질문과는 무관하다.
(C) agreement의 유사발음 어휘인 ingredient를 이용한 오답 유형이다. 질문과는 무관하다. 정답 (A)

어휘 review 검토하다 agreement 협정, 계약 chance 기회 view 전망 ingredient [ingríːdiənt] (요리의) 재료

26 미W 미M

Do you want me to distribute these survey results?

(A) She contributes frequently.

(B) No, I'll do it.

(C) Yes, some of them are.

이 설문 조사 결과를 제가 나눠 주기를 원하세요?
(A) 그녀는 자주 기고해요.
(B) 아뇨, 제가 할게요.
(C) 예, 그 중 몇몇이 그래요.

해설 설문 조사 결과를 나누어 주기를 원하는지 묻는 조동사 의문문이다.
(A) distribute의 유사발음 어휘인 contribute를 이용한 오답 유형이다. 3인칭 대상을 지칭하는 대명사 she로는 대답이 될 수 없다.
(B) 자신이 하겠다며 질문을 부정하고 있다.
(C) Yes나 No로 대답할 수 있지만 마지막의 be동사로 보아 be동사 의문문의 답변으로 어울린다. 정답 (B)

어휘 distribute (사람들에게) 나누어주다, 배부하다 survey (설문) 조사 result 결과 contribute 기고하다, 기부하다 frequently 자주

27 영M 호W

You should save your receipt.

(A) I'll be sure to do that.

(B) In the front row.

(C) Almost thirty euros.

영수증을 보관해둬야 해요.
(A) 당연히 그럴 거예요.
(B) 앞줄에요.
(C) 거의 30유로요.

해설 영수증을 보관해야 한다는 평서문이다.
(A) 당연히 그럴 거라는 긍정, 맞장구의 표현으로 정답이다.
(B) 전치사 in으로 특정 위치, 장소를 언급하였으므로 Where 의문문과 어울린다.
(C) 가격을 묻는 질문의 답변으로 어울린다. 정답 (A)

어휘 save 모으다, 남겨두다 receipt [risíːt] 영수증 be sure to 꼭 ~하다 row 줄

28 호W 미W

Should I e-mail the revisions to you or to Janice?

(A) The wrong e-mail address.

(B) I'd like to look them over.

(C) A few suggestions.

수정사항을 이메일로 당신에게 보내야 하나요, 아니면 Janice에게 보내야 하나요?
(A) 잘못된 이메일 주소예요.
(B) 제가 확인했으면 좋겠네요.
(C) 몇 가지 제안들이요.

해설 이메일을 상대방에게 보내야 하는지 제3자에게 보내야 하는지 묻는 선택의문문이다.
(A) 반복어휘 e-mail을 이용한 오답 유형이다. 이렇게 같은 형태지만 다른 품사를 이용한 오답 유형이 자주 출제되므로 주의하자.
(B) 두 가지 선택 사항 중 본인에게 보내라는 첫 번째 것을 택한 전형적인 선택의문문 답변이다.
(C) 질문과 무관한 답변이다. 정답 (B)

어휘 revision 수정사항 address 주소 look over ~을 살펴보다 suggestion 제안

29 미W 영M

You submitted your application, didn't you?

(A) I handed it in this morning.

(B) No, it didn't fit me.

(C) Sign right here.

당신 지원서 제출했죠, 그렇지 않나요?
(A) 오늘 아침에 제출했어요.
(B) 아뇨, 저에게 맞지 않았어요.
(C) 바로 여기에 서명하세요.

해설 지원서의 제출 여부를 확인하는 질문이다.
(A) 오늘 아침에 제출했다는 긍정의 답변이다.
(B) 엉뚱한 동사인 fit 때문에 오답이다.
(C) 질문과 상관없는 답변이다. 정답 (A)

어휘 submit 제출하다 application 지원서, 신청서 hand in 제출하다 fit 맞다, 적합하다 sign 서명하다

30 미M 호W

Didn't you cancel the lunch interview?

(A) Thanks. It was delicious.

(B) Oh no. I forgot to.

(C) At a cafeteria nearby.

점심 인터뷰 취소하지 않았어요?
(A) 감사합니다. 맛있었어요.
(B) 어, 아니요. 깜박했어요.
(C) 인근 식당에서요.

해설 점심 인터뷰를 취소하였는지 묻는 질문이다. 부정의문문의 답변은 부정어가 없다고 생각하면 쉽다.
(A) lunch에서 연상 가능한 delicious를 이용한 오답 유형이다. 질문과는 무관하다.
(B) 취소한 게 아니라 깜박 잊고 있었다는 답변으로 정답이다.
(C) lunch에서 연상 가능한 cafeteria를 이용한 오답 유형이다. 정답 (B)

어휘 cafeteria [kæfətíəriə] 구내식당 nearby 인근에, 가까운 곳에

31 영M 미M

When can you show me the plans for the new building?

(A) Once they've been approved.

(B) Yes, I watered the plants.

(C) What did you do on the first floor?

새 건물 도면을 언제 보여주실 수 있나요?
(A) 승인되면요.
(B) 예, 제가 식물들에게 물을 줬어요.
(C) 1층에서 뭐 하셨어요?

해설 새 건물 도면을 보여줄 수 있는 때를 묻는 When 의문문이다.
(A) 때를 나타내는 접속사 once를 사용해 '일단 승인되면, 승인되자마자'라고 특정 시점을 언급하고 있으므로 정답이다.
(B) plan의 유사발음 어휘인 plant를 이용한 오답 유형이다. 의문사 의문문은 Yes나 No로 대답하지 않는다.
(C) building에서 연상 가능한 first floor를 이용한 오답 유형이다. 질문과는 무관하다. 정답 (A)

어휘 plan 도면, 설계도 once 일단 ~하면, ~하자마자 approve 승인하다 water 물을 주다

32 영M 미W

Who was responsible for the recent computer upgrades?

(A) An outside consultant.

(B) Yeah, much faster than before.

(C) To set up the equipment.

최근 컴퓨터 업그레이드는 누가 책임을 맡았죠?
(A) 외부 고문이요.
(B) 예, 예전보다 훨씬 빨라요.
(C) 장비를 설치하기 위해서요.

해설 최근에 한 컴퓨터 업그레이드의 책임이 누구에게 있는지 묻고 있다.
(A) 외부 고문이라고 사람으로 대답하였으므로 정답이다.
(B) computer upgrade에서 이전보다 빨라졌다는 내용을 연상할 수는 있겠으나 질문에 올바른 답이 아니며 의문문은 Yes나 No로 대답하지 않는다. Yeah는 Yes의 비격식 표현이다.
(C) to부정사는 보통 이유, 목적을 묻는 Why 의문문과 어울린다. 정답 (A)

어휘 recent 최근의 outside 외부의 consultant 상담가, 자문 위원 set up 설치하다 equipment 장비, 설비

33 호W 영M

The technician left his tools, didn't he?

(A) It was expensive.

(B) A home improvement store.

(C) They look like his.

기술자가 연장을 놓고 갔어요, 아닌가요?
(A) 그것은 비쌌어요.
(B) 주택 개조 상점이에요.
(C) 그것들은 그의 것 같아 보이네요.

해설 기술자가 그의 연장을 두고 갔는지 여부를 확인하는 부가 의문문이다.
(A) 질문과 관련 없는 답변이다.
(B) 질문과 무관하다.
(C) 놓고 갔다는 긍정의 대답을 간접적으로 하고 있다. 정답 (C)

어휘 technician 기술자, 기사 tool 연장, 공구 home improvement 주택 개조

34 미M 미W

Which employees were transferred to the Sydney branch?

(A) The shipment is still in process.

(B) That's a great reading.

(C) Two people from the sales team.

어느 직원들이 Sydney 지사로 전근 갔나요?
(A) 아직 배송 중이에요.
(B) 그것은 훌륭한 책이에요.
(C) 영업팀에서 두 사람이요.

해설 Sydney 지사로 전근 간 직원이 누구인지 묻는 Which 의문문이다. Which 의문문 뒤에 명사가 나오면 명사에 집중하자.
(A) transfer에서 연상 가능한 shipment를 이용한 오답 유형이다. 질문과는 무관하다.
(B) 질문과 관련 없는 답변이다.
(C) 전근 간 직원을 부서를 들어 지칭했으므로 정답이다. 정답 (C)

어휘 employee 직원 transfer 이동하다, 전근 가다 branch 지사 shipment 수송 process 진행, 과정 reading 읽을거리

35 호W 미M

There are no seats left on the express bus.

(A) It stops at Teaneck station.

(B) Over 120km per hour.

(C) We'll have to wait for another one, then.

고속버스에 남는 자리가 없어요.
(A) 그것은 Teaneck 역에서 정차해요.
(B) 시속 120km 이상으로요.
(C) 그렇다면 우린 다른 걸 기다려야겠네요.

해설 고속버스에 자리가 없다는 평서문 문장이다.
(A) 특정 정차역 대답은 Where 의문문과 어울린다.
(B) express bus에서 연상 가능한 속력을 이용한 오답 유형이다. 질문과는 무관하다.
(C) 다음 행동을 제시하는 평서문 답변 유형이다. 정답 (C)

어휘 seat 자리, 좌석 express bus 고속버스 per hour 시간 당

36 영M 호W

The shopping district is always crowded over the weekend.

(A) It's not that street actually.

(B) Two sweaters and a shirt.

(C) Yes, but the prices are good.

그 상점가는 주말에는 항상 붐벼요.
(A) 사실 그 거리가 아니에요.
(B) 스웨터 두 벌과 셔츠 한 벌이요.
(C) 예, 하지만 가격이 싸잖아요.

해설 상점가가 붐빈다는 평서문 문장이다.
(A) district에서 연상 가능한 street를 이용한 오답 유형이다. 질문과는 무관하다.
(B) shopping district에서 연상 가능한 의류 품목들을 말하고 있다. 질문과 관련 없다.
(C) 평서문은 No로는 대답할 수 없지만 긍정, 동조의 의미로 Yes로는 대답 가능하다. 붐비긴 하지만 가격이 싸다고 부연 설명하고 있다. 정답 (C)

어휘 shopping district 상점가 crowded 붐비는 over the weekend 주말에 actually 실제로는

37 미W 영M

Why didn't I see you at the banquet yesterday?
(A) No, it's by the entrance.
(B) I had to work late last night.
(C) It looks rather small.

어제 연회에서 제가 왜 당신을 보지 못했죠? (어제 연회에는 왜 참석하지 못하셨어요?)
(A) 아뇨, 그것은 입구 옆에 있어요.
(B) 어젯밤 늦게까지 일해야 했거든요.
(C) 그것은 상당히 작아 보이네요.

해설 어제 연회에 올 수 없었던 이유를 묻는 Why 의문문이다.
(A) 의문사 의문문은 Yes나 No로 대답할 수 없다.
(B) 늦게까지 일해야 했다고 연회에 참석할 수 없는 이유를 말하였으므로 정답이다.
(C) 질문과 무관한 답변이다. 정답 (B)

어휘 banquet [bǽŋkwit] 연회 entrance 입구 rather 꽤, 상당히

38 미M 미W

Who was that woman I saw with Mr. Khan?
(A) Yes, I saw that show, too.
(B) I think she's a new colleague.
(C) I agree with your point.

제가 Khan 씨와 만났던 그 여자가 누구였나요?
(A) 예, 저도 그 쇼를 봤어요.
(B) 새로 온 직원 같은데요.
(C) 당신 의견에 동의해요.

해설 특정 여성이 누구였는지 묻는 Who 의문문이다.
(A) saw를 반복 언급한 오답 유형이다. 의문사 의문문은 Yes나 No로 답변이 불가능하다.
(B) 새 직원 같다고 대답하였으므로 정답이다.
(C) 질문과 관련 없는 답변이다. 정답 (B)

어휘 colleague [kɑ́liːg] 동료 point 의견

39 호W 미M

Where should I put these chairs after the seminar is over?
(A) Is he over there?
(B) Not until I've checked them.
(C) You should ask the manager.

세미나 끝난 후에 이 의자들을 어디에 둘까요?
(A) 그가 거기 있나요?
(B) 제가 그것을 확인할 때까지는 안 돼요. (제가 그것들을 확인하고 나서요.)
(C) 매니저에게 물어보세요.

해설 의자를 두어야 하는 장소를 물어보는 Where 의문문이다.
(A) 반복어휘 over를 이용한 오답 유형이다. 질문에 등장하지 않은 3인칭을 지칭하는 he는 답변에 등장할 수 없다.
(B) 전치사 until은 When 의문문과 어울린다. When과 Where의 발음이 유사하다는 것을 이용한 함정이다.
(C) 자신은 모르니 매니저에게 물어보라는 I don't know 유형으로 정답이다. 정답 (C)

40 영M 호W

Call my mobile phone if I'm not in the office.
(A) It's in your car.
(B) Thanks, it's a new model.
(C) Is the number on your business card?

제가 사무실에 없으면 제 휴대폰으로 전화 주세요.
(A) 그것은 당신 차 안에 있어요.
(B) 감사합니다. 그것은 새 모델이에요.
(C) 당신 명함에 있는 번호 말인가요?

해설 휴대폰으로 전화 달라는 평서문이다.
(A) Where 의문문과 어울리는 답변이다.
(B) mobile phone에서 연상 가능한 new model을 이용한 오답 유형이다. 질문과는 무관하다.
(C) 구체적인 전화번호를 확인하는 반문으로 정답이다. 정답 (C)

어휘 business card 명함

Part 3 p.371

Questions 41-43 refer to the following conversation. 미W 영M

W: Excuse me, is this the room for the information technology seminar?
M: Yes, it is. You're early though. The seminar won't begin until 9 o'clock but it's only 8 o'clock now. As you can see, I'm still setting up the room.
W: I know, but I thought it might be hard to find a place to park around the convention center, so I came early. Is there somewhere I can get a cup of coffee while I'm waiting?
M: The refreshments aren't set up yet. But there's a cafe on the first floor of the building.

문제 41-43은 다음 대화를 참조하세요.
여: 실례합니다. 여기가 정보 통신 기술 세미나가 열리는 방인가요?
남: 예, 맞습니다. 그런데 일찍 오셨네요. 세미나는 9시가 되어서야 시작할 텐데 이제 8시밖에 안 됐거든요. 보시다시피 아직 준비 중입니다.
여: 알고 있습니다. 컨벤션 센터 근처에 주차할 곳을 찾기가 어려울지도 몰라 좀 일찍 도착했어요. 제가 기다리는 동안 커피 한잔 할 수 있는 곳이 있을까요?
남: 다과가 아직 준비되지 않았습니다. 하지만 건물 1층에 카페가 있어요.

어휘 though (문장 끝에 와서) 그렇지만, 하지만 not ~ until... …가 되어서야 (비로소) ~하다 set up 준비하다

41 대화는 어디에서 이루어지고 있는가?
(A) 식당에서

(B) 사무실 건물에서
(C) 컨퍼런스 센터에서
(D) 영화관에서

해설 **키워드:** Where / conversation / taking place **위치:** 대화의 전반부

대화가 벌어지고 있는 장소를 유추하는 문제로 대화의 전반부에서 정답을 찾을 수 있다. 여자의 첫 대사 중 여기가 정보 통신 기술 세미나가 열리는 방이냐?(is this the room for the information technology seminar?)라는 질문과, 여자의 두 번째 대사 중에 컨벤션 센터 근처(around the convention center)라는 말을 통해 두 사람이 (C) 회의장이 있는 건물(conference center)에서 이야기하고 있음을 알 수 있다.

정답 (C) At a conference center

어휘 conference center 회의장, 회담장

42 행사는 언제 시작하겠는가?
(A) 8시에
(B) 9시에
(C) 10시에
(D) 11시에

해설 **키워드:** When / event / begin **위치:** 대화의 중반부

언제 행사가 시작될 것인지 세부 사항을 묻는 문제 유형으로 대화의 중반부에서 답의 근거를 찾을 수 있다. 남자의 첫 번째 대사에서 세미나는 9시가 되어서야 시작하게 될 것이라고(The seminar won't begin until 9 o'clock) 말하고 있으므로 세미나를 의미하는 행사(event)는 (B) 9시에(At 9 o'clock) 시작할 것임을 알 수 있다.

정답 (B) At 9 o'clock

43 여자는 무엇을 찾고 있는가?
(A) 복사기
(B) 고객을 만나는 장소
(C) 주차 구역
(D) 음료를 마실 수 있는 장소

해설 **키워드:** What / woman / looking for **위치:** 대화의 중반부

여자가 찾고 있는 것이 무엇인지 세부 사항을 묻는 문제 유형으로 대화의 중반부 이후에서 정답을 찾을 수 있다. 여자의 두 번째 대사에 기다리는 동안 커피 한잔 할 수 있는 공간이 있는지(Is there somewhere I can get a cup of coffee while I'm waiting?) 묻는 질문이 나오고, 남자가 건물 1층에 카페가 있다고(there's a cafe on the first floor of the building) 알려주고 있으므로 여자가 찾고 있는 것은 (D) 음료를 마실 수 있는 장소(A place to get beverages)이다.

정답 (D) A place to get beverages

어휘 look for ~을 찾다 machine 기계 make a copy 복사하다 location 장소 area 구역 beverage [bévəridʒ] 음료

Questions 44-46 refer to the following conversation. 미M 호W

M: Karen, some of us are planning to go to the museum this weekend. Admission is half price on Saturday. Can you join us?

W: Oh, I can't. I have family visiting and I have to take them to the airport on Saturday. But I would really like to see the pottery exhibition some time next week. Do you know how long it will be on display for?

M: No, I don't. But I can get you a schedule of the exhibitions while I'm there.

문제 44-46은 다음 대화를 참조하세요.

남: Karen, 이번 주말에 우리 몇 명이서 박물관에 갈 계획이에요. 토요일에는 입장료가 반값이거든요. 함께 갈래요?

여: 아, 저는 안 돼요. 가족들이 와 있어서 토요일에 공항까지 태워다 줘야 해요. 하지만 다음 주 쯤에 있는 도자기 전시회는 정말 보고 싶어요. 얼마 동안 전시가 되는지 알아요?

남: 아뇨, 몰라요. 하지만 거기 가는 김에 제가 전시회 일정을 가져다줄게요.

어휘 admission 입장료 half price 반값 pottery 도자기 exhibition 전시회 be on display 전시되다 schedule 일정, 예정표

44 박물관은 토요일에 무엇을 제공하는가?
(A) 개장 시간 연장
(B) 입장료 할인
(C) 안내원이 딸린 관람
(D) 초청 연사

해설 **키워드:** What / museum / offer / Saturday **위치:** 대화의 전반부

박물관이 토요일에 무엇을 제공하는지 묻는 질문으로 대화의 전반부에서 정답을 찾을 수 있다. 남자의 첫 대사에 토요일에는 입장료가 반값이라고(Admission is half price on Saturday.) 했으므로 (B) 입장료 할인(Reduced admission fees)을 제공하고 있음을 알 수 있다.

정답 (B) Reduced admission fees

어휘 offer 제공하다 extended 연장된 reduced 할인한 admission fee 입장료 guided 가이드가 안내하는 guest speaker 초청 연사

45 여자는 이번 주 토요일에 왜 시간이 비지 않는가?
(A) 그녀는 시외로 나갈 것이다.
(B) 그녀는 미술반을 가르치고 있다.
(C) 그녀는 직장에서 일해야 할 것이다.
(D) 그녀는 방문객들을 공항에 데려다주어야 한다.

해설 **키워드:** Why / woman / not available / Saturday
위치: 대화의 중반부

여자가 이번 주 토요일에 시간이 비지 않는 이유를 묻는 질문이므로 여자의 토요일 일정을 대화 중반부 여자의 대사에서 찾을 수 있다. 여자는 토요일에 가족들을 공항에 데려다주어야 한다(I have to take them to the airport on Saturday)고 했으므로 (D) 방문객들을 공항에 데려다주어야 한다(She has to take visitors to the airport.)가 정답이다.

정답 (D) She has to take visitors to the airport.

어휘 available 시간이 비는, 바쁘지 않은 out of town 도심을 벗어나

46 남자는 무엇을 하겠다고 제안하는가?
(A) 업무 완료
(B) 앞으로의 행사 계획
(C) 정보 입수
(D) 사진 촬영

해설 **키워드:** What / man / offer to do **위치:** 대화의 후반부

남자의 제안이 무엇인지 제안 사항을 묻는 질문으로 제안의 내용은 주로 대화 후반부에서 확인할 수 있다. 여자가 도자기 전시회의 기간을 묻자(Do you know how long it will be on display for?) 남자는 모르겠다며 전시회 일정을 가져다주겠다고(I can get you a schedule of the exhibitions) 답변하고 있으므로 (C) 정보 입수(Get some information)가 정답이

된다. 정답 (C) Get some information

어휘 offer 제안하다 complete 완료하다 take a photograph 사진을 찍다

Questions 47-49 refer to the following conversation. 영M 호W

M: Thanks for your interest in the position of project manager at our marketing department. Could you tell us a little about your previous experience?

W: Well, I've worked in the marketing department of a paper company for five years. I was largely responsible for Internet advertising for the company's print paper division. I also traveled overseas regularly to conduct workshops on online marketing techniques.

M: OK, it sounds like you have the background we're looking for. Now, could you give specific details about your experience working as a manager?

문제 47-49는 다음 대화를 참조하세요.

남: 저희 마케팅 부서의 프로젝트 매니저 직에 관심을 가져 주셔서 감사합니다. 이전 경력에 대해 좀 이야기해 주시겠습니까?

여: 예, 저는 5년간 제지 회사의 마케팅 부서에서 일했습니다. 회사의 인쇄용지 부문의 인터넷 홍보를 주로 담당하였습니다. 또한 온라인 마케팅 기술에 관한 워크숍을 실시하기 위해 정기적으로 해외에 나갔습니다.

남: 좋습니다. 저희가 찾고 있는 경력을 갖고 계신 것 같네요. 이제, 매니저로 근무했던 경력에 관하여 구체적으로 말씀해 주시겠습니까?

어휘 previous 이전의 experience 경력 largely 주로 be responsible for ~에 책임이 있다 division 부문 overseas 해외에 regularly 정기적으로 conduct (업무를) 실시하다 background 배경, 경력 specific 구체적인 detail 세부 사항

47 대화가 이루어지고 있는 장소는 어디인가?

(A) 연수 세미나에서

(B) 면접에서

(C) 신입 사원 오리엔테이션에서

(D) 시상식에서

해설 **키워드:** What / conversation / taking place **위치:** 대화의 전반부

두 사람의 대화가 이루어지는 장소를 유추하는 문제로 대화의 전반부에서 정답을 찾을 수 있다. 남자의 첫 대사에서 마케팅 부서에 프로젝트 매니저 직에 관심을 가져주어 고맙다(Thanks for your interest in the position of project manager at our marketing department.)는 말과, 이전 경력에 대해 이야기해 달라는 말을 통해 대화가 이루어지고 있는 장소가 면접장임을 유추할 수 있으므로 정답은 (B) 면접에서(At a job interview)가 된다. 정답 (B) At a job interview

어휘 training seminar 연수 세미나 job interview 면접 awards ceremony 시상식

48 여자가 언급한 이전 업무는 무엇인가?

(A) 다국적 기업 경영

(B) 전자 장치 고안

(C) 고객 문의 응답

(D) 제품 온라인 마케팅

해설 **키워드:** What previous work / woman / mention
위치: 대화의 중반부

여자가 언급한 이전 업무가 무엇인지 세부 사항을 물어보는 질문으로 대화 중반부인 여자의 말에서 정답을 찾을 수 있다. 여자는 5년 동안 제지 회사의 마케팅 부서에서(in the marketing department of a paper company) 일하였고, 주로 인터넷 광고를 담당하였으며(I was largely responsible for Internet advertising), 온라인 마케팅 기술에 관한 워크숍을 위해(conduct workshops on online marketing techniques) 해외 출장도 다녔음을 언급하고 있으므로 여자의 이전 업무가 (D) 제품 온라인 마케팅(Marketing products online)임을 알 수 있다.

정답 (D) Marketing products online

어휘 mention 언급하다 manage 경영하다, 운영하다 international company 다국적 기업 design 설계하다, 고안하다 electronic device 전자 장치 respond to 응답하다 inquiry [inkwáiəri] 질문, 문의

49 이후에 논의될 내용은 무엇이겠는가?

(A) 회사의 배경

(B) 회사의 제품

(C) 여자의 경영 기술

(D) 앞으로 있을 여자의 워크숍

해설 **키워드:** What / discussed / next **위치:** 대화의 후반부

앞으로 무엇에 관하여 이야기할 것인지 대화 후 일어날 일에 대해 묻는 질문이므로 대화 후반부에서 정답을 찾을 수 있다. 남자는 마지막 대사에서 매니저로 근무했던 경력에 관하여 구체적으로 말해 달라고(could you give specific details about your experience working as manager?) 요청하고 있으므로 (C) 여자의 경영 기술(The woman's managerial skills)이 정답이다. 정답 (C) The woman's managerial skills

어휘 discuss 논의하다 managerial [mænidʒíəriəl] 경영의 upcoming 다가오는, 곧 있을

Questions 50-52 refer to the following conversation. 미M 미W

M: Do you know what this afternoon's seminar is about?

W: The speaker is Dr. Rogers from Kensington Bank. He's going to talk about current trends in online banking.

M: Oh, I thought it was going to be about ways to improve customer satisfaction. Do we have to sign up for it?

W: Yes, you need to call the training department to confirm. They are serving dinner afterwards so they need to know how many people are coming.

문제 50-52는 다음 대화를 참조하세요.

남: 오늘 오후 세미나에서 어떤 내용을 다루는지 알고 있나요?

여: 연설자는 Kensington 은행의 Rogers 박사예요. 그는 온라인 뱅킹의 현 경향에 대해 이야기할 거예요.

남: 아, 난 고객 만족 향상 방안에 관한 내용일줄 알았는데. 우리가 신청해야 하나요?

여: 예, 신청 확인을 위해 인력 개발부에 연락해야 해요. 부서에서 세미나 후에 저녁을 제공하므로 얼마나 많은 사람들이 올 건지 알아야 하거든요.

어휘 current 현재의 trend 경향, 추세 improve 개선하다, 향상시키다 sign up for 신청하다 training department 인력 개발부 confirm 확실히 하다 serve 제공하다 afterwards 나중에

50 오늘 오후에 어떤 유형의 회의가 열리는가?

Actual Test

(A) 전화 회의
(B) 이사회
(C) 연수 세미나
(D) 시상식 연회

해설 **키워드:** What / meeting / taking place / this afternoon
위치: 대화의 전반부

어떤 회의가 열리는지 회의의 종류에 관하여 묻는 질문으로 대화 전반부에서 정답의 근거를 찾을 수 있다. 남자가 첫 번째 대사에서 오늘 오후 세미나에서 어떤 내용을 다루는지(what this afternoon's seminar is about?)에 대해 여자에게 질문하고 있으므로 세미나(seminar)가 열림을 알 수 있다. 또한 여자의 마지막 말에서 그 세미나와 연관된 부서가 인력 개발부(training department)라고 하였으므로 그 세미나는 사내 연수 세미나임을 유추할 수 있다. 따라서 정답은 (C) A training seminar가 된다. 정답 (C) A training seminar

어휘 take place 개최되다 conference call 전화 회의 board meeting 이사회 training 훈련, 연수 award banquet 시상식 연회

51 회의의 목적은 무엇인가?
(A) 고객들의 최근 문제를 해결하기 위해
(B) 온라인 은행 업무 경향에 대해 논의하기 위해
(C) 생산성을 향상시키기 위해
(D) 직원들에게 재정 상태를 알리기 위해

해설 **키워드:** What / purpose / meeting **위치:** 대화의 중반부

회의의 목적에 관하여 묻는 질문으로 대화 중반부에서 정답의 근거를 찾을 수 있다. 남자가 세미나에서 다루는 내용에 대해 묻자 여자가 온라인 뱅킹의 현 경향에 대해 이야기할 것이라고(He's going to talk about current trends in online banking.) 했으므로 정답은 (B) 온라인 은행 업무 경향에 대해 논의하기 위해(To discuss the online banking trend)가 된다. 정답 (B) To discuss the online banking trend

어휘 purpose 목적 resolve 해결하다 trend 경향, 추세 improve 향상시키다 productivity 생산성 inform 알리다 financial status 재정 상태

52 회의 후에 무슨 일이 있겠는가?
(A) 집단 토의
(B) 시연
(C) 저녁 만찬
(D) 프레젠테이션

해설 **키워드:** What / take place / after the meeting
위치: 대화의 후반부

회의가 끝난 후에 일어날 일에 대해서 물어보는 질문으로 앞으로 일어날 일에 관해서는 주로 대화의 후반부에 정답의 근거가 있다. 여자가 마지막 대사에서 세미나 후에 저녁이 제공된다(They are serving dinner afterwards)고 언급하고 있으므로 회의 후에 (C) 저녁 만찬(A dinner)이 있음을 알 수 있다. 정답 (C) A dinner

어휘 group discussion 집단 토의 demonstration 시연 presentation 프레젠테이션, 발표

Questions 53-55 refer to the following conversation. 영M 미W

M: Shana, I heard your interior design company just won an award for the best new small business. Congratulations. You must be doing very well.

W: Yes, and ever since the award I'm getting even more new clients. I have so much work that I'm planning to hire an assistant.

M: You know, my friend Doyle studied interior design, and he's looking for a job. He's very talented. He doesn't have much business experience though. So I don't know if you want to consider him.

W: Oh, business experience isn't necessarily required. I need someone with creative ideas. I'd love to see his resume. Why don't you have him send it to me?

문제 53-55는 다음 대화를 참조하세요.
남: Shana, 당신네 실내 디자인 회사가 최고의 신생 중소기업 상을 받았다면서요. 축하해요. 당신이 아주 잘하고 있다고 있음을 말해주고 있군요.
여: 예, 상을 받은 이후로 신규 고객이 훨씬 더 많이 늘고 있어요. 일이 너무 많아서 조수를 구할 생각이에요.
남: 당신도 아시다시피 제 친구 Doyle이 인테리어 디자인을 공부했는데 직업을 찾고 있어요. 그는 굉장히 재능 있어요. 그렇지만 실무 경험이 없어요. 그래서 당신이 그를 염두에 두고 싶을지는 잘 모르겠네요.
여: 아, 실무 경험이 꼭 필요한 건 아니에요. 저는 창조적인 생각을 가진 사람이 필요해요. 그의 이력서를 보고 싶네요. 저에게 이력서를 보내 보라고 해주시겠어요?

어휘 do well 잘 하다, 성공하다 ever since ~ 이후로 줄곧 client 고객 hire 고용하다 assistant 조수 talented 재능 있는 business experience 실무 경험 though 그렇지만, 하지만 consider 고려하다 not necessarily 반드시[꼭] ~은 아닌 resume [rezuméi] 이력서 Why don't you...? ~하지 않겠어요?

53 여자의 직업은 무엇인가?
(A) 사업주
(B) 페인터 칠하는 사람
(C) 상점 매니저
(D) 실내 디자이너

해설 **키워드:** What / the woman's occupation **위치:** 대화의 전반부

대화자의 직업을 묻는 질문으로 대화의 전반부에서 정답을 찾을 수 있다. 남자가 첫 번째 대사에서 여자에게 당신네 실내 디자인 회사(your interior design company)라고 말하고 있고, 여자는 조수를 고용할 계획이라고(I'm planning to hire an assistant) 말하고 있는 것을 통해 여자의 직업이 (D) 실내 디자이너(An interior designer)임을 알 수 있다.
정답 (D) An interior designer

어휘 occupation 직업 business owner 사업주

54 화자들은 주로 무엇에 관하여 논하고 있는가?
(A) 경연대회 참가
(B) 수상
(C) 새 조수 고용
(D) 건물 개조

해설 **키워드:** What / speakers / discussing
위치: 대화의 중반부

화자들이 무엇에 관하여 논하고 있는지 대화 내용을 묻는 질문으로 중반부에서 정답을 찾을 수 있다. 여가의 조수를 구할 계획이라고(I'm planning to hire an assistant) 하자 남자가 친구를 소개시켜 주고 있는 대화(my friend Doyle studied

interior design, and he's looking for a job. ~)를 통해 두 사람이 새 조수를 고용하는 것에 대해 이야기하고 있음을 알 수 있으므로 정답은 (C) Hiring a new assistant가 된다.
정답 (C) Hiring a new assistant

어휘 participate in ~에 참가하다 win an award 상을 받다 hire 고용하다 remodel 개조하다

55 여자는 Doyle이 자신에게 무엇을 보내기를 원하는가?
(A) 포트폴리오
(B) 이력서
(C) 가격표
(D) 추천서

해설 **키워드:** What / woman / want / Doyle / send **위치:** 대화의 후반부
여자는 Doyle이 그녀에게 무엇을 보내기를 원하는지 묻는 질문으로 대화 후반부 여자의 대사에서 정답을 찾을 수 있다. 여자는 마지막 대사에서 그의 이력서를 보고 싶다며(I'd love to see his resume.) 그가 그녀에게 이력서를 보내게 하라고(Why don't you have him send it to me?) 제안하고 있으므로 정답은 이력서인 (B) A resume가 된다. 정답 (B) A resume

어휘 portfolio 작품집 recommendation 추천서

Questions 56-58 refer to the following conversation. 영M 미W

M: Hi, Jane, I'm having difficulty accessing my e-mail account. When I enter my password, I get a message that it's invalid. It was working fine until I left for my vacation.
W: Oh, You were out of town when the program upgrade went into effect. Now, you need to use longer passwords. If your current one doesn't meet the requirements, it won't work.
M: That's right. I've heard that before I left. So, now what should I do? Do I have to contact technical support team?
W: No, that's not necessary. There should be a click button at the bottom of the screen. You can click on that and then you'll have to enter a new password.

문제 56-58은 다음 대화를 참조하세요.
남: 안녕, Jane, 제 이메일 계정 접속에 문제가 생겼어요. 비밀번호를 입력하면 올바르지 않다는 메시지가 떠요. 내가 휴가 가기 전까지만 해도 잘 되었거든요.
여: 아, 프로그램 업그레이드가 실시되었을 때 당신이 여기 없었네요. 지금은 더 긴 비밀번호를 사용해야 해요. 당신의 현재 비밀번호가 그 요건에 맞지 않으면 작동이 안 될 거예요.
남: 맞아요. 저도 떠나기 전에 들었어요. 그럼 이제 제가 어떻게 해야 하죠? 기술지원팀에 연락해야 하나요?
여: 아뇨, 그럴 필요는 없어요. 화면 아래에 클릭 버튼이 있을 거예요. 그것을 클릭하고 새 비밀번호를 입력해야 할 거예요.

어휘 have difficulty -ing ~하는 데 어려움을 겪다 access 접속하다 e-mail account 이메일 계정 invalid (컴퓨터) 인식 불가능한 go into effect 실시되다 meet the requirement 필요조건을 충족시키다 at the bottom of ~의 밑바닥에

56 남자가 겪고 있는 문제는 무엇인가?
(A) 새 노트북 컴퓨터 구입
(B) 이메일 계정 사용
(C) 세미나 등록
(D) 출퇴근 시간 기록표 처리

해설 **키워드:** What / man / trouble **위치:** 대화의 전반부
남자가 겪고 있는 문제점에 대해 묻는 질문으로 대화의 전반부에서 문제점을 찾아볼 수 있다. 남자의 첫 번째 대사에서 이메일 계정 접속에 문제가 생겼음을(I'm having difficulty accessing my e-mail account.) 말하고 있으므로 남자는 (B) 이메일 계정 사용(Using an e-mail account)과 관련하여 문제가 있음을 알 수 있다. 정답 (B) Using an e-mail account

어휘 have a trouble with ~에 대해 어려움을 겪다 laptop 노트북 컴퓨터 e-mail account 이메일 계정 register for ~에 등록하다 process 처리하다 timesheet 출퇴근 시간 기록표

57 남자가 자리에 없는 동안 무슨 일이 있었는가?
(A) 프로그램이 업데이트 되었다.
(B) 새 사업이 시작되었다.
(C) 지불이 반환되었다.
(D) 주소가 변경되었다.

해설 **키워드:** What / happened / man / away
위치: 대화의 중반부
남자가 휴가로 자리를 비운 사이에 어떤 일이 있었는지 세부 사항을 확인하는 질문으로 대화 중반부에서 정답의 근거를 찾을 수 있다. 여자의 첫 번째 대사에서 프로그램 업그레이드가 시행되었을 때 남자가 자리에 없었다고(You were out of town when the program upgrade went into effect.) 언급하고 있으므로 (A) 프로그램이 업데이트 되었다(A program was updated.)가 정답이다. 정답 (A) A program was updated.

어휘 update 갱신하다 payment 지불 return 돌아오다, 반납하다 address 주소

58 남자는 무엇을 해야 하겠는가?
(A) 비밀번호 변경
(B) 새 계정 설정
(C) 신분증 제시
(D) 기술지원팀에 연락

해설 **키워드:** What / man / do **위치:** 대화의 후반부
앞으로 남자가 해야 할 행동에 대해 묻는 질문으로 대화 후반부에서 정답의 근거를 찾을 수 있다. 남자가 어떻게 해야 하느냐고 묻자 여자가 화면 아래 버튼을 클릭하고 새 비밀번호를 입력해야 한다고(There should be a click button at the bottom of the screen. You can click on that and then you'll have to enter a new password.) 말하므로 남자는 (A) 비밀번호를 변경(Change a password)할 것임을 알 수 있다. 정답 (A) Change a password

어휘 set up 설치하다 account 계정 present 제시하다 ID card 신분증

Questions 59-61 refer to the following conversation. 미W 미M

W: This home theater system is one of the most popular models we have in the store. It cost $200 and we offer a free delivery service.
M: That's a great price but isn't it going to be difficult to install by myself?
W: Well, there is a detailed instruction manual in the box. So, it shouldn't be too hard to install by

yourself. However, if you find the process difficult you can always call our customer service department and request an installation specialist for an extra fee.

M: That sounds great, I'll take it!

문제 59-61은 다음 대화를 참조하세요.

여: 이 홈씨어터는 저희 상점에서 가장 인기 있는 제품들 중 하나입니다. 가격은 200달러이며 무료로 배송해 드려요.

남: 가격은 싼데 제가 설치하기 어렵지 않을까요?

여: 음, 상자 안에 자세한 설명서가 있습니다. 그래서 혼자 설치하시는 데 너무 어렵지는 않을 거예요. 그렇지만 설치 과정 중에 어려운 점이 있을 경우 언제든 저희 고객지원부에 연락하시면 추가 요금을 지불하고 설치 전문가를 요청하실 수 있습니다.

남: 그거 괜찮은데요. 사겠습니다!

어휘 install 설치하다 by oneself 혼자 힘으로 detailed 상세한 instruction manual 취급 설명서 installation 설치 specialist 전문가 extra fee 추가 요금

59 홈씨어터 구매에 포함된 것은 무엇인가?
(A) 1년간 품질 보증서
(B) 무료 설치
(C) 무료 배송
(D) 추가 할인

해설 **키워드:** What / included / purchase / home theater system **위치:** 대화의 전반부
홈씨어터 구매에 포함된 것을 묻는 질문으로 대화 전반부에서 정답의 근거를 찾을 수 있다. 여자가 첫 대사에서 홈씨어터를 소개하면서 가격과 함께 무료 배송을 제공한다고(we offer a free delivery service.) 언급하고 있으므로 정답은 (C) 무료 배송(Free delivery)이다. 정답 (C) Free delivery

어휘 include 포함하다 purchase 구매 warranty 품질 보증서 free 무료의 installation 설치 delivery 배송 additional 추가의 discount 할인

60 남자가 걱정하는 것은 무엇인가?
(A) 제품 설치의 어려움
(B) 제품 가격
(C) 제품이 너무 오래됨
(D) 제품 운반

해설 **키워드:** What / man / concerned **위치:** 대화의 중반부
남자의 걱정거리가 무엇인지 물어보는 세부 사항 관련 질문으로 대화 중반부에서 정답의 근거를 찾을 수 있다. 남자가 첫 번째 대사에서 혼자 홈씨어터를 설치하는 게 어렵지 않느냐(isn't it going to be difficult to install by myself?)고 묻고 있으므로 남자가 설치를 어려워하고 있음을 알 수 있다. 따라서 정답은 (A) 제품 설치의 어려움(The difficulty of installing the item)이다. 정답 (A) The difficulty of installing the item

어휘 concerned about ~에 대해 염려하는 difficulty 어려움 install 설치하다 item 물품

61 남자는 다음에 무엇을 하겠는가?
(A) 주문을 받는다
(B) 그들의 홈씨어터를 구매한다
(C) 고객지원부에 연락한다
(D) 설명서를 읽는다

해설 **키워드:** What / man / do next **위치:** 대화의 후반부
남자가 다음에 할 일을 묻는 질문이다. 주로 미래와 관련된 내용은 대화 후반부에 등장하게 된다. 남자의 마지막 대사 That sounds great, I'll take it!을 통해 남자가 구매 의사를 밝히고 있으므로 (B) 홈씨어터를 구매한다(Purchase their home theater system)가 정답이 된다.
정답 (B) Purchase their home theater system

어휘 take an order 주문을 받다 purchase 구매하다 manual 설명서

Questions 62-64 refer to the following conversation. 호W 영M

W: Kevin, do you know if this month's jazz concert is canceled today? I heard something about that from one of my colleagues.

M: That's what I heard too. It's not canceled, just postponed until next Saturday because it is going to snow tonight.

W: I wonder why they postponed it just because the weather's bad. The concert is always inside the art center.

M: Actually, they're doing something different this month. The concert is going to be outside in the park. They decided to have it there, so there will be more room for the performances.

문제 62-64는 다음 대화를 참조하세요.

여: Kevin, 이번 달 재즈 콘서트가 오늘 취소되었는지 안 되었는지 알고 있니? 내 동료 중 한 명한테 들은 이야기가 있어서 그래.

남: 나도 들었어. 오늘 밤 눈이 올 거라서 취소는 아니고 다음 주 토요일로 연기되었어.

여: 단지 날씨가 나쁘다는 이유로 연기한 이유를 모르겠어. 콘서트는 항상 아트센터 안에서 하잖아.

남: 사실, 이번 달은 뭔가 다르게 하려나봐. 콘서트가 야외 공원에서 있을 거래. 야외에서 하기로 결정해서 연주 공간이 더 많아질 거야.

어휘 cancel 취소하다 colleague 동료 postpone 연기하다 performance 공연

62 화자들은 어떤 종류의 행사에 대해 이야기하고 있는가?
(A) 스포츠 행사
(B) 콘서트
(C) 회사 야유회
(D) 세미나

해설 **키워드:** What / event / speakers / discussing **위치:** 대화의 전반부
화자들이 이야기하고 있는 행사가 어떤 종류인지 물어보는 질문으로 대화 전반부에서 근거를 찾을 수 있다. 여자의 첫 대사에서 이번 달 재즈 콘서트가 취소되었는지 안 되었는지 알고 있냐고(do you know if this month's jazz concert is canceled today?) 남자에게 물어보고 있는 것을 통해 대화에서 언급되고 있는 행사가 (B) 콘서트(A concert) 임을 알 수 있다.
정답 (B) A concert

어휘 sporting event 스포츠 행사 company picnic 사내 야유회

63 행사는 왜 일정이 변경되었는가?
(A) 물품 몇 개가 배달되지 않았다.
(B) 회의실 이용이 불가능했다.
(C) 악천후가 예보되었다.
(D) 음식 주문이 정시에 되지 않았다.

해설 **키워드:** Why / event / rescheduled **위치:** 대화의 중반부
행사 일정이 변경된 이유를 묻는 질문으로 대화 중반부에서 정답의 근거를 찾을 수 있다. 남자의 첫 번째 대사에 오늘 밤에 눈이 올 거라서 콘서트가 다음 주 토요일로 연기되었다(just postponed until next Saturday because it is going to snow tonight)는 내용이 나오므로 정답은 (C) 악천후가 예보되었다(Poor weather is predicted.)가 된다.

정답 (C) Poor weather is predicted.

어휘 reschedule 일정을 변경하다 unavailable 이용할 수 없는 poor weather 악천후, 나쁜 날씨 predict 예상하다 on time 시간을 어기지 않고, 정각에

64 그 행사는 지난달에 열렸던 행사와 어떻게 다른가?
(A) 가족 회원이 포함될 것이다.
(B) 새 프로그램 코디네이터들.
(C) 다른 장소에서 열리게 될 것이다.
(D) 기자회견이 열릴 것이다.

해설 **키워드:** How / event / different / held / last month
위치: 대화의 후반부
지난달에 열렸던 행사와 무엇이 다른지 묻는 질문으로 대화 후반부에서 정답의 근거를 찾을 수 있다. 여자의 두 번째 대사에서 콘서트는 항상 아트센터 안에서 진행되었다(The concert is always inside the art center.)는 것을 알 수 있는데, 남자의 마지막 대사에서 이번 달에는 콘서트가 야외 공원에서 진행될 것(they're doing something different this month. The concert is going to be outside in the park.)임을 알 수 있다. 따라서 지난달과 달리 이번 달에는 콘서트가 (C) 다른 장소에서 열리게 될 것이다(It will be held in a different location.)가 정답이다.

정답 (C) It will be held in a different location.

어휘 different from ~와 다른 include 포함하다 coordinator [kouɔ́:rdəneitər] 조정자, (기획, 진행) 책임자 hold 개최하다 press conference 기자회견 take place 개최하다

Questions 65-67 refer to the following conversation. 영M 미W

M: There is no way I can finish the sales report by 6 o'clock. I also have to present it at the meeting on Monday afternoon. So I thought that I should stay late tonight to get it done.

W: Well, don't forget to install the new security software tonight. The whole computer network will be shut down at four.

M: That's right. I forgot. I guess I have to finish the report at home this weekend.

W: Or you could get here early on Monday. The technician promised the computer network will be up and running by 8 o'clock.

문제 65-67은 다음 대화를 참조하세요.
남: 6시까지 영업 보고서를 끝낼 수 없어요. 월요일 오후 회의에서도 발표해야 해요. 그래서 보고서를 완성하기 위해 오늘밤 야근을 해야 할 것 같습니다.
여: 그럼, 오늘 밤에 새 보안 소프트웨어를 설치한다는 것 잊지 마세요. 전 컴퓨터 네트워크가 4시에 멈출 거예요.
남: 맞아요. 잊고 있었네요. 이번 주말에 집에서 보고서를 마무리해야겠네요.
여: 아니면 월요일에 일찍 출근해도 되죠. 8시에는 컴퓨터 네트워크가 정상 가동될 거라고 기술자가 약속했거든요.

어휘 there is no way~ ~할 수가 없다(~할 방법이 없다) present 발표하다 get done 마치다 install 설치하다 security software 보안 소프트웨어 shut down (기계가) 멈추다, 정지하다 technician 기술자 be up and running 작동하다

65 남자는 무엇에 대해 걱정하고 있는가?
(A) 그의 컴퓨터를 수리받는 것
(B) 제시간에 보고서를 끝내는 것
(C) 휴가 일정을 잡는 것
(D) 그의 컴퓨터 파일을 안전하게 보관하는 것

해설 **키워드:** What / man / concerned **위치:** 대화의 전반부
남자의 걱정거리를 묻는 문제로 대화 전반부에서 정답의 단서를 찾을 수 있다. 남자가 첫 대사에서 6시까지 영업 보고서를 끝낼 수 없다(There is no way I can finish the sales report by 6 o'clock.)고 하는 내용을 통해, 남자가 걱정하는 것이 (B) 제시간에 보고서를 끝내는 것(Finishing a report on time)임을 알 수 있다.

정답 (B) Finishing a report on time

어휘 concerned about ~에 대해 걱정되는 on time 정시에 schedule 일정을 잡다 time off from work 휴가 secure 안전한

66 여자는 어떤 문제를 언급하는가?
(A) 관리자 허가가 필요하다
(B) 몇몇 영업 정보가 사라졌다.
(C) 컴퓨터 폐쇄가 예정되어 있다.
(D) 다른 소프트웨어가 필요하다.

해설 **키워드:** What problem / woman / mention **위치:** 대화의 중반부
여자가 언급하는 문제가 무엇인지 묻는 질문이므로 대화 중반부에 여자의 대사에서 정답의 단서를 찾을 수 있다. 여자는 새 보안 소프트웨어 설치가 있다는 걸 잊지 말라며 전체 컴퓨터 네트워크가 4시에 정지될 것이라고(The whole computer network will be shut down at four.) 말하고 있다. 이를 통해 여자가 언급하는 문제가 (C) 컴퓨터 폐쇄가 예정되어 있다(A computer shutdown is scheduled.)는 것임을 알 수 있다.

정답 (C) A computer shutdown is scheduled.

어휘 supervisor 관리자, 감독관 permission 허가 missing 없어진, 분실된 shutdown 작동 정지

67 여자의 제안은 무엇인가?
(A) 월요일에 일찍 출근하는 것
(B) 다음 주에 관리자와 이야기하는 것
(C) 컴퓨터 기술자에게 상담하는 것
(D) 프레젠테이션 일정을 조정하는 것

해설 **키워드:** What / woman / suggest **위치:** 대화의 후반부
제안과 관련된 사항은 대화 후반부에 단서가 제시된다. 남자가 주말에 집에서 보고서를 마쳐야겠다고 하자 여자가 마지막 대사에서 월요일에 일찍 나와서 해도 된다며(Or you could get here early on Monday.) (A) 월요일에 일찍 출근하는 것(Coming to work early on Monday)을 제안한다.

정답 (A) Coming to work early on Monday

어휘 suggest 제안하다 supervisor 관리자 consult 상담하다 reschedule 일정을 변경하다

Questions 68-70 refer to the following conversation. 호W 미M

W: Kenneth, I don't know if you heard, but Elena Adams is leaving the company in two weeks. It's too bad because she's been doing such a great job with the advertising campaign for the new children's shampoo.

M: Oh, I heard Elena is leaving, but I did not know it was so soon. She's such an efficient coordinator. I'm sure she'll be missed.

W: She certainly will be. In fact, we need someone to replace her right away. Since you are familiar with the product, I'd like you to take over the coordination of the ad campaign.

문제 68-70은 다음 대화를 참조하세요.

여: Kenneth, 들었는지 모르겠는데 Elena Adams가 2주 후에 회사를 떠날 거예요. 새로 나온 어린이 샴푸 광고 캠페인을 그녀가 아주 잘 해왔기에 너무 아쉬워요.

남: 아, 저도 Elena가 떠난다는 소식 들었어요. 그렇지만 이렇게 빠른 줄은 몰랐네요. 그녀는 정말 유능한 코디네이터예요. 그녀가 그리울 거예요.

여: 정말 그럴 거예요. 사실, 우리는 지금 당장 그녀를 대신할 누군가가 필요해요. 당신이 그 제품에 대해서는 빠삭하니까 저는 당신이 그 광고 캠페인 조정을 맡아 주었으면 해요.

어휘 advertising campaign 광고 캠페인 efficient [ifíʃənt] 유능한 coordinator [kouɔ́:rdəneitər] 책임자, 조정자 miss 그리워하다 certainly 분명히 replace 대신하다, 뒤를 잇다 be familiar with ~에 대해 잘 알다 take over 인계받다 coordination 조정, 공동 작업

68 Ms. Adams는 누구인가?
(A) 광고 코디네이터
(B) 판매 사원
(C) 인사부 부장
(D) 그래픽 디자이너

해설 **키워드:** Who / Ms. Adams **위치:** 대화의 전반부
Ms. Adams가 뭐 하는 사람인지 물어보는 질문으로 대화 전반부에 단서가 제시된다. 질문의 키워드인 Ms. Adams를 주의 깊게 들어야 한다. 여자의 첫 번째 대사에 질문의 키워드인 Elena Adams가 등장하는데 그녀가 2주 후면 퇴사할 것이며 광고 캠페인을 너무나 잘 해왔다(she's been doing such a great job with the advertising campaign)는 내용이 언급되고 있으므로 그녀의 직업이 광고와 관련된 것임을 알 수 있다. 정답은 (A) 광고 코디네이터(An advertising coordinator)이다.
정답 (A) An advertising coordinator

어휘 sales representative 판매원 human resources manager 인사부 부장

69 화자의 말에 따르면 왜 Ms. Adams가 그리워지겠는가?
(A) 그녀는 고객에게 존경을 받는다.
(B) 그녀는 최고의 판매 사원이다.
(C) 그녀는 오랜 기간 회사에서 일했다.
(D) 그녀는 그녀의 일을 능률적으로 한다.

해설 **키워드:** Why / Ms. Adams / missed **위치:** 대화의 중반부
제시되는 상황을 판단하고 단서를 찾는 유형으로 주로 대화 중반부에서 단서를 발견할 수 있다. 남자는 그녀가 너무나 유능한 코디네이터라는(She's such an efficient coordinator.) 말과 함께 바로 이어 그녀가 정말 그리울 거라고(I'm sure she'll be missed.) 말하고 있으므로, 그녀를 그리워하게 될 이유로 (D) 그녀가 효율적으로 일을 잘한다(She does her job efficiently.)는 점을 들 수 있다.
정답 (D) She does her job efficiently.

어휘 respect 존경하다 efficiently 능률적으로

70 여자는 남자에게 무엇을 하라고 요청하는가?
(A) 예산안 수정
(B) 새 로고 고안
(C) 프로젝트 관리
(D) 입사 지원자 면접 보기

해설 **키워드:** What / woman / ask / man / do **위치:** 대화의 후반부
여자가 남자에게 요청하는 사항이 무엇인지 묻는 질문으로 주로 대화 후반부에 요청에 관련된 사항이 제시된다. 여자의 마지막 대사에서 광고 캠페인을 남자가 대신 맡아 주었으면 한다는(I'd like you to take over the coordination of the ad campaign.) 말을 통해 (C) 프로젝트 관리(Manage a project)가 정답이 된다.
정답 (C) Manage a project

어휘 revise 수정하다 budget proposal 예산안 job candidate 입사 지원자

Part 4 p.374

Questions 71-73 refer to the following announcement. 미W

Attention, all passengers! Panama Airlines' flight 707 to New Delhi is now ready for boarding at gate 20C. All passengers should proceed to gate 20C with their boarding passes ready. This flight was originally scheduled for departure at 10 a.m. but it was delayed for an hour due to baggage problems. We apologize for the delay and changing departure time. Again, all passengers on flight 707 to New Delhi should now report to gate 20C for immediate boarding.

문제 71-73은 다음 안내방송을 참조하세요.
모든 승객분들께 알립니다! New Delhi행 Panama 항공 707편이 탑승 게이트 20C에서 탑승할 준비가 되었습니다. 모든 승객은 탑승권을 준비해 탑승 게이트 20C로 가셔야 합니다. 이 항공편은 원래 오전 10시에 출발 예정이었지만 수하물 문제로 1시간 지연되었습니다. 지연된 것과 출발 시간이 변경된 점 사과드립니다. 다시 한 번 알려드립니다. New Delhi행 Panama 항공 707편을 타시는 모든 승객은 즉시 탑승할 수 있도록 탑승 게이트 20C로 지금 오시기 바랍니다.

어휘 attention (안내방송에서) 알립니다 passenger 승객 be ready for ~할 준비가 되다 board 탑승하다 proceed 이동하다 boarding pass 탑승권 originally 원래 departure 출발 delay 지연하다 due to ~때문에 baggage 수하물 apologize 사과하다 report (지시된 장소에) 오다 immediate 즉각적인

71 이 안내방송은 어디서 들을 수 있겠는가?
(A) 기차역에서
(B) 비행기에서
(C) 공항에서
(D) 항공사에서

해설 **키워드:** Where / heard **위치:** 지문의 전반부

이 안내방송을 들을 수 있는 장소를 묻는 질문으로 지문의 전반부 Panama Airlines' flight 707 to New Delhi is now ready for boarding at gate 20C.에서 비행기가 탑승할 준비가 되었다고 하였으므로 정답은 (C) 공항이 된다.

정답 (C) At an airport

어휘 most likely 아마도 airline company 항공사

72 안내방송에 따르면 무엇이 바뀌었는가?
(A) 출발 시간
(B) 도착 시간
(C) 출발 게이트
(D) 항공편 번호

해설 **키워드:** What / changed **위치:** 지문의 중반부
세부 사항에 해당하는 변경된 내용을 물어보는 질문이다. 지문 중반부 This flight was originally scheduled for departure at 10 am but it was delayed for an hour due to baggage problems.에서 원래 10시 출발인데 수하물 문제로 1시간 지연되었음을 알 수 있으므로 정답은 (A) 출발 시간이다.

정답 (A) The departure time

어휘 departure 출발 arrival 도착 flight 항공편, 항공기

73 무엇 때문에 변경하게 되었는가?
(A) 기계 문제
(B) 수하물 혼동
(C) 앞 항공기의 지연
(D) 악천후

해설 **키워드:** What / made / change / necessary
위치: 지문의 중반부
항공편 시간이 변경된 이유를 묻는 질문으로 출발이 지연되었다는 내용이 나오고 바로 뒤에서 due to baggage problems에서 수하물 문제 때문이라고 하였으므로 정답은 (B)이다.

정답 (B) A baggage mix-up

어휘 mechanical [məkǽnikəl] 기계적인 mix-up (실수로 인한) 혼동 previous 바로 앞의 severe 심한

Questions 74-76 refer to the following radio announcement. 영M

Hello, everyone. This is Aaron Stevenson with Say News. This Thursday from nine to six, the annual community health fair will be held at the Saxton Nutrition & Fitness Center. There will be 30 booths providing information about local health services. The event will feature free vision testing. Also on offer, a one-month gym membership will be given away at our raffle at 5 p.m. Admission is free and families are also welcome. So, come to the Saxton Nutrition & Fitness Center on Thursday for fun and an educational experience.

문제 74-76은 다음 라디오 안내방송을 참조하세요.
여러분, 안녕하세요. Say 뉴스의 Aaron Stevenson입니다. 이번 주 목요일 9시에서 6시까지, 매년 열리는 지역 건강 박람회가 Saxton Nutrition & Fitness Center에서 개최됩니다. 지역 건강 서비스에 관한 정보를 제공하는 30개의 부스가 설치될 예정입니다. 본 행사에서는 무료 시력 검사도 해 드립니다. 또한 제공되는 것으로는 오후 5시에 추첨을 통해 한 달 헬스 회원권을 드립니다. 입장은 무료이며 가족 단위로 오셔도 환영합니다. 재미와 교육적인 경험을 위해 목요일 Saxton Nutrition & Fitness Center로 오세요.

어휘 annual 매년의 community 지역 사회 fair 박람회 be held 개최되다 booth (칸을 막아 임시로 만든) 전시장 feature 특별히 포함하다 vision testing 시력 검사 offer 제공 gym 체육관 membership 회원권 give away 거저 주다, 싸게 팔다 raffle (프로젝트 기관의 기금 모금을 위한) 복권, 추첨식 판매 admission 입장, 입장료 educational 교육적인

74 무엇에 관한 안내방송인가?
(A) 지역 건강 박람회
(B) 가족 스포츠 행사
(C) 병원 개원식
(D) 상점 기념 행사

해설 **키워드:** What / announcement / about
위치: 지문의 전반부
무엇에 관한 안내방송인지 물어보는 질문으로 안내방송의 목적을 묻고 있다. 지문의 전반부 the annual community health fair will be held at the Saxton Nutrition & Fitness Center에서 지역 건강 박람회가 열릴 것이라고 하였으므로 정답은 (A)임을 알 수 있다.

정답 (A) A community health fair

어휘 medical clinic 병원 anniversary celebration 기념 행사

75 행사는 무엇을 포함하고 있는가?
(A) 견본 상품
(B) 영양 교실
(C) 운동 시연
(D) 시력 검사

해설 **키워드:** What / featured / event **위치:** 지문의 중반부
행사의 내용에 대해 묻는 질문이다. 구체적인 내용은 지문의 중반부에 나오는 경우가 많다. 중반부 The event will feature free vision testing.에서 무료 시력 검사를 포함하고 있다고 하였으므로 정답은 (D)이다.

정답 (D) Vision testing

어휘 feature 특별히 포함하다 nutrition 영양 demonstration 시연

76 추첨 당첨자는 무엇을 받는가?
(A) 휴가 패키지 여행
(B) 요리책
(C) 운동 수업
(D) 스포츠 장비

해설 **키워드:** What / winner / raffle / receive **위치:** 지문의 후반부
추첨에서 당첨되면 무엇을 받게 되는지 묻는 질문이다. 보통 미래 관련 내용은 지문 후반부에 나온다. 중반부 이후 a one-month gym membership will be given away at our raffle at 5 p.m.에서 한 달 헬스 회원권을 준다고 하였으므로 정답은 (C)이다.

정답 (C) Exercise classes

어휘 vacation package 휴가 패키지 여행 equipment 장비

Questions 77-79 refer to the following news report. 호W

In local news, the director of the Port Summit Museum announced today that the museum will be required to make some changes due to budget cuts. Starting next month, the museum will be closed on Tuesdays. Because of the funding reduction, the museum will also have to discontinue some educational programs. This includes the monthly lecture series which currently takes place on the first Friday each month.

Actual Test

문제 77-79는 다음 뉴스 보도를 참조하세요.
지역 뉴스에서 오늘 Port Summit 박물관 관장은 예산 삭감으로 인하여 약간의 변화가 필요할 것이라고 말했습니다. 다음 달부터 박물관은 화요일마다 문을 닫을 예정입니다. 자금 축소 때문에 교육 프로그램도 중단해야 할 것입니다. 여기에는 현재 매달 첫 번째 금요일에 열리는 월례 강연 시리즈도 포함됩니다.

어휘 director 소장, 관장 announce 발표하다, 알리다 due to ~때문에 budget 예산 cut 삭감 funding 자금 reduction 축소 discontinue 중단하다 educational 교육적인 monthly 한 달에 한 번의 lecture 강연 currently 현재 take place 개최되다, 일어나다

77 왜 박물관은 변화를 계획하고 있는가?
(A) 재정적인 어려움 때문에
(B) 이전 계획 때문에
(C) 심각한 기술적인 문제가 있어서
(D) 인원이 부족해서

해설 **키워드:** Why / planning / changes **위치:** 지문의 전반부
박물관이 왜 변화를 계획하고 있는지 물어보는 질문이다. 지문의 전반부(the museum will be required to make some changes due to budget cuts)에서 예산 삭감으로 인해 변화가 필요할 것이라고 하였으므로 정답은 (A)이다.
정답 (A) Because it has financial difficulty

어휘 financial 재정적인 difficulty 어려움 relocation 이전 serious 심각한 technical 기술적인 understaffed 인원이 부족한

78 박물관은 무슨 요일마다 문을 닫게 되는가?
(A) 일요일마다
(B) 화요일마다
(C) 토요일마다
(D) 금요일마다

해설 **키워드:** What days / museum / closed
위치: 지문의 중반부
박물관이 문을 닫게 되는 요일을 묻는 질문이다. 보통 요일에 관련된 문제가 나오면 둘 이상의 요일이 언급될 가능성이 높으니 잘 듣도록 한다. 지문의 중반부 the museum will be closed on Tuesdays에서 화요일마다 문을 닫을 것이라고 하였으므로 정답은 (B)이다. 정답 (B) On Tuesdays

79 화자는 강연 시리즈에 대해 뭐라고 언급하는가?
(A) 매주 금요일 제공된다.
(B) 계속될 것이다.
(C) 이용할 수 없을 것이다.
(D) 학생들 사이에 아주 인기 있다.

해설 **키워드:** What / mention / lecture series
위치: 지문의 후반부
강연 시리즈는 앞으로 어떻게 되는지 물어보는 문제이다. 자금이 축소되어 교육적인 프로그램들도 중단해야 할 거라면서 거기에는 강연 시리즈도 포함된다(This includes the monthly lecture series)는 내용이 지문 후반부에서 언급되고 있으므로 정답은 (C)이다. 정답 (C) It will be unavailable.

어휘 offer 제공하다 continue 계속하다 unavailable 이용할 수 없는 popular 인기 있는 among ~사이에

Questions 80-82 refer to the following introduction. 미M

> Hello, everyone. On behalf of the Reese Conservation Society, I'd like to welcome you to our first annual fundraiser. Thank you for attending, and our thanks go to the Reese Inn for hosting us. The money we raise from tonight's event will support our environmental conservation efforts. Our guest speaker tonight will be photographer Pam Quinn. Ms. Quinn, a renowned nature photographer, has travelled all around the world documenting scenic landscapes, and wild life. She has recently returned from an expedition to an island in the Pacific, and she will be telling us about her experiences there. And Ms. Quinn has graciously donated some of her prints which are for sale in the lobby. Proceeds from the sales will benefit the Reese Conservation Society.

문제 80-82는 다음 소개를 참조하세요.
여러분, 안녕하십니까. Reese Conservation Society를 대표하여 저희 첫 연례 모금 행사에 오신 여러분을 환영합니다. 참석해 주셔서 감사합니다. 그리고 행사 개최를 허용해주신 Reese Inn에도 감사를 보냅니다. 오늘밤 행사에서 모금되는 돈은 우리의 환경 보존 노력을 지원할 것입니다. 오늘 밤 저희 초청 연사는 사진작가 Pam Quinn입니다. 저명한 자연 사진작가인 Quinn 씨는 전 세계를 여행하며 경치 좋은 풍경과 야생 동물을 기록해 왔습니다. 그녀는 태평양에 있는 한 섬으로의 탐험에서 최근 돌아왔습니다. 그곳에서 그녀의 경험에 대해 우리에게 말씀해 주실 것입니다. 그리고 Quinn 씨는 고맙게도 로비에서 판매되고 있는 그녀의 사진 작품 중 몇 점을 기부해 주셨습니다. 판매 수입금은 Reese Conservation Society에 유익하게 쓰일 것입니다.

어휘 on behalf of ~를 대신[대표]하여 annual 연례의 fundraiser 모금 행사 attend 참석하다 host 접대하다, 주최하다 support 후원하다, 지원하다 environmental 환경의 conservation 보존 renowned 저명한 document 기록하다 scenic 경치 좋은 landscape 풍경 wild life 야생 동물 expedition 탐험, 여행 graciously 고맙게도 donate 기부하다 print (필름을 인화한) 사진 proceeds 수입금 benefit ~에게 도움이 되다

80 무슨 행사가 개최되고 있는가?
(A) 모금 행사
(B) 갤러리 개장
(C) 도시 관광
(D) 영화제

해설 **키워드:** What event / taking place **위치:** 지문의 전반부
행사의 종류 또는 목적을 묻는 질문이므로 전반부에서 답을 찾는다. 전반부 I'd like to welcome you to our first annual fundraiser.에서 모금 행사에 온 여러분을 환영한다고 하였으므로 정답은 (A)이다. 정답 (A) A fundraiser

어휘 fundraiser 모금 행사 take place 일어나다 opening 개관식, 개원식

81 Pam Quinn은 누구인가?
(A) 교수
(B) 작가
(C) 배우
(D) 사진작가

해설 **키워드:** Who / Pam Quinn **위치:** 지문의 중반부
초대 연사인 Pam Quinn의 직업을 묻는 질문이다. 세부 사항에 해당하므로 중반부를 보면 초대 연사라고 소개하면서

photographer Pam Quinn과 Ms. Quinn, a renowned nature photographer가 연이어서 언급되므로 정답은 (D)이다.
정답 (D) A photographer

어휘 professor 교수 author 작가

82 청자들은 로비에서 무엇을 할 수 있는가?
(A) 구매하기
(B) 질문하기
(C) 관광 신청하기
(D) 다과 즐기기

해설 **키워드:** What / listeners / do / lobby **위치:** 지문의 후반부
연설을 듣고 난 후 청자들이 로비에서 무엇을 할 수 있는지 앞으로의 행동에 대해 묻는 질문이다. 지문의 후반부 Ms. Quinn has graciously donated some of her prints which are for sale in the lobby.에서 Quinn 씨가 로비에서 판매되고 있는 사진 작품 중 몇 점을 기부해 주었다는 내용을 통해 사람들이 로비에서 사진 작품을 구매할 수 있다는 것을 알 수 있으므로 정답은 (A)이다.
정답 (A) Make a purchase

어휘 make a purchase 구매하다 sign up for 신청하다 refreshments 다과

Questions 83-85 refer to the following telephone message. 미W

Hello, my name is Donna Hills and I'm the hiring manager of Noble Inc. We're opening five furnishing spaces here in New Jersey. I'm calling about a former employee of yours, Eric Foreman. He's applying for a position here and I'd love to verify his employment with you. So, if you would call me back at your earliest convenience, I'd appreciate that.

문제 83-85는 다음 전화메시지를 참조하세요.
여보세요. 제 이름은 Donna Hills로 저는 Noble사의 채용 담당 부장입니다. 저희는 이곳 New Jersey에 5개의 가구 매장을 열려고 합니다. 저는 당신 회사의 예전 직원 Eric Foreman 씨와 관련해 전화했습니다. 그가 저희 회사에 지원해서 저는 그가 당신 회사에서 일했던 것을 확인하고 싶습니다. 그래서 가급적 빨리 저에게 전화 주시면 감사하겠습니다.

어휘 hiring manager 채용 담당 부장 former 이전의 employee 직원 apply for ~에 지원하다 verify 확인하다 at your earliest convenience 가능한 빨리 appreciate 감사하다

83 화자는 어느 부서에서 일하는가?
(A) 영업부
(B) 재무부
(C) 인사부
(D) 운송부

해설 **키워드:** which department / speaker / work
위치: 지문의 중반부
화자가 어느 부서에서 일하는지 묻는 질문이다. 보통 전반부에는 화자 자신에 대해 소개하며 기본 정보에 대해 나오는 경우가 많다. 전반부(I'm the hiring manager of Noble Inc.)에서 Noble사의 채용 담당 부장이라고 소개하였으므로 정답은 (C)이다.
정답 (C) Personnel

어휘 department 부서 sales 영업 finance 재정, 재무 personnel 인사과

84 메시지의 목적은 무엇인가?
(A) 배송 날짜를 확인하기 위해
(B) 채용 공고를 내기 위해
(C) 영업 회의를 취소하기 위해
(D) 직원 기록을 확인하기 위해

해설 **키워드:** What / purpose **위치:** 지문의 후반부
메시지의 목적을 묻는 질문이다. 주로 전반부에 등장하지만 전반부에서 자신의 소개와 더불어 배경 설명이 길어져 지문 후반부(I'd love to verify his employment with you)에서 지원자의 고용 기록을 확인하고 싶다고 하였으므로 정답은 (D)이다.
정답 (D) To verify an employee's record

어휘 confirm 확인하다 shipment 수송 advertise a position 채용 공고를 내다 cancel 취소하다

85 화자는 청자에게 무엇을 해달라고 부탁하는가?
(A) 문서를 팩스로 보내 달라고
(B) 전화해 달라고
(C) 주소 목록을 달라고
(D) 봉투를 배달해 달라고

해설 **키워드:** What / speaker / ask / listener / do
위치: 지문의 후반부
화자가 청자에게 무엇을 부탁하는지 물어보는 질문이다. 마지막 문장(if you would call me back at your earliest convenience, I'd appreciate that)에서 가능한 빨리 전화 주시면 감사하겠다고 하였으므로 정답은 (B)이다.
정답 (B) Return a telephone call

어휘 document 서류 provide 제공하다 deliver 배달하다 envelope 봉투

Questions 86-88 refer to the following excerpt from a meeting. 영M

Now, just one more thing before we end today's meeting. As you all know, our annual picnic is next Sunday. I'm sure you've all seen the e-mail explaining that there was a problem with our reservation at the Crystal Lake Recreational Center. So we moved the event to Green Light Park. It will be at the same time from 12 to 5, and maps for directions to the new location will be available this afternoon. If you need a ride, talk to Jane Simmons. She has a list of people who've offered to drive out to the park. Oh, and I want to thank everyone who signed up to bring food to the picnic. Please bring it to the pavilion when you get to the park.

문제 86-88은 다음의 회의 중 발언을 참조하세요.
이제, 오늘 회의를 끝내기 전에 딱 하나만 더 하겠습니다. 모두들 알고 있듯이, 우리 연례 야유회가 다음 주 일요일입니다. Crystal Lake Recreational 센터 예약에 문제가 생긴 것을 설명하는 이메일을 모두 읽었을 줄 압니다. 그래서 행사를 Green Light 공원으로 옮겼습니다. 같은 시간인 12시부터 5시이고, 오늘 오후에 새 장소로 가는 지도를 받아보실 수 있습니다. 타고 갈 차가 필요하다면 Jane Simmons에게 이야기하세요. 그녀가 공원까지 차로 태워다 주겠다고 제안한 사람들의 명단을 가지고 있습니다. 아, 그리고 야유회에 음식을 가져 오겠다고 하신 모든 분들께 감사합니다. 음식은 공원에 도착하시면 정자로 가져오시기를 부탁드립니다.

어휘 excerpt 발췌문 available 이용할 수 있는 sign up 신청하다 pavilion 정자

86 야유회에 대해 변경된 것은 무엇인가?

(A) 장소
(B) 시간
(C) 날짜
(D) 회비

해설 **키워드:** What / changed / picnic **위치:** 지문의 중반부
변동 사항을 묻는 질문이다. 원래 예약했던 곳에 문제가 생겼다며 Green Light 공원으로 옮겼다고 하였으므로 정답은 (A)이다.
정답 (A) The location

어휘 **cost** 경비

87 왜 멤버들은 Jane Simmons에게 연락해야 하는가?
(A) 방향을 알려고
(B) 차량을 배치받으려고
(C) 아유회 테이블을 차리려고
(D) 식권을 사려고

해설 **키워드:** Why / contact / Jane Simmons
위치: 지문의 중반부
멤버들이 Jane Simmons에게 연락해야 하는 이유를 묻는 질문이다. 중반부(If you need a ride, talk to Jane Simmons.)에서 타고 갈 차가 필요하다면 Jane Simmons에게 연락하라고 하였으므로 정답은 차량 배정에 해당하는 (B)이다.
정답 (B) To arrange for a ride

어휘 **direction** 방향 **arrange** 정리하다, 조정하다 **purchase** 구매하다 **meal ticket** 식권

88 화자가 멤버들에게 감사하다고 한 것은 무엇인가?
(A) 회의에 온 것
(B) 야유회 장소를 선택하는 데 도운 것
(C) 초대장을 디자인해준 것
(D) 음식을 가져오겠다고 한 것

해설 **키워드:** What / thank / members / doing **위치:** 지문의 후반부
화자가 멤버들이 무엇을 한 것에 감사하는지 물어보는 질문이다. 후반부(I want to thank everyone who signed up to bring food to the picnic.)에서 음식을 가져오기로 한 것에 대해 고맙다고 하였으므로 정답은 (D)이다.
정답 (D) Offering to bring food

어휘 **select** 선정하다 **invitation** 초대장

Questions 89-91 refer to the following talk. 미M

Good morning, everyone. I'm so glad you all could make it to the club's monthly biking trip. Today we'll be biking ten kilometers to Montclair Park. We break for lunch at the park and have thirty minutes to eat then we'll turn around and head back on the same trail. I also want to remind you about an upcoming trip to Livonia. We're going to spend two weeks cycling through the Italian countryside. I have a few information brochures in my backpack to give out for those interested.

문제 89-91은 다음 담화를 참조하세요.
좋은 아침입니다, 여러분. 여러분 모두 클럽의 월례 자전거 여행에 참석해 굉장히 기쁩니다. 오늘 우리는 Montclair 공원까지 10km를 갈 것입니다. 우리는 공원에서 점심시간 삼십분을 갖고 나서 같은 경로로 되돌아올 것입니다. 저는 또한 여러분에게 곧 있을 Livonia 여행에 대해서도 상기시키고 싶습니다. 저희는 이탈리아 시골길을 자전거로 여행하며 2주 동안 보낼 예정입니다. 관심 있는 분들께 나눠 드리려고 제 배낭에 정보가 기재된 안내책자가 몇 권 있습니다.

어휘 **make it** (모임에) 가다, 참석하다 **monthly** 매달의 **biking trip** 자전거 여행 **bike** 자전거로 가다 **break** (식사 등을 위해) 쉬다, 휴식하다 **trail** 경로 **head back** 뒤로 되돌아가다 **upcoming** 돌아오는 **remind** 다시 한 번 알려[말해] 주다 **countryside** 시골길 **give out** 나눠 주다 **brochure** 안내책자

89 청자들은 Montclair 공원에 도착해 무엇을 하겠는가?
(A) 점심을 먹는다
(B) 도보 여행한다
(C) 자전거를 탄다
(D) 사진을 찍는다

해설 **키워드:** What / do / Montclair Park **위치:** 지문의 전반부
청자들이 Montclair 공원에 도착했을 때 무엇을 하겠는지 물어보는 질문이다. 전반부에서 공원에 가겠다는 말과 함께 뒤이어 We break for lunch at the park and have thirty minutes to eat이라고 했으므로 정답은 (A)이다.
정답 (A) Have lunch

어휘 **hiking** 도보 여행

90 화자는 청자들에게 무엇에 대해 상기시키는가?
(A) 안전 규정
(B) 관광 명소
(C) 내일 여행 계획
(D) 곧 있을 자전거 여행

해설 **키워드:** What / remind / about **위치:** 지문의 중반부
화자가 청자들에게 상기시켜 주는 것이 무엇인지 물어보는 질문이다. 중반부(I also want to remind you about an upcoming trip to Livonia.)에서 Livonia 여행을 상기시키고 싶다고 하였으므로 정답은 (D)이다.
정답 (D) An upcoming cycling trip

어휘 **remind** 상기시키다, 다시 한 번 알려주다 **safety regulation** 안전 규정 **tourist attraction** 관광 명소 **upcoming** 곧 있을

91 화자는 그의 배낭에 무엇을 갖고 있다고 말하는가?
(A) 물
(B) 안내책자
(C) 지도
(D) 여행자 안내서

해설 **키워드:** What / in his backpack **위치:** 지문의 후반부
화자가 그의 배낭에 무엇을 갖고 있다고 하였는지 묻는 질문이다. 후반부(I have a few information brochures)에서 안내책자들이 배낭에 있음을 알 수 있으므로 정답은 (B)이다.
정답 (B) Brochures

어휘 **backpack** 배낭 **tourist guide** 여행자 안내서

Questions 92-94 refer to the following excerpt from a meeting. 호W

Finally, regarding our kitchen. As you may have noticed, our kitchen is off limits due to a canister bursting last night. Unfortunately, until the floor replacement, we won't be able to use the kitchen. We expect the repairs to be completed by Friday at the latest. The good news is that in the meantime, the main office down the hall has generously offered us to use their kitchen to make tea or coffee. Sorry for this inconvenience. And we'll let you know as soon as our own kitchen is available for use.

문제 92-94는 다음의 회의 중 발언을 참조하세요.
마지막으로, 주방에 관한 것입니다. 알고 계시겠지만 우리 주방은 어젯밤에 통이 터져서 출입 금지입니다. 유감스럽게도 바닥을 교체할 때까지 주방을 사용할 수 없을 것입니다. 아무리 늦어도 금요일까지는 수리 작업이 완료될 것으로 예상됩니다. 좋은 소식은 그동안 복도 저쪽에 있는 본사에서 관대하게도 우리에게 차나 커피를 타는 데 사용하라고 그들의 주방을 제공했다는 것입니다. 불편을 드려 죄송합니다. 그리고 우리 주방을 쓸 수 있게 되는 즉시 알려드리도록 하겠습니다.

어휘 regarding ~에 관한 notice 알아차리다 off limits 출입 금지의 canister (가스나 화학물질이 든) 통 bursting 폭발 replacement 교체 repairs 수리 작업 complete 완료하다 at the latest (아무리) 늦어도 meantime 그동안 generously 관대하게도 inconvenience 불편 as soon as ~하자마자

92 화자가 언급한 문제는 무엇인가?
(A) 이사가 지연되었다.
(B) 사무실의 한부분이 부서졌다.
(C) 제품이 준비되지 않았다.
(D) 난방이 작동하지 않는다.

해설 **키워드:** What problem / mention **위치:** 지문의 전반부
화자가 언급한 문제가 무엇인지 물어보는 질문이다. 화자가 말하고자 하는 것은 주로 지문의 전반부에 힌트가 나온다. 전반부(our kitchen is off limits due to a canister bursting last night)에서 어젯밤 통이 터져서 주방이 출입 금지라고 하고 있다. 하지만 보기 중에 주방과 관련된 내용은 없으므로 사무실의 한 부분이 손상되었다고 하는 (B)가 정답이다.
정답 (B) An area of the office has been damaged.

어휘 move 이사 damage 피해를 입히다

93 금요일에 일어날 일은 무엇인가?
(A) 공사가 시작될 것이다.
(B) 계약에 서명할 것이다.
(C) 보수 공사가 끝날 것이다.
(D) 사무실이 빌 것이다.

해설 **키워드:** What / happen / Friday **위치:** 지문의 중반부
금요일에 일어날 일이 무엇인지 묻는 질문이다. 향후 있을 계획을 묻는 질문은 지문에 답이 직접 언급되기 때문에 질문에 있는 특정 시점인 Friday가 나오는 부분을 집중해서 듣도록 한다. 중반부(We expect the repairs to be completed by Friday at the latest.)에서 늦어도 금요일에는 수리가 끝날 것으로 기대한다고 하였으므로 정답은 (C)이다.
정답 (C) Repair work will be completed.

어휘 construction 공사 contract 계약 repair work 보수 공사 vacate 비우다

94 왜 직원들이 복도를 따라 가야 하는가?
(A) 주방을 사용하기 위해
(B) 변호사와 만나기 위해
(C) 바닥재 샘플을 보기 위해
(D) 프레젠테이션을 보기 위해

해설 **키워드:** Why / employees / go / down the hall
위치: 지문의 후반부
왜 직원들이 복도를 따라 가야 하는지 물어보는 질문이다. 무언가 요청받은 것에 대해 묻는 질문은 반대로 지시 사항을 생각하면 도움이 된다. 주방이 출입 금지되어서 본사 사무실에서 주방을 사용할 수 있게 해주었다고(the main office down the hall has generously offered us to use their kitchen to make tea or coffee.) 하였으므로 정답은 (A)이다.
정답 (A) To use a kitchen

어휘 flooring 바닥재 hall 복도

Questions 95-97 refer to the following talk. 영M

It is a great pleasure to announce this year's recipient of the salesperson of the year award, Ms. Lynn Albanese. Here at Prime Leather Executive Furnishings, we've gathered a number of outstanding salespeople. None of them, however, have come close to the results achieved by Ms. Albanese. Due to her efforts, we're not only selling quality office furniture to businesses, but we're also supplying desks and chairs to educational institutions such as the newest client, the Englewood school district. Thanks to Ms. Albanese and her sales team, this expansion has increased our revenues by 20 percent. So please join me in congratulating Ms. Lynn Albanese.

문제 95-97은 다음 담화를 참조하세요.
올해의 판매상 수상자 Ms. Lynn Albanese를 발표하게 되어 대단히 기쁩니다. 이곳 Prime Leather Executive Furnishings에 우리는 많은 뛰어난 판매원들을 모셨습니다. 그러나 그들 중 누구도 Ms. Albanese가 달성한 결과에 근접하지 못했습니다. 그녀의 노력으로 우리는 고급 사무용 가구를 사업체에 팔고 있을 뿐만 아니라 가장 최근 고객인 Englewood 학군 같은 교육 기관에 책상과 의자를 공급하고 있습니다. Ms. Albanese와 그녀의 영업팀 덕분에 이번 확장이 우리의 수입을 20% 증가시켰습니다. 저와 함께 Ms. Lynn Albanese를 축하해 주십시오.

어휘 announce 발표하다, 이름을 부르다 recipient 받는 사람 gather 모으다, 모이다 a number of 다수의 outstanding 뛰어난 achieve 성취하다, 달성하다 not only A but also B A뿐 아니라 B도 quality 양질의, 고급의 supply 공급하다 educational institution 교육기관 such as ~와 같은 expansion 확대, 확장 revenue 수입

95 담화의 주요 내용은 무엇인가?
(A) 수상자
(B) 새 영업안
(C) 올해의 매출액
(D) 새 판매사원 소개

해설 **키워드:** What / talk / about **위치:** 지문의 전반부
이야기의 주요 내용이 무엇인지 물어보는 질문이다. 지문의 전반부에 답이 나올 가능성이 높다. 전반부(It is a great pleasure to announce this year's recipient of the salesperson of the year award)에서 수상자를 발표하게 되어 기쁘다고 하였으므로 정답은 (A)이다.
정답 (A) An award winner

어휘 sales figures 매출액 introduction 소개 sales staff 판매사원들

96 그들은 어떤 업종에서 일하는가?
(A) 택배 회사
(B) 사무용 가구 업체
(C) 출판사
(D) 사무실 인테리어 디자인 회사

해설 **키워드:** What / business / work **위치:** 지문의 중반부
업종을 묻는 문제로 전반부(Here at Prime Leather

Actual Test

Executive Furnishings)를 통해 가구 회사임을 알 수 있으며, 좀 더 정확하게는 중반부(we're not only selling quality office furniture to businesses, but we're also supplying desks and chairs)를 통해 고급 사무용 가구를 기업에 판다고 하였으므로 정답은 사무용 가구 업체인 (B)이다.

정답 (B) An office furniture business

어휘 delivery 택배 publishing company 출판사 firm 회사

97 Englewood 학군에 대해 뭐라고 하였는가?
(A) 우량 고객이다.
(B) 신규 고객이다.
(C) 확장하고 있다.
(D) 최근에 개조되었다.

해설 **키워드:** What / said / Englewood School
위치: 지문의 중후반부

Englewood 학군에 대해 화자가 뭐라고 했는지 구체적인 내용에 대한 질문이다. 후반부(the newest client, The Englewood School district)에서 Englewood 학군이 가장 최근 고객이라고 정확하게 말하였으므로 정답은 (B)이다.

정답 (B) It is a new client.

어휘 expand 넓히다 renovate 수리하다, 개조하다

Questions 98-100 refer to the following speech. 미W

We spent this afternoon discussing the various features of the new kitchen appliances. Now, let me end today's sales seminar with one last check. What our salespeople don't realize is that our customers are often more interested in quality than in low prices. It's true. The market research proved and surveyed thousands of our customers, and this is what they've found. Customers prefer products that are less expensive but superior quality is still the most important factor in their buying decision. So tell customers how long our products last and how our refrigerators require fewer repairs than other brands. Because when people are making major decisions in their house, they have to feel confident that they are getting the best product available.

문제 98-100은 다음 연설을 참조하세요.
새 주방용품의 다양한 특징들에 대해 논의하느라 오후 시간을 보냈습니다. 이제, 마지막 한 가지를 확인하고 오늘의 영업 세미나를 마치겠습니다. 우리 영업사원들이 깨닫지 못하는 것은 우리 고객들이 자주 낮은 가격보다 품질에 더 많은 관심이 있다는 것입니다. 그렇습니다. 시장 조사는 수천 명의 고객들을 조사하며 증명했고 그들이 찾은 것은 이것입니다. 고객들은 덜 비싼 제품을 선호하지만 우수한 품질은 여전히 그들의 구매 결정에 가장 중요한 요소입니다. 그러니 우리 제품이 얼마나 오래 가는지, 우리 냉장고가 다른 브랜드보다 어떻게 수리를 더 적게 하는지 고객들에게 알려 주시기 바랍니다. 사람들은 그들의 집에서 주된 결정을 내릴때 그들이 이용할 수 있는 최고의 제품을 구입한다는 자부심을 느껴야만 합니다.

어휘 various 다양한 feature 특색 kitchen appliances 주방용 가전제품 realize 깨닫다 prove 증명하다 survey 조사하다 thousands of 수천의 prefer 선호하다 superior 우수한 quality 품질 factor 요인 buying decision 구매 결정 last 오래 가다 confident 확신하는, 자신감 있는 refrigerator 냉장고

98 화자의 회사는 무엇을 판매하는가?
(A) 가공 식품
(B) 식탁
(C) 천연 재료
(D) 주방용 가전제품

해설 **키워드:** What / speaker's company / sell
위치: 지문의 전반부

화자의 회사가 무엇을 판매하는지 업종에 대해 물어보는 질문이다. 전반부(discussing the various features of the new kitchen appliances)에서 새 주방용 가전제품의 다양한 특징에 대해 토론한다고 하였으므로 화자의 회사가 파는 것은 주방용 가전제품임을 알 수 있으므로 정답은 (D)이다. 정답 (D) Kitchen appliances

어휘 processed food 가공 식품 natural 천연의 ingredient 재료

99 화자는 어떤 문서를 언급하는가?
(A) 신문
(B) 잡지
(C) 조사 보고서
(D) 매출액

해설 **키워드:** What document / refer **위치:** 지문의 중반부

화자가 언급하는 문서가 무엇인지 묻는 질문이다. 중반부(The market research proved and surveyed thousands of our customers)에서 시장 조사가 증명했다고 하였으므로 정답은 (C)이다. 정답 (C) A research report

어휘 refer to 언급하다 sales figures 매출액

100 청자들은 무엇을 하도록 독려받고 있는가?
(A) 제품의 질을 강조하라고
(B) 고객들에게 친절히 대하라고
(C) 비용을 줄이도록 노력하라고
(D) 특가품을 주라고

해설 **키워드:** What / listeners / be encouraged **위치:** 지문의 후반부

청자가 무엇을 하도록 독려받고 있는지 물어보는 질문으로 후반부(So tell customers how long our products last and how our refrigerators require fewer repairs than other brands.)에서 자사 브랜드의 품질에 대해 말하라고 하였으므로 정답은 (A)이다.

정답 (A) To emphasize the quality of their products

어휘 encourage 격려하다 emphasize 강조하다 cut costs 비용을 줄이다 special offer 특가품

Actual Test 2

Part 1 p.379

01 영M

(A) He is sitting behind the steering wheel.
(B) He's getting out of the car.
(C) He's looking at a diagram.
(D) He's sitting on the stairs.

(A) 남자가 핸들 뒤에 앉아 있다.
(B) 남자가 차에서 내리고 있다.
(C) 남자가 도표를 보고 있다.
(D) 남자가 계단에 앉아 있다.

해설 한 남자가 자동차 핸들 뒤에 앉아 있으므로 핸들 뒤에 앉아 있다는(sitting behind the steering wheel) 보기 (A)가 정답이다. (B) 남자가 차에서 내리고 있다는(getting out of the car) 동작과 (C) 남자가 도표를 보고 있다는(looking at a diagram) 동작은 확인할 수 없으므로 오답이다. (D) 사진에서 계단(stairs)는 보이지 않으므로 보이지 않는 명사 오답이다. 정답 (A)

어휘 steering wheel 핸들 get out of (차)에서 내리다, 하차하다 look at ~을 보다 diagram 도표, 도해

02 미W

(A) She is pressing a button.
(B) She is getting into the office.
(C) She is turning away from the elevator.
(D) She is standing near the door.

(A) 여자가 버튼을 누르고 있다.
(B) 여자가 사무실로 들어가고 있다.
(C) 여자가 엘리베이터 쪽에서 돌아서고 있다.
(D) 여자가 문 근처에 서 있다.

해설 한 여자가 문 앞에 서 있는 모습이므로 문 근처에 서 있다는(standing near the door) 보기 (D)가 정답이다. (A) 여자가 버튼을 누르고 있다는(pressing a button) 동작은 사진에서 확인하기 어려우므로 동작 동사 오답이며, (B) 사진 속 배경에서 사무실(office)은 찾아 볼 수 없으므로 정답이 될 수 없다. (C) 사진에서 엘리베이터(elevator)는 보이지만, 여자가 돌아서서 가는(turning away) 모습은 아니므로 오답이 된다. 정답 (D)

어휘 press 누르다 button 버튼 get into ~에 들어가다 office 사무실 turn away 돌아서다

03 미M

(A) A woman is handing cups to others.
(B) A meal is being served.
(C) The women are gathered in a group.
(D) Some plates are piled up on the table.

(A) 한 여자가 다른 사람들에게 컵을 건네고 있다.
(B) 식사가 나오고 있다.
(C) 여자들이 한 그룹으로 모여 있다.
(D) 접시들이 테이블 위에 쌓여 있다.

해설 테이블 주위에 여자들이 모여 있으므로(The women are gathered in a group) 보기(C)가 사진을 가장 잘 묘사한 표현이다. (A) 사진에는 컵(cup)이 아니라 glass를 들고 있는 여자들이 보이지만 컵을 다른 사람들에게 건네는(handing) 동작을 하는 사람은 없으므로 오답이다. (B) 테이블 위에 음식들이 있지만 식사가 나오고 있는(A meal is being served.) 상황은 아니므로 그림과 맞지 않는 표현 오답이다. (D) 접시(plates)들이 테이블 위에 있지만, 층층이 쌓여 있는(piled up) 것은 아니므로 오답이다. 정답 (C)

어휘 hand 건네주다, 넘겨주다 serve (식당 등에서 음식을) 제공하다 gather 모이다 in a group 무리지어 plate 접시 pile up (물건을) 쌓다

04 호W

(A) He is moving a wheelbarrow.
(B) He is laying one brick upon another.
(C) He is measuring the width of the block.
(D) He is walking on a path.

(A) 남자가 손수레를 옮기고 있다.
(B) 남자가 벽돌을 쌓고 있다.
(C) 남자가 블록의 폭을 재고 있다.
(D) 남자가 길을 걷고 있다.

해설 사진에서 한 남자가 벽돌을 다른 벽돌 위에 놓고 있으므로(laying one brick upon another) 보기 (B)가 정답이다. (A) 사진 속에서 남자 옆에 손수레(wheelbarrow)가 보이지만, 남자가 손수레를 옮기는(moving) 동작을 하고 있지는 않으므로 오답이다. (C) 블록의 폭을 측정하고 있다(measuring the width of the block)는 동작은 사진에서 확인할 수 없으며, 사진에 나온 벽돌(brick)과 블록(block)은 유사발음 오답도 된다. (D) 사진에서 남자가 일을 하고 있으므로 일하다(working)와 유사한 walking을 이용한 유사발음 오답 표현이므로 정답이 될 수 없다. 정답 (B)

어휘 move 옮기다, 이동하다 wheelbarrow 손수레 lay 놓다, 두다

brick 벽돌 upon ~위에 measure 측정하다 width 폭, 넓이 block 구역, 블록 path 길, 도로

05 영M

(A) Merchandise is being arranged on the shelf.
(B) Some people are waiting at the counter.
(C) A woman is taking some fruit from a rack.
(D) They're stacking items onto the cart.

(A) 상품들이 선반 위에 정리되고 있다.
(B) 사람들이 계산대에서 기다리고 있다.
(C) 한 여자가 선반에서 과일을 가져가고 있다.
(D) 사람들이 카트에 물건들을 채우고 있다.

해설 한 상점 안의 계산대로 보이는 배경에 점원과 줄 서있는 손님들이 보이는 사진이다. 손님으로 보이는 사람들이 계산대에서 기다리고 있다는(waiting at the counter) 설명이 사진에 가장 적절하므로 보기 (B)가 정답이 된다. (A) 배경이 상점이기에 상품과 선반들을 연상할 수 있지만 사진 상으로 상품들이 선반 위에 정리되고 있는(Merchandise is being arranged on the shelf) 상황은 확인할 수 없으므로 오답이다. 사진 속에 (C) 선반(rack))과 (D) 카트(cart)는 보이지 않으므로 보기 (C), (D) 모두 사진에 등장하지 않는 사물 오답이다. 정답 (B)

어휘 merchandise 상품 arrange 정리하다, 배열하다 shelf 선반 wait 기다리다 counter 계산대, 카운터 take A from ~에서 A를 가져가다 rack 선반, 받침대 stack 쌓다, (어떤 곳에 물건을 쌓아서) 채우다 item 물품, 물건 cart 카트

06 미W

(A) A car is being parked next to the curb.
(B) All of the vehicle's doors have been left open.
(C) A worker is unloading cargo.
(D) Some cables are installed on the outer wall.

(A) 차가 한 대 연석 옆에 주차되고 있다.
(B) 차문이 모두 열려 있다.
(C) 일꾼이 짐을 내리고 있다.
(D) 전선 몇 개가 외벽에 설치되어 있다.

해설 사진 속 건물 외벽에 전선들이 설치되어 있는(cables are installed on the outer wall) 것이 확인 가능하므로 보기 (D)가 정답이다. (A) 사람이 없는 사진에서 수동 진행형을 사용하여 사물 주어인 자동차(A car)가 주차되고 있다는(is being parked) 동작을 강조한 표현은 정답이 될 수 없다. (B) 자동차의 뒷트렁크 문만 열려 있을 뿐, 모든 문들이 열려 있지는 않으므로 사진과 다른 묘사로 오답이 된다. (C) 사진 속에 사람을 의미하는 일꾼(worker)은 보이지 않으므로 보이지 않는 사물 오답 유형이다. 정답 (D)

어휘 park 주차하다 next to ~의 옆에 curb 연석 vehicle [víːikl] 자동차 leave (어떤 상태, 장소 등에) 계속 그대로 두다 worker 작업자 unload (자동차, 선박 등에서) (짐을) 내리다 cargo 화물 cable 케이블, 전선 install 설치하다 outer wall 외벽

07 호W

(A) Sand is blocking the entrances to the park.
(B) A woman is walking her dog along the shore.
(C) A dog is running behind a woman.
(D) A woman is holding a leash.

(A) 모래가 공원의 입구를 막고 있다.
(B) 여자가 개를 데리고 해변을 걷고 있다.
(C) 개가 여자 뒤에서 달리고 있다.
(D) 여자가 개줄을 잡고 있다.

해설 한 여자가 손에 신발을 들고 개와 해변을 걷는 모습의 사진으로 여자가 개를 데리고 해변을 걷고 있다는 (B)가 정답이다. (A)는 사진에 park(공원)이나 entrance(입구)가 보이지 않기 때문에 오답이며, (C)는 개가 여자의 앞으로 가고 있기 때문에 뒤에(behind) 있다는 내용은 오답이 된다. 또한 여자가 쥐고 있는 것은 신발이지 개줄(leash)가 아니다. 정답 (B)

어휘 sand 모래 block 막다 entrance 입구 park 공원 walk (동물을) 산책시키다 along the shore 물가(해안)를 따라 run 달리다 behind 뒤에 hold 잡다, 쥐다 leash (개 등을 매어 두는) 가죽끈, 줄

08 미M

(A) A building is being constructed.
(B) A crowd has gathered beneath the bridge.
(C) People have opened their umbrellas.
(D) Workers are repairing the roof.

(A) 건물이 세워지고 있다.
(B) 다리 아래에 사람들이 모여 있다.
(C) 사람들이 우산들을 펼쳤다.
(D) 인부들이 지붕을 수리하고 있다.

해설 건물 아래 사람들이 모두 우산을 편 채로 서 있는 장면이므로 사람들이 우산들을 펼쳤다(People have opened their umbrellas.)는 보기 (C)가 사진에 적합한 설명이다. (A) 건물이 세워지는 중이라는(is being constructed) 것은 사진에서 확인할 수 없으므로 오답이다. (B) 사진 속에 다리(bridge)는 보이지 않으므로 보이지 않는 명사 오답이다. (D) 사진 속에 작업을 하고 있는 사람들(workers)은 보이지 않으므로 보이지 않는 명사 오답이다. 정답 (C)

어휘 building 건물 construct 건설하다 crowd 군중, 무리 gather 모이다 beneath ~아래에 bridge 다리 umbrella 우산 worker 작업자 repair 수리하다 roof 지붕

09 영M

(A) A gardener is trimming the bushes.
(B) A grassy area is surrounded by the brick wall.
(C) A man is mowing the lawn.
(D) Some plants are being sprinkled with water.

(A) 정원사가 덤불을 손질하고 있다.
(B) 수풀로 우거진 곳이 벽돌담으로 둘러싸여 있다.
(C) 남자가 잔디를 깎고 있다.
(D) 식물에 물이 뿌려지고 있다.

해설 사진에서 한 남자가 마당에 있는 식물에 물을 주고 있는 장면이므로, 식물에 물이 뿌려지고 있다는(Some plants are being sprinkled with water.) 보기 (D)가 정답이다. (A) 사진 속 남자는 정원에 물을 주고 있을 뿐, 덤불을 손질하는(trimming the bushes) 동작을 하는 것은 아니므로 동작 동사 오답이다. (B) 사진 속에 벽돌로 만들어진 담(brick wall)은 보이지 않으므로 보이지 않는 명사 오답이다. (C) 남자는 잔디를 깎고 있는(mowing the lawn) 동작이 아니므로 동작 동사 오답 표현으로 정답이 될 수 없다. 정답 (D)

어휘 gardener 정원사 trim 다듬다, 손질하다 bush 관목, 덤불 grassy area 풀로 덮인 지역 surround 둘러싸다, 에워싸다 brick 벽돌 mow 잔디를 깎다, 풀 등을 베다 lawn 잔디 plant 식물 sprinkle 뿌리다

10 미W

(A) A woman is folding a sail into a storage bag.
(B) There are trees on the opposite side of the shore.
(C) Some boats are floating near the dock.
(D) Some people are swimming towards the sailboat.

(A) 여자가 보관용 가방에 돛을 접어 넣고 있다.
(B) 해안 반대편에 나무들이 있다.
(C) 부두 근처에 배들이 떠 있다.
(D) 사람들이 보트 쪽으로 수영해오고 있다.

해설 해안 반대편에 나무들이 보이므로(There are trees on the opposite side of the shore) 이를 잘 묘사한 보기 (B)가 정답이다. 사진에서 (A) 여자(a woman)와 (C) 부두(dock)는 확인할 수 없으므로 사진에서 보이지 않는 명사 오답이다. (D) 사진에서 요트(sailboat)들이 보이긴 하지만, 요트 주변으로 수영을 하고 있는 사람들(people are swimming)은 확인할 수 없으므로 오답이 된다. 정답 (B)

어휘 fold 접다 sail 돛 storage bag 보관 가방 opposite side 반대편 shore 해변 boat 배 float 떠 있다 near ~ 근처에 dock 부두 swim 수영하다 toward ~쪽으로 sailboat 범선, 요트

Part 2

p.384

11 미W 호W

Who's been assigned to the project?
(A) The sign was broken.
(B) Mr. Honda has.
(C) On the 20th

그 프로젝트에 누가 배정되었나요?
(A) 그 간판은 부서졌어요.
(B) Mr. Honda입니다.
(C) 20일에요.

해설 프로젝트에 배정된 사람이 누구인지 묻는 Who 의문문이다.
(A) assign의 유사발음 어휘인 sign을 이용한 오답 유형이다.
(B) 사람 이름으로 답변하였으며 동사도 질문과 일치한다. 따라서 정답이다.
(C) 특정일에 대해 언급한 것은 When 의문문에 대한 답변이다.
정답 (B)

어휘 assign 맡기다, 배정하다 sign 간판, 표지판 break 깨다, 부수다

12 미M 영M

Is it faster to go by bus or by train to the hotel?
(A) Probably by train.
(B) No, slower.
(C) Yes, that's right.

호텔로 가는 데 버스가 더 빠른가요, 아니면 기차가 더 빠른가요?
(A) 아마도 기차가 더 빠를 거예요.
(B) 아니요, 더 느려요.
(C) 네, 맞아요.

해설 호텔로 가는 데 더 빠른 교통편이 무엇인지 묻는 선택의문문이다.
(A) 두 선택지 중 하나를 고른 전형적인 선택의문문의 답변으로 정답이다.
(B) faster의 반의어인 slower를 이용한 오답 유형이다. 선택의문문에서 선택지가 문장으로 제시될 때를 제외하고 Yes나 No의 답변은 불가능하다.
(C) 선택의문문에서 선택지가 문장으로 제시될 때를 제외하고 Yes나 No의 답변은 불가능하다. 정답 (A)

어휘 faster 더 빠른 by + 교통수단 ~을 이용하여 slower 더 느린

13 영M 미W

How often do you visit your parents?
(A) A couple of times a month.
(B) My parents and two sisters
(C) No, it was a business trip.

부모님 댁엔 얼마나 자주 가세요?
(A) 한 달에 두어 번이요.
(B) 부모님과 여자 형제 둘이요.
(C) 아니요, 그것은 출장이었어요.

해설 부모님 댁에 얼마나 자주 방문하는지 빈도를 묻는 how often

의문문이다. how 뒤에 부사나 형용사가 등장할 때에는 이 형용사나 명사에 집중하자!

(A) 한 달에 두어 번이라는 특정 빈도로 답하였으므로 정답이다.
(B) 반복어휘 parents를 이용한 오답 유형이다. 가족 구성원의 나열은 질문과 무관하다.
(C) visit에서 연상 가능한 business trip을 이용한 오답 유형이다. 정답 (A)

어휘 visit 방문하다 a couple of times 두어 번 business trip 출장

14 미M 호W

Where's the closest gas station?
(A) Right down the street.
(B) Much better, thank you.
(C) A different doctor.

가장 가까운 주유소가 어디에 있나요?
(A) 그 길을 따라가면 있어요.
(B) 훨씬 낫네요. 감사해요.
(C) 다른 의사요.

해설 가장 가까운 주유소가 어디인지 묻는 Where 의문문이다.
(A) 길을 따라가라고 주유소의 방향을 제시하고 있으므로 정답이다.
(B) 질문과 무관한 답변이다.
(C) 질문과 관련 없는 답변이다. 정답 (A)

어휘 gas station 주유소 much 훨씬 더 ~한 different 다른 doctor 의사, 박사

15 미W 영M

How long will the flight take?
(A) It's 20 centimeters.
(B) Window seat, please.
(C) Not very long.

비행 시간이 얼마나 걸리나요?
(A) 20센티미터에요.
(B) 창가 자리로 부탁해요.
(C) 그리 오래 걸리지 않아요.

해설 How 뒤에 형용사나 부사가 오면 그 형용사나 부사에 집중해야 한다. 여기서 How long은 시간의 길이, 즉 소요 시간을 묻는 표현으로 쓰였다.
(A) How long으로 길이를 물을 수도 있겠지만 질문에서 묻는 것은 비행 소요 시간이라는 것을 파악해야 한다.
(B) flight에서 연상 가능한 window seat를 이용한 오답 유형이다. 질문과는 무관하다.
(C) 시간이 그렇게 오래 걸리지는 않는다는 다소 애매한 대답으로 정답이다. 정답 (C)

어휘 flight 비행기, 항공편 take ~의 시간이 걸리다 window seat 창가 자리

16 미M 미W

Have you finished the marketing report?
(A) He reports to Mr. Bourne.
(B) No, he started here yesterday.
(C) I am already done.

마케팅 보고서 끝냈나요?
(A) 그 사람은 Bourne 씨에게 보고해요.
(B) 아니요, 그 사람은 어제부터 여기서 일하기 시작했어요.
(C) 이미 다 했어요.

해설 마케팅 보고서를 끝냈는지 여부를 묻는 조동사 의문문이다.
(A) 명사 report를 동사 report로 받은 오답 유형이다.
(B) 질문에 등장하지 않은 3인칭 대명사 he는 답변으로 등장할 수 없다.
(C) 이미 끝냈다는 답변이다. 정답 (C)

어휘 report 보고서, 보고하다

17 영M 미M

Who's coming to the meeting this afternoon?
(A) In a hotel lobby.
(B) The design team.
(C) Yes, at noon.

오늘 오후 회의에 누가 오나요?
(A) 호텔 로비에서요.
(B) 디자인 팀이요.
(C) 네, 정오에요.

해설 오늘 오후 회의에 누가 올지 묻는 Who 의문문이다.
(A) 장소 언급은 Where 의문문과 어울린다.
(B) 부서명으로 대답하였으므로 정답이다.
(C) afternoon의 유사발음 어휘인 noon을 이용한 오답 유형이다. 의문사로 시작하는 의문문은 Yes나 No로 대답할 수 없다. 정답 (B)

어휘 meeting 회의 noon 정오

18 호W 미W

How can I make sure Camilo gets this form?
(A) I found a receipt.
(B) Put it in his mailbox.
(C) They're from somewhere in Indonesia.

Camilo에게 이 양식을 어떻게 전달할 수 있을까요?
(A) 제가 영수증을 찾았어요.
(B) 그 사람의 우편함에 넣어두세요.
(C) Indonesia의 어딘가에서 왔어요.

해설 서식을 전달하기 위한 수단, 방법을 묻는 How 의문문이다.
(A) 질문과 무관한 답변이다.
(B) 우편함에 넣으라는 전달 방법을 언급하고 있으므로 정답이다.
(C) 질문의 form과 유사한 from을 이용해 혼동을 주는 오답 유형이다. 출처에 관한 답변은 Where 의문문과 어울린다. 정답 (B)

어휘 form 양식, 서식 receipt 영수증 mailbox 우편함

19 미W 영M

What was the topic of your presentation?
(A) In room 302.
(B) International trading.
(C) In an hour.

선생님의 발표 주제가 무엇이었나요?
(A) 302호실에서요.
(B) 국제 무역이요.
(C) 1시간 후에요.

해설 발표의 주제를 묻는 What 의문문이다.
(A) 장소 언급은 Where 의문문과 어울린다.
(B) 명사로 주제를 언급하였으므로 정답이다.
(C) 시간 언급은 When 의문문과 어울린다. 정답 (B)

어휘 topic 화제, 주제 presentation 발표, 프레젠테이션 international trading 국제 무역

20 미M 호W

When would you like to schedule an appointment?
(A) No, I haven't.
(B) That sounds fun.
(C) Sometime next week.

약속을 언제로 잡을까요?
(A) 아니요, 그러지 않았어요.
(B) 재미있겠네요.
(C) 다음 주 중에요.

해설 약속 시간을 언제로 잡을지 묻는 When 의문문이다.
(A) 의문사 의문문은 Yes나 No로 답변할 수 없다.
(B) 제안, 권유에 어울리는 답변이다.
(C) 시간으로 대답하였으므로 정답이다. 정답 (C)

어휘 schedule 일정을 잡다 appointment 약속

21 미W 미M

Who do you think will be the next company president?
(A) No one is sure yet.
(B) This is my business.
(C) An electronics company.

누가 차기 사장이 될 것 같아요?
(A) 아직 아무도 확실치 않아요.
(B) 제 일이에요.
(C) 전자 회사요.

해설 다음 사장이 누가 될지 묻는 Who 의문문이다.
(A) no one, some one 등은 Who 의문문의 빈출 정답이므로 기억해 두자!
(B) 질문과 전혀 관련 없는 답변이다.
(C) 동일어휘 company를 중복 사용한 오답 유형이다.
정답 (A)

어휘 president 사장 sure 확신하는 This is my business 이건 제 일이에요. It is none of your business(댁이 상관할 바가 아닙니다)를 돌려서 표현한 말 electronic company 전자 회사

22 호W 영M

Where are you taking our new clients after the tour?
(A) To a Japanese restaurant.
(B) About an equipment order.
(C) Before the demonstrations.

방문을 마치고 나면 새로운 고객들을 어디로 모실건가요?
(A) 일식집으로요.
(B) 장비 주문에 관해서요.
(C) 시연회 이전에요.

해설 새로운 고객들을 방문(tour) 이후에 어디로 데리고 갈 것인지 묻는 Where 의문문이다.
(A) 특정 장소로 갈 것이라고 대답하고 있으므로 정답이다.
(B) client에서 order를 연상할 순 있겠으나 질문과 관련 없으므로 오답이다.
(C) 특정 시점 답변은 When 의문문과 어울린다. 정답 (A)

어휘 client 고객 tour (둘러보는) 방문, 관광 Japanese restaurant 일식집 equipment 장비 order 주문 demonstration 시연, 시범 설명

23 미M 미W

You've seen the new brochure, haven't you?
(A) The evening news is on.
(B) Yes, it's very attractive.
(C) No, it wasn't.

새 안내책자를 보셨죠, 그렇지 않나요?
(A) 저녁 뉴스가 방송 중이에요.
(B) 네 봤어요, 대단히 멋져요.
(C) 아니요, 그렇지 않았어요.

해설 새 안내책자를 보았는지 확인하는 부가의문문이다.
(A) 질문과 무관한 답변이다.
(B) 긍정의 답변으로 정답이다.
(C) No로 대답은 가능하지만 뒤의 말이 질문과 관련이 없다.
정답 (B)

어휘 brochure 안내책자 evening news 저녁 뉴스 on 방송 중인 attractive 멋진, 매력적인

24 호W 미M

Do you want my home or my office phone number?
(A) Yes, it works fine.
(B) He stayed home.
(C) Could I have both?

집 전화번호를 알려드릴까요, 아니면 사무실 전화번호를 알려드릴까요?
(A) 네, 잘 작동하네요.
(B) 그 사람은 집에 있었어요.
(C) 둘 다 받을 수 있을까요?

해설 집 전화번호와 사무실 전화번호 중 어느 것을 원하는지 묻는 선택의문문이다.
(A) 선택의문문은 두 가지 옵션이 절인 경우를 제외하고는 Yes나 No로 대답할 수 없다.
(B) 반복어휘 home을 이용한 오답 유형이다.
(C) 두 가지 모두를 원한다는 유형으로, 선택의문문의 빈출 정답 중 하나이니 기억해두자. 정답 (C)

어휘 work 작동하다, 잘 돌아가다 fine 괜찮은, 만족할 만한

25 미W 영M

Can you distribute handbooks at the convention on Friday?
(A) Sorry, I'm busy that day.
(B) He left on the same day?
(C) Sure, it's been booked.

금요일 회의에서 안내서를 배포해주실 수 있나요?
(A) 미안해요, 그날은 바빠요.
(B) 그 사람도 같은 날 떠났나요?
(C) 물론이죠, 예약되어 있어요.

해설 조동사 can을 이용한 부탁의 표현이다.
(A) 부탁에 대해 정중하게 거절하고 있다. 정답이다.
(B) 질문과 무관한 답변으로, 질문에 등장하지 않은 3인칭 대명사 he는 답변으로 쓸 수 없다.
(C) sure만 듣고서 승낙으로 파악하여 선택하지 않도록 주의하자. 뒤쪽에서 전혀 관계없는 이야기를 늘어놓고 있다.
정답 (A)

어휘 distribute 배부하다 handbook 안내서 convention 회의 busy 바쁜 book 예약하다

26 미M 호W

We should tell Matt when we expect to arrive.
(A) OK, I'll call him now.
(B) Until about November 2nd.
(C) It's been inspected.

도착 예정 시간을 Matt에게 말해줘야 해요.
(A) 알겠어요. 제가 지금 연락할게요.
(B) 11월 2일경까지요.
(C) 점검받았어요.

해설 Matt에게 연락해야 한다고 말하는 평서문이다.
(A) 자신이 연락하겠다는 해결책 내지는 다음 행동을 제시한 답변이다.
(B) 특정 시점 관련 답변은 When 의문문과 어울린다. 남자의 말에 when이 나오는 것을 이용한 오답 유형이다.
(C) expect와 유사발음 어휘인 inspect를 이용한 오답 유형이다.
정답 (A)

어휘 expect 예상하다 inspect 점검하다

27 영M 미W

It's supposed to be warmer tomorrow, isn't it?
(A) That's the forecast I heard.
(B) Last Monday I thought.
(C) I hope it has.

내일은 더 따뜻해질 거예요, 그렇지 않나요?
(A) 일기예보에서 들은 바로는 그래요.
(B) 지난 주 월요일이라고 생각했어요.
(C) 그랬기를 바래요.

해설 내일 날씨가 더 따뜻해질 것인지 확인하는 부가 의문문이다.
(A) 일기예보에서 듣기로는 그렇다고 긍정의 답변을 하고 있다.
(B) 특정 시점 답변은 When 의문문과 어울린다.
(C) have 동사가 아닌 be동사로 대답해야 한다. 정답 (A)

어휘 be supposed to do ~해야만 한다, ~하기로 되어 있다 forecast 일기예보, 예측 hope 바라다, 희망하다

28 미M 영M

Where can I get paper for the copier?
(A) It'll take four.
(B) Not that I know of.
(C) Check the supply closet.

복사기 용지는 어디에 있나요?
(A) 4시간 걸릴 거예요.
(B) 제가 알기로는 아니에요.
(C) 물품 보관실을 확인해 보세요.

해설 종이가 어디 있는지 묻는 Where 의문문이다.
(A) 소요 시간 답변은 How long으로 물었을 때 어울리는 답변이다.
(B) 질문과 관련 없는 답변이다.
(C) 확인해 볼 특정 위치를 언급하였으므로 정답이다. 정답 (C)

어휘 copier 복사기 supply closet 물품 보관실

29 영M 호W

Are you using the stapler, or can I use it?
(A) Something that's cheap.
(B) How much is it?
(C) You can have it.

지금 스테이플러 사용하고 계시나요, 아니면 제가 사용해도 될까요?
(A) 저렴한 것으로요.
(B) 얼마인가요?
(C) 쓰세요.

해설 스테이플러를 쓰고 있는지, 본인이 빌려가도 되는지 묻는 선택 의문문 문제이다.
(A) 선택의문문의 답변으로 어울릴 수도 있지만, 남자의 질문과는 전혀 다른 내용, 가격에 대한 선택이다.
(B) 가격을 묻는 말로, 질문과 관련 없는 내용이다.
(C) 두 선택사항 중 한 가지를 고른 답변 유형이다. 이 질문처럼 옵션이 절로 제시될 때는 Yes나 No로 답변도 가능하다는 것을 알아두자.
정답 (C)

어휘 stapler 스테이플러, 호치키스 cheap 값이 싼

30 미M 미W

I'm looking for a volunteer to organize the kitchen.
(A) Yes, he did.
(B) A larger organization
(C) I can help with that.

부엌을 정리해줄 사람을 찾고 있어요.
(A) 네, 그 사람이 했어요.
(B) 더 큰 단체예요.
(C) 제가 도와드릴 수 있어요.

해설 지원자를 찾고 있다는 평서문이다.
(A) 질문에 등장하지 않은 3인칭 대명사 he는 답변으로 등장할 수도 없거니와 동사의 시제도 맞질 않는다.
(B) organize와 같은 파생어인 organization을 이용한 오답 유형이다.
(C) 직접 도와주겠다는 해결책을 제시한 답변이다. 정답 (C)

어휘 volunteer 지원자, 자원 봉사자 organize 정리하다, 조직하다 kitchen 부엌 organization 조직, 단체 help 돕다, 도와주다

31 호W 영M

Why is it so warm in this office?
(A) Because it's far.
(B) The air conditioner is broken.
(C) A new shipment of books.

사무실 안이 왜 이렇게 덥나요?
(A) 멀기 때문에요.
(B) 에어컨이 고장 났어요.
(C) 새로 배송된 책들이에요.

해설 사무실이 더운 이유를 묻는 Why 의문문이다.
(A) Because는 Why 의문문과 잘 쓰이지만, 더운 이유로 far(거리가 멀어서)라는 것은 말이 되지 않는다.
(B) 사무실이 더운 이유로 에어컨이 고장 났다고 답하였으므로 정답이다.
(C) 질문과 무관한 답변이다. 정답 (B)

어휘 warm 따뜻한 far 거리가 먼 air conditioner 에어컨, 냉방 장치 broken 고장 난, 부서진 shipment 수송품

32 미W 미M

Didn't Gary study politics at the university?
(A) I'll send it to you.
(B) He studied psychology.
(C) About a microscope.

Gary는 대학에서 정치학을 공부하지 않았나요?
(A) 제가 보내드릴게요.
(B) 심리학을 공부했어요.
(C) 현미경에 대한 거예요.

해설 Gary가 대학에서 정치학을 배웠는지 여부를 확인하는 부정 의문문이다.
(A) send의 목적어인 it의 대상이 언급된 적 없거니와 내용도 무관하다.
(B) 앞에 No가 생략된 부정의 답변으로 정치학이 아닌 심리학을 공부했다고 대답하고 있다.
(C) 질문과 무관한 답변이다. 정답 (B)

어휘 politics 정치학 psychology 심리학 microscope 현미경

33 영M 미W

May I suggest a few changes to the presentation?
(A) That's too large.
(B) Just a few minutes ago.
(C) I'd be glad to consider your ideas.

그 발표에 대해 몇 가지 변화를 제안해도 될까요?
(A) 그것은 너무 커요.
(B) 방금 전에요.
(C) 당신의 아이디어를 기꺼이 고려할게요.

해설 변화를 제안해도 되는지 정중히 묻는 표현이다.
(A) 질문과 관련 없는 답변이다.
(B) 반복어휘 few를 이용한 오답 유형이다. When 의문문과 어울리는 답변이다.
(C) 긍정의 반응으로 그 제안들을 기쁜 마음으로 고려하겠다고 하였으므로 정답이다. 정답 (C)

어휘 change 변경사항, 변화 presentation 프레젠테이션, 발표 be glad to do 기꺼이 ~하다 consider 고려하다

34 미W 호W

I really enjoyed your speech yesterday.
(A) He speaks different languages.
(B) What time is the convention?
(C) I'm glad you were able to come.

어제 연설은 정말 잘 들었습니다.
(A) 그 사람은 생각이 달라요.
(B) 대회가 몇 시죠?
(C) 오셨다니 기뻐요.

해설 어제 상대방의 연설을 잘 들었다는 칭찬의 평서문이다.
(A) speech에서 연상 가능한 speak를 이용한 오답 유형이다. 질문과는 무관하다.
(B) 질문과 무관한 답변이다.
(C) 칭찬에는 감사의 표현이 어울린다. 정답이다. 정답 (C)

어휘 enjoy 즐기다 speech 연설 speak a different language 생각이 다르다, 공통점이 거의 없다 convention 대회, 협의회

35 미M 미W

Could you make sure the microphone in the auditorium works?
(A) He works too much.
(B) I checked it this morning.
(C) Let me find it.

강당의 마이크가 작동하는지 확인해 주시겠요?
(A) 그 사람은 일을 너무 많이 해요.
(B) 오늘 아침에 점검했어요.
(C) 한 번 찾아보죠.

해설 강당의 마이크 작동 상태를 확실히 해 달라는 정중한 요청의 표현이다.
(A) 반복어휘 works를 이용한 오답 유형이다.
(B) 오늘 아침에 이미 점검했다는 답변으로 정답이다.
(C) 질문과 무관한 답변이다. 정답 (B)

어휘 make sure 확실하게 하다 microphone 마이크 auditorium 강당 work 작동하다, 일하다 check 점검하다

36 영M 미M

Why did you throw away that calendar?
(A) Yes, I checked all the meetings.
(B) It was outdated.
(C) Every month, I think.

그 달력을 왜 버렸어요?
(A) 네, 회의를 다 확인했어요.
(B) 지난 거예요.
(C) 아마도 매달마다요.

해설 달력을 버린 이유를 묻는 Why 의문문 문장이다.
(A) 질문과 무관한 답변이다.
(B) 지난 달력이므로 필요 없어져 버렸다는, 버린 이유를 언급하였으므로 정답이다.
(C) 빈도를 나타내는 답변이다. 정답이 될 수 없다. 정답 (B)

어휘 throw away 버리다 calendar 달력 check 살펴보다, 점검하다 outdated 구식인

37 호W 영M

I think we should advertise the open position on the Internet.
(A) On which web sites?
(B) To the personnel department.
(C) Close the openings.

제 생각에는 공석을 인터넷에 광고해야 할 것 같아요.
(A) 어느 웹사이트에요?
(B) 인사부에요.
(C) 모집을 마감하세요.

해설 공석을 인터넷에 광고하자는 제안의 의미를 갖는 평서문이다.
(A) 인터넷의 어느 웹사이트에 광고할지 구체적인 정보를 묻는 질문으로 정답이다.
(B) 부서명 대답은 Who 의문문이나 Where 의문문과 어울린다.
(C) 반복어휘 openings를 이용한 오답 유형이다. 정답 (A)

어휘 advertise 광고하다 open position 공석 personnel department 인사부 close 마감하다

38 미M 미W

Won't it take too long to revise that report?
(A) I think it was last week.
(B) Yes, I told them I would.
(C) Not if we start now.

그 보고서를 수정하는 데 너무 오래 걸리지 않을까요?
(A) 제 생각엔 지난주였어요.
(B) 네, 제가 하겠다고 말했어요.
(C) 지금 시작하면 그렇지 않아요.

해설 보고서를 수정하려면 시간이 오래 걸릴지 여부를 확인하는 부정의문문이다.
(A) 특정 시점에 관한 답변은 When 의문문과 어울린다.
(B) 질문과 무관한 답변이다.
(C) 지금 시작한다는 조건 하에서는 오래 걸리지 않을 것이라는 대답으로 정답이다. 정답 (C)

어휘 revise 수정하다 report 보고서

39 미M 호W

Don't you work on the sales team?
(A) An upcoming tournament.
(B) They didn't send it yet.
(C) Yes, I was recently hired.

영업팀에서 일하지 않으세요?
(A) 다음 대회예요.
(B) 아직 보내지도 않았어요.
(C) 네, 최근 입사했어요.

해설 영업팀에서 일하는지 여부를 확인하는 부정의문문이다.
(A) team에서 연상 가능한 tournament를 써서 혼동을 줬지만, 질문과 무관한 답변이다.
(B) 질문과 무관한 답변이며 시제도 일치하지 않는다.
(C) 긍정의 답변으로 최근 입사했다는 추가적인 이야기를 하고 있다. 정답이다. 정답 (C)

어휘 sales team 영업팀 upcoming 다가오는, 다음의 tournament 대회, 시합 hire 고용하다.

40 영M 미W

That file doesn't belong in that drawer, does it?
(A) We ordered some furniture.
(B) They just left.
(C) Oh, we rearranged everything.

저 파일은 저 서랍 안에 넣는 게 아니죠?
(A) 우리가 가구를 좀 주문했어요.
(B) 그 사람들은 막 떠났어요.
(C) 오, 우리가 다 다시 배치했어요.

해설 파일을 둬야하는 위치가 저 서랍인지 확인하는 부가의문문 문장이다.
(A) drawer에서 연상 가능한 furniture를 이용한 오답 유형이다.
(B) 질문과 무관한 답변이다.
(C) 모든 것의 위치를 바꾸었다는 것은 간접적인 부정이다. 질문자가 알고 있던 위치가 아니라는 의미이므로 정답이다. 정답 (C)

어휘 belong 제자리에 있다 drawer 서랍 rearrange 재배치하다

Part 3 p.385

Questions 41-43 refer to the following conversation. 영M 미W

M: Anna, sorry I couldn't stop by earlier but I do want to welcome you to our hospital. How's everything going? How are you doing with the computer program we use for entering patients' data.
W: Oh, I'm pretty familiar with it. I did the same kind of data entry at my last job. But I do have a question about the end of the day summary. Could you help me with that?
M: Sure, just give me a call when you're ready to do the summary and I'll come over and help you through it.

문제 41-43은 다음 대화를 참조하세요.
남: Anna, 좀 더 일찍 와보지 못해서 미안해요. 하지만 우리 병원에서 일하게 된 것을 환영해요. 어때요? 환자 데이터 입력용 컴퓨터 프로그램은 잘 사용하고 있나요?
여: 아, 제가 그건 꽤 잘 알아요. 전 직장에서 같은 종류의 데이터 입력을 했거든요. 그런데 일지 요약 끝부분에 궁금한 게 있어요. 도와주실 수 있으세요?
남: 물론이죠, 요약할 때 연락을 주세요. 그러면 제가 와서 처음부터 끝까지 도와드릴게요.

어휘 stop by 들르다 welcome 환영하다 How's everything going? 어떻게 지내?, 일은 어떻게 되어가? enter 입력하다 pretty 꽤 be familiar with ~에 익숙하다 summary 요약 come over 오다 through 처음부터 끝까지

41 여자는 누구일까?
(A) 사무용품 제작자
(B) 영업 사원
(C) 데이터 입력 직원
(D) 소프트웨어 디자이너

해설 **키워드:** Who / woman **위치:** 대화의 전반부
대화하는 사람의 직업을 묻는 문제이다. 보통 전반부에 등장하며, 남자의 첫 번째 대화 중 How are you doing with the computer program we use for entering patients' data. 부분을 토대로 병원에서 여자가 하는 일은 컴퓨터 프로그램을 이용하여 환자 데이터를 입력하는 일이라는 것을 알 수 있으므로 정답은 (C)이다. 정답 (C) A data-entry clerk

어휘 office supplies 사무용품 manufacturer 제조사, 생산회사 sales representative 영업 사원 clerk 사무원, 직원

42 여자가 익숙하다고 말한 것은?
(A) 음성 사서함 시스템
(B) 컴퓨터 프로그램

(C) 고용 조건
(D) 병원 보안

해설 **키워드:** What / woman / say / familiar
위치: 대화의 중반부
질문을 통해 여자의 말에서 근거를 찾을 수 있음을 알 수 있다. 남자의 말이 끝나기를 기다렸다가 여자의 말이 시작되면 여자가 익숙한 것에 관한 이야기를 하는지 집중하자! 여자의 말 중 익숙한 것은 대명사 it으로 제시되었다. 이는 바로 직전 남자가 한 말인 '환자 데이터를 입력하는 컴퓨터 프로그램'이란 것을 알 수 있으며, 여자의 말에서도 I'm pretty familiar with it. I did the same kind of data entry at my last job. 부분을 통해 데이터 입력 프로그램이란 것을 확인할 수 있다. 따라서 정답은 (B) A computer program

정답 (B) A computer program

어휘 voice mail system 음성 사서함 시스템 hiring 고용 requirement 필요조건 security 보안, 경비

43 여자가 남자에게 부탁하는 것은?
(A) 여자가 요약을 끝내도록 도와 달라고
(B) 여자에게 문서를 좀 보내 달라고
(C) 프로젝트를 끝내기 위해 초과근무를 해달라고
(D) 여자에게 잔업을 맡겨 달라고

해설 **키워드:** What / woman / ask / man **위치:** 대화의 후반부
부탁 사항이므로 기본적으로 후반부에 근거가 등장함을 알 수 있으며, 여자의 부탁 사항이므로 여자의 대화에서 근거를 잡을 수 있다. 따라서 여자의 말 중 뒷부분에서 I do have a question about the end of the day summary. Could you help me with that?을 듣고 end of the day summary에 대한 도움을 요청함을 알 수 있다. 따라서 정답은 (A) Help her to complete a summary이다.

정답 (A) Help her to complete a summary

어휘 ask 부탁하다 complete 완료하다, 끝마치다 summary 요약 over time 초과근무, 잔업 assign 맡기다, 배정하다 extra work 잔업, 시간 외 작업

Questions 44-46 refer to the following conversation. 미M 미W

M: Hello, Ms. Williams, this is Howard from the reception desk. Karl Jacobs is here. He says he's here for his 5 o'clock appointment.
W: Oh, he's a reporter from All Biz Magazine. He's here to interview me for a story he's writing about our company. I'm surprised he's here already though.
M: Should I ask him to wait or can you meet with him now?
W: I can see Mr. Jacobs now. Could you check and see which meeting room is available?

문제 44-46은 다음 대화를 참조하세요.
남: 안녕하세요, Williams 씨, 저는 접수창구에 있는 Howard입니다. Karl Jacobs가 와 계세요. 5시 약속 때문에 오셨다는데요.
여: 아, 그 분은 All Biz Magazine의 기자세요. 우리 회사에 관해 쓰고 있는 이야기 때문에 저와 인터뷰를 하려고 오셨어요. 하지만 벌써 오셨다니 놀랍네요.
남: 기다리시라고 할까요? 아니면 지금 만나시겠어요?
여: Jacobs 씨를 지금 볼 수 있어요. 어느 회의실이 비어 있는지 확인 좀 해주시겠어요?

어휘 reception desk 접수창구 appointment 약속 reporter 기자 be surprised 놀라다 check and see 확인하다 meeting room 회의실 available 이용할 수 있는

44 Karl Jacobs는 누구인가?
(A) 접수 담당자
(B) 기자
(C) 편집자
(D) 출판자

해설 **키워드:** who / Karl Jacobs **위치:** 대화의 전반부
Karl Jacobs는 대화하는 사람이 아닌 제 3자이다. 대화하는 사람의 직업을 묻는다면 대상을 보통 woman이나 man으로 묻는다. 사람의 이름은 대표적인 키워드이므로 지문을 들으며 사람 이름에 집중하자! 남자가 처음 한 말에서 키워드가 처음 등장한다. Karl Jacobs is here. He says he's here for his 5 o'clock appointment. 여기서는 직업을 확인할 수 없으므로 다음 여자의 답변을 기다린다. 여자의 첫마디(Oh, he's a reporter from All Biz Magazine.)에서 Karl Jacobs의 직업이 확인 가능하다. 따라서 정답은 (B) A reporter이다.

정답 (B) A reporter

어휘 receptionist 접수 담당자 editor 편집자 publisher 출판자

45 여자가 놀란 이유는?
(A) Karl Jacobs가 이야기를 빨리 써서.
(B) Karl Jacobs가 중요한 회의에 오지 않아서.
(C) Karl Jacobs가 다른 사람들과 인터뷰를 끝내서.
(D) Karl Jacobs가 여자의 직장으로 일찍 찾아와서.

해설 **키워드:** Why / woman / surprised **위치:** 대화의 중반부
여자가 놀란 이유는 구체적인 사실이므로 surprised, 즉 놀랐다는 이야기가 나올 때를 기다리자. 놀란 주체가 여자이므로, 여자의 말 안에서 힌트가 있음을 알 수 있다. 따라서 여자의 대사(I'm surprised he's here already though.)에서 Karl Jacobs 씨가 약속시간보다 일찍 도착한 데에 놀랐음을 확인할 수 있다. 따라서 정답은 (D) He arrived at the woman's work early.이다.

정답 (D) He arrived at the woman's work early.

어휘 miss 놓치다 important 중요한 finish 끝내다

46 접수 담당자가 부탁받은 것은?
(A) 빈 방을 찾는 것
(B) 전화를 돌려주는 것
(C) 방문객을 안내하는 것
(D) 회의실을 예약하는 것

해설 **키워드:** What / receptionist / asked **위치:** 대화의 후반부
요구, 요청 내용은 대표적으로 후반부에 정보가 등장하는 문제이다. 또한 접수 직원, 즉 남자가 부탁받은 내용이라면 여자가 부탁을 해야 하므로 여자의 대화에서 그 근거를 찾을 수 있다. 따라서 여자의 대사(Could you check and see which meeting room is available?)에서 이용 가능한 방을 찾아달라고 부탁했음을 알 수 있다. 정답은 (A) To find an available room이다.

정답 (A) To find an available room

어휘 transfer (전화를) 돌려주다 direct (길을) 안내하다 visitor 방문객 reserve 예약하다

Questions 47-49 refer to the following conversation. 영M 호W

M: What did you think of the workshop for the new managers last Thursday?

W: I thought it was good. I'm glad they have workshops like that for less experienced managers like us. I learned a lot about how to manage the regional sales representatives and also about how to conduct a group interview. What did you think?

M: I liked it but it was too long. They could have made it more brief and to the point.

W: That's true. I missed an important meeting because it ended much later than expected.

문제 47-49는 다음 대화를 참조하세요.

남: 지난 주 목요일에 있었던 신규 매니저를 위한 워크숍 어땠어요?

여: 좋았어요. 우리 같이 경험이 적은 매니저들을 위해 워크숍을 열어줘서 기뻐요. 지역 영업사원들을 관리하는 방법과 그룹 인터뷰를 진행하는 방법에 대해서도 많이 배웠어요. 당신은 어땠어요?

남: 좋긴 했지만 너무 길었어요. 더 짧고 간단명료하게 할 수 있었을 텐데요.

여: 맞아요. 생각보다 훨씬 늦게 끝나는 바람에 중요한 회의를 놓쳤다니까요.

어휘 workshop 워크숍, 연수회 glad 기쁜 less experienced 경험이 더 적은 regional 지역의, 지방의 sales representative 판매사원 conduct 진행하다, 수행하다 brief 짧은 to the point 간단 명료한 miss 놓치다 expect 예상하다, 기대하다

47 화자들은 누구일까?
(A) 신규 매니저들
(B) 판매원들
(C) 회계사들
(D) 구직자들

해설 **키워드:** Who/ speakers **위치:** 대화의 전반부
화자의 직업을 묻는 문제는 기본적인 정보를 파악하는 문제로 보통 전반부에서 답의 근거를 찾을 수 있다. 남자의 첫 대사(What did you think of the workshop for new managers last Thursday?)에서 신규 매니저를 위한 워크숍이 언급되었으므로 이미 정답을 예측할 수 있다. 다음 여자의 대화 중 that for less experienced managers like us에서 말하는 화자들이 경험이 없는 매니저, 즉 신규 매니저임을 확신할 수 있다. 정답 (A) New managers

어휘 accountant 회계사 job applicant 구직자

48 여자와 남자가 목요일에 참석한 것은?
(A) 인터뷰
(B) 지역 회의
(C) 워크숍
(D) 고객과의 회의

해설 **키워드:** What / woman / man / attend / Thursday
위치: 대화의 전반부
고유명사나 사람 이름, 요일, 숫자 등의 키워드가 지문 내에 등장할 때는 앞, 뒤를 반드시 확인해야 한다. Thursday는 남자의 첫 번째 대화의 What did you think of the workshop for new managers last Thursday?에 등장하므로 이때 workshop에 참가했음을 알 수 있다. 따라서 정답은 (C) A workshop이다. 키워드의 앞쪽에 근거가 등장하므로 문제의 키워드인 Thursday를 미리 인지하고 있어야 풀이가 가능하다.
정답 (C) A workshop

어휘 conference 회의, 학회

49 남자가 행사에 대해 이야기한 내용은?
(A) 본사에서 열렸다.
(B) 너무 길었다.
(C) 취소되었다.
(D) 여자가 그 행사에 참석하지 못했다.

해설 **키워드:** What / man / say / event **위치:** 대화의 후반부
남자가 행사에 관해 말한 내용을 묻는 문제이다. 대화 전체가 workshop에 관한 내용이므로 보기의 키워드를 미리 파악하고 있다가 남자의 말에서 동일한 내용이 등장하면 캐치하여 정답으로 선택해야 한다. I liked it but it was too long.에서 workshop이 너무 길었다고 말하고 있으므로 (B) It was too long.이 정답이다. but은 화제를 전환하므로 but 뒤에서 정답의 근거가 자주 등장함을 알아두자! 정답 (B) It was too long.

어휘 hold (행사를) 개최하다 headquarters 본사 cancel 취소하다 miss 놓치다

Questions 50-52 refer to the following conversation. 미W 미M

W: Good morning, this is Kate Dalton calling. You'll be delivering my new refrigerator today and I'd like to find out what time I can expect it.

M: Right, Ms. Dalton. I see your name on our delivery schedule. Our people should be at your home between 11 a.m. and noon. Can you confirm that your address is 1310 Viscount Court?

W: That's right. Now I forgot to ask the other day, can they take away my old refrigerator?

M: Of course. I'll give those instructions to the delivery people. There's an additional cost for that service though. You can pay when you sign for the delivery.

문제 50-52는 다음 대화를 참조하세요.

여: 안녕하세요. 저는 Kate Dalton입니다. 오늘 새 냉장고를 배달해 주시기로 되어있는데요. 언제쯤 오실지 알고 싶어서요.

남: 네, Dalton 씨. 배달 일정표에서 고객님 성함이 있네요. 저희 직원이 오전 11시에서 정오 사이에 댁으로 갈 겁니다. 주소가 Viscount Court가 1310번지가 맞으세요?

여: 맞아요. 저, 지난번에 잊어버리고 못 물어봤는데요, 제가 사용하던 냉장고를 치워줄 수 있나요?

남: 물론이지요. 배달직원들에게 그렇게 하라고 지시를 전달하겠습니다. 하지만 그 서비스에는 추가 비용이 있습니다. 배달 확인 서명을 하실 때 지불하시면 됩니다.

어휘 deliver 배달하다 refrigerator 냉장고 find out 알아내다 confirm 확인해주다 address 주소 forget to + 동사원형 ~하는 것을 잊어버리다 take away 치우다, 제거하다 instruction 지시, 설명 additional cost 추가 비용

50 여자가 전화한 이유는?
(A) 약속을 변경하려고
(B) 배달에 관해 의논하려고
(C) 문제점을 보고하려고
(D) 품질 보증에 관해 물어보려고

해설 **키워드:** Why / woman / calling **위치:** 대화의 전반부
대화의 목적, 이유에 관한 정보는 지문 전반부에 위치한다. 여자가 처음 한 말 You'll be delivering my new refrigerator

today and I'd like to find out what time I can expect it.에서 오늘 배달받기로 한 냉장고의 예상 배달시간을 알고 싶다고 하였으므로 정답은 (B) To discuss a delivery이다.

정답 (B) To discuss a delivery

어휘 appointment 약속 discuss 의논하다 report 보고하다 problem 문제, 문제점 warranty 제품의 품질 보증, 보증기간

51 남자가 확인해달라고 한 것은?
(A) 주소
(B) 구입일
(C) 모델 번호
(D) 지불 방법

해설 **키워드:** What / man / ask / confirm **위치:** 대화의 중반부
기본적인 요구, 요청 질문은 후반부에 위치한다. 하지만 두 번째 문제라는 것과 요청의 내용이 구체적인 것으로 보아 키워드 문제로 추측할 수 있다. 키워드인 confirm이 지문에서 등장하기를 기다리면 Can you confirm that your address is 1310 Viscount Court?라고 주소가 맞는지 확인하고 있음을 알 수 있다. 따라서 정답은 (A) A street address이다.

정답 (A) A street address

어휘 street address 거리 주소, 주소 purchase 구입 model number 모델 번호 method 방법 payment 지불

52 추가비용이 드는 것은?
(A) 제품 배달
(B) 가구 조립
(C) 속달 서비스의 이용
(D) 가전제품의 처리

해설 **키워드:** What / additional fee **위치:** 대화의 후반부
무엇을 하는 데 추가비용이 드는지 세부사항을 묻는 문제이다. 대화에서 additional fee에 관련된 말의 앞, 뒤를 파악해야 한다. 남자의 마지막 말 중 There's an additional cost for that service though.에서 서비스 이용에 추가비용이 발생한다고 하였으며 추가비용 발생의 대상은 바로 전 여자가 요청한 can they take away my old refrigerator?에서 기존의 냉장고를 치우는 것임을 알 수 있다. 따라서 정답은 (D) Removing an appliance이며 키워드 앞쪽에 근거를 제시하는 다소 난이도 있는 문제이다.

정답 (D) Removing an appliance

어휘 merchandise 제품 assemble 조립하다 express 급행의, 신속한, 속달의 remove 제거하다 appliance 가전제품, 가정용 기기

Questions 53-55 refer to the following conversation. 영M 미W

M: Hi, how can I learn more about the impressionist paintings on the second floor gallery?
W: Well, there's a very interesting guided tour that goes through all of our exhibits including a stop at the impressionist painting collection. The next one begins in 10 minutes.
M: I'm afraid I don't have time to go through the whole museum today. Thanks anyway, I guess I'll just explore the impressionist exhibit on my own.

문제 53-55는 다음 대화를 참조하세요.
남: 안녕하세요. 2층 화랑에 있는 인상주의 회화 작품들에 대해 더 알고 싶은데 어떻게 해야 하죠?
여: 그렇다면, 저희가 전시하는 작품들을 모두 살펴보는 아주 재미있는 가이드 투어가 있는데요, 인상주의 회화 컬렉션에서도 잠깐 들른답니다. 다음 투어가 10분 후에 시작해요.
남: 유감이지만 오늘은 미술관 전체를 돌아볼 시간이 없네요. 아무튼 감사합니다. 그냥 저 혼자 인상주의 전시회를 살펴봐야겠네요.

어휘 impressionist painting 인상주의 그림 gallery 미술관, 화랑 guided tour 가이드 투어 collection 수집품, 컬렉션 go through ~을 살펴보다 stop 잠시 머묾 whole 전체의, 모든 explore 탐험하다, 살펴보다 exhibit 전시품 on one's own 혼자서

53 남자가 문의하는 내용은?
(A) 구내식당을 찾는 것
(B) 어떤 회화 작품들에 대해 배우는 것
(C) 박물관 지도를 얻는 것
(D) 특별 할인을 받는 것

해설 **키워드:** What / man / inquire **위치:** 대화의 전반부
남자가 문의하는 내용, 즉 대화의 목적, 이유에 관한 문제이다. 따라서 전반부에서 찾을 수 있으며, 남자의 대화에서 정보를 얻을 수 있음을 추측할 수 있다. Hi, how can I learn more about the impressionist paintings에서 남자가 원하는 것은 특정 그림들에 대해 더 알고 싶은 것임을 알 수 있다. 따라서 정답은 (B) Learning about some paintings이다.

정답 (B) Learning about some paintings

어휘 inquire 묻다, 알아보다 find 찾다 cafeteria 구내식당 map 지도 receive 받다 special discount 특별 할인

54 여자가 남자에게 추천하는 것은?
(A) 가이드 투어에 합류할 것
(B) 시즌 입장권을 구입할 것
(C) 미술 수업에 등록할 것
(D) 다른 날 다시 올 것

해설 **키워드:** What / woman / recommend
위치: 대화의 중반부
추천이나 제안, 권유의 표현은 보통 하단부에 등장하지만 대부분의 사항들은 질문의 순서에 따르므로 마지막 문제보다는 앞에 나온다고 추측할 수 있다. 또한 추천을 하는 주체가 여자이므로 여자의 대화에서 정보가 나온다는 사실을 파악하고 여자의 대화를 기다리자. Well, there's a very interesting guided tour that goes through all of our exhibits including a stop at the impressionist painting collection. The next one begins in 10 minutes.에서 확인 가능하듯 여자의 대화는 전반적으로 가이드 투어에 관한 설명과 다음 가이드 투어 시작 시간을 내용으로 하고 있으므로 가이드 투어에 참여하라고 추천하고 있음을 알 수 있다. 따라서 정답은 (A) Join a guided tour이다.

정답 (A) Join a guided tour

어휘 recommend 추천하다 join 합류하다 season 시즌, 시기 pass 입장권, 통행증 enroll 등록하다 return 돌아오다

55 남자는 다음에 할 일은?
(A) 미술관에서 나가는 것
(B) 전시작품을 보는 것
(C) 투어 가이드를 찾아보는 것
(D) 선물 가게에서 물건을 사는 것

해설 **키워드:** What / will / man / next **위치:** 대화의 후반부
미래 상황, 행동은 후반부에서 정보가 등장하는 대표적인 문제이다. 남자가 미래에 할 만한 일은 여자가 해결책으로 제시해준 것과 남자가 직접 하겠다고 말하는 행동 두 가지 경우가 있는데,

이 지문에서 여자의 대화는 가이드 투어에 관한 설명과 추천이므로 마지막에 있는 남자의 대화에 정보가 등장할 것이라고 추측할 수 있다. I guess I'll just explore the impressionist exhibit on my own.에서 남자는 스스로 인상파 작품을 살펴볼 것이라고 직접 언급하고 있으므로 정답은 (B) View an exhibition이다. 정답 (B) View an exhibition

어휘 leave 떠나다 view 보다, 둘러보다 look for ~을 찾다 tour guide 여행 가이드 shop 사다, 쇼핑하다

Questions 56-58 refer to the following conversation. 호W 미M

W: Okay, your total comes to 97 dollars 10 cents. We are having a special today. If you spend more than $100 dollars you get 10% off your total bill. Would you like to get another item? You only need to spend 3 more dollars.

M: Well, what do you have that's about 5 dollars?

W: How about some paper for your printer? We also have some nice notebooks and a large selection of office supplies.

M: I have lots of office supplies at home, but my printer just ran out of paper this morning. So, I actually need some white paper. I'll take two packages.

문제 56-58은 다음 대화를 참조하세요.

여: 네, 총 97달러 10센트입니다. 오늘은 특별할인이 있는데요, 100달러를 넘게 구입하시면 총액의 10%를 할인해 드립니다. 다른 물건도 구입하시겠어요? 3달러만 더 쓰시면 돼요.

남: 그럼, 5달러 정도 되는 물건은 어떤 게 있나요?

여: 프린터 용지는 어떠세요? 질 좋은 공책들과 사무용품들도 많이 있습니다.

남: 사무용품은 집에 많은데, 마침 오늘 아침에 프린터 용지가 떨어졌네요. 그래서 실은 하얀 종이가 필요하던 참이었어요. 두 묶음을 살게요.

어휘 total 총액 come to 숫자 ~에 달하다, 이르다 special 특별 할인 숫자 + % off ~% 할인 bill 계산서, 청구서 item 물품, 품목 large selection of 다양한 office supplies 사무용품 run out of ~을 다 써 버리다 package 꾸러미, 상자

56 여자가 상점에 대해 이야기한 내용은?

(A) 할인을 제공하고 있다.
(B) 출력 서비스가 있다.
(C) 일부 용품들은 재고가 없다.
(D) 영업시간이 변경되었다.

해설 **키워드:** What / woman / say / store **위치:** 대화의 전반부

여자가 상점에 대해 한 말 중 보기와 일치하는 것을 고르는 문제이다. 첫 번째 문제이므로 전반부에 근거가 있다고 추측할 수는 있지만, 일단은 보기의 키워드를 먼저 잡고 여자는 대화에서 동일한 내용이 나오는지 집중해 들어야 한다. 여자는 첫 번째 대화에서(Okay, your total comes to 97 dollars 10 cents. We are having a special today) 물품의 총 구매액을 알려 주고 이어서 특별 할인을 하고 있다고 말하고 있으므로 정답은 (A) It is offering a discount.가 된다.

정답 (A) It is offering a discount.

어휘 offer 제공하다 printing service 출력 서비스 out of stock 재고가 떨어진 business hours 영업시간

57 여자가 남자에게 제안하는 것은?

(A) 나중에 다시 오라고
(B) 다른 물품을 구매하라고
(C) 주문서를 작성하라고
(D) 현금으로 지불하라고

해설 **키워드:** What / woman / suggest **위치:** 대화의 중반부

제안사항을 묻는 문제는 대개 후반부에 근거가 존재하지만 두 번째 문제임을 감안하면 세 번째 문제보다는 앞쪽에 근거가 있을 것이라 추측하고 들어갈 수 있다. 여자의 제안사항이므로 여자의 대화에 집중하자. Would you like to get another item?에서 할인을 받기 위해서는 100달러를 넘어야 하므로 물건을 더 구매하시겠냐고 묻고 있으므로 (B) Purchase another item이 정답이다.

정답 (B) Purchase another item

어휘 purchase 구입하다 fill out ~을 작성하다 order form 주문서

58 남자가 필요하다고 한 것은?

(A) 프린터
(B) 잉크
(C) 스테이플러
(D) 종이

해설 **키워드:** What / man / say / needs **위치:** 대화의 후반부

남자가 필요하다고 하는 것이 무엇인지 세부사항을 찾는 문제이다. 보기를 파악하고 있는 상태에서 needs를 키워드로 남자의 대화에 집중하여 필요하다는 내용을 캐치한다. 남자는 마지막 대화에서(but my printer just ran out of paper this morning. So, I actually need some white paper.) 프린터용 종이가 떨어져서 종이가 필요하다고 말하고 있으므로 정답은 (D) Some paper이다. 정답 (D) Some paper

어휘 stapler 스테이플로, 호치키스

Questions 59-61 refer to the following conversation. 미W 미M

W: Mr. Knight. I just completed the inspection of your new office building. I'm pleased to tell you that the building has met all the safety requirements.

M: That's great news. We were concerned about the electrical wiring on the second floor. Does this mean we won't have to do any repairs on the wiring?

W: That's correct! I inspected the entire electrical system and I don't have any concerns about safety. I'm going to send you a copy of my report for your records.

문제 59-61은 다음 대화를 참조하세요.

여: Knight 씨, 방금 귀하의 새 사무용 건물에 대한 검사를 끝냈습니다. 그 건물이 모든 안전 요건을 충족시킨다는 것을 알려드리게 되어 기쁘네요.

남: 좋은 소식이군요. 2층의 전기 배선이 걱정이었거든요. 배선에 관해 보수를 할 필요가 없다는 이야기지요?

여: 맞아요! 제가 전체 전기 시스템을 검사했는데 안전성은 전혀 걱정 없었습니다. 보관용으로 보고서를 한 부 보내 드릴게요.

어휘 complete 완료하다 inspection 검사, 점검 meet (필요·요구 등을) 충족시키다 safety 안전 requirement 필요조건, 요건 be concerned about ~을 걱정하다 electrical wiring 전기 배선 repair 수리, 보수 concern 걱정, 우려 for one's records 기록보관용으로

59 여자는 누구일까?
(A) 부동산 중개인
(B) 건물 준공 검사자
(C) 실내 장식가
(D) 공사현장 인부

해설 **키워드:** Who / woman **위치:** 대화의 전반부
여자의 직업에 관해 묻는 질문은 기본적인 정보를 묻는 질문으로 전반부에 등장한다. 여자는 첫 대사(I just completed the inspection of your new office building.)에서 건물 검사를 끝냈다고 했으므로 직업은 (B) A building inspector이다.
정답 (B) A building inspector

어휘 real estate agent 부동산 중개인 building inspector 건물 준공 검사자 interior designer 실내 장식가 construction 공사

60 남자가 걱정했던 것은?
(A) 장비 가격
(B) 방의 크기
(C) 일부 배선의 안전성
(D) 수리의 기한

해설 **키워드:** What / man / concerned **위치:** 대화의 중반부
남자가 무엇에 관해 걱정을 하는지 세부사항을 묻는 문제이다. 남자의 대화에서 키워드 concern이 나오는 부분 앞뒤를 잘 들어야 한다. 남자의 첫 번째 대화 중 We were concerned about the electrical wiring on the second floor.에서 직접적으로 키워드 직후에 우려사항이 2층 전기 배선에 관한 것이었다고 말했으므로 어렵지 않게 (C) The safety of some wiring을 정답으로 고를 수 있다.
정답 (C) The safety of some wiring

어휘 equipment 장비 deadline 기한

61 여자가 하겠다고 말한 것은?
(A) 서류를 보내는 것
(B) 전기 기술자를 추천하는 것
(C) 건축 설계를 수정하는 것
(D) 일부 장비를 교체하는 것

해설 **키워드:** What / woman / will do **위치:** 대화의 후반부
미래 상황 질문이므로 후반부에 근거가 있으며, 더불어 여자가 말하는 것이라는 근거까지 나왔으므로 하단부 여자의 대화에 집중하면 된다. I'm going to send you a copy of my report for your records.에서 보고서를 보내겠다고 말하고 있으므로 (A) Send a document가 정답이다.
정답 (A) Send a document

어휘 recommend 추천하다 electrician 전기 기술자 revise 수정하다 building plan 건축 설계 replace 교체하다 equipment 장비

Questions 62-64 refer to the following conversation. 호W 영M

W: Wow, I was almost late again this morning. The repair work on Route 80 has the traffic all tied up and the work is supposed to go on for months.
M: Yes, I heard that too. In fact, I've started taking the train to work. My neighbor leaves for the station at the same time as I do, so we ride together to the station and share the expenses for parking.
W: Well, maybe I should consider doing that. If I take the train at least I know I will get to work on time.
M: It'll be worth looking into. You should talk with our colleagues. Maybe someone who lives near you would also like to carpool to the station.

문제 62-64는 다음 대화를 참조하세요.
여: 와, 오늘 아침에 또 지각할 뻔했어요. 80번로의 수리 공사 때문에 차들이 전부 옴짝달싹 못했는데 그 공사가 몇 개월 간다네요.
남: 네, 저도 들었어요. 사실, 저는 열차를 타고 출근하기 시작했어요. 옆집 사람이 저와 같은 시간에 역으로 출발하기 때문에 같이 차를 타고 가서 주차 요금을 공동분담하고 있어요.
여: 그렇다면, 저도 그렇게 해야 할까 봐요. 열차를 타면 최소한 정시에는 도착할 수 있을 거 아니예요.
남: 고려해 볼 만해요. 동료들하고 이야기해 봐요. 근처에 사는 사람 중에 역까지 카풀하고 싶어하는 사람이 있을지도 모르죠.

어휘 almost 거의 (~할 뻔하다) repair work 수리 공사 traffic 교통, 차량 tie up 묶다 be supposed to ~하기로 되어있다 go on 지속되다, 이어지다 share 함께 나누다 expense 비용 at least 최소한 on time 정시에 worth -ing ~할 가치가 있는 look into 검토하다, 알아보다 carpool 카풀을 하다

62 대화의 주된 내용은?
(A) 프로젝트 마무리
(B) 직장으로의 통근
(C) 근무시간 변경
(D) 주거지 선택

해설 **키워드:** What / conversation / about **위치:** 대화의 전반부
대화의 주제를 묻는 문제는 기본 정보에 관련된 문제로 지문 상단부에 그 근거가 위치한다. 처음에 여자가 Wow, I was almost late again this morning. The repair work on Route 80 has the traffic all tied up and the work is supposed to go on for months.라고 출근시간에 늦을 뻔한 데 대한 문제점으로 도로 수리를 언급하였고, 남자는 다음 답변에서(I've started taking the train to work. My neighbor leaves for the station at the same time as I do, so we ride together to the station and share the expenses for parking.) 이웃과 카풀로 정거장까지 차를 타고 간 후 열차를 타고 통근을 하기 시작했다고 일종의 해결책을 제시하고 있다. 따라서 대화의 주제는 (B) Commuting to work이다.
정답 (B) Commuting to work

어휘 work hours 근무 시간 choose 고르다, 선택하다 place to live in 살 장소

63 여자가 걱정하는 이유는?
(A) 도로가 수리중이어서
(B) 기차가 늦어서
(C) 주차 공간이 제한적이어서
(D) 요금이 올라서

해설 **키워드:** Why / woman / concerned **위치:** 대화의 전반부
여자가 걱정하는 구체적인 이유, 즉 세부사항에 관한 문제이다. 우려하는 사항이란 문제점을 말하므로 여자의 말에서 문제점이 무엇인지 파악해야 한다. 문제점은 여자의 첫 번째 대화에서 제시되고 있다. I was almost late again this morning. The repair work on Route 80 has the traffic all tied up and the work is supposed to go on for months.에서 몇 달간 계속될 도로 수리 때문에 통근시간이 늦는다는 이야기를 하고 있으므로 정답은 (A) A road is being repaired이다. 62번 문제의 근거와 위치가 중복 되므로, 순발력과 집중력이 떨

Actual Test

어진다면 놓칠 수 있는 다소 난이도 있는 문제이다.

정답 (A) A road is being repaired

어휘 limited 제한된, 많지 않은 fare (교통)요금 increase 증가하다, 인상되다

64 남자가 여자에게 제안하는 것은?
(A) 시간을 더 요구할 것
(B) 동료들과 이야기해 볼 것
(C) 기차역까지 걸어갈 것
(D) 할인을 요구할 것

해설 **키워드:** What / man / suggest **위치:** 대화의 후반부
요구, 요청 내용에 관한 질문은 전형적으로 지문 후반부에 정보가 있는 문제이다. 더불어 남자가 제안한 사항이므로, 하단부 남자의 대화에 집중하자! You should talk with our colleagues.에서 동료들과 이야기해 보라고 직접적으로 제안하고 있으므로 (B) Speak with colleagues를 정답으로 쉽게 고를 수 있다. 정답 (B) Speak with colleagues

어휘 suggest 제안하다, 제의하다 request 요청하다 discount 할인

Questions 65-67 refer to the following conversation. 영M 미W

M : Do you think the construction on the new offices will be finished by September 10th? Edward Wilson will be starting a permanent position with us then and I am worried that there will be no place for him to sit.

W : By September 10th? I'd be surprised that they would finish by then. We haven't even seen the architect's plans yet.

M : Well, I am going to ask Andrew, the facilities manager if another room might be available. He should be able to find a temporary workspace for Mr. Wilson in case that's necessary.

W : Actually, I have to go by the facilities department in a few minutes, so I'll talk to Andrew about it.

문제 65-67은 다음 대화를 참조하세요.

남: 새 사무실 공사가 9월 10일까지 완료될 것 같나요? 그때면 Edward Wilson이 정규직으로 일을 시작하게 될텐데 그 사람이 앉을 자리가 없을까봐 걱정되네요.

여: 9월 10일까지요? 그때까지 끝낼 거라고는 생각하지 않아요. 설계도도 아직 못봤잖아요.

남: 그럼 시설관리 담당자인 Andrew에게 다른 빈 방이 있는지 물어봐야겠어요. 그 사람이라면 필요한 경우 Wilson 씨를 위한 임시 업무공간을 찾아줄 수 있을 거예요.

여: 실은, 제가 조금 있다가 시설관리부에 들러야 하니까 제가 Andrew에게 이야기할게요.

어휘 construction 공사 permanent position 정규직 I'd be surprised that ~라면 놀랄 것이다, ~라고 전혀 생각하지 않는다는 말 architect 건축가 facilities manager 시설관리 책임자 available 이용할 수 있는 temporary 일시적인, 임시의 workspace 작업 공간 in case ~한 경우에 go by ~에 들르다

65 Edward Wilson은 누구일까?
(A) 파트타임 근로자
(B) 새로운 직원
(C) 건축가
(D) 전 동료

해설 **키워드:** Who / Edward Wilson **위치:** 대화의 전반부
여자나 남자로 제시되지 않은 사람 이름은 제 3자이므로 키워드 문제이다. Edward Wilson이 등장하는 부분의 앞뒤 내용을 파악해야 한다. 남자의 첫 번째 대화 중 Edward Wilson will be starting a permanent position with us then에서 Edward Wilson이 정규직으로 회자와 일을 시작하게 될 것이라고 하였으므로 (B) A new employee가 정답이다. 키워드 바로 뒤에 답의 근거가 등장하여 어려움 없이 풀 수 있는 문제이다. 정답 (B) A new employee

어휘 part-time worker 파트타임 근로자 former 이전의 colleague 동료

66 남자는 걱정하는 이유는?
(A) 사무실이 제시간에 마련되지 못할 것이다.
(B) 표를 구할 수 없을지도 모른다.
(C) 예산이 부족하다.
(D) 회사가 시내로 이전할 것이다.

해설 **키워드:** Why / man / concerned **위치:** 대화의 중반부
남자가 걱정하는 구체적인 이유를 묻는 세부사항 문제이다. 각 보기의 키워드를 파악하여 남자의 이야기에 집중한다. 걱정하는 대상이나 문제점을 이야기하는 부분을 캐치하여 일치하는 보기를 정답으로 골라야 한다. 남자의 첫 번째 대화 중 I am worried that there will be no place for him to sit.에서 공사가 제때 끝나지 못해 새 직원의 자리가 없을까봐 우려하는 내용이 나오므로 (A) The office will not be ready in time.이 정답이다. 65번과 근거가 연달아 나오므로 다소 난이도 있는 문제이다. 정답 (A) The office will not be ready in time.

어휘 in time 시간에 맞춰, 늦지 않게 unavailable 이용할 수 없는 budget 예산 relocate 이전하다 downtown 시내

67 여자가 다음에 하겠다고 말하는 것은?
(A) 상사에게 연락하겠다고
(B) 고객의 사무실에 상자를 몇 개 가져가겠다고
(C) 보안 출입증을 새로 발급하겠다고
(D) 시설관리 담당자에게 이야기하겠다고

해설 **키워드:** What / woman / say / will **위치:** 대화의 후반부
미래 상황을 묻는 질문이다. 여자가 하겠다고 말한 것이므로 후반부 여자의 대화에 집중하자. I have to go by the facilities department in a few minutes, so I'll talk to Andrew about it.에서 시설관리부에 갈 일이 있으니 manager인 Andrew에게 이야기 하겠다고 말하고 있다. 따라서 정답은 (D) Speak to the facilities manager.이다.

정답 (D) Speak to the facilities manager.

어휘 supervisor 상사, 관리자 package 포장물, 상자 issue 발급하다 security 보안 pass 통행증, 통과증

Questions 68-70 refer to the following conversation. 미M 호W

M: Hi, I'm calling to reserve three tickets for tonight's concert.

W: Okay. We have tickets in the orchestra section for 40 dollars each and there are still a few left in the balcony. They're 30 dollars each.

M: I'd prefer the balcony tickets. But are the seats next to each other?

W: Yes, they are. I'll reserve them for you and you can get your tickets at the box office. The performance starts at 6 but please pick them up half an hour before the performance begins. You can pay with either cash or credit card.

문제 68-70은 다음 대화를 참조하세요.

남: 안녕하세요. 오늘 저녁 콘서트 티켓을 세 장 예약하려고 전화했습니다.

여: 알겠습니다. 좌석 당 40달러짜리 1층 앞쪽 좌석이 있고요, 발코니석도 몇 장 남아있습니다. 발코니석은 좌석 당 30달러입니다.

남: 발코니석 티켓으로 할게요. 그런데 좌석들이 붙어 있나요?

여: 네, 그렇습니다. 제가 예약해드리면 매표소에서 티켓을 찾으시면 됩니다. 공연은 6시에 시작하지만 공연 시작 30분 전까지 티켓을 찾아가 주세요. 현금과 신용카드 둘 다 결제 가능합니다.

어휘 reserve 예약하다 orchestra section 1층 앞쪽 좌석 I'd prefer ~로 결정하겠다 next to each other 나란히 붙어있는 performance 공연 pick up ~을 가져가다, 데려가다 credit card 신용카드

68 여자가 두 가지 티켓 가격을 언급한 이유는?
(A) 한 티켓 가격에는 예약 수수료가 포함되어서.
(B) 다른 위치에 있는 좌석들이 남아 있어서.
(C) 서로 다른 공연 티켓들이어서.
(D) 복수 구매 할인이 가능하므로.

해설 **키워드:** Why / woman / mention / two ticket prices
위치: 대화의 전반부
구체적인 이유, 즉 세부사항을 묻는 문제이다. 여자가 제시했다고 하였으니 여자의 대화 중에서 two ticket prices 즉 두 가지 티켓 가격을 키워드로 해당 정보를 찾아야 한다. 남자의 대화로 시작하므로 여자가 등장할 때까지 기다리자. We have tickets in the orchestra section for 40 dollars each and there are still a few left in the balcony. They're 30 dollars each.에서 여자는 40달러 좌석과 30달러 좌석에 대해 설명하고 있다. 40달러 좌석은 1층 앞쪽 좌석이며, 30달러 좌석은 발코니석으로 좌석 위치에 따라 가격이 다름을 알 수 있다. 따라서 정답은 (B) Seats are available in different locations.이다.
정답 (B) Seats are available in different locations.

어휘 mention 말하다, 언급하다 include ~을 포함하다 reservation fee 예약 수수료 available 이용가능한 location 위치 discount 할인

69 남자가 묻는 것은?
(A) 티켓을 찾아갈 장소
(B) 공연 시작 시간
(C) 좌석들이 붙어 있는지 여부
(D) 할인을 받는 방법

해설 **키워드:** What / man / ask **위치:** 대화의 중반부
남자가 무엇을 묻는지에 관한 질문이다. 남자의 대화를 기다렸다가 묻는 내용을 파악한다. But are the seats next to each other?에서 좌석들이 붙어 있는지에 관해 묻고 있으므로 (C) Whether the seats are together가 정답이다. but은 역접의 의미를 가져 화제를 전환하는 역할을 하기 때문에 주로 정답을 이끌게 된다.
정답 (C) Whether the seats are together

어휘 whether ~인지 아닌지

70 여자가 남자에게 제안하는 것?
(A) 예약 번호를 받아 적어라
(B) 다과를 가져 오라
(C) 극장에 일찍 도착하라
(D) 오후 6시 이전에 매표소에 전화하라

해설 **키워드:** What / woman / suggest **위치:** 대화의 후반부
여자가 남자에게 제안하는 것이 무엇인지 묻는 문제로, 지문 후반부 여자 대화에 정보가 등장함을 추측할 수 있다. please pick them up half an hour before the performance begins.에서 공연 시작 30분 전에 매표소에서 티켓을 받아 가라고 제안했음을 알 수 있다. 따라서 정답은 (C) Arrive at the theater early가 된다. 정답 (C) Arrive at the theater early

어휘 suggest 제안하다 write down 받아 적다 code 번호 refreshments 다과, 가벼운 식사 telephone 전화하다

Part 4 p.388

Questions 71-73 refer to the following telephone message. 미W

Hello, this is Jane Chung. I'm calling because I have to reschedule my appointment with Dr. Sara. I was supposed to come in tomorrow for my annual health check, but unfortunately I won't be able to make it because my car is being fixed. Could I come in on Thursday morning instead? That would work better for me since I have to visit a client's office nearby later that day. Please call me back at 999-0909 to let me know if this is okay. Thanks.

문제 71-73은 다음 전화메시지를 참조하세요.
안녕하세요. 저는 Jane Chung입니다. Sara 의사 선생님 진료 예약 시간을 변경해야 해서 전화 드립니다. 제가 내일 연례 건강검진을 받으러 가기로 했는데요. 유감스럽게도 차가 수리중이기 때문에 못 갈 것 같습니다. 대신 목요일 아침에 가도 될까요? 그날 근처 고객 사무실을 방문해야 하기 때문에 저한테는 그게 더 나을 것 같습니다. 999-0909번 전화로 괜찮은지 알려주시기 바랍니다. 감사합니다.

어휘 reschedule 일정을 변경하다 appointment 약속, 진료 예약 be supposed to ~하기로 되어 있다 annual 매년의 health check 건강검진 unfortunately 유감스럽게 make it 시간 맞춰 가다 fix 고치다, 수리하다 instead 대신에 work better 더 낫다 call back 회신 전화를 하다

71 여자가 전화하는 내용은?
(A) 면접
(B) 의사와의 진료 예약
(C) 사업회의
(D) 컨퍼런스 발표

해설 **키워드:** What / calling / about **위치:** 지문의 전반부
여자가 무슨 일로 전화하는지 전화의 목적을 묻는 질문이다. 목적, 주제에 관한 내용은 지문 초반에 나오는 경우가 많다. 의사와의 진료 예약시간을 변경해야 해서 전화했다고(I'm calling because I have to reschedule my appointment with Dr. Sara.) 하였으므로 정답은 (B)이다.
정답 (B) A doctor's appointment

어휘 job interview (구직) 면접 conference 회의, 컨퍼런스 presentation 발표

72 여자가 시간을 변경해야 하는 이유는?
(A) 비행기가 지연되어서.
(B) 자동차가 수리 중이어서.
(C) 아파서.
(D) 출장을 갈 것이기 때문에.

해설 **키워드:** Why / reschedule **위치:** 지문의 중반부
왜 여자가 시간을 변경해야 하는지 물어보는 질문으로 전화의 목적을 이야기하고 난 후에 자동차가 수리 중이어서 약속을 못 지키겠다고(I won't be able to make it because my car is being fixed.) 하였으므로 정답은 (B)이다.
정답 (B) Her car is being repaired

어휘 reschedule 일정을 변경하다 feel well 건강 상태가 좋다 out of town 출장 중인

73 이번 주 목요일에 여자가 하려는 것은?
(A) 담화 준비하기
(B) 지원자에게 전화하기
(C) 고객 만나기
(D) 사무실로 복귀하기

해설 **키워드:** What / be going to / Thursday
위치: 지문의 후반부
이번 주 목요일에 여자가 무엇을 하려고 하는지 물어보는 질문으로 내일 가는 대신에 목요일에 가도 되냐고 물어보면서 그 날 근처 고객 사무실에 가야한다고(since I have to visit a client's office nearby later that day) 하였으므로 정답은 (C)이다.
정답 (C) Meet with a client

어휘 prepare 준비하다 job applicant (일자리) 지원자 return 돌아가다

Questions 74-76 refer to the following advertisement. 영M

If you're looking for something fun to do with your family next weekend, come to the annual Bien Food Festival at the county fair ground. At this exciting event, you can watch cooking demonstrations and sample food prepared by the finest chefs from around the world. Local vendors will also be selling special food items. You can also enter a contest to win a collection of cookbooks each time you make a purchase. Visit our website at www.bienfestival.com to view the list of participating businesses.

문제 74-76은 다음 광고를 참조하세요.
다음에 가족들과 함께 할 수 있는 재미난 일을 찾으신다면, 카운티 풍물 장터에서 매년 열리는 Bien 음식 축제에 오세요. 이 흥미진진한 행사에서는 세계 각지에서 온 최고 솜씨의 요리사들이 마련한 요리 시연을 보실 수 있고 시식 음식도 맛보실 수 있습니다. 지역 상인들도 특별한 음식들을 판매할 것입니다. 구매하실 때마다 요리책 시리즈를 받을 수 있는 콘테스트에도 참가하실 수 있습니다. 참가업체 목록을 보시려면 저희 웹사이트 www.bienfestival.com을 방문해 주세요.

어휘 look for ~을 찾다 something fun 재미있는 것. -thing으로 끝나는 것들은 수식하는 말이 뒤에 온다는 것에 주의 county 카운티, 행정구를 지칭하는 말 fair ground 풍물 장터, 축제 마당 demonstration 시연 prepare 준비하다 vendor 상인 make a purchase 물건을 사다 participate 참가하다

74 공지되고 있는 행사는?
(A) 요리학교의 발표회
(B) 음식 축제
(C) 식당의 개업
(D) 주방용품 전시회

해설 **키워드:** What event / announced **위치:** 지문의 전반부
무슨 행사가 공지되었는지 묻는 질문이다. 공지의 목적, 주제는 지문의 전반부에 나온다. 전반부(come to the annual Bien Food Festival at the county fair ground)에서 풍물 장터에서 열리는 Bien 음식 축제에 오라고 하였으므로 정답은 (B)이다.
정답 (B) A food festival

어휘 grand opening 개업, 개점 kitchen ware 주방용품 exhibition 전시회

75 이 행사에서 사람들이 콘테스트에 참여하는 방법은?
(A) 정문에서 등록함으로써
(B) 물건을 구입함으로써
(C) 서류를 작성함으로써
(D) 웹사이트를 방문함으로써

해설 **키워드:** How / enter / a contest **위치:** 지문의 후반부
사람들이 어떻게 콘테스트에 참여할 수 있는지 물어보는 질문으로 You can also enter a contest to win a collection of cookbooks each time you make a purchase.에서 물건을 살 때마다 콘테스트에 참여할 수 있다고 하였으므로 정답은 (B)이다.
정답 (B) By buying an item

어휘 sign up 등록하다 fill out 작성하다

76 광고에 의하면, 온라인에서 찾을 수 있는 것은?
(A) 가격표
(B) 행사장으로 가는 길
(C) 행사 참여 신청서
(D) 참여업체 명부

해설 **키워드:** What / found / online **위치:** 지문의 후반부
온라인에서 무엇을 찾을 수 있는지 물어보는 질문으로 마지막 문장(Visit our website at www.bienfestival.com to view the list of participating businesses.)에서 참여업체 목록을 보려면 사이트에 방문해보라고 하였으므로 정답은 (D)이다.
정답 (D) A directory of participating businesses

어휘 price list 가격표 direction 방향, 가는 길 application form 지원서 directory 명부

Questions 77-79 refer to the following announcement 호W

Good morning shoppers and welcome to Palisadium, your housewares store. For today only, be sure to visit the clearance sale. You will find a wide range of exciting items for every room in your house at deeply discounted prices. Items include the latest wall decorations, lighting, sheets, and much more. You definitely want to take advantage of this great opportunity to purchase quality home equipment at unbelievable low prices. But sorry, refunds are not available on these items.

문제 77-79는 다음 안내방송을 참조하세요.
손님 여러분, 안녕하세요. 여러분의 가정용품점, Palisadium에 오신 것을 환영합니다. 오늘 단 하루 동안만 열리는, 창고 정리 세일에 꼭 오십시오. 여러분 가정의 방에서 쓸 광범위한 멋진 물건들을 염가에 찾아보실 수 있을 겁니다. 최신 벽장식, 조명, 시트 등 그 밖의 많은 물건들을 포함하고 있습니다. 여러분들은 고급 가정용품을 기막히게 저렴한 가격에 구입할 수 있는 이런 좋은 기회를 꼭 잡고 싶으실 겁니다.. 하지만 유감스럽게도 이런 제품들은 환불이 되지 않습니다.

어휘 shopper 쇼핑객 houseware 가정용품 clearance sale 창고 정리 판매 wide range of 광범위한 deeply discounted prices 대폭 할인된 가격 include 포함하다 decoration 장식 lighting 조명 sheet 침대 위에 까는 천 definitely 분명히 take advatage of ~을 이용하다 opportunity 기회 quality 고급, 우수한 equipment 용품, 장비 unbelievable 믿기 어려울 정도의 refund 환불

77 Palisadium에서 판매하는 것은?
(A) 사무용 가구
(B) 미술용품
(C) 청소용품
(D) 가정용품

해설 **키워드:** What / Palisadium / sell **위치:** 지문의 전반부
Palisadium에서 무엇을 판매하는지 묻는 질문으로 전반부 welcome to Palisadium, your housewares store.에서 가정용품 가게라고 말하였으므로 정답은 (D)이다.
정답 (D) Household goods

어휘 office furniture 사무용 가구 art supplies 미술용품 household goods 가정용품

78 공지하는 것은?
(A) 가격 할인
(B) 영업 시간
(C) 매장 위치
(D) 신상품 도착

해설 **키워드:** What / announced **위치:** 지문의 중반부
무엇을 공지하는지 공지의 목적을 묻는 질문이다. 주로 전반부에서 목적을 찾을 수 있다. be sure to visit the clearance sale에서 재고처리 세일(할인)을 하는 것을 알 수 있으므로 보기 중에서 정답은 (A)가 된다. 그 다음 문장에서(You will find a wide range of exciting items for every room in your house at deeply discounted prices.) 다양한 물품을 할인한다고 보충설명을 하고 있다.
정답 (A) Price reductions

어휘 reduction 할인 store hours 영업 시간 arrival 도착 merchandise 물품

79 환불에 대해 이야기한 내용은?
(A) 영수증이 있어야만 가능하다.
(B) 30일 내에 요구해야 한다.
(C) 일부 상품에는 제공되지 않을 것이다.
(D) 매니저에게 승인받아야 한다.

해설 **키워드:** What / about refunds **위치:** 지문의 후반부
환불에 대해 뭐라고 하였는지 물어보는 질문은 주로 지문의 후반부에 등장하게 된다. 마지막 문장(But sorry, refunds are not available on these items.)에서 미안하지만 이 제품들(할인된 가격에 판매되는 제품)은 환불이 안 된다고 하였으므로 정답은 (C)이다.
정답 (C) They will not be given on some purchases.

어휘 receipt 영수증 request 요구하다 approve 승인하다

Questions 80-82 refer to the following broadcast. 미M

This is Justin Wilson on a beautiful and sunny day in the city with your radio BCC business news update. Bruce Sanders, president of TBC Incorporated, has just announced that TBC is buying the U2 Television Network. TBC, a multi-billion dollar international conglomerate, already owns a major television network, and intends to transform U2 into an all news network. This will come as a huge disappointment to sports fans everywhere, because U2 broadcasts many of the nation's biggest sporting events. I'll be back with more after this message from our sponsor.

문제 80-82는 다음 방송을 참조하세요.
아름답고 화창한 날, 여러분의 BCC 라디오의 비즈니스 최신 소식을 전해드리는 Justin Wilson입니다. TBC사의 사장 Bruce Sanders 씨는 TBC가 U2 텔레비전 방송사를 인수하겠다고 발표했습니다. 수십억 달러 규모의 국제적 대기업 TBC는 이미 주요 텔레비전 방송사를 소유하고 있어서 U2를 뉴스전용 방송사로 탈바꿈시킬 작정입니다. U2가 국내 최대 스포츠 행사들을 다수 방송하고 있기 때문에 이는 스포츠팬들의 큰 실망으로 이어질 것입니다. 광고 나간 뒤에 다시 전해드리겠습니다.

어휘 president 사장 incorporated 주식회사인 multi-billion 수십억의 international 국제적인 conglomerate 대기업 announce 발표하다 intend to ~할 작정이다 transform 탈바꿈시키다, 변형시키다 come as ~로 이어지다 disappointment 실망 broadcast 방송하다 sponsor 후원자, 광고주

80 이 방송의 목적은?
(A) 비즈니스 뉴스 보도
(B) 신제품 광고
(C) 라디오 프로그램 게스트 환영
(D) 스포츠 행사 결과 발표

해설 **키워드:** What / purpose **위치:** 지문의 전반부
방송의 목적에 대해 묻는 질문이다. 목적, 주제는 지문의 전반부에 많이 나오므로 놓치지 않도록 한다. 첫 문장(This is Justin Wilson on a beautiful and sunny day in the city with your radio BCC business news update.)에서 비즈니스 뉴스 보도라고 하였으므로 정답은 (A)이다.
정답 (A) To report business news

어휘 advertise 광고하다 result 결과

81 Bruce Sanders는 누구인가?
(A) 라디오 기자
(B) 텔레비전 연출자
(C) 회사 사장
(D) 축구선수

해설 **키워드:** Who / Bruce Sanders **위치:** 지문의 전반부
Bruce Sanders가 누구인지 묻는 질문이다 문제에 사람 이름이 나왔을 때에는 그 사람 이름이 나온 부분을 잘 들어야 한다. 전반부(Bruce Sanders, president of TBC Incorporated)에서 Bruce Sanders 씨가 회사 사장이라고 하였으므로 정답은 (C)이다.
정답 (C) A corporation president

어휘 reporter 기자 producer 연출자, 프로듀서 corporation 기업, 회사

82 청자가 다음에 듣게 될 것은?
(A) 인터뷰
(B) 추가 스포츠 뉴스
(C) 광고
(D) 날씨 보도

해설 **키워드:** What / hear / next **위치:** 지문의 후반부
청자가 다음에 들을 내용이 무엇일지 묻는 문제이다. 방송문의 경우 후반부에 다음 방송 순서를 밝히는 경우가 있고 광고 후 다시 원래 프로그램으로 돌아오는 경우도 있다. 이 문제의 경우에는 후자로, 마지막 문장인 I'll be back with more after this message from our sponsor.에서 sponsor가 광고주를 가리키기 때문에 광고 후 다시 돌아온다는 말이다. 그러므로 청자가 바로 다음에 들을 내용은 광고이므로 정답은 (C)이다.
정답 (C) An advertisement

어휘 interview 인터뷰 advertisement 광고 weather report 일기 예보

Questions 83-85 refer to the following telephone message. 미W

Hello Mr. Walters, this is Carrie Parker from Anthony Associates returning your call. Yes, my company can design a website for your radio station. If you could call me at 999-5681 and let me know what time best fits your schedule, I will arrange a free consultation with one of our web designers. They will be able to help you select the right design and features for your radio station's website. Thank you for calling Anthony Associates.

문제 83-85는 다음 전화메시지를 참조하세요.
여보세요. Walters 씨. 저는 Anthony Associates의 Carrie Parker인데요. 전화 주셔서 연락드렸습니다. 네, 저희 회사에서 귀 라디오 방송국의 웹사이트를 디자인해 드릴 수 있습니다. 999-5681번으로 전화를 주셔서 선생님께서 가장 편하신 시간을 알려주시면 저희 웹 디자이너와의 무료 상담을 마련하겠습니다. 귀 라디오 방송국 웹사이트를 위한 적절한 디자인과 특징을 선택하시는 데 도움이 되실 겁니다. Anthony Associates에 전화주셔서 감사합니다.

어휘 return someone's call ~에게 회신 전화를 하다 radio station 라디오 방송국 fit one's schedule 스케줄에 맞다 arrange 마련하다, 준비하다 free consultation 무료 상담 select 고르다, 선택하다 feature 특징 Thank you for -ing ~해주셔서 감사합니다

83 메시지의 목적은?
(A) 프로그램 문의
(B) 서비스 소개
(C) 특별 할인 제공
(D) 문의에 대한 답변

해설 **키워드:** What / purpose **위치:** 지문의 전반부
메시지의 목적이 무엇인지 묻는 질문으로, 지문의 전반부에 목적, 주제가 나오는 경우가 많다. 전반부(this is Carrie Parker from Anthony Associates returning your call)에서 당신의 전화에 답변을 해준다고 하였으므로 이 메시지의 목적은 문의에 대한 답변임을 알 수 있다. 정답은 (D)이다.
정답 (D) To answer an inquiry

어휘 purpose 목적 introduce 소개하다 offer 제공하다 inquiry 문의, 질문

84 Anthony Associates의 업종은?
(A) 전화 회사
(B) 라디오 방송국
(C) 고속 인터넷 공급자
(D) 웹사이트 디자인 회사

해설 **키워드:** What / business / Anthony Associates
위치: 지문의 전반부
Anthony Associates의 업종을 묻는 문제로, 지문의 전반부(my company can design a website for your radio station)에서 Anthony Associates 회사 직원이 상대방에게 라디오국 웹사이트를 디자인해줄 수 있다고 메시지를 남겼으므로 Anthony Associates가 웹사이트 디자인 회사임을 알 수 있다. 정답은 (D)이다. 정답 (D) A website designing firm

어휘 high speed Internet 고속 인터넷 provider 제공자, 공급자

85 청자가 제공받게 될 것은?
(A) 무료 상담
(B) 무료 배송
(C) 할인가
(D) 고급 디자인

해설 **키워드:** What / be provided **위치:** 지문의 중반부
청자가 제공받게 되는 것에 대해 물어보는 질문이다. 미래, 계획 등 앞으로 일어날 일에 대해서는 지문의 후반부를 잘 들어야 한다. I will arrange a free consultation with one of our web designers.에서 웹 디자이너와의 무료 상담을 마련하겠다고 하였으므로 정답은 (A)이다. 정답 (A) Free counseling

어휘 provide 제공하다 counseling 상담 delivery 택배, 배달 exclusive 독점적인, 고급의

Questions 86-88 refer to the following talk. 영M

The next subject I'd like to discuss today is new video conference equipment. I'm sure you've all noticed since last week. For the last year, we've been trying to cut costs by holding a conference call instead of traveling for meetings. Unfortunately, this made difficulties to discuss graphs for their international clients. So, we finally decided to invest in this video conference equipment. Support staff will be trained starting next week. I'll be sure to let you know when we can start scheduling video conferences with clients.

문제 86-88은 다음 담화를 참조하세요.
오늘 이야기하고자 하는 다음 주제는 새 영상 회의 장비입니다. 지난 주부터 여러분 모두 눈치 채셨을 겁니다. 작년 한 해 동안, 우리는 회의를 위한 출장 대신 전화 회의를 함으로써 비용을 절감하려고 노력해왔습니다. 유감스럽게도 이 방법이 외국 고객들과 도표를 갖고 회의하는 데는 어려움을 야기했습니다. 그래서 결국 우리는 화상 회의 장비에 투자하기로 결정했습니다. 지원팀은 다음 주부터 연수를 받을 것입니다. 고객들과의 화상회의 일정을 언제부터 잡을 수 있는지 알려드리겠습니다.

어휘 subject 주제 discuss 토론하다, 논의하다 video conference equipment 화상 회의 장비 notice 알아채다 try to ~하려고 노력하다 cut costs 비용을 줄이다 hold (행사 등을) 열다, 개최하다 conference call 전화 회의 instead of ~대신에 difficulty 어려움 finally 마침내 decided to ~하기로 결정하다 invest 투자하다 support staff 지원팀 let someone know ~에게 알려주다

86 화자가 주로 논의하는 것은?
(A) 의제
(B) 출장 정책
(C) 새 장비
(D) 마케팅 전략

해설 **키워드:** What / discussing **위치:** 지문의 전반부
화자가 무엇에 대해 논의하는지 물어보는 질문으로, 지문의 전반부를 잘 듣도록 한다. 첫 문장(The next subject I'd like to discuss today is new video conference equipment.)에서 새 화상 회의 장비에 대해 논의할 것이라고 하였으므로 정답은 (C)이다. 정답 (C) New equipment

어휘 agenda 안건 policy 정책 strategy 전략

87 변화가 생긴 이유는?
(A) 장비 비용을 줄이려고
(B) 경비 보고서를 간소화하려고
(C) 산업 규칙을 준수하려고
(D) 고객들과의 의사소통을 개선시키려고

해설 **키워드:** Why / change / made **위치:** 지문의 중반부
변화가 왜 일어났는지 물어보는 질문으로, 지문의 중반부 내용을 잘 들어야한다. 예산 삭감을 노력해왔으나 그것이 고객과의 소통에 불편함을 만들어내(this made difficulties to discuss graphs for their international clients.) 이를 개선하기 위해 장비에 투자한다고 하였으므로 정답은 (D)이다.
정답 (D) To improve communication with clients

어휘 reduce 축소하다, 삭감하다 cost 경비, 비용 simplify 간소화하다 expense report 경비 보고서 comply with ~을 준수하다, 따르다 regulation 규칙 improve 개선하다 communication with ~와의 의사소통

88 화자에 따르면, 다음 주에 일어날 일은?
(A) 지원팀이 새로운 방법을 배울 것이다.
(B) 영업사원들이 고객을 만날 것이다.
(C) 디자이너가 자료를 촬영할 것이다.
(D) 기술자들이 낡은 컴퓨터들을 교체할 것이다.

해설 **키워드:** what / happen / next week **위치:** 지문의 후반부
다음 주에 무슨 일이 있겠냐고 묻는 질문으로, 미래, 계획에 관련한 내용은 주로 지문 후반부에 나온다. 후반부(Support staff will be trained starting next week.)에서 지원팀 직원들의 연수가 시작된다고 하였으므로 정답은 (A)임을 알 수 있다.
정답 (A) Support staff will learn new procedures.

어휘 procedure 방법, 절차 salespeople 판매원 video 촬영하다 material 자료 technician 기술자 replace 교체하다, 대체하다

Questions 89-91 refer to the following announcement. 호W

On Saturday, the Pepperfield Museum will host a special presentation of the classic documentary, New Town. The film was first released 30 years ago, and it has been recently re-released with a new music soundtrack by Nick Nunez. This Friday only, Mr. Nunez will perform a rare live concert immediately after the screening. The event is free. But due to limited seating, you must have a ticket. Please call the museum's information line at 999-1900 to reserve a ticket.

문제 89-91은 다음 안내를 참조하세요.
토요일에 Pepperfield 박물관에서는 고전 다큐 New Town의 특별 상영회를 개최합니다. 이 영화는 30년 전에 처음 개봉되었는데 Nick Nunez이 작곡한 최신 사운드 트랙과 함께 최근에 재개봉되었습니다. 이번 금요일에만 Nunez씨가 상영 직후에 좀처럼 보기 힘든 라이브 콘서트를 공연할 것입니다. 그 행사는 무료입니다. 하지만 좌석이 제한되어있기 때문에 티켓을 소지하셔야만 합니다. 티켓 예약은 박물관 안내 전화 999-1900로 전화주시기 바랍니다.

어휘 host 개최하다 presentation 발표, 상영 classic 고전의 documentary 다큐멘터리 film 영화 release 개봉하다 re-release 재개봉하다 perform 공연하다 rare 보기 힘든, 진귀한 immediately after ~한 직후에 screen 상영하다 due to ~때문에 limited 제한된 reserve 예약하다

89 금요일 행사가 열리는 곳은?
(A) 지역센터
(B) 학교
(C) 녹음실
(D) 박물관

해설 **키워드:** Where / event / Friday **위치:** 지문의 전, 중반부
금요일 행사가 어디에서 열리는지 물어보는 질문으로, 질문에 언급된 요일과 장소에 대해 나오는 부분을 잘 들어야 한다. 전반부(the Pepperfield Museum will host a special presentation of the classic documentary)에서 Pepperfield 박물관에서 열린다고 하였고 중반부(This Friday only, Mr. Nunez will perform a rare live concert immediately after the screening.)에서 이번 금요일에만 영화 상영 후 Nunez 씨의 공연이 있을 것이라고 하였기 때문에 금요일에 열리는 행사는 Pepperfield 박물관에서 열리는 것을 알 수 있다. 정답은 (D)이다. 정답 (D) At a museum

어휘 take place 일어나다 community 지역 recording studio 녹음실

90 Nick Nunez가 할 일은?
(A) 배우 인터뷰
(B) 음악 공연
(C) 최근 작품에 대해 토론하기
(D) 사인해주기

해설 **키워드:** What / Nick Nunez / do **위치:** 지문의 중반부
Nick Nunez가 무엇을 하는지 물어보는 질문이다. 질문에 Nick Nunez의 이름이 언급되었으므로 이름이 나오는 부분을 잘 듣도록 한다. 중반부(Mr. Nunez will perform a rare live concert immediately after the screening.)에서 콘서트를 한다고 하였으므로 음악 공연을 할 것임을 알 수 있다. 정답은 (B)이다. 정답 (B) Perform some music

어휘 interview 인터뷰하다 perform 공연하다 autograph (유명인의) 사인

91 청자들이 안내전화에 연락해야 하는 이유는?
(A) 활동 목록을 듣기 위해서
(B) 티켓을 요청하기 위해서
(C) 교통 수단에 대한 정보를 얻기 위해서
(D) 회원권 구매를 위해서

해설 **키워드:** Why / call / information line **위치:** 지문의 후반부
청자들이 왜 안내전화를 사용해야 하는지 물어보는 질문이다. 지문 마지막 문장(Please call the museum's information line at 999-1900 to reserve a ticket.)에서 티켓을 예약하기 위해 전화해달라고 하였으므로 정답은 (B)이다.
정답 (B) To request tickets

어휘 request 요구하다, 요청하다 transportation 운송, 이송 option 선택, 옵션 purchase 구매하다

Questions 92-94 refer to the following telephone message. 영M

Hello, Ms. Mendes. This is Tom from Classic Furniture Company calling about the sofa you ordered. Unfortunately, there's been a mistake. We just found out that our manufacturing team used the wrong fabric to cover the sofa. I'm really sorry for the mistake. However, here's what we can do for you. The fabric is similar to the one you ordered, so if this sofa is acceptable, you can have it at a 40% discount. If you'd rather have the fabric you originally selected, it will take 3 weeks for us to complete the order. Please stop by and take a look whenever you get a chance. Thank you and once again we are sorry about the inconvenience.

문제 92-94는 다음 전화메시지를 참조하세요.
여보세요 Mendes 씨, Classic 가구회사의 Tom입니다. 고객님께서 주문하신 소파에 관한 일로 전화 드립니다. 유감스럽지만 실수가 있었습니다. 저희 제조부서에서 소파를 덮는 천을 잘못 사용했다는 사실을 발견했습니다. 정말 죄송하게 생각합니다만, 저희가 해 드릴 수 있는 일이 하나 있습니다. 천이 고객님께서 주문하신 천과 비슷하니까 혹시 그 소파를 그냥 사용하신다면 40% 할인을 받으실 수 있습니다. 만약 원래 주문하셨던 천을 원하신다면 주문하신 대로 끝마치는 데 3주 정도 소요될 것 같습니다. 기회가 되시면 언제라도 한번 오셔서 살펴보시기 바랍니다. 감사드리며 다시 한번 불편을 드려 죄송합니다.

어휘 order 주문하다 call about ~일로 전화를 걸다 find out 찾아내다 manufacture 제조하다 wrong 잘못된 fabric 천, 직물 cover 덮다 be similar to ~와 비슷하다 acceptable 수용할 수 있는, 용인할 수 있는 discount 할인 would rather 차라리 ~하다 originally 본래, 원래 select 선택하다 stop by 잠시 들르다 take a look 조사하다, 살펴보다 inconvenience 불편

92 발신인이 일하는 곳은?
(A) 의류 제조사
(B) 섬유 가게
(C) 가구 회사
(D) 화실

해설 **키워드:** Where / caller / work **위치:** 지문의 전반부
전화한 사람의 정체를 묻는 문제로, 첫 문장(This is Tom from Classic Furniture Company calling about the sofa you ordered)에서 전화한 사람이 Tom이고 Classic 가구 회사에서 전화했다고 하였으므로 정답은 (C)이다.
정답 (C) At a furniture company

어휘 clothing 의류 manufacturer 제조업체 art studio 화실, 미술실

93 발신인이 말한 문제점은?
(A) 하자있는 제품이 배달되었다.
(B) 제품을 제작하는 데 잘못된 재료가 사용되었다.
(C) 할인이 더 이상 안 된다.
(D) 주문이 부정확하다

해설 **키워드:** What / problem / describe **위치:** 지문의 전반부
발신인이 무슨 문제를 이야기하는지 메시지의 목적을 묻는 질문이다. 목적을 묻는 문제는 자주 출제되는 문제 유형 중 하나로 발신인이 자기를 소개한 후 전화한 이유를 말하게 된다. 전반부(We just found out that our manufacturing team used wrong fabric to cover the sofa.)에서 소파를 덮는 천을 잘못 사용한 것을 발견했다고 말하였으므로 정답은 (B)이다.
정답 (B) The wrong material was used to make an item.

어휘 describe 말하다, 서술하다 damaged 손상된 merchandise 상품, 제품 material 재료 no longer 더 이상 ~ 아니다 available 이용 가능한 inaccurate 부정확한

94 청자가 요청받은 일은?
(A) 업체에 방문해달라
(B) 대금을 보내달라
(C) 서식을 작성해달라
(D) 치수를 제공해달라

해설 **키워드:** What / asked to do **위치:** 지문의 후반부
청취자가 무엇을 요청받았는지 묻는 질문 주로 후반부에서 힌트를 얻을 수 있다. 소파에 대해 이야기한 후 후반부(Please stop by and take a look whenever you get a chance)에서 한번 들러달라고 하였으므로 정답은 (A)이다.
정답 (A) Visit a business

어휘 payment 지불금 fill out 작성하다 form 서류 provide 제공하다 measurements 치수

Questions 95-97 refer to the following excerpt from a meeting. 미W

Now, I'd like to briefly discuss the upcoming move to the Bishop Commerce Building. I'm sure that everyone is looking forward to their new offices with beautiful views of the downtown area. The moving company will take care of packing computers, office furniture and files. It's a good time to get rid of any unnecessary documents, so I'd like everyone to spend a day sorting through their files. Please make sure you have done this before you leave on Monday evening. The movers will be transporting everything on Tuesday. We expect the move to go smoothly and the offices will be ready to use by next week.

문제 95-97은 회의에서 발언한 다음 내용을 참조하세요.
자, Bishop 상가 건물로 이사 가는 것에 대해 간단히 말씀드리겠습니다. 모든 분들이 아름다운 도심 전망이 있는 새 사무실에 대한 기대로 부풀어 계실 겁니다. 이사 회사에서 컴퓨터와 사무실 가구, 파일 등의 포장을 처리해 줄 것입니다. 불필요한 서류를 없애는 데 좋은 기회이니 모두들 하루 동안 파일 정리를 해주시면 좋겠습니다. 월요일 저녁 퇴근하시기 전에 끝내주시기를 바랍니다. 이삿짐 일꾼들이 화요일에 모든 것을 옮길 것입니다. 이사가 별탈없이 진행되어 다음 주에는 사무실이 바로 이용할 수 있는 상태가 되길 바랍니다.

어휘 briefly 간단히, 잠시 upcoming 다가오는, 곧 있을 look forward to ~을 기대하다 view 전망 downtown area 도심 지역 take care of ~을 돌보다, ~을 처리하다 pack 싸다, 포장하다 get rid of ~을 제거하다 unnecessary 불필요한 document 서류 spend -ing ~하는 데 시간을 보내다 sort through 분류하다 transport 수송하다, 이동시키다 go smoothly 순탄하게 진행되다

95 화자가 말한, Bishop 상가 건물의 이점은?
(A) 임대료가 저렴하다.
(B) 전망이 좋다.
(C) 넓다.
(D) 기차역에서 가깝다.

해설 **키워드:** What benefits / Bishop Commerce Building / offer **위치:** 지문의 전반부
Bishop 상가 건물이 제공하는 혜택이 무엇인지를 묻는 질문이다. 주로 제공이나 제안에 대한 내용은 후반부에 그 내용이 제시되나 첫 번째 질문이기에 후반부에서 근거를 찾기는 거의 힘

들다고 볼 수 있다. 키워드가 Bishop Commerce Building과 benefits이므로 혜택과 관련된 이야기를 주의 깊게 들어야 하겠다. 지문의 전반부(the upcoming move to the Bishop Commerce Building. I'm sure that everyone is looking forward to have their offices with beautiful views of downtown area)에서 Bishop Commerce Building이 언급되고 그 후 전망이 아름다운 사무실이라고 말하고 있으므로 정답은 (B) 전망이 좋다가 된다.

정답 (B) It has a good view.

어휘 according to ~에 의하면, 따르면 benefit 혜택, 이득 commerce 상업, 무역 offer 제공하다 rent 임대료 spacious 넓은 be close to ~에 접근해 있다, 가깝다 train station 기차역

96 직원들이 지시받는 일은?
(A) 자기 컴퓨터를 옮겨라
(B) 파일을 정리하라
(C) 직접 서류들을 옮겨라
(D) 불필요한 가구를 처리하라

해설 **키워드:** What / employees / asked to do
위치: 지문의 중반부

직원들이 무엇을 하라고 요구받았는지를 묻고 있다. 요구와 요청에 관한 내용은 주로 지문의 후반부에 제시되나 2번째 질문이기에 중반부에서 그 내용이 제시될 거라고 추측해 볼 수 있겠다. 지문의 중반부(I'd like everyone to spend a day sorting through their files.)에서 모든 사람들이 파일을 정리하기를 바란다고 이야기하고 있으므로 정답은 (B) 파일을 정리하라가 된다. be asked to가 지문에서는 would like to로 바뀌어 표현됐다는 것을 함께 알아두자.

정답 (B) Sort through files

어휘 employee 직원 carry 옮기다, 실행하다 dispose of 없애다 unnecessary 불필요한

97 언제 이사하는가?
(A) 월요일
(B) 수요일
(C) 화요일
(D) 금요일

해설 **키워드:** When / move / take place **위치:** 지문의 후반부

언제 이사를 할 건지를 묻고 있는 미래를 묻는 질문의 형태이다. 미래와 관련된 내용은 주로 지문의 후반부에 제시된다. 그리고 선택지의 보기가 모두 요일이므로 지문의 후반부에서 요일을 주의 깊게 들으면 문제를 해결할 수 있겠다. The movers will be transporting everything on Tuesday.에서 화요일에 이삿짐 일꾼들이 짐을 옮긴다고 하고 있으므로 정답은 (C) 화요일이 된다.

정답 (C) On Tuesday

어휘 take place 일어나다, 개최하다

Questions 98-100 refer to the following introduction. 호W

Welcome fellow engineers to the first day of the National Structural Engineers Conference. I'm very pleased to introduce the guest speaker, Miko Hiroshi. Ms. Hiroshi is one of the country's most innovative structural engineers. Her working commercial office design has received several awards, and many people are looking forward to hearing about her groundbreaking engineering concepts. There will be plenty of time at the end of the presentation to ask questions. Now everyone, please welcome Ms. Hiroshi.

문제 98-100은 다음 소개를 참조하세요.
동료 공학자 여러분, 전국 구조공학자 회의 첫날에 오신 걸 환영합니다. 초대 연사인 Miko Hiroshi를 소개하게 돼서 기쁩니다. Hiroshi 씨는 국내에서 가장 혁신적인 구조공학자 중의 한 분입니다. 이 분이 작업한 사무실 디자인은 여러 상을 받았으며 이 분의 획기적인 공학 컨셉에 대해 이야기를 듣고 싶어하는 사람들이 많습니다. 발표가 끝나면 질문할 시간이 많이 있을 겁니다. 자 여러분 Hiroshi 씨를 환영해주시기 바랍니다.

어휘 fellow 동료 structural engineer 구조공학자 introduce 소개하다 guest speaker 초청 연사 innovative 혁신적인 look forward to -ing ~하기를 학수고대하다 groundbreaking 획기적인 plenty of 많은

98 이 소개가 이루어진 곳은?
(A) 대학 강의
(B) 전문 회의
(C) 제품 시연회
(D) 시상식

해설 **키워드:** Where / introduction / taking place **위치:** 지문의 전반부

말하는 사람이 어디에 있는지 기본 정보를 묻는 질문의 유형이다. 장소를 묻는 문제는 주로 지문의 전반부에서 그 정답이 제시되는 것이 일반적이다. 첫 번째 문장(Welcome fellow engineers to the first day in the National Structural Engineers Conference)에서 국내 구조공학자들의 컨퍼런스에 오신 동료 엔지니어님들을 환영한다고 하였으므로 정답은 (B) 전문 회의가 된다.

정답 (B) At a professional conference

어휘 take place 일어나다, 발생하다 lecture 강의 professional 전문적인, 직업의 conference 회의, 회담 product demonstration 제품 시연 awards ceremony 시상식

99 Miko Hiroshi는 누구인가?
(A) 사무용 건물 관리인
(B) 정부 관리
(C) 구조공학자
(D) 회의 기획자

해설 **키워드:** Who / Miko Hiroshi **위치:** 지문의 전반부

사람의 정체와 관련된 내용은 주로 지문의 전반부에 제시가 된다. Ms. Hiroshi is one of the country's most innovative structural engineers.에서 Miko Hiroshi는 구조공학자라 소개하고 있으므로 정답은 (C)가 된다.

정답 (C) A structural engineer

어휘 government official 정부 관리 planner 설계자, 계획자

100 화자에 따르면, Hiroshi 씨의 연설 마지막에 일어날 일은?
(A) 질의응답 시간이 있게 될 것이다.
(B) 상이 수여될 것이다.
(C) 발표 내용을 메모한 것이 제공될 것이다.
(D) 참석자들이 점심을 먹으며 쉴 것이다.

해설 **키워드:** What / happen / at the end of Ms. Hiroshi's talk **위치:** 지문의 후반부

미래의 정보와 관련된 문제이므로 지문의 후반부에 그 내용이 제시된다. There will be a plenty of time at the end of the presentation to ask questions.에서 발표 끝 무렵에

질문을 할 시간이 있다고 하고 있으므로 정답은 (A) 질의응답 시간이 있게 될 것이다가 된다.

정답 (A) A question-and-answer session will be held.

어휘 question-and-answer session 질의응답 시간 be held 열리다 award 상 present 제출하다, 주다 note 메모, 노트 hand out 나누어 주다 audience 관객 break 쉬다, 휴식하다